SCHWEDEN

Edgar Hoff Verlag
ist Mitglied der
Verlagsgruppe

Land und Leute

Reisevorbereitung

Tips für unterwegs

Reiseteil

Anhang

Abkürzungen und besondere Zeichen

Mo	Montag	**CS**	Countryside Hotels (Privathotels mit eigenem Schecksystem)
Di	Dienstag		
Mi	Mittwoch		
Do	Donnerstag	**Reso**	Reso-Hotelkette (mit Bonus-Paß-Hotelsystem)
Fr	Freitag		
Sa	Samstag		
So	Sonntag	**Sara**	Sara-Hotelkette (mit Bonus-Paß-Hotelsystem)
tgl.	täglich		
R	Route	**Scandic**	Scandic-Hotelkette (mit eigenem Schecksystem)
→	Verweiszeichen, d. h., an anderer Stelle gibt es zum Thema oder Ort weitere Informationenen.	**SH**	Sweden Hotels (Mitglied im Bonus-Paß-Hotelsystem)
◆	Zeichen für einen abseits der Route liegenden Ort oder eine Sehenswürdigkeit in der Umgebung eines Ortes.	**SHM**	Statens Historiska Museet, Staatliches Historisches Museum Stockholm
—▶	Zeichen, das die Kapitel 'Weiterfahrt' anzeigt.	**STF**	Svenska Turistföreningen, Betreiber der schwedischen Vandrarhems und der meisten Gebirgshütten
DZ	Doppelzimmer		
BW	Best Western Hotelkette (mit eigenem Schecksystem)	**SEK**	Schwedische Krone

Vorwort

Schweden - endlose Wälder, unterbrochen nur vom arktischen Blau der zahllosen kleinen Seen, Einsamkeit und Stille des Nordens, ungezähmte Natur, magischer Schein der Mitternachtssonne.

Schweden hat mich seit meinem ersten Besuch begeistert und nie mehr losgelassen. Nachdem ich mir die Gebirgswelt des Nordens erwandert hatte, folgten unzählige Reisen in alle Teile des Landes. Aus meiner tiefen Beziehung zu Land und Menschen resultierte schließlich ein Skandinavistik-Studium in Stockholm und die Beschäftigung mit der schwedischen Geschichte und Gesellschaft.

In diesem Buch habe ich mich bemüht, den Leser an meiner Liebe zum Land teilhaben zu lassen. Dabei führe ich den Reisenden nicht nur über die bekannten Hauptrouten, sondern auch an zahlreiche kleine Schönheiten in Kultur und Landschaft heran. Darüber hinaus möchte ich Einblick in die wechselvolle, spannende Geschichte der Wikinger wie auch in die moderne, aufge-schlossene Gesellschaft des 20. Jahrhunderts geben.

Ich habe mich bemüht, alle Informationen auf den neuesten Stand zu bringen. Dabei können selbstverständlich Änderungen eingetreten sein, z. B. Hotels gehören zu einer anderen Kette, Öffnungszeiten der Museen haben sich geändert oder Telefonnummern treffen nicht mehr zu. Für Zuschriften über Ungenauigkeiten und Änderungen bin ich sehr dankbar, denn sie helfen mir, die nächste Ausgabe zu aktualisieren, und auch denjenigen, die sich auf die Reise begeben. Für verwertbare Tips zu diesem Buch gibt es vom Verlag ein Freiexemplar.

Gute Reise und viel Spaß im Land der Mitternachtssonne!

Frankfurt im Juli 1995

Zum Gebrauch des Buches

Der Reiseteil setzt sich aus von mir bereisten **Routen** zusammen, die miteinander zu kombinieren sind. Liegt ein Ort nicht unmittelbar an der Route, so ist er mit einer Raute (♦) gekennzeichnet.

Wer individuell seine Reiseroute zusammenstellen will oder von seinem Ferienhaus Ausflüge in die Umgebung unternehmen möchte, findet mit Hilfe des umfangreichen **Ortsregisters** mühelos alle Orte oder Sehenswürdigkeiten, die im Buch aufgeführt bzw. behandelt sind. So sind auch Orte, die abseits einer der beschriebenen Routen liegen oder unter einer benachbarten Route vermerkt wurden, per Register schnell ausfindig zu machen.

Das **Sachwortregister** umfaßt wichtige Begriffe und Schlagwörter. Fachausdrücke, die sich nicht immer vermeiden lassen, und spezielle schwedische Bezeichnungen, mit denen man auch im Urlaub konfrontiert wird, werden im Kapitel **Fachbegriffe** erklärt. Im **Personenregister** ist vermerkt, auf welchen Seiten im Buch etwas über eine Persönlichkeit zu erfahren ist.

Entfernungstabelle mit Fahrzeiten und die **Flugpreisliste** im Anhang sind bereits bei der Urlaubsvorbereitung zu Hause sehr nützlich.

Zum schnellen Auffinden der **Pläne und Karten** dient ein spezielles Register im Anhang. In den Stadtplänen sind für die Reise wichtige Besonderheiten verzeichnet. Dabei sind zuerst reisepraktische Angaben und anschließend Sehenswürdigkeiten aufgeführt. Soweit wie möglich sind alle Karten und Pläne mit Maßstab versehen. Sie sollen zur ersten Orientierung dienen. Für detailliertere Informationen jedoch sind spezielle Reisekarten unerläßlich.

Sind **Eintrittspreise** für Sehenswürdigkeiten angegeben, so bezieht sich die erste Angabe auf Erwachsene, die zweite auf Kinder (z.B. Eintritt 40 SEK bzw. 25 SEK).

Die genannten **Übernachtungspreise** treffen ganzjährig für die Wochenenden zu, ansonsten nur für die Sommerperiode. Bei den im Buch angegebenen Hotelpreisen handelt es sich um reduzierte Zimmerpreise; außerhalb des Sommers sind sie bis zu 100 % höher.

Auch die meisten **Öffnungszeiten**, die im Buch angegeben sind, gelten nur für den Sommer. Viele Einrichtungen, ob Museum oder Touristeninformation, haben außerhalb des Sommers reduzierte Öffnungszeiten oder sind sogar geschlossen. Wer plant, außerhalb der Zeit von etwa Mitte Juni bis Mitte August zu reisen, sollte dies beachten und eventuell vorher bei der Touristeninformation anrufen. Die Öffnungszeiten für die Touristenbüros werden jedes Jahr neu festgelegt; sie richten sich nach Personalbestand und nach der Zahl der Besucher. So kann es auch vorkommen, daß ein Büro schon vierzehn Tage vor Ende der Saison schließt, da kaum noch Touristen kommen.

Land und Leute

Lage, Größe, Grenzen

Schweden ist mit einer Fläche von 449.964 km² das viertgrößte Land Europas. Einem langgedehnten Rechteck gleichend, erstreckt es sich vom 55. bis zum 69. Breitengrad. Diese gewaltige Nord-Süd-Ausdehnung ist für alle Lebensbereiche des Landes von weitaus größerer Bedeutung als die Ost-West-Verbindungen: Die mehr als 2.000 Straßenkilometer lange Strecke von *Smygehuk*, dem südlichsten Punkt des Landes, zum *Treriksröset* im Norden führt durch unterschiedliche Klima- und Vegetationszonen. So verbietet es sich, bei einer Betrachtung der geographischen Verhältnisse von Schweden als Ganzem zu sprechen. Dementsprechend variiert eine Antwort auf die Frage: "Wieviele Stunden dauert eine Julinacht in Schweden?" "Von sechs Stunden im Süden bis zu keiner einzigen im Norden." Das Phänomen der Mitternachtssonne kann man ca. ab dem 66. Breitgrad erleben.

Die Ost-West-Ausdehnung reicht vom 11. bis zum 24. Grad östlicher Länge. Abgesehen von der südlichsten Provinz *Skåne* liegt die durchschnittliche Breite des Landes zwischen 250 und 350 km.

Schweden grenzt im Westen an Norwegen und im Norden an Finnland. Als Nachbarland zählt ebenfalls Dänemark, das durch den *Öresund* von Schweden getrennt wird. Diese Meeresenge mißt an ihrer schmalsten Stelle nur 3,7 km. Der Öresund ist Teil des *Kattegatt*, das Schwedens südwestliche Meeresgrenze darstellt. Die *Ostsee* und der *Bottnische Meeresbusen* bilden die natürliche östliche Landesgrenze bis fast zum Polarkreis.

Wie der Westküste Skandinaviens sind Schwedens Ostseeküste Tausende kleiner und kleinster Inseln vorgelagert, auch Schwedens

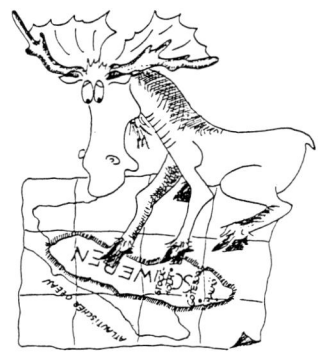

Schärengarten genannt. Allein im Bereich der Hauptstadt Stockholm zählt man 24.000 Inseln und Inselchen. Von nennenswerter Größe sind allerdings nur die Ostseeinseln *Gotland* und *Öland* sowie *Orust* und *Tjörn* nördlich von Göteborg.

Land im Überblick

Historisch bedingt, teilt man Schweden in drei Landesteile ein: *Götaland* umfaßt die südlichen Provinzen des Landes bis zum Mälartal, *Svealand* die angrenzenden Gebiete und *Norrland* die Provinzen im hohen Norden, die flächenmäßig etwa die Hälf-te des Landes ausmachen. Namen wie Götaland und Svealand deuten auf altes Siedlungsland.

Geographisch gliedert sich Schweden in 25 Landschaften, die jeweils auch in Dialekt und Kultur verwandt sind. Verwaltungsmäßig ist Schweden in Regierungsbezirke ("län") unterteilt, deren Grenzen aber nur teilweise mit den Provinzgrenzen übereinstimmen. Neuerdings mehren sich die Stimmen, die eine Verwaltungsreform fordern und für die Einheit von Land- und Provinzgrenzen eintreten.

Landschaften

Entlang der schwedisch-norwegischen Grenze erstreckt sich ein Hochgebirge von mehr als 1.500 Kilometer Länge, der *Skanden* oder *Kjölen*, wie die Norweger ihn nennen. Charakteristisch sind die ausgedehnten Hochflächen, die weit über 1.000 m liegen und von spitzen Berggipfeln überragt werden. *Kebnekaise* ist mit 2.117 m Schwedens höchster Berg, ein "Nunatakker", d. h. ein Gipfel, der niemals von Eismassen bedeckt und abgeschliffen wurde. Die nördlichen vier Fünftel des Landes zeigen vom Skanden ein östliches Gefälle, dem die großen Ströme folgen: Fast parallel fließen Dutzende großer und kleiner Flüsse von Nordwesten nach Südosten, um an der von unzähligen Inselchen und Schären umsäumten Küste ins *Bottnische Meer* zu münden. Von Westen nach Osten nimmt auch die Bewaldung zu. Aufgrund des sehr schmalen Küstensaums reichen die endlosen Wälder Lapplands bis fast an die Küste. In Süd- und Mittelschweden fehlen die Hochgebirge, aber ganz flach ist nur die südlichste Provinz, *Skåne*. 50 % der gesamten Landesfläche sind bewaldet, knapp 9 % bestehen aus Binnengewässern. Und so zählt man in Schweden nicht weniger als 96.000 Seen.

Provinzen

Im geologischen Sinn gleichsam ein Fremdkörper ist *Skåne*, die südlichste Provinz. Wie in Dänemark überwiegen junge Schichtgesteine, "nur" 200 bis 500 Millionen Jahre alt. Fjorde und Schären fehlen ganz. Dafür bietet Skåne eine sandige Küste mit Nehrungen, Dünen und viel fruchtbarem, flachem Ackerland. Kilometerlange Sandstrände führen in die angrenzenden Provinzen *Blekinge* und *Halland* und begründen Schwedens Ruf als Reiseziel für Badeurlauber.

Einen starken geographischen Kontrast in Skandinavien erlebt man bei einer Autofahrt auf der Europastraße 4: Von Helsingborg nordwärts erreicht man nach 70 km die Provinz *Småland*. Auf einer Strecke von allenfalls drei Kilometern wechselt die Landschaft von ihrem typisch dänischen Erscheinungsbild zum "typischen" Schweden. Die Straße steigt an, es wird hügelig, Wälder breiten sich aus, Seen und Flüsse ziehen vorüber. Baulich signalisieren die rotweißen Holzhäuser den Übergang. Die Autofahrt ist zugleich auch eine Zeitreise. Sie führt von jungem Ablagerungsgestein, das Skåne so fruchtbar macht, zurück zu sehr alten Gneis- und Granitformationen, die in den restlichen Landesteilen vorherrschen. Im Erdzeitalter vor rund drei Milliarden Jahren entstanden, tritt dieses Gestein stellenweise massiv zu Tage, zur Qual der småländischen Bauern, die im Gegensatz zu ihren südlichen Nachbarn weniger reich mit gutem Boden gesegnet sind.

Smålands Küste sind die Inseln *Öland* und *Gotland* vorgelagert. *Västergötland* und *Östergötland* schließen sich im Norden an. Sie führen in die Landschaft der großen Seen. Vänern, Vättern, Mälaren und Hjälmaren sind Überreste der Billinger Pforte. Mit über 5.000 km² ist der Vänern der größte See Mittel- und Nordeuropas (zum Vergleich der Bodensee: ca. 400 km²).

Nördlich von Göteborg reichen *Bohuslän* und *Dalsland* an die norwegische Küste. Die reizvollen Fischerdörfer Bohusläns sind für die Schweden neben der Insel Öland beliebte Ferienziele. Die größten Seen findet man in *Närke* und *Södermanland*.

Moränen und Oser kennzeichnen diese wie auch die folgenden Provinzen. Hier beginnt Svealand: *Värmland, Västmanland* und *Dalarna* sind sehr reich an Wald und Mineralen. An der Küste ziehen sich *Uppland, Gästrikland* und *Hälsingland* nach Norden. Die bergigen und schon sehr dünn besiedelten Provinzen *Härjedalen* und *Medelpad* leiten nach Norrland über: Der überwiegende Teil der Bevölkerung lebt in den Küstenstädten von *Ångermanland, Väster-* und *Norrbotten*, während in den Hochgebirgspovinzen *Jämtland* und *Lappland* die weite, oft noch unberührte Wildnis vorherrscht, als baumlose Tundra in höheren Lagen ("Fjäll"), als sumpfige und waldreiche Taiga im Osten.

Geologische Besonderheiten

Die landschaftliche Vielfalt Schwedens wird verständlich, wenn man die erdgeschichtlichen Vorgänge näher betrachtet. Bis in die jüngste Eiszeit (ca. 20.000 v. Chr.) war Skandinavien von einer geschlossenen, stellenweise bis zu 3.000 Metern dicken Eismasse bedeckt. Die ansteigende Temperatur führte zu einem allmählichen, von Süden nach Norden fortschreitenden Abschmelzungsprozeß. Von einer ungeheuren Last befreit, begann sich die dünne, auf einem flüssigen Kern schwimmende Landkruste zu heben und brachte den heute noch meßbaren Prozeß in Gang, den man als die "Skandinavische Landhebung" bezeichnet. Zwei entgegengesetzte Faktoren bestimmten dabei das Meeresniveau: zum einen die Landhebung, die zu sinkendem Meeresspiegel führt, zum anderen das zufließende Schmelzwasser, das die Strandlinie wieder ansteigen läßt.

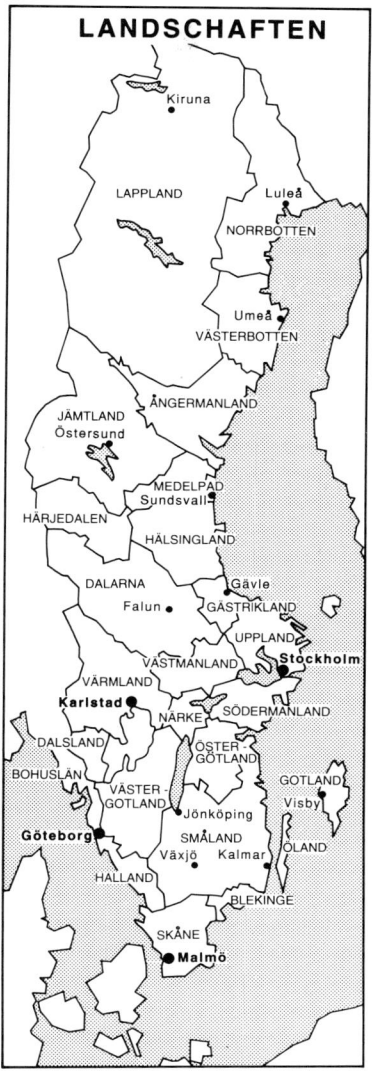

LANDSCHAFTEN

Kiruna

LAPPLAND

Luleå

NORRBOTTEN

Umeå

VÄSTERBOTTEN

ÅNGERMANLAND

JÄMTLAND
Östersund

MEDELPAD
Sundsvall

HÄRJEDALEN

HÄLSINGLAND

DALARNA

Gävle

Falun

GÄSTRIKLAND

UPPLAND

VÄSTMANLAND

Stockholm

VÄRMLAND

Karlstad

NÄRKE

SÖDERMANLAND

DALSLAND

ÖSTER-
GÖTLAND

BOHUSLÄN

VÄSTER-
GÖTLAND

GOTLAND

Visby

Jönköping

Göteborg

SMÅLAND

Växjö   Kalmar

ÖLAND

HALLAND

BLEKINGE

SKÅNE

Malmö

In der ersten Phase der Nacheiszeit, dem sogenannten *Yoldia-Stadium*, war die Ostsee nur ein Binnensee, der keinerlei Verbindung zum Atlantik hatte. *Öresund, Großer* und *Kleiner Belt*, die heute Schweden und Dänemark voneinander trennen, gab es noch nicht. Eine Fußwanderung von Deutschland über Dänemark nach Schweden wäre auf diesem Weg durchaus möglich gewesen. Durch verstärkte Eisschmelze ab ca. 8.500 v. Chr. stieg der Wasserspiegel der Ostsee, die bislang «ein Süßwassersee war, schneller an als das Land. In diesem sog. *Litorina-Stadium* durchbrach sie mit ihren Wassermassen das Festland und schnitt etwa auf der Höhe der heutigen Stadt *Skara* Südschweden vom Norden ab. Spuren der sogenannten "Billinger Pforte" lassen sich heute noch im Naturpark Billingen in Västergötland finden. Mit beschleunigter Landhebung, die wiederum durch stärkere Erwärmung verursacht wurde, hob sich die "Straße" in Mittelschweden über den Meeresspiegel und wurde erneut zu Festland. Die Billinger Pforte hatte sich geschlossen.

Die Ostsee wurde abermals um 7.000 v. Chr. zum Binnengewässer. Allerdings erschloß sie sich auch den Norden, den *Bottnischen Meerbusen*. Erst vor etwa 7.000 Jahren bildete die Ostsee die heutigen Sunde zwischen Schweden und Dänemark und stellte nun endgültig eine Verbindung zur Nordsee her. Das Süßwasser begann, sich allmählich mit atlantischem Salzwasser zu mischen. Das auf den Landmassen zurückgebliebene Wasser der Billinger Pforte hatte mittlerweile die Täler aufgefüllt. Die *Mittelschwedische Seenplatte* war entstanden.

Der Landhebungsprozeß aber hat bis heute seinen Abschluß noch nicht gefunden. Auf der Höhe von Stockholm mißt man immer noch drei bis vier Zentimeter pro Jahrzehnt, in Lappland sogar mehr als zehn Zentimeter, so daß sich im Laufe der letzten Jahrhunderte beträchtliche Veränderungen feststellen lassen: Hafenstädte mußten ihre Anlagen verlegen, Sunde wurden landfest, neue Inseln tauchten aus dem Meer auf.

Die zurückweichenden Eismassen veränderten nicht nur die Küste. Im Inland schliffen sie gewaltige U-Täler aus, legten Moränenhügel an und ließen die langgestreckten Oser zurück, Kiesdämme von vielen Kilometern Länge, die durch Sickern und Fließen des Wassers unter der Eisdecke entstanden sind.

Klima

Aufgrund des langen Gebirgszugs im Westen bleibt Schweden von den feuchtigkeitsgesättigten Luftmassen des Atlantiks weitgehend verschont. Mit durchschnittlich 600 mm pro Jahr ist die Niederschlagsmenge in ganz Schweden recht gering und einigermaßen konstant. *Stockholm* ist die trockenste Hauptstadt des Nordens.

Die Temperaturen nehmen im Sommer wie im Winter von Süden nach Norden ab. Im Sommer aber sind die Temperaturunterschiede kleiner, da sich die langanhaltende Sonneneinstrahlung der höheren Breiten im Bereich großer Landmassen stärker auswirkt. So erreicht man auch in Lappland Höchsttemperaturen von 28 bis 30 °C. Im Vergleich zu Deutschland ist der Sommer nicht wesentlich kälter. Er ähnelt dem norddeutschen Sommer, ist aber entschieden kürzer. Richtige sommerliche Wärme darf man in Südschweden erst ab Mitte Juni erwarten und dann kaum länger als acht Wochen. In Lappland, vor allem im Fjäll, herrschen fast die gleichen klimatischen Verhältnisse wie in Südschweden im Mai und Juni: kurzer subarktischer Frühling und fünf bis sechs Wochen Hochsommer. Nach einem kurzen, oft prächtigen Herbst folgen erste Wintereinbrüche oft schon Ende September oder Anfang Oktober (→ Reisevorbereitung, Reisezeiten).

Allgemein ist festzustellen, daß die letzten Jahre wärmer geworden sind, daß die Saison länger und trockener ist, die Winter sogar ausgesprochen mild und schneearm sind sowie auch erst spät einsetzen. 1990 war das wärmste Jahr und in 1994 der heißeste Sommer seit Beginn der Temperaturaufzeichnung. 1986 hatte Stockholm zum letzten Mal "Weiße Weihnachten". Ältere Menschen klagen: "Det är inte som förr" - "Alles anders als früher!"

Pflanzenwelt

Schweden ist ein grünes Land, auch im Winter. Dafür sorgt der große Anteil von Nadelbäumen am Wald (85 %). Allerdings sind die *Tanne* und andere Edelhölzer fast unbekannt.

Die Vegetationszonen in Schweden weisen keine gravierenden Unterschiede auf. Sie sind stärker abgestuft gegen Norden, da hier extreme Unterschiede in den für das Pflanzenwachstum wichtigen Lichtverhältnissen auftreten. Dagegen ist allgemein die Höhengliederung der Pflanzen deutlicher ausgeprägt.

Obwohl in ganz Schweden die Artenzahl sehr gering ist, mißt man eine hohe Individuenzahl. Bei den Bäumen dominieren *Fichte, Kiefer* und *Birke.* Die Seenlandschaft ist die Nordgrenze für fast alle Laubbäume. In Västergötland steht der nördlichste *Buchenwald* der Welt.

Eichen kommen noch in Svealand vor, nicht aber mehr in Lappland. Seltene Arten bleiben dem Süden vorbehalten. Nur noch die *Birke* hält sich im äußersten Norden. Einmalig auf der Welt bilden in Lappland die Birken und nicht Nadelhölzer die nördliche Baumgrenze. Meist reichen sie noch 200 m weiter als die Fichten, allerdings sind sie hier im äußersten Norden von kleinerem Wuchs (Krüppelbirken). *Flechten* und *Beerensträucher* überziehen fast den gesamten schwedischen Wald als Bodengewächse. Im Herbst lockt ein überreiches Angebot an *Pfifferlingen* und anderen Speisepilzen, an *Himbeeren, Walderdbeeren, Blaubeeren* und *Preiselbeeren.* In Lappland, vor allem in den Sumpfgebieten, findet man noch die immer seltener werdende delikate arktische *Multebeere*, "Hjortron" und "Åkerbär", die Königin der Beerenfrüchte.

Landwirtschaft mit *Getreideanbau* betreibt man in Skåne, Väster- und Östergötland, Sörmland, Uppland, Värmland und Dalarna. · Obwohl der Getreideanbau überwiegt, findet man in allen Provinzen Wiesen und Weiden, die eine leistungsfähige Milchwirtschaft erlauben. Gelbblühende Löwenzahnfelder verwandeln Schweden im Juni bei strahlendem Sonnenschein in ein Frühlingsparadies.

In Dalarna, Härjedalen und Jämtland hat sich in hohen Lagen sogar eine Art *Sennereiwirtschaft* erhalten, die an norwegische oder auch an schweizerische Verhältnisse erinnert. Im Fjäll blühen - allerdings nur kurz - viele seltene, alpentypische Blumen, wie z. B. *Steinbrech, Eisenhut*, ja sogar *Edelweiß!*

Tierwelt

Wie in der Pflanzenwelt ist von der Artenvielfalt der Tiere kaum zu reden, aber die Individuenzahl beachtlich. Eine Ausnahme macht die Vogelwelt mit einer reichen Artenfülle. Alle Greifvögel, sogar der seltene *Steinadler*, sind hier zu Hause. Viele Zugvögel brüten in Schweden oder machen hier Rast. Vogelbeobachtungsstationen gibt es nahezu überall. Von Ornithologen in ganz Europa geschätzt ist der *Hornborgasjön* in Västergötland, der auch von Tausenden von Vogelfreunden besucht wird. Der Tanz der *Kraniche* im April, wenn sich unzählige Vögel gleichzeitig in die glühende Abendsonne erheben, ist ein überwältigendes Erlebnis.

Der *Elch*, jener gewaltige Waldbewohner, der bis zu 500 kg schwer werden kann, ist mit Ausnahme von Skåne und Gotland im ganzen Land verbreitet. Elche, allen Vorurteilen zum Trotz recht schlau, sind Allesfresser und bevorzugen zum Leidwesen der Holzindustrie die Triebe junger Bäume. Mit nur schwachem Sehsinn wagen sie sich - angelockt von Müllplätzen - bis an die städtischen Randgebiete heran. Ein Exemplar der Gattung kam so zu einer unfreiwilligen Schiffspassage nach Dänemark. Zwar organisieren lokale Touristikämter Elchsafaris, doch mit etwas Spürsinn ließen sich Elche zumindest in Småland, Västergötland und Värmland auch in freier Wildbahn beobachten. Sie zeigen sich vorzugsweise in der Dämmerung an Waldrändern oder wenig befahrenen Wegen.

Das *Rentier* trifft man in Lappland, zumeist in ganzen Herden. *Rotwild* kommt hauptsächlich im Norden vor. Dort findet man auch noch Tierarten, die in Europa äußerst selten geworden sind: *Polarfuchs*, *Vielfraß* und *Bär*. Ca. 500 Braunbären leben hier noch. Eine Begegnung mit ihnen ist aber für den Durchschnittstouristen unwahrscheinlich, da die Tiere scheu sind

und an unzugänglichen Stellen leben. Dies gilt auch für *Luchse* und die meisten *Wölfe*, von denen keine Gefahr mehr ausgeht. Es werden allenfalls noch zwanzig Wölfe an der Zahl sein. Ansonsten trifft man *Hasen, Dachse, Marder* und andere Nager in großer Zahl fast überall. In Lappland sind *Lemminge* die häufigsten Kleinsäugetiere.

Auch *Schlangen* sind in Schweden zu Hause. Giftig ist nur die *Kreuzotter*. Sie ist aber scheu und daher ungefährlich. Die größte Plage der Sommerurlauber können *Stechmücken* sein. Besonders an Seeufern und in den Moorgebieten Lapplands wird man zwischen Ende Juni und Anfang August von Tausenden dieser Schmarotzer belästigt. Andere Insekten sind weniger störend. Entschädigung bieten die fischreichen Seen und Flüsse des Landes mit *Lachs, Hecht, Zander, Forellen* und *Karpfen*.

Bevölkerung

Nach neuesten Zählungen leben in Schweden etwa 8,5 Millionen Menschen. Die durchschnittliche Bevölkerungsdichte beträgt 20 Einwohner pro km² und schwankt zwischen 231 pro km² in Stockholm und 3 pro km² in Norrland.

Volkszählungen, die alle fünf Jahre stattfinden, haben in Schweden eine bis in das Jahr 1749 zurückgehende Tradition. Den kirchlichen Personenregistern insbesondere ist es zu verdanken, daß nahezu lückenlose Datenbestände über die Bevölkerung vorhanden sind. Heute erhält jedes Neugeborene die sogenannten "Hundemarke", die eine individuelle Kennzahl, Geschlecht und Geburtsdatum enthält. Die Erfassung aller wichtigen persönlichen Daten wie Heirat, Kinder,

Scheidung und Wohnortwechsel ist darüber hinaus in den regionalen Registern und im staatlichen Zentralamt gewährleistet. Schließlich arbeitet jeder berufstätige Schwede im Januar und Februar eines jeden Jahres an seiner "Deklaration", in der er staatlichen und kommunalen Behörden seine wirtschaftlichen und privaten Verhältnisse offenlegt. Der "gläserne Mensch", ein Schwede?

Typisches schwedisches Holzhaus

Bevölkerungsentwicklung

Im wesentlichen verlief die Bevölkerungsentwicklung Schwedens wie die der anderen Industrienationen auch: von hoher Sterblichkeit und Geburtenzahl zu niedrigeren Raten. 1950 hatte sich die Bevölkerung von 3,5 Millionen im Jahr 1850 nahezu verdoppelt, da die Sterblichkeitsrate schneller abgenommen hatte als die Geburtenrate.

Das Bevölkerungswachstum wurde durch die Auswanderung zwischen 1853 und 1930, in deren Verlauf fast 1,5 Millionen Menschen das Land verließen, stark verlangsamt. Mißernten und Hungersnöte machten Finnland und Schweden in den achtziger Jahren des letzten Jahrhunderts zu den "Armenhäusern Europas". Nachdem in den dreißiger Jahren der wirtschaftliche Aufschwung des Landes eingesetzt hatte, ging die Auswanderung drastisch zurück. Nach dem Krieg dominierte die Einwanderung. Auch heute noch ist eine positive Wanderungsbilanz wichtigster Faktor für das Bevölkerungswachstum.

Mit 8,5 Millionen Einwohnern ist Schweden das bevölkerungsreichste Land Skandinaviens. Diese Rolle wird es wohl auch behalten, denn mit durchschnittlich 1,9 Kindern pro Familie wächst die schwedische Bevölkerung rascher als zum Beispiel die deutsche.

Räumliche Bevölkerungsverteilung

Mehr als 85 % der Einwohner konzentrieren sich in der südlichen Landeshälfte. Für Lappland und die angrenzenden Provinzen bleibt also nur knapp eine Million. Die Hälfte der 7,5 Millionen Einwohner des Südens verteilt sich allein auf die vier großen Ballungszentren, auf *Stockholm*, das *Mälartal*, *Göteborg* und *Malmö*. Mehr als 90 % aller Einwohner Schwedens leben in städtischen Gebieten oder größeren Siedlungen, Folge der mit der Industrialisierung vor ca. hundert Jahren einsetzenden Landflucht. Im Grunde aber sind die Schweden Landmenschen geblieben, denn fast jede zweite Familie nennt eine "Sommarstuga", ein Ferienhaus aus Holz, zumeist im Wald gelegen, ihr eigen.

Bevölkerungsgruppen

Die Wandlung Schwedens vom Agrarland zum Industriestaat vollzog sich in den letzten fünfhundert Jahren. Die Nachfrage nach Eisenerz, Holz und Kupfer stieg weltweit. Schweden konnte all dies liefern. Neue Strukturen entstanden: Industrie, Handel und Verkehr verdichteten sich. Der Aufstieg zur Industrienation seit den dreißiger Jahren unseres Jahrhunderts lockte Einwanderer in das Land, die in der Industrie Arbeit fanden. Die Zahl der in der Landwirtschaft Beschäftigten sank von ca. 75 % im Jahr 1850 auf nur noch etwa 5 % in unserer Zeit. Seit den sechziger Jahren ist allerdings nicht die Industrie, sondern der öffentliche und private Dienstleistungsbereich der größte Arbeitgeber im Land.

Seit Ende des zweiten Weltkriegs ist etwa eine Million Menschen zugereist, aus Finnland, den Mittelmeerländern oder als Rücksiedler aus Amerika. Sie arbeiten zur Hälfte in der Industrie, nur zu 15 % im Dienstleistungsbereich, der eher den Schweden vorbehalten ist. Die größte Einwanderergruppe stellen die etwa 200.000 Finnen. Im Zuge der Einführung eines gemeinsamen freien Arbeitsmarktes 1954 kam es zu einer binnenskandinavischen, bis heute andauernden Wanderung. Vor allem waren die Finnen aufgrund ihres Ausbildungsstands leicht in die schwedische Wirtschaft zu integrieren. Auch mit Gastarbeitern aus dem ehemaligen Jugoslawien, aus Griechenland, Italien, der Türkei oder Chile hat Schweden bis heute weniger große Probleme gehabt als andere Industrienationen. Das verdankt man einer sehr fortgeschrittenen Gesetzgebung im Bereich der Ausländerpolitik.

Neben den Einwanderern ist in Schweden auch eine ethnische Minderheit ansässig, die _Lappen_ oder _Samen_, wie sie sich selbst nennen. In Kultur und Sprache unterscheiden sie sich von den germanischen Skandinaviern in Schweden, Norwegen oder Dänemark. In Schweden leben etwa 15.000 Samen, von denen aber nur noch ca. 20 % in der traditionellen Rentierzucht tätig

sind. Die Vorstellung vom freien, nomadenhaft umherziehenden und in Trachten gekleideten Naturmenschen ist längst Geschichte. Man wohnt wie die Schweden auch im festen Heim, geht nur noch während des Frühlings- und Herbstabtriebs der Rene auf Wanderung. Helikopter und Schneemobile kommen hier zum Einsatz. Doch bei allem technischem Fortschritt und den Veränderungen im Alltagsleben kommt dem Rentier auch weiterhin die entscheidende Rolle für Kultur und Selbstverständnis der Samen zu. An das Ren knüpfen alle Traditionen an, denn nach wie vor ist es das symbolhafte Wappentier einer Bevölkerungsgruppe, die sich heute nicht mehr nur als ethnische Minderheit versteht. So wenig alle Schweden blond sind, so ähneln auch nicht alle Samen ihren kleinwüchsigen, schwarzhaarigen, asiatischen Vorfahren. Auch die Sprache ist als Kriterium der Zugehörigkeit nicht hinreichend. Allein die Wertschätzung des Rentiers scheidet die aktiven, sich ihrer Kultur bewußten Samen, die sich von ihrer traditionellen Bindung gelöst und dem modernen Leben angepaßt haben, von anderen. Nur auf den großen Festen und Märkten, die in Lappland regelmäßig abgehalten werden, wird sie wieder lebendig: die historische Gemeinsamkeit jener Menschen aus vier Ländern (auch in Rußland), die Landesgrenzen nicht akzeptieren wollen, da sie jahrhundertelang Nomaden waren. Und dann feiert man genauso in Karasjok und Kautokeino (Norwegen), in Inari (Finnland) und in Jokkmokk (Schweden).

Ursprünglich Rentierjäger, gerieten die Samen im 17. Jahrhundert zwischen mehrere Fronten. Sie kamen zum einen unter die Herrschaft der Dänen (damals Herren über Norwegen), von denen sie gewaltsam zum christlichen Glauben bekehrt wurden, zum anderen unter den Druck der Schweden und Russen. Die Folgen - Identitätsverlust, Entwurzelung, Verarmung - konnten die Samen erst in diesem Jahrhundert mit steigendem Lebensstandard überwinden. Zur Zeit fördert der Staat stärker kulturelle und wirtschaftliche Eigenständigkeit der Samen. In der Universität von Umeå wurde ein Lehrstuhl für Kultur und Sprache der Samen eingerichtet, in Jokkmokk eine samische Volkshochschule. Der staatliche Rundfunk strahlt Sendungen in Samisch aus. Seit 1971 ist die Rentierzucht, zumeist genossenschaftlich organisiert, den Samen vorbehalten. Allerdings haben die Samen nur das Nutzungsrecht über die Weiden, nicht aber das Besitzrecht. Somit bestehen die Gefahren für die samische Kultur fort: Erzabbau, der die Weiden zerstört, oder sogar Raketenabschußrampen inmitten besten Weidelands.

Familie und Frauen in der Gesellschaft

1980 trat in Schweden ein neues Gesetz über die Gleichberechtigung von Frau und Mann im Eheleben in Kraft. Ziel dieses Gesetzes ist "Jämnställdhet", gleiche Rechte für Frauen und Männer im Arbeitsleben, durchzusetzen. Schweden gilt, was die rechtliche Gleichstellung der Frauen und deren Verwirklichung betrifft, als vorbildliches Land. Die Schwedin ist in vielerlei Hinsicht den Frauen anderer Länder voraus. 83 % aller schwedischen Frauen zwischen 16 und 64 sind berufstätig. Dieser Wert dürfte bislang unerreicht sein. 47 % aller Erwerbstätigen sind Frauen. Sie haben das Recht, in allen Berufen zu arbeiten.

Seit 1983 steht ihnen auch die militärische Laufbahn offen. Trotz Ausgleichs bestehen aber Unterschiede fort, vor allem in der Bezahlung. In produktiven Bereichen erreiche die Frau nur 90 % des Durchschnittslohns ihres männlichen Kollegen. Der Staat versucht, dem durch Verbote der Geschlechtsdiskriminierung oder durch Quotenregelungen bei Neueinstellungen entgegenzuwirken. Auch wenn die völlige Gleichstellung noch nicht erreicht ist, wird man sich nach einem ersten Schwedenurlaub daran gewöhnen, Frauen am Preßlufthammer, am Steuer schwerer Lastwagen oder in der Führungsetage von Unternehmen zu sehen. Ebenso gewöhnt man sich an den Hausmann, der den Kinderwagen durch den Park schiebt.

Die Parteien sind sich in ihrer Beurteilung der rechtlichen Stellung der Frau in der Familie weitgehend einig. Wie in keinem anderen Land bekennt sich die Gesellschaft zu ihrer Verantwortung für die Kindererziehung. Zwar sehen auch die Schweden in der Familie die "Kernzelle" einer intakten Gemeinschaft, doch ist die Rolle, die staatlichen Institutionen bei der Kindererziehung zugewiesen wird, größer als in anderen westlichen Industrienationen.

Vorbildlich sind auch die staatlichen Leistungen in der Familienpolitik. Eine Reihe von Maßnahmen hilft erziehenden Frauen, ihre Ansprüche auf berufliche Selbstverwirklichung aufrechtzuerhalten. Hierzu zählt zum Beispiel die getrennte Steuerveranlagung. Verheiratete und Unverheiratete bezahlen einen gleich großen Steueranteil. Dadurch muß die verheiratete Frau, die ins Erwerbsleben zurückkehrt, nicht mehr auf Steuererleichterungen für die Familie verzichten. Grundsätzlich genießt die schwedische Familie keinen steuerlichen Schutz oder Vorteil. Dafür ist das Kindergeld sehr hoch. Mit dem dritten Kind steigt es progressiv. Eine weitere Erleichterung bei der Kindererziehung ist die Elternversicherung, die nach einem zweigleisigen System geregelt ist: Nach der Geburt eines Kindes besteht ein Anspruch sowohl auf bezahlten Elternschaftsurlaub wie auch, wenn beide Elternteile arbeiten oder studieren, auf Kinderbetreuung in einer öffentlichen Einrichtung. Die Elternversicherung ermöglicht es Vater oder Mutter, nach der Geburt des Kindes zwölf Monate zu Hause zu bleiben und währenddessen 90 % des Einkommens zu beziehen. Zusätzlich erhält der Vater zehn Tage Urlaub. Die gewährten zwölf Monate können und sollen zwischen den Eltern aufgeteilt werden. Die Praxis ist, daß die Mutter während der ersten sechs Monate (Stillzeit) zu Hause bleibt und der Vater in der Zeit danach einige Wochen Vaterschaftsurlaub nimmt. Wird ein Kind unter zwölf Jahren krank, kann eines der Elternteile bei 90 % des Lohns einen Monat Urlaub nehmen (hier herrscht Gleichstellung). Die Kinderbetreuung in den öffentlichen Stätten, dem "Daghem", beginnt für Kleinkinder nach dem ersten Lebensjahr. Träger dieser Einrichtungen sind die Gemeinden. Hier erhalten die Kinder eine gute Betreuung, Anregung ihrer Fähigkeiten und Einübung in das soziale Leben. Ziel ist es, allen Kindern älter als achtzehn Monate einen Platz zu verschaffen. Von den ca. 550.000 schwedischen Kindern zwischen ein und sieben Jahren haben bislang über 400.000 einen Platz in öffentlichen oder privaten Kindertagesstätten. Letztere werden wie das "Daghem" bis zu 75 % von der Gemeinde bezahlt. Die Eltern zahlen nur ca. 10 % der 50.000 Kronen, die ein Daghemsplatz im Jahr kostet. Auch die Kosten für Essen, Unterrichtsmaterialien, Spielzeug und Ausflüge trägt die Öffent-

lichkeit. Und so kommen auch Kinder aus sozial schwächeren Familien in den Genuß derselben Leistungen wie die von besser Verdienenden. Die positiven Auswirkungen für die Mütter liegen auf der Hand. Sie können ihrer Beschäftigung nachgehen und wissen ihre Kinder in den besten Händen. Das macht sie finanziell und psychisch unabhängig.

Wirtschaft

Die schwedische Wirtschaft ist seit Jahrzehnten stark exportabhängig. Rohstoffe aus Bergbau und Forstwirtschaft haben zwischen den Weltkriegen zu einem steigenden Wohlstand geführt, aus dem eine breit gefächerte Wirtschaftsstruktur resultierte. Auch heute ist man in Schweden noch immer sehr stark vom Export abhängig, obwohl an die Seite der traditionellen Rohstofflieferungen ins Ausland immer mehr verarbeitete bzw. veredelte Produkte getreten sind.

Die achtziger Jahre brachten Schweden ein hohes Wirtschaftswachstum und eine meist positive Außenhandelsbilanz. Dafür nahmen bürgerliche Regierungen (1976 - 1982) wie auch sozialdemokratische Regierungen (1982 - 1991, seit 1994) eine hohe Inflationsrate in Kauf. Sie bewegte sich stets zwischen 5 und 10 %, u. a. aufgrund hoher Gehaltssteigerungen der Arbeitnehmer und aufgrund des hohen Konsums, der durch eine freizügige Darlehenspolitik der Banken noch gefördert wurde.

Die sozialdemokratischen Regierungen setzten traditionell den Schwerpunkt ihrer Politik auf die Bekämpfung der Arbeitslosigkeit. Mit einer vorbildlichen aktiven Arbeitsmarktpolitik gelang es ihnen dann auch, die Beschäftigungsquote zu einer der höchsten aller Industriestaaten zu machen. In den achtziger Jahren waren in Schweden durchschnittlich zwischen 1,5 und rund 3 % der arbeitsfähigen Bevölkerung arbeitslos.

Beide genannten Werte - Inflationsrate und Arbeitslosenquote - weisen jedoch seit 1990 eine umgekehrte Tendenz auf. Abnehmende wirtschaftliche Wachstumsraten werden von den Sozialdemokraten nun mit Krisenpaketen bekämpft. Im Ergebnis zeigt sich seit 1990 eine stark ansteigende Arbeitslosenquote (1994 bei ca. 7 %), aber auch eine deutlich reduzierte Inflationsrate (1994 bei ca. 3 %). Diese und die neuerlichen Abwertungen der Krone 1993 - erstmals erhielt man für 1 DM mehr als 5 Kronen - machten 1993 und 1994 die schwedische Exportindustrie wieder konkurrenzfähig, so daß ein Handelsbilanzüberschuß erwirtschaftet werden konnte. Dennoch nimmt die Arbeitslosigkeit zu und wird wohl auch von der neuen sozialdemokratischen Regierung, die seit September 1994 wieder an der Macht ist, kaum zu bremsen sein.

Landwirtschaft

Der Rationalisierungsprozeß, der die Landwirtschaft überall prägt, läßt sich auch in Schweden beobachten. Immer mehr kleine Hofbauern verkaufen ihr Gut, große und extensiv arbeitende Betriebe bestimmen das Bild. Die landwirtschaftlich genutzten Flächen betragen etwa 9 % des gesamten Areals. Sie liegen vor allem im Süden, u. a. in Skåne, der Kornkammer Schwedens, in Blekinge, dem Garten Schwedens, und in den Provinzen Västergötland und Östergötland, Södermanland, Värm-

land und Dalarna. Die landwirtschaftliche Produktpalette ist sehr umfangreich, und dank der hohen Leistungsfähigkeit der schwedischen Gutsbetriebe wird bei vielen Grundnahrungsmitteln eine Deckung des Eigenbedarfs erzielt. Milch, Butter, Käse, Kartoffeln, Beerenfrüchte und einige andere Produkte sind darüber hinaus sogar Exportartikel. Staatliche Subventionen fördern einen hohen Ertrag. Begünstigt wird die hohe Marktdeckung auch durch ein Gesetz, das den Import einzelner landwirtschaftlicher Produkte, z. B. von Äpfeln und Kartoffeln, erst dann gestattet, wenn die einheimische Ernte aufgebraucht ist. Solche Regelungen aber sind beim Beitritt in die EU weggefallen und machen daher die Landwirte zu erklärten Gegnern der *Europäischen Union.* Im Gegenzug vernimmt man landesweiten Protest gegen überhöhte Agrarpreise und überzogene Forderungen der Bauern.

Landwirtschaftliche Konsumgenossenschaften in Verbindung mit dem Dachverband der Verbrauchergenossenschaften (*KF = Kooperativa Förbundet*) bemühen sich, die Preise niedrig zu halten. Sie übernehmen Verarbeitung und Vermarktung landwirtschaftlicher Produkte aus allen Bereichen gemeinsam und kostensparend.

Bauernhof in Halland

Holzverarbeitende Industrie

Forstwirtschaft

Fast 60 % des schwedischen Fest-
lands sind Waldgebiet. Das entspricht 1 % der gesamten Waldfläche der Erde. Davon werden aber
nur 10 % forstwirtschaftlich genutzt. Während man noch vor zehn
Jahren Versorgungsengpässe bei
Nutzholz befürchtete, sieht man die
Situation heute eher gelassen. Die
gesamte Waldfläche wird aufgrund
intensiver, gesetzlich vorgeschrie-
bener Aufforstungen immer größer.
Zudem stagniert der Weltholzver-
brauch. Bei einer Gesamtentnahme
(Absterben und Einschläge) von ca.
65 Mio. Waldkubikmeter wächst der
gesamte Holzbestand um ca. 75
Millionen Waldkubikmeter jährlich.
Lappland, Jämtland und Värmland
sind in hohem Maß von der Holzindustrie abhängig. Am Vänern-See
und an der Küste in Västernorrland
siedelten sich die großen holzverar-
beitenden Industriebetriebe an, wie
Svenska Cellulosa, MoDo und viele
andere. Die schwedischen Waldbesitzer (50 % der Waldfläche sind in
Privatbesitz) haben sich nach dem
Krieg in zwei großen Verbänden zusammengeschlossen, um auf das
Preisdiktat der Forstindustrie reagie-
ren zu können. Heute werden die
Preise jährlich festgelegt und die
Waldeigentümer sind an den Erträ-

gen aus der holzveredelnden Industrie beteiligt. Neben den privaten
Waldbesitzern halten der Staat und
große Forstwirtschaftsunternehmen
wie _SCAB_ je ca. 25 % der Fläche.
Der Privatwald liegt vor allem im
Süden des Landes. Fichten und Kiefern werden am stärksten genutzt.
Zusammen machen sie 85 % des
gesamten Bestands aus.
Der Kahlschlag hat sich als die
geeignetste Wirtschaftsform der
Holznutzung erwiesen, dies in öko-
nomischer wie auch in biologischer
und ökologischer Hinsicht. Wird rei-
fer Waldbestand komplett gefällt,
können Krankheiten (z. B. durch Kä-
fer) restlos beseitigt werden. Auch
Pflege und Durchforstung sind leichter und effektiver möglich. Vor
allem aber bleibt durch Kahlschlag
in speziell dafür vorgesehenen Wirt-
schaftswäldern der ökologisch und
biologisch so wichtige Ur- und Alt-
wald unangetastet. Von der holz-
verarbeitenden Industrie mit ihren
ca. 2.500 Sägewerken, darunter
den größten in Europa, mit 64 Zell-
stoff- und 57 Papierfabriken leben
insgesamt ca. 250.000 Beschäftigte
bzw. 6 % der schwedischen Bevölkerung. In manchen Landesteilen ist
sie sogar der beherrschende Wirt-
schaftszweig. Einschließlich des
Produktionswerts aller Exportgüter
erwirtschaftet sie etwa 5 % des
Bruttosozialprodukts und 20 % des
gesamten schwedischen Exports.
Somit spielen Forstprodukte eine
entscheidende Rolle für die schwedische Handelsbilanz. Das Forstge-
setz von 1980 berücksichtigt diese
wichtige Position und sorgt für zentrale Planung und Bewirtschaftung,
auch unter ökologischem Aspekt.

Eisen- und Stahlindustrie

Bereits im 13. Jahrhundert begann
man mit der Ausbeutung der reichen

Vorkommen von Eisenerzen in Mittelschweden. Sie wurden vor Ort verhüttet. Mit der *industriellen Revolution* entwickelte sich Schweden zum bedeutendsten Eisenlieferanten der Welt. Bis 1860 konnte es diese Position halten. Danach begann sich das Fehlen eigener Kohlevorräte negativ auf die Massenverhüttung auszuwirken. Doch man reagierte rechtzeitig darauf, indem man sich auf die Erzeugung und den Export von hochwertigen Stahlprodukten verlegte. Bis heute steht "Schwedenstahl" für Qualität. Firmen wie Avesta und SKF-Steal genießen weltweit einen guten Ruf. Stahlprodukte haben heute einen Anteil von 5 % am Gesamtexport. Mehr als 30.000 Menschen sind in diesem Industriezweig beschäftigt.

Metallverarbeitende Industrie

Metallwarenindustrie und Maschinenbau sind der größte Industriezweig Schwedens. Seine Produktion hat sich in den letzten zwanzig Jahren fast verfünffacht. Die metallverarbeitende Industrie umfaßt metallerzeugende Betriebe, mechanische Betriebe (inkl. Transportmittel, Autos, Flugzeuge, Schiffe), elektrotechnische Betriebe und Maschinenbau. Ihre Erzeugnisse haben sich aufgrund hoher Präzision, Leistungsfähigkeit und Haltbarkeit einen guten Ruf erworben. Marktbeherrschend sind die vielen kleineren und mittleren Unternehmen. Insgesamt arbeiten hier etwa 400.000 Personen, mit steigender Tendenz. Etwa 40 % des gesamten schwedischen Exports bestehen aus Erzeugnissen dieser Branchen. Neben den weltweit bekannten schwedischen Autos und Schiffen umfaßt die Ausfuhr auch Kugellager (SKF), Eisenbahnen (ABB), Telefone (Ericsson),

Turbinen (ABB), Motoren (Volvo, Saab), Separatoren (Alfa Laval), Kühlschränke und Staubsauger (Elektrolux), Nähmaschinen (Huskqvarna), Werkzeugmaschinen sowie Ausrüstungen für die Forstindustrie und den Bergbau (Atlas-COPCO). Unter den Exportartikeln befinden sich viele Produkte, die in Schweden überhaupt erst erfunden wurden, wie von Alfred Nobel (Erfinder des Dynamits), Christopher Polhem (Kardanwelle), E. Pasch (Streichholz), John Ericsson (Propeller), Lars Magnus Ericsson (Telefon), T. Johanson (Reißverschluß), C. Winquist (Kugellager), Wenner-Gren (Staubsauger) und vielen anderen.

Bergbau

Auch der schwedische Bergbau blickt auf eine lange Tradition zurück. Insbesondere das über Tage gewonnene *Kupfer* aus Dalarna verschaffte Schweden als Exportland für Bodenschätze weltweit Geltung. In den letzten Jahrhunderten befanden sich die großen Erzgruben dort und in Västmanland sowie in der Region Bergslagen. Ein Großteil der Produktion lag in den Händen weniger Familien, die zugleich die Eisenwerke und Hütten besaßen. Die Namen "Wallenberg" und "Kopparberg" haben in dieser Gegend noch immer einen guten Klang. In unserem Jahrhundert entstanden neue Zentren der Förderung und Verarbeitung von *Eisenerzen, Sulfiterzen, Kupfer, Blei* und anderen Mineralen, so in Lappland um Kiruna und am Bottnischen Meer, bei Sollefteå, Skellefteå und Rönnskär. Schweden liefert heute ca. 10 % des Weltbedarfs an Eisenerz. Europas größtes Bleibergwerk liegt in Laisvall, das größte Untertagebergwerk der Welt in Kiruna mit einer Jahresförderkapazität von rund

20 Millionen Tonnen Roherz mit hohem Eisengehalt. Auch in Dalarna wird weiterhin nach Mineralen gegraben, wie auch Falun noch immer auf die Kupfergewinnung setzt. Auf Gotland dominieren Abbau von *Kalkstein* und *Zementherstellung* (Cementa AB).

Außenhandel

40 % der Industrieproduktion des Landes gehen in den Export. Die Zusammensetzung der Warenausfuhr hat sich seit dem zweiten Weltkrieg verändert. Der Schwerpunkt hat sich von Rohstoffen und Holzfabrikaten (Zellstoff, Eisen, Stahl, Papier) mehr auf verarbeitete bzw. veredelte Güter verlagert. Dabei liegen Erzeugnisse der metallverarbeitenden Industrie mit ca. 50 % und Rohstoffe (Forstprodukte und Erz) mit ca. 20 % vorne, Papier schlägt mit 9 %, chemische Produkte mit 8 %, Eisen und Stahl mit 6 % zu Buche. Hohe Steigerungsraten verzeichnen auch Verbrauchsgüter und Systeme, z. B. im Umweltschutz, Gesundheitswesen und Energieanlagenbau. Die Industrieländer sind die wichtigsten Handelspartner. Dabei liegt Deutschland sowohl bei Import als auch Export an erster Stelle. Über 75 % der schwedischen Ausfuhr gehen in die *Europäische Union.* Beim Import spielen Deutschland sowie die USA, Großbritannien, Norwegen und Dänemark eine wichtige Rolle. Ins Gewicht fällt die große Abhängigkeit von Brennstoffen. Sie machen ca. 23 % des Imports aus. Daneben werden hauptsächlich Erzeugnisse der metallverarbeitenden Industrie, Textilien, Nahrungsmittel und Konsumgüter eingeführt.

Schweden hat alle wichtigen Welthandelsabkommen unterzeichnet, wie z. B. das Allgemeine Zoll- und Handelsabkommen *(GATT),* das der Liberalisierung des Welthandels dient. Es ist Mitglied der UNO-Konferenz für Handel und Entwicklung zur Förderung der Entwicklungsländer *(UNCTAD)* wie auch der Organisation für Erziehung und kulturelle Entwicklung *(OECD).* Man darf erwarten, daß der bevorstehende Beitritt in die *Europäische Union* die Handelsstruktur des Landes nicht wesentlich verändert.

Energie und Energiepolitik

Der schwedische Energieverbrauch pro Kopf gehört zu den höchsten der Welt. Er erklärt sich vor allem aus einer sehr energieintensiven Industrie, aus klimatischen Bedingungen und den großen Entfernungen, die bei allen Transporten zu bewältigen sind.

Leider verfügt das Land mit Ausnahme von Uran über keine größeren eigenen Energiequellen. Fossile Brennstoffe sind praktisch nicht vorhanden. Nur auf Gotland werden *Erdöl und -gas* in geringen Mengen gefördert. *Uran* gibt es in Västergötland. Die abgebaute Menge macht 20 % der Welturanförderung aus. Bei einem nur geringen Urangehalt lohnt sich der Erzabbau allerdings kaum. Die großen *Torfvorkommen* werden aus ökologischen Gründen kaum genutzt. *Holz* liefert 9 % des Energiebedarfs. Die wichtigste einheimische Energiequelle ist die *Wasserkraft,* die 1990 ca. 40 % der elektrischen und 15 % der gesamten Energie liefern konnte. Die Hälfte des Gesamtenergiebedarfs deckt importiertes Öl, ca. 10 % eingeführte Kohle.

Die Frage der kommerziellen Nutzung der Kernenergie bestimmte die politische Auseinandersetzung der letzten zehn Jahre. Bei einer Volksabstimmung 1980 setzten sich die

Vertreter eines begrenzten Ausbaus der Atomenergie (Sozialdemokraten und Liberale) gegen die bedingungslosen Anhänger (Moderaten) und die Kernkraftgegner (VP und Centrum) durch. Die Diskussion entzweite alle gesellschaftlichen Schichten und Gruppen. Bemerkenswert ist die Tatsache, daß die Bauernschaft nach wie vor entschiedenster Gegner der Kernkraft ist. Schließlich fand man zu dem Kompromiß, die Zahl der Kernkraftwerke auf zwölf zu begrenzen und sie nach ihrer natürlichen Lebensdauer nicht mehr zu ersetzen. Mittlerweile hat man beschlossen, die ersten Kernkraftwerke im Jahr 2007 stillzulegen. Fünf Anlagen sind bereits im November 1992 aus Sicherheitsgründen abgeschaltet worden.

Auf ebenso große ökologische Vorbehalte stößt der weitere Ausbau der Wasserkraft. Nahezu die Hälfte der Flüsse ist mehrfach aufgestaut. Besonders in Lappland sind zahlreiche natürliche Biotope bereits geschädigt, die Folgen für Tier- und Pflanzenwelt verheerend. Nur vier größere Flüsse, der *Kaitumälv*, *Kalixälv*, *Torneälv* und *Vindelälv*, bleiben bislang verschont und haben ihr natürliches Erscheinungsbild bewahren können.

Spätestens um die Jahrtausendwende wird sich die Frage der Energieversorgung zuspitzen. Kernkraft ist politisch schwer durchsetzbar, ökologisch verträgliche Energieformen stehen für den industriellen Bedarf noch nicht in hinreichenden Mengen zur Verfügung. Man darf gespannt sein, wie die schwedische Politik dieses Problem lösen wird.

Holzeinschlag mit modernen Maschinen

Umweltprobleme

Schwedens Touristikwerbung ist äußerst geschickt. Sie setzt auf die Reinheit der Natur, auf saubere Luft, klare Gewässer und eine gesunde Tier- und Pflanzenwelt. Damit spricht sie insbesondere den von Umweltschäden und -problemen arg gebeutelten Mitteleuropäer an. Aber auch Schweden muß sich mit Umweltschäden auseinandersetzen, die es zum größten Teil nicht einmal selbst verschuldet hat.

Erwähnenswert ist zunächst, daß Schweden als erstes Land den Umweltschutz zum politischen Thema machte und gesetzlich verankerte. Erste Formulierungen eines Umweltschutzgesetzes reichen bis in das 17. Jahrhundert zurück. In seinen Fassungen seit 1969 setzt es für Industrie und private Haushalte gleichermaßen verbindliche Grenzwerte bezüglich Wasser- und Luftverschmutzungen fest. Mit seiner Hilfe konnte Schweden den Schadstoffausstoß der eigenen Industrie wesentlich senken. Es gelang z. B. Schwefelemissionen zu reduzieren (von ca. 925.000 Tonnen 1970 auf ca. 240.000 Tonnen 1990). Indessen liegt die Ursache des Problems im Ausland, denn Schweden ist aufgrund geographisch-meteorologischer Bedingungen vor allem von Luftschadstoffen aus Großbritannien, Mittel- und Osteuropa betroffen. Der schwedische Anteil am gesamten Schadstoffniederschlag über dem Land liegt bei "nur" 10 bis 15 %. Man hat in Schweden längst eingesehen, daß man zur Lösung dieser Probleme bereits in den Verursacherländern ansetzen muß. Ähnliches gilt auch für die Rettung der Ostsee. Auf mehreren Konferenzen der Anrainerstaaten wurden zwar Maßnahmen beschlossen, die allerdings unzureichend scheinen, wenn man bedenkt, daß Polen seine

Abwässer sämtlich ungeklärt in die Ostsee einleitet. Schweden und Finnland bauen nun in eigenem Interesse Kläranlagen in Polen. Die Auswirkungen auf die Wasserqualität an den skandinavischen Küsten sind spürbar, obwohl man nahezu an allen schwedischen Stränden noch unbedenklich baden kann. Im Vergleich zum Mittelmeer sind die Verschmutzungswerte immer noch sehr niedrig. In der Frage der Waldschäden steht das Land zwar im internationalen Vergleich recht gut da, doch ist auch hier eine Zunahme der betroffenen Flächen zu verzeichnen, so daß man wohl noch in diesem Jahrzehnt auch in Schweden vom "Waldsterben" sprechen wird.

Das größte Problem ist die angesprochene Übersäuerung der Binnenseen. Von den ca. 96.000 Seen sind mehr als ein Viertel "krank" (5.000 sind mit einem ganzjährigen PH-Wert unter 5). Der Übersäuerungsgrad der Seen nimmt von Süden nach Norden hin ab. Dennoch gibt es auch in Südschweden noch sehr viele gesunde und fischreiche Seen, vor allem dort, wo der Kalkgehalt recht hoch ist. Leider besteht Schweden zum größten Teil aber aus kalkarmem Urgestein, so daß die gesamte Ökologie auf steigende Säurewerte viel empfindlicher reagiert. Man gibt heute Millionen Schwedenkronen für flächendeckende Kalkungen des Waldbodens aus. Da Kalk ein natürlicher Säurebinder ist, verlangsamt er die Übersäuerung.

Es ist somit unzutreffend, Schweden als das "letzte Naturparadies" darzustellen, wenn auch im Vergleich zu anderen Ländern die Umweltschäden geringer sind. Selbst Wildlandflächen im Norden des Landes sind nicht mehr völlig unbeeinträchtigt. Sie gehören aber immer noch zu den Regionen mit den geringsten Schäden: Schwefeldioxid, Schwefelstickoxid, Sulfat- und Nitratkonzentrationen sind durchweg um ein Fünf- bis Zehnfaches niedriger als im südskandinavischen Raum, von Mitteleuropa ganz abgesehen.

Unbedenklich ist mittlerweile wieder der Genuß von Beeren und Pilzen, die nach der Katastrophe von Tschernobyl 1987 in den meisten Teilen Schwedens strahlenverseucht waren. Heute weisen nur noch manche Gebiete in Gästrikland und Südjämtland leicht erhöhte Strahlungswerte auf. Ansonsten sind schwedische Heidelbeeren nicht stärker belastet als die aus dem Schwarzwald.

Wer in Schweden größtmögliche Naturreinheit erleben will, der sollte weit in den Norden fahren. Gerade im Norden Lapplands ist die Verschmutzung am geringsten, und man darf hoffen, daß sich dies in Zukunft nicht ändern wird.

Bildungswesen

In den Programmen der politischen Parteien Schwedens nimmt die Breitenbildung seit Jahrzehnten einen hohen Stellenwert ein. Aufgrund ihrer dominierenden Position konnten die Sozialdemokraten ihre Schulreformen kontinuierlich und konsequent durchsetzen. Seit den siebziger Jahren gibt es kein mehrteiliges Schulsystem mehr. Heute gehen alle Kinder vom 7. Lebensjahr an in eine neunjährige *Grundschule*, deren Besuch Pflicht ist und in deren Verlauf die Klassenverbände erhalten bleiben. Noten und Sitzenbleiben: Fehlanzeige. Erst die anschließende, freiwillige dreijährige *Gymnasialschule* bereitet differenziert auf Beruf oder Studium vor. Der hohe Wohlstand im Land gestattet heutzutage fast allen einen hohen Ausbildungsstand. Wer mindestens fünf Jahre berufstätig war, kann auch ohne Gymnasium und Abitur an den meisten Fakultäten studieren. Dies erlaubt es gerade älteren Menschen, die vor oder nach dem Krieg nie die Chance eines Gymnasialbesuchs hatten, ihre Bildung zu fördern. Nicht nur der Unterricht ist kostenlos, sondern auch die Schulgesundheitspflege, Schulmahlzeiten, alle Lehrmittel (z. B. Bücher) und die Fahrt zur Schule. Die Bildungsreform hat bis heute schon eine deutliche Anhebung des allgemeinen Bildungsniveaus gebracht. Daneben ist ein anderer Aspekt der Reform bemerkenswert: die weitgehende Rücksichtnahme auf Randgruppen und Minoritäten. So erhalten z. B. Kinder von Einwanderern Religionsunterricht in ihrem Glaubensbekenntnis.

Neben den traditionellen Bildungseinrichtungen von Grundschule, Gymnasium und Universität gibt es in Schweden die *Erwachsenenbildung*. Ihr Ziel ist es, das Niveau der Allgemeinbildung älterer Menschen zu heben. Damit sollen deren Möglichkeiten, am kulturellen und sozialen Leben teilzunehmen, verbessert werden. Eine besondere skandinavische Form dieser Bildung sind die *Heimvolkshochschulen*,

Projektunterricht in der Schule

meist kommunal, aber auch privat getragene Internatsschulen, an denen die Studierenden die Hochschulreife erhalten können. Die Schulen haben sehr unterschiedliche Lehrpläne, ihre Kurse dauern von wenigen Tagen bis zu mehreren Monaten. Daneben existieren zahlreiche Bildungsverbände wie die kommunalen oder staatlichen *Volksbildungsorganisationen*, die Erwachsenen jede erdenkliche Ausbildung in Abend- oder Heimkursen bieten. Breite Programme existieren auch für Randgruppen, wie z. B. für Behinderte oder Einwanderer, die ein Recht auf 240 Stunden Schwedischunterricht während der Arbeitszeit bei voller Bezahlung haben. Bei diesem breiten, differenzierten und weltweit einzigartigen Bildungsangebot ist es kaum verwunderlich, daß Statistiken eine Beteiligung von nahezu 40 % der Erwachsenen verzeichnen.

Doch ist in letzter Zeit auch Kritik am Schulwesen zu hören. Eine allgemeine Schul- und Lernunlust bei Kindern und Jugendlichen wird festgestellt, besorgniserregende Meldungen über Gewalt und Ausschreitungen an Schulen häufen sich. Vielleicht wird man in Zukunft wieder vermehrt Privatschulen zulassen, wie in Dänemark, wo es mehr als hundert verschiedene private Schultypen gibt.

Religion und Kirche

Schweden ist als letztes Land Europas christianisiert worden. Erst Mitte des 13. Jahrhunderts hatte das Christentum die heidnischen Elemente vollständig aus dem Alltagsglauben verbannen können. Mit der Reformation setzte Gustav I. Wasa im 16. Jahrhundert die Organisation der Kirche als lutheranisch-evangelische Staatskirche durch. Religionsfreiheit gibt es in Schweden erst seit 130 Jahren. "Staatskirche" bedeutet heute, daß in Schweden die Kirchenvertreter gut bezahlte Staatsangestellte mit Pensionsanspruch sind. Der Staat verwaltet die Kirche, das Kirchenvermögen und entscheidet über die höchsten Ämter. Frauen sind als Pastorinnen zugelassen. Mitglied der Kirche wird man bereits durch Geburt. Die Taufe als Sakrament ist dazu nicht nötig. Besonders deutlich wird der staatliche Einfluß, wenn entschieden wird, kleinere ländliche Gemeinden nach Ausscheiden des Pastors nicht mehr neu zu besetzen. Über 120 Landgemeinden sind mittlerweile verwaist.

Auch hat man in den fünfziger und sechziger Jahren über eine Trennung der Kirche vom Staat nachgedacht. Aber letztendlich sehen auch viele Kritiker die Vorteile einer Staatskirche. Zum Beispiel erhalten die Kirchen über die Personenstandsregister, in denen alle Schweden gesetzlich erfaßt sind, einen direkten Kontakt zu Teilen der Bevölkerung, der sonst wohl nicht herzustellen wäre. Nur 3 % der Schweden gehen mehr oder weniger oft zum Gottesdienst, aber ca. 90 % nehmen christliche Sakramente wie Taufe, Trauung u. a. in Anspruch. Das zeigt recht deutlich, welche große Rolle kirchliche Gnadengaben traditionsgemäß spielen, aber auch wie gering die Anzahl der aktiven Gläubigen wirklich ist. Seit den achtziger Jahren ist "Kirche" kein gesellschaftsrelevantes Thema mehr. Selbst wenn man nicht so weit geht, die Schweden als Atheisten zu bezeichnen, so darf man sie doch als überaus weltlich orientiert betrachten. Als 1989 ein Papst zum ersten Mal in der Geschichte nach Schweden reiste, nahm man das im Land zwar mit Interesse wahr, aber außer den ca. 50.000 Katholiken hielten viele Schweden den Pomp und Aufwand für überzogen. Christlicher Glaube aus tiefer religiöser Überzeugung trifft man nur noch vereinzelt an, vor allem bei aktiven Kirchenmitgliedern oder Anhängern einer der vielen freikirchlichen Glaubensbewegungen, die ihre Zentren in Småland, auf Gotland und in Lappland haben.

Fest- und Feiertage

Fährt man vom Süden des Landes in den äußersten Norden, so erlebt man extreme Unterschiede in den Klima- bzw. Wetterzonen.

Während im Mai in Skåne der Löwenzahn blüht, liegt Norrland noch unter einer dicken Schneedecke. Ähnlich kontraststark sind die Lichtverhältnisse, die im Norden mit Mitternachtssonne und Polarlicht einzigartige Naturerscheinungen hervorbringen. Daher ist es auch verständlich, daß sich nicht nur die unterschiedlichen kulturellen Traditionen - der Süden des Landes gehörte lange Zeit zu Dänemark -, sondern auch die klimatischen Bedingungen auf die Art der Feste auswirken. Manche Festtraditionen gehen auf kirchlichen Einfluß zurück, wie Ostern und Weihnachten. Andere haben ihre Wurzeln in sozialen Bewegungen, wie die Feiern am 1. Mai.

Betrachtet man die schwedischen Feiertage und Feste im Jahreslauf, so stellt man bereits am Jahresbeginn deutliche Unterschiede zu Deutschland fest. *Silvester* und *Neujahr* feiert man wohl nur in Stockholm so ausgelassen wie bei uns. Ansonsten schauen sich die Schweden mit Freunden eine Fernsehübertragung aus dem Stockholmer Skansen an: Der bekannte schwedische Theaterschauspieler Jarl Kulle spricht hier um Mitternacht vor versammelter Menge und laufenden Kameras das Gedicht "Nyårsklockan" ("Die Neuerjahrsglocke") von Tennyson. Danach steigen Feuerwerkskörper, und der Beginn des neuen Jahres gibt Gelegenheit, ein Glas über den Durst zu trinken.

Die *Heiligen Drei Könige* sind der nächste Feiertag, in Schweden "Trettondagen" (13. Tag nach Weihnachten) genannt. Eine Fastenzeit vor Ostern hingegen kennen die Schweden nicht, ganz im Gegenteil. In dieser Zeit, die kein unserem Karneval verwandtes Fest kennt, bieten die Konditoreien die köstlichen "Semlor" an: Hefebrötchen mit Marzipan und Schlagsahne gefüllt, die man mit heißer Milch zu sich nimmt. *Ostern* feiert man in Schweden nicht viel anders als bei uns.

Mittsommerfest in Halland

Luciafest

Auch Aprilscherze sind in Schweden beliebt. Aber die Nacht vom 30. April auf den 1. Mai, *Walpurgisnacht* ("Valborgsmässafton") genannt, verläuft hier ganz anders. Vor allem in den Städten versammeln sich Tausende von Schülern und Studenten, singen Studentenlieder und feiern bis in die frühen Morgenstunden. Beherrschen am 30. April noch ihre weißen Mützen die Straßen der Universitätsstädte, so bestimmen die roten Fahnen der Arbeiterschaft tags darauf das Bild, dem *Tag der Arbeit*. Seit Mitte der achtziger Jahre ist allerdings eine starke Abnahme der Teilnehmerzahl festzustellen.

Christi Himmelfahrt ist zwar auch Festtag in Schweden, doch feiern ihn auch Nichtchristen auf ihre Weise. Die Sportfischer eröffnen dann die neue Angelsaison und die Antialkoholiker begehen diesen Tag

- als ihren eigenen Festtag - "trokken". Auch an *Pfingsten* stimmt der schwedische mit dem deutschen Kalender überein. Aber *Muttertag* fällt dann in Schweden zwei Wochen später, auf den letzten Sonntag des Mais. Der 6. Juni ist der *Tag der Fahne*, der offizielle Nationalfeiertag. Am 6. Juni 1523 nämlich bestieg Gustav I. Wasa den schwedischen Thron.

Der größte Tag im Kalender der Schweden ist das *Mittsommerfest* ("Mitsommarafton"), das immer an jenem Freitagabend stattfindet, der dem 21. Juni am nächsten liegt. Ganz Schweden feiert es in ausgelassener Stimmung. Haus und Hof, Tanzböden und Versammlungsplätze werden mit Blumen und Zweigen geschmückt. Am Nachmittag wird der Maibaum aufgestellt und danach kann das Fest beginnen. Speise und Trank im Überfluß, viel Tanz bei "Spelmansstämma", der Geigen- und Fiedelmusik der Spielmänner in ihren Trachten, gehören dazu. Mittsommer feiert man auf dem Land; die Städte sind leer. Viele pilgern an den Siljan-See oder in den Stockholmer Schärengarten, wo man ganz besonders schöne Arrangements bietet. In dieser Nacht wird kein Auge zugetan. Der heiteren und ausgelassenen Stimmung der kürzesten Nacht des Jahres kann man nicht widerstehen, man kann sie nicht einmal beschreiben! Ein Mittsommerfest in Schweden als Tourist zu erleben, eröffnet einen völlig neuen Zugang zu Land und Menschen.

Auf dem Weg zum nächsten Mittsommerfest bietet der August zwei weitere Gelegenheiten: Am zweiten Donnerstag gibt es die *Kräftskiva*, eine Woche später die *Surströmmingspremiere*: Zwar dürfen seit 1994 in Schweden Krebse wieder ganzjährig gefischt werden, aber traditionell feiert man die Existenz jener wohlschmeckenden Süßwassertiere im August. Dafür haben fast alle Schweden ein Faible. Es versammeln sich Familien und Freunde auf Terrasse oder Balkon, die mit Papierlaternen und Girlanden geschmückt sind. Zu den mit Dill gekochten Krebsen reicht man Brot und eine Soße, Zwiebeln, Kartoffeln und Knäckebrot, natürlich auch Bier und Schnaps. Dazu gehören die Trinklieder, die von allen kräftig gesungen werden. Ein urschwedisches Ereignis! Da in Nordschweden Krebse seltener sind, widmen die Norrländer ihr Fest einer anderen Delikatesse: dem vergorenen Hering, dem "Surströmming". Heringe werden gesalzen und in Blechbüchsen eingelegt. Bei der Gärung bilden sich Gase, die die Büchse verformen. Deshalb sollte man die Dose im Freien öffnen. Den Sud sollte man wegschütten. Der Geruch der eigentlich verfaulten Fische reicht an sich schon völlig aus, um einen unbedarften Mitteleuropäer ohnmächtig werden zu lassen. Nach jedem Stück Fisch ein Aquavit - mit dieser Methode läßt sich das Fest am sichersten überstehen. Es gibt übrigens Restaurants, die im August dieses Gericht servieren. Es wird dann allerdings in einem getrennten Nebenraum aufgetischt. Hier muß Platz nehmen, wer glaubt, sich diesen Genuß nicht entgehen lassen zu dürfen.

Das nächste Fest im schwedischen Kalender ist dem männlichen Geschlecht vorbehalten: der *Vatertag*, den man am 2. Sonntag im November feiert. Zur *Adventszeit* präsentiert sich der Norden ähnlich wie bei uns mit Lichterglanz und Straßenschmuck und darüber hinaus auch weiß, meist mit mehr Schnee als bei uns. Allerorten in den Fenstern stehen siebenarmige Kerzenleuchter mit treppenförmig ange-

brachten Glühkerzen. Ein wichtiger Tag auf dem Weg zu Weihnachten ist das *Luciafest,* das der heiligen Lucia aus Syracus gewidmet ist. Diese Heilige wird vor allem in Sizilien verehrt. Im Einklang mit heidnischen Traditionen und dem mittelalterlichen Kalender glaubte man, daß diese Nacht vom 13. auf den 14. Dezember die längste des Jahres sei. Danach würden die Tage wieder länger, Licht und Hoffnung kehrten in das Leben der Menschen zurück, zumal im Norden Europas die Winter sehr streng und lichtarm sind. "Lucia" kommt vom Lateinischen "Lux" (= Licht). Die Ankunft der Lichtgöttin feiert man seit Jahrhunderten, morgens am Arbeitsplatz, abends mit Freunden. Dieses Fest begeht man mit einer gewissen Stille und Ehrfurcht. Die Lichter werden gelöscht, eine junge Dame mit blondgelocktem Haar in weißem

Glögg-Rezept nach alter Tradition

Am Vorabend des Luciafests gibt man 0,4 l *Wodka* in eine Schüssel, dazu kommen 30 g *Zimtstangen*, 20 g *Sternanis*, 20 g geschälte ganze *Kardamomkörner*, 10 g *Koriander*, 4-5 *Nelken*, 2 Stücke geschälter *Ingwer* und 1 Stück geschnittene *Sukkade*. 24 Stunden ziehen lassen. Am Festabend, dem 13., die Flüssigkeit abseihen und in einen Kochtopf geben, dazu 2,5 l trockenen *Rotwein* und 1 l *Portwein* oder *Malagawein* geben. Das Ganze erhitzen (nicht kochen!) und sehr heiß in Tassen geben, in die man vorher ein paar *Rosinen* und einige geschälte *Mandeln* legt. Obendrauf streut man etwas Zimt. Skål! (Zutaten für acht Personen)

dekorieren? Das "Jul" wird nicht so besinnlich begangen wie bei uns. Man tanzt und ißt viel, gerne ein "Smörgåsbord", mit Schinken, "Lutfisk" (Stockfisch) und vielen anderen Köstlichkeiten. "Tomte", der Weihnachtsmann, bringt mit roter Mütze und langem Bart die Geschenke. God jul och ett gott nytt år - Frohe Weihnachten und ein gutes neues Jahr!

Kulturgeschichte Schwedens

Aus Schwedens Vergangenheit sind viele kulturelle Zeugnisse erhalten. Ihnen wird außerhalb Skandinaviens kaum Beachtung geschenkt, da Schweden nur während einer kurzen Zeitspanne eine führende Rolle in der Weltpolitik innehatte.

Die früheste Besiedlung des Landes läßt sich mit dem Beginn der Wärmeperiode nach der letzten Eiszeit relativ genau datieren. Für eine Besiedlung Schwedens vor dieser Zeit gibt es keinerlei Hinweise, sie ist aber wahrscheinlich. Etwa um 10.000 v. Chr. war das südliche Drittel des Landes eisfrei. Den ältesten, von Menschenhand bearbeiteten Boden in Schweden fand man bei *Segebro* in Skåne. Die Spuren sind 11.000 Jahre alt.

Ein Überblick über die Epochen bzw. Perioden der Geschichte und die Veränderungen der politisch-sozialen Verhältnisse macht die Entwicklung Schwedens verständlicher.

Kleid tritt ein: Eine Krone mit sieben brennenden Kerzen ziert ihr Haupt. Sie spricht ihren Reim von der Hoffnung und Freude, die mit der Rückkehr der Sonne wieder über die Erde kommt. Anschließend singt man und geht zum ausgelassenen Teil über. Man ißt "Pepparkakor", schwedische Pfefferkuchen, die traditionellen "Lussekatter", ein Hefegebäck mit Safran, und trinkt dazu den "Glögg", eine Art Glühweins.

Das *Weihnachtsfest* begeht man in Schweden gewöhnlich anders als bei uns. Zwar kennt man auch Krippe und Weihnachtsbaum, doch diesen schmückt man zusätzlich mit schwedischen Fähnchen. Wer käme hierzulande auf die Idee, seinen Christbaum schwarz - rot - gold zu

Steinzeit

Jägersteinzeit
10.000 - 4.200 v. Chr.

Nach dem Zurückweichen des Inlandeises war das Land zunächst noch sehr unwirtlich: Die Eismassen ließen auf ihrem Rückzug meist nur Geröll und nacktes Urgestein liegen. Es dauerte Jahrhunderte, ehe sich der Naturkreislauf entfalten konnte. Nacheinander kamen Sporen, Moose und Flechten, dann Gräser und mit allmählicher Bewaldung die ersten Lebewesen wie Insekten, Nager und Kleinsäuger. Es folgten die Rentiere und zuletzt der Mensch. Die ersten Rentierjäger zogen nomadenhaft umher, immer auf den Spuren des Rentiers, das ihre einzige Nahrungsgrundlage bildete. Sie wanderten über Polen und Deutschland ein, denn zu dieser Zeit (Yoldia-Stadium) gab es eine feste Landverbindung zum Kontinent. Erst ab ca. 9.000 v. Chr. wagten einige Gruppen, im Norden zu überwintern. Ihnen war vielleicht der Rückweg abgeschnitten oder sie wurden vom Winter überrascht. Um 8.000 v. Chr. lebten hier zwischen 150 und 300 Menschen. Ihre Zahl nahm stetig zu.

Bauernsteinzeit
4.200 - 1.800

Zu Beginn des 4. Jahrtausends v. Chr. kam es zur vielleicht größten Revolution in der Geschichte der Menschheit: Ackerbau und Viehzucht bestimmten nunmehr die Lebensform. Damit wurden Vorratswirtschaft und Arbeitsteilung möglich, was eine zunehmende Differenzierung der Gesellschaft und der Familienstruktur zur Folge hatte. Die Menschen dieser Zeit brachten die Megalithkultur hervor, denn sie benutzten große Steine für Bauwerke, vor allem für Gräber.

Um 3.000 v. Chr. lebten in Schweden schon ca. 25.000 Menschen, etwa fünfzig große Sippenverbände, für die man außer dem Namen "Megalithvölker" auch die Bezeichnungen "Trichterbecherleute" und "Grubenkeramiker" gebraucht, nach der Form der Keramik, die man in ihren großen Grabanlagen fand. Mittlerweile wurden in Schweden Hunderte dieser Anlagen entdeckt. Gesichert ist, daß all diese großen Grabmonumente Sippengräber waren - letzte Stätten, in denen das Individuum nicht als Einzelmensch, sondern nur als Teil der Gemeinschaft zählte. Starb ein Mitglied der Sippe, wurden die großen Türsteine weggeräumt, der Tote mit Beigaben hineingelegt und der Eingang wieder verschlossen. Von etwa 3.500 bis 2.800 v. Chr. bestimmten die *Dolmen* ("Dös") die Grabkultur, dann folgten die noch größeren *Ganggräber.* Von den ca. 400 dieser "Gånggrifter" entfallen ca. 75 % auf die Provinz Västergötland, die neben Skåne eine Art frühes Zentrum des Landes war.

Ab etwa 2.500 v. Chr. wurde die kulturelle und wirtschaftliche Entwicklung empfindlich gestört. Zum letzten Mal in der skandinavischen Geschichte kam es zu einem umfangreichen Zustrom ganzer Völker: Die Indogermanen fielen in Nordeuropa ein und brachten großes Elend über die ansässigen Bauern und Jäger. Aufgrund ihrer Aggressivität und überlegenen Waffentechnik setzten sich die Streitaxtleute durch. Sie vermischten sich mit den Megalithvölkern. Anstelle der großen Sippengräber brachten sie die Sitte der Einzelbestattung mit. In *Steinkistengräbern* bestatteten sie ihre Toten. Beigaben waren häufig formschöne Äxte. Der Trichterbecher wurde durch die Schnurkeramik ersetzt.

Bronzezeit

1.800 - 500 v. Chr.

Der Ackerbau war der erste und wichtigste Schritt zur Zivilisation,

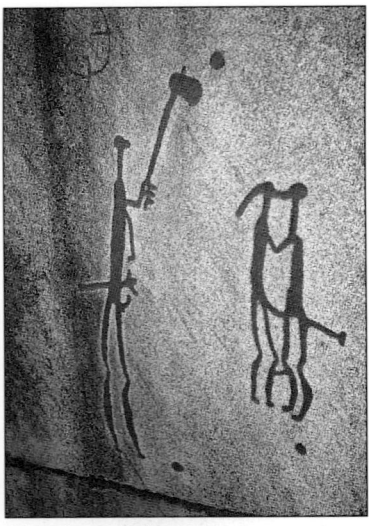

Felsenplatte bei Vitlycke

die Entdeckung zur Bearbeitung von Metall der zweite. Die Bronze hielt zu Beginn des 2. Jts. v. Chr. in Skandinavien Einzug. Gleichzeitig bildeten sich die Germanen als ethnische Gruppe. Die Bronzezeit wurde zur ersten Blütezeit Schwedens. Die Bevölkerung wuchs schnell und differenzierte sich immer stärker. Mit dem Metall gab es erstmals das Zahlungsmittel, das den alten Tauschhandel in Naturalien ersetzen konnte, zumindest bei denjenigen, die Zugang zu Kupfer, Zinn oder gar fertiger Bronze hatten. Neben den sog. "Vielwirtschaftsmensch", der einen hohen Lebensstandard erreicht hatte, da seine Familie das Land bearbeitete, Früchte sammelte, Wild jagte und Werkzeug selbst verfertigte, trat der "Händler", der nichts mehr selbst herstellte. Eine aristokratische Gesellschaftsschicht schälte sich heraus, deren Fürsten neben einem höheren wirtschaftlichen Status vielleicht auch Funktionen im religiösen Leben innehatten. Sie konnten aber nicht die Ordnungsstrukturen der freien germanischen Bauernschaft aufbrechen. So traten monarchische Verhältnisse in Schweden erst in der späten Antike auf. Das unterscheidet die Germanen erheblich von ihren arabischen oder ägyptischen Zeitgenossen. Den Herren errichtete man in der Bronzezeit gewaltige Grabhügel aus Erde oder Stein, oft mit einer Gruft oder Kammer im Inneren. Den Wandel der religiösen Vorstellungen dokumentiert ab ca. 1.000 v. Chr. die neue Sitte der Leichenverbrennung. Der Glaube an ein Weiterleben nach dem Tod in körperlicher Gestalt wurde abgelöst durch die Vorstellung eines jenseitigen Geist-Toten-Reichs. Statt Lebensmitteln gab man wertvolle Metalle bei, die den Status des Toten im Jenseits bezeugen sollten. Üblich waren nun Grabhügel aus Erde ("Hög") oder aus teilweise mit Erde bedeckten Rollsteinen ("Röse"). Zahlreiche Felszeichnungen, die man verstreut in ganz Schweden, vor allem aber an der Küste _Bohusläns_ findet, sind wertvolle Bilddokumente, die uns Inhalte und Werte des Denkens jener Zeit vermitteln.

Eisenzeit
500 v. Chr. - 1.050 n. Chr.

Keltische Eisenzeit
500 v. Chr. - Christi Geburt
Die Zustände in Schweden veränderten sich schlagartig mit Beginn der zweiten Hälfte des ersten vorchristlichen Jahrtausends. Eine Klimakatastrophe und wirtschaftliche

Periodentafel

Nordisches Altertum	10000 - 4200 v. Chr.	*Alt- oder Jägersteinzeit (Mesolithikum)*	Flintfunde, Knochen, sog. "Kökkenmöddinger"
	4200 - 1800 v. Chr.	*Jung- oder Bauernsteinzeit (Neolithikum)*	Hausgrundrisse, Gräber: Dolmen (schw. "Dös", Ganggräber, (schw. "Gånggrift"), Steinkistengräber (schw."Hällkista") mit Funden: Knochen, Werkzeuge, Waffen aus Stein, Keramik, Schmuck, v.a. aus Bernstein; Einwanderung der Indogermanen (Streitaxtleute), Vermischung mit den Megalithvölkern
	1800 - 500 v. Chr.	*Bronzezeit*	Felsritzungen (schw. "Hällristningar"), Bronzeluren, Kultobjekte aus Bronze, Gräber: Erdhügelgräber (schw. "Hög")und Rollsteingräber (schw. "Röse"), Urnen, Waffen und Schmuck aus Bronze
	500 - 0	*Keltische Eisenzeit*	Fundarmut, Klimakatastrophe
	0 - 400	*Römische Kaiserzeit*	Erste Runeninschriften auf Metallen und Stein, römisches Importgut wie Glas, Sösdala-Schmuckstil, v.a. auf Fibeln, Schnallen und Waffen
	400 - 600	*Völkerwanderungszeit*	Brakteaten, Goldhalskragen, u.a. aus Gold, Tierstile I und II auf Waffen, Schmuck etc., Fluchtburgen, Gräber: Königshügelgräber, kleinere Hügel und flache Erdgräber, Brandurnengräber, Steinsetzungen, v.a. Bautasteine, Dreiecke und Richterringe (schw."Domarring")
	600 - 800	*Vendelzeit*	Guldgubbar, Schiffsgräber, Helme und Waffen, Münzen aus Rom, Fluchtburgen, Tierstil III
	800 - 1050	*Wikingzeit*	Silberfunde, v.a. Münzen, Waffen, Importgut aller Art, Runeninschriften im neuen Futhark, Wikingschiffe, Stein-, v.a. Schiffssetzungen, gotländische Bildsteine, Wikingstile I - VI, Thorshämmer
Mittelalter	1100 - 1397	*Früh- und Hochmittelalter*	Romanik 1050 - 1250
	1397 - 1520	*Unionszeit*	Gotik 1250 - 1520
Neuzeit	1520 - 1618	*Reformation*	Renaissance 1520- 1650
	1618 - 1718	*Großmachtzeit*	Barock 1650 - 1718
	1718 - 1771	*Freiheitszeit*	Rokoko 1718 - 1771
	1772 - 1809	*Gustavianische Zeit*	Gustavianischer Rokoko 1771 - 1809
	1809 - 1914	*Neueste Zeit*	Klassizismus und Empire 1809 - 1885
	ab - 1914	*Zeitgeschichte*	Jugendstil 1885 - 1915

Keramik und Schmuck
aus dem 3. Jahrhundert

Misere führten zu einem starken Bevölkerungsrückgang. Die Kelten, die derzeit die Vormachtstellung in Europa besaßen, unterbrachen den Nord-Süd-Handel und trugen so zur Verschlechterung der Lebensverhältnisse in Schweden bei. Untersuchungen an Skeletten zeigen, daß Mangelkrankheiten alltäglich waren. Im gesamten germanischen Raum, also auch in Schweden, kam es zu einem festen Zusammenrücken der Sippen, ein Prozeß, den man als "Germanische Stammesbildung" bezeichnet.

Römische Kaiserzeit
0 - 400

Mit der Zeitenwende begannen sich die Verhältnisse wieder etwas zu bessern, aber dennoch lassen sich erste Auswanderungswellen aus Schweden, aus Dänemark und Norwegen schon vor der Zeitenwende feststellen (*Kimbern* aus Jütland, *Goten* aus Südschweden, *Burgunder* aus Bornholm u. a.).

Die ersten Jahrhunderte nach Christi Geburt sind gerade in überlieferungsgeschichtlicher Hinsicht sehr aufschlußreich. Zum einen beginnt mit der Literatur die germanische Eigenüberlieferung. In dieser Zeit, ab etwa dem 2. Jahrhundert, kamen die Runen auf. Von den ca.

5.000 Runeninschriften Skandinaviens stammen über 3.000 aus Schweden. Zum anderen werden die großen Kulturen des Südens, vor allem die römische, mit der germanischen konfrontiert. Die Begegnung hinterläßt in beiden Literaturen ihre Spuren.

Völkerwanderungszeit
400 - 600

Die folgenden zweihundert Jahre sind als *Völkerwanderungszeit* in die Geschichte eingegangen, weil nun Zehntausende von Skandinaviern, vor allem Dänen und Schweden, ihre Heimat verließen und in Stammesverbänden nach Süden zogen. Es war dieser "Furor teutonicus", der die tausend Jahre alte mitteleuropäische Ordnung unter der Vorherrschaft der Hellenen und Römer ins Wanken und schließlich zum Einsturz brachte. Aus Schweden kamen nicht nur Goten, Gepiden, Heruler, Langobarden und viele andere Stämme, sondern auch die Dänen, die ihre heutige Heimat erst besetzten, als die Jüten, Angeln und Sachsen von dort gen Britannien (400 - 450) gezogen waren. Die Völkerwanderungszeit war eine Zeit des Krieges und der Zerstörung, nicht nur in Europa, wo Hunnen, Goten und Vandalen wüteten und Rom im Jahr 476 fiel, sondern auch in Schweden selbst, wo es mit einer stärkeren gesellschaftlichen Differenzierung zu ersten germanischen Kleinkönigtümern kam, die immer mehr Macht gewannen und sich auszubreiten versuchten.

Zwei große Volksgruppen, jede aus vielen Stämmen bestehend, beherrschten das Land: die *Götar* (Götaland) den Süden, d. h. die Provinzen Västergötland, Östergötland, Bohuslän, Halland, und daneben die *Svear* (Svealand) im Mälargebiet und in Uppland. Die verheerenden

Dolmen

Grabhügel

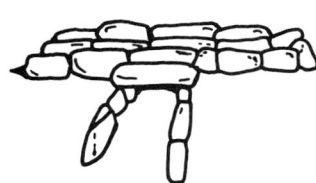

Ganggrab

Richterring

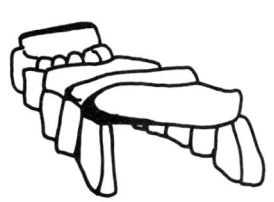

Steinkistengrab

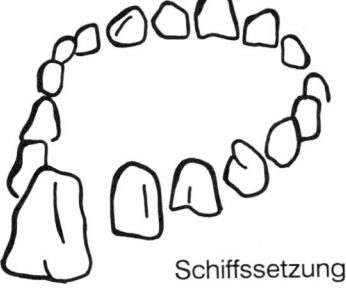

Schiffssetzung

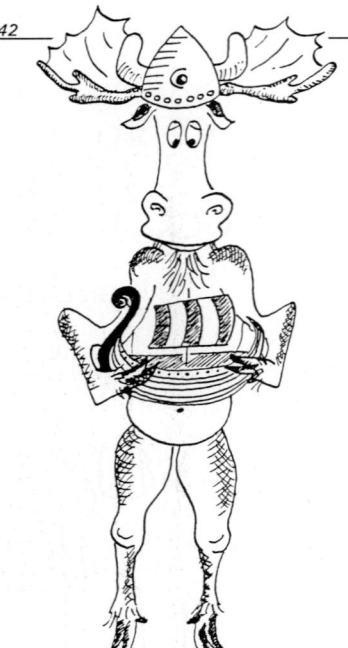

Kriege, die sie seit dem 5. Jahrhundert in Schweden austrugen, fanden ein Echo in den Runeninschriften und in der Weltliteratur bis zum "Beowulf". Um 570 wurden die Gauten endgültig besiegt. Aus der Völkerwanderungszeit, dem "Goldalter des Nordens", stammen die reichhaltigen Funde der skandinavischen Vorzeit: Brakteaten, Goldhalskrägen und ein Großteil der wertvollen Schätze aus dieser Epoche sind in der "Goldhalle" des Historischen Museums in Stockholm zu bewundern. Sie wurde im Oktober 1994 eingeweiht und gilt als eine der wertvollsten Sammlungsstätten Europas.

Vendelzeit
600 - 800

Die nachfolgende Epoche heißt nach dem Sitz der Svear-Häuptlinge

Vendelzeit. Von Vendel, Valsgärde und Alt-Uppsala aus beherrschten sie das Land. In Mälartal begründeten sie ein epochemachendes, einheitliches Reich mit Vendel als Königssitz, Alt-Uppsala als religiösem und Helgö - später Birka - als weltlichem Herz. "Svearike" - "Sverige" - "Schweden", das Reich der Schweden war geboren. Auch in der Vendelzeit hat man ergiebige Funde gemacht, so die Schiffsgräber in Vendel und Valsgärde. Um sich vor den Feinden zu sichern, vergruben die Menschen in großen Mengen ihr Hab und Gut, ihren Wertbesitz, in der Erde in sog. Depots. Weder Feind noch Freund konnten sie je wieder bergen - das blieb den glücklichen Archäologen unserer Zeit vorbehalten. Die Schatzkammer des Statens Historiska Museet in Stockholm lädt zur Besichtigung ein!

Wikingzeit
800 - 1.050

Die *Wikingzeit* bildet den letzten Abschnitt des Nordischen Altertums. Sie ist sicher die Periode der skandinavischen Geschichte, über die am meisten, vor allem im Ausland, geschrieben wurde. Das rührt daher, daß erstmals seit der Völkerwanderungszeit Skandinavier wieder den Rest Europas in Angst und Schrecken versetzten. Mit wendigen und schnellen Schiffen führten sie Überraschungsangriffe auf Klöster und Städte in ganz Europa. Fast jede europäische Großstadt, einschließlich Paris, London oder Hamburg, wurde im 9. oder 10. Jahrhundert von Nordleuten gebrandschatzt. In dieser Epoche zog es Norweger und Dänen eher nach Westen, über Island und Grönland sogar zur "Neuen Welt" - eine unvorstellbare seefahrerische Leistung -, dagegen die Schweden eher nach Osten. Zwar segelten auch Schweden ins Mittelmeer wie auch mit Dänen und Norwegern gemeinsam in alle anderen Himmelsrichtungen, aber insgesamt blieb der Osten die Hauptstoßrichtung der schwedischen Wikinger, der "Waräger". Sie gründeten die Reiche von Kiew und Nowgorod. Als die Araber sie "Rus" nannten, war dies die Geburtsstunde des Russischen Reichs. Auf der Mälarinsel *Helgö*, wo ein großer Handelsplatz der Wikingzeit lag, hat man zahllose Fundgegenstände aus aller Welt ausgegraben, darunter Münzen, Schmuck und sogar eine Buddhastatue aus Bronze, die im 8. Jahrhundert in Indien gefertigt wurde.

Auf ihren Zügen drangen sie immer tiefer in das Baltikum und das Kernland Asiens ein. Dabei stießen sie auf fremde und unbekannte Völker, sie erreichten sogar Konstantinopel und den Zugang zur Seidenstraße. Ingvar Vidfamne, auch "der Weitgereiste" genannt, zog schließlich um 1035 mit etwa 5.000 Männern aus, um zu neuen, noch ferneren Gestaden zu gelangen. Nur wenige kehrten zurück und berichteten von den Taten der kühnen Männer.

In ihrer Heimat waren die Wikinger Bauern, Handwerker, Händler und Seefahrer. Sie beherrschten die Kunst des Holzschnitzens und Bronzegusses, des Schwertschmiedens und des Schiffbauens wie kein anderes Volk. Ihre kulturelle Bedeutung hat erst die neuzeitliche Forschung erkannt. Jahrhundertelang war das Bild, das man von den Wikingern hatte, ausschließlich von Berichten angelsächsischer und fränkischer Gelehrten geprägt, meist geistlicher, die von Greueltaten und Barbarei erzählten. In den Augen der christlichen Europäer galten die "Heiden aus dem Norden" als Vorboten des Weltuntergangs, den man nach dem Johannesevangelium für das Jahr 1.000 erwartete.

Runenstein von Högby

Ihre kulturellen Leistungen liegen nicht nur im handwerklich-technischen Bereich, sondern auch im literarisch-künstlerischen Bereich, wie ein hochkompliziertes Schriftsystem kultischen Ursprungs eindrucksvoll belegt. Die literarisch geformte Inschrift des Runensteins von *Rök* z. B. beschäftigte die Forscher unserer Zeit jahrzehntelang, ehe ihre Entschlüsselung und Interpretation gelang. Unser Wissen über jene Zeit verdanken wir überwiegend der altisländischen Literatur, die uns in einem Umfang von mehr als 100.000 Seiten erhalten ist.

Seit der Entdeckung und Besiedlung Islands zwischen 874 und 930 ließ sich eine beachtliche Zahl von Skandinaviern auf der Vulkaninsel im Nordatlantik nieder. Die Siedler, die aus der wohlhabenden und geistigen Oberschicht stammten, brachten die Insel zur kulturellen Blüte. Während in Schweden, Norwegen und Dänemark die Wikingzeit das Ende der alten freiheitlichen Bauerngesellschaften und die Etablierung mittelalterlicher, feudaler Monarchien bedeutete, errichteten die Isländer Europas älteste Demokratie. Die Übernahme des Christentums zur Jahrtausendwende bezeichnet das Ende der Nordischen Antike und den Übergang in das Mittelalter.

Mythologie und Christianisierung

Die Vorstellungen der heidnischen Schweden über ihren Kosmos sind uns dank der Überlieferung vieler Runeninschriften, der gotländischen Bildsteine und anderer Zeugnisse, wie vor allem der isländischen Literatur, weitgehend erhalten geblieben. Auch haben christliche Europäer über die Sitten und Vorstellungen der Nordleute geschrieben, so daß wir ein gutes Bild von ihrer Geisteswelt zeichnen können. Am Ursprung des Kosmos stand dem Glauben der antiken Schweden zufolge das "Ginnungagap", die "gähnende Leere". Der Schöpfungsmythos berichtet uns vom Entstehen von Eis und Feuer an den äußeren Enden dieses schwer vorstellbaren Nichts. Im Zwischenbereich bildeten sich Tautropfen, aus denen der Urriese *Ymer*, Symbol des Negativen in der Welt, entstand. *Odin*, der erste Gott, tötete den Urriesen und schuf aus seinem Körper den Kosmos. Aus seinen Knochen formte er die Berge, sein Blut füllte die Ozeane, die Augen warf er an das Firmament, wo sie zu Sternen wurden. Dieser Mythos ist für das Verständnis der Lebenswirklichkeit der frühen Germanen von äußerster Wichtigkeit. Nach ihrer Auffassung wird die Welt durch ein Verbrechen,

durch einen Mord, hervorgebracht. Die Götter sind nicht nur positiv, sondern sie tragen vielmehr eine Urschuld. Hieraus wird verständlich, daß für den heidnischen Germanen ein religiös oder moralisch begründetes Denken in Wertbegriffen wie "gut" oder "böse" fremd war. Sein Weltbild wurde von der Vorstellung geprägt, daß der Kosmos ständig von negativen Mächten bedroht sei, von Riesen, monströsen Urtieren wie der *Midgardschlange* und dem *Fenriswolf* oder dem Gott *Loki*. Ihre Drohung richtet sich gleichermaßen gegen Götter und Menschen. Letztere sind erblich vorbelastet, da sie aus einer Verbindung von Göttern und Riesen hervorgegangen sind. Das erste Menschenpaar, *Ask* und *Embla*, erhielt Leben, Seele und Geist durch Odin und dessen Brüder. Die meisten Götter, von denen einige auch stark negative Züge tragen oder die wie Odin zwiespältig sind, stehen den Menschen in ihrem Kampf gegen die Riesen bei. Eines Tages wird es zum entscheidenden Kampf kommen. Die Ungeheuer werden sich aus ihren Fesseln lösen, "Ragnarök", "das letzte Geschick der Götter", bricht an. Die Erde wird heimgesucht vom *Fimbulwinter*, gleichsam ein Weltuntergangswetter von Stürmen und Feuer. In einer gewaltigen Schlacht stehen sich auf der einen Seite Riesen, Wolf und Schlange gegenüber, auf der anderen positive Götter und die *Einherjer*. Als Einherjer bezeichnete man tapfere Krieger, die nach ihrem mutigen, ruhmreichen Leben mit der Waffe im Kampf fielen. Nur in diesem Fall kamen sie nach *Valhall*, der Ruhmeshalle auf der Götterburg *Asgard*. Dort leben sie weiter und üben sich unter Odins Anleitung im täglichen Kampf. Sie trinken Met aus Hörnern, die die *Valküren* reichen. Sie bereiten sich auf die Entscheidungsschlacht für das

"Ragnarök" vor, denn da spielen sie eine wichtige Rolle. Wenn es der Menschheit gelingt, genau 432.000 dieser tapferen Kämpfer zu stellen, wird jene unentschieden enden. Die Erde wird dann in einer Flut- und Feuerwelle untergehen, vernichtet von den Elementen, aus denen sie entstand. Aber auch die Monstren werden sterben: Odin wird den Fenriswolf, sein Sohn Thor die Schlange töten. Beide werden dabei fallen. Die Einherjer werden sterben, aber zuvor werden sie alle Riesen töten. Mit dem Untergang des Kosmos wird zugleich eine neue Welt geboren. Der ewige Kreislauf beginnt von neuem. Es gibt keinen Ursprung, kein Ende und keine Ewigkeit. Aber sollte nun die Menschheit die geforderte Zahl der Einherjer nicht aufbieten, wird sie untergehen, geknechtet von üblen Mächten. Aus diesem Grund übten sich die Nordleute schon früh im Kampf. Mit dem Schwert in der Hand zu sterben, hatte demnach für die Kämpfer eine wichtige, mythologisch begründete Bedeutung. In gewaltigem Kampfeswille der Wikinger lagen eben nicht nur Habgier und Bereicherungssucht, sondern auch das Wissen um eine künftige Existenz nach dem Tod. Auf Bildträgern sind einzelne mythologische Vorstellungen der Nordgermanen versinnlicht: Die Einherjer, die Valküren oder Odin auf seinem Pferd, der mit seinem Speer diejenigen auswählt, die tapfer gekämpft haben und nach Valhall kommen werden.

Die Bekehrung zum Christentum setzte in Skandinavien später als bei den Germanen im Süden ein. Auf Druck des Deutschen Reichs übernahmen zunächst Dänemark (um 970), dann Norwegen (999) und Island (1000) die neue Lehre. Als letztes Land folgte Schweden, obwohl hier die Missionierung schon sehr

früh begann. Mit einigem Recht datiert man die Christianisierung ins 9. bis 12. Jahrhundert.

Im 10. Jahrhundert wurde die Missionierungstätigkeit verstärkt. Sie verlief in zwei Bahnen: Von Deutschland drang die fränkische Kirche über Dänemark nach Schweden vor. Ihr folgte in immer stärkerem Maße die englische Kirche über Norwegen. Für die Missionare ging es zunächst darum, die Heiden zu taufen. Mehrere Runensteine erzählen von Männern, die "in weißen Kleidern starben". Damit ist die Taufkleidung gemeint. Oft erhielt man die Taufe erst auf dem Sterbelager. Der erste schwedische König, der dieses Sakrament empfing, war Erik Segersäll. Er wurde allerdings gezwungen, das Christentum wieder abzulegen. Erfolgreicher waren die Missionare unter seinem Nachfolger Olof Skötkonung. Sigfrid, der später heiliggesprochen wurde, und seine Mönche Unaman, Sunaman und Vi-

Gustav Wasa

naman, vermutlich Briten, missio-
nierten zunächst in Småland und
später in Västergötland. Sverker I.,
König von 1130 bis 1156, gebührt
schließlich das Verdienst, endgültig
den Sieg über die Heiden errungen
zu haben. Er machte Uppsala wieder
zum Zentrum des religiösen Lebens
in Schweden, diesmal des christlichen Schweden. Er war der erste,
der Bistümer und Klöster gründen
ließ. Zunächst waren es Zisterzienser, die über Lund nach Schweden
kamen und 1120 das Kloster Vreta
gründeten, später folgten Alvastra,
Nydala und Varnhem. Bis 1250 gab
es zwölf Zisterzienserklöster. Später
kamen auch Dominikaner, seit 1300
auch Franziskaner.

Mittelalter

Das Mittelalter begann für Schweden recht ruhig. Zum Reich gehörte

nun auch der dünn besiedelte Norden und die Provinz Jämtland, die
man Norwegen abgewonnen hatte.
Dagegen waren Skåne, Blekinge,
Halland und Bohuslän in dänischer
Hand. Finnland wurde im 14. Jahrhundert dem Reich angegliedert.

Während das 14. Jahrhundert in
jeder Hinsicht eine Blütezeit war,
sieht man über die folgende Zeit der
Kalmarer Union (1397 - 1520) in
Schweden gerne hinweg. Das dänische Königshaus wurde Herr zunächst über Norwegen und Island,
die es für mehr als vierhundert
Jahre auch behalten sollte, und
schließlich auch über Schweden.
Doch während dieser Zeit gab es
immer wieder Aufstände im Land.
Sie wurden vor allem von Bauernschaft und Bürgertum getragen, die
sich gegen die dänischen Versuche
wehrten, die Macht des Königs zu
stärken. So kam es 1435 zur Einsetzung des ersten Reichstags in
Arboga, des ältesten Parlaments des
Landes, in dem auch die Bauern vertreten waren.

Die Dänen regierten trotz schwedischen Widerstands bis zu den
Jahren von 1520 bis 1523, die für
die Schweden Freiheit vom dänischen Joch brachten. Christian II.,
seit 1513 König von Dänemark,
versuchte, mit Gewalt den schwedischen Widerstand zu brechen. Im
November 1520 ließ er in einer
Massenhinrichtung führende Vertreter des schwedischen Adels beseiti-
gen. Doch das "Stockholmer Blutbad" beendete den Aufstand keineswegs, sondern fachte den Wi-
derstandswillen um so stärker an.
Unter Führung von Gustav Wasa,
dessen Vater unter den Getöteten
war, organisierten die Schweden
von Dalarna und Hälsingland aus
den Aufstand, der schließlich die
Freiheit brachte. Im Jahr 1523
wurde Gustav I. Wasa König des
neuen, selbständigen Staates.

Neuzeit

Mit der Reichsgründung 1523 begann Schwedens Weg in die Neuzeit. Die ersten zwanzig Jahre von Gustavs Regentschaft brachten einen tiefgreifenden Wandel in den politischen und sozialen Verhältnissen des Landes. Genau in dieser Zeit wurden die Grundlagen für das moderne Schweden gelegt. Gustav Wasa "etablierte" den Staat. Er setzte Beamte ein, stabilisierte die Finanzen, löste die Kirche von Rom und organisierte sie als Staatskirche. Er baute einen leistungsfähigen Verwaltungsapparat auf, der allmählich den Grundbesitz der Kirche in Staatseigentum überführte. Bislang waren 5 % des Grundes staatlich, fortan würden es 25 %. Seine Söhne, die die Regentschaft nach seinem Tod 1560 übernahmen, hatten eher außenpolitische Interessen. Sie führten Kriege gegen Dänemark, Polen, Lübeck und Rußland. So gelang es ihnen, Estland zu erobern und damit Kontrolle über die Handelswege nach Rußland zu erhalten. Schließlich ergriff Schweden im großen europäischen Glaubenskrieg Partei. Gustav II. Adolf war es vorbehalten, Schwedens Macht im Norden Europas zu sichern und im Süden zu stärken. Während die katholische Liga dabei war, an die Ostsee vorzudringen, griff er erfolgreich Polen und Preußen an. 1631 siegte er bei Breitenfeld und zog nach Bayern, Baden-Württemberg und in das heutige Gebiet der Tschechei und Slowakei. Am 6. November 1632 besiegte er Wallenstein bei Lützen, fiel jedoch in dieser Schlacht. Am Ende des Kriegs 1648 war Schweden eine europäische Großmacht.

Militärisches und politisches Ansehen erlangte das Reich durch die Erfolge Gustavs II. und des Reichskanzlers Axel von Oxenstierna, der nach 1632 die Geschäfte übernahm

und heute als einer der größten Staatsmänner Schwedens gilt. Seiner geschickten Diplomatie verdankte die junge Nation einen großen Teil ihrer Machtposition.

Schweden erhielt von den Dänen endgültig Gotland und im *Westfälischen Frieden* auch Besitzungen an der Nordsee (u. a. Bremen) und Ostsee. Außerdem zahlten die katholischen Staaten Wiedergutmachungsgelder. Das Land war auf dem Höhepunkt seiner Macht, als Karl X. Gustav im Jahr 1658 sein Heer von Polen aus die zugefrorenen Belte nach Dänemark führte und nach siegreicher Schlacht im *Frieden von Roskilde* die Bedingungen diktieren konnte: Dänemark wurde gezwungen, Skåne, Blekinge, Halland und Bohuslän abzutreten und die Kontrolle über den Öresund aufzugeben. Diese Provinzen blieben fortan schwedisch.

Die jahrzehntelangen Kriege brachten für Schweden zwar die Rolle einer europäischen Großmacht, hatten aber auch soziale Probleme zur Folge. Sowohl Axel von Oxenstierna als auch Christina, die Tochter Gustav Adolfs, die 1644 Königin wurde und nach dem Übertritt zum Katholizismus 1654 abdankte, mußten staatlichen Besitz an den Adel verkaufen, um die Kriegspolitik zu finanzieren. 1648 hielt der Adel schließlich 75 % des schwedischen Bodens. Dies bedeutete eine Gefahr sowohl für die Existenz des freien Bauernstandes, der in feudale Abhängigkeit zu fallen schien, als auch der zentralen Herrschermacht. Karl XI. nahm sich deshalb 1679 einer gewaltigen Reorganisationsaufgabe an: Seine "Reduktion" zielte auf die Verstaatlichung großer Besitzungen des Adels. Andere Güter der Aristokratie wurden den Bauern zugesprochen. Nun waren die Besitzverhältnisse wieder neu geregelt. Krone, Adel und Bauernschaft hielten je etwa ein Drittel des Eigentums. Auf zwanzig Friedensjahre unter Karl XI. folgten schwerere Zeiten unter seinem Sohn, Karl XII. Der junge Herrscher schickte sein Land in einen Mehrfrontenkrieg gegen Dänemark, Rußland, Polen und Sachsen. Nach einigen glanzvollen Siegen - der berühmteste wurde 1700 bei Narva gegen eine fünffach überlegene russische Streitmacht erfochten - schien Schweden auch diesen Krieg zu gewinnen. Doch der Feldzug in das Herz Rußlands führte zur Niederlage. Nachdem sich auch England und Preußen dem Bündnis gegen Schweden angeschlossen hatten und Karl XII. 1718 gefallen war, wurde ein Friedensvertrag unterzeichnet, in dem Schweden den größten Teil seiner weit vertreuten Besitzungen abtreten mußte.

Die Zeit nach dem Tod Karls brachte einschneidende Veränderungen. Das politische System Schwedens erfuhr eine fast revolutionär zu nennende Neuordnung durch eine umfassende Stärkung des Reichstags, der nun das machtvollste Organ im Staat wurde. Auch dem König konnte er Weisungen geben. In dieser "Freiheitszeit" (1718 - 1771) entfaltete sich ein früher klassischer, dem englischen vergleichbarer _Parlamentarismus_, der dem Streben des Volks nach innerer Machtbalance und Freiheit weitgehend Rechnung trug. Im Parlament stritten die Parteien der "Hüte" und "Mützen" um die Macht, Regierungen wechselten ständig. In Wirtschaft, Kultur und Wissenschaft erlebte das Land eine Blüte. Berühmte Männer wie der Religionsphilosoph Emanuel Swedenborg und der Naturforscher Carl von Linné, der Begründer biologischer Klassifikationsprinzipien, profitierten von den gün-

stigen Verhältnissen. Danach bestieg 1771 Gustav III. den schwedischen Thron, ein Herrscher, der dem Adel mit seiner großen Macht prinzipiell argwöhnisch gegenüberstand. Nach zwei unblutigen Revolutionen begrenzte er die Zuständigkeitsbereiche des Reichstags und führte den Absolutismus ein, die "Gustavianische Alleinherrschaft". Und dies genau in dem Jahr, in dem Frankreichs Monarchie ihre schwerste Stunde erlitt, 1789. An dieser Stelle entwickelt sich die schwedische Geschichte grundverschieden von der anderer Staaten Europas.

Man muß diesen König unter doppeltem Blickwinkel betrachten, um seinen Einfluß auf die Geschichte des Landes zu würdigen. Vom politischen Standpunkt aus gesehen, war er zwar ein geschickter Taktiker, aber dennoch im naiven Glauben, daß die Zentralgewalt in Schweden auf Dauer ihre beherrschende Stellung bewahren könnte. Er brachte dem Land eine kurze und auch unblutige Zeit des Absolutismus, der allerdings der schwedischen Mentalität und Tradition extrem widersprach. Schweden war niemals ein Land für Alleinherrscher. Man muß Gustav auch nach seinen Verdiensten um die Kultur belobigen, denn kein anderer schwedischer Regent bescherte seinem Land eine solche Blütezeit. Er förderte Maler, Bildhauer, Sänger, Literaten und gründete nach französischem Vorbild die "Schwedische Akademie für Sprache und Literatur". Er ließ Prachtstraßen anlegen, Theater- und Opernhäuser bauen und schrieb selbst eine Anzahl von dramatischen Werken, für die er gerne selbst auf der Bühne stand. Schließlich förderte er Carl Michael Bellmann, den "schwedischen Anakreon" und das größte musikalische Genie Schwedens. Gustav III. wurde 1792 von einem Fanatiker in der

Stockholmer Oper erschossen.

Nach seinem Tod wurde das Land in die Wirren der *Napoleonischen Kriege* hineingezogen. Man stellte sich auf Seite der Engländer mit wenig glücklichen Folgen: Nach dem Sieg der Franzosen und Russen mußte Schweden 1809 Finnland an Rußland abtreten. Dies war ein beträchtlicher Verlust, denn Schweden sah in Finnland immer einen Teil des Reichs. Nun sah man sich auch gezwungen, eine neue Verfassung anzunehmen. Sie schrieb endlich die Bürgerrechte, wie z. B. das Recht auf freien Grundbesitz, fest. Während indessen französische Bürger für ihre Ideale sterben mußten, verlief diese Revolution in Schweden unblutig.

Da der König kinderlos blieb, wählte Schweden einen Ausländer zum Thronfolger. Mit Jean Baptiste Bernadotte wurde ausgerechnet einer der Marschalls des verfeindeten Frankreichs auserkoren. Bernadotte mußte sich daran gewöhnen, gegen seinen ehemaligen Herren Napoleon zu kämpfen, den er auch besiegte. Als Ersatz für das verlorene Finnland mußte Dänemark, das an der Seite Frankreichs unterlag, Norwegen an Schweden abtreten. Die Norweger behielten eine gewisse Selbständigkeit, z. B. eine eigene Verfassung. Obwohl die Norweger diese Union nicht gerade liebten, hatte sie dennoch bis 1905 Bestand. Seit dem Ende der Napoleonischen Kriege 1814 war Schweden an keiner militärischen Auseinandersetzung mehr beteiligt.

Eine Folge dieser langen Friedenszeit war eine drastische Bevölkerungszunahme. 1850 lebten in Schweden 3,5 Millionen Menschen, davon 90 % auf dem Lande. Die industrielle Revolution erreichte Schweden sehr spät. Bis zur Jahr

Karl XII

hundertwende war es ein Agrarland, in dem sich der soziale Wandel nur langsam vollzog. Die im Land gegründeten Industriewerke konzentrierten sich nicht wie in den meisten anderen europäischen Staaten auf die Städte. So hatten das Hütten- und Grubenwesen sowie die Forstindustrie ihre Zentren im ländlichen Mittel- und Nordschweden, wo viele neue, stetig wachsende Städte entstanden. Das Gesetz über den Bodentausch aus dem Jahr 1827 ("Laga skifte") war ein Meilenstein in der Landesentwicklung. Danach wurden verstreut liegende Felder zu Einheiten zusammengefügt, Dörfer aufgeteilt und die Landwirtschaft modernisiert. Einzelhöfe bestimmten zunehmend das Landschaftsbild. Trotz wachsender Leistungsfähigkeit der Landwirtschaft entstand ein ländliches Proletariat, für das sich in der Gesellschaft kein Platz fand.

Eine große Auswanderungswelle setzte ein, die in den achtziger Jahren ihren Höhepunkt erreichte. Innerhalb von sechzig Jahren verließen fast 900.000 Schweden ihr Land. Viele gingen nach Amerika. Dieser Exodus wurde durch die Industrialisierung ein wenig verlangsamt. Die Holzverarbeitung gewann bald die größte Bedeutung. Der Abbau von Bodenschätzen und ihre Verhüttung, die intensiv schon seit dem 17. Jahrhundert betrieben wurde, blieb trotz Strukturveränderungen gesamtwirtschaftlich wichtig. Die Konzentration auf wenige Großbetriebe brachte das "Sterben" vieler kleiner Eisen- und Hüttenwerke mit sich. Die Infrastruktur - Eisenbahnen und Straßen, Städte-, Kanal- und Schiffsbau - erfuhr seit etwa 1830 einen Aufschwung.

Damit einher gingen soziale Veränderungen, die zu neuen großen Volksbewegungen führten. Es bildeten sich die Abstinenzler, die Sozialdemokraten und im Zuge veränderter Lebensbedingungen immer neue religiöse und politische Gruppierungen. Der Reichstag gewann zu Lasten des Throns an Macht. Zwischen 1840 und 1870 vollzog sich ein nahezu revolutionärer Neuerungsprozeß, der mit einer Reihe von Gesetzen mehr Gerechtigkeit und Freiheit brachte: 1846 die Gewerbefreiheit und ein neues Erbrecht für Männer und Frauen, 1855 ein liberales Strafgesetzbuch, 1857 den Freihandel, 1860 die Religionsfreiheit und 1862 die kommunale Selbstverwaltung. Schließlich wurde 1866 der Reichstag reformiert, der sich nunmehr aus zwei Kammern zusammensetzte.

Zeitgeschichte

Die Entwicklung, die Schweden in den letzten neunzig Jahren durch-

laufen hat, ist einzigartig unter den Industrieländern. Aus dem "Armenhaus Europas" um 1900 wurde einer der reichsten Staaten der Welt.

Der erste Weltkrieg war einer der wichtigsten Faktoren, die zu diesem Wirtschaftswunder beitrugen. Es entstand eine weltweite Nachfrage nach schwedischen Produkten, die sich zum Teil schwedischem Pionier- und Erfindergeist verdankten, wie u. a. Zündhölzer, Stahl, Zellstoff, Kugellager, Telefon und Staubsauger. Die *industrielle Revolution* setzte heftig ein, wenn auch verspätet. Wie zwischen 1914 und 1918 verpflichtete sich Schweden auch im zweiten Weltkrieg auf eine Neutralität, die seiner geopolitischen Randlage bestens entsprach. Die Wahl im Jahr 1932 kann als Beginn des modernen Schweden verstanden werden. Denn seit dieser Zeit behauptete die Sozialdemokratische Arbeiterpartei ihre Position als stärkste Fraktion im Reichstag. Als sich die Partei dann 1933 durch geschickte politische Händeleien ("Kuhhandel") auch noch die Unterstützung des Bauernbunds einholte, konnte sie ihre politischen Vorstellungen fast ungestört verwirklichen. Die Wirtschaftskrise wurde schnell überwunden, eine aktive Arbeitsmarktpolitik hob Produktion und Gewinne auf ein höheres Niveau. Ministerpräsident Per Albin Hansson entwickelte das Programm des Volksheimes ("folkhem"), mit radikalen Reformen. Sie waren bereits in den dreißiger Jahren so weit ausgeführt, wurden aber wegen des zweiten Weltkriegs erst in den fünfziger Jahren umgesetzt. Sie spiegelten die Absicht der Partei wider, ihr ideologisches Programm in das politische System einzubringen. Der "Wohlfahrtsstaat" war geboren.

Der zweite Weltkrieg konnte die bestehenden politischen Machtverhältnisse nicht verändern. Schwedens Rolle als neutraler Staat wurde auf eine harte Probe gestellt. Es kam zu Verletzungen der Neutralität, als nämlich deutschen Truppen die Durchfahrt durch schwedisches Territorium gestattet wurde. Insgesamt ging man zu den Nazis auf Distanz.

In der Zeit danach kam es zu Reformen in allen Lebensbereichen: Schulwesen, Renten, Versicherungen, Arbeitnehmerschutz, Steuersystem etc. Die Frage nach einer allgemeinen Zusatzrente für die abhängig Beschäftigten bestimmte von 1950 bis 1957 die politische Debatte und führte sogar zur Volksabstimmung. Die Parlamentsreform (1970 - 1974) brachte schließlich den Ein - Kammer - Reichstag, das Verhältniswahlrecht und die Beschränkung der königlichen Macht.

Auch die folgenden Wahlen überstanden die Sozialdemokraten unter ihrem neuen Parteichef Olof Palme, gut. Schwedens Ministerpräsident von 1969 bis 1976 und 1982 bis 1986 engagierte sich stärker außenpolitsch. Zwar blieb das Land seiner Maxime treu, der zufolge es bündnisfrei im Frieden und neutral im Kriegsfall zu sein hat, doch stand die Bündnisfreiheit im Zentrum der politischen Debatte um EG- und Nato-Zugehörigkeit. Hier folgte Schweden keinem seiner Nachbarn. Olof Palme hat sich vor allem durch sein Engagement für eine gerechtere Welt einen Namen gemacht. Als er im Februar 1986 ermordet wurde, verlor Schweden seinen letzten international respektierten Politiker. Es war der erste politische Mord in diesem Land seit dem Jahr 1792, als Gustav II. in der Oper erschossen wurde.

Olof Palme

Das politische System

Weltweit wird der Modellcharakter des schwedischen Systems anerkannt. Wie alle Versuche, zwischen den Extremen zu vermitteln, stieß es gleichermaßen auf überschwengliche Begeisterung wie auf herbe Kritik. Als die europäische Sozialdemokratie seit Ende der sechziger Jahre zulegte und international an Ansehen gewann, wuchs auch das Interesse am "schwedischen Mittelweg zwischen den Systemen". Auch deutschen Gewerkschaften und die SPD sympathisierten mit dem Modell, das mit einem Höchstmaß an gesellschaftlicher Gleichheit, fortgeschrittener Gleichberechtigung und seinem ausgeglichenen politisch-sozialen Klima vorbildlich schien. Allerdings wurde auch in den achtziger Jahren verstärkt Kritik laut: von konservativer Seite an Staatsverschuldung, hohen Steuersätzen und staatlicher Wirtschaftslenkung; von Teilen der Linken an dem gigantischen Verwaltungsapparat mit vielfältigen Eingriffsmöglichkeiten in die Persönlichkeitssphäre (Erziehung, Pflege, staatliche Überwachung und Kontrolle). Trotz des häufig beschworenen Endes des Wohlfahrtsstaats lebt das Schwedische Modell fort, wenn auch in veränderter Form.

Wie bereits erwähnt liegen die Wurzeln der schwedischen Demokratie in der germanischen Rechtsverfassung, die die Alleinherrschaft der Könige beschränkte. Seit Gustav Wasa ist ein leitender Gedanke erkennbar: der *Staat*, repräsentiert in Form von Gesetzen und Beamten, die steuern und kontrollieren, Ordnung herstellen und Spielregeln durchsetzen - und das wirklich für das Volk.

Die Besonderheiten des Schwedischen Modells und seine Unterschiede zur Entwicklung in Deutschland wird unter anderem an den folgenden Merkmalen schwedischer Politik deutlich.

Historische Stabilität und Kontinuität

Es darf als Besonderheit der Entwicklung Schwedens gelten, daß bestimmte Elemente seine Geschichte wie ein roter Faden durchlaufen.

Dazu zählt der *Zentralismus*, der Ausdruck der starken Rolle des von Stockholm kontrollierten Staats ist. Gustav Wasa begründete ihn durch den Aufbau des zentralen Verwaltungsapparats und Beamtenstaats, durch den Finanzausgleich der Stände und durch die Gängelung der Kirche. Diese Entwicklung setzte sich bei Karl XII., Gustav III. und Oskar II., der Preußen zum Vorbild hatte, bis in unsere Tage fort. Die Sozialdemokraten, die alles beherrschende Staatspartei seit 1932, wollten schon 1918 einen starken Staat. Nach der Verfassung ist Schweden keine Föderation.

Ein weiteres historisch fortlaufendes Element ist die *Suche nach Kräfteausgleich* bzw. *Balance*. Beteiligung aller gesellschaftlichen Kräfte ist schon zu erkennen an der Vertretung der Bauern im ersten Parlament von Arboga 1435 oder in der Reduktion Karls XI. 1679, der durch gleichmäßige Aufteilung der Ländereien die materielle Grundlage

schuf. Im Reichstag hielten sich ab 1718 "Hüte" und "Mützen" die Waage. Der klassische britische Parlamentarismus könnte auch klassischer schwedischer Parlamentarismus heißen. Gustav III. verhinderte 1789 durch Reformen die Revolution. Auch im Vier-Stände-Reichstag waren schon 1809 alle Gruppen ausgewogen vertreten. Schließlich spiegelt die Bündnisfreiheit Schwedens den Wunsch nach internationalem Ausgleich wider.

Ein weiteres Element ist die *Suche nach Synthese*. Was mit Gustav III. und seiner Reform begann, gipfelte in unserem Jahrhundert in dem "Kuhhandel" von 1933, mit dem ein einmaliges Gesetzespaket beschlossen wurde. Für die Zusage von Preisgarantien und Subventionen in der Landwirtschaft stützte der Bauernbund die New-Deal-Politik der Sozialdemokraten. Das Ergebnis war, daß sich schon 1936 die Löhne stabilisierten und die Arbeitslosigkeit zurückging. Das *Abkommen von Saltsjöbden* bescherte Schweden dann 1938 die "Harpsund - Demokratie". Gewerkschaften und Arbeitgeber kamen überein, auf Arbeitskämpfe zu verzichten und Frieden zu beiderseitigem Nutzen zu schließen. In der Krisenzeit während des Kriegs beteiligten die Sozialdemokraten die im Reichstag vertretenen Parteien an einer Sammlungsregierung. Letztlich tritt diese "Lust an Übereinstimmung" im Gesetzgebungsprozeß deutlich zu Tage. In Schweden müssen alle betroffenen gesellschaftlichen Gruppen gehört werden, bevor ein neues Gesetz verabschiedet wird. Die Schweden mögen keine innenpolitischen Differenzen. Allgemein anerkannte Werte sind Harmonie und Gleichheit. Obwohl sich letztlich die Minderheiten fügen müssen, bleiben ihre Rechte doch geschützt. Auch Volksabstimmungen, die in der Nachkriegszeit in Schweden des öfteren stattfanden, gehören unmittelbar zum Demokratieverständnis.

Historische Tradition hat auch die *planende und lenkende Rolle der Politik.* Die Politik hinkt nicht hinterher, sondern ist Motor von Neuerungen. Die größte Streitfrage in der politischen Debatte Anfang der achtziger Jahre waren die sogenannten "Arbeitnehmerfonds". Von Parteiintellektuellen konzipiert, wurden sie der Gesellschaft aufgesetzt. Ihr Ziel war, der gesellschaftlichen Gleichheit näherzukommen (→ Kap. "Kennzeichen des Wohlfahrtsstaates", "Gleichberechtigung der Geschlechter und Chancengleichheit").

Rolle der Religion

Die Religion hat nur geringe Einflüsse auf die gesellschaftliche Entwicklung. Seit der Einführung der Staatskirche unter Gustav I. Wasa sind alle Geistlichen Staatsangestellte. Christliche Lehrmeinungen bedürfen staatlicher Absegnung. Religionsfreiheit gibt es in Schweden erst seit 1860. Der soziale Klassenkampf wurde nie durch konservative katholische Unternehmer verschärft. Bis heute gibt es nur eine konfessionell gebundene religiöse Partei.

Vertrauen in den Staat

Das schwedische Wort für Gesellschaft oder Staat heißt "Samhälle". Der Begriff spiegelt ein positives Bild der Bürger von ihrem Staat wider. Überwachung, Volkszählung, Personennummern können nichts daran ändern. Die Schweden haben keine schlechten Erfahrungen mit ihrem Staat gemacht. Er hat sie seit 1814 aus allen Kriegen herausgehal-

ten, ihnen in Notzeiten geholfen und ihren Wohlstand gerecht verteilt und gesichert. Staatsfeinde sind Mangelware. Der Staat dankt seinen Bürgern für ihr Vertrauen mit Volksabstimmungen, mit dem Gesetz zur Veröffentlichung aller Staatsakten und Korrektheit im Amt.

Konsensbereitschaft

Trotz vieler Randgruppen - Einwanderer, Samen u. a. - waren Arbeitskämpfe und soziale Unruhen in Schweden seltener als in anderen Industriestaaten. Das im schwedischen Reichstag repräsentierte Meinungsspektrum ließe sich bereits in der deutschen SPD wiederfinden.

Keine Katastrophen

Mit Ausnahme der Hungerjahre des letzten Jahrhunderts blieb Schweden in der Neuzeit von wirklichen Katastrophen verschont. 1789, 1830, 1848 und 1917 sind weltweit Jahre der großen Revolutionen, nicht aber in Schweden, wo es Reformen gab. Schwedens jüngere Vergangenheit kennt keine Bürgerkriege, keinen Faschismus und am wichtigsten - seit 1814 keinen Krieg mehr.

Staatsaufbau

Schweden ist eine *konstitutionelle Monarchie,* eine an die Verfassung gebundene Monarchie. Das Staatsoberhaupt ist seit 1970 König Karl XVI. Gustav. Er verfügt über keinerlei politische Macht und beteiligt sich nicht an der politischen Auseinandersetzung. Ihm kommen nur zeremonielle und repräsentative Aufgaben zu. Seit 1980 ist das erstgeborene Kind ohne Rücksicht auf das Geschlecht Thronfolger. Das bedeutet, daß das älteste der drei Kinder von König Karl Gustav und Königin Silvia, Viktoria, das nächste Staatsoberhaupt sein wird. Es gibt in Schweden keine dem deutschen Grundgesetz vergleichbare Verfassung, nach der die weitesten Teile des Rechtswesens als Recht mit Verfassungscharakter schriftlich formuliert sind. Die schwedische Verfassung besteht eigentlich nur aus vier Grundgesetzen. Diese regeln die Regierungsform, die Thronfolge, die Reichstagsordnung und Öffentlichkeit der Presse (d. h. den ungehinderten Zugang der Bürger zu allen schriftlich abgefaßten Dokumenten).

Das Regierungssystem

Die politische Macht liegt bei der Regierung, die von der stärksten Fraktion im Reichstag gestellt wird. Regierungsmitglieder haben im Reichstag kein Stimmrecht. Die Regierung besteht aus dem Regierungschef ("Statsminister"), der in Zuständigkeitsbereich und Funktion unserem Bundeskanzler vergleichbar ist. Die Minister ("Statsråd") leiten ihre Ministerien, die unter anderem für den Haushalt, für neue Gesetzesvorlagen, internationale Beziehungen und die Ernennung von Beamten verantwortlich sind. Generell gilt das "Prinzip der kollektiven Verantwortung" der Regierung. Ansonsten finden Kabinettsitzungen wöchentlich statt.

Seit dem zweiten Weltkrieg gab es in Schweden die unten aufgeführten Regierungen.

Seit der Verfassungsreform (1970 - 1974) besteht der Reichstag nur noch aus einer Kammer mit nunmehr 349 Abgeordneten. Sie werden in direkten Wahlen nach dem Prinzip des Verhältniswahlrechts auf drei Jahre gewählt. Auch eine Sperrklausel, die Splitterparteien ausschließt, gibt es. Sie liegt bei 4 %. Jedoch kommt eine Partei auch dann in den Reichstag, wenn sie in einem Wahlkreis 12 % der Stimmen erhält. Die schwedischen Beamten sind im Reichstag wie in den Parlamenten anderer Länder auch überrepräsentiert, aber auch Landwirte sind recht stark vertreten. Frauen sind unterrepräsentiert. Eine Kontrollfunktion kann der Reichstag z. B. durch ein Mißtrauensvotum ausüben. Der Präsident des Reichstags benennt den Ministerpräsidenten, ein Stimmrecht im Reichstag hat er aber nicht.

1946 - 1969 Sozialdemokraten, Ministerpräsident: *Tage Erlander*
1969 - 1975 Sozialdemokraten, Ministerpräsident: *Olof Palme*
1976 - 1978 Zentrum, Moderate, Volkspartei: *Thorbjörn Fälldin*
1978 - 1979 Volkspartei (Minirität): *Ola Ullsten*
1979 - 1981 Zentrum, Moderate, Volkspartei: *Thorbjörn Fälldin*
1981 - 1982 Zentrum, Volkspartei: *Thorbjörn Fälldin*
1982 - 1986 Sozialdemokraten: *Olof Palme*
1986 - 1991 Sozialdemokraten: *Ingvar Carlsson*
1991 - 1994 Zentrum, Moderate, Volkspartei: *Carl Bildt*
  seit 1994 Sozialdemokraten: *Ingvar Carlsson*

Wahlen

Reichstags-, Provinziallandtags- und *Kommunalwahlen* finden alle drei Jahre am gleichen Tag, dem ersten Sonntag im September, statt. Es wird zur Zeit diskutiert, diesen Rhythmus auf vier Jahre auszudehnen. An den Provinzial- und Kommunalwahlen sind auch in Schweden lebende Ausländer wahlberechtigt. Schweden ist in 24 Provinzen ("Län") eingeteilt. Die Provinziallandtage sind u. a. für Gesundheit und Krankenpflege zuständig. Die kleinste Verwaltungseinheit ist die Kommune, von denen es 284 gibt. Sie umfassen oft eine große Fläche mit Stadtkern und umliegenden Dörfern. Ihr Gemeinderat erhebt die Einkommenssteuern und sorgt für eine Reihe öffentlicher Dienstleistungen, wie für Schulen, Kinder- und Altenfürsorge, Energieversorgung, Wohnungswesen, Kultur und Freizeit. Zur Umsetzung der Regierungsbeschlüsse stehen zahlreiche Behörden zur Verfügung. Sie sind verhältnismäßig selbständig, denn die meisten Beamten sind unkündbar und arbeiten oft ohne Einschaltung der Ministerien auf unterer Ebene zusammen. Die Selbstverwaltung der Kommunen ist ein wichtiger Teil des politischen Systems. Die Kontrolle der Behörden nimmt die Öffentlichkeit vor. Behördliche Schriftstücke mit Ausnahme von Geheim- und Militärakten sind Presse und Öffentlichkeit zugänglich zu machen. In den Kommunalbibliotheken hängen die Schriften und Dokumente aus. Hier ist es jedem gestattet, ohne Angaben von Gründen nachzusehen, wieviel der Nachbar verdient oder welcher Bekannte noch Steuerschulden hat. Das Öffentlichkeitsprinzip gilt nicht bei Krankenblättern und Strafregistern.

König Carl XVI. und Königin Silvia

Parteien

Im jüngsten Reichstag, der im September 1994 zusammengetreten ist, sind folgende Parteien repräsentiert:
- die *Moderate Sammlungspartei* ("Moderata Samlingspartiet", M), die gewöhnlich 15 bis 20 % der Stimmen auf sich vereinigt.
- die *Liberale Partei* ("Folkpartiet", FP), die zwischen 6 und 15 % liegt.
- die *Zentrumspartei* ("Centerpartiet", C), die bei 10 bis 15 % liegt und durch eine wahltechnische Zusammenarbeit auch die *Christdemokratische Partei* ("Kristen Demokratisk Samling", KDS) in den Reichstag bringen konnte.
- auf der anderen Blockseite die *Sozialdemokraten* ("Sozialdemokratiska Arbetarepartiet", SAP), die immer zwischen 40 und 50 % lagen, die *Linke Partei* ("Vänsterpartiet", VP) mit 4 bis 6 %, die 1990 ihren Namen änderte (aus "VPK" entfiel das "K" für Kommunisten), und die schwedischen *Grünen* ("Miljöpartiet", Mp) mit 4 bis 6 %, die nun bereits zum zweiten Mal dabei sind.

In der Vergangenheit waren beide Blöcke zusammengenommen meist annähernd gleich stark, so daß die Sozialdemokraten für viele

Gesetzesvorhaben Stimmen aus dem anderen Lager brauchten. Im jüngsten Reichstag aber stützen sie sich fast schon auf eine absolute Mehrheit. Als größte Partei des 20. Jahrhunderts haben die Sozialdemokraten Wähler aus allen Schichten, vor allem aber unter Arbeitnehmern. Die schwedischen Arbeitnehmer sind gut organisiert. Fast 90 % haben sich einer gewerkschaftlichen Organisation angeschlossen. Die SAP ist eng mit dem mächtigen Dachverband der schwedischen Arbeitnehmergewerkschaft LO, auch "Landsorganisationen", verbunden. Doch finden sich in ihren Reihen auch Arbeitgeber und sogar Millionäre, wie z. B. der Industriemagnat Harri Schein.

In den letzten 102 Jahren hatte die Partei nur fünf Vorsitzende. Man kann sagen, daß sie Schwedens mächtigste Politiker waren und den Kurs während eines Jahrhunderts bestimmten: Hjalmar Branting (1889 - 1925), der 1896 als erster Sozialdemokrat der Welt überhaupt in ein nationales Parlament gewählt wurde. Er steht am Ursprung der sozialdemokratischen Tradition des Landes. Per Albin Hansson (1925 - 1946), der das Schwedische Modell, das Volksheim, entwickelte und das Land sicher durch den zweiten Weltkrieg führte. Tage Erlander (1946 - 1969), der Schweden schließlich zu einem der reichsten Wohlfahrtsstaaten der Welt aufbaute. Olof Palme (1969 - 1986), der Schwedens Rolle als Vermittler bei internationalen Konflikten begründete und für seine Arbeit bei der Bekämpfung von Hunger und Armut in der ganzen Welt geachtet wurde. Ingvar Carlsson (1986 - 1991 und seit 1994), der als Pragmatiker bekannt ist.

Die Wähler der "Vänsterpartiet" (ehemals VPK) stammen traditionell aus den ländlichen Gebieten des Nordens. Lappland ist das Zentrum des "Hinterwäldlerkommunismus", der vor allem von den Arbeitern der ansässigen Schwerindustrie getragen wird. Doch diese Gruppe nimmt ab, so daß die Partei immer stärker um Studenten und Intellektuelle bemüht ist. Die schwedischen Kommunisten tragen seit jeher die Entscheidungen der Sozialdemokraten im Reichstag mit, auch wenn sie an der Regierung nie beteiligt waren. Das Zentrum ist die traditionelle Partei derjenigen Bauern, die weniger konservativ oder religiös orientiert sind. Dieser Gruppe schlossen sich auch die weniger linksstehenden Umweltschützer an. So ist die Zentrumspartei diejenige Partei, die immer am heftigsten gegen Atomkraft protestiert hat. Wegen dieser uneinheitlichen Zusammensetzung des Zentrums kommt es häufig zu internen Spannungen. Seine Schwesterpartei ist die KDS.

Die Liberalen (FP) stützen sich vor allem auf Angestellte und Unternehmer. Auch bei Intellektuellen finden sie Anhänger. Sie verfügen aber nur über einen kleinen Kreis von Stammwählern.

Die Moderaten, bis 1991 konservativste Partei im Spektrum, erhalten vor allem von Unternehmern und Freiberuflern Zulauf. Die Partei ist weniger religiös geprägt als ihre westeuropäischen Schwesterparteien.

Ein völlig neues Phänomen in Schweden sind die Neudemokraten, deren deutlich rechts orientierte Partei sich zwischen 1991 und 1994 im Reichstag etabliert hat. Ihr Auszug aus dem jüngsten Parlament und der parallele Einzug der Grünen - die allerdings in Schweden stärker dem Etablissement angehören als ihre deutschen Kollegen - kennzeichnen den neuerlichen Kurs nach links.

Andere gesellschaftliche Organisationen

Neben den Parteien nehmen vor allem die Gewerkschaften aktiv am politischen Leben teil. Im Prinzip sind alle Berufsgruppen mit sehr hoher Mitgliedszahl gewerkschaftlich vertreten. Gewerkschaften und Arbeitgeberverbände spielen nicht nur die Rolle von "Pressure groups", sondern haben im politischen Meinungsbildungsprozeß eine juristisch definierte, integrierende Funktion, z. B. bei ihrer Arbeit in den Ausschüssen. Daneben haben noch andere Verbände großen Einfluß, allen voran die Verbraucherschutzorganisationen und die Konsumgenossenschaften.

Noch zu erwähnen sind die sechs Ombudsmänner, meist prominente Richter, die von Reichstag oder Regierung auf die Dauer von vier Jahren ernannt werden. Mit einem Stab von Assistenten überprüfen sie die Arbeit der Gerichte und Verwaltungsbehörden. Jeder Bürger kann sie anrufen, wenn er Rechtsbrüche oder Ungerechtigkeiten zu entdecken glaubt. Es gibt Ombudsmänner für die Bereiche Justiz, freier Wettbewerb, Verbraucherschutz, Pressefreiheit, ethnische Diskriminierung und Gleichberechtigung. Diese Entwicklung soll bürgerfernen und allzu selbstherrlichen Entscheidungen der Verwaltung vorbeugen helfen.

Der Wohlfahrtsstaat

Das Schwedische Modell ist zwar teilweise verfassungsmäßig und politisch festgeschrieben, aber weitaus stärker in der schwedischen Kultur verankert. Daher kann man dieses Modell weder ausschließlich an den Besonderheiten des Wirtschaftssy-

Schwedischer Reichstag

stems festmachen, noch als einen Weg zwischen Kapitalismus und Sozialismus bezeichnen. Das "Modell Schweden" muß vielmehr als eine Sondervariante des Kapitalismus westlicher Prägung verstanden werden. Sozialistische oder gar kommunistische Elemente oder Wirtschaftsdirigismus, den rechte Kräfte anprangern, fehlen in diesem System. Nicht einmal 7 % der Produktionsmittel befinden sich in den Händen des Staates. Marktwirtschaft und selbstverantwortliches Unternehmertum sind die Grundelemente des ökonomischen Systems. Die wesentlichen Elemente des Schwedischen Modells, von den Sozialdemokraten programmatisch formuliert und politisch weithin akzeptiert, sind folgende:

Vollbeschäftigung

"Full Sysselsättning" ist mit einem Recht auf Arbeit verfassungsmäßig festgeschrieben. Die bestmögliche Versorgung aller arbeitsfähigen Bürger mit einer sinnvollen und befriedigenden Arbeit ist seit hundert Jahren oberstes Ziel der sozialdemokratischen Partei gewesen. Die Gewerkschaften haben sie bei diesem Programm immer unterstützt. Zugrunde lag dabei niemals nur das Ideal eines arbeitenden Familienvaters, der seine Familie versorgt. Vollbeschäftigung bedeutet in Schweden, daß alle arbeitsfähigen Frauen auch andere Tätigkeiten als Hausarbeit ausführen können (→ Familie und Frauen).

Hier liegt Schweden weit voraus. Fast alle Männer und Frauen sind berufstätig. Ist ein Partner arbeitslos, so hat meist der andere einen Arbeitsplatz. Eine hohe Beschäftigungsquote ist wichtigstes Ziel der neuen sozialdemokratischen Regierung, denn bei offiziell 8 % Ar-

beitslosigkeit (man spricht von einer verdeckten Arbeitslosigkeit von über 10 %) hat Schweden nun fast den EU-Durchschnitt erreicht.

Neben der erwähnten Familienpolitik ist die besondere schwedische Arbeitsmarktpolitik, die aktivste aller Industrienationen, von beispielhafter Bedeutung.

Angleichung der Einkommen

..., "Jämlikhet", ist die schwedische Antwort auf eine internationale Entwicklung, die durch eine immer größer werdende Kluft zwischen Einkommen aus selbständiger und unselbständiger Arbeit gekennzeichnet ist. Allerdings verläuft dieser Prozeß in Schweden zögernd. Die Angleichung wird nicht durch Verstaatlichung erreicht, sondern durch eine entsprechende Verteilung der steuerwirtschaftlichen Werte. Steuer- und Sozialpolitik tragen gleichermaßen dazu bei. Eine hohe Steuerprogression bittet Reiche überproportional zur Kasse, Millionäre gar exponentiell, läßt aber den kleineren Einkommen hohe Freibeträge. Die Unternehmenseigner hätten also Grund, über hohe Besteuerung zu klagen: für ihre privaten Konten zumindest, nicht aber für die Geschäftskonten, denn die Steuerpolitik gestattet den Unternehmen eine beachtliche Steuerersparnis, wenn sie Rücklagen für Investitionen schaffen. Der Arbeitnehmer hat vollen Schutz im Krankheitsfall, ohne dafür selbst eine Krankenversicherung zahlen zu müssen. Auch zu seiner Rentenversicherung trägt er selbst keinen Anteil bei, lediglich einen Teil der Arbeitslosenversicherung finanziert er mit. Beiträge für die Sozialversicherung tragen also Arbeitgeber und Staat. Darüber hinaus gibt es ein breites Netz an kommunalen und staatlichen Sozialleistungen, Studien- und Wehrzeitbeihilfen, Wohngeld und Ausbildungszuschüsse einschließlich Sozialhilfe. Aber weder auf sozialpolitischem noch auf steuerlichem Weg ist es gelungen, wirkliche "Jämlikhet" zu erreichen. Zur Zeit befindet sich Schweden in einer Phase, in der die genannten Sozialleistungen gekürzt werden, was zu einem geringen Einkommen der Sozialschwachen führt. Die stagnierende Wirtschaft aber bremst auch das Einkommen der Besserverdienenden, so daß die Schere zwischen Arm und Reich momentan stabil ist.

Gleichberechtigung und Chancengleichheit

"Jämnställdhet och Rättvisan" ist ein wichtiges gesellschaftspolitisches Ziel und bevorzugtes Feld der Wohlfahrtsforschung. Die Begriffe "Gleichberechtigung" und "Gerechtigkeit" werden darüber hinaus nicht nur geschlechtsspezifisch verstanden, sondern auch im Sinn von Chancengleichheit aller in Beruf und Ausbildung, Gerechtigkeit gegenüber Arbeitnehmern und von regional angeglichenen Lebensverhältnissen. Sie ist ein unverzichtbarer Teil des wohlfahrtsstaatlichen Programms.

Vor dem Hintergrund von "Jämnställdhet och Rättvisan" erhält auch die gewerkschaftliche Forderung nach einer solidarischen Lohnpolitik ein schärferes Profil. Sie zielt auf überregionale und branchenabhängige Gleichstellung der Arbeitnehmer in ganz Schweden. Sie ist vom sogenannten "Geist von Saltsjöbaden" geprägt, der noch bis in die achtziger Jahre die Tarifauseinandersetzungen bestimmte. In Saltsjöbaden wurde 1938 zwischen Arbeitgeberverbänden (SAF) und Gewerkschaf-

ten (LO) ein umfassender Gesamttarbeitsvertrag geschlossen, in dem man sich unter anderem auf eine Zentralisierung der Tarifverhandlungen verständigte. Die damit

Vorbildliche Arbeitsmarktpolitik

Mit der Freigabe von Investitionsfonds und gesonderten Beihilfen zum Aufbau neuer Betriebe gelang es, ein Zweigwerk der Firma *Volvo* in Uddevalla anzusiedeln, wo die Werften in der Krise waren. Der Staat zahlte dabei die Kosten für die Um- und Fortbildung der ehemaligen Werftarbeiter, die zu Volvo wechselten. Hinzu kamen die Kosten für Steuervergünstigungen, Freigabe von Transportbeihilfen und besonders günstige Darlehen an diesen Betrieb. Auf der Habenseite standen die eingesparten Kosten bei vielleicht jahrelangen Arbeitslosengeldern für die ehemaligen Werftarbeiter. Zufrieden waren am Ende Volvo, die Arbeitnehmer und die nationale Volkswirtschaft, die an solchen Programmen ausschließlich gewinnen kann.

Natürlich muß man sich bei wirtschaftlichem Strukturwandel im Klaren sein, daß nicht immer wie im beschriebenen Fall Ersatzindustrien gefunden werden können. Gerade in Schwedens Norden, wo die alten Schwerindustrien - Erz- und Mineralförderungen - neben der Holzindustrie angesiedelt sind, erwartet man große Probleme. Doch die schwedischen Arbeiter wissen, daß die Gesellschaft Mittel bereithält, darauf einzugehen.

enge Zusammenarbeit zwischen den Tarifparteien hat sich bewährt, wie die vergleichsweise niedrige Zahl von Arbeitskämpfen in Schweden zeigt. Anders als in den meisten anderen Ländern, gibt es in Schweden getrennte Gewerkschaften für Arbeiter und Angestellte. Die LO ("Landsorganisationen") ist die größte Gewerkschaftsorganisation mit über 2,3 Millionen Mitgliedern. Damit organisiert sie über 90 % aller Arbeiter. Auf der Arbeitgeberseite ist der SAF (Zentralverband schwedischer Arbeitgeber) mit über 40.000 Mitgliedern die größte Organisation. In den zentralen Tarifverhandlungen stehen sich LO und SAF gegenüber. Der Staat hält sich gewöhnlich zurück, hat aber eine weitaus höhere Befugnis einzugreifen als in Deutschland. Außerdem erreichte der Staat durch gesetzliche Klärung innerbetrieblicher Verhältnisse, daß die Tarifverhandlungen immer mehr auf die Fragen "Geld" und "Urlaub" reduziert wurden.

Gesetze über paritätische Mitbestimmung in Betrieben (1977), Kündigungsschutz (1982), Stellung der Betriebsräte am Arbeitsplatz (1975), Bildungsurlaub (1975) und vor allem das Arbeitsumweltgesetz (1978) geben verbindliche Rahmenbedingungen. Das neueste Modell zur Verbesserung der Stellung der Arbeitnehmer waren die "Löntagerfonderna" (Arbeitnehmerfonds), die ein Jahrzehnt heftig diskutiert und gegen den erbitterten Widerstand der Arbeitgeber und der bürgerlichen Parteien 1984 eingeführt wurden. Man schuf neun Fonds, die einen Teil der Unternehmensgewinne ab einer gewissen Höhe zusammenführen. Sie sind der Leitung einer Komission aus Arbeitnehmern unterstellt. Diese geht mit den Geldern an die Börse. In der Diskussion um die Fonds traten die Gegen-

sätze zwischen den Tarifparteien so stark ins Rampenlicht, wie schon seit Jahren nicht mehr.

Vielleicht ist es nicht übertrieben, von einer Aufkündigung des Burgfriedens auf dem schwedischen Arbeitsmarkt zu sprechen. Seit Jahrzehnten steht das gesamte System am Scheideweg zwischen staatlicher Einkommenspolitik und einer konsequenten Dezentralisierung der Verhandlungen auf die jeweiligen Branchen. Diese Situation trägt vieles zur Krise des Wohlfahrtsstaates seit 1985 bei.

Die "Krise des Wohlfahrtsstaates"

... ist zu einem Schlagwort in Schweden wie im Ausland geworden. Seit den späten Achtzigern ist gar von "Systemwandel" die Rede. Vielen Schweden stellt sich die Frage: "Bringen die neunziger Jahre wirklich den Abschied vom Schwedischen Modell, und ist der Wohlfahrtsstaat noch zu finanzieren?"

Eine Reihe von Problembereichen tut sich auf, wie die Preisgabe des zentralen Lohnverhandlungsmodells zeigt. Kommt es nicht zur Wiedereinführung eines koordinierten Tarifsystems, wird auf längere Sicht die Solidarität der Arbeitnehmer Schaden nehmen. Der Arbeitsmarkt wird dann von kleinen Einheiten mit dezentralen Verbänden beherrscht, die eine übergeordnete Koordination unmöglich machen. Das Ziel einer solidarischen Lohnpolitik zur Erreichung höchstmöglicher Gerechtigkeit und Einkommensanpassung wird in Ferne rücken.

Ein weiteres Übel ist die Inflation. Schon seit Jahren arbeitet die Regierung an einem wirkungsvollen Instrument zur Eindämmung der Inflation, die seit Anfang der achtziger Jahre zwischen 5 und

10 % lag. Zur Senkung der Inflationsrate trat um die Jahreswende von 1989 auf 1990 die große Steuerreform in Kraft. Die hohen direkten Steuern wurden drastisch gesenkt, so daß den Bürgern zunächst einmal etwas mehr Geld in der Lohntüte blieb. Während 1988 der Spitzensteuersatz noch bei 75 % lag, senkte man ihn 1991 auf 50 %. Bei einem Jahreseinkommen unter 170.000 SEK entfällt die staatliche Einkommensteuer, und es werden nur 30 % kommunale Steuer fällig. Das vereinfachte das System wesentlich. Ein weiterer Punkt der Reform war eine Anhebung des Mehrwertsteuersatzes in verschiedenen Bereichen, wie Wohnen und Transport. Diese Anhebung machte die ohnhin schon teuren Konsumgüter noch kostspieliger. Darüber hinaus wurde die steuerliche Abzugsfähigkeit von Krediten erschwert. Die Lebenshaltung verteuerte sich abermals. Die Industrie war mit der Reform nicht unzufrieden.

In manchen Bereichen hat die neue sozialdemokratische Regierung die inflationshemmenden Maßnahmen der bürgerlichen Regierung einfach übernommen. Und obwohl sie dies bereits vor der Wahl im September 1994 deutlich angekündigt und auch Kürzungen im Sozialbereich als unumgänglich skizziert hatte, schenkten ihr 47 % der Wähler das Vertrauen. Dazu gehörten auch die traditionellen Wählergruppen, die der Partei in den achtziger Jahren mit viel Kritik begegnet sind, da sie sich mit Einsparungsmaßnahmen im sozialen Sektor nicht abfinden wollten. Mittlerweile scheint in diesen Schichten eine Art Resgination in Anbetracht der schwierigen Lage eingetreten zu sein. So wählte man die Sozialdemokratie aus der Überlegung heraus, um vielleicht allzu tiefe Schnitte ins Sozialsystem zu verhin-

dern. Die inflationshemmenden Anstregungen, vor allem im monetären Sektor, greifen mittlerweile. Nach dem Bankenschock 1994, als die schwedische Reichsbank kurzfristig die Zinsen auf 500 % heraufsetzte, um ein deutliches Signal gegen eine zu lasche Geldpolitik zu setzen, haben alle verstanden, daß auch eine inflationäre Freigabe der Geldmenge die Wirtschaftsprobleme nicht wieder lösen könnte. Nach den Abwertungen der Krone gewinnt der Außenhandel langsam wieder an Kraft, aber wie in vergleichbaren anderen Staaten der Europäischen Union führt dies auch in Schweden nicht mehr zu einer drastischen Reduzierung der Arbeitslosenquote. Eine solche versuchen die Schweden mit neuen staatlichen Ausgabensteigerungen zu erzielen, die allerdings nur über Kürzungen im Sozialbereich zu finanzieren sind. Man könnte es so formulieren: Um ein Hauptziel des Wohlfahrtsstaates sozialdemokratischer Prägung finanzieren zu können - nämlich die Vollbeschäftigung - muß ein anderes jener Ziele, und zwar das Netz sozialer Sicherheit, in einigen Teilen soweit reduziert werden, daß der Begriff "Wohlfahrtsstaat" überholt sein könnte.

Internationale Beziehungen

Mit diplomatischem Geschick und einigem Glück konnte sich Schweden seit 1814 aus allen Kriegen heraushalten. Bis vor kurzem lag es in einer Nahtstelle zwischen den großen Blöcken. Nach dem Umbruch im Osten ist derzeit noch völlig ungewiß, wohin die internationale Entwicklung führen wird. Schweden war eines der ersten

Länder, die die Baltischen Staaten, Kroatien und Slowenien anerkannt haben. Eine freundschaftliche Zusammenarbeit mit den Nachbarstaaten wird sicherlich auch für die bürgerliche Regierung Vorrang haben. Die obersten Ziele des Landes heißen weiterhin Bündnisfreiheit im Frieden und Neutralität im Kriegsfall. Schwedischer Politik lag immer sehr viel an engagierter Mitarbeit bei allen internationalen Fragen von Gewicht. Massiver Protest gegen den Vietnamkrieg oder den sowjetischen Einmarsch in Afganistan war aus Schweden laut zu hören. Olof Palme, der selbst gerade in internationalen Fragen sehr aktiv war, nannte einmal die schwedische Neutralität keine Ideologie an sich, sondern ein Mittel zur Erreichung bestimmter politischer Ziele.

Zur Durchsetzung dieser Ziele hat Schweden eine starke Landesverteidigung, die in Schweden einen sehr hohen Teil des Staatshaushalts verschlingt, da alle Waffensysteme im Lande entwickelt werden müssen und nicht im Ausland gekauft werden dürfen. Durch illegale Waffenexporte ist gerade dieser Industriezweig sehr in Verruf geraten. Seit 1980 gibt der Staat weniger Geld für die Verteidigung aus. Angesichts der internationalen Lage zu Beginn der neunziger Jahre ist das sicher sinnvoll. Atombunker stehen für 75 % der Bevölkerung zur Verfügung. Zentrale Behörden organisieren alle Lebensbereiche im Ernstfall. Daneben existieren regionale und freiwillige Verteidigungsorganisationen und eine Armee von mehr als 700.000 Mann, von denen zwar ein Großteil im Frieden beurlaubt ist, aber sehr schnell mobilisiert werden kann.

Weiterhin stellt Schweden ca. 40.000 Mann für die UNO-Truppen und beteiligt sich personell und organisatorisch an internationalen Aufgaben. Das hat dem Land den Ruf gebracht, sich überall in der Welt nicht nur mit Worten, sondern auch mit Taten blicken zu lassen. Schwedens Rolle als Vermittler geht bis zu den Zeiten des Völkerbunds zurück. Materiell leistet das Land mit ca. 1 % des Bruttosozialprodukts den höchsten Entwicklungshilfeanteil von allen Ländern der Welt. Zahlreiche schwedische Politiker machten sich als "Weltbeamte" verdient, die für Gerechtigkeit in der Welt und Solidarität mit den schwächeren Ländern der Völkergemeinschaft eintraten. Dag Hammarskjöld war acht Jahre lang UNO-Gerneralsekretär, P. Jakobsen, Chef des Internationalen Währungsfonds (IWF), Olof Palme Träger des internationalen Friedenspreises für seine Verdienste um internationale Zusammenarbeit und soziale Gerechtigkeit, Thomas Hammarberg Vorsitzender von Amnesty-International. Diese Liste ließe sich fortsetzen. Das Engagement Schwedens bei internationalen Problemen trug dem Land schon in den siebziger Jahren den Ehrentitel "Gewissen der Nationen" ein. Heute ist es wieder die Außenpolitik, die im Vordergrund steht, denn die Frage nach einer EU-Mitgliedschaft war 1994 wichtigstes politisches Thema. Seit der Regierungskrise im Winter 1989/ 1990 hat kein anderes Thema die schwedische Öffentlichkeit so beschäftigt wie dieses. Noch bis Mitte der achtziger Jahren war die EU kein Thema und nur die bürgerlichen Kräfte erhoben ab und zu diesbezüglich ihre Forderungen. Erst als sich die SAP selbst damit beschäftigte, wurde die Frage diskussionswürdig. In verhältnismäßig kurzer Zeit einigten sich die Sozialdemokraten für einen Beitritt zur EU. Ihrer Zustimmung schlossen sich Moderate und Liberale gleichermaßen an. Die Gegenposition bezogen Zentrum, Kommunisten und Grüne. Die Zentrumspartei befürchtete bei einer Mitgliedschaft in der Europäischen Gemeinschaft Nachteile für die Landwirtschaft. Ende 1990 entschied der schwedische Reichstag, einen Antrag auf Mitgliedschaft in der EU zu stellen. Sowohl die Volksabstimmung im Oktober 1994 als auch die nachfolgende Abstimmung im Reichstag erbrachte ein klares "Ja" für Europa. Schwedens Weg in die EU war damit geebnet. Am 1. Januar 1995 trat es gleichzeitig mit Österreich und Finnland offiziell der Gemeinschaft bei. An positiven Reaktionen aus dem Ausland zu dieser Entscheidung fehlte es nicht. Allerdings: Obwohl die schwedische Bevölkerung durch die Frage nach einem EU-Beitritt nicht in zwei Blöcke geteilt wurde, wie dies in Norwegen geschehen ist - dort kam es wegen dieser Frage zu Morddrohungen, Ausschreitungen und dem Bruch von Familienbanden -, gab und gibt es auch weiterhin kritische Stimmen im Land, die auf die Gefahren einer Internationalisierung hinweisen. Viele Schweden fürchten um die nationale Besonderheit ihres Systems, sehen Einbrüche gerade in der Sozialgesetzgebung, im Umweltschutz und in Steuerfragen. Insgesamt aber überwiegt in Schweden die Überzeugung, die selbst gewählte Isolation aufgeben zu müssen.

Kunst in Schweden - damals und heute

Frühe Kunst

Bereits auf den Gebrauchsgegenständen der Steinzeit findet man künstlerische Darstellungen, die in

Amulett aus der Wikingerzeit

der nachfolgenden Bronzezeit überzeugender und ausdrucksstärker werden. Einige nordische Fundgegenstände können sich an künstlerischem Ausdruck und handwerklicher Fertigkeit mit den besten Stücken der südeuropäischen bronzezeitlichen Kunst messen: Schwerter mit Bronzeklingen und reich verzierten Griffen, Schmuck aus Gold und Bernstein, die als Blasinstrumente verwendeten Bronzeluren oder der in Dänemark gefundene Sonnenwagen von Trundholm, den viele Kunsthistoriker als eines der schönsten Stücke der gesamten Bronzezeit bezeichnen. Die Kunst in jener Zeit ist bildhafter Ausdruck der metaphysischen Vorstellungswelt einer noch schriftlosen Zivilisation, der andere Äußerungsformen versagt sind. Die Mischung aus naturgetreuer Abbildung und Stilisierung ist bei manchen Darstellungen gelungen und beeindruckendes Zeugnis

einer bewußt durchdachten Kunst-
formung.

Die heimische Kunst vollzieht ab
dem 5. Jahrhundert einen Stilwan-
del. Von südlichen Vorbildern inspiriert, entstand ein eigener nordischer Kunststil, der sogenannte
"Germanische Tierstil". Er sollte der
letzte eigenständige Beitrag der
Skandinavier zur internationalen
Kunst werden. Dieser Stil, der sich
in der Völkerwanderungszeit (5. bis
6. Jh.) entwickelte, prägt Schmuckstücke aller Art: Spangen, Fibeln,
Gürtelschnallen, Ringe, Schwerter,
Helme und andere Gegenstände. Die
germanische Tierornamentik findet
man auf Gold- und Bronzearbeiten,
Steinbemalungen und Holzschnitzereien der Zimmerleute. Somit sind
nicht nur Metallgegenstände auf das
prächtigste verziert, sondern auch
die Buge der Schiffe, hölzerne Wagen und vieles mehr. Die größte und
faszinierendste Gegenstandsgruppe
völkerwanderungszeitlicher Funde in
Skandinavien sind die *Brakteaten*.
Es handelt sich dabei um runde,
einseitig gepreßte Goldanhänger von
zwei bis zwölf Zentimetern Durchmesser, die an einer Kette um den
Hals getragen wurden. Die Brakteaten
ten stammen aus der Zeit von ca.
400 bis 550. Sie dokumentieren mit
ihrem religiösen Bildwerk und mitunter heiligen Inschriften ihren Charakter als heilsspendende Anhänger,
als Amulette. Auf ihnen sind bekannte Motive der Odinsreligion
dargestellt. Die Heilskraft der Sinn-
bilder war dem Amulettträger bewußt und damit symbolhaft-kulti-
sches Element seiner individuellen
Gottesbeziehung. Die "Goldhalle" im
Historischen Museum von Stockholm und Fornsal in Visby (Gotland)
präsentieren in ihren Vitrinen eine
Vielzahl dieser Amulette.

Um 600 begann auf Gotland die
Kunst der Bildsteine, auf denen Hel-
dentum mit religiösen Elementen

verbunden und bildlich wiedergege-
ben wurde. Weitaus bekannter ist
bei uns die Kunst der Wikingzeit, die
sich uns in den Schnitzwerken ihrer
Schiffe und Geräte, in der Ornamentik der Waffen und Instrumente sowie in den Verzierungen der frühen
Kirchen zeigt.

Stufenweise ging der Tierstil in
die Kunststile der Wikingzeit ein, in
der man sechs Stile unterscheidet.
Einer von ihnen ist der "Urnesstil"
der frühen Stabkirchen, der seine
Vorläufer in den Tiervariationen hat.
Er reicht bis in das christliche Mittelalter hinein und umspannt damit
mehr als sechshundert Jahre.

Kunst vom Mittelalter bis zur Moderne

Nach der Christianisierung setzte
eine rege Bautätigkeit in Schweden
ein. Die Kirche von Dalby, ein romanischer Steinbau vermutlich aus
dem Jahr 1060, ist die älteste in
ganz Skandinavien. Von den hölzernen Stabkirchen ist im Land nur eine
einzige erhalten: Die kleine Kapelle
(um 1200) steht in Hedared (Västergötland). In Norwegen konnten
glücklicherweise rund dreißig dieser
einzigartigen Sakralbauten erhalten
werden. Die Kirchen sollten in der
Folgezeit die Rolle Schwedens als
abgelegenes Land Europas dokumentieren: Baustile, Skulpturen
und Bilder wurden von südeuropäischen Vorbildern kopiert, teils auch
von Meistern aus Italien, Deutschland und Holland selbst hergestellt.
Eine nationale schwedische Kir-
chenbautradition ist nicht bezeugt,
wohl aber schwedische Sonderfor-
men, die von kontinentalen Mustern
stärker abweichen. Beim *romanischen Stil* (ca. 1100 - 1250) entfaltete sich auch im Norden der Gesamteindruck von Schwere und Ge-
schlossenheit. Dies bestätigt sich

bei einem Blick auf den Dom von *Lund*. An vielen Stellen des Landes haben sich solche alten Kirchen in romanischem Stil erhalten. Im Verhältnis zu Deutschland gibt es in Schweden mehr alte Landkirchen. Doch geradezu einmalig ist ihre Dichte auf der Ostseeinsel *Gotland*, wo sich auf engstem Raum 92 mittelalterliche Kirchen erhalten haben. Im Durchschnitt folgt somit alle 5 km eine Kirche.

Die Domkirchen von Uppsala, Skara, Strängnäs, Västerås, Linköping und Visby sind die größten Bauwerke ihrer Zeit. Aber viele der kunsthistorisch bedeutsamen Landkirchen Gotlands wurden erst in gotischer Zeit vollendet, allerdings fast alle noch in der *Frühgotik* vor 1350. Wie diese Gebäude, so zeigt auch der Bau des Birgittinenklosters von Vadstena die Züge der niederdeutschen Hallenkirche. Die heimischen Auftraggeber konnten es sich leisten, auch Skulpturen und Malereien zu importieren, hauptsächlich aus Deutschland und Flandern (Lübeck, Antwerpen). Ganze Altarwerke (Helsingborg, Vadstena, Storkyrka in Stockholm) gelangten nach Schweden. Der Kunstimport ist Zeichen einer nationalen Schaffenskrise im 14. und 15. Jahrhundert. Nur bei der Innenausstattung, bei Wandteppichen und Malereien wirkten einheimische Künstler mit. Zwar wurden auch wertvolle Holzschnitzarbeiten wie Kruzifixe und Altaraufsätze im Land selbst hergestellt, aber Schwedens Hauptbeitrag zur Geschichte der religiösen Kunst in dieser Phase sind neben Taufsteinen und Schnitzwerk in erster Linie Kalkmalereien, die kleine und große Kirchen überall im Land schmücken. Aus der Gotik stammen auch die frühesten weltlichen Bauten des Landes, wie die Schlösser von Kalmar und Vadstena oder die Stadtanlagen von Visby.

Nach der Reformation setzte die Wasadynastie im nun souveränen Staat eine umfangreiche Bautätigkeit in allen Bereichen in Gang. Man ließ im *Renaissancestil* (1520 - 1650) Burgen und Schlösser errichten, Denkmäler und Gemälde anfertigen. Die Kirche verarmte, so daß nur wenige neue Bauten hinzukamen. So ist die Kunst der Renaissance im schwedischen Kirchenbau nur spärlich repräsentiert. Da die Reformation in Schweden keinen Bildersturm kannte, sind Form und Innenausstattung erhalten geblieben. Eingewanderte Künstler fühlten sich im Norden wohl, wie etwa Wilhelm Boy, der das Grabmal für Gustav I. Wasa aus seiner Heimat Flandern mitbrachte, oder die drei Mailänder Brüder Pahr, die einen Hauch von italienischer Hochrenaissance in den Schlössern von *Kalmar* und *Uppsala* verewigten.

Die zunehmende Macht der Schwedenkönige brachte ihnen stetig steigende finanzielle Mittel, so daß sie Ausbildungsstätten errichten konnten, die später eine eigene nationale Tradition begründen sollten. Hier muß man Maler wie David Klöker von Ehrenstrahl und Architekten wie Nicodemus Tessin den Älteren nennen, die zwischen 1650 und 1728 das frühe schwedische *Barock* prägten. Schloß Gripsholm, das in einem fast mittelalterlich wuchtigen Stil errichtet wurde, bekam eine barocke Innengestaltung, ebenso wie Schloß Vadstena oder das Stockholmer Ritterhaus von Simon de la Vallée, das als schönstes der seltenen Beispiele niederländischen Barocks in Schweden gilt.

Mit der Freiheitszeit und der frühen Gustavianischen Epoche setzte sich in Schweden das *Rokoko* (1720 - 1780) nach französischem Muster durch, das einen stark erweiterten Abnehmerkreis für Kunst und Kunstgewerbe mit sich brachte.

Zwei große Männer ihrer Zeit

Die großzügige Kunstförderung König Gustavs III. brachte eine Blüte für Stockholm und das ganze Land, so daß es nicht verwundert, daß schon ein Jahr nach Gustavs Ermordung ein Standbild direkt am Schloß zu seinem Gedenken enthüllt wurde, geschaffen von Schwedens größtem Bildhauer und Zeichner, *Johann Tobias Sergel*. Er hatte an der künstlerischen Gestaltung der Gustavianischen Zeit maßgeblich Anteil. Es ist überliefert, daß er bei der Enthüllung der Statue in Tränen ausbrach und kaum noch sprechen konnte, zu tief saßen auch in ihm Liebe und Bewunderung für den dahingeschiedenen Schöngeist. Berühmt wurden auch Sergels Zeichnungen, die in die Welt des genialen *Carl Michael Bellmann* (1740 -1795) führen. Sergel und Bellmann waren Freunde, deren schöpferische Leistungen der Nachwelt ein einzigartiges Stilgemälde jener ausschweifenden Zeit in Wort und Bild überliefert haben. Sergels Tuschezeichnungen sind stark atmosphärisch und Bellmanns Worte erfassen die Lage in der stinkenden Kloake Stockholms, das am Ende des 18. Jahrhunderts bei 70.000 Einwohnern 900 Kneipen aufwies. Ein trauriger Rekord! Bellmann beschreibt in seinem dichterischen Werk einzelne Menschen und Schicksale, wie den armen Hofuhrmacher Fredmann, der zur Hauptfigur in seinen Gesängen wurde. Die Namen deuten schon darauf hin: *Bellmann* = Kriegsmann (bellum = Krieg); *Fredmann* = Friedensmann. In Fredmanns "Episteln" zeichnet er in einem farbenfrohen Gemälde die Stadt mit ihrer Atmosphäre, ihrem Glanz und Elend. Nicht nur die Worte, sondern auch seine Musik und sein Formenreichtum steigern Bellmanns Ruhm. Er ist wie kein anderer unabhängig von Schulen und Stilrichtungen, vergleichbar nur mit den mittelalterlichen Bänkelsängern. König Gustav III. verlieh ihm den stolzen Titel "Schwedens Anakreon". Die Liebe der Schweden zu ihrem Carl Michael hat sich bis heute erhalten, denn welchem Dichter und Sänger wird noch die Ehre zuteil, alljährlich landesweit gefeiert zu werden? Nämlich am 26.7., dem Bellmanntag. Der Tourist - sollte er in Stockholm sein - begebe sich in den Hagapark, in den Kungsträdgården oder nach Djurgården, um die alljährliche Wiederbelebung des Bellmann'schen Geists in der Gustavianischen Epoche mitzuerleben.

Bis ins 18. Jahrhundert hinein waren Hof, Geistlichkeit und Adel fast ausschließlich die Auftraggeber für Künstler und Kunsthandwerker. Nun aber richtete eine wachsende Mittelschicht neue und gehobene Ansprüche an ihre Umwelt. Sie konnte es sich leisten, nach französischem Vorbild bauen zu lassen. Eleganz und geschwungene Formen, helle Farben und lichtdurchflutete Räume, die das Ideal des Rokoko kennzeichnen, kamen nicht nur in vielen Kleindenkmälern, sondern auch in Teilen der beiden großen Stockholmer Schlösser zum Ausdruck. Nicodemus Tessin der Ältere erhielt den Auftrag für den Bau Drottningholms bereits 1662, obwohl ein Schloßneubau in Stockholm erst nach dem Brand des alten Wasaschlosses Tre Kronor im Jahr 1697 erforderlich wurde. Nicodemus stellte Drottningholm noch weitgehend im Barock fertig, während Tessin der Jüngere, sein Sohn, Interieur und Gartenanlagen im reinen Rokokostil französischer Schule vollendete.

Kurz vor der endgültigen Fertigstellung des Stockholmer Schlosses 1770 flossen noch avantgardistische Elemente der neuen Stilrichtung des Klassizismus in die Inneneinrichtung ein. Mit der Gründung der Schwedischen Zeichenakademie 1735 wurde man in der Frage nach Nachwuchsmalern unabhängig. So prägten David Klöker und Johann Lemke das Interieur von Drottningholm. Als Maler des Rokoko wurden Gustav Lundberg und vor allem Alexander Roslin weltberühmt.

Der Übergang vom Rokoko zum *Klassizismus* (ca. 1780 - 1850) ist in Schweden an die Person des Königs Gustav III. geknüpft. Mit seiner Regentschaft begannen die großartigen und städtebildverändernden Bauanlagen, vor allem in Stockholm. Carl Frederik Adelcrantz baute die Stockholmer Oper in frühklassizistischem Stil im Auftrag des Königs. Die Ironie des Schicksals wollte es, daß Gustav in seiner eigenen Oper ermordet wurde. Doch in den zwanzig Jahren seiner Herrschaft förderte er die schwedische Kunst in nie gekanntem Ausmaß: Bauwesen, Theater, Malerei, Schriftstellerei und Musik blühten auf. Für das Theater boten nicht nur die Stockholmer Oper ein geeignetes Forum, sondern auch das kleine Schloßtheater von Gripsholm, in dem der König selbst oft auf der Bühne agierte, manchmal als Akteur seiner selbstverfaßten Werke. Wie in diesen Räumen, so wirkte auch im Schloßpark Haga und im Linnéanum von Uppsala der Franzose Louis Charles de Desprez, den Gustav persönlich während einer seiner vielen Italienreisen verpflichtete. Desprez und Adelcrantz, Cronstedt, Palmstedt und Carl Hårleman schufen herrliche Kunstdenkmäler.

Mit dem Beginn des 19. Jahrhunderts veränderte sich die Rolle der Kunst in Schweden nicht we-

Carl Michael Bellmann

sentlich. Die einsetzende *Romantik* in den zwanziger und dreißiger Jahren brachte auch hier ein steigendes Interesse für die alten Zeiten, insbesondere für das Mittelalter. So entstanden eine ganze Reihe neoromanischer und neogotischer Bauten. Mit klassizistischer Einfachheit und Helligkeit gaben nun antike und mittelalterliche Einflüsse einen Eindruck von Geschichtsschwere. In der schwedischen Nationalromantik entfaltete sich vor allem die Malerei und brachte später einen eigenen typisch schwedischen Stil innerhalb von Impressionismus und Realismus hervor.

Der *Jugendstil* (1890 - 1920) setzte anstelle der strengen, geraden Linien von Klassizismus und historisierenden, romantischen Formen nun eine völlig andere Linie. Weiche und runde Züge bestimmten den Übergang in das neue Jahrhun-

Lasse Åberg - König der Komödianten

Eigentlich kennt die Welt von den schwedischen Künstlern eher die Dramatiker: *Strindberg, Bergmann,* die *Garbo* oder *Vilhelm Moberg.* Für ihren Humor wurden sie nicht weltberühmt. Aber: Gute Komödianten hat es in Schweden immer gegeben und mit einem Augenzwinkern schrieben nicht nur *Albert Engström, Hans Persson* oder *Hasse Z.*

Lasse Åberg ist einer der modernen Regisseure und Schauspieler, auf die man in Schweden achten sollte. Durch seinen Humor erfährt man mehr über das Land und seine Menschen als sonstwie. Vor allem hat dieser Künstler die Fähigkeit, uns die Menschen nahe zu bringen. Den Schweden sagen ihre Nachbarn gerne Arroganz und Hochmütigkeit nach - Åberg zeigt uns ihre liebenswerten Seiten, und zwar mit Selbstironie. Er ist Schwede, der Durchschnitts-Svensson, der fest von Menschenwürde und Menschenrechten überzeugt ist, der sein Sommerhäuschen auf dem Lande braucht und ein paarmal pro Jahr auch ins Ausland reisen muß. Und da setzen seine besten Filme an, die "Gesellschaftsreisen". Alle schwedischen Originale auf einmal sind hier vertreten, die typischen Verhaltensweisen von Schweden auf Mallorca, beim Skilaufen oder am Mittsommer im heimischen Schärengarten. Da bleibt vor Lachen kein Auge trocken, und die Schweden werden es uns verzeihen, wenn wir über sie mitlachen. Schließlich war es ja kein Ausländer, der den Film gedreht hat!

dert. Maler wie Anders Zorn, Carl Larsson und Prins Eugen beschrieben Naturstimmungen und persönliche Gefühle. Sie drückten in ihren Gemälden geheimnisvolle und gefühlsstarke Wahrnehmungen aus. Dies war der Ausdruck der besonderen Erfahrung der schwedischen Maler in ihrer lokalen Natur. Die Naturalisten Zorn und Larsson wurden ebenso berühmt und geschätzt wie die Städtebauer Zettervall, Asplund (Bibliothek in Stockholm, 1927), Tengbom (Konzerthaus Stockholm, 1926), Markelius (Vällingby, 1967), Erskine (Luleå, 1956) und Östberg (Stadthaus Stockholm, 1923), die weltweit Ansehen durch ihre wegweisenden Baukonzeptionen gewannen.

Nicht nur in Malerei und Architektur erlangte Schweden in den letzten hundert Jahren Weltruhm, sondern auch im Design (Glas von Kosta, Boda und Orrefors, Keramik von Gustavsberg, Porzellan von Rörstrand) und in der Musik, die allerdings nicht wie Malerei und Baukunst nationale Traditionen entfalten konnten. Die Opernsängerin Christina Nilsson wurde ein Weltstar. Eine ähnliche Entwicklung durchlief Jenny Lind, die ebenfalls Opernstar wurde. Doch weder sie noch der Tenor Jussi Björling oder die Komponisten wie Franz Berwald, Sven Erik Bäck, Hilding Rosenberg oder Hugo Alfvén sind kein Ausdruck eines speziell schwedischen Kulturlebens; auch nicht moderne Pop-Art-Künstler wie Claes Oldenburg, der schon seit Jahren in den USA lebt, oder gar schwedische Rock- und Pop-Bands wie Abba, Europe und Roxette, die in unserer Zeit Weltstars geworden sind. Das spezifisch schwedische Musikleben findet man nicht hier, sondern es liegt in der

Volksmusik verborgen, die einen ganz anderen Stellenwert hat als etwa in Deutschland. Über Spielmänner und Tanzgruppen wurden alte Weisen bis in unser Jahrhundert tradiert. Heutzutage erlebt die alte Volksmusik eine Renaissance. Ca. 700.000 Schweden bzw. 8 % der Bevölkerung sind in "Spelmansstämmor" (Spielmännervereinigungen) organisiert und halten diese Musik bei vielen Anlässen meist mit alten Trachten und Instrumenten lebendig. Völlig fehlt diesen Gruppen das "Völkische", das erzkonservative und unangenehme Element, das manche in Anbetracht der deutschen Volksmusik empfinden. Zur Musik tanzt man in Schweden *Polska* und *Hambo*. Das Mittsommerfest ist ohne die Spielmänner mit ihren Fiedeln und Flöten undenkbar. Evert Taube (1890 - 1976) und Birger Sjöberg (1885 - 1929) sind unter den modernen Komponisten zu nennen, die auf alte Weisen zurückgreifen und mit ihren Liedern heute eine solche Echtheit erreicht haben, daß viele Schweden glauben, es handele sich dabei wirklich um altes Volksgut.

Literatur

Die ältesten schriftlichen Überlieferungen Schwedens sind Runeninschriften, die bis auf das 5. Jahrhundert zurückgehen. Für mehr als siebenhundert Jahre, bis zum Christentum und seiner lateinischen Buchstabenschrift, blieben sie die einzige schriftliche Überlieferungsform. Mehr als 3.000 solcher Inschriften sind erhalten. Einerseits überliefern sie historisch Bedeutendes, andererseits geben sie Zeugnis über die Entwicklung der Sprache im Urnordischen (200 - 800) und Altnordischen (800 - 1050), der

Sprache der Wikinger. Die jüngsten Inschriften aus dem 11. und 12. Jahrhundert wurden in Runenschwedisch verfaßt. Die älteste erhaltene Literatur Schwedens, die nicht in Runen geschrieben wurde, ist mit dem "Västgötalag" (Landesgesetz Västergötlands) überliefert. Der Bischof *Eskil* ließ es 1225 in klassischem Altschwedisch abfassen. Das Original ist in Teilen erhalten, eine Abschrift von 1280 gibt den Text vollständig wieder. Sie stellt sozusagen Schwedens ältestes Buch dar. In der Folgezeit entstanden weitere juristische und staatsrechtliche Bücher, die in älteren Sprachformen abgefaßt waren. *Magnus Eriksson* stellte sie um 1350 in einem übergreifenden Werk zusammen. 1526 wurde die erste Bibel gedruckt, 1540 erschien die Gustav-Wasa-Bibel auf Schwedisch, die einen großen Einfluß auf die weitere Sprachentwicklung haben sollte. Seit dieser Zeit spricht man vom Frühneuschwedischen. Die Reformatoren, Literaten und Kartographen *Olaus Magnus* (Skandinavienkarte, 1539), *Olaus Petri* und *Laurentius Petri* wie auch eine Reihe von Wissenschaftlern veröffentlichten in der Folgezeit zahlreiche religiöse und naturkundliche Schriften. Die Größen des Geisteslebens im späten 17. und frühen 18. Jahrhundert waren vor allem der Naturforscher und Philosoph *Emanuel Swedenborg* (1688 - 1772), der eine einzigartige nationale Philosophie entwickelte, die sehr esoterisch war und Sektenbildungen nach sich zog. *Olof Rudbeck der Ältere* war ein Universalgelehrter, der mit dem Bau des Anatomischen Theaters in Uppsala (1663) seine Fähigkeiten auf dem Gebiet der Architektur bewies, sich aber auch als Historiker, Botaniker und Philosoph einen Namen machte. Ein Ausdruck eines überzogenen Nationalstolzes war sein Werk "At-

land eller Manheim" (1702), in dem
er versuchte nachzuweisen, daß die
Urheimat der menschlichen Zivilisation in Schweden zu suchen sei.
Die schwedische Sprache und Literatur erlebte am Ende des 18.
Jahrhunderts mit der Gründung der
Schwedischen Akademie durch
Gustav III. einen Aufschwung. Eine
stark nationale Strömung setzte sich
gegen die Einflüsse des französischen Klassizismus durch und fand
ihren Höhepunkt in der Gründung
mehrerer neuer Literatengruppen:
"Vitterhetens Vänner", der "Aurora
förbundet" und der "Götska förbundet". Die Literaturzeitschriften
"Phosporos" und "Iduna" spiegelten
die idealistischen und aufkläreri-
schen Grundhaltungen ihrer geistigen Väter wider, blieben aber weithin ungelesen. Sie pflegten eine
akademische Literatur, die in der
Bevölkerung nicht verstanden wurde. Größer war der Einfluß des
Värmländers *Eric Geijer* (1783 -
1843), der zunächst der Philosophie
des Deutschen Idealismus verbunden war, sich aber später von
ihr löste. Seine national-romanti-
schen Werke werden heute noch
gelesen. Ebenso volksnah war sein
Landsmann *Esaias Tegnér* (1782 -
1846), der historische Stoffe volks-
tümlich bearbeitete und mit seiner
"Frithjofssaga" einen riesigen Erfolg
erzielte. Värmland war in dieser Zeit
das Zentrum einer nationalen Literatur. Auf Geijer und Tegnér folgten
Gustav Fröding (1860 - 1911) und
D.A. Dahlgren ("Värmläningarna" -
"Die Värmländer"), die ebenfalls
noch heute intensiv gelesen und ge-
spielt werden, und zuletzt *Selma
Lagerlöf* (1858 - 1940). Sie alle
schrieben in einem nationalromanti-
schen Stil, der breite Teile der Bevölkerung erreichte. *Verner von
Heidenstam* (1859 - 1940) gilt als
der radikalste Vertreter des schwedischen Nationalismus, der im Nor-

den die Herrenwelt sah und sogar
den Krieg herbeisehnte.
Neben dieser Tendenz lebte der
Naturalismus, in dessen Zeichen
August Strindberg (1849 - 1912)
Schwedens größter Schriftsteller
steht. Mit Lagerlöf und Strindberg
gelang der schwedischen Literatur
zur Jahrhundertwende der Durch-
bruch und Anschluß an die Weltliteratur. Selma Lagerlöf erhielt 1909
den Nobelpreis. Ihr Werk ist geprägt
von der Sorge um den Untergang
der ländlichen Kultur in einer Zeit
der Verstädterung und Industrialisierung. In "Gösta Berlings Saga" und
"Nils Holgerssons wunderbare Reise" schildert sie eindringlich volkstümliches Leben, Sitten und Ge-
bräuche der Menschen im ländlichen
Alltag, als ob sie eine sterbende
Welt in eine neue hineinretten
wollte. Die Errichtung von Freilichtmuseen wie *Skansen* in Stockholm
(1891) ist aus derselben geistigen
Haltung zu erklären. Nils Holgerssons Erlebnisse vermitteln den
Schülern lebendigen Geographieun-
terricht. August Strindberg bewegte
sich in ganz anderen Denkstruktu-
ren. Sein Interesse galt mehr der
Psyche des menschlichen Individu-
ums, die in einem Machtkampf zwischen Geschlechtern und Klassen
zum Ausdruck kommt. Strindbergs
Werk ist sehr umfangreich und umfaßt Komödien, realistische Romane
und sogar Gemälde, chemische Stu-
dien und Fotographien. Am berühmtesten wurden seine naturalistischen
Dramen ("Der Vater", "Fräulein Ju-
lie" und "Totentanz"), die er immer
stärker ins Expressionistische, fast
schon Surrealistische verfremdete.
In der Zeit bis 1950 dominierten
in Schweden die Arbeiterschrift-
steller, die Gesellschaftsgegensätze
thematisierten und sich mit der
Frage auseinandersetzten, wie sich
Glaubensbedürfnis und Wissen um
eine gottlose Welt verbinden lassen.

Die Probleme von Auswanderern, die soziale Misere in Stadt und Land und die geistige Not von Menschen, die - ihrer Heimat entrissen - in fremde Stadtwelten oder gar fremde Länder verschlagen werden, sind die Themen dieser Zeit. Sozialkritische Romane schlagen in einen allgemeinen Kulturpessimismus oder gar in Untergangsvisionen um. Die Literatur überzeichnete lediglich das, was Ende des 19. Jahrhunderts als Realität zu sehen war: Fehlernährung und Krankheit, das harte Leben der Tagelöhner, das Elend in den Vorstädten, die Unterdrückung durch eine brutale Produktions- und Militärmaschinerie. *Pär Lagerkvist* (1891 - 1974) schildert in "Gäst Hos Verkligheten" (Gast bei der Wirklichkeit, 1925) das beklemmende Kleinstadtmilieu. 1951 wurde ihm für "Barrabas" der Nobelpreis verliehen. *Eyvind Johnsson* und *Harry Martinsson* erhielten diesen Preis 1974 für ihre Darstellungen der Zeitgeschichte aus der Sicht der armen Unterdrückten, die sie zu typischen Vertretern der Arbeiterliteratur machten: "Romanen om Olof" (Hier hast Du Dein Leben, 1935) von Eyvind Johnsson oder "Vägen ut" (Der Weg hinaus, 1936) von Harry Martinsson. *Ivar Lo-Johansson* (* 1901) schilderte in düsteren Farben die Nöte der Landarbeiter. Autobiografische Züge tragen seine Romane "Kungsgatan" (1935) und "Bara en Mor" (Nur eine Mutter, 1939). *Wilhelm Moberg* (1898 - 1973) wurde mit seiner Serie über Auswanderer nach Amerika zum Emigrationsschriftsteller par excellence. "Utvandrarna" (Die Auswanderer) und "Nybyggarna" (Die Siedler) wurden verfilmt und auch im deutschen Fernsehen gezeigt.

In der Nachkriegszeit wurden die Themen der Literatur weltoffener. *Pär Wästberg* (* 1933), *Sarah Lid-*

August Strindberg

Selma Lagerlöf

Astrid Lindgren

mann (* 1923), *Jan Myrdal*
(* 1927) setzen sich engagiert mit
Problemen der dritten Welt auseinander. Auch bei uns bekannt und
gelesen werden *Lars Gustavsson*
(* 1936), *Per Olof Enquist*
(* 1934), *Sven Delblanc* (* 1931)
oder *P.C. Jersild* (* 1935), deren
bevorzugte Themen Modernitätskri-
tik und Vereinzelung des Individu-
ums sind. "Babels hus" (Das Haus
zu Babel, 1978) von P.C. Jersild
schildert die Verhältnisse in einem
Stockholmer Großkrankenhaus, in
dem ein Sterbender die Hilflosigkeit
und Unfähigkeit des Menschen in
einem unüberschaubaren Labyrinth
bis zu seinem Tod erfährt. In "Spe-
ranza" (1980) erzählt Sven Delblanc
von den Zuständen auf einem Skla-
venschiff vor zweihundert Jahren.
Die Erzählung ist eine Parabel der
modernen Gesellschaft, deren Bru-
talität alle Ideale zerbrechen läßt.

Beliebte zeitgenössische Autoren
sind *Ulf Lundell* (Jack, Sömnen), *Per
Olof Sundman* (Ingenieur Andrés
Luftfahrt, 1967), *Göran Tunström*
mit "Juloratoriet" (Solveigs Vermächtnis, 1983) und *May Sjöwall*
und *Per Wahlöö* mit ihren sozialkriti-
schen Kriminalromanen.

Selbst ein kurzer Abriß der
schwedischen Literatur muß auf ihre
international geschätzte Kinderlitera-
tur eingehen, deren erfolgreichste,
aber keineswegs einzig nennens-
werte Vertreterin *Astrid Lindgren*
ist. "Pippi Langstrumpf", deren
Abenteuer man in zwanzig Sprachen
verfolgen kann, wurde nicht immer
so begeistert wie heute gelesen.
Nach ihrem Erscheinen 1945 beur-
teilten die Pädagogen den Einfluß
dieses kleinen, vorlauten und el-
ternlosen Mädchens auf die ordentliche schwedische Jugend so negativ, daß ihre Bücher für eine Weile
aus den Bibliotheken verschwanden.
Heute ist Astrid Lindgren die erfolgreichste Kinderbuchautorin der Welt.
Vieles wurde auch verfilmt, neben
"Pippi Langstrumpf" auch "Lillebror
und Karlsson vom Dach", "Die Kinder aus Bullerbü", "Ferien auf Salt-
krokan", "Rasmus und der Vaga-
bund", "Die Brüder Löwenherz",
"Michel aus Lönneberga" (der im
schwedischen Original Emil heißt)
und "Ronja, die Räubertochter".

Tourismus

Seit 1990 konnte die schwedische
Touristikindustrie nicht vom Wachs-
tum des deutschen Reisemarkts pro-
fitieren, denn in den letzten vier
Jahren verzeichnete das Land der
unberührten Natur und hellen Sommernächte von Mai bis September
im Schnitt 3 bis 5 % weniger Übernachtungen deutscher Urlauber. Erst

das Jahr 1994 scheint wieder auf das Niveau 1989 zu führen. Das schwedische Beherbergungsgewerbe verbuchte insgesamt etwa 1,2 Millionen offizielle Übernachtungen von deutschen Besuchern. Unterkünfte in Hotels, Jugendherbergen, Campingplätzen und Feriendörfern sind hierin enthalten. Die Statistik gibt jedoch weder Zahlen über die Übernachtungen in privaten Ferienhäusern, die meist schon in Deutschland gebucht werden, noch über Unterkunft bei Bekannten und Freunden oder wildes Campen.

Die meisten deutschen Urlauber bevorzugen die privaten Ferienhäuser, die in der Statistik also nicht erfaßt sind. Zu einem richtigen Schwedenurlaub scheint eine "Stuga", ein kleines, rotweißes Ferienhäuschen in See- oder Meeresnähe, zu gehören. Geschätzte Angaben beziffern den Anteil der Ferienhausurlauber auf mehr als 60 % aller deutschen Touristen in Schweden. Sie angeln, wandern und erkunden ihre Provinz auf Ausflugsfahrten. 85 % fahren mit dem eigenen Auto oder Wohnmobil in Urlaub. Somit ergibt sich ein klares Bild von den deutschen Schwedentouristen: Im Durchschnitt bleiben sie drei Wochen und besuchen das Land in einem hohen Anteil zum wiederholten Male. Von den etwa 40 %, die nicht im privaten Ferienhaus wohnen, übernachtet wiederum die Hälfte auf Campingplätzen (ca. 700.000 Gastnächte) und ein Drittel in Hotels (ca. 470.000). Feriendörfer und Jugendherbergen verzeichnen geringe Übernachtungszahlen. Wer auf den Komfort des Ferienhauses verzichtet und mit dem Auto unterwegs ist, wohnt auf Campingplätzen bzw. zeltet in freier Wildnis (25 %). Ca. 10 % fahren mit dem Auto in Urlaub und wohnen in Hotels. Der Rest verteilt sich auf Teilnehmer von Busrundreisen, auf Flugurlauber, die entweder in Lappland wandern oder in Stockholm wohnen, und auf die wenigen Bahntouristen. Mit dem Bus durch das Land zu reisen, bevorzugen Deutsche weniger.

Den Großteil der deutschen Besucher zieht es nach *Stockholm*, das 1993 über 250.000 Übernachtungen deutscher Touristen verzeichnen konnte. Es folgen die "Badeprovinz" *Bohuslän* an der Westküste sowie die Urlaubszentren *Skåne, Småland* und *Värmland*. Nördlich vom Siljan-See trifft man wenige deutsche Touristen. In der letzten Wintersaison kehrte sich die Sommerstatistik gerade um. Die Skilangläufer fanden in *Norrbotten* die besten Bedingungen vor, danach folgten Stockholm und die Küstengebiete, wo sich der Winter in einem Ferienhaus in Strandnähe sehr gut ertragen läßt.

Da in der offiziellen Übernachtungsstatistik die privaten Ferienhäuser nicht erfaßt sind, muß man die Gesamtzahl der Übernachtungen von Deutschen in Schweden schätzen. 2,5 Millionen werden es sein. Von den insgesamt von Mai bis September des Jahres erfaßten 20 Millionen Übernachtungen in Schweden entfielen auf ausländische Touristen zusammen rund 4,3 Millionen. Die schwedische Touristikbranche setzte wie im Vorjahr mehr als 100 Milliarden SEK um und zählt mit ihren etwa 235.000 Voll- und Teilzeitkräften in den ca. 21.000 Tourismusbetrieben zu den größten Arbeitgebern im Land.

Die Steuerung der staatlichen und privatwirtschaftlichen Fremdenverkehrswerbung wird von *Next Stop Sweden*, in Deutschland von deren Filiale *Schwedenwerbung für Reisen und Touristik* in Hamburg, betrieben.

Reisevorbereitung

Anreise

Flugzeug

Die Anreise mit dem Flugzeug ist natürlich der schnellste und bequemste Weg nach Schweden, ob man aus der Schweiz, aus Österreich, Ost- oder Süddeutschland kommt oder im Norden Deutschlands wohnt. Die Direktflüge gehen nach Göteborg oder Stockholm. Von dort gibt es Anschluß in alle Landesteile. Fast alle deutschen Fluggäste landen in *Stockholm-Arlanda*, oft um einen Städteurlaub zu verbringen. Die Kombination von "Fly and Drive" wird immer beliebter und für eine Woche Mietwagen der Kategorie A, z. B. VW-Golf und Flug ab/ bis Frankfurt, zahlt man pro Person etwa 1.250 DM bei Benutzung des Fahrzeugs mit zwei Personen. Bei mehreren Personen reduziert sich der Preis entsprechend.

Lufthansa und *SAS* fliegen täglich von mehreren deutschen Städten nach Schweden.
Preisbeispiele: Frankfurt - Stockholm zum Super-Flieg- und Spar-Tarif 811 DM; Jugendtarif für Leute unter 25 Jahren 609 DM. Ab Sommer 1995 wird es auch wieder einen speziellen Ferientarif geben, der im Vorjahr auf dieser Strecke 637 DM kostete. Alle genannten Tarife sind Sondertarife, an die gewisse Bedingungen (z. B. Buchungszeit) geknüpft sind. Charterflüge von Deutschland nach Schweden gibt es keine. Linienmaschinen von Lufthansa und SAS sind also die einzige Möglichkeit. Die Linienflüge können in jedem Reisebüro gebucht werden.

Von der Schweiz fliegen *Swiss-Air* und *SAS* mehrmals am Tag nach Stockholm im "Super-Flieg- und Spar-Tarif" für 700 SFR.

Auf allen Flügen dürfen 20 kg Freigepäck mitgenommen werden.

Zusätzliches Gepäck wird mit ca. 20 DM pro Kilo verrechnet.

Weiteres zu Flügen (Preise, Flugzeiten u. a.) → Flugtabelle im Anhang.

Bahn

Die Anreise nach Schweden mit der Bahn ist gerade bei Jüngeren recht beliebt. Allerdings muß man sich vor Augen halten, daß die Fluganreise für Leute unter 25 meistens kostenmäßig günstiger ist, denn rund 500 DM zahlt auch ein Jugendlicher für die Bahnfahrt von Frankfurt nach Stockholm. Am preisgünstigsten fährt man mit dem Supersparpreis ohne ICE-Benutzung durch Deutschland (140 DM) und dann mit dem *Scanrail- oder Scanrail-Flexi-Paß* durch Dänemark nach Schweden bis Stockholm (→ Tips für unterwegs, Reisen im Land)

Für Erwachsene kostet die Bahnfahrt von Frankfurt nach Stockholm

inkl. Fähren und Schlafwagenplatz
hin und zurück ca. 550 bis 600 DM.
Dabei muß man für diese Strecke
gut 20 Stunden einkalkulieren. Direktzüge gehen 2x tgl. ab Hamburg:
ein Zug tagsüber und ein Nachtzug
über die Vogelfluglinie durch Dänemark bis nach Stockholm. Man
braucht den Zug nicht zu verlassen,
denn Lokomotive und Waggons
werden in Puttgarden auf die Fähre
gebracht. In Rödby fahren sie über
das Netz der dänischen Eisenbahn
weiter nach Helsingör, wo der Zug
wieder auf die Fähre verladen wird.
Von Helsingborg sind es dann noch
etwa 570 km bis Stockholm.

Bus

Die schwedische Gesellschaft *GDG-
Continentbus* fährt in der Hauptsaison täglich von Deutschland nach
Schweden. Zustiegsmöglichkeiten
bestehen u. a. in Karlsruhe, Mann-
heim, Frankfurt, Kassel, und Hamburg. Der Preis für eine Hin- und
Rückfahrt von Frankfurt nach
Stockholm beträgt ca. 500 DM.
Diese Busse benutzen die Nachtfäh-
ren der *TT-Line* (Travemünde - Trelleborg) zur Überfahrt, so daß man
nachts sieben Stunden in Bett schlafen kann.
    Schweden kann man von 33 Or-
ten in Deutschland mit den Linien-
bussen der GDG-Continentbus erreichen. Von der Schweiz und Österreich sind Anschlüsse nach München und Frankfurt möglich. Auskunft erteilt:
Continentbus, Adenauerallee 78,
20097 Hamburg, Tel. 040/
24 71 06 und 280 21 27
Globus-Reisen, Hohenzollernring 86,
50672 Köln, Tel. 0221/ 912 82 70,
Fax 0221/ 91 28 27 39
Touropa Austria GmbH, Ungargasse
59, A-1031 Wien, Tel. 0222/
71 17 70

Auto und Schiff

Die meisten Schwedenurlauber wählen das eigene Auto als Verkehrsmittel, und so müssen sie sich
für eine der vielen Möglichkeiten der
Fährüberfahrt entscheiden. Wer in
der Hauptsaison (Mitte Juni bis
Mitte August) reist, sollte unbedingt
die Fährpassage in einem Reisebüro
buchen. Man kann sonst unangenehme Überraschungen erleben,
wenn man nämlich an den Fährhäfen in *Fredrikshavn, Puttgarden,
Helsingör* oder auch *Travemünde*
besonders Ende Juni und Anfang
Juli stunden- oder sogar tagelange
Wartezeiten in Kauf nehmen muß.
Der Platz bei Reservierung vorab ist
in jedem Fall garantiert; eine Umbu-
chung ist dabei jederzeit kostenfrei
möglich. Da für eine große Zahl von
Autoreisenden Schweden Teil einer
kombinierten Skandinavienrundreise
ist, die oft bis zum Nordkap führt,
kommen natürlich auch Fährverbindungen von Deutschland direkt nach
Finnland, nach Norwegen oder von
Dänemark nach Norwegen in Frage.
Auf all diesen Linien gibt es besonders preisgünstige Rundreisetickets,
z. B. von Deutschland direkt nach
Helsinki, dann mit dem Fahrzeug
über Finnland, Schweden nach Norwegen und von Südnorwegen aus
zurück nach Dänemark.

    Für direkt nach Schweden Rei-
sende gibt es die folgenden Fährverbindungen.

Hinweis: Alle genannten Tarife
gelten nur für die Hauptsaison, in
der Nebensaison (ca. 10.8. bis
15.6.) sind sie deutlich niedriger
(detaillierte Information und Reservierung → Veranstalter).

Deutschland - Schweden

► *Kiel - Göteborg mit Stena-Line*
tgl. 19 Uhr ab Kiel, Fahrtdauer ca.
14 Std., Preis für Pkw inkl. 5 Per-

sonen Hin- und Rückfahrt So - Mi 758 DM, Do - Sa 888 DM zzgl. Kabinenplätze (28 - 90 DM pro Person und Nacht)

▸ *Travemünde - Trelleborg mit TT-Line*
4x tgl., Fahrtdauer ca. 8 Std., Pkw inkl. 5 Personen Hin- und Rückfahrt zwischen 350 DM für Tagesfahrt Mo - Do und 770 DM, für Nachtfahrt Fr - So zzgl. Kabinenplätze (25 - 140 DM pro Person und Nacht)

▸ *Rostock - Trelleborg mit TR-Line*
1-2 x tgl., Fahrtdauer 5 Std., Hin- und Rückfahrt für Erwachsene 80 DM, Pkw inkl. aller Insassen 310 - 360 DM, Kabinen 10 - 50 DM Aufpreis pro Person und Strecke.

▸ *Saßnitz - Trelleborg mit TS-Line*
8 x tgl., Fahrtdauer 4 Std., Hin- und Rückfahrt für Erwachsene 60 DM, Pkw inkl. aller Insassen 140 - 160 DM, Kabinen 18 - 40 DM Aufpreis pro Person und Nacht.

Dänemark - Schweden

▸ *Vogelfluglinie: Puttgarden - Rödby und Helsingör - Helsingborg*
bis 56 x tgl., Fahrtdauer 1 Std., Pkw inkl. aller Insassen Hin- und Rückfahrt 205 - 280 DM. Keine Kabinen!

▸ *Vogelfluglinie: Puttgarden - Rödby und Dragör - Limnhamn*
alle 20 Min., Fahrtdauer 30 Min., Pkw inkl. aller Insassen Hin- und Rückfahrt 245 - 320 DM.

Hinweis: Die Strecke Puttgarden - Rödby heißt "Vogelfluglinie". Auf ihr erreicht man Dänemark. Dort fährt man weiter nach Helsingör (und hinüber per Schiff nach Helsingborg in Schweden) oder nach Dragör (und hinüber mit der Fähre nach Limnhamn in Schweden). Die Fährlinien auf der "Vogelfluglinie" sind *DB* bzw. *DSB*, auf der restlichen Strecke *Scandlines*.

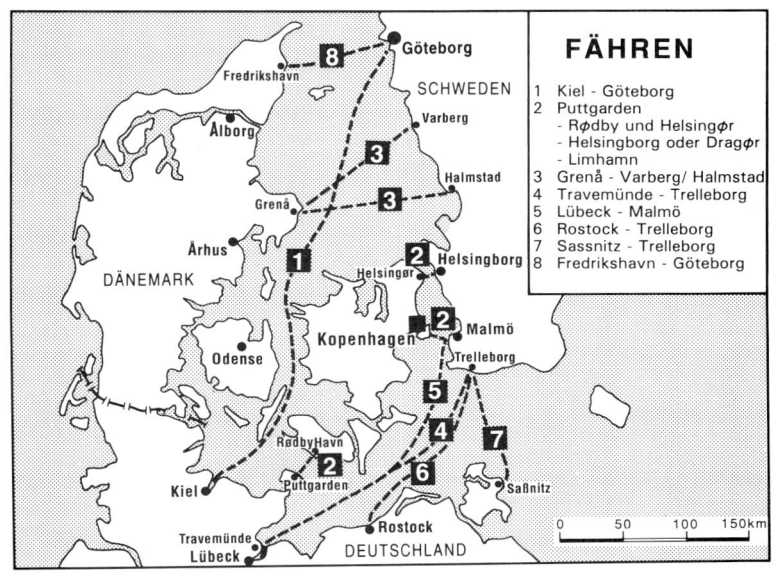

FÄHREN

1 Kiel - Göteborg
2 Puttgarden
  - Rødby und Helsingør
  - Helsingborg oder Dragør
  - Limhamn
3 Grenå - Varberg/ Halmstad
4 Travemünde - Trelleborg
5 Lübeck - Malmö
6 Rostock - Trelleborg
7 Sassnitz - Trelleborg
8 Fredrikshavn - Göteborg

▶ *Fredrikshavn - Göteborg*
mit Stena-Line
6-8 x tgl., Fahrtdauer 3 1/4 Std.,
Pkw inkl. 5 Personen Hin- und
Rückfahrt 160 - 256 DM je nach
Tag und Uhrzeit
▶ *Grenå - Varberg/ Halmstad*
mit Lion-Ferry (ab 1996 als Stena-
Ferry betrieben)
3-5 x tgl., Fahrtdauer 4 Std., Pkw
inkl. 5 Personen Hin- und Rückfahrt
160 - 220 DM je nach Tag und Uhrzeit

Die Fährpassagen können bei den
aufgeführten Veranstaltern reserviert werden. Hier die Anschriften
der gängigsten Reedereien:
▶ *TT-Line bzw. TR-Line,* Mattentwiete 8, 20457 Hamburg, Tel. 040/
360 14 42, Fax 040/ 360 14 07
▶ *Stena-Line,* Skandinavienkai,
24103 Kiel, Tel. 0431/ 90 90, Fax
0431/ 90 92 00
▶ *Lion-Ferry,* Karl Geuther GmbH,
Martinistr. 58, 28195 Bremen, Tel.
0421/ 149 70, Fax 0421/ 180 57
▶ *TS-Line,* Schwedisches Reisebüro, Joachimstaler Str. 10, 10719
Berlin, Tel. 030/ 885 90 40, Fax
030/ 882 59 80
▶ *DFO,* Stubbenhuk 5, 20459
Hamburg, Tel. 040/ 37 49 14 23,
Fax 040/ 37 49 14 31

Darüber hinaus gibt es auch Fährverbindungen von Finnland, Estland
und Polen nach Schweden. Die Veranstalter informieren darüber.

Tip: Kommt man aus der Schweiz,
Österreich oder Süddeutschland, ist
eine Nachtfahrt mit der *TT-Line* von
Travemünde nach Trelleborg oder
mit der *Stena-Line* von Kiel nach
Göteborg empfehlenswert. Beide Linien halten auf diesen Verbindungen
einen hohen Standard und bieten
den Vorteil, nach einer langen Autofahrt eine ruhige Nacht an Bord verbringen zu können und ausgeruht in
Schweden anzukommen. Es gibt
Restaurants, Geschäfte und Unter-
haltungsprogramme an Bord. Für
Wohnmobilurlauber und Pkw-Wohn-
wagengespanne sind *Lion-Ferry* (zu-
künftig Stena-Ferry) zwischen Grenå
und Varberg bzw. Halmstad sowie
Fredrikshavn - Göteborg mit *Stena-*
Line ideal.

Wer mit dem Pkw aus der nördlichen Hälfte Deutschlands anreist,
hat sowohl über die *Vogelfluglinie*
von Puttgarden über Rödby, Helsingör nach Helsingborg als auch
über die *Stena-Line* von Fredrikshavn nach Göteborg die Möglichkeit, günstig zu fahren. Zu bestimmten Abfahrtszeiten ist die letztge-
nannte Verbindung preislich nicht
mehr zu unterbieten, auch nicht von
der Vogelfluglinie. Eine genaue Fähr-
beratung nehmen spezialisierte
Skandinavienreisebüros vor. Für Abfahrten in der Hauptsaison Ende
Juni bis Anfang August ist es auf
den meisten Linien, vor allem bei *TT*
und *Stena*, absolut unerläßlich vorher zu buchen, da diese Strecken
regelmäßig ausgebucht sind. Die
Rückfahrt kann man dann in

Schweden buchen. Die Buchungsgebühr beträgt selten mehr als 20 DM, schützt aber vor der bitteren Erfahrung, die viele Individualtouristen machen, wenn sie im Juli z. B. in Fredrikshavn ankommen und feststellen, daß die Abfahrten auf drei Tage hinaus ausgebucht sind. Die Chance, praktisch immer noch am selben Tage mitzukommen, bietet die Vogelfluglinie, doch muß man auch hier in der Hauptsaison z. B. zwischen Helsingör und Helsingborg mit fünf bis acht Stunden Wartezeit rechnen, wenn man nicht reserviert hat.

Großes Fährschiff

Eigenes Boot

Fahren Sie im eigenen Boot nach Schweden? Dann sollten Sie sich die Vorschriften für ausländische Sportboote kommen lassen. Sie finden darin auch die Sondervorschriften, die für militärische Sicherheitsbereiche gelten. Diese Druckschrift heißt "Zollvorschriften für Privatyachten" und kann bestellt werden bei: *General Tullstyrelsen*, Författningssektionen, Box 2267, S-10317 Stockholm, Tel. 0046/ 8-789 73 00, Fax 0046/ 8-20 80 12

Man benötigt in jedem Fall einen Nationalitätennachweis, einen Heimathafennachweis und eine Besitzurkunde. Wer zollpflichtige Waren an Bord hat, muß auf direktem Weg einen Zollhafen anlaufen.

Diplomatische Vertretungen

In Deutschland

Botschaft des Königreichs Schweden, Allianzplatz, Haus 1 an der Heußallee 2-10, 53113 Bonn, Tel. 0228/ 26 00 20

Schwedisches Generalkonsulat, Kurfürstendamm 151, 10709 Berlin, Tel. 030/ 891 70 91
Schwedisches Generalkonsulat, Alsterufer 15, 20354 Hamburg, Tel. 040/ 44 84 53
Schwedisches Generalkonsulat, Marienplatz 21, 80331 München, Tel. 089/ 26 40 89-90

In Schweden

Deutsche Botschaft, Skarpögatan 9, S-11527 Stockholm, Tel. 0046/ 8-670 15 00
Deutsches Generalkonsulat, Drottninggatan 63, S-40121 Göteborg, Tel. 0046/ 31-17 83 65
Schweizerische Botschaft, Birger Jarlsgatan 64, S-11429 Stockholm, Tel. 0046/ 8-676 79 00
Schweizerisches Konsulat, Östra Hamngatan 24, S-40504 Göteborg, Tel. 0046/ 31-15 33 32
Österreichische Botschaft, Kommendörsgatan 35, S-11458 Stockholm, Tel. 0046/ 8-23 34 90
Österreichisches Generalkonsulat, Birger Jarlsgatan 67, S-11356, Stockholm, Tel. 0046/ 8-32 25 83

Fotografieren

Für Fotofreunde bietet Schweden sehr viel. Aufgrund der grandiosen

Naturformationen und der extremen Lichtverhältnisse empfiehlt sich dem Fotofreund eine anspruchsvolle Ausrüstung. Im Sommer sollte man nicht zu lichtempfindliche Filme einpacken (18 DIN genügen bei Diafilmen in der Regel). Sowohl Farbals auch Diafilme kosten im Land erheblich mehr als in Deutschland und sind dann vielleicht auch gerade nicht zur Hand, so daß sich die Mitnahme eines Filmvorrats (1-2 Filme pro Woche) empfiehlt. Für Gebirgswanderer oder Aktivurlauber (z. B. für Kanutouren) ist eine wasserdichte Unterbringung der Fotoausrüstung unumgänglich. Auch Kassetten für Videokameras kosten in Schweden rund das Doppelte, so daß auch hier ein Kauf zu Hause die Reisekasse schont.

Freizeitaktivitäten

Siehe hierzu → Tips für unterwegs, Freizeitgestaltung und auch im → Reiseteil, Route 18, Freizeitgestaltung in Värmland.

Gepäck

Die Ausrüstung des Schwedenurlaubers richtet sich danach, ob er zur Kategorie "Ruhesuchender Ferienhausgast" oder "Wildnis- und Abenteuerreisender" gehört. Bei der Gepäckzusammenstellung kann der Sommerurlauber, der eine feste Unterkunft bewohnt, getrost genau das einpacken, was er in Deutschland zur selben Zeit auch tragen würde. Die alte Regel von "Badehose und Regenschirm" gilt jedenfalls eher für die norwegische Küste als z. B. für Südschweden. Sehr heiß, d. h. Temperaturen von über 30 °C,

wird es allerdings selten.

Hat man vor, im Juli an der Südküste zu baden, so empfiehlt sich Sonnenschutz. Wer beabsichtigt, zu campen oder im Frühjahr oder Spätsommer zu reisen, sollte wärmere Kleider, einen warmen Schlafsack, generell ein gutes wasserdichtes Zelt und regendichte Kleidung mitnehmen, besonders wenn er sich viel im Freien aufhält. Im August können überall Nachttemperaturen von 5 - 10 °C vorkommen, und in Lappland muß auch schon mal mit Frost gerechnet werden.

Bewohner von Ferienhäusern können an der Ausrüstung sparen. Die Häuser sind im allgemeinen sehr gut ausgestattet. Lediglich Bettbezüge und Handtücher sind mitzubringen.

Für Aktivurlauber, z. B. Kanu- oder Bergwanderer, ist natürlich eine ganz spezielle Ausrüstung erforderlich. Für Lapplandwanderer gilt es, sich mit leichten, aber stabilen Wanderschuhen zu versehen. Da das Wetter im hohen Norden sehr wechselhaft ist und man auf fast allen Wegen große Höhenunterschiede zurücklegt, empfehlen sich außer den Wanderschuhen noch ein Paar Turnschuhe, die auf den Hochebenen bei Trockenheit am bequemsten sind, und ein paar hohe Gummistiefel, die bei Bachüberquerungen im Gewitter und auf den typisch lappländischen Moor- und Schwimmgrasfeldern unerläßlich sind.

Trifft man Einheimische auf solchen Pfaden, so begegnet man zugleich dem Markenzeichen des Polarfuchses auf Hemden, Jacken und Hosen. Wie "Fjällräven" stellen auch die anderen schwedischen Firmen "Caravan", "Tenson" u. a. Kleidung her, die an die landesüblichen Verhältnisse bestmöglich angepaßt ist. Auch in guten Sportgeschäften bei uns ist solche Kleidung erhält-

lich. In Schweden sind sie allerdings 20 bis 30 % billiger, vor allem wenn man sie exportiert und am Zoll die Mehrwertsteuer erstattet bekommt. Die Unterwäsche sollte auf keinen Fall aus Kunstfasern bestehen. Unter der bis zu 30 °C heißen Polarsonne geht man darin ein! Überhaupt ist es wichtig, auch leichte Kleidung dabei zu haben. Die tagsüber genossene Sonne kann quälen, wenn man zum schweren Rucksack auch noch zuviel Kleidung mit sich herumträgt. Eine kurze Hose und ein kurzärmliges Hemd sind praktisch, eine leichte Mütze schützt gegen die Sonne. Verwehren ihr dichte Wolken den Weg zur Erde, bleibt der Griff zum dicken Strickpullover nicht aus. Auf einigen Gipfeln liegt auch im Sommer Schnee, und es kann empfindlich kalt werden. Regendichte Kleidung ist gänzlich unerläßlich. Sie muß körperumfassend sein, da man sich manchmal wie in einer Sintflut vorkommen kann. Goretex wird hier gerne als Zauberwort genannt und hilft tatsächlich, gelangt aber auch an seine Grenzen, wenn es auf Etappen stark regnet, die obendrein eine hohe körperliche Anstrengung erfordern.

Neben Kleidung und den üblichen Toilettenartikeln füllt sich der Rucksack des Lapplandwanderers mit zahlreichen anderen Dingen: Ein wasserdichter Rucksack mit einem Fassungsvermögen von 80 l ist unbedingt zu empfehlen. Isomatte (z. B. "Therm a rest", selbstaufblasend, leicht, ca. 120 DM) und Schlafsack können außen aufgespannt sein. Zu empfehlen ist ein Schlafsack, z. B. von Caravan, Fjällräven, Northface oder Ajungilak, die alle gute Modelle herstellen.

Auf den großen Wanderwegen wie dem *Kungsleden* oder *Padjelanta* ist es möglich, in Hütten, in sogenannten "Kåtas" (Erdhügel der Lappen) oder Windschutzunter-

schlüpfen, zu nächtigen. Wer zum ersten Mal in Lappland wandert, sollte sich an solche Übernachtungsstellen halten. Irgendwann geht es dann auch nicht mehr ohne Zelt, wenn der *Sarek* lockt und die Wanderungen abseits der großen Pfade führen.

Noch immer leisten sich die Anhänger von Kuppel-, Iglu- und Tunnelzelten heftigste Gefechte in der Frage, welches Prinzip vorzuziehen ist. Auf jeden Fall sollte man beim Zeltkauf auf Aluminiumgestänge (kein Glasfiber) und Polyester-Außenhaut achten.

Zur weiteren Ausrüstung gehören neben Teller, Tasse und Eßbesteck ein sinnvoller Speisevorrat, ausreichend für zwei Tage über das geplante Ziel hinaus. Unterwegs gibt es nicht mehr viele Möglichkeiten, auf manchen Strecken gar keine, sich mit Lebensmitteln zu versorgen. Da man auf einer Wanderung

enorm viele Kalorien verbraucht, hier ein Vorschlag, wie eine kohlenhydrat- und fettreiche Nahrung aussehen könnte:
► Frühstück: Kaffee, Vollkornmüsli - mit Saftkonzentrat zubereitet, Schwarzbrot mit Salami, Käse
► nach zwei Stunden Marsch: eine Tafel Schokolade
► mittags: Suppe mit Fertiggericht (Tip: Blåband, Haglöfs, pro Stück ca. 35 SEK), Müsliriegel
► nach zwei Stunden: zwei Fruchtschnitten, eine Vitamintablette, Traubenzucker
► abends: Nudeln (Schnellnudeln aus Schweden, in fünf Minuten zubereitet), Reis mit Fertiggericht: Gulasch, Hähnchen, Bolognese. Kekse, Schokolade, Obst
Zur Einfuhr von Nahrungsmitteln → Reisevorbereitung, Zollbestimmungen.

Man muß mit einem Verbrauch von 4.500 bis 5.500 Kalorien pro Tag auf einer solchen Wanderung rechnen. Es gibt kaum etwas Besseres zur Nahrungszubereitung als den Trangia-Sturm-Kocher, der platzsparend ist, Pfanne, Töpfe, Teller und einen Spiritusbrenner umfaßt, der umso stärker arbeitet, je stürmischer es windet. Er ist ideal fürs Fjäll. In Schweden kostet er je nach Topfanzahl zwischen 150 und 300 SEK. Pro Kopf und Woche rechnet man 1 l Spiritus, der in einer dichten Flasche ("Sigg", die Roten) mitgeführt werden muß. Spiritus ist in Schweden sehr teuer. Daher kauft man ihn am besten schon in Deutschland.

Tip: 10 % Wasser in den Brenner (immer nur in den kalten Brenner!) mindert das Rußen beträchtlich. Der Geheimtip ist Methanol. 25 % Methanol lassen das Rußen vollkommen verschwinden, und der volle Brennwert bleibt erhalten. Es kostet wesentlich mehr als Spiritus.

Frisches und herrlich kühles Wasser zum Kochen oder zum Trinken findet man überall und in einer solchen Qualität, wie wir Mitteleuropäer sie bei uns seit wohl hundert Jahren nicht mehr kennen.

Ansonsten gehören in den Rucksack: Gewürze (im praktischen "6-in-einer-Dose-Streuer", meist in guten Sportgeschäften erhältlich), Feuerzeuge, Streichhölzer, Dosenöffner, Erste-Hilfe-Set, Insektenschutzmittel, Moskitonetz, Sonnenbrille, kräftiges scharfes Messer und Schweizer Offiziersmesser, Kompaß und Karte: Fjällkarte 1:100.000, pro Blatt ca. 80 SEK, Fotoausrüstung, eventuell Buch, Walkman für abends. Mit 25 bis 30 Kilo auf dem Rücken wird man rechnen müssen. Erfahrungsgemäß beginnt nach dem ersten Packen das Abspecken, da man Volumen und Gewicht der Ausrüstung unterschätzt hat; aber es ist allemal besser, ein paar Kilo mehr mitzutragen, als tagelang z. B. auf warmes Essen zu verzichten. Auch das Toilettenpapier sollte man nicht vergessen.

Gesundheit

Das Gesundheitssystem Schwedens bietet allen Bürger des Landes eine umfassende Vorsorge und fast freie Behandlung im Unfall- oder Krankheitsfall und dies ohne monatliche Beiträge an eine Krankenversicherung. Private Arztpraxen gibt es nur sehr wenige; das gilt auch für Zahnärzte. Im Regelfall wendet man sich an das nächstgelegene Krankenhaus, d. h. jedem Schweden ist ein bestimmtes Krankenhaus zugewiesen, das sich in allen Punkten um ihn kümmert. Auch die Behandlung von akuten Erkrankungen und Unfällen von Touristen geschieht im nächstgelegenen Krankenhaus

("Sjukhus"). In jeder Klinik findet man deutschsprechendes Personal, die Atmosphäre ist meist sehr nüchtern und kalt, aber man kann mit höchster Sorgfalt, bester Hygiene und größtem therapeutischem Wissen rechnen. Es ist empfehlenswert, vor der Abreise einen Auslandskrankenschein für Schweden bei der Krankenkasse einzuholen. Mit Deutschland und Österreich hat Schweden ein Behandlungsabkommen, nach dem für jede ambulante Behandlung nur eine Pauschalgebühr von 110 SEK zu entrichten ist. Auch bei einem Krankenhausaufenthalt zahlt man 110 SEK pro Tag.

Zahnärztliche Behandlung wird aber in jedem Fall teurer. Krankenkassen erstatten Fahrten zum Arzt oder ins Krankenhaus. Der Arzt muß allerdings eine entsprechende Notiz auf dem Kassenschein machen. Geht man zu einem privaten Arzt oder einem Zahnarzt müssen die Kosten dort entrichtet werden. Sie liegen weitaus höher als bei sonstigen Behandlungen, und man muß hier auch länger warten als an der "Akutmottagning" (Ambulanz) der Krankenhäuser.

Für Medikamente, die man in jeder Apotheke kaufen kann, muß ein Patientenbeitrag entrichtet werden. Die Öffnungszeiten der Apotheken sind im allgemeinen Montag bis Freitag von 9 bis 18 Uhr, Samstag von 9 bis 13 Uhr (sonntags geschlossen). In großen Städten gibt es eine Nachtapotheke ("Nattöppet"), die auch nachts geöffnet ist, oder zumindest eine "Jourapotek" mit langen Öffnungszeiten (bis 22 Uhr) und Dienst auch an Wochenenden und Feiertagen. Somit erübrigt sich die Mitnahme einer großen Reiseapotheke, abgesehen natürlich von ganz speziellen und individuellen Medikamenten, von denen jeder selbst wissen muß, ob er sie im Urlaub braucht. Da Schweden für

abenteuerliche Urlaubstouren genügend Möglichkeiten offenhält, sollten z. B. Berg- und Kanuwanderer eine Notfall- und Erste-Hilfe-Ausrüstung bereithalten:
- ein starkes Seil, falls jemand im Sumpf steckt oder über Bord geht
- ein paar Arbeitshandschuhe
- Offiziersmesser mit zwei Klingen, Säge, Schere, Pinzette
- ein Wundspray
und Verbandsmaterial
- ein gutes Desinfektionsmittel
- Fieberthermometer
- Insektenschutzmittel

Grenzformalitäten

Für Aufenthalte bis zu drei Monaten genügen Reisepaß oder Personalausweis. Kinder unter sechzehn Jahren benötigen einen Kinderausweis. Wer mit dem eigenen Fahrzeug reist, braucht Führerschein und Kfz-Schein. Fahrzeuge müssen beim Grenzübertritt das Nationalitätszeichen tragen. Die internationale Versicherungskarte (Grüne Karte) ist nicht erforderlich, wird aber empfohlen.

Haustiere

Wer sein Haustier mit in den Urlaub nehmen will, hat eine Reihe von Auflagen zu erfüllen. Katzen und Hunde dürfen nur eingeführt werden mit einer Einfuhrgenehmigung, amtlicher Kennzeichnung, durchgeführter Tollwutimpfung, deren Wirkung nach vier Monaten durch eine Blutprobe überprüft werden muß (für Hunde ist eine zusätzliche Impfung gegen Staupe und Leptospirose erforderlich), einer durchgeführten Wurmkur sowie schließlich einem

zehnteilige Serie auf acht Karten-
blättern angeboten (16,80 bis
19,80 DM pro Blatt). Dies sind die
besten Karten, da sie einerseits die
Straßenführungen sehr gut darstellen, andererseits alle interessanten
Dinge markieren, ohne dabei überladen zu wirken. Für das Wandern in
Lappland eignen sich die *Fjällkartan*
im Maßstab 1:100.000, die alle wesentlichen Punkte verzeichnen, die
für den Wanderer wichtig sind, wie
zum Beispiel Wanderwege, Hütten
und Windschutz.

Löhne und Preise

Das hohe schwedische Lohn- und
Einkommensniveau bringt natürlich
ein hohes Preisniveau mit sich.
Doch aufgrund der mehrfachen Ab-
wertung der Krone und der geringen
Inflationsrate in den letzten beiden
Jahren liegen die Lebensmittelpreise
nur noch unwesentlich über denen
in Deutschland, teilweise sogar darunter, wie zum Beispiel bei Kaffee
oder Obst.

höchstens zehn Tage alten Gesund-
heitszeugnis. Insgesamt ist die Pro-
zedur kompliziert und teuer (ca.
300 DM bei einem Hund).
Nähere Informationen dazu gibt:
Statens Jordbruksverk, Smitts-
kyddsenheten, S-55182 Jönköping,
Tel. 0046/ 36-15 50 00

Landkarten

Für eine Fahrt durch mehr als eine
oder zwei Provinzen Schwedens
eignet sich zunächst einmal eine
Karte im Maßstab 1:1.000.000, auf
der man die großen Entfernungen
sehr gut abschätzen kann und die
deshalb bei der Reiseorganisation
unentbehrlich ist. Hält man sich längere Zeit in einer bestimmten Gegend auf, sind die bewährten Karten
im Maßstab 1:300.000 unbedingt
zu empfehlen. Die schwedischen
Esselte-Originalkarten werden vom
Reise- und Verkehrsverlag (RV) als

1 kg Brot	25 SEK
1 Pfd. Butter	26 SEK
1 kg Schinken	150 SEK
1 kg Hackfleisch	80 SEK
1 kg Rindersteak	200 SEK
1 kg Käse	70 SEK
1 l Milch	5 SEK
1 Pfd. Kaffee	20 SEK
1 kg Bananen	12 SEK
1 kg Äpfel	17 SEK
1 l Limonade	14 SEK
0,5 l Bier	16 SEK
100 g Schokolade	13 SEK
Essen im Restaurant	60 - 180 SEK
Friseur	200 SEK
1 Tasse Kaffee und 1 Stück Kuchen	25 SEK

Pauschalreisen

Wer an pauschal organisierten Gruppenreisen nach Schweden teilnehmen will, dem bietet eine Reihe von Veranstaltern bis ins letzte organisierte Reisen, die Schweden allerdings oft nur als Teil einer Skandinavienrundreise berühren. Die folgenden Veranstalter haben ein breites Angebot an organisierten Reisen und auch an Individualreisen nach Schweden im Angebot. Hier kann man auch Fähren und Flugtickets bestellen, Ferienhäuser mieten, Aktivurlaub buchen, Kanus mieten, Kurz- und Städtereisen durchführen, Kultur- und Studienreisen, Hotels und Jugendherbergen buchen oder sich einfach nur Informationsmaterial schicken lassen.

Veranstalter

In Deutschland

Skandinavien Reisen, Sedanstraße 10, 79097 Freiburg, Tel. 0761/ 227 00, Fax 0761/ 301 20
Schwedisches Reisebüro, Joachimstaler Straße 10, 10719 Berlin, Tel. 030/ 885 90 40
Reisebüro Norden, Ost-West-Straße 70, 20457 Hamburg, Tel. 040/ 360 01 50
Reisebüro Norden, Immermannstraße 54, 40210 Düsseldorf, Tel. 0211/ 36 09 66, Fax 0211/ 36 55 32
Kodiak Reisen, Oberrahser Str. 26, 41748 Viersen, Tel. 02162/ 93 00 10, Fax 02162/ 93 00 93
Wikinger Reisen, Kölner Str. 20, 58135 Hagen, Tel. 02331/ 90 46, Fax 02331/ 90 47 04
NSA, Kleine Johannisstr. 10, 20457 Hamburg, Tel. 040/ 37 69 30, Fax 040/ 36 41 77
Sun Team Erlebnisurlaub, Heinrich-Hertz-Str. 75, 22085 Hamburg, Tel. 040/ 227 86 66

Stena-Line, Schwedenkai, 24103 Kiel, Tel. 0431/ 90 90
TT-Line, Mattentwiete 8, 20457 Hamburg, Tel. 040/ 360 14 83, Fax 040/ 360 12 57
TT-Line, Immermannstraße 54, 40210 Düsseldorf, Tel. 0211/ 35 33 88
Kranich Reisen, Rosenheimer Str. 69, 81667 München, Tel. 089/ 448 25 48, Fax 089/ 447 14 38

In Österreich

Touropa Austria GmbH, Ungargasse 59, A-1031 Wien, Tel. 0222/ 71 17 70
Kuoni Reisen, Bräuhausgasse 7-9, A-1050 Wien, Tel. 0222/ 541 52 30

In der Schweiz

Reisebüro Glur, Spalenring 111, CH-4009 Basel, Tel. 061/ 271 67 33
Kontiki Reisen, Wettinger Str. 23, CH-5400 Baden, Tel. 056/ 30 66 66

Reisekasse

Eine schwedische Krone (SEK) sind 100 Öre. Es gibt Münzen zu 50 Öre, zu 1 Krone, zu 5 und 10 Kronen wie Scheine zu 20, 100, 500 und 1.000 Kronen.

Wechselkurs		
100 SEK	=	18,50 DM
1 DM	=	5,40 SEK
1 öS	=	0,77 SEK
1 sFr	=	4,90 SEK
(Stand Mai 1995)		

Der Umtausch ist in Schweden aufgrund eines besseren Kurses etwas günstiger. Wenn man aber viel tauscht, ist er bei kleinen Beträgen schlechter, denn dann wirkt sich die Wechselgebühr von 30 SEK (ca. 6 DM), die bei jedem Geldwechseln gefordert wird, doch stärker aus.

Gegenwert für 100 DM: bei Bargeldumtausch in Deutschland 465 SEK, im Ausland 480 SEK, bei Reiseschecks 482 SEK. Ein- und Ausfuhr von Kronen ist unbegrenzt erlaubt. Die Kaufkraft der DM liegt in Schweden bei 0,92 DM (Stand Sommer 1994). Euroschecks werden nicht wie in Deutschland zur Bezahlung verwandt. Sie dienen nur zum Geldumtausch in den Banken. Höchstbetrag: 1.400 SEK (entsprechen ca. 350 DM). Es gibt sogar viele Banken und vor allem Postämter, die keine Euroschecks einlösen. Man sollte sich also auf gar keinen Fall auf eine Bezahlung mit diesem Reisemittel verlassen, vor allen Dingen nicht, wenn man die großen Städte verläßt. Auf dem Lande verweigern viele Geldinstitute die Annahme dieser Zahlungsmittel.

Kreditkarten dagegen sind in Schweden weitaus stärker verbreitet als bei uns. Im Prinzip haben fast alle schwedischen Bürger neben den gängigen internationalen Karten (Eurocard, Visa u. a.) auch mehrere Karten von privaten Unternehmen, Mineralölgesellschaften und Kaufhäusern, mit denen man verbilligt und auf Kredit einkaufen kann. Besonders vorteilhaft sind Kreditkarten auch beim Autoverleih, denn hier schließen einige eine Vollkaskoversicherung ein.

Erwähnenswert ist noch das Postsparbuch, mit dem man gebührenfrei und beim günstigsten Kurs pro Monat bis zu 3.000 DM (ca. 14.000 SEK) abheben kann.

Reisezeit

Die Saison für einen Schwedenurlaub ist kurz. Neben den drei Sommermonaten Juni, Juli und August umfaßt sie noch die Zeit von Mitte Februar bis Mitte April für die Wintersportler. Viele Argumente sprechen gegen einen Urlaub außerhalb dieser Zeit. Zunächst einmal das Klima: Die Monate November und Dezember bieten oft nicht genügend Schnee für Wintersportler. Darüber hinaus ist es im Dezember und Januar auch zu kalt und zu dunkel. Für einen richtigen Sommerurlaub sind die Monate April und Mai sowie September und Oktober zu kalt. Baden ist dann kaum möglich. Zudem sind September und Oktober die niederschlagsreichsten Monate im Jahr. Aber noch entscheidender für die Reisezeit ist die Unterkunftsfrage. Die Hotelpreise sind außerhalb der schwedischen Sommerferien 30 bis 50 % höher und damit

- **Français :** Cette carte comporte 4 images différentes.
- **Deutsch :** Diese Karte enthält vier verschiedene Bilder.
- **English :** There are 4 different pictures on this card.
- **Español :** Esta tarjeta contiene 4 imágenes distintas.
- **Italiano :** Questa carta contiene ogni diversi.
- Deze kaart bevat 4 tekeningen.
- κάρτα περιλαμβάνει εικόνες
- holder 4 ller

er-
m-
os-
en-
alb
ist.
Sai-
iele
ber
so
ock-
Jah-
wert
Gro-
sten-
Ju-
fah-
ein
eben
sein,
eiten
- be-
Mo-
ihrer
Won-
t man
n "In-
Inten-

Klimatabelle und Karte mit Klimastationen siehe die folgenden Seiten 90 und 91.

Sprachferien

Für Sprachinteressierte bieten das "Svenska Institutet", die schwedischen Universitäten und viele Volkshochschulen Sommerkurse an. In den drei- bis vierwöchigen Veranstaltungen treffen sich Teilnehmer aus aller Welt. Es gibt sowohl Kurse für Anfänger ohne jede Spracherfahrung (in Englisch abgehalten), vor allen Dingen an der VHS Malung, als auch für Fortgeschrittene auf allen Niveaus. Genaue Informationen erteilt:

SI Svenka Institutet, Svenskundervisningsenheten, Box 7434, S-10391 Stockholm
Uppsala Universitetet, International Summer sessions, Box 256, S-75105 Uppsala
International Swedish University Programs, Lunds Universitet, Skomakaregatan 8, S-22350 Lund
Kursverksamheten vid Stockholms Universitet, Box 7845, S-10398 Stockholm
Kursverksamheten vid Göteborgs Universitet, Box 3059, S-40010 Göteborg

Touristeninformation

Im Herbst 1992 sind alle staatlichen schwedischen Fremdenverkehrsbüros im Ausland geschlossen worden. An deren Stelle ist die privatwirtschaftlich organisierte "Schweden-Werbung für Reise und Touristik" eingetreten (Lilienstr. 19, 20095 Hamburg, Tel. 040/ 33 01 85 und 33 79 50, Fax 33 05 99).

Von dort erhält man Standardpakete mit Prospekten zu Land und Leuten, Anreise, Übernachtungsmöglichkeiten u. ä. Wer mehr Informationsmaterial haben möchte, muß sich an eine der Touristeninformationen in Schweden wenden. Dort hilft man bei allen Fragen bezüglich der Region, sei es bei Übernachtungsmöglichkeiten, Öffnungszeiten, Sportaktivitäten, Ausflügen, Veranstaltungen oder Kanu- und Fahrradverleih. Viele organisierte Ausflüge kann man hier bereits reservieren oder man erfährt, an wen man sich für Buchung oder auch Informationen wenden muß.

sen überall am Wegesrand stehen konnte, sind nun leider auch in Schweden vorbei, auch wenn die Kriminalitätsquoten noch nicht west- oder südeuropäische Ausmaße angenommen haben.

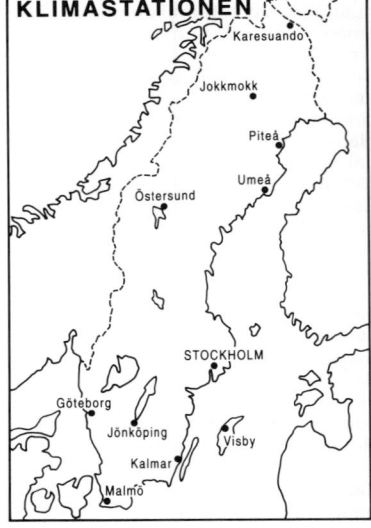

Übernachten

Näheres zum Übernachten in Vandrarhems, Ferienhäusern, Hotels, privaten Unterkünften und auf Campingplätzen siehe → Tips für unterwegs, Übernachten.

Versicherung

Nimmt man an einer Pauschalreise teil oder mietet in Schweden ein Ferienhaus, so ist immer unbedingt der Abschluß einer Reiserücktrittskosten-Versicherung zu empfehlen, da die Stornokosten bei kurzfristiger Absage hoch sind. Auch eine Reisekrankenversicherung und eine Gepäckversicherung sollte man abschließen. Zunehmend häufen sich Einbrüche in abgestellte Fahrzeuge. Die Kfz-Versicherungen decken meistens nicht die Schäden für gestohlenes Gepäck ab. Hier gilt also grundsätzlich: Nichts Wertvolles im Auto lassen, vor allen Dingen nicht in den Großstädten. Die Zeiten, in denen man sein Auto unabgeschlos-

Weiterreise

Schweden ist wie seine skandinavischen Nachbarn Mitglied des Nordischen Rats. Deshalb werden an den Grenzübergängen keine Personenkontrollen durchgeführt. Man braucht im Regelfall noch nicht einmal anzuhalten, wenn man die Grenzen von oder nach Finnland und Norwegen überschreitet. Lediglich bei der Einreise von Deutschland oder Dänemark muß mit Zollkontrollen gerechnet werden. Hier interessiert sich allerdings kaum je-

Klimatabelle

Ort		Jan.	Feb.	Mär.	Apr.	Mai	Jun.	Jul.	Aug.	Sep.	Okt.	Nov.	Dez.
Karesuando	1	-9	-9	-4	2	8	15	19	16	10	2	-4	-7
	2	-19	-19	-16	-9	-1	6	9	7	2	-5	-11	-12
	3	10	10	9	9	9	11	12	13	12	10	10	9
Jokkmokk	1	-8	-8	-2	4	10	16	20	18	11	3	-3	-7
	2	-19	-18	-14	-7	-1	6	9	7	2	-4	-10	-15
	3	12	13	11	10	10	12	15	14	13	12	13	13
Piteå	1	-6	-6	-1	5	11	17	21	19	13	6	0	-3
	2	-13	-14	-10	-4	2	8	12	10	5	-1	-6	-10
	3	13	13	9	10	8	11	12	12	12	12	14	15
Umeå	1	-4	-4	0	5	12	17	21	19	13	7	3	2
	2	-11	-12	-9	-3	2	7	11	10	5	0	-4	-8
	3	14	12	9	10	8	11	12	13	13	13	16	16
Östersund	1	-5	-4	1	6	13	17	20	18	13	6	1	2
	2	-12	-10	-8	-3	-2	7	10	9	5	1	-4	-8
	3	15	13	12	12	11	14	15	14	14	14	15	14
Stockholm	1	-1	-1	3	8	14	19	21	20	15	9	5	2
	2	-5	-5	-4	1	6	11	14	13	9	5	1	-2
	3	16	13	10	11	11	13	13	14	14	15	16	17
Jönköping	1	0	0	4	9	15	19	21	20	16	10	5	2
	2	-5	-7	-5	-1	3	8	11	10	7	3	0	-3
	3	15	12	10	11	11	12	14	14	14	14	15	16
Göteborg	1	1	1	4	9	16	19	21	20	16	11	6	4
	2	-3	-4	-2	3	7	11	14	13	10	6	3	-1
	3	15	12	10	12	10	12	14	14	16	15	16	17
Visby	1	1	1	3	8	14	18	21	20	15	11	6	3
	2	-3	-4	-3	1	5	10	13	13	10	6	2	0
	3	18	15	12	10	9	9	11	12	12	14	16	18
Kalmar	1	1	1	3	8	13	18	21	20	16	11	6	3
	2	-4	-4	-3	2	6	11	14	14	10	6	2	-1
	3	14	12	10	10	10	10	12	12	11	12	13	14
Malmö	1	2	2	5	10	16	20	22	21	17	12	7	4
	2	-3	-3	-2	2	6	10	13	13	10	6	3	-1
	3	17	13	10	11	10	11	14	13	13	14	15	16

1 Mittlere Tagestemperatur in ^{0}C
2 Mittlere Nachttemperatur in ^{0}C
3 Regentage

mand für die Personalien. Geforscht wird nach Alkohol und Drogen, denn bekanntlich ist Dänemark das einzige nordische Land, in dem Alkohol frei erhältlich ist.

Zollbestimmungen

Was die Einfuhr von eß- und trinkbarem Proviant nach Schweden betrifft, so dürfen pro Person (über zwölf Jahre) 15 kg Lebensmittel mitgenommen werden. Doch sollte man sich einmal selbstkritisch fragen, ob es richtig ist, Schönheit und Freiheit in einer noch recht intakten Natur kostenfrei zu genießen, frei campen zu dürfen und dann den Kofferraum mit Konserven vollzustopfen, um den schwedischen Läden jede Krone vorzuenthalten. Welch ein Bild hinterlassen Touristen am Zoll, wenn in ihrem Kofferraum von Brot und Wurst über Marmelade, Reis und Kartoffeln bis hin zur Beutelsuppe das gesamte Supermarkt-Sortiment zum Vorschein kommt? Grundsätzlich bestehen Einfuhrverbote für Kartoffeln, Hülsenfrüchte, Eier, alle Milchprodukte, Frischfleisch und Wurstwaren (außer in Dosen). Auch verschweißte, geräucherte Lebensmittel dürfen nicht mitgenommen werden.

Personen über zwanzig Jahre dürften zollfrei folgendes einführen: 1 l Spirituosen (maximal 60 %) und 1 l Wein (maximal 22 %), Likörwein und alkoholhaltige Mischgetränke und 2 l Bier. Stattdessen dürfen auch eingeführt werden: 2 l Wein und 2 l Bier. Darüber hinaus dürfen bis zu 5 l Wein und (oder) Spirituosen und 5 l Bier eingeführt werden, für die Zoll zu entrichten ist: Spirituosen 210 SEK pro Liter, Champagner, Sekt und Wein 65 SEK pro Liter, Bier 16 SEK pro Liter. Zollfreie Tabakwaren pro Person über fünfzehn Jahre: 200 Zigaretten, 100 Zigarillos oder 50 Zigarren oder 250 g sonstige Tabakwaren. Strafen für Alkoholschmuggler sind drakonisch.

Bei der Ausreise sind am Zoll Gebühren für bestimmte Dieselfahrzeuge zu entrichten (→ Eigenes Fahrzeug, Kraftstoff). Nähere Auskunft erteilt:

▶ *Schwedisches Hauptzollamt*, Generaltullstyrelsen, Box 2267, S-10317 Stockholm, Tel. 0046/ 8-789 73 00, Fax 0046/ 8-20 80 12

Tips für unterwegs

Alkohol

In Mitteleuropa herrschen kaum glaubliche Klischeevorstellungen über das Trinkverhalten der Skandinavier. Überzeugt sind sie scheinbar alle: Die Skandinavier sind ein Volk von Trinkern. Dies dürfte das "falscheste" Vorurteil sein, das die Deutschen von den Schweden haben. Ein Blick auf die Verkaufs- und Konsumstatistiken beider Länder im Vergleich zeigt eindeutig, daß die Schweden mit Werten von sechs bis sieben Litern reinen Alkohol pro Kopf etwa halb so viel wie die Deutschen trinken. Selbst nach verschiedenen Alkoholsorten aufgeteilt, bleibt das Ergebnis eindeutig: Die Deutschen trinken weitaus mehr Bier als die Schweden, mehr als dreimal soviel Wein und immer noch deutlich mehr hochprozentige Getränke wie Schnaps, Whisky oder Wodka. Den Anteil alkoholabhängiger und gefährdeter Personen an der Gesamtbevölkerung schätzt man in Schweden auf ca. 4 %, in Deutschland auf 9 bis 11 %.

Doch woher stammt dieses Vorurteil? Vor allem liegt es daran, daß Touristen auf der Fähre nach Norden einen falschen Eindruck bekommen. Fährschiffe machen einen Großteil ihres Gewinns mit dem Verkauf steuerfreien Alkohols an Bord, so daß es kein Wunder ist, daß die Schweden solche Passagen gerne auch als Tages- oder Wochenendausflug nutzen. Der für sie enorm günstige Alkoholeinkauf, zumal auf den Schiffen zwischen Schweden und Dänemark sowie Dänemark und Deutschland, macht die Sache allemal lohnenswert.

Dies erklärt die Tatsache, daß die ersten Schweden, die man auf einer Skandinavienreise antrifft, oft betrunken sind. Dies ist genauso einleuchtend wie die Tatsache, daß die Skandinavier auf Auslandsreisen zumal in den Süden sehr viel konsumieren. Denn 2 bis 3 DM für ein Glas Bier sind geradezu geschenkt, wenn man es mit den 6 bis 8 DM vergleicht, die solch ein Getränk in schwedischen Gasthäusern kostet. Doch von solchen Erfahrungen darf man nicht auf das Normalverhalten der Schweden schließen.

Auch im Alltag sind die Gewohnheiten unterschiedlich. In Deutschland trinkt man gerne ein Bier oder ein Glas Wein zum Mittag- oder Abendessen. In Schweden ist Alkoholgenuß während des Tages eher verpönt. Getrunken wird freitags- oder samstagsabends, dann aber oft richtig. Man ist also bei unseren Nachbarn im Norden weniger als bei uns an den täglichen Alkoholkonsum gewöhnt, der zur schleichenden Abhängigkeit führen kann. Am Steuer sind die Schweden ebenfalls disziplinierter und verantwortungsbewußter als ihre deutschen Kollegen. Die Promillegrenze wird streng eingehalten. Übertritte sind lange nicht so häufig wie bei uns. So sind die Todesopfer- und Verletztenzahlen bei alkoholbedingten Verkehrsunfällen niedriger als etwa in Deutschland.

Im Vergleich zu Deutschland ist aggressives Verhalten nach Alkoholgenuß eher selten. Trinken ist in Schweden mehr Ausdruck von Lebensfreude. Wer einmal Studentenfeste oder Mittsommernachtsfeiern in Schweden erlebt hat, wird nicht bestreiten, daß nach reichlichem Alkoholgenuß stets gute Laune und Stimmung herrschen. Ausschreitungen sind selten.

Diese Vergleiche sollen die Gefahren des Alkoholkonsums nicht verharmlosen, und es ist nicht zu leugnen, daß es auch in Schweden eine steigende Zahl von Alkoholabhängigen gibt, besonders unter den Jugendlichen. Hinzu kommt, daß auf dem Lande eine beträchtliche Zahl von Schweden selbst Wein und Schnaps herstellen, obwohl bereits der Besitz eines Destilliergeräts strafbar ist. Herstellung, Vertrieb und Verkauf von alkoholischen Getränken mit mehr als 2,8 Volumenprozent Alkohol sind privaten Personen gesetzlich untersagt. Der Staat hält das Monopol und kann diese Gesetzeslage schon deswegen nicht mehr ändern, da heutzutage ein Großteil des Budgets von den Einnahmen aus dieser Branche stammt. *AB Vin och Spritcentralen* stellt diese Getränke in staatseigenen Betrieben her (wie z. B. den berühmten "Renat Brännvin" in Åhus) oder läßt ihn für den staatlichen Vertrieb herstellen, wie z. B. das in Lizenz bei *Pripps* in Göteborg gebraute Löwenbräubier. Diese Gesellschaft ist der größte Weineinkäufer der Welt, und ihre Vertreter sind in Südeuropa gern gesehene Gäste, wenn es um die Auswahl der Weine geht, die nach Schweden exportiert werden. Verkauft werden sie dann in den staatseigenen "Systembolaget-Geschäften", die Montag bis Freitag zwischen 9 und 18 Uhr geöffnet haben. Wer außerhalb dieser Zeit noch nicht für das Wochenende vorgesorgt hat, muß mit den Leichtbieren vorliebnehmen, die es in jedem Geschäft frei zu kaufen gibt: "Lättöl" mit 1,8 % und "Folköl" mit 2,8 % Alkoholgehalt. Um im "Systemet" (Systembolaget) einkaufen zu dürfen, muß man mindestens zwanzig Jahre alt und in jedem Fall nüchtern sein. Die hohen Steuern treiben den Preis. So zahlt man im "Systemet" für einen Liter Wein ca. 50 SEK, einen Liter Bier ca. 30 SEK und einen Liter Whisky ca. 300 SEK.

Im Gasthaus sind die Preise höher als in Deutschland. Ein Glas Bier (0,4 l) kostet hier 30 bis 40 SEK, ein Schnaps 50 SEK und ein Wein 30 bis 40 SEK. Nicht alle Restaurants und Gaststätten haben "Fullständiga Rättigheter", das Recht zum Ausschank solcher Getränke. In den anderen gibt es Bier, aber keine Spirituosen. Dennoch halten die hohen Preise nicht vom Konsum ab, denn es gehört zum geselligen Leben, in den Großstadtkneipen abends "Stor-Stark" zu bestellen, das große starke Bier. "Starkbier" ist so stark wie bei uns. "Groß" bedeutete vor zehn Jahren 0,5 l, vor fünf Jahren 0,45 l und heute 0,4 l.

Schon im letzten Jahrhundert gab es viele Abstinenzlerbewegungen in Schweden, die enge Verbindung mit religiösen Erweckungsbewegungen eingingen. Sie versuchten, die verarmte Landbevölkerung vor den Gefahren des Alkoholismus zu bewahren. Die Sozialdemokratische Partei erkannte im Alkoholismus ein soziales Problem, das es durch staatliche Maßnahmen zu lösen galt. Von 1917 bis 1953 existierte das "Motbok-System", das den Alkoholkonsum durch Rationenzuteilung begrenzen sollte. Seither dient die Alkoholsteuer zur Steuerung des Konsums.

Allemansrätt

Das "Jedermannsrecht" gestattet auch ausländischen Touristen, sich frei in der Natur zu bewegen und dabei fremden Boden zu betreten. Man darf Blumen pflücken, Beeren und Pilze sammeln, sofern sie nicht unter Naturschutz stehen. Man darf sein Zelt für eine Nacht aufschlagen, wenn kein Schild dies ausdrücklich verbietet. Man darf mit dem Boot anlegen und überall baden. Meistens nimmt niemand Anstoß, wenn man ein paar Nächte an derselben Stelle zeltet, vorausgesetzt, man benimmt sich rücksichtsvoll und ordentlich. Man sollte nicht zelten, wo man stören könnte, nicht in freiem Gelände Auto fahren und alles sauber halten. Man sollte alle bestehenden Zutrittsverbote beachten (Privatbesitz, Vogelschutzgebiet, militärische Sperrzone). Den Wohnmobilfreunden sei nachdrücklich ans Herz gelegt, daß das Entleeren von Tanks in der Natur die Umwelt stark schädigt und in Schweden hart bestraft wird. Leider hört man es immer wieder, daß sich deutsche Touristen unverantwortlich verhalten. Wo eine chemische Toilette entleert wird, ist jeder Pflanzenwuchs auf dreißig Jahre hinaus unmöglich.

Im Sommer 1991 wurden nach vielen Verstößen deutscher und dänischer Touristen im Parlament bereits die Abschaffung des "Jedermannsrechts" für diese beiden Gruppen diskutiert. Die Polizei erwischte Deutsche, als sie Bäume fällten, den Wald verschmutzten und Vogeleier stahlen, was bei schwedischen Naturschützern eine große Betroffenheit ausgelöst hat.

Banken

Banken findet man in fast allen Orten, auch in den kleineren. Die Öffnungszeiten sind meist einheitlich 9.30 bis 15 Uhr, nur in Großstädten teilweise bis 17.30 Uhr. Samstags sind sie geschlossen. Auf Hauptbahnhöfen und Flugplätzen gibt es auch Wechselstuben mit verlängerten Öffnungszeiten. Beim Geldumtausch nach der Gebühr fragen! Auch Postämter wechseln Geld. Die meisten Banken haben das → Nummernzettelsystem.

Behinderte

Hotels, Campingplätze, Restaurants, Ferienanlagen - überhaupt alle öffentlichen Einrichtungen und Servicebetriebe sind behindertengerecht ausgestattet.

Höjums Bil in Trestad, Västergötland, Tel. 0520/ 382 50, vermietet spezielle Mietwagen mit Handgas für Rollstuhlfahrer (4.100 SEK pro Woche inkl. 700 Freikilometer).

Einkaufen

Ein Streifzug durch schwedische Lebensmittelmärkte überzeugt von der Leistungsfähigkeit der Genußindustrie. In Schweden ist das Angebot wesentlich größer als bei den skandinavischen Nachbarn und durchaus dem deutschen vergleichbar. Nachteil: kaum Frischwaren. Wurst, Fleisch, Käse, Salat und Gemüse sind fast immer abgepackt, portioniert und steril. Der Aufkleber zeigt an: "Meine Köttbullar bestehen zu 20 % aus Rind, zu 25 % aus Schweinefleisch, der Rest ist Weckmehl, Ei, Gewürz und Stabilisator, Konservierungsmittel, Farbstoff und haltbar bis Freitag in vier Wochen. Kilopreis 75 SEK." Auch der Druck auf die Tomate sagt nichts über ihren Reifegrad aus. Zu fest umspannt sie die Plastikfolie und die gibt nicht nach. Die Lust auf Frischgemüse, Salat, Obst oder sogar Spargel und Mirabellen ist für einen deutschen Schwedenurlauber kaum zu unterdrücken. Man muß aber auch die Gründe für das begrenzte Angebot an Frischwaren sehen: Vieles gedeiht nicht im Norden. Anderes liegt den Schweden selbst nicht, wie z. B. grobes Körnerbrot. Sie mögen lieber helles Weißbrot, mit Sirup und Zucker gesüßt. Frischwaren müssen auch in kleinen Läden wie in Klimpfjäll, 1.000 km von Stockholm entfernt, im Regal noch appetitlich aussehen - deshalb Konservierungsmittel und Plastikfolie. Die Wege vom Erzeuger zum Verbraucher sind hier eben sehr weit. Anderes ist dafür vortrefflich: Fisch, Milchprodukte jeder Art, Wild, Schokolade, Mehlprodukte und Kartoffeln.

Alle Lebensmittel, um sich die folgenden Mahlzeiten zusammenzustellen, sind im Supermarkt erhältlich. *Morgens:* frische Milch (mindestens sechs bis acht Sorten stehen zur Auswahl), "Filmjölk", schwedisches Müsli, frisches Weißbrot mit Greveost-Käse und "Blåbärssylt", Heidelbeermarmelade. *Mittags:* schwedische Pfannkuchen mit selbstgepflückten Pfifferlingen, Speck und Zwiebeln. *Abends:* Gravad Lachs mit Dill- und Senfsoße, Knäckebrot, eingelegtem "Sill" (Hering) und frischen Kartoffeln; danach eine Schale mit Beerenkompott und Eis von GB-Peccanötglass oder Marabou-Schokolade. Diese Gerichte, an einem kleinen See in der Wärme der Mitternachtssonne genossen, machen erst den richtigen schwedischen Sommer (zu Reiseandenken → Souvenirs).

Elektroanschluß

220 Volt. Manche Hotels haben Steckdosen für 220 und 110 Volt in ihren Badezimmern.

Ermäßigungen

Junge Leute können in Schweden mit bestimmten Ausweisen viel Geld sparen. Mit dem *internationalen Studentenausweis* (ISIC) erhält man Rabatte auf Bahnhöfen, bei manchen Fährlinien und Großstadtkinos. Besonders günstige Flugpreise haben *SAS* und *Linieflyg* für Leute unter 26. Für 250 SEK kann man von

oder nach Stockholm, für 400 SEK durch ganz Schweden fliegen (one way). Für Gruppenreisende haben sie ebenfalls günstige Tarife. "Nattugglan", die jeweils letzte Abendmaschine, bietet Sonderpreise für den Flug von Stockholm nach Göteborg. Auch die Bahn bietet Vorteile für Kleingruppen. Seniorenrabatte gibt es auf Bahn, Bus und Flüge, ähnlich wie in Deutschland. Genaue Informationen bieten innerschwedische Reisebüros und einige deutsche Spezialbüros.

Essen und Trinken

Die schwedische Küche hat international keinen so guten Ruf wie etwa die italienische oder gar die chinesische. Die Skandinavier selbst würden wohl den Dänen den "Goldenen Kochlöffel Skandinaviens" verleihen. Es ist schwierig, Restaurants mit traditioneller schwedischer Küche zu finden. Wie auch anderswo dominiert die "internationale Küche". *Fast Food* ist zur Abspeiserei verkommen, vor allem mittags, da man in Schweden Betriebe und Ämter durchgehend offenhält und somit für die Angestellten nur kurze Pausen bleiben. Hamburger, Kebab, Pizza und "Korv med mos" (Bratwurst mit Kartoffelpüree) an der "Gatukök" (Straßenküche) werden zur Mittagszeit besonders gern gegessen. Für einen "Big Mac" muß man rund 32 Kronen hinlegen, also die Hälfte mehr als in Deutschland. Empfehlenswert ist "Dagens Rätt" (Tagesgericht), das viele Lokale und Kaufhausrestaurants zwischen 11 und 14 Uhr anbieten. Für dieses Tagesgericht zahlt man ca. 60 SEK mit Getränk, Brot und Kaffee. Bedienung ist hier wie immer in Schweden im Preis enthalten. Geht man abends essen, so kann man mehr erwarten. Die Zahl guter Lokale steigt und hier ist auch eine Rückbesinnung auf die traditionelle Küche bemerkbar.

Zu den Besonderheiten der einfachen schwedischen Küche zählt man die beliebten "Köttbullar", runde Hackfleischbällchen, "Pytt i Panna" und "Janssons Frestelse", eine Mischung aus Kartoffeln, Zwiebeln und Anchovis, die mit Sahne überbacken wird.

Empfehlenswert sind grundsätzlich Fischgerichte. Allem voran "Strömming", der kleine Ostseehering, den die Schweden auf vielerlei Arten wohlschmeckend einlegen. Die Krönung ist "Gravlax", marinierter Lachs mit Salzkartoffeln, Knäkebrot und "Hovmästarsås" (Senfsoße). Auch Schinken, Schweinebraten, Pasteten, Elchbraten, Rentiergeschnetzeltes und Krebse sind in Schweden unbedingt zu empfehlen. Will man im Restaurant ("Krog", "Värdshus") essen, muß man mit 130 bis 160 SEK für ein Hauptgericht rechnen. Vorspeisen und Nachspeisen schlagen mit 35 bis 60 SEK zu Buche. Trinkt man dazu noch zwei Gläser Bier, kommt man leicht auf eine Gesamtrechnung von 300 SEK. Damit liegt man höher als etwa in Deutschland. Doch wenn man schon richtig essen geht, dann sollte man eher noch etwas dazulegen. Aber wer gibt schon gerne 50 DM für ein Wiener Schnitzel aus? 80 DM für ein erstklassiges Menü reuen hingegen weniger. Und nicht zu vergessen das "Smörgåsbord", der "Tisch mit gebutterten Gänsen", der eine Fülle von kalten und warmen Köstlichkeiten versammelt. Hier muß man sich hüten, alles probieren zu wollen. Man beginnt mit Heringen, ißt anschließend weitere kalte Fischgerichte, dann nacheinander kalte Vorspeisen ohne

Schwedisches Smörgåsbord

Fisch und warme Gerichte sowie zum Abschluß Obst, Dessert oder Käse. 140 bis 200 SEK ohne Getränke. Für jeden Gang nimmt man einen frischen Teller. Besonders stilvoll sind die "Gästgivaregårdar", alte Höfe mit langer Tradition und guter, meist schwedischer Küche, von denen einige zu den besten Restaurants Schwedens zählen.

Nachmittags werden Kaffee und Kuchen groß geschrieben. Das Gebäck ist sehr süß, dänisch inspiriert und der Kaffee zu dieser Tageszeit unverzichtbar. Die Schweden sind Weltmeister im Kaffeetrinken. Zu diesem Zweck besuche man eine "Bar" oder ein "Café" und informiere sich am besten schon bei der Auswahl, wie es sich mit Nachschlag verhält. Es gibt viele Möglichkeiten: Entweder man zahlt bloß für eine Tasse (ca. 9 SEK) oder der Preis liegt bedeutend höher (ca. 15 SEK) und man darf sich selbst bedienen. Das Schild mit der Aufschrift "Påtår" an der Kaffeekanne auf einem Tisch in der Ecke besagt, daß man eine zweite Tasse frei hat. Die holt man sich dort selbst. Kuchen gibt es in allen Farben und Formen: "Kringlar", "Semlor" und

"Princesslängd", ein herrlich süßes, mit grasgrünem Marzipan überzogenes Biskuit-Sahne-Gemisch. "Sarah Bernhardt" ist in Schweden nicht als amerikanische Schauspielerin bekannt, sondern als Cremeschokoladetörtchen. ·

Über die schwedischen Trinkgewohnheiten läßt sich sagen, daß Bier ("Öl"), besonders Pilsner, von allen geschätzt wird. Wein trinkt man relativ selten, obwohl dessen Konsum deutlich ansteigt. Wirkliche Weinkenner gibt es in Schweden nur so viele wie in Schleswig-Holstein. Whisky und Wodka stehen bei den hochprozentigen Alkoholika ganz vorne, während Obstschnaps weniger beliebt ist. Himbeergeist oder Mirabell werden erst dann getrunken, wenn der "Klare" leer ist. Manche Schweden frönen dem Punsch, Zuckerwasser pur.

Feiertage, Feste und Ferien

Ferien: Weihnachten, zwei Wochen Sportferien im Februar, Ostern, Sommerferien: Schulen ca. 20.6. - 10.8, Industrie ca. 5.7. - 5.8.
Weiteres dazu → Land und Leute, Feiertage und Feste.

Fernsehen und Rundfunk

Seit einigen Jahren gibt es in Schweden wie bei uns eine private Konkurrenz zu den staatlichen Anstalten. Das Staatsfernsehen hat zwei Programme ohne Werbung. Alle ausländischen Spielfilme werden im Originalton mit schwedischen Untertiteln ausgestrahlt, auch bei den privaten Sendern. Deutsches Radio empfängt man über Kurzwelle.

Auf der *Schwedenwelle* des Schwedischen Radios werden im Sommer täglich auch in Deutsch Nachrichten, Veranstaltungstips und Wetterberichte gesendet, und zwar von 20.30 bis 22 Uhr auf MW 1179 kHz und KW 6065 kHz, in Stockholm auf UKW 89,6 MHZ.

FKK

An schwedischen Stränden geht es recht freizügig zu, obwohl das Baden im Adamskostüm nicht die Regel ist. Bikinioberteile tragen die Schwedinnen zum Baden allerdings selten. Wer seine Hose ausziehen möchte, sollte dies nur am Nacktbadestrand tun. Es gibt einige organisierte FKK-Plätze. Auskunft erteilt: *Sveriges Naturistförbund,* Box 4279, S-30314 Malmö.

Freizeitangebot

Angeln

Schweden ist als Anglerparadies bekannt. 8.000 km Küstenlinie, 96.000 Seen, Flüsse und Bäche mit sauberem Wasser in unberührter Natur garantieren reiche Fischbestände. Das Angeln an den Küsten ist frei. Auch die großen Seen *Vänern, Vättern, Mälaren, Hjälmaren* und teilweise *Storsjön* bieten kostenloses Angelvergnügen. Darüber hinaus stehen etwa 60.000 Gewässer zur Auswahl, in denen man mit einem Angelschein fischen darf. Die Scheine gibt es als Tages-, Wochen- oder Saisonkarte. Sie sind erhältlich in vielen Sportgeschäften, in den lokalen Touristikbüros, in Postämtern, Banken, Hotels und beim "Pressbyrån", dem Zeitungs-, Tabak- und Süßwarenimbiß, den man überall findet. Die Preise sind sehr unterschiedlich, je nach Fanggrund und Fischarten pro Tag ab 30 SEK. An Lachsflüssen muß man für einen Tag mit 20 bis 100 DM rechnen, am *Mörrum* zur Eröffnung der Fangsaison bis zu 1.000 DM. Neben dem Lachs locken Hecht, Barsch, Forelle und viele andere Edelfische wie Zande und Saibling. Als besondere Angelparadiese innerhalb Schwedens gelten *Västernorrland* und *Västerbotten*: Lachs, Forelle, Saibling, Zander und Hecht sind hier zahlreich vertreten. Touri-

Feiertage

	1995	1996	1997
Neujahr	1. Januar	1. Januar	1. Januar
Hl. Drei Könige	6. Januar	6. Januar	6. Januar
Karfreitag	14. April	5. April	28. März
Ostermontag	16. April	8. April	31. März
Maifeiertag	1. Mai	1. Mai	1. Mai
Himmelfahrt	25. Mai	16. Mai	8. Mai
Pfingstmontag	4. Juni	27. Mai	19. Mai
Mittsommerabend (*)	23. Juni	21. Juni	20. Juni
Allerheiligen	1. November	1. November	1. November
Heiligabend	24. Dezember	24. Dezember	24. Dezember
1. Weihnachtstag	25. Dezember	25. Dezember	25. Dezember
2. Weihnachtstag	26. Dezember	26. Dezember	26. Dezember
Silvester	31. Dezember	31. Dezember	31. Dezember

(*) kein offizieller Feiertag

mit Handgeräten in fast 2.000 Seen, die größtenteils in Mittel- und Nordschweden liegen. Zu diesem Preis erhält man ein Kartenheft mit einer Beschreibung, wo die Fischgewässer liegen. Es gibt auch Wochenkarten für 90 Kronen und Tageskarten für 30 Kronen. Über 500 Verkaufsstellen bieten diese "Fischkarte" an. Sie kann auch bestellt werden bei:

Domänfiske, S-79181 Falun, Tel. 0238/ 40 00, oder *Fiskeriverket,* S-17893 Drottningholm, Tel. 08/ 759 00 40.

Baden

Nach den Sommern der letzten Jahre zu urteilen, erlauben Seen und Küste unbeschwertes Baden von ca. Ende Juni bis Mitte August. Zahllose Seen bieten eine unerschöpfliche Palette von Möglichkeiten. Das Wasser ist meist klar, und trotz weitläufigen Schilfbewuchses findet man leicht sandige Teilstücke, von denen aus der Zugang zum See einfach ist. Vorsicht: Manche sind sehr tief. Sehr angenehm für alle Wasserfreunde ist die Tatsache, daß beim Hausbau in Schweden ein Mindestabstand von 200 bis 300 m vom Seeufer eingehalten werden muß. Dadurch hat man eigentlich überall freien Zutritt zu den Gewässern. Man sollte nur darauf achten, daß man mit dem Fahrzeug nicht allzu nahe an den Uferbereich kommt.

stikamt und Forstverwaltung betreiben gemeinsam das "Kronofiske", sozusagen Anglerparadiese in allen Landesteilen, wo sich Anfänger wie Experten an besonders fischreichen Gewässern treffen können. Dort finden sie Serviceleistungen vor, wie Beratung, Verkauf, Statistiken und Verleih von Angelgerät. Man kann hier seinen Fang wiegen, messen und registrieren lassen, mit Angelbrüdern plaudern und gemeinsam einen Kaffee trinken.

In den lokalen Touristikämtern erhält man auf Anfrage kostenlos Verzeichnisse dieser Kronofiskeanlagen. Dort bekommt man auch die Anschriften der lokalen Sportfischerverbände und Auskünfte über ganz besondere Anglerarrangements, z. B. das Lachsangeln mit Schleppnetzen, Meeresangeln oder Angeln mitten in der Stadt, wie z. B. in *Stockholm*, *Örebro*, *Norrköping*, *Västervik*, *Ronneby* und *Karlskrona*. Auch die lokalen Touristikbüros informieren darüber.

Tip: Die "Fiskekort des Domänverkets" kostet 150 Kronen für das ganze Jahr und gilt für das Angeln

Wer lieber an der Küste badet, kommt in Schweden ebenfalls auf seine Kosten. Die Westküste ("Bästkusten") ist von Göteborg bis zur norwegischen Grenze felsig. Den kahlen Klippen sind oft Steininseln vorgelagert. Dazwischen liegen kleinere Sandstrände, die bevorzugtes

Ziel der Einheimischen sind. Zwischen dem 20. Juli und Anfang August kommt es daher gerade an diesen Plätzen oft zum Massenandrang, vor allem am Wochenende. Schließlich ist die Provinz *Bohuslän* auch bei deutschen Touristen sehr beliebt. Dasselbe gilt für die Sandstrände von *Halland* - um Falkenberg und Varberg, in der *Laholmsbukten* - und von *Öland*. Zwar gibt es hier kilometerlange, feinsandige Strände ohne Steine, aber auch eine große Zahl von badewilligen Schweden, Dänen und Deutschen. Wer allerdings ein wenig sucht, findet auch immer einen menschenleeren oder zumindest spärlich belegten Strand.

Zwischen *Helsingör* und *Ystad* sind die Strände aufgrund des hohen Schiffsverkehrs in der schmalen Meeresenge nicht unbedingt empfehlenswert. Hier entschädigt das an kulturrellen Attraktionen reiche Hinterland. Zwischen *Ystad* und *Sölvesborg* sind sie wieder seicht, kinderfreundlich und von bester Qualität: Hanöbukten, Åhus, Yngsjö, Kyl und Borrby. Blekinges Küste ist eher eine Schärenküste. Die gesamte Küstenlinie von *Karlskrona* bis *Oxelösund* bietet Schäreninseln und kleine Sandstrände, vor allem um *Västervik*, dessen Umgebung man sicherlich als Badeparadies bezeichnen kann. Dasselbe gilt für "Blå Kusten", den herrlichen Schärengarten zwischen *Arkösund* und *Gryt*. Die schönsten Schären des Landes liegen aber vor *Stockholm* und *Uppland*, im Inneren bewaldet, an der Seeseite nur kahler Fels. Dazwischen liegen idyllische Fischerdörfer wie Trosa, Furusund und Grisslehamn. Im nördlichen Teil des Landes findet man das El Dorado der Badeurlauber im Küstenabschnitt zwischen *Piteå* und *Haparanda*. Seichte Sandstrände und eine lange Sonneneinstrahlung erwärmen das Wasser auf 20 bis 25 °C und ermöglichen Sonnenbaden rund um die Uhr. Die Fast-Mitternachtssonne macht es möglich.

Ballonfahrten und Drachenfliegen

Solchen Vergnügen kann man in den folgenden Orten/ Provinzen nachgehen. Nützliche Adressen:
► *Stockholm:* SIS, Box 7542, Tel. 08/ 789 24 00
► *Småland:* Gränna Ballong & Luftskepp AB, Box 87, 56300 Gränna, Tel. 0390/ 117 72. Reservierungen bei Gränna Turistbyrå, Torget, 56300 Gränna, Tel. 0390/ 110 10.
► *Göteborg:* STF, Ö Larmgatan 15-21, 41107 Göteborg, Tel. 031/ 17 58 55

Draisinefahren

Auf stillgelegten Eisenbahngleisen durch dichten, wild-romantischen Wald führen einige der Strecken, auf denen man wirklich "rauskommt". Die Draisinen laufen sehr leicht und werden wie ein Fahrrad bewegt. Man sitzt auf einem Sattel und tritt in die Pedale. Das Zelt baut man dort auf, wo es einem am schönsten erscheint. Buchungen sind möglich in:
► *Dalarna, Värmland:* Sverige Resor Väst, Karlstad, Tel. 054/ 10 21 70, für die Strecke zwischen Persberg und Tretjärn, 90 km, Wochenend- oder Fünftagetouren
► *Gästrikland, Dalarna:* Voxnadalens Kanot-o Vildmarkscenter, Viksjöfors, Tel. 0271/ 500 90, für die Orsabahn, zwischen Edsbyn und Furudal, ca. 50 km
► *Värmland, Dalsland:* Turistbyrå Årjäng, Tel. 0573/ 141 36 oder 141 00, für die Strecke von Årjäng nach Bengtsfors, 52 km

► *Västergötland:* Mariestad Turistbyrå, Tel. 0501/ 100 01, für die
Torvedsbanan, zwischen Gullspång
und Mariestad, 40 km
► *Östergötland:*   Vadstena-Turist-
byrå, Tel. 0143/ 151 23, für die
Strecke zwischen Vadstena und Få-
gelstad, 10 km
► *Skåne:* Tomelilla-Turistbyrå, Tel.
0417/ 181 16, für die Fyledalen-
bahn, 18 km ab Tomelila, auch
stundenweise Touren
► *Lappland:* Arvidsjaur-Jörn Touristeninformation,   Tel.   010/
256 31 89

Fallschirmspringen

Es gibt praktisch in jeder Provinz
mehrere Flugplätze, deren Umgebung für Fallschirmspringer freige-
geben ist. Wenn die eigene Ausrüstung mitgebracht wird, finden erfahrene Springer mit der international gültigen AFF-Lizenz leicht eine
Trägermaschine. Die lokalen Touristikämter helfen bei der Wahl des
geeigneten Platzes oder vermitteln
zum entsprechenden Flugplatz weiter. Ausrüstungsverleih sowie Tan-
demspringen und Kurse für Anfänger bieten die Fallschirmvereine,
z. B. der in:
► *Hälsingland:* Söderhamns Fall-
skärmsklubb, Hohed 6591, 82606

Söderala, Tel. 0270/ 451 24
Siehe auch Adressen → Ballonfahr-
ten und Drachensegeln.

Floßfahrten

Ein einzigartiges Erlebnis ist eine
Floßfahrt auf dem *Klarälven* in
Värmland. Auf einem selbstgebauten, 18 m² großen Holzfloß treibt
man mehr als 100 km flußabwärts.
Man kann dabei angeln, das Tierle-
ben erforschen und die Stille und
Einsamkeit genießen. Einige Veranstalter bieten die Möglichkeit, sich
schon vor Reisebeginn einen der
begehrten Teilnehmerplätze zu sichern. Mindestens zwei Personen
pro Floß, aber auch kleine Gruppen
können sich zusammentun. Die Touren beginnen montags in Nord-
värmland mit dem Bau der Flöße unter fachmännischer Anleitung der
schwedischen Firma *Vildmark i
Värmland.* Sie stellt auch die Ausrüstung, z. B. 20 starke Seile, Toilette, wasserdichte Seekisten, Karten, und vor allem das Baumaterial,
3 m lange, glatte Holzstämme. Nach
Fertigstellung des tonnenschweren
Ungetüms, das natürlich im Wasser
gebaut wird, beginnt das Abenteuer, das eine Mischung aus Be-
sinnlichkeit und Aktivität bereithält.
Elche, Biber und sogar Steinadler
sind zu sehen, abseits der Straßen
eine unberührte Natur. Ins Schwit-
zen gerät man, wenn man auf eine
Sandbank läuft oder an einen Brük-
kenpfeiler stößt.

Goldwaschen

Ein Besuch in *Lannavaara* bei Agne
und Barbro ist gleichsam eine Reise
in das Goldene Zeitalter Klondykes.
Für ca. 130 SEK pro Tag leiht man
eine Waschpfanne und hat die Möglichkeit, auf ein paar echte Nuggets

zu stoßen. Agne, der seit mehr als 25 Jahren Goldgräber ist, zeigt die Technik und Barbro, die "Königin der Edelsteinschleifer", verwandelt die Fundstücke in Andenken fürs Leben. Außer in Lappland kann man in Dalsland, Hälsingland und Jämtland auf Goldsuche gehen. Auskunft erteilt in:

▶ *Dalsland:* Bengtsfors Turistinformation, Fritidskontoret, 66601 Bengtsfors, Tel. 0531/ 161 05

▶ *Jämtland:* Åre Guiderna, Box 90, 83013 Åre, Tel. 0647/ 514 40

Golf

In Europa gibt es nur in Großbritannien mehr Golfplätze als in Schweden. Insgesamt sind es fast 200. Greenfee 50 bis 150 SEK. Genaue Auskunft erteilt: *Svenska Golfförbundet,* Box 84, S-18211 Danderyd, Tel. 08/ 622 15 00.

Kanu

Schweden ist das Kanuland par excellence. Gelegenheiten findet man praktisch überall. Man kann es sich aussuchen, ob man lieber privat im mitgebrachten oder geliehenen Kanu fährt oder an einer organisierten Tour teilnimmt. Die Ausrüstung kann umfangreicher als bei einer Wanderung sein, da es auf ein paar Kilo mehr nicht ankommt. Wasserdichte Beutel für Zündhölzer, Karten und wichtige private Utensilien sollte man nicht vergessen. Eine Spritzdecke ist bei Regen und Wind von Vorteil, denn sie erhöht den Reisekomfort. Besonders gute Kanureviere gibt es in *Dalsland, Värmland, Småland, Östergötland* und *Västernorrland*, von denen das Gebiet westlich und nördlich des Vänern als das El Dorado der Kanuten

schlechthin bezeichnet wird. Unzählige Seen und Flüsse bilden hier ein Labyrinth von Wasserstraßen, die sich durch eine wenig berührte Waldlandschaft erstrecken. Gute Stützpunkte, von denen man eine Tour auf dieser Seenplatte beginnen kann, sind *Bengtsfors, Lennartsfors, Ed, Årjäng, Arvika, Sunne, Hagfors* und *Ekshärad*. Dort findet man Kanuverleih und Geschäfte, die Ausrüstung und alles Notwendige bereithalten.

Radfahren

... ist in Schweden einzigartig: viel Natur, wenig Verkehr und die Freiheit zu übernachten, wo es einem gefällt. Die lokalen Touristenbüros informieren über Fahrradverleihstätten und machen Vorschläge für Touren. Vor allem die Inseln *Öland* und *Gotland*, aber auch *Skåne, Bohuslän, Östergötland, Västergötland* und *Södermanland* eignen sich für längere Radtouren.

Der *Sverigeleden* führt auf ca. 2.500 km durch das ganze Land. Er ist in 26 Etappen eingeteilt und größtenteils auch für Familien geeignet. Die Übernachtungen sollte man buchen.

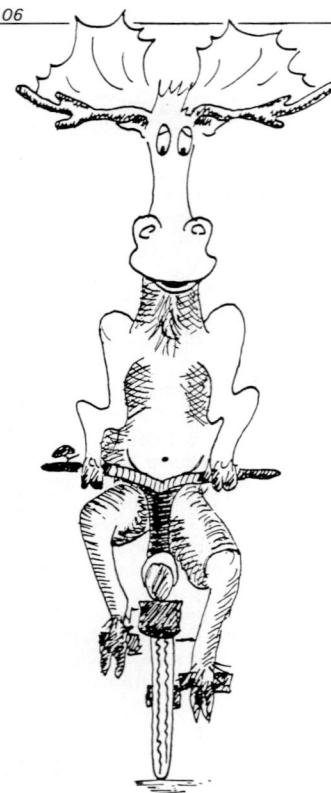

sten zwei Tage vorher aufgeben. Dann kostet es pro Strecke 80 SEK. Manchmal hat man aber Glück und kann das Fahrrad noch am Reisetag in Empfang nehmen. Noch teurer wird es, wenn man selbst nicht mit der Bahn reist.

Hinweis: Weiteres zur Freizeitgestaltung siehe auch → Reiseteil, Route 18, Freizeitgestaltung in Värmland.

Reiten

Eine große Anzahl von Reiterhöfen bietet Möglichkeiten für Anfänger wie für Reiterfahrene: Wildnistouren, Kurse im Springreiten etc. Nähere Informationen erhält man von *Sveries Ridlägerarrangörers Riksförbund SRR*, S-15400 Gnesta.

Segelfliegen

In Schweden ist Segelfliegen vor allem über dem Gebirge oder an der Küste sehr reizvoll. Es gibt eine Reihe von Veranstaltern, die auf ihren Rundflügen Gäste in ihren Zweisitzer-Flugzeugen mitnehmen. Auskunft erteilt in:
► *Lappland:* Abisko Turiststation, Box 73, 98024 Abisko, Tel. 0980/ 400 00
► *Jämtland:* Åre Mountain Activities, Åre, Tel. 0647/ 515 65
► *Tärnaby:* Stig Strand AB, 92064 Tärnaby, Tel. 0954/ 104 25

Information in Stockholm bei: *Cykelfrämjandet,* Box 6027, Tel. 08/ 32 16 80, oder *SIS,* Box 7542, Tel. 08/ 789 24 00. Diese "Organisation zur Förderung des Fahradfahrens" hilft bei allen Fragen, die mit dieser Fortbewegungsart zu tun haben.
Wer das Fahrrad im Land transportieren lassen möchte, kann dies per Bahn oder Flugzeug tun. Bei einem Flug kommt das Rad für 150 SEK am selben Tag noch mit; man braucht aber einen Fahrradsack. Bei der Bahn ist die schnelle Beförderung nicht garantiert. Hier sollte man das gute Stück am be-

Segeln und Motorboot

Schweden verlangt keinerlei Sportbootführerscheine. Sogar das Steuern großer Boote ist fast jedem erlaubt. Doch sollte man die Verkehrsregeln auf dem Wasser kennen, Seekarten lesen können und auch etwas Routine im Umgang mit Booten haben. Bootscharter empfiehlt sich schon vor Reisebeginn (→ Veranstalter/ Reisevorbereitung). In der Hauptsaison kosten Segelboote zwischen 700 und 2.000 DM pro Woche, Motorboote sind zwischen 1.400 und 3.500 DM zu haben. Ost- und Westküste, die großen Seen, Göta kanal und Dalsland kanal und natürlich der Stockholmer Schärengarten sind beliebte Gebiete. Geräumige, aber nur schwach motorisierte Hausboote bieten die große Freiheit auf Dalslands und Värmlands Seen. Insgesamt gibt es in Schweden über 400 Gästehäfen. Die anfallenden Gebühren für die Liegestellen und Schleusen auf den Kanälen sollte man vorher mit der Mietfirma klären. Zusätzliche Informationen gibt es bei: *Svenska Seglarförbundet,* S-12387 Farsta, Tel. 08/ 605 60 00.

Sommerskilaufen

... in Lappland bis Ende Juni ist ein unvergleichliches Abenteuer. Nähere Auskunft erteilt *STF* (Sveriges Turistförening), Drottninggatan 31-35, S-10120 Stockholm, Tel. 08/ 790 31 00.

Surfen

Windsurfing ist in Schweden heute ähnlich beliebt wie in Deutschland. Bretter können bei allen großen Touristinformationen und vielen Kanuzentren für ca. 200 DM in der Woche geliehen werden.

Tip: Gute Windverhältnisse machen die größeren Seen zu einem El Dorado für Surfer und Segler, insbesondere *Bolmen, Åsnen, Flåren* und *Mälaren.*

Tennis

Björn Borg und Stefan Edberg sind die Aushängeschilder eines Sports, der in Schweden ebenso populär ist wie Fußball. Die Tennisbegeisterung beginnt oft im Kindesalter, denn der "Weiße Sport" wird schon im Schulunterricht angeboten. Daher findet man in jeder Stadt Tennisanlagen, und große Hotels haben oft ihre eigenen Plätze. Sie alle sind meist öffentlich zugänglich und können von Touristen stundenweise gemietet werden. Wo die Reservierung zu erfolgen hat, entnimmt man einem Aushang am Platz selbst. Die lokalen Touristikämter helfen diesbezüglich auch weiter. Detaillierte Informationen erhält man auch bei *Svenska Tennisförbundet,* Lidingövägen 7, S-11433 Stockholm, Tel. 08/ 667 97 70.

Wandern

Für Wanderer offeriert Schweden tausende Kilometer markierter Wege: Tieflandpfade durch Heide-, Wiesen- und Waldlandschaften ebenso wie die faszinierenden Wege in der grandiosen Gebirgswelt des Nordens. Insgesamt 36 Wanderwege, davon ein Großteil im Gebirge, zeigen die individuellen Schönheiten der jeweiligen Provinzen, wie der *Sörmlandsleden* oder *Siljansleden.* Manche Wege führen durch Nationalparks. Der berühmteste aller Pfade ist der ca. 500 km lange *Kungsleden,* der sich von Abisko im Norden bis Hemavan erstreckt. Nach dem Sörmlandsleden und dem Skåneleden ist er der drittlängste Wanderweg Schwedens. Auf einigen Teilstrecken, vor allem im Norden, führt der Pfad durch die freie Natur an einem gewaltigen Canyon entlang, den in schwindelnder Höhe Hängebrücken überspannen. Man

Wandern in Lappland

steigt hinauf in die Nähe des ewigen
Eises auf dem Kebnekeises-Gipfel
und wieder hinab in die sumpfigen
Tundralandschaften, wo Pilze und
Beeren im Spätsommer warten. Dabei ist der Kungsleden nicht zu
schwierig. Stege führen sicher über
Moore. Steinhaufen lassen die Weg-
führung deutlich erkennen, so daß
auch ungeübte Wanderer den Weg
in das Innere wagen können.

Beliebte Touren im Gebirge
Lapplands siehe → Ammarnäs/ R 30,
→ Kvikkjokk/ R 30 und → Abisko/
R 30. Ein anderes Abenteuer, ebenfalls im hohen Norden: Von *Jukkasjärvi* kann man sich z. B. mitsamt
Kanadier und Ausrüstung im Wasserflugzeug zum *Lainoälv* fliegen
lassen. Den Rückweg bewältigt man
selbst auf dem Wasserweg. Von Ende Juni bis August für ca.
2.800 SEK inkl. Ausrüstungsleihe.

Doch neben den gewaltigen
Wandererlebnissen in Lappland sollte man nicht die milde Schönheit
der südschwedischen Wanderpfade
im Flachland vergessen, z. B. den
Pilgrimsleden von Karlstad nach
Trondheim in Norwegen durch Wälder und Seen oder den *Skåneleden*
durch fruchtbare Felder und reiches
Kulturland. Sehr schön ist auch der
Östkustleden, der 160 km an der
Ostküste entlangführt. Viele zivili-
sierte Wanderwege in grandioser
Natur führen auch in das Dreiländereck zum *Treriksröset* sowie
durch *Jämtland* und *Härjedalen* bis
hinab nach *Norddalarna*.

Doch hier wie in Lappland ist
Vorsicht geboten. Warnschilder in
Abisko weisen darauf hin, daß es
immer wieder zu Unfällen mit tödlichem Ausgang kommen kann, wenn
bestimmte Sicherheitsvorkehrungen
nicht eingehalten werden. Niemals
alleine wandern, nie ohne Karten
(Maßstab 1:100.000 oder Maßstab
1:50.000) und nie ohne Kompaß
aufbrechen. Vorsicht bei Querfeld-
eintouren in den großen Naturparks!
Wetterstürze sind jederzeit möglich.
Sie können extrem dichten Nebel
und Gewitter bringen, die eine Orientierung unmöglich machen. Dann
droht der Marsch in einem der ausgedehnten Sumpfgebiete zu enden.
Man verliert leicht den Mut, wenn
man tagelang in strömendem Regen
oder dichtem Nebel unterwegs ist
und bei jedem Schritt wadentief im
Morast einsinkt. Schwimmgras
täuscht nur eine feste Oberfläche
vor. Der Rucksack wird zur Qual.
Das ständige Auf- und Absteigen
tut ein übriges, und selbst erfahrene
Alpenwanderer werden in Notlagen
geraten, wenn sie die Besonderheiten des nordischen Fjälls nicht kennen. Nachtfrost und Schneefall können jederzeit, auch im Sommer, auftreten. Wegen der nördlichen Lage
liegt die Baumgrenze bei ca. 700 m.
Man hat in weiten Gebieten nur die

Wahl, auf sumpfigem Gelände oder eisigen Schneefeldern unterwegs zu sein. Winterwetter droht hier oben jederzeit. Jedes Tal sieht anders aus und hat seine eigenen klimatischen Bedingungen. Darüber hinaus sind die Entfernungen zur nächsten menschlichen Siedlung sehr weit. Bei einer Verletzung werden sie noch größer erscheinen. Doch genug der Warnungen. Wer auf Wanderwegen bleibt, den versorgt der *STF* (Sveriges Turistförening) bestens mit Hütten und Fjällstationen, mit Booten zur Seenüberquerung sowie mit meist recht gut erkennbaren Wegmarkierungen in Form von Steinhaufen. In den Hütten gibt es oft Betten, Kochtöpfe, einen Herd, manchmal auch ein Nottelefon. Einige Hütten werden von Hüttenwarten bewirtschaftet. Hier kann man auch Lebensmittel kaufen. Die Übernachtungspreise liegen bei ca. 90 SEK. Die Abstände zwischen den Hütten betragen 15 bis 30 km auf den großen Wegen. Daneben gibt es einfache Windschutzanlagen (oft nur eine Betonröhre) und "Lappenkåtas", in denen man übernachten, aber keinen Komfort erwarten kann. Wer die Wege verläßt, darf ein gutes Zelt und einen warmen Schlafsack nicht vergessen.

Wildwasser

Kanu- und Schlauchboottouren auf Wildwasser ("River Rafting") sollte man in einer Gruppe unternehmen. Von *Kiruna, Jukkasjärvi, Kalix, Gällivare, Indal* und einigen anderen Stützpunkten lassen sich Programme durchführen. Die letzten ungebändigten Flüsse bieten das Vergnügen für Unerschrockene, die auch keine Angst haben, naß zu werden. Unter der Anleitung erfahrener Schlauchbootkapitäne kann man die eigenen Paddelkenntnisse

auf großen Booten erproben. In Västernorrland locken die Ströme *Ångermanälv, Ljungan* und *Indalsälv.* In Lappland haben *Torneälv, Kalixälv* und *Kaitumälv* noch genügend Stromschnellen, um ein aufregendes Abenteuer zu garantieren. Leider sind andere, ehemals reißende Flüsse heute harmlos wie ein Schwarzwaldbach. Staudämme und Kraftwerke haben gerade in Lappland die Ursprünglichkeit der Natur an mehr als einer Stelle zerstört. Sie machen die ökologische Zweischneidigkeit der Wasserenergie deutlich.

An Wildwasser - Schlauchbootfahrten ("Forsränning") kann man auf den genannten Flüssen von Anfang Juni bis Ende September an Tages-, Zweitage- oder Wochentouren teilnehmen. Preis für eine Tagestour ca. 500 SEK, Zweitagetour ca. 1.400 SEK, Wochentour ca. 3.300 SEK. Transport, vollständige Ausrüstung, Essen, Führung etc. sind im Preis enthalten. Buchung in Deutschland bei verschiedenen Veranstaltern möglich (→ Reisevorbereitung, Veranstalter).

Wintersport

Für Langläufer ist Schweden ideal. Jede der ca. 250 Kommunen betreibt zumeist mehrere gut gespurte

Rafting auf dem Vindelälven

Loipen aller Längen- und Schwierigkeitsgrade, wobei natürliche Geländeunterschiede zwischen Süd- und Nordschweden in Betracht zu ziehen sind. Aufgrund des nur kurzen Tages sind viele Loipen beleuchtet. Die besten Skigebiete findet man nördlich der großen Seen.

Für Abfahrtsläufer bietet das norrländische Fjäll erst im Frühjahr gute Möglichkeiten, denn im Dezember und Januar ist es hier ziemlich dunkel und meist auch zu kalt. Die besten Skizentren sind *Sälen-Idrefjäll* in Dalarna und *Åre* in Jämtland. Hier hat man Möglichkeiten fast wie in den Alpen, ein ausreichendes Übernachtungsangebot, hohe Liftkapazität und Abfahrten von mehreren Kilometern Länge. Februar und März sind die besten Monate.

Wegen der nicht ganz einfachen Anreise empfiehlt sich für alle Wintersportfreunde eine Buchung schon in Deutschland. Vor Ort ist für Kurzentschlossene kaum eine Übernachtung zu bekommen und wenn überhaupt, dann sehr teuer. Ebenfalls vorher buchen sollte man Wintertouren, wie Huskytouren (z. T. mehrtägig, in Jämtland, Dalarna, Lappland), Motorschlittensafaris (auch mehrtägig, mit Übernachtungen in Lappenhütten), Eisangeltouren (landesweit) und Eislaufwanderungen.

Skilaufen in Värmland

Grillen

Nach schwedischem "Jedermannsrecht" wird empfohlen, präparierte Feuerstellen und Grillplätze zu benutzen. Legt man jedoch selbst eine Feuerstelle an (nicht in Naturschutzgebieten), so muß sie fachgerecht sein und nach Benutzung richtig abgelöscht werden, da gerade im Sommer eine große Waldbrandgefahr besteht. Niemals darf man auf Felsen grillen, denn sie bersten bei Hitzeeinwirkung. Kommt es z. B. durch ein Grillfeuer zu einem Waldbrand, muß man mit erheblichen Strafen rechnen.

Kino

In schwedischen Kinos laufen internationale Filme immer in der jeweiligen Landessprache mit schwedischen Untertiteln. Wie bei uns stammt ein Großteil aus amerikanischer Produktion und wird in Englisch ausgestrahlt. Kinos gibt es meistens nur in den größeren Städten. Auf dem Lande findet man weder Kinos noch Theater.

Kunsthandwerk

In folgenden Bereichen genießt schwedisches Kunsthandwerk einen sehr guten Ruf: Glasbläserei und Gebrauchsglas, Produkte aus Holz (Schnitzereien, Küchengerät, Spielzeug und Möbel), Schmiedekunst (Eisen und Silber), Webkunst und Keramik (→ Souvenirs).

Militärsperrzonen

Sperrzonen liegen vor allem an der Ostseeküste: von *Karlshamn* bis nach *Torhamn*, im *Schärengarten* von Stockholm und auf *Nordgotland*. Seit 1.4.1991 ist Ausländern der Zutritt zur Insel *Fårö* gestattet. Insgesamt gelten in solchen Zonen besondere Bestimmungen, die man bei den lokalen Touristikämtern erfragen kann.

Mitternachtssonne

Aufgrund der Neigung der Erdachse zu ihrer Umlaufbahn sind die Gebiete nördlich des Polarkreises extremen Lichtverhältnissen ausgesetzt. Je weiter man nach Norden reist, desto länger dauern im Sommer die Tage und im Winter die Nächte. Die Mitternachtssonne bezeichnet das Phänomen, daß die Sonne während eines gewissen Zeitraums nicht mehr unter den Horizont sinkt, also rund um die Uhr scheint.

Voraussetzung, dies zu erleben, ist das Fehlen von Wolken, die den Genuß der Sonneneinstrahlung zu nächtlicher Stunde stören würden. Je weiter man nach Norden reist und je höher man sich in das Gebirge begibt, wo keine störenden Gipfel den Blick nach Westen versperren, desto länger ist der Zeitraum, in dem die Mitternachtssonne zu sehen ist. Im folgenden einige Beispiele, aus denen man ersehen kann, daß die Sonne am Kebnekaise volle zwei Monate nicht untergeht. Dort dauert der längste Tag des Jahres von Mai bis Juli!

Abisko:	12.6. - 4.7.
Dundret:	1.6. - 12.7.
Kebnekaise:	23.5. - 22.7.
Kiruna:	31.5. - 14.7.
Porjus:	9.6. - 4.7.
Riksgränsen:	26.5. - 18.7.

Nationalparks

Das schwedische Naturschutzgesetz, das 1909 in Kraft trat, erklärte neun Gebiete zu Nationalparks. Heute gibt es 22 solcher Parks, die insgesamt eine Fläche von ca. 6.400 km² bedecken. Die besonderen Landschaftstypen sollen für die Zukunft erhalten bleiben und vielen Menschen die Gelegenheit geben, Unberührtheit und Stille der Natur zu genießen. Forscher können Boden, Fauna und Flora studieren. Die Parks sind über das ganze Land verteilt, angefangen von *Dalby Söderskog* in Skåne bis hinauf zum *Vadvetjåkka* im Norden. Fast 5.300 km² entfallen auf die drei großen, zusammenhängenden Parks *Sarek, Stora Sjöfallet* und *Padjelanta,* Europas letzte Wildnis. Detaillierte Informationen über die Nationalparks sind erhältlich bei: *Naturvårdsverket,* S-17185 Solna, Tel. 08/799 10 00.

Notfall

Die Rufnummer 900 00 ist von jeder Telefonzelle kostenlos per Tastendruck anzuwählen. Sie gilt für Unfallhilfe, Polizei und Feuerwehr. Falls man eine Panne hat, hilft *Larmtjänst AB*, Tel. 08/ 24 10 00. Die Zentrale in Stockholm benachrichtigt dann die jeweilige Filiale.

Nummernzettelsystem

... findet man in vielen Geschäften, Banken, Postämtern, ja sogar in bestimmten Abteilungen der Kaufhäuser. Man zieht eine kleine Papiernummer aus einem Spender, der sich neben der Eingangstür oder mitten im Raum befindet. Auf einem Display wird angezeigt, welche Nummer gerade an welchem Schalter bedient wird.

Öffnungszeiten

In Schweden gibt es kein Ladenschlußgesetz wie in Deutschland. Die Folge davon sind recht unterschiedliche Öffnungszeiten. Im allgemeinen haben die Märkte und Warenhäuser von 9.30 bis 18 Uhr geöffnet, samstags bis 13 Uhr. In größeren Dörfern und allen Städten findet man aber auch Läden, die samstags bis 16 Uhr und sogar sonntags von 10 bis 16 Uhr geöffnet sind. In den Zeitungen der Großstädte kann man nachlesen, welche Geschäfte spätabends und am Wochenende verlängerte Öffnungszeiten ("Näröppet") haben. So wird der Lebensmitteleinkauf in einem Schwedenurlaub so gut wie nie zum Problem. Man findet immer einen offenen Laden und wartet notfalls ein paar Stunden, auch am Wochenende. Es sind nur einige wenige Ketten, die die Nahrungsmittelversorgung sicherstellen. Sie "ernähren" alle Schweden, da eine jede von ihnen auch in kleineren Städten ihre Filiale hat, meist gleich am Marktplatz und mit landesweit ähnlichen Preisen. "ICA" und "Favör", die privaten Ketten, "Domus" und "Konsum", die Ketten der Erzeugergenossenschaften. Schließlich unterhalten die meisten der in Schweden überaus zahlreichen Tankstellen einen eigenen Lebensmittelladen. Dieser ist wie die Tankstelle täglich von morgens bis nachts geöffnet.

Achtung: Die im Buch angegebenen Öffnungszeiten für Touristeninformationen und Museen gelten für die Sommerreisesaison. Zu anderen Zeiten können diese stark eingeschränkt sein.

Post

Postämter sind werktags von 9 bis 18 Uhr und samstags von 9 bis 12 oder 13 Uhr geöffnet. Sie wechseln auch Geld. Viele nehmen sogar Reiseschecks, aber Vorsicht, denn nur wenige akzeptieren Euroschecks. Telefonieren kann man nicht von den Postämtern aus, dafür muß man zum Fernsprechamt, dem *Televerket* (→ Telefonieren).

Das Porto für ein Schreiben nach Deutschland, Postkarte oder Brief, kostet 5 SEK.

Reisen in Schweden

Nach Auskunft des Touristikamts besuchen 85 % aller deutschen Touristen Schweden mit dem eigenen Fahrzeug. Die Größe des Landes, seine dünne Besiedlung und das gute Straßennetz machen Schweden zu *dem* Autofahrerland. Ob man nun zwei Wochen im gemieteten Ferienhaus am See verbringen will oder umherreist, um Kultur und Leute kennenzulernen: Der eigene Wagen ist immer von Vorteil. Hinzu kommt, daß viele Sehenswürdigkeiten außerhalb der Ortschaften liegen und somit eine Anreise mit öffentlichen Verkehrsmitteln schwierig wird. Wer das Land zum ersten Mal besucht und einen Überblick bekommen möchte, ist auch mit der Bahn ganz gut beraten, aber schon im zweiten Urlaub macht sich dann die geringe Mobilität bemerkbar, wenn man nämlich versucht, abgelegene Stellen zu erreichen.

Anhalter

Trampen ist keine geeignete Fortbewegungsmöglichkeit, um das Land kennenzulernen. Es wird in Schweden nicht gerne gesehen. Tramper gelten als Schmarotzer. Sicherlich wird der eine oder andere Autofahrer mal anhalten, aber man kann auch stundenlang warten.

Eigenes Fahrzeug

Verkehrsbestimmungen und -hinweise

▶ Auch am Tag muß Abblendlicht eingeschaltet werden!
▶ Anschnallpflicht auf Vorder- und Rücksitzen
▶ Promillegrenze 0,2 %
▶ Auf Wildwechsel achten, besonders in der Dämmerung!
▶ Fahrverbot besteht im Gelände außerhalb befestigter Wege!
▶ Geschwindigkeitsbegrenzungen:
In Wohngebieten 30 km/h, in geschlossenen Ortschaften 50 km/h, außerhalb geschlossener Ortschaften 70 - 90 km/h, auf Autobahnen 90 - 110 km/h, während des Sommers generell nur 90 km/h. Pkw und Wohnwagen mit Bremsen 70 km/h, Pkw und Wohnwagen ohne Bremsen 40 km/h und Busse ab 3,5 t 90 km/h
▶ Achtung: Häufige Geschwindigkeitskontrollen, Überschreitungen werden mit Geldbußen und Führerscheinentzug bestraft!
▶ Auf den Straßenkarten findet man die grüngezeichneten Europastraßen, die Hauptstraßen (zweistellige Nummer) und die Provinzhauptstraßen (dreistellig).
▶ Das Rechtsfahrgebot gibt es in Schweden seit mehr als dreißig Jahren. Die Schweden sind vorsichtige und langsame Fahrer. Da man im Norden stellenweise mit Schotterpi

sten vorliebnehmen muß, ist von Winterfahrten nach Lappland abzuraten, es sei denn, man hat Spikereifen, die hier gestattet sind.
▶ Nebelschlußleuchten dürfen nicht benutzt werden.
▶ Eine gelbe Linie am Fahrbahnrand symbolisiert Halteverbot!
▶ Für CB-Funk braucht man eine Genehmigung von: *Televerkets Radio Division,* Tillståndskontoret, S-12386 Farsta

Tip: Bei allen Fragen zu Baustellen, Straßenwetter, ja zu allen Verkehrsfragen, hilft *Vägverket,* Tel. 0243/750 00.

Kraftstoff

Bleifrei ("Blyfri") 95 Oktan ca. 7,5 SEK, Medium 96 Oktan ca. 7,7 SEK, Super 98 Oktan 8 SEK, Diesel 5,5 SEK. Überall findet man Tankstellen, an denen man bleifrei tanken kann. Superplus hat sich noch nicht landesweit durchgesetzt. Autogas gibt es an ca. 40 Tankstellen landesweit. Auskunft bei: *SPI,* Sveavägen S-11134 Stockholm, Tel. 0046/ 8-23 58 00. An fast allen Tankstellen gibt es Selbstbedienungsstationen (meist nicht für Diesel) mit Geldscheinautomaten (für 20 SEK- und 100 SEK-Scheine).
Für folgende Dieselfahrzeuge werden Gebühren erhoben: Trans-

porter und Wohnmobile mit Platz für höchstens acht Personen inkl. Fahrer über 6 t (= Lkw) 2,50 SEK pro 10 km. Wohnmobile mit mehr als 6 t und Platz für mehr als acht Personen inkl. Fahrer (= Bus) 2 SEK pro 10 km. Bei der Einreise ist eine Einfuhrerklärung auszufüllen; bei der Ausreise erfolgt die Berechnung der gefahrenen Kilometer.

Tankstellen

Die Tankstellen sind ein unerläßlicher Helfer in allen Servicefragen. Durch die großen Entfernungen werden sie an den Überlandstraßen oft zu Servicebetrieben mit besonders langen Öffnungszeiten. Die Tankstellen verkaufen auch Lebensmittel. Sie haben meist Telefon, WC, Café, Restaurant oder zumindest eine Imbißbude (Weiteres siehe → Kraftstoff).

Automobilclub

Motormännens, Riksförbund, Box 5855, S-10248 Stockholm, Tel. 0046/ 8-782 38 00

Pannenhilfe

... ist nur mit Auslandsschutzbrief kostenlos. Falls man eine Panne hat, hilft *Larmtjänst AB,* Tel. 08/ 24 10 00. Die Zentrale in Stockholm benachrichtigt dann die jeweilige Filiale. Man findet aber auch den örtlichen Pannenhilfsdienst im Telefonbuch unter *Larmtjänst.*

Mietwagen

... sind wider Erwarten relativ billig. Für einen Golf inkl. Versicherung und Freikilometern zahlt man pro Tag 145 DM. Flug- und Mietwagenprogramme werden mit gutem Grund immer beliebter, denn wenn man die Länge der Anreise, gerade aus Süddeutschland, der Schweiz

oder aus Österreich sowie die Fährpassagen bedenkt, spricht doch einiges für den bequemen Weg "Flug + Mietwagen", denn man spart die lange Anreise per Pkw.

Avis, Hertz, Budget und Europcar haben nur in den Großstädten Filialen (in Stockholm, Göteborg und Malmö auch an den Flughäfen). Außerhalb der großen Städte werden Mietwagen fast nur an Tankstellen vermietet. Preisunterschiede zwischen den Firmen gibt es kaum.

Bahn

Schweden hat kein sehr dichtes Eisenbahnnetz. Der Süden ist zwar recht gut erschlossen, aber nördlich des Siljansees kann man sich nur noch auf zwei Linien in Richtung Norden bewegen. Die traditionsreiche "Inlandsbanan" wurde zwischen *Kristinehamn* und *Mora,* 1991 stillgelegt, wurde zwei Jahre später wieder in Betrieb genommen. Als "Wildniszug" wird sie vor allem touristisch vermarktet. Ihre Zukunft ist ungewiß. Über den Abschnitt von Mora nach Gällivare wird noch verhandelt. Sollte auch diese Strecke wegfallen, wird die Bahn den Norden des Landes nur noch auf der Küstenstrecke erreichen. Bis 1991 zahlte man auch für höchstens 881 km, alles weitere darüber hinaus war frei. Heute wird jeder Kilometer mit entsprechendem Mehrpreis eigens berechnet. Im Juli und August fährt der "Lapplandspilen" täglich von *Malmö* nach *Narvik,* in der Vor- und Nachsaison nur an den Wochenenden. Der "Nordpilen" fährt täglich von *Stockholm* nach *Narvik.* 1994 tauchten bei der schwedischen Bahn *(SJ)* Pläne auf, alle Bahnlinien in Lappland, mit Ausnahme des Nordpilen und Lapplandspilen, ab 1996 stillzulegen.

EISENBAHNNETZ

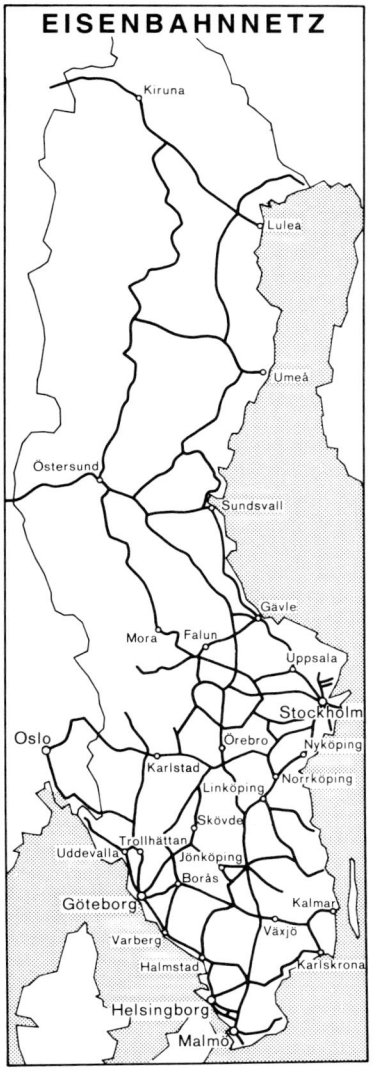

Fahrtzeiten

Malmö/Lund –

Borås	4
Falun	9
Gävle	9
Göteborg	4
Halmstad	2
Helsingborg	1
Jönköping	3,5
Kalmar	4
Karlskrona	3,5
Karlstad	8
Kiruna	25
Linköping	4,5
Luleå	21
Malmö	-
Mora	10,5
Norrköping	5
Nyköping	5,5
Skövde	5
Stockholm	6
Sundsvall	12
Trollhättan	5,5
Uddevalla	6,5
Umeå	19
Uppsala	8
Varberg	3
Växjö	2
Örebro	6
Östersund	13

Helsingborg –

Borås	4
Falun	9,5
Gävle	10
Göteborg	3
Halmstad	1
Helsingborg	-
Jönköping	3,5
Kalmar	3,5
Karlskrona	3,5
Karlstad	6
Kiruna	25
Linköping	4
Luleå	22
Malmö	1
Mora	10,5
Norrköping	5
Nyköping	5,5
Skövde	5
Stockholm	6,5
Sundsvall	13,5
Trollhättan	4
Uddevalla	5
Umeå	18,5
Uppsala	9
Varberg	2
Växjö	2,5
Örebro	7
Östersund	14

Göteborg –

Borås	1
Falun	7
Gävle	6
Göteborg	-
Halmstad	1,5
Helsingborg	3
Jönköping	2,5
Kalmar	5
Karlskrona	5
Karlstad	3
Kiruna	22
Linköping	4,5
Luleå	20
Malmö	4
Mora	8,5
Norrköping	4
Nyköping	5
Skövde	1,5
Stockholm	3,5
Sundsvall	9
Trollhättan	1
Uddevalla	1
Umeå	14,5
Uppsala	4,5
Varberg	1
Växjö	3
Örebro	2,5
Östersund	12

Stockholm –

Borås	4
Falun	3
Gävle	2
Göteborg	3,5
Halmstad	5,5
Helsingborg	6,5
Jönköping	4,5
Kalmar	7
Karlskrona	7
Karlstad	3
Kiruna	18
Linköping	2,5
Luleå	14
Malmö	6,5
Mora	4,5
Norrköping	2
Nyköping	2
Skövde	3
Stockholm	-
Sundsvall	4,5
Trollhättan	5
Uddevalla	5
Umeå	10
Uppsala	1
Varberg	6
Växjö	5
Örebro	3
Östersund	6

Kinder bis zu zwölf Jahren reisen in der Begleitung von Erwachsenen gratis. Kinder unter sechzehn Jahren erhalten 50 % Ermäßigung. Für Sitz-, Liege- und Schlafplatzkarten zahlen Kinder den vollen Preis. Wer mit der Bahn in Schweden unterwegs ist, sollte sich auf jeden Fall das "Scanrail-Ticket" anschaffen. Diese Fahrkarte gilt einen Monat für unbegrenztes Reisen in Dänemark, Schweden, Norwegen und Finnland, sowie auf einigen Fährlinien. Erwachsene zahlen 605 DM in der zweiten Klasse, 755 DM in der ersten Klasse. Eine andere Möglichkeit ist der "Flexi-Paß", mit dem man an fünf Tagen (innerhalb von zwei Tagen) oder an zehn Tagen (innerhalb von drei Wochen) unbegrenzt reisen kann. Die Preise beginnen bei 310 DM aufwärts. Auskunft darüber erteilt: *Norden Tours,* Ost-West-Str. 70. 20457 Hamburg, Tel. 040/ 360 01 50

Bus

Das regionale Busnetz ist recht gut ausgebaut. Auch überregional sind nahezu alle Orte des Landes erreichbar, aber man muß viel Geld und Zeit mitbringen, denn gerade im Norden verkehren die Busse nicht so häufig. Nur wenige Touristen versuchen, das Land mit diesem Fortbewegungsmittel kennenzulernen. Die Busse sind eher für die Lokalbevölkerung gedacht. Dagegen verkehren die Busse der schwedischen Staatsbahnen in ganz Schweden. *SJ Swebus* bedient den Inlandsverkehr mit etwa 1.500 Zielorten. Auskunft: *Swebus,* Gulbergsstrandgatan 34, S-41134 Göteborg, Tel. 031/ 71 80 00. *Postbusse* verkehren im Norden auf einer Streckenlänge von 7.800 km, Auskunft: *Swebus,* Storgatan 29, S-92100 Lycksele,

Tel. 0950/ 129 00. *Linjebus* fährt im ganzen Land, Auskunft: Linjebus, Torsgatan 8, S-11423 Stockholm, Tel. 08/ 626 87 65.

Flugzeug

Die Inlandsflüge von *SAS* und *Linieflyg* sind im Sommer recht preisgünstig, vor allem wenn man von und nach Stockholm fliegt. Es gibt auch sogenannten "Mikropreise". Das sind Spezialangebote, die bei gleichzeitiger Buchung von Hin- und Rückflug gelten. Ein Mindestaufenthalt von einer Nacht und Buchung vierzehn Tage vor Reiseantritt sind dabei die Bedingungen. Bei Stornierung des Flugs erhält man sein Geld nicht zurück.

Jugendliche fliegen Stand By von und nach Stockholm für 250 SEK, für 400 SEK jede Inlandsstrecke (pro Strecke, sogenannte "Hundralappsflyg").

Mit den neuen "SAS-Visit Scandinavia-Vouchern" fliegt man günstig auf den langen Strecken von SAS im innerskandinavischen Liniennetz. Sie kosten 80 US-Dollar pro Flugnummer. Für 160 Dollar kann man also z. B. von Stockholm nach Oslo oder Gällivare fliegen, vorausgesetzt man wählt auf Hin- und Rückreise je einen SAS-Direktflug.

Reisen mit Kindern

Schweden ist ein kinderfreundliches Land. Im Urlaub wird man keine Schwierigkeiten haben, Babywickelräume neben der Toilette zu finden, Kindersitze im Restaurant zu bekommen und Preisermäßigungen bei Unterkünften und öffentlichen Verkehrsmitteln zu erhalten. Hotels verlangen für Kinder unter sechs Jahren, die ohne eigenes Bett auskommen, im Sommer meist noch nicht einmal den Frühstückspreis. Kinder von sechs bis fünfzehn Jahren zahlen für ein Extrabett im Zimmer der Eltern zwischen 100 und 200 SEK. Auf aktuelle Angebote sollte man achten. In Bussen und Zügen fahren Kinder unter sechs Jahren frei. Von sechs bis sechzehn Jahren zahlen sie 50 %. Auch Flüge für Kinder unter zwei Jahren sind frei. Es gibt 50 % Ermäßigung für zwei- bis elfjährige. Bis 24 Jahre gelten spezielle Jugendtarife.

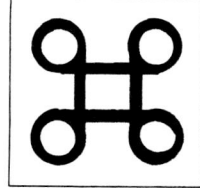

Sehenswürdigkeiten

Dieses Schild am Straßenrand verdient Aufmerksamkeit, denn es kennzeichnet Sehenswertes, z. B. Kirchen, Schlösser, Naturformationen und Runensteinen. Doch nicht alle Sehenswürdigkeiten sind mit diesem Zeichen versehen.

Souvenirs

Wer Souvenirs mit nach Hause nehmen möchte, für den bietet sich eine breite Palette typisch schwedischer Erzeugnisse an. An erster Stelle wäre hier das "Dala-Häst" zu nennen, jenes rotbunte Holzpferdchen, das in allen Größen in _Nusnäs_ am Siljan hergestellt wird und zu einem der weltweit am meisten verkauften Souvenirs geworden ist.

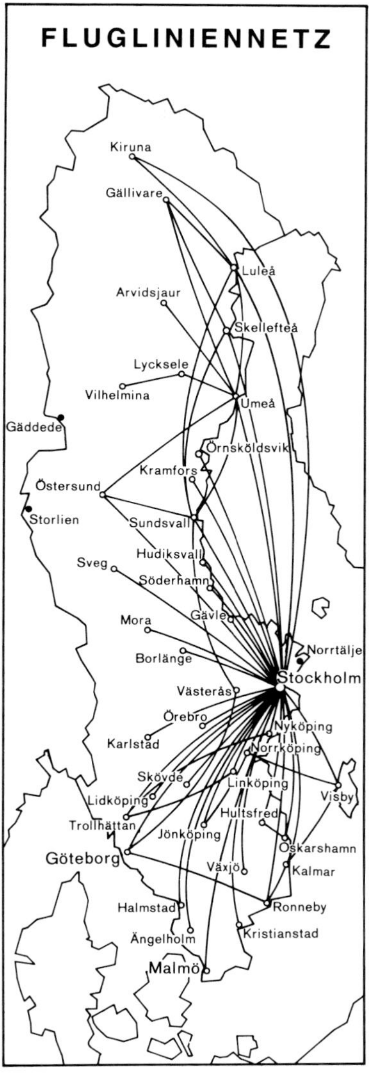

FLUGLINIENNETZ

Kiruna

Gällivare

Arvidsjaur

Luleå

Skellefteå

Lycksele

Vilhelmina

Umeå

Gäddede

Örnsköldsvik

Kramfors

Östersund

Storlien

Sundsvall

Hudiksvall

Sveg

Söderhamn

Mora

Gävle

Borlänge

Norrtälje

Västerås

Stockholm

Örebro

Nyköping

Karlstad

Norrköping

Skövde

Linköping

Visby

Lidköping

Hultsfred

Trollhättan

Jönköping

Oskarshamn

Göteborg

Växjö

Kalmar

Halmstad

Ronneby

Ängelholm

Kristianstad

Malmö

Überhaupt hat das Land gerade den Freunden von Kunsthandwerk einiges zu bieten. Hochwertige handgearbeitete Produkte aus vielerlei Materialien. Holzschnitzereien wie Küchengerät aus Wacholderholz, Keramik und Tonwaren, zumeist schwer und rustikal. Typisch sind auch schmiedeeiserne Ker-zenleuchter oder Kamingeschirre. Web-, Häkel- und Klöppelerzeugnisse oder Strickwaren werden in vielen Betrieben nach altüberlieferten Verfahren und mit großer handwerklicher Sorgfalt hergestellt. Die "Hemslöjd-Geschäfte" bieten zwar nicht das billige Schnäppchen, dafür aber typisch schwedische Qualitätsprodukte von bleibendem Wert. Und schließlich sind die Glasprodukte zu nennen, die in alle Welt exportiert werden. Man schätzt sie gleichermaßen wegen ihres Designs und ihrer Qualität. Die schwedische Glasindustrie ist in *Småland* ansässig, wo kein Tourist an den berühmten Glashütten von *Kosta-Boda*, *Orrefors* oder *Pukeberg* vorbeikommt. Sie haben Weltruf, der zum großen Teil von der kreativen Phantasie der Glasbläser und Dekorateure herrührt. Viele Geschäfte bieten Touristen die Möglichkeit, auf Staatskosten beim Souvenirkauf zu sparen. Ein Hinweisschild an der Ladentür zeigt an, daß man dort "tax-free" (steuerfrei) shoppen kann. Die gekaufte Ware wird verpackt und mit einem numerierten Aufkleber verplombt. Man füllt ein scheckartiges Formular aus und verpflichtet sich, die Waren innerhalb eines Monats aus dem Land auszuführen. Dann erstattet der Zoll 8 bis 15 % des Kaufpreises bei der Ausreise. Voraussetzung ist, daß man in ein und demselben Geschäft für mindestens 200 SEK eingekauft hat, wobei man natürlich die Waren aus verschiedenen Abteilungen zusammenlegen kann.

Telefonieren

In Schweden ist das Telefonieren vom Postamt nicht möglich. Außerhalb der Großstädte gibt es nur wenige Telefonzellen. Hier hält man sich am besten an Restaurants oder Tankstellen. Ansonsten hilft das Fernsprechamt ("Televerket"), das auch Telegramme, Telex und Telefax betreibt. Die meisten Filialen sind Montag bis Freitag von 9.30 bis 18 Uhr geöffnet, im Sommer oft nur bis 17 Uhr, Samstag von 9.30 bis 13 Uhr.

Vorwahlen für: Deutschland 009 49, die Schweiz 009 41, Österreich 009 43. Nach der Vorwahl einen Ton abwarten, darauf die Ortsnetzkennzahl ohne "0" anwählen und schließlich die Rufnummer eingeben. Innerschwedische Gespräche kosten 2 SEK, Auslandsgespräche nach Deutschland von öffentlichen Zellen ca. 10 SEK pro Minute, von privaten Telefonen 5,2 SEK pro Minute. Nach Schweden wählt man die Vorwahl 00 46, dann die Ortsnetzkennzahl ohne "0" und schließlich die Rufnummer. Eine Telefonminute von Deutschland nach Schweden kostet vom privaten Anschluß rd. 1,40 DM. Es gibt keine Sonderzeiten. Neu ist die Möglichkeit zu Auslandsgesprächen, bei denen der Angerufene das Gespräch bezahlt. Dazu wirft man nur 2 Kronen in den Münzfernsprecher und wählt ohne Vorwahl 020/ 79 90 49. Münztelefone allerdings sind in Schweden selten geworden. Die für die Kartentelefone benötigten Telekarten erhält man in den *Televerket-Shops* und vielen *Pressbyrå-Kiosken*.

Die Notrufnummer 900 00 ist von allen Telefonzellen kostenfrei.

Trinkgeld

... ist bei allen Servicebetrieben im Preis mit eingeschlossen. In Restaurants rundet man auf, Taxifahrern gibt man ca. 15 %.

Trinkwasser

Die Wasserhähne des Landes liefern ausnahmslos Trinkwasser in guter Qualität. Vor allem das Wasser der Landeshauptstadt, das aus tiefen Lagern der Mälarregion in die Stadt gepumpt wird, ist rein und sehr wohlschmeckend. Auch das kristallklare Wasser der Bäche Nordschwedens eignet sich zum Trinken.

Übernachten

Campen

Die billigste Form ist das Wildcampen. Das "Allemannsrecht" gestattet dies für jeweils eine Nacht. Erwartet wird ein rücksichtsvolles Verhalten. Wildcampen ist ungefährlich. Man sollte aber daran denken, hinterher allen Müll zu entfernen. Außerdem sind die Campingverbote in Schutzgebieten, Sperrzonen und auf Privatgelände zu beachten.

Es gibt insgesamt etwa 750 Campingplätze, von denen die meisten einen hohen Standard aufweisen. Sie sind je nach Ausstattung in drei Kategorien unterteilt. Auch schon die Ein-Stern-Plätze haben eigentlich immer gute und saubere sanitäre Einrichtungen. Die weiteren Sterne machen vor allem ein größeres Serviceangebot aus. Die Plätze außerhalb der großen Städte liegen fast ausnahmslos in naturschönen Gebieten. Folgenden Service bieten die Campingplätze in den drei Kategorien:

* Ein-Stern-Campingplatz: Aufsicht, beschildert von der Hauptstraße aus, Schranke, Warmwasser, Dusche, WC, Waschgelegenheit.
** Zwei-Sterne-Campingplatz: zusätzlich zu * noch ganztags Aufsicht, eingezäuntes oder beleuchtetes Gelände, Kiosk, Serviceanlagen, Telefon, Stromanschluß für Campmobile und Lebensmittelgeschäft innerhalb 1 km.
*** Drei - Sterne - Campingplatz: zusätzlich zu ** noch 24-Stunden-Aufsicht, Touristeninformation, Postservice, Kochstellen, größeres Sport- und Freizeitangebot, Café und Restaurant innerhalb 1 km.

Wer bei der ersten Übernachtung eine Campingkarte ("Campingkort") für 75 SEK gekauft hat, die für jeweils ein Kalenderjahr gilt, bezahlt bei jeder Übernachtung einen Pauschalpreis, was besonders vorteilhaft für große Familien ist. Dieser Preis schließt nämlich den Parkplatz für das Auto, den Zeltplatz und alle Personen (nicht nur Familienmitglieder, sondern alle Mitreisenden) ein. Alleinreisende sind da schon ein wenig benachteiligt (Preis pro Nacht 80 - 100 SEK). Auf vielen Campingplätzen gibt es Hütten mit zwei bis sechs Betten, die nächteweise

zu mieten sind (200 - 400 SEK). Sie haben oft Kochgelegenheit und Küchenausstattung. Die TT-Fährlinie bietet Campingschecks an, die auf ca. 500 Plätzen Ermäßigung bringen.

Jugendherbergen

... nach deutschem Vorbild gibt es in Schweden nicht. Die als "Vandrarhem" bezeichneten Häuser sind am ehesten mit den deutschen Jugendherbergen zu vergleichen, legen aber weniger Wert auf das Alter der Besucher. Sie sind für Gäste gedacht, die auf Hotelservice verzichten können. Schwedische Vandrarhems haben 2-, 4- oder 6-Bettzimmer, nur ganz selten gibt es noch größere. Fast alle Vandrarhems sind alte, gepflegte Holzgebäude in schöner Lage, oft ruhig in der Natur gelegen. Alte Gutshöfe, aber auch ehemalige Leuchttürme und Gefängnisse sind dabei und sogar ein Segelschiff. Der Originalität sind keine Grenzen gesetzt. Sie sind besser ausgestattet und haben auch eine gepflegtere Atmosphäre als ihre deutschen Pendants. Manche kann man schon als Hotels bezeichnen.

Der *STF* (Svenska Turistförening) ist Betreiber der schwedischen Vandrarhems und auch der meisten Gebirgshütten. Bei einer Mitgliedschaft, die auch für Deutsche möglich ist, gibt es Rabatte bei der Übernachtung. Im übrigen ist der STF Veranstalter für Aktivtouren.

Die Vandrarhem-Preise sind einheitlich. Es gibt drei Kategorien mit geringer Preisdifferenz: 111 SEK, 118 SEK und 125 SEK. Bei Mitgliedschaft im *STF* oder im *DJH* (Deutscher Jugendherbergsverband) zahlt man 35 SEK weniger. Dies gilt auch für Kinder unter fünfzehn Jahren. Kinder unter drei Jahren wohnen gratis. In nur wenigen Vandrar-

hems gibt es 8-Bett-Zimmer; dort kostet die Übernachtung 76 SEK. Alle Preise sind ohne Frühstück. Es kostet in der Regel 30 bis 40 SEK extra. Ein Durchschnittstourist zahlt also für eine Übernachtung inkl. Frühstück 140 bis 165 SEK, das sind ca. 30 bis 35 DM pro Nacht. Es gibt Familienzimmer (Zuschlag 60 SEK) und in vielen Jugendherbergen auch Doppelzimmer. Größtenteils muß man sich selbst versorgen. Im schwedischen Gebirge werden STF-Vandrarhems als Gebirgshütten für Wanderer betrieben, teilweise ohne Bewirtschaftung. Auf den Vorzug einer Reservierung sollte man in jedem Fall nicht verzichten.

Zwar haben die Vandrarhems ihren eigenen Reiz, aber man muß auch sagen, daß bei der Verwendung von Hotelschecks im Sommer die Preisdifferenz von Hotel zu Vandrarhem so gering ist, daß man für wenig mehr einen ungleich höheren Übernachtungsstandard hat. Unter diesem Aspekt betrachtet, lohnen die Vandrarhems nicht.

Achtung: Die meisten Campingplätze und Vandrarhems sind nur von Mitte Juni bis Mitte August geöffnet. In den meisten Städten findet man ganzjährig geöffnete Betriebe. Ansonsten gilt: Je weiter weg von der Stadt, je kleiner der nächste Ort und je schöner gelegen, desto kürzer ist die Öffnungszeit. Viele entscheiden spontan, früher zu öffnen oder zu schließen.

Privatzimmer und Pensionen

Bed and Breakfast ("Rum att hyra") ist in Schweden nicht so weit verbreitet, als daß man darauf eine landesweite Rundreise stützen könnte. Privatzimmer bzw. Pensionen mit Frühstück gibt es nur vereinzelt. Diesbezüglich helfen die örtlichen

Touristenbüros weiter. Manche Bauernhöfe bieten recht preisgünstigen Familienurlaub an, bei dem Kinder wie Eltern viele Aktivitäten ausüben können. Informationen bei: *Land-Resor,* Vasagatan 12, S-10533 Stockholm

Ferienhäuser

Mehr als die Hälfte der deutschen Schwedenurlauber wohnt im privaten Ferienhaus. Die Tendenz ist stark steigend. Hier ist während der Saison von Mitte Juni bis Ende August Buchen unbedingt zu empfehlen, ja sogar notwendig. Gerade wer ein idyllisch gelegenes Holzhäuschen sucht, in Ufernähe und mit Kamin, sollte sich spätestens sechs Monate vor der Abfahrt darum kümmern. Kurzfristig bekommt man meist nur noch Objekte, die übriggeblieben sind bzw. sonst niemand wollte. Die Häuser sind vollständig eingerichtet. Nur Bettwäsche und Handtücher müssen mitgebracht werden. Mieterwechsel ist meist samstags. Der Hauspreis liegt in der Hauptsaison zwischen 500 und 1.800 DM pro Woche, je nach Lage, Größe und Ausstattung. In der Nebensaison ist ein gutes Haus auch schon für 500 DM zu bekommen.

Hotels

So schwierig es sein wird, in der Hauptsaison ohne Reservierung ein schönes Ferienhäuschen zu ergattern, so einfach ist es, im Sommer in Hotels unterzukommen. Schwedische Hotels weisen im Gegensatz zu den mitteleuropäischen die Besonderheit auf, daß sie ihre Preise im Sommer stark reduzieren. Das gesamte Hotelwesen funktioniert im Norden ganz anders als bei uns.

Man lebt hier nicht vom Tourismus, denn dafür wäre die Saison viel zu kurz. Die Gäste sind von Anfang September bis Anfang Juni fast ausnahmslos Geschäftsleute, Handelsreisende, Kongreß- und Tagungsteilnehmer. Die Firmen zahlen die Übernachtungen, und das nicht ungern, denn es hilft beim Steuernsparen. In dieser Zeit (Nebensaison) sind die Preise "normal", d. h. für uns sehr hoch. Auch ist es oft schwierig, ein freies Zimmer zu bekommen. Da die Hotels also sehr von den Geschäftsreisenden abhängig sind, müssen sie ein großes Serviceangebot bereitstellen und einen hohen Standard halten. Die Konsequenz ist zwingend: Es gibt in Schweden nur sehr wenige einfache, billige oder gar niedrigklassige Hotels. Die meisten Häuser, die sich "Hotel" nennen, haben einiges zu bieten. Während des Sommers, wenn die Betriebe ihre Angestellten in den Urlaub entlassen, müssen die Hotels ihre Preise reduzieren. Manche schließen in dieser Zeit und entlassen ihre Angestellten in einen langen Sommerurlaub. Die normalen Winterpreise wären für gewöhnliche Touristen kaum erschwinglich. Ähnlich günstige Preise wie die reduzierten Sommertarife bieten viele Häuser auch an den Wochenenden im Winter an. In einem schwedischen Durchschnittshotel bekommt man außerhalb der Sommerzeit an einem Werktag kaum ein Doppelzimmer unter 1.000 bis 1.500 SEK (200 - 300 DM).

Am günstigsten sind in jedem Fall die sogenannten "Hotelschecks", die von mehreren Hotelketten für ausländische Touristen angeboten werden. Es sei empfohlen, eine hotelgestützte Pkw-Rundreise auf einem solchen Hotelschecksystem aufzubauen, denn man spart enorme Summen. Aber aufgepaßt: Hotelschecks sind nicht in Schweden erhältlich, sondern müssen vor der Abfahrt in Deutschland besorgt werden (→ Reisevorbereitung, Veranstalter). Praktisch alle schwedischen Hotelzimmer sind mit Dusche und WC ausgestattet. Die Hotels der großen Ketten haben fast alle Radio, Farbfernseher, oft mit Satellitenempfang, neuerdings auch einige mit Minibar. Die genannten Schecks eignen sich auch für Skandinavienrundreisen, da viele Hotelketten in allen nordischen Ländern ihre Häuser haben. Für Kinder unter sechzehn Jahren werden für ein zusätzliches Bett im Zimmer der Eltern meist 60 bis 150 SEK verlangt. Nicht benutzte Schecks werden gegen eine geringe Gebühr nach der Reise zurückgenommen.

Wichtig: Mit Hotelschecks zahlt man im Sommer für ein Hotel der hohen Kategorie den gleichen Preis wie für ein einfaches Hotel der Touristenklasse, das nicht dem Hotelschecksystem angeschlossen ist. Alle Schecks sind erhältlich z. B. bei *Kodiak-Reisen,* Oberrahser Str. 26, 41748 Viersen, Tel. 02162/ 93 00 10, Fax 93 00 93. (Siehe Anzeige Seite 87) Im folgenden die wichtigen Hotelketten und ihre Schecksysteme:

▸ *Pro Skandinavia Schecks* von Haman Scandinavia kosten 60 DM pro Person und Nacht im Doppelzimmer inkl. Frühstücksbuffet. Für ein Einzelzimmer bezahlt man genauso viel wie für ein Doppelzimmer. Sie sind ideal für Skandinavienrundreisen, da sie in mehr als 300 guten Hotels in vielen Orten von Süddänemark bis zum Nordkap angeboten werden. Mit diesen Schecks können auch viele der immer erstklassigen "Reso-Hotels" bezahlt werden. Es gibt keinerlei Zuschläge auf diesen Preis. Vorbuchungen sind allerdings immer erst 24 Stunden vor Ankunft möglich. Mit den Schecks kann man auch manche Fähren und Mietwagen bezahlen. Seit 1993 gelten diese Schecks nun das ganze Jahr über, aber der oben genannte Preis gilt nur vom 1.6. bis 31.8. Außerhalb dieser Zeit kosten ein Doppelzimmer drei Schecks und ein Einzelzimmer weiterhin zwei Schecks. Mit diesen Schecks können auch verschiedene Fähren, Mietwagen und Freizeitaktivitäten (z. B. Kanutouren, Wanderungen) bezahlt werden.

▸ *Scandic Schecks* kosten für das Doppelzimmer oder Einzelzimmer pro Nacht mit Frühstück 115 DM. Kinder bis zwölf Jahre erhalten ohne Zuschlag ein Extrabett im Zimmer der Eltern. Der Zuschlag für Einzelzimmer und Extrabett bei Kindern über zwölf Jahren beträgt jeweils 150 SEK pro Nacht. Frühstück ist eingeschlossen. In den "Crown-Häusern" der Scandic-Gruppe wird zudem noch ein Zuschlag erhoben. Der Vorteil dieses Schecks ist, daß man alle Nächte vorher buchen kann. Außerdem sind die "Scandic-Hotels" in Schweden flächendeckend vertreten. Auch in den Nachbarländern Schwedens unterhält Scandic ein breites Angebot an Hotels. Alle Häuser sind gut, zweckmäßig und meist modern eingerichtet. Vielen aber mangelt es ein wenig am Besonderen. Sie sind eckige Betonburgen, im amerikanischen Motel-Stil gehalten. Die Schecks sind gültig vom 1.6. bis 31.8. und an allen Wochenenden des Jahres (Freitag - Sonntag).

▸ *Best Western Schecks* decken auch Schweden gut ab. In 44 Städten gibt es angeschlossene Hotels. Sie sind immer auf hohem Niveau, oft erstklassig. Die Schecks kosten im Doppelzimmer pro Nacht mit Frühstücksbuffet 124 DM; für Luxushotels dieser Klasse ist noch einmal ein Zuschlag von 50 SEK pro Person und Nacht vom Gast direkt im Hotel zu entrichten. Kinder bis zwölf Jahre schlafen im Zimmer der Eltern ohne eigenes Bett frei; im Extrabett haben sie 50 % Ermäßigung. Mindestabnahme sind fünf Schecks. Alle Zimmer sind vorher reservierbar. Die Schecks sind gültig vom 15.5. bis 15.9.

▸ *Bonuspaß* ist für 40 DM bei den deutschen Veranstaltern zu erwerben (→ Reisevorbereitung, Veranstalter). Die Preise vor Ort sind sehr unterschiedlich. Man erhält 15 bis 50 % Ermäßigung auf den Normalpreis in den meist erstklassigen Häuser der Hotelketten "Sara" und "Sweden". Reservierungen sind möglich. Die Schecks sind gültig vom 1.4. bis 3.10.

▸ *Countryside - Schecks* kosten 168 DM im Doppelzimmer pro Nacht mit Frühstück. Im Einzelzimmer zahlt man 114 DM. Kinder unter sechzehn Jahren wohnen frei bei einem Extrabett im Zimmer der Eltern. Alle Übernachtungen kann man reservieren. Die Schecks sind gültig vom 1.5. bis 15.9. Nir-

gendwo sonst in Schweden ist das Preis-Leistungs-Verhältnis für den Gast besser als in diesen Hotels, denn was man hier bietet, ist überwältigend: Alle 45 Häuser dieser Kette (mit Gebirgshotels) sind hervorragende Hotels. Sie liegen in parkähnlichen Landschaften, alle in unmittelbarer Nähe von Flüssen oder Seen, in grünen Oasen oder in freier Natur, abseits von der Hektik der Städte. Sie sind ehemalige Schlösser, Herrenhöfe im Landhausstil oder charmante Jugendstil-Villen. Das Verzeichnis dieser Hotelkette liest sich geradezu wie ein Führer durch die schwedische Baukunst. Zur Innenausstattung gehören Kunstobjekte wie Gemälde, Stiche, Wandmalereien, alte Himmelbetten und vieles andere, was die traditionsbeladene Atmosphäre der Häuser verstärkt. Hinzu kommt ein ungewöhnlich breites Freizeitangebot, wie Golf und Tennis auf eigenen Plätzen, Angeln, Kanufahren und Reiten. Die Küchen dieser Häuser zählen zu den besten im ganzen Land.

Gruppenunterkünfte

... für 20 bis 60 Personen gibt es in *Jämtland, Härjedalen, Dalarna, Hälsingland* und *Bohuslän*. So kosten z. B. der *Åsengården* in Jämtland, der für 40 Personen geeignet ist, pro Person am Tag ca. 20 DM und der *Klostergården* in Bohuslän etwa 22 DM pro Person und Tag (zu Reservierung → Reisevorbereitung, Veranstalter).

Verhaltensanregungen

In bunter Reihenfolge nun ein paar Anregungen zu angemessenem Verhalten in Schweden:

▶ Im Straßenverkehr gelten andere Regeln: Man hält sich an Tempo 90. Das sollten auch wir Touristen tun, denn deutsche Verkehrsrowdies haben in Schweden einen sehr schlechten Ruf.
▶ Das "Allemannsrätt" sollte nicht überstrapaziert werden. In der Nähe von Wohngebieten sollte man deshalb nur nächteweise zelten. Dies gilt vor allem für die wachsende Zahl von Alternativtouristen.
▶ Die Schweden sind höfliche Leute, vertrauensselig und hilfsbereit. Wer dies ausnutzt, wird schnell zum Parasiten. Man bedankt sich in Schweden auch für Hilfe, die man selbst leistet. "Tack, Tack" (= Danke) nie vergessen!
▶ Leider ist die Kriminalität auch in Schweden gestiegen, und gerade in den Großstädten sollte man darauf achten, daß sich keinerlei Wertgegenstände im Auto befinden, wenn es abgestellt wird. Auch Handtaschen und Brieftaschen muß man heutzutage in Schweden im Auge behalten.
▶ Schlimm ist es, wenn Touristen die Natur verschandeln. Deshalb sollte Abfall unbedingt wieder mitgenommen werden. Das Stehlen von Raubvogeleiern kommt leider immer noch vor, zumal betuchte Araber viel Geld für Falken- oder Bussardeier bezahlen. Wer andere bei diesem Verbrechen beobachtet, sollte sofort die Polizei verständigen.
▶ Für Wanderer: Es ist schon mehr als ein Urlauber an seiner eigenen Forschheit gescheitert. Die Wildnis Nordschwedens fordert gerade Männer heraus, sich zu beweisen, daß sie noch zu leisten vermögen, was unsere Vorfahren konnten: überleben inmitten einer rauhen Natur. Dabei vergessen wir allzu leicht, daß wir uns mit dem Schritt in die großen Naturparks in eine für uns

ungewohnte und fremde Lebenswelt begeben. Auf den markierten Wanderwegen kann wenig passieren. Allerdings muß man die Markierungen - kleine Steinhaufen - oft suchen. Aber wer eine Marke verfehlt oder wissentlich von den Pfaden abweicht, der bewegt sich dann in einer Landschaft, über deren Verhältnisse er sich im klaren sein sollte: Hier gibt es recht angriffslustige Greifvögel, Vielfraß und Bären, die allerdings selten zu einer Gefahr werden. Einöde über Hunderte von Quadratkilometern ohne jegliche menschliche Behausung wird zur Qual, wenn man bei einem Klettermanöver auf glattem Fels abrutscht (mit 20 kg auf dem Rücken schnell geschehen) und sich einen Fuß verstaucht oder bricht. Kommt man dann in tiefere Lagen, erreicht man größte Gefahrenzonen: Riesige Sumpfgebiete, in denen man mit jedem Schritt bis zu den Knien einsinkt und in denen einen der Mut verläßt, wenn späte Augusttage dichte Nebelfelder mit Dauerregen bringen, die sich tagelang nicht mehr auflösen. An diesem Punkt versteht man die Warnungen, die man auf den Hinweistafeln der Touriststation in Abisko lesen kann und die an die Nicht-Zurückgekehrten erinnern. Wenn sich unerwartete Schwierigkeiten mit unvorhersehbarem Ausgang auftun könnten, suche man am besten Schutz in einer Hütte oder kehre um. Zurückgehen ist immer besser, als in draufgängerischer Weise die Gefahr herauszufordern. Deshalb gilt: Wer hier oben Neuling ist, sollte nur auf gekennzeichneten Pfaden wandern, und querfeldein sowieso nie alleine. Bei Nebel nicht weitergehen und Vorsicht bei Pfadabzweigungen, denn sie sind oft schlecht erkennbar. Genau weitersuchen, auch wenn es Stunden dauern sollte.

Zeit

Schweden hat mitteleuropäische Zeit und Sommerzeit wie auch in Deutschland.

Zeitungen

In den Großstädten erhält man deutsche Zeitungen und Zeitschriften in "International - Press - Shops". Ansonsten bieten die Zeitschriftenabteilungen der Warenhäuser und die "Pressbyrås" eine kleine Auswahl. Meist findet man dort *Stern, Spiegel, Bunte* und ein paar Frauenzeitschriften sowie einige deutsche Fachzeitschriften. Das schwedische Zeitungswesen unterscheidet zwischen Morgen- und Abendzeitungen. In Schweden wird viel gelesen, wobei erstere anspruchsvoller, letztere als Blätter der Boulevardpresse aktueller sind. Landesweit sind *Aftonbladet* (sozialdemokratisch) und *Expressen* (liberal) führend. Bei den Tageszeitungen sind *DN* (liberal) und *SvD* (konservativ) die stärksten Auflagen, dann folgen lokale Blätter wie *GP*.

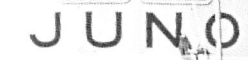

Reiseteil

Route 1
Helsingborg - Kalmar (ca. 470 km)

Route 1 führt durch die Landschaften *Skåne, Blekinge* und *Småland.* Die Eindrücke dabei sind sehr vielfältig.

Skåne ist eine der reizvollsten Landschaften Schwedens. Geologisch, landschaftlich, wirtschaftlich und kulturell unterscheidet sie sich von den anderen Provinzen. Am deutlichsten treten die Unterschiede zwischen Skåne und dem Rest des Landes bei einer Betrachtung der Landschaftsformen auf. Anstelle der uralten Granite des fennoskandischen Schilds wird der Aufbau hier von jüngeren Schichten bestimmt. Wer die Provinz z. B. auf der E 4 in Richtung Stockholm durchquert, wird das gängige Vorurteil zunächst bestätigt sehen, Skåne sei "flach, fruchtbar und langweilig" und sehe aus wie "Dänemark in Großformat". Doch gerade Schwedens südlichste Provinz ist wohl eine der landschaftlich abwechslungsreichsten, denn neben den weitläufigen Feldern und schmalen Waldparzellen weist diese Region auch vogelreiche Seen auf, und Höhenrücken, die sich bis zur Küste erstrecken und hier felsige Steilküsten neben flachen Sandstränden bilden. Sanfte Hügellandschaften mit Heidebewuchs ergänzen die Vielfalt. Wirtschaftlich dominiert die Landwirtschaft, die durch die Verbindung von fruchtbarem Boden und mildem Klima hohe Erträge bringt. Skåne ist die Getreidekammer Schwedens, und was wären die Freunde von Gebäck und Schokolade ohne den Zucker aus diesem Landesteil. Zuckerrüben aus Skåne decken den Gesamtbedarf Schwedens: 300.000 Tonnen pro Jahr. Überall sieht man Rübenfelder und große Fabriken, die aus einer einzigen Rübe 30 Stück Würfelzucker oder 250 ml Sirup machen. Um des ewig pfeifenden Windes Herr zu werden, legen die schonischen Bauern einen natürlichen Zaun aus hohen Bäumen um ihr freistehendes Gehöft. Oft zweigt eine Allee von der Hauptstraße ab und führt durch ein fast geschlossenes Blätterdach bis zum Hof. Mangel an Holz und Überfluß an Lehm haben schon früh dazu geführt, daß Steinbauten vorherrschen. Das stand auch ganz in der Tradition Dänemarks, als dessen "schönster Landesteil" Skåne während seiner Zugehörigkeit bis 1658 galt. Auch in den Städten Skånes verrät noch die Architektur den langen Einfluß der dänischen Bauweise: Klinkerbauten und Fachwerkhäuser mit gebrannten Ziegeln sind ansonsten in Schweden selten. Städte wie *Ystad* oder *Simrishamn* haben sich ihre dänisch geprägten Traditionen bewahren können.

Neben dem für Schweden so untypischen Landschaftscharakter und den dänisch beeinflußten Höfen und Siedlungen nimmt Skåne noch in einem weiteren Bereich eine Sonderstellung ein. Es ist Schwedens ältestes Kulturland. Das ist auch kein Wunder, wenn man sich die erdgeschichtliche Entwicklung nach der letzten Eiszeit vor Augen hält. Da das Land von Süden nach Norden hin eisfrei wurde, finden sich die ältesten Spuren menschlicher Zivilisation natürlich ganz im Süden.

Schwedens älteste Fundstätte ist der Siedlungsplatz *Segebro* bei Malmö, 11.000 Jahre alt und Dokument einer noch nicht seßhaften, vom Rentier abhängigen Jagdgesellschaft, die den Spuren des Großwilds in den warmen Sommermonaten des Jahres über die Landverbindung zwischen Deutschland und Dänemark nach Schweden folgte. Etwa ab 5.000 v. Chr. bildeten sich die Sunde zwischen Dänemark und Schweden. Skåne war nun endgültig vom Kontinent abgeschnitten. Der allgemeine Reichtum des Nordens während der Bronzezeit spiegelt sich in den Anlagen dieser Zeit besonders in Skåne wider, und daher ist es nicht verwunderlich, daß einige der grandiosen Monumente schwedischer Vorzeit im Skåne der Bronzezeit entstanden, wie das Schiff von *Kåseberga,* die Röse von *Kivik* oder die herrliche Bronzelure von *Gullåkra.* Nach der Umsiedlung der Urdänen aus ihrer ostgautischen Heimat in Schweden in das heutige Dänemark gehörte Skåne schon bald in den Einflußbereich der dänischen Stämme. Erst mit der Etablierung der Nationalstaaten vor der Jahrtausendwende begann eine 800 Jahre während dänisch-schwedische Rivalität, die mit den Kämpfen um Haithabu (nach 950 n. Chr.) begann und mit den Napoleonischen Kriegen endete. Als Grenzprovinz lag Skåne immer im Zentrum der Angriffe von beiden Seiten. 1658 gelang es den Schweden unter König Karl X. endgültig, Skåne sowie die Provinzen Halland, Blekinge und Bohuslän für sich zu erobern. Es war eine taktische Meisterleistung, als Feldmarschall Karl Gustav von Wrangel seine 12.000 Mann am 30.1.1658 über den zugefrorenen Kleinen Belt nach Fünen führte und von dort über das Eis nach Langeland, Lolland und Falster bis nach Seeland. Am 26. Februar des Jahres unter-

zeichnete Joachim Gerssdorff, der dänische Gesandte, den *Friedensvertrag von Roskilde,* den man als den teuersten der dänischen und bedeutungsvollsten der schwedischen Geschichte bezeichnen kann. Als man ihm den Stift in die Hände gab, seufzte er und zitierte Kaiser Nero: "Vellem nescire litteras" - "Ich wünschte, daß ich nicht schreiben könnte".

Zwischen 1672 und 1679 wurde die Landschaft von durchziehenden dänischen Truppen geplündert, gebrandschatzt und verwüstet. Vieles ging in diesen Jahren verloren. Doch erhalten blieben mehr als 300 mittelalterliche Kirchen, über 200 Schlösser und Herrenhäuser (ca. 30 offen für Besichtigungen), die vom ehemaligen Reichtum und der politischen Bedeutung dieser Landschaft zeugen. Bis weit ins 19. Jahrhundert hinein war Skåne dann vom wirtschaftlichen Niedergang betroffen. Die "Snapphanar" (Schnapphähne) wehrten sich gegen die neuen Machthaber. Sie wurden von königlichen Truppen gezielt bekämpft. Schonische Männer wurden verstärkt in das Heer einberufen. Erst der große Bodentausch ("Laga Skifte") nach 1827 brachte einen Aufschwung. Neben der Landwirtschaft ging es nun auch mit dem Fischfang wieder aufwärts, und so langsam etablierten sich einige Industriebetriebe. Heute machen besonders die vielen Vorzeitfunde und die enorme Zahl der Prachtbauten der Adligen des 16. und 17. Jahrhunderts inmitten einer abwechslungsreichen Natur diese Landschaft zum bevorzugten Urlaubsziel, auch wenn sehr viele Touristen einfach nur wegen der weiten, feinkörnigen Sandstrände hierher kommen.

Östlich von Kristianstad gelangt man auf Route 1 nach *Blekinge,* in den Garten Schwedens. Die Landschaft, die sich in einem schmalen

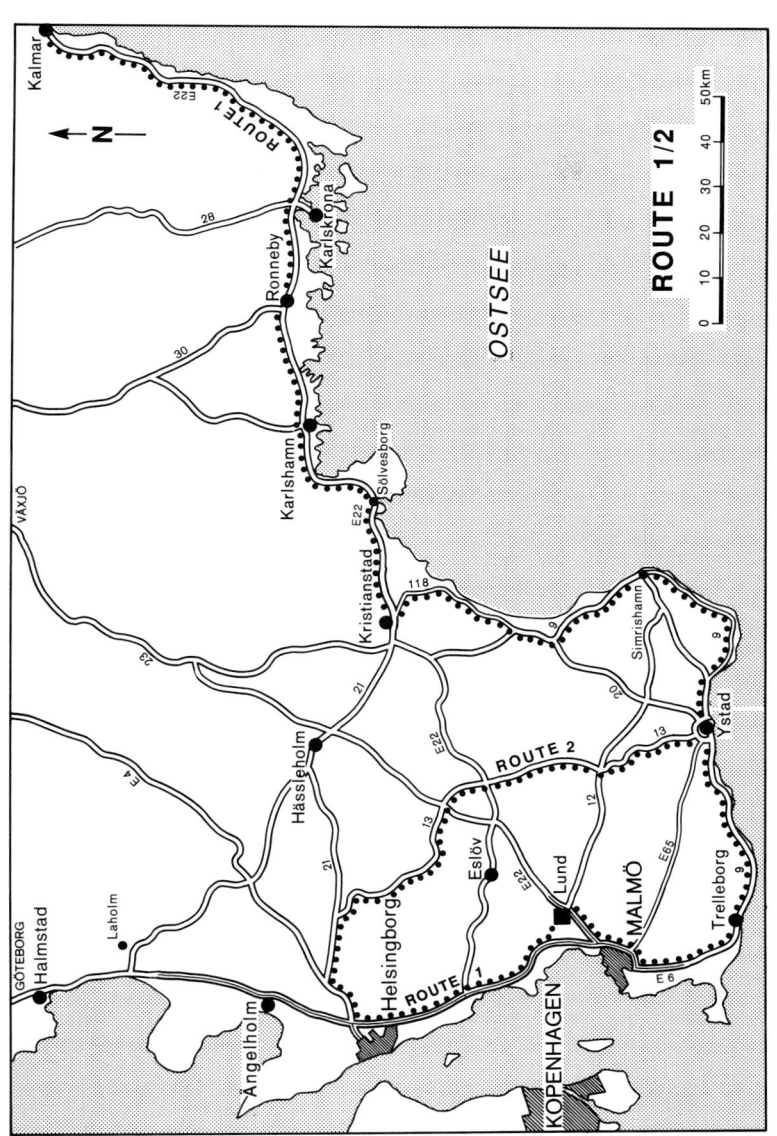

Streifen von *Sölvesborg* im Westen
bis nach *Brömsebro* im Osten erstreckt, läßt sich bequem in ein paar
Stunden mit dem Auto durchqueren.
Städte und Sehenswürdigkeiten liegen fast alle an der Küste. Das verwundert nicht, denn der Fischfang
stellte für Jahrhunderte die einzige
Erwerbsquelle dar. Im nördlichen
Teil der Provinz dominieren ausgedehnte Nadelwälder, die ein wenig
an Småland erinnern. Der südliche
Teil ist geprägt vom Kontrast zwischen dem Grundgebirge, das mit
großen Granitfelsen immer wieder
an die Oberfläche kommt, und einer
Moränenlandschaft, die mit dem Ende der letzten Eiszeit entstand. Die
Zahl der Vorzeitdenkmäler beweist,
daß die Menschen schon immer hier
nahe der Küste siedelten.

Blekinge ist keine ursprünglich
dänische Provinz wie Skåne. Auf einem Königstreffen im Jahr 1101 einigten sich Inge der Ältere und
Erik I. von Dänemark, daß die Provinz Dänemark zufallen sollte. In
den folgenden Jahrhunderten teilte
sie dann das Schicksal Skånes inso-
fern, als sie ständiger Zankapfel und
Konfliktherd im Grenzgebiet der beiden Mächte blieb. In ihrer Mentalität
sind die Blekinger aber immer schon
etwas schwedischer gewesen als
die Skåninger. Die Kriege des 16.
und 17. Jahrhunderts verwüsteten
Ronneby und andere Städte. 1658
fiel Blekinge wie Skåne endgültig an
Schweden. Im Zuge der Modernisie-
rung der schwedischen Flotte entstanden in der Folgezeit an der Küste neue, große Hafenanlagen mit
Karlskrona und *Karlshamn* an der
Spitze. Mit Beginn der schwedischen Auswanderung im 19. Jahrhundert in die Neue Welt nahmen
viele Emigranten nach Karlshamn,
wo sie die Schiffe nach Amerika be-
stiegen. Karlshamn blieb für sie das
letzte, was sie von ihrer Heimat sehen konnten.

Helsingborg
122.000 Einwohner

Die Vogelfluglinie bringt die Schwe-
denbesucher hierher, in die Handels-
und Industriestadt, die aufgrund der
Lage an der engsten Stelle des *Öresunds* (3,7 km nach Helsingör)
schon immer einen wichtigen Hafen
hatte. Touristen kommen hier in
großer Zahl an, bleiben aber selten
lange.

Zum ersten Mal wurde die Stadt
1075 bei Adam von Bremen erwähnt. Mit der Einführung des Öre-
sundzolls 1429 wuchs ihre Bedeutung, da sie mit ihren Befestigungen
gemeinsam mit Helsingör die Einfahrt in die Ostsee kontrollierte. Die
dänisch-schwedischen Kriege im
16. und 17. Jahrhundert führten
dazu, daß von der alten Bebauung
heutzutage nicht mehr viel übrig ist.

Sehenswürdigkeiten

Wer mit der Fähre von Dänemark
herüberkommt, sieht schon von
weitem den **Turm des Rathauses**
aus dem Jahr 1897, daneben die
Reiterstatue zu Ehren von Magnus
Stenbock, der den letzten dänischen
Versuch, Skåne zurückzugewinnen,
1710 zunichte machte. Das älteste
Gebäude der Stadt ist der **Kärnan**,
ein mittelalterlicher Steinturm, der
früher Teil der alten Stadtbefesti-
gung war. Einige Räume können besichtigt werden (geöffnet jeden Tag
10 - 14 Uhr, im Sommer 10 - 17
Uhr, Eintritt 10 SEK). Die Aussicht
von hier oben über den Sund nach
Dänemark ist sehr gut. Nur wenig
jünger als der Kärnan ist die gotische **Backsteinkirche St. Maria**, die
an der Stelle der alten Sandsteinkirche errichtet wurde. Zu erwähnen
sind hier vor allem die prächtige
Kanzel (1615) und die Glasfenster
von Einar Forseth. Für Kunstfreunde

wichtig ist **Vikingsbergs Konstmuseum** im Park (geöffnet Angang Mai bis Ende August Mo bis Sa 11 - 18 Uhr, So 12 - 18 Uhr, Eintritt 10 SEK). Nördlich des Marktplatzes gibt es noch ein paar alte Fachwerkhäuser, wie **Jakob Hansens Hus** mit dem Tycho-Brahe-Brunnen und **Henkelska Gården**.

Touristeninformation

Helsingborgs Turistbyrå, Rådhuset, 25221 Helsingborg, Tel. 042/ 12 03 10, geöffnet im Sommer Mo bis Fr 9 - 20 Uhr, Sa 9 - 17 Uhr.

Übernachten

Die Campingplätze Helsingborgs sind nicht unbedingt für einen Daueraufenthalt zu empfehlen.
▶ _Råå Vallar Camping_ ∗ ∗ ∗, Tel. 042/ 10 76 80, 5 km südlich von Helsingborg, auf Grasboden gelegen, gutes Freizeitangebot, aber stark frequentiert.
▶ _Villa Thalassa_, Dag Hammarskjölds väg, am Nordende der Stadt, Tel. 042/ 21 03 84, Bus Nr. 7 und 252 vom Zentrum, ein Vandrarhem mit 145 Betten in einer herrlichen, alten Villa.
▶ _Nyckelbo_, in Laröd, 7 km nördlich von Helsingborg, Skolvägen, Tel. 042/ 920 05, mit 28 Betten viel kleiner als Thalassa.
▶ _Scandic Hotel,_ Florettgatan 41, 5 km außerhalb direkt an der E 4 gelegen, Ausfahrt Helsingborg-Nord, Tel. 042/ 15 15 60. DZ 550 SEK mit Scheck.
▶ _SH-Hotel Helsingborg_, Stortorget 20, am Kärnan, Tel. 042/ 12 09 45, alter, charmanter Bau. DZ 650 SEK mit Bonuspaß.
▶ _Marina Plaza_, Kungstorget, direkt am Fährterminal, Tel. 042/ 19 21 00, völlig neues, schönes BW-Hotel.

▶ _Mollberg,_ Stortorget, Tel. 042/ 12 02 70, BW-Hotel im Jugendstil, mit großer Fassade, dieselben Preise wie Marina Plaza.
▶ _Grand Hotel,_ Stortorget, Tel. 042/ 12 01 70, ähnlich wie Mollberg, ein großes, stilvolles Haus aus der Zeit der Jugendstilwende mit geräumigen Zimmern. DZ 680 SEK.

Aber warum in der Stadt selbst übernachten, wenn auf der Kullenhalbinsel (→ Rund um Helsingborg) ein paar Geheimtips für Wohnen "wie Gott in Schweden" liegen.

Essen und Trinken

Auch hier führt eine kulinarische Reise zur Kullenhalbinsel (→ Rund um Helsingborg).
   In Helsingborg kann man gleich nach Ankunft des Fährschiffs in _Svarta Pannan_, Drottniggatan 9, Bekanntschaft mit guter schwedischer Hausmannskost zu vernünftigen Preisen machen.

Öffentliche Verkehrsmittel

Zug: 16 Züge tgl. sowohl nach Stockholm als auch in Richtung Süden nach Kopenhagen. Man bleibt auch auf den Fähren im Zug, die Waggons werden trajektiert, d. h. auf die Fähre gebracht. Ca. 15 Züge pro Tag nach Lund und Malmö. In Richtung Göteborg und Oslo acht bis zehn Züge am Tag, drei davon durchgehend.
Fähre: Vom neu gestalteten Bahn- und Fährterminal alle 20 Minuten Fähren nach Dänemark. Nach Oslo und Kopenhagen einmal am Tag mit Scandinavian Seaways (DFDS).
Flugzeug: Der Flugplatz liegt in Ängelholm, 35 km nördlich; von dort Busverbindung zum Bahncenter jede Viertelstunde, elf Flüge am Tag

nach Stockholm. Alternative hierzu
ist der Flugplatz Kastrup (Kopenhagen), zu erreichen von Helsingborg
mit Bus und Fähre.

Rund um Helsingborg

♦ Ramlösa brunn

Südöstlich von Helsingborg liegt
Ramlösa brunn, ein früherer Kurort
mit altem Hotel in Holzbauweise
und Villen aus dem 19. Jahrhundert. Heute kommt Schwedens
meistgetrunkenes Mineralwasser
von hier.

♦ Sofiero slott

Dieses Schloß, 5 km nördlich von
Helsingborg, wurde 1865 vom späteren König Oskar II. für seine Gattin Sofia von Nassau erbaut. Es
diente beiden als Sommerresidenz.
In diesem Sinne nutzte es auch König Gustav VI., der es 1905 als
Hochzeitsgeschenk erhielt. Er legte
prächtige Gärten an, die mitsamt
dem Gebäude selbst zu besichtigen
sind (geöffnet Anfang Mai bis Mitte
September tgl. 10 - 18 Uhr, Eintritt
15 SEK bzw. 7 SEK).

♦ Höganäs

Die kleine Industriestadt mit 23.000
Einwohnern, 20 km nördlich von
Helsingborg, lebte in der Vergangenheit vom Kohleabbau und später
von der Keramikherstellung. In einem ehemaligen Bergarbeiterviertel
gibt es ein *Museum*, in dem das
Bergmannsleben sowie die Technik
der Keramikherstellung dokumentiert ist. In *Höganäs keramik* kann
man preiswert schöne Keramikpro-
dukte unmittelbar vom Hersteller

kaufen. Ein Kuriosum ist die tausend
Töpfe große *Keramikpyramide*.

Tip: Im Jonstorpsvägen 16 liegt der
Tunneberga Gästgifvaregård, dessen Spezialität eingelegte Heringe in
allerlei Variation sind.

♦ Krapperups slott

Dieses Schloß liegt 10 km nördlich
von Höganäs an Straße 111. Es
wurde im 16. Jahrhundert erbaut
und erhielt 1790 sein heutiges Aussehen, das von einer Stilmischung
aus Renaissance, Barock und Rokoko gekennzeichnet ist. Nur der
Park kann besichtigt werden.

♦ Kullenhalbinsel

Mölle liegt 30 km nördlich von Helsingborg. Aus der alten Fischersiedlung auf der wunderschönen
Kullenhalbinsel wurde zur Jahrhundertwende ein recht mondäner Badeort, in dem nur noch einige der alten Holzvillen erhalten sind.

Bei Mölle liegt das Naturreservat
Kullaberg mit dem Håkull-Gipfel, der
187 m steil ins Meer empor-
ragt. Von hier oben hat man Sicht
auf die Steilküste, das Meer und das
botanisch artenreiche Inland der
Halbinsel. Im Reservat wechseln
Wiesen, Buschhaine, Laub- und Nadelwald, Heidekraut- und Sumpfgebiete auf engstem Raum. Auch seltene Gattungen sind vertreten. Das
Urgestein, das hier die Absenkung
der Erdoberfläche nicht mitmachte,
durchziehen Schluchten, Spalten
und Grotten, Folge von Bewegungen in der Erdkruste. Auf dem Gelände liegt auch das eiszeitliche
Grabfeld *Himmelstorp* mit Richterringen, Bautasteinen und Schiffssetzungen.

Auf der Ostseite der Halbinsel-
spitze beschwört das liebliche Fi-

scherdorf *Arild* die Romantik vergangener Tage.

Übernachten

▸ *Möllehässle Camping ****, Tel. 042/ 34 73 84, 2 km südlich von Mölle, auf Gras- und Waldgrundstück gelegen, mit Hütten und Pension.

▸ *Kullagårdens Värdshus*, in Mölle, Tel. 042/ 34 74 20, liegt mitten im Naturreservat Kullaberg. Hier scheint die Zeit stehengeblieben zu sein: Der efeubewachsene Hof aus dem 15. Jahrhundert ist mit nur 21 Betten recht klein. Er sei insbesondere Skåne-Begeisterten ans Herz gelegt, denn nichts ist typischer für diese Landschaft als Kullagårdens. Familie Dreilick, die den Hof zur Zeit betreibt, hat berühmte Vorgänger, und die Reihe der klangvollen Namen der Besucher ist Legion. Im 16. Jahrhundert bekam der berühmte Astronom Tycho Brahe das Haus als Lehen. Als Gegenleistung mußte er das Leuchtfeuer im Turm auf der Kullenspitze betreiben. Zu Gast waren hier Carl von Linné, Gustav VI. Adolf, Fredrik II. von Dänemark, und auch unser guter alter Kaiser Wilhelm weilte hier anno 1907.

▸ *Romantik-Hotel Rusthållargården*, in Arild, Tel. 042/ 34 65 30, ist ein anderes Schmuckstück. Mit Blick auf die Segelboote im Hafen und auf die bunten Fachwerkhäuser liegt das Romantik-Hotel aus dem Jahr 1675 geradezu ideal. Gemütlich, stilvoll und sehr persönlich. DZ 800 SEK mit Scheck.

Essen und Trinken

In den beiden genannten Hotels bietet man exzellente, aber nicht ganz billige Küche. Im kleinen Dorf Skäret ist *Rut på Skäret* "das" schonische Restaurant schlechthin. Der lange Fachwerkbau mit Natursteinwänden und niedrigen Räumen strahlt eine Wärme und Gemütlichkeit aus, die nur noch von der Friedlichkeit des Innenhofs übertroffen wird, in dessen Grün man an warmen Tagen sein Essen genießt. Und Genuß wird hier großgeschrieben; alles ist typisch schonisch: Heringe in raffinierter Zubereitung, Gemüse und frische Erdbeeren aus den heimischen Gärten. Mittleres Preisniveau.

♦ *Ängelholm*

Ängelholm, 26 km nördlich von Helsingborg, ist ein 33.000 Einwohner großes Kleinstädtchen mit engen Gassen und niedrigen Häusern. Mittelalterliche Zeugnisse fehlen, da die gesamte Siedlung 1516 verlegt wurde. Badeurlaubern sei Ängelholm empfohlen. Die Sandstrände sind weit, und das Wasser in der Skälderviken ist klar.

Touristeninformation

Ängelholms Turistbyrå, Gamla Rådhuset, Stortorget, 26232 Ängelholm, Tel. 0431/ 821 30, geöffnet im Sommer Mo bis Fr 9 - 19 Uhr, Sa 9 - 17 Uhr, So 13 - 17 Uhr.

Landskrona

36.000 Einwohner

Landskrona wurde schon bei seiner Gründung 1413 als Befestigung zum Schutz des Öresunds angelegt. Die Hauptanlage wurde erst 1549 von Christian III. errichtet. Die **Zitadelle** ist heute in Landskrona eine Sehenswürdigkeit ersten Ranges. Dieses Renaissanceschloß wurde mit starken Wällen, Graben und Kanonentürmen befestigt. Bis ins unser Jahrhundert mehrfach umgebaut, diente es vor allem als Frauengefängnis (geöffnet Anfang/ Mitte Juni bis Mitte/ Ende August tgl. 11 - 16 Uhr, Eintritt 20 SEK bzw. 10 SEK).

Die schöne **Sofia Albertina Kirche,** 1788 eingeweiht, wurde nach Plänen von Carl Hårleman errichtet. Er ließ auch die Kaserne bauen, die heute das **Landskrona Museum** beherbergt. In ihm sind Kunst, Volkstümliches und Fluggeräte ausgestellt.

Touristeninformation

Landskrona-Vens Touristbyrå, Rådhusgatan 3, 26131 Landskrona, Tel. 0418/ 169 80

Übernachten

► *Reso-Hotel Örenäs slott,* Tel. 0418/ 702 30, ein richtiges altes Schloß. Mit 700 bis 1.000 SEK pro Zimmer und Nacht ist man dabei! Es liegt inmitten einer Wiese unmittelbar am Meer.

► *Hotel Chaplin,* Östergatan 108, Tel. 0418/ 163 35, ein preiswertes, sehr charmantes Hotel mit 33 Zimmern.

Bootsverleih

GE-PE-Charter, Ingalundavägen 6, vermietet nur Segelboote ab 450 DM pro Woche.

Rund um Landskrona

◆ Ven

Ein regelmäßiger Fährverkehr führt von Landskrona nach Ven, zu der kleinen Insel im Öresund. Auch von Råå und Kopenhagen bestehen saisonale Verbindungen. Die Überfahrt von Landskrona dauert ca. 30 Minuten und kostet 60 SEK hin und zurück. Die Schiffe verkehren im Stundenrhythmus. Von Råå gehen immerhin noch fünf, von Kopenha-

gen drei Schiffe täglich. Um die friedliche Atmosphäre auf dem lieblichen Eiland genießen zu können, sollte man nicht am Wochenende hierher kommen.

Untrennbar mit der Insel verbunden ist der Name des großen Astronomen Tycho Brahe, der von 1576 bis 1596 hier lebte. Danach ging er nach Prag an den Hof Kaiser Rudolfs II. Von *Uranienborg,* Brahes Schloß, sind nur noch Ruinen erhalten. Der umliegende Garten allerdings wurde kürzlich rekonstruiert, ebenso das unterirdische Observatorium *Stjärneborg.* Ein *Museum* hat man beim Schloß eingerichtet. Nach Brahes Abzug von der Insel zerstörten die Bauern das Schloß, da der Lehnsherr ihnen verhaßt gewesen war. Im Westen der Insel liegt die *Kirche St. Ibb* aus dem 12. Jahrhundert. Die Kirche im Inselinnern ist jüngeren Datums.

Ven war im Jahr 1.000 Schauplatz einer Seeschlacht von historischer Bedeutung. Die Schiffe und Truppen des dänischen Königs Sven Gabelbart, des Schwedenskönigs Olof Skötkonung und des norwegischen Jarls Erik fochten gemeinsam und besiegten das Heer des norwegischen Königs Olaf Tryggvasson, jenes, der Norwegen fünf Jahre zuvor christianisiert hatte. Vom isländischen Gelehrten Snorri Sturluson erfahren wir, welche Bedeutung diese Schlacht hatte. Als nämlich in der Stunde der Niederlage der Bogen von Tryggvassons Gefährten Einar zersprang, fragte der König, was da gesprungen sei. Einars Antwort lautete: "Norwegen aus Deinen Händen, mein König".

Gillhög

Diese Grabanlage ist ein Anhalten wert. Sie ist über die Straße nach Löddeköpinge zu erreichen, wo man bei Barsebäck nach Westen von der E 6 abzweigt und dann noch 2 km weiterfährt.

Gillhög ist Skånes größtes Ganggrab aus der Endphase des Jungsteinzeit. Es liefert aufschlußreiche Hinweise auf das Zusammenleben der beiden großen Kulturen in dieser bewegten Phase der nordischen Vorzeit. Die älteren Ganggräber sind Sippengräber der alten Megalithkultur, die uns in diesem Teil Schwedens in Gestalt der Trichterbecherleute begegnet. Im Inneren der Kammer fand man auch Keramik aus diesem Kulturkreis. Nachdem die Kammer belegt war, benutzten die Streitaxtleute den Gang des Grabs für spätere Bestattungen, ein gutes Beispiel von kulturellen Überschneidungen. Außerhalb des großen Grabs gab es früher noch zwei jüngere "Hällkistor", in denen die die Streitaxtleute ihre Toten begruben. Ihre Gräber waren Einzelgräber. Wo sie sich aber mit den Megalithleuten vermischt hatten, legten sie noch teilweise Familiengräber an. Das Grab ist begehbar. Man zwängt sich durch einen langen Gang in die 5 m lange Grabkammer.

Lund

86.000 Einwohner

Ein wenig östlich von Route 1 liegt Lund, neben Uppsala die große, alte Studentenstadt. Es ist gleichsam das Heidelberg Schwedens. Mit ihren Gassen und Kneipen, überragt vom Dom, wirkt sie dänisch, was durchaus als Kompliment zu verstehen ist.

Geschichte

Der dänische König Knut I. der Große regierte zwischen 1018 und 1035 ein großskandinavisches Reich, zu dem zeitweilig außer Dänemark und Norwegen auch Schweden, Finnland und England gehörten. An der Stelle des heutigen Lund gründete er eine Münze, die bald Händler und Handwerker anzog. Es entstand eine schnellwachsende Siedlung, die 1060 Bischofssitz unter dem Erzstift Hamburg-Bremen wurde. 1104 erhielt dann Dänemark sein eigenes Erzstift, und Lund wuchs zum geistigen Zentrum des ganzen Nordens heran. Neben dem erzbischöflichen Dom, Skandinaviens wichtigstem sakralem Bauwerk, existierten zu Beginn des 14. Jahrhunderts in der Stadt weitere 23 Kirchen und 7 Klöster. Die romanische Domkirche, eine dreischiffige Basilika, konnte nach sechzigjähriger Bauzeit schon 1145 vom Erzbischof Eskil eingeweiht werden. Sie verfiel, wie fast alle anderen Kirchenbauten der Stadt, nach der Reformation und wurde erst Ende des letzten Jahrhunderts gründlich umgebaut und restauriert.

Alles in allem ist die Zahl der erhaltenen kirchlichen und weltlichen Bauten aus der Zeit vor der schwedischen Übernahme Skånes relativ gering. Die Kriege haben vieles zerstört. Und man sollte auch nicht verschweigen, daß die Reformation den Verfall der Stadt einleitete. Mit der Übernahme durch die Schweden wurde er besiegelt. Lund verarmte zusehends. Daran konnte auch die Gründung der Universität 1666 nur wenig ändern.

Sehenswürdigkeiten

Die ältesten, völlig romanischen Teile des **Doms** sind die unverändert gebliebene *Apsis* und das *Südportal* mit bebildertem Tympanon. Besonders an der Ostseite kommt die gan-

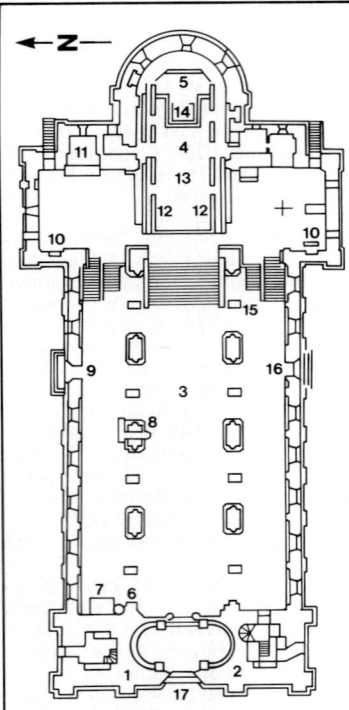

LUND-DOM

1 Nordturm
2 Südturm
3 Langhaus
4 Chor
5 Apsis
6 Säulenbasis v. Adam von Düren
7 Astronomische Uhr
8 Kanzel
9 Nordportal:
   David und der Löwenkampf
10 Baldachine
11 Taufstein
12 Chorgestühl
13 Hl. Laurentius
14 Hochaltar
15 Treppe zur Krypta
16 Südportal mit Lamm
17 Westportal mit Bronzereliefs

ze Schönheit der romanischen Schwere zum Tragen. Die Ausstattung im Inneren ist kunstvoll. Das *Chorgestühl* aus Eichenholz ist eines der schönsten überhaupt. Es stammt aus dem 14. Jahrhundert. Die *Kanzel* (1592) ist aus Kalkstein, Sandstein, Alabaster und Marmor gearbeitet. Hinter dem Altar steht ein hölzerner, reich ornamentierter *Schrein* aus dem 14. Jahrhundert. Das Dach der *Krypta* (1123) wird von Kolonnen getragen, die mit Skulpturen besetzt sind. Eine davon könnte eventuell den Riesen Finn darstellen, der der Sage nach die Kirche für den heiligen *Laurentius* geschaffen hat. Die gesamte Krypta hat allen Umbauten widerstanden. Sie präsentiert sich in typischer Ausprägung des 12. Jahrhunderts. Neben dem Westportal gibt es ein weiteres Kunstwerk aus dem Mittelalter, eine *astronomische Uhr*, die zweimal am Tag um 12 und 15 Uhr einige Figuren agieren läßt. Die Orgel spielt dazu "In dulci jubilo"!

Nur eine weitere mittelalterliche Kirche blieb in Lund erhalten, die **Kirche des Klosters St. Peter**, das Bischof Eskil 1145 gründete. Das noch ursprüngliche Backsteingebäude geht auf das 14. Jahrhundert zurück. Es besitzt eine schöne *Petrusstatue* und einen alten *Flügelaltar* (15. Jh.), die beide 1931 aus Deutschland erworben wurden.

Außer dem Dom blieben nur wenige Gebäude aus der Zeit vor der Reformation erhalten: die **Bücherei** (Liberiet), auch Laurentiikapelle genannt, ein Backsteinbau aus dem 15. Jahrhundert direkt neben dem Dom, außerdem zwei weitere dieser Steinhäuser, "Stäket" genannt, die heute ein Restaurant beherbergen. Im **Karl XII. Haus** aus dem 16. Jahrhundert wohnte der schwedische König 1716. Ein schönes weltliches Baudenkmal ist **Krognoshuset** am Martinsplatz, das heute für Aus-

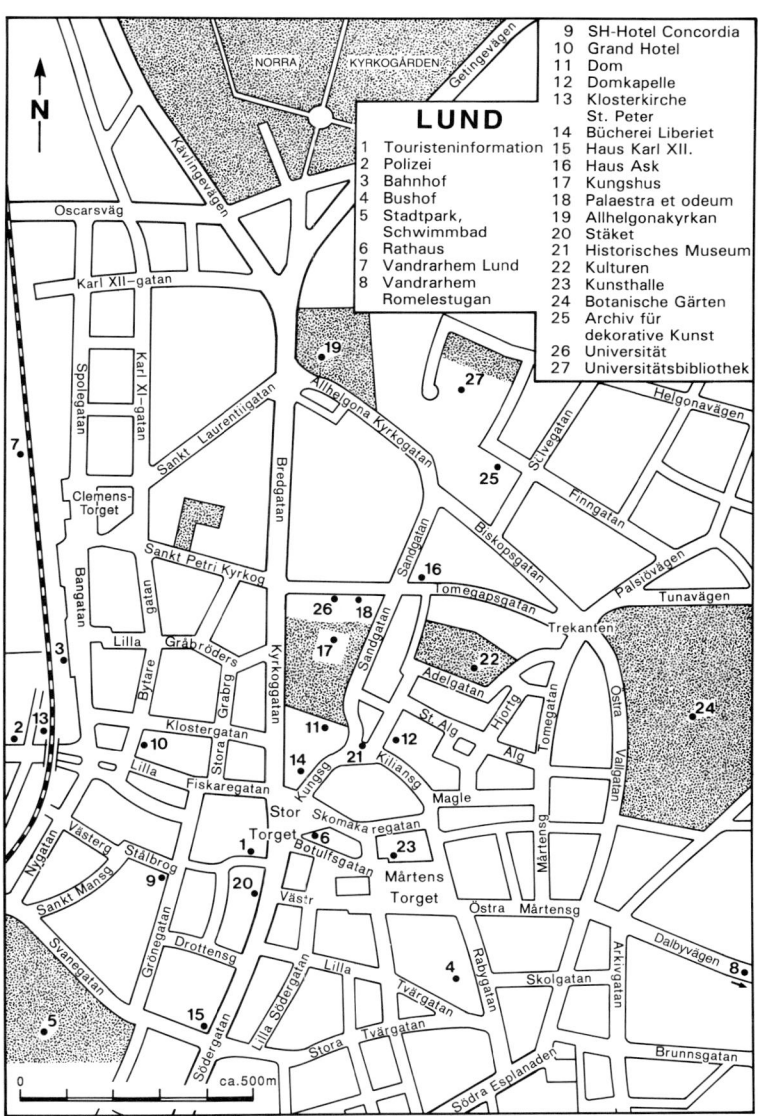

LUND

1 Touristeninformation
2 Polizei
3 Bahnhof
4 Bushof
5 Stadtpark, Schwimmbad
6 Rathaus
7 Vandrarhem Lund
8 Vandrarhem Romelestugan
9 SH-Hotel Concordia
10 Grand Hotel
11 Dom
12 Domkapelle
13 Klosterkirche St. Peter
14 Bücherei Liberiet
15 Haus Karl XII.
16 Haus Ask
17 Kungshus
18 Palaestra et odeum
19 Allhelgonakyrkan
20 Stäket
21 Historisches Museum
22 Kulturen
23 Kunsthalle
24 Botanische Gärten
25 Archiv für dekorative Kunst
26 Universität
27 Universitätsbibliothek

stellungen genutzt wird. Das älteste Backsteinbauwerk geht auf das 13. Jahrhundert zurück. Es steht in der Kiliansgatan Nr. 13.

Die über die ganze Stadt verstreuten Gebäude der Universität stammen wie das Hauptgebäude aus dem 19. Jahrhundert Dieses ließ Helgo Zettervall zwischen 1878 und 1882 erbauen. Zettervalls Hand spürt man allerorten. Er baute auch das **Haus Ask** (1885) in der Sandgatan, restaurierte das von Carl Hårleman 1749 angelegte **Kungshus** in der Lundagatan nördlich des Doms und das **Palaestra et Odeum** am Universitätsplatz (nach einem Brand 1979 wieder aufgebaut) und neben vielem anderen auch die **Allerheiligenkirche** (Allhelgonakyrkan), zwischen 1885 und 1891 errichtet. Zur Zeit seines Schaffens in Lund zwischen 1870 und 1890 ging es mit der Stadt baulich aufwärts. Langsam etablierte sie sich neben Malmö und Helsingborg wieder als Zentrum der Provinz Skåne, wobei bis heute vor allem die Universität eine große Rolle spielt. Über der Stadt liegt die Aura des Humanismus und der wissenschaftlichen Bildung, vor allem am Universitätsplatz spürbar.

Lund hat zwei Museen, die zu Schwedens besten zählen. Das **Historische Museum**, Krafts Torg 1 (geöffnet Di bis Fr 11 - 13 Uhr, Eintritt 5 SEK) und das **Kulturhistorische Museum** (Kulturen) am Tegnersplatsen mit alten Gebäuden und ethnologischen Sammlungen (geöffnet Oktober bis April 12 - 16 Uhr, Do bis 21 Uhr, Eintritt 25 SEK bzw. 15 SEK).

Sehenswert sind auch die **Kunsthalle** am Mårtenstorget, die hundert Jahre alten **Fachwerkhäuser** am Petriplatz, die **Botanischen Gärten**, Östra Vallgatan 20, und das **Archiv für dekorative Kunst** in der Finngatan 2. Die **Universitätsbibliothek** im Helgonabacken zählt zu Schwedens

größten. Sie umfaßt ca. 3,5 Millionen Bände. Der berühmteste Professor der Universität war der Schöpfer der "Frithjofssaga", Esaias Tegnér, der selbst hier studierte. In der Mitte des Tegnerplatzes steht seine Statue.

Touristeninformation

Lunds Turistbyrå, Kyrkogatan 11, 22100 Lund, Tel. 046/ 35 55 40

Übernachten

▸ *Vandrarhem,* mitten in der Stadt, nahe am Bahnhof gelegen, Tel. 046/ 14 28 20, "Tåget", was "Zug" heißt, ist wieder ein Kuriosum, denn das Vandrarhem wird aus alten Eisenbahnwagen gebildet. In einem gibt es die Rezeption, Toiletten und Frühstücksraum, in den anderen drei die Schlafabteile.
▸ *SH-Hotel Concordia,* Stålbrogatan 1, mitten in der City, Tel. 046/ 13 50 50, ist ein kleines, angenehmes Haus. DZ 640 SEK mit Bonuspaß.
▸ *Grand Hotel,* Bantorget 1, Tel. 046/ 11 70 10, ist eines von den beiden BW-Hotels, das empfehlenswert ist, mit großen stilvoll eingerichteten Räumen. DZ 720 SEK mit Schecks.

Öffentliche Verkehrsmittel

Ca. 15 Züge pro Tag nach Malmö und Helsingborg, 8 Züge am Tag nach Stockholm.

Rund um Lund

♦ Gårdstånga kyrka

Diese Kirche liegt 12 km nordöstlich von Lund an Straße 104. Sie stammt aus dem 12. Jahrhundert und war ursprünglich romanisch. Jedoch erhielt sie im 17. Jahrhundert mit ihren Eichenholzinventarien und der Kanzel ein typisches Renaissancegepräge.

♦ *Flyinge*

Dieser kleine Ort in Skåne, 14 km nordöstlich von Lund, ist für Pferdeliebhaber ein klangvollerer Name als Gripsholm oder gar die Hauptstadt. Denn Flyinge ist auch so eine Art Hauptstadt, und zwar die der schwedischen Pferdezucht. Die Tradition reicht bis ins 12. Jahrhundert. Seither weiden auf den saftigen Wiesen die besten Pferde des Nordens. Das Gestüt befand sich ehemals in Besitz der Bischöfe von Lund, die hier Pferde für ihre Leibgarde abrichten ließen. Dann machte das Gestüt Geschichte, denn einer der ersten Befehle, den Karl X. im Jahr 1658 nach der Übernahme Skånes durch die Schweden gab, lautete, unverzüglich 77 Hengste und 45 Stuten nach Stockholm bringen zu lassen und den Hof mit größter Sorgfalt fortzuführen. 1853 wurden die neuen herrschaftlichen Anlagen nach Plänen von Frederik Blom, dem Erbauer z. B. der Skeppsholmens Kirche in Stockholm, errichtet. Der Adel ging hier ein und aus. Berühmte Pferde und Ausbilder geben ihr Bestes für die Aufzucht und Dressur von erfolgreichen Spring- und Dressurpferden: "Barbhanga", der 1942 aus dem Stall Aga Khans erworben wurde, der Wunderhengst "Carnousti" oder auch "Piaf", mit der Liselotte Linsenhoff bei den Olympischen Spielen 1972 in München Gold in der Dressur holte, stammen von hier. Das Gestüt kann besichtigt werden, und während der Flyingetage im Juli treffen sich hier Pferdeliebhaber aus ganz Skandinavien.

♦ *Dalby*

In diesem Ort, 11 km östlich von Lund an Straße 16, steht Skandinaviens älteste *Steinkirche*. Sie wurde 1060 als Dom des Stifts Dalby errichtet. Skåne war zu jener Zeit in die Stifte Lund und Dalby geteilt. Vom ältesten Bau sind noch das Mittelschiff und das südliche Seitenschiff erhalten. Der Taufstein stammt aus dem 12., die Gewölbemalereien aus dem 13. und das Chorgestühl aus dem 14. Jahrhundert. Als Dalby und Lund zu einem Stift zusammengeschlossen wurden, gliederte man die Kirche dem Augustinerkloster an, das selbst nur noch in Resten erhalten ist (Dalby Kungsgård). 2 km nordwestlich der Kirche liegt *Dalby Söderskog,* ein 37 ha großer Nationalpark, dessen reichhaltigen Laubwaldbestand man unter Naturschutz gestellt hat. Im Frühling blühen hier Anemonen, Schlüsselblumen und viele andere Pflanzen.

Übernachten

▶ *Vandrarhem Romelestugan,* 4 km südöstlich von Dalby, Tel. 046/ 550 73, hoch gelegen, ein paar flache Holzbauten mit nur 24 Betten.

♦ *Hällestad kyrka*

Diese Kirche liegt 17 km östlich von Lund. Wer dorthin will, muß bei Dalby von der Straße 16 abfahren. Die mittelalterliche Landkirche wurde im 15. Jahrhundert vom Vittskövle-Meister, der in vielen Kirchen Skånes arbeitete, mit schönen Gewölbemalereien versehen. Benachbart sind drei *Runensteine* aus der Wikingzeit. Sie berichten von einem Feldzug gegen die Svear im Mälarengebiet. Ein gewisser Toki kämpfte dabei ebenso tapfer wie seine Gefährten, aber sie fielen. Ihr Mut wurde durch die Inschriften auf den Steinen verewigt.

Auch in *Sjörup*, 13 km östlich von Ystad, gibt es einen Runenstein, der vom Tod dieser Männer im Svearreich berichtet. Sie waren wohl Gefolgsleute von Styrbjörn Starke und fielen in der Schlacht von Fyrisvall.

Malmö

232.000 Einwohner

Schwedens drittgrößte Stadt wäre richtig schön, wenn zwischen den erhaltenen historischen Bauten nicht so viele häßliche Auswüchse des Industriezeitalters liegen würden - aber gut, davon ist kaum eine Stadt dieser Größe verschont geblieben.

Für viele Urlauber ist Malmö die erste große schwedische Stadt, die sie zu sehen bekommen. Manch einer ist ein wenig enttäuscht, denn so richtig schwedisch ist das alles hier noch nicht. Kein Wunder, bei der Vergangenheit!

Geschichte

Malmö geht auf eine mittelalterliche Siedlung aus dem 12. Jahrhundert zurück, die sich zur Zeit der Hanse rasch zu einer bedeutenden Fischerei-, Handels- und Hafenstadt entwickelte. Im 16. Jahrhundert war Malmö nach Kopenhagen Dänemarks zweitgrößte Stadt. Ebenso wie mit Lund ging es dann auch mit Malmö nach dem Anschluß an Schweden bergab. Seit dem letzten Jahrhundert läßt sich aber wieder eine stetige Aufwärtsentwicklung erkennen, die ihre Gründe vor allem im Ausbau des Hafens hat, der Malmö zu einem bedeutenden Umschlagplatz für Güter aus aller Welt macht.

Sehenswürdigkeiten

Malmös Hauptsehenswürdigkeit ist die mächtige Festung **Malmöhus**, die Kristian III. zwischen 1536 und 1542 bauen ließ. Sie diente ihm zur Verstärkung seiner Kontrolle über den Öresund wie auch über die wichtigste Ausfallstraße der Stadt in das Landesinnere. Nach Bränden und teilweisem Verfall wurde die Anlage mit ihren Wällen und Gräben Anfang dieses Jahrhunderts restauriert. Im Inneren beherbergt sie eine Reihe höchst interessanter Museen: **Stadtmuseum, Kunstmuseum, Naturhistorisches Museum** und **Aquarium**. Im Skovgaardssaalen steht die älteste Orgel der Welt, die sogar noch bespielbar ist (Festungsanlage geöffnet Di bis So 12 - 16 Uhr, im Juni bis August auch Mo 12 - 16 Uhr, Eintritt 40 SEK bzw. 15 SEK).

Am Malmöhusvägen liegen auch das **Technische Museum** mit Flugzeugen, Autos und anderen Mobilen, das **Seefahrtsmuseum** wie auch das **Kommandantenhaus** mit militärgeschichtlichen Sammlungen.

Über Slottsbron und die Västergatan erreicht man das moderne Zentrum der Stadt am großen Stortorget und Lilla torg. Sehenswert sind das **Rathaus** aus dem Jahr 1546, der Backsteinbau **Kocks Gård** (benannt nach einem erfolgreichen Bürgermeister im 16. Jh.), die **Statue Karls X.** und die im Jahr 1728 aus zwei Gebäuden zusammengefügte **Residenz des Landeshauptmanns**. In den Straßen südlich des großen Platzes und am Lilla torg sowie in der Östergatan und Norra Vallgatan gibt es noch eine Reihe von Renaissance- und Fachwerkhäusern aus dem 16. Jahrhundert: **Dringenbergska Gården** in der Norra Vallgatan, ein fünfhundert Jahre altes Gebäude mit bemalten Teilen von vier Häusern, und **Rosenvingehuset** in der Västergatan aus dem Jahr

1534, **Diedenska gården** in der Östergatan aus dem Jahr 1620 und das daneben liegende älteste Fachwerkhaus der Stadt, **Thottska huset** (1558). Das **Flensburgska Huset** in der Södergatan (Ecke Skomakargatan) ist ein schöner Bau im niederländischen Renaissance aus dem Jahr 1595. Aus der Zeit des 18. und 19. Jahrhunderts stammen die Backstein- und Fachwerkhäuser am Lilla torg und der Tegelgårdsgatan.

Es wurde der etwas unschwedische Charakter der Stadt betont. Wer bereits hier eine Facette des "typischen" Schweden erleben möchte, der sollte sich ins **Form Design Center** am Lilla torg begeben. Permanente Ausstellungen von Möbeln, Glas und anderem, was das Land in der Welt berühmt gemacht hat, sind schon weitaus eher schwedisch als dänisch im Stil. Damit soll freilich nicht bestritten werden, daß die Dänen nicht etwa auch

gute Designer hätten.

Vom Lilla torg führt der Rundgang wieder zum Stortorget und weiter durch die Kompanigatan zur **St. Petri Kirche**, dem Kernpunkt des alten Malmö. Sie ist das älteste erhaltene Gebäude in der Stadt, das seine Ähnlichkeiten zu anderen hanseatischen Bauwerken, vor allem in Lübeck, nicht verleugnen kann. Baubeginn war das frühe 14. Jahrhundert. Das dreischiffige Langhaus der Backsteinbasilika und das Querschiff waren schon zu Beginn des 15. Jahrhunderts fertiggestellt. Der Turm stand 1420. Leider ist von der gesamten mittelalterlichen Ausstattung nichts erhalten. Im Gegensatz zu Schwedens reich ausgestatteten Landkirchen wurde diese große Stadtkirche während der Reformation Opfer der Bilderstürmer, der Ikonoklasten. Sie stammten meist aus der Schicht der Kaufleute und Handwerker, die sich von Adel und

Rathaus von Malmö

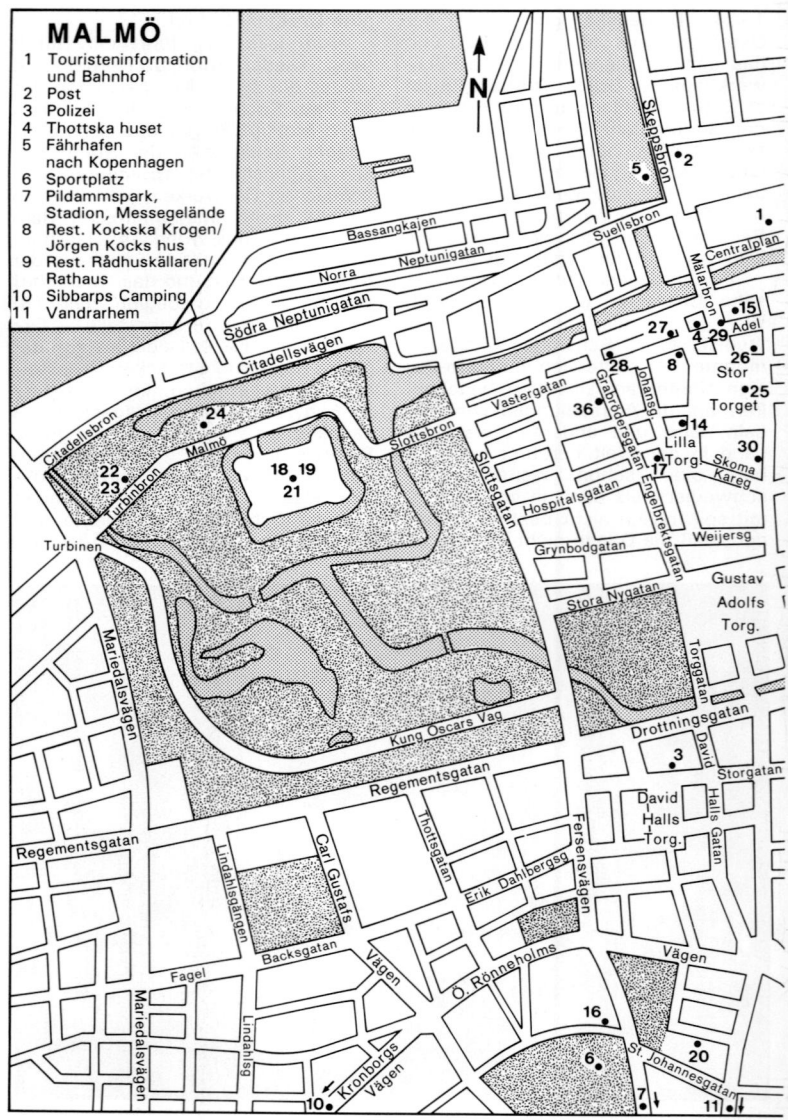

12	Scandic Crown Hotel	19	Stadtmuseum
13	Radisson-SAS Royal Hotel	20	Kunstmuseum
14	City Hotel Anglais	21	Naturhistorisches Museum/ Aquarium
15	Savoy Hotel	22	Technisches Museum
16	Stadttheater	23	Seefahrtsmuseum
17	Form Design Center	24	Kommandantenhaus
18	Malmöhus, Festung mit Museum	25	Statue Karls X.

26	Residenz des Landeshauptmanns
27	Dringenbergska gården
28	Rosenvingehuset
29	Diedenska gården
30	Flensburgska huset
31	Backstein- und Fachwerkhäuser
32	St. Petri Kirche
33	Caroli Kyrka
34	St. Pauli Kyrka
35	St. Johannes Kyrka
36	Hotel Mäster Johan
37	Einkaufszentrum Hansacompagniet

0   100   200   300   400   500m

Klerus unterdrückt fühlten und mit der Reformation sympathisierten. Kanzel, Taufsteine und Altaraufsatz sind aus dem frühen 17. Jahrhundert. Die alten Deckenmalereien konnten nur in der Taufkapelle (ehem. Georgskapelle) gerettet werden, da sie für weltliche Zwecke genutzt wurde. Erkennbar sind der hl. *Georg* mit dem Drachen und das Jüngste Gericht.
Weiter geht es durch die Östergatan. Etwa zwanzig Häuser aus dem 16. bis 19. Jahrhundert wurden hier so stilecht wiederhergestellt, daß das Viertel, "St. Gertrud" genannt, 1979 den Europa-Preis für die beste Restaurierung erhielt. Gegenüber der St. Gertrudsgatan liegt noch an der Östergatan die sehenswerte **Carolikirche**. Sie wurde in den achtziger Jahren des letzten Jahrhunderts nach Plänen des bekannten Architekten Emil Langlet errichtet. Von ihm stammt auch die **St. Pauli Kirche** in der Kungsgatan, 2 km südöstlich des Stortorgets. Langlet führte an ihr seine Vorstellungen eines hellen, offenen Zentralbaus aus. Ebenfalls außerhalb in Södra Förstaden (3 km südlich der City) liegt in der St. Johannesgatan die **St. Johanneskirche**, ein Jugendstilbau (1903 - 1906) aus rotem Sandstein. Der majestätische Charakter des massiven Bauwerks wird im Inneren durch die Höhe des reich verzierten Saals unterstrichen.

Touristeninformation

Malmö Turistbyrå, Hamngatan 1, Centralstation, Skeppsbron, 21120 Malmö, Tel. 040/ 30 01 50, geöffnet Mo bis Fr 9 - 17 Uhr, Sa 9 - 13 Uhr, im Sommer tgl. 9 - 17 Uhr.

Übernachten

▸ *Sibbarps Camping* ***, in Limhamn, 5 km südlich von Malmö,

Tel. 040/ 15 51 65, ein riesengroßes Terrain mit 1.000 Plätzen, dennoch ganz ansprechend.
▸ *Vandrarhem,* Backavägen 18, südlich des Zentrums, Tel. 040/ 822 20, 174 Betten auf drei Etagen, meist in Vier- bis Sechsbettzimmern.

Hinweis: Im Sommer 1995 öffnen weitere Jugendherbergen. Informationen darüber gibt es bei der Touristeninformation.

Gute Hotels gibt es reichlich:
▸ *Scandic-Hotel Crown*, Amiralsgatan 19, direkt im Zentrum, Tel. 040/ 10 07 30. DZ 675 SEK mit Scheck und Crown-Zuschlag.
▸ *Scandic-Hotel*, in Segevång, Tel. 040/ 18 01 20. DZ 550 SEK mit Scheck.

Die folgenden Hotels bieten weit Schöneres für etwa das gleiche Geld:
▸ *City Hotel Anglais*, sehr schön am Stortorget gelegen, Tel. 040/ 714 50, ein Großbau im holländischen Barock mit schöner Fassade.
▸ *BW-Hotel Savoy,* am Bahnhof, Tel. 040/ 702 30, ein traditionsreiches Haus mit geräumigen Zimmern und gutem Restaurant. DZ 720 SEK mit BW-Schecks.
▸ *SAS-Radisson Hotel,* Östergatan 10, Tel. 040/ 23 92 00, hat Zimmer in vier Stilarten: skandinavisch, orientalisch, italienisch und Suiten. DZ ab 700 SEK.
▸ *Hotel Mäster Johan,* Mäster Johansgatan 13, Tel. 040/ 715 60, ein kleines Hotel (16 Zimmer) für Individualisten. DZ ab 800 SEK.

Essen und Trinken

Hollandia, Södra Förstadsgatan 8, ist ein gemütliches Café. Wer Malmö als eine der ersten Städte seines Schwedenurlaubs besucht, kann hier gleich die gute schwedische Backkunst kennenlernen.

Gute, aber auch teure Restaurants sind *Kockska Krogen*, ein De Luxe Restaurant im altem Backsteingewölbe (kulinarisch und mit hohem Preisniveau), *Rådhuskälleren*, Stortorget; *Sturehof*, Adelsgatan 13, mit empfehlenswerten Fischspezialitäten, und *Hipp*, Kalendegatan 12, ein Restaurant der Gourmet-Klasse.

Einkaufen

Flohmarkt findet an den folgenden Plätzen zwei- bis dreimal pro Woche zwischen 9 und 16 Uhr statt: Drottningtorget, Stortorget und Södra Promenaden. Da die Wochentage, an denen Flohmarkt ist, wechseln, sollte man nähere Auskunft bei der Touristeninformation einholen.

In der Stora Nygatan 50 liegen die Einkaufspassagen der *Hansacompagniet*.

Im *Naturcompagniet*, Östergatan 26, erhält man alles für Sport und Freizeit, wie Zelte, Schlafsäcke, Kocher, Kleidung und all das, was man sonst noch für einen Outdoor-Urlaub in Schweden braucht, besonders der Marke "Fjällräven".

Parks

Kungsparken und *Slottsparken* im Anschluß an das Schloß mit Skulpturen, altem Baumbestand und Teichen; *Pildammsparken* mit einer reichhaltigen Flora und vielen Vögeln; die Kaskaden der neuen Fontänen erreichen eine Höhe von 25 m. Abends gibt es hier im Sommer alle halbe Stunde Licht- und Wasserspiele.

Organisierte Ausflüge

Kanal- und Hafenrundfahrt gibt es von Mai bis August täglich jede volle Stunde zwischen 11 und 16 Uhr ab Kaiplatz "Bahnhof" (Erwachsene 60 SEK, Kinder 35 SEK).

Vom Touristenbüro aus werden im Sommer ein- bis zweimal täglich Busstadtrundfahrten angeboten.

Nützliche Adressen und Telefonnummern

Apotheke: Lejonet, Stortorget 8, Mo bis Fr 9 - 18, Sa 9 bis 14 Uhr und Gripen, Berksgatan 48 (Nachtdienst)
Arzt: Mo bis Fr 10 - 24 Uhr unter Tel. 33 35 00
Bibliothek: Regementsgatan 3 (deutsche Zeitungen), Mo bis Fr 9 - 19 Uhr, Sa 10 - 15, So 13 - 17 Uhr
Polizei: Polishuset, Porslinsgatan 6
Post: Skeppsbron 1

Öffentliche Verkehrsmittel

Zug: Ca. 15 Züge tgl. nach Helsingborg, die Nr. 80 nach Stockholm 8mal tgl. durchgehend.
Fähre: Vom Hafen *Limhamn,* südlich der Stadt mit Busanbindung zum Hauptbahnhof alle 30 Min., 12mal tgl. Autofähren nach Dragör bzw. Kopenhagen. Fähren, Schnellboote und Privatlinien jede Stunde nach Kopenhagen (nur Passagiere).
Flugzeug: 14mal tgl. nach Stockholm, Flüge von Deutschland nur bis Kopenhagen, von dort aber per Hovercraft sofort weiter bis Malmö (im Ticket inkl.). Vom Flugplatz *Sturup*, 30 km südöstlich von Malmö, Busse zum Hauptbahnhof (55 SEK pro Strecke).

Rund um Malmö

♦ Torups slott

Die Burg Torup, 15 km östlich von
Malmö, stammt aus dem Jahr
1540. Sie konnte ihr wuchtiges,
fast noch mittelalterlich wirkendes
Aussehen größtenteils erhalten. Auf
drei Seiten erstrecken sich Gräben.
Zwei massive Türen dienten wie die
Grabenanlage dem Schutz des Gebäudes (geöffnet Anfang Mai bis
Mitte/ Ende August, Sa, So und fei-
ertags Führungen 13 - 16.30 Uhr,
Mo bis Fr 12 - 17 Uhr, Eintritt
25 SEK bzw. 10 SEK).

—► Man verläßt Malmö auf Route 1 über die E 6 bzw. E 22 in Richtung Trelleborg. Nach etwa 25 km
liegt rechts der Straße der Skegrie-
dösen, ein ca. 5.000 Jahre alter
Dolmen, der ein Steinkammergrab
der Trichterbecherleute war. Von
dort geht es vorbei an der alten Zie-
gelkirche von Maglarps (13. Jh.)
zum nächsten Ziel.

Trelleborg

40.000 Einwohner

Die meisten deutschen Touristen
sehen in der modernen Hafen- und
Industriestadt nur das Einfallstor
nach Schweden. Man wundert sich
aber über die üppige Palmenpracht,
die in Schweden nur die Trellebor-
ger vorweisen können, und fühlt
sich an eine Strandpromenade am
Mittelmeer versetzt. Reste der mittelalterlichen Stadt, die schon 1258
ihre Stadtrechte erhielt, sind nur
noch spärlich erhalten, so unter anderem am Gamla Torg, wo neben
den Resten eines Franziskanerklo-
sters auch zahlreiche alte Holzhäu-

ser zu finden sind. Der Mikaelibrun-
nen von Jonas Fröding gibt in seinen Reliefs das bunte Treiben wider,
das hier zu Trelleborgs großen Zeiten herrschte. Fischfang (Hering)
und Handel erlebten im 16. Jahrhundert eine solche Blüte, daß sich
die Nachbarstädte Malmö und Ystad
beim König beschwerten. Christian IV. gab 1619 ihrem Druck nach
und entzog der Stadt ihre Rechte,
die sie erst 1867 zurückerhielt. Erst
dann ging es wieder bergauf. 1882
restaurierte Helgo Zettervall die alte
Kirche.
  Trelleborgs Museum, Östergatan 58, ist unbedingt ein Besuch
wert. Zwei Stunden Zeit kann man
dafür schon einplanen. Hier zeigt die
Skateholm-Ausstellung die hiesigen
Steinzeitfunde. Auch sehenswert
sind die Arbeiten des großen Schnitzers, Bildhauers und Dichters Axel
Ebbes in der nach ihm benannten
Kunsthalle am Stadtpark (geöffnet
Di bis So 10 - 17 Uhr).
  1995 wird die Trelle-Borg eingeweiht, eine Wikingerburg aus dem
Jahr 980, die man rekonstruiert hat.
Genaue Informationen dazu gibt es
bei der Touristeninformation.

Touristeninformation

Trelleborgs Turistbyrå, Hamngatan 4, 23142 Trelleborg, Tel. 0410/
533 22, geöffnet von Mitte Juni bis
Mitte August Mo bis Fr 9 - 20 Uhr,
Sa 9 - 18 Uhr, So 13 - 18 Uhr, in
der übrigen Jahreszeit Mo bis Fr 9 -
17 Uhr.

Übernachten

► Vandrarhem, Hedvägen, Tel.
0410/ 531 13, modern, aber nicht
besonders schön. Ein nüchternes
Schulgebäude, im Sommer als
Vandrarhem genutzt.

▸ *Stadshotellet,* Friisgatan 3, Tel. 0410/ 152 52, ist in Trelleborg die einzige empfehlenswerte Hoteladresse. DZ 590 SEK.

Öffentliche Verkehrsmittel

Zug: Nach Malmö 2mal am Tag.
Fähre: TT-Line nach Travemünde 2 bis 3mal tgl., TR-Line nach Rostock, Hansaferry nach Rostock und Saßnitz.

Rund um Trelleborg

◆ Skanör und Falsterbo

Die alte Doppelsiedlung, 25 km westlich von Trelleborg, war schon im 13. Jahrhundert Zentrum des Heringshandels und profitiert heute dank seiner naturschönen Lage an Schwedens südöstlichem Kap vom Tourismus. Die langen Sandstrände laden zum Baden ein. Während Skanör noch seine romantische Kleinstadtbebauung hat erhalten können (Kirche aus dem 13. Jh.), ist Falsterbo etwas moderner, was auf einen Brand im Jahr 1911 zurückzuführen ist. Im südlichen Ortsteil liegen die alte Burgruine *Falsterbohus* und die *Kapelle St. Gertrud* mit mittelalterlichen Holzskulpturen und Fresken. In der Nähe gibt es eine *Vogelstation.* Viele Zugvögel, so die Singschwäne, wählen nämlich das Kap als Orientierungsmarke.

Übernachten

▸ *Ljungens Camping * * *,* in Skanör, an der Stadteinfahrt auf einem Kieferngrundstück am Meer gelegen, Tel. 040/ 47 11 32.
▸ *Hotel Gässlingen,* in Skanör, Tel. 040/ 47 30 35, klein, in dänischem Stil und der damit verbundenen Gemütlichkeit und guten Küche, 13

Zimmer, eigener Pool im Innenhof des weißen Hofs, ein Schmuckstück. DZ ca. 900 SEK im Sommer.

──▸ Weiter geht es vorbei am *Smygehuk,* Schwedens südlichster Landspitze, auf der Straße 9. Nach links zweigen mehrere Straßen ab:

◆ Anderslöv

Etwa 12 km sind es bis zu diesem kleinen Ort mit alten, typischen Skånehäusern und einem *Gästgivaregård* aus dem 18. Jahrhundert. In Anderslöv gibt es schönes Kunsthandwerk in der Västergatan 21: Schmiedeeisen, Holz, Keramik und Textilien. Das Café hat di bis so zwischen 12 und 18 geöffnet.

──▸ Bei *Abbekås* lohnt ein Abstecher in Richtung Norden. Nach ca. 15 km Fahrt erreicht man das folgende Schloß, 3 km nördlich von Skurup.

◆ Svaneholms slott

Zwar wurde das Schloß im Stil der Renaissance schon 1530 von der Adelsfamilie Sparre als Wasserburg errichtet, doch ist seine eigentliche Bedeutung untrennbar mit der Person des Rutger Maclean verbunden. Im 18. Jahrhundert errichtete dieser einen ertragreichen Musteragrarbetrieb, der für die Entwicklung der schwedischen Landwirtschaft richtungsweisend sein sollte. Das *Heimatmuseum* unterhält in mehreren Sälen Sammlungen von alten Stükken, Waffen und anderem. In einem weiteren Schloßteil gibt es einen

Gästgivaregård (Schloß geöffnet in der Hauptsaison Di bis So 11 - 17 Uhr, Eintritt 10 SEK bzw. 2 SEK).

Ystad

25.000 Einwohner

Auf Straße 9 erreicht man schließlich *Ystad*, die vielleicht schönste Stadt Skånes. Schon im Mittelalter entwickelte sich mit dem Heringsfang hier eine große Siedlung. Aus dieser Zeit stammt die **Marienkirche**. Im 15. und dann im 17. Jahrhundert wurde der ursprünglich romanische Bau erweitert. Altar und Kruzifix aus dem 15. Jahrhundert sind sehenswert. Neben der Kirche liegt die älteste **Schule** Schwedens.

Das Schönste an Ystad ist die Tatsache, daß trotz der Zerstörungen, die die Kriege hier angerichtet haben, mehr als 300 alte **Fachwerkhäuser** erhalten blieben. Die Industrialisierung hat die Stadt nur am Rande erfaßt, so daß sie ihre romantische Atmosphäre wahren konnte. In keiner anderen Stadt Schwedens sind solche Fachwerkviertel erhalten. Ein kleiner Ausschnitt aus der langen Reihe der sehenswerten Bauten: An der Piazza neben der Kirche liegen das **Krook's che Haus** (18. Jh.) und **Gussings Haus** (16. Jh.), wo man den Zehnten lagerte. Von der Kirche nach Norden führt die Stora Norregatan mit dem **Änglahuset** (16. Jh.) und dem **Brahehuset** (15. Jh.). Der Bauherr Axel Brahe liegt in der Klosterkirche begraben. In der Hamngatan liegt Schwedens ältestes Hotel, das **Continental du sud**, das 1814 eingerichtet wurde, ihm gegenüber das **Gosselmann'sche Haus** (18. Jh.). Am Stortorget folgen das alte **Rathaus** (1840), der **Apothekenhof** (17. Jh.) und der **Bäckahästen-Brunnen** von Oscar Antonsson, nach einem Fabelwesen benannt, das in schonischen Gewässern lauern soll. An der Klostergatan liegt Ystads größte Sehenswürdigkeit, das **Franziskanerkloster**, das 1267 gegründet wurde und nach Vadstena Schwedens besterhaltene mittelalterliche Klosteranlage darstellt. Zum Kloster gehört die **St. Petrikirche**, deren Mittelschiff den ältesten Teil des Gebäudes bildet. Nach der Reformation wurden die Mönche vertrieben, die Anlage verfiel. Man nutzte sie als Hospital, königliche Schnapsbrennerei, Getreidespeicher und schließlich sogar als Abstellraum. 1901 wollte man den Komplex sogar abreißen. Die Klosterkirche mit dem gotländischen Taufstein aus dem 14. Jahrhundert ist Schwedens einzige Kirche, die in kommunalem Besitz ist. Ebenfalls im Kloster befindet sich das **Historische Museum**, untergebracht in den Räumen des alten Pförtnerhauses. Östlich des Klosters liegen überaus schöne Bauwerke wie das **Pilgrändshuset** (1480) mit Fachwerkfassade.

An der Besökaregränd breitet sich der **Per Hälsas Gård** aus, das einzige erhaltene Fachwerkviertel Skandinaviens. Es umfaßt eine beachtliche Zahl von Gebäuden aus dem 17. bis 19. Jahrhundert.

Touristeninformation

Ystads Turistbyrå, St. Knuts torg, 27142 Ystad, Tel. 0411/ 776 81, geöffnet von Mitte Juni bis Mitte August Mo bis Fr 9 - 19 Uhr, So 9 - 13 Uhr.

Übernachten

▸ *Sandskogens Camping* ***, 3 km östlich von Ystad am Meer gelegen, Tel. 0411/ 772 95, sehr schön und mit viel Wald.

▸ *Vandrarhem,* in der Nähe vom Campingplatz, Tel. 0411/ 665 66, sehr schön, unmittelbar am Strand gelegen.

▸ *Hotel Continental du sud,* Hamngatan 13, Tel. 0411/ 137 00. Pro Zimmer und Nacht 650 bis 850 SEK.

▸ *Hotel Ystad Saltsjöbad,* im Ortsteil Ystad-Sandskog, Tel. 0411/ 136 30. DZ 700 - 900 SEK.

Feste

Jahrmarkt der Mönche im Juli und August mit Tanz und Spritzenprobe der Feuerwehr auf dem Marktplatz. Nähere Auskunft erteilt die Touristeninformation.

Öffentliche Verkehrsmittel

Zug: Nach Simrishamn und Malmö 6 bis 10mal pro Tag.
Fähre: Nach Bornholm 2 bis 4mal tgl., ansonsten auch nach Polen.

Rund um Ystad

◆ Tomelilla

Der 13.000 Einwohner zählende Ort liegt 18 km nordöstlich von Ystad. Tomelilla ist in Skåne ein Begriff. Das *Sommerland* mit Tierpark, Zirkus, Surfingbahn und vielen anderen Attraktionen für Groß und Klein ist Skånes meistbesuchter Unterhaltungspark (geöffnet Mitte Juni bis Mitte August 10 - 18 Uhr).

◆ Tosterups slott

Dieses Schloß, 16 km östlich von Ystad, erreicht man über Glemmingebro, wo man nach Norden abzweigt. Die Burg stammt aus dem 15. Jahrhundert. Sie ähnelt Schloß Torup. Der Wehrturm wurde erst im 18. Jahrhundert in die Anlage integriert. Zur Zeit sind leider keine Besichtigungen möglich.

◆ Bollerup

Bollerup liegt 25 km östlich von Ystad. An der Kirche von Hannäs zweigt man links von der Straße 9 ab. Bollerup ist eine alte Steinburg, die schon im 12. Jahrhundert urkundlich erwähnt wurde. Sören Norbys Truppen zerstörten die Anlage 1525. Später wurde sie aber wieder aufgebaut. Das Gelände wird heute von einer Landwirtschaftsschule verwaltet. Die Anlage ist ganzjährig zugänglich.

—▸ Straße 9 führt bis *Nybostrand.* Dann aber nimmt man an der Wegegabelung die Straße in Richtung Kåseberga. Nach 10 km führt ein Schild zur folgenden Sehenswürdigkeit:

Ales stenar

Nach einem halben Kilometer zunächst steilem Fußweg vom Hafen erreicht man Skandinaviens größte Schiffssetzung: ein 67 m langes "Schiff", bestehend aus 58, ursprünglich sechzig großen Felsen. Der Steven mißt fast 3,5 m. In großer Naturschönheit liegt sie direkt an einem Steilhang an der Küste. Schiffssetzungen kennt man in Schweden zu Hunderten. Sie stammen entweder aus der späten Bronzezeit (um 500 v. Chr.) wie jene aus Gotland oder aus der späten Eisenzeit (600 - 1.000 n. Chr.). Die Forschung ist sich bei der Datierung dieser Anlage unsicher, denn die eisenzeitlichen Schiffssetzungen haben in ihrer Mitte meist ein Erdgrab. Sie sind Symbole für den Weg, den der Tote gehen wird, zugleich aber auch Denkmal seiner großen seefahrerischen Leistungen im Diesseits. Bei Ales stenar hat man aber kein Grab gefunden, auch nicht bei den beiden kleineren "Begleitschiffen", deren spärliche Reste neben dem "Hauptschiff" gefunden wurden. Auch der Gedanke, daß es sich hierbei um ein Xenotaph, d. h. um ein leeres Grab für einen Toten, dessen Leichnam verschwunden ist, handeln könne, ist unwahrscheinlich wegen der gewaltigen Anstrengungen, die zu ihrer Errichtung nötig waren.

Ales stenar sind kein Grab. Sie sind auch viel älter als die anderen Schiffssetzungen auf dem Festland, vermutlich in der Mitte des ersten vorchristlichen Jahrtausends entstanden. Ales stenar bilden ein historisches Monument, das von der hervorragenden astronomischen Kenntnis der frühen Nordgermanen zeugt. Der Astronom Roslund fand heraus, daß die Steine zwei entgegengesetzte Parabeln bilden, die eine astronomische Funktion erfüllen. Der Vordersteven ist exakt auf die Stelle des Sonnenuntergangs am Mittsommertag gerichtet, wie der Achtersteven auf den Sonnenaufgang am Mittwintertag. An den anderen Steinen lassen sich Sonnenauf- und Sonnenuntergang an den nachfolgenden Tagen ablesen. Für die zwei wichtigsten Kalendermonate des Jahres konnte man also den genauen Tag ermitteln. Kåseberga liegt in der Tradition der Großsteinbauten mit astronomischer Funktion, wie *Stonehenge* in England oder *Carnak* in der Bretagne. Ein großartiges Naturschauspiel kann derjenige erleben, der Ales

Schiffssetzung von Ales stenar

stenar an einem Sommerabend besucht, wenn die Farben des Sonnenuntergangs über der Küste die Steine in einem mystischen Licht leuchten lassen.

Rund um Ales stenar

♦ Valleberga kyrka

5 km nördlich von Ales stenar liegt Skånes einzige erhaltene Rundkirche, die im 12. Jahrhundert im gleichen Stil wie die Bornholmer Rundkirchen erbaut wurde. Leider erfuhr sie dann mehrfach Umbauten. Die ehemalige Rundkirche bildet nun den Chor des gesamten Baus. Der gotländische Taufstein stammt aus dem 12. Jahrhundert und wurde in den Werkstätten des Majestatis-Meisters geschaffen. Seine Taufsteine finden sich auch noch in vielen gotländischen Landkirchen. Der freistehende Turm war früher eine Wehranlage.

♦ Sandhammaren

9 km östlich von Ales stenar befindet sich am südöstlichen Kap von Skåne Schwedens größtes Flugsandfeld, das man durch Kiefern- und Eichenanpflanzungen befestigen konnte. Von der Küste erstreckt sich auf einer Länge von ca. 20 km ein breiter Badestrand mit dahinterliegenden Dünenfeldern bis zum Wald. Auf fast dem gesamten Küstenabschnitt zwischen *Ystad* und *Simrishamn* gibt es erstklassige Badeplätze. Der Sand ist sauber und feinkörnig, das Meer seicht und für Kinder geeignet.

♦ Backåkra

5 km östlich von Ales stenar liegt der Hof Backåkra, den der ehema-

Kirche von Valleberga

lige UN-Generalsekretär Dag Hammarskjöld erwarb. Er ließ die gesamten Hänge vom Hof bis zum Strand unter Naturschutz stellen und bewahrte damit ein Stück lieblicher Landschaft für die nachfolgenden Generationen. Der Hof beherbergt ein *Museum* mit Gegenständen aus Hammarskjölds Leben (geöffnet Mitte Juni bis Mitte August 12 - 17 Uhr, Eintritt 25 SEK).

—► Die Route führt nun in herrlicher Landschaft weiter in Richtung Simrishamn. Von dieser Küstenstraße, die sich durch die milde Landschaft Österlens mit ihren Feldern und Blumenwiesen schlängelt, lohnen immer wieder Abstecher zum Meer, wo man unschwer Badebuchten mit gepflegten Sandstränden finden kann.

Simrishamn
20.000 Einwohner

Simrishamn ist ein kleiner, bezaubernder Fischerort, ganz so wie man ihn sich vorstellt: ein Hafen mit Fischerbooten und enge Gassen mit malerischen, niedrigen Fachwerkhäusern. Die hundert Jahre alten

Häuser sind bunt bemalt. Die **Hauptkirche St. Nicolai** besitzt einen Chor aus dem 12. Jahrhundert. Der heilige *Nicolai* ist der Schutzpatron der Seefahrer, die Simrishamn zum Wohlstand verhalfen. Dem "Sill", dem kleinen Ostseehering, verdanken sie seit Jahrhunderten ihre Existenz. Zwischenzeitlich faßte auch eine bedeutende Lederindustrie hier Fuß, deren Geschichte im **Österlensmuseum** demonstriert wird (geöffnet 14.4. bis 11.6., 14.8. bis 24.9. täglich 13 - 16 Uhr, 12.6. bis 13.8. Mo bis Fr 12 - 16 Uhr, Sa und So 13 - 16 Uhr).

In der Ortsmitte der Nachbarsiedlung **Simris** stehen zwei Runensteine aus dem 10. Jahrhundert, die von den Taten eines Gefolgsmannes des dänischen Königs Knut des Großen erzählen.

Touristeninformation

Simrishamns Turistbyrå, Tullhusgatan 2, 27231 Simrishamn, Tel. 0414/ 160 60

Übernachten

▸ *Tobisviks Camping* * * *, nördlich der Stadt am Meer gelegen, Tel. 0414/ 192 98, mit 10 Hütten. Weitere Campingplätze und Vandrarhems liegen auf dem Abschnitt zwischen Ystad und Simrishamn.

▸ *Countryside-Hotel Karlaby Kro*, in Gärsnäs, 9 km westlich von Simrishamn an Straße 11 (beschildert), Tel. 0414/ 203 00, das weiße Fachwerkgebäude in schonischem Stil fügt sich in die Landschaft gut ein und ist die unbestrittene Nr. 1 in der Region Österlen hinsichtlich Qualität der Küche, Ausstattung der Räume und Service. Im Innenhof der reetgedeckten Bauernhofanlage genießt man die Stille des exklusiven Hau-

ses, das sich abseits jeglicher Hauptstraßen für einen längeren Aufenthalt anbietet.

Rund um Simrishamn

◆ Felszeichnungen

2 km südlich von Simrishamn liegen an der Küstenstraße mehrere Felsen mit Zeichnungen, auf denen besonders die großen Äxte hervorstechen. Äxte waren im Norden durch die Indogermanen (Streitaxtleute) eingeführt worden und erhielten während der Bronzezeit zusätzlich eine rituelle Bedeutung. In jener Zeit ohne große Kriege wurden sie ebenso wie Luren und Wagen kultische Objekte. Im Gegensatz zu den Schwertern, die man nach Gebrauch erst wieder geradebiegen mußte, waren die Äxte recht stabil konstruiert.

◆ Järrestad

In Järrestad, 5 km südwestlich von Simrishamn, nimmt man die Straße nach Gladsax, um zu einer 20 mal 15 m großen Platte mit Felszeichnungen aus der Bronzezeit zu kommen: Schlangen, Räder, Schiffe, Tiere, der große Gott und als Besonderheit sechs Reiter. Dabei handelt es sich um die vielleicht ältesten Reiterdarstellungen Skandinaviens. Leider wurden diese "Hällristningar" (Felszeichnungen) in den letzten Jahren nicht ausgemalt, so daß man manche Szenen nur undeutlich erkennen kann.

◆ Glimmingehus

10 km südwestlich von Simrishamn steht Glimmingehus, Schwedens ältestes profanes Bauwerk und am

besten erhaltene mittelalterliche Burganlage. Der westfälische Bildhauer und Baumeister Adam von Düren, der an den Domen von Köln und Lund gearbeitet hatte, zeichnete die Pläne für den dänischen Adligen Jens Ulfstand im Jahr 1499. Die Anlage wurde in keiner Weise baulich verändert. Glimmingehus diente in erster Linie als Burg, mußte wohl aber nie Belagerungen durchmachen. Nachdem Skåne zu Schweden gekommen war, verlor die Anlage ihre strategische Bedeutung und wurde in der folgenden Zeit als Getreidespeicher genutzt. Im Inneren des 26 m hohen Gebäudes, dessen Mauern 2,5 m dick sind, kann man Burgstube, Küche, Wohnstube, Kemenate, den großen Saal und viele technische Feinheiten der damaligen Zeit bewundern. Im Treppenhaus steht die sagenumwobene Skulptur "Der Wilde Mann" aus dem Jahr 1500, ein Werk von Adam von Düren. Sie stellt wahrscheinlich den Bauherren Ulfstand dar, mit Keule und Hasen in den Händen, vielleicht Symbole für Schnelligkeit und Geschicklichkeit. Nach einer anderen Sage wird berichtet, daß die Figur früher einmal auf dem Giebel des Hauses stand. Niemand aber weiß, wie sie heruntergekommen ist, manche sagen, von selbst! Besonders abends legt sich eine gespenstische Atmosphäre über die Burg. Seit Sommer 1991 macht sich der schwedische Schauspieler Anders Granström diese Stimmung zunutze, indem er im großen Saal des Hauses vor versammeltem Publikum zu später Stunde Gespenstergeschichten aus aller Welt erzählt. Wenn der Abendnebel zu den Fensterluken hereinkriecht, erhalten seine phantasievollen Horrorbilder eine schauerliche Lebendigkeit. Glimmingehus ist in Staatsbesitz (geöffnet Anfang April bis Ende September täglich: April, Mai und September 10 - 16

Uhr, Juni bis August 9 - 18 Uhr, Eintritt 15 SEK bzw. 7 SEK, Führungen im Preis eingeschlossen).

Tip: Im Café von Glimmingehus gibt es Gerichte aus dem Mittelalter - "Arme Ritter", die besonders zu empfehlen sind.

—▶ Weiter auf Straße 9, empfiehlt sich bei *Rörum* ein Ausflug in Richtung Westen:

♦ *St. Olofs kyrka*

St. Olofs liegt 15 km nordwestlich von Simrishamn. Zu Ehren des norwegischen Königs Olaf Haraldsson (1016 - 1030), der nach seinem Tod in der Schlacht von Stiklestad heiliggesprochen wurde, errichteten die Bewohner der Siedlung eine Kapelle an einer "Wunderquelle" und benannten sie nach dem König, der auf einem seiner Feldzüge hier lagerte. Heilig gesprochen wurde er nicht, weil sich nach seinem Tod mehrere Wunder ereignet haben sollen, sondern aus machtpolitischen Gründen. Nachdem nämlich Olof Tryggvasson im Jahr 999 in Norwegen das Christentum eingeführt hatte, setzten sich nach seinem Tod wieder heidnische Jarle durch. Mit Gewalt aber etablierte Olaf dann endgültig die neue Religion. Der Chor der Kapelle stammt aus dem 12. Jahrhundert, das Langhaus ist dreihundert Jahre jünger. Aus derselben Zeit stammen die Malereien. Noch etwas jünger ist die Skulptur des Königs mit der Silberaxt. Ihr schreibt man Heilskräfte zu.

—▶ Route 1 führt weiter auf Straße 9. Eine Möglichkeit zu einem Ab-

stecher zeigt das Schild "Stenshuvud" an.

♦ *Stenshuvud*

Seit 1986 ist das 3,9 km² große
Gelände Skånes zweiter Nationalpark (neben Dalby Söderskog). Der
südliche Ausläufer des Höhenzugs
Linderödsåsen bildet an der Küste
ein 124 m hohes Massiv, das an
seinem Fuß üppig und artenreich
bewachsen ist. Es gibt große Parkplätze, von denen man auf die drei
Gipfel wandern kann (½ - 1 Std.).
Der Wald hat etwas Gespensti-
sches: Efeu rankt sich an knorrigen
Laubbäumen empor, deren Äste
sich in alle Richtungen winden.
Dank des milden Klimas leben hier
auch Eidechsen, Ringelnattern und
ähnliche Kriechtiere. Am besten ist
die Aussicht von **Östra Huvudet**,
wenn man sich bis an die Kante der
Klippen wagt. Bei klarem Wetter
blickt man kilometerweit über Meer
und Küste.

Kivik und das Königsgrab

Einen Beweis für die Existenz einer
mächtigen Aristokratie in der frühen
Bronzezeit liefert das **Königsgrab
von Bredarör** bei Kivik, das mit seinen 65 m Durchmesser Schwedens
größte Röse (Rollsteingrab) und
zugleich eines seiner rätselhaftesten
Vorzeitdenkmäler überhaupt ist. Leider wurde das Grab von Amateuren
schon 1748 so laienhaft untersucht,
daß nicht wieder gut zu machende
Schäden entstanden. Man stahl die
Funde aus der Grabkammer, rampo-
nierte die Grabplatten so sehr, daß
ihre Bilderschrift heute unleserlich
ist. Auch Steine wurden abgetra-
gen, so daß das Grab nicht mehr die

ursprüngliche Höhe hat. Dennoch
birgt die Gruft immer noch Sensa-
tionelles, denn die 8 (7 erhaltenen)
Felsplatten, die das Grab des Toten
umgaben, wurden im Innenraum be-
lassen und können besichtigt werden. Sie sind einzigartig. Die Darstellungen auf ihnen sind zwar in
der Technik der bronzezeitlichen
Felsritzungen Schwedens gearbeitet, aber die Motive sind teilweise
völlig unbekannt. Sie erscheinen
fremd und schwer erklärbar. Einmalig ist schließlich auch, daß man
solche Platten mit Bilddarstellungen
zu jener Zeit als Grabesschmuck benutzte. Der Tote ist vermutlich östlicher Herkunft, für die Bronzezeit in
Schweden nicht ganz selbstverständlich. Die Darstellungen lassen
sich ikonographisch am ehesten als
Totenkulthandlungen interpretieren:
Opferhandlungen (Hornbläser) am
offenen Grab (das große "C") auf
Platte 1, Kulttanz mit Priester und
Wagenlenker auf Platte 2 usw. Man
datiert das Grab auf ca. 1.400 v.
Chr. und fragt sich beeindruckt, wer
der Mächtige gewesen sein muß, zu
dessen Ehre eine derartig große
Anlage mit solch einem Aufwand
und künstlerischem Geschick errichtet wurde. In der Nähe liegen noch
weitere Gräber aus der Bronzezeit,
Hügel, Steinsetzungen, Grundrisse
und eine große Schiffssetzung. Das
romantische *Café Sågmöllan* unmittelbar neben dem Grab war ehedem
eine alte Mühle.

→ Straße 9 führt bei den *Brös-
arps backar* durch eine liebliche Hügellandschaft mit besonders üppiger
Flora. Teilweise folgen die Hügel so
dicht aufeinander, wie sonst nirgendwo in Schweden. Im Frühling
blühen Schlüsselblumen und Löwenzahn und verwandeln die Gegend in ein einziges Blütenmeer. Am

schönsten ist es zwischen *Kivik* und *Ravlunda*.

Ravlunda kyrka

Diese Kirche aus dem 13. Jahrhundert liegt auf einem Hügel mit guter Fernsicht. Kalkmalereien des Vittskövle-Meisters sind in Chor und Apsis teilweise erhalten. Der Meister bleibt wie die meisten schwedischen Kirchenmaler anonym. Man weiß nur, daß er Mitte des 15. Jahrhunderts gelebt und gewirkt hat.

Von der Ravlunda-Kirche ist das liebliche Strandgebiet von **Haväng** mit heidekrautbewachsenen Hügeln und einer Flora mit seltenen Arten zu erreichen. Die Landschaft hat immer wieder schwedische Maler inspiriert. Innerhalb weniger Kilometer liegen mehrere vorzeitliche Denkmäler. Am imposantesten ist der große Dolmen, ein Megalithgrab, das ringförmig von mächtigen Steinbrocken (11 mal 6 m) umgeben ist. In der Nähe liegt ein weiterer Dolmen, das *Knäbäcksdös*, und bei *Skepparp* gibt es ein eisenzeitliches Grabfeld mit ca. siebzig Bautasteinen, einem Grabhügel und einem Richterring.

Übernachten
► *Vandrarhem   Skepparpsgården*, Haväng, Tel. 0414/ 740 71, ist ein wunderschönes,   reetgedecktes Fachwerkhaus in dänischem Stil.

—► In *Brösarp* führt Route 1 nun weiter auf Straße 19 in Richtung Kristianstad. Es lohnt aber auch auf dieser Straße ein Abstecher in die andere Richtung (nach Süden).

♦ Christinehof

Hier steht das Barockschloß der einflußreichen Adelsfamilie Piper aus

Rollsteingrab von Kivik

te Schloß Skånes. Es wurde 1553 für die Adelsfamilie Brahe errichtet. Leider befindet es sich in Privatbesitz und kann nicht im Inneren besichtigt werden. Aber schon die Außenansicht des gewaltigen Wasserschlosses mit seinen bewachsenen Mauern und der gepflegten Parkanlage ist den Umweg wert. Nahe beim Schloß steht eine Kirche aus dem 13. Jahrhundert. In den Fresken des Vittskövle-Meisters ist die Schöpfungsgeschichte künstlerisch festgehalten.

dem Jahr 1740, deren Nachkommen das Gebäude auch heute noch nutzen. Im Garten hat man ein Wildreservat angelegt (geöffnet Anfang Mai bis Ende September Sa und So 11 - 17 Uhr, Anfang Juli bis Mitte August Di bis So 11 - 17 Uhr, Eintritt 15 SEK bzw. 8 SEK).

—▶ Ab *Olseröd* führt die Route nun über die Straße 118. Es ist allerdings auch interessant, ein kurzes Stück auf Straße 19 weiterzufahren und folgenden Umweg zu machen:

◆ *Forsakar*

Bei Forsakar kann man sich eine Schlucht mit einem kleinen Wasserfall ansehen, 6 km von der Kreuzung der Straßen 9/ 118 entfernt.

◆ *Vittskövle*

In Vittskövle, weitere 4 km von der Schlucht entfernt (in Degeberga nach Osten fahren), steht das größ-

—▶ Route 1 führt nun auf Straße 118 nahe an der Küste entlang. Überall gibt es Strandbäder, so **Yngsjö havsbad**, ein kilometerlanges Strandgebiet mit allerfeinstem Sand und sehr schönen Ferienhausanlagen im strandnahen Kiefernwald. Zuständig für die Unterkunftsvermittlung ist die Touristeninformation in Åhus.

Åhus

Im kleinen Hafenort Åhus sind Teile des mittelalterlichen Grundrisses erhalten. Aufgrund der grenznahen Lage im Gebiet zwischen Schweden und Dänemark war die Bedeutung der einstigen Stadt so groß, daß man eine Stadtmauer und eine Burg zu ihrem Schutz errichten mußte. Von beiden sind nur noch Reste erhalten. 1612 zerstörten die Schweden Åhus. Die Stadtrechte wurden dem Ort entzogen und stattdessen dem neugegründeten Kristianstad verliehen. Rund um den Marktplatz gibt es noch eine Reihe alter **Bürgerhäuser** zu sehen. Die **Kirche St. Maria** stammt aus dem 13. Jahrhundert. *AB Vin- och Spritmonopolet* stellt in Åhus den Schnaps für alle Schweden her. Eine Besichtigung des Betriebs ist möglich. Hierbei ist die örtliche Touristeninformation behilflich.

Touristeninformation
Åhus Turistbyrå, Köpmangtan 2, 29600 Åhus, Tel. 044/ 24 01 06 und 24 32 46

Übernachten
▸ *Vandrarhem,* Stavgatan 3, Tel. 044/ 24 85 35, in einem historischen Bürgerhaus mit gelben Ziegeln, sieht aus wie ein altes Hexenhaus.
▸ *Åhus* Camping ***, an Straße 118 ausgeschildert, 200 m von der Hanöbucht entfernt, Tel. 044/ 24 89 69, auf hügeligem Kiefernwaldterrain gelegen.

—▸   Route 1 führt weiter durch *Rinkaby* mit der gleichnamigen Kirche aus dem 13. Jahrhundert, in der die Malereien des Vittskövle-Meisters erhalten sind. Auf ihnen ist der Jahreszyklus der Bauern dargestellt.

Kristianstad
71.000 Einwohner

König Christian IV. legte die Stadt 1614 als Festung gegen die Schweden an. Im Zuge der dänisch-schwedischen Kriege stand Kristianstad mehrmals unter Beschuß, so daß vieles zerstört wurde. Das rechtwinklige Straßennetz blieb aber erhalten. Sehenswert ist die **Dreifaltigkeitskirche** aus dem Jahr 1628 im Renaissancestil und das **Tyghuset-Bezirksmuseum** am Marktplatz, das neben einer historischen Sammlung von Malereien und Militaria auch Glas und Silber beherbergt. Die Stadtportale stammen aus der

schwedischen Zeit. In der Östra Storgatan gibt es Schwedens ältestes **Filmatelier** zu bewundern, das jetzt ein Museum zur Kinogeschichte ist (geöffnet Di bis Fr und So 13 - 16 Uhr).

Touristeninformation
Kristianstads Turistbyrå, Stora torg, 29132 Kristianstad, Tel. 044/ 12 19 88

Übernachten
▸ *SH-Hotel Christian 4,* Boulevarden 15, Tel. 044/ 12 63 00, in einem palastähnlichen, alten Bankgebäude. DZ 620 SEK mit Bonuspaß.
▸ *BW-Grand Hotel,* Västra Storgatan 15, Tel. 044/ 10 36 00, ist für seine Küche mit typischen südschwedischen Gerichten sowie für seinen Nachtclub bekannt. DZ 720 SEK mit Scheck.
Zum Camping fährt man am besten an die Küste, wo es eine Reihe schöner Plätze gibt, z. B. bei Åhus, Yngsjö oder Landön.

Öffentliche Verkehrsmittel
Zug: Nach Malmö und Karlskrona 8 bis 12mal am Tag.
Flugzeug: Vom Flughafen, 17 km südlich von Kristianstad, 6mal tgl. Flüge nach Stockholm.

Rund um Kristianstad

◆ *Ivosjö*
An diesem fisch- und vogelreichen See befinden sich mehrere gute Badeplätze und alle Möglichkeiten für einen erholsamen Urlaub. Es gibt

Die älteste Schwedin

Im Sommer 1939 fand man in der Gemeinde Barum nahe bei Schloß Bäckaskog ein gut erhaltenes Skelett. Untersuchungen bestätigten schon bald den hohen siedlungsgeschichtlichen Stellenwert des Fundes. Anhand der Beigaben - Speerspitzen und Werkzeuge - sowie der Knochen selbst konnte man das Alter dieser Person auf ca. 7.000 Jahre bestimmen. Der "Jäger von Barum" wurde sofort nach Stockholm gebracht, wo man ihn im *Statens historiska museet* (SHM) in genau derselben Position aufstellte, in der man ihn fand: sitzend, mit hochgezogenen Knien und der linken Hand an der Schulter, den Kopf leicht nach links geneigt. Der "Urschwede", das bis dahin einzig erhaltene Skelett aus der Jägersteinzeit, war von nun ab eine der großen Sehenswürdigkeiten des Museums und blieb es bis heute. Aus der Sehenswürdigkeit wurde Ende der sechziger Jahre eine international beachtete Sensation, als die neue Leiterin der osteologischen Abteilung des Museums die Knochen mit neuen Geräten und Methoden untersuchte und den sicheren Beweis dafür erbrachte, daß es sich bei dem Skelett um das einer Frau handelte. Und nicht nur das: Sie hatte mindestens zehn bis fünfzehn Kinder geboren, war im Alter von vierzig bis fünfzig Jahren gestorben und am täglichen Existenzkampf des Lebens genauso beteiligt gewesen wie die Männer ihrer Zeit. Aus dem Jäger war eine Jägerin geworden, aus dem "Urschweden" eine "Urschwedin". Ein spektakulärer Geschlechterwandel! Die Jägersteinzeit, das Mesolithikum, war eine klassenlose Gesellschaft. Es gab noch keine Wertgegenstände, um mit ihnen einen lukrativen Handel aufzubauen. Auch die Bäckaskogfrau mußte mit auf die Jagd gehen, mußte angeln und religiöse Dienste leisten. Die Rollenverteilung in männliche und weibliche Aufgaben war noch nicht so einseitig festgelegt, wie in der Gesellschaft des 20. Jahrhunderts. Vielleicht hätte ein Mann nicht herausgefunden, daß es sich bei dem Bäckaskogskelett um das einer Frau handelt.

Freizeitanlagen und zwei Campingplätze. Vom 65 m hohen *Kjugekull* hat man eine gute Sicht über den Ivosjö. 1 km südlich der Kirche von Näsum, die am See liegt, befindet sich das Grabfeld *Gudahagen* aus der Eisenzeit.

◆ *Bäckaskog*

Das Schloß, 13 km nordöstlich von Kristianstad, ist über die E 22 zu erreichen, von der man bei Fjälkinge nach Norden abzweigt. Bäckaskog liegt auf einer Landzunge, die den Ivösjö- und Opmannasjö-See voneinander trennt. Teile des Gebäudes aus dem 17. Jahrhundert bestehen

aus Mauer- und Fundamentresten des ehemaligen Klosters, das vorher an dieser Stelle stand. König Karl XV. besuchte das Schloß häufig im Sommer. Heute ist in ihm ein stilvolles Hotel eingerichtet. Die Anlage ist auch zu besichtigen (geöffnet 10 - 17 Uhr, Eintritt 17 SEK bzw. 8 SEK).

2 km nördlich des Schlosses fand man den "Jäger von Barum" (→ Artikel "Die älteste Schwedin").

◆ *Vanås slott*

Dieses Schloß liegt 25 km nördlich von Kristianstad. Um dorthin zu kommen, biegt man bei Knislinge nach Westen ab. Das Herrschaftsgebäude wurde in den dänisch-schwedischen Kriegen zerstört, aber 1566 wieder aufgebaut. In dieser Gegend spielten sich viele erbitterte Fehden der Raubritter mit den Schweden ab. Im Park gibt es Skulpturenausstellungen und eine Kirche aus dem 13. Jahrhundert mit mittelalterlichen Fresken.

◆ *Frännarp*

Frännarp, 30 km nördlich von Kristianstad, ist zu erreichen, wenn man - in Knislinge nach Westen von der Straße 19 abzweigend - bis zu Gryts Kyrka fährt und dann dort links in den Landweg einbiegt. Nach 1 km erreicht man Frännarp, von wo es noch 100 m nach Nordwesten zu ungewöhnlichen Felszeichnungen sind. Auf der gesamten Felsplatte dominieren Wagensymbole, teils mit vorgespannten Pferden. Die üblichen Fruchtbarkeitssymbole fehlen völlig. Eigenartig ist auch die Lage in einer Waldgegend, mitten im Inland ohne Wasserläufe, die ansonsten meist die felsigen Platten überspülen. Die Wagen sind als Kultsymbole zu deuten. In Schweden und besonders auch in Dänemark wurden Zeremonienwagen aus Bronze gefunden (Sonnenwagen von Trundholm im Nationalmuseum Kopenhagen), deren Funktion im kultisch-rituellen Bereich lag.

◆ *Ignaberga kyrka*

Die Kirche liegt 20 km westlich von Kristianstad. Das Triumphkruzifix des Ignaberga-Meisters schmückt den Innenraum der Kirche aus dem 12. Jahrhundert. Es gilt als eines der schönsten mittelalterlichen Kreuze Schwedens. In Ignaberga wurde

bis vor hundert Jahren Kalk abgebaut. Eines der alten Bergwerke, die *Tykarpsgrottan*, ist heute eine Höhle, die besichtigt werden kann. Sie mißt 5.500 m².

◆ *Gumlösa kyrka*

Schwedens älteste Backsteinkirche, 30 km nordwestlich von Kristianstad, wurde 1192 von Erzbischof Absalon eingeweiht. Sie besticht durch ihre Einfachheit in Proportion und Ausstattung.

◆ *Hässleholm*

Der Eisenbahnknotenpunkt, 30 km nordwestlich von Kristianstad im Norden Skånes, zählt heute 50.000 Einwohner. *Hässleholm* hat seinen Namen von einem Gehöft aus dem 17. Jahrhundert im Südwesten der Stadt, in dem heute ein *Museum* untergebracht ist. Dieses Freilichtmuseum zeigt alte Häuser aus der Region, Göinge und historische Sammlungen. Sehenswert ist auch Axel Ebbes Statue **"Snapphanen"**, die den schonischen Widerstandskampf im 17. Jahrhundert verherrlicht.

◆ *Finja kyrka*

Diese Kirche, 5 km westlich von Hässleholm, ist zu erreichen, wenn man von Straße 21 abbiegt. In der romanischen Felssteinkirche aus dem 12. Jahrhundert sind Kalkmalereien des Finja-Meisters gut erhalten, der als einer der besten Kirchenkünstler des nordischen Mittelalters gilt. Der Taufstein stammt aus dem 13. Jahrhundert.

─► Die Strecke führt nun auf der E 22 weiter nach Osten in die Provinz *Blekinge*.

Sölvesborg

15.000 Einwohner

Sölvesborg, Blekinges schönste Stadt, erhielt die Stadtrechte bereits 1445. Der mittelalterliche Straßenplan wurde auch nach vielen Bränden und Kriegen bis heute beibehalten und verleiht der Stadt noch immer ein altertümliches Flair. Am Marktplatz ist die nordische Schöpfungsgeschichte bildlich dargestellt: Der **Brunnen**, ein Werk von Stig Blomberg, verkörpert "Ask" und "Embla", das erste Menschenpaar aus der Edda. Der Backsteinbau der **Kirche St. Nicolai** ist mehr als siebenhundert Jahre alt. Aus der Zeit der Einweihung stammt noch der Chor; der Giebelturm ist hundert Jahre jünger. Fresken und Triumphkreuz sind um 1420 entstanden. Im **Waffenhaus** stehen zwei Runensteine, von denen einer, der *Stentoftenstein* zu den bedeutendsten in ganz Schweden zählt. Seine Inschrift ist mit 124 Zeichen aus dem älteren Runenalphabet die längste, die erhalten ist. So heißt es: "Den neuen Bauern, den neuen Fremdlingen, gab Haduwolf gutes Jahr. Hariwolf ... ist jetzt Schutz". Die weiteren Sätze der Inschrift stimmen im Großen und Ganzen mit dem Beschwörungsformular überein, das auf dem Stein von → Björketorp erhalten ist.

Außerhalb der Stadt kann man durch die Ruinen der alten **Burg** spazieren, die hier im 12. Jahrhundert von den Dänen zum Schutz der neuen Provinz angelegt wurde, denn Blekinge kam 1101 zu Dänemark. 1564 brannten sie die Dänen selbst nieder, um sie nicht in die Hände der Schweden fallen zu lassen. Im Museum **Gammelgården**, einem alten Armenhaus, sind Fundstücke aus der Anlage zu sehen.

Touristeninformation

Sölvesborgs Turistbyrå, Repslagaregatan 1, 29434 Sölvesborg, Tel. 0456/ 100 88

Übernachten

▸ *SH-Stadshotellet,* Järnvägsgatan 8, Tel. 0456/ 109 10, stammt aus der Zeit der Jahrhundertwende. Darin gibt es ein gutes Restaurant mit schwedischer und chinesischer Küche. DZ mit Küche ca. 495 - 700 SEK.

Vier benachbarte Campingplätze unterstreichen die Beliebtheit der Stadt und des Listerlands als Bade- und Erholungsgebiet, darunter ist der schönste:

▸ *Tredenborgs Camping* * * *, 4 km südlich der Stadt, Tel. 0456/ 12 11 16, unmittelbar am Meer auf einem Gras- und Buchenwaldgrundstück gelegen, mit 8 Hütten.

Rund um Sölvesborg

◆ *Hällevik*

Das kleine Fischerdorf an der Südspitze von Listerland liegt 7 km südlich von Sölvesborg. Hier gibt es ein gut bestücktes *Fischereimuseum,* das einem das harte Leben der Berufsfischer vor Augen führt. An der Küste liegen einladende Sandstrände in verträumten Buchten.

◆ *Hanö*

Zu der kleinen Felseninsel 5 km östlich der Listerhalbinsel fahren Schiffe vom Fischerort *Nogersund.* Der Leuchtturm liegt auf einen Hügel, 72 m über dem Meeresspiegel. Von hier oben hat man einen guten

Überblick. Auf dem Friedhof liegen fünfzig britische Soldaten begraben, die während der Napoleonischen Kriege (1804 - 1807) ums Leben kamen. Lord Nelsons Flaggschiff "Victory" und ein Teil der britischen Flotte lagen während der Kriegsjahre hier vor Anker. Heute unterhält die britische Marine diesen Friedhof.

Ysane

500 m nördlich der Kirche von Ysane liegen drei Grabhügel aus der Bronzezeit. Der größte von ihnen heißt im Volksmund "Signilds Käfig" und steht in Verbindung zu der Rieseneiche gegenüber der E 22, "Habors Eiche". Dahinter steht die Sage der beiden Liebenden Habor und Signild. Habor wurde an der Eiche erhängt, da er unerlaubt bei der Prin-

zessin eingedrungen war. Daraufhin verbrannte sich das schöne Burgfräulein in seiner Kemenate.

—► Bei *Pukavik*, 13 km nördlich von Ysane, bietet sich erneut eine Abfahrt an:

♦ *Jämshög*

Dieser Ort liegt südlich von Olofström, Blekinges einziger Binnenstadt. In der alten Schule wurde ein kurioses **Museum** eingerichtet. Hier befinden sich Sammlungen einiger schwedischer Schriftsteller, die aus dieser Region stammen, allen voran Harry Martinsson, der 1974 den Literaturnobelpreis gewann. Er vermachte seine Sammlung von Flaggen, Bieretiketten und Zündholzschachteln dem Museum.

Die Eiche - Blekinges "Landschaftsblume"

Paul Peter Waldenström, der einst allen schwedischen Landschaften einen typischen Baum zuordnete, gab Blekinge die *Eiche* und Medelpad die *Fichte.* Mittlerweile haben die Blekinger eine richtige Blume zugeteilt bekommen, aber die Eiche ist immer noch das Symbol der Provinz. Kein Wunder, denn früher wuchsen hier riesige Eichenwälder, und auch heute noch findet man diesen Baum hier sehr oft, allerdings eher in Einzelexemplaren, denn die großen Wälder wurden systematisch abgeholzt. Eichenholz war das Holz zum Schiffsbau, und die werdende Großmacht des 16. und 17. Jahrhunderts hatte einen enormen Bedarf an Kriegsschiffen. Folglich verbot der König den Bauern, Eichen zu schlagen. Alle Eichenbäume des Landes wurden königliches Eigentum. Wer beim Bäumefällen ertappt wurde, kam ins Gefängnis. So war es zumindest bis ins letzte Jahrhundert hinein. Heute ist Blekinges älteste Eiche 900 Jahre alt und steht bei Sölvesborg. Ihren Namen "Snapphaneeken" hat sie nach der zweiten Anwendungsmöglichkeit für Eichen neben dem Schiffsbau erhalten: An diesen tragfähigen Bäumen knüpften die Schweden die abtrünnigen, dänenfreundlichen Skåninger und Blekinger auf, die ihnen Schwierigkeiten machten, also gerade jene "Schnapphähne" im 17. Jahrhundert. In manchen Blekinger Eichen sitzen auch noch die Eisenhaken.

→ Auf Route 1 überquert man den *Mörrum*, bei dessen Namen Angler genüßlich mit der Zunge schnalzen. Südschwedens ertragreichster Lachsfluß zieht jährlich zum Saisonbeginn am 1. April mehr als 7.000 Sportangler aus der ganzen Welt an. Bei der Premiere, bei der auch der König sein Glück versucht, kosten Tageskarten stolze 700 SEK. Im Lachsaquarium des gleichnamigen Orts kann man Genaueres über das Leben dieser Fische erfahren.

◆ Elleholm

Auf einer Insel im Mörrum liegt der Herrenhof Elleholm (1730), 3 km südlich des Orts Mörrum. Mitte des letzten Jahrhunderts lebte hier die Gattin des dänischen Königs Frederik VII. In der kleinen Kirche, die ein schönes Kruzifix aus dem 16. Jahrhundert und eine Ausgabe der ersten dänischen Bibel aufbewahrt, lassen sich heute junge Leute gerne trauen.

Karlshamn

30.000 Einwohner

Das ist die Stadt der Auswanderer. In der Auswanderungszeit (1860 - 1914) verließen viele Schweden ihre Heimat von hier aus. Daran erinnert die **Auswandererskulptur** von Axel Olsson im Hafenpark: Karl Oskar, der nach vorne in die neue Welt schaut, und Kristina, die den Kopf noch einmal in die alte Heimat wendet. So kennt man sie aus Vilhelm Mobergs Romanzyklus "Die Auswanderer". In der Hafeneinfahrt sahen die Aussiedler zum Abschied das Kastell, das schon im 17. Jahr-

hundert zum Schutz der Anlagen errichtet wurde.

Karlshamn ist nicht zur häßlichen, modernen Hafenstadt verkommen, sondern hat sich sein liebliches, altertümliches Aussehen bewahren können. Dazu tragen auch die alten Holzhäuser bei, die sich rund um Stortorget befinden, wie z. B. Karlshamns erstes Rathaus, das **Asschierska huset** (1682). Berühmt ist Karlshamn auch wegen des Punsches, der heute hier aber nicht mehr gebraut wird. Immerhin erfährt der Interessierte im **Punschmuseum**, daß das süße Getränk früher rund um die Erde gesegelt wurde, bevor es "Carlshamns Flaggpunsch" heißen durfte.

Touristeninformation

Karlshamns Turistbyrå, Ronnebygatan 1, 37481 Karlshamn, Tel. 0454/ 165 95

Übernachten

► *Kolleviks Camping* * * *, 5 km südöstlich von Karlshamn direkt am Meer, Tel. 0454/ 812 10
► *Scandic Karlshamn*, Jannebergsvägen 2, 2 km nördlich des Zentrums an der E 22 nahe am Golfplatz, Tel. 0454/ 166 60, ein modernes, typisches Hotel dieser Kette.

→ Die Strecke führt nach 10 km durch das Dorf *Güö*. Hier ist das *Värdshus* sehr zu empfehlen. Spezialität des Gourmet-Restaurants der gehobenen Preisklasse sind Gerichte mit Lachs, der im Mörrum gefangen wird. Das Gebäude wurde vor hundert Jahren von einem Briten in englischem Stil erbaut und hebt sich deutlich von der schwedischen Architektur ab. Von hier führt eine Straße nach Süden:

◆ *Eriksberg*

In diesem Naturreservat liegt ein Wildpark mit großen Wisentherden und typisch nordischen Waldtieren. Auch botanische Attraktionen, z. B. mehr als 2.000 rote Seerosen (→ Fagertärn) lohnen einen Besuch. Im alten Hof gibt es neben einem Restaurant auch ein Museum (Anlage geöffnet Mitte Juni bis Mitte August 10 - 20 Uhr).

◆ *Tjärö*

Diese Insel ist Eriksberg vorgelagert. Mittlerweile ist das militärische Sperrgebiet für Ausländer um diese Inselgruppe aufgehoben. Somit haben nun auch Touristen die Möglichkeit, per Boot von Karlshamn oder Järnavik auf das Inselparadies zu fahren und die Flora des Naturreservats zu bewundern.

Übernachten
Vandrarhem, Tel. 0454/ 600 63, sehr ansprechend, aber nur mit nur wenigen Betten.

hotel, ein schöner Holzpalast, brannte zwar 1959 ab, aber ein neu errichteter Hotel- und Konferenzkomplex bietet weiterhin luxuriöse Unterkunft im schönen ehemaligen Kurpark.

Das Städtchen erhält einen besonderen Charakter durch den kleinen Fluß, der in der Umgebung richtige Stromschnellen entwickelt. Von der mittelalterlichen Siedlung Ronneby konnten nur Teile der schönen **Heiligkreuzkirche** erhalten werden. Der Rest fiel Feuer und Krieg zum Opfer. Die Fresken mit Abbildung des Totentanzes stammen aus dem 15. und 16. Jahrhundert. Bei der Kirche liegt auch der Ortsteil **Berglagen** mit malerischen Holzhäusern, die vom Großfeuer 1864 verschont wurden, und dem **Heimatmuseum** im Mölle backargården.

Touristeninformation
Ronneby Turistbyrå im Kulturzentrum, 37279 Ronneby, Tel. 0457/ 176 50

Übernachten
▸ *Vandrarhem,* Övre Brunnsvägen 54, zwischen Brunnen und Bahnhof gelegen, Tel. 0457/ 263 00
▸ *Reso Hotel,* Ronneby brunn, gut beschildert, Tel. 0457/ 750 00, eine moderne, riesengroße Anlage mit allem Komfort.

Ronneby
29.000 Einwohner

Ronneby ist einer der frühen, großen Kurorte internationalen Zuschnitts gewesen, wie *Davos, Bath* oder *Söderköping.* Im Jahr 1705 wurde mit der Entdeckung der eisenhaltigen Quelle aus Ronneby das mondäne Ronneby brunn, wohin in der Folgezeit die reichen Schweden zur Erholung gingen. Das alte Kur-

—▸ Kurz hinter Ronneby folgt auf der Route *Edestads kyrka* aus dem 13. Jahrhundert mit einem alten Glockenturm (1512). Im Inneren sind die reich verzierte Kanzel und die Bankreihen sehenswert. Bei *Listerby* lohnt sich ein Ausflug nach Norden:

Runenstein von Björketorp

meln wie die meisten der Inschriften, die im jüngeren Futhark zwischen 800 und 1100 verfaßt wurden. Von den fast 6.000 nordischen
Inschriften gibt es nur ca. 250, die
zwischen 200 und 800 entstanden,
in der älteren Runenreihe. Sie haben
meist magische, rituelle Inhalte wie
Beschwörungs- oder Schutzformeln,
die zumeist Elemente der alten Mythologie aufnahmen und kulturelle
Funktion hatten. Die Björketorp-In-
schrift um 600 ist mit einer außergewöhnlichen Bannformel versehen,
die man in dieser Kraft und Klarheit
aus dem Norden nicht kennt. Der
Stein ist gerade in sprachgeschicht-
licher Hinsicht aufschlußreich, denn
gemeinsam mit einigen anderen Runensteinen der Umgebung (Listerby,
Stentoften) kann man hier den
Übergang zwischen zwei Formen
der urnordischen Sprache studieren.
Die Inschrift läßt sich folgenderma-
ßen übersetzen:
"Das Geheimnis mächtiger Runen
verbarg ich hier.
Machtvolle Runen.
Wer diese Stätte bricht,
wird ständige Qual erleiden.
Er sterbe eines tückischen Todes.
Ich hinterlasse Verderben."

◆ *Björketorp*

7 km östlich von Ronneby liegt auf
dem Weg nach Tving ein für die
Sprachgeschichte bedeutungsvoller
Runenstein. Er steht in einem merk-
würdigen Dreieck mit zwei weiteren
runenlosen Bautasteinen innerhalb
eines großen Grabfelds aus der Eisenzeit. Hier finden sich zwar viele
kulturgeschichtlich   interessante
Steinsetzungen,   aber der Björke-
torp-Stein stellt alle anderen Monumente in den Schatten. Der Stein ist
4 m hoch und trägt eine Inschrift im
urnordischen Alphabet, dem sogenannten "älteren Futhark". Diese Inschriften waren noch keine profanen
Nachrichtenträger und auch nicht
bloß Gedenk- und Erinnerungsfor-

Diese Worte sind als ernstzuneh-
mende Warnung vor dem Betreten
der geheiligten Stätte zu verstehen.
Die Menschen der jüngeren Eisenzeit glaubten an vielerlei magische
Kräfte. Die stärkste schrieb man
dem Runenmeister zu, denn nur er
verstand Sinn und Bedeutung dieser
geheimnisvollen Zeichen. "Runen"
kommt von "Geheimnis", und das
Geheimnis dieser Zeichen war ein
Göttliches, das nur den wenigen
Auserwählten zukam, die vom Göttervater Odin inspiriert waren. Gemäß nordischem Glauben mußte
dieser mächtige Gott ein Selbstopfer
mit unermeßlichen Qualen vollzie-
hen, um in den Besitz dieses Schat-

zes (der Runen) zu gelangen. Nach der Mythologie opferte er sich selbst und hing neun Tage und neun Nächte sterbend an einem windigen Baum, unbeschreibliche Schmerzen des Todes erleidend. Stürme und Gewitter erschütterten den Kosmos. In dieser Phase vollzog sich die übernatürliche Initiation, die Einweihung des Sterbenden in die Magie der Runen, die ihn allwissend und allmächtig machten.

"Ich weiß, daß ich hing am
windigen Baum
neun lange Nächte
vom Speer verwundet, dem Odin
geweiht.
Mir selber ich selbst
am Ast des Baumes, dem man nicht
ansehen kann,
aus welcher Wurzel er wächst.
Sie boten mir nicht Brot noch
Horn (= er stirbt)
da neigt ich mich nieder
nahm die Runen auf, nahm
sie schreiend auf,
fiel nieder zur Erde.
Zu gedeihen begann ich und
begann zu denken
wuchs und fühlte mich wohl
Wort aus dem Wort verlieh mir
das Wort
Werk aus dem Werk verlieh
mir das Werk
Runen wirst Du finden
und ratbare Stäbe
sehr starke Stäbe sehr
mächtige Stäbe
die der große Odin färbte
und die die großen Götter schufen
und der Hehrste der Herrscher
ritzte.
Aus der Edda:
Hávamál 138 - 139, 141 - 142

Der Beherrscher dieser Runen göttlichen Ursprungs war eine gesellschaftlich mächtige Person, seine Worte waren Magie, seine Zeichen geheiligt. Der Björketorp-Runenmeister muß eine der hervorragenden Persönlichkeiten Schwedens zu Beginn des 7. Jahrhunderts gewesen sein.

◆ Hjortsberga

Auch bei Hjortsberga liegt ein großes Areal insbesondere mit eisenzeitlichen Gräbern. Darunter gibt es nicht weniger als 17 Schiffssetzungen. Der Glockenturm der zugehörigen kleinen mittelalterlichen Kirche stammt aus dem 17. Jahrhundert und liegt mitten auf dem Grabfeld.

2 km nördlich kann man Schloß **Johannishus** bewundern, leider nur von außen, da das Renaissanceschloß, das 1772 nach Plänen von Carl Frederik Adelcrantz vollendet wurde, auf Blekinges größtem Privatgut, dem der Familie Wachtmeister, steht. Auf einem Acker in der Nähe fand man 1860 bei Steinräumarbeiten einen wertvollen Schatz aus der Spätphase der Wikingzeit. In einem Kupferkessel lagen Goldschmuck, Silberketten, Beschläge und mehr als 4.200 Münzen, vorwiegend aus dem deutschen Raum. Der Schatz von mehr als 6.500 g Metallgewicht befindet sich im SHM.

5 km nördlich von Johannishus liegt bei **Vång** noch ein weiteres Grabfeld mit Steinsetzungen.

Karlskrona

59.000 Einwohner

Die Hafenstadt ist einen Tag Aufenthalt durchaus wert. Blekinges größte Stadt, heute Hauptstadt der Provinz, hieß früher "Trossö", benannt nach der Insel, auf der heute

Amiralitetskyrka Ulrica Pia

ein großer Teil der Stadtfläche liegt. 1680 erfolgte die Umbenennung zu Ehren Karls XI. und die Verleihung der Stadtrechte. Die Geschichte Karlskronas ist eng mit dem großen Marinehafen und der Werft verbunden, die das Leben hier fast dreihundert Jahre bestimmten. Durch die großen Anlagen, die als zentrale Militärstützpunkte und Nachschubbasen konzipiert waren, wuchs die Stadt rasch. Dies beschleunigte sich noch durch Zwangsansiedlungen von Bürgern aus Ronneby. Karlskrona war im 18. Jahrhundert Schwedens zweitgrößte Stadt. Karl XI. plante freigebig. Er ließ einen großflächigen **Marktplatz** anlegen, wo man heute auch eine Statue des Königs und das alte **Rathaus** (1795) bewundern kann. Dort stehen auch die **Dreifaltigkeitskirche** (1709) und die **Fredrikskirche** (1744), die beide von Nicodemus Tessin dem Jüngeren im Barockstil ausgemalt wurden. Beide Kirchen lohnen einen Besuch.

Mehr Besucher noch strömen zur **Amiralitetskyrka Ulrica Pia** im Südosten der Stadt, denn vor dieser großen Holzkirche steht der berühmte **Rosenbom**, eine Holzfigur mit ausgestreckter Hand. Der Überlieferung nach war Rosenbom ein trinkfreudiger Tischler, der am Bettelstab endete und vor der Kirche sterbend zusammenbrach - mit aus-

gestreckter Hand. In dieser Stellung erfror er über Nacht.

Nahe der Kirche liegt das **Marinemuseum**, unter anderem mit der weltweit größten Sammlung von Galionsfiguren.

Sehenswert sind ansonsten das **Blekingemuseum** im Grevagården an der Fiskbron mit Sammlungen aus der Provinz, das Stadtviertel **Björkholmen** mit alten Seemannshäusern und die **Reeperbahn**, die allerdings in Karlskrona eine 300 m lange Halle zur Tauherstellung ist. Das **Freilichtmuseum** im Vämöpark stellt in einigen Gebäuden das frühere Leben in Blekinge nach.

Touristeninformation

Karlskrona Turistinformation, Borgmästaregatan 6, Karlskrona, Tel. 0455/ 834 90

Übernachten

▶ *BW - Statt,* Ronnebygatan 37, gleich am Marktplatz, Tel. 0455/ 192 50, ein erstklassiges Haus, dessen weiße Jugendstilfassade zu den anderen Steinbauten Karlskronas paßt.
▶ *Skönstaviks Camping* ***, über die Abfahrt Karlskrona C zu erreichen, westlich der Stadt, wo man die E 22 verläßt, Tel. 0455/ 237 00, Wiesenterrain mit Büschen und Laubbäumen, 13 Hütten.
▶ *Vandrarhem,* in Stensjö, 20 km nördlich von Karlskrona an Straße 28 am Alljungen-See, Tel. 0455/ 923 10, leider nur mit Auto erreichbar, nächster Busplatz in Nävragöl, 4 km entfernt. Dafür aber hat man hier Ruhe.

Öffentliche Verkehrsmittel

Züge 8 bis 12mal tgl. nach Malmö, 10mal tgl. nach Emmaboda und von dort Anschluß nach Stockholm und Göteborg

Rund um Karlskrona

◆ Skärva

Der Ruhesitz des Schiffbauingenieurs Af Chapman, 3 km westlich von Karlskrona, ist einer der eigenwilligsten Holzbauten Schwedens. C.A. Ehrensvärd, ein Freund des Konstrukteurs, verwirklichte dessen widersprüchliche Vorstellung von "Palast und Hütte, Säulen und Torfdach" im Jahr 1780. Im Ergebnis realisierte er ein H-förmiges, eingeschossiges Haus mit griechisch-dorischen Säulen vor der Eingangshalle, einem Kuppelsaal in der Mitte und Blekinger Holzwerk. Im Park stehen ein Lusthaus und Glockturm. Das Gebäude ist in Privatbesitz. Nur der Park ist zugänglich.

◆ Hjortahammar

14 km südwestlich von Karlskrona liegt Blekinges größtes Grabfeld. Es stammt aus der Eisenzeit. Die meisten der 115 erhaltenen Gräber sind wikingzeitlich. Auch ein steinzeitlicher Wohnplatz und eine bronzezeitliche Röse sind noch vorhanden. Das größte Grab ist eine 30 m lange Schiffssetzung. Die Funde sind im SHM ausgestellt.

1 km östlich des Grabfelds liegt in einem sehr schönen Laubwald nahe am Meer der *Herrenhof Tromtö*. Er gehört zum Gut Johannishus.

◆ Fridlevstads kyrka

Ca. 15 km nordwestlich von Karlskrona steht Blekinges älteste Kirche

aus dem späten 12. Jahrhundert. Aufgrund des fehlenden Turms wirkt sie äußerlich recht unattraktiv. Im Inneren befinden sich aber einige sehenswerte Inventarien, so das Abendmahl (1653, ehemals Altarbild) und die sorgsam geschnitzte Kanzel. Im Pfarrhof wurde ein Heimatmuseum eingerichtet.

—► 10 km hinter Karlskrona verläuft die Route durch *Ramdala*, dessen romanische Kirche ursprünglich aus dem 13. Jahrhundert stammt. Das Interieur mit Malerei, Kanzel und Taufstein stammt aus dem 17. Jahrhundert. Bei *Jämjö* führt eine schöne Straße nach Süden zur Küste.

Rosenboom

◆ Möckleryd

Das ist Blekinges größtes Gebiet in Jämjö-Torhamn mit Felszeichnungen aus der Bronzezeit, die mit roter Farbe ausgemalt sind. In Torhamn gibt es noch weitere Zeichnungen und eine Kirche mit schönen Wandmalereien.

—▶ Die Route macht nun ihre große "Kehre" nach Norden. In *Fågelmara* bietet sich die Möglichkeit, sie für einen schönen Ausflug zu verlassen:

◆ Kristianopel

5 km östlich abseits der Route liegt die alte Festung, die Christian IV. errichten ließ. Von ihr ist außer von einem Teil der alten Stadtmauer (ca. 1 km lang), die bei großen Restaurierungsarbeiten wiederhergestellt wurde, nichts mehr erhalten. Außerhalb der Mauer liegen einige schöne, alte Häuser, darunter ein Gästgivaregård. Die Kirche stammt aus dem Jahr 1624. Heute kommen viele junge Leute hierher, vor allem zum Segeln und Surfen.

Übernachten
▶ *Kristianopels Camping* * * *, gleich an der Festungsmauer, von der E 22 bei Fågelmåra in Richtung Kristianopel rechts abzweigen und dann noch 6 km fahren, Tel. 0455/661 30
▶ *Vandrarhem Pålsgården*, liegt auf dem Gelände des Campingplatzes und ist über dessen Rezeption zu reservieren, der Platz ist fest in der Hand junger Schweden.

Brömsehus

Am Übergang in die Provinz Småland liegt *Brömsebro*, zugleich eine historische Grenze. An der Mündung des Brömsebachs steht die verfallene Ruine von Brömsehus, der einst dänischen Festung. Sie war eine Grenzmarkierung in vorderster Linie, denn hier verlief jahrhundertelang die umstrittene Reichsgrenze zwischen Dänemark und Schweden. Heute gibt es sowohl eine neue wie eine alte Siedlung Brömsebro. Die ältere sollte für ein paar Monate des Jahres 1645 Geschichte machen: An der Brücke über den Bach, der als natürliche Grenze fungierte, trafen sich im Februar 1645 die Delegationen Schwedens und Dänemarks zu Friedensgesprächen. Jede Gruppe blieb auf ihrer Landesseite einquartiert und schickte Boten mit Briefen hin und her. Ein französischer Diplomat vermittelte. Die Briefe wurden immer unfreundlicher und es dauerte sechs Monate, bis man sich zu einer persönlichen Begegnung auf dem kleinen Niemandsland im Bach bereitfand. Spötter sagen, den Delegationen sei damals der Wein ausgegangen. An dieser Stelle focht Axel Oxenstierna, der königliche Reichsstatthalter und Kanzler, seinen größten Sieg. Die Dänen gaben Gotland, Jämtland, Härjedalen und Halland an Schweden. Ein Gedenkstein an der Brücke erinnert an die Namen der beteiligten Politiker: eine Art altertümliches Camp David.

—▶ Auf den folgenden 70 km der Route 1 bis → Kalmar gibt es einige nette, kleine Dörfer, viele alte Kirchen und immer wieder Ausflugsmöglichkeiten nach Osten zur Küste. Bei *Hagby* stehen gleich zwei besondere Kirchen, eine direkt im Ort, die andere 3 km südlich in *Voxtorp*. Es sind Rundkirchen aus dem 12. Jahrhundert, damals als Befestigungsbauten zum Schutz Kalmars konzipiert.

Tip: Ca. 35 km vor Kalmar liegt
östlich der E 22 das *CS-Hotel Suf-
venäs Gästgifveri.* Das 400 Jahre
alte Gebäude wurde 1993 vollständig restauriert und zum Hotel umgebaut. Familie Johansson kümmert
sich persönlich um ihre Gäste, die in
drei Gebäudeflügeln etwa 250 m

abseits der Hauptstraße inmitten
des Örarevets-Naturreservat Ruhe,
eine artenreiche Vogelwelt und vielfältige Aktivitäten (Golf, Billiard etc.)
genießen. Der Weinkeller, der sich
an Bordeaux - Weinen orientiert
(Weinproben möglich) ist an sich
schon einen Aufenthalt wert.

Route 2
Helsingborg - Höör - Ystad (ca. 150 km)

Route 2 (s. Karte Seite 131) führt
durch das Landesinnere der Provinz
Skåne (→ R 1). Man erhält ganz andere Eindrücke von der Landschaft
als auf den Routen 1 und 9, die
durch den Küstenbereich führen. So
gibt es hier Seen und eine Menge
kultureller Sehenswürdigkeiten.

→ Ausgangspunkt der Route ist
Helsingborg (→ R 1). Von dort geht
es zunächst auf der E 4 ein Stück in
Richtung Stockholm, ehe man bei
Åstorp auf Straße 21 nach *Kristian-
stad* (→ R 1) abzweigt. Links der
Straße steht noch vor der ersten
größeren Stadt die alte *Kirche von
Kvidinge.*

Klippan

30.000 Einwohner

Klippan ist eine Industriestadt mit
der ältesten Papiermühle Schwedens (über vierhundert Jahre alt).
Die **Kirche Gråmanstorp** stammt aus
dem 12. Jahrhundert. Über die moderne, flache **St. Petrikirche**, die Sigurd Leverentz zwischen 1962 und
1966 erbauen ließ, kann man unter
ästhetischem Blickwinkel geteilter

Ansicht sein. **Schloß Tommarp**,
nahe bei Gråmanstorp, ist zur Zeit
nicht zu besichtigen.

→ Die Fahrt führt weiter auf
Straße 13 in Richtung Höör. Nördlich von *Ljungbyhed* liegt das Anwesen **Herrevadskloster** Von dem ehemaligen Zisterzienserkloster, das
1144 hier gegründet wurde, sind
leider nur Reste erhalten, so ein Seitenschiff der Klosterkirche, die einst
eine große dreischiffige Basilika
war. Bereits im 16. Jahrhundert verfiel die Anlage. In dem erhaltenen
Seitenschiff richtete man eine Kapelle ein, in der eine Tafel an die
Entdeckung einer Supernova durch
Tycho Brahe erinnert. Die beiden
Hauptgebäude, die eine schloßähnliche Regimentsanlage darstellen,
stammen aus dem 18. und 19.
Jahrhundert. 1993 ging *Herrevadskloster* in Privatbesitz über. So gibt
es seit 1994 hier eine Jugendher-
berge (nur im Sommer geöffnet),
einen ganzjährig betriebenen Campingplatz und ein attraktives Freizeitangebot. In einem historischen
Stallgebäude hat man ein schönes
Restaurant eingerichtet. Für 1995
ist geplant, in einem der alten Regi-
mentsgebäude ein Hotel zu eröff-

nen. Unbedingt sehenswert ist hier die Museumsausstellung, wo die spannende Geschichte der Zisterzienser dokumentiert ist.

Tip: Wer einmal das berühmte Smörgåsbord genießen möchte, sollte in Ljungbyhed verweilen, und zwar im *Spångens Gästgivaregård*, einem landestypischen Gasthöfe.

Bei der Fahrt in Richtung Süden bieten sich bei *Skäralid* Wanderungen durch die Natur an. Hier gibt es schroffe Spalten und Talgänge mit einer abwechslungsreichen Flora. Die Route aber sollte man unbedingt in *Billinge* für einen kleinen Umweg verlassen.

◆ *Trolleholms slott*

Dieses Schloß, 10 km südwestlich von Billinge, ist ein weiteres Kunstwerk des großen Carl Hårleman, der im 18. Jahrhundert diese mittelalterliche Burg umbauen ließ. 1880 gab es erneut bauliche Veränderungen, aber der Eindruck einer alten Ritterburg blieb weiterhin erhalten. Nur der Park ist zugänglich. Doch auch schon der Anblick von außen lohnt.

◆ *Västra Strö*

Von Trolleholm erreicht man nach weiteren 5 km auf der kleinen Landstraße das Strö-Monument, eine unmittelbar am Weg liegende Ansammlung von Bautasteinen. Einer der Steine trägt eine Runen- und Bildinschrift.

◆ *Trollenäs slott*

Trollenäs, 6 km südlich von Billinge, hat eine ähnliche Geschichte wie Trolleholm. Das Gebäude wurde

1559 errichtet und 1890 von der Familie Trolle, die das Herrschaftsgebäude 1682 übernommen hatte, umgebaut. Nur der Park ist jederzeit zu besichtigen, das Schloß dagegen nur nach Anmeldung im *Hörby Turistbyrå*.

◆ *Eslöv*

Aus dem alten Dorf wurde mit dem Ausbau der Eisenbahn zu Beginn dieses Jahrhunderts eine Stadt mit 15.000 Einwohnern und mehreren Industrieansiedlungen. Im Bürgerhaus dokumentiert ein Museum diese Entwicklung.

Übernachten
BW-Hotel Sten Stensson Sten, am Markt, Tel. 0413/ 160 10, ein supermodernes Haus mit Suiten und Bubbelpool.

Öffentliche Verkehrsmittel
In Eslöv Anschluß an die Bahnlinie nach Malmö bzw. über Hässleholm nach Stockholm.

—▶   Vom Ort *Höör* (12.000 Einwohner) bietet sich der folgende Ausflug an:

◆ *Skånes Djurpark*

Auf einem Quadratkilometer leben hier vierhundert Tiere der nordischen Fauna, darunter Bär, Wolf und Elch. Sie sind hier fast so wie in freier Wildbahn zu sehen. Dazu gibt es eine spezielle Unterhaltung für Kinder (Ponyreiten, Rutschbahnen und sonstige Spielgeräte). Der Park hat geöffnet von Juni bis August täglich 9 - 17 Uhr, im April, Mai und September 9 - 16 Uhr (Eintritt 60 SEK bzw. 30 SEK).

◆ *Vätteryd*

Vätteryd liegt 14 km nördlich von Höör an Straße 23. Von den ehemals ca. 600 Steinen des großen Grabfelds existieren noch 375. Formen und Inhalte der Gräber deuten auf Totenkultvorstellungen des 5. bis 10. nachchristlichen Jahrhunderts. Es gibt Steinsetzungen in allen Formen, Brandgräber und auch ein Skelettgrab. Die reichhaltigen Beigaben kann man im SHM in Stockholm bewundern. Unter einem Teil des Grabfelds fand man Kulturschichten aus der Jungsteinzeit. Nach Abschluß der Grabungen 1957 war damit endgültig bewiesen, daß die frühe Ackerbaukultur das Landesinnere erreicht hatte und sich nicht bloß auf die Küste beschränkte.

Etwa 500 m südöstlich des Grabfelds stieß man auf eines der größten völkerwanderungszeitlichen Depots, den sogenannten "Sösdalafund" mit vielen schönen Bronze- und Silbergegenständen des 5. Jahrhunderts, die als Opfergabe in die Erde gelegt wurden. Die künstlerische Ornamentik dieser Fundgenstände bezeichnet man nach dem Fundort als Sösdalastil. Er ging dem Germanischen Tierstil voraus, der sich ab dem 6. Jahrhundert im ganzen Norden durchsetzte.

◆ *Bosjökloster*

6 km südlich von Höör liegt der flache, vogelreiche *Ringsjön.* Auf einer seiner Inseln kann man das Kloster bewundern. Als Benediktinerinnenkloster wurde es 1080 gegründet. Der Papst bekräftigte hundert Jahre später dessen Privilegien. In der Reformation wurde es von der Krone eingezogen und später mehrfach

Trollenäs slott

umgebaut. 1735 kam es in Privatbesitz. Im botanischen Garten steht
auch eine tausendjährige Eiche (Park
und Gärten geöffnet Anfang Mai bis
Ende September von 8 - 20 Uhr,
Eintritt 30 SEK bzw. 15 SEK).

Übernachten
▶ *Jägersbo Familiecamping* ***, 3
km südlich von Höör gleich am See
gelegen, Tel. 0413/ 253 76.
▶ *Gästgivaregård,* am alten Torget
in Höör, Tel. 0413/ 220 10. DZ 550
bis 750 SEK.

Hörby
Schon vor tausend Jahren kreuzten
sich hier die Wege. Heute sind es
die Straße 13 und die E 22. Der alte
Marktplatz mit der Giebelkirche im
Hintergrund vermittelt das Bild einer
gemütlichen Kleinstadt im Herzen
Skånes. Im alten Gerichtshaus,
Vallgatan 5, ist ein **Trachtenmu-
seum** eingerichtet (geöffnet außer Fr
tgl. 13 - 16 Uhr). Bekannt wurde
Hörby auch im Ausland durch seinen Radiosender, der seit den dreißiger Jahren sendet. Dort - er liegt
einige Kilometer südlich der Stadt -
hat man heute eine Halle eingerichtet, in der die Geschichte dieses Un-
ternehmens dokumentarisch festgehalten ist. Hier kann man sie wieder
hören, "Schwedens Stimme in der
Welt" (geöffnet tgl. 10 - 16 Uhr).

Touristeninformation
Hörby Turistbyrå, Nygatan 27,
24233 Hörby, Tel. 0415/ 181 80

Übernachten
▶ *Ringsjöstrands Camping* ***, direkt am Ringsjö, Tel. 0415/ 105 67,
mit Sandstrand und Wald. Es gibt
auch Hütten.
▶ *Vandrarhem*, im Süden der Stadt,
Tel. 0415/ 148 30
▶ *Stora Hotellet,* Gamla Torg, Tel.
0415/ 145 70

Bjärsjölagård
Straße 13 führt zu diesem großen
Schloßbau, der nach Plänen von
Jean Eric Rehn zwischen 1776 und
1812 im Rokoko errichtet und 1870
umgebaut wurde. Von der alten
Vorgängerburg, die Waldemar Atterdag erbauen ließ, ist nichts mehr erhalten. Im 16. Jahrhundert wurde
sie durch einen großen Hof ersetzt.
Das Schloß dient heute als landwirtschaftlicher Versuchshof und Konfe-
renzcenter. Das Gelände ist ganzjährig offen. Schloßbesichtigungen sind
aber nur nach telefonischer Absprache (0415/ 412 90) möglich.

—▶ *Sjöbo* ist ein Straßenknoten-
punkt. Hier ist ein Ausflug zum
Vombsjön, wo die berühmten schonischen Gänse brüten, unbedingt zu
empfehlen.

◆ Övedskloster
Am Nordostufer des Sees liegt dieses prächtige Schloß. Es ist die spä-
teste und eine der großartigsten Ro-
kokoanlagen der skandinavischen
Architektur, sicher eines der beein-
druckendsten Schlösser Nordeuropas überhaupt. Der berühmte Carl
Hårleman entwarf die Anlage nach
französischem Vorbild für den Adligen Hans Ramel. Jean Eric Rehn fertigte die Inneneinrichtung im Gustavianischen Stil. Die Bauzeit der Anlage einschließlich Kirche, Pavillons
und Zufahrtswegen dauerte siebzehn Jahre, von 1759 bis 1776.
Unter den Bauern, die zu Zwangsar-
beiten herangezogen wurden, galt
Hans Ramel als Schinder und Quä-
ler. Leider sind die Innenräume nicht
zu besichtigen, da sich das Schloß
in Privatbesitz befindet. Die ursprüngliche Einrichtung ist noch

größtenteils erhalten. Die Parkanlage nach Versailler Vorbild aber kann betreten werden (von Mitte Mai bis Mitte September tgl. 9 - 16 Uhr). Im Sommer ist hier ein Café geöffnet.

—▶   Die Route nähert sich nun der Küste. An der Strecke liegen weitere sehenswerte Kirchen, Burgen und Schlösser, darunter die beiden folgenden:

◆ Bjäresjö

Diesen Ort erreicht man, wenn man von Krageholm auf der Landstraße weiterfährt. Die romanische Dorfkirche ist schon im 12. Jahrhundert erbaut und später im 13. Jahrhundert mit Malereien verziert worden.

—▶   Die Fahrt führt schließlich auf Straße 13 weiter und endet in *Ystad* (→ R 1).

◆ Krageholms slott

Krageholm erreicht man, indem man bei Sövestad nach Westen einbiegt. Im Schloßpark stehen ein Runenstein und Bildstein, die von den Schloßherren entdeckt wurden. Der Bildstein ist ungewöhnlich. Er zeigt einen Mann mit Helm, Bart und einem Kreuzstab in der Hand. Der Runenstein preist die Milde eines lokalen Großbauern namens Bram gegenüber seinen Untertanen.

Bauernhof in Skåne

Route 3
Helsingborg - Jönköping (ca. 270 km)

Die folgende Route führt auf der gut ausgebauten, teilweise vierspurigen E 4 durch *Skåne* (→ R 1) und *Småland* (→ R 4). In *Jönköping* schließt sich Route 14 an, Route 16 führt dann weiter nach Stockholm. Neben der E 6 ist die E 4 sicher Schwedens meistbefahrene Straße, denn gerade der Schwerlastverkehr befördert hier Waren von und zu den Fährhäfen. Elchzäune am Wegesrand verhindern seit einigen Jahren die früher so häufigen Wildunfälle.

Aufgrund des relativ hohen Verkehrsaufkommens kann man die E 4 meiden, indem man auf die Nebenstraßen ausweicht. Das lohnt besonders, wenn man die Zeit dazu hat und nicht bloß möglichst schnell gen Norden will. A propos schnell: Es ist geboten aufzupassen, denn auch die E 4 gestattet nicht mehr als 110 km/h, und gerade hier kontrolliert die Polizei regelmäßig.
    Anschluß an Route 3 bieten die Routen 5, 12 und 13.

—▶   Route 3 führt in *Helsingborg* (→ R 1) direkt auf der E 4 aus der Stadt heraus. Vorbei am *Checkpoint Sweden* geht es hinaus aufs Land, eigentlich zunächst recht langweilig.

Auf der Höhe von *Markaryd* zeigt der Übergang zu Småland einen Kontrast zwischen den Landschaften, wie man ihn deutlicher nicht erleben könnte. War es eben noch flaches, fruchtbares Ackerland mit weißen, dänischen Häusern, so ist man mit einem Mal mitten im "richtigen" Schweden. Es geht hoch und hinunter, Nadelwälder breiten sich aus, die ersten Seen tauchen auf und die Häuser sind rot-weiß gestrichen.

Touristeninformation
Markaryds Turistbyrå, Drottninggatan 2, 28500 Markaryd, Tel. 0433/ 111 66

Übernachten
▶ *Vandrarhem,* 18 km nördlich von Markaryd, nördlich von Strömsnäsbruk, Fågelvägen 2, Tel. 0433/ 200 50, im alten Hembygdsgård untergebracht.

—▶   Die Wälder Smålands im alten Grenzgebiet werden etwa 140 km nach Helsingborg erst richtig interessant. Hier gibt es viele Gewässer für Wassersportler, und auch Elche kommen ab hier vor.

Markaryd

Dieser Ort ist eine beliebte Ausgangsbasis für Kanufreunde und Angler. Schon im 17. Jahrhundert wurde hier gerastet. 1620 wurde hier nämlich die erste Poststation Schwedens außerhalb von Stockholm eingerichtet, kurz vor der Grenze zu Dänemark.

Der Ortsteil **Ulvsbäck** stand 1629 im Zentrum der dänisch-schwedischen Friedensverhandlungen zwischen Gustav II. Adolf und Christian IV. Der Stein, auf dem beide Platz nahmen, steht noch an derselben Stelle. Doch fragt man angesichts der vielen Schlachten, die beide gegeneinander schlugen, welcher Witzbold die erhaltene Inschrift auf dem Stein verfaßte: "Hier wurde über gegenseitige Freundschaft und die Gesellligkeit des Nordens gesprochen!"

Handwerker aus Markaryd stellen ständig ihre Produkte im **Skeensgården** in Vivljunga aus, 18 km nördlich von Markaryd. Eine schöne Sammlung von Kunsthandwerk!

Ljungby

27.000 Einwohner

Die Stadt ist schon recht touristisch. Die Bebauung an der alten Thingstätte ist nur noch spärlich erhalten. Das **Tinghaus** aus dem Jahr 1825 ist heute ein Museum. Gemälde von Sven Ljungberg erzählen ein wenig wehmütig davon, wie es hier früher aussah. Ein großer Teil des Museums ist der Sängerin Kristina Nilsson gewidmet, die auf dem Marktplatz von Ljungby entdeckt wurde. Auf dem Platz neben dem Bahnhof steht ihr Bild in Bronze. → Artikel "Kristina Nilsson".

Touristeninformation
Ljungby Turistbyrå, Gamla Torg, 34126 Ljungby, Tel. 0372/ 892 20, geöffnet von Mo bis Fr 9 - 19 Uhr, Sa 9 - 14 Uhr.

Übernachten
▶ *Ljungby Camping* * * *, an der nördlichen Stadteinfahrt, Tel. 0372/ 103 50, mit elf Hütten.

▶ *Terraza Hotel,* am Markt, Tel.
0372/ 135 60, das moderne Hotel
liegt zwar zentral, ist aber nichts Besonderes.
▶ *Karlssons stugby,* zu erreichen
über einen Waldweg, ca. 3 km
rechterhand der Straße von Logan
nach Rydaholm, Tel. 0372/ 302 02,
vier rotweiße Schwedenhäuser, die
sich 500 m von der nächsten Straße
an einem kleinen See befinden. Sie
sind ideal für einen mehrtägigen
Aufenthalt. Im See vor der Haustür
darf man Krebse fischen, im größeren, der etwa 600 m weit entfernt
liegt, Hechte, Barsche und Zander.
Dort kann man auch baden, surfen
und mit dem Boot fahren. Telefonische Buchung der Unterkunft ist erforderlich.

Öffentliche Verkehrsmittel

Kein Bahnanschluß, aber mehrmals
am Tag Busse vom Güterbahnhof in
Richtung Värnamo, Alvesta und
Halmstad.

Rund um Ljungby

◆ Replösa

2 km nördlich von Ljungby liegt an
der Landstraße nach Åby das Grabfeld Replösa mit einem Königshügel,
einer schönen Schiffssetzung und
einem Runenstein, der von Astrad,
einem Wikingfürsten aus dieser Gegend, berichtet.

◆ Össlöv

Össlöv ist eine Schiffssetzung, 6 km
nördlich von Ljungby nahe der alten
Landstraße nach Åby.

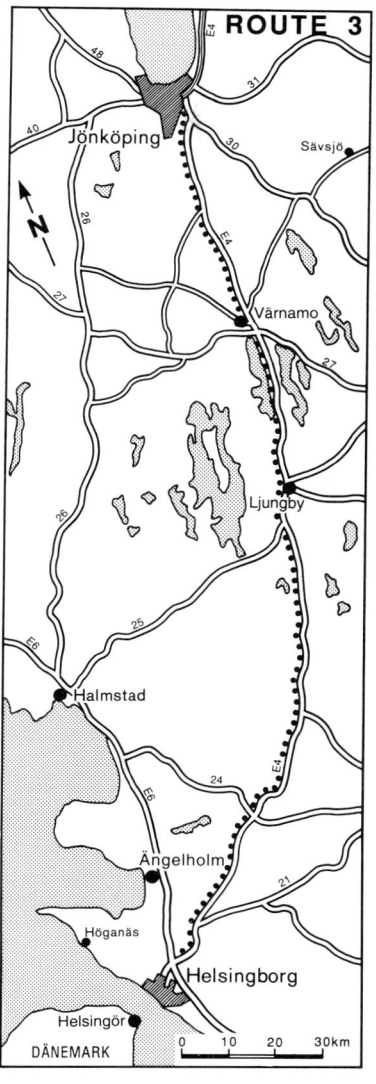

◆ Bolmen

Der mit 184 km² größte See Smålands ist ein beliebtes Ziel für ruhesuchende Urlauber. Es gibt ein großes Angebot an Ferienhäusern, Campingplätze bei *Sunnaryd* und auf der Insel *Bolmsö* sowie herrliche Badebuchten. Nahe von *Bolmsö Camping,* im Norden der Insel, erstreckt sich das eisenzeitliche Grabfeld *Bedjarör* mit einer großen Röse und vielen Steinsetzungen.

Auch auf der Insel *Bolmsö,* der größten der 365 Bolmeninseln, gibt es mehrere Grabfelder, darunter das von Spökbaken aus der Bronzezeit nahe bei der Kirche von Bolmsö. Man erreicht Bolmsö von Westen über die Straße von Vittaryd oder von Sunnaryd im Osten mit einer kleinen Autofähre.

Übernachten
▸ *Sjön Bolmen Camping * * *,* am Bolmen bei Bolmstad, Tel. 0372/ 920 51, mit zehn Hütten und gutem Service.

◆ Flåren, Möckeln und Rymmen

Diese großen Seen sind bei Ausflüglern und Urlaubern gleichermaßen beliebt.

◆ Kånna högar

Smålands größtes Grabfeld ist vor Ljungby schon rechts der E 4 zu sehen. Es ist ein sogenanntes "Hügelgrabfeld" mit ca. 250 vorzeitlichen Monumenten, vor allem kleinen Erdhügeln. Auch vier große Hügel, Richterringe, Rollsteingräber und Steinsetzungen mit Beigaben von der Bronzezeit bis zur Wikingzeit sind zu besichtigen.

◆ Lagan

Der Ort, 10 km nördlich von Ljungby, hat an Sehenswertem ein *Automuseum,* das in den Hallen am Laganland, einer großen Rast- und Servicestation direkt an der E 4 eingerichtet ist. Hier kann man sogar Oldtimer mieten und selbst damit durch die Lande fahren.

Ein paar Kilometer nördlich liegt links der E 4 die Ruine einer alten Kirche. Es stehen noch die Außenmauern auf 50 cm Höhe und ein altes Holzkreuz.

◆ Dörarp, Tutaryd und Rydaholm

Sie gehören zu den vielen sehenswerten Kirchen der Umgebung: Dörarp (18 km nördlich) mit Malereien des 16. Jahrhunderts, Tutaryd (6 km östlich), eine spanverkleidete Holzkirche, und Rydaholm (30 km nordöstlich) mit einem Doppelturmhelm.

◆ Södra Ljunga

Hier, 12 km südlich von Ljungby, liegen drei alte Pfarrhöfe, einer neben der Kirche aus dem 18. Jahrhundert. In einem ist das *Vandrarhem* (Tel. 0372/ 160 11) untergebracht. *Linggården* heißt das Museum im ältesten Hof, in dem der "Vater der schwedischen Gymnastik", Per Henrik Ling, 1776 geboren wurde.

◆ Stenbrohult

Stenbrohult liegt 35 km südöstlich von Ljungby an Straße 23. "Gott erschuf, Linné schuf Ordnung". Dieses Sprichwort zeigt die ungewöhnlich große Bedeutung, die der schwedische Naturforscher Carl von

Linné für die Wissenschaften hat. In Stenbrohult war Linnés Vater Priester und selbst schon ein Freund der Natur. Diese Liebe gab er an seinen Sohn weiter, der am 23. Mai 1707 auf dem kleinen Hof Råshult ganz in der Nähe der Kirche geboren wurde. Carl von Linné wurde zu einem der größten Naturforscher, die die Menschheit je hervorbrachte, vor allem aufgrund seiner Systematik, mit der er die Arten in Fauna und Flora einteilte und ordnete, die sogenannte "Nomenklatur der Biologie". Noch heute tragen mehr als 60 % aller bekannten Tier- und Pflanzenarten jenen lateinischen Doppelnamen, mit dem sie der "Blumenkönig" taufte. Linné war als Forscher und Professor auch viel auf Reisen und studierte unter großem Einsatz Naturerscheinungen, auch solche, die nur in abgelegenen Gegenden zu beobachten sind. In Schweden reiste er unter anderem nach Öland, Västergötland und Lappland bis zur Atlantikküste. 1778 starb Linné in Uppsala, wo er zuvor sogar Rektor der Universität war. Eines seiner sieben Kinder folgte ihm später auf diesen Platz. Weniger bekannt in Linnés Biographie sind die Tatsachen, daß er trotz seines Rationalismus doch von der Allmacht Gottes und dessen Gerechtigkeit überzeugt war und daß in Råshult nur der Gewürzgarten noch aus Linnés Kindheit stammt. Die grasbewachsene Blockhütte und die Nebengebäude waren leider nicht sein Geburtshaus, wie die großen Schilder den Touristen weiszumachen versuchen. Diesbezüglich ist auch die Darstellung in Reisebüchern und -führern falsch, denn Linnés Geburtshütte existiert schon lange nicht mehr. Aber was soll es? Akzeptiert man die angebotene Version, dann versetzen der Duft des alten Holzes, gemischt mit dem der

Ferienhaus in Småland

Kräuter und Blumen aus dem Garten, einen jeden in das 18. Jahrhundert, als schon der kleine Carl durch das Grün streifte und voller Bewunderung für die Schönheit der Natur nach ihren Gesetzen zu fragen begann.

Värnamo

30.000 Einwohner

Die moderne Handelsstadt ist heute Ausgangspunkt für Ausflüge in den Naturpark *Stora Mosse* und die Naturschutzgebiete *Åminne* am Vidöstern, *Rusarebo* am Hindsen und *Högakull* am Rymmen. Auch im Ortskern gibt es einen Flecken schöner Natur: **Apladalen** ist ein großer Park mit einem der typisch schwedischen Heimatmuseen.

Touristeninformation

Småland West Centralen, Värnamo, Tel. 0370/ 188 99

Übernachten

▸ *Prostsjöns Camping* * * *, nördlich des Zentrums auf einem Waldgrundstück, Tel. 0370/ 166 60, mit 17 Hütten.
▸ *Reso-Hotel Värnamo,* Storgatsbacken 20, nahe am Hauptbahnhof, Tel. 0370/ 115 30
▸ *Vandrarhem,* Tättingvägen 1, Tel. 0370/ 198 98, nicht besonders originell, nur im Sommer geöffnet.
▸ *Hestravikens Wärdshus,* Tel. 0370/ 363 70, ein CS-Hotel inmitten von Rasen und Wald, mit eigenem Pool, aber auch nahe am See. Zwischen Haus und See fließt ein Bach. Aus manchen Fenstern kann man angeln! Gutes Freizeitangebot mit Tennis, Kanu und Golf.

DZ 800 SEK.
▸ *Toftaholms Herrgård,* genau zwischen Ljungby und Värnamo, 2 km von der E 4 entfernt (beschildert), Hotel der Romantik-Kette, ruhig gelegen. Nach der jüngsten Renovierung stehen dem Gast nun kleine, geschmackvoll eingerichtete Zimmer in drei Holzvillen direkt am See zur Verfügung. In der Mitte steht das gelbe Hauptgebäude, ein Herrenhof mit eigenem Burggespenst. Gehobenes Publikum geht hier ein und aus, genießt die Ruhe und das vorzügliche Essen sowie den persönlichen Service des Eigentümers Jan Boethius.

Öffentliche Verkehrsmittel

Züge 6mal am Tag nach Jönköping, 8mal nach Göteborg und 6 bis 8mal tgl. nach Alvesta mit Anschluß nach Stockholm bzw. Helsingborg.

Rund um Värnamo

◆ Smålandsstenar

40 km westlich von Värnamo liegen im Nordosten Steinsetzungen, die der Siedlung ihren Namen gaben: sechs große, ringförmige Steinkreise aus der römischen Kaiserzeit und der Völkerwanderungszeit, sogenannte "Domarringar". Vermutlich wurden sie nicht nur als Gräber, sondern auch als Thingstätte konzipiert.

◆ Gnosjö

Gnosjö liegt 30 km westlich von Värnamo. Aus mehreren hundert Drahtziehereien haben sich hier im letzten Jahrhundert vielfältige Kleinindustrien entwickelt, die als exemplarisch für småländischen Erfinder-

Kristina Nilsson

Glaubt man dem Volksmund, so hat sich die kleine *Kristina* ihr erstes Geld dadurch verdient, daß sie Hoftore für Herrschaften öffnete und schloß, wie man das von *Michel aus Lönneberga* kennt - nur mit dem Unterschied, daß Kristina dabei singen und Geige spielen konnte und das schon im Alter von vier Jahren. Tatsache ist, daß sie 1858 - da war sie dreizehn Jahre alt - auf dem Marktplatz von Ljungby stand und Volkslieder sang, sehr zum Entzücken der Marktbesucher, denen die Stimme des kleinen Mädchens auffiel. Eines Tages kam der Kreisvorsteher *Tornerhjelm* über den Markt und erkannte sogleich den Wert ihres Gesangs. Es dauerte noch kein Jahr, bis das neue Wunderkind vor den Augen eines begeisterten *Franz Berwald* in Stockholm ein Debüt gab. Ihr Ruf verbreitete sich wie ein Lauffeuer, und im Februar 1860 sang das 14jährige Mädchen vor König und Adel. Nun führte sie der Erfolg nach Frankreich, England und Rußland. Die kleine Kristina wurde schon als Kind zur berühmtesten Sängerin Europas, ob als "Violetta" in "La Traviata" oder als Interpretin volkstümlicher Liedguts. Unter ihren Bewunderern waren *Königin Viktoria von England* und der *Zar von Rußland*. Kein anderes småländisches Mädchen hat es geschafft, mit einem Kaiser, *Napoleon III.*, Schlittschuh zu laufen. Kristina wurde reich und heiratete mehrfach.

1885 kehrte sie nach vielen Jahren im Ausland zu einem Besuch nach Schweden zurück. Am 23. September ereignete sich eine Tragödie, die die Hauptstadt Stockholm bis heute nicht vergessen hat. Zehntausende von begeisterten Zuhörern drängten sich unter dem Balkon des Grand Hotel, wo sich die Diva im Erfolg sonnte. Plötzlich entstand eine Massenpanik, vielleicht die erste Tragödie, die sich bei einem Konzert ereignete. 18 Menschen wurden zu Tode gequetscht, 76 schwer verletzt. Danach zog Kristina auf den Kontinent, wo sie alt wurde und in Vergessenheit geriet. 1921 ging sie in ihr Geburtsdorf *Snugge,* östlich von Ljungby, zurück. Kurze Zeit nach ihrer Ankunft in der Heimat starb sie im Alter von 78 Jahren.

geist und Fleiß gelten. Einige alte Werksanlagen sind in Gnosjö in ein *Museum* umgewandelt.

Übernachten
► *Vandrarhem*, Tel. 0370/ 310 00, nicht besonders originell.

♦ *Store Mosse*
Das "Große Moor" ist Südschwedens größter Moor- und Sumpfkomplex mit einer reichhaltigen Pflanzen- und Tierwelt. 7,7 km² sind als Naturpark ausgewiesen. Teile des Gebiets dürfen nicht betreten werden. Andernorts führen aber Pfade

durch diese Naturlandschaft, vor allem im Gebiet des Vogelsees *Kävsjön* mit großem Parkplatz und Beobachtungsturm. Im nordöstlichen Randgebiet liegt ca. 3 km südlich von Hillerstorp das Wildwest-Freizeitgelände *High Chaparral.*

♦ *Nydala*
Nydala liegt 30 km nordöstlich von Värnamo. Im Jahr 1143 wurden auf Geheiß des schwedischen Königs Sverkers des Älteren in Alvastra (Östergötland) und Nydala neue Klöster gegründet. Sie wurden von

Mönchen des Zisterzienserordens unmittelbar aus dem französischen Clairvaux bezogen. Bernhard von Clairvaux schickte in Absprache mit Sverker Äbte und Mönche in "das ferne Land jenseits aller Grenzen". Das geistige Leben in Småland wurde weitgehend von Nydala aus beeinflußt. 1164 stand das Kloster in solchem Ansehen, daß Brüder nach Gotland geschickt werden konnten. Bei Roma gründeten sie das neue geistige Zentrum der Insel, das Romakloster. Eine wichtige Grundlage für den wirtschaftlichen Erfolg der Zisterzienser waren ihre Kenntnisse bei der Eisenherstellung, die sie aus Frankreich mitbrachten. Nach dem Stockholmer Blutbad und seinem Rückzug aus Schweden plünderte Christian II. 1521 das Kloster und ließ die Mönche ertränken. Später zerstörten die Dänen den Bau fast völlig. Chor und Seitenschiff der Klosterkirche blieben aber erhalten und wurden 1688 in den Neubau der Kirche integriert, die 1704 auf Kosten des Gutsherrn Stromberg den schönen Holzturm erhielt.

◆ *Sävsjö*

Die Umgebung dieses 12.000 Einwohner großen Städtchens, 48 km nordöstlich von Värnamo, hält zahlreiche kulturgeschichtlich interessante Bauwerke bereit. Die Ruine *Eksjöhov Gård* war im 15. Jahrhundert ein Schloß der Adelsfamilie Sture. Neben vorhistorischen Gräbern und Runensteinen liegt aber der kulturgeschichtliche Schwerpunkt auf den in ungewöhnlich großer Zahl vorhandenen mittelalterlichen Kirchen aus dem 12. Jahrhundert, die zumeist gut erhalten sind. Zu den schönsten und wichtigsten Kirchen im Umfeld von Sävsjö zählen die folgenden:

Hjälmseryd liegt 20 km südwestlich an Straße 30. Die ziemlich verfallene Kirche wurde 1930 restauriert. Die Kanzel stammt aus dem Jahr 1657. In Alt-Hjälmseryd liegt der Hof Björkelund. Hier lebt und arbeitet die Holzschnitzerin Eva Spångberg, die ihre Kunst vor vierzig Jahren in Oberammergau erlernte. Sie empfängt in einer roten Holzhütte, der "Arche", Besucher und erläutert die Hintergründe zu den vielen Holzskulpturen, die in ihrem Garten stehen. Hier kann man umherstreifen und die Stimmungen nachempfinden, die ihre biblischen Gestalten ausstrahlen.

Hylletofta kyrka, 13 km westlich, über Straße 127 zu erreichen, von der man bei Stenshult nach Norden abzweigt. Eine schöne Kirche aus dem 12. Jahrhundert mit gut erhaltenem Interieur.

Norra Ljunga, 6 km westlich, ist die kleinste Kirche in der Umgebung von Sävsjö.

Hjärtlanda, 4 km südlich, birgt schöne Holzskulpturen aus dem Mittelalter.

Bringetofta, 7 km nördlich. In der kleinen Kirche gibt es Malereien aus dem späten 3. Jahrhundert.

Vallsjöbaden, ca. 6 km östlich, stammt ebenfalls aus dem 12. Jahrhundert.

Lannaskede, 13 km östlich, in Richtung Landsbro von der 127 abzweigen. Die Kirche von Lannaskede ist sehr gut erhalten. In der Apsis sind noch Spuren romanischer Wandmalereien zu erkennen. Die Bemalung der Holzdecke stammt aus dem Jahr 1702. In der Vorhalle steht ein Sarkophag mit einer Runeninschrift. Die Orgel (1734) ist wirklich sehenswert.

Myresjö, 20 km östlich von Sävsjö, 10 km westlich von Vetlanda, zu erreichen über Straße 127, von der man bei Hjältaryd abzweigt. Die kleine Kirche von Myresjö ist sicherlich die schönste und kunsthistorisch bedeutendste unter der großen Zahl der Sävsjö - Landkirchen aus dem 12. Jahrhundert. Sie besitzt Wandmalereien aus dem 13. Jahrhundert und einen schönen Turm.

Übernachten

▸ *Vandrarhem*, in Sävsjö, Tel. 0382/ 122 80, gehört nicht zu den schönsten.

—▸ Die Route verläuft weiter gen Norden. Die E 4 wird manchmal sehr breit. Das sind die Stellen, an denen sie als Notlandebahn konstruiert ist. Sie führt durch einige typische småländische Kleinstädte: *Klevshult, Skillingaryd* und *Vaggeryd*, alle mit einer wirklich gelungenen Holzbebauung. In Vaggeryd lohnt sich ein Umweg von 7 km nach Osten:

◆ *Hooks Herrgård*

Das Countryside-Hotel läßt Golferherzen höher schlagen, denn das alte Haus bietet den Freunden dieses exklusiven Sports genau das Ambiente, das sie suchen. Das Hauptgebäude des alten Gutshofes liegt unmittelbar am See. Auch viele Zimmer haben Seeblick. DZ 800 SEK. Wer Vollpension nimmt (ca. 250 SEK extra), erhält das Greenfee gratis. Tel. 0393/ 210 80.

—▸ Die Route endet in Jönköping. Anschluß bieten die Routen 5, 12 und 13.

Jönköping

110.000 Einwohner

Die Großstadt liegt sehr schön am Südufer des *Vättern*. Benachbarte Stadt ist *Huskvarna* (→ R 13).

Jönköping - Stadtansicht

König Magnus Ladulås verlieh Jönköping bereits 1284 die Stadtrechte. Dieses Dokument ist heute noch erhalten und damit das älteste seiner Art in ganz Schweden. Im 16. Jahrhundert wurde das alte Kloster zu einem Schloß erweitert, das aber verfiel und nur noch in unschönen Ruinen daniederliegt. Einige Gebäude aus der Großmachtszeit blieben erhalten, so die **Kristinekirche** (1672), das **Gerichtshaus** (Hovrätt) aus dem Jahr 1650 und das **Rathaus** (1699). Zwei Museen sind unbedingt zu besuchen. Im **Provinzmuseum** (Länsmuseet) am Dag Hammarskjölds Plats gibt es u. a. Werke der berühmten småländischen Künstler Albert Engström, Döderhultaren und John Bauer zu sehen. Letzterer war der Zeichner unzähliger hervorragender Trollbilder. Seine Wald- und Abendstimmungen, in denen scheue und häßliche, aber doch liebenswerte Trolle herumstreifen, haben über Generationen die Vorstellungen der Menschen von diesen sagenhaften Wesen geprägt (geöffnet Mo bis Fr 12 - 19, Sa 11 - 15, So 12 - 17 Uhr, Eintritt 10 SEK). In der Werkshalle der ehemaligen **Zündholzfabrik**, Västra storgatan 18, wurde ein Museum eingerichtet, das Herstellung und Verbreitung schwedischer Zündhölzer dokumentiert, von der Erfindung des Sicherheitszündholzes durch den Chemieprofessor Gustav Pasch 1844, über die erste industrielle Fertigung des neuen Produkts durch die Brüder Lundström bis hin zu *Swedish Match,* die jahrzehntelang den Welthandel mit den kleinen Feuermachern beherrschten (geöffnet Anfang Juni bis Ende August Mo bis Fr 10 - 17, Sa und So 10 - 15, in den übrigen Monaten Di bis Do 12 - 16, So 11 - 15 Uhr, Eintritt 25 SEK).

Touristeninformation

Jönköpings Turistbyrå, Djurläkartorget 2, 55189 Jönköping, Tel. 036/ 10 50 50

Übernachten

▸ *Rosenlunds Camping* * * *, gleich im Ort am Vättern gelegen, Tel. 036/ 12 28 63, mit beheiztem Bad, Sauna und Golfplatz.

▸ *Victoria Home Hotel,* im Zentrum von Jönköping, Tel. 036/ 11 28 00, gemütlich und familiär.

▸ *BW-Stora Hotellet,* direkt am Vättern, Tel. 036/ 11 93 00, ein monumentales Gebäude aus dem Jahr 1860 mit herrlichen Repräsentationssälen und sehr großen Zimmern im alten Stil.

▸ *Vandrarhem,* in Norrahammar, 8 km südwestlich von Jönköping, Spånhult, Tel. 036/ 610 75. Es liegt schön und ruhig, ist Tagungsgebäude der Anti-Alkoholiker. Also nicht mit einem Schnäpschen erwischen lassen! Geöffnet nur von Juni bis September.

▸ *Fogg's Hotel,* Huskvarna, Tel. 036/ 14 24 00, bietet die beste Aussicht auf den Vättern-See.

▸ *Scandic-Hotel,* Rosenlund, Tel. 036/ 11 91 60

Öffentliche Verkehrsmittel

Zug: Mehrmals am Tag nach Nässjö mit Anschluß an die Linien nach Stockholm, Helsingborg und Malmö; ebenfalls mehrmals tgl. nach Falköping mit Anschluß nach Göteborg und Stockholm.
Flugzeug: Vom Flughafen, 8 km südwestlich, 3mal tgl. Flüge nach Stockholm und Kopenhagen.

Rund um Jönköping

◆ Komosse

40 km westlich von Jönköping liegt Schwedens größtes Hochmoor (350 m über dem Meeresspiegel). Es reicht bis in die Provinzen Småland und Västergötland hinein. Gesicherte Wanderpfade erschließen den Großteil des Vogelreviers, von wo man im Frühjahr den "Tanz der Kraniche" beobachten kann.

◆ Taberg

Vom 350 m hohen Taberg, 14 km südwestlich von Jönköping, hat man eine phantastische Aussicht über das nördliche Småland.

◆ Bottnaryd

In diesem Ort, 24 km nordwestlich von Jönköping, gibt es eine Kirche aus dem 17. Jahrhundert, deren Dach- und Wandmalereien auf Holz gut erhalten sind. Sie stellen das Jüngste Gericht und das neue Jerusalem dar.

Route 4
Ljungby - Kalmar (ca. 170 km)

Route 4 führt auf Straße 25 quer durch *Småland*, gewissermaßen durch das Herz der Provinz.

In der Eisenzeit war Småland die eigentliche Grenzprovinz Schwedens nach Süden, waldreich und kaum bewohnt. *Värend*, *Finnveden* und *Njudung* - sie bildeten Småland. Durch die Bevölkerungszunahme seit dem 8. und 9. Jahrhundert wurde die Landschaft aber offener und heller. Wälder wurden gerodet, Ackerland gewonnen und Siedlungen gegründet. Die Bauern Smålands führten wohl das härteste Leben in Schweden, denn die Erde hier ist hart und steinig. Es gibt nur wenige große zusammenhängende Felder. Moore und Sümpfe mußten trockengelegt und Steine immer wieder gesammelt werden. Fleiß und Hartnäckigkeit zeichnen die småländischen Bauern aus. Die Arbeiter waren "Torpare", ein Landproletariat, das sich zwölf Stunden am Tag in der Fabrik für einen Hungerlohn quälte und abends vor der eigenen Holzhütte, dem "Torp", noch versuchte, dem kargen Boden etwas zu entziehen. Mitte des letzten Jahrhunderts brach in Småland eine Hungersnot aus. Sie führte zu großen Auswanderungswellen in die neue Welt. Von der Million Schweden, die zwischen 1850 und 1920 das Land verließ, war die Hälfte Småländer, die im Kampf gegen die harten Bedingungen ihrer Heimat verzweifelten. Hunger und Armut bestimmten den Alltag, aber mit småländischer Zähigkeit und Einfallsreichtum entwickelte sich allmählich eine industrielle Struktur, die die Verhältnisse verbessern sollte. Die Waldwirtschaft gewann an Bedeutung, und vor allem die Glasbläserei erreichte schon damals ihren besonderen Stellenwert. Überall entstanden Industrien, die vor allem in *Anderstorp* und *Gnosjö* vom typisch småländischen Arbeitsethos geprägt wurden. Noch heute spricht man in der schwedischen Politik viel vom "Geist von Gnosjö" und meint damit den Willen und die Kraft zum wirtschaftlichen Aufbau. In Gnosjö begann es mit Drahtwicklereien. Es folgte die Produktion von Nadeln, Ketten, Mausefallen und vielem mehr. In *Jönköping* und *Huskvarna* entwickelten sich große Industriebetriebe in den Bereichen Maschinenbau, Metallverarbeitung und Waffenherstellung. Auch der Grundstein für die Streichholzfabrik der Brüder Lundström wurde 1840 gelegt. Heute bringt zudem der Tourismus, gerade aus Deutschland, Geld in die Kassen. Hier finden die Erholungssuchenden unzählige Seen, weite Wälder, karge Granitfelsen, die Glashütten und die rot-weißen Holzhäuser, die man aus "Michel aus Lönneberga" kennt.

—▸ Am Nordende von *Ljungby* (→ R 3) verläuft die Route über Straße 25 nach Osten in Richtung Växjö bzw. Kalmar. Nach 40 km erreicht man *Alvesta*, einen Verkehrsknotenpunkt. Nach weiteren 15 km folgt die erste größere Stadt.

Växjö

69.000 Einwohner

Schön ist sie nicht - man hätte in dieser Umgebung ein ansprechenderes Stadtbild erwartet. Neben Jönköping und Kalmar ist Växjö aber Smålands bedeutendste Stadt.

Schon in heidnischer Zeit lag hier ein großes Handelszentrum. 1164 wurde Växjö Bischofssitz, nachdem der englische Missionar St. Sigfrid hier schon einige Jahre zuvor eine Kirche hatte errichten lassen. Heute ist Växjö Verwaltungs- und Ausbildungszentrum. So gibt es auch eine Universität mit verschiedenen Studiengängen.

Einige berühmte Schweden lebten in Växjö, so Carl von Linné, der "Blumenkönig", der Dichter und Bischof Esaias Tegnér, der Schriftsteller und Nobelpreisträger Pär Lagerkvist oder der Tennisstar Mats Wilander.

Nach mehreren verheerenden Bränden im letzten Jahrhundert ist vom alten Stadtbild nur sehr wenig erhalten, das heißt, Växjö würde kaum einen Preis für schöne Stadtviertel gewinnen können.

Sehenswürdigkeiten

Die **Domkirche** (Baubeginn 1120) erhielt ihre heutige Fassade bei den Restaurierungsarbeiten der fünfziger Jahre. Ihre bemalten Glasfenster stammen vom berühmten Glasmaler Bo Beskov; ein zweiter Helm wurde auf den Turm gesetzt. Direkt neben dem Dom liegt die Landesbibliothek, das frühere **Gymnasium** (1715), in dem Carl von Linné und Viktor Rydberg zur Schule gingen. Esajas Tegnér lehrte hier. Als Wohnsitz diente ihm während seiner Zeit als Bischof (1824 - 1846) der **Bischofshof** in Östrabo im Ostteil der Stadt. Växjös wahre Schätze stellen die beiden Museen aus, für die man sich viel Zeit nehmen sollte. Auf breitem Raum und pädagogisch gelungen dokumentieren die Abteilungen des **Småland Provinzmuseums** in der Södra Järnvägsgatan 2 die Geschichte der Glasherstellung, des Waldbaus und der kulturellen Entwicklung der Provinz. Im daneben liegenden **Haus der Auswanderer** (Utvandrarnas hus) sind Ursachen und Folgen der schwedischen Emigration nach Nordamerika, die Armut der Provinz im letzten Jahrhundert, Entvölkerung und Verelendung so plastisch dargestellt, daß man sehr lebhafte Eindrücke und auch eine genaue Vorstellung dieser Verhältnisse bekommt. Das Haus bewahrt auch Dokumente Vilhelm Mobergs auf, die bei dessen Romanserie über die Auswanderer benutzt wurden. Wer Smålands Geschichte und das Schicksal seiner zähen Menschen in der Auseinandersetzung mit harten Lebensbedingungen verstehen möchte, kommt an beiden Museen nicht vorbei. Für die technische sowie didaktische Aufbereitung und Präsentation ihres Materials haben beide schon bedeutende Preise erhalten (beide Museen geöffnet Mo bis Fr 9 - 16, Sa 11 - 15, So 13 - 17 Uhr).

Touristeninformation

Växjö Turistbyrå, Kronobergsgatan 8, 35112 Växjö, Tel. 0470/ 414 10, geöffnet Mo bis Fr 9 - 17, Sa 10 - 14 Uhr.

Übernachten

▸ _Evedals Camping_ * * *, 6 km nördlich von Växjö am Helgasjön, Tel. 0470/ 630 34, mit Strand, Wald und Hütten. Das _Evedals Värdshus_ serviert beste schwedische Hausmannskost im historischen, gemütli-

chen Holzhaus.
▸ _Vandrarhem,_ in Evedal, 6 km nördlich von Växjö am Helgasjön, Tel. 0470/ 630 70, hat Kanu- und Ruderbootsverleih. Für Wassersportfreunde und Angler aufgrund seiner ruhigen Lage gut geeignet.
▸ _Scandic Hotel,_ in Växjö, Tel. 0470/ 220 70, und in Österleden, Sandviksvägen 1, Tel. 0470/ 290 50, beide Häuser sind Motels.
▸ _BW-Royal Corner,_ von Straße 23 aus beschildert, Tel. 0470/ 100 00, ein modernes Geschäftshotel, das zentral liegt und ein hohes Serviceangebot hat. DZ 640 SEK.
▸ _Villa Gransholm,_ in Gemla, 12 km westlich der Stadt, Tel. 0470/ 676 65, ein CS-Hotel in wald- und seenreicher Umgebung, ruhig gelegen. Eine kleine Jugendstilvilla mit Giebeln, Türmen und romantischer Einrichtung. Der Inhaber des kleinen Hauses kümmert sich liebevoll um seine Gäste. Es gibt einen eigenen Tennisplatz, Billard etc. und viel Ruhe. DZ 800 SEK mit Schecks.

Öffentliche Verkehrsmittel

Zug: 15 bis 18 Züge am Tag nach Göteborg und Kalmar; unterwegs in

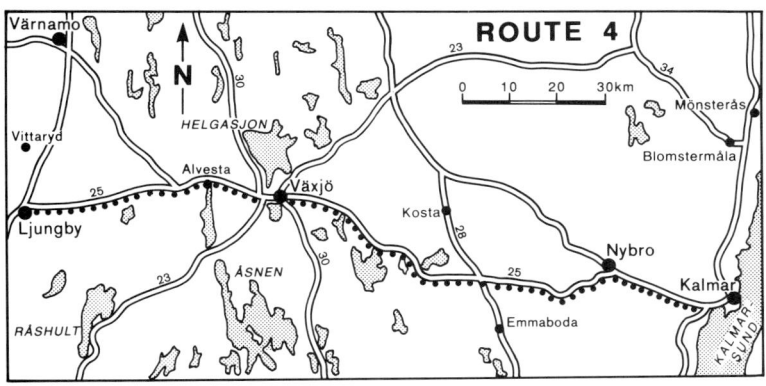

Alvesta Anschluß nach Stockholm, Helsingborg und Malmö.
Flugzeug: 7mal tgl. Flüge nach Stockholm vom Flugplatz, 10 km nördlich von Växjö.

Rund um Växjö

◆ Kronoberg-Schloßruine

Auf einer Insel im schönen Helgasjön mit seinen vielen Buchten und Stränden liegt 6 km nördlich von Växjö die ehemalige Residenz des Bischofs von Växjö, die zu Beginn des 16. Jahrhunderts Königshof wurde. Nils Dacke feierte 1542 in der noch unversehrten Burg Kronoberg ein rauschendes Weihnachtsfest. Sie wurde einige Monate später während der Kämpfe mit den Truppen Gustavs zerstört. Im 18. Jahrhundert verfiel die Anlage. Mittsommer wird heute in der Burg groß gefeiert. Von der letzten Juni- bis zur letzten Juliwoche verkehrt der mit Holz geheizte alte Dampfer "Thor" von der Ruine aus auf den Helgasjö (Informationen und Tikketreservierungen unter Telefon 0470/ 630 00 oder 451 45). Wer weder zu Mittsommer noch zu Dampferfahrt hierher kommt, sollte wenigstens die småländischen Sahnewaffeln im Café des Rittmeisterhofs neben der Ruine versuchen.

◆ Bergkvara

Die teils schon grün überwachsene Burgruine aus dem späten 15. Jahrhundert, 6 km südlich von Växjö, liegt idyllisch am Seeufer. Die Burg von Arvid Trolle wurde 1542 vom aufständischen Bauernführer Nils Dacke erobert und zerstört. Dacke stand in einer Fehde mit Gustav Wasa und brachte für einige Monate große Teile Smålands sowie ganz Öland in seiner Gewalt. In Dackes Truppe standen unzufriedene Bauern, Verbrecher und Deserteure. Nach seinen Siegen führte er sich in Småland wie ein Kleinkönig auf und wurde selbst zum Tyrann. Nach der Niederlage seiner Truppe gegen Gustav Wasa im Frühjahr 1543 wurde er von einem Verräter ermordet. Den Leichnam ließ Gustav Wasa nach Kalmar bringen und wie damals üblich in vier Teile hacken. Dackes Gefolgsleute wurden gerädert. Zur Ruine gelangt man über einen 200 m langen, schönen Uferweg durch das Gelände einer Adelsfamilie, deren privater Herrensitz leider nicht zu besichtigen ist.

◆ Inglingehög

Das Grabfeld, 20 km südlich von Vaxjö bei Ingelstad, mit seinen 130 Hügeln, Steinsetzungen und Erdgräbern wird von Smålands mächtigstem Grabhügel dominiert, dem *Inglingehög*, der aber nicht in die Reihe der bronzezeitlichen Erdhügel gehört, sondern als stattliches Exemplar der vendelzeitlichen "Königshügel" gilt, wie jene drei Hügel in Uppsala oder die Anundshög bei Västerås. Trotz des Namens ist nicht davon auszugehen, daß hier ein "Ynglinger" begraben ist, also ein Vertreter der großen schwedischen Königsdynastie, die den Nationalstaat begründete und auf legendäre Vorfahren zurückblicken kann. Vermutlich wurde die Anlage für einen Kleinkönig errichtet, der um das 6. und 7. Jahrhundert hier in der Landschaft Värend lebte. Bemerkenswert sind der Bautastein, der auf der Spitze des Hügels errichtet wurde, und eine Steinkugel daneben, die einzige ihrer Art, die mit reichhaltiger Ornamentik versehen ist. Zur Zeit wird sie untersucht.

◆ *Jäts kyrka*

Die schöne Stein- und Holzkirche aus dem Mittelalter mit Malereien des Växjö - Meisters J.C. Zschotzscher liegt 25 km südlich von Växjö am Åsnen-See, auf den man den besten Blick vom *Lunnabacken* am Südufer hat. Man sieht auf Obstplantagen, Wälder und eine spiegelglatte Seeoberfläche.

◆ *Drevs kyrka*

Die romanische Kirche von Drevs, 25 km nordöstlich von Växjö, stammt aus dem 12. Jahrhundert. Einige mittelalterliche Inventarien sind erhalten. Die Fresken gehen auf das 17. Jahrhundert zurück.

◆ *Huseby Bruk*

20 km südwestlich liegt an Straße 23 das Eisenhüttenmuseum *Huseby Bruk*, das in mehreren alten Hüttengebäuden untergebracht ist. Daneben lockt der *Gutshof Huseby* (1844) mit Möbelausstellungen und dem Wirtshaus *Stallet*, eingerichtet in einem Stall aus dem Jahr 1837. Alles in allem dokumentiert die Anlage sehr anschaulich Leben, Wohnen und Arbeiten im letzten Jahrhundert.

◆ *Dädesjö kyrka*

Die Kirche von Dädesjö, 26 km nordöstlich von Växjö, zählt zu den größten sakralen Sehenswürdigkeiten Schwedens, ja sogar ganz Europas, denn der kleine, turmlose Steinbau, der um das Jahr 1200 errichtet wurde, hat im Inneren einzigartige Zeichnungen mit biblischen und mythologischen Motiven sowie Malereien bewahrt. Die dreißig sehr gut erhaltenen Medallions an der

Decke wurden um 1260 in romanischem Stil angefertigt. Neben der Kirche von Dädesjö gibt es in Europa nur noch in Hildesheim und in Graubünden je eine Kirche mit romanischen Deckenmalereien. Eine in der Kirche ausliegende Flugschrift beschreibt die Szenen, die im wesentlichen vom Weihnachtsevangelium und vom legendären Staffan Stalledräng handeln. Dieser, ein ehemaliger Knecht des Herodes, wurde in Schweden lange Zeit verehrt. Auch an den Wänden gibt es gut erhaltene Malereien, die besten unter dem Triumphbogen, wo man auch den Namen des Malers, Sigmundr, in Runenschrift lesen kann. Ein unschätzbares Kleinod ist die Statue des heiligen Olaf von Norwegen, jenes Königs Olaf Haraldsson, der 1030 in der Schlacht bei Stiklestad fiel. Er hatte die Christianisierungswerk Olaf Tryggvassons fortgesetzt, das diesem nur halb gelungen war. Das Schnitzwerk aus Pappelholz stammt etwa aus dem Jahr 1200. Später wurde die Figur des Heiligenmörders hinzugefügt und die ganze Skulptur in einen Kiefernschrein gestellt. Die Marienstatue auf dem nördlichen Seitenaltar stammt ebenfalls aus dem 13. Jahrhundert. Man sollte sich auf jeden Fall die Zeit nehmen, den Deckenbildern anhand der Beschreibung inhaltlich zu folgen. Dabei sollte man sich stets vor Augen halten, daß diese Kunstwerke vor mehr als siebenhundert Jahren auf das Holz gemalt wurden und noch immer aussagekräftig sind.

◆ *Granhults kyrka*

Diese Kirche, 38 km nordöstlich vön Växjö an Straße 31, wurde um 1230 errichtet. Sie ist eine der ältesten Holzkirchen Schwedens. Das Südportal erscheint noch ganz in

Jahren hier schon Papier hergestellt wurde (geöffnet für Besichtigungen Mo bis Fr 7 - 11.30 und 12.30 - 16 Uhr; Führungen in Deutsch von Mitte Juni bis Mitte August um 9.30, 10.30, 13 und 14.15 Uhr).

Rund um Lessebo

♦ Korrö

Dieser Ort liegt 20 km südlich von Lessebo, zu erreichen über die Straße bis Linneryd, von wo es weiter auf Straße 122 in Richtung Karlskrona geht. *Korrö* ist ein idyllisches Handwerkerdorf mit gut erhaltenen Holzhäusern aus dem letzten Jahrhundert. Säge, Mühle, Färberei und viele andere Betriebe können besichtigt werden. 1864 übernahm C.F. Übel, ein bayerischer Braumeister, das ganze Dorf und braute hier bestes Bier. Witwe Übel aus der gleichen Familie vermachte 1950 Korrö dem STF. Im alten Herrenhof wurde ein *Vandrarhem* eingerichtet (Tel. 0470/ 342 49). Rund um Korrö erstreckt sich ein Naturreservat mit einer großen botanischen Artenvielfalt.

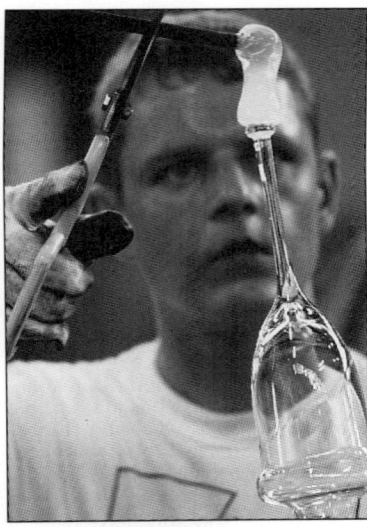
Glasbläser bei der Arbeit

romanischem Stil, das Marienbild stammt aus dem 14. Jahrhundert. Im Stift Växjö gab es im Mittelalter viele solcher Holzkirchen, aber fast alle fielen den Bestrebungen Bischof Tegnérs zum Opfer, der im letzten Jahrhundert eine gnadenlose Abrißpolitik verfolgte, weil er neue, sterile Einheitskirchen wollte. Die Bürger von Granhult waren unter denen, die sich wehrten. 1824 kauften sie sich mit 2.000 Reichstalern davon frei, ihre Kirche abreißen und die im Nachbarort benutzen zu müssen.

Lessebo

Dieser Ort war früher eine bedeutende Industrieansiedlung mit einer Eisenhütte und einer Papierfabrik. In der alten Papierfabrik kann man heute verfolgen, wie vor dreihundert

♦ Kosta

In diesem Ort, 14 km nördlich von Lessebo, besichtigt man natürlich die älteste Glashütte Schwedens (1742) und den Verkaufsladen. Den Glasbläsern kann man bei ihrer Arbeit zusehen (Hütte geöffnet Mo bis Fr 9 - 18 Uhr, Verkaufsladen Mo bis Fr 9 - 18, Sa 10 - 16, So 12 - 16 Uhr). An der Glashütte gibt es auch eine Touristeninformation (geöffnet wie der Laden der Glashütte, aber nur im Sommer).

—► Weiter geht es auf der Route 4, nun mitten durch das "Glasreich", wo überall Schilder weitere Hütten anzeigen, bis zur nächsten größeren Stadt:

Nybro

21.000 Einwohner

Bis 1945 war Nybro als Kur- und Badeort bekannt. Dann wurden die Anlagen geschlossen. Besuchenswert sind der alte **Kurpark** und die **Heimatmuseen** in Quarnaslätt und Madesjö. In letzterem kann man alte Kirchenstallungen besichtigen.

Touristeninformation
Nybro Turistbyrå, Sveaplan, 38280 Nybro, Tel. 0481/ 452 15, oder im Sommer in der Kosta- oder Orrefors-Glashütte.

Übernachten
► *Joelskogens Camping* * *, im Süden des Orts gelegen, Tel. 0481/ 450 86, mit Hütten auf einem schönen Waldgrundstück.
► *Vandrarhem,* nicht weit vom Campingplatz entfernt, Tel. 0481/ 109 32, ein großes, ansprechendes Holzhaus mit hundert Betten.
► *Stora Hotellet,* im Ortskern, Tel. 0481/ 119 35, wer hier übernachtet, erhält 10 % Rabatt beim Einkauf in den lokalen Glashütten.

Rund um Nybro

♦ Orrefors
Auch diese Glashütte, 17 km nordwestlich von Nybro, ist weltberühmt. 1898 wurde sie gegründet. Das *Orrefors-Museum* dokumentiert die Geschichte der Hütte, die sich schon früh auf Glaskunst spezialisiert hat (Betrieb und Laden geöff-

net Mo bis Fr 8 - 15, Sa 10 - 16, So 12 - 16 Uhr).

Kalmar

55.000 Einwohner

Für diese Stadt sollte man sich schon etwas Zeit nehmen, denn sie ist schön und es gibt einiges zu sehen. Die Nähe zur Insel *Öland,* das milde Klima und die vielen statistisch belegten Sonnentage locken zahlreiche Touristen hierher. Trotzdem wirkt der Ort nicht überlaufen. Zwei bis drei Tage braucht man schon, um Stadt und Umgebung kennenzulernen.

Geschichte und Sehenswürdigkeiten
Kalmar hatte bereits früh eine große Bedeutung. Bis ins 16. Jahrhundert

Glas aus Småland
Die älteste noch erhaltene Glashütte Schwedens ist das 1742 gegründete *Kosta.* Aber schon im 16. Jahrhundert holte *Gustav Wasa* Glasbläser aus Venedig in das Land. Zeitweise existierten über zweihundert Hütten, schon damals die meisten in Småland - 25 sind übriggeblieben. Neben Kosta sind *Orrefors, Boda* und *Lindshammar* die bekanntesten. Mit der Anstellung der berühmten Glasbläser *S. Gate* und *I. Hald* begann 1917 bei Orrefors die Epoche der Herstellung von Kunstobjekten aus Glas, die den Weltruhm dieser Firma begründete. Glaserzeugnisse aus den Hütten zwischen Växjö und Kalmar erfreuen sich in allen Erdteilen höchsten Ansehens.

hinein übertraf Kalmar an Bevölkerungszahl und Wichtigkeit sogar Stockholm. Es war Schwedens größte Stadt. 1397 wurden die nordischen Länder hier unter Führung von Königin Margarete von Dänemark zur *Kalmarer Union* vereint. Auch nach den Befreiungskriegen unter Gustav Wasa behielt die Stadt eine herausragende Rolle bei der Sicherung der Reichs.

Die mittelalterliche Burg wurde zum **Schloß** ausgebaut, Wälle und Verteidigungsanlagen hinzugefügt. Dieses Schloß ist heute die erste Sehenswürdigkeit des Orts, denn es gilt als Schwedens schönster Renaissancepalast. Vor allem die prachtvolle Inneneinrichtung, die Eric XIV. und Johann III. in Auftrag gaben, ist sehenswert. Nachdem ab 1613 der Kern der Stadt auf die Insel *Kvarnholmen* verlagert wurde, verfiel das Schloß und wurde als Gefängnis und Schnapsbrennerei

genutzt. 1850 arbeitete Helgo Zettervall an einer gründlichen Restaurierung (Eintritt 40 SEK bzw. 10 SEK).

Das **Provinzmuseum Kalmar** liegt auf Kvarnholmen im Stadtzentrum. Es zeigt die 1980 geborgenen Funde aus dem Regalschiff "Kronan", das 1676 vor Kalmar unterging. Man hat hier den größten, je in Schweden gefundenen Goldschatz geborgen, dazu Kanonen und Schmuck (geöffnet 15.6. bis 15.8. Mo bis Sa 10 - 18, So 12 - 16 Uhr, in der übrigen Zeit Mo bis Fr 10 - 16, Mi bis 20, Sa und So 12 - 16 Uhr, Eintritt 30 SEK bzw. 20 SEK).

Der **Dom** am Stortorget wurde 1659 von Nicodemus Tessin dem Älteren (→ Stockholmer Schloß) im italienischen Barock erbaut.

Auch wenn der Eindruck einer modernen Industrie- und Schulstadt überwiegt, so hat Kalmar doch seine romantischen Ecken. Rund um

Schloß von Kalmar

In Schweden wird gerne gefeiert
oben: *Fest des Lichts – Luciafest*
unten: *Mittsommerfest*

Blühendes Rapsfeld in Südschweden

oben: *Schloß von Uppsala*
unten: *Blick über den Öresund*

oben: *Schloß Gripsholm*
unten: *Schloß Läckö*

Stille am Klarälven

Windmühlen sind typisch für Öland

das Schloß sind in der Gamla stan noch viele pittoreske Gebäude erhalten. Sehenswert ist vor allem der **Krusenstjernska Gården**, ein zweihundert Jahre altes Bürgerhaus. Auf Kvarnholmen steht ein idyllisches **Holzhausviertel** aus dem 18. Jahrhundert, das besonders eindrucksvoll in der Norra Långgatan ist. Auch am Lilla Torget und am Larmtorget liegen schöne, alte Häuser.

Der Bereich um den Ort **Torsås**, etwas südlich des Stadtzentrums von Kalmar, gilt als Zentrum des småländischen Kunsthandwerks. Hier können Freunde von kunstvoller Keramik, Holzschnitzereien oder schönen Möbeln zwischen vielen kleinen Werkstätten mit Verkauf wählen.

Touristeninformation

Kalmar Turistbyrå, Larmgatan 6, 39120 Kalmar, Tel. 0480/ 153 50, im Sommer Mo bis Fr 9 - 20, Sa 9 - 17, So 13 - 18 Uhr, im Winter Mo bis Fr 9 - 17 Uhr. Abweichungen von diesen Öffnungszeiten gibt es in den Übergangszeiten.

Übernachten

▶ *Stensö Camping* * * *, 2 km südlich von Kalmar auf einer bewaldeten Halbinsel, Tel. 0480/ 888 03, ein großer Platz mit vielen Hütten und allen Freizeitmöglichkeiten.

▶ *Vandrarhem*, in Ängö, 1 km nördlich der Stadt Rappegatan 1c, Tel. 0480/ 129 28

▶ *Scandic-Hotel*, 2 km außerhalb, Dragonvägen 7, Tel. 0480/ 223 60, ein Motel gleich neben der E 22 im typischen Scandic-Stil.

▶ *BW-Stadshotellet*, zentral am Stortorget gelegen, Tel. 0480/ 151 80, das weißgetünchte, mondäne Hotel mit Wintergarten bietet Pool und gute Küche.

▶ *Slottshotellet*, Slottsvägen 7, Tel. 0480/ 119 93, ist mit 1.100 SEK für ein DZ das teuerste Hotel weit und breit. Das Romantik-Hotel hat 36 verschiedene, stilvoll eingerichtete Zimmer.

Route 5
Jönköping - Västervik (ca. 180 km)

Route 5 führt parallel zu Route 4 auf Straße 33 von *Jönköping* bis *Västervik* durch die nördlichen Teile der Landschaft *Småland* (→ R 4) in West-Ost-Richtung.

In dieser Gegend ähneln sich die Landschaftsformen Smålands und Östergötlands, das unweit nördlich liegt. Wald und Seen herrschen vor. Kanufahrer und Wassersportler finden hier sehr gute Bedingungen.

Die Route nimmt ihren Ausgang in *Jönköping* (→ R 3). Von hier fährt man nun zunächst auf Straße 31/33 in Richtung Osten.

Nässjö

31.000 Einwohner

Nässjö - das ist Südschwedens höchstgelegene Kommune und heute ein wichtiger Eisenbahnknoten. Im **Freilichtmuseum**, u. a. mit einem alten Dorfladen und Feuer-

wehrmuseum, wird die Bedeutung
der Bahn für die Stadt dokumentiert.

Touristeninformation

Nässjö Turistbyrå, Järnvägsgatan 9,
57180 Nässjö, Tel. 0380/ 780 60

Übernachten

▶ *Vandrarhem Ambjörngården,* 2
km südlich des Bahnhofs, Tel.
0380/ 108 99, eingerichtet in einem
alten Hof aus dem Jahr 1799.

Öffentliche Verkehrsmittel

Nässjö liegt sowohl an der Bahn-
hauptlinie nach Helsingborg (von
dort weiter nach Stockholm) mit bis
zu zehn Abfahrten täglich als auch
an den Ost-West-Linien nach Oskarshamn, Jönköping, Falköping,
Göteborg und Halmstad mit mehreren Abfahrten pro Tag.

◆ Toranäs

Bei Toranäs, 6 km südlich von
Nässjö, liegt das besuchenswerte
Grabfeld *Torsa stenar* mit insgesamt
elf Grabanlagen, unter denen die
große, dreisternenförmige Steinsetzung herausragt, deren Innenräume
völlig mit Steinen aufgefüllt wurden.
Diese Grabform ist ansonsten in
Schweden gänzlich unbekannt.

—▶   Route 5 führt nach weiteren
5 km an eine Straßengabelung, wo
man auf Straße 33 die Richtung Västervik bzw. Eksjö einschlägt.

Eksjö

18.000 Einwohner

Eksjö ist eine der besterhaltenen
schwedischen Holzstädte, eine klei-

ne Perle, die einen Aufenthalt von
mindestens einem Tag wert ist. Die
Stadtrechte wurden ihr schon 1406
verliehen. 1568 steckten die Bewohner ihre Stadt selbst in Flammen, um sie nicht in die Hände der
Dänen fallen zu lassen. Viele alte
Holzbauten aus der Wiederaufbau-
phase des 16. Jahrhunderts sind bis
heute erhalten geblieben, vor allem
im nördlichen Teil, denn der Südteil
der Stadt wurde nach einem weiteren Brand 1856 modern konzipiert. Der **Marktplatz** mit der Statue
eines småländischen Reiters trennt
die beiden Ortshälften noch immer.
Die Holzhäuser im Südteil stammen
aus dem 19. Jahrhundert, während
im Nordteil die richtig alten, roten
Holzhäuser mit Laubengang stehen.
Im **Eksjö Museum** in der Arendt
Byggmästares gata, eingerichtet in
einem alten Hof, gibt es eine Sammlung des Malers Albert Engström,
der hier lebte. Im **Heimatmuseum**
gleich nebenan wurden alte Sehenswürdigkeiten der Region zusammengetragen.

Touristeninformation

Eksjö Turistbyrå, beim Museum,
57528 Eksjö, Tel. 0381/ 361 70

Übernachten

▶ *Movänta Camping* * * *, am Süd-
strand des Försjön, 10 km östlich
von Eksjö, Tel. 0381/ 300 28, mit
Campinghütten und guten Freizeitmöglichkeiten für Kanuten und
Wanderer.
▶ *Vandrarhem,* Österlånggatan 31,
beim Eksjö Museum, Tel. 0381/
361 80, in einem Holzhaus mitten
im pittoresken Stadtkern.
▶ *Stadshotellet,* am Marktplatz, Tel.
0381/ 130 20, das alte, gute Haus
bietet DZ zum Sommerpreis von

525 SEK.
► *Ullinge Wärdshus,* 10 km westlich von Eksjö, Tel. 0381/ 810 60, sehr schön unmittelbar am See gelegen.

Rund um Eksjö

♦ Aneby

Aneby liegt 22 km nördlich von Eksjö. Im Norden der kleinen Stadt rauscht der *Stalpet,* ein Wasserfall, 20 m tief in ein urtümliches Tal hinein.

6 km nördlich von Aneby liegt die kleine Siedlung *Stjärneborg* mit dem Schloß der Familie Stierngranat und einem Eisenbahnmuseum. Der eigensinnige Ingenieur Malte Stierngranat prägte das Gesicht dieser Siedlung ganz entscheidend. Er sammelte Kuriosa, die nun in Stjärneborgs Museum zu sehen sind. Er entwickelte die lokale Eisenbahn, wozu er sogar neue Stationen errichten ließ, und konstruierte schließlich Smålands wohl ungewöhnlichste Grabstätte. Man kann sie besichtigen: eine sechs Meter hohe Holzpyramide, die seiner Frau und ihm seit 1960 als letzte Ruhestätte dient - die "Cheopspyramide" vom Smålandswald.

Touristeninformation
Turistbyrå, Kommunhuset, 57822 Aneby, Tel. 0380/ 462 40

♦ Vetlanda

Straße 32 führt nach 32 km in Richtung Süden ins 28.000 Einwohner zählende Vetlanda. Sehenswert sind dort zwei mittelalterliche Kirchen. Die eine steht in der Innenstadt, die andere bei Näsby, ca. 5 km nordwestlich von Vetlanda. Beide wurden im 12. Jahrhundert errichtet. Letztere zeigt schöne Deckenmalereien aus der Hand Zschotzschers. Im Stadtpark gibt es ein kleines historisches Museum mit Funden aus den Vorzeitgräbern des nördlichen Smålands.

Touristeninformation
Vetlanda Turistbyrå, Stadshuset, 57421 Vetlanda, Tel. 0383/ 974 14

Übernachten
► *SH-Stadshotellet,* am Markt, Tel. 0383/ 120 90. DZ 450 SEK.

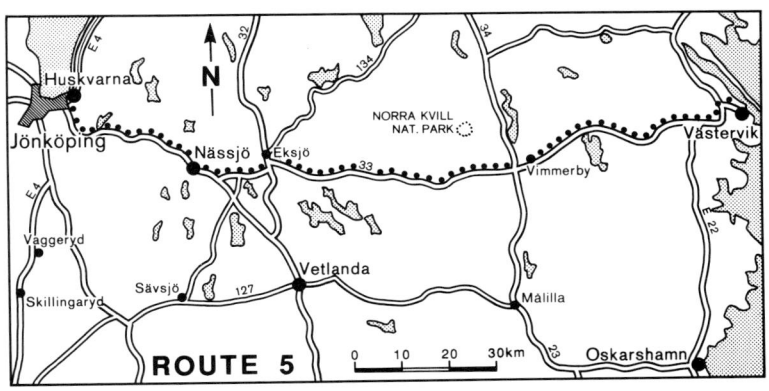

◆ *Skuruhatt*

13 km nordöstlich von Eksjö liegt das geologisch hochinteressante Gebiet um den Skuruhatt. Mit einer Höhe von 337 m ist der Berg ein Aussichtspunkt, den schon der Maler Albert Engström immer wieder aufsuchte. Sowohl der Gipfel als auch die 800 m lange Spalte *Skuru-gata* sind seit 1967 Naturreservate - eine für Südschweden ungewöhnlich urwüchsige Landschaft. Unten im Canyon, der zwischen 6 und 24 m breit ist, herrscht eine kühle, feuchte Luft. Gutes Schuhwerk ist für eine kleine Rundwanderung zu empfehlen.

—► Bevor der nächste größere Ort auf Route 5 erreicht wird, bieten sich verschiedene Zwischenstopps an.

Hult

Auf dem Friedhof der Kirche von Hult liegt der Maler Albert Engström begraben. Er wurde 1869 in Lönneberga geboren und verbrachte seine Kindheit hier in Hult. Sein Heim war in einem Teil des schönen Heimathofs, in dem heute im Sommer seine Theaterstücke aufgeführt werden. Mehr als zwanzig Jahre lebte und zeichnete Engström in Grisslehamn, dem "Worpswede Schwedens" (→ R 26). Er starb aber 1940 hier, in Hult.

Pelarne

Nachdem man *Mariannelund* hinter sich gelassen hat, ist der nächste Halt bei Pelarne mit der alten Holzkirche aus der Mitte des 13. Jahr-

hunderts. Sie besitzt ein schönes Triumphkruzifix aus dieser Zeit. Der 40 m hohe Glockenturm wurde im 17. Jahrhundert errichtet.

Zwischen Pelarne und Mariannelund liegt **Sevedstorp**, das von Astrid Lindgren "Bullerby" getauft wurde. Hier wurden die Filme der "Kinder von Bullerbü" gedreht.

Vimmerby

16.000 Einwohner

Vimmerby im nördlichen Småland ist ein Holzstadtidyll mit Tradition. Wie in Eksjö so gibt es auch hier ausgeprägte Viertel mit wunderschönen, alten Holzhäusern. Am schönsten sind sie wohl in der Stargatan - ein Traum von einer Kleinstadt aus buntem Holz. In Nr. 17 befindet sich in einem Haus mit barocken Deckenmalereien *Café Lustgården*, das mit einem riesigen Kuchenbuffet aufwartet. Die Häuser zeigen, wie es vor zweihundert Jahren in jeder Kleinstadt ausgesehen haben mag. Die bekannteste Persönlichkeit dieser Holzhausstadt ist natürlich Astrid Lindgren, die 1907 hier geboren wurde und ihre Kindheit im Pfarrhof Näs verbrachte. Ganz Vimmerby scheint in ihren Büchern Platz gefunden zu haben: die Bäume im Garten, die man aus den "Kindern von Bullerbü" kennt, die Polizeiwache aus "Kalle Blomquist" in "Båtmansbacken" und vieles mehr. Für die Fans der Filme von Astrid Lindgren sei gesagt, daß in der "Astrid-Lindgren-Welt" in Vimmerby alle Stätten ihrer Filme originalgetreu nachgebaut sind. Eine Ausstellung über die erfolgreiche Autorin wurde im Park eingerichtet.

Touristeninformation
Vimmerby Turistbyrå, Grankvistgården, 59837 Vimmerby, Tel. 0492/ 310 10

Geschichten vom Elch

Alle lieben ihn - die Touristen, weil es ihn zu Hause nicht gibt, die Naturschützer, weil er allen Ausrottungsversuchen widerstanden hat, die Jäger, weil es ohne ihn im Herbst keine plausible Erklärung gäbe, morgens um fünf im Wald zu sitzen und Schnaps zu trinken, was aber verboten ist, und die Feinschmecker, weil er so gut zu Rotkraut und Püree paßt!

Nur die Waldbesitzer, die ihre Bäume lieber zu Ikea-Möbeln verarbeitet sehen, als im Magen der großen Waldbewohner, die mögen ihn gar nicht und haben daher gleich zwei Motive, im Herbst mit ins Feld zu ziehen. Fragt man einen Schweden, ob es denn in der Umgebung seiner Wohnung noch Elche gebe, hört man garantiert ein selbstbewußtes "Javisst" - "Na klar, wir haben massenweise Elche hier!".

Sieht man dann wirklich einen Elch am Straßenrand, dann halten die Schweden in Scharen an und sind ganz aus dem Häuschen, so als ob sie noch nie einen ihrer zahlreichen Waldbewohner gesehen hätten.

Etwa 150.000 der weder dummen noch eingebildeten Tiere fallen der herbstlichen Schießwut zum Opfer. Weniger sterben bei Autounfällen, dank der vielen Zäune entlang der großen Straßen. Und ob man es glaubt oder nicht: Die Scheu vor ihrem einzigen Feind ist so gering, daß sie sich ab und an wirklich an die Mülltonnen der Städte verirren. Auch soll schon mal ein Elch gerade noch die Fähre herüber nach Dänemark erreicht haben, bevor sich die Klappe hinter ihm schloß. Ob das stimmt, weiß ich nicht, wohl aber, daß im Sommer 1991 gerade in Småland ein paar Leute wieder Grund hatten, schlecht vom "besten Freund des Schweden" zu denken. Ein Exemplar dieser Gattung tauchte nämlich allmorgendlich auf einem Golfplatz auf, nicht verstehen wollend, daß solche Sportsfreunde Unebenheiten aller Art in ihrem grünen Teppich hassen. Man fing ihn und transportierte ihn hundert Kilometer weiter.

Bis heute nicht gefaßt ist dessen Verwandter, der sich durch eine offene Verandatür eingeladen fühlte, in das Wohnzimmer eines småländischen Eigenheimbesitzers zu spazieren. Er hatte wohl selbst nicht mit einem frisch gewienerten Kachelboden gerechnet. Die Rutschpartie des Tieres auf allen Vieren durch Wohn- und Eßzimmer wurde zum Versicherungsfall. Sind ein zertrümmertes Klavier, zerbrochene Vasen und allerlei Scherben nach Elcheinwirkung ein Fall für eine Hausratversicherung?

Übernachten

▶ *Nossenbadens Camping* * * *, am Nossen, 2 km östlich von Vimmerby an Straße 33, Tel. 0492/ 314 10, schön gelegen, im Juli recht voll. Auch Campinghütten kann man reservieren.

▶ *Vandrarhem*, in Hörestadshult, 5 km östlich, Tel. 0492/ 102 25

▶ *Vandrarhem*, in Lönneberga, Lönnebergavägen, Tel. 0495/ 400 36. Beide Vandrarhems liegen ruhig in waldreicher Umgebung, sind für einen längeren Aufenthalt zum Entdecken Ostsmålands gut geeignet. Wanderwege, Kanuverleih in Lönneberga und Sportanlagen in der Nähe.

▶ *SH - Stadshotellet,* Sevedegatan 39, zentral in Vimmerby, Tel. 0492/ 121 00, außen ein hundert Jahre altes Gebäude in pinkfarbenem Ton bemalt, innen topmoderne Zimmer. DZ 795 SEK.

Rund um Vimmerby

◆ Rumskulla

Sucht man Katthult, den Hof des kleinen "Michel aus Lönneberga", so darf man nicht in den gleichnamigen Ort fahren, sondern nach Rumskulla, 20 km westlich von Vimmerby. Der Hof *Gibberyd* steht hier noch, wie fürs Fernsehen geschaffen, das Katthult aus der Serie des kleinen Lieblings mit Wohnhaus, Scheune, Michels Schnitzerstube mitsamt seinen Schnitzereien und der Fahnenstange, an der die kleine Ida hing. Obwohl Rumskulla keine Werbung dafür betreibt, hat doch schon über eine Million Menschen den Weg hierher gefunden (geöffnet im Sommer täglich 10 - 19 Uhr).

◆ Stenfors

Das ist eine Wassermühle, 5 km nordwestlich von Gibberyd (Rumskulla), die auch zu besichtigen ist. Sie liegt idyllisch an einem mit Seerosen bewachsenen See. Auch ein Café ist dort im Sommer in Betrieb.

◆ Norra kvill

20 km nördlich von Vimmerby liegt Schwedens kleinster Nationalpark.

Der ursprünglich 28 ha große Norra kvill wurde 1927 zum schützenswerten Areal erklärt, um ein Stück alten Nadelwalds in unberührtem Zustand zu erhalten. 1994 wurde er auf 114 ha vergrößert. Hier stehen mächtige Kiefern und Fichten, viele älter als dreihundert Jahre. Unweit südlich des Parks steht an der Straße nach Vimmerby die "Tusenårseken" - mit einem Stammumfang von 14 m die größte Eiche des Landes, ja einer der ältesten Bäume Europas. Am Westrand des Parks befindet sich in *Ösjöfors* eine alte Papiermühle.

◆ Djursdala kyrka

15 km nördlich von Vimmerby liegt die schöne Holzkirche von Djursdala aus dem Jahr 1692, die im Inneren mit biblischen Motiven an Decke und Seitenwänden verziert ist. Der Altarschrein stammt aus der Werkstatt des Lübecker Meisters Bernd Notke (→ Dom in Stockholm).

◆ Storebro

Der Weg nach *Storebro*, 8 km südlich von Vimmerby, lohnt für Musikinteressierte, die Kenntnisse in der schwedischen Sprache haben. "Visans skepp" ist eine den historischen Schiffssetzungen nachgebildete Anordnung von Granitfelsen, in die man die Texte von zwanzig der beliebtesten Volkslieder eingemeißelt hat (→ Vimmerby).

Übernachten

▶ *Fredensborgs Herrgårdshotel,* bei Storebro, Tel. 0492/ 306 00, ist ein idyllischer Herrenhof aus dem Jahr 1875 mit Holzschnitzereien, offenem Kamin und herrlichen Gemächern. Hier sollte man wohnen, vor allem wenn man gerne sportliche Aktivitäten betreibt. Das historische

Haus liegt mitten auf dem Golfplatz Tobo. Aber auch Angler, Tennisfreunde und Laufsportler finden hier gute Möglichkeiten für ihre Freizeitbeschäftigung vor.

—▶   Route 5 führt nun vorbei an der *Kirche von Frödinge* mit alten Gewölbemalereien und am karolinischen Herrenhof *Toverum* weiter durch *Ankarsrum* zum Endziel der Route:

Västervik

40.000 Einwohner

Västervik hat schöne, alte Holzhäuser aus dem 18. und 19. Jahrhundert erhalten können. In der Båtsmansgränd stehen noch die niedlichen, rotbemalten Matrosenhütten. Die ganze Stadt ist eine echte Sommerfrische, beliebt bei Seglern, Anglern und Wassersportlern. Der **Schärengarten** mit mehr als 5.000 Inseln und Inselchen lockt Schweden und Touristen aus dem Ausland gleichermaßen in die lebendige Küstenstadt. Fischerei wird hier noch berufsmäßig betrieben. Auf dem **Fiskaretorget** bieten die Seeleute u. a. ihren berühmten geräucherten Aal an. Bedeutendstes Bauwerk ist die **Kirche St. Gertrud** aus dem 15. Jahrhundert am Marktplatz. Ihr Altar wurde 1696 von Burchard Precht geschaffen. Bekannte Architekten wirkten in Västervik: Carl Fredrik Adelcrantz errichtete 1782 einen neuen Kirchturm und Carl Hårleman zeichnete 1751 die Entwürfe für das **Cederflychtska fattighuset**, ein Armenhaus, in dem allerdings die Armen besser lebten als die Reichen andernorts. Der älteste Hof in Västervik liegt gleich daneben: **Aspagår-**

den beherbergt heute einige Kunsthandwerker. Västervik ist im übrigen bekannt für sein großes Gesangsfestival, das in den Ruinen der Festung **Stegeholm** abgehalten wird.

Touristeninformation

Västerviks Turistbyrå, Strömsholmen, 59330 Västervik, Tel. 0490/ 367 90, geöffnet im Sommer tgl. 8 - 20 Uhr.

Übernachten

▶ *Lysingsbadets semesteranläggning* ***, von der E 22 in Richtung Stadtmitte noch 300 m, dann beschildert, Tel. 0490/ 367 95, riesengroß, aber dennoch attraktiv ist dieser Platz mit allem an Service und Freizeitmöglichkeiten, was ein Campingplatz bieten kann: Freibad mit Turm, Wasserrutschbahn, Bootsverleih, Golfplatz, Tanzplatz, Bibliothek etc. und über hundert Hütten. Dazu gehört auch ein Vandrarhem, Tel. 0490/ 367 95.
▶ *BW-Stadshotell,* in der City, Tel. 0490/ 131 00, ganz neu, topmodern. DZ 640 SEK mit Schecks.

Holzhäuser in Västervik

Route 6
Öland (ca. 280 km)

Route 6 beginnt in *Kalmar* (→ R 4) mit Anschluß an die Routen 1, 4 und 8. Sie führt in einer Ringstrecke über *Öland*. Von Kalmar erreicht man die Insel über eine Brücke. Wer die Strecke per Fahrrad zurücklegt, kann sich in der Touristeninformation ein Diplom dafür ausstellen lassen. Zug- oder Flugverbindungen gibt es keine, aber Lokalbusse fahren in alle Dörfer der Insel, die an der hier beschriebenen Ringstraße liegen, von Borgholm aus drei- bis sechsmal am Tag.

In Anlehnung an den bekannten schwedischen Naturforscher Carl von Linné besagt ein schwedisches Sprichwort: "Wer ins Ausland fahren will, braucht nur nach Öland zu reisen." Öland hat vieles zu bieten. Es wird die Insel der Sonne, der Winde, der Steppe, der Windmühlen und der Burgen genannt.

Mit 1.350 km² ist Öland die zweitgrößte Insel Schwedens. Sie erstreckt sich über eine Länge von 140 km parallel zur schwedischen Ostseeküste. Ihre maximale Breite beträgt jedoch nur 16 km. Auf Öland leben heute 23.000 Menschen, die über die imposante, 1972 erbaute Ölandbrücke mit dem schwedischen Festland verbunden sind. Mit 6 km ist sie die längste in Europa.

Öland ist aufgrund seiner Lage äußerst niederschlagsarm und zugleich das Gebiet mit den meisten Sonnenstunden in Schweden. Die vom Atlantik kommenden Wolken haben sich oft bereits über dem Festland ausgeregnet, bevor sie die Insel erreichen. Der spärliche Regen führt im Sommer manchmal sogar zu Wasserknappheit. In jedem Fall

aber hat er Öland zu einem beliebten Urlaubsziel im Sommer und Herbst werden lassen. Dabei kommt der Insel aber auch ihre Vielzahl von schönen, flachen Sandstränden zugute. Doch nicht nur Sonne, sondern auch Wind ist auf Öland reichlich vorhanden. Da die Insel flach, beinahe topfeben ist, können die Ostseewinde ungehindert über sie hinwegfegen. Dies kann zur Zeit der Herbst- und Winterstürme recht unangenehm sein.

Noch untypischer als die Geologie ist die Vegetation Ölands. Während es im Norden der Insel zahlreiche Laubwälder gibt, wird der Süden völlig durch das steppenähnliche Heidegebiet von *Stora Alvaret* geprägt, das insgesamt ein Viertel der Inselfläche einnimmt. Obwohl Stora Alvaret auf den ersten Blick einen öden Eindruck macht, besitzt es eine eigenartige Vegetation. Auf dem ebenen Kalksteinplateau stößt man auf Pflanzen, die man sonst nur in den Alpen, in den Ebenen Sibiriens oder in Südosteuropa finden kann. Am schönsten ist Stora Alvaret im Frühsommer, wenn es sich in ein buntblühendes Blumenmeer verwandelt. Symbol der Insel ist das gelbblühende Sonnenröschen, das weltweit nur hier vorkommt.

Obwohl es eigentlich nur an den Küstenstreifen sehr gute landwirtschaftliche Anbaugebiete gibt, war Öland seit jeher Bauernland. So entstanden in allen Ortschaften zahlreiche Windmühlen. Von den einst knapp zweitausend Mühlen sind heute noch etwa vierhundert erhalten. Zum charakteristischen Inselbild gehören neben diesen Windmühlen auch Burgen.

—▸ Die Route führt in den Norden der Insel. Zunächst geht es an *Färjestaden* vorbei auf die Straße 136.

Algutsrum

Das ist der einzige Ort Ölands, in dem die alten Marktbuden aus dem 18. Jahrhundert noch auf beiden Seiten der Marktgasse erhalten sind. Die Holzläden an der Vorderseite sind die einzige Öffnung der Buden, wobei nach dem Aufklappen der Läden der obere als Regenschutz und der untere als Ladentisch dient. Die Marktleute müssen also über den Ladentisch klettern, um nach innen zu gelangen. Alljährlich findet in Algutsrum Anfang Juli ein großer Sommermarkt statt, der viele Besucher anlockt.

—▸ Nach weiterer Fahrt erreicht man *Rälla*. Hier bietet sich ein Ausflug zur Inselmitte an.

◆ Karums alvar

Karums alvar ist ein großes Grabfeld aus der Eisenzeit. Südlich davon liegt die 30 m lange und 4 m breite Schiffssetzung "Arche Noah" (Noas ark), bei Steine die Reling und Ruderbänke markieren.

—▸ Route 6 führt nach *Halltorp.* Westlich der Straße 136 befindet sich *Halltorps hage,* Schwedens größtes Hainbuchengebiet. Hier gibt es aber auch zahlreiche mehrere hundert Jahre alte Eichen, die zugleich Biotop für zwei unter Naturschutz stehende Käferarten sind.

Bevor man nun auf Straße 136 das Ortsschild von Borgholm erreicht, bietet sich kurz vorher die Möglichkeit, *Borgholms slottruin* und Schloß *Solliden* (→ Borgholm, Sehenswürdigkeiten) zu besuchen.

Borgholm

Die Lage inmitten der Insel und der natürlich geschützte Hafen machten Borgholm und das benachbarte Köping bereits vor Jahrhunderten zum Handelszentrum Nord- und Mittelölands. Heute ist Borgholm mit 3.000 Einwohnern "Hauptstadt" und gleichsam Touristenzentrum der Insel. Die schönen Holzvillen verleihen dem Ort einen lieblichen Charme.

Die Entstehung Ölands

Früher, als alles auf dieser Erde viel größer war als heute, waren auch die Schmetterlinge von unglaublichem Ausmaß. Nun gab es damals einen besonders schönen Schmetterling, der viele Kilometer lang war und riesige blaue Flügel besaß, die in der Sonne blitzten und funkelten. Eines Tages wagte sich der Schmetterling hinaus auf die Ostsee. Doch kaum war er über dem offenen Meer, da geriet er in einen Sturm. Die Ostseewinde zerrten an seinen Flügeln, bis diese abfielen und der Körper ins Meer plumpste, nur wenige Kilometer von der Küste entfernt. Bald trug der Wind vom Festland Samen herüber. Doch sie fanden auf dem flachen, versteinerten Schmetterlingskörper kaum Halt und wurden vom Wind weiter mitgerissen. Nur an den Rändern konnten die Pflanzen Wurzeln schlagen und Grün bilden.

Sehenswürdigkeiten

Die größte Sehenswürdigkeit der Stadt ist **Borgholms slottruin**, die größte Schloßruine Skandinaviens. Von der ursprünglich mittelalterlichen Burg, die im 12. Jahrhundert zum Schutz der Handelszentren Köping und Borgholm (damals noch unter dem Namen "Borgehamn") angelegt wurde, ist heute fast nichts mehr zu sehen. Um 1280 wurde die Burg zur zweitgrößten Reichsburg Schwedens erweitert. In den folgenden Jahrhunderten wechselten die Besitzer Borgholms ständig, bis Johann III., Sohn Gustav Wasas, in der 2. Hälfte des 16. Jahrhunderts die mittelalterliche Burg abreißen und ein riesengroßes Renaissanceschloß errichten ließ. Dieses verfiel im 18. Jahrhundert allmählich und brannte schließlich im Jahr 1806 aus.

Nicht nur das Schloß, sondern auch die umliegenden, zum Naturreservat **Borgehage** gehörenden Waldgebiete mit ihren Wanderwegen laden zu einem Besuch ein.

Schloß Solliden, unweit der Schloßruine, ist die Sommerresidenz der schwedischen Königsfamilie. Als solche wurde es auch in den Jahren von 1903 bis 1906 im Auftrag der damaligen Kronprinzessin Viktoria erbaut. Diese überwachte den Bau selbst und konnte so ihre Wünsche unmittelbar geltend machen. Auf ihre Veranlassung erhielten Schloß und Park einen eher südländischen Stil. Der Schloßpark ist während des Sommers für Besucher zugänglich. Das Schloß selbst kann nicht besichtigt werden - Könige wollen auch mal ihre Ruhe.

Köpingsvik (Köping) ist dank seiner wunderbaren Sandstrände zum beliebtesten Badeort Ölands geworden. 300 m südöstlich der Kirche von Köping steht der **Tingflisa**, ein ca. 2,50 m hoher, sehr gut erhalte-

ner Runenstein. Weitere fünfzig Steine befinden sich in der Umgebung der Kirche in einer Entfernung von etwa 500 m bzw. wurden zum Teil in die Kirche gebracht. 50 m nordöstlich der Kirche steht der höchste Runenstein der Insel (2,70 m). Er wurde von Gotland im 10. Jahrhundert exportiert und vermutlich erst hier auf Öland mit seiner Inschrift versehen.

Touristeninformation

Borgholms Turistbyrå, Hamnen, 38700 Borgholm, Tel. 0485/ 890 00

Übernachten

Hier, besonders unweit nördlich von Köpingsvik, reihen sich die Campingplätze wie Perlen an einer Schnur. Hier hat man alles, was man braucht, und findet sicher auch in der Hochsaison immer einen Platz.

▸ *Kapelluddens Camping* ***,** am Nordrand von Borgholm, Tel. 0485/ 101 78

▸ *Klinta Camping* ***,** in Köpingsvik, Tel. 0485/ 721 56, auch Hütten.

▸ *Vandrarhem Rosenfors,* an der südlichen Ortseinfahrt von Borgholm, Tel. 0485/ 107 56, ein schöner Herrenhof.

▸ *Strand-Hotel,* Villagatan 4, Tel. 0485/ 888 88, das bevorzugte Hotel der gehobenen Mittelklasse. DZ 500 - 1.000 SEK je nach Standard.

▸ *Ekerumsbadet* ***,** bei Halltorp, Tel. 0485/ 551 90, Dorf mit hundert Hütten.

▸ *CS- und Romantik-Hotel Halltorps Gästgiveri,* in Halltorp, Tel. 0485/ 850 00, ein Haus mit 33 Zimmern, die garantieren, daß man sich hier wohlfühlt. 22 dieser Zimmer sind im

Stil der 22 schwedischen Landschaften eingerichtet. Man blickt auf das Meer, staunt über die geschmackvolle Einrichtung des 1710 erbauten Hofs und genießt die hervorragende Küche, vor allem Fisch. DZ 196 DM mit Schecks.

Föra

Die Kirche von Föra besitzt einen gut erhaltenen Wehrturm aus dem 12. Jahrhundert. Er sollte die Kirche gegen die zahlreichen Raubzüge, von denen die Insel heimgesucht wurde, schützen. Südlich des Friedhofs steht ein schönes Steinkreuz, das über die Ermordung des Priesters Martin im Jahr 1431 berichtet.

—▶ Route 6 führt nun zunächst auf Straße 136 weiter bis zur Nordspitze der Insel, dann aber wieder auf derselben Strecke zurück und verläuft später über die hier in Föra beginnende Ostküstenstraße nach Süden. Auf Straße 136 geht es nun weiter gen Norden.

♦ Knissa mosse

Nördlich von Föra zweigt eine Straße nach Lofta ab. Über diese erreicht man nach 2 km auch Knissa mosse. Dieses Moorgebiet im Süden von Sandvik läßt sich auf einem Wanderweg näher erkunden. Bereits 1931 wurde das Areal wegen seiner Flora und Fauna, vor allem aber wegen seiner vielen Orchideenarten und seines Vogelreichtums, unter Naturschutz gestellt.

—▶ Auf Route 6 erreicht man *Södvik*. Dort bieten sich zwei Ausflüge auf der Straße nach *Stenninge* in Richtung Westen an:

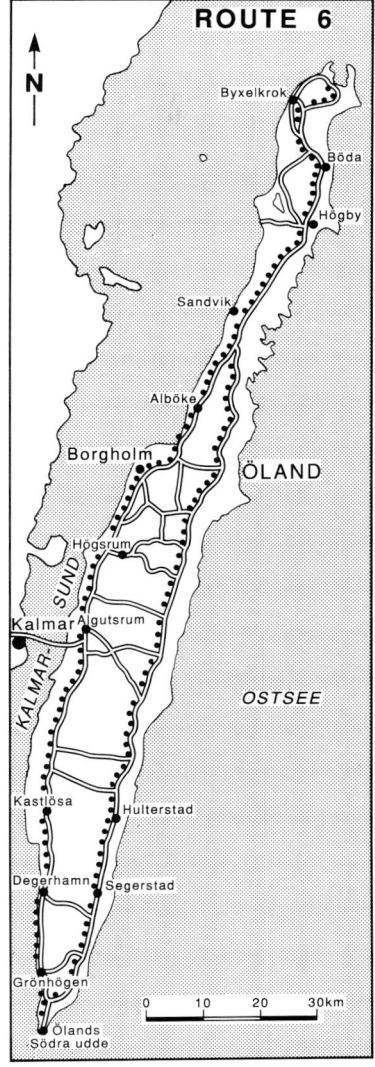

◆ Sandviks kvarn

Die Mühle von Sandvik ist die größte Mühle holländischen Typs in Schweden. Sie ist 26 m hoch und besitzt acht Stockwerke. Heute befindet sich im untersten Geschoß ein gemütliches Restaurant. Die Mühle wurde 1856 in Vimmerby gebaut und 1885 nach Öland transportiert. Hier war sie bis 1956 in Betrieb.

◆ Jordhamn

Jordhamn ist von Stenninge auf dem Küstensträßchen weiter nach Norden (5 km nordwestlich). Hier befindet sich Ölands einzige erhaltene windbetriebene Scheuermühle, die zum Schleifen von Kalksteinplatten diente. Der Kalksteinabbau ist auch heute noch ein bedeutender Industriezweig Ölands. Daneben findet man auch den primitiveren Vorgänger der Scheuermühle, der noch von Ochsen betrieben wurde.

Källa kyrka

Es lohnt sich, nach Osten in Richtung Källahamn abzubiegen und die alte Kirche von Källa 2 km östlich der Abzweigung zu besuchen, eine außen gut erhaltene Verteidigungskirche aus dem 13. Jahrhundert. Ursprünglich hatte sie drei Stockwerke, den eigentlichen Kirchenraum, darüber eine Wohnung und zuoberst einen Schutzraum. Heute ist die Kirche bis zum Dachstuhl offen.

—▸ Wieder auf Route 6, geht es weiter nach *Löttorp*. Dort bietet sich ein Ausflug an die Westküste an:

◆ Byerums raukar

Von der Straße, die von Löttorp nach Westen führt, biegt man nach ein paar hundert Metern in Richtung Vedby ab und fährt von dort nach Binnerbäck zu Byerums raukar (7,5 km nordwestlich von Löttorp). Am Südende des vorzüglichen Badestrands der Bucht *Byerums Sandvik* befindet sich Ölands einzige Raukarlandschaft mit ihren durch Meer und Wind geschaffenen bizarren Steinformationen, die aber in Größe und Formenvielfalt denjenigen Gotlands nachstehen.

—▸ Wer sich an Route 6 hält, fährt über Böda zum folgenden Ort:

Byxelkrok

Vom malerischen Fischer- und Touristenort hat man täglich Fährverbindungen nach *Oskarshamn* auf dem Festland. Um Byxelkrok gibt es schöne Ausflugsmöglichkeiten.

Touristeninformation
Byxelkroks Turistbyrå, Sjöstugan, 38075 Byxelkrok, Tel. 0485/ 285 00

Übernachten
▸ *Neptuni Camping* **, Tel. 0485/ 284 95, mit Hütten am Strand.
▸ *Vandrarhem*, in Böda an der Ostküste, Tel. 0485/ 220 38, mit vielen gemütlichen Betten.

Rund um Byxelkrok

◆ Blå Jungfrun

Die kleine Granitinsel, nur 1.150 m lang und 840 m breit, liegt im *Kalmarsund*. Das Eiland ist seit

1925 Nationalpark und ein herrliches Ausflugsziel. Man sollte sich einen Tag Zeit nehmen, um die durch eiszeitliche Überformung rundgeschliffene Insel mit ihren Grotten und bizarren Felsformationen auf dem 4,5 km langen Rundweg zu erkunden. Während der Süden der Insel bewaldet ist, zeigt sich der Norden größtenteils kahl. Die einzige historische Sehenswürdigkeit ist das Steinlabyrinth *Trojaborg*. Die "Blaue Jungfrau" war seit jeher Gegenstand von Sagen und phantastischen Geschichten. Sie erhielt ihren Namen durch Seeleute, die fürchteten, beim Aussprechen des früher geläufigen Namens "Blåkulla" könnte Sturm aufziehen und ihre Boote in Gefahr bringen. Außerdem war die Insel als Treffpunkt von Hexen bekannt und gefürchtet.

Blå Jungfrun erreicht man entweder mit dem Boot von Oskarshamn auf dem Festland (von Mitte Juni bis Mitte August Abfahrt 9.30 Uhr) oder von Byxelkrok mit dem Fischkutter "Mary II". Dieser fährt in der Zeit von Ende Juni bis Mitte August jeden Tag um 10 Uhr in Byxelkrok ab und gegen 16 Uhr zurück.

Tip: Die Blå Jungfrun ist ein Nationalpark. Dort gibt es nichts zu kaufen. Also Picknickkorb mitnehmen!

Öland-Brücke

zeichneten und efeuumrankten alten Bäume, die in den Dämmerstunden schon leicht unheimlich aussehen können. Das Naturschutzgebiet ist durch Wanderwege gut erschlossen.

◆ *Neptuni åkrar*

Die "Gefilde Neptuns", 2 km nördlich von Byxelkrok, bestehen aus einem Geröllfeld, das seinen Namen von Carl von Linné erhielt. Im Frühsommer sieht es hier sehr schön aus. Dann blüht in Mengen der Blaue Heinrich, der mit seinem Blau das Grau der Steine überstrahlt. Im südlichen Teil des Gebiets befindet sich ein Grabfeld aus der Eisenzeit, u. a. mit einer Schiffssetzung, dem *Forgallaskeppet*.

◆ *Böda Kronopark*

Die Gegend um Byxelkrok gehört zum Böda Kronopark, mit 60 km² Ölands größtes Waldgebiet, das wegen des mageren Sandbodens vornehmlich aus Kiefern besteht. Der schönste und für Streifzüge beliebteste Teil des Parks ist *Trollskogen*, der "Wald der Trolle", nördlich von Grankullavik am Ende der Straße 136. Der Wald erhielt diesen Namen wegen seiner vom Sturm ge

—► 4 km nördlich von Neptuni åkrar endet dann die Straße 136 an der Küste. 2 km vorher bietet sich die Möglichkeit, ganz hinauf zur Nordspitze Ölands mit dem Leuchtturm *Lange Erik* und dem Vogelschutzgebiet *Lilla grundet* abzuzweigen.

Route 6 führt nun aber über dieselbe Strecke zurück bis *Föra*. Dort geht es nun weiter über die Ostküstenstraße nach Süden.

Egby kyrka

Diese Kirche ist die kleinste der Insel. Sie stammt aus dem 12. Jahrhundert. Aus dieser Zeit sind noch der Seitenchor mit seinen schmalen Fenstern, das Taufbecken und der Steinaltar erhalten. Die mit Malereien verzierte Kanzel ist aus dem 18. Jahrhundert. Obwohl die Kirche 1818 umgebaut wurde, hat sie größtenteils ihr sehr mittelalterliches Aussehen bewahrt.

—▶ Auf Route 6 kommt man nach _Bredsätra_, an dessen Kirche sich ein Ausflug zur Ostküste empfiehlt:

◆ Kapeludden

Auf der Landzunge Kapeludden lag während des Mittelalters das Dorf _Sikavarp_, das als Handelsplatz eine wichtige Rolle spielte. Heute befindet sich hier neben ein paar Fischerhütten und dem Leuchtturm (1872) die Ruine der St. Birgitta Kapelle. Die Kapelle stammt aus dem 13. Jahrhundert und wurde der heiligen Birgitta geweiht, nachdem 1374 die sterblichen Überreste jener Heiligen auf der Überführung von Rom nach Vadstena hier an Land gebracht worden waren.
In der Nähe der Kapelle befindet sich ein drei Meter hohes Steinkreuz, das ebenfalls aus dem 13. Jahrhundert stammt.

—▶ Route 6 führt weiter nach _Störlinge_, wo sieben Windmühlen die längste Mühlenreihe Ölands bilden. Alle gehören zu dem für Öland typischen Bockmühlentyp. Siehe → Artikel "Ölands Windmühlen".

Gärdslösa kyrka

Sie ist Ölands besterhaltene mittelalterliche Kirche, die bereits im 12. Jahrhundert erbaut wurde. Doch erhielt sie erst bei einem Umbau 1240 ihr kreuzförmiges Schiff mit dem großen Querhaus und Gewölben in Quer- und Langhaus. Ein gotländischer Baumeister, Håkan Tanna, leitete die Arbeiten. Im Chor sind Wandmalereien aus dem späten Mittelalter zu sehen. Die Kanzel stammt aus dem Jahr 1666, der Altaraufsatz wurde 1764 und das Taufbecken aus ölandischem Marmor 1670 gefertigt.

—▶ Weiter geht es auf der Oststraße. Von _Långlöt_ bieten sich die beiden folgenden Ausflugsziele an:

◆ Ismanstorps borg

Die kreisförmige Fluchtburg, 4,5 km westlich von Långlöt an der Straße nach Rälla, gehört zu den interessantesten Verteidigungsanlagen von Öland. Sie wurde wahrscheinlich im 5. Jahrhundert errichtet. Innerhalb der Ringmauer befanden sich 88 Häuser, deren Grundmauern heute noch erhalten sind. Die Fundamente im Zentrum der Burg deuten auf Häuser aus der Wikingzeit. Vorher muß es an deren Stelle einen großen Freiplatz gegeben haben. Hier hielt man Vieh, denn feindliche Belagerungen konnten Wochen und Monate dauern. Erst als die Zahl der Bewohner in den umliegenden Siedlungen sehr groß geworden war, mußte man neue Häuser in der Fluchtburg errichten. Doch die für die Wikingzeit typischen Blitzüberfälle von schnellen Schiffen aus machten einen längeren Aufenthalt auf der Burg nun nicht mehr nötig. Interessant an der Anlage ist auch die Zahl von neun Toren, die aus

Verteidigungsaspekten keine besondere Wirkung hat. Die Zahl "9" hat aber - neben der "13" - in der germanischen Mythologie eine kultische Bedeutung. Zur nüchternen Funktion als Verteidigungsanlage muß Ismanstorp auch (vielleicht erst in der Wikingzeit) eine Funktion als religiöses Zentrum gehabt haben.

♦ Himmelsberga

Das idyllische Himmelsberga, ein altes, für Öland typisches Reihendorf liegt 1 km westlich von Långlöt. Das **Heimatmuseum** umfaßt zwei Bauernhöfe, eine Schmiede und eine typische "Öland-Windmühle". Hier erhält man beste Einblicke in das Leben auf Öland im 18. und 19. Jahrhundert.

Fälkeslundastenen

Dieser Felsblock, auch als *Folkeslundastenen* bekannt, 1,5 km südlich von Långlöt, liegt am Wegesrand. Er bildet den Mittelpunkt einer Grabanlage aus dem 5. Jahrhundert. Ausgrabungen in diesem Gebiet lassen darauf schließen, daß der eigenartig geformte Stein schon seit Beginn der Bronzezeit kultischen Zwecken diente. Sein seltsames Aussehen hat dem Stein im Volksmund den Namen "Kroppkaka" nach dem öländischen Nationalgericht, den Kartoffelklößen, eingebracht.

—▶   Nur ein paar Kilometer weiter südlich führt Route 6 nach *Lerkaka*, dessen fünf Windmühlen des sogenannten "Bockmühlentyps" zu den schönsten Mühlenreihen Ölands gehören.
Auf der anderen Straßenseite befindet sich ein Runenstein und

Ölands einzige noch erhaltene Flachssauna ("linbastu"). In dem niedrigen, torfgedeckten Gebäude wurde bis 1920 Flachs getrocknet.
Auf Route 6 rreicht man schließlich *Norra Möckleby*. Hier ist ein Abstecher ins Landesinnere empfehlenswert:

Ölands Windmühlen

Öland ist die Insel der Windmühlen! Die typische Ölandmühle ist eine *Bockmühle*. Das Kernstück dieses Typs ist ein mächtiger Eichenpfahl, um den das gesamte Mühlengehäuse gedreht werden kann. Die Flügel können so je nach Windrichtung ausgerichtet werden. Da die Öländer schon immer einen starken Willen zur Eigenständigkeit besaßen, wollte jeder Hof seine eigene Mühle haben. Dies alles führte zu einem sprunghaften Anstieg des Mühlenbaus und im Jahr 1820 zählte man bereits 1713 Windmühlen auf Öland. Vor allem im Süden der Insel wurde in den darauffolgenden Jahren mit dem Abriß der Mühlen begonnen. Glücklicherweise erkannte man in den dreißiger Jahren ihren Wert als Kulturdenkmäler. 1935 gründete man die öländische Mühlenkommission, die eine bedeutende Anzahl Mühlen aufkaufte und restaurierte. Heute sind die Heimatvereine der Kommunen in selbstloser Weise mit dieser Aufgabe beschäftigt. Etwa hundert der heute noch erhaltenen 350 Mühlen werden von diesen Vereinen gepflegt. Die Windmühlen sind einzigartige Zeugnisse alter öländischer Bauernkultur und eine Attraktion für den Fremdenverkehr. Sie sind einfach "typisch öländisch"!

◆ Gråborg

Gråborg, 4,5 km westlich, ist
Ölands größte Fluchtburg. Sie wurde bereits im 6. Jahrhundert errichtet. Die Bevölkerung suchte hier bis
ins Mittelalter Schutz vor Angrei-
fern. Die bis zu sieben Meter hohe
Ringmauer umschließt eine riesige,
ellipsenförmige Fläche von 22 m
Länge und 165 m Breite. Gleich neben der Fluchtburg steht die Ruine
der St. Knutskapelle aus dem 13.
Jahrhundert.

—▶ Route 6 führt nun weiter in
Richtung Süden. Etwa 1 km südlich
von *Gårdby* kann man zum folgenden 1,5 km östlich gelegenen Ort
abfahren:

◆ Sandby

Auf dem Kirchplatz von Sandby
stehen zwei stattliche, gut erhaltene
Runensteine, die mit Ornamenten
künstlerisch verziert sind. Östlich
der Kirche (19. Jh.) befindet sich
eine ungewöhnliche Steinsetzung in
Form eines Patriarchenkreuzes. Die
Steine markieren den Fundort eines
öländischen Steinkreuzes, aufgrund
seiner Form eine Seltenheit in Skandinavien, dessen Alter und Ursprung
jedoch unbekannt sind.
3 km südlich von Sandby liegt
Sandby borg, eine stark zerstörte
Fluchtburg.

—▶ Nächster Ort auf unserer
Route ist *Stenåsa.* Die Straße, die
kurz vor der Ortskirche in Richtung
Westen nach Resmo abzweigt, bie-
tet einen schönen Blick auf *Stora
Alvaret.*

Seby

Etwa 20 km südlich von Stenåsa erreicht man Seby gravfält, ein Grabfeld, das zu den größten der Insel
gehört. Die über zweihundert Gräber, deren Steine besonders monu-
mental wirken, stammen aus der Eisenzeit.
Etwa 1 km südlich des Grabfelds
steht an einem Parkplatz der Seby-
Runenstein.

Gräsgård hamn

Ungefähr 1,5 km südlich der Ortschaft Seby sieht man von der
Fahrstraße diesen Fischerhafen. Ein
Abstecher zu dem kleinen, idyllischen Gräsgård hamn mit seinen
wenigen Fischerhütten ist in jedem
Fall lohnend.

—▶ Bevor man Ottenby erreicht,
sollte man bei *Össby* unbedingt
einen Abstecher von 1,5 km nach
Westen machen:

◆ Eketorps slott

Diese Burg ist eine der Hauptsehenswürdigkeiten der Insel. Die drei
Bauphasen der altertümlichen
Fluchtanlage wurden vollständig rekonstruiert und vermitteln ein wirk-
lichkeitsgetreues Bild von den krie-
gerischen Auseinandersetzungen
auf Öland.
Die Burg (Eketorp I) entstand im
4. Jahrhundert und diente der Bevölkerung der umliegenden Dörfer
ausschließlich als Schutz gegen
feindliche Angriffe. Zu Beginn des
5. Jahrhunderts wurde sie zu Eketorp II ausgebaut. Innerhalb der
Ringmauer entstand eine Bauern-

siedlung, die bis etwa 700 ständig bewohnt war. In der Zeit von 700 bis 1.000 war die Burg wieder unbewohnt und diente ihrem ursprünglichen Zweck als Fluchtburg. Mit Ende der Wikingzeit entwickelte sie sich erneut zu einem befestigten Dorf (Eketorp III), dessen Einwohner nun aber nicht mehr nur Bauern, sondern auch Seefahrer und Kaufleute waren. Seit dem 14. Jahrhundert liegt Eketorp verlassen da und verfällt. Durch umfassende Ausgrabungen in der Zeit von 1964 bis 1975 hat man vieles über das einstige Leben hier erfahren. Mit alten Handwerksmethoden und ursprünglichem Material wurde die Burg teilweise im Stil von Eketorp II zur Zeit der Völkerwanderung aufgebaut. In einem der Häuser innerhalb der Ringmauer befindet sich ein Museum, in dem manche der hier gefundenen Gegenstände ausgestellt sind.

Windmühle auf Öland

Långe Jan

Am äußersten Südende Ölands steht Schwedens höchster Leuchtturm, der 42 m hohe "Långe Jan". Man baute an ihm in den Jahren von 1778 bis 1785. Von hier hat man einen wunderbaren Ausblick über die Südspitze der Insel.

Ottenby

An der Einfahrt zu Ottenbys Naturreservat liegt das **Königsgut Ottenby**. Das Hauptgebäude stammt aus dem Jahr 1804, doch gehörte der Hof bereits 1402 der Krone. Das Gutsland wird nach Norden hin durch die "Mauer Karls X." begrenzt, die man 1653 aus Kalkstein errichtet hatte und quer über die ganze Insel verläuft. Nördlich des Königshofs liegt ein Grabfeld aus der Eisenzeit mit etwa 250 Gräbern.

Ottenbylund südlich des Hofs ist ein Naturreservat, das besonders für Vogelfreunde interessant ist. Ölands Südspitze ist Rastplatz zahlreicher Zugvögel auf ihrer weiten Reise. Die ornithologische Vereinigung Schwedens hat hier eine Vogelstation und ein Vogelmuseum eingerichtet.

Gettlinge gravfält

Das aus der Eisenzeit stammende Grabfeld ist vor allem wegen seiner hervorragenden Lage besuchenswert. Von hier hat man einen sagenhaften Blick über den *Kalmarsund*. Das Grabfeld umfaßt ca. 250 Gräber und erstreckt sich auf einer Länge von 1,5 km. Im Norden des Gebiets findet man zwei mächtige Bautasteine (flach aufgestellte Felsblöcke) und eine imposante Schiffssetzung.

Kastlösa kyrka

Diese noch recht junge Kirche stammt aus dem 19. Jahrhundert. 1952 baute man sie im Inneren um.

Dabei wurde das Kirchenschiff drei-geteilt. Der modern wirkende Kir-chenraum erhält sein Profil durch das große Fresko des auferstan-denen Christus.

Bårby borg

Von der schön gelegenen Flucht-burg hat man einen guten Blick über den *Kalmarsund*. Nach Westen hin nutzt die Burg den natürlichen Schutz eines Steilhangs aus, so daß sie im Grundriß die Form eines Halbkreises hat.

Unweit von Bårby liegt im Nor-den die Ortschaft **Mysinge** mit ei-nem großen Grabhügel aus der Bronzezeit und mehreren Kammer-gräbern aus der Jungsteinzeit.

Vickleby

Nach der alten Kirche von Resmo erreicht man Vickleby mit einer be-sonders idyllischen Dorfstraße. Ei-nes der Gehöfte etwas abseits die-ser Straße ist **Capellagården,** eine Schule für gestaltende Arbeiten. Die von den Schülern gefertigten Werke aus Keramik, Holz und Textilien werden ausgestellt und auch ver-kauft. Die **Kirche von Vickleby** stammt aus dem frühen Mittelalter. Sie hat einen Chor von 1778 und eine schöne Rokokokanzel.

Rund um Vickleby

♦ Karlevistenen

Von Vickleby ist ein Besuch zum 6,5 km nordwestlich gelegenen Karlevistenen empfehlenswert, zu einem der bedeutendsten Runen-steine Skandinaviens. Dazu biegt man in Vickleby nach Westen ab und trifft bald auf die zur Stra-ße 136 parallel verlaufende Küsten-straße. Hier fährt man in Richtung Norden. Nach etwa 4 km weist ein Schild den Weg zum "runsten".

Der Stein, der im Gegensatz zu allen anderen Runensteinen Ölands nicht aus Kalkstein, sondern aus Granit besteht, wurde um das Jahr 1.000 aufgestellt. Seine ungewöhn-lich lange Inschrift weist ihn als Ge-denkstein für den dänischen Wikin-gerhäuptling Sibbe aus, der auf Öland den Tod fand. So heißt es: *"Dieser Stein ist gesetzt nach Sibbe, dem Guten, Foldars Sohn. Seine Schar setzte den Stein auf der In-sel."* Dann folgt eine Inschrift in poetischer Form, und zwar die ein-zige in Skandinavien erhaltene zeit-genössische Niederschrift einer Skaldenstrophe im schwierigen Versmaß des "Dróttkvaett":

"Begraben liegt - dem folgten,
die meisten wissen das,
die größten Taten,
der Krieger Sibbe in diesem Hügel.
Es wird nicht herrschen in Däne-
mark
ein kampfstarker, rechtschaffener
Seekrieger
über das Land."

Autor dieser in Originalsprache sehr kunstfertigen Strophe ist ver-mutlich der isländische Skalde Vig-fuss Vigaglumsson. Warum aber ein Isländer dem dänischen Wikinger diese Ehre zuteil werden ließ, ist lei-der unbekannt.

—► Durch Färjestaden führt Rou-te 6 zurück über die Brücke nach *Kalmar* auf dem Festland, wo sie endet.

Route 7
Gotland

Die "Perle der Ostsee" ist ein Reiseziel, das dem Schwedenneuling
schon fast wie ein Fremdkörper in
der skandinavischen Natur erscheinen mag. Hier sind nicht die Fjorde
Norwegens, die Felder Dänemarks
und die Seen und Waldlandschaften
Schwedens oder Finnlands zu finden, zumindest nicht in der bekannten Erscheinung und Ausdehnung.
Zwar ist Gotland - mit einem Anteil
von 44 % an der Fläche - Schwedens waldreichste Provinz, doch
dem scheint der erste Eindruck zu
widersprechen: Hier findet man
nicht die zusammenhängenden großen Wälder wie in Nordschweden,
sondern der Waldbestand verteilt
sich über die ganze Insel, mit Ausnahme zweier großer flacher, landwirtschaftlich genutzter Gebiete
nördlich und südlich der bewaldeten
Inselmitte. Auch ist der Anteil an
Kiefern sehr hoch, wenngleich sie
kaum die Höhe der festländischen
Nadelhölzer erreichen. Ein Kontrast
zu anderen Landschaften Schwedens sind auch die Naturformationen Gotlands, die zusammen mit
den lokalen Eigenheiten im gesell-
schaftlich-kulturellen Bereich es erlauben, von der "Insel der Besonderheiten" zu sprechen. Die Küste
ist sehr abwechslungsreich und fällt
von Westen nach Osten stark ab.
Im Gegensatz zum Festland kommt
hier Kalkstein in großen Mengen
vor. Er bildet sogar das Urgestein
und formt an der Westküste an
vielen Stellen die fast senkrecht abfallenden "Klintar", die weißen Kalk-
klippen. Zwischen den steilen Kliffs
liegen Sandstrände und kleine Buchten. Demgegenüber sind an der Ost-

küste die Strände flach, das Meer
seicht und mit vielen Schären
durchsetzt. Rund um die Insel findet
man in Küstennähe die schönsten
Kalksteinformationen Skandinaviens, die "Raukar", die eigentlichen
Wahrzeichen Gotlands. Sie verraten
einiges von der Vorzeit der Insel, die
durch gewaltige Bewegungen in der
Erdkruste geprägt ist. Im Zuge von
mehreren Wasserpegelveränderun-
gen wurde Gotland bald von den
Wogen der Ostsee überflutet, bald
lag die Insel frei. Der Prozeß wiederholte sich mehrfach. Wellen, Wind
und Wetter griffen die wenig wider-
standsfähigen Formationen an.
Übrig blieb der harte Fels. Es entstanden Höhlen und Grotten, die
zwischen den Steilwänden der
Westküste liegen, und bizarre Kalk-
felsen, an denen die abtragenden
Kräfte weiterwirken. Die Raukar stehen in kleinen oder größeren Gruppen im Meer, am Strand und reichen
sogar ein Stück ins Inland. Dort belegen sie eindrucksvoll, wo die
ehemalige Küstenlinie verlief. Die
schönsten Raukargebiete liegen im
Ostteil der Insel, wo sie zur flachen
und sanften Küste einen scharfen
Kontrast bilden. Überhaupt ist es die
Küste, die für einen Großteil des typischen Gotlandcharakters verantwortlich zeichnet, denn sie macht
immer wieder deutlich, daß wir uns
hier auf einer Insel befinden. Und
das ist in Schweden etwas Besonderes. Zwar sind *Öland, Orust* und
Tjörn noch recht große Inseln, und
auch sonst gibt es ja viele kleine,
bewohnte Eilande an der Küste,
aber man muß sich doch vergegenwärtigen, daß Gotland die einzige

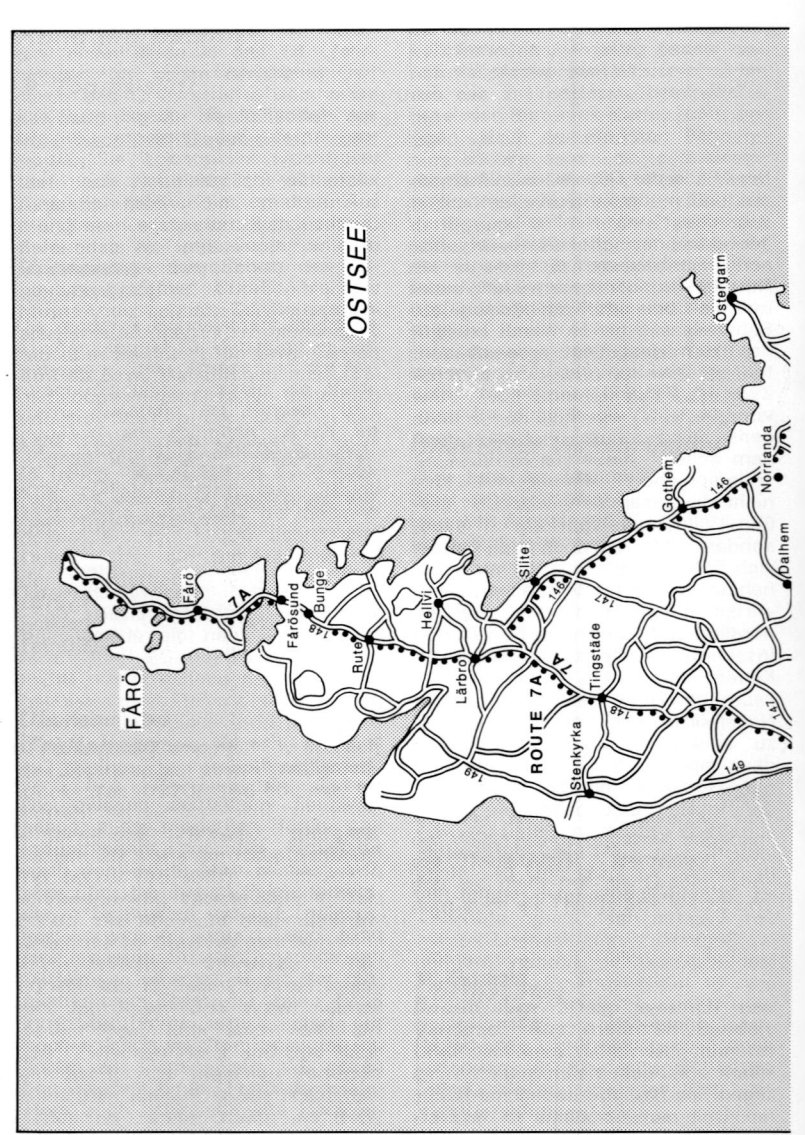

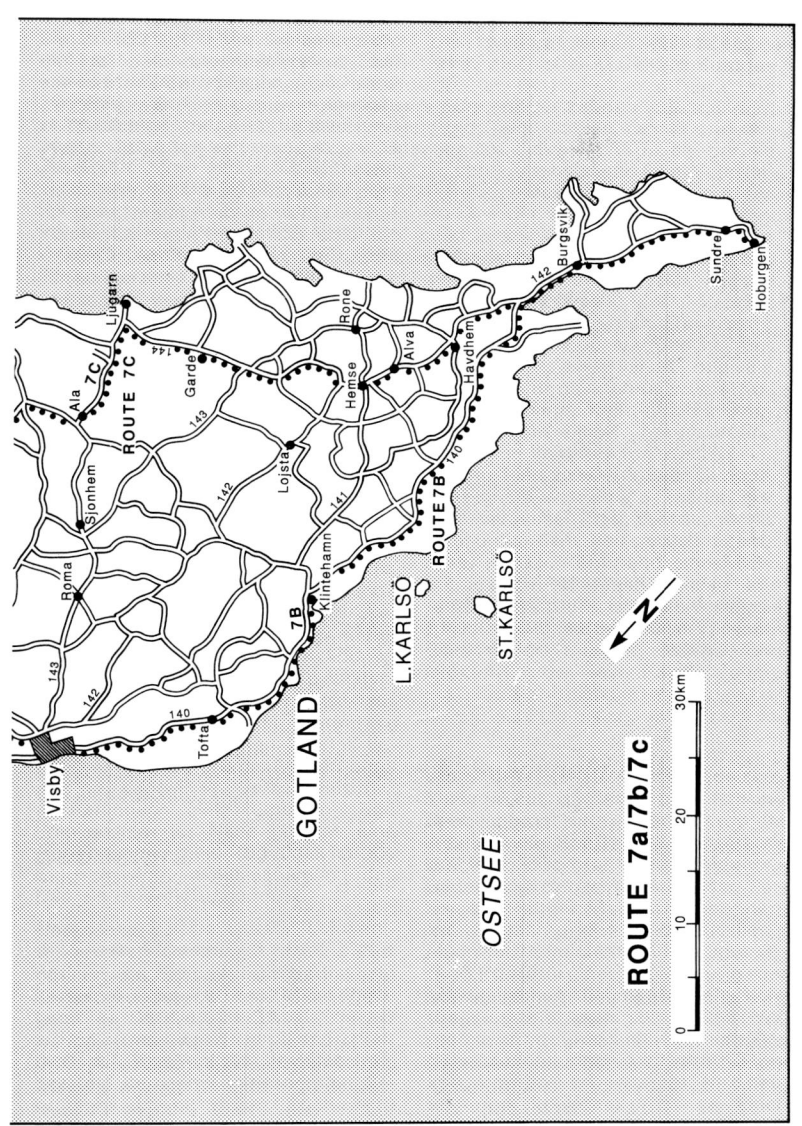

ROUTE 7a/7b/7c

"richtige" Insel ist, von der man das Festland nicht mehr sieht und zu der eine stundenlange Überfahrt notwendig ist.

Zu Gotland, mit 3.140 km² größte Insel des Landes, etwa 140 km lang und bis zu 45 km breit, rechnet man auch noch weitere Inseln. Zunächst ist das durch einen schmalen Sund getrennte *Fårö* im Norden zu nennen, das erst seit Mai 1991 für Ausländer frei zu betreten ist, da es bis dahin militärisches Sperrgebiet war. Viele sagen, Fårö sei Gotlands schönster Teil. Daran ist etwas Wahres. Vor der Westküste liegen die *Kleine* und die *Große Karlsinsel*, berühmt durch ihre seltene Flora und den ungewöhnlichen Vogelreichtum. Schließlich gehört auch noch die *Gotska Sandön* zur Provinz Gotland, 40 km nördlich der Hauptinsel. Die schwer zugängliche, 37 km² große Insel ist seit 1963 Nationalpark. Sie besteht hauptsächlich aus Sand und Kies. Eine 42 m hohe Moräne bildet die höchste Erhebung. Hier leben noch einige Seehunde, und nirgendwo in Schweden gibt es mehr Käferarten als hier. Funde belegen eine vorzeitliche Besiedlung dieser kleinen Insel. Wie an der gesamten gotländischen Westküste lebten hier früher Wrackplünderer. In dunklen, stürmischen Nächten zogen sie mit ihren Pferden am Strand entlang, eine Lampe am Zaumzeug gebunden. Vom Meer aus schien es, als ob die Lichter von den Schiffen im Hafen von Visby kämen. So zerschellten viele an der Küste. Wer weiß, wie viele Seeleute dabei ums Leben gekommen sind. Am nächsten Morgen zogen die Plünderer dann mit großen Säcken zum Strand, in der Hoffnung auf wertvolle Beute: Kleider, Essen oder eine Truhe voll teueren Geschmeides. Ein altes gotländisches Abendgebet überliefert uns die Wünsche der armen Leute: "Gott segne un-

sere Frauen und unsere Kinder und unsere Netze, und Gott schicke uns ein großes Schiff, auf daß es an den Riffen zerschelle!" Auf Gotska Sandön lebte auch der Seeräuber Peter Gothberg bis zum Jahr 1859. Um sich und seine Familie zu ernähren, begnügte er sich nicht mit dem Plündern der Wracks, sondern er erschlug sogar mitunter schiffbrüchige Seeleute. Seit 1859 leben auf dieser Insel nur noch Lotsen und Leuchtturmwärter.

Gotland ist eine 8.000 Jahre alte Kulturlandschaft mit einer Fülle an vorzeitlichen Denkmälern, wie man sie auf so engem Raum in Skandinavien nicht mehr findet. Überall wird man der Vergangenheit gegenübergestellt, überall sind Grabanlagen, Denkmäler und Kultobjekte erhalten.

Heute noch sichtbarer Ausdruck des mittelalterlichen Reichtums ist die beachtliche Anzahl von 92 erhaltenen Kirchen, allesamt Musterexemplare sakraler Baukunst. Die örtliche Bevölkerung errichtete diese Gotteshäuser, um damit ihren Wohlstand zu demonstrieren. Es muß ein regelrechter Wettstreit zwischen den Gemeinden und den von ihnen beauftragten Baumeistern geherrscht haben, denn wie ist es sonst zu erklären, daß oftmals in unmittelbarer Nähe zur gleichen Zeit zwei Gotteshäuser erbaut wurden, eines schöner als das andere. Sie sind meist kunstvoll dekoriert im Stil der skandinavischen Romanik und Gotik mit Fresken, Reliefs, Schnitzereien und allem, was die damalige Kunst leisten konnte. Zum Glück hat keine Reformation, kein Bildersturm und kein Krieg diese Bauwerke zerstören können.

Carl von Linné erforschte die Insel 1741 und notierte ihre Besonderheiten in einem breit angelegten Werk. Heute leben noch ca. 58.000

Menschen auf Gotland, die Hälfte davon im Gebiet um *Visby*. Landwirtschaft und Tourismus bilden ihre Lebensgrundlage, aber auch Fischerei und Schafzucht sind vorhanden und erinnern an die altherge-brachte Lebensform.

Geschichte Gotlands

Zwischen 6.000 und 5.000 v. Chr. siedelten in Gotland die ersten Menschen. Flintwerkzeuge, Feuerstein und Knochen, wenn auch nur in spärlicher Zahl, bezeugen dies.

Der Übergang von der Fischer-Jäger-Kultur zur seßhaften Bauernkultur vollzog sich auf Gotland 1.000 bis 2.000 Jahre später als in Südschweden, etwa um das Jahr 2.000 v. Chr. Siedlungsplätze aus dieser Zeit gibt es reichlich. Sie liegen allesamt ein gutes Stück von der heutigen Küste entfernt und markieren so den ehemaligen Küstenverlauf. Das läßt sich auch anhand von Funden und Ablagerungen wie Muscheln und Schnecken belegen. Große Gräber wie etwa in Västergötland fand man nicht. Die Großgrabzeit begann hier später. Erst in der Bronzezeit wurden die in Gotland charakteristischen *Rollsteinhügel* (Röse) errichtet, die man auf der Insel "Råir" nennt, so *Uggardaråir* in Rone oder *Digerråir* in Garde. Im Inneren der gewaltigen Steinhaufen lagen die Reste eines feuerbestatteten Toten oft in einer Urne. Gegen Ende der Bronzezeit zwischen ca. 800 und 500 v. Chr. entstand auf Gotland eine in Skandinavien bislang noch völlig unbekannte Form der Grabmarkierung: die *Schiffssetzung*. Auf dem Festland tritt sie erst rund 1.200 Jahre später auf. Die Steinschiffe wie auch zeitgleiche Felsritzungen belegen die große Bedeutung des

Schiffs für das gotländische Seefahrervolk. Schon die Vorfahren jener Menschen müssen mit Schiffen hierher gekommen sein. Besonders eindrucksvolle "Schiffe" liegen in *Rannarve, Gannarve, Gnisvärd, Fröjel* und *Boge* (Tjelvars Grab). Nur ein Teil dieser Gräber ist bisher untersucht worden. In einigen fand man Hausurnen, Graburnen mit den sterblichen Überresten, die ihren Platz auf den Tür- und Fenstereinsätzen hatten.

Auf Gotland ist im Gegensatz zum übrigen Skandinavien auch die keltische Eisenzeit mit Funden gut vertreten. Zu dieser Zeit blockierten die Kelten den Handel Skandinaviens mit dem Süden. Doch das berührte Gotland weniger, da es sich mehr nach Osten orientierte. Auch eine Krise in der Landwirtschaft konnte durch Fischerei und Jagd gemildert werden. Um die Zeitenwende ging es den Gotländern wieder besser. Grabfelder wurden angelegt, die teilweise bis zum Ende der heidnischen Zeit genutzt wurden, z. B. *Lilla Bjers* bei Stenkyrka mit über tausend Gräbern.

Aus der römischen Kaiserzeit und der unruhigen Völkerwanderungszeit stammen einige der größten schwedischen Schätze: Prachtkessel und Ringe aus Gold in *Havor-Hablingbo*. Halsringe, Armringe und vieles andere im Gesamtgewicht von ca. 750 g reinen Goldes aus *Burs-Källunge* bezeugen Gotlands führende Position im Ostseehandel dieser Zeit. Von den 7.500 in Schweden gefundenen Denaren (römische Silbermünzen) und Solidi (Goldmünzen) stammen 5.500 von Gotland. Da die Münzen die Prägestempel der jeweiligen römischen Kaiser tragen, sind sie für die Datierung von Funden eine zuverlässige Quelle.

Das Ende der Völkerwanderungszeit im 6. Jahrhundert n. Chr. brachte einen entscheidenden Umschwung in den Geschicken der Insel. Gehörte die Bevölkerung bisher in den ethnischen Kreis der "Götar", der Gauten, von denen um die Jahrtausendwende ein Teil der Bevölkerung Västergötlands und Gotlands an die Weichselmündung auswanderte (frühester Gotenzug), so wurden die Gotländer ab ca. 500 n. Chr. in die zunehmenden Kämpfe zwischen Götar und Svear um die Hegemonie in Schweden verwickelt (→ Beowulf). Ca. 1.400 erhaltene "Kämpgravar", Hausgrundrisse, die ehemalige Siedlungen markieren, liegen über die Insel verteilt. Diese Häuser wurden im 6. Jahrhundert zerstört bzw. verlassen. Auf harte Kämpfe deuten auch die siebzig Fluchtburgen ("Fornborgar"), die zum Schutz der Bevölkerung an exponierten Stellen in jener Zeit errichtet wurden. Herausragendes Beispiel ist die *Torsburg*.

Im 5. Jahrhundert begann man auch, die bis zu 3,5 m hohen Bildsteine anzufertigen. Zu diesen Kunstobjekten, von denen ca. 300 auf Gotland stehen, gibt es nirgendwo auf der Welt ein Gegenstück. Zwischen 400 und 1000 wurden sie errichtet. Man unterscheidet fünf Typen. Zu Beginn waren die Bilder noch stark stilisiert und ornamental, während die späteren sektkorkenförmigen Steine aus dem 8. bis 10. Jahrhundert zu den schönsten Bilddenkmälern Schwedens gehören. Das SHM in Stockholm, die Museem in Visby und Bunge verwahren die schönsten Exemplare, die Schatzkisten unseres Wissens über die Wikinger.

Auch an *Runensteinen* ist Gotland reich: Vor allem in den Landkirchen bewahrt man heute noch viele Steine und Fragmente auf. Schwedens älteste Runeninschrift (um 200) stammt von einem Speer aus Gotland *(Stenkyrka)*. Auch Schwedens älteste Runenreihen (Runenrei-

henritzung) kommen von hier. Auf dem Steinkistengrab von *Kylver* (um 400) ist das 24-typige Futhark zum ersten Mal belegt. Oberhalb davon steht "SUEUS", ein Palindrom, das von beiden Seiten oder der Mitte gelesen werden kann: "EUS" für "Ehwaz", die M-Rune, die "Pferd" oder "Roß" bedeutet. Hinzu kommen acht Runenstäbe, auch Runenfüße genannt. Da drängt sich sofort der faszinierende Gedanke an Odins Roß Sleipnir auf. Eine Hypothese nur, die nicht zu beweisen, aber auch nicht zu widerlegen ist. Aus der Literatur kennen wir nämlich das Pferd des Göttervaters, das achtbeinige Roß mit der wunderbaren Fähigkeit, rückwärts und vorwärts über das Firmament zu reiten. Und neben dieser verschlüsselten Sleipnir-Inschrift finden wir die ganze Runenreihe - geweiht und den Menschen gegeben von Odin selbst, dem Herr der Runen. Die Inschriften dieser Grabplatte waren auf den Toten ausgerichtet. Die magische Kraft Odins und seines Pferds sollten wohl den Toten in seinem Grab halten. Die faszinierenden Möglichkeiten dieser Schriftzeichen und die ihnen zugesprochene Wirkungskraft in Kult und Religion werden an solchen Beispielen deutlich.

Nach den Kriegen der Völkerwanderungszeit begann auch auf der Insel eine Phase des Wiederaufbaus. Mit der beginnenden Wikingzeit war sie schon im Aufstieg begriffen und auf dem Weg, Zentrum des Ostseehandels zu werden. Der Reichtum der Insel, auf der Skandinaviens vornehmste Händler und Fürsten lebten, nahm stetig zu. Mehr als 500 Schätze der Wikingzeit wurden hier geborgen, manche von spielenden Kindern im Gras entdeckt. Der größte Silberschatz Skandinaviens, bestehend aus 2.673 arabischen Silbermünzen von insgesamt acht Kilogramm Gewicht, wurde bei *Buttle* gefunden. Bei *Valstena* fand man in einem Acker 500 Schwerter, Äxte und Speerspitzen aus dem 9. Jahrhundert. Wertvoll wie ein Schatz ist der *Mästermyrfund*. 1936 fand man in einem trockengelegten See eine große Eichenkiste und zwei Bronzekessel. Sie enthielten Dutzende von Werkzeugen, eine komplette Schreiner- und Schmiedeausrüstung aus der Wikingzeit. Sicherlich waren sie bei der Ladung eines Schiffs, das hier unterging.

Das 11. Jahrhundert brachte dann auch Gotland das Christentum. Der Wohlstand hielt an und fand nun seinen Ausdruck in den prächtigen Kirchenbauten. Im Jahr 1058 wurde in *Sanda* die erste Steinkirche eingeweiht. Bis ca. 1380 folgten rund hundert weitere. 1161 erhielten die Kaufleute des noch kleinen Orts *Visby* die Handelsrechte für Deutschland. Umgekehrt ließen sich Hansefahrer in Visby nieder. 1164 wurde das Kloster *Roma* von Nydala (Småland) aus gegründet. Von 1200 bis 1350 war Visby das blühende Handelszentrum der Ostsee. Um 1250 begann man mit dem Bau einer Stadtmauer, deren Notwendigkeit man u. a. mit der Rivalität zwischen der Hansestadt und den Handel treibenden Landbauern begründete. Schließlich kam es 1288 zwischen beiden Parteien zum Bürgerkrieg. König Magnus Ladulås schlichtete. Der 22. Juli 1361 wurde zum Schicksalstag in der Geschichte der Insel. Der dänische König Valdemar Atterdag landete nämlich mit einem großen Heer an der Ostküste und trieb das Bauernheer Visbys vor sich her. Unter den Augen der Stadtbewohner, die sich weigerten, die Tore zu öffnen, wurden 2.000 Bauern niedergemetzelt. Doch auch Visby blieb nicht verschont. Angeblich war es eine verräterische Jung-

Bildstein von Hunninge

frau, die nachts die Tore öffnete. Valdemar plünderte alles aus. Zur Strafe wurde die Jungfrau lebendig in einen Stadtmauerturm eingemauert. Im großen und ganzen blieben die Gebäude bei diesem Raubzug unversehrt.

In den folgenden Jahren ging es mit Gotland bergab, für die Landbauern schneller als für die Städter, denn die neuen, tiefgängigen Koggen der Hanse und anderer Seefahrer konnten in den seichten Häfen der Ost- und Südküste nicht mehr ankern. Sie liefen fortan nur noch den Hafen von Visby an, was Armut für die Landbewohner bedeutete. Gotland wurde alsbald zum Spielball der Mächte. Lübeck und die Hanse eroberten ihre Privilegien zurück. Zwischen 1394 und 1398 kam sie in die Hände der Störtebeker-Piraten (Vitalienbrüder). Es folgte der Deutsche Orden, dann von 1408 bis 1524 die Dänen, bis Gustav Wasas

Truppen 1524 Gotland mit Ausnahme von Visby zurückgewannen.
Weihnachten 1525 eroberten sie
schließlich auch diese Stadt. Leider
fielen dabei viele Kirchen und andere Bauten dem Feuer zum Opfer.
In der Folgezeit erhielten die Dänen
Gotland wieder zurück. Das Ergebnis des Siebenjährigen Kriegs zwischen Schweden und den vereinigten Dänen und Lübeckern war
schließlich auch, daß Gotland zunächst dänisch blieb, obwohl ein
Teil der dänischen Flotte in einem
Sommergewitter 1566 vor Visby
untergegangen war. 6.000 Menschen starben in der größten Schiff-
katastrophe der Ostsee. 1645 wurde Gotland endgültig schwedisch.
Daran konnte auch der clevere
dänische Admiral Nils Juel nichts
ändern, der bekanntlich seine
Schlachten immer am ersten des
Monats zu schlagen pflegte. Er ließ

Visby noch bis 1679 regelmäßig be-
schießen. Immerhin gelang es ihm,
das alte Schloß _Visborg_ zu zerstören. Im 18. und 19. Jahrhundert
sah die Insel zwar keine dänischen,
dafür aber russische Truppen. Im
Nordischen Krieg und in den Napoleonischen Kriegen fielen sie zeitweise hier ein, konnten aber abge-
wehrt werden.
   Die wirtschaftliche Aufwärtsentwicklung durch Forstbau und Kalksteinbruch führte 1878 sogar zur
kurzzeitigen Einrichtung einer Eisenbahn von Visby nach Hemse. Sümpfe und Moore, die damals 10 % der
Fläche ausmachten, wurden trok-
kengelegt. Man modernisierte den
Ackerbau und intensivierte die Viehzucht. Auch der Fischfang wurde
ausgeweitet. Daneben erfuhr die
Forst- und Kalkindustrie einen Aufschwung. Heute muß man den Tourismus an erster Stelle nennen.

Route 7 a
Visby - Fårö (ca. 60 km)

Route 7 a beginnt in _Visby_ und
führt auf Straße 148 nach Norden
zur Insel _Fårö_. Immer wieder besteht die Möglichkeit zu Ausflügen
an die Küste.

Visby

27.000 Einwohner

Gotlands einzige Stadt ist allein
schon eine Reise hierher wert, und
ich möchte nicht zögern, die "Stadt
der Rosen und Ruinen" als die
schönste Stadt des Nordens zu bezeichnen, wenngleich in einem ganz
anderen Sinn als das ungleich größere Stockholm.

Geschichte und Stadtbild

Schon mindestens vor 4.000 Jahren
haben Menschen hier gesiedelt.
Etwa um die Zeitenwende entstand
am heutigen Almadalenpark eine
neue Siedlung mit einem Hafen, der
bis ins späte Mittelalter in Betrieb
war. Hier löschten die Hansekoggen
ihre Waren. Doch aufgrund der
Landhebung mußte man einen
neuen Hafen weiter östlich anlegen
und das Becken ausgraben. Der
Name "Visby" führt noch in heidnische Zeit zurück, als bei der alten
Almadalen-Siedlung ein "Vé", ein
"geheiligter gehegter Bezirk", d. h.
ein Opferplatz, lag. Die Silbe "by"
bedeutet "Dorf". Eine wohlhabende

Stadt wurde Visby im Mittelalter. Als nordeuropäisches Handelszentrum kontrollierte sie den Ostseehandel und verlockte mit ihrem legendären Reichtum immer wieder fremde Mächte zu Angriffen. Innerhalb Gotlands mußten sich die Bürger Visbys gegen die Konkurrenz der Landbauern, die ebenfalls internationalen Handel trieben, wehren. Der Einfluß der deutschen Hanse auf die Stadt war sehr groß, wie das später auch bei Stockholm der Fall war. Visbys erste große Blütezeit dauerte von ca. 1150 bis 1361. Dann folgten die Kriege, Plünderungen und Ausbeutungen durch die Dänen, Vitalienbrüder (Seeräuberverbund) und den Deutschen Orden. Nach 1645 wurde Visby mit Gotland wieder schwedisch, und die Entwicklung ging aufwärts. Beide großen Epochen sind baulich noch deutlich dokumentiert. Eigentlich ist der gesamte Grundriß mittelalterlich. Außer der Stadtanlage selbst sind aus dieser Zeit überraschend viele Gebäude erhalten, wie der Kruttornet, die Stadtmauer und einige Gildehäuser in den Straßen nördlich und nordwestlich des Almedalen. Auch das Erscheinungsbild mancher Straßen ist mittelalterlich. Die schmalen, engen Kopfsteingassen mit ihren oft abschüssigen Stiegen und Portalen vermitteln - besonders außerhalb der Touristensaison - ein Gefühl von altertümlicher Ruhe. Der Blick auf das Meer und die Dächer der Stadt von der erhöhten Ostseite tut ein übriges. Trotz unterschiedlicher Baustile ist der Gesamteindruck harmonisch. Wenn auch das 15. und 16. Jahrhundert - die Krisenzeiten Visbys - hier in der Architektur kaum vertreten sind, so fügen sich doch die vielen schönen Gebäude des 17. und 18. Jahrhunderts, in denen Gotland schwedisch war, in das Gesamtbild der Stadt bruchlos ein. Allerdings umfaßte Visby da-

mals nur die Gebäude innerhalb der Mauer. Außerhalb befinden sich heute die Bauwerke unserer Zeit mit ihrer modernen Struktur, Krankenhäuser, Geschäfte und Industriebetriebe. Aber deswegen kommt niemand nach Visby. Der Altstadt gehört alle Faszination. Sie liegt zwischen dem Meer und der Stadtmauer und breitet sich terrassenförmig am Hang aus. Die Namen der Gassen verraten viel von ihrer Geschichte: Danziger-, Reval-, Hamburg-Gasse u. a.

Je weiter man sich von der Strandpromenade, die sich sehr schön am Hafen, am Almedalenpark und am sehenswerten Botanischen Park dahinschlängelt, dem Ostende der Mauer nähert, desto mehr begibt man sich in die Viertel der "neuschwedischen Zeit", der Epoche seit Brömsebro 1645, als Gotland zu Schweden kam. Hier stehen die kleinen Häuser der Handwerker, Händler, Seeleute und Arbeiter. Oft sind es Fachwerkbauten, windschief, mit Efeu bewachsen und bunt bemalt. Immer aber sind sie schön und Ausdruck einer vergangenen Zeit. Daß Visby zurecht den Titel "Stadt der Rosen und Ruinen" verdient, belegt hier besonders die Zeit von Juli bis September, wenn sich eine berauschende Blütenpracht in Gassen und an stillen Plätzen auftut. Manch verträumtes Café hält in seinem versteckt liegenden Innenhof ein paar klapprige Tische und Stühle bereit, auf denen man seinen Kaffee in einer blühenden Oase genießen kann: Efeu, Rosen und alles, was Farbe trägt, in Töpfen, Steinwannen und an Hauswänden entlang.

Visby ist aber auch in der Vorsaison sehenswert, vorzugsweise im Mai, den man hier bei gutem Wetter wirklich als Wonnemonat empfinden wird. Man sollte einige Tage Zeit mitbringen.

Sehenswürdigkeiten

Die **Domkirche St. Maria**, von jedem Punkt der Stadt aus deutlich zu sehen, hat alle Kriege überstanden. Deutsche Kaufleute erbauten und weihten sie 1225 als ihre Gildekirche. 1572 wurde sie für den reformierten Bischof Gotlands zum Dom erklärt. Der Bau hat seit seiner Weihe alle denkbaren Umbauphasen erlebt und spiegelt so verschiedene Baustile wider. Von der ursprünglich gotischen Kirche sind im Langschiff die Pfeiler und im Querschiff die Giebel erhalten. Später kamen das Dachgeschoß über dem Mittelschiff dazu, in dem die Kaufleute Waren speicherten (der Flaschenzugbalken ist noch sichtbar), die barocken Turmhelme aus Holz (1761) und die Sakristei (1901). Diese Stilmischungen setzen sich im Inneren fort. Das Taufbecken wie viele der Bodenepitaphe stammen aus dem 13. Jahrhundert. Die Kapelle an der südlichen Langhausseite folgte hundert Jahre später. In ihr bewahrt man eine Holztruhe auf, in der sich früher die wichtigsten Dinge der Stadt befanden: das Siegel, die Privilegien und - viel Geld.

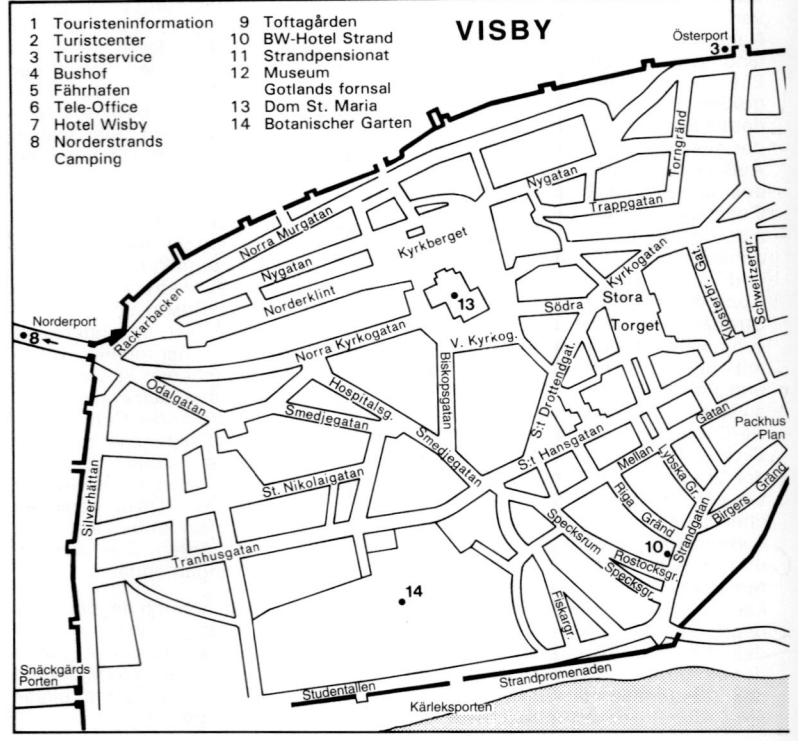

1	Touristeninformation	9	Toftagården
2	Turistcenter	10	BW-Hotel Strand
3	Turistservice	11	Strandpensionat
4	Bushof	12	Museum
5	Fährhafen		Gotlands fornsal
6	Tele-Office	13	Dom St. Maria
7	Hotel Wisby	14	Botanischer Garten
8	Norderstrands		
	Camping		

VISBY

Das Hauptverteidigungswerk der frühen Siedlung war ab 1140 der **Pulverturm** (Kruttornet) am Almedalenhafen. Der Turm schützte zum Meer hin.

Aber im 13. Jahrhundert machte es die wachsende Konkurrenz mit den Landbauern notwendig, die Stadt auch zum Inland abzusichern. Gewissermaßen war von dort eher ein Angriff zu erwarten als von See, denn vom Strand steigt die Stadt zum Inland steil an, so daß fremde Seetruppen bergauf kämpfen mußten. Um 1250 begann man deshalb mit dem Bau der 3,5 km langen **Ringmauer**, deren Höhe ca. 12 m beträgt und die mit 44 Befestigungstürmen bewehrt ist. Diese Mauer ist zum Glück fast vollständig erhalten, was Visby den zutreffenden Namen "Carcassone des Nordens" einbrachte. Sie ist Nordeuropas einzige Stadt mit einer solchen Mauer. Sie kann von fast jedem Punkt im Stadtinnern wahrgenommen werden und vieles vom Charme Visbys geht auf sie zurück. Drei Haupttore, *Norder-, Öster-* und *Söderport*, waren in die Verteidigungslinie eingebaut und ermöglichten eine Verbindung zur Insel. Bei den

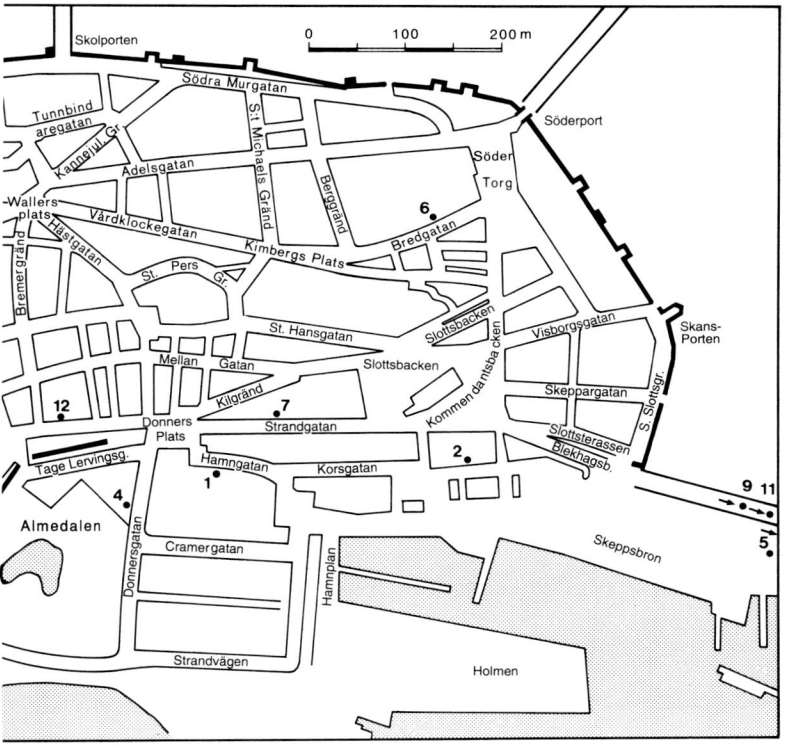

Plünderungen durch Valdemar Atterdag 1361 wurde das Bauwerk nicht beschädigt, da von einer verräterischen Jungfrau die Tore geöffnet wurden. Die einzigen Blessuren befinden sich an der Nordseite und stammen vom Angriff des Hanseheers an Weihnachten 1525. Dieses gewann die Insel für Schweden zurück. Bei diesem Ansturm wurden leider bis auf den Dom alle Stadtkirchen zerstört.

Die erhaltenen Kirchenruinen tun ein übriges, um die mittelalterliche Atmosphäre im Innern der Stadtmauer zu verstärken. Die wichtigste der vielen Kirchen war einmal **St. Nicolai** (13. Jh.) in der St. Nicolaigränd, die Klosterkirche der Dominikaner, die hier 1230 ihren ersten Konvent in Nordeuropa überhaupt gründeten. Im Chor der Ruine soll sich das Grab des Priors Petrus von Dakia befinden, der als der erste schwedische Schriftsteller gilt.

Auch die Franziskaner kamen 1230 nach Visby und erbauten ihr Kloster nebst der **Kirche St. Katharina** am Storatorget. In einem kleinen, erhaltenen Teil des Gebäudes hat man ein Museum eingerichtet.

Ebenfalls zu bewundern sind die Mauerskelette von **St. Clemens** in der St. Klemensgatan, die von russischen Händlern errichtete **Kirche St. Lars** unmittelbar daneben am St. Hansplan, die von baltischen Händlern in Auftrag gegebene **Kirche Drotten** sowie **St. Olof** an der St. Olofsgränd, **St. Hans** und **St. Per**, beide in der St. Hansgatan, sowie **Helge and** (Heiliggeist) an der Norra Kyrkogata. Außerhalb der Stadtmauer liegt **St. Göran**, die ehemalige Kirche eines Aussätzigenhospitals. Hier starben Pest- und Cholerakranke.

Zu den schönsten profanen Gebäuden der Stadt zählen die Gildehäuser nördlich und nordwestlich des Almedalenparks. Gamla Apoteket, **Liljehorn-Haus** und **Clematis-Haus** an der Strandgatan stammen aus dem 13. Jahrhundert. Ihre Treppengiebel weisen auf den deutschen Einfluß der Hansekaufleute hin. Diese Häuser wurden von ihnen als Warenspeicher genutzt. Sie selbst wohnten zumeist in einem dahinter liegenden Holzhaus.

Wer sich in der Storgatan für Geschichte und Kunstgeschichte interessiert, findet im Museum **Gotlands Fornsal** die nach dem SHM in Stockholm wichtigsten Sammlungen zur Frühgeschichte Schwedens überhaupt. Hier stehen Bildsteine, wie der berühmte _Klinte-Hunninge-Stein_, Gräber von der mittleren Steinzeit bis zur Völkerwanderungszeit, Alltagsgeräte aller Epochen und - als Krönung der Sammlungen - die _Schatzkammer_ mit Beutegut der Wikinger aus Gold, Silber und Edelstein. Auch die mittelalterliche Kirchenkunst (_Madonna von Öja_), die Hansezeit sowie die Heim- und Bauernkultur der letzten Jahrhunderte sind vertreten. Dazu gibt es Modelle des alten Visby und der Festung Visborg, die 1411 als Sitz des dänischen Lehensmannes erbaut wurde, 1679 von den Dänen aber auch wieder bis auf den Grund zerstört wurde (geöffnet von Mitte Mai bis Mitte August 11 - 18 Uhr, Eintritt 20 SEK).

Touristeninformation

Turistbyrån, Hamngatan 4, 62157 Visby, Tel. 0498/ 24 70 65, geöffnet Mo bis Fr 8 - 20 Uhr, Sa und So 10 - 19 Uhr.

Übernachten

▶ _Norderstrands Camping_ * * *, 2 km nördlich der Stadt, Tel. 0498/ 21 21 57, liegt wie alle Camping-

plätze auf der Insel schön, direkt an der Küste mit feinem Sandstrand.
▸ *Snäcks Camping* * * *, 6 km nördlich von Visby, Tel. 0498/ 21 17 50, mit Nadelwald in Strandnähe.

Die großen Tourismusanlagen liegen südlich von Visby. Alle sind im Sommer stark frequentiert.
▸ *Campingplatz* * * *, 1 km vom Kneippbyn, 4 km südlich von Visby, in der Nähe der Villa Villekulla, Tel. 0498/ 26 43 65.
▸ *Tofta Södra Camping* * *, Tel. 0498/ 29 70 90, und der riesige *Tofta Camping* * * *, Tel. 0498/ 29 71 02, beide in Tofta, 20 km südlich von Visby am längsten Sandstrand gelegen; beide Plätze sind touristisch erschlossen und daher auch recht überfüllt.
▸ *Vandrarhem*, in Visby, an der Stadtmauer, Tel. 0498/ 26 98 42

Besser sieht es mit Hotels aus:
▸ *Hotel Gute,* Mellangatan 29, Tel.

0498/ 24 80 80, ein gemütliches, kleines Haus.
▸ *Hotel Solhelm,* Solhemsgatan 3, außerhalb der Mauer, Tel. 0498/ 27 90 70, mit Blick aufs Meer. DZ 575 SEK.
▸ *BW-Strand-Hotel,* Strandgatan 34, Tel. 0498/ 21 26 00, mitten im alten Zentrum von Visby, erstklassiges Haus.
▸ *SH-Hotel Wisby,* Strandgatan 6, Tel. 0498/ 29 33 00, ist die Nr. 1 in Visby. Das Hotel ist von mittelalterlichen Gewölben durchzogen. Ob im Wintergarten oder in den historischen Räumen, dies ist der richtige Ort, um sich in Visbys Glanzzeiten zurückversetzt zu fühlen. Mit Bonuspaß kostet das DZ 800 SEK.
▸ *CS-Hotel Toftagården,* im Wald, 500 m vom Tofta-Strand, Tel. 0498/ 29 70 00. Die 20 km bis Visby legt man im Pkw in 20 Minuten zurück. Das Hotel lohnt sich für einen längeren Aufenthalt aufgrund

Stadtmauer von Visby

Visby - Stadt der Rosen

der schönen Waldlage, des guten Strands in Tofta und der Restaurantküche mit gotländischen Spezialitäten.

Essen und Trinken

Überall in Visby findet man gemütliche Cafés, oft in Innenhöfen der verwinkelten Häuserzeilen. Wer Lamm mag, kommt im *Lindgården*, Strandgatan 26, auf seine Kosten,. Hier präsentiert man das gotländische Wappentier auf vielerlei Weise. Für Fischliebhaber ist das *Lunkan* in der St. Hansgatan empfehlenswert. Das berühmteste Restaurant Gotlands ist das *Wisby Börs* in der Södra Kyrkogatan 1, cuisine française, teuer, gut, aber nicht gerade typisch für Schweden.

Feste

Ein besonderes Ereignis in Visby ist die alljährliche "Medeltidsvecka", vom ersten Freitag bis zum zweiten Sonntag im August. Tausende von Besuchern drängen sich dann hier zu einem Menschengewimmel zusammen, um die Festspiele zu erleben, die in Gedenken an das Jahr 1361 stattfinden. Höhepunkt ist das Einmauern der Jungfrau (→ Geschichte und Stadtbild). Sie wird

heutzutage aber wieder frei gelassen. Es gibt Märkte und Kampfspiele. Alle sind in mittelalterlichen Gewändern gekleidet: Gaukler und Händler, Ritter und Jungfrauen.

Öffentliche Verkehrsmittel

Bus: Busverbindungen von Visby auf allen dreistelligen Landstraßennummern rund um die Insel, ab Visby zwischen 3 und 8mal am Tag. **Flugzeug:** 10 Flüge pro Tag nach Stockholm. Der Flugplatz liegt gleich neben der Stadt. Von Mitte Juni bis Mitte August fliegt Lufthansa im wöchentlichen Direktflug von Hamburg, sonntags hin und zurück.

Tip: Allen Besuchern sei ans Herz gelegt, das Auto (falls überhaupt eines dabei ist, denn das Rad ist auf Gotland sicher das bessere Mittel zur Fortbewegung) außerhalb der Stadtmauer abzustellen, da man sich in den schmalen Gassen (Einbahnstraßen!) leicht verirrt und schnell einen Strafzettel einhandelt. Seit 1994 gilt innerhalb der Stadtmauern im Sommer ein Fahrverbot für Autos.

Rund um Visby

♦ Gotska sandön

Diese 34 km² große, als Naturpark geschützte Insel, 40 km nördlich von Gotland, ist schwer zugänglich. Flugsandfelder und Kiefernwälder bedecken fast die gesamte Fläche und bieten seltenen Pflanzen und Vögeln Schutz. 1859 wurde der Leuchtturm errichtet. Seither lebt nur noch das Turmpersonal hier, und das auch nur zeitweise. Im Südosten der Insel liegen russische Soldaten begraben, die 1864 hier kenterten und ertranken. Es gibt keine regelmäßige Verbindung zur Insel, und wer hier landet, muß sich bei den Leuchtturmwärtern melden.

♦ *Roma kloster*

Das Kloster liegt 17 km südöstlich von Visby an Straße 143. Ein Jahr nach der Gründung ihres Klosters Nydala (→ R 3) in Småland zogen Zisterziensermönche nach Gotland, um hier eine weitere Anlage zu gründen. Bald erwarben die frommen Mönche großen Besitz auf Gotland und im Baltikum. Die Reformation führte zum Niedergang des Klosters, dessen monumentale Kirche aber als Ruine erhalten blieb, da sie als Schafstall nutzbar war. Noch immer faszinieren die Proportionen und Gewölbe der verfallenen Kirche, in der sich sowohl die architektonischen Fertigkeiten wie auch Ideale der Strenge und Harmonie der Zisterzienser erkennen lassen. Der Inselobmann baute sich aus den Steinen des Klosters in der Nähe einen Hof (Kungsgård), der allerdings 1730 abgerissen und durch das jetzige Gebäude ersetzt wurde.

→ Route 7 a führt nun auf Straße 148 nach Nordosten. 3 km außerhalb liegt ein wenig östlich der Straße *Stora Hästnäs,* ein gut erhaltenes Speicherhaus mit Treppengiebeln und Arkaden aus dem Mittelalter. Leider ist es nicht von Innen zu besichtigen.

Bro

In der Umgebung der Kirche von Bro gibt es mehrere interessante Vorzeitdenkmäler:
Bro Stainkällingar sind zwei Bildsteine an ihrem ursprünglichen Platz. Sie liegen ca. 1,5 km nördlich der Kirche. Man fährt auf Straße 148 bis kurz vor die Abzweigung nach Lokrume. Dort findet man die Monumente 200 m östlich der Straße in einem Acker. Ihre Bilderschrift ist durch Wind und Wetter verwittert. Früher gab es hier noch drei weitere Steine, die insgesamt ein imposantes Denkmal bildeten. Der Name der Steine, "Stainkällingar" (Steinweiber), spielt auf eine Sage an, die von zwei alten Frauen erzählt, die auf dem Weg zur Kirche stritten und deshalb von Gott in diese Steine verwandelt wurden.

2 km südwestlich von der Kirche liegt südlich der Straße **Bro stenkalm**, ein Rollsteinhügel von ca. 38 m Durchmesser und 3,5 m Höhe. Ungefähr 200 m nordwestlich davon stehen auf der anderen Straßenseite zwei Bautasteine, **Bro ojkar** genannt. Auch hier weiß die volkstümliche Überlieferung eine Geschichte zu erzählen: Der Vater eines blinden Sohnes befand sich auf dem Weg zur Kirche mit zwei Ochsen, die er opfern wollte, falls der Sohn wieder sehend würde. Da aber der Junge schon von weitem wieder geheilt wurde, denn er konnte plötzlich die Kirche sehen, wollte der Vater umkehren und die Ochsen wieder mitnehmen. Zur Strafe wurden sie in Steine verwandelt.

300 m südwestlich der Kirche führt ein kleiner Weg von der Straße nach Hejdeby zur **Bro Opferquelle**, einer heidnischen Quelle, deren Funktion von der Kirche, "Opferkirche" genannt, übernommen wurde. Neben der Quelle liegen Steine mit Schleifrillen, von denen es auf Gotland über zweitausend gibt. Ihre Bedeutung ist unklar.

♦ *Lummelunda*

Lummelunda liegt 10 km abseits der Route im Nordwesten an der Küste.

Vom 17. bis 18. Jahrhundert standen hier eine Hütte und eine Papiermühle. Aus diesen Zeiten ist nur noch Nordeuropas größtes Mühlenrad erhalten. Im Berginneren erstreckt sich ein kilometerlanges Grottensystem, das besichtigt werden kann.

Stenkyrka, liegt mit über tausend Rollsteinhügeln und Steinsetzungen das größte Grabfeld Gotlands. Die meisten Gräber aber wurden geplündert. So liegt der ganze Friedhof heute recht ungeordnet und unansehnlich da, zumal vieles überwuchert ist.

Tingstäde

Das ist der größte See Gotlands. "Träsk" heißt im Schwedischen "Sumpf", auf Gotländisch aber "See". Er verbirgt die Fundamente eines einzigartigen und erstaunlichen vorzeitlichen Bauwerks: Das **Bulverket** war einst ein Pfahldorf mit Blockhäusern auf dicken Bohlen, knapp über der Wasseroberfläche. Die Sockelbalken sind erhalten, auch schon exakt untersucht worden, aber weder vom Ufer noch vom Boot ist etwas erkennbar. An einem Parkplatz am See (an Straße 148) ist die ursprüngliche Wohn- und Wehranlage auf großen Infotafeln genau erklärt. Danach stand ein beträchtliches, genau an den Himmelsrichtungen ausgerichtetes Quadrat von 175 mal 175 m auf senkrechten, in den Seegrund getriebenen Pfosten und Balkenkisten. Darauf lag der Boden, der die Häuser und Palisaden trug - buchstäblich eine schwimmende Wikingerstadt. Über 25.000 dicke Baumstämme wurden hier verarbeitet. Der Bau dieser Stadt hatte mehr als eine Million Arbeitsstunden gekostet. Tausend Leute waren also drei bis vier Jahre damit beschäftigt.

Rund um Tingstäde

◆ Lilla Bjers

5 km südlich von Tingstäde und 600 m südöstlich der Kirche von

◆ Lickershamn

Lickershamn liegt 13 km nördlich von Tingstäde an der Küste. Der *Rauk Jungfrun* bei dem kleinen Hafen trägt seinen Namen wegen der Ähnlichkeit mit mittelalterlichen Marienfiguren. Er ist ca. 11 m hoch.

Domarlunden

Dieses Grabfeld liegt an der Straße Lärbro - Hellvi noch vor den Felsritzungen von Hägevide. Fünf kleine Schiffssetzungen liegen hier Seite an Seite, eine sechste 20 m entfernt. Bei der Untersuchung der Gräber fand man u. a. Skelette, Halsringe und Urnen. In der ganzen Umgebung liegen noch weitere Grabfelder mit Rollsteingräbern und Steinsetzungen.

Übernachten

Vandrarhem, in Lärbro, Korsbygården, Tel. 0498/ 22 57 86, Teil eines alten Hofs.

Bunge

Hier sollte man gut einen halben Tag Aufenthalt einplanen. Das 1917 gegründete **Freilichtmuseum** von Bunge wurde bis heute mehrmals erweitert und stellt nun mit über fünfzig Gebäuden aus der alten Bauernkultur Gotlands eines der größten

Museen dieser Art in Schweden dar, ein Pflichtprogramm für Gotlandurlauber. Kern der Anlage sind zwei vollständige Höfe aus dem 17. und 18. Jahrhundert mit Bohlenhäusern und geteerten Holzbretterdächern. Außerdem gibt es Mühlen, ein Sägewerk, eine Fischerhütte, eine Gerberei, einen Kalkofen, einen Meiler und weitere Zeugnisse bäuerlichhandwerklicher Kultur (geöffnet Mitte Mai bis Ende August 10 - 18 Uhr, Anfang Mai und im späten August 10 - 16 Uhr, Eintritt 25 SEK).

Vor dem Eingang des Freilichtmuseums stehen einige Runen- und Bildsteine, darunter zwei der wichtigsten überhaupt: **Stora Hammars I** und **III**, die auf die Zeit um 750 n. Chr. datiert werden. Im oberen Teil der kunstvollen Steine befinden sich Valhalldarstellungen, die auf damalige Jenseitsvorstellungen zurückgehen. Im Mittelteil der Steine findet man ein Schiff, ein Totenschiff, das den Verstorbenen zu seinem letzten Bestimmungsort bringt. Das Schiff wiederum deutet daraufhin, daß die mächtigen Aristokraten Gotlands bedeutende Seefahrer waren. Es berichtet vom seefahrerischen Ruhm des Verstorbenen. Im unteren Teil der Steine präsentiert man Szenen aus dem Stoff der nordischen Heldensage, und zwar die sogenannte "heroische Metapher": Der Tote wird mit den Taten eines legendären Helden in Verbindung gebracht.

Der drei Meter hohe *Stein von Stora Hammars I* zeigt unten das Wikingerschiff und verknüpft hier Lebenswirklichkeit des Toten und Reise ins Jenseits. Darüber ist der vom Pferd gestürzte, tote Krieger zu erkennen. Die nächste Reihe thematisiert den Vollzug einer Rache: Die Jungfrau Hild wird geraubt, der Vater kommt, um ihre Tod zu rächen. Die drei oberen Felder handeln ebenfalls vom Besuch der Frau, von Rache und einem großen Opferritus.

Ein in der Edda bzw. Hávamál wiedergegebener Mythos begegnet uns auf dem Bildträger *Stora Hammars III:* unten das typische Schiff, darüber Reiter und Walküre. Dann folgt die Darstellung des Gunnlöd-Mythos: Der Gott Odin stiehlt verkleidet vom Riesen Suttung den Dichtermet, der die Gelehrtheit verleiht. Darüber hinaus schändet er dessen Tochter Gunnlöd, die er zunächst betört und dann in eine Falle lockt. Am Ende flieht er in Adlergestalt. Odins dunkle, schamanenhafte Seite kommt auf dem Bildträger wie auch in der folgenden Strophe deutlich zum Vorschein:

"Den Eid sagt man, hat Odin geschworen.
Wer glaubt noch seiner Treue!
Den Suttung beraubt er mit Tränken des Mets
und ließ Gunnlöd sich schämen."

(aus der Edda, Hávamál, Strophe 110)

Gegenüber der Kirche von Bunge liegt das **Schulmuseum** (1850 - 1910). Es hat geöffnet Mitte Juni bis Mitte August, 10 bis 14 Uhr.

—► Nach weiteren 2 km kommt man an das Nordende der Insel, *Fårösund*. Hier nimmt man eine der kostenlosen Fähren im Pendelverkehr, um Fårö zu erreichen, wo Route 7 a endet.

Fårö

Diese kleine Insel, Heimat und Wohnsitz des Regisseurs Ingmar Bergman, ist seit Sommer **1991** auch zugänglich für ausländische Touristen. Zuvor mußte man sich eine Sondergenehmigung besorgen, um das militärische Sperrgebiet betreten zu dürfen.

Fårö ist wunderschön. Im Norden um *Sudersands* und *Auren* gibt es Gotlands längste und feinste Sandstrände, an der Westküste liegen von *Lauterhorn* bis zur *Tällebucht* die schönsten Raukargebiete mit bis zu zehn Meter hohen Felsen, und dies auf mehreren Kilometern Länge. Die flache Halbinsel **Norsholmen** ist ein Vogelparadies. Das Inselinnere überrascht mit vielen kleinen Seen und einer eigentümlichen Hausbauweise, oft mit Kalkstein und Schilf bedeckt wie die "Lamb-

giftar" (Schutzhütten für die sonst im Freien lebenden Schafe). Irgendwie scheint die Zeit hier stillgestanden zu sein. Die Abwanderung vieler junger Menschen auf das Festland hat ihre Spuren hinterlassen.

Übernachten

▶ *Strandskogens Camping* **, bei Sudersands, Tel. 0498/ 22 37 65, unmittelbar am Meer gelegen. Hier gibt es auch noch einen anderen, sehr einfach ausgestatteten Platz.

Route 7 b
Visby - Hoburgen (ca. 100 km)

Route 7 b beginnt in *Visby* (→ R 7 a) und führt auf Straße 140 hinunter zur südlichen Inselspitze am *Rauk Hoburgen.*

Weiter geht es über das alte Fischerdorf Kovik nach **Klintehamn,** das mit knapp 1.700 Einwohnern eines der größten Dörfer auf der Insel ist.

Kneippbyn

Östlich der Straße liegt nach wenigen Kilometern dieses Feriendorf mit Pippi Langstrumpfs **Villa Kunterbunt** (Villa Villekulla) und vielen Vergnügungen für Kinder (geöffnet Mitte Mai bis Ende August 10 - 18 Uhr, Eintritt im Mai 60 SEK, in der übrigen Zeit 110 SEK).

—▶ Südlich vom Kneippbyn erstreckt sich an der Küste das Gebiet *Högklint,* ein wunderschöner Steilküstenabschnitt mit Fernsicht und vielen Grotten. Stellenweise erinnert die Landschaft an das Karstgebiet im ehemaligen Jugoslawien.

20 km südlich von Visby liegt rechts der Straße 140 das Fischerdorf **Gnisvärd**mit der größten Schiffssetzung der Insel, 47 m lang.

◆ *Karlsöarna*

Die Karlsinseln werden im Sommer von Klintehamn angelaufen (45 Minuten Fahrt).

Die *Stora Karlsö* ist ein Vogelparadies, in dem mehr als 230 Arten vorkommen. Die Natur ist herrlich: Raukar, Grotten, Orchideen und andere seltene Pflanzen. An der Schiffanlegestelle informiert ein kleines Museum über Geologie, Fauna und Flora. Der Leuchtturm ist ganzjährig besetzt.

Zur *Lilla Karlsö* fahren die Schiffe während der Saison vom 15.6. bis 15.8. von Djauvik (auch: Djupvik). Die kleine Insel ähnelt der großen. Mit 66 m hat sie sogar eine noch höhere Erhebung, aber sie ist kahler, da hier Schafe viele Stellen abgeweidet haben. Auf beiden Inseln gibt es zum Übernachten ein paar Hütten, die man vorab in der Touristeninformation von Visby buchen muß.

—▸ Bei **Gannarve** liegt direkt an der Küste Gotlands schönstgelegene Schiffssetzung. Von hier hat man Blick auf das Meer. Welch ein Grab für diesen Seefahrer der späten Bronzezeit! Mit 29 m Länge und 4,8 m Breite ist sie auch eine der größten Schiffssetzungen Gotlands.

Bei der *Kirche von Fröjel* lohnt es, von der Route abzufahren:

◆ *Vallhagar*

Hier, liegt 2 km östlich, hat man 24 Hausfundamente eines eisenzeitlichen Dorfs mitsamt den Grundrissen der Umzäunung ausgegraben. Das Schicksal Vallhagars, einer einstmals wohlhabenden Gemeinde, steht stellvertretend für das der ganzen Insel. Ende des 6. Jahrhunderts brach nämlich das Unheil über die Gotländer herein, als die Svear die Insel eroberten und die Siedlungen zerstörten. Die meisten Bewohner zogen sich in die Fluchtburgen zurück. Depots wurden angelegt und Schätze vergraben, die bis heute noch nicht entdeckt sind.

—▸ Bei *Fidenäs* trifft Route 7 b auf Straße 142, die man nun auf dieser Route weiter gen Süden nimmt. Ein größeres Dorf ist *Burgsvik*. Ab hier ist die Straße nach Süden nicht mehr so breit, aber die Landschaft weiterhin sehr schön.

Nach 4 km kommt man an den *Bottarvegården*, einen alten Bauern-

hof aus dem Jahr 1844 mit Wohngebäude und reetgedeckten Scheunen. Während des Sommers ist er zugänglich.

Route 7 b endet im raukarreichen Gebiet am Südende der Insel. Biegt man 3 km hinter der *Kirche von Vamlingbo* von Route 7 b nach Westen in Richtung Gervalds ab, erreicht man auf einem kleinen Küstenweg die Südspitze Gotlands:

◆ *Hoburgen*

Von diesem schroffen, 35 m hohen Klint, einem Kalksteinplateau mit verstreuten Raukars, hat man einen phantastischen Blick auf das offene Meer. Berühmt ist der **Hoburgsgubbe**, ein Raukar, der im Profil etwas Menschenähnliches hat.

◆ *Holmhällar*

Südlich der Kirche von Hamra liegt die südöstliche Inselspitze mit den Raukargebieten Holmhällar, Hammarshage hällar und Heligholmen. Letzteres liegt auf einer kleinen Insel mit einem schmucken Leuchtturm. Wie im Westen bei Hoburgen gehören auch diese Raukar zu den prächtigsten Gotlands.

Villa Kunterbunt

Route 7 c
Lärbro - Burgsvik (ca. 120 km)

Route 7 c ist wie 7 b eine Nord-Süd-Route. Aber sie führt durch die östlichen Teile der Insel und berührt weniger die großen Touristengebiete. Daher wartet sie mit vielen ruhigen und lieblichen Abschnitten auf. Auch an der Ostküste gibt es immer wieder herrliche Badestrände, die weit weniger bevölkert sind als die der Westküste. Landschaftlich bietet die Route dieselben abwechslungsreichen Formationen wie die anderen Routen: Kiefernwälder, Laubwiesen, Steppe, Raukar und Felsenerde.

Vom Ausgangspunkt *Lärbro* (→ R 7 b) lassen sich Ausflüge zur Halbinsel St. *Olofsholmen* im Osten unternehmen, aber auch zu den folgenden Orten:

◆ St. Olof

St. Olof, 12 km südöstlich von Lärbro an der Küste, ist ein schönes Raukargebiet. Der Name erinnert an den König von Norwegen, der 1029 hier weilte und den Inselbauern bei Lärbro eine Schlacht lieferte.

◆ Hägvide

Südlich der Straße Lärbro-Hellvi liegt dieser Hof, auf dessen Gelände man 1910 Gotlands größtes Felszeichnungsgebiet fand. Es gibt ansonsten nur noch ein einziges. Auf einer Fläche von ca. 10 mal 5 m sieht man unter anderem Schiffe, Fußsohlen und Äxte.

◆ Barläst

Die Kalköfen von Barläst, 6 km südöstlich von Lärbro an der Küste, sind heute leider nur noch teilweise erhalten, belegen aber noch immer eindringlich die Bedeutung der Kalkbrennerei, die hier über zweihundert Jahre lang bis 1907 betrieben wurde. Mit mehreren Lagerschuppen und Gebäuden für die einzelnen Produkte bilden sie ein sehenswertes Industriemilieu des 18. und 19. Jahrhunderts.

◆ Kyllaj

Kyllaj liegt 13 km östlich von Lärbro am Meer. Von hier aus wurden früher Kalkprodukte nach Osten exportiert. Zeugnisse des alten Gewerbes sind erhalten, wie Kalköfen, der Hafen und "Strandridaregård", das Hauptgebäude des Zollvorstehers mit der Originaleinrichtung des frühen 18. Jahrhunderts und einer Brennerei.

→ Route 7 c führt in Richtung Süden.

Slite

Dieser Ort ist mit nur 2.000 Einwohnern bereits ein "Zentrum" Gotlands. Nach Visby ist es die größte Siedlung der Insel. Die Kalkgewinnung begann hier im 18. Jahrhundert. Heute tut sich vor den Toren der Gemeinde ein riesiges, um-

Tjelvar, der das Feuer brachte, und die Raukar

Nach der Eiszeit lag Gotland aufgrund starker Abschmelzungen teils über dem Meeresspiegel, teils darunter. Die Kräfte des Meeres wuschen die bizarren Kalksteingestalten aus dem Fels, Brecher und Wogen wirkten formend durch ihr ständiges Auf und Ab. Manche Raukar sehen menschenähnlich aus: "Jungfrun", die Jungfrau, oder der "Hoburgsgubbe".

"Als der liebe Gott die Welt erschuf, übte er an der Herstellung von Mensch und Tier. Die ersten Versuche schlugen fehl. Diese plazierte er hier an der Küste Gotlands, die "Raukar", so erzählt es der Volksmund. Doch während wir jene Geschichte in den Bereich der Sagen verweisen, nehmen wir erstaunt zur Kenntnis, daß das altschwedische, um 1220 niedergeschriebene Gotlandgesetz "Gutalagan" der Wahrheit sehr nahe war: In der "Gutasagan", der Erzählung von den gotländischen Wikingern, die vermutlich schon lange vor ihrer schriftlichen Abfassung im 13. Jahrhundert mündlich tradiert wurde und einen Anhang zu den Gesetzestexten bildet, lesen wir im ersten Kapitel einen Bericht über die Urzeit Gotlands, der mit wissenschaftlichen Erkenntnissen übereinstimmt: "Die von Trollen verzauberte Insel sank in jedem Morgengrauen hinab ins Meer, und wenn es dunkel wurde, tauchte sie aus den Fluten wieder auf. Der erste Siedler, ein Mann names *Tjelvar,* brachte das Feuer mit zur Insel und brach so den Fluch der Trolle, die das Feuer scheuten. Von nun an verblieb Gotland über dem Meeresspiegel." Ist es wirklich möglich, daß sich in dieser alten Erzählung eine Erinnerung an urzeitliche, geologische Vorgänge verbirgt?

zäuntes Loch auf, das in seinen Dimensionen fast an die Gruben von Falun erinnert. Es gehört *Cementa,* Europas größter Zementfabrik.

Übernachten

Slite Camping * * *, südlich des Orts auf einem Dünengrundstück am Meer, Tel. 0498/ 22 08 30, hat erfreulicherweise schon nicht mehr die Ausmaße wie die Plätze an der Westküste, guter Badestrand.

Tjelvars grav

3 km südlich von Slite führt Route 7 c nun weiter auf Straße 146. Nach 4 km liegt rechts der Straße mitten im Wald die erdgefüllte Schiffssetzung Tjelvars grav aus der späten Bronzezeit. Sie ist auf einem Gehweg zu erreichen. Der legendäre Tjelvar liegt hier nicht be-

graben. Wenn er überhaupt gelebt hat, dann 5.000 Jahre bevor dieses Monument (um 500 v. Chr.) errichtet wurde. Siehe auch → Artikel "Tjelvar, der das Feuer brachte, und die Raukar".

Åminneviken

Auf der Höhe von Tjelvars grav erstreckt sich an der Küste die Bucht Åminneviken mit wunderschönen Badeplätzen. *Åminne Camping* * * * (Tel. 0498/ 340 11*),* unmittelbar am Meer gelegen, ist hier mit zehn Hütten neben dem Campingplatz in Ljugarn der schönste der Insel.

→ Die Straße führt weiter nach Süden. Im Dorf *Aurungs* führt eine kleine Straße nach Osten in Richtung Hammars:

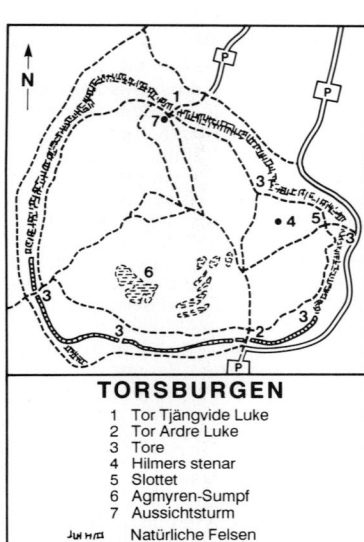

TORSBURGEN

1 Tor Tjängvide Luke
2 Tor Ardre Luke
3 Tore
4 Hilmers stenar
5 Slottet
6 Agmyren-Sumpf
7 Aussichtsturm

〰〰   Natürliche Felsen
▭▭▭   Mauer (7 m hoch,
       24 m dick, 2 km lang)
----   Wanderweg

◆ Bjärs hög

Gotlands einziges großes Erdhügelgrab mit einem Durchmesser von 55 m und einer Höhe von 6 m ist auch zugleich das größte Grab auf der Insel. Offen ist bislang, ob es den bronzezeitlichen Hügelgräbern oder den völkerwanderungszeitlichen Königsgräbern zuzuordnen ist.

◆ Trullhalsar

Dieses Grabfeld aus der Vendelzeit liegt sehr schön mitten im Wald. Unter den 340 Gräbern sind viele Formen vertreten: Richterringe, Rollsteingräber, Steinsetzungen und viele andere.

—▶   Nur 1 km weiter auf Route 7 c lohnt ein Abstecher nach rechts:

◆ Fornstuga

500 m nach der Abzweigung kommt man an die Fornstuga, eine Bauernhofanlage aus dem 18. Jahrhundert, die als Museum eingerichtet wurde. Scheune, Wohnhaus und Schmiede sind neben anderen Gebäudetrakten zu besichtigen. Alles ist klein, aber sehenswert.

—▶   Wieder auf der Route, ist an der *Kirche von Kräklingbo* nochmals ein Ausflug nach Osten zu einer von Gotlands wichtigsten historischen Anlagen nicht zu versäumen. Nach 6 km erreicht man:

◆ Torsburg

Nordeuropas größte Fluchtburg wurde in einer dramatischen Phase der Geschichte zu Beginn der Völkerwanderungszeit angelegt. Bei der Planung der Anlage nutzte man bestehende geologische Formationen geschickt aus. Im ganzen Norden sowie in Teilen des Ostens und Westens bilden steile, bis zu 70 m hohe Felsbrüche einen natürlichen Schutz. Der Rest der Burg wird von einer künstlich angelegten, ca. 2 km langen Mauer gebildet. Sie umfaßt die Gesamtfläche der Anlage von 1,12 km². In der Mauer gab es mehrere Tore, sogenannte "Luken", mit Wachtürmen. Im Inneren lag eine stadtähnliche Siedlung, die aber nur in Notzeiten bewohnt war. Faszinierend aber sind die Dimensionen der Mauer. Auf 2 km Länge war sie (und ist es noch immer in einigen Bereichen) 24 m dick und 7 m hoch.

Auf einen Kiessockel folgte gebrannter Kalkstein und eine Holzpalisade. Beim Bau wurde ebensoviel Erdmaterial bewegt wie beim Bau der ägyptischen Pyramiden. Das mag das Ausmaß dieser Burg mit ihren gut 5 km Umfang verdeutlichen. Sie war die Schutzanlage der Inselbewohner schlechthin, denn für die Verteidigung der Mauer wurden nicht nur die damals in der Umgebung lebenden 200 bis 300, sondern mindestens tausend Mann benötigt. Und so viele Männer waren um das Jahr 400 bei einer Gesamtbevölkerung von damals 8.000 Menschen auf ganz Gotland wehrfähig. Vom Aussichtsturm im Norden hat man einen guten Blick über die Burg. Am Weg, der zur Tjängvide-Luke im Norden führt, gibt es ein Museum, in dem Informationsmaterial zur Burg erhältlich ist.

♦ *Grogarnberget*

Am Grogarnberget ragt das Kalksteinplateau steil aus dem Meer auf, was für die Ostküste ungewöhnlich ist. Von Katthammarsvik mit seinem gustavianischen Herrenhof führt eine kleine Straße hierher. Oben auf der Spitze liegt eine völkerwanderungszeitliche Fluchtburg, von der aus man einen weiten Blick auf das Meer und die Insel *Östergarnsholm* mit ihren beiden Leuchttürmen hat. Der im Osten stehende Turm aus dem Jahr 1817 ist kohlebetrieben.

—► An der nächsten Straßenkreuzung geht Route 7 c weiter über Straße 145 in den folgenden Ort:

Ljugarn

Ljugarn war früher einer der gehobenen Badeorte Gotlands, wo es vor allem reiche Stockholmer hinzog. Ein paar alte Holzvillen erinnern an diese Zeit. Der Ort, von Kiefernwäldern umgeben, liegt sehr schön. Von der ehemaligen Betriebsamkeit am Hafen ist aber nichts mehr zu spüren. Vom örtlichen Campingplatz kann man am Meer entlang zum Raukargebiet **Folhammar** spazieren, das einige der größten und schönsten Formationen der Insel bietet. Benachbart ist die alte Fischersiedlung **Vitvers** mit Holz- und Steinhütten, die teilweise sogar noch bewohnt sind.

Übernachten
► *Campingplatz* **, unmittelbar an den Dünen gelegen, Tel. 0498/ 49 31 17.
► *Vandrarhem Strandridaregården*, Tel. 0497/ 49 31 84.

—► Route 7 c führt weiter über Straße 144. Etwa 2 km nach der Straßengabelung 144/ 145 zweigt ein Weg nach links ab:

♦ *Gålrum*

Bald erreicht man Gålrum mit einigen Rollsteinhügeln nördlich des Wegs und sieben Schiffs- und Steinsetzungen auf der anderen Straßenseite. Die größte dieser Rösen trägt den Namen "Digerråir" (Großes Rollsteingrab). Sie hinterläßt aber einen weniger starken Eindruck als die Röse gleichen Namens weiter südlich im Wald.

—► Auf Route 7 c geht es über Straße 144 an *Garde* vorbei, wo es ein Vandrarhem (Tel. 0497/ 49 13 91) gibt. An der *Kirche von Lye* ist es möglich, einen Ausflug von Route 7 c zu unternehmen. Dazu zweigt man nach rechts ab:

◆ *Änge*

Dieser Ort liegt 10 km nördlich der Abfahrt. Die beiden Bildsteine von Änge stehen neben einem Hof noch an ihrem ursprünglichen Platz. Weitere Funde unterstreichen die Bedeutung des Orts als Opferstelle. Der Stein im Westen ist mit 3,7 m der höchste Bildstein überhaupt. Auf ihm sind - wenn auch ganz schwach - Details zu erkennen, so ein Schiff, ein Reiter und mehrere Männer. Der andere Stein ist inzwischen blind.

◆ *Lojsta*

Wenn man nach der *Kirche von Etelhem* noch einmal links abbiegt, erreicht man Lojsta. Auf einem originalen Fundament hat man hier ein völkerwanderungszeitliches Haus zeitgemäß rekonstruiert, die **Lojstahalle**. Das Innere wurde historisch getreu eingerichtet, so daß man hier durchaus ein Gefühl für die Lebensverhältnisse der ersten nachchristlichen Jahrhunderte bekommt. Der Bau ist fensterlos, gedeckt mit "Ag", dem schweren gotländischen Schilf. Insgesamt wirkt er sehr düster. Unmittelbar südlich des Hauses liegen die Reste einer alten **Fluchtburg**, die bis ins Mittelalter genutzt wurde. Der innere Verteidigungskern war eine Wasserburg, denn damals lag der Wasserspiegel des Sees wesentlich höher als heute. Man fand hier Geschosse von Wurfmaschinen, die Valdemar Atterdag auch gegen Visby einsetzte. Dies legt die Vermutung nahe, daß er das Bauernheer zuvor

an dieser Stelle angegriffen hatte. Später bediente sich Klaus Störtebeker in den Kämpfen gegen die Dänen dieser Festung.

—▶ Von Lye führt die Route weiter über Straße 143. Der nächste Ort ist **Hemse**, der mit ca. 1.500 Einwohnern Mittelpunkt des südlichen Inselteils ist. Hier gibt es Geschäfte, Übernachtungsmöglichkeiten und eine Volkshochschule, die im Sommer archäologische Kurse anbietet, auch für Touristen.

◆ *Uggårdaråir*

Von *Uggårdaråir*, 13 km südöstlich von Hemse, geht es zunächst nach Rone und dann in Richtung Ronehamn. Kurz vor *Ronehamn* führt ein Weg nach Süden zum Hof Uggårdaråir. 500 m südöstlich von ihm liegt in einem Hain Gotlands größtes Rollsteingrab mit 30 m Duchmesser und 7 m Höhe. Um das kreisförmige Grab wurde ein großer Ring mit Steinblöcken gesetzt.

—▶ Von Hemse führt Route 7 c über Straße 142 in Richtung Süden. Nach der *Kirche von Grötlingbo* erreicht man kurz vor Routenende:

Kattlunds

Kattlunds ist der größte und älteste Bauernhof der Insel. Die ältesten Teile des Hauptgebäudes stammen aus dem 14. Jahrhundert. Die Hofbesitzer lassen sich bis 1412 zurückverfolgen. Umbauten wurden bis in das 19. Jahrhundert vorgenommen. Ungeklärt ist die Funktion der Vorsprünge an der steinernen

Stallreihe. Der Hof gehört heute dem Museum *Gotlands Fornsal* in Visby (Museum geöffnet Mitte Juni bis Mitte August, Eintritt 10 SEK).

Gotlands Kirchen

92 mittelalterliche Landkirchen (einschließlich zwei Ruinen) auf der relativ kleinen Inselfläche sind weltweit einmalig. Sie spiegeln den Reichtum der Landbauern in der daligen Zeit ebenso wider wie das gesamte Spektrum technischer Kunstfertigkeit und den blühenden Ideenreichtum der Baumeister aus dem 12. bis 14. Jahrhundert. Im Schnitt waren nur ca. fünfzehn Bauernhöfe für die Errichtung einer Kirche verantwortlich. Es müssen reiche Höfe gewesen sein, die es sich leisten konnten, einen berühmten Baumeister zu verpflichten und viele Tagelöhner zum Bau anzustellen. Natürlich trugen die Bauern auch mit eigenen Kräften, mit Gesinde und Tieren zu dem Großprojekt bei, durch das sie eine Art Selbstdarstellung betrieben, verschwenderisch und vielleicht sogar ein wenig angeberisch. Denn in vielen der Kirchen bieten die großen Hallen um ein Vielfaches mehr Menschen Platz zum Gottesdienst, als in der ganzen Umgebung überhaupt leben. Alle Kirchen sind *Hallenkirchen*, ein- bis dreischiffig und ausnahmslos ohne Querschiff. Viele von ihnen wurden in romanischem Stil begonnen, einige stilecht vollendet, aber die größte Zahl weist in vielen Bausegmenten Übergänge zur strengen Gotik auf. So haben nur neunzehn von ihnen halbrunde Apsiden als Chorabschluß im Osten, die meisten aber den geraden Abschluß nach dem richtungsweisenden Vorbild des Zisterzienserklosters von *Roma* oder der Domkirche von

Visby. Manche romanischen Landkirchen wurden abgerissen und in reiner Gotik neu errichtet, bei anderen wurden Umbauten vorgenommen, so daß man heute in den überwiegend gotischen Strukturen die alten, romanischen Elemente herausfiltern kann. Sowohl was die Hallen als auch die Türme betrifft, muß man die jeweilige Gesamtkonzeption vor Augen haben. Da gibt es kleine Langhäuser mit unproportional großen Westtürmen, aber auch Gotteshäuser mit relativ kleinem Turm und winzigem Langhaus. Sie haben dafür einen Chor, der das Langhaus an Volumen um das Doppelte übertrifft - was wohl kaum der Ästhetik der gotischen Baumeister entsprochen hat. Dies erklärt sich daraus, daß mancherorts eine große Kirche geplant war, mit dem Chor begonnen wurde, aber nach 1361 nicht mehr die Mittel zur Vollendung in der geplanten Form gegeben waren (→ Artikel "Kleine Geschichte Gotlands"). Bauelemente wurden an den Chor "angestückelt". Die Baumeister schufen Hervorragendes zur Ausschmückung der Portale mit Reliefs ebenso wie zur künstlerischen Gestaltung der Innenräume mit Bildträgern der mittelalterlichen Geisteswelt: Taufbecken (ein beliebter Exportartikel), Wand- und Glasmalereien, in denen sich biblische Themen mit volkstümlichen Mythen mischen, sodann Madonnen und andere Schnitzwerke, Triumphkruzifixe und frühneuzeitliche Altäre, Altarbilder, Kanzeln und vieles mehr. Einige Steinmetze, die außergewöhnliche

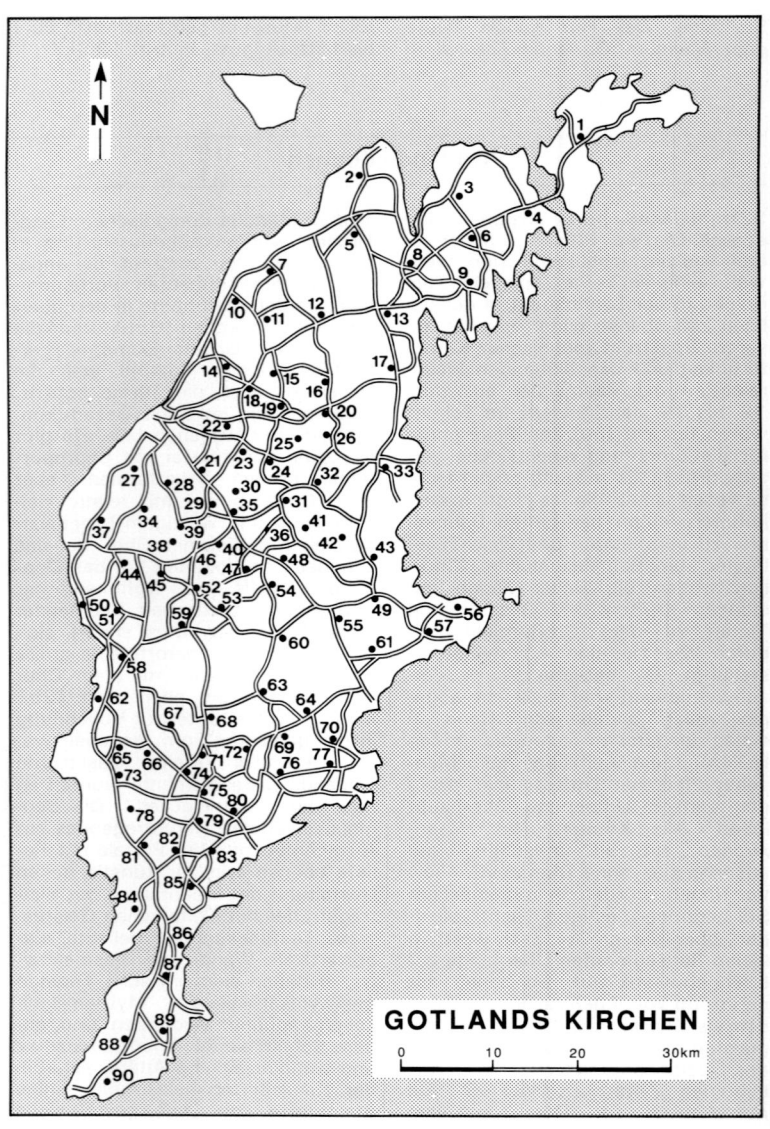

GOTLANDS KIRCHEN

0   10   20   30km

GOTLANDS KIRCHEN

1	Fårö kyrka	46	Atlingbo kyrka
2	Hall kyrka	47	Viklau kyrka
3	Fleringe kyrka	48	Sjonhems kyrka
4	Bunge kyrka	49	Kräklingbo kyrka
5	Hangvars kyrka	50	Västergarns kyrka
6	Rute kyrka	51	Sanda kyrka
7	Stenkyrka kyrka	52	Väte kyrka
8	Lärbro kyrka	53	Guldrupe kyrka
9	Hellvi kyrka	54	Vänge kyrka
10	Lummelunda kyrka	55	Ala kyrka
11	Martebo kyrka	56	Östergarns kyrka
12	Tingstäde kyrka	57	Gammelgarns kyrka
13	Othems kyrka	58	Klinte kyrka
14	Väskinde kyrka	59	Hejde kyrka
15	Lokrume kyrka	60	Buttle kyrka
16	Hejnums kyrka	61	Ardre kyrka
17	Boge kyrka	62	Fröjels kyrka
18	Bro kyrka	63	Etelhems kyrka
19	Fole kyrka	64	Garde kyrka
20	Bäls kyrka	65	Eksta kyrka
21	Follingbo kyrka	66	Levide kyrka
22	Hejdeby kyrka	67	Gerums kyrka
23	Endre kyrka	68	Lojsta kyrka
24	Ekeby kyrka	69	Lye kyrka
25	Källunge kyrka	70	Lau kyrka
26	Vallstena kyrka	71	Linde kyrka
27	Västerhejde kyrka	72	Stånga kyrka
28	Träkumla kyrka	73	Sproge kyrka
29	Akebäcks kyrka	74	Fardhems kyrka
30	Barlingbo kyrka	75	Hemse kyrka
31	Dalhems kyrka	76	Burs kyrka
32	Hörsne kyrka	77	Närs kyrka
33	Gothems kyrka	78	Silte kyrka
34	Stenkumla kyrka	79	Alva kyrka
35	Roma kyrka	80	Rone kyrka
36	Halla kyrka	81	Hablingbo kyrka
37	Tofta kyrka	82	Havdhems kyrka
38	Hogräns kyrka	83	Eke kyrka
39	Valls kyrka	84	Näs kyrka
40	Björke kyrka	85	Grötlingbo kyrka
41	Ganthems kyrka	86	Fide kyrka
42	Norrlanda kyrka	87	Öja kyrka
43	Anga kyrka	88	Vamlingbo kyrka
44	Eskelhems kyrka	89	Hamra kyrka
45	Mästerby kyrka	90	Sundre kyrka

Portale, Kapitellbänder und Taufbecken hervorbrachten, sind namentlich bekannt oder erhielten einen Namen nach dem für sie typischen Stil. Der Erste, der einen eigenständigen Stil entwickelte, war Hegwald, der um 1100 wirkte und in mehreren Kirchen Taufsteine mit Szenen der heidnischen Mythenwelt hinterließ, wie in *Etelhem* oder *Stånga*. Etwa fünfzig Jahre später schuf der sogenannte Bycantios-Meister orientalisch inspirierte Werke mit Akanthusranken und Dämonen. Sein Schüler Sigraf war einer der fleißigsten Hersteller von Taufsteinen aus Sandstein (aus der Zeit um 1200 sind über zwanzig bekannt, auch Exporte). Die Heiligen Drei Könige werden häufig darauf als Motiv verwendet. Den siegreichen Christus findet man oft auf den Steinen des Majestatis-Meisters, der etwa zur gleichen Zeit zwischen 1160 und 1200 gearbeitet hat. Calcarius trat mit Adlerkapitellen an den Portalen zu jener Zeit hervor. Als Baumeister der Kirchen sind uns der Fabulator-Meister bekannt, der volkstümliche Motive mit biblischen mischte (Portal von Gammelgarn), Neoikonicus, der schöne Kapitellbänder hinterließ (vor allem in Bro), Botvid und Sohn Lafrans Botvidarson (1200 - 1260) sowie im 12. Jahrhundert der große Egyptikus-Meister, dessen Werkstätten einen leicht ägyptischen Einfluß in der Form verraten (Stånga, Öja). Er schuf die größten Galerietürme der Insel. Der sogenannte Passions-Meister schließlich hinterließ eine enorme Anzahl von besonders schönen Wandmalereien aus dem 15. Jahrhundert.

Hinweis: Die im folgenden Text mit einem Stern (*) gekennzeichneten Kirchen sind besonders sehenswert.

1. Fårö

Turm und Teile des Langhauses gehen auf das Mittelalter zurück, aber sein heutiges Erscheinungsbild erhielt das Bauwerk 1858 nach umfassenden Umbaumaßnahmen. Zur barocken Einrichtung gehört ein kurioses Bild, das folgende Begebenheit darstellt: 1618 erlitt eine Gruppe von Seehundjägern Schiffbruch und erreichte nach einem vierzehn Tage langen Treiben auf einer Eisscholle unversehrt Gotland. Zum Dank ihrer Rettung errichtete man diese Kirche.

2. Hall

Diese Kirche wurde um 1240 errichtet. Die Malerei stammt von Halvard. An nördlichen Chorwand ist die Seelenwägung Kaiser Heinrichs II. durch den heiligen Michael dargestellt. Die Kanzel wurde 1619 geschaffen.

3. Fleringe

Sie stammt aus dem 13. Jahrhundert, hat aber nach einem Brand kaum mittelalterliches Inventar bewahren können, nur Reste von Malereien des Passions-Meisters. Der Taufstein aus Sandstein, der früher in Visborgs Domkirche stand, stammt aus dänischer Zeit (Namenschiffre Kristians IV.).

4. Bunge *

Um 1300 errichtete man den Turm mit Wehrfunktion. Das Südportal ist reich geschmückt. Hauptthema ist hier die Auferstehung Christi. Das zweischiffige, mit Säulen versehene Langhaus ist das größte der Insel. Wertvolle Wandmalereien aus dem 14. Jahrhundert zeigen: himmlisches Jerusalem, die Apostel und St. Christophorus (der Schutzheilige der Reisenden). Die Passionsgeschichte ist an der Nordwand festgehalten, im Westen das Jüngste Gericht, im Norden ein Reiterkampf im unteren Wandbereich. Zu diesem zwei Interpretationen: Entweder ist mit dem Reiterkampf das Martyrium der "10.000", der Tebäischen Legion unter Kaiser Decius, abgebildet oder der Kampf des Deutschen Ordens gegen die Vitalienbrüder. Letzteres entspricht den wahren Gegebenheiten dieser Zeit, denn als diese Malereien entstanden, gehörte Gotland zum Deutschen Orden (1398 - 1404). Einige der abgebildeten Ritter tragen auch ein schwarzes Kreuz. Am wahrscheinlichsten ist eine Vermischung aus beiden Geschehnissen: Die leidenden Ritter und die bekehrten Legionäre stürzen in die Dornen und kämpfen gegen das Übel der Piraten. Zum Sehenswerten der Einrichtung gehören Armenkasse, Taufstein und Kruzifix, alle aus dem 13. Jahrhundert.

5. Hangvar

Sie wurde um 1260 erbaut. Der Taufstein stammt aus dem 13. Jahrhundert, die Kanzel aus dem 17. Jahrhundert.

6. Rute

Diese Kirche aus dem 13. Jahrhundert ist ein Werk von Lafrans Botvidarsson. Die Malereien sind zwischen dem 13. und 15. Jahrhundert entstanden. Das Kreuz stammt aus dem 13. Jahrhundert, der Taufstein aus dem 12. Jahrhundert.

7. Stenkyrka *

Sie wurde 1255 eingeweiht. Danach stockte man den Turm zum 55 m

hohen Galerieturm auf. Das Langhaus ist zweischiffig und mit starken Mittelsäulen gegliedert. Die umfangreichen Malereien stammen aus dem 13. bis 15. Jahrhundert. Im Turmraum abgebildet ist die Seelenwägung (ohne Kaiser Heinrich II.) und Christi Himmelfahrt (Christus auf einer Leiter, gehalten von Engeln). Beachtenswert ist auch der Taufstein aus dem 12. Jahrhundert von Majestatis und das Triumphkruzifix aus dem 14. Jahrhundert (an der Nordwand). Die Kirchenbänke tragen Landschaftsszenen (18. Jh.). Im Chor (1200) befindet sich ein Grabstein, der älteste Gotlands mit Jahreszahlen, gesetzt für den Bauernführer Licnatus von Stenstu.

Kirche von Lärbro

8. Lärbro *

Diese wunderschöne Kirche besteht aus einem zweischiffigen Langhaus und einem Chor (um 1280.) Egypti-

kus schuf hier um 1350 einen
achteckigen Kirchenturm mit Galerie. Dieser Grundriß lehnt sich an
den Nidaros-Dom in Trondheim/
Norwegen an, in dem der heilige
Olaf bestattet liegt. 1522 zerstörte
ein Orkan den oberen Teil des
Turms. Das Turmportal ist mit der
Kindheitsgeschichte Jesu im Kapitellband reich skulptiert. Reste von
Malereien sind im Langhaus erhalten. Im Chor sind Maria und Johannes am Golgathakreuz dargestellt.
Über dem Portal zur Sakristei hängt
eine einzigartige Kombination aus
Malerei und Relief: ein Drache, dessen Kopf eine Gewölbekonsole bildet, dessen Körper nach hinten immer schlanker wird, bis er schließlich in einem langen, nur noch ge-
malten Schwanz endet. Am Altar
(um 1400) hat die Schnitzergruppe
aus Gammelsgarns kyrka dieselbe
Arbeit wie dort verrichtet. Die Kanzel stammt aus dem Jahr 1718.

9. Hellvi

1239 wurden Chor und Langhaus
von Lafrans Botvidarsson errichtet.
Der Turm stürzte ein, wurde aber
später neu aus Holz und kleiner
wieder aufgebaut. In der Sakristei
wird eine Katechismustafel (1627)
aufbewahrt. Die Empore wurde
1704 von sechzehn Schiffsleuten
aus Sönderborg (Dänemark) ge-
spendet, die hier öfters weilten.

10. Lummelunda

Langhaus und Turm gehen auf die
Zeit um 1200 zurück. Egyptikus
baute um 1350 einen großen Chor.
Portalreliefs und Malereien des Passions-Meisters im Innenraum. Im
Chor ist das Jüngste Gericht dargestellt. Das Altarbild (1667) stammt

von J. Bartsch. Die Kanzel ist eine
Gabe einer Bergwerkseignerfamilie.

11. Martebo *

Chor und Langhaus schuf Egyptikus
im 14. Jahrhundert. Den Turm übernahm man vom Vorgängerbau. Die
Kirche ist überreich mit Skulpturen
geschmückt. Dabei tragen drei Kapitellbänder verschiedene Kompositionen. Am Nordportal: Marias und
Elisabeths Treffen, Verkündigung,
Engel und Jesu Geburt. Am Chorportal: Heilige Drei Könige, Kinder-
mord, Tempel und Flucht nach
Ägypten. Am Hauptportal: Jesu
Taufe, Geißelung, Kreuzaufzug und
Grabeslegung mit dem gefesselten
Teufel. In einer Nische darüber der
heilige Dionysos mit abgeschlagenem Kopf. Alle Skulpturen stammen aus der Zeit um 1330. Der
Taufstein geht auf das 13. Jahrhundert zurück, die Kanzel auf die Zeit
um 1450. Bemerkenswert ist die
kunstvoll bemalte Empore.

12. Tingstäde *

Der älteste Teil der Kirche ist das
Langhaus (um 1200), geschaffen
von Calcarius, mit Adlerkapitell am
Südportal und der Mittelsäule im Inneren. An dieser findet man auch
einige groteske Skulpturen, wie ein
Gaukler im Handstand, ein Bock und
der Dornenherauszieher (eine Warnung vor Unzucht). Die oberen Teile
des gewaltigen, 62 m hohen Turms
stammen aus dem 14. Jahrhundert.
Sein Inneres hat man mit Malereien
ausgeschmückt. Der Taufstein (12.
Jh.) von Majestatis wird mit einem
kuriosen Holzdeckel abgedeckt. Auf
ihm ist die Kirche in Miniatur geschnitzt. Mit einem Schwenkarm
kann der Deckel auf und nieder bewegt werden (leider nur Kopie, Ori-

ginal im Museum Fornsal/ Visby).
Das Kruzifix stammt aus dem 14.
Jahrhundert und die Bänke aus dem
17. Jahrhundert.

13. Othem

Langhaus und Chor sind das Werk
von Lafrans Botvidarsson. Die Kirche mit Mittelsäule ist zweischiffig.
Mit symbolreichen Malereien (1240)
ist das Chorgewölbe ausgekleidet.
Dargestellt ist auf ihnen der Lebensbaum mit Wurzeln in den Flüssen
des Paradieses. Im Baum sitzen Vögel, die von Bogenschützen be-
schossen werden (Symbol für die
Jagd des Bösen auf die Menschenseele). Die Madonna im Triumphbogen stammt aus dem Jahr 1330.
Um 1400 datiert man die Apostel-
folge im Chor.

14. Väskinde

Diese Kirche war ursprünglich eine
Apsidenkirche, die nach 1250 zur
gotischen Kirche umgebaut wurde.
Man begann am Chor; das Portal
dort stammt von einem Meister aus
Westfalen mit Skulpturen (Christus,
Löwe, Echse), die von der Vorgängerkirche übernommen wurden.
1280 kamen Langhaus und Galerieturm hinzu. Letzterer blieb unvollen-
det. Inclusorium im Turm. Malereien
aller Epochen vom 13. bis 16. Jahrhundert schmücken den Kirchenraum, so das Dekor im Gewölbe des
Chors (um 1280), die Malereien im
Langhaus mit Darstellung der Seelenwägung (vom Sanda-Meister um
1300), der Fries mit der Leidensgeschichte Jesu (vom Passions-Meister im 15. Jh.) und St. Göran im
Chor (um 1500). An der nördlichen
Chormauer befindet sich ein Sakra-
mentsschrank mit Steinumfassung
und skulptierten Bildern: Jakobus

der Ältere und St. Katharina. Unter
dem Turmbogen befindet sich der
Taufstein des Majestatis (um 1150).

15. Lokrume

Sie wurde 1277 eingeweiht. Der
Taufstein (1160) stammt von Maje-
statis, das Kreuz ist aus dem 12.
Jahrhundert, Akanthusranken wie
auch der Altar sind aus dem 18.
Jahrhundert.

16. Hejnum

Sie wurde zwischen 1200 und
1250 errichtet. Teile der Vorgängerkirche wurden integriert: Reliefs am
Hauptportal, Kreuzigung, Auferstehung. Lafrans Botvidarsson (Sohn
des Turmbauers Botvid) erbaute
1250 Langhaus und Chor. Erwäh-
nenswerte Malereien sind: Lebensbaum (1250) und Fries des Passions-Meisters (15. Jh.). Alte Grabsteine stehen noch auf dem Friedhof
(z. B. von Gaivagr aus Norderby und
dessen Frau Rudiaud, 14. Jh.).

17. Boge

Den Chor baute man um 1250, das
Langhaus um 1300. Prachtstück der
Kirche ist das Südportal des Langhauses (1350) mit hochgotischer
Ornamentik in höchster künstlerischer Ausführung. Der Meister arbeitete auch am Dom zu Uppsala
und an der Södra kapellet in Visby.
Der Turm wurde 1858 bei einem
Sturm zerstört und kleiner wieder
aufgebaut.

18. Bro *

Mit dem Bau begann man am Chor
um 1250. Baumeister war Lafrans
Botvidarsson. Für das Langhaus

Kirche von Bro

verwendete man Steine vom hundert Jahre älteren Vorgängerbau. Die Portalskulpturen am Langhaus sind prächtige Beispiele gotländischer Gotik: Auferstehung, Totenreich und Kindheit Jesu sind abgebildet. Im Mauerwerk sind Tier- und Jagdszenen aus dem Vorgängerbau eingemauert. Sigraf war hier der Meister. Der Turm wurde noch im 13. Jahrhundert mit Inclusorium vollendet (→ Atlingbo). In der Mauer ist ein Bildstein aus dem 5. Jahrhundert eingefügt. In den Innenräumen sind Malereien des Passions-Meisters beachtenswert, wie auch über dem Bogen Malereien aus dem 13. Jahrhundert. Der Taufstein ist das Werk von Sigraf (um 1200). Die Kirche war Opferkirche (→ Broquelle). Eine Inschrift auf der Glocke (14. Jh.) erklärt dies. Im Mittelalter gab es regelrechte Wallfahrten hierher, da sich ein Teil des heiligen Kreuzes hier befunden haben soll. Insgesamt ist Bro kyrka eine der sehenswertesten Kirchen Gotlands.

19. Fole

Ihre Einweihung war 1280. Die Kirche wurde in frühgotischem Stil erbaut. Im Turm sind an den Säulen seltsame Skulpturen angebracht: ein Heiliger, ein Gaukler im Handstand mit ausgestreckter Zunge, ein Löwe und ein Adler, der in die Säule beißt. Sie stammen vermutlich wie auch der Taufstein von Calcarius (Sigraf-Werkstatt). Das Altarbild schuf J. Bartsch (1654).

20. Bäl

Bäls kyrka ist ein gotisches Langhaus mit romanischem Chor. Hier sieht man Malereien des Passions-Meisters. Neben dem Langhausportal: Der Teufel notiert das Gerede der im Gottesdienst geschwätzigen Frauen. Das Altarbild (1669) stammt von J. Bartsch und die Kanzel aus dem Jahr 1722.

21. Follingbo

Sie ist ein strenger Bau aus dem 13. Jahrhundert, bei dem der Einfluß der Zisterzienser aus Roma spürbar ist. Die Einrichtung ist barock.

22. Hejdeby

Diese Kirche aus dem 13. Jahrhundert ist eine kleine Kirche mit schönen Malereien aus der Zeit um 1260. Sie wurden erst 1970 entdeckt und freigelegt: An der Bogenmauer ist die Marienkrönung (die älteste Gotlands) dargestellt, mit einem großen ikonographischen Fehler des Michaels-Meisters: Jesus und Maria, umgeben von Johannes dem Täufer, und wieder Maria, die sich hier selbst anbetet. Der Maler war vermutlich mit dem Motiv nicht vertraut. An der Südwand ist St. Martin und St. Göran zwischen den Aposteln dargestellt.

23. Endre *

Endre kyrka zeigt eine interessante Bauweise. Das Langhaus umschließt den Turmsockel. Das Nordportal wird mit einem Adlerkapitell geschmückt. Inclusorium im Langhaus: Fries des Passions-Meisters in Chor und Langhaus, Kruzifix des Viklau-Meisters, Taufstein von Hegwald mit Holzdeckel in Kreuzkirchenform und der Taube (Heiliger Geist) auf dem Turm (13. Jh.). Im Chor befinden sich alte und neue Glasmalereien. Das Altarbild stammt aus dem 14. Jahrhundert, die Kanzel aus dem Jahr 1868.

24. Ekeby *

Diese Kirche ist einheitlich gotisch, wurde um 1280 erbaut. Der Turm ist etwas älter. Das Interieur ist eines der schönsten Gotlands: hohe Gewölbe, Malereien mit Aposteldarstellungen (1280), Friese des Passions-Meisters (1450) und künstlerisches Blumendekor (1600). Das Kreuz steht in der Tradition des Viklau-Meisters (spätes 12. Jh.). Bänke und Kanzel stammen aus dem 18. Jahrhundert.

25. Källunge *

Källunge kyrka ist eine seltsame Kirche. Aus einem gewaltigen Chorbau "kriechen" ein winziges Langhaus und ein spitzer Turm heraus. Die Baugeschichte erklärt dieses unge-

Goldschatz von Källunge

wöhnliche Erscheinungsbild: Langhaus und Turm gehören zum romanischen Vorgängerbau (12. Jh.), der um 1300 durch eine gotische Kirche ersetzt werden sollte. Man plante großartig und fertigte den dreizehn Meter hohen, dreischiffigen Chor, konnte das Projekt aber nie mehr in den geplanten Dimensionen durchführen. Deshalb blieben der alte Turm und das ursprüngliche Langhaus, beides natürlich nun nicht mehr in den Proportionen zum neuen Chor passend, bestehen. Das Südportal am Chor ist mit prächtigen Reliefs geschmückt. Das ca. hundert Jahre ältere Südportal am Langhaus trägt im Kapitell Szenen des menschlichen Arbeitslebens: Ein Arbeiter beim Hacken, ein Bauer beim Getreidedreschen, eine Frau beim Biervergießen, der Teufel mit dabei. Bei einer anderen Szene bedrohen sich Männer mit Messern beim Spielen. Alle Gestalten sind gnomenhaft dargestellt. Daneben gibt es Szenen, die den Kirchenbau dokumentieren: Laden der Steine und Ausschenken des Biers als Lohn. Eine Frau mit einem Untier auf dem Knie. Musikanten, eine Verlobung, zwei Böcke an einem Baum (altes orientalisches Motiv) und ein Jäger mit Hund. Insgesamt: eine phantastische und schwer erklärbare Serie weltlicher Steinskulpturen. Zierde des alten Langhauses sind Malereien aus der Zeit um 1200. An der Westseite: die Heiligen Drei Könige und Christus auf dem Weg nach Golgatha. An der Südseite: der heilige Georg mit Drachen und Spuren russisch-byzantinischer Malerei. Im Chor steht ein Lübecker Altar (um 1500) mit kunstvollem Schnitzwerk, das vergoldet und bemalt ist. Auf seinen Außenflügeln wird Jesu Kindheit dargestellt. Bis 1684 stand dieser formvollendete Altar in der Domkirche von Visby. Die Kanzel stammt aus dem Jahr 1707. Der Chorraum mit seinen Säulen wirkt wie eine Kirche für sich. Der Bronzeflügel (eine Art Wimpel) ist die Kopie eines Originals aus der Spätwikingzeit um 1050 (Original im Museum Fornsal/ Visby). Ursprünglich war er am Mast eines Wikingschiffs angebracht, dann als Wetterfahne auf der Kirche. Dort erst wurde er 1930 in seiner Bedeutung erkannt und sodann heruntergenommen.

26. Vallstena *

Die Baugeschichte der Kirche ist interessant. Turm und Langhaus entstanden um 1200, der Chor mit Apsis kurz danach. Bald aber riß man den Chor ab und errichtete einen größeren apsidenlosen Chor. Dann begann man mit der Errichtung des neuen Langhauses, das etwas höher als der neue Chor wurde. Aber man schaffte nur einen Teil des Langhauses, der nun unpassend zwischen dem alten, kleinen Langhaus und dem neuen Chor steht. Im Inneren gehören zwei Triumphbögen zum Blickfang, die mit Säulen bemalt sind. Die Retabel stammt aus der Zeit um 1300, die geschnitzte Armenkasse aus der Schule des Öja-Meisters um 1280.

27. Västerhejde

Die Kirche ist in romanischem Stil zwischen 1200 und 1250 errichtet worden. Die Einrichtung ist wesentlich jünger (17. Jh.). Der Turm ist einmalig auf Gotland: ein schonischer Treppengiebelturm, im Jahr 1856 erbaut.

28. Träkumla

Der Chor wurde bereits um 1250 fertiggestellt, während die Kirche erst 1287 eingeweiht wurde. Aus jener Zeit stammen viele Malereien, die teilweise aber auch dem Passions-Meister zugeschrieben werden, so die St. Olofsszene: Der Heilige straft sich selbst für eine Störung der Ruhe am Sabbat, indem er geschnitzte Holzspäne in seiner Hand verbrennt. Die Retabel aus dem 13. Jahrhundert ist beachtenswert. Das Bycantios - Taufbecken zeigt u. a. den Dornenherauszieher (→ Tingstäde kyrka).

29. Akebäck

Sie ist einer der wenigen vollständigen romanischen Kirchen auf der Insel. Um 1180 vollendet, ist sie eine der ältesten. Die drei im Chor eingemauerten "Schalltrichter" sind eine Finesse zur Verbesserung der Akustik. Der Bauherr Botair von Akebäck errichtete die erste Kirche in Visby und wohl auch den Holzvorgängerbau dieser Kirche.

30. Barlingbo *

Die Kirche mit ihrem ungewöhnlichen Chor stammt aus dem 14. Jahrhundert. Der Turm ist aus dem 13. Jahrhundert. Zeitgleich sind die Gewölbemalereien und die herrliche Glasbemalung. Der Turmraum birgt

eines der bedeutendsten Kunstwerke der schwedischen Romanik,
das Taufbecken (ca. 1160) von einem Meister aus Lund. Darauf sind
die Symbole der Evangelisten, Reliefs der Engel und der Erlöser zu sehen. Die Malereien im Chor, auf
denen die Apostel dargestellt sind,
scheinen auch von einem fremden
Meister zu sein. Sie sind auf Gotland einzigartig. Das große Kruzifix
stammt aus dem Jahr 1240.

31. Dalhem *

Sie ist vielleicht die bedeutendste
aller Landkirchen. Während einer
Restaurierung (1899 - 1914) wurden umfassende Veränderungen
vorgenommen, z. B. Malereien im
mittelalterlichen Stil angebracht, die
aber von den echten leicht zu unterscheiden sind. Der ganze Bau wurde
zwischen 1230 und 1250 einheitlich errichtet. Nur der obere Teil des
großen Galerieturms entstand später, ebenso das Prachtportal im
Turm, beide geschaffen von Egyptikus. Die Sakramentsnische im Chor
und der Grabstein des Priesters Nicolaus an der Außenseite des Nord-
portals stammen von der Vorgängerkirche. Größte Sehenswürdigkeit
sind die gut erhaltenen Glasmalereien (1240), die ältesten Gotlands
im byzantinischen Stil: Judaskuß,
Geißelung, Kreuztragung, Christi
Himmelfahrt und St. Margaret. Die
anderen Fenster stammen von der
Restaurierung. Die Maler, die der
Schule des Egyptikus angehörten,
schufen die Bilder auf der Südseite:
Kreuzabnahme, Michaels Drachenkampf und Seelenwägung Heinrichs II. Dem dreischiffigen Langhaus verleihen zwei Säulenreihen
etwas Kathedralenhaftes. An der
nördlichen Chorwand prunkt ein Gestühl aus dem 14. Jahrhundert.

32. Hörsne

Hörsne kyrka ist eine Kirche des
Egyptikus (1280 - 1310). Das
prächtige Portal stellt im Wimperg
St. Michael dar. Auf dem Kapitell
sieht man Johannes und Szenen aus
der Apokalypse sowie St. Michaels
Drachenkampf abgebildet.

33. Gothem *

Die Kirche von Gothem ist eine der
interessantesten Kirchen Gotlands
mit Chor und Langhaus aus dem 13.
Jahrhundert. Der Turm wurde von
Egyptikus im 14. Jahrhundert als
Galerieturm auf 52 m Höhe aufge-
stockt. Das Interieur ist ungewöhnlich reich dekoriert, die Wände sind
mit Malereien übersät und eine
Fundgrube der Kuriositäten. Ungewöhnlich sind die abgebildeten Fa-
beltiere, wie Sphinxe, Adler, Schlangen, ein Zentaur mit Pfeil und Bogen, Reiter und ein feuerspeiender
Drache im Gewölbe. An der nördlichen Langhauswand findet man
Szenen aus dem Leben Jesu, darunter ein in Schweden einzigartiger
Fries mit Monatsbildern, auf denen
die Arbeit der Bauern in den einzelnen Monaten dargestellt ist. Auf
den Wänden des Langhauses ist
umlaufend eine lateinische Inschrift
aus dem Johannesevangelium angebracht. Im Nordwesten blickt man
auf ein Gemälde (16. Jh.) mit der
Abbildung des Papstes und Mo-
hammeds, die St. Christophorus mit
dem Jesuskind begleiten. Das Chorgestühl aus dem 14. Jahrhundert ist
besonders prächtig mit Malereien
auf der Rückwand (Jüngstes Gericht) und einer Brüstung (1614) auf
der Vorderseite, auf denen die klu-
gen Jungfrauen zu sehen sind. Das
übrige Inventar: Altar (1689), Kanzel (1709) und Bänke (18. Jh.). Beachtenswert sind die ausdrucksvoll
bemalten Banktüren (um 1780) mit

Heiligen, Fabeltieren, Monstern u. a.
Die Glocke ist aus dem Jahr 1374.

34. Stenkumla

Das Langhaus entstand 1300 und
der Chor 1250. Der Turm wurde um
13. Jahrhundert zum hohen Galerieturm ausgebaut. Beachtenswert
sind die alten Glasmalereien wie
auch das Ringkreuz (1350) und die
Apostelbilder im Chor. Die Malereien
im Langhaus stammen vom Passions-Meister (um 1450). An den
Enden des Triumphkruzifixes sind
die vier Evangelisten zu erkennen.
Christus trägt Schuhe! Der Altar aus
dem Jahr 1670 wurde elf Jahre
später von J. Bartsch bemalt.

35. Roma

Älteste Bauteile sind die Sakristei,
der Chor und das dreischiffige Langhaus (um 1250). Die Kanzel ist in
spätbarockem Stil ausgeführt.

36. Halla

Das eine Kirche aus dem 13./ 14.
Jahrhundert. Die Malereien gehen
auf das 14. und 15. Jahrhundert zu-
rück, u. a. St. Göran und der Dra-
che, St. Martin und der Bettler. Der
Taufstein stammt aus Hegwalds
Werkstatt (um 1150). Das hölzerne
Langhausdach (1697) wurde mit
Malereien (Jüngstes Gericht) und
Ranken verziert. Auch die Kanzel
stammt aus dem Jahr 1697, der Al-
tar aus dem Jahr 1687.

37. Tofta

Der Turm wurde um 1220 fertiggestellt, Chor und Langhaus dagegen
einheitlich erst um 1350. Aus jener

Zeit stammen auch die Malereien an
der Wand zum Triumphbogen, die
Retabel auf dem Altar, die Madonna
im Chor und das Olafsbild im Langhaus. Die übrige Einrichtung ist barock.

38. Hogrän

Der Turm geht auf die Vorgängerkirche aus dem 12. Jahrhundert zurück, ebenso die Reliefs an der Südseite im Langhaus. Der Taufstein
und das Kreuz stammen von Bycantios, die Kanzel (1637) schuf J.
Bartsch. 1674 wurde sie nach-
träglich bemalt.

39. Vall

Auffallend an dieser Kirche ist der
große Galerieturm, den man zwischen 1250 und 1290 errichtete.
An der Südmauer des Turms ein
Inclusorium. Das Langhaus ist zweischiffig und mit Mittelsäule
(12. Jh.) versehen. Der Chor mit
Apsis und geschnitzter Tür stammt
aus den Jahren um 1300. Der Taufstein, der von einer nicht mehr exi-
stierenden Kirche hierher gebracht
wurde, ist das Werk von Majestatis
(um 1160). Vom Chorteppich über-
deckt ist der Grabstein für Peter
Harding, Führer des Bauernheers im
Bürgerkrieg gegen Visby 1288.

40. Björke

Um 1250 ist der Baubeginn mit
Chor anzusetzen. Kurz darauf folgte
der Bau des Langhauses. Das Kruzifix stammt aus dem Jahr 1280. Ein
Turm wurde nie gebaut, nur in der
Neuzeit wurde ein kleiner Holzhelm
auf das Langhaus gesetzt. Die Kanzel (1594) ist eine der ältesten auf
Gotland.

41. Ganthem

Zur Ausstattung dieses harmonischen Gotteshauses aus dem 13. Jahrhundert gehören Malereien des Passions-Meisters, ein Taufstein von Hegwald, ein einfaches Kreuz (13. Jahrhundert) und die schöne Kanzel von 1655.

42. Norrlanda *

Den Turm datiert man auf ca. 1200, den Chor auf ca. 1280 und das Langhaus auf ca. 1340 (Egyptikus). Das prächtige Langhausportal ist mit Reliefs versehen; ebenfalls von Egyptikus sind die Skulpturen an den Bögen des Langhausgewölbes. Die Malereien des Passions-Meisters aus der Zeit um 1450 sind praktisch vollständig erhalten und nie überstrichen gewesen. Auf ihnen werden dargestellt: Passionsgeschichte, St. Göran, St. Martin und St. Katharina (im Chor). Im Westen: Geschichte der diebischen Melkerin und ihrer Höllenfahrt. Die große Glocke stammt aus dem 13. Jahrhundert.

43. Anga *

Die Kirche aus der ersten Hälfte des 13. Jahrhunderts ist wie Akebäck vollständig romanisch. Das Gebäude wirkt sehr klein und gedrängt. Der Turm wurde über das zweischiffige Langhaus gebaut, das mit Ornamentik (eine Runenschrift nennt Halvard als Künstler) verziert ist. Die Wandmalereien aus dem 15. Jahrhundert werden dem Passions-Meister zugeschrieben. Der Flügelaltar (14. Jh.) ist einer der ältesten. Im Langhaus an der Nordseite zählt eine Runenschrift die Bauern auf, die zum Bau der Kirche beitrugen und nennt jeweils ihren Beitrag.

44. Eskelhem *

Langhaus und Galerieturm gehen auf das Jahr 1230 zurück, der etwas erhöhte Chor auf 1260. Das Kruzifix (1250) mit Reliefs stellt "Ecclesia" und "Synagoga" dar. Die Gewölbebemalereien (1270) im Baldachinstil hat man 1960 wiederentdeckt. Dargestellt ist im Osten das Paradies, in der Mitte der Adler (Christus) und die Evangelistensymbole, im Westen Gottes Lamm und Sternbildmedaillons (Himmelsgewölbe), im Süden der Kampf St. Michaels gegen den Drachen. In Stil und künstlerischer Qualität sind sie in der gesamten nordischen Malerei des Mittelalters einzigartig. Das Turmgewölbe zeigt Kalendermalerei (Tierkreiszeichen). Das Taufbecken ist ein Werk des Bycantios aus dem 12. Jahrhundert.

Kirche von Anga

45. Mästerby *

Sie wurde zwischen 1190 und 1240 errichtet. Malereien verschiedener Epochen zieren den Innenraum. Im Chor befinden sich die ältesten romanischen Chormalereien einer schwedischen Kirche überhaupt, auf denen Christus als Weltenrichter, die Evangelisten, die Apostel und andere dargestellt sind. Die Malereien im Langhaus (1633) schreibt man einem unbekannten Meister und dem damals berühmten Passions-Meister zu. Über dem Triumphbogen sieht man eine der schönsten Darstellungen des Jüngsten Gerichts. Der Taufstein ist ein Werk von Bycantios aus dem 12. Jahrhundert.

46. Atlingbo

Die heutige Kirche (um 1200) ist eine der ältesten Gotlands. Ihre Vorgängerkirche wird in der "Gutasaga" erwähnt. Danach war sie eine der drei mittelalterlichen Asylkirchen: Tingstäde für den Norden, Fardhem für den Süden und Atlingbo für die Inselmitte. Das Gesetz der Gotländer, das "Gutalagan", schreibt diesen drei Kirchen eine besondere Funktion zu: Mörder und andere Verbrecher genossen in ihnen eine vierzigtägige Schonfrist, bevor die Opfer bestraft wurden, eine Methode, um in dieser Zeit zu einer friedlichen, juristischen Lösung zu kommen. Den Taufstein (12. Jh.) schuf Bycantios, das Altarbild 1693 R. Feldeman. Der Holzturm sitzt dem Langhaus auf; im Inneren des Turms gibt es eine Gebetskammer, von der man auf den Kirchenraum blicken kann. Hier konnten Ausgeschlossene, wie Gebannte und Kranke, am Gottesdienst teilnehmen.

47. Viklau

Die Kirche von Viklau ist weltberühmt aufgrund der gleichnamigen Madonna, die ab ca. 1170 in dieser ansonsten schlichten Kirche trohnte. Die kleine Schnitzerei mit rosafarbenen Wangen und goldener Bemalung ist kunsthistorisch von unschätzbarem Wert. 1928 wurde sie zum Ärger vieler Gotländer nach Stockholm ins SHM gebracht und in der Kirche selbst durch eine gute Kopie ersetzt. Aus der gleichen Zeit wie die Madonna stammt das Kruzifix und aus Hegwalds Werkstätte der skulptierte Taufstein. Wer auf seiner Schwedenreise nicht nach Stockholm fährt, sollte sich zumindest die Kopie der Madonna in dieser Kirche ansehen. Kunsthistoriker haben ihr weltweit Beachtung geschenkt, auch in den Vereinigten Staaten. Vieles über sie ist geschrieben worden. Ihr Gesichtsausdruck ist mit dem der Mona Lisa verglichen worden.

48. Sjonhem

Erwähnenswert von dieser Kirche (13. Jh.) sind im Inneren ein Taufstein von Hegwald (um 1150) und Malereien im Langhaus.

49. Kräklingbo

Die Kirche wurde 1211 St. Nicolaus geweiht. Die Kirche ist turmlos, d. h. sie hat nur einen hölzernen Helm. Um 1300 baute man sie zur heutigen Gesalt um. Die Malereien sind französisch inspiriert; sie ähneln denen in Mästermyr/ Skåne: Eine Heilige empfängt einen Rat von einem Bischof. Die Kanzel geht auf 1687 zurück, der barocke Taufstein auf 1670.

50. Västergarn

Västergarn liegt nahe beim alten Wikingerhafen Paviken. Die Kirche besteht eigentlich nur aus dem Chor einer geplanten Großkirche, die um 1200 begonnen, deren Bau aber nicht vollendet wurde. Im 17. Jahrhundert erhielt die Kirche ihre barocke Einrichtung.

51. Sanda *

Der Turm geht auf die Jahre um 1250 zurück. Das Langhaus weihte 1300 der Bischof aus Linköping ein. Der Chor stammt aus der Zeit um 1350. An der Südfassade hat man 1058 einen Fries mit Ranken eingemauert. Innen werden zwei Säulen im Langhaus mit Kapitellen von Calcarius geschmückt. Zu den gehaltvollen Malereien zählen an der Kanzel St. Michael mit der Seelenwägung Kaiser Heinrichs II. An der Nordwand ist St. Nikolaus dargestellt, der ein Schiff aus Seenot rettet, die von den Wellen einer Seejungfrau verursacht wurde. Man verehrte St. Nikolaus als Schutzheiligen der Seefahrer gerade auf Gotland. Malereien des Passions-Meister befinden sich im Chor (Jesu Leiden, diebische Melkerin).

52. Väte *

Die Kirche hat vieles vom Fassadenmaterial ihrer Vorgängerin übernommen. Der Chor wurde um 1280 errichtet. Egyptikus baute das dreischiffige Langhaus mit drei Jochen um 1350 hinzu. Der geplante Turm wurde nie ausgeführt. Am Nordportal befinden sich verschiedene Reliefs (u. a. Luxuria, die von Schlangen genährte Wollust), Jagdfriese und andere Skulpturen des Vorgängerbaus, die sowohl von Bycantios als auch von Sigraf geschaffen

wurden. Im Chor die übliche Christophorusdarstellung mit lateinischer Inschrift: "Vultus xristosfori a morte subita auxilio", "Christophorus hilft gegen plötzlichen Tod". Der Taufstein schuf Bycantios und das Kruzifix der Viklau-Meister.

53. Guldrupe

Von der uralten Stabkirche sind nur Portalteile erhalten (u. a. mit Sigurts Tötung des Drachen Fafnir, heute im Museum Fornsal/ Visby). Das Kalksteingebäude stammt aus dem 13. Jahrhundert, der Taufstein von Bycantios aus dem 12. Jahrhundert.

54. Vänge

Die Kirche von Vänge hat einen Turm aus der Zeit um 1200, während Chor und Langhaus um 1280 hinzugebaut wurden. Teile der Vorgängerkirche hat man übernommen. So sind die Reliefs an der Südfassade sehenswert, die zu einer gelungenen Komposition zusammengefügt wurden. Eines der schönsten Taufbecken aus Hegwalds Werkstatt steht in dieser Kirche. Im Chor sind Reste von Apostelmalereien (14. Jh.) zu sehen. Das Kruzifix (12. Jh.) ist später auf einen hundert Jahre jüngeren Ring angebracht worden. Die Bänke (17. Jh.) sind sehr stilvoll bemalt.

55. Ala

Die Kirche hatte ursprünglich eine Apsis. Als aber um 1250 der Chor verlängert wurde, verschwand diese darin. Aus jener Zeit stammen der Turm wie auch die Portale mit rästelhaften Kapitellbändern. 1938 zerstörte ein großer Brand das gesamte Inventar mit Ausnahme des Taufsteins (13. Jh.). Der Altarauf-

Gammelgarn - Figurenfries am Südportal

satz (1663, J. Bartsch) ist eine Gabe vom Museum Fornsal/ Visby. Der hölzerne Turmhelm erinnert an den Dom von Visby.

56. Östergarn

An dieser kleinen Kirche aus dem 13. Jahrhundert haben Kriege deutlich Spuren hinterlassen, so 1565 der Siebenjährige Krieg und 1715 ein Angriff der Russen.

57. Gammelgarn *

Vor der Kirche steht die Ruine eines Kastals aus dem 12. Jahrhundert. Chor und Langhaus der Kirche werden dem Egyptikus-Meister zugeschrieben. Was heute den schwach ausgebauten Turm darstellen soll, war früher Teil des Langhauses einer älteren Kirche. Künstlerisch wertvoll sind die ausdrucksstarken Skulpturen am Kapitellband des Südportals, die zu den herausragenden Leistungen gotländischer Steinmetze (vermutlich Fabulator) gerechnet werden. Die Komposition beginnt im Paradies: Gott spricht zu Adam und Eva, die alles Gute wollen. Auch die Schlange in Menschengestalt lächelt ihnen zu, aber es kommt anders. Die Vertreibung aus dem Paradies, weinend mit Laubblättern, die Scham verbergend. Dann der Brudermord, der gefesselte Teufel, hämisch lachend. Noah in Regenkleidung, aus der Arche schauend. Das Innere schmückt auch eine Malereienfolge des Passions-Meisters. Künstlerisch anspruchsvolles Schnitzwerk verziert den Altar aus dem 14. Jahrhundert. Am Boden vor dem Chor befindet sich ein Runenstein.

58. Klinte

Die Kirche von Klinte besitzt ein schönes Chorportal, Wandmalereien aus dem 13. Jahrhundert und ein Kreuz aus dem 15. Jahrhundert.

59. Hejde

Dieser Kirchenbau hat Egyptikus im 14. Jahrhundert erschaffen. Prächtig ist das Chorportal, ungewöhnlich das Langhausgewölbe, das von Mittel- und Ecksäulen getragen und mit Diagonalen verbunden wird. Malereien und Glasmalereien im Chor stammen aus dem 14. Jahrhundert, d. h. für Gotland sehr spät, denn hier wurde der Kirchenbau nach 1361 eingestellt. Zum erwähnenswerten Interieur gehören die Kanzel aus Deutschland (16. Jh.) und der Taufstein des Bycantios.

60. Buttle

Die Kirche ist größtenteils romanisch. Chor und Langhaus vollendete man vor 1200. Das Kreuz stammt aus dem 12. Jahrhundert. Der Taufstein ist mit drei skulptierten Köpfen verziert: Krieger, König und Tier.

61. Ardre

Der kleine Turm aus dem Jahr 1200 ist der älteste Teil der Kirche. Das Chorportal ist mit schönen Reliefs ausgeschmückt. Im mittleren Chorfenster sind noch drei originale Glasmalereien aus dem 14. Jahrhundert erhalten. Aus demselben Jahrhundert stammt auch die Retabel auf dem Altar.

62. Fröjel

Fröjel liegt herrlich am Meer und bietet einen wunderschönen Blick auf die Abendsonne. Das Langhaus errichtete man um das Jahr 1190. Der Turm ist zwanzig Jahre jünger. Den Chor baute man 1300 um, doch zum großen Aufbau der kleineren Teile in Turm und Langhaus fehlten dann die Mittel. Besonderheiten: weißes Kruzifix mit Jesus, Aposteln u. a., Kalkmalereien im Chor, Taufstein aus zwei Epochen, d. h., der Fuß stammt aus dem 12. Jahrhundert und die Cuppa mit Fabeltieren aus dem 14. Jahrhundert. Ein bronzezeitliches Labyrinth aus kleinen Steinen befindet sich auf dem Friedhof. Es wurde bei Fruchtbarkeitstänzen rituell genutzt.

63. Etelhem

Im Turm (um 1220) sind noch Relikte des Vorgängerbaus erhalten, wie der Steinlöwe im Südportal. Chor und Langhaus wurden 1300 angelegt. In der Kirche steht ein berühmter Taufstein mit der Inschrift "Hegwald". Dieser war hier unter Umständen nur Auftraggeber, nicht wie sonst ausführender Künstler. Beachtenswert sind die Glasmalereien (13. Jh.) im Chorfenster und die Kanzel (1648).

64. Garde *

Das ist eine der schönsten Kirchen Gotlands, die ehemals als Wehrkirche (mit vier noch erhaltenen Pfortenbauten) diente. Langhaus und Teile des Turms stammen vom Vorgängerbau (um 1100). Der Chor ist mit einem reich geschmückten Portal von Egyptikus versehen. Das Interieur beweist die intensiven Kontakte der Gotländer zum Osten, denn Reste der ehemals raumfüllenden Wandmalerei zeigen russisch-byzantinischen Einfluß von höchster künstlerischer Klasse. Sie stammen vom selben Künstler, der auch die Kirche in Staraja Ladoga bei Novgorod um 1200 gestaltete. Am besten sind sie im Triumphbogen erhalten. Taufstein und Chormalereien gehen auf Bycantios zurück.

65. Eksta

Die ursprüngliche Kirche wurde 1838 zu einer neuzeitlichen Kirche umgestaltet. Von den ehemals 25 Chorfensterscheiben ist noch eine erhalten. Das Holztunnelgewölbe ist bestimmendes Element im Inneren. Original erhalten ist der Turm (ca. 1250).

66. Levide

Levide hat Ähnlichkeiten mit der Architektur der Domkirche von Visby. Sie wurde zwischen 1180 und 1250 erbaut. Das dreischiffige Langhaus wird von vier Eckpfeilern umgeben. Ein Adlerportal und Masken des Steinmetzes Calcarius befinden sich an der Südseite. Beim Südportal sind Malereien des Passions-Meister (15. Jh.) angebracht: der heilige Christophorus, der das Jesuskind über den Fluß trägt (Symbol des Schutzes gegen plötzlichen und unfriedlichen Tod). Das Altarbild schuf J. Bartsch 1663.

67. Gerum

Die Kirche von Gerum wird auf das Ende des 13. Jahrhunderts datiert.

Die ursprüngliche Kirche wurde umgebaut. Dabei blieben Chor und Turm klein, während das Langhaus vergrößert wurde. Im Inneren fallen mehrere Malereien auf: Ornamentalmalerei im Bogen aus dem 13. Jahrhundert, im Langhaus vom Passions-Meister (15. Jh.) und Akanthusranken in Apsis und Turmraum aus dem Jahr 1771. Die Glasmalerei (14. Jh.) im südlichen Chorfenster stellt den heiligen Olof dar. Der Taufstein des Majestatis zeigt Reste der ursprünglichen Bemalung. Das Triumphkruzifix ist in der Viklaumadonna-Werkstatt um 1190 entstanden. Zwei weitere Prozessionskreuze stammen aus dem 13. Jahrhundert. Das Altarbild geht auf das Jahr 1667, die Kanzel auf 1699 zurück.

68. Lojsta *

Chor und Schiff stammen aus dem 13. Jahrhundert, der Galerieturm aus dem 14. Jahrhundert. Die Malereien aus dem 14. Jahrhundert über dem Triumphbogen stellen Jesus, Petrus, Paulus, den heiligen Michael und die heilige Margareta dar. Die Retabel stammt ebenfalls aus dem 14. Jahrhundert. Besonders sehenswert sind zehn Fensterscheiben des Chors, neun aus dem 13. Jahrhundert. Dargestellt sind von links unten nach oben Verkündigung, Geburt und Heilige Drei Könige sowie von rechts unten nach oben Flucht, Tempel und Taufe, von der Mitte nach oben Kreuzweg (nicht Original), Kreuzigung, Auferstehung und Christus als Weltenrichter.

69. Lye *

An das Langhaus (um 1180) schließt sich ein quadratischer Chor mit geschmücktem Portal von Egyptikus (14. Jh.) und Turm (frühes 13. Jh.) an. Am Turmportal ist eine

Reliquienkiste aus Stein, die aus Sigrafs Werkstatt stammt, eingemauert. Im Innenraum schmücken Glasmalereien (1340) den Chor. Nirgendwo auf Gotland sind sie so reich erhalten wie hier (u. a. Darstellung der Geschichte Jesu). Altarschrein wie das Kreuz stammen aus dem Jahr 1496.

70. Lau *

Dies ist die größte Landkirche Gotlands ohne Turm (nur mit Holzhelm). Um 1220 errichtete man das romanische Langhaus mit drei Hallen. Um 1300 kam der ebenfalls dreischiffige Chor dazu. Der Turmbau wurde nicht mehr begonnen. Beeindruckend sind die Innenmaße. Eines der größten Triumphkruzifixe Skandinaviens hängt an der Nordmauer (13. Jh.). Fünf Portale zählt die Kirche. Der Taufstein (um 1180) stammt von Sigraf. Auf der Langhauswand ist eine Malerei (1520) angebracht, die das Jüngste Gericht darstellt. Die schmiedeeisernen Kerzenleuchter gehen auf das Mittelalter zurück. Ein Adlerkapitell schmückt das Nordportal. Der Flügelaltar stammt aus dem 15. Jahrhundert. Es ist ein außergewöhnliches Erlebnis, in der Mitte dieser großen Halle zwischen den zwölf Säulen und zwölf Kreuzgewölben zu stehen und den Raumeindruck auf sich wirken zu lassen. Die Akustik ist die beste aller Kirchen in Gotland, denn das Echo wiederholt sich siebenmal. Außen stehen die Ruinen des alten Priesterhauses.

71. Linde

Diese kleine Kirche ist vollständig in romanischem Stil ausgeführt. Hier sieht man auch wieder ein Adlerkapitell von Calcarius am Langhausportal. Auf der Wand im Nordwesten: die in der Kirche schwätzenden Weiber vom Passions-Meister. Stilvoll ist der Altar aus dem Jahr 1521. Einen hervorragenden Raumeindruck erhält man durch die Mittelsäule und das Holzkreuzgewölbe.

72. Stånga *

Egyptikus baute um 1350 den mächtigen Turm und das Langhaus an einen älteren Chor an. Hauptattraktion der Kirche sind das Südportal und die östlich davon an die Langhausmauer angebrachten Kolossalreliefs. Ihre Bedeutung in der Gesamtkonzeption ist unklar. Keine andere Kirche des Nordens kann solche Reliefs vorweisen. Sie stellen dar: die Heiligen Drei Könige, die Geißelung Christi und die Kreuzabnahme. Am Portal hängt ein Ellenmaß mit der Runeninschrift: "Das ist die echte Guta-Elle!" Das große Kruzifix aus dem 13. Jahrhundert hat einen schönen Fuß. Beachtenswert ist auch der Taufstein aus Hegwalds Werkstatt.

73. Sproge

Diese Kirche wurde im 13. Jahrhundert errichtet, allerdings 1840 umgebaut. Im Chor befindet sich der sogenannte "Peststein", ein Grabstein mit Runeninschrift. Der Turmraum birgt einen Bildstein aus dem 11. Jahrhundert mit folgender Runeninschrift: "Gaivatr und Audvatr setzten einen Hügel für ihre tote Mutter". Diese fährt auf dem Bild per Schlitten ins Himmelreich.

74. Fardhem *

Die Kirche von Fardhem ist von außen einer der anmutigsten, wohlproportionierten Kirchen. Sie ist eine der drei Asylkirchen (→ Atlingbo),

noch vollständig in romanischem Stil erbaut. Chor und Apsis sind mit Sicherheit die ältesten aller Kirchen auf Gotland (ca. 1130). Sie fügen sich mit Langhaus und Turm (um 1220) zu einem harmonischen Ganzen zusammen. Altertümliche, äußerst sehenswerte Reliefs befinden sich am Chorportal: Marias und Elisabeths Treffen, Alexander der Große in der Adlergondel (Symbol des menschlichen Hochmuts). Auf der anderen Seite: ein Löwe, ein Ritter mit Ring reitet über Feinde, zwei Apostel und ein Bischof mit Mitra. Diese Reliefs sind auf Gotland einzigartig. Ansonsten ist im Inneren kaum etwas von kunsthistorischem Wert erhalten.

75. Hemse

Von der alten Stabkirche fand man 1896 viele Reste, so daß die Kirche im SHM in Stockholm partiell restauriert werden konnte. Die Malereien stammen vor allem vom Passions-Meister (14. Jh.). Auf der Nordwand: zwei Zentauren greifen den Lebensbaum an, darunter die lateinische Inschrift "Finis adest vere ..." - "Das Ende ist nahe ...". Das Kreuz hat im 12. Jahrhundert der Viklau-Meister gefertigt.

76. Burs

Die Kirche von Burs ist das Werk des Egytikus. Die Sattelkirche hat einen Galerieturm und ein schönes Chorportal: "Ecclesia" und "Synagoga", Zeichen der Christen- und Judentums, dazu die weisen und unwissenden Jungfrauen. Das Chorgestühl aus Kalkstein zeigt Szenen aus der Kindheit Jesu. Der Altarschrein (15. Jh.) stammt aus Lübeck, das Kreuz aus dem 13. Jahrhundert und die Kanzel aus dem Jahr 1756. Die Glasmalereien im

Chor gehen auf das 14. Jahrhundert zurück.

77. När

Diese große Kirche aus dem 13./ 14. Jahrhundert war ehemals eine Verteidigungskirche. Hegwald schuf den Taufstein im 12. Jahrhundert. Die Barockeinrichtung ist überaus wertvoll. Dazu gehören der Altar aus Burgsvik, die Kanzel (ein Werk des Tischlers Sterling, später bemalt von J. Bartsch) und schön bemalte Banktüren.

78. Silte

Die Kirche stammt aus dem 13. Jahrhundert. Malereien im Langhaus und Chor geben verschiedene Szenen wieder, z. B. die Höllenfahrt der diebischen Melkerin (1495). Der Taufstein aus dem 12. Jahrhundert ist ein Werk von Sigraf. Der Altar mit Schnitzereien geht auf das 13. Jahrhundert zurück. Türen und Rahmen sind wesentlich jünger (etwa um 1500).

79. Alva

Chor und Apsis, beide aus Sandstein, stammen aus dem Jahr 1200. Das Langhaus ist wenig jünger. Der Turm sollte gewaltig werden, wurde aber nie vollendet. Im Triumphbogen ist ein riesiges Kruzifix (1250) angebracht, das vermutlich aus einer anderen, viel größeren Kirche stammt. An der Nordwand werden mit dem Fries (1520) Szenen aus der Leidensgeschichte vorgeführt.

80. Rone *

Dieses Gotteshaus wurde zwischen 1250 und 1280 erbaut. Es ist als zweischiffiges Langhaus mit Mittelsäule angelegt. Egyptikus vollendete den Turm um 1350 mit 60 m Höhe. Dieser war lange Zeit Landmarke für Seefahrer. Herrliche Skulpturen, ebenfalls von Egyptikus, verschönern das Turmportal: zwei Männer in einem Boot, ein weiterer mit einem Fisch in einer Hand. Auch die anderen Portale sind reichhaltig dekoriert. Erhalten sind sechs ursprüngliche, glasbemalte Fenster. Die Malereien werden vor allem dem Passions-Meister zugeschrieben. Unter dem Ringkreuz befindet sich eine sogenannte "Kalvariengruppe" mit Maria und Johannes (14. Jh.). Die Fertigstellung der Kanzel ist mit dem 20. Juli 1595 exakt datiert. Der Altar stammt von 1694.

81. Hablingbo

Diese große Kirche (14. Jh.) mit dem Turm des Vorgängerbaus (12. Jh.) erbaute Egyptikus. Von der alten Kirche stammt auch das Portal des nördlichen Langhauses, und zwar von Majestatis, der auch in Lund wirkte. Im Tympanon sind Christus mit dem Buch des Lebens, Kain und Abel, der Teufel und zwei Vögel abgebildet, links von Kain der Brudermord, Kain geht zur Hölle, Abel wird gesegnet und Jüngstes Gericht. Die Bögen tragen schmückende Reliefs. Am Südportal die grinsenden Masken, ebenfalls ein Werk des Egyptikus. Solche sieht man auch an den östlichen Kolonnenkapitellen. Die Malereien des Passions-Meisters sind nur noch in Resten erhalten. Der Altar stammt aus dem Jahr 1643.

82. Havdhem

Havdhem ist von außen eine sehr schöne Kirche (12./ 13. Jh.). Das

Chorportal zieren Figuren von Calcarius. Im Inneren: Altarbild von J. Bartsch (1667) und Kanzel aus dem Jahr 1679.

83. Eke

Die Kirche von Eke wurde um 1250 erbaut. Der Turm stammt aus dem Jahr 1300. Das Gotteshaus erbaute man auf den Fundamenten einer Stabkirche, von denen es viele auf Gotland gab. Der bemalte Holzfußboden jener Stabkirche ist heute im SHM zu sehen. Malereien des Passions-Meisters sind auf etwa 1450 zu datieren. Erwähnenswert sind das Taufbecken Sigrafs mit Jesu-Kind-Erzählungen, das Madonnenbild (1500), die Bänke und Kanzel aus dem 18. Jahrhundert.

84. Näs

Diese Kirche wurde vollständig um 1250 errichtet. Der Altar stammt aus Burgsvik (1692).

85. Grötlingbo *

Grötlingbo ist eine bedeutende Kirche des Egyptikus aus dem 14. Jahrhundert. Sie ist dreischiffig ausgeführt. Aus der Werkstatt des Meisters sind auch die Gewölbemalereien, die grotesken Gesichter am Langhausportal und die wolfsköpfigen Drachen im Gewölbe wie auch die Glasbilder in den Chorfenstern. An der Außenwand des südlichen Langhauses befinden sich neben dem Portal Reliefs mit Tier- und Jagdmotiven von Sigraf aus dem 12. Jahrhundert. Die Kanzel aus dem Dom von Visby zeigt das dänische Reichswappen und Persönlichkeiten aus der Reformationszeit, wie Luther und Karl V. Sie kam 1689 hierher. Die Banktüren wurden erst 1740 bemalt.

86. Fide

Diese Kirche, errichtet um 1250, fällt durch ihren monumentalen Sandsteinturm auf. Im Langhaus kann man östlich über dem Nordportal Skandinaviens einzigartige Steinritzung besichtigen: Ein Schiff wurde in den noch feuchten Putz eingemeißelt. Das Kruzifix (um 1250) ist riesig. Die Malereien stammen aus dem 13. bis 15. Jahrhundert (Othem-Meister). Die einzige schriftliche Notiz, die es vom Heereszug Valdemar Atterdags über die Insel gibt, findet man im Triumphbogen: "Eder succense gens cesa dolens ruit ense." Das heißt übersetzt: "Die Höfe sind verbrannt, jammernd stürzt das Volk, vom Schwerte geschlagen." Damit ist das Schicksalsjahr 1361 gemeint. Unter der Inschrift sieht man eine Malerei des leidenden Jesus vor dem Kreuz mit der Geißel. Die Kanzel (1587) stammt aus Grötlingbo (früher Domkirche).

87. Öja *

Lange Zeit diente der Turm Schiffen auf dem Meer als Seezeichen. Ältester Bauteil ist der Chor (um 1220). Das Langhaus stammt aus der Zeit um 1280. Der Turm mit dem mächtigen Nordportal ist das Werk des Egyptikus. Auf seinem Kapitellband liegt eine einzige Person, der heilige Eligius mit einer Zange, Schutzheiliger der Schmiede. Auf dem östlichen Kapitellband sind Christus, Maria und Johannes dargestellt. Das dreischiffige Langhaus ist auf Pfeilern gestützt. Prunkstück der Kirche ist das gewaltige Triumphkruzifix, das in ganz Skandinavien einzigartig ist, denn es wurde von einem deutschen Meister geschaffen, der in Frankreich gelernt hatte und deutsch-französische Einflüsse in seiner Schule auf Gotland geltend machte. Die Ringsegmente sind mit Holzbildern gefüllt: Engelschor, Sündenfall, Vertreibung aus dem Paradies. In der Kalvariengruppe steht eine Kopie der "Trauernden Madonna" (Original im Museum Fornsal/Visby), neben der Viklau-Madonna eine der anmutigsten Kirchenschnitzerei in Schweden. Im Turmgewölbe trohnt der bartlose Christus mit Kelch und Hostie. Weitere Malereien gehen auf den Passions-Meister und einen unbekannten Vertreter der Stockholmer Schule (Ende des 15. Jh.) zurück, der auch Schüler des berühmten Albertus Pictor war. Der Altar stammt aus Burgsvik (um das Jahr 1640).

88. Vamlingbo *

Vamlingbo hat einen breiten Turm (ca. 1350), der bei einem Blitzeinschlag 1817 getroffen wurde und nun nach dem Umbau kleiner ist. Chor und Langhaus errichtete man 1250. An der nördlichen Langhausmauer befindet sich eine große Darstellung der Seelenwägung Kaiser Heinrichs II. durch St. Michael. Letzterer gibt den Goldkelch, den Heinrich dem Laurentiuskloster in Merseburg schenkte, auf die Waagschale, die nun zugunsten des Monarchen ausschlägt. Früher war Vamlingbo Wallfahrtskirche, da man glaubte, der Engel St. Michael selbst wäre hier begraben. Weitere Malereien sind die Darstellung des Christophorus (6 m hoch) und des Lebensbaums. Das Altarbild stammt aus Köln (um 1330). Gewölbemale-

reien aus der Zeit um 1700 schmücken das Langhaus. Darüber hinaus gibt es viele Epitaphe und Grabsteine. Der Taufstein ist eine Arbeit von Bycantios.

89. Hamra *

Die Kirche von Hamra hat eine komplizierte Baugeschichte. Sie war als gewaltige Basilika mit Seitenschiffen geplant, konnte aber so nicht ausgeführt werden. Dennoch wirkt sie heute äußerst geräumig, durch Säulen innen sehr proportioniert. 1778 richtete ein Blitzeinschlag großen Schaden an, doch ein Teil der Malereien konnte erhalten werden. Im Inneren sind mehr mittelalterliche Holzskulpturen als in allen anderen gotländischen Kirchen erhalten, wie z. B. die Golgathagruppe (13. Jh.) vom Öja-Meister auf dem Altar, das Kreuz mit Maria und Josef (14. Jh.) und St. Göran (15. Jh.).

90. Sundre

Diese Kirche ist einheitlich im 13. Jahrhundert fertiggestellt worden. Im Osten sieht man gut erhaltene Kastalreste. An der Südfassade fallen zwei rote, runde Sandsteine auf, bei denen es sich vermutlich um Kultobjekte handelt. Die Malereien hat der Passions-Meister durchgeführt. Die Kanzel in ungewöhnlichem Empirestil stammt aus dem 19. Jahrhundert, das Madonnenbild aus dem 13. Jahrhundert.

Route 8
Kalmar - Norrköping (ca. 270 km)

Route 8 nimmt ihren Anfang in *Kalmar* und führt dann auf der großen

Küstenstraße E 22 nach Norden, bis sie in Norrköping auf die E 4 stößt, wo man Anschluß an die Routen 13 und 15 hat.

Die Route hält sich eigentlich immer in Küstennähe. So bieten sich auf dem gesamten Verlauf immer wieder lohnende Umwege über kleine Küstenstraßen an. Nördlich von Kalmar liegen vor der Küste zahlreiche Inseln, die sich dann auf der Linie zwischen *Västervik* und *Norrköping* regelrecht zu einem Schärenband verbreitern. Der besondere Reiz dieser Route ist, daß man sich immer nahe der wunderschönen Küste bewegt. Überall findet man kleine Fischerdörfer und Gästehäfen für Segler.

Auf dem überwiegenden Teil der Route befindet man sich in der Provinz *Småland* (→ R 4), erst bei Valdemarsvik erreicht man *Östergötland* (→ R 13).

—▶ Schon bald hinter Kalmar (→ R 3) bietet sich die erste Ausfahrt von der hier noch vierspurigen E 22 an.

◆ *Kläckeberga*

Fährt man auf der Straße nach *Förlösa* links ab, so erreicht man Kläckeberga mit einer Wehrkirche aus dem 12. Jahrhundert, deren Verteidigungsanlagen (Wälle, Scharten) noch gut erhalten sind. Dies ist sonst sehr selten. Das in prächtigen Farben gemalte Altarbild stammt aus Polen. Es wurde von schwedischen Truppen während des Dreißigjährigen Krieges nach Stockholm gebracht und dort zunächst in der Domkirche aufbewahrt.

—▶ Route 8 wird bald zweispurig und führt durch den kleinen Ort

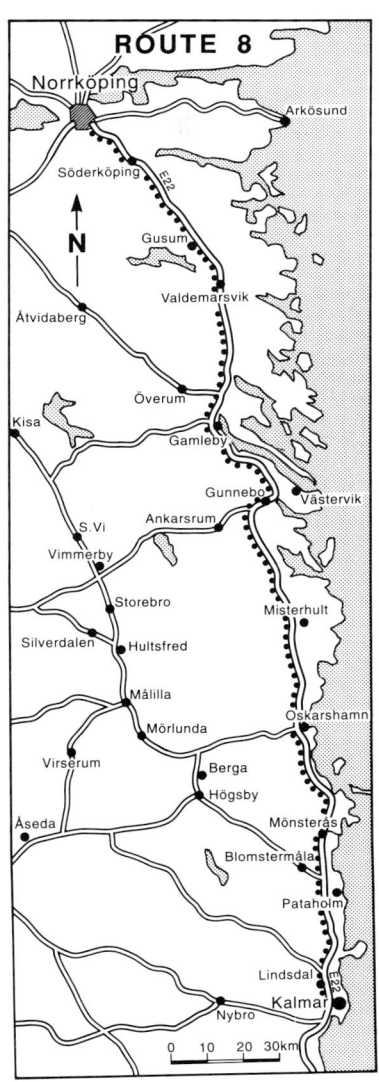

Ryssby. Auch hier ist die Kirche mit mittelalterlichen Malereien sehenswert.

Dasselbe läßt sich von der an der Route liegenden Kirche in *Ålem* sagen. Dort bietet sich auch ein kurzer Ausflug an die Küste an:

Auf der kleinen Insel **Oknö** (Verbindung mit dem Festland durch eine Brücke) liegt ein großes Freizeitgebiet mit *Camping* ***, Tel. 0499/ 119 02, Verleih von Booten und FKK-Strand.

◆ Pataholm

Wie an der gesamten småländischen Schärenküste, so liegen auch hier immer wieder alte Kirchen, Ruinen und Schlösser versteckt in naturschöner Lage, so kurz vor Pataholm eine Kirchenruine in **Pata** oder ein Holzschloß aus dem 18. Jahrhundert in **Strömsrum**. Die Schönheit der Landschaft war schon den Adligen früherer Tage Anlaß, sich hier am Meer ein Domizil zu errichten. In Pataholm liegen mehrere alte Holzbauten und das Atelier des Malers Oscar Hullgren (1869 - 1948).

→ Unmittelbar an der Route liegt bei *Kronobäck* links der Straße eine Ruine. Hierbei handelt es sich um ein ehemaliges Kloster.

Mönsterås

Die kleine Handels- und Hafenstadt hat ein gut bestücktes **Heimatmuseum**. Der Stolz des Museums ist eine original eingerichtete Apotheke aus dem 19. Jahrhundert, ganz in Birkenholz gehalten. Mönsterås ist auch für seine guten Lachsflüsse bekannt. Im *Emån* wurde die größte Meerforelle überhaupt an Land gezogen: 14,2 kg schwer. Unten am Hafen stehen noch ein paar schöne, alte Häuser, in denen früher Berufsfischer lebten. Im *Slubbemåla*-See fand man einen fast 600 g schweren Schatz aus der Wikingzeit.

Oskarshamn

28.000 Einwohner

Die Hafenstadt erhielt ihre Stadtrechte 1856 vom damaligen König Oskar. Nach ihm ist sie auch benannt. Von hier gehen Schiffe nach *Byxelkrok* auf Öland, auf das Eiland *Blå Jungfrun* und vor allem nach *Gotland*.

Sehenswert in Oskarshamn ist vor allem das **Museum** im Kulturhaus. Hier wird eine große Sammlung der kunstvollen Schnitzereien des berühmten "Döderhultarn" gezeigt: Axel Robert Petersson wurde 1868 im Vorort Döderhult geboren und lebte bis zu seinem Tod 1925 in Oskarshamn. Seine Werke spiegeln den harten Alltag der Menschen in dieser Zeit mit Charme und Ironie wider. Auch das Atelier des Künstlers ist zu besichtigen. Sehenswert sind auch der alte Stadtteil **Fryket** mit kleinen Holzhäusern und im Röderhultstal der Herrenhof **Fredriksberg**, erbaut 1780 im Rokoko-Stil.

Touristeninformation

Turistbyrå Oskarshamn, Hantverksgatan 18, 57233 Oskarshamn, Tel. 0491/ 881 88

Übernachten

► *Gunnarsö Camping*, 3 km südlich von Oskarshamn am Strand gelegen, Tel. 0491/ 132 98, ist sicher

der schönste der vielen Campingplätze in dieser Gegend, denn er bietet Sandstrand, Wald, einen beheizten Pool und Campinghütten.
▸ *Havslätts Camping,* 2 km nördlich, Tel. 0491/ 153 25, liegt unmittelbar am Sandstrand.
▸ *Vandrarhem,* Åsavägen 8, in der
Nähe des Bahnhofs, Tel. 0491/
881 98
▸ *Hotel Post,* am Stora Torget, Tel.
0491/ 160 60, ein zentrales, modernes Haus. DZ ab 560 SEK.

Öffentliche Verkehrsmittel

Zug: 3 bis 5mal am Tag Verbindun-
gen nach Nässjö, von dort Anschluß
nach Helsingborg/ Stockholm und
Halmstad.
Fähre: 1 bis 2 Autofähren pro Tag
nach Visby.
Flugzeug: 3mal tgl. (Mo - Fr) nach
Stockholm.

Stensjö by

Das wunderschöne Dorf, westlich
der E 22 und ca. 10 km nördlich
von Oskarshamn, blieb von der
großen Flurbereinigung zwischen
1870 und 1880 verschont und repräsentiert deshalb heute mit ca. 50
Gebäuden ein typisches schwedisches Dorf des 18. Jahrhunderts,
genauso wie vor der großen Reform
die meisten Siedlungen aussahen.
Nicht nur die Häuser, sondern auch
Wege, Wiesen und Weiden sind in
dem Zustand vor der Flurbereinigung erhalten geblieben. Die Siedlung wurde bereits 1351 erstmalig
erwähnt.

Lunds by

Auf der Höhe der *Kirche von Glad-
hammar* führt eine kleine Straße

nach Lunds by. Auch hier handelt
es sich um ein sehr altes Holzhaus-
dorf. Acht Herrenhäuser gruppieren
sich um den Marktplatz. Diese
Anordnung entstand durch Erbteilung. Die heutigen Gebäude stammen aus dem 19. Jahrhundert.

—▸   Weiter geht es auf Route 8
mit der Möglichkeit, *Västervik*
(→ R 5) zu besuchen. Bei Björns-
holm führt Straße 35 nach Osten
weg von der E 22.

◆ Risebo

Nach 25 km biegt man bei der Kirche in *Broddebro* nach links, nach
weiteren 6 km wieder nach rechts
und erreicht schließlich Risebo,
Smålands Angelparadies. Von den
Ferienhäusern erreicht man zwanzig
der besten Seen, reich an Lachs,
Hecht, Zander und anderen Fischen.
Risebo ist ein Erholungsgebiet, das
noch nicht von deutschen Sommer-
gästen entdeckt ist und außer Angeln allerbeste Möglichkeiten zum
Kanufahren, Wandern oder Elchebe-
obachten bietet.

◆ Åtvidaberg

Åtvidaberg, bereits zu Östergötland
gehörig, liegt 40 km von der E 22
entfernt an Straße 35. Die kleine
Stadt ist recht anziehend. Insbesondere die Holzbauten auf der Anhöhe
am Markt und einige Bauwerke aus
der Zeit des Bergbaus hier vor zweihundert Jahren tragen dazu bei.
   In **Isnäs** findet man   direkt am
Bysjön ein ansehnliches Schloß aus
dem Jahr 1920. Der englische Park,
der mit großer Blumenpracht lockt,
ist auch zugänglich.

Touristeninformation

Turistkontor, Söderleden 1, 59725
Åtvidaberg, Tel. 0120/ 830 00

Übernachten

► *BW-Hotel Stallet*, Östantorpsvägen 2, Tel. 0120/ 119 40, ist ganz neu und eine echte Perle. Der Name paßt, denn das weiß getünchte Haus ist im Stall eines Adelsguts (1850) eingerichtet, dennoch hochmodern und mit großem Weinkeller.
► *Trädgårdshotellet*, Västantorp, Tel. 0120/ 150 70, ebenso schön, aber ein ganz anderer Stil ist das "Gartenhotel" mit 13 Zimmern, exzellenter Küche und Golfplatz (Relais et châteaux).

—► Kurz hinter *Valdemarsvik* passiert Route 8 die Landschaftsgrenze nach Östergötland. Wer die *Blå Kusten* ("Blaue Küste") mit ihrem wunderschönen Schärengarten kennenlernen möchte, sollte hier nach Osten fahren, über Gryt und St. Anna bis nach *Skällvik*. Wohl dem, der ein Boot hat, die Inselwelt zu entdecken! Wer keines hat, kann an einem Ausflug mit dem Dampfer teilnehmen (Info bei *Reederei St. Anna*, Tel. 0121/ 521 22). Wer selbst ein Boot chartern möchte, fragt am besten nach bei *Hycklinge Båttransport*, Hycklinge, Tel. 0494/ 301 23, oder *Kinda Kanalbåtar*, am Kinda-Kanal, Tel. 013/ 525 66.

Söderköping
13.000 Einwohner

Eine der schönsten Kleinstädte Schwedens ist das idyllische Söderköping mit seinen alten Holzhäusern und den Kanälen. Hier gilt es, nicht bloß durchfahren und anschauen, sondern hierbleiben und übernachten. Wer Romantik liebt, wird sie bei einem Abendspaziergang durch die kleine Holzstadt erleben.

Geschichte und Sehenswürdigkeiten

Im 12. Jahrhundert begann der Aufstieg der Stadt zum führenden Hafen des ganzen Landes. Lübecker Hansefahrer bauten ihn stetig aus und sorgten dafür, daß Handel und Gewerbe blühten. 1235 gründeten die Franziskaner ein Kloster, von dem nur noch Spuren erhalten sind, aber die Kirche der Hanseleute aus dem 13. Jahrhundert, **St. Laurentii**, hat ihr ursprüngliches Aussehen bewahrt. Der Backsteinbau deutet unverkennbar auf die Herkunft seiner Baumeister, Norddeutschland, hin. Das Kreuz von 1400 aber ist eine schwedische Arbeit. Der Altarschrein (um 1500) wurde wiederum in Deutschland gearbeitet, ein wunderschönes Exemplar. In dieser Kirche wurde die Frau von Magnus Ladulås 1281 zur Königin gekrönt, sein Sohn Birger 1290 zum König. Eine weitere, noch ältere Kirche ist **Drothems kyrka**, die heilige Dreifaltigkeitskirche, mit vielen Holzskulpturen und einem ebenfalls aus Deutschland stammenden Altarschrein. Rund um die Kirche stehen herrliche Häuser, zum Teil aus dem 18. Jahrhundert.

Die Glanzzeit der Stadt endete mit dem Einfall der Dänen 1567 und der Entscheidung Johans III., von nun an Norrköping zu bevorzugen. Trotz des Fehlens mittelalterlicher Häuser spürt man den Geist dieser Zeit überall in den kopfsteingepflasterten Gassen des Städtchens. Ab 1823 ging es mit Söderköping wieder aufwärts, als Johan Olof Lagberg die erste Kaltwasserkuranstalt des Landes gründete. Sie machte sich die Heilwirkung des Wassers der St. Ragnhildsquelle zunutze. Lagberg verfuhr nicht nach den Methoden des früheren Kurarztes Urban Hjärne, sondern stellte neue, wissenschaftliche Prinzipien in den Vordergrund: "Um die überbelasteten Körper zu entlasten, ist kaltes Wasser, in- und auswendig genossen, vonnöten: morgens um 4.30 Uhr das erste Bad in kaltem Wasser (11 °C), um 9 Uhr dann duschen in 7 °C kaltem Wasser! Um 11 Uhr Sitzbad in 7 °C kaltem Wasser, um 17 Uhr wieder Dusche". Und tatsächlich kamen in den folgenden Jahren zahllose Kurgäste zur Behandlung hierher, doch nur wegen des Wassers? Wohl kaum! Außerhalb der Kuren blieb viel Zeit für Zerstreuung und andere Kurzweil, so daß der Brunnen bald den Beinamen "Kärlekens börslokal" (Liebesbörse) erhielt. Wer ohne Kurschatten blieb, war selbst schuld. Der Kurbetrieb geht noch heute weiter. Die Heilquelle ist ganzjährig in Betrieb.

Ein längerer Aufenthalt in dieser charmanten Stadt lohnt sich. Der **Göta kanal** führt hier entlang, die Gassen mit ihren kleinen Läden laden zum Bummeln ein, im **Stadtmuseum** an der Laurentiikirche kann man die wechselvolle Historie des Orts in Ruhe studieren.

Touristeninformation

Söderköpings Turistbyrå, Rådhuset, 61480 Söderköping, Tel. 0121/ 181 60, geöffnet im Sommer Mo bis Fr 8 - 18, Sa und So 9 - 16 Uhr.

Übernachten

Es gibt zahlreiche Campingplätze östlich von Söderköping an der

"Blauen Küste" rund um *St. Anna, Gryt* und *Arkösund.*
▸ *Stegeborgsgårdens Camping **,* Tel. 0125/ 110 62, an der Burg muß man die Fähre über den Slätbaken nehmen, ab dort ist der Platz beschildert. Er ist im Mischwald und am Meer schön gelegen.
▸ *Korskullens Camping **,* Tel. 0121/ 116 21, gleich südlich des Zentrums von Söderköping gelegen, mit Hütten, stets mit vielen deutschen und holländischen Touristen belegt.
▸ *Vandrarhem Mangelgården,* Skönbergagatan 48, Tel. 0121/ 102 13, ein großes Holzhaus.

Gusums bruk

Gusums bruk, ein Stück nördlich von *Valdemarsvik* an der E 22 gelegen, das ist heute Schwedens einzige Fabrik für Reißverschlüsse. Das wäre an sich nichts Besonderes, sie hat aber hier eine besondere Tradition, weil es nämlich gerade ein Schwede war, der dieses praktische Gerät überhaupt erst erfand und zur Reife entwickelte. Er hieß *Gideon Sundbäck* und hatte kurz nach 1900 die Idee, die heute sicher in jedem Kleiderschrank mehrfach hängt. Dabei war ja der Reißverschluß eigentlich schon vorher in Amerika erfunden worden, aber jener funktionierte eben nicht und wurde wieder vergessen. Gideon war derjenige, der das Prinzip der vielen, vielen kleinen Häkchen richtig erkannte. In Gusums bruk arbeiteten zeitweise zweihundert Leute und stellten 25 Kilometer Reißverschluß pro Tag her. Heute, im Zeichen des neuen Klettverschlusses, sind es immerhin noch sechs Kilometer oder 20.000 Verschlüsse!

Töpferei in Småland

► *Romantik - Hotel Söderköpings Brunn,* Skönbergagatan 35, Tel. 0121/ 109 00, das älteste Kurhotel Schwedens direkt am Kanal mit stilvoll eingerichteten Zimmern und Abendveranstaltungen im Park vor dem Hause ist ohne Konkurrenz. Tradition und Modernität gehen hier Hand in Hand. DZ 1.000 SEK.

Essen und Trinken

Das Restaurant des Kurhotels ist ausgesprochen gut. Im Sommer hält die Abendkarte für die Gäste auf der Veranda immer einige preiswerte Speisen bereit, so daß man sich nicht vom vornehmen Ruf des Kurhausrestaurants abschrecken lassen sollte.

Am Rathausplatz gibt es das *Rådhuscaféet* mit verlockenden Süßspeisen.

—► Route 8 führt dann weiter

über die E 22 und endet in *Norrköping* (→ R 13).

♦ *Stegeborg*

Die Burg, 20 km östlich von Söderköping, wurde um 1200 zum Schutz der stetig wachsenden Stadt auf einer kleinen Insel in der Ostsee am *Slätbaken* angelegt. Bis ins 17. Jahrhundert hinein wurde die Anlage immer wieder erweitert, zeitweilig lebte sogar Gustav Wasa und sein Sohn Johann III. hier. Sie war also auch Königsburg. Letzterer erblickte 1537 auf Stegeborg das Licht dieser Welt. Im 18. Jahrhundert verfiel das Schloß. Nach einer umfassenden Restaurierung (1952) ist es heute aber wieder ansehnlich. Am Südufer des Slätbaken liegt eine weitere Burg, *Skällvik*, und die gleichnamige Kirche aus dem 14. Jahrhundert mit einer ausgefallenen Hallenkonstruktion. Über einem quadratischen Mittelraum spannt sich ein Kreuzgewölbe mit vier Seitenkapellen an den Füßen. In Söderköping gibt es Broschüren zu kaufen, in denen man die abwechslungsreiche Geschichte von Schloß Stegeborg nachlesen kann. Darin erfährt man auch einiges aus dem Leben Gustav Wasas und seines Sohns, aber von der Tochter Gustavs II. Adolf, der späteren Königin Kristina, und Karls X., die ebenfalls hier aufwuchsen.

Route 9
Helsingborg - Svinesund (ca. 400 km)

Route 9 verläuft auf einer einzigen Straße, der großen E 6, bis zur norwegischen Grenze. Diese Europastraße führt noch viel weiter hin-

auf in den Norden. Sie endet in *Kirkenes*, viele hundert Kilometer nördlich des Polarkreises. Zunächst wird auf dieser skandinavischen

"Schlagader" ein kurzes Stück *Skåne* (→ R 1) erlebt, bevor man in die Landschaft *Halland* kommt. Nördlich von Göteborg erstreckt sich dann bis zur Grenze die schöne Provinz *Bohuslän*, viel besungen und geliebt.

Halland gehört zu den kleineren Landschaften Schwedens. Es erstreckt sich auf einer Länge von knapp 160 km bei einer maximalen Breite von 60 km an der schwedischen Westküste entlang. Die Landschaft ist ein Badeparadies am *Kattegatt*, eigentlich ein einziger langer Sandstrand, der sich von Skummeslöv im Süden bis zur Stadtgrenze Göteborgs erstreckt, nur unterbrochen von wenigen, aber vielgeschätzten Felsenstränden wie bei *Steninge,* auf den Inseln *Getterön* oder *Särö.*

Die wunderschönen Strände sind auch der Grund dafür, daß Hallands Einwohnerzahl im Sommer um rund 60 % zunimmt, denn dann ist Halland Ziel vieler badefreudiger Feriengäste. Dennoch sind die Sandstrände hier bei weitem nicht so überlaufen, wie dies an der Mittelmeerküste der Fall sein mag.

An die Sandstrände schließt sich das flache Bauernland mit seinen weiten Anbauflächen an. Die Landwirtschaft ist in Halland heute noch ein bedeutender Erwerbszweig. Allerdings sind die Böden nicht die fruchtbarsten und ertragreichsten. Erst seit Mitte des 19. Jahrhunderts wurde mit Hilfe von Maschinen und besseren Anbaumethoden ein lohnender Anbau auch auf den ärmeren Ackerböden überhaupt möglich.

Gen Osten geht das flache Land in eine bewaldete Hügellandschaft über, die schon Teil des småländischen Hochlands ist. Sanfte Einschnitte in diese Landschaft bilden die Täler zahlreicher Bäche und Flüsse, die schließlich in den Kattegatt münden.

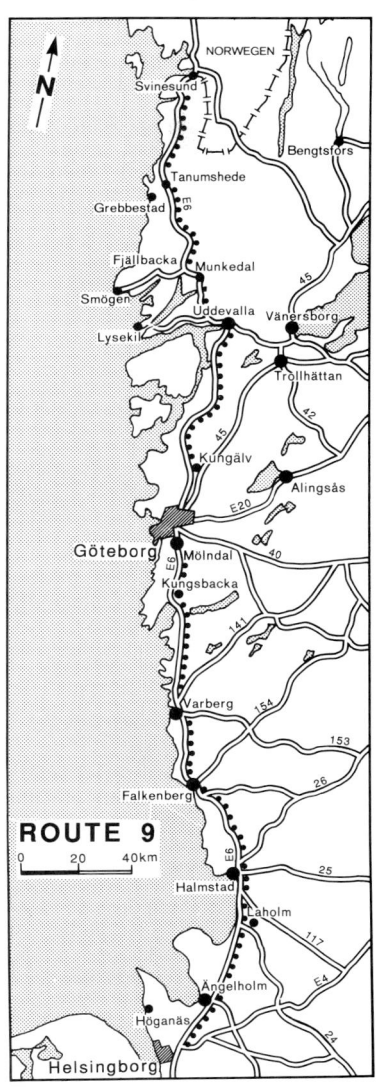

Erst im Jahr 1645 wurde Halland durch den *Frieden von Brömsebro* endgültig schwedisch. Dennoch hat die lange Zeit unter dänischer Herrschaft bis heute ihre Spuren, besonders in der Architektur, hinterlassen. So sind niedrige Häuser mit spitzem Giebel (typisch dänischer Baustil) in Halland weit verbreitet.

findet es nur wenige hundert Meter vom Strand entfernt. Die Experten vermuten, daß es in der Nähe des Grabs größere Siedlungen gab.

Die Bjäre-Halbinsel ist sehr reich an solchen Grabanlagen. So liegen 3 km nördlich von Torekov unmittelbar am Strand acht markante Rollsteingräber, die **Gröthögarna**.

—► Route 9 führt über die E 6 in Richtung Oslo aus *Helsingborg* (→ R 1) heraus. Bei *Karup* lohnt sich ein Umweg nach Westen auf die reizvolle *Bjäre-Halbinsel.*

♦ *Båstad*

Båstad, 6 km westlich von Östra Karup, ist eine der großen Tennismetropolen, denn hier finden alljährlich Turniere der Weltelite statt. Früher hatte man hier einen bedeutenden Fischereihafen, heute aber liegen in erster Linie die Yachten der High Society vor Anker.

♦ *Norrvikens Trädgårdar*

Zu diesem Gartenmuseum, 4 km westlich von Båstad an der Küstenstraße gelegen, gehört ein prächtiger Park, eine Glashütte und eine Kunstgalerie.

♦ *Dagshög*

Dagshög liegt 24 km westlich von Båstad, zu erreichen über Torekov, von wo man nach Süden fährt. Hier liegt mit fast 5 m Höhe und 50 m im Durchmesser Skånes größtes Hügelgrab aus der Bronzezeit. Man

♦ *Tofta högar*

Die Spitze der Bjäre-Halbinsel wird durch den nördlichsten Ausläufer des *Hallandsås*-Bergrückens gebildet. Zu den geologisch beeindruckenden Formationen dieses Bereichs gehören steile Felsen, Grotten und Geröllfelder. Bei *Ingelstorp* liegen die Tofta högar, vier bronzezeitliche Grabhügel an einem Hang mit weiter Sicht auf das Meer.

♦ *Lugnarohögen*

Dieser Grabhügel, 4 km östlich von Karup und 300 m östlich von Hasslöv, stammt aus der jüngeren Bronzezeit (etwa 700 v. Chr.). Bei Ausgrabungen 1926 wurden in diesem Hügel eine etwa 8 m lange Schiffssetzung sowie einige Gegenstände aus der Bronzezeit gefunden. Einen solchen Anlagetyp kennt man in Schweden sonst nicht. Ein unterirdischer Gang wurde angelegt, so daß man heute in das Grabinnere hineingehen kann.

♦ *Skottorps slott*

Das Schloß, 3 km nördlich von Karup, wurde in den sechziger Jahren des 17. Jahrhunderts im Empirestil erbaut. Anfang des 19. Jahrhunderts wurde es umgebaut, wobei es eine klassizistische Prägung erhielt. Im Inneren blieb jedoch der Empirestil erhalten. Das Schloß besitzt einen schön angelegten englischen Park. Bekannt wurde es durch die hier im Jahr 1680 stattfindende Hochzeit Karls XI. mit der dänischen Prinzessin Ulrika Eleonora.

Übernachten
▶ *Sunnerbogården,* Stora Strandvägen 2, 31272 Laholm, Tel. 0430/ 202 29

—▶ Wieder auf Route 9 passiert man die Grenze zu *Halland.*

Skummeslöv und Mellbystrand

Das sind zwei der beliebtesten Badeorte. Hier befindet sich der mit 12 km längste schwedische Sandstrand. Er ist besonders für Kinder geeignet ist, da er sehr seicht ist.

Übernachten
Zwei vielbesuchte Campingplätze am Meer sind:
▶ *Olles Camping* ***, Mellbystrand, Birger Pers väg, Tel. 0430/ 283 57
▶ *Marias Camping* ***, im Norden von Mellbystrand am Wegende, Tel. 0430/ 285 85, mit einer großen Grasfläche hinter den Sanddünen des Strands; auch mit FKK-Strand.

—▶ Bei Mellbystrand verläßt man die E 6, wenn man das folgende Städtchen, 5 km westlich der Europastraße, besuchen möchte.

◆ Laholm

Laholm ist Hallands südlichste und älteste Stadt. Sie entstand bereits im 13. Jahrhundert am Ufer des

Lagan um die damalige dänische **Burg Lagaholm**. Die Festung, die auf einer kleinen Insel im Fluß lag, wurde im 17. Jahrhundert zerstört. Heute sind nur noch Ruinen zu sehen. Auf der Insel befindet sich heute eine **Lachszuchtanlage**, die zu den modernsten Europas zählt und im Sommer besichtigt werden kann. Laholm besitzt einen besonderen Charme. Vor allem im mittelalterlichen Stadtkern **Gamleby** mit niedrigen Häusern, gepflegten Gärten und verwinkelten Gassen herrscht eine idyllische Atmosphäre. Am Marktplatz von Gamleby, dem Stortorget, steht die **St. Clemens Kirche**. Sie ist auch mittelalterlichen Ursprungs. Anfang des 19. Jahrhunderts jedoch wurde sie umgebaut und erhielt 1933 ihre Deckenmalereien.

Laholm wird mit Recht als "die kleine Stadt mit den großen Kunstwerken" gerühmt, denn unter den Kunstwerken sind vor allem die *Lagafontäne* auf dem Stortorget von John Lundqvist und *Sagan om hästen* ("Die Sage vom Pferd") auf dem Hästtorget von Stig Blomberg zu nennen. Im Stadtpark liegt **Ebbaredsstugan**, eine "ryggåsstuga" (ein altes halländisches Wohnhaus ohne Zimmerdecke) aus dem 18. Jahrhundert, in der eine kleine kulturhistorische Sammlung zu sehen ist.

Touristeninformation

Laholms Turistbyrå, Rådhuset, 31222 Laholm, Tel. 0430/ 154 50

Übernachten

‣ *Lilla Tjärby Camping ***, in Lilla Tjärby an Straße 117 gelegen, 1,3 km nördlich von Laholm, Tel. 0430/ 132 18
‣ *Vandrarhem*, Parkgården, Tivolitorget, im Zentrum neben dem Park,

Tel. 0430/ 133 18
‣ *Stadshotellet,* Hästtorget 3, Tel. 0430/ 128 30, ein zentral gelegenes Mittelklassehotel.

Einkaufen

Antiquitäten, Kuriosa und Kunsthandwerk findet man im alten Zollhaus (1750), dem *Östertulls Antik,* Östertullsgatan 28.

Öffentliche Verkehrsmittel

Am Tag 5 bis 8 Züge über Linie 100 in Richtung Oslo und Helsingborg.

Rund um Laholm

◆ Bollaltebygget

Das älteste Gehöft im Kreis liegt 19 km nordöstlich von Laholm. Das Anwesen besteht aus einem geschlossenen Hof, wie er früher in Halland weit verbreitet war, d. h., das Gehöft besteht aus vier Gebäuden, die einen rechteckigen Innenhof umschließen. Die Wohnstube in der "ryggåsstuga" ist mit handbemalten Wandteppichen und anderen Textilien geschmückt, so wie es in Halland im 18. und 19. Jahrhundert bei Festlichkeiten Brauch war.

◆ Örelids gravfält

Örelids gravfält, 3 km nördlich von Laholm, erreicht man, wenn man bei der *Kirche von Tjärby* von Straße 177 nach Osten abbiegt. Etwa 500 m östlich der Kirche von Tjärby liegt dann Örelids Grabfeld mit 36 Bautasteinen und vier Grabhügeln.

◆ *Vippentorpet*

Um nach Vippentorpet am Hjörne-
redssjön 13 km östlich von Laholm
zu fahren, muß man ein paar hundert Meter westlich von Knäred
Straße 117 verlassen und nach Süden abbiegen. Das mit Reisigge-
flecht gedeckte Wohnhaus der Vip-
penhofer aus dem 18. Jahrhundert
ist typisch für Halland. Vom Mittelalter bis zum 19. Jahrhundert lebten
die Bauern dieser Gegend für gewöhnlich in Häusern dieser Art.

—▸ Von Laholm führt Route 9
nun weiter nach *Laxvik.* Bevor man
Halmstad erreicht, sind von hier
sind zwei kleine Touren möglich:

◆ *Pååarp gravfält*

Dieses schön gelegene Grabfeld
westlich der Straße stammt aus der
Eisenzeit und ist mit seinen 220
Steinhaufen und Steinsetzungen
Hallands größtes Grabfeld. Pååarp ist
außerdem weithin als Vogelparadies
bekannt.

◆ *Eldsberga kyrka*

4 km östlich von Laholm liegt an
Straße 117 diese mittelalterliche Kirche. Sie wurde im 13. Jahrhundert
in romanischem Stil errichtet. Sehenswert sind in ihr die Fresken.
Von der Kirche hat man auch einen
schönen Blick über ganz Südhalland.

Halmstad

An der Mündung des *Nissan* liegt
Hallands Verwaltungsstadt. Der Sitz
des halländischen Regierungspräsi-
denten ist das **Schloß** am Flußufer,
1615 erbaut. Vor diesem liegt das
alte Segelschulschiff "Najaden", das
1897 vom Stapel lief (zu besichtigen Mai bis September Di und Do
17 - 19 Uhr, Sa 10 - 13 Uhr).
Halmstad ist für seine **Fachwerkhäuser** bekannt, wie man sie am
Marktplatz (Stora torg) oder in der
Fußgängerzone (Storgatan) finden
kann. Am Ende der Storgatan steht
auch das einzige noch erhaltene
Stadttor, **Norre porten.** Den schönsten Teil der Stadt bilden westlich
des Stora torg die schmalen Sträß-
chen Kyrkogatan, Vallgatan und
Hantverksgatan mit ihren Häusern
aus dem 17. und 18. Jahrhundert.
Die **St. Nikolai Kirche** in der Nähe
des Stora torg wurde im 14. Jahrhundert in gotischem Stil erbaut. Altar und Kanzel der dreischiffigen
Kirche stammen aus dem 17. Jahrhundert. Besondere Aufmerksamkeit
verdienen die modernen Kirchenfenster von Einar Forseth und Erik Olson. Zum Stora torg gehört der
Brunnen "Europa und der Stier",
1926 von Carl Milles geschaffen.
Am Marktplatz steht auch das 1936
erbaute **Rathaus,** das im Inneren
ebenfalls von den Künstlern der
Halmstadgruppe um Olson geprägt
worden ist. Besonderheit des Rathauses ist das Glockenspiel mit vier
Figurengruppen.
Das **Hallandmuseum** in der Tolls-
gatan unterhält eine Seefahrtsabtei-
lung mit zahlreichen Galionsfiguren,
eine Ausstellung typisch südschwe-
discher Wandteppichmalerei sowie
eine repräsentative Auswahl an hal-
ländischer Kunst.
Auf dem Galgberget liegt in
schöner Umgebung das Freilichtmuseum **Hallandsgården.** Es vermittelt
einen guten Einblick in das Leben
auf halländischen Höfen in früherer
Zeit. Sehenswert sind außerdem die
Picasso-Statue "Mann und Frau" am

Ufer des Nissan und in der Långgatan die 1970 erbaute **Martin Luther
Kirche**, Skandinaviens erste Stahl-
kirche, die sich durch ungewöhnliche Architektur und sehr gute Akustik auszeichnet.

Touristeninformation

Halmstads Turistbyrå, Österskans,
30246 Halmstad, Tel. 035/
10 93 45, geöffnet Mo bis Sa 9 -
19 Uhr, So 15 - 19 Uhr.

Übernachten

▸ *Hagöns Camping* ***, 6 km südöstlich des Zentrums im Stadtteil
Östra Stranden, Tel. 035/
12 53 63, ein großer Grasplatz mit
elf Hütten.
▸ *Vilshärads Camping* ***, etwa
10 km nordwestlich von Halmstad,
2 km westlich von Gullbrandstorp
nahe am Strand, Tel. 035/ 531 15.
▸ *Halmstads Vandrarhem,* Skeppa-
regatan 3, Tel. 035/ 12 05 00.
▸ *BW-Hotel Mårtensson,* Storgatan 52, 2,5 km vom Bahnhof entfernt, Tel. 035/ 1180 70, ein stilvolles Haus.
▸ *Scandic Hotel Hallandia*, Rådhusgatan 4, zentral gelegen, Tel. 035/
11 88 00, ein gutes Haus. Vom Restaurant blickt man geradewegs auf
Fluß und Schloß.
▸ *SH-Hotel Continental,* Kungsgatan 5, Tel. 035/ 11 85 75, zentral
gelegen, ca. 300 m vom Bahnhof,
eingerichtet in einem alten Haus aus
der Jahrhundertwende.
▸ *BW-Grand Hotel,* Stationsgatan
44, gegenüber vom Hauptbahnhof,
Tel. 035/ 11 91 40, ein traditionsreiches Haus.

Öffentliche Verkehrsmittel

Zug: Anbindung an die Strecke Helsingborg - Göteborg, mehrmals am

Tag Verbindungen in beide Richtun-
gen. Linie 86 fährt 3 bis 5mal tgl.
nach Nässjö, mit Anschluß nach
Stockholm, nach Göteborg und von
dort weiter nach Stockholm oder
Oslo.
Fähre: Fährverbindung Halmstad -
Grenå (Dänemark), 1 bis 2mal am
Tag.
Flug: 5mal am Tag fliegt *Transwede*
nach Stockholm.

Rund um Halmstad

◆ Söndrum

Freunde surrealistischer Kunst sollten von Halmstad in Richtung Tylösand nach Söndrum fahren. Dort
befindet sich in einem alten Schulgebäude (1860) *Mjällby konstgård*,
in dem viele Werke der Halmstadgruppe ausgestellt sind.

◆ Simlångsdalen

Von Halmstad führt Straße 25 nach
Simlångsdalen, 15 km östlich von
Halmstad. Rund um den gleichnamigen Ort liegt das Naherholungsge-
biet der Bewohner Halmstads inmitten herrlicher Natur. Besonders
schöne Plätze sind *Simlångsgården*
etwa 5 km nördlich der Ortschaft
Simlångsdalen, der *Skedalawald* und
die *Tolarpsfälle* des Fylleåns, einige
Kilometer westlich des Orts. Dort in
der Nähe befindet sich auch eine
bedeutende historische Sehenswürdigkeit, ein sehr altes Grab. Vom
Weg, der von Straße 25 nach År-
narp abzweigt, biegt man später
nach Mästocka ab und kommt so
bald zum *Tolarpsgrab* (Wegweiser
an der Straße). Das Ganggrab, das
aus der jüngeren Steinzeit (2.300 -
1.800 v. Chr.) stammt, ist die
größte Gruft Hallands.

Übernachten

▸ *Tallhöjdens Värdshus,* an Straße 25 gelegen, Tel. 035/ 702 45, mit 40 Zimmer in einem uralten Gasthof, teil im restaurierten Hauptgebäude, teils in kleinen freistehenden Häusern rund um einen Pool. Ein exklusives und stilvolles Ambiente und ein großes Freizeitangebot erwarten den anspruchsvollen Gast. Küche und Weinkeller sind in Schweden noch ein Geheimtip.

▸ *Simlångsdalens Gästgifvaregård* besitzt neben ein paar gemütlichen Zimmern ein hervorragendes Restaurant, das u. a. typisch schwedische Hausmannskost anbietet.

♦ Tylösand

Dieser Badeort an der Küste ist in Halland sehr bekannt. Im Sommer sind die Freizeitanlagen, Diskos und schönen Sandstrände gut besucht.

Übernachten

▸ *Kronocamping Tylösand* ***, unweit des Strands von Tylösand, ausgeschildert, Tel. 035/ 305 10, ein riesengroßer Platz, der auch 18 Hütten hat.

▸ *Reso-Hotel,* direkt am Strand gelegen, Tel. 035/ 305 00, mondän, gutes Sportangebot, z. B. durch Schwimmbad, Tennisanlage, Surfboardverleih und einem der besten Golfplätze Schwedens.

—▸ Von Halmstad führt Route 9 nun nicht mehr direkt an der Küste entlang, sondern verläuft mehr im Landesinneren. Nach ca. 20 km erreicht man *Getinge,* wo die Möglichkeit zu einem Abstecher besteht:

♦ Asige

Asige liegt 9 km nördlich von Getinge. Etwa 1 km nördlich der Dorf-

kirche befinden sich vier mächtige Steinblöcke, die wahrscheinlich aus der Bronzezeit stammen. Das vorderste Steinpaar wird "Hagbards Galgen" genannt, da es an die Form früherer Galgen erinnert.

—▸ Auf Route 9 gelangt man bald darauf nach *Slöinge,* wo man im Landhandelsmuseum sehen kann, wie man zu Großmutters Zeiten einkaufte. Der "Tante - Emma - Laden" stammt aus den zwanziger Jahren.

♦ Ugglarp

Hier, 6 km westlich von Slöinge, befindet sich *Svedinos Automobil- und Flugzeugmuseum,* das eine große Sammlung alter Autos, Motorräder und Flugzeuge besitzt (geöffnet Juni bis August 10 - 17 Uhr).

Falkenberg

Falkenberg ist ein gemütliches Städtchen mit herrlichen Sandstränden wie *Skrea strand* oder *Ringsegård* und schönen Uferpromenaden am *Ätran,* der zu den besten Lachsflüssen Hallands zählt. So angelt man in Falkenberg Lachse mitten in der Stadt. Über den Fluß führt das Wahrzeichen der Stadt, die steinerne, im 18. Jahrhundert erbaute **Zollbrücke.** Bis 1911 erhob man hier noch Brückenzoll.

Vom Schloß **Falkenbergshus** aus dem 14. Jahrhundert ist fast nichts mehr erhalten. Aus dieser Zeit stammt jedoch die **St. Laurentius Kirche,** die den Kern der Altstadt bildet. Um die alte Kirche mit beachtenswerten Malereien im Inneren aus dem 17. und 18. Jahrhundert,

bilden die niedrigen, bunten Holzhäuser aus dem 18./ 19. Jahrhundert ein ansprechendes Arrange-
ment. Hier befindet sich auch in einem alten Kaufmannshof das **Fal-
kenbergmuseum**. Zum Museum gehören zwei weitere Höfe, in denen
u. a. eine _Lachsräucherei_ und ein _Fi-
schereimuseum_ untergebracht sind.

Falkenberg ist bekannt für sein
Töpferhandwerk. **Törngrens kruk-
makeri** in der Krukmakaregatan ist
Schwedens älteste Töpferwerkstatt
aus dem Jahr 1786. Seit über zweihundert Jahren betreibt hier nun
diese Familie das schöne Töpferhandwerk.

Touristeninformation

Falkenbergs Turistbyrå, Stortorget,
31130 Falkenberg, Tel. 0346/
174 10

Übernachten

▸ _Hansagårds Camping_ * * *, 4 km
südlich, Tel. 0346/ 169 44, Campingplatz direkt am Strand.
▸ _Skrea Camping_ * * *, 4 km südlich, Tel. 0346/ 171 07, liegt ebenfalls unmittelbar am Strand und ist
sehr schön.
▸ _SH-Grand Hotel_, Hotellgatan 1,
am Ätran im Zentrum gelegen, Tel.
0346/ 144 50, ein sehr gutes Hotel.
▸ _CS-Hotel Värdshuset Hvitan_,
Storgatan 24, im alten Zentrum Fal-
kenbergs unmittelbar am Fluß, Tel.
0346/ 820 90, ein denkmalge-
schütztes Haus aus dem Jahr 1703.
Der massive, gelbe Steinbau ist sehr
elegant.
▸ _Vandrarhem_, Näset, in der Nähe
von _Hansagårds Camping_, Tel.
0346/ 174 10, günstig gelegen,
denn von hier sind es nur ca. 300 m
bis zum Meer.
▸ _Pallas Hotel_, Åke Tottsgatan 5,

Tel. 0346/ 107 00, ein kleines gemütliches Familienhotel.

Öffentliche Verkehrsmittel

Zugverbindungen mehrmals am Tag
nach Helsingborg und Göteborg.

Rund um Falkenberg

◆ Svartrå kyrka

Straße 154 führt von Falkenberg zu
dieser Kirche, 24 km nördlich von
Falkenberg. Sie stammt aus dem
Mittelalter, wurde aber im 18. Jahrhundert umgebaut. Dabei erhielt sie
die Kanzel, den Altaraufsatz und
ihre Deckenmalereien. 1954 restaurierte man die Kirche.

◆ Ullared

Eine Touristenattraktion ist das Bil-
lig-Warenhaus _Ge-Kås_ in Ullared, ca.
30 km nordöstlich an Straße 154.
Hier kauft man vor allem Kleidung
direkt ab Werk zu Dumping-Preisen.

◆ Morups Tånge

Etwa 7 km nördlich von Falkenberg
führt eine Straße zu Morups Tånge
(3 km westlich der E 4), einem Vogelschutzgebiet, das im Frühjahr
und Herbst vielen Zugvögeln auf ihrer Reise einen Rastplatz bietet. Hier
befindet sich neben einem Leuchtturm auch ein kleines Grabfeld aus
der Eisenzeit.

Unweit von Morups Tånge liegt
Glommen, ein malerisches Fischerdörfchen, das sich seinen Charme
bis heute bewahrt hat.

Varberg

Für viele ist Varberg gleich Festung. Dieser Bau prägt die Geschichte der Stadt. **Varberg fästning,** die Festung, wurde im Auftrag von Herzog Jakob von Halland im 13. Jahrhundert direkt am Meer erbaut. Heute ist sie das Symbol Varbergs. Der größte Teil der Anlage stammt jedoch aus dem 17. Jahrhundert, als der dänische König Christian IV. die Festung erweitern ließ. Nachdem Varberg 1645 mit dem Frieden von Brömsebro schwedisch geworden war, verlor die Festung ihre strategische Bedeutung. Heute befindet sich in ihr **Varbergs museum** (geöffnet Mitte Juni bis Mitte August tgl. 10 - 19 Uhr, sonst Mo bis Fr 10 - 16 Uhr, Sa und So 12 - 16 Uhr, Eintritt 15 SEK bzw. 5 SEK). Hier sind Ausstellungen zur alten halländischen Bauern- und Fischerkultur sowie zur Entwicklung mancher Fortbewegungsmittel zu sehen. So gibt es eine Reihe alter Fahrräder, u. a. eine "Laufmaschine" aus dem Jahr 1817. Der beeindruckendste Museumsgegenstand ist jedoch sicherlich der "Bockstensmannen", eine Moorleiche in voller Kleidung, die 1936 in einem Moor nahe Varberg gefunden wurde. Er stammt aus dem 14. Jahrhundert. Seine Kleidung ist das einzige mittelalterliche Gewand der Welt, das so gut erhalten ist.

Das heutige Varberg, das mit der Festung am Meer eine Einheit bildet, entstand eigentlich erst im 17. Jahrhundert. Bis dahin hieß die Stadt "Getakärr" und lag abseits der im 13. Jahrhundert errichteten Festung. In der ersten Hälfte des 17. Jahrhunderts gehörte Varberg zum dänischen Herrschaftsgebiet. König Christian IV. vergrößerte nicht nur die Burganlage, sondern legte auch Festung und Stadt zusammen.

Badestrand bei Varberg

Seit dem 19. Jahrhundert ist Varberg als Bade- und Kurort weithin bekannt. Aus dieser Zeit stammen der **Brunnspark**, das **Societetshaus**, der **Societetspark** und das **Kaltbadehaus**, alle direkt neben der Festung gelegen. Hier ist das Zentrum des sommerlichen Kultur- und Freizeitlebens. Varberg ist besonders im Sommer eine sehr farbenfrohe und lebenslustige Stadt. Dann sind die Parks, die ausgedehnten Sandstrände, Straßen und der Marktplatz, auf dem man von den Händlern noch Stoffe nach Gewicht erwerben kann, mit Leben erfüllt.

Touristeninformation

Varbergs Turistbyrå, Brunnsparken, 43224 Varberg, Tel. 0340/ 887 70, geöffnet Mo bis Sa 9 - 19 Uhr, So 15 - 19 Uhr.

Übernachten

▸ *Getteröns Camping ***,* liegt auf der als Vogelparadies bekannten Insel Getterön, 5 km nördlich von Varberg, Tel. 0340/ 168 85, mit einem Sand- und Klippenstrand und neuesten Anlagen. Es gibt zusätzlich zwanzig Hütten.
▸ *Vandrarhem,* in Vare, 7 km südlich von Varberg, Tel. 0340/ 411 73, in einem Holzhof.
▸ *BW-Stadshotel,* direkt am Markt, Tel. 0340/ 161 00, ein altes Haus aus dem Jahr 1902.
▸ *Vandrarhem,* in der Festung von Varberg, Tel. 0340/ 887 88. Die 45 Betten hier sind begehrt, denn viele möchten gerne einmal in einem ehemaligen Gefängnis wohnen. Daher vorab reservieren!
▸ *Hotel Varberg,* Norrgatan 16, Tel. 0340/ 161 25, Mittelklassehaus. DZ 500 SEK.

Öffentliche Verkehrsmittel

Mehrmals am Tag Züge nach Helsingborg, Göteborg und Borås.

Rund um Varberg

◆ Broåsen gravfält

Dieses Grabfeld aus der Eisenzeit, 7 km östlich von Varberg, liegt im Osten des Wegs nach Runesten. Es zählt zu den größten Hallands.

◆ Nösslinge kyrka

Die rote Holzkirche, 22 km nordöstlich von Varberg, mit ihrem Schindeldach und dem freistehenden Glockenturm geht auf das Jahr 1680 zurück. Sie liegt schön auf einem schmalen Landstreifen zwischen zwei Seen. Erwähnenswert im Inneren der Kirche sind das Taufbecken (13. Jh.), die älteste Kanzel Hallands (16. Jh.) sowie eine Madonna und mehrere Heiligenbilder aus dem 15. Jahrhundert. Die Deckenmalereien stammen ebenso wie der Altar aus dem 18. Jahrhundert.

—▸ Von Route 9 zweigt 6 km nördlich von Varberg Straße 41 ab, auf der man nach 3 km zu einer gut erhaltenen Kirche kommt:

◆ Torpa kyrka

Die Kirche von Torpa stammt aus dem 14. Jahrhundert. Sie wurde im 18. Jahrhundert umgebaut, wobei das ursprüngliche Gewölbe durch die bemalte Holzdecke ersetzt wurde. Das Kreuz und die Kanzel sind aus dem 17., das Taufbecken aus dem 14. Jahrhundert.

—► Wieder auf Route 9, passiert man *Stråvalla kyrka*. Wenn man die Ausfahrt *Fjärås* erreicht, bieten sich mehrere schöne Ausflüge abseits der Route an:

◆ Tjolöholms slott

Unbedingt sollte man die Halbinsel *Tjolöholm* mit dem gleichnamigen Schloß besuchen, 5 km westlich der Abfahrt. Es liegt wunderschön im Kungsbackafjord, obwohl man sich beim Anblick der atemberaubenden Fassaden eher nach Schottland versetzt fühlt. So wurde es denn auch zwischen 1898 und 1904 in englischem Tudorstil erbaut. Im Stall befindet sich heute ein *Karossenmuseum* mit einer Sammlung von Kutschen und Pferdegeschirr (Schloß und Museum geöffnet von Juni bis August tgl. 11 - 16 Uhr).

◆ Äskhult

Dieses verlassene Dorf, 20 km südöstlich von Kungsbacka, liegt heute noch genauso da wie in der ersten Hälfte des 19. Jahrhunderts. Der Dorfplatz bildet die Mitte der kleinen Ansammlung alter Gehöfte. Auch deren Gerätschaften sind erhalten geblieben.

◆ Fjärås bräcka

Fjärås bräcka ist eine Endmoräne, die als mächtiges Überbleibsel aus der Eiszeit Interessantes sowohl an Natur als auch an Kultur zu bieten hat. Von der 50 m hohen Moräne hat man eine schöne Aussicht über den *Lygnern*-See und die *Fjärås*-Ebene, die als Heimat des schwedischen Meerrettichs bekannt ist. Am Fuß der Moräne liegt **Li gravfält**, ein großes Bautasteingrabfeld mit über hundert Steinen. Der größte von ihnen ist der fast fünf Meter hohe *Frodestein*. Über der Moräne liegen verstreut noch weitere vorgeschichtliche Denkmäler.

—► Bevor man auf Route 9 Kungsbacka erreicht, bietet sich bei *Hammargård* die Möglichkeit zu einem Ausflug nach Südwesten:

◆ Onsala kyrka

Diese Kirche, 6 km abseits der E 6 gelegen, stammt aus dem 12. Jahrhundert. Sie besitzt eine Kanzel aus dem frühen 17. Jahrhundert, ein prachtvolles barockes Interieur aus dem folgenden Jahrhundert und die Grabkapelle des Seeabenteurers Gathenhjelm.

Kungsbacka

Durch den Wiederaufbau nach einem Brand im 19. Jahrhundert erhielt Kungsbacka seine zahlreichen bunten Holzhäuser, wodurch die Stadt ihr kleinstädtisches Flair bewahrt hat. Die **Holzkirche** am Stortorget wurde 1875 erbaut und 1951 restauriert. Auf dem Marktplatz findet jeweils am ersten Donnerstag in den Sommermonaten ein "Sommermarkt" statt, der zahlreiche Besucher von nah und fern anlockt. Südwestlich des Zentrums liegt der Park **Kungsbackaskogen** mit einem kleinen Freilichtmuseum.

Touristeninformation

Kungsbacka Turistbyrå, Storgatan 41, 43432 Kungsbacka, Tel.

0300/ 346 19, geöffnet Mo bis Sa
9.30 - 19 Uhr, So 11 - 15 Uhr.

Übernachten
▸ *Hotel-Pensionat Säröhus,* in Särö
bei Kungsbacka, Utsiktsvägen, Tel.
031/ 93 60 90, wie der Straßen-
name ("der Aussicht wegen") es
schon sagt, hat man von hier einen
herrlichen Blick auf das Meer samt
Küste.

◆ *Nidingen*

Ein besonderes Ferienerlebnis ist ein
Urlaubsaufenthalt auf Nidingen, einer kleiner Schäre im Kattegatt, die
im Sommer täglich per Boot mit
Kungsbacka verbunden ist. Auf ihr
steht Schwedens ältester Leuchtturm (1624). Die Touristeninformation in Kungsbacka vermittelt ein-
wöchige Ferienaufenthalte in der
neu renovierten ehemaligen Wohnung des Leuchtturmwärters. Neben
zwei ständigen Bewohnern Nidigens
sind dann für gewöhnlich nur Vögel
und - mit etwas Glück - Robben die
Nachbarn.

Göteborg

450.000 Einwohner

Göteborg ist für Schweden das "Tor
zur Welt". Und umgekehrt natürlich
das "Tor zu Skandinavien", was
nicht nur am größten und wichtigsten Hafen Schwedens zu erkennen
ist, sondern auch an den vielen Einwanderern, die hier geblieben sind.
Keine andere schwedische Stadt ist
so "europäisch".

An warmen langen Sommer-
abenden flaniert man auf der *Avenyn* wie in Paris, weshalb diese
Prachtstraße auch "Champs Elysees
des Nordens" genannt wird. Die

Straßenmusikanten spielen hier wie
in den warmen Ländern des Südens,
und wenn man in einem der zahlreichen Cafés sitzt, hört man viele
Sprachen um sich herum. Das sind
dann nicht nur Touristen, denn heute stammt jeder zehnte Göteborger
aus dem Ausland. Dies geht nicht
spurlos an dieser Stadt vorüber.

Die zweitgrößte Stadt Schwedens, an der Mündung des *Götaälv*
am Kattegatt, möchte sich seinen
450.000 Einwohnern und auch den
Touristen am liebsten als jugendliche Großstadt und noch lieber als
Weltstadt darstellen. Vielleicht sollte
man Göteborg als die "kleinste
Großstadt Skandinaviens" bezeichnen. Denn Göteborg bietet auf dem
Raum einer Kleinstadt alles, was
eine Großstadt ausmacht und sogar
noch mehr. Der Besucher kann die
exklusive Atmosphäre eleganter Geschäfte schnuppern, das leicht an-
gestaubte Ambiente gemütlicher Cafés genießen oder nach wenigen
Minuten Fahrt mit der Straßenbahn
auf Elchpirsch gehen - manchmal
sogar erfolgreich.

Geschichte

Schon für die Wikinger war der
Götaälv Start- und Landepunkt für
ihre Fahrten in die ihnen damals bekannte Welt. So entstanden ab
1100 zahlreiche befestigte Städte in
dieser Gegend. Noch heute zeugen
die vielen Festungen in und um Göteborg von dem großen Interesse,
das die Herrscher an dieser Region
hatten. Aber auch die Schanzen, die
heute aus dem Stadtbild herausra-
gen, sind Zeugnisse der ehemals
starken Befestigung der Stadt.

Der Name "Gotehnburgh" tauchte zum ersten Mal 1603 auf, als niederländische Siedler sich auf
Wunsch von Karl IX. nördlich des
Götaälv auf Hisingen niederließen.

Hisingen ist eigentlich eine Insel, denn 20 km nördlich von Göteborg teilt sich der Götaälv in zwei große Arme, die Hisingen vom Festland abtrennen. Diese Ansiedlung wurde jedoch im schwedisch - dänischen Krieg 1611 zerstört.

Aber König Gustav II. Adolf brauchte einen Hafen, von dem er die Weltmeere schnell erreichen konnte. So entstand das heutige Göteborg, in dem er seit 1619 zunächst viele Ausländer, vor allem Holländer, Deutsche und Schotten ansiedelte, so daß die Schweden bei Verleihung der Stadtrechte 1621 im Stadtrat in der Minderheit waren. Die Ausländer bauten die Straßen-, Hafen- sowie die Wallanlagen und befestigten die Stadt. Gleichzeitig vertrieben die Schweden die Norweger aus Bohuslän nördlich der Stadt und die Dänen im Süden. Endlich konnte sich Göteborg frei entwickeln und wurde nie wieder

eingenommen.

Göteborg blühte auf, als die 1731 gegründete *Ostindische Kompanie* Wohlstand und Reichtum in die Stadt brachte. Mit schwer bewaffneten und ansehnlichen Handelsschiffen fuhren die Händler bis nach China. Die Schätze, die sie mitbrachten, sind heute zum Teil in den Museen zu sehen.

Ihre Rolle als Handelsstadt konnte Göteborg im 19. Jahrhundert noch ausbauen, als durch die Entwicklung der Eisenbahn und dem Bau der Schleusen bei Trollhättan eine bessere Verbindung mit dem Inland hergestellt wurde. Aber nicht nur Güter und Arbeitskräfte kamen auf diesen Wegen in die Stadt, sondern auch Auswanderer, die sich hier, von Armut getrieben, nach Amerika einschifften.

Inzwischen blüht der Handel wie eh und je, während die Werftindustrie - wie in ganz Schweden - na-

Göteborg - größter Hafen Schwedens

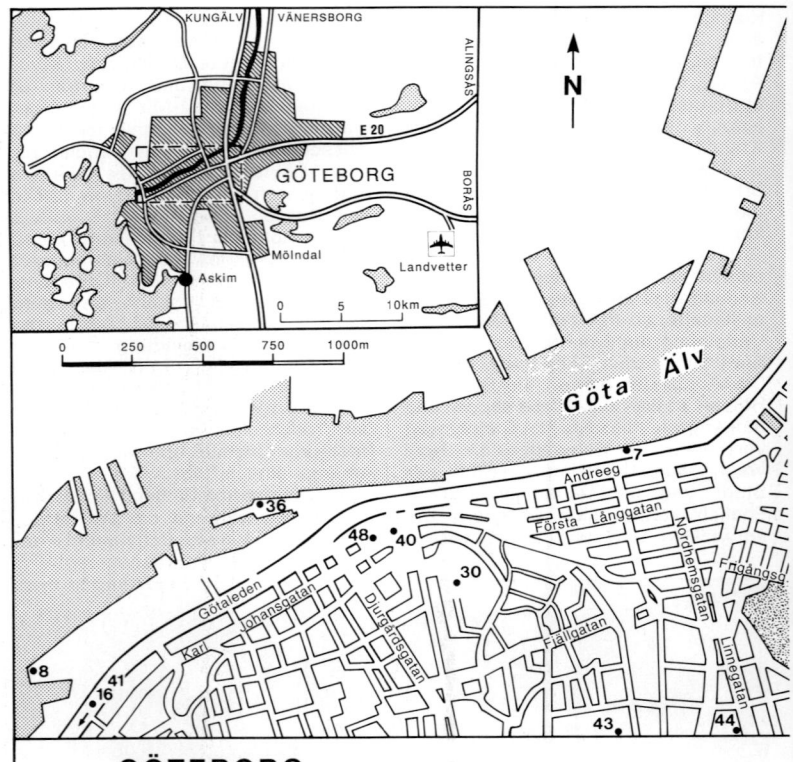

GÖTEBORG

1 Touristeninformation
2 Post
3 Polizei
4 Bahnhof
5 Bushof
6 SAS-Büro
7 Fährhafen Fredriks-
   haven
8 Fährhafen Kiel
9 Autovermietung
10 Krankenhaus
11 Restaurant Weise
12 Nachtclub
   Hotel Panorama
13 Einkaufszentrum
   Nordstan

14 Vergnügungspark
   Liseberg
15 Kärralunds Camping
16 Askims Camping
17 Nordengården
   Vandrarhem
18 Ostkupan Vandrarhem
19 Kungälvs Vandrarhem
20 Scandic-Mölndal
21 Scandic Crown
22 SH-Lorensberg
23 SH-Tidblooms
24 Sara Hotel Europa
25 Hotel Ekoxen
26 BW-Eggers
27 CS-Hotel Onyxen
28 Reso Hotel Rubinen

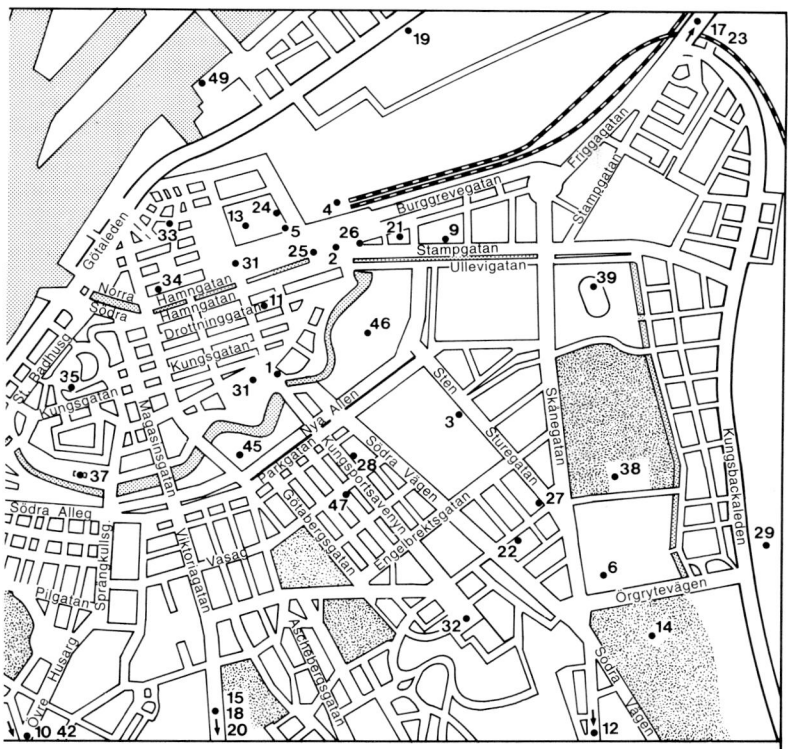

29 Örgryte gamla kyrka
30 Masthuggskyrkan
31 Gustav Adolfs torg
   mit Stadshuset,
   Börse, Altes Gericht
32 Götaplatsen mit
   Kunstmuseum,
   Kunsthalle,
   Konzerthaus,
   Stadtbibliothek
33 Kronhuset
34 Ostindischen Kompanie
35 Jagdschloß
36 Fischhafen
37 Fischhalle
   Feskekörkan
38 Skandinavium

39 Ullevi-Stadion
40 Aussichtsturm
   Sjömanstornet
41 Älvsborgsbron
42 Botanische Garten
43 Park Slottsskogen
   mit Observatorium
44 Naturhistorisches
   Museum
45 Kungsparken
46 Park Trägårds-
   föreningen
47 Röhsska Museum
48 Seefahrtsmuseum und
   Aquarium
49 Maritima Centrum
   mit Viermastbark "Viking

hezu untergegangen ist. Stattdessen hat die Automobilindustrie zugelegt. Auch als Universitätsstadt genießt Göteborg heute weltweit einen guten Ruf. Mitsamt seinen Vororten hat es mittlerweile über 700.000 Einwohner.

Stadtteile

Nordstaden und Inom Vallgraven
Die urspüngliche Altstadt von Göteborg besteht aus zwei Teilen, der _Nordstaden_ und _Inom Vallgraven_.

Die Nordstaden (Nordstadt) wird vom _Götaälv_, dem "Großen Hafenkanal", und im Norden durch die Nils Ericsonsgatan begrenzt. Leider sind nur wenige ältere Teile erhalten, wie z. B. Kronhuset oder Gustav Adolfs torg. Ansonsten finden sich hier Wohn- und Bürohäuser sowie neben dem Bahnhof das große Einkaufszentrum _Nordstan_.

"Inom Vallgraven" bedeutet "innerhalb des Wallgrabens" und schließt sich südlich des Großen Hafenkanals an. Im Halbkreis umzieht der wasserführende Wallgraben, auf dem heute die typischen Paddan-Boote fahren und der ein ausgezeichnetes Lachsgewässer ist, diesen Stadtteil, in dem tagsüber das Einkaufsleben pulsiert.

Haga
Haga ist zur Zeit sehr im Umbruch und leider auch im Abbruch begriffen. Schon wenige Jahre nach der Stadtgründung entstand es als südlicher Arbeitervorort Göteborgs. Heute werden von den verbliebenen Holzhäusern im Wohngebiet südlich der Södra Allegatan, denen dieser Stadtteil seinen besonderen Charme verdankt, nur noch wenige restauriert. Zahlreiche Häuser sind in den letzten Jahren mit der Begründung abgerissen worden, daß sie auf Sand gebaut seien und ihre Stabili-

tät nicht mehr gewährleistet werden könnte. Diese Wohnungspolitik der Stadt führte zu Protesten bei der Bevölkerung und letztes Endes zu Hausbesetzungen. Aber auch heute noch lohnt es sich, durch Haga zu schlendern. Am Linnégatan kommt man zum _Haga-Bio_, einem alternativen Kino und Kulturzentrum mit Café, Bioladen und auch Veranstaltungshalle.

Majorna
Westlich von Haga schließt sich _Majorna_ ebenfalls mit einem Arbeiterviertel an. Hier findet man noch zahlreiche sogenannte "Landshövdinge-Häuser" aus der Zeit vor der Jahrhundertwende. Damals versuchte man, die Wohnungsnot zu mildern, indem man für die Arbeiter Häuser mit einem steinernen Erdgeschoß und zwei Holzstockwerken baute. Da sie wegen des Marschuntergrunds nicht zu schwer sein durften, mußte der Bauherr bei der Landeshauptmannschaft eine Baugenehmigung einholen - daher auch ihr Name.

Sehenswürdigkeiten

Stadtrundgang 1:
Zentrum und Ostteil
Dieser Rundgang beginnt am _Götaälv_. Nordwestlich des Bahnhofs liegt am Gasthafen Lilla Bommen das **Maritima Centrum**, eine Art Freilichtmuseum, wo u. a. auch das U-Boot "Nordkaparen" und andere Schiffe zu besichtigen sind. Auf einigen von ihnen findet man Zeit und Platz für eine Kaffeepause (geöffnet März, April, September und November 10 - 16 Uhr, Mai und Juni tgl. 10 - 18 Uhr; Eintritt 45 SEK bzw. 20 SEK). Ganz in der Nähe liegt die Viermastbark "Viking", die ebenfalls für Touristen zugänglich ist.

Am Lilla Bommen beginnt auch die südwärts führende Östra Hamngatan, die sich über den Gustav Adolfs torg und Kungsportsplatsen erstreckt, und weiter bis zum Götaplatsen verläuft. Im letzten Abschnitt heißt diese Straße dann "Kungsportsavenyn", *die* Hauptstraße Göteborgs.

Der Gustav Adolfs torg wird nördlich vom **Stadthaus** (Stadshuset) aus dem Jahr 1759 begrenzt. Diesem schließt sich die 1844 bis 1849 nach Plänen von Per Johan Ekman errichtete **Börse** an, in der heute das Stadtparlament tagt. Im Westen befindet sich das mehrfach umgebaute alte **Gericht** (Rådhuset) aus dem Jahr 1669. Als Erbauer vermutet man Tessin den Älteren.

Das **Kronhuset**, Kronhusgatan 1 D, nur eine Gehminute westlich des Platzes, ist das älteste weltliche Gebäude der Stadt. Es wurde zwischen 1643 und 1653 aus Backstein als Zeughaus erbaut. Nachdem 1660 König Karl X. unerwartet in Göteborg gestorben war, diente das Kronhuset dem Reichstag als Reichssaal, wo Karl XI. zum König ernannt wurde. Heute ist es ein Museum mit wechselnden Ausstellungen zur Geschichte von Stadt und Provinz (geöffnet Mo bis Sa 12 - 16 Uhr, Eintritt 30 SEK). Der Besuch lohnt sich allein schon wegen des angrenzenden, angenehm ruhigen Innenhofs, den *Kronhusbodarna*, wo man in kleinen Läden die älteren handwerklichen Techniken von Glasbläserei und Uhrmacherei vorführt und ausgefallene kunsthandwerkliche Produkte erwerben kann. Absolutes "Måste", d. h. ein "Muß", ist der Besuch dieses nostalgischen Cafés.

Zurück geht es zum Gustav Adolfs torg. Von dort führt der Weg südlich über die Östra Hamngatan. Bevor man die Brücke überquert, lohnt sich ein 200 m langer Umweg

nach rechts zur **Christine kyrka** in der Norra Hamngatan, die auch "Tyska kyrkan" (Deutsche Kirche) genannt wird. 1780 wurde sie fertiggestellt, nachdem die zahlreichen Brände im alten Göteborg auch sie mehrmals zerstört hatten. Der viereckige, in holländischem Renaissancestil gehaltene Turm entstand im Jahr 1783.

Im sehenswerten ehemaligen **Haus der Ostindischen Kompanie** (Ostindiska Huset) aus dem Jahr 1762 in der Norra Hamngatan 12 befindet sich das Stadtmuseum im Aufbau. Es wird archäologische, industrielle und historische Sammlungen präsentieren. Genaue Informationen darüber gibt die Touristeninformation.

Am Kungsportsplatsen vollzieht die Östra Hamngatan ihren Namenswechsel, aber keine Richtungsänderung. Gleich nach der Touristeninformation erkennt man schon die nahe am Wasser liegenden Grünanlagen des **Kungsparken**, der sich südwestlich am Wallgraben entlangzieht, und des **Trägårdsföreningen** nördlich am Wallgraben, wo das größte Palmenhaus Skandinaviens steht. Anfang Juli sowie Ende August sind hier in einem Rosengarten 3.500 verschiedene Arten von blühenden Rosen zu sehen.

Nach 500 m auf der Avenyn zweigt man rechts in die Vasagatan ab. Hier findet man bei Hausnummer 37-39 das **Röhs'sche Kunstgewerbemuseum** (Röhsska Konstslöjdmuseet), das sowohl zeitgenössisches Kunsthandwerk und Design wie auch eine große Sammlung von Textilien, Glas und Keramik aus Europa, dem Vorderen Orient, Japan und China zeigt. Besonders beachtenswert sind die ausgestellten Gold- und Silberarbeiten (geöffnet Mo bis Sa 12 - 16 Uhr, So 11 - 17 Uhr, außerhalb der Saison Mo geschlossen, Eintritt 30 SEK).

Die Avenyn zieht schnurgerade zum gewaltigen **Götaplatsen** mit dem Poseidonbrunnen (Carl Milles, 1930). Dieser Platz wurde zum dreihundertjährigen Jubiläum der Stadt in den Jahren von 1920 bis 1935 angelegt. Er wird überragt vom **Kunstmuseum**, das zwischen 1921 und 1923 eine Göteborger Architektengruppe in klassizistischem Stil errichtete. Es stellt eine umfassende Sammlung skandinavischer Malerei seit dem 19. Jahrhundert vor. Das Hauptgewicht liegt dabei auf schwedischen Künstlern wie z. B. Carl Larsson und Anders Zorn. Außerdem sind einige europäische Klassiker vertreten, unter ihnen Rembrandt, Rubens und auch Picasso. Die **Kunsthalle** liegt nebenan und bietet wechselnde Ausstellungen (geöffnet Mo bis Sa 12 - 16 Uhr, So 11 - 17 Uhr, außerhalb der Saison Mo geschlossen, Eintritt 20 SEK). Direkt unterhalb davon steht das **Konzerthaus**, das Nils Einar Erikson 1935 fertigstellte. Heute ist es für seine gute Akustik bekannt. Östlich wird der Platz vom **Stadttheater** begrenzt, das Carl Bergsten 1932 bis 1934 erbaut hat. Daneben, jenseits der Berzeliigatan, liegt die **Stadtbibliothek**, in der auch ausländische Zeitungen ausliegen.

Über die Berzeliigatan erreicht man dann den Södra Vägen, dem man rechts bis zum Kreisel am Korsvägen folgt. Von dort führt der Rundgang durch den Örgrytevägen in den Osten der Stadt. Nördlich dieser Straße erstreckt sich das Messe- und Sportgelände. Seit 1971 ist das **Scandinavium** ein Austragungsort von großen Sportveranstaltungen (Davis-Cup-Finale) und Konzerten. Die Halle am Valhallagatan bietet Platz für 12.000 Besucher. Nur 500 m nördlich davon liegt das **Ullevi-Stadion**, welches mit 45.000 Plätzen das größte Fußballstadion Schwedens ist.

Das **Industriemuseum** am Avägen 24 östlich des Scandinavium dokumentiert die Tradition Göteborgs als Arbeiter- und Industriestadt. Volvo, SKF und früher auch die Werftindustrie haben die Stadt geprägt. Im Museum werden alte Maschinen und Werkstätten in ihrer ursprünglichen Arbeitsweise gezeigt.

Diese Stadtbesichtigung endet schließlich am St. Sigfrids plan, auf den der Örgrytevägen stößt. Hier befindet sich Göteborgs älteste Kirche, die **Örgryte gamla kyrka**. Ihre Baugeschichte reicht ins 13. Jahrhundert zurück. Der heutige Bau stammt vorwiegend aus dem 18. Jahrhundert. Sehenswert sind das Taufbecken und die Deckenmalereien. Heute ist sie eine beliebte Hochzeitskirche für berühmte und weniger berühmte Schwedinnen und Schweden.

Stadtrundgang 2:
Der Süden und Westen
Die folgende Stadtbesichtigung beginnt bei **Königin Christinas Jagdschloß** an der Otterhällegatan 16. Das Gebäude wurde nach einem Brand 1804 im Stil des 17. Jahrhunderts wieder aufgebaut. Als das wahrscheinlich kleinste Schloß Schwedens liegt es eingeengt zwischen hohen Wohnhäusern und ist etwas schwer zu finden. Heute ist es ein gemütliches Café, das für Kaffee mit frischen Waffeln berühmt ist.

Die Kungsgatan führt dann zum Wallgraben. Zweigt man dort links ab, so steht man nach 200 m vor der traditionellen **Feskekörkan**, der Fischhalle Göteborgs, in der man frischen Fisch kaufen kann. Sie wurde 1873/74 hier an der Rosenlundsgatan errichtet. Sie sieht aus wie eine Kirche ohne Turm. Dies brachte ihr auch den Namen "Fischkirche" ein.

Von hier geht man denselben Weg zurück und überquert den Kanal. Nun führt der Weg zu einigen Parks, zunächst durch die Landsvägsgatan zum **Skansen parken** und nach weiteren 500 m zum **Linnéplatsen** an der Linnégatan. Südlich erstreckt sich die "grüne Lunge" der Stadt. Wer Elche sehen will, muß nur hierher in den **Slottsskogen** gehen, Göteborgs größten Park. Dort, im Kinderzoo (ohne Eintritt), gibt es sie neben anderen einheimischen Tieren. Ein Schloß wird man im Slottsskogen nicht finden, dafür aber weite Wiesen zum Fußball- und Frisbeespielen, schöne Teiche, Restaurants und im Sommer bei gutem Wetter Musik- und Theatervorstellungen. Dort liegen auch das **Observatorium** und **Naturhistorische Museum**, letzteres beim Linnéplatsen am nördlichen Rand des Parks. Hier ist vor allem die Tierwelt umfassend und anschaulich dargestellt. Unter der Vielzahl ausgestopfter Tiere, die hier zu sehen sind, ist vor allem der weltweit einzige präparierte Blauwal zu erwähnen (geöffnet Mo bis Sa 9 - 16 Uhr, So 9 - 17 Uhr, Eintritt 30 SEK).

Es ist kaum zu verkennen, daß Göteborg die Stadt der Parks ist. Am eindrucksvollsten ist der **Botanische Garten** (Botaniska Trädgården) in der Carl - Skottsbergs - gatan, knapp 2 km südlich des Zentrums unmittelbar hinter dem Slottsskogen. Ein Besuch ist kostenlos. Hier kann man einen ganzen Tag zwischen Rosenanlagen, Rhododendronhainen und exotischen Gartenanlagen herumschlendern, ohne einen Weg zweimal zu betreten. Wer den Botanischen Garten durch den Hinterausgang verläßt, befindet sich bereits im Naturreservat **Änggårdsbergen**, wo er mit etwas Glück und Geduld schon Elche sehen kann.

Poseidon auf dem Götaplatsen

Zurück durch den Slottsskogen, nimmt man dann die Bangatan in Richtung Norden. Die **Masthuggs-kyrkan** an der Storebackegatan in der Nähe des Stigbergstorget fehlt bei keiner guten Stadtführung. Sie entstand zwischen 1910 und 1914 in nationalromantischem Baustil, der als Ausdruck der damaligen Rückbesinnung auf die eigenen nordischen Werte anzusehen ist. Am Stigbergstorget im Westen der Stadt befindet sich der **Sjömanstornet**, ein Aussichtsturm über Hafen und Teile der Stadt. Er ist auch Denkmal für die im ersten Weltkrieg gefallenen Seeleute. Direkt daneben liegen an der Karl Johansgatan 1-3 das **Seefahrts-museum** und **Aquarium**. Neben der Entwicklung des Schiffsbaus und der Seefahrt seit der Wikingzeit werden im Seefahrtsmuseum auch die oft harten Lebens- und Arbeitsbedingungen der Seeleute ausführlich dargestellt. Das Aquarium zeigt vorwiegend einheimische Salz- und Süßwasserfische. Eine kleine exotische Abteilung ist angegliedert (Seefahrtsmuseum geöffnet Mo bis Sa 9 - 16 Uhr, So 9 - 17 Uhr, außerhalb der Saison Mo geschlossen, Eintritt 30 SEK; Aquarium öffnet eine Stunde später).

Der Besuch des **Fischhafens** (Fiskhammen) nordwestlich des Stigbergstorget ist ein Erlebnis, das man noch lange in Erinnerung behalten wird. Natürlich kostet er keinen Eintritt, aber er fordert dennoch seinen Preis: das frühe Aufstehen. Als einer der wenigen Touristen, die sich dort um 7 Uhr eingefunden haben, fällt man kaum zwischen den Händlern, den Geschäfts- und Restauranteinkäufern und den Kisten von verschiedenen Fischen, kleinen Haien, Hummern und Krebsen auf. Wie dort montags bis freitags allmorgendlich gehandelt wird, bleibt auch dem aufmerksamen Zuschauer ein Rätsel, z. B. durch Kopfnicken,

Winken, Gesichtsbewegungen und andere kleine verborgene Gesten. Aber eines ist sicher: Eine ungeschickte Handbewegung oberhalb der Gürtellinie kann ihn zum unfreiwilligen Käufer von - sagen wir - zehn Kisten frischer Dorsche machen.

Vom Hafen bestaunt man die linkerhand sichtbare Hängebrücke **Älvsborgsbron**. Sie verbindet, 45 m hoch über dem Hafen liegend, das Festland und die Insel Hisingen.

Tip: Östlich von Mölndal liegt ca. 8 km südlich des Zentrums **Gunnebo slott**, ein kleines, außergewöhnliches Schloß mit englischem Park an einem See. Ursprünglich stammt es aus dem Mittelalter, aber von 1784 bis 1796 ließ der Kaufmann John Hall dieses Anwesen mitsamt seiner Einrichtung von Carl Wilhelm Carlberg in klassizistischem Stil umbauen. Im Sommer finden jeden Tag Führungen statt.

Touristeninformation

Die umfassendsten Informationen über Göteborg, die Provinz und das ganze Land bekommt man beim *Touristbüro* am Kungsportsplatsen 2, 41110 Göteborg, Tel. 031/10 07 40. Im Einkaufszentrum *Nordstan* neben dem Bahnhof befindet sich ein weiteres Touristenbüro.

Tip: Ein Angebot, das sich unter Umständen schnell auszahlt, ist die *Göteborgkarte*. Mit ihr hat man freien Eintritt bei allen Museen und dem Vergnügungspark Liseberg, freie Fahrt in allen Bussen und Straßenbahnen, eine freie Stadtrundfahrt mit dem Bus, eine Hafenrundfahrt und vieles mehr, sogar an einigen Stellen freies Parken. Für Erwachsene kostet sie für einen Tag ca. 120 SEK und für drei Tage ca. 250 SEK. Kinder zahlen ungefähr die

Hälfte. Sie ist bei den Touristenbüros, in Hotels, auf Campingplätzen und an allen Kiosken erhältlich.

Übernachten

▸ *Kärralunds Camping* ***, Ol-
bergsgatan, Tel. 031/ 25 27 61,
zentral gelegener Campingplatz.
▸ *Askims Camping* ***, 10 km
südlich des Zentrums an einer Bucht
am Meer, von Straße 158 aus beschildert, Tel. 031/ 28 62 61, im
Sommer Surfbrettverleih.
▸ *Lilleby Camping,* 15 km nordwestlich vom Zentrum auf Hisingen,
im Ortsteil Torslanda, Tel. 031/
56 08 67, in schöner Lage am
Meer.
▸ *Vandrarhem Nordengården,*
Stockholmsgatan 16, 2 km vom
Zentrum entfernt, Tel. 031/ 19 66
31, nur während der Saison geöffnet.

▸ *Ostkupan,* Mejerigatan 2, 2 km
südöstlich des Zentrums, Tel. 031/
40 10 50, ist ein Hochhaus-Van-
drarhem. Außerhalb der Saison ist
es ein Studentenwohnheim.
▸ *Scandic-Mölndal,* Abro, 6 km südlich, Tel. 031/ 27 50 60
▸ *Scandic-Göteborg,* Bäckebolsvä-
gen, nördlich der Stadt in Backadal,
Tel. 031/ 52 00 60
▸ *Scandic Crown,* Polhemsplatsen
3, im Zentrum gegenüber dem
Hauptbahnhof, Tel. 031/ 80 09 00,
ist deutlich anspruchsvoller als die
beiden anderen Scandic-Häuser und
ist wie alle Crown-Häuser wirklich
sehr gut. Zuschlag zum Scheck.
▸ *SH-Lorensberg,* Berzeliigatan, Tel.
031/ 81 06 00, ein einfaches, preiswertes Mittelklassehotel.
▸ *Tidbloms Hotel,* Olkroksgatan 23,
2 km vom Zentrum, Tel. 031/
19 20 70, kleines, geschmackvoll
eingerichtetes Haus mit dem
Charme der Jahrhundertwende.

Einkaufsstraße in Göteborg

▸ *Europa,* Köpmansgatan 38, Tel.
031/ 80 12 80, zentral gelegen, in
einem wuchtigen Gebäude ist eines
der größten Hotels Schwedens eingerichtet, mit fast 1.000 Betten, alle
Zimmer von höchstem Standard.

▸ *Ekoxen,* gegenüber vom Hauptbahnhof, Norra Hamngatan 38, Tel.
031/ 80 50 80, eines der vier BW-
Häuser in Göteborg, modern und
sehr gut.

▸ *CS-Eggers,* Drottningtorget, zentral neben dem Hauptbahnhof gelegen, Tel. 031/ 80 60 70, ein klassisches Haus, ausgestattet mit Marmorsäulen, Stuck und roten Tep-
pichen. Den Hauch von Jugendstil
spürt man sonst in den Hotels der
Stadt nicht so ausgeprägt wie hier.

▸ *Hotel Onyxen,* Sten Sturegatan 23, Tel. 031/ 81 08 45, klein,
gemütlich, guter Service.

▸ *Reso-Hotel Rubinen,* Kungsportsavenyn 24, Tel. 031/ 81 08 00, ein
großes, luxuriöses Haus an der
Hauptstraße Göteborgs.

Privatzimmer werden in Göteborg
ebenfalls angeboten. Für Informationen und Buchungen ist die Touristeninformation zuständig (Tel.
10 07 40).

Essen und Trinken

Schwedische Küche

Ein Lokal mit guter einfacher schwedischer Küche ist das Restaurant
Weise, Linnégatan 54. In diesem
Künstlerlokal bekommt man vor allem die traditionellen schwedischen
Gerichte wie "pytt-i-panna" oder
Erbsensuppe, ein klassisches Don-
nerstagsgericht. Mittags gibt es
günstige Touristenmenüs.

Der "schwedische Meister des
Nachtischs" bekocht seinen Gäste
im Restaurant *Gustava.* Es befindet
sich in einem Haus aus dem 17.
Jahrhundert am Norra Hamngatan 10.

Im *Gamle Port* am Östra Larmgatan 18 werden in einer Atmosphäre
wie zur Jahrhundertwende schwedische Gerichte zu mäßigen Preisen
angeboten. Der gleichnamige Nachtclub liegt eine Etage höher.

Fisch

In der gemütlichen Atmosphäre des
Fiskekrogen am Lilla Torget 1 sollte
man den "hemgravad sill", den eingelegten Hering probieren. Moderate
Preise. *Le Chablis,* Aschebergsga-
tan 22, Tel. 031/ 20 35 45, ist ein
vornehmes Fischrestaurant für
Gourmets. Im *Räkan,* Lorensbergs-
gatan 16, sitzt der Gast am
Meer und kann sich seine bestellten
Krabben auf einem ferngesteuerten
Fischerboot selbst an den Tisch holen. Originell!

Gourmetrestaurants

The Place, Arkivgatan 7, Tel. 031/
16 03 33, ist das einzige Göteborger Restaurant mit Guide Michelin-
Stern.

Im *Kulturreservat Klippan* kann
man im zweihundert Jahre alten Ma-
gazin der Ostindischen Kompanie,
dem *Sjömagasinet,* in Kamin- und
Holzbalkenatmosphäre und mit herrlicher Aussicht über den Hafen speisen. Die Preise sind nicht billig, aber
der Aussicht und den großen Por-
tionen angemessen.

Vegetarisch

Ein beliebtes vegetarisches Restaurant mit erschwinglichen Preisen ist
das Restaurant *Solrosen* in der Kar-
ponjärgatan 4. Wo? Natürlich im
Stadtteil Haga.

Einkaufen

Das größte Einkaufszentrum Skandinaviens ist die *Östra-Nordstan,*
auch nur "Nordstan" genannt, unmittelbar westlich des Bahnhofs.
Darin gibt es zahlreiche Geschäfte,
einen großen Kartenladen, Post,

Touristenbüro und auch einen Buchungs- und Informationsschalter für die Stena-Line-Fähren nach Dänemark und Deutschland.

Von der Nordstan verläuft die Einkaufsstraße *Östra Hamngatan* in Richtung Süden und geht in die *Kungsportsavenyn* über, wo sich zahlreiche Cafés mit zum Teil noblen Geschäften und Boutiquen abwechseln. Schwedisches Kunsthandwerk findet man hier in dem allerdings teuren Geschäft *Bohus Slöjd*, Kungsportsavenyn 25. In den *Antikhallarna* an der *Västra Hamngatan* bieten viele kleine Läden Antiquitäten an. Am Kungstorget, nahe des Kungsportsplatsen, befindet sich eine sehenswerte Verkaufshalle, die *Saluhallen*. Fisch kauft man am besten weiter westlich in der *Feskekörkan* (Fischkirche) am Wallgraben.

Organisierte Ausflüge

Stadtrundfahrten mit dem Bus beginnen vor dem Touristbüro am Kungsportsplatsen und dauern 1½ Stunden.

Beliebt sind die *Kanal- und Hafenrundfahrten* mit den typischen Göteborger Paddan-Booten ("Padda" bedeutet "Kröte"). Die Touren dauern knapp eine Stunde und zeigen die Innenstadt sowie den Hafen vom Wasser aus. Sie beginnen mitten in der Stadt am Wallgraben beim Kungsportsplatsen (Preise: Erwachsene 55 SEK, Kinder 37 SEK, Familienkarte 155 SEK).

Wer die *südlichen Schären* erleben will, kann mit der Straßenbahnlinie 4 in Richtung Saltholmen und dort ohne Aufpreis mit den Linienschiffen durch die Schären fahren. Wegen militärischer Anlagen dürfen Ausländer nicht alle Inseln betreten, aber ein Rundgang auf der Insel *Asperö* ist erlaubt und reizvoll. Von den Schären nördlich der Mündung des Götaälv ist ein Besuch der malerischen und ruhigen Inseln *Öckerö* und *Hönö* zu empfehlen. Die *nördlichen Schären* kann man mit Ausflugsschiffen vom Skeppsbroplatsen erreichen, oder man nimmt den Bus vom Nils Ericsonsplatsen (hinter dem Bahnhof), fährt bis nach Lilla Varholmen (Bus Nr. 24) oder Hjuvik und von dort mit der Fähre. Auch die Fahrt zum malerischen *Marstrand* ist zu empfehlen. Die Schiffe dorthin legen am Lilla Bommen ab (mit Göteborgkarte kostenlose Benutzung).

Nachtleben

In Göteborg gibt es viele Nachtclubs. In der Regel kosten sie 60 bis 100 SEK Eintritt.

Gamle Port in der Östra Larmgatan nahe am Kungsportsplatsen ist Göteborgs ältestes Restaurant, das auf drei Etagen einen Nachtclub, eine Musikbar, ein Casino und einen britischen Pub unterhält. Der Nachtclub ist tgl. von 21 bis 3 Uhr für Damen ab 21 und Herren ab 23 Jahren geöffnet. Sonntags bis donnerstags freier Eintritt.

Sehr populär geworden ist der Nachtclub im *Hotel Panorama* an der Eklandagatan 51 - 53, nicht weit vom Liseberg. Freitags und samstags wird die Hotellobby und das Restaurant in einen Nachtclub verwandelt, der nicht nur wegen des "umfassendsten Drink-Angebots in Skandinavien" so beliebt ist. Das Mindestalter liegt bei 25 Jahren.

Kinos

Ausländische Filme werden in der Originalsprache gezeigt. Das *Royal* liegt direkt beim Götaplatsen an der Kungsportsavenyn. Bei den Kinos

Sandrew 1-7 in der Nordstan bekommt man mit der Göteborgkarte zwei Tickets zum Peis von einem. Eine ganz besondere Atmosphäre herrscht im _Haga-Bio_ an der Linnégatan im Stadtteil Haga. Hier werden eher alternative in- und ausländische Filme zu weitaus niedrigeren Preisen als anderswo gezeigt. Die Kinopreise liegen ansonsten zwischen 65 und 75 SEK.

Sport- und Freizeitangebot

Die größte Touristenattraktion Göteborgs ist zweifellos der _Vergnügungspark Liseberg_. Jährlich lockt er von Mitte April bis Ende September über drei Millionen Menschen an. Schon am Riesenrad erkennt man ihn, wenn man auf der E 6 in die Stadt kommt. Auch dem, der lieber auf Achterbahnloopings und "Wirbelwinde" verzichtet, kann der Liseberg mit seinen Theatern, Restaurants, dem Aussichtsturm, den Grünanlagen und den zahlreichen Wasserspielen einen unvergeßlichen Tag bereiten. Die Eintrittspreise liegen bei 35 Kronen. Dazu kommt der Eintritt für die einzelnen Attraktionen. Ein Tagespaß kostet 195 SEK.

Ein _Sportzentrum_ findet man an der Valhallagatan zwischen dem Ullevi-Stadion und dem Scandinavium. Dort gibt es auch ein Hallenbad (Valhallabadet) mit einem 50-Meter-Becken.

Einen Golfplatz mit achtzehn Löchern gibt es 5 km südöstlich des Zentrums in Delsjöreservat.

Der Besuch der modernen Trabrennbahn _Aby travet_ in Mölndal, 8 km südlich von Göteborg, lohnt sich - selbst wenn man nicht mitwetten will. Die Rennen finden wöchentlich meist donnerstags um 18 Uhr statt.

Warum nicht ein Besuch in einem Automobilwerk? Mit einem kleinen

Zug kann man sich eine Stunde lang durch das riesige Gelände der _Volvo-Fabrikstätten_ auf Hisingen fahren lassen. Anmeldung unter Tel. 031/ 59 10 93 oder bei den Touristenbüros.

Feste

Internationale Pferdeshow im April, _Musikfestival_ im Sommer, großes Fest zur Saisoneröffnung Mitte April im Vergnügungspark Liseberg sowie regelmäßig Programmtage. Nähere Informationen darüber (nur in Schwedisch) gibt es unter Telefonnummer 031/ 40 02 20.

Nützliche Adressen und Telefonnummern

Vorwahl: 031
Taxi: 65 00 00
Polizei, Krankenwagen,
Feuerwehr: 900 00
Veranstaltungshinweise: 17 11 70
Eintrittskartenbuchungen: 13 65 00
Stena-Fähren: 775 00 00 nach
Dänemark und Deutschland
Deutsches Generalkonsulat: Drottninggatan 63, Tel. 031/ 17 83 65, geöffnet Mo bis Fr 9 - 12 Uhr.

Leihfahrzeuge

► _Avis,_ Polhemsplatsen, Bahnhof, Tel. 031/ 80 57 80
► _Hertz,_ Spannmålsgatan 16, Tel. 031/ 80 37 30, und am Flugplatz Landvetter, Tel. 031/ 94 60 20

Öffentliche Verkehrsmittel

Göteborg ist eine abschreckende Stadt für Autofahrer und Parkplatzsucher, hat aber ein gutes öffentliches Verkehrsnetz mit Bussen und Straßenbahnen. Im Sommer werden auch "Museumsstraßenbahnen" eingesetzt, die von den normalen aber kaum zu unterscheiden sind. Vor dem Bahnhof oder bei den Fahrern kann man Rabatthefte und 24-Stunden-Fahrkarten kaufen. Über die Anzahl der abzustempelnden Billets, die auch in den Lokalzügen gelten, sollte man die Fahrer fragen. Ein Parkhaus befindet sich im hinteren Teil des Einkaufzentrums *Nordstan*.

Zug: Mehrmals tgl. Züge in Richtung Oslo über Uddevalla und Vänersborg, nach Helsingborg und über Borås nach Kalmar. Die Linie nach Stockholm führt über Falköping und Katrineholm. Nach Stockholm fährt 1 bis 3mal tgl. der luxuriöse Hochgeschwindigkeitszug "X 2000". Mit ihm dauert diese 480 km lange Reise nur noch ca. drei Stunden.

Bus: Freitagsabends gehen vom Hauptbahnhof die günstigen *Vekkoslutsbussar* nach Stockholm, eine Nonstop-Linie für Pendler. Busse fahren von Göteborg aus alle umliegenden Gemeinden an. Abfahrtspunkt ist der Nils Ericsonsplatsen. *GDG-Busse* gehen von hier auch 1mal am Tag nach Deutschland, die Abfahrtszeiten wechseln je nach Saison.

Flugzeug: Zum Göteborger Flugplatz *Landvetter* fahren Busse im 20-Minuten-Takt vom Hauptbahnhof. Der internationale Flugplatz hat täglich einen Flug nach Hamburg, Frankfurt und Zürich sowie viele nationale Flüge. Nach Stockholm gibt es 10 Flüge am Tag.

Fähre: Vom Hafen Fähren nach Kiel jeden Tag um 19 Uhr und nach Frederikshavn 3 bis 8mal tgl.

—▶ Man verläßt auf der vierspurigen E 6 das Stadtgebiet von Göteborg und kommt in die Provinz *Bohuslän*.

Kungälv

Das alte Städtchen liegt 20 km nördlich von Göteborg an der Flußteilung des *Götaälv*. Gegründet im Jahr 959, erlebte die Stadt ihre erste Blütezeit im 12. Jahrhundert unter norwegischer Herrschaft. Unter dem Namen "Konghälla" zählte sie damals zu den größten Städten Norwegens. Aus dieser Zeit sind jedoch nur noch die Ruinen der Kirche von Ytterby und Reste der Festung Ragnhildsholmen übriggeblieben. Nach dem Frieden von Roskilde 1658 kam Kungälv zu Schweden.

Bedeutendste Sehenswürdigkeit ist heute die über der Stadt thronende, stattliche Festung **Bohus**. 1308 angelegt, spielte diese im Mittelalter als Bastion in den schwedisch-norwegischen Kriegen eine große Rolle. Obwohl mehrere Male belagert, wurde sie nie eingenommen. Nach dem Frieden von Roskilde 1658 verlor sie ihre Bedeutung als Grenzfestung und verfiel allmählich. 1926 begann man mit Restaurierungsarbeiten. Einen Besuch wert ist **Kungälvs kyrka** (1679). Die Holzkirche ist im Inneren barock geschmückt. Ebenso lohnend ist ein Bummel durch die idyllisch anmutende **Västra gatan** mit Holzhäusern aus dem 18./ 19. Jahrhundert.

Kungälv - Festung Bohus

Übernachten
- *Kungälvs Vandrarhem*, Färjevägen 2, Tel. 0303/ 189 00, sehr schön nahe der Festung am Fluß gelegen.
- *Hotel Fars Hatt*, Tel. 0303/ 109 70, mit gutem Restaurant.

Rund um Kungälv

◆ Marstrand

Ein besonders empfehlenswerter Abstecher führt von Kungälv über Straße 168 nach Marstrand. Es ist mit einer kleinen Fähre zu erreichen, die im Pendeltakt den nur 200 m breiten Sund durchfährt. Mit seinen schmalen Gäßchen und bunten Holzhäusern, die mit Schnitzereien verziert sind, gehört das autofreie Marstrand zu den idyllischsten Städten Schwedens. Bei Badegästen und Seglern ist es gleichermaßen beliebt. Im Regatta-Monat Juli ist hier mächtig etwas los. Dann ist die Stadt nämlich Treffpunkt von fast 20.000 Segelbooten aus aller Welt.

Oberhalb von Marstrand liegt die Festung *Carlsten,* deren Bau erst begann, nachdem Marstrand 1658 schwedisch geworden war. 1697 wurde sie fertiggestellt. Im 18. und 19. Jahrhundert diente die Burganlage als Gefängnis. Unter anderem mußte hier der in Schweden berühmt-berüchtigte Dieb Lasse-Maja seine Strafe verbüßen. Er setzte den Marstrandtourismus in Gang, denn viele der damaligen Gäste kamen hierhier, um von den Festungsmauern die Gefangenen im Innenhof zu sehen (zu besuchen - ohne Sträflingsbesichtigung - Juni bis August von 12 bis 16 Uhr in geführten Gruppen).

Touristeninformation
Marstrands Turistbyrå, Båtellet, 44030 Marstrand, 0303/ 600 87

Übernachten
- *Marstrands Camping **,* 1 km nördlich vom Hafen, Tel. 0303/ 605 84, über mangelnde Belegung ist im Sommer nicht zu klagen.
- *Båtellet,* Tel. 0303/ 600 10, bietet einfache Unterkünfte in Mehrbettzimmern für ca. 150-200 SEK pro Person.
- *Villa Maritime,* Tel. 0303/ 610 25, vermietet Ferienwohnungen, ordentlich und nah am Meer

—▶ Von Kungälv setzt man die Fahrt weiter in Richtung Norden fort. Bei *Stenungsund* bietet sich die Möglichkeit zu mehreren Ausflügen auf den Inseln *Tjörn* und *Orust*.

◆ Tjörn

Die viertgrößte Insel Schwedens ist über die 1981 erbaute, insgesamt 1.070 m lange Tjörnbrücke mit dem Festland verbunden. **Skärhamn** ist der größte Ort der Insel, hat aber dennoch den Charme eines Fischerdorfs bewahrt. Hier befindet sich ein kleines *Seefahrtsmuseum* in einem der ältesten Häuser Skärhamns.

Pilane gravfält liegt östlich der Ortschaft Kyrkesund. Dieses Grabfeld ist über die Parallelstraße 169 in Richtung Skärhamn zu erreichen, der man bis *Stenkyrka* folgt. Dort biegt man nach Westen ab. Die Grabanlage gehört mit über 50 Grabhügeln zu den größten Bohusläns. Die Gräber stammen aus der Zeit von Christi Geburt bis 600 n. Chr.

Klädesholmen ist eine kleine Insel, dem Südwestende Tjörns vorgelagert. Hier liegt das gleichnamige Fischerdörfchen, dessen bunte Holzhäuser sich eng aneinanderschmiegen, als ob sie so den Westwinden besser standhalten könnten. Klädesholmen ist über eine Brücke von Tjörn erreichbar. Hier bietet *Bräse & Söner* als einzige der zahlreichen Fischkonservenfabriken an der Küste die Möglichkeit, die Produktion vom Hering bis zur Konserve mitzuverfolgen.

Übernachten
▶ *Vandrarhem*, in Rönnäng am Südende der Insel, Tel. 0304/ 771 98, kleines Haus.
▶ *Almöns Camping,* 1 km nach der Tjörnbrücke von Straße 160 nach rechts einbiegen, Tel. 0304/ 66 13 25, ist dem überfüllten und lauten Tjörnbrons Camping vorzuziehen.

◆ *Orust*

Schwedens drittgrößte Insel (nach Gotland und Öland) erreicht man wie die Insel Tjörn ebenfalls über die Straße 160.

Vom Westkap der Insel führt bei Hälleviksstrand eine Fähre hinüber zur kleinen Insel **Käringön**, auf der man im *Vandrarhem Caprifol* (Tel. 0304/ 561 98) gemütlich im Grünen wohnt und im *Peterson's vrigem Krog* beste Hausmannskost (Fisch) genießt.

An der Südwestecke von Orust liegt **Mollösund** auf Granitfelsen direkt am Meer. Mit seinen Häusern aus dem 18. Jahrhundert ist es eines der typischen Fischerdörfer Bohusläns. Sein kleines *Heimatmuseum* ist in einer 150 Jahre alten Fischerhütte eingerichtet. In ihr befinden sich Sammlungen von Bootsmodellen, Seefahrts- und Fischereigeräten sowie eine Bibliothek. Alles dreht sich um den Fisch, so auch in *Mollösunds Wärdshus*, das allerdings neben Fischgerichten auch andere kulinarische Köstlichkeiten in

angenehmer Atmosphäre serviert.

Die **Kirche von Morlanda** ist die einzige Kirche auf Orust, die im 19. Jahrhundert nicht umgebaut wurde. Das Gebäude stammt aus dem Mittelalter, die Einrichtung jedoch aus dem 17. Jahrhundert. Bei der Kirche liegt **Morlanda säteri**, ein Herrenhof aus dem 17. Jahrhundert.

Gullholmen, mit der Fähre vom Nordwestzipfel von Orust (Tuvesvik) zu erreichen, ist ein malerischer Fischerort auf der kleinen gleichnamigen Insel westlich von Orust. Das

---

Die neue Tjörnbrücke
In einer kalten Januarnacht des Jahres 1980 rammte ein Frachter auf dem Weg nach Uddevalla einen Pfeiler der alten Tjörnbrücke. Wie ein Kartenhaus stürzte daraufhin die Brücke zusammen. Durch das Unglück wurde die Stromversorgung an Bord des Frachters unterbrochen, so daß den Behörden der Einsturz der Brücke nicht sogleich mitgeteilt werden konnte. So ereignete sich eines der schwersten Verkehrsunglücke Schwedens. Wegen Dunkelheit und Nebels bemerkten die Autofahrer nicht, was geschehen war, und fuhren nichtsahnend über den Brückenrand hinaus und stürzten ins Meer. Acht Menschen kamen dabei ums Leben.

Die neue Tjörnbrücke wurde in Rekordzeit erbaut. Tag und Nacht und sogar während des Winters wurde in wechselnden Schichten an der Brücke gearbeitet, bis sie knapp zwei Jahre später am 9. November 1981 eingeweiht werden konnte.

Übrigens - der Frachter kam aus Deutschland!

Fischerdorf bestand bereits im 13. Jahrhundert. Hier kann man das *Skepparhuset* besichtigen, das original erhaltene Haus der Schifferfamilie Arvidsson aus dem Jahr 1893, und das *Fischerei- und Seefahrtsmuseum* besuchen.

Übernachten

▸ *Stocken Camping* ***, 2 km südwestlich von Ellös, an der Nordwestecke der Insel, Tel. 0304/ 511 00, wie alle Plätze Bohusläns recht groß, vielbesucht und kein Geheimtip.

—▸ Route 9 führt weiter über die E 6 nach Uddevalla.

Uddevalla

Uddevalla ist eine moderne Industriestadt mit einem bedeutenden Hafen. Wichtigster Industriezweig war die Werft, bis sie 1984 geschlossen wurde. Auf staatliche Initiative wurden im sogenannten "Uddevallapaket" neue Industriebetriebe angesiedelt, um die negativen Auswirkungen der Schließung möglichst gering zu halten.

Sehenswerte ältere Gebäude hat die Stadt kaum zu bieten, da sie im 19. Jahrhundert zweimal unter verheerenden Bränden zu leiden hatte. Unbedingt aber sollte man **Bohusläns Museum** besuchen, denn hier wird man auf spannende und unterhaltsame Weise in die Geschichte und Kultur Bohusläns geradezu hineinversetzt. Außerdem enthält das Museum eine Sammlung schwedischer Malerei aus dem 19. Jahrhundert (geöffnet ganzjährig Di bis Fr 10 - 20, Sa und So 10 - 16 Uhr, im Sommer auch Mo 10 - 20 Uhr).

Gustavsberg, Schwedens ältester Badeort mit Holzhäusern aus dem

18./ 19. Jahrhundert, liegt 4 km südlich vom Zentrum Uddevallas. Zur Jahrhundertwende erbaute man hier stilvolle Sozietätshäuser, Restaurants und die sogenannten "Punschverandas", auf denen man sich abends beim Punsch einen Kurschatten "anlachte".

Touristeninformation

Uddevalla Turistbyrå, Kampenhof, 45181 Uddevalla, Tel. 0522/ 117 87

Übernachten

▸ *Hafstens Camping* ***, Tel. 0522/ 64 41 17, 15 km westlich an Straße 161, sehr schön am Meer gelegen, was allerdings auch für die anderen Plätze in der Umgebung zutrifft. Hafstens hat Hütten, Restaurant, Sprungturm und viele Freizeiteinrichtungen.
▸ *Undabadens Camping* ***, 5 km nordwestlich, liegt ebenfalls unmittelbar am Sandstrand, mit Hütten.
▸ *SH-Hotel Buhusgården*, Nordens väg 6, Tel. 0522/ 364 20, liegt in einem Hain am Byfjorden, exklusives Bad und Sauna im Haus.
▸ *BW-Riverside*, direkt neben dem Museum, Tel. 0522/ 118 00, ein First-Class-Haus mit einer beliebten Bar und einem guten Restaurant.
▸ *Vandrarhem*, in Gustavsberg, direkt am Hafen, Tel. 0522/ 152 00, alte Holzvilla mit einem kleinen Turm auf dem Dach.
▸ *Vandrarhem Bassholmen*, Tel. 0522/ 65 13 08, von Uddevalla gehen Passagierboote zur Insel Bassholmen, 4 km östlich von → Fiskebäcksil; die alte Holzvilla mit 38 Betten inmitten des Naturschutzgebietes ist eines der schönsten Vandrarhems Schwedens. Nach Anruf im Vandrarhem kommt ein Taxi-

boot nach Kärlingsund und bringt einen auf die Insel.

Öffentliche Verkehrsmittel

Nach Strömstad und Göteborg mehrmals am Tag Züge, nach Oslo über Vänersborg; über Vänersborg und Herrljunga auch Anschluß mit Umsteigen nach Stockholm.

—▸ Von Uddevalla führt Route 9 nach *Herrestad.* Hier ist ein Ausflug zur *Bokenäshalbinsel* zu empfehlen.

◆ Bokenäs

Die Straße, die zur Spitze der Halbinsel hinausführt, ist phantastisch. Im unteren Teil steigt sie für Bohusläner Verhältnisse ziemlich steil an und führt in vielen Serpentinen durch schöne Nadelwälder. Die Kirche von Bokenäs wurde im 12. Jahrhundert erbaut. Turm und Deckengemälde stammen aus dem 18. Jahrhundert.

◆ Fiskebäckskil

Der alte Fischer- und Badeort, 27 km südwestlich von Herrestad, hat noch viele kunterbunte Holzhäuser typisch bohusländischen Baustils und viele enge, verwinkelte Gassen. Die Holzkirche mit beachtenswerten Wand- und Deckenmalereien wurde 1772 erbaut. Im Ortsteil Kristineberg befindet sich eine meeresbiologische Station. Nähere Informationen darüber gibt die Touristeninformation.

Touristeninformation

Turistbyrå, Lyckans slip, 45034 Fiskebäckskil, Tel. 0523/ 220 04

Übernachten

▸ *Hotel Gullmarsstrand,* Tel. 0523/ 222 60, ein gutes Mittelklassehotel
▸ *Rågårdsviks Pensionat,* an der Westküste der Insel Skaftö, einige Kilometer südlich von Fiskebäckskil, Tel. 0523/ 210 19, ein altes Pensionat aus der Zeit der Jahrhundertwende inmitten eines großen Parks.
▸ *Vandrarhem Bassholmen* ist ein echter Geheimtip (→ Uddevalla), auch zu erreichen per Taxiboot von Kärlingsund, 4 km südlich von Fiskebäckskil, wo man das Auto parken kann.

Öffentliche Verkehrsmittel

Fähre über den Gullmarsfjord nach Lysekil.

—▸ Route 9 führt über das Industriestädtchen *Munkedal* in waldreicher Umgebung nach *Håby.* 3 km hinter der Kirche zweigt Straße 162 von der E 6 nach Westen ab. Von dieser Straße bieten sich zahlreiche Ausflugsmöglichkeiten:

◆ Bro

Die mittelalterliche Kirche von Bro, die 1699 und 1937 jeweils durch Anbau erweitert wurde, besitzt Deckenmalereien aus dem Jahr 1709. Ihre Kanzel stammt aus dem 18. Jahrhundert.

◆ Lysekil

Lysekil, 30 km südlich der Straßengabelung auf Straße 162, ist seit 1847 als Badeort bekannt. Heute dominiert die wuchtige **Granitkirche** (1901) das Stadtbild. Das ursprüngliche Lysekil mit Holzhäusern und engen Gassen findet man entlang der Gamla strandgatan. **Vikarvarvet museum** bietet Lehrreiches über die Haupterwerbszweige der Bevölkerung Bohusläns. Es berichtet über deren Geschichte und Entwicklung, besonders über die wechselvolle Geschichte der Fischerei.

Im Sommer 1993 öffnete in Lysekil **Havets Hus** seine Pforten, ein spannendes Unterwasseraquarium mit einem Café, das eine phantastische Aussicht bietet. Während des Sommers gehen abends vom Hafen Bootstouren in die Schären, so mit dem alten Dampfer "M.S. Soten".

Touristeninformation
Lysekils Turistbyrå, Hamngatan 6, 45323 Lysekil, Tel. 0523/ 130 50

Übernachten
▸ *Siviks Camping ✱✱✱,* 3 km nördlich, Tel. 0523/ 115 28, riesengroß, aber unmittelbar am Meer gelegen.
▸ *Trellebystrands ✱✱✱,* 5 km nördlich von Lysekil, Tel. 0523/ 131 24, ebenfalls so groß wie Siviks, fast 500 Plätze und zehn Hütten, auch an einem guten Strand gelegen.
▸ *Stadshotellet,* Kungstorget, Tel. 0523/ 140 30, gute Mittelklasse.
▸ *Lysekils Havshotell,* Tel. 0523/ 141 20, ein gemütliches, kleines Familienhotel.

◆ *Nordens ark*

Bei *Hallinde* zweigt Straße 171 von Straße 162 ab und führt entlang des Åbyfjords auf der Insel Sotenäset zur "Arche des Nordens", 11 km südwestlich von Hallinde. Auf dem Herrenhof von Åby am Åbyfjord erhalten zahlreiche vom Aussterben bedrohte Tierarten eine Chance, zu überleben und sich zu vermehren. Auf dem Weg durch die Anlage erfährt der Besucher viel Wissenswertes über das Projekt und die Tiere

selbst (geöffnet tgl. ab 11 Uhr, meist bis Sonnenuntergang, im Sommer bis 19 Uhr).

Von Nordens Ark kann man gleich nach → Kungshamn und → Smögen weiterfahren.

—▸ Auf Route 9 erreicht man den Ort *Dingle.* Von hier sind wieder Ausflüge lohnend, die zur Küste führen:

◆ *Vrångstad*

Hier, etwas nördlich von Bottna, befindet sich ein Grabfeld aus der Zeit von 200 bis 600 mit Richterringen, die kultischen Zwecken dienten. 3 km südlich davon steht noch die **Kirche von Svenneby** aus dem frühen 12. Jahrhundert. Ihre Deckenmalereien stammen aus dem Jahr 1741.

◆ *Smögen*

Auf Straße 174 kommt man durch die alten Fischerdörfer *Bovallstrand* und *Hunnebostrand* nach Smögen, eines der bekanntesten und meistbesuchten Dörfer an der Westküste. Hier trifft man Menschen aller Nationalitäten. Dennoch hat das malerische Örtchen seinen Charme bewahrt.

Es besitzt den "schönsten Holzpier der Welt". Die etwa 1 km lange **Smögenbryggan** hat schon einiges zu bieten. Hier kann man gut essen, tanzen, einkaufen oder einfach nur entlang der unzähligen Segel- und Fischerboote schlendern.

Ein außergewöhnliches Erlebnis ist es, die **Krabben- und Fischauktionen** im Hafen mitzumachen. Dabei geben die Käufer ihre Angebote durch fast unmerkliche Mimiken und Gesten. Die Krabbenauktion findet von Montag bis Donnerstag jeweils um 20 Uhr, die Fischauktion an denselben Tagen um 17 Uhr statt.

Touristeninformation
Sotenäs Turistbyrå, Hamngatan 6, 45600 Kungshamn, Tel. 0523/ 371 50

Übernachten
▸ *Hjälmetorpets Camping* ** *,* 500 Meter nördlich von Hunnebostrand, Tel. 0523/ 501 12.
▸ *Ramsvik Camping* *** *,* 8 km westlich von Hunnebostrand, Tel. 0523/ 508 75, etwas größer, aber sehr schön an der Klippenküste gelegen, mit einem riesigen Hüttendorf, fast 100 niedliche Holzhütten.
▸ *Vandrarhem Gammelgården,* in Hunnebostrand, Tel. 0523/ 587 30, ein ehemaliger Bauerhof am Südrand des Orts.

▸ *Hotel Smögens Havsbad,* Tel. 0523/ 310 35, ein frisch renoviertes Hotel in altem Stil mit schönem Blick aufs Meer.

◆ *Hållö*

Ein Ausflug von Smögen ins Naturreservat Hållö, das aus den beiden Schären *Hållö* und *Sälö* besteht, ist ebenfalls lohnend. Hier findet man die für die Schärenwelt Bohusläns typische Natur mit insgesamt über 130 Pflanzenarten, zahlreichen kleinen Sandstränden zwischen Granitklippen und Bohusläns ältestem Leuchtturm (1842).

Hållö wird von Ende Juni bis Anfang August mit dem Boot von Kungshamn oder Smögen bis zu 16mal am Tag angelaufen.

Bootshäuser in Smögen

◆ *Fjällbacka*

Das malerische Fischerdorf erreicht man von Dingle oder Smögen über Straße 163. Es liegt phantastisch am Fuß eines Bergs, dessen steile Felswände unmittelbar hinter den bunten Holzhäusern in die Höhe ragen. Bereits zu Beginn des 19. Jahrhunderts war Fjällbacka als Urlaubsort bekannt.

Die Schlucht **Ramneklovan**, die auch als "Königskluft" bezeichnet wird, durchzieht mit einer Länge von 200 m und einer Tiefe von 20 m den Vetteberg. Hier wurden Teile des Films "Ronja Räubertochter" nach dem Roman von Astrid Lindgren gedreht. Auf dem kleinen Platz steht eine Büste von *Ingmar Bergman*, der hier seine Sommer verbrachte.

Touristeninformation
Turistbyrå, Taxi-Huset, 45071 Fjällbacka, Tel. 0525/ 321 20

Übernachten
Auch hier gibt es mehrere Campingplätze, darunter *Långsjö* ***, 4 km nördlich, Tel. 0525/ 121 16, der direkt an der Küste auf einer Wiese liegt.

—► Route 9 führt von Dingle über die E 6 nach *Hällevadsholm*. Hier zweigt Straße 165 nach Norden ab und folgt dem Seeufer des *Södra Bullaren*.

◆ *Navestad*

Die Kirche des Orts wurde im 12. Jahrhundert erbaut und seitdem nur sehr wenig verändert. Die Deckengemälde stammen aus dem Jahr 1731, die Madonna ist aus dem 13. Jahrhundert. Nördlich der Kirche befindet sich ein Grabfeld aus der Zeit von 100 bis 600 n. Chr.

Fjällbacka - ein idyllischer Fischerort an der Westküste

Navestad selbst liegt herrlich am Södra Bullaren, der das Kynnefjäll, die nahezu unberührte Hügellandschaft im Osten Bohusläns mit einer Vielzahl von Seen, Mooren und Wäldern, nach Westen begrenzt.

Tanum

In Tanum, Gemeinde Tanumshede, kommt man um einen Besuch der Felszeichnungen nicht herum. Es gibt zwar überall große Zeichnungsgebiete, aber herausragend sind vor allem die vier hier, die zu Schwedens bedeutendsten vorgeschichtlichen Denkmälern gehören. Sie stehen auf der Liste der UNESCO als Weltkulturerbe.

Wenn man bei der Kirche von Tanum rechts abzweigt, erreicht man das Gebiet von *Fossum*; nach links führt der Weg zum Museum und in die Gebiete *Vitlycke, Askeberget* und *Litsleby*, die alle im Abstand von nur wenigen Kilometern beieinanderliegen.

Das **Museum** zeigt archäologische Funde, die im Felszeichnungsinstitut analysiert wurden. Dabei hat der Museumsleiter Gerhard Milstreu die kulturhistorische Erforschung der Magie durch neue Erkenntnisse und Interpretationsansätze wesentlich vorangebracht. Man sollte sich daher für das kleine, aber sehr gut aufgebaute Museum Zeit nehmen (geöffnet tgl. 10 - 17 Uhr, im Sommer bis 18 Uhr, Eintritt 20 SEK).

Wer zum ersten Mal in Tanum ist, hat vielleicht Orientierungsschwierigkeiten, denn hier liegen die vorzeitlichen Denkmäler geradezu wie die Windmühlen in Holland verstreut. Es gibt überall Grabfelder aus der Eisenzeit, gegenüber der Kirche an der E 6 einen Runenstein aus dem 6. Jahrhundert, ein Labyrinth aus der Bronzezeit bei Ulme-

kärrsand, Megalithgräber und dann die vielen Hällristningsgebiete, die allesamt von der jahrtausendalten Bedeutung des Orts für Kult und Religion vergangener Kulturen zeugen.

Wer das Museum besucht hat, findet gleich gegenüber die große **Platte von Vitlycke,** die berühmteste und eine der schönsten Felszeichnungen Schwedens. Erst in den letzten Jahren ist der Forschung eine Interpretation des Bildwerks bezüglich seiner Gesamtkonzeption gelungen. Früher mußte man sich mit Teilerklärungen einzelner Bildfolgen begnügen. Unter den fast 500 Darstellungen findet man gängige, durch die Nachmalung gut zu erkennende Motive wie Schiffe, Männer mit Phallus, Tiere und Sonnensymbole. Wer sich näher dafür interessiert, kann sich im Institut mit Literatur eindecken.

Im folgenden soll nur eine Bildreihe dargestellt werden, die von den Religionswissenschaftlern als "Das große Drama" bezeichnet wird und sich auch in späteren altnordischen Denkmälern findet. Dem Glaubens- und Weltverständnis des vorhistorischen Menschen entspre-

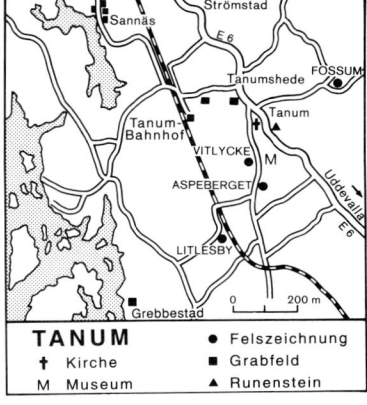

TANUM
t Kirche
M Museum

● Felszeichnung
■ Grabfeld
▲ Runenstein

chend, handelt es von der Natur. Es schildert den ewigen kosmischen Zyklus von Werden, Vergehen und Werden. Die einmalige Schöpfung der Welt und das Letzte Gericht waren dem bronzezeitlichen Menschen unbekannte Vorstellungen. Der immerwährende Kampf des Lichts gegen die Dunkelheit wird durch den Grenzverteidiger dargestellt. Die Edda liefert den (natürlich viel später abgefaßten) literarischen Rahmen zu "Thors Segnung des Brautpaares", die die überaus große Bedeutung der Fruchtbarkeit unterstreicht. Auch Prozessionen, Balders Tod (der Lichtgott) und die wieder erstrahlende Sonne gehören in diesen Zyklus.

Übernachten

▶ CS-Hotel Tanums Gestgifveri, in Tanumshede, Tel. 0525/ 290 10, ist Gasthaus seit 1663 und damit eines der ältesten im Lande; Mitgliedschaft bei "Relais et Chateaux-

Thor segnet mit seinem Hammer das Brautpaar.

Die Grenzverteidiger: Der Kampf gegen Licht, Wärme und Sonne gegen Nacht, Dunkelheit und Tod

Die Prozession: Sieg der Fruchtbarkeit - Der Vater mit seinen vielen Kindern

Der Lichtgott Balder auf seiner Totenreise mit dem Schiff. Die Götter trauern um ihn.

Hotels"; auch die Küche ist preisge-krönt. Trotz des hohen Standards hat das Haus auch einen Vandrar-hem-Trakt.

▸ *Tanumstrand,* in der kleinen Fi-schergemeinde Grebbestad, 7 km südlich von Tanum, Tel. 0525/ 190 00, eine große Anlage mit Hüt-ten, Hotel, Restaurant, Golf- und Tennisplatz, Schwimmbad und vielem mehr.

Tip: In Grebbestad kann man im *Böstebo Skaldjurscafé* frische Mee-resfrüchte wie fast nirgendwo sonst genießen.

Skee

Unweit der E 6 liegt kurz hinter Skee die alte Kirche. Der Altar mit seinen Heiligenfiguren geht auf 15. Jahrhundert zurück, die Malereien im Kirchenschiff auf 1924 und die in der Sakristei auf 1730.

Etwa 4 km nördlich von Skee liegt ein paar hundert Meter östlich der E 6 **Grönehög**. Mit 6 m Höhe und 45 m Durchmesser ist er der größte Grabhügel Bohusläns. Er stammt aus der Zeit um 500 n. Chr.

—▸ Bald hinter Skee ist die Ab-fahrt von der E 6 nach Strömstad ausgeschildert.

◆ Strömstad

Strömstad, 5 km westlich der Ab-zweigung, ist die letzte schwedi-sche Stadt vor der norwegischen Grenze. Dank seiner Heilquelle **Le-jonkälla** (Löwenquelle) wurde Ström-stadt 1871 als erster Ort der West-küste zum Kur- und Badeort. Heute ist Strömstad hauptsächlich Ferien-

ort, schön gelegen an der Mündung des *Strömmån* mit großem Fischer-hafen und vielen Ausflugsmöglich-keiten in die umliegende Welt der Schären.

Übernachten

Es besteht ein breites Angebot an Campingplätzen, die alle von der E 6 aus beschildert sind.

▸ *Ylseröds Camping * * *,* 8 km nördlich von Strömstad, Tel. 0526/ 300 33, ist der schönste von allen Plätzen in der Gegend; er liegt teils über einer malerischen Bucht.

▸ *Daftö Camping * * *,* 5 km süd-lich, Tel. 0526/ 260 40, bietet ei-nige gemütliche Campinghütten.

Öffentliche Verkehrsmittel

Fähre: *Scandi Line* betreibt hier einen ganzjährigen Fährverkehr nach Sandefjord in Norwegen (1mal tgl.), im Sommer auch nach Halden und Fredriksstad.

Rund um Strömstad

◆ Koster-Inseln

Empfehlenswert ist in jedem Fall ein Ausflug mit dem Boot zu den Koster-Inseln, Schwedens westlich-ster Inselgruppe. Sie sind autofrei, stehen unter Naturschutz und haben allerorts sehr saubere Strände. Auf ihnen findet man neben besonderen Pflanzen auch zahlreiche Pfade, auf denen man die Inselwelt erkunden kann. Die beiden Hauptinseln, *Sör- und Norrkoster,* werden im Sommer mehrmals am Tag von Strömstad Norra hamn angelaufen (Preis hin und zurück 90 SEK). Man findet hier mehrere Hüttendörfer, Hotels, ein

Vandrarhem und demnach auch viel
Ruhe. Am besten erkundet man die
Insel per Rad (Verleih unmittelbar
am Fähranleger).

♦ *Blomsholmsskeppet*

Blomsholmsskeppet, 3 km östlich
der E 6 in einem Gebiet mit zahlreichen Vorzeitfunden gelegen, ist eine
der größten Schiffssteinsetzungen
Schwedens: 42 m lang und 9 m
breit. Der Stevestein ist fast vier
Meter hoch. Die Schiffssetzung
wurde, wie alle festlandschwedi-
schen Gräber dieses Typs, in der
Wikingzeit errichtet. Doch wurde
dieses Grab auch wieder in jüngerer
Zeit für Bestattungen genutzt. Viele
der verwundeten Karoliner (Soldaten

des berühmten Heeres Karls XII.,
die im Nordischen Krieg vor allem
gegen Rußland kämpften) wurden
aus dem damals in der Nähe liegenden Krankenhaus hierher gebracht
und in diesem Vorzeitgrab bestattet,
wenn sie ihren Verletzungen erlegen
waren. Auf der anderen Straßenseite findet man ein weiteres, etwa
aus der gleichen Zeit stammendes
Grabfeld mit dem größten Richterring in ganz Schweden.

—► Wenn man dann 17 km weiter
nördlich über eine Brücke den
schmalen, aber tiefen *Svinesund*
überquert, passiert man die schwe-
disch-norwegische Grenze. Hier endet Route 9.

Route 10
Göteborg - Örebro (ca. 300 km)

Route 10 folgt auf ihrem gesamten
Verlauf der E 20 bis nach *Örebro*
durch die Landschaft *Västergötland*
(→ R 11). Erst die letzten Kilometer
legt man dann in *Närke* (→ R 17) zurück. Wenn man Göteborg verlassen
hat, lohnt ein erster Halt erst nach
fast 40 km.

Nääs slott

Dieses Schloß aus dem 16. Jahrhundert liegt idyllisch auf einer
Halbinsel im *Sävelången-See*. Es hat
das Wohnmilieu der höheren Stände
detailgetreu erhalten können. Ende
Juni veranstaltet man hier ein großes Mittsommerfest.

In unmittelbarer Nähe liegen die
ehemaligen, guterhaltenen Fabrikge-
bäude und Arbeiterwohnungen einer
Textilfabrik. In einer Halle aus dem

Jahr 1833 wurde das *Experimen-
tum*, Schwedens erstes Wissen-
schaftszentrum dieser Art, eingerichtet. Das gesamte Gelände von
Nääs Fabriker liegt naturschön am
See Sävelången nahe der Gemeinde
Tollered. Spielerisch lernt man hier
komplizierte Phänomene aus Technik, Elektronik und Optik zu verstehen. Das ganze macht viel Spaß:
Man startet Laser, geht durch Holo-
gramme oder folgt Schallwellen auf
ihren Wegen (geöffnet Mo bis Fr 9 -
17 Uhr, Sa und So 10 - 18 Uhr, Eintritt 50 SEK bzw. 30 SEK).

Alingsås

33.000 Einwohner

"In dieser Stadt hat Schweden zum
ersten Mal Tabak und Kartoffeln ge-

sehen", sagen die Touristenbro-
schüren und spielen auf den Mann
an, der Alingsås seinen Stempel
aufdrückte. Es war Jonas Alströmer, einer der ersten Großindustri-
ellen des Landes, der 1724 eine
Textilmanufaktur zu einem Großbe-
trieb mit über tausend Angestellten
aufbaute. Damit war er erfolgreich.
Das **Alströmerska magasinet** am
Lilla torget, heute ein sehenswertes
Museum, hält die Stationen seines
beispiellosen Aufstiegs fest. Weniger erfolggekrönt waren seine Be-
mühungen, im Lande die Kartoffel
schmackhaft zu machen. Die
Schweden wollten nicht von ihren
Rüben lassen, und selbst Carl von
Linné ließ sich von Alströmer nicht
überzeugen, meinte jener doch, daß
"weder Dienerschaft noch Schweine
die Knolle mögen". Somit gebührt
das Verdienst, die Schweden von
der Kartoffel überzeugt zu haben,
letztlich einer Dame, Eva Ekeblad
geb. de la Gardie von Kållandsnäs,
die den Herren der königlichen Akademie der Wissenschaften die Knolle in flüssiger Form, als Schnaps,
zur Probe reichte. Das genügte! Als
erste Frau wurde sie in jene ruhm-
reiche Versammlung aufgenommen,
was später nur noch zwei Frauen
gelang - ohne geistige Getränke. Sehenswert im ruhigen, beschaulichen
Alingsås sind ferner die **Holzhausviertel** am Park.

Touristeninformation

Alingsås Turistbyrå, Stora Torget,
75200 Alingsås, Tel. 0322/ 757 30

Übernachten

▸ *Lövekulle Camping *,* 3 km westlich von Alingsås, Tel. 0322/
123 72, in schöner Lage auf einer
Wiese mit Laubwald unmittelbar am
Mjörn-See.

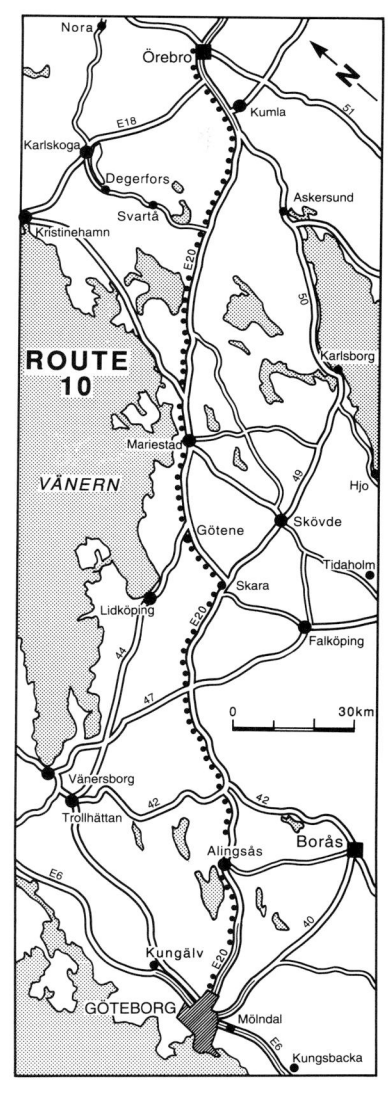

▸ *Villa Plantaget*, nördlich des
Bahnhofs, Tel. 0322/ 369 87, ein
Vandrarhem mit angenehmer Atmosphäre, in dem man Kunsthandwerk
aus der Gegend kaufen kann.
▸ *Grand Hotel,* Bankgatan 1, gegenüber vom Hauptbahnhof, Tel.
0322/ 140 00, zentral gelegen, eingerichtet in einem charmanten, alten
Haus. Das Hotelrestaurant ist das
einzige Restaurant in Schweden,
das auf Kartoffelgerichte spezialisiert ist (z. B. auf Janssons frestelse
und Aufläufe). Sehr empfehlenswert!

Öffentliche Verkehrsmittel

Von Alingsås mehrere Züge am Tag
nach Göteborg und Stockholm.

Rund um Alingsås

◆ *Hedared kyrka*

20 km südöstlich von Alingsås liegt
Schwedens einzige Stabkirche. Sie
stammt aus dem 13. Jahrhundert.
Der einfache, teerbestrichene, turmlose Holzbau besteht aus einem
rechteckigen Langhaus und einem
ebensolchen Chor. Es gibt keine
Apsis, keine Mittelsäule. Die Bautechnik rührt noch aus heidnischen
Zeiten her. Die Verfugung der Ei-
chenplanken führt ins 8. Jahrhundert zurück. Das Altarbild ist direkt
auf das Holz gemalt. Weitere Gemälde befinden sich an der Decke
und an der Fassade der Empore.
Aus dem Mittelalter stammt auch
noch die Marienfigur. Nach Hedared
kommen heutzutage viele junge
heiratswillige Paare, um sich trauen
zu lassen - besonders gerne an
Pfingsten.

◆ *Borås*

Borås, 37 km südöstlich von Alingsås, ist mit 101.000 Einwohnern
eine der größten Städte Schwedens.
Die Entwicklung zur Stadt begann
mit Gustav II. Adolf, der den Einwohnern 1624 das Recht zum fah-
renden Handel gab. Die "Knallar"
zogen als Händler über das Land
und verkauften ihre Waren, das Allerlei des täglichen Lebensbedarfs.
Der *Knallebrunnen* vor der Post
(1952) setzt ihnen ein Denkmal. Mit
der Einführung des mechanischen
Webstuhls entstanden nach 1834
überall in diesem Landstrich Webereien. Borås entwickelte sich zum
Zentrum der schwedischen Textilindustrie, die allerdings in den letzten
Jahren in eine Krise geraten ist. Vor
dem *Rathaus* (1910) steht das
Wahrzeichen der Stadt, der Brunnen
der sieben Landkreise (1941), der
"Sjuhäradsbrunnen" heißt. Einige
Museen sind recht gut ausgestattet:
Boråsmuseum, das Freilichtmuseum
mit dreizehn alten Gebäuden und
kulturhistorischer Sammlung im
Ramnapark (geöffnet Anfang Mai
bis Ende September Mo bis Fr 10 -
16 Uhr, Sa und So 12 - 16 Uhr).
Das *Textilmuseum*, Druveforsvägen
8, ist in einer alten Textilfabrik der
zwanziger Jahre eingerichtet
(geöffnet Di bis So 12 - 16 Uhr).
Ebenfalls gut bestückt ist das
Kunstmuseum im Kulturhaus. Für
die Kinder: der *Tierpark* von Borås.
Hier kann man auf Elefanten reiten
oder Seelöwen und Robben vom
Boot aus erleben (geöffnet Anfang
Mai bis Anfang September tgl. 10 -
18 Uhr). Die Umgebung bietet sich
auch zum Wandern, Angeln oder
Kanufahren an.

Touristeninformation
Borås Turistbyrå, Hallbergsga-
tan 14, 50180 Borås, Tel. 033/
16 70 87

Übernachten

▶ *Campingplatz Saltemads* * * *, 2 km nördlich, 500 m vom Einkaufszentrum Knalleland, Tel. 033/ 12 14 34, sehr großer Platz mit 30 Hütten und einem Vandrarhem.
▶ *Scandic-Hotel*, Hultasjögatan 7, Tel. 033/ 15 70 00, eines der wenigen wirklich schön gelegenen Häuser dieser Kette, direkt am See, aber auch wieder nahe an Straße 40.
▶ *Plaza-Hotel*, Allégatan 3, Tel. 033/ 11 02 00, zentral gelegen und modern ausgestattet.

Einkaufen

Wirklich alles bekommt man im *Knalleland-Einkaufscenter* mit vielen Geschäften und Kaufhäusern, gleich neben dem Tierpark (geöffnet Mo bis Fr 10 - 18 Uhr, Sa 10 - 17 Uhr, So 11 - 17 Uhr).

Öffentliche Verkehrsmittel

Von Borås Züge mehrmals am Tag nach Göteborg. Nach Stockholm ebenfalls tgl. mehrere Verbindungen über Herrljunga sowie nach Kalmar.

◆ Ulricehamn

Ulricehamn liegt 36 km östlich von Borås an Straße 40. Zu Ehren der Schwester Karls XII. wurde das alte Bogesund 1741 auf "Ulricehamn" umgetauft. Die Stadt erhoffte sich dadurch Begünstigungen durch die Krone. Sehenswert sind die *Kirche* (1688), das *Rathaus* aus dem 18. Jahrhundert und das *Stadthaus* (1957).

Touristeninformation

Turistbyrå, Rådhuset, 52386 Ulricehamn, Tel. 0321/ 271 75

◆ Södra Vings kyrka

Zwischen Borås und Ulricehamn findet man etwas nördlich der Straße 40 diese wunderschöne Kirche aus dem 12. Jahrhundert mit Deckenmalereien (15. Jh.). Einzigartig in Schweden ist die Ausschmückung des Chors. Die Grate seines Kreuzgewölbes enden in skulptierten Köpfen - eine Technik, die ansonsten im Land unbekannt ist. Sehenswert sind auch die Kanzel (17. Jh.), die Empore (18. Jh.), die für die besseren Bürger von Hökerums Herrenhof reserviert war, und das reich mit Plastiken verzierte Südportal.

◆ Torpa stenhus

Über Borås und Hillared kommt man nach Torpa, 68 km südöstlich von Alingsås. Die gut erhaltene mittelalterliche Burg wurde im 15. Jahrhundert als Grenzfestung gegen das dänische Halland eingerichtet. Rein äußerlich wirkt der Bau allerdings nicht gerade wie der Inbegriff einer Burg, eher wie ein übergroßes Kloster. Der Rittersaal stammt aus der Wasazeit, die Kapelle aus dem späten 17. Jahrhundert (geöffnet Anfang Mai bis Ende August tgl. 11 - 17 Uhr; Führungen zu jeder vollen Stunde).

—▶ Bei *Vårgårda* bietet sich ein Abstecher von Route 10 an:

◆ Gräfsnäs

26 km nordwestlich von Alingsås liegt in Gräfsnäs eine Schloßruine am Anten-See. Die Anlage wurde wohl im frühen 14. Jahrhundert errichtet, später erweitert und mit Turm, Graben und Zugbrücke versehen. 1834 brannte das Schloß nieder. Am See entlang fährt eine 11 km lange Bimmelbahn.

—▶ Nächster Haltepunkt auf Route 10 ist **Södra Härene**, Schwedens größtes Steinkistengrab (ca. 1600 v. Chr.). Es ist fünfzehn Meter lang und vier Meter breit. Insgesamt 25 große Steinplatten bilden zwei Grabkammern.

Skara

11.000 Einwohner

Skara ist einer der wichtigsten Städte der schwedischen Geschichte. Das geistige Zentrum Västergötlands in christlicher Zeit entstand auf einem alten, heidnischen Thing- und Kultplatz. Mit dem Einzug der Mission und der Verlegung des ersten Bischofssitzes von *Husaby* nach hier wuchs Skara zu einer der ersten wirklichen Städte des "Svearike". Neben der Domkirche gab es in katholischer Zeit drei weitere Kirchen und zwei Klöster. Eine Hohe Schule vollendete den Ruf der Stadt als Bildungszentrum. Leider wurden in einem großen Feuer im 18. Jahrhundert alle alten Bauwerke bis auf den Dom zerstört. Übrig blieben nur die Ruinen der St. Nikolai kyrka und der Klöster. Wahrzeichen der Stadt ist der oftmals umgebaute **Dom**, der weder am Äußeren noch im Inneren mittelalterliches Aussehen bewahrt hat. In einer Krypta unter dem Chor liegt Bischof Adalvard begraben, der in Skara die erste Kirche bauen ließ. Die Domfenster stammen vom Kirchenmaler Bo Beskov. Sehenswert sind auch der **Krönikebrunn** am Stortorget (N. Sjögren, 1939) sowie die beiden Museen gleich neben dem Dom. Das **Provinzmuseum** (Länsmuseet) ist gut bestückt. Es zeigt Sammlungen zur Geschichte von Stadt und Region. Hauptsehenswürdigkeit sind die 2.600 Jahre alten Bronzeschilde von Fröslunda, die man kürzlich in Västergötland gefunden hat (geöffnet An-

fang Mai bis Ende August tgl. 12 - 18 Uhr). Im **Freilichtmuseum** (Fornbyn) hat man Häuser aus ganz Västergötland zusammengetragen, darunter Vorratshäuser, eine Kirche, ein alter Landhandel und anderes (geöffnet Anfang Mai bis Ende September tgl. 8 - 20 Uhr).

Wer Kinder hat, wird daran nicht vorbeikommen: **Skara Sommarland**, zwischen Skara und Skövde ausgeschildert, ist Skandinaviens größter Vergnügungspark (geöffnet 20.5. bis 20.8. tgl. 10 - 17 Uhr, im Hochsommer 10 - 19 Uhr, Do bis 22 Uhr, Eintritt 120 SEK, im Hochsommer 140 SEK).

Touristeninformation

Skara Turistbyrå, Skolgatan 1, 53288 Skara, Tel. 0511/ 325 80, geöffnet Mo bis Fr 9 - 18 Uhr, Sa 10 - 15 Uhr.

Übernachten

▶ *Campingplatz* ***, mitten im Zentrum gelegen, Tel. 0511/ 320 81, ein großer Platz mit 16 Hütten.
▶ *Vandrarhem*, im Vasaparken, 1 km westlich der Kirche, Tel. 0511/ 121 65, ein schöner, alter Holzhof.
▶ *Stadshotellet,* zentral gelegen, Tel. 0511/ 130 00, ist topmodern ausgestattet mit Pool, Fitneß-Abteilung und vielem mehr.

—▶ Weiter geht es auf der E 20. Bei *Lundsbrunn* kann man zur nächsten Sehenswürdigkeit abzweigen:

◆ Mariedals slott

Magnus Gabriel de la Gardie ließ hier 1666 ein prächtiges Barock-

schloß nach Plänen von Jean de la
Vallée errichten. Die Anlage ist
heute noch größtenteils unverändert.

—▶ In **Götene** trifft die Straße 44
auf Route 10. Mitten in dem kleinen
Ort liegt eine turmlose Kirche des
12. Jahrhunderts. Die naiven Malereien in der Kirche hat Meister
Amund im 15. Jahrhundert ausgeführt. Man erkennt die Schöpfungsgeschichte, dazu die Leiden Jesu.
Das Taufbecken stammt aus dem
12. Jahrhundert.

◆ *Kinne-Vedum*

3 km nördlich von Götene liegt die
Kirche von Kinne-Vedum, eine gut
erhaltene Sandsteinkirche aus dem
12. Jahrhundert in romanischem
Stil. Das mittelalterliche Dekor am
Triumphbogen stammt von Meister
Othelric. Beachtenswert ist die
thronende Madonna aus dem 12.
Jahrhundert.

◆ *Forshem*

Eine weitere alte Kirche liegt 10 km
nördlich von Götene in Forshem. Die
Portalreliefs aus der ältesten Bauphase im 12. Jahrhundert. themati-
sieren die Arbeit der Baumeister. Einer der Arbeiter, der einen Sand-
steinblock bearbeitet, ist der Bauherr selbst, Meister Göti, einer der
ersten schwedischen Baumeister,
die uns namentlich bekannt sind.
1912 entdeckte man die reichen
Gewölbemalereien aus dem 17.
Jahrhundert.

◆ *Kinnekulle*

Kinnekulle ist einer der klassischen
Plateauberge in der Provinz, der vor
500 Millionen Jahren noch unter
dem Meeresspiegel lag. Im Laufe
von Jahrmillionen lagerten sich
Sand, Lehm, Muscheln, Algen und
Fischreste ab und versteinerten. Bei
unterseeischen Vulkanausbrüchen
trat Lava aus und legte sich stellenweise über die Versteinerungen.
Daraus entstand harter Diabas. Als
sich das Land aus dem Meer erhob,
wurde weiches Gestein weggespült,
während die von Diabas geschützten Berge erhalten blieben. Der Kinnekulle repräsentiert chronologisch
jede Epoche mit ihren Ablagerungen
und zeigt die Schichtenfolge des
Gesteins sehr deutlich. Über den
Berg führt der **Kinnenkulleleden**
(Wanderweg) an vielen Sehenswürdigkeiten inmitten von Laubwäldern
vorbei. Auf der Strecke dieses Wanderwegs liegen unter anderem *Husaby, Flyhof, Västerplana* (von Linné
beschriebene Blumenprachtwiesen),
Hjelmsäter (alter Herrenhof), *Västerplana kyrka*, das Rittergut *Råbäcks
Herrgård, Hellekis Herrgård, Högkul-
len* (Aussichtsturm auf 307 m über
dem Meeresspiegel) und *Kinnekulle-
gården* mit Café und Naturum (eine
Informationsanlage mit Schildern zur
Natur vor Ort), die Heidelandschaft
Österplana und noch vieles mehr.
Nahe bei Hällekis und dem Råbäcks-
hof liegen die *Mönchswiesen.* Hier
weht im Frühjahr ein betörender
Duft von Bärlapp. Neben den Wanderpfaden gibt es auch einen beschilderten Autowanderweg (Kinne-
kulleleden).

—▶ Route 10 führt weiter nach
Lugnås. Links der Route liegt die
alte Holzkirche von *Bredsäter,*
rechts *Lugnås Minnesfjäll,* ein Mühl-
steinbruch, der vom Mittelalter bis
1921 bearbeitet wurde.

Mariestad

25.000 Einwohner

Die freundliche Kleinstadt war wie
Skara früher weit bedeutender als
heute. Mariestad wurde 1583 vom
späteren König Karl IX. gegründet
und nach dessen Gemahlin benannt.
Da die Stadt von 1580 bis 1598 Bischofssitz war, kann man hier heute
eine **Domkirche** bestaunen. Sie
wurde zwischen 1593 und 1619
erbaut. Doch als sie fertiggestellt
war, gab es hier schon keinen Bischof mehr. Der Turm erhielt 1905
sein jetziges Aussehen von Helgo
Zettervall. Der Baumeister Carl Frederik Adelcrantz entwarf 1778 in
Gustavianischem Stil den Herrenhof
Stora Ek, der sich heute in Privatbesitz befindet. In der Innenstadt sind
ein paar Straßen mit alten **Holzhäusern** erhalten, so z. B. die Kyrkogatan und Västerlånggatan.

Touristeninformation

Mariestads Turistbyrå, Hamnplan,
54230 Mariestad, Tel. 0501/
100 01

Übernachten

▸ *Ekuddens Camping* * * *, 2 km
nördlich der Stadt, Tel. 0501/
106 37, in bester Lage unmittelbar
am Vänern, zusätzlich über 30 Hütten.
▸ *Vandrarhem,* in der Nähe des
Doms, Hamngatan 20, Tel. 0501/
104 48, ein wunderschöner Holzhof
aus dem 17. Jahrhundert, bestehend aus mehreren Gebäuden, wie
ehemaligen Gesindewohnungen, Lager u. a.
▸ *SH-Stadshotellet,* am Markt, Tel.
0501/ 138 00, erbaut im typischen
Stil der Jahrhundertwende, schöne
und geräumige Zimmer.

Rund um Mariestad

◆ Askeberga

20 km südlich von Mariestad liegt
die Schiffssetzung von Askeberga.
Sie ist mit einer Länge von 55 m
und einer Breite von 20 m eine der
monumentalen Vorzeitanlagen in
Schweden. Die 24 Steine sind 1,5
bis 3 m hoch. Sie müssen früher
kilometerweit herbeigeschleppt worden sein.

◆ Östen

Dieser See, 3 km westlich von Askeberga, ist wegen seines Vogelreichtums bekannt. Im Frühjahr
kann man Tausende von Gänsen,
Singschwänen und anderen Vögeln
beobachten. Am Westufer steht ein
großer Turm, von dem man die
Möglichkeit zur Vogelbeobachtung
hat.
   Am Ostufer liegt die alte *Kirche
von Flistad* und der bronzezeitliche
Grabhügel *Kung Ranes Hög.*

—▸ Die Route führt weiter auf der
E 20. Bei *Lyrestad* passiert man
wieder ein Gebiet, in dem man al-
lenthalben auf Vorzeitfunde stößt:
östlich der Straße eine Schiffssetzung, westlich zwei Runensteine
und Grabfelder in jeder Himmelsrich-
tung. Den nächsten Abstecher von
der Route sollte man bei *Hova*
unternehmen.

◆ Älgarås

6 km südlich der Abfahrt liegt die
Holzkirche von Älgarås aus dem 15.
Jahrhundert, die im 17. Jahrhundert
um ein Waffenhaus und einen Chor
erweitert wurde. Einige mittelalterli-

che Inventarien werden in dem Gebäude aufbewahrt, darunter ein Marienschrein und Triumphkruzifix aus
dem 13. Jahrhundert sowie eine
Golgathagruppe und Kirchenglocke
mit Runen.

◆ *Södra Råda kyrka*

30 km nördlich der Abzweigung
liegt nördlich von Gullspång diese
einzigartige Holzkirche aus dem Jahr
1323 (→ Södra Råda kyrka, R 17).

—► Bevor Route 10 bei *Örebro*
(→ R 17) endet, folgen schließlich
die letzten Stationen:

◆ *Skagern*

Bei *Finnerödja kyrka* führt eine
Straße nach Norden zum Skagern-
See. Die durch tiefe Wälder nach
Süden zum Unden verlaufende
Strecke reicht mitten hinein in den
Tiveden-Nationalpark (→ R 12).

—► Ziemlich genau auf der Landschaftsgrenze zu Närke erreicht
Route 10 **Ramundeboda**. Hier gibt
es die Ruinen eines Klosters aus
dem 15. Jahrhundert zu sehen. Es
diente auch als Übernachtungsstätte
für Reisende auf der Eriksgata.
1636 wurde im *Gästgivaregård* von
Ramundeboda Schwedens erstes
Land-Postkontor eingerichtet.

Laxå

Anton von Boij, der "Tiveds König",
gründete hier im 17. Jahrhundert
eine Hütte, um die herum eine

Siedlung entstand. Die **Holzkirche**
mit Barockinterieur (1680) wurde
erst 1899 von Ramundeboda hierher transportiert. Im Herrenhof ist
ein **Museum** mit einer Sammlung zur
Geschichte des Hüttenwesens eingerichtet.

Sannahed

Wo die E 20 bzw. Route 10 vierspurig wird, erstreckt sich östlich der
Straße Sannahed, das ehemalige
Exerzierfeld der Grenadiere und Hu-
saren des Königs. Leutnant Viktor
Balck, der "Sportgeneral", veranstaltete hier 1881 Schwedens erste öffentliche Sportwettbewerbe. Neben
dem Heimatmuseum steht die alte
Offiziersmesse (1836) mit Militaria-
sammlungen. Man erreicht Sannahed am besten von Kumla, der
schwedischen Schuhstadt, die östlich der Route liegt.

Triumphkreuz von Älgarås

Route 11
Uddevalla - Karlsborg (ca. 200 km)

Route 11 führt von *Uddevalla* auf Straße 44 mit Anschluß an Route 9 durch die Provinz *Västergötland* an den großen Seen *Vänern* und *Vättern* vorbei.

Västergötland ist eine abwechslungsreiche Landschaft, in der nicht wie etwa in Småland oder Värmland endlose Nadelwälder vorherrschen. Vielmehr gesellen sich hier Streifen von Laubbäumen neben Tannen-, Kiefern- und Fichtenaufforstungen. So liegt bei Tidaholm der nördlichste Buchenwald der Welt. Die Besonderheit aber ist das Nebeneinander von fruchtbaren Ebenen und Plateaubergen, die anderswo in Schweden unbekannt sind. Die Plateauberglandschaft erstreckt sich vor allem westlich von *Skövde* (Billingen), östlich von *Falköping* (Gerumsberget) und östlich von *Vänersborg* (Halle-Hunneberg). Diese Berge bestehen in ihren unteren Schichten aus sehr alten, versteinerten Ablagerungen (Sandstein, Schiefer), über die sich später eine harte, vulkanische Diabasschicht gelegt hat. Auf ihnen gedeiht eine reiche Flora mit weitläufigen Kiefern- und Laubhainen. Zu ihren Füßen liegen die überaus kalkhaltigen, fruchtbaren Ebenen, die schon vor Jahrtausenden Einwanderer anlockten. In der Mitte des dritten vorchristlichen Jahrtausends war Västergötland neben Skåne die dichtbesiedeltste Landschaft. Mehr als 290 der 375 schwedischen Ganggräber zeugen von einer einheitlichen Megalithkultur, den "Trichterbecherleuten", zu denen ab ca. 2.200 v. Chr. die eingewanderten Streitaxtleute stießen. Die allerschönsten und wertvollsten

Schätze aus der Völkerwanderungszeit, dem "Goldalter des Nordens", wurden ebenfalls hier geborgen. Sie stammen aus der Epoche des 5./6. Jahrhunderts, in der die hier ansässigen Götar bei den Machtkämpfen mit den Svear unterlegen waren.

Västergötland spielte auch im 11. und 12. Jahrhundert wieder eine herausragende Rolle. Die Landschaft wurde als erste christianisiert. Die gleichsam internationalen und weltoffenen Menschen waren für den neuen Glauben empfänglicher als die Svear, in deren Wälder sich das Heidentum bis zum Ende des 11. Jahrhunderts erhielt. Der erste christliche König Schwedens war Olof Skötkonung, der seine Taufe um 1013 in der Quelle bei *Husaby* empfing. Missionare aus Deutschland und England wirkten hier. Es war der Engländer St. Sigfrid, der den König taufte. Im folgenden Jahr gründete der König das Stift *Skara*, zugleich der erste schwedische Bischofssitz. Einer der ersten schwedischen Bischöfe, die von hier aus den neuen Glauben in das Land trugen, liegt in einer Gruft im Dom zu Skara begraben. Überall entstanden Kirchen und ab dem 12. Jahrhundert auch Klöster: 1161 das erste Nonnenkloster des Landes in *Varnhem*, danach weitere Zisterzienserklöster. Västergötlands Tradition als geistiges Landeszentrum kommt auch im juristischen Bereich zur Geltung, denn im 13. Jahrhundert wurde in den einzelnen Provinzen damit begonnen, die mündlich überlieferten Gesetze niederzuschreiben. Das "Äldre västgötalagan" (um 1250) ist Schwedens ältestes Provinzialgesetz. Viele Regeln gehen noch auf die heidnische Zeit zurück, aber wir lesen auch, daß "Christus an erster Stelle in unserem Recht" steht. Aufgezeichnet und überarbeitet wurde das gut erhaltene Dokument von Eskil Magnusson, dem Bruder des Reichsverwesers Birger Jarl. Er kannte sich in den Gesetzen gut aus. Eskil stand in Kontakt mit dem mächtigen Isländer Snorri Sturluson, der ihn sicher inspiriert hat. Bei Eskil lesen wir: "Jedes Recht wird dem aberkannt, der mit Fiedel oder Trommel umherzieht; wird er aber geschlagen und zeigt sein Leid an, so soll man einem Kalb die Haare vom Schwanz rasieren, jenen einfetten und das Tier auf den Gesetzeshügel bringen. Nun soll der Spielmann das Kalb am Schwanze halten, während man es mit einer Peitsche schlägt. Kann der Spielmann das Kalb halten, so wird es ihm geschenkt; wenn nicht, möge er Scham und Schaden ertragen!"

In der Neuzeit wurde Västergötland zum Zentrum der schwedischen Textilindustrie. Im "Sjuhäradsbezirk" um *Borås* wurde Weberei in großem Umfang betrieben.

Dabei trat mehr und mehr die Baumwolle an Stelle des Leinens. Mit schweren Körben beladene junge Männer, die "Knallar", zogen umher und verkauften ihre Textilwaren auf dem Lande. Bald hatten sie neben Textilien auch allerlei andere Dinge wie Töpfe, Werkzeuge oder Lebensmittel mit dabei, so daß ihre Körbe immer schwerer wurden - oft bis zu 60 kg. Damit mußten sie kilometerlange Strecken zurücklegen, rund 20 bis 30 km am Tag. Später benutzten ihre Auftraggeber die Post, um die Waren an Ort und Stelle zu bringen. So entstanden um Borås die großen Postorderfirmen. Neben Borås entwickelte sich *Trollhättan* aufgrund seiner günstigen Lage am Auslauf des Götaälv zu einem Industriezentrum.

Vänersborg

37.000 Einwohner

Das "Klein-Paris" am Südufer des Vänern (von Birger Sjöberg in einem schwedischen Lied so besungen) wurde 1644 gegründet. Noch im Gründungsjahr brannte das dänische Heer die junge Stadt nieder. Ähnli-

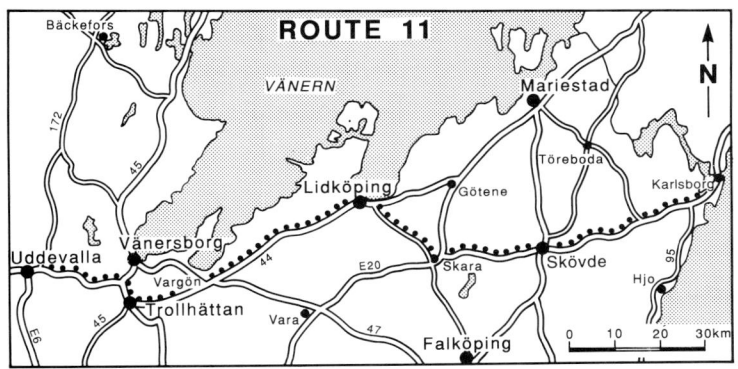

ches wiederholte sich noch öfter.
So legte 1834 ein vierzehnstündiger
Brand die Stadt vollkommen in
Schutt und Asche.

Sehenswert ist heute in der Kyrkogatan 27 die nach Plänen von
Carl Hårleman errichtete **Residenz**
(1754) mit mehreren Museen, darunter das **Birger Sjöberg Museum**
mit allen möglichen Dingen aus dem
Leben des Dichters (telefonische
Anmeldung unter 0521/ 715 41)
und das **Museum "Westafrikanische
Vögel"**, ein Kuriosum in Schweden
(Anmeldung bei der örtlichen Touristeninformation). Ein weiteres Kuriosum ist in der Polizeistation zu
sehen: zwei Duellpistolen, die bei
Schwedens letztem Duell mit tödlichem Ausgang hier in Vänersborg
benutzt wurden.

Touristeninformation
Vänersborgs Turistbyrå, Torget,
46221 Vänersborg, Tel. 0521/
27 15 41

Übernachten
▸ _Ursands Camping_ * * *, 3 km
nördlich von Vänersborg, östlich der
Straße 45 gelegen, unmittelbar am
Vänern in urwüchsiger Natur, Tel.
0521/ 186 66, mit 25 Hütten.
▸ _Scandic-Hotel Vänersborg_, in
Nabbensberg, 2 km südlich vom
Zentrum an Straße 45, Tel. 0521/
621 20, typisches Scandic-Hotel als
Motel konzipiert.
▸ _Ronnums Herrgård (CS)_, Vargön,
2 km östlich von Vänersborg am
Götaälv, Tel. 0521/ 22 32 70. Wer
richtig gut wohnen und speisen
möchte, für den gibt es nur diese
Wahl. Die gelbe Holzvilla, erbaut
1678, ist absolut exklusiv, Mitglied
in der Kette Relais et Châteaux, und
mit Recht, denn man wohnt in den
Seitenflügeln oder Parkvillen. Im
Hauptbau befindet sich das erst-

klassige Restaurant mit Wildspeziali-
täten, vor allem Elch.

◆ Trollhättan
Die Industriestadt, 15 km südlich
von Vänersborg, verdankt ihre Ent-
stehung den Wasserfällen des Götaälv. Diese liegen mitten im Stadtgebiet. Die 32 m Fallhöhe des Flusses
waren schon im Mittelalter eine
ideale Bedingung für den Bau von
Mühlen und Sägewerken. 1910
wurde das erste staatliche Kraftwerk Schwedens fertiggestellt. Ihm
folgten viele Industriebetriebe. Im
18. Jahrhundert begann Christopher
Polhem mit dem Bau der Schleusen-
anlage. In den Jahren 1800, 1844
und 1916 wurde sie erweitert. Im
Sommer öffnet man die Schleusen
an den Kraftanlagen und läßt so das
Wasser durch die trockenen Rinnen
tosen (im Mai und Juni Sa und So,
im Juli und August Mi, Sa und So
sowie am "Tag des Wasserfalls"
vom 21. bis 23.7., jeweils um 15
Uhr). Wer sich näher für technische
Großanlagen interessiert, kann sich
im _Kanalmuseum_ weiterbilden (geöffnet Juni bis August 11 - 19 Uhr,
Eintritt 15 SEK).

Touristeninformation
Trollhättans Turistbyrå, Gärdhems-
vägen 9, 46184 Trollhättan, Tel.
0520/ 140 05

Übernachten
▸ _Stenrösets Camping_ * * *, 5 km
südlich an Straße 45, Tel. 0520/
70710, in naturschöner Lage.
▸ _Vandrarhem Strömsberg_, am Fluß
gelegen, zu erreichen vom Alberts-
vägen, Tel. 0520/ 129 60, ein
schön gelegenes, altes Holzhaus,
nur Vier- bis Sechsbettzimmer.

▶ *SH-Hotel Kung Oscar*, Drottninggatan 17, im Zentrum gelegen, Tel.
0520/ 302 20, ein Mittelklassehotel. DZ 470 - 600 SEK mit Paß.
▶ *BW-Swania*, Storgatan 49, direkt
am Kanal, Tel. 0520/ 125 70, ist
schon eine Klasse besser als das
SH-Hotel.

—▶   Route 11 führt über Straße
44 am Südrand des *Halle-* und *Hun-
neberges* entlang. Man sollte unbedingt einmal hochfahren.

Halle- und Hunneberg

Die beiden 155 m hohen Plateauberge fallen nach allen Seiten hin
mit fast 100 m hohen, senkrechten
Felswänden schroff ab. Jahrhundertelang wurden hier Kalkstein und
Schiefer abgebaut. Wie bei Billingen
ist auch hier die Flora karg und der
Boden moorig, am Fuß der Berge
aber üppig. Der gesamte Halleberg
wurde im 5. und 6. Jahrhundert als
Fluchtburg genutzt. Zahlreiche Vor-
zeitmonumente liegen in dieser Gegend (vor allem bei Vargön). Seit
Jahrhunderten liegen die Jagdrechte
auf dem Halle- wie auf dem Hunneberg bei der Krone. Kein Wunder,
denn hier findet man die größte
Elchkonzentration Schwedens. Auch
Hirsche und anderes Wild sind
reichlich vertreten. Von Vänersborg
aus gibt es Elchsafaris mit kundiger
Führung. Das Naturum auf dem
Hunneberg berichtet über Geologie,
Fauna und Flora. Wanderwege und
Parkmöglichkeiten sind vorhanden.

—▶   Route 11 führt nun hinein in
eine der reichsten schwedischen
Kulturlandschaften. Bevor man Lidköping erreicht, zweigt bei *Håle-*

Plateauberg Halleberg

Täng eine Straße nach rechts zu
lohnenden Sehenswürdigkeiten ab:

◆ *Sparlösa kyrka*

Sparlösa kyrka liegt 6 km südlich
der Abzweigung. Aus der Mauer der
alten Kirche (12. Jh.) wurde 1937
ein Stein entfernt, den man heute in
einem Gebäude auf dem Friedhof
der Kirche (1847) bestaunen kann.
Es handelt sich um einen rätselhaf-
ten Runenstein, bedeckt mit Bilddarstellungen von Tempeln, Schiffen,
Reitern, Helmen und Vögeln, die
man aufgrund stilistischer Parallelen
in Zusammenhang mit den gotländischen Bildsteinen bringen muß, sowie Runeninschriften auf allen vier
Seiten des Quaders, die eine Datierung auf ca. 800 ermöglichen. Erkennbar ist der Umbildungsprozeß
des älteren zum jüngeren Runenal-

phabet (Futhark) und wieder zu den
norwegisch-schwedischen Runen,
die gegenüber den dänischen Formen vereinfacht wurden. Die Entwicklung des jüngeren Futhark vollzog sich in Schweden und Norwegen. Erst später breitete es sich
nach Dänemark hin aus. Bis heute
ist keine vollauf befriedigende Deutung von Bild- und Schriftinhalten
des Steins von Sparlösa gelungen.
Man nimmt aber eine Funktion im
Gesetzeswesen an. Auf diesem
Stein erfahren wir, daß nämlich die
geheimnisvollen Runen nicht vom
Menschen erfunden wurden, sondern von den Göttern stammen.

◆ *Levene*

Diese wunderschöne Kirche aus
dem 11. Jahrhundert, 5 km südlich
von Sparlösa, ist eine der ältesten
des Landes. Im 17. Jahrhundert
wurde sie umgebaut und erhielt unter anderem den Dachreiter und den
Westturm, die sich beide mitsamt
dem großen Dach markant gegen
die weiß getünchte Wand abheben.
Auf dem Friedhof steht Schwedens
höchster Runenstein, der fünf Meter
hohe *Levenestein*.

Lidköping

36.000 Einwohner

Das Stadtbild Lidköpings ist von der
Tatsache geprägt, daß hier früher
eigentlich eine Doppelstadt lag, und
zwar die alte Stadt (1446) östlich
des Lidanflusses und die von Magnus Gabriel de la Gardie neugegrün-
dete Siedlung (1670) am westlichen
Ufer. Nach dem Brand 1849 wurden
beide Stadtteile wiederaufgebaut.
Das Symbol von Lidköping ist heute
das **Rathaus** am Marktplatz im Westen. Es ist ein roter Holzbau mit

Turm und Walmdächern. Ursprünglich war es als Jagdschloß konzipiert. Daneben steht das **Grafen-
haus** und der **de la Gardiebrunnen**
(1939). Auf der Ostseite haben sich
rund um den Limtorget noch einige
alte Häuser erhalten, sowie die **Nikolai Kirche**, die aber nach dem erwähnten Großfeuer umgebaut wurde. Wichtigster Industriebetrieb der
Stadt ist **Rörstrands Porzellanfabrik**
mit Museum (geöffnet Mo bis Fr 10
- 18, Sa 10 - 14, So 12 - 16 Uhr).

Touristeninformation

Lidköpings Turistbyrå, Gamla Rådhuset, Nya Stadens Torg, 53102
Lidköping, geöffnet ganzjährig 9 -
18 Uhr.

Übernachten

Schöne Campingplätze am Vänern
gibt es zu Genüge. Zwei der besten
davon sind:
▸ *Filsbäcks* ***, 4 km östlich an
Straße 44, Tel. 0510/ 460 27, liegt
am Vänern auf einer Wiese, umgeben von Wald.
▸ *Krono Camping Vänern* ***, an
der nördlichen Stadtausfahrt in
Richtung Läckö, Tel. 0510/ 268 04,
mit 10 Hütten
▸ *Vandrarhem*, Nicolaigatan 2, am
Gamla Stadens Torg, Tel. 0510/
664 30, zum größten Teil Mehrbettzimmer.
▸ *Stadshotellet,* Gamla Stadens
Torg 1, Tel. 0510/ 220 85, luxuriös, sehr große Räume.

Öffentliche Verkehrsmittel

Von Lidköping mehrmals am Tag
Züge nach Hallsberg und von dort
weiter nach Stockholm sowie über
Herrljunga nach Göteborg.

Rund um Lidköping

◆ Kålland und Schloß Läckö

Dieser Halbinsel sind die große Insel *Kållandsö* und Tausende von kleinen Schären vorgelagert. In diesem Naturparadies haben sich auch viele Kirchen aus dem 12. Jahrhundert erhalten, z. B. *Råda* mit Malereien aus dem 17. Jahrhundert, einer Sammlung seltener Grabsteine aus der frühen Christenzeit, untergebracht im Speicher, und mehreren guterhaltenen alten Holzskulpturen, *Gösslunda* mit künstlerisch gestalteten Reliefs, *Strö*, *Sunnersberg* und *St. Maria*. Mehrere Herrenhöfe wie *Stola, Degeberg* und *Läckö-Kungsgård* zeigen, daß sich der Adel hier von jeher wohlfühlte. Aus der Mitte Kållands wächst nach Westen ein 7 km langes Riff in den Vänern-See hinein: *Hindens rev*, eine Endmoräne, die die Position der Eismassen vor mehr als 10.000 Jahren anzeigt.

Bevor man zum Riff gelangt, erreicht man *Skalunda* mit seiner Kirche. Der turmlose Bau stammt aus dem frühen 12. Jahrhundert. Etwa 200 m nordwestlich der Kirche liegt *Skalunda hög*. Mit 60 m Durchmesser bei einer Höhe von sechs bis sieben Metern ist er Västergötlands größter Grabhügel, von dem man eine gute Sicht auf den Vänern hat. Ein weiterer Grabhügel liegt 300 m südöstlich der Kirche.

Hauptattraktion der Halbinsel aber ist *Schloß Läckö*. Schon die kurvenreiche Straße, die dorthin führt, macht den Ausflug bezahlt. Am Ende liegt dann der Prachtbau am See. Bischof Algotsson ließ 1298 hier eine Burg errichten, deren Plan mit dem der heutigen Anlagen noch in Teilen übereinstimmt. Im 15. Jahrhundert begann der Neubau, der von Gustav Wasa beschlagnahmt wurde. 1615 kam die Burganlage in den Besitz der Familie de la Gardie. 1652 erbte Magnus Gabriel das Schloß und gab ihm seine heutige Gestalt. Dreißig Jahre später nahm die Krone es ihm wieder ab. Deutlich spiegelt die weiß getünchte Anlage den Stilbruch zwischen mittelalterlichen Teilen (Torturm, Einteilung in Vor- und Hauptanlage) und modernen Gebäuden des 17. Jahrhunderts wider (geöffnet im Sommer tgl. 10 - 18 Uhr, Eintritt 50 SEK).

◆ Källby Hallar

Die beiden großen Runensteine, 7 km östlich von Lidköping nahe Straße 44, stehen auf zwei Grabhügeln direkt an der Straße. Der bildgeschmückte Stein zeigt den Fruchtbarkeitsgott Freyr mit einer phallusartig verknoteten Schlange. Der über drei Meter hohe Stein im Süden ist nur mit einem Kreuz zwischen der Runenschleife versehen.

Runenstein von Källby Hallar

◆ Husaby

Husaby, 4 km von Källby Hallar nördlich Straße 44, war im schwedischen Mittelalter ein wichtiger Ort. So ist die *Kirche* ein geschichtsträchtiger Sakralbau. Hier vollzog sich 1014 der entscheidende Schritt zum Christentum, als sich Olof Skötkonung in der nahen Quelle (200 m oberhalb der Kirche) vom englischen Missionar Sigfrid taufen ließ. Bald errichtete man eine Stabkirche. Da Husaby unmittelbar danach zum ersten Bischofssitz Schwedens wurde, wuchs die Bedeutung des Landstrichs rasch, zumal der König zu dieser Zeit noch keine große Zentralmacht besaß. Der Nachfolger Anund Jakob wurde in Uppsala gezwungen, den christlichen Glauben wieder abzulegen und den alten Göttern zu opfern. Der Bischof war in einem noch durch und durch heidnisch geprägten Land nicht mehr als ein "Privat-Geistlicher" des Königs. Zu Beginn des 12. Jahrhunderts wurde der Holzbau durch die heutige Kirche ersetzt. Noch heute erstaunt es, in der dünnbesiedelten Gegend Västergötlands eine solch große Kirche vorzufinden. Englische und deutsche Stileinflüsse sind unübersehbar - in Schweden gab es im frühen 12. Jahrhundert kaum Kirchenbaumeister, sieht man von Gotland ab. Das Gewölbe wurde im 15. Jahrhundert in den Bau eingezogen und bemalt. Der Bischofsstuhl im Chor ist eines der ältesten Möbelstücke Schwedens. Dafür gab es 1867 auf der Pariser Weltausstellung eine Auszeichnung. Auch die Mönchsbank im Chor stammt aus dem 13. Jahrhundert. Zum mittelalterlichen Interieur der Kirche gehören auch das Triumphkruzifix, das Taufbecken, die Madonna, die Chormalereien und der Altarschrank, beide aus dem 15. Jahrhundert. Im Waffenhaus werden alte Prozessionsgeräte aufbewahrt. Wenn man die Kirche verläßt, sich vor das Westportal begibt und den Turm mit seinen drei Helmen ansieht, erhält man eine Vorstellung von der ehemaligen Bedeutung dieser Kirche. Natürlich hatte dieser große Turm auch eine Verteidigungsfunktion, denn nicht weit von der Kirche entfernt lag der Königshof, den es zu beschützen galt. Reste des Nachfolgebaus können noch besichtigt werden. Der Husaby-Kirchturm diente als Vorbild für andere Kirchenbauten, z. B. für die in *Örberget* und *Vreta*, beide in Östergötland gelegen. Vor dem Turmportal stehen zwei Steinsarkophage. Sie sollen die Gräber Olofs und seiner Frau Estrid sein. Olofs Grab ist mit schönen Reliefs besetzt: Paulus mit einem Fisch in der Hand (Zeichen für den verfolgten Christus), die Hand Gottes, die Petrus den Himmelschlüssel reicht, der heilige Michael mit der Waage und Kaiser Heinrich II. aus Deutschland, der ihm einen wertvollen Kelch schenkt und damit bei der Seelenwägung seine Seele rettet (→ Vamlingbo kyrka, Gotland). Auf der anderen Seite sieht man St. Michaels und St. Görans Kämpfe mit dem Drachen und auf der Gabel Daniel in der Löwengrube. Auf dem Friedhof steht ein Runenstein aus dem frühen 11. Jahrhundert, der ursprünglich in das Ostportal eingemauert war. Er berichtet uns: "Assur, Sven und Tore legten diesen Stein für ihre Mutter Olw. Gott, Gottes Mutter und alle Engel mögen ihr helfen!"

◆ Lilla Flyhov

1 km nordöstlich von Husaby findet man Felszeichnungen mit vielen Motiven (darunter der große Axtgott).

—▶ Die Route führt nun auf Straße 184 nach *Skara* und von dort auf Straße 49 oder der parallel verlaufenden, landschaftlich sehr reizvollen Landstraße in den Ort **Axvall**. Hier errichtete man bei einem der bekanntesten Exerzierplätze Schwedens eines der größten Panzermuseen der Welt (geöffnet Anfang Mai bis Ende August Mi bis So 10 - 16 Uhr, im Juli Mi 10 - 16 Uhr). In der Nähe liegt *Axevalla hus,* eine Burgruine aus dem Mittelalter.

Varnhem

Am Rande des Billingen liegt im idyllischen, seenreichen Landkreis *Valle* ein Kleinod mittelalterlicher Baukunst Schwedens: das Zisterzienserkloster, das Abgesandte von Alvastra um 1150 hier errichteten. 1234 wurde es durch einen Brand zerstört, aber sofort wieder aufgebaut. Der Neubau, den man 1262 vollendete, wurde vom Papst gefördert. 1527 konfiszierte die Krone Kloster und Kirche. Johann III. (1574) und Magnus Gabriel de la Gardie (1654 - 1674) restaurierten die Anlage nach alten Plänen bis auf den Grund. Anfang unseres Jahrhunderts wurde die Kirche noch einmal renoviert und Reste des Klosters ausgegraben. Die Klosterkirche ist eine dreischiffige Basilika mit Lang- und Querhaus, Chor sowie Chorumgang und massiven Strebepfeilern. Die Kirche ist Grabstätte bedeutender Könige, allen voran Erik des Heiligen (gestorben 1160), der aus Västergötland stammte und dessen Familie den Bau förderte. Auch Birger Jarl (gestorben 1266) und seine Gemahlin liegen hier unter einer Tumba vor dem Kreuzaltar im Westteil der Kirche bestattet. Magnus Gabriel plante in dieser Kirche auch seine eigene Kapelle im südlichen Langhaus, in der er mit seiner Gattin beigesetzt wurde.

♦ *Hornborgasjön*

10 km südwestlich von Varnhem weisen Schilder den Hornborgasjön aus. Dies ist sicher Schwedens be-

Tanz der Kraniche

Die Sonne ist noch nicht aufgegangen, doch die Luft schon erfüllt von unzähligen Stimmen, die sich in der Dunkelheit der späten Nachtstunden mit den Erwartungen weitgereister Besucher verbinden, Lerchen singen, in deren fröhliche Lieder das wirre Geschnatter von Gänsen, Beckassinen und einer ganzen Reihe anderer Vögel einfällt, denen niemand Beachtung schenkt. Denn heute ist der 10. April, und das ist der Tag, den die Ornithologen aus aller Welt hier in Västergötland auf diesem Feld am Hornborgasjön nur einem Vogel widmen, dem *Kranich*.

Und dann, gegen vier Uhr, ertönt der Weckruf eines Vogels und das Rauschen unzähliger Schwingen ist zu hören. Dann beginnt eines der großartigsten Schauspiele, das die Natur uns noch bieten kann. Paarweise sammeln sich die Tiere auf dem Feld am See und beginnen ihren Tanz, den Kopf hoch emporgehalten, mit offenem Schnabel, ein phantastisches Liebesspiel! Den ganzen Tag kann man sie von eigens vorbereiteten Aussichtspunkten dabei beobachten. Gegen Abend sammeln sie sich und fliegen in derselben Formation, in der sie zum Feld kamen, zurück zu ihrem Nachtlager.

rühmtester Vogelsee. Jedes Jahr im April kommen Ornithologen aus aller Welt angereist, um den "Tanz der Kraniche" zu beobachten. Es ist ein grandioses Schauspiel, wenn sich bei Sonnenaufgang und Sonnenuntergang viele Hunderte der geschmeidigen Vögel gleichzeitig in die Luft erheben oder landen. Vom Vogelturm hat man eine gute Sicht. Hier gibt es auch ein Café und ein großes Infozentrum für die Freunde der Ornithologie. Am Turm beginnen mehrere Wege, unter anderem ein brückenähnlicher Holzpfad, der zu weiteren Beobachtungsposten im Seen- und Sumpfgebiet führt.

—▶ Die Route überquert nun auf der Straße 44 den großen Plateauberg *Billingen*, Pilgerziel für Geologen aus aller Welt.

Billingen

Västergötlands größter Plateauberg erstreckt sich auf einer Länge von 24 km und einer Breite von 11 km in Nord-Süd-Richtung. Auf Höhen zwischen 200 und 300 m breitet sich eine karge Natur mit Nadelwald und Moorgebieten aus. In *Blängs mossen* (an der Straße Skövde - Lerdala gibt es einen Parkplatz) haben sich einige Arten erhalten, die man sonst nur in arktischen Breiten antreffen kann. An den Rändern des gesamten Berges stehen zu bestimmten Zeiten die Pflanzen in Blüte: Kirsch- und Apfelbäume sowie geradezu ein Blumenmeer lassen einen Besuch im Mai oder Juni ratsam erscheinen. Auch für Geologen ist Billingen wegen seiner reichhaltigen Minerale und Erze interessant. Unter anderem befindet sich hier einer der weltgrößten Fundorte für Uran.

Billingen spielte nach der letzten Eiszeit eine wichtige Rolle. In diesem Gebiet wurde das Land von der Ostsee überschwemmt, so daß sich die sogenannte "Billinger Pforte", die Meeresstraße zwischen Ost- und Nordsee, bildete. Erst nach der Landhebung schloß sich diese Verbindung. Mit der Schmelzwasserauffüllung der Täler entstand schließlich die Mittelschwedische Seenplatte.

Auf dem gesamten Billingen gibt es Wanderwege, Parkplätze und Aussichtspunkte.

Skövde

47.000 Einwohner

Am Ostrand des Billinger Gebirgszugs liegt Skövde. Trotz der langen Geschichte gibt es hier heute nicht allzuviel zu sehen. Auch Skövde ist wie Skara eine mittelalterliche Stadt mit weit zurückreichender Tradition in Bildung und geistigem Leben. Zum Grab und zur Opferquelle der Stadtheiligen, Helena (Elin), die heute im Stadtwappen abgebildet ist, pilgerten Gläubige in großer Zahl. Der Aufstieg zur modernen Handelsstadt setzte 1859 mit Anschluß an das schwedische Eisenbahnnetz ein. Doch mehrere Brände zerstörten Skövde. Von der mittelalterlichen **Stadtkirche St. Helena** sind nur noch Teile des alten Gebäudes wie das Nordportal erhalten, während im Vorort **Våmb** eine wunderschöne romanische Kirche aus dem 12. Jahrhundert vom Feuer verschont blieb. Sehenswert ist die moderne Kirche der Stadt, die runde **St. Lukas kyrka** mit großem Ostfenster, dessen Rahmenbalken ein Kreuz bilden.

Skövdes Position als Kulturzentrum, um die es mit Skara immer wetteifern mußte, wurde 1964 mit der Einweihung des **Kulturhauses**

gefestigt, das mit seiner Architektur und Aufgabenvielfalt großes Aufsehen erregte. Auch die Eröffnung des neuen Kunstmuseums im Kulturhaus März 1995 rückt die Stadt immer mehr in den Mittelpunkt.
Im Stadtteil *Timboholm* fand man 1904 mit ca. sieben Kilogramm reinem Goldes einen der größten Schätze des Landes. Er ist heute im SHM ausgestellt.

Touristeninformation

Skövde Turistbyrå, Sandtorget, 54127 Skövde, Tel. 0500/ 48 87 87, geöffnet Mo bis Fr 9 - 17 Uhr, Sa und So 10 - 14 Uhr.

Übernachten

▸ *Billingens Camping* ***, am nordwestlichen Stadtrand an einem See gelegen, Tel. 0500/ 47 16 33, Hütten in ausreichender Zahl, ernormes Freizeitangebot, u. a. Sauna, Angelverleih, Wanderwege, Minigolf. Der Platz ist oft stark belegt.
▸ *BW-Prisma,* Ekedalsgatan 2, im Zentrum, Tel. 0500/ 48 80 00, ein ruhig gelegenes, modernes Haus.
▸ *First Hotel Billingehus,* Alphyddevägen, 3 km vom Zentrum entfernt, Tel. 0500/ 830 00, ein großer Hotel- und Freizeitkomplex auf dem Plateauberg, umgeben von Wald; Hallen- und Freibad, Sauna, gut ausgestattet, relativ kleine Zimmer.

Öffentliche Verkehrsmittel

Zug: Mit Bahnlinie 60 mehrere Verbindungen am Tag nach Stockholm und Göteborg. Der moderne *X-2000* hält nur hier; damit braucht man nur noch eine Stunde bis Göteborg und zwei Stunden bis Stockholm.
Flugzeug: 5 Flüge am Tag nach Stockholm.

Rund um Skövde

◆ Kungslena kyrka

Diese Kirche, 20 km südlich von Skövde, stammt aus dem 12. Jahrhundert. Mit ihren drei Spitztürmen hat sie eine ungewöhnliche Konstruktion. Obwohl es dafür mehrere Erklärungen gibt, ist doch das "Königstreffen" 1258 als Ursache am wahrscheinlichsten. Am Ostersonntag jenes Jahres trafen sich hier nämlich Birger Jarl, sein Schwiegersohn König Håkon IV. von Norwegen und Valdemar von Dänemark. Von der mittelalterlichen Malerei des berühmten Meisters Amund sind nur Reste erhalten. Die sichtbaren Malereien stammen größtenteils aus dem 18. Jahrhundert. Sehr bemerkenswert beim Inventar sind der Taufstein (12. Jh.) und die Tür zur Sakristei (13. Jh.).

◆ Falköping

Diese Siedlung, 30 km südlich von Skövde, ist sehr alt. Davon zeugen viele Spuren aus der Vorzeit. Das Mittelalter wird unter anderem repräsentiert durch die *St. Olofs kyrka* mit altem Taufkreuz und romanischer Apsis. Einige Vorzeitfunde kann man im *Falbygdenmuseum* im Stadtpark bewundern.
4 km südlich des Zentrums befindet sich ein 4.500 Jahre altes Ganggrab, *Luttra gånggrift.* 10 km südöstlich von Falköping an Straße 47 liegt das ehemalige Mühlendorf *Falekvarna* mit ursprünglich dreizehn alten Mühlhöfen, von denen noch sechs erhalten sind. Um sie in Betrieb zu erleben, ist Voranmeldung erforderlich unter 0515/ 167 57.

Touristeninformation

Falköpings Turistbyrå, Stora Torget 11, 52102 Falköping, Tel. 0515/ 131 95

316

Route 11: Uddevalla - Karlsborg

Übernachten

▸ *Mössebergs Camping & Stugby* ***, am westlichen Stadtrand von Falköping nahe Straße 184, Tel. 0515/ 850 21, 18 Hütten.
▸ *Villan 1*, Lidgatan, im Mössebergspark am Rande Falköpings, Tel. 0515/ 100 43, das örtliche Vandrarhem in einer wunderschönen, alten Holzvilla.

◆ Gudhem

Im Jahr seiner Krönung 1161 ließ König Karl in Gudhem, 8 km nördlich von Falköping, das erste Kloster mit Zisterziensernonnen gründen. Er war der Sohn Sverkers I., der zwischen 1130 und 1156 das Christentum im Land etabliert und die Kirche aufgebaut hatte. Von den nachfolgenden Königsfamilien bekamen die Nonnen weitere Ländereien. Allerdings waren die Jahre nach der Reformation für viele kirchliche Anlagen verheerend: 1529 wütete hier ein Feuer, 1540 zog die Krone das Kloster ein und übergab es Per Brahe als Lehen. Jener riß einen Teil ab, um sich aus den Steinen ein neues Schloß nördlich von Borås zu errichten.

◆ Ekornavallen

12 km nördlich von Falköping liegt dieses große Grabfeld mit Ganggräbern, Richterringen und vielen anderen ansehnlichen Megalithbauten.

◆ Gökhems kyrka

Diese Kirche aus dem 12. Jahrhundert liegt 8 km westlich von Falköping. Im Inneren ist sie mit schönen Gewölbemalereien ausgestattet. Schöpfung, Maria vor Gott sowie die weisen und die törichten Jungfrauen sind abgebildet. Die Atmo-

sphäre in dieser kleinen Kirche ist wohltuend und beruhigend.

◆ Ålleberg

Dieser 330 m hohe Tafelberg, 4 km südlich von Falköping, ist das El Dorado für Schwedens Segelflieger. Kurse werden hier abgehalten, es gibt ein Museum und eine meilenweite Aussicht. 1827 fand man hier eines der schönsten Schmuckstücke der schwedischen Geschichte, einen der drei wertvollen Goldhalskragen, heute im SHM (Museum) in Stockholm zu sehen.

◆ Karleby

5 km östlich von Falköping liegt bei Karleby, eine der ältesten Kulturlandschaften Schwedens. Schon vor mehr als 5.000 Jahren wurde dieser Raum landwirtschaftlich genutzt. Dreizehn Ganggräber und neun Steinkistengräber liegen an der Straße, die die Straßen Nr. 46 und Nr. 47 miteinander verbindet.

◆ Åsle Tå

Åsle Tå ist ein einzigartiges Dorf, 7 km östlich von Falköping. Zwanzig Holzhäuser des 18. und 19. Jahrhunderts, teilweise mit Grasdächern, reihen sich an einem alten, schmalen Weg aneinander. Es ist ein sogenanntes "Kötterdorf", in dem die allerärmsten Tagelöhner, die "Kötter", bis weit in unser Jahrhundert hinein lebten. Ein kleiner Bach fließt am Weg entlang, und Laubbäume hüllen alles in dichtes Grün, so daß man fast einen idyllischen Eindruck von der kleinen Siedlung bekommen könnte, wenn man nicht wüßte, daß hier erbärmliche Armut herrschte. Einige stilecht eingerichtete Häuser geben eine

Vorstellung vom Interieur der Gebäude (geöffnet Anfang Mai bis
Ende August tgl. 10 - 18 Uhr, Eintritt 10 SEK bzw. 5 SEK).

kirche Västergötlands. Sie stammt
aus dem 12. Jahrhundert.

♦ *Skörstorp*

13 km südöstlich von Falköping
liegt bei Skörstorp die einzige Rund-

—► Die Route führt vorbei an der
Kirche von Forsby (12. Jh.) weiter
auf Straße 49 über Tibro nach
Karlsborg (→ R 12), wo sie endet.

Route 12
Jönköping - Örebro (ca. 220 km)

Route 12 ist die "Vätternroute". Auf
ihrem größten Streckenabschnitt
führt sie am linken Seeufer entlang
durch die Landschaft *Västergötland*
(→ R 11). Erst im oberen Abschnitt
führt sie hinein in die Bergbaulandschaft *Närke* (→ R 17).
   Über die Straßen 47/ 195 führt
Route 12 zunächst aus *Jönköping*
(→ R 3) heraus. Bei *Bankeryd* zweigt
eine kleine Straße nach Westen ab:

♦ *Habo kyrka*

Diese Kirche ist äußerst bemerkenswert, denn sie ist die größte
Holzkathedrale des Landes, dreischiffig und mit einzigartigem Innenraum. Auf starken Holzpfeilern ruhen wuchtige, zweigeschossige Em-
poren. Der gesamte Raum ist mit
farbkräftigen Gemälden verziert.
Dies gilt auch für das bewegliche Interieur, wie die Schränke. Baubeginn der heutigen Barockkirche war
1680. Teile der Vorgängerkirche
übernahm man, so den Taufstein
(13. Jh.) und eine Johannesschnit-
zerei. Seit 1723 erfuhr die Kirche
keine Umbauten mehr. Die Malereien führten vier Meister zwischen
1741 und 1743 aus.

—► Die Route verläuft auf
Straße 195 nach Norden. Westlich
erstreckt sich das Erholungsgebiet
Hökensås mit über sechzig Seen
und guten Bade-, Angel- und Ka-
numöglichkeiten (Bootsverleih am
Hökensås Semesterby, idyllisch im
Wald gelegen, mit Campingplatz
und Hütten in verschiedenen Kategorien). Es folgen weitere sehenswerte Kirchen. Bei *Brandstorp* erreicht man die nächste, die aus dem
Jahr 1626 stammt und ganz im Barock gehalten ist. Das gilt auch für
die Holzkirche in *Södra Fågelås*. 2
km weiter zweigt Straße 193 nach
Westen ab:

♦ *Tidaholm*

Am *Tidan* liegt dieses kleine Städtchen, das um eine Eisenhütte herum
gewachsen ist. In den Gebäuden
dieser Hütte ist heute eine Plastikfa-
brik untergebracht. In Tidaholm sind
auch eine der weltgrößten Zünd-
holzfabriken und weitere Industriebetriebe angesiedelt. Zwei Museen
sind besuchenswert, das **Turbinen-
haus** mit Schmiede, Wohnungen
von Arbeitern und Kunstausstellun-

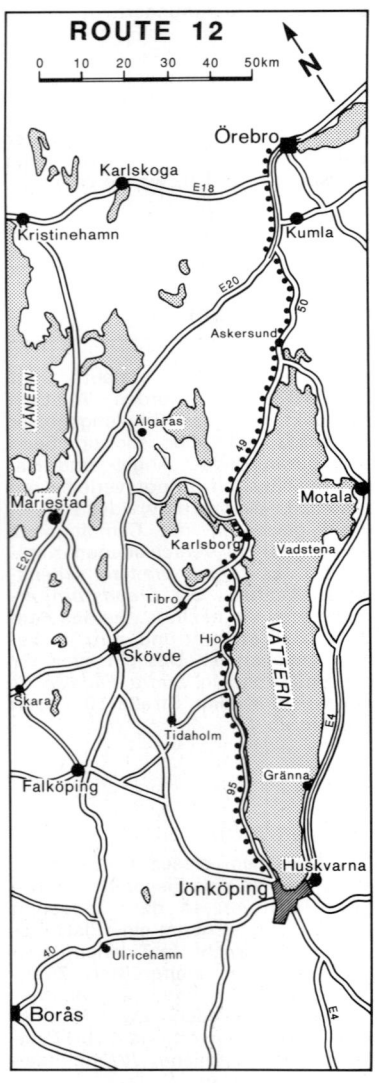

gen wie auch das **Automobilmuseum** (hier wurde Schwedens erstes Auto gebaut).

Touristeninformation
Tidaholms Turistbyrå, Stadshuset, Tel. 0502/ 162 08

Übernachten
▸ *Hökensås Semesterby*, Tel. 0502/ 162 08 (siehe oben)
▸ *Stora Hotellet,* mitten im Zentrum gelegen, Tel. 0502/ 123 90, mit gutem Restaurant.

◆ *Suntak*

Die kleine, turmlose Kirche in Suntak, 8 km südlich von Tidaholm, entspricht dem Ideal eines stilechten romanischen Bauwerks mit einfachen Formen und kleiner Apsis. Im Inneren findet man Dekor aus dem 18. Jahrhundert, an der Außenmauer Reste von Malereien aus dem 15. Jahrhundert.

—▸   Östlich von Route 12 folgt bei *Norra Fågelås* die nächste alte Kirche sowie der nahe *Herrenhof Almnäs* (1760) mit englischem Park.

Hjo

"Hic iacet otium" - "Hier gibt es Ruhe", so schrieb der legendäre Mönch in den Sandstrand des Vättern, als er nach einer zermürbenden Sturmfahrt endlich das Ufer erreichte. Die Anfangsbuchstaben "H j o" wurden zum Namen dieses Orts. Heute wollen die Forscher daran nicht mehr glauben. Sie leiten das Wort von "Hjon" ab, was früher "Familie" bedeutete. Wie auch immer - Ruhe und Frieden kann man in der erholsamen Sommerfrische, finden, in dem Kleinstadtidyll, das im Wochenblatt "Grönköpings veckoblad" seit 89 Jahren beschrieben wird. Südlich der Kirche (1790) liegt das alte **Holzhausviertel**, in dem die alten Zeiten lebendig werden: Kopfsteinpflaster, schiefe Wände und Spitzengardinen, Holzschnitzereien und vieles mehr. Ein Besuch in Hjo ist ein Schritt zurück in der Zeit, außer wenn man zur *Hjovial* kommt, dem Sommerfest, zu dem sich viele Herrschaften wie anno dazumal kleiden und ebenso feiern. Kürzlich erhielt die Stadt die "Europa-Nostra-Medaille" für die vorbildliche Bewahrung der Holzviertel. Im hübschen Park liegt das **Sozietätshaus** mit einem Aquarium, das die Wasserwelt des Vättern zeigt. Dazu gibt es eine Schmetterlingsausstellung (geöffnet Mitte Mai bis Ende August tgl. 10 - 18 Uhr). Früher hatte Hjo einen großen Fischereihafen. Heute laufen hier Dampfer zu Seerundfahrten und zur Insel *Visingsö* aus. In allen Lokalen und einigen Räuchereien am Hafen wird "Sik", eine Art Felchen angeboten, die lokale Spezialität. Der 3 km lange, feinsandige Strand war einer der Gründe dafür, daß Hjo im 19. Jahrhundert Kurort wurde. Neben dem Sozietätshaus stehen noch weitere **Jugendstilvillen** aus Hjos großer Kurepoche. Mehrere **Keramikwerkstätten** laden zum Einkaufsbummel ein.

Touristeninformation

Hjo Turistbyrå, Bangatan 3, 54433 Hjo, Tel. 0503/ 352 55

Übernachten

► *Hjo Camping* ***, im nördlichen Stadtrandgebiet am See, Tel. 0503/ 310 52, mit zehn Hütten.

Hafen von Hjo

▶ *Villa Eira*, Stadsparken, im Stadtpark am Seeufer, Tel. 0503/ 100 85, ein schönes Vandrarhem mit einem Turm, Erkern und langen Balkonreihen, die fast das gesamte Gebäude umfassen.

▶ *Hotel Bellevue*, Bangatan 2, in der Nähe von Villa Eira, Tel. 0503/ 120 00. Im hochmodernen Hotel kann man wählen zwischen luxuriösen Zimmern im modernen Haupttrakt oder Räumen mit Atmosphäre in den Strandvillen der Jahrhundertwende. Restaurant mit guten Fischgerichten. Tip hier: Sik oder Röding mit Senfsoße.

—▶ Bei *Mölltorp* mit einer mittelalterlichen Kirche, die sich durch Deckenmalereien und schöne Wappenschilder auszeichnet, führt die Route auf Straße 49 weiter in Richtung Norden.

Karlsborg

8.000 Einwohner

Die Touristen strömen wegen Schwedens größter Festungsanlage hierher, die 1809 Karl XIV. Johan auf einer Halbinsel im Vättern bauen ließ. Sie sollte Teil seiner neuen Strategie werden, die Verteidigungslinien von der Küste abzuziehen und im Landesinneren an geschützten Stellen gestaffelt anzulegen. Karl erlebte die Vollendung des Baus nicht mehr. 1908 wurde das gigantische Vorhaben abgebrochen, da es zu teuer geworden war. Bei einer Inspektion hatte schon Karl erstaunt gemeint: "Ist diese Festung wirklich aus Stein? Ich dachte, sie sei aus Gold!" Die Anlage besteht heute aus Kirche (mit Leuchter aus 276 Bajonetten), Wohnviertel, Wallanlagen, Gängen und Palisaden sowie dem "Slutvärnet", das mit 678 m Euro-

pas längstes Wohngebäude ist. Sie bietet einen aufschlußreichen Einblick in die Festungstechnik des letzten Jahrhunderts. Von 1939 bis zum Frieden 1945 wurden hier die Reichsregalien und die gesamten Goldreserven der schwedischen Bank in sichere Verwahrung genommen. Teile der Anlage sind Militärgelände und daher nicht für Touristen zugänglich.

Touristeninformation

Karlsborgs Turistbyrå, Norra Kanalgatan 2, 54633 Karlsborg, Tel. 0505/ 173 50, geöffnet Mo bis Fr 10 - 18 Uhr, Sa 10 - 14 Uhr.

Übernachten

▶ *Karlsborgs Camping ***,* 1 km nördlich des Zentrums an Straße 49 gelegen, Tel. 0505/ 119 16, ein wenig laut.

▶ *Vandrarhem*, Ringvägen 3, Tel. 0505/ 116 00, ein nicht so schönes Gebäude (Wohnsilo), das aber unmittelbar am See liegt.

▶ *SH-Kanalhotellet,* Storgatan 94, idyllisch am Kanal gelegen, Tel. 0505/ 121 30. Wunderschön ist das 1894 erbaute Hotel, das bis heute nichts von seiner Romantik eingebüßt hat. Zwar führt die Hauptstraße unmittelbar an diesem traditionsreichen Haus vorbei, aber das tut der Seele keinen Abbruch. Das rotbraune Holzhaus mit den weißen Rahmen ist das "Schwedenhaus" schlechthin, die Verkörperung des nationalen Baustils des letzten Jahrhunderts.

—▶ Straße 202 zweigt von Karlsborg in das landschaftlich faszinierende Naturschutzgebiet von *Vikaskogen* ab:

◆ *Forsvik*

5 km westlich der Abzweigung liegt Forsvik, ein gut erhaltenes Hüttenmilieu mit Mühle, Eisenhandlung und alten Gebäuden. Die Schleuse (1813) ist die älteste im Göta kanal und die Brücke (1815) die älteste Eisenbahnbrücke Schwedens. Auch das Sägewerk, die Gießerei und die mechanische Werkstatt sind die ältesten im ganzen Land.

—▸ Die Route führt in das Naturschutzgebiet *Granvik*. Hier zweigt eine landschaftlich sehr schöne Strecke ab, die durch Wälder und Seen durch den *Tiveden* mit dem großen *Unden-See* in die Provinz *Närke* (→ R 17) hineinführt.

Am Westufer des riesigen *Unden* hat man eine bereits früher hier stehende Stabkirche originalgetreu wieder aufgebaut.
Wanderwege wie der *Berglagsleden* (280 km), *Vätterleden* (430 km), *Munkastigen* (50 km), *Kyrkstigen* und *Tivedsleden* führen durch den Nationalpark. 2 km vom Besucherzentrum (→ Touristeninformation) entfernt, erreicht man das Felsmassiv *Stenkälla*. Weitere 2 km von dort liegt der *Trollkyrkosjön*, ein romantischer Waldsee mit lotrechten Uferwänden, und der *Stigmanspaß*, eine alte Zuflucht für Räuber und Wegelagerer.

Tiveden

Die ehemalige Grenzmark zwischen den Reichen der Gauten und der Svear besteht aus einem zusammenhängenden Waldgebiet, das an vielen Stellen noch unberührt und urwüchsig ist.
Innerhalb des Tiveden liegt der gleichnamige Nationalpark, der 1983 auf 13,63 km² Wildnis einge-

richtet wurde. Die hügelige Landschaft mit Schluchten, Kiefernwäldern, Seen, steilen Felsufern, Mooren und einer reichhaltigen Flora ist für Südschweden sehr ungewöhnlich. Im 16. und 17. Jahrhundert wanderten verstärkt Finnen hier ein und begannen, Eisen zu verarbeiten. Erz, Holz und Wasserkraft standen in ausreichender Menge zur Verfügung. Die Geschichte des Tiveden ist voll von abenteuerlichen Erzählungen, von Mystik und Aberglaube. Trolle, Bären und Wölfe wird man zwar heutzutage hier nicht mehr antreffen, aber eine spannende und geheimnisvolle Wildnislandschaft bietet sich einem doch an vielen Stellen. Der Park ist leicht zugänglich. So gibt es Übernachtungsmöglichkeiten, Gaststätten, Parkplätze, Wanderwege, Strände und Kanuwege. Das Wildcampen ist im Park verboten!
Die größte Touristenattraktion aber ist **Fagertärn**. Der kleine Waldsee im Naturpark Tiveden ist eine botanische Weltsensation. Hier vollzog sich eine Mutation von der weißen zur roten Seerose, die 1856 von einem Studenten entdeckt wurde (→ Artikel "Die rote Seerose").

Touristeninformation

Nahe beim See Trehörningen liegt *Stenkälla*, das Besuchs- und Infor-

Göta kanal bei Karlsborg

Die rote Seerose

Wildwachsend kommt sie sonst nirgendwo in der Welt vor - die rote Seerose. Alle anderen roten Seerosen, die heute die Parks in Amerika, Asien und Europa zieren, sind Ableger der Pflanzen aus diesem See. Blütezeit ist im August.

Die volkstümliche Überlieferung erzählt uns, wie es zu der einzigartigen Farbe kam: In einer Hütte am See wohnte einst ein Fischer mit seiner hübschen Tochter. Als sie allein auf den See hinausruderte, tauchte plötzlich der böse *Neck* auf, ein Seemonster, und zog das Mädchen hinab in die Tiefe, um sie zu seiner Frau zu machen. Als sie sich ihm verweigerte, tötete das Monster sie mit einem Messerstich ins Herz. Ihr Blut floß in das Wasser des Sees und färbte die Rosen in solch ein Rot, daß sie nie wieder weiß werden konnten.

Die rote Seerose des Fagertärn wurde 1905 als erste Pflanze überhaupt unter Naturschutz gestellt, und ein erhaltenes kleines Schild aus dieser Zeit am Schlagbaum, der die Zufahrt zum See regelt, droht für Pflücken immerhin hundert Reichstaler Bußgeld an.

mationszentrum des Parks, das sich bestens als Ausgangspunkt für Wanderungen eignet. Hier gibt es ein Informationsbüro, Raststätten, Parkplätze und vieles mehr. Zu empfehlen ist die Anschaffung von Informationsmaterial über Pflanzen, Vögel oder Geologie und einer genauen Karte. Im Besucherzentrum bekommt man alle nötigen Infos für Kurzaufenthalte wie für Mehrtagestouren, für Angler wie für Kanuten, Wanderer oder Radfahrer.

Übernachten

▸ *Stenkällegården Camping* * * *, am Südrand des Parks, Tel. 0505/ 600 15, Campingplatz und Hüttendorf am Ufer des Bocksjön, ruhig und als längerer Standort zu empfehlen.
▸ *Vandrarhem*, in Granvik an Straße 49, Tel. 0505/ 610 75, eingerichtet in einer ehemaligen Schule .

—▸ Die Route führt dann auf Straße 49 durch die Provinz *Närke.* Nächste Station ist **Olshammar**. Hier im *Herrenhof* (1785) wurde Verner von Heidenstam geboren, ein schwedischer Dichter der Nationalromantik. Das Haus ist als Museum von Mitte Juni bis Anfang August öffentlich zugänglich. Schon im 14. Jahrhundert wurde in Olshammar ein Hof errichtet, und zwar von Ulf Gudmarsson, dem Gemahl der heiligen Birgitta. Die *Birgittinenkapelle* stammt aus dem 17. Jahrhundert.

2 km nördlich von Olshammar liegt **Aspa bruk**, eine alte Hüttensiedlung mit einem Herrenhof, der heute das gleichnamige *CS-Hotel*, Relais et Châteaux, beherbergt, ein wirkliches Kleinod mit dreißig stilvollen Zimmern inmitten einer parkähnlichen Wiesenlandschaft (Tel. 0583/ 502 10). Zu erwähnen ist seine hervorragende Küche - von der Zeitschrift "Gourmét" 1994 sogar zu Schwedens besten gekürt!

Askersund

12.000 Einwohner

Wie in Hjo, so ist auch hier ein längerer Aufenthalt empfehlenswert. Askersund ist eine der wenigen erhaltenen Holzstädte Schwedens. Sie brannte zwar 1776 nieder, wurde aber nach alten Plänen größtenteils mit schönen Holzbauten wieder aufgebaut. Von den acht Häusern, die vom Brand verschont blieben, kann man zwei im **Heimatmuseum** im Stadtpark besichtigen (geöffnet im Sommer Mo bis Fr 10 - 17 Uhr, Sa und So 12 - 17 Uhr). Doch auch die Holzhäuser des letzten Jahrhunderts sind sehenswert, außerdem die **Gemeindekirche**, die 1670 nach Entwürfen von Jean de Vallée und Eric Dahlbergh fertiggestellt wurde. In der Grabkapelle findet man reich verzierte Särge.

Touristeninformation

Askersunds Turistbyrå, Hamnen, 69600 Askersund, Tel. 0583/ 810 88

Übernachten

▶ *Husabergsuddes Camping* ***, 1,5 km südlich von Askersund an Straße 50 gelegen, ist sehr schön südlich am Vättern gelegen, Tel. 0583/ 71 14 35, mit 14 Hütten.
▶ *Vandrarhem Lindbogården,* an der Kirche, Tel. 0583/ 810 87, angenehm freundliche Atmosphäre.
▶ *Hotel Norra Vättern,* Klockarbakken, nahe Straße 50, Tel. 0583/ 120 10

Rund um Askersund

◆ Dohnafors Herrgård

Dohnafors Herrgård, 5 km südwestlich von Askersund, war Wohnsitz eines Hüttenpatrons, des Grafen Dohna, der auch Herr über Stjärnsund war. In der Nähe liegt das Häuschen *Kullängsstugan,* eine Blockhütte aus dem Jahr 1693, die bis 1936 bewohnt war.

◆ Stjärnsunds slott

Dieses Schloß, auch *Stjernsunds slott* geschrieben, liegt 4 km südöstlich von Askersund naturschön auf einem Kap im *Alsen-See,* der mit dem nördlichen Schärengarten des Vättern verbunden ist. Das erste Schloß wurde hier im 17. Jahrhundert für die Familie Oxenstierna erbaut. Der Baumeister C.F. Sundvall gab ihm während des Umbaus von 1798 bis 1808 im Auftrag des Hüttenpatrons Olof Burenstam seine heutige klassizistische Gestalt. Zeitweise war es im Besitz der Familie Dohna. Von 1823 bis 1860 gehörte es dann dem Königshaus. Carl XIV. Johan übernachtete auf seinen Reisen nach Norwegen oft hier. Sein Enkel Gustav, der "Sängerprinz", der 1852 im Alter von 25 Jahren starb, nahm einen umfangreichen Innenumbau vor, der dank sorgsamer Pflege der nachkommenden Besitzer heute noch weitgehend unverändert ist. Wie kaum ein anderes Schloß in Schweden dokumentieren die Räume von Stjärnsund den schmucküberladenen Stil aus der Mitte des 19. Jahrhunderts. Heute ist das Schloß in Besitz der Organisation *Kungliga Vitterhetsakademien* (geöffnet im Sommer tgl. 11 - 16 Uhr, nur mit Führungen zu besichtigen, die zu jeder vollen Stunde beginnen).

◆ Bastedalen

Diesen chinesischen Park, 10 km südlich von Askersund, hat man in einem ehemaligen Kalksteinbruch eingerichtet. Er ist sicherlich ein Fremdkörper in der schwedischen Natur, aber dennoch sehenswert. Von Mitte Mai bis Mitte August können Pavillons, Gärten, Skulpturen, fernöstliche Gewächse und ein Chinamuseum besichtigt werden.

—▶ In Askersund nimmt man
Straße 50 in Richtung Örebro. In

Kårstahult folgt man dann der E 20
bis Örebro, wo Route 12 endet.

Route 13
Jönköping - Norrköping (ca. 180 km)

Route 13 führt auf der E 4 von *Jönköping* (→ R 3) an der Südspitze des Vättern in Småland durch *Östergötland* nach *Norrköping*. Dabei führt die Route über die große E 4, die von Norrköping aus dann als Route 15 weiter durch Östergötland und Södermanland (→ R 15) bis nach Stockholm führt, und von dort weiter in den Norden.

Wenn man auf der E 4 unterwegs ist, passiert man *Östergötland* in Ost-West-Richtung genau in jener Landschaft, die schon seit alters Kern der Provinz ist: *Östgöta-Ebene*, ein fruchtbares Flachland, das sich von der Ostsee ohne große Erhebungen bis zum Vättern erstreckt und in krassem Gegensatz zu den nördlichen und südlichen Teilen Östergötlands steht, die hügelig, wald- und seenreich sind. Vor allem das Gebiet zwischen dem Sommen und der Ostsee ist ein Seenparadies von der gleichen Art wie die Wasserlabyrinthe *Dalslands* oder *Värmlands*. Die Östgöta-Ebene war nach der letzten Eiszeit vom Wasser der Ostsee überflutet. Während dieser Zeit setzten sich kalkreiche Sedimente auf den lehmigen Böden ab. So wurde dieses Gebiet schon in der Jungsteinzeit landwirtschaftlich genutzt. Seit dieser Zeit war die fruchtbare Ebene das Siedlungszentrum Östergötlands. Hier finden sich die meisten der 35.000 Vorzeitrelikte. *Norrköping, Linköping, Mjölby, Motala* und *Vadstena* sind die größten Städte der Region, die allesamt

in diesem waldarmen Ackerbaugürtel liegen. Doch wer glaubt, auf einer Fahrt über die E 4 sich einen Eindruck von der Provinz verschaffen zu können, irrt. Gesehen hat man damit nur die große, prägende Ebene. Freunde der schwedischen Wald- und Seenlandschaften kommen südlich und nördlich dieses Gebiets sicher ebenso auf ihre Kosten wie in Småland oder Dalsland. Für sie sind z. B. *Malexander* am Sommen oder *Rimforsa* ideale Ausgangspunkte für ausgedehnte Kanufahrten. Außerdem besteht dort ein gutes Angebot an Zeltplätzen, Hütten und Hotels. Wer Ausflüge zu kulturellen Sehenswürdigkeiten machen möchte, ist dann doch wieder in der Östgöta-Ebene richtig, wo alte Kirchen, Klöster und Schlösser warten. Industrie ist vor allem auf die großen Städte konzentriert. Enorme Bedeutung gewann im letzten Jahrhundert der *Göta kanal*, der Ostsee und Kategatt von Stockholm nach Göteborg verbindet.

Huskvarna

Huskvarna erstreckt sich rechts der Straße. Sie ist mit der Schwesterstadt Jönköping mittlerweile zusammengewachsen. Der Name der alten Industriestadt, bekannt für die Herstellung von Waffen, Motorrädern oder Nähmaschinen, heißt übersetzt "Hausmühle". Er rührt von der Sä-

gemühle, die Karl IX. 1599 bei den
Wasserfällen errichten ließ. Die Häuser der Waffenschmiede, die längs
des Flusses reihen, bilden heute ein
romantisches **Künstlerviertel.**
Am Nordrand der Stadt steht die
Kirche von Hakarp, deren Grundstein 1694 gelegt wurde. Sie ist mit
wirkungskräftigen Bilddarstellungen
der Hölle geschmückt. Altarbild und
Kanzel stammen ursprünglich aus
der Kirche von Eksjö.

→► Die E 4 steigt nun schon
leicht an. Links liegt der See, auf
der rechten Seite zieht ein Kunstwerk die Blicke auf sich. Calle
Örnemark errichtete hier eines seiner monumentalen Denkmäler, und
zwar den zwölf Meter hohen Riesen
Vist (→ Visingsö) ganz aus Eisen-
bahnschwellen. Dann zeigt nach
30 km eine Ausfahrt von der E 4
schon die nächste Stadt an:

Gränna

Hier ist ein längerer Aufenthalt zu
empfehlen. Zu schön sind die Stadt
und Umgebung, um nur kurz anzuhalten. Drei Tage kann man hier
mindestens einplanen.
Gränna ist eine herrliche Sommerfrische, die Per Brahe 1652 als
Zentrum seiner Grafschaft errichten
ließ. Die Stadt wurde niemals vom
Feuer heimgesucht und überrascht
deshalb heute mit ihrer durchgehen-
den Holzhausbebauung: Ein echt
schwedisches Kleinstadtidyll, das
die Herzen der gehetzten Großstadt-
menschen wieder in Ruhe und Einklang mit Werten wie Leichtigkeit
und Fröhlichkeit bringen kann! Dank
des milden Klimas am Vättern begann man hier bereits im 17. Jahrhundert, Obstplantagen anzulegen.

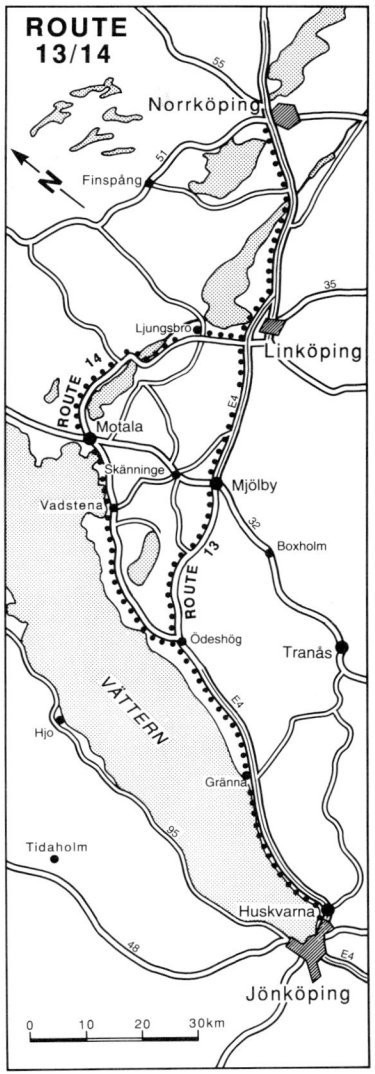

Mit dem Ballon zum Nordpol

Als Wissenschaftler beschloß *S.A. Andrée*, als erster den Nordpol zu erreichen. Deshalb starteten er und seine beiden Begleiter *Fraenkel* und *Strindberg* nach jahrelangen Vorbereitungen im Juli 1897 von der Insel *Danskön* auf Spitzbergen mit einem speziell konstruierten Ballon und einer vollständigen Ausrüstung. Eine unglaubliche Expedition nahm ihren Anfang. Die drei wagemutigen Männer flogen mehrere Tage in Richtung Norden, nichtwissend, daß der Pol mit einem Ballon nicht zu erreichen ist. Noch niemals zuvor waren Menschen so weit nach Norden vorgestoßen. Flugzeuge gab es ja noch keine, und die Packeisgrenze für Schiffe lag schon weit hinter ihnen, als sie am 14. Juli abstürzten. Der Ballon war mit einer Eishülle überzogen und zu schwer geworden. Die Männer packten ihre vorbereiteten Schlitten und machten sich auf den Fußmarsch mit der Absicht, noch vor Beginn des Winters wieder auf Spitzbergen zurück zu sein. Nun begann eine unvorstellbare Odyssee durch das ewige Eis, ein jeder mit 180 kg Gepäck auf seinem Schlitten, durch Spalten, Schollen und über Berge. Andrée führte täglich ein genaues Logbuch und hielt darin auch körperliche und psychische Veränderungen fest. Sie ließen Brieftauben fliegen, schossen Eisbären und fotografierten mit einer altertümlichen Kamera. Ende September gaben sie auf und versuchten, den Heimweg zu finden. Aus der Expedition wurde eine kräftezehrende Irrfahrt. Bittere Kälte, körperliche Erschöpfung und die Einsamkeit des ewigen Eises zermürbten die drei. Mitte Oktober starben sie auf der kleinen Insel *Vitön*, ahnungslos, daß sie ihrem nördlichen Rettungslager schon sehr nahe waren. Der junge Strindberg starb als erster. Andrée nahm dessen an die Verlobte gerichtete Briefe und das Amulett mit ihrem Bild an sich. Andrée schrieb in das Tagebuch bis wenige Stunden vor seinem Tod. An dieser Stelle hätte das Abenteuer zu Ende sein können, aber es wurde fortgesetzt. Im Spätsommer 1930 erreichte das norwegische Schiff "Brattvåg" Vitön, wo man die Leichenreste der drei Männer und ihre Ausrüstung fand. In einem feierlichen Akt wurden sie zurück nach Schweden überführt. Die Bilder aus Andrées Kamera wurden entwickelt. Sie dokumentieren, nachdem sie 33 Jahre im Eis gelegen hatten, das unglaubliche Schicksal der drei mutigen Männer. Strindbergs Briefe erreichten schließlich doch noch seine ehemalige Verlobte. Bilder und Ausrüstung sind im *Andréemuseum* zu sehen. Die Geschichte läßt unsere Phantasie nicht zur Ruhe kommen. Der Blick auf die Bilder in die Gesichter der Sterbenden berührt und bewegt. Die Forscher starben an Trichinen des unzureichend gebratenen Bärenfleischs.

Bis heute gilt Gränna als die "Stadt der Birnen", obwohl sich hier auch große Apfel- und Kirschbaumkulturen ausbreiten, ja, hier reifen sogar Pfirsiche, Aprikosen und Mandeln. Die schwedischen Kinder lieben Gränna als Heimat der "Polkagrisar", jener harten Zuckerstangen, die die Witwe Amalia Ericsson 1846 zum ersten Mal für ihre Tochter herstellte. An diesen Schleckereien fanden danach bald auch andere Geschmack, und so wurde die rüstige Witwe steinreich und 98 Jahre alt. Heute gibt es in Gränna an jeder Ekke eine Polkagrisfabrik.

Vor allem lohnt der Besuch des **Andréemuseums** am kleinen Marktplatz direkt vor der alten Apotheke, wo der Ingenieur S.A. Andrée aufwuchs (→ Artikel "Mit dem Ballon zum Nordpol"). Das Museum ist geöffnet von Mitte Mai bis Ende August von 10 bis 17 Uhr, im Winter von 12 bis 16 Uhr (Eintritt 12 SEK bzw. 5 SEK).

Südlich von Gränna liegt die Industriesiedlung **Röttle kvarnar** mit einer Papiermühle und einer Schleifmühle für Schwertklingen, die der Fürst der Gegend, Per Brahe, hier errichten ließ.

Touristeninformation

Gränna Turistbyrå, Torget, 56300 Gränna, Tel. 0390/ 110 10, geöffnet Mo bis Fr 9 - 16 Uhr, Sa und So 10 - 16 Uhr.

Übernachten

▶ *Getingaryds Camping* * * *, 10 km nördlich von Gränna am See, Tel. 0390/ 210 15, recht ruhig an der alten E 4 (Uferstraße).

▶ *Grännastrandens Camping* * * *, an der Fähranlegestelle in der Stadt, Tel. 0390/ 107 06, mit 30 Hütten und allem, was mit Wassersport zu tun hat.

▶ *Vandrarhem*, im Zentrum bei der Touristeninformation, Tel. 0390/ 107 06, die Rezeption ist im Turistbyrå am Torget, das Vandrarhem befindet sich in einem ehemaligen Internat.

▶ *Vandrarhem*, Grännastranden, an der Fähranlegestelle, Tel. 0390/ 114 20, wie alles in Gränna auch hier in historischen Blockhäusern.

▶ *Gyllene Uttern,* südlich von Gränna an der E 4, Tel. 0390/ 108 00, vielleicht das beste Haus der Scandic-Gruppe. Vor allem die Zimmer zur Seeseite haben eine ki-

Blick auf Gränna

lometerweite Aussicht. Das Hauptgebäude ist einem britischen Castle
nachempfunden. Zum Haus gehören
dreizehn Hütten, die man mieten
kann, und eine hoteleigene Kapelle,
in der sich pro Jahr ca. zweihundert
Paare trauen lassen.

Feste

Am zweiten Wochenende im Juli ist
in Gränna *Ballonflugtag* zur Erinnerung an Andrée. Man kann die
Vielzahl bunter Ballons am Himmel
bewundern.

Rund um Gränna

◆ *Visingsö*

Vor langer, langer Zeit lebte ein
Riese in den Wäldern um Gränna. Er
hieß Vista und wurde eines Abends
zu einem Fest am anderen Seeufer
geladen. Seine schwangere Frau
konnte den Weg über den See nicht
in einem Sprung bewältigen. Doch
der aufmerksame Riese wußte Rat.
Er nahm eine große Grassode und
warf sie mitten in den See, so daß
seine Gattin mit zwei Schritten bequem hinübersteigen konnte. Die
Sode liegt noch immer dort, wird
"Visingsö" genannt und ist mit
25 km² die größte Insel im Vättern-
See. Man erreicht sie mit Pendelfäh-
ren von Gränna. Transport hin und
zurück kostet für einen Pkw mit Insassen je nach Saison ca. 150 SEK.
Auf der Insel kann man sich von
Droschken, den sogenannten "Rem-
malag", fahren lassen.

Am Hafen liegen die Ruinen des
alten Schlosses *Visingsborg*, das
man auf Geheiß Per Brahes mit
Steinen vom Kloster Alvastra Ende
des 17. Jahrhunderts erbaute. 1718
brannte das Schloß völlig nieder.
Schon lange vorher gab es auf der
Insel eine bedeutende Königsburg,

die Burg *Näs*. Auf der Südspitze liegen noch die Ruinen der alten Festung, die von Sverker I. um 1250
errichtet wurde. Immer wieder kamen Könige hierher, fünf schwedische Regenten starben hier, darunter König Magnus Ladulås im Jahr
1290. Die Burg wurde 1330 zerstört. Die Familie Brahe hatte die Insel von 1562 bis 1682 als Lehen
und baute in dieser Zeit nicht nur
Visingsborg, sondern auch die *Bra-
he-Kirche* auf den Grundrissen eines
Vorgängerbaus, von dem noch der
Westturm erhalten ist. Per Brahe der
Jüngere konzipierte die Kirche als
Grab- und Ruhmeshalle für seine
Familie. Sehenswert sind die Kanzel,
ein emaillebesetzter Reliquienschrein, eine Birgittinenfigur und die
Tür zur Sakristei, die noch aus dem
mittelalterlichen Bauwerk stammt.
Die Beschläge, wie uns eine Runenschrift verrät, fertigte der berühmte
Schmied Asmund (12. Jh.). Eine
andere sehenswerte Kirche liegt bei
Kumlaby. Sie besteht aus Schiefer
und ist ein Werk des 12. Jahrhunderts. Im 17. Jahrhundert richtete
man im Turm eine astronomische
Station ein und nutzte das Gebäude
als Schule. Die Tradition dieser
Brahe-Schule wird bis auf den heutigen Tag in der Volkshochschule,
die neben der Kirche zu finden ist,
fortgesetzt. Sie gilt als das älteste
Schulhaus des Landes.

Eine Besonderheit auf Visingsö
betrifft den Wald. Die gesamte
Waldfläche hier wurde aufgeforstet,
um sie später zum Schiffsbau zu
nutzen. Im südlichen Teil des Insel-
walds liegt Smålands größtes Grabfeld mit über 800 weit verstreuten
Gräbern, davon mehr als vierhundert Hügelgräber.

◆ *Vireda kyrka*

Diese Kirche, 25 km östlich von
Gränna, stammt aus dem 14. Jahr-

hundert. Unter den Wandmalereien besticht vor allem das "Liebespaar".

—▸ Die Route führt zurück zur südlichen Auffahrt auf die E 4. Nimmt man die nähere nördliche, so verpaßt man die Burg **Brahehus**. Leider sind von ihr nur noch die Außenmauern erhalten. Per Brahe ließ sie 1636 als Herrensitz mit überwältigender Aussicht auf sein Land, über Gränna und den Vättern-See errichten. Brahe war zu jener Zeit Schwedens größter Grundbesitzer. Und so war die Schadenfreude im Ort groß, als das Anwesen 1708 den Flammen zum Opfer fiel. Die Holzhäuser in Gränna blieben jedoch von Bränden verschont.

Mit schöner Sicht über den langen, schmalen See geht es gen Norden, nun nach Östergötland. In *Ödeshög* zweigt Route 14 für einen Schwenk in das alte Kulturland Östergötlands ab. Route 13 aber setzt sich auf der E 4 fort. Nach 10 km zeigt ein Hinweisschild den nächsten Halt an.

Rök

Der Stein von Rök, auf der linken Seite unweit der Straße, ist der berühmteste und meist beschriebene Runenstein überhaupt. Die Inschrift wurde kurz nach 800 mit über 750 Zeichen aus verschiedenen Alphabeten über alle Seiten des Steins verteilt. Der Verfasser, Runenmeister Varin, verwandte in diesem einzigartigen Denkmal das jüngere und das ältere Futhark. Dazu ordnete er geheime Runen verschiedener Art und schuf so die längste, erhaltene Inschrift in der Sprache der Wikinger. Mittlerweile ist die Entzifferung aller Zeichen gelungen, aber ihre Deu-

tung ist nur in einigen Teilen befriedigend gelöst. Wir erfahren unter anderem von den Umständen, die zur Errichtung ihres Denkmals führten: "Nach Vamod stehen diese Runen. Aber Varin schrieb sie - der Vater nach dem todgeweihten Sohn!" Der Runenmeister Varin hat nach dem Tod Vamods einen weiteren Sohn gezeugt, der die Rache für Vamod ausführen soll. Der Runenmeister vollzieht einen Akt der Individualweihe, den wir aus der Literatur kennen: Er weiht seinen Sohn, den künftigen Rächer, einer höheren Macht, die den Jungen auf seinem Feldzug beschützen soll. Verstärkt wird dieser rituelle Vorgang durch eine prunkvolle Strophe in dichterischer Gestalt, dem sogenannten "Altmärenton". So heißt es in deutscher Übersetzung:

"Es herrschte Theoderich - der Kühne und Mutige.
Der Fürst der Seekrieger - über die Strände des Gotenmeeres.
Jetzt sitzt er hochgerüstet - auf seinem stolzen Roß.
Den Schild auf der Schulter - der Held der Meringe."

Die Inschrift bringt den jungen Rächer in Verbindung mit dem legendären Ostgotenkönig Theoderich. Er wird ihm geweiht! Theoderich helfe dem Rächer, seine Kraft möge ihn begleiten! Und der Sage nach ist ja Theoderich nicht gestorben, denn die Ruhmestaten des großen Königs ließen ihn im skandinavischen Volksglauben mit der Gestalt des Göttervaters und Schamanen Odin verschmelzen. Er wird zu Odin-Theoderich, dem göttlichen Reiter, der nachts das "wilde Heer der Todesmutigen" über den Horizont führt. Auch im deutschen Raum ist die Vorstellung des wilden Heeres und seines grauenhaften Anführers Odin-Theoderich in vielen Quellen bezeugt, selbst noch im christlichen Mittelalter. Auf dem Rökstein erscheinen weitere Sagenmotive, wie die zwanzig Könige, die Heldentaten Vilins u. a. Alle bezeugen die Ehre des gefallenen Vamod und bestärken den Rächer. Im Sommer 1991 wurde am Runenstein ein neues Informations- und Ausstellungszentrum eröffnet. Die Ausstellung zum Stein ist ganzjährig geöffnet, die Informationsanlage aber nur im Sommer.

Mjölby

Am Heimatmuseum (Hembygdsgård) auf einer kleinen Insel im Svartån ist noch eine der vielen Sägemühlen erhalten. Früher war Mjölby schlichtweg das "Mühlendorf", wie der Name besagt. In der Umgebung liegen viele Vorzeitfunde. Allein das Grabfeld **Kungshögarna** umfaßt mehr als hundert Grabanlagen, darunter Schiffs- und Steinsetzungen, Richterringe und Hügelgräber. Aber Mjölby ist nicht so reizvoll, daß man sich hier länger aufhalten würde.

Übernachten
▸ *SH-Stadshotellet,* Järnvägsgatan 24, gegenüber vom Hauptbahnhof, Tel. 0142/ 150 30, große Zimmer.

Rund um Mjölby

◆ Sommen
Straße 32 führt nach Süden in eines der größten und schönsten Erholungsgebiete Östergötlands. Der Sommensee (132 km²) mit seinen genau 365 Inseln (eine pro Tag!) und Schärengebieten ist eine Sommerfrische, ein Paradies für Angler, Segler, Wanderer und Kanuten. Rund um den See finden Urlauber

Attraktionen in Kultur und Natur: die *Kirche von Torpa* (13. Jh.), den Aussichtsberg *Bota* oder *Svalön*, eine Felseninsel mit 40 m hohen, senkrecht abfallenden Steilwänden und vieles mehr. Zum Verweilen laden *Malexander* und *Boxholm* wie auch *Tranås* ein, die Pelzstadt, in der Kürschner und Pelzgeschäfte an jeder Ecke zu finden sind.

Touristeninformation
Boxholms Turistbyrå, Torget, 59010 Boxholm, am Nordufer des Sees, Tel.0142/ 895 43

Übernachten
▸ *Hättebadens Camping ***,* in Tranås direkt am Sommen nahe Straße 131, beschilderte Abfahrt vom Zentrum, Tel. 0140/ 174 82, sehr schöner Platz mit dreizehn3 Hütten und einem großen Angebot an Wassersportaktivitäten.
▸ *SH-Stadshotellet*, in Tranås, Storgatan 22, Tel. 0140/ 566 00.
▸ *Pensionat Sommarhagen*, in Malexander, Tel. 0142/ 300 37, kleines Vandrarhem in einer Holzvilla.

◆ Gripenbergs slott
4 km östlich von Tranås liegt dieses Schloß, das größte Holzschloß in Schweden. Leider geschlossen!

—▸ Vorbei an der alten *Kirche von Veta* führt Route 13 über die E 4 in eine der großen Städte Schwedens.

Linköping
120.000 Einwohner

Städte dieser Größenordnung sind in Schweden meistens nicht gerade gute Beispiele für erhaltene altertümliche Stadtbilder. Auch Linköping hat nur wenig aus seiner langen Geschichte in unsere Zeit retten können, zumal was die Innenstadt betrifft. Aber das gleicht die Dom- und Universitätsstadt mit ihrer Atmosphäre wieder aus.

Geschichte

Linköping, neben Norrköping das Zentrum der Provinz und eine der größten Städte Schwedens, ist schon seit dem Mittelalter eine bedeutende Bischofs-, Universitäts- und Schulstadt. Es ist in dieser Funktion über Jahrhunderte hinweg mit *Lund, Skara* und *Uppsala* vergleichbar. 1152 wurde in Linköping die Aufnahme Schwedens als Provinz der römischen Kirche beschlossen. An die Stelle der alten Holzkirche trat der heutige Dombau, als Basilika begonnen, nach vielen Umbauten zur gotischen Hallenkirche, der zweitgrößten Schwedens, 1498

vollendet. Könige wurde hier gekrönt (1219 Johan Sverkersson, 1251 Valdemar), Klöster gegründet, Handwerker und Kaufleute angesiedelt. Die Einziehung aller Kirchengüter durch den Staat veränderte die Stadt im 16. Jahrhundert. Kriegshandlungen und Brände zerstörten die meisten Holzhäuser. Die Kämpfe zwischen Sigismund und Karl IX. wurden hier ausgetragen (1598 - 1600). Sie gipfelten im "Blutbad von Linköping", als Anhänger Sigismunds in der Innenstadt ermordet wurden. Mit der Anbindung an das Eisenbahn- und Kanalnetz begann der industrielle Aufstieg. Die Position als Bildungsstadt wurde durch die Universität begründet.

Sehenswürdigkeiten

Die hoch gelegene **Domkirche**, eine dreischiffige Halle mit großem Chor

Holzschloß Gripenberg

und Querschiff, ist das Wahrzeichen der Stadt. Ihr Architekt war Meister Gerlach aus Köln. Der Chor wurde 1498 fertig. Wenig später ließ der Bischof Hans Brask ein neues Dach aufziehen. Den 107 m hohen Turm vollendete man erst 1758. Durch Helgo Zettervall ließ man ihn 1886 umbauen. Im Inneren sind verschiedene Epochen vertreten: Mittelalter (Taufbecken, 15. Jh. Lübeck), Renaissance (Flügelalter, 1543) und Moderne (Altarbild, 1936). Das **Schloß** von Linköping diente bis zum 16. Jahrhundert als Bischofssitz. Nach der Reformation übernahmen Kronvögte die Burg, später die Landeshauptleute.

Sehenswert sind im Zentrum ansonsten nur ein paar Gebäude unmittelbar neben dem Dom, die **Propstei** und der **Bischofshof**. Am Stora torget steht der **Folkunger Brunnen** (1927), ein Werk von Carl Milles. Er stellt Folke Filbyter dar, den legendären Stammvater der Folkunger Könige, wie er auf der Suche nach seinem Enkel ausreitet. Das **Folkets hus** am Park nordöstlich des Doms in der Östgötagatan ist ein gutes Beispiel schwedischer Architektur in den sechziger Jahren. Sven Markelius machte hierzu den Entwurf.

Linköping bietet zwei bestens ausgestattete Museen. Das **Provinzmuseum** am Vasavägen stellt erstklassige Kunstsammlungen, Möbel, Waffen, Glas und viele Vorzeitfunde aus (geöffnet Juni bis August Di 11 - 21 Uhr, Mi bis So 11 - 16 Uhr, freier Eintritt). 6 km westlich von Linköping liegt in unmittelbarer Nachbarschaft des Militärflugplatzes Malmen in Malmslätt Schwedens einziges **Luftwaffenmuseum** mit zur Zeit 46 Flugzeugen und Hubschraubern aus der Zeit von 1912 bis heute (geöffnet Mai bis September 12 - 16 Uhr, Eintritt 10 SEK).

Südlich der Stadt liegt ca. 5 km außerhalb **Gamla Linköping** (gut beschildert), das Schönste, was die Stadt zu bieten hat. Könnte man nur hier leben, man wäre ein anderer Mensch! Das Freilichtmuseum mit über 50 alten Bauwerken, die hier zusammengetragen wurden und teilweise bewohnt sind, zeigt anschaulich, wie das Leben in einem Dorf vor hundert bis zweihundert Jahren gewesen sein könnte. Alles ist stilecht und original, nur wurde es eben an diese Stelle gebracht. Es gibt einen Silberschmied, eine Post und dann als Museen am Marktplatz einen Bäckerladen, der herrliche Süßwaren herstellt, einen Tante-Emma-Laden, ein Schul-, Apotheken- und Polizeimuseum, Demonstrationen von physikalischen Effekten, ein Photomuseum und eine kleine Schokoladenfabrik, in der Angestellte von *Cloetta* in Handarbeit Kalorienhaltiges fertigen. Im zweiten Stock findet man dann auch ein kleines Schokoladenmuseum dieser Firma (mit Sitz in Ljungsbro nördlich von Linköping) mit viel Zuckerwerk. Der Holzschnitzer Gunnar Kanevad ist ein Meister seines Faches. Hier oder in der Töpferei kann man einige Kronen lassen.

Touristeninformation

Linköpings Turistbyrå, Ekoxen Center, Klostergatan 68, 58101 Linköping, 013/ 20 68 35, geöffnet Mo bis Fr 10 - 17, Sa 10 - 13 Uhr.

Übernachten

▶ *Sandviks Camping * * **, 20 km nördlich von Linköping am Roxen, Tel. 013/ 61 47 00, mit 10 Hütten. Der lange Sandstrand des Platzes ist sehr sauber. Gut geeignet für Wassersportler.

▶ *Pinnarps Camping * * **, am Övre Föllingen an der Straße von Kisa

nach Boxholm, Tel. 0494/ 430 88. Ein sehr schöner Platz mit über 50 Hütten, Rutschbahn, Bootsverleih und weiteren Freizeiteinrichtungen.
▶ *Vandrarhem,* Klostergatan 52, zentral gelegen, Tel. 013/ 14 90 90, ganzjährig geöffnet.
▶ *Hotel du Nord,* Repslagaregatan 5, Tel. 013/ 92 98 95, ein kleines, familiäres Haus.
▶ *SH-Stora Hotellet,* am Stora torget, Tel. 013/ 12 96 30, eines der ältesten schwedischen Stadthotels aus dem Jahr 1852 mit dem Charme dieser Zeit. DZ 560 - 755 SEK mit Bonuspaß.

▶ *BW-Hotel Ekoxen*, Klostergatan, Tel. 013/ 14 60 70, ist Teil des riesigen Kongreß- und Gesundheitscenters "Ekoxen" mit Sportanlagen, medizinischer Abteilung und vieles mehr, alles supermodern.
▶ *Sätravallen friluftsgård,* Sätravallen, 24 km südlich von Linköping, Tel. 013/ 400 19, eine Camping-, Hütten- und Freizeitanlage, die außer Übernachtungsmöglichkeiten gute Bedingungen für Angeln, Wandern, Kanufahren, Surfen etc. bietet. Hütte mit vier Betten 350 SEK.

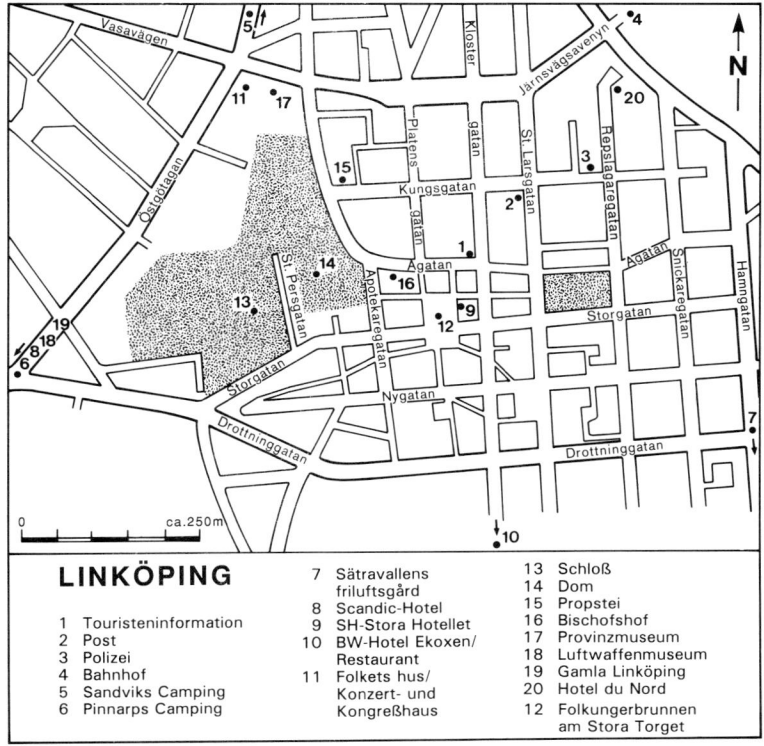

LINKÖPING

1	Touristeninformation
2	Post
3	Polizei
4	Bahnhof
5	Sandviks Camping
6	Pinnarps Camping
7	Sätravallens friluftsgård
8	Scandic-Hotel
9	SH-Stora Hotellet
10	BW-Hotel Ekoxen/ Restaurant
11	Folkets hus/ Konzert- und Kongreßhaus
13	Schloß
14	Dom
15	Propstei
16	Bischofshof
17	Provinzmuseum
18	Luftwaffenmuseum
19	Gamla Linköping
20	Hotel du Nord
12	Folkungerbrunnen am Stora Torget

Essen und Trinken

Das Restaurant des *Ekoxen* ist weit
über die Grenzen der Stadt hinaus
berühmt. Hier bereitet man schwedische Spezialitäten ebenso gekonnt
zu wie Kost für Vegetarier oder Patienten in der Nachbehandlung.
Auch veranstaltet man regelmäßig
Kochwettbewerbe.
Wer es gemütlich liebt, sollte
hinaus nach Gamla Linköping fahren. Hier findet man im alten
Wärdshus ein Café im Keller. Dort
serviert man Hausgemachtes im
Freien wie im Saal.

Einkaufen

Die Kaufhäuser befinden sich am
Markt mit Blick auf Folke Filbyter.
Schönes Kunsthandwerk gibt es bei
Konsthantverkarna, Hunnebergsga-
tan. Souvenirs kauft man am besten
in den kleinen Läden von Gamla Linköping.

Nützliche Adressen
und Telefonnummern

Apotheke: Stora torget, mit Sonn-
tagsdienst, Tel. 013/ 12 92 25
Polizei: Repslagargatan 17, Tel.
013/ 10 20 00

Öffentliche Verkehrsmittel

Zug: Linköping liegt an der Linie 80
mit Anschlüssen nach Helsingborg
und Stockholm mehrmals am Tag.
Außerdem 3 bis 5 Abfahrten tgl.
nach Västervik und Oskarshamn.
Flugzeug: Vom zentrumsnahen Flugplatz 7 Flüge am Tag nach Stockholm, 2 bis 3 Flüge nach Göteborg
und ebenso viele nach Malmö.

Rund um Linköping

In der Umgebung der Stadt locken
vor allem die Schlösser.

◆ Ekenäs slott

20 km östlich liegt dieses Renais-
sance-Schloß, das während des
Sommers täglich zu besichtigen ist.

◆ Lambohovs slott

Dieses große Schloß aus dem Jahr
1760 liegt 4 km südlich von Linköping. Zur Zeit ist es nur von außen
zu bestaunen.

◆ Sturefors slott

Leider kann man auch dieses
Schloß, 10 km südlich von Linköping am Erlången, nicht von innen
besichtigen. Sturefors wurde in der
schwedischen Großmachtsperiode
(1699 - 1705) von Tessin dem Jüngeren für den Adligen Karl Piper errichtet. Jean Eric Rehn baute die
Anlage Mitte des 18. Jahrhunderts
um. Zu besichtigen ist leider nur
der englische Park mit dem chinesischen Pavillon.

◆ Kinda kanal

Dieser 80 km lange Kanal zwischen
Linköping und Horn verbindet die
Seen *Roxen* und *Åsunden* miteinan-
der. Er wurde 1871 mit fünfzehn
Schleusen fertiggestellt.

◆ Vårdsbergs kyrka

Diese Kirche, 8 km östlich von Linköping, wurde um 1150 zunächst
als Rundkirche mit Wehrfunktion erbaut. Später wurde sie erweitert
und umgebaut. Die Malereien im
Chor wurden 1617 nach Motiven
von Gustav Adolfs Bibel angefertigt.
Sie zeigen u. a. das Jüngste Gericht
und den Turmbau zu Babel.

◆ *Rösten*

Rösten, auch "Rödsten" genannt, 20 km südöstlich von Linköping, ist ein Opferstein aus der Völkerwanderungszeit. Er besteht aus drei aufeinandergesetzten, zusammen etwa ein Meter hohen Steinen, die rotweiß und schwarz bemalt sind. Sie sollen einen Phallus darstellen. Der Stein steht auf einem Grabhügel und war Mittelpunkt eines uralten Fruchtbarkeitsritus.

◆ *Bjärka-Säby*

Bjärka-Säby liegt am Rängen 16 km südlich von Linköping. F.M. Piper entwarf das im Jahr 1800 errichtete Schloß, das später in barockem Stil umgebaut wurde (geöffnet im Sommer Sa und So 12 - 19 Uhr, Führungen nur um 15 Uhr).
Ca. 2 km nördlich davon liegt am Stångan die Burgruine *Bjärkaholm*. In der Nähe befindet sich noch eine weitere Schloßanlage aus dem 17. Jahrhundert.

◆ *Kisa*

Kisa liegt 56 km südlich von Linköping. Von hier ging 1845 die erste größere Emigrationswelle in die Staaten aus. Der Apotheker C.G. Sundius vermittelte Schiffspassagen. In seiner alten Apotheke ist heute ein kleines, aber sehenswertes *Emigrantenmuseum* eingerichtet. Über die Öffnungszeiten des Museums, die sehr unregelmäßig sind (telefonische Auskunft darüber unter Tel. 0494/ 125 00 oder 116 00). Ein Besuch versteht sich mit Kaffee und Führung. Auf einer Anhöhe liegt das *Freilichtmuseum* mit zwölf alten Häusern und vielen interessanten Gegenständen.

Tip: Das *Värdshus* aus dem 17. Jahrhundert am Tingshustorget 1 serviert sonntags ein riesiges Smörgåsbord (mittags) für ca. 150 SEK.

◆ *Tidersrums kyrka*

12 km südwestlich von Kisa steht an Straße 134 eine der ältesten Holzkirchen Schwedens, erbaut im frühen 13. Jahrhundert von Meister Svane. Sie ist dem heiligen Olaf geweiht.

◆ *Smedstorp*

Smedstorp liegt 30 km südwestlich von Kisa. Dieser "Zwillingshof" ist eine einzigartige Hofansiedlung mit original erhaltenen Gebäuden aus dem 18. Jahrhundert, die nach den üblichen Plänen jener Zeit für zwei Bauernfamilien konzipiert waren. Die Gebäude, die von beiden Parteien bewohnt wurden, bestehen jeweils aus zwei, spiegelverkehrt gegeneinander gestellten und zusammengebauten Häusern aus zwei Etagen.

—▸ Route 13 führt weiter auf der E 4 in Richtung Stockholm. Nach ca. 15 km zeigt ein Schild an:

◆ *Ekenäs slott*

12 km südlich der Abzweigung liegt dieses Schloß mit seinen drei romantischen Haupttürmen. Anfang des 17. Jahrhunderts wurde das Herrschaftsgebäude auf den Fundamenten einer älteren Burg errichtet. Es liegt sehr schön am Ufer des heute teilweise ausgetrockneten *Teden-Sees*. Im Schloß sind einige Geheimnisse verborgen. In zugemauerten Kellerräumen treiben angeblich noch immer Geister ihr Unwesen. Wer es dennoch wagt: ge-

Das "Spinnhuset" in Norrköping

Wenn man am Strömmen in Norrköping vorbeischlendert, kommt man an ein großes, schloßartiges Gebäude. Doch der Eindruck täuscht. Es ist ein Gefängnis, erbaut 1790, und zwar mit Geldern der Textilfabrik *Drags*, die gleich nebenan lag. Hier arbeiteten Staat und Unternehmer in übler Weise zusammen. Die Fabrik zahlte Lohn für die Wächter und fürs Essen sowie etwas Geld für die Insassen, meist Frauen, die von vier Uhr morgens bis zehn Uhr abends Zwangsarbeit verrichten mußten. Sie sponnen das Garn, das von den Männern in der daneben liegenden Fabrik gewoben wurde. Kinder ab sieben Jahren wurden gleichermaßen herangezogen. Und um hier eingesperrt zu werden, mußte man nicht etwa straffällig geworden sein, nein, es genügte bloße Arbeitslosigkeit, "Herumtreiberei" genannt. Die Strafe wurde nicht in Tagen oder Monaten oder gar Jahren festgelegt, sondern in Metern - in Metern Garn, die man spinnen mußte. Die Verhältnisse waren übel und die Regeln hart, doch für damalige Zeiten irgendwie auch schon wieder modern. Wer schnell arbeitete, kam früher frei. Das Spinnhuset steht noch immer an seinem Platz. Noch immer ist es ein Gefängnis.

öffnet von Mai bis September Sonntag 11 - 17 Uhr, im Juli täglich 11 - 17 Uhr. In der ersten Augustwoche veranstaltet man hier ein *Renaissancemusikfestival*. Näheres darüber erfährt man in der Touristeninformation Linköping.

→ Route 13 führt weiter auf der E 4. Bei *Herseberga* zweigt Straße 210 nach *Söderköping* (→ R 8) ab. Sie verläuft in vielen Kurven teils am Göta kanal entlang durch eine sehr liebliche, äußerst reizvolle Wiesenlandschaft. Neben Straße 210 liegt auch die alte *Kirche von Skärkind* sowie in unmittelbarer Nähe die neue. Von der alten steht nur noch der Chor aus dem 15. Jahrhundert. Er dient seit langem als Kapelle. Auf dem Friedhof gibt es zwei Runensteine aus dem 6. und 11. Jahrhundert. Prunkstück der neuen Kirche (1836) ist der Altarschrein aus Antwerpen (um 1500).

Bevor Route 13 in *Norrköping* endet, zeigt ein Hinweisschild die folgende Abzweigung an:

◆ *Lövstads slott*

Wer Schlösser mag, für den ist das hier ein "Muß". Das große Barockschloß wurde um 1650 für Axel Lillie errichtet. Hundert Jahre später wurde es umgebaut; dazu wurden der Park und die Tore angelegt. Auch die Adelsfamilien de la Gardie, von Fersen und Piper hatten das Gebäude zeitweise in Besitz. Bekannt ist Axel von Fersens Romanze mit Marie Antoinette, die öfters hier weilt (geöffnet Juni bis August mit Führungen tgl. jede volle Stunde von 12 bis 16 Uhr, Eintritt 25 SEK bzw. 10 SEK).

Norrköping
120.000 Einwohner

Sachlich, nüchtern, modern - das ist eine kurze Charakterisierung Norrköpings unter Vernachlässigung der wenigen stimmungsvollen Momente, die die Stadt - vor allem Kunstliebhabern - bieten kann. Dennoch spielt sie eine alltägliche, wichtige Rolle im Leben der Schweden. Das hier beheimatete **Meteorologische Institut** liefert die landesweiten Wetterberichte! Norrköping erhielt seine Stadtrechte 1384. Zwischen der Stadt dieser Zeit und der modernen Großstadt unserer Tage mit bedeutenden Industrien (Papier, Metall etc.) liegen die Jahrhunderte eines Schattendaseins unter der Dominanz des nahen Söderköping. Louis de Geer begann in Norrköping 1650 mit einer seiner vielen Waffenfabriken. Textil- und Tabakindustrie sowie im 19. Jahrhundert die Baumwollspinnereien folgten. Nach Borås wurde Norrköping "Schwedens Manchester". Die größte Fabrik war aber immer Holmens Papierfabrik. Größter Hersteller von Zeitungspapier ist heute noch *Bravikens Pappersbruk.* Wenige europäische Städte haben ein so gut erhaltenes Industriemilieu mit Fabrikgebäuden aus dem 19. und 20. Jahrhundert mitten im Zentrum erhalten können wie Norrköping. Die schönen, restaurierten Bauwerke liegen am Fluß. "Schwedens schönstes Industriegebäude" beherbergt das **Museum der Arbeit** (geöffnet tgl. 11 - 17 Uhr). Norrköping ist eine Kunststadt ersten Ranges. Die Felszeichnungen von **Himmelstalund** beim Freibad und Erholungszentrum dokumentieren künstlerische Tätigkeit seit über 3.000 Jahren. Das **Kunstmuseum** am Kristinaplatz birgt eine der bedeutendsten Sammlungen schwedischer Malerei und Bildhauerei (geöffnet Mitte Mai bis Ende August Mo bis Fr 11 - 16 Uhr, Sa und So 12 - 16 Uhr, sonst tgl. 12 - 16 Uhr). Ein weiteres Museum ist das **Stadsmuseet**, Västgötegatan 21, mit industriegeschichtlichen Sammlungen (geöffnet Mo bis Fr 10 - 17

Uhr, Sa und So 11 - 17 Uhr). Ein weiteres interessantes Museum ist der **Färberhof** (Färgargården), Stora Petersgatan 3, der sehr schön am Fluß im Grünen liegt. Er zeigt die Wohn- und Arbeitsverhältnisse einer Färberfamilie im 19. Jahrhundert (geöffnet im Sommer Di bis So 12 - 16 Uhr). Hier gibt es auch ein Café.

Zu den hervorragenden Gebäuden Norrköpings zählen am Tyska torget die **Tyska kyrkan** (1673) und das **Rathaus** (1910), die **St. Olai kyrka** (1767) wie auch im Carl Johan Park das **Theater** (1908) und **Stadthaus** (C.F. Sundvall, 1802).

Auf dem Gamla torget kann man sich das Bild Louis de Geers ansehen (C. Milles, 1945). Im Viertel **Röda stan** gibt es einige gut restaurierte Holzhäuser.

Touristeninformation

Destination Norrköping, Drottninggatan 11, 60181 Norrköping, Tel. 011/ 15 15 00

Übernachten

▶ *Himmelstalunds Camping ***,* am Motala-Bad nahe bei den Felszeichnungen an der E 4, Tel. 011/ 17 11 90, mit Hütten und großen Sportanlagen.

▶ *Abborreberg,* bei Bråviken, 5 km östlich von Norrköping, ausgeschildert, Tel. 011/ 11 93 44, ein einstöckiges Blockhaus in schöner Waldlage.

▶ *Scandic-Hotel,* Järngatan 17, ca. 4 km vom Zentrum entfernt gelegen, Tel. 011/ 10 03 80

▶ *Scandic-Hotel,* in Himmelstalund, Utställningsvägen 6, Tel. 011/ 17 00 20, ist wie das andere Scandic-Hotel ein typisches Haus dieser Kette: modern, praktisch, alle Zim-

mer identisch, aber irgendwie auch
langweilig und von abschreckender
Monotonie der Architektur, allerdings gutes Serviceangebot.
▶ *BW-Grand Hotel*, Tyska Torget 2,
am Motala-Ström, Tel. 011/
19 71 00, groß und klotzig mit 207
Zimmern, 20 Suiten und vielen
Nichtraucher- sowie Allergikerzim-
mern. Topmodern mit Pool, Sauna,
Solarium, Massage.
▶ *Hotel Kneippen,* Kneippgatan 7,
direkt am Fluß, Tel. 011/ 13 30 60,
Gebäude im alten Pensionatsstil mit
persönlichem Service.

Tip: 30 km östlich von Norrköping
liegt auf der Landzunge Vikbolandet
Hotel Mauritzbergs slott (Tel. 0125/
501 00). Die prominente Finnin *Liisa
Lipsanen* kaufte vor wenigen Jahren
das leerstehende Schloß und verwandelte es in ein Traumhotel. In
historischen Gemächern gibt es nun
toprenovierte Zimmer. Der prächtige
Hauptbau mit den beiden Flügeln
liegt direkt am Meer, der Bucht Bråviken, hoch auf einem Felsen - in
völliger Ruhe und mit bestem Bade-
wasser. Der Schloßpark lädt zum
Spazieren ein; Sauna, Solarium,
Massagen oder Kanufahren dienen
zur Entspannung. Die Kunsthalle
nebenan im alten Stall und ein neu
geplantes Hüttendorf mit "Öko-Bio-
häusern", 300 m entfernt, drücken
den ungewöhnlichen Stil der Hotel-
chefin aus. Unbedingt erlebenswert!

Essen und Trinken

Schön gelegen - und die Atmosphäre spielt beim Essen ja eine
große Rolle - ist das Restaurant
Strömsholmen auf einer Insel im
Ström. Hier kann man auch im
Freien essen. Exklusiv ist das Restaurant im *BW-Grand Hotel.*

Einkaufen

Das moderne *Shoppingcenter* befindet sich in der Drottningatan. Am
Nya torget liegt die *Saluhall*, eine
Markthalle, in der es bestes frisches
Gemüse, Fisch und vieles andere
gibt. Hier kann man auch essen,
z. B. delikate Snacks in Portions-
häppchen zubereitet.

Nützliche Adressen
und Telefonnummern

Apotheke: Hantverkaregatan 24, mit
Nachtdienst, Tel. 011/ 18 63 90
Krankenhaus: Gamla Övägen 25,
Tel. 011/ 22 20 00
Polizei: Stockholmsvägen 4,
Tel. 011/ 21 60 00

Öffentliche Verkehrsmittel

Zug: Auf Linie 80 nach Stockholm
und Helsingborg mehrmals tgl. Mehrere Abfahrten auch nach Katrineholm mit Anschluß nach Göteborg,
Örebro und Karlstad.
Flugzeug: Vom Flugplatz im Osten
des Zentrums 6 Flüge pro Tag nach
Stockholm.

Rund um Norrköping

◆ Risinge

32 km nordwestlich von Norrköping
liegt in Risinge die alte *Kirche St.
Maria*, deren Gewölbemalereien aus
dem 15. Jahrhundert stilbildend geworden sind. Der Risinge-Meister
arbeitete auch in Kaga und anderen
Kirchen Östergötlands zwischen
1430 und 1460. Alle Szenen sind in
Medaillons gefaßt, wie z. B. die
Jagd eines Königs mit seinen Falken
(Nordseite, und hier das Langhaus)

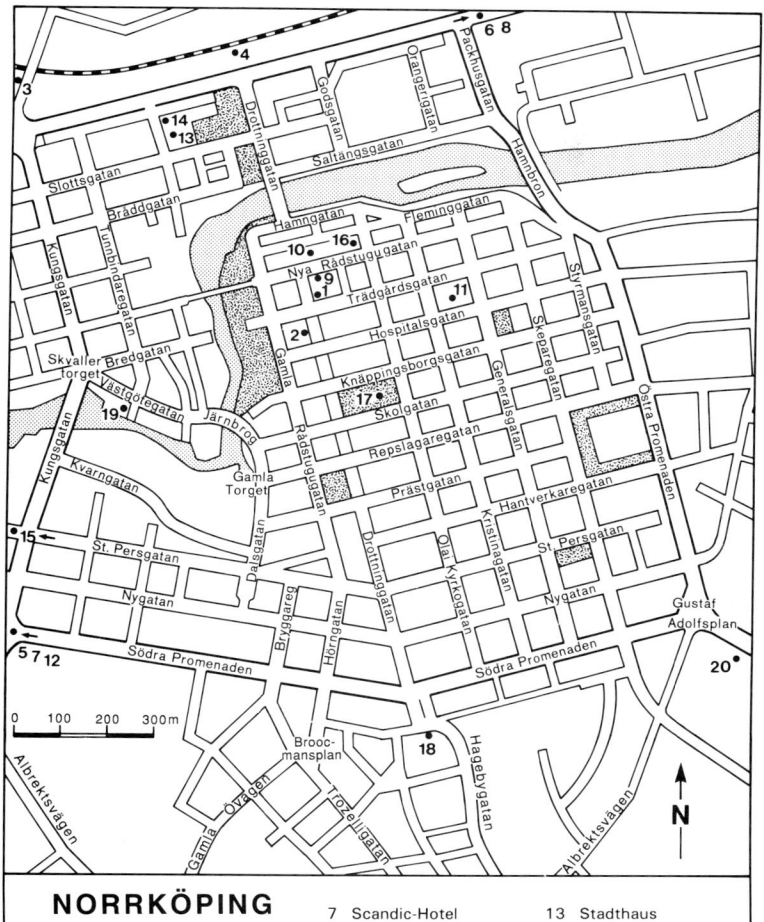

NORRKÖPING

1 Touristeninformation/
  Rathaus
2 Post
3 Polizei
4 Bahnhof
5 Himmelstalunds
  Camping
6 Vandrarhem
  Abborreberg

7 Scandic-Hotel
  Himmelstalund
8 Scandic-Hotel
9 BW Grand Hotel am
  Tyska torget
10 Tyska torget
11 Saluhall am
   Nya torget
12 Felszeichnungen
   Himmelstalund und
   Sportanlagen

13 Stadthaus
14 Theater im Park
15 Färgaregården
16 Tyska kyrkan
17 St. Olai kyrka
18 Kunstmuseum
19 Stadsmuseet
20 Sport- und
   Schwimmhalle

und viele biblische Themen beider
Testamente, wie Genesis oder Jo-
sephsgeschichte. Der Altar stammt
aus Lübeck (15. Jh.).

◆ Finspång

Niederländer begannen hier in Finspång, unweit von Risinge, im Auftrag des Königs im 16. Jahrhundert
mit der Eisenverarbeitung und der
Herstellung von Waffen. Bis in unser Jahrhundert hinein blieb dieser
Produktionszweig erhalten. Für den
Transport des Erzes mußte man nur
geringe Entfernungen zu den Hütten
zurücklegen, da sich in der gesamten Umgebung große Erzlager
befanden, die schon seit dem Mittelalter intensiv abgebaut wurden.
Die Kanonenschmiede wurde ab
1641 von der Adelsfamilie de Geer
geleitet. Erst vor ca. hundert Jahren
kam der Betrieb in andere Hände.
Heute stellt die Firma *Stal-Laval*
Turbinen her. Bedeutendstes Gebäude ist das *Schloß Louis de Geers*
in holländischem Barock (1668 -
1685), in dem "Stal-Laval" seinen
Firmensitz hat. Zum Schloß gehören
die Kapelle mit Reliquien aus der
Kirche von Risinge, die Orangerie
und der 1790 von Johann Tobias
Sergel gezeichnete Auroratempel.
An der Brücke zum Schloß liegt

auch ein *Hüttenmuseum*, ein ehemaliges Waaghaus.

◆ Rejmyre

Rejmyre, 32 km nördlich von Norrköping, erreicht man über Straße 51
in Richtung Finspång. Im Dorf Ki-
stinge zweigt man dann nach rechts
auf die Straße nach Rejmyre ab.
Hier wurde 1810 eine Glashütte gegründet, nach der in Kosta die
zweitälteste Schwedens, die noch in
Betrieb ist (Besichtigungen Mo bis
Fr 8.30 - 14.30 Uhr, Sa 11 - 14
Uhr). Der Verkaufsladen hat auch
sonntags zwischen 10 und 17 Uhr
geöffnet.

◆ Hävla bruk

Diese Hammerschmiede liegt 10 km
nördlich von Rejmyre. Seit 1682
war sie in Betrieb, bis sie schließlich
1924 stillgelegt wurde. Seitdem
steht sie unter Denkmalschutz.
Mehrere Öfen und Hämmer sind erhalten und können auch besichtigt
werden, ein aufschlußreiches Dokument des Industriezeitalters (geöffnet Ende Juli bis Anfang August,
Mi, Fr, Sa und So 13 - 16 Uhr).
  Ca. 2 km flußabwärts liegt eine
Mühle, die seit 1830 in Betrieb ist.

Route 14
Ödeshög - Linköping (ca. 110 km)

Route 14 (s. Karte Seite 325) führt
durch *Östgötaslätten*, die fruchtbare, flache Ebene dieser Landschaft,
die sich in Ost-West-Richtung zwischen Ostsee und Vättern erstreckt,
über *Vadstena* und *Motala* nach *Linköping*. In dem Dreieck zwischen

Ödeshög, Motala und Linköping liegen einige der wichtigsten Schau-
plätze der schwedischen Geschichte
auf engem Raum zusammenge-
drängt, vergleichbar mit den Kultur-
zentren um Skara-Falköping oder
Uppsala - Vendel. Aber auch land-

schaftlich ist die Route sehr reizvoll, wenn auch nicht typisch schwedisch, da hier die großen Waldgebiete fehlen. Wiesen, Felder, Alleen und vogelreiche Flachseen machen sie allerdings zu einer der lieblichsten Gegenden des Landes. Bei *Ödeshög* verläßt man Route 13 bzw. die vielbefahrene E 4 und fährt auf Straße 50 in Richtung Motala. Um alle Sehenswürdigkeiten zu erleben, muß man in kurzen Abständen anhalten, da die Monumente vergangener Zeiten hier so dicht beieinander liegen.

Hästholmen

Bei Hästholmen liegen am Ufer des Vättern mehrere kleine Felszeichnungsgebiete. Unweit nördlich davon erstreckt sich unmittelbar am See bzw. zwischen Vättern und Tåkern der *Omberg*, ein Urgebirgshorst mit einer Höhe von 263 m. Von hier oben hat man eine wunderbare Aussicht. Seltene Pflanzen machen aus dem Berg ein beliebtes Ausflugsziel für Botaniker. An der Südspitze ist direkt am Seeufer der Wohnsitz der Frauenrechtlerin Ellen Key (1849 - 1926) zu besichtigen, der heute Museum ("Strand") ist.

Alvastrakloster

Gleich hinter der Abfahrt zum *Museum Strand* führt die Straße an die Ruine des Klosters, einen der wichtigsten Plätze der schwedischen Geschichte. Heute sind die Kalksteinmauern der Ruine romantisch überwachsen. Schwedens zweitältestes Kloster wurde 1143 ebenso wie *Nydala* in Småland auf Betreiben Königs Sverker I. (Regierungszeit 1130 - 1156) gegründet. Dieser

stand in direktem Kontakt mit dem heiligen Bernhard von Clairvaux, der Zisterzienser nach Alvastra sandte. Als von Nydala aus das Kloster *Roma* auf Gotland gegründet wurde, schickten die Alvastramönche 1150 Brüder nach *Varnhem* in Västergötland und zehn Jahre später nach *Visby* in Uppland, wie 1477 noch nach *Gudsberga* in Dalarna. Alvastra war Königshof Sverkers und seiner Familie. Getauft wurde der König in der Kirche von *Kaga* und starb in Alvastra, als er am Weihnachtsmorgen 1156 von seiner Residenz zur Weihnachtsmesse in die Kirche reiten wollte. Sein Stallknecht erschlug ihn hinterrücks im Auftrag des dänischen Prinzen Magnus Henriksson, der Anspruch auf den Thron erhob und vier Jahre später auch König

1 Kirche (Langhaus)
2 Sakristei
3 Kapitelsaal
4 Arbeitssaal
5 Speisesaal
6 Küche
7 Arbeitssaal der Laienbrüder
8 Speisesaal der Laien
9 Kapitelsaal der Laien
10 Innenhof
11 Kreuzgang
12 Wohnung des Abtes
13 Gästehaus
14 Krankenhaus

Erik den Heiligen ermorden ließ.
Doch Magnus Henriksson regierte
nur ein Jahr lang (1160 - 1161),
dann rächte Sverkers Sohn Karl seinen Vater und erschlug Magnus.
Auch Karl konnte nicht lange regie-
ren, nur bis 1167. Er selbst wurde
von Eriksson Knut erschlagen, der
nun König von Schweden wurde,
dieser immerhin bis 1196. In solch
unruhigen Zeiten führten die Mönche ein hartes Leben. Mit Fleiß und
Genügsamkeit, aber auch aufgrund
einiger Vergünstigungen durch das
Königshaus brachten sie Landwirtschaft und Handel zur Blüte. Zeitweise hatten sie 438 Höfe in ihrem
Besitz. Im 14. Jahrhundert lebte die
heilige Birgitta hier (1344 - 1349).
Im 16. Jahrhundert teilte auch Alvastra das Schicksal der anderen
schwedischen Klöster. Es wurde
eingezogen und von Gustav Wasa
und den Dänen der Zerstörung
preisgegeben.

Heda

Setzt man den Weg auf der nach
Osten führenden Straße fort, so
gelangt man zur alten Kirche von
Heda, in deren Umgebung zwei
große Grabfelder aus der Eisenzeit
und der → Runenstein von *Rök,* der
sprachhistorisch wichtigste Stein
überhaupt, liegen.

→► Route 14 aber führt zurück
zur Straße 50 und auf dieser weiter
nach Norden. Linkerhand blickt man
weiterhin auf den Omberg, rechts
zweigt eine schöne Straße zum *Tåkern* ab.

Väversunda kyrka

An der Abfahrt zum See steht diese
wunderschöne Kirche. Sie hat ihr

ursprüngliches Aussehen aus der
Zeit um 1150 weitgehend erhalten
können. In der Dachkonstruktion
sind noch Gemeinsamkeiten mit
Stadtkirchen festzustellen. Gewölbe
und Sakristei fügte man um 1350
hinzu. Das Alter des Turms ist unbekannt. Die Malereien in der Apsis
stammen aus dem frühen 13. Jahrhundert. Damals schmückten die romanischen Malereien den gesamten
Kirchenraum. Im Chor und im Schiff
dominieren heute die Bilder des
Vadstena-Meisters aus dem Jahr
1686. Bei Restaurierungen im 20.
Jahrhundert befreite man mehrere
Schichten von Malereien aus der
Zeit vom 13. bis zum 17. Jahrhundert von der weißen Tünche, mit
der sie während der Aufklärung im
18. Jahrhundert überzogen wurden.
Außergewöhnlich ist die hohe Zahl
der Inventarien aus der frühesten
Bauzeit der Kirche. Die Außentür
(2,31 m hoch und 0,85 m breit) im
Südportal ist mit feingearbeitetem
Eisenbeschlag verziert, eine Mischung von Ornamenten aus der
heidnischen Wikingzeit und Elementen des christlichen Glaubens (u. a.
Sündenfall, Sühneopfer). In einer
Runenschrift lesen wir: "Asmund
fertigte diese Tür." Auch der Taufstein stammt aus dem 12. Jahrhundert. Das Triumphkruzifix in der Kirche ist nur eine Kopie des Originals,
das heute im SHM aufbewahrt wird
und eines der ältesten erhaltenen
Schwedens darstellt (um 1100).
Wie in der romanischen Chormalerei
wird auch hier Christus nicht als der
leidende Gott dargestellt, sondern
als der König, der Weltherrscher,
mit Krone auf dem Haupt und reichem Gewand. Die Bekleidung des
Jesus am Holzkreuz war früher bemalt, während größere Teile wie
Arme und Kopf unbemalt waren.
Solche triumphierenden Jesusdar-
stellungen kennt man aus den aller-
frühesten christlichen Bilddenkmä-

lern Skandinaviens, z. B. vom *Jellingstein* in Dänemark. Den noch heidnisch inspirierten Neuchristen in dieser Epoche des Glaubenswandels konnte nur eine siegreiche Göttergestalt imponieren! Ein leidender Gott wäre in ihrer von Ehre und Kampf geprägten Geisteswelt nicht verstanden und akzeptiert worden. Dieses Kruzifix ist leider das einzig erhaltene dieser Art Schwedens. Im St. Martinsdom von Lucca in der Toscana wird ein ähnliches Kreuz aufbewahrt. Weitere Inventarien von hier wurden in das SHM gebracht (z. B. Marienbild, 14. Jh.). In der Kirche verblieben allerdings andere Originale wie das Prozessionskreuz im Chorfenster (14. Jh.), Steinsargfragmente im Waffenhaus (11. Jh.) und die Barockeinrichtung aus dem 17. Jahrhundert mit Kanzel und Altarbild.

◆ *Tåkern*

Er gilt als der artenreichste Vogelsee Schwedens. Mehr als 250 Arten kann man hier beobachten. Zum Vergleich: In ganz Deutschland brüten noch ca. 150 Arten! Vom Beobachtungsturm nahe bei der Kirche von *Svanshals* hat man einen guten Blick über den nur 1 m tiefen, aber äußerst nährstoffreichen See. Ein weiterer Turm, behindertengerecht zugänglich gemacht, steht am Nordostufer bei *Hov*.

Rogslösa kyrka

Diese Kirche, 5 km von der letzten entfernt, hat als Besonderheit einen Turm aus dem 12. Jahrhundert, der von der Vorläuferkirche stammt. Das heutige Haus wurde im 13. Jahrhundert erbaut. Die Hauptat-

traktion ist das Südportal mit schmiedeeisernen Beschlägen von höchstem künstlerischem Wert, in dieser Form einmalig in Schweden. Sie stammen aus dem 12. Jahrhundert und stellen im oberen Teil die Hubertuslegende dar (der heidnische Jäger auf der Jagd nach dem Hirsch = Christus), daneben auch den Sündenfall und den Kampf des heiligen Michaels mit dem Drachen. An den präzise gearbeiteten Kalksteinquadern erkennt man den Einfluß der Zisterzienser aus dem benachbarten Alvastra.

Borghamn

Hier liegen weitere Kirchen aus dem 12. und 13. Jahrhundert wie auch am Seeufer eine Fluchtburg aus der Völkerwanderungszeit. Der Kalksteinbruch deutet es schon an, daß die Ebene in Östergötland neben Gotland eines der wenigen kalkhaltigen Gebiete Schwedens ist.

Tip: *Gyllenhammars Wärdshus,* in einem typisch rotweißen Schwedenhaus zu finden, ist bekannt für seinen Vätternfisch.

Übernachten

▸ *Vandrarhem Storlycke*, am Omberg, 23 km südlich von Vadstena, von Straße 50 beschildert, Tel. 0144/ 330 44, in üppiger Natur, direkt an See und Berg gelegen, mit gutem Restaurant.
▸ *Vandrarhem*, in Borghamn, unweit nördlich von dem am Omberg gelegenen, von Straße 50 beschildert, Tel. 0143/ 202 20, in wunderschöner Lage direkt am Fischerhafen.
▸ *Ombergs Turisthotel,* Tel. 0144/ 330 02, hat einige Zimmer mit einem traumhaften Ausblick auf den Vätternsee.

Vadstena und die heilige Birgitta

Die Geschichte Vadstenas ist mit der Lebensgeschichte der heiligen *Birgitta* untrennbar verbunden. Es ist nicht übertrieben, sie als die Frau zu bezeichnen, die bis ins 17. Jahrhundert den größten Einfluß von allen Schwedinnen auf die Geschichte der Menschen hatte.

Das Königshaus der Familie *Bjälbo* ließ um 1200 unweit vom Stammsitz des Geschlechts (ca. 10 km) eine neue Königspfalz erbauen, den Kern des heutigen Vadstena. Sie war der Ausgangspunkt für eine Stadtentwicklung von atemberaubendem Tempo. Ihr Ruf erreichte im 14. Jahrhundert mit der Heiligsprechung der Birgitta ihren Höhepunkt. Birgitta (1303 - 1373) war Tochter eines Rechtssprechers und mit *Ulf Gudmarsson* bis zu dessen Tod (1344 in Alvastra) verheiratet. Sie war eine überaus gebildete, schöngeistige und religiöse Frau, auch mit politischen Vorgängen in der europäischen Welt vertraut. Sie lebte bis 1349 in Schweden, in Alvastra und auf der Königspfalz von Vadstena. Hier empfing sie ihre göttlichen Visionen, sah Jesus und Maria. Diese Erscheinungen vermittelten ihr ein Sendungsbewußtsein. Sie erhielt, so hieß es, unter anderem den Auftrag zu einer Ordensgründung und den Befehl, den Papst von Avignon nach Rom zurückzuführen. Im 14. Jahrhundert gab es zwei, zeitweise sogar drei Papstresidenzen. Birgittas Klosterpläne waren revolutionär, denn sie wollte ein Kloster für Nonnen und Mönche gründen, in dem natürlich eine scharfe Geschlechtertrennung herrschen sollte. Die Leitung sollte einer Äbtissin obliegen. Um für diesen Plan eine Genehmigung zu erhalten, reiste sie 1349 nach Rom. Vorher war sie bereits nach Trondheim an das Grab des heiligen Olafs gepilgert wie auch nach Santiago in Spanien, wo der Apostel Jakobus begraben liegen soll. Auf der Heimreise starb ihr Gemahl, mit dem sie ihr 13. Lebensjahr verheiratet gewesen war. Sein Vermächtnis konnte er ihr nicht mehr mitteilen. Stattdessen, so will es die Legende, erklärte er es ihr während einer späteren Offenbarung. Birgitta empfing in ihren Erleuchtungen immer mehr Botschaften, so daß sie sich bald als Gottes Sprachrohr fühlte. Magister Mathias zeichnete alles in Lateinisch auf. Sie selbst übersetzte es später ins Schwedische und erreichte damit auch den Rang der ersten Schriftstellerin Schwedens. Als sie in Rom ankam, gelang es ihr, mit dem italienischen Adel in Kontakt zu treten. Sie erwarb dort ein Haus und blieb bis zu ihrem Lebensende. Wohl gelang es ihr nie, den Papst nach Rom zurückzuführen, aber mit ihrer Ordensgründung war sie erfolgreich. *Urban V.*, der Gegenpapst in Avignon, befahl den Klosterbau und die Einsetzung des Ordens der Birgittiner, allerdings unter der Leitung der Augustiner. Die päpstliche Bulle sagte auch nichts über das ungewöhnliche Zusammenleben von Nonnen und Mönchen. Erst viele Jahre nach ihrem Tod wurde dies anerkannt.

König *Håkan Magnusson* schenkte Birgitta die Königspfalz. Sie ordnete alsbald an, mit dem Umbau der Pfalz in ein Kloster zu beginnen. 1367 wurde dafür eine Steuer eingeführt. Jeder Schwede mußte einen Pfennig bezahlen! Birgitta erlebte die Einweihung des Bauwerks 1384 nicht mehr, denn sie starb 1373 auf einer Reise nach Jerusalem in Rom. Auf Drängen ihrer Tochter *Katarina* (Birgitta hatte 8 Kinder!) wurde sie nach Schweden überführt, in einem Schrein in der Klosterkirche beigesetzt und 1391 heiliggesprochen. Ihre Heiligsprechung stieß nicht auf

---

aller Zustimmung, denn nicht wenige zweifelten an der Echtheit ihrer "göttlichen Offenbarungen", in denen sich religiöse Fragen mit politischen Tagesproblemen mischten. Aber schließlich war ja ganz Skandinavien unter Königin *Margarete von Dänemark* in der Kalmarer Union (1387) zu einem mächtigen politischen Gebilde vereint worden, und diese weltliche Macht wollte der Klerus nicht verärgern.

—► Es geht weiter auf Route 14, und wieder liegt 1 km östlich der Straße bei *Herrestad* eine recht sehenswerte Kirche aus dem 12. Jahrhundert. Schließlich führt der Weg zu einem der vielbesuchten Höhepunkte dieser Route:

Vadstena

8.000 Einwohner

Vadstena ist ein Aufenthalt von ein paar Tagen sicherlich wert. Die Stadt ist sehr schön und eine der wichtigsten in der schwedischen Geschichte. Wie in *Gränna, Ystad, Visby* und *Uppsala* haben sich auch hier viele historische Bauten erhalten, so daß sich eine Atmosphäre der Bedeutungsschwere über den Ort legt, die es leicht macht, einen konkreten Bezug zu den Sehenswürdigkeiten zu bekommen.

Sehenswürdigkeiten

Äbtissin des **Klosters** von Vadstena wurde Birgittas Tochter. Birgitta lieferte von Rom aus die vollständigen und bis ins kleinste Detail ausführlichen Baupläne - heute ein einzigartiges Dokument mittelalterlicher Sakralbauplanung! Sie begrenzte die Zahl der Nonnen auf 60 und die der Mönche auf 25. Der Orden wuchs rasch und die Zahl der herbeiströmenden Neusiedler stieg in die Tausende, so daß die Errichtung einer Stadt notwendig wurde. Fast hundert Klöster der Birgittiner wurden überall in Europa gegründet. Im Jahr 1400 erhielt Vadstena von Königin Margarete die Stadtrechte. Dreißig Jahre später war die Klosterkirche, zwischen Nonnen- und Mönchsbau, fertig. Die Bedeutung Vadstenas als kulturelles Zentrum des Landes war außergewöhnlich. Die Bibliothek des Klosters z. B. war die größte in ganz Skandinavien und eine der größten der damaligen Welt. Noch heute ist die mittelalterliche Skulpturensammlung der Klosterkirche die umfangreichste Schwedens. Gustav Wasa brach im 16. Jahrhundert die Macht des Klosters, aber erst Karl IX. ließ es als letztes im Land 1595 schließen. Siehe auch → Artikel "Vadstena und die heilige Birgitta").

Das **Nonnenkloster** oder "Bjälbopalast", wie man es nun wieder nannte, wurde Invalidenheim (1637 - 1783), dann Gefängnis und schließlich Hospital für geisteskranke Frauen (1829 - 1951). Erst 1956 entdeckte man in diesem Gebäude die Mauern der alten Pfalz. Im oberen Stock kann man das restaurierte Dormatorium und eine Kammer besichtigen, in der Birgittas Reliquien aufbewahrt wurden (geöffnet im Juli 13 - 16 Uhr, im Juni und August nur Sa und So 13 - 16 Uhr).

Im **Mönchskloster** erkennt man außen nichts mehr von dem mittelalterlichen Gebäude, denn zu sehr hat der Baumeister Cronstedt zwischen 1760 und 1770 die Formen verändert. Im Inneren des Erdgeschosses sind aber noch Reste des alten Baus mit dem ehemaligen Kapitelsaal sichtbar. Zwischen Nonnen- und

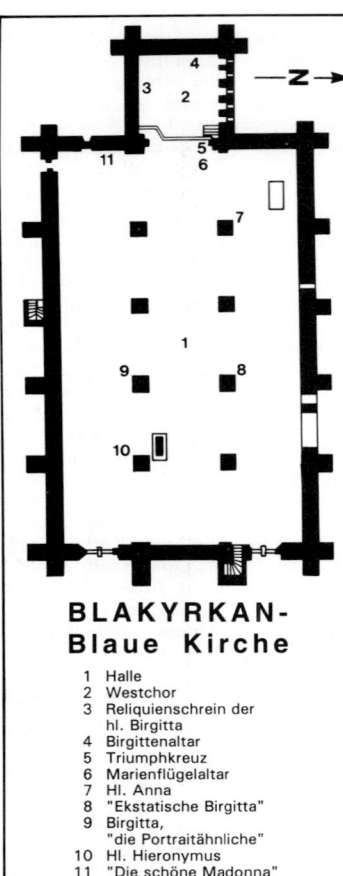

**BLAKYRKAN-
Blaue Kirche**

1 Halle
2 Westchor
3 Reliquienschrein der
   hl. Birgitta
4 Birgittenaltar
5 Triumphkreuz
6 Marienflügelaltar
7 Hl. Anna
8 "Ekstatische Birgitta"
9 Birgitta,
   "die Portraitähnliche"
10 Hl. Hieronymus
11 "Die schöne Madonna"

Mönchsbau lagen einige Räume, in
denen beide Gruppen nur strikt
reglementiert miteinander sprechen
durften.

Die 1430 fertiggestellte **Klosterkirche** ist die Hauptsehenswürdigkeit Vadstenas. Ursprünglich war

sie von Birgitta so konzipiert, daß
Nonnen und Mönche jeweils ihre eigenen Chöre und Altäre hatten.
Etwa fünfzig Altäre gab es hier! Die
Bauweise war so geschickt, daß
sich Nonnen und Mönche in der Kirche nicht sehen konnten. Auch die
einfachen Bürger waren von beiden
getrennt. Nach allen Umbauten präsentiert sich die "Blåkyrkan" (Blaue
Kirche) heute als eine dreischiffige
Hallenkirche mit Westchor und Altar. In keiner anderen schwedischen
Kirche sind so viele mittelalterliche
Inventarien bewahrt wie hier. Erwähnt seien die wichtigsten Objekte, wie der *Reliquienschrein* nach-
weislich mit den Gebeinen der heiligen Birgitta im Mönchschor. Den
früheren Silberschrein ließ König
Johan III. einschmelzen. Genannt
seien weiterhin der *Flügelaltar*
(1459) von Hans Hesse und Johannes Stenrad aus Lübeck, eine kunst-
volle Arbeit, die heute im Mönchschor zu bewundern ist. Ebenfalls
aus Lübeck stammen das *Kruzifix*
(1420), die Skulpturen der "heiligen
Anna" und der "ekstatischen Birgitta" (Johannes Junge, 1430), zu
der im 15. Jahrhundert eine regelrechte Wallfahrt einsetzte. Schließlich sei auf das *Marienbild* im Südwesten (Holland, 1460) und den
Flügelaltar auf dem Hochaltar (Brüssel, 1520) hingewiesen (geöffnet im
Sommer 10 - 19 Uhr, Mo bis Sa
auch Führungen um 11 Uhr).

Aber Vadstena ist mehr als nur
diese Klosteranlage. Die mittelalterliche Konzeption der Stadt ist noch
im ganzen Zentrum zu erkennen.
Dominierend unter den Profanbau-
ten ist das **Schloß**, 1545 bis 1620
unter Gustav Wasa angelegt. 1552
feierte er bereits hier seine Hochzeit. Damals aber war das Gebäude
viel kleiner und niedriger als heute.
Leider ist von der Renaissanceein-
richtung Johans III. nicht mehr viel
erhalten, da das Schloß 1598 aus-

brannte. Später wurde es restauriert und beherbergte noch mehr als hundert Jahre lang Mitglieder der Krone. Im 18. Jahrhundert diente es als Weberei, Speicher oder ähnliches. Zwischen 1957 und 1985 wurde es vollständig restauriert (geöffnet im Juni 12 - 16 Uhr, im Juli 11 - 17 Uhr, von Anfang bis Ende August 12 - 16 Uhr).

In der Storgatan steht das älteste **Rathaus** Schwedens (Bauzeit um 1410), das ursprünglich nur aus dem heutigen Saal bestand. Den Turm baute man um 1500 an. Gericht und Gilden tagten hier.

Weitere sehenswerte Gebäude sind das **Bischofshaus** (1473) von Bischof Tidemansson in der Strågatan, in dem die Bischöfe von Linköping während ihrer Besuche in Vadstena lebten, und das Armeehospital **Helgeandshuset** (1401) in der Stargatan 7 sowie schließlich am Ende der Stargatan der **Rote Turm** (1464, Rest der ehemaligen, nun abgerissenen Kirche St. Per). Erwähnenswert ist auch das **Mårten skinnares hus** (1520) des reichen Stockholmer Pelzhändlers in der Lastköpingsgatan, der mit diesem Haus der Stadt eine Herberge und

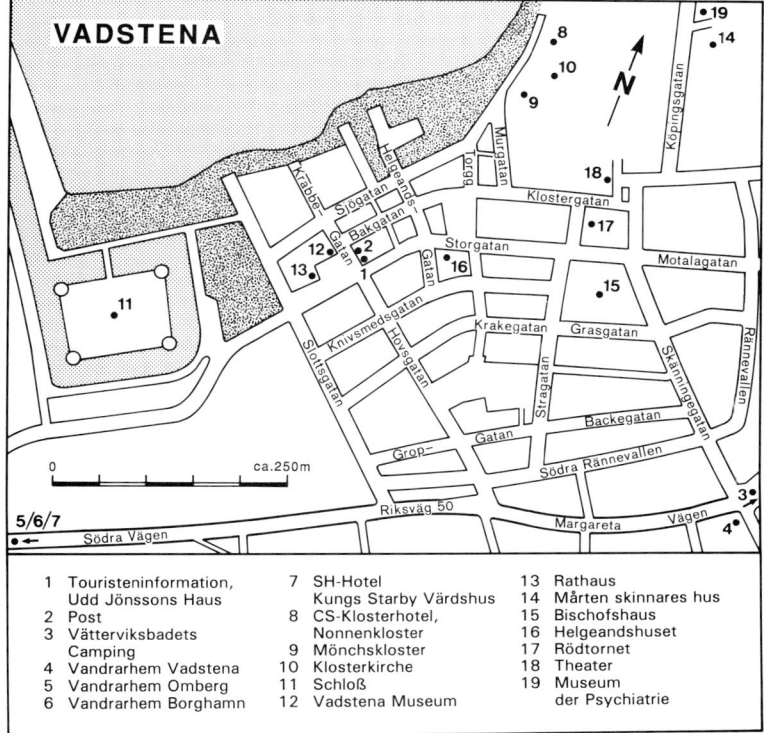

1	Touristeninformation, Udd Jönssons Haus	7	SH-Hotel Kungs Starby Värdshus
2	Post	8	CS-Klosterhotel, Nonnenkloster
3	Vätterviksbadets Camping	9	Mönchskloster
4	Vandrarhem Vadstena	10	Klosterkirche
5	Vandrarhem Omberg	11	Schloß
6	Vandrarhem Borghamn	12	Vadstena Museum
13	Rathaus		
14	Mårten skinnares hus		
15	Bischofshaus		
16	Helgeandshuset		
17	Rödtornet		
18	Theater		
19	Museum der Psychiatrie		

ein Hospital stiftete (mit einem Schatzversteck im Fußboden!). Gleich daneben steht das **Museum** mit Wissenswertem über die Geschichte der Psychiatrie, ein Irrenhaus des 18. Jahrhunderts! Das **Stadtmuseum** findet man am Rådhustorg.

Touristeninformation

Vadstena Turistbyrå, Rådhustorget, 59200 Vadstena, Tel. 0143/ 151 25, eingerichtet im Udd-Jönssons-Haus, einem Kaufmannshaus aus dem 15. Jahrhundert, geöffnet Mo bis Fr 10 - 18, Sa 10 - 13 Uhr.

Übernachten

▸ *Vätterviksbadets Camping* ***, an Straße 50, 3 km nördlich von Vadstena am See gelegen, Tel. 0143/ 127 30, auf schönem Wald- und Wiesengrund, mit 15 Hütten.
▸ *Vandrarhem,* an Straße 50, Ecke Skännigevägen 20, Tel. 0143/ 103 02

Es gibt aber zwei bessere Vandrarhems in → Borghamn.
▸ *SH-Hotel Kungs Starby Värdshus,* Ödeshögsvägen, 2 km südlich des Zentrums nahe am See, Tel. 0143/ 114 20, ist in einen Park mit Zypressen eingebettet. Gustav Wasa soll hier übernachtet haben. Das können auch Sie heute tun, im DZ mit Bonuspaß für 700 SEK.
▸ *CS - Klosterhotel,* 20 m vom Strand in der alten Klosteranlage gelegen, Tel. 0431/ 130 00 oder 115 30, ist altehrwürdig und noch traditionsreicher als das SH-Hotel. DZ 900 SEK mit Schecks.

Essen und Trinken

Neben der Gourmet-Küche des Klosterhotels empfiehlt sich ein Besuch im *Rådhuskällaren. Gravad Lachs* in Gemäuern des ältesten Rathauses Schwedens zu speisen, ist ein besonderer Genuß. *Gamla Konditoriet* in der Storgatan 18 ist die erste Adresse in der Stadt für Frischgebackenes - ein gemütliches Café.

Nützliche Adressen

Post: Storgatan, direkt neben Udd-Jönssons-Haus
Polizei: Knivsmedsgatan, Tel. 900 00

Öffentliche Verkehrsmittel

Stündlich Busse nach Motala, wo man Bahnanschluß hat. Abfahrt der Busse in der Slottsgatan bzw. Järnvägsgatan.

Rund um Vadstena

◆ Nässja kyrka

An einem ehemaligen Thingplatz liegt 6 km nördlich von Vadstena am See diese alte Kirche aus dem 12. Jahrhundert mit schönen Inventarien, darunter einem Taufstein mit Reliefs und einem Altarbild aus Vadstena. 300 m nordöstlich von hier gibt es einen gewaltigen Richterring aus 24 Steinen, 44 m lang und 17 m breit.

◆ Örberga kyrka

3 km südlich von Nässja liegt diese Kirche mit Turm und Kalkmalereien.

◆ Hovs kyrka

Diese Kirche liegt 8 km südlich von Vadstena.   Wunderschöne Malereien, auch mit Darstellungen der heiligen Birgitta, und mehrere mit Runen versehene Steinsargfragmente (sogenannte "Eskilstunakisten") sind bei dieser Kirche aus dem 12. Jahrhundert hervorzuheben.

◆ *Bjälbo kyrka*

Bjälbo kyrka, 10 km südöstlich von Vadstena, fällt durch ihren mächtigen Turm auf, erbaut um 1180. Er war Teil des befestigten Königshofs der Familie Birger Jarls. Im Turm lebte zeitweise Ylva, die Mutter Birgers. Seine Sippe war nach der neuesten Forschung nicht die Dynastie der Folkunger, wie man lange Zeit glaubte. Auf dem Friedhof stehen zwei Runensteine, der eine errichtet für Ingvald, einen Vorfahren Birgers, der andere zum Gedenken an eine Kaufmannsgilde: "Tapfere Männer errichteten die Steine nach Grep, ihrem Gildenbruder".

◆ *Skänninge*

14 km südöstlich von Vadstena liegt das 4.000 Einwohner große Skänninge, eine der ältesten Städte Schwedens, allerdings nicht wegen seiner Geschichte vielbesucht. Heute spielt die Stadt an jedem "1. Donnerstag nach dem 1. Mittwoch im August" eine große Rolle. Dann nämlich lockt hier Schwedens größter *Markt* Besucher auch aus der weiteren Umgebung zu einem Volksfest mit Kirmes, Buden, Handel und viel Bier.

1237 wurden hier zwei Dominikanerklöster gegründet, ein Nonnen- und ein Mönchskloster. Vom *Nonnenkloster St. Ingrid* sind Mauerruinen, Brunnen und Keller erhalten. Das 13. Jahrhundert machte Skänninge neben Skara, Linköping und Uppsala zu einem geistigen Zentrum des Landes. 1248 wurde auf einer Synode das Zölibat eingeführt,

1271 kam Petrus de Dacia als Klosterlektor hierher. Er gilt nach den Runenmeistern als der erste Literat Schwedens. Petrus hatte an der Dominikaner-Universität in Paris bei Thomas von Aquin studiert und in Deutschland Christina von Stommelen kennengelernt, die er mit Hingabe liebte und der er innige Briefe schrieb. Als dann das Kloster Vadstena mit der heiligen Birgitta an Bedeutung gewann, verlor Skänninge seine herausragende Position und verarmte schließlich. Erst die Anbindung an die Eisenbahnnetz im vorigen Jahrhundert brachte wieder eine leichte Erholung.

Sehenswert außer der Klosterruine ist die von den deutschen Bauleuten errichtete *Vårfrukyrkan* (Frauenkirche), die an Söderköping erinnert, mit ihrer berühmten Orgel. Auch das *Rathaus* am Marktplatz, das zugleich Stadtmuseum ist, sowie die Follingegatan und Vistenagatan mit alten *Holzhäusern* aus der Zeit von 1750 bis 1850 sind erwähnenswert. Nördlich der Vadstenagatan und südlich des großen Gefängnisses liegt ein *Kulturreservat* mit einer alten Schule, einer Apotheke und einem Laden.

Touristeninformation

Skänninge Turistbyrå, Rådhuset, 59600 Skänninge, Tel. 0142/ 415 55

Übernachten

▶ *Stadshotellet*, Stora torget, Tel. 0142/ 410 60, ein kleines Haus mit nur 9 Zimmern. Wer den Markt besucht, sollte sich lange vorher anmelden oder in der Umgebung wohnen. DZ 700 SEK.

◆ *Högby*

4 km südlich von Skännige und 1 km nördlich von der Kirche von

Högby steht ein Runenstein auf einem kleinen, bewaldeten Hügel:
"Torgert errichtete diesen Stein für Assur, ihren Onkel.
Söhne bekamen Gulli, ein guter Mann, 5:
Bei Fyris fiel Asmund, ein tapferer Kämpfer.
Assur endete ostwärts bei den Griechen.
Halvdan ward beim Holmgang erschlagen.
Den Tod nicht auswärts fand Kari, ebenso Boi.
Thorkel ritzte die Runen."

Diese Inschrift aus der Zeit um 1.000 enthält viele Nachrichten. Assur, der wohl als letzter der fünf Brüder starb, wurde dieser Stein von seiner Nichte gewidmet. Er war sicher einer der Nordleute, die ab dem späten 10. Jahrhundert zur Leibgarde des byzantinischen Kaisers gehörten. Dort dienten auch so berühmte Wikinger wie der spätere König von Norwegen, Harald Hårdråde. Auch Asmunds Ende können wir recht genau festlegen. Bei den *Fyrisvallarna* tobte 988 die Schlacht zwischen König Erik Segersäll und dessen Neffen Styrbjörn Starke, der dort fiel. Halvdan schließlich unterlag im Holmgang. Die Zweikämpfe der Wikinger wurden auf Holmen, kleinen Inseln ausgetragen, damit keiner der Gegner fliehen konnte.

—▶ Weiter geht es auf Route 14 über Straße 50 vorbei an der alten *Kirche von Hagebyhöga*.

Motala

42.000 Einwohner

Motala - das ist etwas völlig anderes als Vadstena, denn hier dominiert die Industrie. Aber nach Motala kommt man ja in erster Linie wegen des **Göta kanal**, in den man

hier gut "einsteigen" kann. Zwischen Motala und Berg hat er seine schönsten Abschnitte.

Östergötlands drittgrößte Stadt gewann ihre eigentliche Bedeutung erst durch den Bau jenes Kanals. Baltzar von Platen arbeitete hier und ließ 1822 die älteste Maschinenfabrik Schwedens errichten. Noch heute ist Motala eine Industriestadt (*Elektrolux*). Das Stadtbild mit fächerförmig von der Vätternpromenade wegführenden Straßen, das von Platen entworfen hat, ist immer noch erhalten.

Mehrere gut bestückte Museen geben Einblicke in die Industriegeschichte der Stadt. Auf dem Bondebacka liegt das **Rundfunkmuseum** mit den beiden 120 m hohen Radiomasten, die in den zwanziger Jahren Europas stärkste Sender und zugleich die Zentrale des schwedischen Radionetzes waren. Hinter diesem Museum liegt das **Heimatmuseum** mit dem liebevoll angelegten Kräutergarten. Im Schloß Charlottenborg wurde das **Stadtmuseum** mit Ausstellungen zur Stadtgeschichte eingerichtet und am Gästehafen das **Kanal- und Seefahrtsmuseum** mit Wissenswertem zur Baugeschichte des Kanals, das man auf keinen Fall versäumen sollte. Einzigartig in Schweden ist das **Feuerwehrmuseum** (Brandförsvarsmuseet) am Hafen. Hier wird sehr aufschlußreich die Entwicklung dieses Gewerbes in Schweden dokumentiert. Am nördlichsten Kanalufer schließlich liegt das **Mausoleum** des Stadtgründers und Kanalbauers von Platen. Die vorbeifahrenden Schiffe grüßen hier mit zwei Sirenensignalen. Hier beginnen auch schöne Fahrradwege nach *Berg*.

Touristeninformation

Motala Turistkontor, Folkets Hus, 59129 Motala, Tel. 0141/ 252 54,

geöffnet Mo bis Sa 10 - 18 Uhr, So
11 - 16 Uhr.

Übernachten

▶ *Varamobadens Camping,* nördlich
der Stadt an einem der besten
Sandstrände (3 km lang) des Vättern, vom Zentrum beschildert, eine
der größten und schönsten Freizeitanlagen Schwedens mit Volkspark,
Zoo, Schwimmbad, Golf, Tennis
und Bootsverleih.
▶ *Vandrarhem Skogsborg,* Skogs-
borgsgatan, beim Campingplatz,
Tel. 0141/ 574 36, phantastisch
gelegen an einem einmaligen
Strand.
▶ *Vandrarhem,* in der historischen
Brunnenanlage von Medevi, Tel.
0141/ 911 00, ein wunderschönes,
romantisches Haus, nur Mehrbettzimmer.

Der Göta kanal

Der *Göta kanal* war das größte Bauprojekt in der schwedischen Geschichte und wurde im Gegensatz zu manch anderen gigantischen Projekten, wie etwa der Festung Karlsborg, auch vollendet. 1810 begann
man den Plan, Ostsee und Kattegatt durch eine Wasserstraße zu verbinden, in die Tat umzusetzen. Seit dem 16. Jahrhundert war dieses Vorhaben schon mehrfach diskutiert worden, insbesondere wegen des Ei-
sens aus Bergslagen, das nach Göteborg sollte, und des Tivedenholzes
für die Werften in Karlskrona. Diese Fragen beschäftigten die Schweden
schon lange, und *Hans Brask,* der berühmte Bischof aus Linköping,
schlug 1526 den Bau des Kanals vor. Aber damals fehlten noch die Mittel. *Graf Baltzar von Platen* setzte dann den Bau mit riesigem Aufwand in
Gang: 58.000 Arbeiter - Freiwillige, Soldaten und Zwangsarbeiter -
schufteten 22 Jahre lang, 6 Tage in der Woche und 12 Stunden pro
Tag, um - ohne Maschinen - die gewaltigen Erdmassen auszuheben. Sie
bewegten acht Millionen Kubikmeter Lehm und Erde in sieben Millionen
Tagewerken, dazu 200.000 Kubikmeter Fels. Mit diesem Material hätte
man eine "Chinesische Mauer" bauen können: 5 m hoch und 1 m breit
von *Smygehug* bis *Treriksröset,* quer durch ganz Schweden! Der Kanal
ist fast 200 Kilometer lang und folgt teilweise natürlichen Wasserwegen.
Allein in Östergötland wurden 50 km Kanal gegraben, 26 m breit und
3 m tief. Von den 58 Kanalschleusen liegen alleine 37 in Östergötland.
Der Stockholm und Göteborg verbindende Kanal hatte hundert Jahre
lang eine enorme wirtschaftliche Bedeutung. Auch wenn man bedenkt,
daß der Kanal schließlich sechsmal mehr Geld als geplant verschlungen
hatte, so erfüllte er die in ihn gesetzten Erwartungen. Er beschleunigte
nach seiner Fertigstellung 1832 die Ansiedlung von Industrie und den
Ausbau der Infrastruktur. Man errichtete neue Hafenbecken, Molen, Ka-
nalstationen, Anfahrtswege, vielerorts auch Speicher und Werkstätten.
Motala wurde zu einer Art "Hauptstadt des Kanals". Aus den dortigen
Werkstätten kamen Brücken, Schleusen, Schiffe, Lokomotiven und vieles
mehr. Ab dem zweiten Weltkrieg wurde er immer mehr von Schiene und
Straße in den Hintergrund gedrängt. Heute haben Touristendampfer und
7.000 Sportboote pro Jahr die Wasserstraße übernommen, die seit
1978 dem Staat gehört.

► *Kurhotel Medevi Brunn*, Tel. 0141/ 911 00, moderne Hotel- und Konferenzanlage in den beiden alten Kurhäusern.
► *SH-Stadshotellet*, Stora torget, Tel. 0141/ 164 00, besonders gut ist das Restaurant. Hier bekommt man ihn, den "Vätternröding", einen unvergleichlich guten Verwandten des Lachses.

Öffentliche Verkehrsmittel

Von Motala tgl. mehrere Verbindungen nach Mjölby sowie von dort über Linköping nach Stockholm und Helsingborg. Nach Norden 3 bis 4mal am Tag Züge nach Hallsberg mit Anschluß nach Stockholm und Göteborg.

Göta kanal

Informationen allgemein

Sämtliche Unterkunfts-, Ausflugs- und Austrüstungsfragen klärt:
► *Destination Norrköping*, Tel. 011/ 15 154 00.

Regionale Touristenbehörden

→ Linköping, → Motala, → Söderköping und → Karlsborg.

Bootfahren

Man kann Boote aller Art mieten und die Wasserstrecke ganz oder in Teilen bewältigen. Startpunkte sind *Men* an der Ostküste, wo auch schon die erste Schleuse wartet, oder *Sjötorp* im Westen.
Die ausführlichen Fahrpläne der Touristendampfer bekommt man bei allen lokalen Touristeninformationen wie auch bei:
► *Rederi Göta kanal*, Box 272, 40124 Göteborg, Tel. 031/ 80 63 15.

Teilrouten befahren auch:
► *Rederi St. Anna*, Tel. 0121/ 521 22
► *HB Wetterns Båttrafik*, Box 33, 59200 Vadstena, Tel. 0143/ 231 87 oder 106 40
► *Rederi Karlsborg Marina*, Göta Kanalvägen 5, 54603 Forsvik, Tel. 0505/ 413 10
► *Mar tour AB*, Björnbacken 46, 41516 Göteborg, Tel. 031/ 43 42 39
► *Mariestads skärgårds trafik HB*, Box 141, 54123 Skövde, Tel. 0500/ 866 50 oder 343 41.
Sowohl die viertägige Dampfertour Stockholm - Göteborg als auch Teilstrecken kann man in Deutschland reservieren lassen (→ Veranstalter, Reisevorbereitung). Wer nur Teilstrecken fahren möchte, dem empfehle ich die Strecke Berg - Motala. Es gibt 20 % Rabatt bei Hin- und Rückfahrtbuchung. Der Kanal ist vom 15.5. bis 30.8. geöffnet. Die Preisliste für die Dampferfahrt kann bei *AB Göta Kanalbolag*, Box 3, 59121 Motala, Tel. 0141/ 535 10, angefordert werden.

Angelscheine

Für den Fischfang am Göta kanal lohnt sich die Anschaffung einer Saisonangelkarte. Angaben über die Verkaufsstellen erhält man bei *AB Göta Kanalbolag* (s.o.). Angelkarten für den Salmonidenfang in Motala an der Kanalstrecke zwischen den Seen Boren und Vättern verkauft das *Kanalbüro* im Gästehafen, Motala, Tel. 0141/ 535 10. Angelkarten für den Roxen verkauft *Wahlbecks Butik*, Storgatan 42, Linköping, Tel. 013/ 14 85 00, und für den Boren (teilweise) *Borenshults Kiosk*, Borensvägen 48, Motala, Tel. 0141/ 120 70. Am Vättern und Vänern ist Angeln frei. Angelkarten für den Tiveden-See verkauft *Karlsborgs Cykel & Sportaffär*, Strandvägen 8, Karlsborg, Tel. 0505/

101 80, für den Viken der *Kiosk* an der Hebebrücke.

Bootsvermietung
Wer privat ein Boot mietet, sollte die Schleusenpreise beachten. Von Mitte Mai bis Anfang August (sonst billiger) kosten Boote bis 6 m ca. 700 SEK, bis 10 m ca. 1.100 SEK, über 10 m mindestens 1.800 SEK. Kanus und Paddels gibt es gratis. Boote sind zu leihen bei:
▸ *Kinda Kanalbåtar,* Vinkelvägen 18, 59041 Rimforsa, Tel. 013/ 12 01 36 (auch in Stockholm und Göteborg)
▸ *Kinda Båtuthyrning,* Tel. 013/ 525 66

Kanuverleih
Für einen Zweisitzer zahlt man ca. 200 DM in der Woche. Kanus verleihen:
▸ *Söderköpings Brunn,* Skönbergagatan 35, Tel. 0121/ 109 00
▸ *Söderköpings Kanu- und Bootverleih,* bei der Touristeninformation am Rådhuset, Tel. 0121/ 129 40
▸ *Kanot-Fredrik* in Karlsborg, Tel. 050/ 100 33, Buchung bei der Touristeninformation, Norra Kanalgatan 2, Tel. 0505/ 121 20
▸ *Touristenbüro*, in Töreboda am Gästehafen, Tel. 0506/ 101 30

Campingplätze am Kanal
▸ *Söderköping Camping **,* Korskullen, am Südende der Stadt an der E 22, Tel. 0121/ 116 12, ein ganz kleiner Platz auf einer Wiese von Hecken umgeben, mit 3 Hütten.
▸ *Linköping Camping Sandvik ***,* 20 km nördlich von Linköping am Roxen, von der Abfahrt Ljungsbro ab Straße 36 beschildert, Tel. 013/ 614 70, ca. 200 m vom See entfernt, mit Strandbad, Sportplatz und 10 Hütten.
▸ *Motala Z-Parken ***,* 3 km nördlich von Motala zwischen Straße 50 und dem Vättern gelegen, Tel. 0141/ 111 42, großes Gelände mit

Sportplatz und Ruschbahn. 500 m entfernt liegt ein Vergnügungspark.
▸ *Vadstena Vätterviksbadet ***,* 3 km nördlich von Vadstena an Straße 50, unmittelbar am Vänern gelegen, Tel. 0143/ 127 30, mit einem großen Wassersportangebot (Kanus, Tretboote, Rutschbahn). Über 500 Stellplätze, 15 Hütten.
▸ *Borensberg Strandbadet ***,* direkt an der Mündung des Göta kanal in den Boren-See, Straße 211, Tel. 0141/ 403 85, auf einem Wald- und Wiesengrundstück, mit 5 Hütten.

Zollvorschriften
Sofern Sie eine eigene Fahrt planen: Die in der Broschüre "Zollvorschriften für Privatyachten" (→ Reisevorbereitung, Boot) enthaltenen Karten können nicht zum Navigieren verwendet werden, sondern für die Kanalfahrt müssen Sie gültige Seekarten anschaffen. Für den Göta kanal braucht man die Seekarte Nr. 12. Wenn die Fahrt zur Westküste fortgesetzt wird, benötigt man außerdem die Seekarten Nr. 133, Nr. 135 für den Vänern und Nr. 137 für den Trollhätte-Kanal. Eine detailliertere Segelbeschreibung finden Sie im Buch "Svensk Lots", Teil IV. Wer den Vättern und Vänern näher erforschen möchte, benötigt zusätzlich Seekarten, und zwar für den Vänern die Karten Nr. 131, 132 und 134 und für den nördlichen Schärengürtel des Vättern die Karte Nr. 121. Diese Seekarten sind in den Kanalbüros von Motala, Mem und Sjötorn erhältlich.

Rund um Motala

◆ Medevi

Medevi liegt 16 km nördlich von Motala. In Medevibrunn, dem ältesten Kurort Schwedens, wird die Tradition des Heilwassertrinkens seit mehr als dreihundert Jahren gepflegt. Der Brunnen, früher ein heidnischer Opferplatz, ist schon seit 2.000 Jahren bekannt. Wahrscheinlich war es mehr der Glaube, der heilte. Mit Einführung des Christentums wurde die Quelle zugedeckt und vergessen. Im späten Mittelalter wurden überall in Europa wieder Quellen geöffnet. Die reichen Leute fuhren nach Bath, Spa, Selters oder Karlsbad. Die schwedische Regierung ließ im Land nach einer Heilquelle suchen. So entdeckte Dr. Urban Hjärne 1677 die Medevi-Sauerquelle. Im darauffolgenden Jahr wurde das Wasser für heilend befunden, und zwar bei Verdauungsproblemen, Steifheit, Podagra, Blutungen und "verstockten Flüssigkeiten", sogar bei Melancholie und Hypochondrie. Das Wasser sollte auch gut gegen Impotenz und Unfruchtbarkeit sein, aber daran muß man wohl glauben, denn Hjärne hatte 26 Kinder! Er stellte fest, daß die Eigenschaften dem des Aachener Heilwassers entsprachen (Radioaktivität), und ließ schnell ein Gebäude errichten, den "Hochbrunnen", der vor rund hundert Jahren durch den heutigen Empirebau ersetzt wurde. Nachdem nun sogar Königin Hedvig Eleonore von der Heilwirkung des Wassers überzeugt war, strömte die Gesellschaft hierher. Mehrere schöne Holzgebäude aus dem 17. bis 19. Jahrhundert sind heute noch erhalten. Allmählich wurde Medevi das erste Feriendorf Schwedens für reiche Leute. Bekannt wurde es im Lande durch seine Veranstaltungen. Urban Hjärnes Verordnung über das Trinken galt sehr lange: Bewegung, mäßiges Essen u. a. Im Jahr 1700 entstand das Badehaus für die Reichen, 1713 das für das gemeine Volk sowie das Krankenhaus. Der Standesunterschied erlaubte es den Reichen, länger zu schlafen: Die Armen durften um 2 Uhr an der Quelle trinken, die Bauern um 4 Uhr, die Begüterten von 6 bis 8 Uhr. Gemeinsam vereint waren dann alle nach dem Abendbrot beim "Grötlunken", einem Abendspaziergang mit Musik, der noch heute um 21 Uhr nach alter Tradition zu einem Marsch des Komponisten Zikoffs durchgeführt wird. Ein Aufenthalt in Medevibrunn ist wirklich ein Genuß. Hotel und Gaststätten werden ganzjährig geführt, der Badebetrieb nur im Sommer.

♦ *Övralid*

Övralid liegt 10 km nördlich von Motala. Der Literaturnobelpreisträger des Jahres 1916, Verner von Heidenstam (1859 - 1940), errichtete dieses Gebäude 1925 nach eigenen Plänen als seinen Altersruhesitz. Heute ist hier ein Museum untergebracht (geöffnet Mitte Mai bis Ende August tgl. 10 - 17 Uhr). Über seinem Grab steht ein Monument mit den Worten: "Hier ruhen die Überreste eines alten Mannes! Dankbar pries er das Unfaßbare, daß es ihm vergönnt war, als Mensch auf Erden gelebt zu haben." Diesen Spruch verfaßte von Heidenstam selbst. Ansonsten kennt man von ihm nationalistische und sogar kriegsverherrlichende Schriften.

—► Route 14 führt über Straße 36 in Richtung Linköping. In **Borensberg**, einem kleinen Ort am Einfluß des Göta kanal in den Boren, gibt es ein gut bestücktes *Spielzeugmuseum* (geöffnet Mitte Juni bis Mitte August tgl. 14 - 18 Uhr).
Östlich der Route liegt **Ljungsbro**, bekannt vor allem für die Schokoladenfabrik *Cloetta*.

♦ *Stjärnorps slott*

Dieses Schloß findet man 5 km nördlich von Ljungsbro am Roxen. Um 1650 wurde sie für den schottischen Marshall in schwedischen Diensten, Robert Douglas, errichtet. Nach einem Brand 1789 baute man nur die Flügel wieder auf. In der Nähe hält der See viele schöne Badebuchten bereit.

♦ *Flistads kyrka*

Diese kleine Kirche aus dem 12. Jahrhundert, 5 km westlich von Ljungsbro, ist eines der hervorragenden Beispiele romanischer Sakralbaukunst in dem Dreieck Linköping - Mjölby - Motala. Der heiligen Stephanus erscheint auf den Gewölbemalereien und im Altarschrein: "Staffan Stalledräng", wie er auch in schwedischen Weihnachtsliedern besungen wird. Weitere sehenswerte Kirchen liegen in *Björkeberg, Fornåsa* und *Ljung.*

Kloster Vreta

♦ *Vreta*

Das Kloster Vreta südlich von Ljungsbro ist das älteste in Schweden. Rund 25 Jahre bevor Sverker I. zu Klostergründungen die Zisterzienser ins Land geholt hatte, betrieb König Inge der Jüngere den Bau dieses Klosters durch Benediktinermönche im Jahr 1120. Doch nachdem sich die Zisterzienser so erfolgreich in Schweden heimisch gemacht hatten (Nydala, Alvastra, Varnhem, Guthem, Herrevadskloster, Roma u. a.), wurde auch Vreta 1162 diesem Orden übereignet und gleichzeitig für Nonnen reserviert. Neben Guthem war Vreta das vornehmste Nonnenkloster in Schwe-

den. Erst mit dem Aufstieg des Vadstena-Ordens verlor es an Bedeutung.

Die **Klosterkirche** diente dem Stenkilschen Königsgeschlecht als Kirche und Grabstätte. Im 16. Jahrhundert teilte Vreta das Schicksal aller schwedischen Klöster. Es wurde von der Krone eingezogen und verfiel, zumal nach dem Zug der Dänen 1567. Die Kirche aber wurde weiterhin als Gemeindekirche genutzt und blieb damit erhalten. Die Klosterruinen legte man erst in unserem Jahrhundert frei. Die Kirche integriert einige Teile aus älteren Vorgängerbaus. Das heutige Gewölbe wurde im 13. Jahrhundert eingezogen. Das Langhaus baute man zur typischen Zisterzienserhallenkirche um. Geweiht wurde es 1289 von Bischof Bengt aus Linköping in Anwesenheit seines Bruders, des Königs Magnus Ladulås. Auffallend ist das Gitter im Tri-

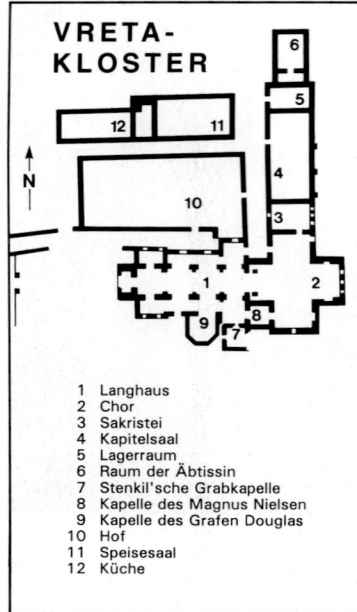

VRETA-KLOSTER

N

1 Langhaus
2 Chor
3 Sakristei
4 Kapitelsaal
5 Lagerraum
6 Raum der Äbtissin
7 Stenkil'sche Grabkapelle
8 Kapelle des Magnus Nielsen
9 Kapelle des Grafen Douglas
10 Hof
11 Speisesaal
12 Küche

Tafel besagt, daß auch Inge der Jüngere (König 1111 - 1125) hier bestattet ist. Er liegt aber nicht im Chor, sondern an einer anderen Stelle der Kirche. Auch der dänische Prinz Magnus Nilsen (gestorben 1134), der zur Zeit Sverkers in Schweden hohes Ansehen genoß und mit diesem um den Thron stritt, ist hier beigesetzt.

Westlich der Kirche findet man die Grundrisse der Klostergebäude und das **Museum**, in dem frühe Funde aufbewahrt werden.

—► Auf dem Weg nach Linköping kann man vom Kloster die kleine Landstraße oder Straße 36 nehmen.

Kaga

Kaga war noch im 5. Jahrhundert ein heidnischer Kultplatz. Zwei große Königshügel, **Sättuna** und **Allguvi**, unterstreichen die Bedeutung dieses Ortes. Rechts der Landstraße liegt die **Kirche** von Kaga, die schon von weitem an ihrem Turm zu erkennen ist. Sie ist eine der schönsten und besterhaltenen mittelalterlichen Sakralbauten Schwedens, zu deren Geschichte man wegen der Verbindung mit der Königsfamilie einiges weiß. In der Vorgängerkirche wurde Sverker I. getauft. Die Familie Sverkers und dessen Nachfolger besaßen hier mehrere Höfe. 1137 war der Bau der Kirche vollendet. Sverker ließ sofort seinen Großvater hier taufen, gerade noch rechtzeitig, denn dieser starb noch in den Taufgewändern. Die Bautechnik der Kirche entspricht der des 1120 errichteten Klosters in Vreta. Außer dem Turmhelm, dem Waffenhaus und der Sakristei stammen alle anderen Teile aus der frühen Bau-

umphbogen, das früher die Gemeindemitglieder vom Betreten des für die Nonnen reservierten Chors abhielt. Vom mittelalterlichen Inventar sind erhalten: das *Triumphkreuz* (1220), das gotländische *Taufbekken* (13. Jh.) und einige *Chorstühle*. Das Besondere an diesem Gebäude sind die nicht wenigen *Grabkapellen* für Persönlichkeiten der schwedischen Geschichte und ihrer Familien, so für Graf Douglas von Stjärnorp (südliches Seitenschiff) mit einer Marmorurne von Carl Milles für einen Nachkommen des alten Marschalls. Daneben steht die Grabkapelle des Stenkilschen Königshauses, im 12. Jahrhundert unter Johann III. errichtet. Hier ruht auch König Rangvald (1125 - 1130). Eine zeit. Der schlanke Kirchturm hat weit und breit nicht seinesgleichen. Der Helm kam wohl erst im 15. Jahrhundert darauf. Zur gleichen Zeit, etwa um 1450, wurden die Kreuzgewölbe eingezogen und bemalt. Früher hing im Triumphbogen ein Kruzifix, dessen Christuskopf heute im Museum in Linköping zu sehen ist. Er stammt aus dem Jahr 1140. Am Südportal ist der Bischof von Kaga abgebildet, wie er auf ein Untier tritt. Dies versinnbildlicht den Sieg der Christen über das Heidentum. Der Stil erinnert an die lombardischen Arbeiten im Dom zu Lund. Auf diese Zeit geht auch die schmiedeeiserne Tür zurück. Die Malereien hat man in zwei Epochen ausgeführt. Romanisch und gotisch sind sie über dem Chor und im Langhaus (sichtbar nur von oben). Allerdings sind hier nur die gotischen Malereien deutlich zu erkennen, da der Risinge-Meister im Chor und sein Schüler Amund im Langhaus die romanische Malerei übermalte. In der Spätgotik gestalteten beide Meister das Gewölbe. Unter den ersten findet man Kain und Abel sowie den Einzug Jesus in Jerusalem. Im Langhaus hängen eines der ältesten St.-Olof-Bilder Schwedens, Porträts von König Sverker und seiner Gemahlin wie auch vom Erzbischof Stefan von Alvastra. Über dem Triumphbogen: das Gastmahl des Herodes, Johannes vor Herodes, Johannes Hinrichtung, der abgeschlagene Kopf von Johannes. Über der Kanzel: die heilige Kakukilla, die von Ratten angefallen wird. Später wurde sie als Schutzheilige gegen Ratten verehrt. Im Westgewölbe: Simson tötet den Löwen und zwei Ringer daneben.

◆ *Ledbergskulle*

6 km westlich von Kaga kyrka liegt auf dem Ledbergskulle (schöne

Runenstein von Ledberg

Aussicht) Östergötlands größter Grabhügel aus der Völkerwanderungszeit mit 40 m Durchmesser und einer Höhe von 7 m. Auf dem Friedhof der Kirche steht ein Runenstein mit einer auffälligen Bilddarstellung. Auf einer Seite erkennt man ein Schiff, wohl das Totenschiff nach Valhall, darüber zwei Krieger. Es sind Einherjer, die sich im Kampf für das Ragnarök, der Weltuntergang selbst, üben. Auf der anderen Seite ist dargestellt: Der Fenriswolf, eines der apokalyptischen Ungeheuer, packt den Fuß des Göttervaters Odin und wird ihn verschlingen. Die Inschrift lautet, transkribiert und übersetzt: "Bise setzte diesen Stein nach Torgöt ... seinem Vater und Gunnar ...!" Dann folgt die magische Zauberformel: "PMK: III: SSS: TTT: III: LLL:" Diese Buchstabenfolge ergibt drei Wörter auf "Istil": "Pistil, Mistil, Kistil" (= Distel, Mistel, Kistchen). Ei-

ne Interpretation als Fluchwörter
- vielleicht gegen böse Mächte - gilt
als relativ sicher, aber eine exakte
Deutung dieser Formeln ist noch
nicht erbracht.

—▶ Route 14 endet in *Linköping*
(→ R 13) mit Anschluß an Route 13.

Route 15
Norrköping - Stockholm (ca. 170 km)

Route 15 führt über die E 4 nach
Stockholm. Kurz hinter *Norrköping*
wird dabei die Landschaftsgrenze
nach *Södermanland* (auch Sörmland) überschritten.

Der längste Wanderweg Schwedens, der 865 km lange *Söderman-
landsleden* zieht sich in 62 Etappen
durch die schönsten Teile dieser
Provinz, die erst nach der Ab-
schmelzung des Inlandeises aus
dem Meer aufstieg. Ihre guten Ak-
kerböden waren einst Meeresgrund.
Diese zogen schon in der Steinzeit
Menschen an. Zusammen mit der
fischreichen Schärenküste trug das
fruchtbare Ackerland wesentlich
dazu bei, daß sich hier Zentren der
schwedischen Vorzeitkultur ausbil-
deten. Folgerichtig ist die Landschaft dann auch nach Uppland die
an vorgeschichtlichen Denkmälern
reichste in Schweden. Mehr als
90.000 Gräber, Runensteine,
Fluchtburgen und andere "feste Monumente" dokumentieren die frühe
Bedeutung dieser Provinz als Kulturlandschaft. Die vielen gut erhaltenen
Kirchen und Klöster aus der frühen
Christenzeit belegen gleichfalls ihre
Stellung. Mit den Tausenden von
kleinen Inseln vor der zerlappten Küste und den vielen Wasserwegen im
recht flachen Landesinneren bietet
aber auch die Natur sehr gute Erho-
lungsmöglichkeiten für Sommer-
hausurlauber und Wassersportler.
Letztendlich lockt Södermanland

auch mit seiner geringen Entfernung
zur Landeshauptstadt, mit der welt-
berühmten Schloßanlage *Gripsholm*
und vielen anderen, teilweise nur
von außen zu besichtigenden
Schlössern und Herrenhöfen. Meist
waren die Auftraggeber Stockholmer, die sich einen Landsitz in er-
reichbarer Entfernung zur Hauptstadt errichten ließen. Auch heute
noch haben viele wohlhabende
Großstadtbürger gemütliche Holzvillen auf dem Lande, die sie an den
Wochenenden und im Urlaub auf-
suchen.

—▶ Route 15 verläßt *Norrköping*
(→ R 13) auf der E 4. Schilder deuten eine Abfahrt zum *Kolmården* an,
einem großen Wald, der noch zu
Östergötland gerechnet wird, obwohl er auf dem Sörmlandsleden zu
durchwandern ist.

Kolmården

Familien kommen von weit her, um
den Park zu besuchen. Die "Eriksgata" - der Krönungszug der schwedischen Könige durch ihr Reich, der
seit Jahrhunderten stattfindet -
führte auch durch diesen Wald,
durch *Krokek* und *Uttersberg*.

Der **Tierpark Kolmården** ist die
größte Touristenattraktion Öster-

götlands. Auf 2,5 km² - der größte in Europa - gibt es alles, von Eisbären und Tigern bis zu Elefanten und Kamelen. Im Safaripark fährt man mit dem Auto (keine Cabrios!) durch fünf Abteilungen mit Elchen, Bären und Löwen. Darüber hinaus gibt es ein Delphinarium, eine Seilbahn, einen alten Hof, einen Kinderpark, ein Dinosaurierland und ein Tropikarium (mit Haien) und vieles mehr. (Park geöffnet Mitte Juni bis Mitte August 10 - 18 Uhr, sonst 10 - 16 Uhr bzw. 17 Uhr je nach Monat; Safaripark Januar bis Ende September und Mitte Juni bis Mitte August 10 - 16 Uhr, im Mai und ab Mitte August 10 - 15 Uhr, davor nur an bestimmten Tagen; Shows im Delphinarium 20.6. bis 2.8. um 12, 13, 14, 15 und 17 Uhr, 3.8. bis 16.8. um 12, 14 und 16 Uhr. Den Rest des Jahres gibt es, fast monatlich wechselnd, jeweils entweder eine

Show pro Tag oder nur an den Wochenenden).

Tip: Man sollte die *KNORR-Karte* für 250 SEK bzw. 100 SEK kaufen, erhältlich bei der Touristeninformation in Norrköping. Sie gewährt freien Eintritt zu allen Sehenswürdigkeiten Kolmårdens und Norrköpings, die kostenlose Benutzung der öffentlichen Verkehrsmittel in Norrköping und viele andere Vergünstigungen.

—► Die Fahrt geht auf der E 4 vorbei am *Stavsjö Värdshus* weiter in Richtung Stockholm. Hinter *Kila* zweigt die 216 nach Norden ab.

♦ *Eriksberg*

Das größte Schloß Sörmlands, das man nach 25 km erreicht, ist leider

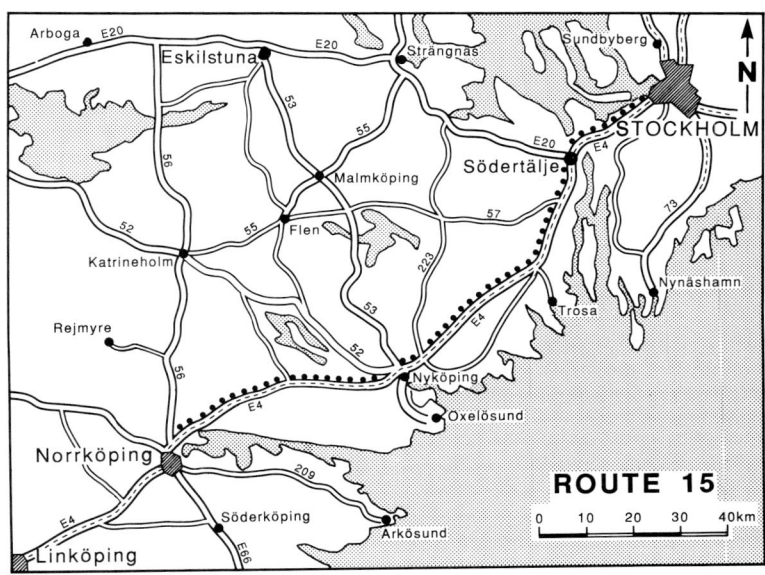

der Öffentlichkeit nicht zugänglich.
Nur der Park und die schöne Außenansicht können bestaunt werden. Der Bau wurde im 17. Jahrhundert von Eric Gyllenstierna nach
Plänen von Nicodemus Tessin dem
Älteren begonnen und von seinem
Sohn Christopher vollendet. Bis in
jene Zeit hinein hieß das Anwesen
auch "Pintorp". Es ranken sich Sagen um die Gemahlin des Bauherren, Beata von Yxkull, die mit der
verhaßten "Pintorpafrun" identisch
gewesen sein soll. Noch heute soll
sie in den Gemäuern umherspuken.
Ihren Ruf als "Schloßekel" hatte sie
sich wohl durch Schandtaten an ihrer Dienerschaft vollauf verdient.
Die volkstümliche Überlieferung
weiß strophenlange Lieder über ihr
Dasein und ihr Ende. Danach trug es
sich so zu, daß der Teufel sie persönlich holte. Priester, Zofe und
Diener mußten ihr in die Hölle folgen. Der Teufel kämmte ihr Haar mit
einem Stahlkamm und tanzte mit
ihr, bis das Blut ihre Schuhe rand-
hoch gefüllt hatte. Seit 1808 ist die
Adelsfamilie Bonde Besitzer des
denkmalgeschützten Bauwerks.

tan 32, 64129 Katrineholm, Tel.
0150/ 572 41

Übernachten
▸ Campingplatz ***, am Djulösjön,
1 km südlich von Katrineholm, Tel.
0150/ 572 42, kleiner Platz in einer
Parklandschaft.
▸ BW-Stadshotellet, Storgatan 20,
gleich neben dem Bahnhof, Tel.
0150/ 504 40, elegant, mit großen
Räumen und gutem Service.

◆ Julita-Gutshof

Dieser Gutshof liegt 24 km nordwestlich von Katrineholm. Das
schloßähnliche Gebäude wurde
1744 erbaut und beherbergt heute
ein Kulturhistorisches Museum (Juli-
ta Skans), zu dem auch mehrere,
um das Hauptgebäude liegende, alte
Holzbauten gehören. Das Nordische
Museum in Stockholm ist der Besitzer (Hof geöffnet Juli bis August
tgl. 11 - 16 Uhr, Museum Mai bis
August 11 - 17 Uhr).

◆ Katrineholm

Dieser Eisenbahnknotenpunkt, ca.
40 km nordwestlich von Kolmården,
ist eine moderne Industriestadt mit
einer großen Anzahl von alten
Siedlungsplätzen, Grabanlagen und
Runensteinen in der näheren Umgebung. An Straße 52 liegt die 5.000
Jahre alte Siedlung **Mogetorp** und
an Straße 220 ca. 3 km östlich **Gly-
sas grav**, eine Schiffssetzung mit
einem Umfang von 35 mal 5 m. Sie
ist mit Steinen gefüllt und teilweise
überwachsen.

Touristeninformation
Katrineholms Turistbyrå, Djulöga-

Tuna

Die Ziegelsteinkirche von Tuna
stammt aus dem 14. Jahrhundert.
Der Turm wurde erst 1877 hinzugebaut. Schöne Malereien zieren den
Chor (17. Jh.). Prunkstück des In-
ventars ist das Marienbild aus dem
15. Jahrhundert.

Nyköping

47.000 Einwohner

In der großen, modern-nüchternen
Stadt ist eigentlich nur die Burg **Ny-
köpingshus** einen Besuch wert. Sie

hatte die gleiche höchst wechsel-volle Geschichte von Aufbau und Zerstörung wie die Stadt. Nach dem Brand im Jahr 1665, der neben dem Schloß auch die gesamte Stadt ein-äscherte, folgten Aufbau und neuer-liche Zerstörung durch russische Truppen während des großen Nordi-schen Kriegs 1719. Aus den Trüm-mern entstand die heutige Stadt.

Ähnlich wie schon Gripsholm jahrelang dem schwedischen König als Gefängnis für seinen rivalisieren-den Bruder diente, spielte auch Ny-köpingshus eine wichtige Rolle im internen Machtkampf der königli-chen Familie. König Birger I. emp-fing hier im Dezember 1317 seine Brüder Valdemar und Erik. Nach großem Gelage wurden die beiden Schlafenden gefangengenommen und im Turm in Eisen gelegt. Als sich deren Anhänger daraufhin er-hoben, mußte der König selbst flie-hen. Er versäumte es jedoch nicht, vorher den Kerkerschlüssel in den Fluß zu werfen, so daß seine Brüder elend verhungerten. Sieben Monate lang wurde das Schloß belagert und in einem großen Sturm im August 1318 eingenommen und zerstört, nachdem die Schloßherren die Lei-chen der beiden Brüder auf der Schloßmauer ausgestellt hatten. Gu-stav Wasa und sein Sohn Karl IX. ließen die Festung wieder aufbauen, aber die erneute Zerstörung durch einen Brand 1665 besiegelte ihr Ende. Erst in unserem Jahrhundert wurde sie restauriert. Zu sehen sind nur Turm (jetzt Museum) und Wälle, die den Brand überstanden haben, und die Residenz des Landeshaupt-manns, die 1720 erbaut wurde und nun ebenfalls ein Museum ist.

Ansonsten bieten sich für eine weitere Besichtigung die **St. Nicolai kyrka** und **Allhelgona kyrka** an, beide aus dem 13. Jahrhundert, al-lerdings im 17. Jahrhundert kom-plett umgebaut.

Touristeninformation

Destination Sörmland, Landstinget Sörmland, Tel. 0155/ 24 59 00

Übernachten

▸ *Strandstuvikens* * * *, 9 km süd-östlich der Stadt am Meer, von der Abfahrt Nyköping östlich der E 4 beschildert, Tel. 0155/ 978 10, auf einem Waldgrundstück gelegen, mit Sandstrand, ist der schönste der Nyköpinger Campingplätze, 5 Hüt-ten.

▸ *Vandrarhem,* an der Festung Ny-köpingshus, Tel. 0155/ 21 18 10, sehr romantisch wirkender alter Holzbau.

▸ *Scandic-Hotel Nyköping,* Gums-backen, 4 km vom Zentrum ent-fernt, neben der E 4, Ausfahrt Ny-köping, Tel. 0155/ 28 90 00

▸ *SH-Stadshotellet,* Västra Storga-tan 15, Tel. 0155/ 26 90 60, Ny-köpings führendes Hotel.

Öffentliche Verkehrsmittel

Mehrere Züge von Nyköping am Tag nach Stockholm und Helsingborg.

Rund um Nyköping

◆ *Oxelösund*

Diese Hafenstadt liegt am Südende von Straße 53. Von hier bestehen Fährverbindungen nach Polen, die aber für deutsche Touristen in der Regel weniger von Belang sind. Passagen sind bereits Monate vor-her zu buchen.

Übernachten

▸ *Jogersö Camping* * * *, 2 km süd-lich von Oxelösund an der Schären-küste, Tel. 0155/ 383 84, an einer Felsküste gelegen.

♦ Bärbo

Bärbo liegt 11 km nördlich von Nyköping. Rund um den kleinen gleichnamigen See liegen die drei Herrenhöfe *Näs, Tistad* und *Täckhammar,* die einst das Leben in der Gegend bestimmten. Die Kirche von Bärbo geht auf das 13. Jahrhundert zurück. Ihre Logen zeugen vom großen Einfluß des Adels auf den Kirchenbau. Das Chorfenster ziert eine Malerei von H. Eldh. Im Inneren ragt das herrliche Tryptichon heraus, ein dreiteiliges Altarbild, das wahrscheinlich aus der Schule des berühmten Lübecker Meisters Lucas Cranach dem Älteren stammt.

♦ Vadsbro kyrka

Diese Kirche erreicht man von Nyköping nach 40 km in Richtung Nordwesten über Straße 221. Die Kirche aus dem 13. Jahrhundert wurde im 15. Jahrhundert mit schönen Gewölbemalereien von Peter Målare verziert. Die meisten Inventarien und Umbauten stammen aus dem Barock (17. Jh.), so Chor, Grabchore und Altar.

♦ Flens kyrka

Flens kyrka liegt 50 km nördlich von Nyköping, dort wo Straße 221 auf eine andere Straße trifft. Die Kirche aus dem 13. Jahrhundert ist sehenswert, vor allem wegen ihrer Gewölbemalereien aus dem 17. Jahrhundert.

In der Umgebung liegen mehrere vorhistorische Relikte, z. B. die Fluchtburg *Tjugesta skans*, 5 km südlich von Flen nahe beim Herrenhof Holbonäs. 3 km westlich liegt am Valdemaren *Schloß Stenhammar,* 1660 von Jean de la Vallée erbaut. Es gehört heute dem Staat und ist eine kleine Privatresidenz des Königs.

♦ Sköldinge

Auf der Straße 57 von Flen nach Katrineholm findet man bei Sköldinge eine weitere Kirche aus dem 13. Jahrhundert, die im 17. Jahrhundert umgebaut wurde. Die große Glocke hängt aber noch am mittelalterlichen Gestell.

♦ Floda kyrka

Geschichtsträchtiger ist die mittelalterliche Kirche von Floda, 6 km nördlich von Sköldinge. Beim Umbau erhielt sie eine Backsteinfassade, während die schönen Gewölbemalereien von Albertus Pictor (1480) erhalten werden konnten. In einer Grabkapelle, die man in prächtigem Barock 1667 an der Ostseite der Kirche errichtete, ruht ein Feldmarschall des Dreißigjährigen Krieges, Lars Kogg, inmitten reich dekorierter Stuckwände und heroischer Skulpturen von 2 m Höhe, die in Wandnischen das Grab bewachen.

♦ Harpsund

Dieser Herrenhof, 10 km nordwestlich von Flen, gehörte früher unter anderem der Adelsfamilie Sparre. 1952 wurde er dem Staat übereignet. Er wurde weltbekannt, als sich hier in den Fünfzigern und Sechzigern Regierungschefs und Vertreter der Tarifparteien zu informellen Gesprächen trafen, die den besonderen Ruf des schwedischen Arbeitsfriedens in der "Harpsund"-Demokratie begründeten. Auch als Erholungsstätte und als Ort offizieller Begegnungen fungierte das Gut. Im Juni 1964 übernachtete hier gar Nikita Chruschtschow - das Bild mit Tage Erlander und dem rudernden Sowjet in einem kleinen Holzkahn ging um die Welt!

◆ *Malmköping*

16 km nördlich von Flen liegt Malmköping. Der kleine Ort ist geprägt von seiner Vergangenheit als Exerzierplatz des Sörmlandregiments wie von der hier ansässigen Gesellschaft für Straßenbahnen. Auf der *Museumslinie*, die von der tausend Mitglieder zählenden Gesellschaft zusammen mit dem Museum betreut und betrieben wird, sind Wagentypen aus allen Städten Schwedens in Betrieb. Sie fahren von Malmköpings altem Bahnhof landeinwärts an den wogenden Feldern Sörmlands vorbei. Auf der Fahrt gibt es 5 Haltestellen. Endstation ist ein alter, roter Holzkiosk, der früher am Rödbodtorget in Stockholm stand. Eine Fahrt mit einem der alten Wagen ist eine wahre Freude! Auf der Plevnahöhe liegt das *Hotel Plevnagården* (s.u.), dessen Einrichtung die militärische Vergangenheit des Orts widerspiegelt.

Touristeninformation

Malmköpings Turistbyrå, Hembygdsgården, 64032 Malmköping, Tel. 0157/ 201 71

Übernachten

▸ *Malmköpings Camping * * *,* von der Kreuzung der Straßen 53/ 55 noch 500 m in Richtung Zentrum, Tel. 0157/ 210 70, unmittelbar am See gelegen, 4 Hütten.
▸ *Hotel Plevnagården*, ein Romantik-Hotel auf der Plevnahöhe in Malmköping, Tel. 0157/ 216 60. Geradezu umwerfend ist das nahe an einem kleinen Badesee in traumhafter Ruhe gelegene rot-weiße Hauptgebäude mit Erinnerungen an die militärische Vergangenheit der Stadt (Waffen, Uniformen etc.) und einem historischen Kaufladen der Jahrhundertwende. Alle Säle und Restauranträumlichkeiten sind stilvoll ausgestattet. Die Zimmer sind groß und mit kleinen Kostbarkeiten

versehen. Man kann aber auch in einer der Gartenlauben oder in dem grünen Nebengebäude wohnen, das aus der Stadt hierher gebracht wurde: Es ist das Geburtshaus Greta Garbos. Wer wollte da nicht schon immer mal wohnen? Fast unnötig zu sagen, daß hier auch die Küche vom Feinsten ist.

—▸ Route 15 führt nun weiter auf der E 4. Schon bald aber zweigt Straße 223 nach Norden ab:

◆ *Uppsa-kulle*

Uppsa-kulle liegt 8 km östlich der alten Kirche von Runtuna (12. Jh.) nahe am Runnviken-See. Es ist einer der größten Grabhügel Schwedens, der für die "Eriksgata" immer als Zielpunkt diente.
6 km nördlich des Hügels stehen nahe bei der Kirche von Spelvik zwei **Runensteine** (Grindasteine), die von den weitläufigen Beutezügen der Wikinger zeugen: "Guthrun errichtete den Stein für Hethin, er war Svens Neffe, er lebte in Griechenland; teilte Gold. Christus hilf seinem Geist." Der andere Stein berichtet: "Grjutgart und Aenrithic, die Söhne, machten das Denkmal für ihren mutigen Vater. Guthvar fuhr westwärts nach England, teilte Tribut (Danegeld), griff mannhaft Burgen in Sachsen an."

◆ *Aspa löt*

Weitere 7 km nördlich von Uppsa-kulle liegt 30 m westlich der Straße 223 eine alte Thingstätte, von deren ehemaliger Bedeutung noch immer der Thinghügel Aspa löt mit seinen

30 m Durchmesser zeugt. Ein zwei Meter hoher Runenstein steht direkt daneben. Weitere Runen- und Bautasteine liegen am Weg, der von der Post in Aspa zum Hügel führt. Auf einem Stein aus dem 10. Jahrhundert lesen wir eine frühe Erwähnung der Namen "Dänemark" und "Schweden": "Astrid ließ dieses Denkmal errichten für Anund und ihren Sohn Ragnvald. Sie wurden in Dänemark getötet, waren mächtige Männer in Rauninge und die Rüstigsten in Schweden." 3 km südlich des Hügels und 1,5 km südlich der *Kirche von Spelvik* stehen östlich der Straße weitere Runensteine.

In **Ludgo** 2 km östlich von Aspa zeugen zwei Steine am Eingang zum Friedhof der mittelalterlichen Kirche von der frühen Christianisierung in diesem Gebiet. Im Chor der Kirche wurden zwei Grabkapellen für bedeutende Adelsfamilien angebaut. Der Altaraufsatz stammt von Burchard Precht (um 1700).

—▶   Route 15 nähert sich weiter Stockholm. Rechterhand liegen die *Kirchen von Tystberga* mit Malereien aus dem 17. Jahrhundert und *Lästringe* (12. Jh.). Auf der Höhe von *Vagnhärad* gibt es einen "Pflichtabstecher" von der Route, an dessen Ende eine der schönsten Städte Schwedens wartet.

◆ *Trosa*

Trosa liegt 10 km südlich am Meer. "Världens Ände" - "das Ende der Welt", so lautet der Spitzname des Städtchens am südlichen Schärengarten, das im 14. Jahrhundert ca. 5 km weiter nördlich bei der noch erhaltenen mittelalterlichen Kirche

lag. 1445 zerstörten Klaus Störtebekers Piraten den Ort. Als der Fluß zu verlanden drohte, verlegte man 1610 die Siedlung küstennah an die Flußmündung. Auch hier war sie vor Feinden nicht sicher. "Hier gibt es nichts Bemerkenswertes", schrieb Carl von Linné nach einem Besuch 1741. Kein Wunder, denn der Wiederaufbau war nach der Zerstörung durch die Russen 1720 noch nicht abgeschlossen. Damit war aber Linné der letzte einflußreiche Schreiber, der Trosa abwertend beschrieb, denn in den vergangenen zweihundert Jahren kamen zahlreiche prominente Besucher und bestaunten das "Ende der Welt" und gestanden ihre Liebe ein: Albert Engström, der berühmte småländische Karikaturist, der Skalde Gunnar Ekelöf, die Schriftsteller Harry Martinson und Artur Lundkvist, August Strindberg, Sven Delblanc, der große Carl Michael Bellmann und vor allem der Maler Reinhold Ljunggren, der 35 Jahre hier lebte und Serien von Trosagemälden anfertigte, von denen Kopien in sechsstelliger Zahl in schwedischen Wohnzimmern hängen. Er vermittelte den Schweden, was sie in den Betonburgen ihrer Großstadtmilieus nicht mehr verspüren konnten, was aber Trosa im Ganzen noch ungebrochen darstellt: eine idyllische Kleinstadt mit schmalen Gassen auf beiden Seiten des kleinen Flusses, mit Kopfsteinpflaster und schmiedeeisernen Laternen, mit roten, gelben und blauen Holzhäuschen der Jahrhundertwende, die selten höher als ein Stockwerk sind. Dazwischen viel Grün und Vogelsang, eine Oase vergangener Tage, die man nicht emotionslos beschreiben kann - und warum sollte man es? Im Juli fallen die Stockholmer Touristen in das Städtchen ein. Sonst ist es hier still, abgelegen und bescheiden, am Ende der Welt! Vater Berg, jenes Original aus Bellmanns Lieder, soll auf dem Kirchturm angeblich die Posaune geblasen haben, und Albert Engström zeichnete das Kleinbürgerleben hier gar so deftig, daß ihn die Bürger von Trosa sogar anzeigen wollten. Dies war wohl der Fall, als er 1897 den Gast im Stadshotel malte, der im frühen Morgen vom Stubenmädchen geweckt wird, indem sie sein Laken wegnimmt: "Was soll denn das bedeuten, zum Teufel?" Die Antwort: "Mein Herr, sie müssen nun aufstehen, denn unten sind schon Herrschaften zum Frühstück und ich brauche ein Tischtuch!"

Wer heute in Trosa übernachten will, findet zwei Gasthäuser, eines direkt neben dem **Varmbad** (geöffnet drei Stunden in der Woche für Damen, drei Stunden für Herren). Etwas länger geöffnet, nämlich täglich von 11 bis 16 Uhr (Juni bis August), ist das **Museum Garvaregården**, das ein wenig vom Handwerk

in der Kleinstadt erzählt.

Touristeninformation

Trosa Turistbyrå, Torget, 61900 Trosa, Tel. 0156/ 522 22

Übernachten

▸ *Havsbadets Camping ** ,* 3 km südlich auf einer Insel im Meer, Tel. 0156/ 124 94
▸ *Vandrarhem,* auf einem Kap 6 km östlich von Trosa, Tel. 0156/ 165 65, in der Volkshochschule Stensund ist im Sommer das nette Vandrarhem eingerichtet.
▸ *Romantik-Hotel Stadshotel,* Västerlånggatan 19, Tel. 0156/ 170 70, edel und teuer, stilvoll und gemütlich.
▸ *CS-Bomans Hotel,* Östra Hamnplan, Tel. 0156/ 132 20, stilvolle, große Zimmer mit altem Mobiliar.

Trosa - "das Ende der Welt"

Etwas preiswerter als "Stadshotel", mit CS-Scheck DZ 850 SEK.

◆ *Tullgarns slott*

Das Schloß erreicht man kurz nach der Abzweigung nach Osten bei der alten Kirche von Trosa. Die Familie de la Gardie erbaute es 1720 bis 1723. Gustav III. erwarb es 1772, lebte aber nie dort. Gustav V. dagegen verbrachte so manchen Sommer in dem prunkvollen Rokokobau (geöffnet Mitte Mai bis Mitte September 12 - 16 Uhr).

—▶   Bevor Route 15 in Stockholm endet, folgt eine letzte Station.

Södertälje

80.000 Einwohner

In dieser reinen Industriestadt (*Saab-Scania*) verirren sich Touristen nur selten. Der Verkehrsaufkommen ist bereits hier groß. Man spürt die Nähe Stockholms.

Touristeninformation

Södertälje Turistbyrå, Gamla Centralstationen, 15189 Södertälje, Tel. 0755/ 188 99

Übernachten

Wer in Södertälje übernachtet, tut dies wohl wegen der Nähe zur Hauptstadt:
▶ *Eklundsnäsbadet* **, Ausfahrt E 4 zur E 20 nach Göteborg, dann nach der Ausfahrt Södertälje-West beschildert, Tel. 0755/ 365 35, ein einfacher Platz am See.

▶ *Farstanäs Camping* ***, Ausfahrt Järna, südlich am Meer gelegen, Tel. 0755/ 502 15, schöner als Eklundsnäsbadet.
▶ *Vandrarhem Tvetagården,* 5 km westlich des Zentrums, Bus 784 vom Bahnhof, Tel. 0755/ 980 25, schön in einem Hain gelegen.
▶ *BW-Hotel Skogshöjd,* Täppgatan 15, Tel. 0755/ 326 70, ein modernes Business-Hotel.

Öffentliche Verkehrsmittel

Von früh morgens bis spät am Abend verkehren die SL-Pendelzüge im 30-Minuten-Takt zwischen Södertälje Station und Centralen Stockholm.

Rund um Södertälje

◆ *Södertörn*

Straße 225 führt durch eine landschaftlich sehr reizvolle Gegend auf die Halbinsel Södertörn, ein Ausflugsgebiet der Södertäljer und Stockholmer.

◆ *Ösmo kyrka*

Dieses kleine Gotteshaus, 42 km südlich von Södertälje, stammt aus dem 14. Jahrhundert. 1716 wurde die Grabkapelle für das bekannte Adelsgeschlecht Törnflycht erbaut. Sie bildet den Chor. Die Dachgemälde stammen von Albertus Pictor und dessen Lehrer Peter Målare.
    7 km westlich liegt an Straße 225 die *Kirche von Sorunda* und daneben ein 40 m messender Grabhügel aus der Bronzezeit. Weitere 3 km nördlich liegen ein *Grabhügel* und eine 28 m lange *Schiffssetzung* aus fünfzig Steinen.

◆ *Nynäshamn*

Straße 225 stößt auf Straße 73, an deren Ende die Hafenstadt Nynäshamn liegt. Von hier verkehren Fährschiffe nach Gotland.

Touristeninformation
Turist Nynäs, Järnvägsgatan 2,

14931 Nynäshamn, Tel. 0752/ 145 90

Übernachten
► *Nynäs-Hotel*, Kaptensgatan, Tel. 0752/ 111 20, ein hundert Jahre altes, gelbes Pavillon-Hotel mit guter Küche.

Route 16
Vänersborg - Segmon (ca. 160 km)

Route 16 führt über *Mellerud, Håverud* und *Bengtsfors* durch die Provinz *Dalsland*. Sie ist die seenreichste Landschaft Schwedens und eine der kleinsten. Auf 4.136 km² leben heute nur 55.000 Menschen. Wenn man Dalsland in den Vänern, der die östliche Landschaftsgrenze bildet, hineinlegen würde, bliebe eine Unmenge Wasser übrig. Dalsland ist keine Kulturlandschaft, sondern reine Natur. Der Gegensatz von Wäldern und Seen und im Süden auch Flachland prägt diese Provinz.

Vor ca. 8.000 Jahren begann die spärliche Frühbesiedlung durch die ersten Jäger und Fischer. Landwirtschaft wurde hier nie heimisch. Im Laufe der Jahrhunderte veränderte sich nur wenig. Städte entstanden mit Ausnahme von *Åmål* überhaupt nicht. Im 18. und 19. Jahrhundert wurde Eisenerz gewonnen, später Holzwirtschaft betrieben. Der *Dalsland Kanal* (1868) und der Anschluß an das Eisenbahnnetz brachten einen Aufschwung. Aber trotzdem waren die Lebensverhältnisse so schwierig, daß zwischen 1850 und 1900 über 60.000 Dalsländer ihre Heimat verließen.

Industrie gibt es auch heute kaum. Die Landschaft ist beschaulich geblieben und lebt von ihrer Naturschönheit. Neben dem värmländischen Seengebiet bietet sie hier vielleicht Europas bestes Seensystem für Kanufahrer. Kurze, künstliche Kanalstrecken und Schleusen verbinden ein Labyrinth von kleinen und großen Seen sowie Flüssen. In den Gewässern nördlich von Bengtsfors ist das Wasser so klar und sauber, daß man es trinken kann.

—► Direkt nach *Vänersborg* (→ R 11) führt Route 16 auf Straße 45 hinein nach Dalsland. Bei *Frändefors* gibt es eine Abzweigung für Geschichtsbegeisterte. Man fährt Straße 173 bis Färgelanda und dort über Straße 172 in Richtung Uddevalla. Auf dem Weg nach Färgelanda findet man in Västra Bodane einen alten Tante-Emma-Laden aus dem Jahr 1860, der schon so manches Mal Kulisse im schwedischen Fernsehen war. Zu kaufen gibt es auch heute noch Bonbons aus dem Glas.

◆ *Håvesten*

Am Ortsende von Färgelanda liegt das Grabfeld Håvesten aus der Ei-

senzeit mit verschiedenen Steinsetzungen. In der Nähe liegt eine *Ätte-
stupa*, ein Hügel, von dem noch bis
ins Mittelalter Alte und Kranke in
Notzeiten hinuntersprangen, um den
Jüngeren das Überleben zu ermöglichen. Oft wurden sie auch hinun-
tergestoßen.

Im Museum des nahe **Ödeborgs**
sind die schönsten archäologischen
Funde Dalslands ausgestellt. Das
Gebäude ist bemerkenswert, denn
unter den mehr als 5.000 Ausstel-
lungsstücken findet man auch die
Axt, mit der 1830 die letzte Hinrichtung in Schweden vollzogen wurde.

—▸   Die Route folgt Straße 45 bis
Erikstad, wo man nach rechts den
nächsten Abstecher machen kann:

◆ Dalaborg

Auf einer Klippe des Vänernstrands
liegt malerisch die Ruine einer Burg
(1304). Sie wurde während der
Kämpfe zwischen dem dänisch-
schwedischen König Erik VIII. und
dem schwedischen Bauernführer Engelbrekt Engelbrektsson 1434 zerstört.

Mellerud

11.000 Einwohner

Der größte Ort Dalslands liegt im
Zentrum der fruchtbaren Ebene, die
den südlichen Landschaftsteil ausmacht. Mellerud hat nur eine einzige
Sehenswürdigkeit kultureller Art, die
Kirche von Holm aus dem 13. Jahrhundert mit schönem Interieur. Aber
die umliegende Natur mit dem *Vänern* im Osten, dem *Kroppefjäll* im
Westen und dem Seenparadies im

Norden ist so beeindruckend, daß
man hier nur noch an Erholung und
Entspannung in einer friedlichen
Stimmung denkt. Kultur - rückt weit
in die Ferne!

Touristeninformation

Melleruds Turistbyrå, Gamla Tings-
huset, 46431 Mellerud, Tel. 0530/
183 08

Übernachten

▸ *Vita Sannars Camping* ***, 5 km
östlich von Mellerud, am Vänern in
Richtung Sunnanå, Tel. 0530/
122 60, mit wunderschönem, langem Sandstrand, von Wald umgeben, sehr ruhig, 30 Hütten.

Öffentliche Verkehrsmittel

Von Mellerud 2 bis 4 mal tgl. Züge
nach Ed oder Öxnered mit Anschluß
an die Direktverbindungen nach Göteborg und Oslo. Nach Vänersborg
und über Säffle bis nach Torsby 3
bis 8 Züge am Tag.

Rund um Mellerund

◆ Kroppefjäll

Das Kroppefjäll im Westen von
Mellerud ist ein Hochplateau von
35 km Länge und 10 km Breite. Der
Karolinerweg führt südlich vom al-
ten Kurort *Dals-Rostock* durch das
beliebte Wandergebiet. Die 12 km
lange Strecke schafft man an einem
Tag. Zweigt man auf der Straße von
Dals-Rostock nach Frändefors bei
Bleken nach Westen ab, erreicht
man das *Café am Granan* mit einem
Aussichtspunkt, von dem man Vä-

nern und Inland überblicken kann. Große Teile des Fjälls stehen unter Naturschutz.

◆ *Ekholmen*

5 km westlich von Mellerud liegt nahe bei der Kirche Gunnarsnäs der Herrenhof Ekholmen, in dem Karl XIV. Johan auf seinen Reisen nach Norwegen zu übernachten pflegte. Die oberen Räume sind noch im ursprünglichen Zustand. Besichtigung ist nach Anmeldung möglich (Tel. 0530/ 202 50).

◆ *Bäckefors*

Bäckefors befindet sich 24 km nordwestlich von Mellerud. Sehenswert ist dort die alte Hüttenstraße mit den Nagelschmieden. Eine davon ist noch in Betrieb, wo man dann auch bei der traditionellen Herstellung von Nägeln zusehen kann.

In der *Kirche von Ödsköld*, 7 km nördlich an Straße 172, läutet Schwedens älteste Glocke (12. Jh.).

◆ *Köpmannebro*

8 km nördlich von Mellerud liegt östlich der Straße 45 Köpmannebro. Hier beginnt der *Dalsland Kanal.* An der Schleusenstation erfährt man alles Wissenswerte über das Befahren des Kanals mit Wasserfahrzeugen jeglicher Art.

◆ *Ånimskog*

Die älteste Kirche Dalslands liegt idyllisch in Ånimskog 27 km nördlich von Mellerud am Ånimmen-See. Aus der frühesten Bauphase im 13. Jahrhundert sind nur der Westteil und das Taufbecken erhalten. Die übrigen Gebäudeteile und Inventa-

rien stammen aus dem 17. Jahrhundert. Auf dem Friedhof liegt der bekannte Maler Otto Hesselbom begraben. Sein bedeutendstes Werk "Unser Land" ist im Nationalmuseum Stockholm ausgestellt.

→▸ Route 16 führt von Mellerud auf einer sehr kurvenreichen Gebirgsstraße in Richtung *Håverud.* Man nimmt zunächst Straße 45 in Richtung Åmål und zweigt nach ca. 3 km nach Håverud/ Dals-Långed ab. Östlich der Straße liegt dann die *Kirche von Skållerud.* Sie ist falurot bemalt und von außen schlicht, im Inneren aber barocküberladen.

Håverud

Dieser Ort ist heute so etwas wie das Zentrum des **Dalsland Kanals,**

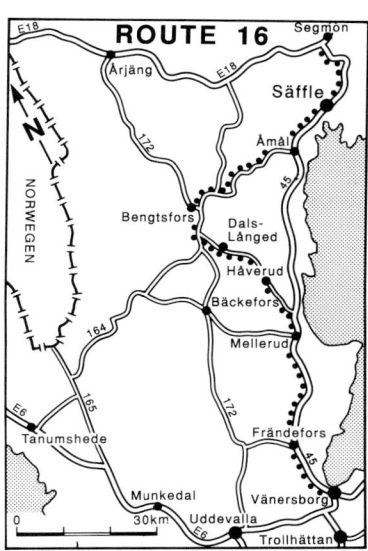

Hufnägel für die Welt

Zum Ende des letzten Jahrhunderts nahm die Bedeutung der Eisenverarbeitung in Dalsland drastisch ab. In *Dals-Långed* aber braucht man auch heute noch viel Roheisen, denn hier im *Mustadfors bruk* liegt die weltweit größte Fabrik für Hufnägel. Seit dem 18. Jahrhundert stellt man hier nach der alten "Kalthammermethode" unterschiedliche Nagelgrößen her - nur beste Qualität! Von 4 cm Länge für kleine Ponys bis hin zu 10 cm langen Nägeln für starke Arbeitspferde. Der Betrieb gibt immerhin noch hundert Angestellten Arbeit, denn der Export geht in die ganze Welt. Ob in Bulgarien, Island, Kuba, Mexiko oder Australien - überall traben Pferde mit dalsländischen Hufnägeln. Die Jahresproduktion beträgt ca. 2.000 Tonnen. Das wären dann gut 600 Millionen Hufnägel!

der unter der Leitung des Erfinders und Ingenieurs Nils Ericsson zwischen 1864 und 1868 entstand. Der Kanal verbindet auf 254 km Länge viele Seen von Nordwesten nach Südosten, von denen etwa 10 km gegraben sind. Fünfzehn Stationen mit insgesamt 29 Schleusen unterteilen die Wasserstraße. In Håverud galt es, ein Problem zu lösen. Der tiefe Einschnitt zwischen den Seen *Åklången* und *Upperudshöljen* konnte nicht durch Schleusen überbrückt werden. Nils Ericsson löste das Problem durch den Bau eines einzigartigen **Aquädukts**, heute die größte Touristenattraktion in Dalsland, die auf den Titelbildern jedes Provinzprospekts zu sehen ist. Der Baumeister war der Bruder des berühmten Erfinders John Ericsson (Propeller, Turbine). Beide leiteten noch die Bauarbeiten am Göta kanal

unter Baltzar von Platen. Auf 32 m Länge führt nun der Aquädukt Wasser von einem See zum anderen und mit ihm allerlei Boote. Unterhalb der Brücke liegt die Eisenbahnbrücke, 50 m darüber die Autobrücke. Hier begegnen sich Straße, Schiene und Kanal (siehe auch → Artikel "Die Ericssons"). Im **Kanalmuseum** werden Technik und Vorgehensweise beim Kanalbau erläutert.

Touristeninformation
Informationszentrum im Dalsland Center beim Aquädukt, Tel. 0530/ 30 880

Übernachten
► *Vandrarhem*, Museivägen, gleich neben dem Aquädukt, Tel. 0530/ 302 75, ein schönes Holzgebäude.
► *Håveruds Herrgård,* ebenfalls am Aquädukt, Tel. 0530/ 304 90, mit sehr schöner Aussicht.

—► Route 16 führt nach Norden und dabei über eine der schönsten Straßen Schwedens: durch dichten Wald, mal rechts, mal links der alten Bahnlinie, bergauf und mit unzähligen Kurven, eine für Schweden wirklich ungewöhnliche Straßenführung. Ein Schild zeigt bei *Tisselskog* den Weg zu den Felszeichnungen beim *Hof Högsbyn*. Dort liegen in Wassernähe auf einer Fläche von 200 mal 600 m mehr als dreihundert Motive.

Dals-Långed

Dals-Långed liegt mit seinem durchkonstruierten Schleusensystem schön am Dalsland Kanal. Als Stützpunkt für Kanutouren und Garant für einen schönen Urlaub ist die alte *Kanalvilla* zu empfehlen, eine charmante, hundert Jahre alte Holzvilla, in der früher der Direktor der Kanalgesellschaft lebte. Heute ist die Villa ein Vandrarhem, ein schönes Gästehaus mit Kanuverleih. Hier beginnen auch geführte Touren durch die Wasserwege Dalslands. Man kann angeln, baden, radeln oder faulenzen - Wald und Wasser nehmen es nicht übel. Und Wasser ist reichlich vorhanden. Auf drei Seiten wird die Villa, die sich vorzüglich für einen längeren Aufenthalt eignet, von Wasserwegen umspült (Tel. 0531/411 16).

Kanaleinweihung hier. Der Herrensitz mit seinem wunderschönen botanischen Park (239 Pflanzenarten) und die 8 km lange Strandpromenade beeindruckten ihn so sehr, daß er seufzte: "Wenn ich nicht König von Schweden wäre, möchte ich Herr über Baldersnäs sein". Park und Gut können besichtigt werden. Die Anlage gehört heute einer Stiftung (geöffnet Anfang Mai bis Ende August 10 - 18 Uhr, Eintritt 15 SEK). Zum Herrenhof gehört auch ein einfaches Hotel (Tel. 0531/412 13, DZ ohne Dusche 400 SEK).

Baldersnäs

Wenige Kilometer nördlich liegt Dalslands größter Herrenhof inmitten eines Naturparks. Seine Geschichte reicht bis 1540 zurück. Doch erst Carl Fredrik Warn gab dem Gut seinen heutigen Stil. König Karl XV. weilte 1868 anläßlich der

→ Route 16 führt nach *Billingsfors.* Aus der Zeit der wasserkraftbetriebenen Schmieden steht hier noch der alte Gutshof *Billingsholm.* Auf einer Insel im Laxjön gibt es ein Amphitheater aus dem 18. Jahrhundert.

Am Dalsland Kanal

Bengtsfors

Bengtsfors ist etwas größer als Billingsfors. Es ist eines der Zentren des dalsländischen Seensystems. Von hier starten Kanutouren, und hier versorgt man sich mit allem, was man für das Abenteuer braucht. Sehenswert ist der **Gammelgården**, das Freilichtmuseum auf dem Majberget, mit siebzehn alten Häusern. Hier gibt es Ausstellungen, Musikantentreffen und viele Veranstaltungen. Unterhaltungen wie die große *Trachtenhochzeit* zu Mittsommer bietet auch der **Folkparken** an der Hauptstraße im Ort. Von der Schleuse legen die weißen Kanaldampfer zu Fahrten auf dem *Lelång* ab.

Touristeninformation

Bengtsfors Turistbyrå, Torget, 66630 Bengtsfors, Tel. 0531/ 161 05, geöffnet Mo bis Sa 10 - 19 Uhr, So 10 - 18 Uhr.

Übernachten

▶ *Dalslands Camping* * * *, am Ärtingen, vom Ortskern in Richtung Halden, dann noch 2,5 km am See entlang, Tel. 0531/ 117 97, ruhig auf einem Wiesengrundstück am See gelegen.
▶ *Vandrarhem Gammelgården*, am Nordrand von Bengstfors, Tel. 0531/ 610 75, ein altes Hüttengebäude mit Super-Aussicht! Unnötig zu sagen, daß hier Wassersport jeder Art betrieben werden kann.

Tip: Wildcampen ist vielleicht die beste Antwort auf die Unterkunftsfrage in Dalsland. Und wer Kanu fährt - das machen fast alle hier - der kommt daran sowieso nicht vorbei.

—▶   Von Bengtsfors führt Straße 164 in Richtung Åmål. Bei *Edsleskog* zweigt eine kleine Straße nach rechts ab nach *Fengersfors*.

◆ Fröskogs kyrka

Diese Kirche liegt südlich von Fengersfors. Ungewöhnlich ist, daß sie ganz aus Span und Holz gebaut ist. Vorbild scheint eher ein Getreidespeicher als eine Kirche gewesen zu sein. Man errichtete sie 1729 mit freistehendem Glockenturm und stattete sie mit reichem Barockinterieur aus. Das Kruzifix stammt aus dem 13. Jahrhundert.

Forsbacka

Kurz vor Åmål liegt links der Straße 164 dieser dreiflügelige Herrenhof auf schönem Gelände. Früher gehörte er dem Besitzer der Hütte, die von 1690 bis 1885 in Betrieb war.

Åmål

13.000 Einwohner

Åmål ist Dalslands einzige Stadt. Eine Oase ist der Park **Plantaget** mit einer Reihe von denkmalgeschützten Häusern. Das älteste ist das des Waagmeisters, der das Eisen, die wichtigste Einnahmequelle der Stadt, wiegen mußte. Ansonsten ist Åmål recht modern, mit Torget, Systemet und ICA, wie das in schwedischen Städtchen üblich ist. 2 km östlich vom Zentrum liegt der Örnäspark mit dem **Freilichtmuseum**.

Touristeninformation

Åmåls Turistbyrå, Hamngatan 1, 66231 Åmål, Tel. 0532/ 170 98, tgl. geöffnet 10 - 14 Uhr und 15 - 19 Uhr.

Übernachten

▸ *Örnäsbadets Campingplatz * * **, am Vänern, unmittelbar am Hafen, Tel. 0532/ 170 97, ist im Sommer immer gut belegt, mit 26 Hütten.
▸ *Vandrarhem,* Gerdinsgatan 7, nahe bei der Kirche und nur wenige Meter vom See entfernt, Tel. 0532/ 102 05, ein gemütliches Haus.
▸ *Stadshotellet,* Kungsgatan, Tel. 0532/ 120 20, liegt am Marktplatz und hat den typischen Charme der alten schwedischen Stadthotels.

—▸ Route 16 führt weiter auf Straße 45 nach *Värmland*.

Säffle

Säffle liegt am Vänern und bildet mit dem gleichnamigen Kanal eine Verbindung hin zum Seensystem *Harefjorden* und *Glafsfjorden*. Seit Jahrtausenden wurde dieser Wasserweg genutzt. Davon zeugen viele vorzeitliche Gräber. **Olof Trätäljas Grab** ist ein Rollsteinhügel aus der Bronzezeit, 5 m hoch und 40 m im Durchmesser. Olof Trätälja, der "Holzfäller", war im 8. Jahrhundert König der Svear und regierte in Uppsala, bis er von politischen Feinden vertrieben wurde. Er zog nach Westen, siedelte in Värmland und ließ hier Wald roden. Doch seine Gegner spürten ihn auch hier auf und erschlugen ihn.

Touristeninformation

Säffle Turistbyrå, Billerudsgatan 5-7, 66100 Säffle, Tel. 0533/ 106 00, geöffnet Mo bis Fr 10 - 18 Uhr, Sa und So 12 - 17 Uhr.

Übernachten

▸ *Duse Udde Camping,* am Vänern, Tel. 0533/ 143 05, ruhig auf einem Waldgrundstück am See gelegen, mit 39 Hütten, gutes Wassersportangebot (Windsurfen, Kanus und Motorboote).
▸ *Vandrarhem,* Olof Trätäljagatan 29, Bylunda Gård, Tel. 0533/ 106 20, die Holzvilla liegt phantastisch in einem kleinen Hain, hat nur 30 Betten, sehr gemütlich.
▸ *Scandic-Hotel,* in derselben Straße wie das Vandrarhem, Tel. 0533/ 126 60, mit dem üblichen Scandic-Standard.

Öffentliche Verkehrsmittel

Mehrere Züge am Tag nach Vänersborg über Mellerud und nach Kil. Dort Anschluß nach Oslo und über Karlstad nach Stockholm.

—▸ Route 16 führt weiter auf Straße 45 und endet bei *Segmon*, wo sie auf Route 17 trifft.

Route 17
Hån (norw. Grenze) - Örebro (ca. 250 km)

Route 17 führt über die E 18 von
der norwegischen Grenze bis nach
Örebro, wo man auf den Routen 20
und 21 den Weg nach Stockholm
fortsetzen kann. Die E 18 ist die
Hauptschlagader des innerskandinavischen Verkehrs, zumal von Oslo
nach Stockholm, gut ausgebaut und
für schwedische Verhältnisse stark
befahren. Doch das schadet ihrem
Reiz keineswegs, denn zum einen
ist der Verkehr hier niemals so
dicht, wie wir das von unseren
Straßen gewohnt sind, und zum anderen führt die Route durch eine
Landschaft von betörender Schönheit. Schon gleich nach dem Grenzübertritt kann das beliebte Spiel beginnen, die Seen zu zählen, die sich
rechts und links in Sichtnähe erstrecken. Schon bald allerdings wird
man des Rechnens müde. Auf der
Karte scheint mehr Wasser als Land
verzeichnet zu sein. Mühsam findet
die Straße dennoch ihren Weg zwischen den blauen Flecken auf der
Karte, und hin und wieder erspäht
man ein paar bunte Kanus zwischen
steilen Granitwänden und tiefgrünen
Wäldern im Seenwirrwarr Värmlands. Um sich von der Schönheit
dieser Landschaft zu überzeugen,
hält man sich am besten an Route
18, denn sie führt in das Herz der
Provinz. Route 17 passiert östlich
von Karlskoga die Grenze zu *Närke*
und erschließt auf der E 18, Abstecher eingerechnet, so manche der
landschaftstypischen Sehenswürdigkeiten.
      Zwischen *Vänern, Vättern* und
Hjälmaren gelegen, war Närke niemals bevorzugter Siedlungsraum der

Menschen. Alle vorchristlichen Epochen sind verhältnismäßig nur mit
wenigen Funden vertreten. Die
schwer durchdringlichen Wälder und
Berglandschaften *Tiveden* und *Kilsbergen*, dazu ausgedehnte Sumpfgebiete sowie ein System von Spalten und Schluchten bei *Degerfors*
haben Närke schon in früher Zeit zu
einer natürlichen Siedlungsgrenze
gemacht. Nur die Siedlungszentren
Närkes, die früher wie heute westlich und südlich des *Hjälmaren* im
leichter zugänglichen Gebiet lagen,
waren schon in der Steinzeit besiedelt und später Randbereiche des
svearschen Einflusses. Ein Aufschwung setzte mit der Gründung
einer regen Eisenindustrie im Mittelalter ein. Erz, Wasserkraft und Holz
gab es ja in ausreichender Menge.
In der folgenden Zeit entwickelte
sich Närke ähnlich wie die großen
mittelschwedischen Gruben- und
Hüttenzentren *Bergslagen, Västmanland* und *Dalarna.* Ein großer
Teil Bergslagens liegt in Närke.
      Die Landwirte betrieben eine in-
tensive Ochsenzucht, die das Leder
lieferte, das für den Grubenbetrieb
benötigt wurde. Im 19. Jahrhundert
war dies auch der Rohstoff für die
Schuhindustrie. Damals begann
auch der Übergang von den großen,
nunmehr unrentabel gewordenen
Hütten zu kleineren, modernen Betrieben. Anstelle der Adelsfamilien,
die das Hüttenwesen kontrollierten,
traten zwischenzeitlich verstärkt
bürgerliche Unternehmer. Aus der
Zeit der wohlhabenden "Brukspatrone" ist eine Reihe prächtiger Schlösser und Herrenhöfe erhalten.

Årjäng

Diesen Ort erreicht man 30 km nach der norwegisch-schwedischen Grenze. Er liegt zentral für Ausflüge in das Seensystem Dalslands oder Westvärmlands.

3 km südlich liegt am Västra Silen das große *Freizeitcenter Sommarvik* mit Campingplatz *** und Hüttendorf, Tel. 0573/ 120 60. Hier findet man außerdem Kanuzentrale, Servicehaus, Konferenzgebäude, Ausrüstungsverleih, Minigolf u.v.m.

—► Route 17 führt durch die Wälder Värmlands, bis man auf der Höhe von *Nysäter* Straße 175 kreuzt. Hier gibt es ein paar lohnende Zielpunkte, die über Straße 175 zu erreichen sind.

♦ Echstedtska Gården

Echstedtska Gården, 10 km südwestlich der Straßenkreuzung in *Västra Smedsbyn*, ist von außen betrachtet ein schlichter Karolinerhof aus dem Jahr 1764, im Inneren aber im üppigsten Barock dekoriert, die Toiletten nicht ausgenommen.

♦ Arvika

Diese Stadt liegt 53 km nördlich der Abfahrt zu Straße 175 im Zentrum der westvärmländischen Seenplatte am *Glafsfjorden*. Sie ist ein idealer Ausgangspunkt für viele Aktivitäten. Kunsthandwerk und Schmiedewesen prosperieren hier. Keramiker, Kunsttischler und Kunstschmiede sind in großer Zahl ansässig. Das Freilichtmuseum **Sagudden** zeigt 22 altertümliche Gebäude und einige vorgeschichtliche Gräber (geöffnet Anfang Juni bis Ende August tgl. 13 - 18 Uhr). Einer der berühmtesten Architekten Schwedens unserer Zeit, Ivar Tengbom, entwarf die **Östra kyrkan** (1911).

Im Dorf **Taserud** unmittelbar nördlich der Stadt werden die berühmten schmiedeeisernen Kerzenleuchter hergestellt.

Touristeninformation
Arvika Turistbyrå, Stadsparken, 67132 Arvika, Tel. 0570/ 135 60

Übernachten
► *Ingestrands Camping ***,* am Glafsfjorden 4 km südlich der Stadt, Tel. 0570/ 148 40, in schönster Lage, mit Wald, Wasser und Ruhe. Es gibt 37 Hütten.

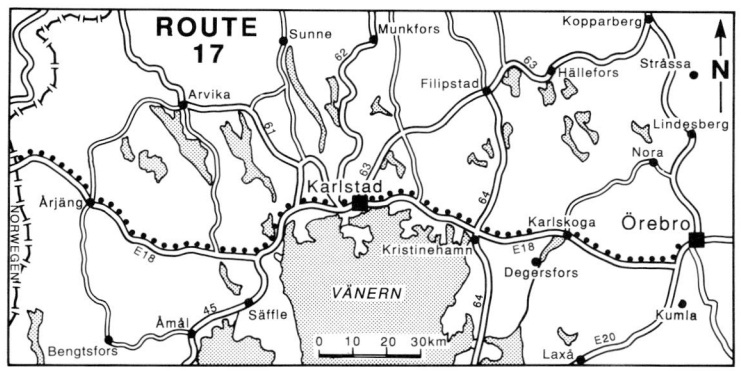

▶ *SH-Hotel Oscar Statt*, Tel. 0570/
197 50, ein weißer Holzbau gleich
im Zentrum.

◆ *Klässbol*

Klässbol liegt 20 km südlich in Richtung Säffle an Straße 175. Hier findet man Skandinaviens einzige *Da-
mastweberei*, in der man schön gearbeitete Tischdecken, Gardinen und
Handtücher zu günstigen Preisen direkt ab Werk kaufen kann (geöffnet
ganzjährig Mo bis Fr 8 - 18 Uhr, Sa
10 - 15 Uhr, im Sommer auch So).

◆ *Glaskogen*

Das 300 km² große Naturreservat
erstreckt sich südlich des Glafsfjorden und südlich von Arvika. Durch
das Gebiet führt ein 250 km langer
Wanderweg. Es gibt Rasthütten und
Übernachtungsplätze mit Windschutz. Mit seiner Unzahl von Gewässern und dem romantischen
Wechsel von Wald und Fels ist es
ein besonders lohnenswertes Kanu-
und Wandergebiet in Südschweden.

◆ *Eda skans*

Eda skans liegt 30 km nordwestlich
von Arvika. Das mit einem Erdwall
befestigte Lager wurde 1657 zum
Schutz gegen die Dänen und Norweger angelegt. Die Union mit Norwegen machte es bedeutungslos.
1949 wurde es restauriert. Die *Eda
Glashütte* ist die einzige in ganz
Värmland.

◆ *Borgvik*

Dieses alte Hüttenmilieu, 17 km
nordöstlich der Abzweigung von
Straße 175, stammt aus dem 17.

Jahrhundert. Es konnte hier in Teilen erhalten werden. Ein ungewöhnliches Restaurant hat man in der alten Mühle eingerichtet. Alte Schmie-
dehäuser und Reste des Walzwerkes
und der Hütte sind erhalten.

◆ *Vegerbols by*

Hier am Värmeln, 5 km nordwestlich der Kirche von Värmskog und
26 km nördlich der Abfahrt zu Straße 175, wurde 1846 Lars Magnus
Ericsson geboren. In dem roten
Holzhäuschen richtete man dem Erfinder des Telefons ein kleines Museum ein, das sein Lebenswerk dokumentiert. Das *Vandrarhem* ist in
alten Blockhütten, teilweise Kirchhütten, direkt am See untergebracht
(Tel. 0570/ 610 29).

—▶   Route 17 führt in die Provinzhauptstadt.

Karlstad

75.000 Einwohner

Die Stadt an der Mündung des
Klarälven in den Vänern-See liegt
auf der halben Strecke Oslo -
Stockholm. Die Atmosphäre hier ist
ganz angenehm. Die Straßen sind
weitläufig, die Gebäude schwer und
massiv, die Leute im Sommer ausgelassen und sonnenhungrig. Nicht
zufällig trägt Karlstad eine Sonne im
Stadtwappen.

Värmlands Hauptstadt erhielt
Namen und Stadtrechte von König
Karl IX. im Jahr 1584. Der große
Brand 1865 zerstörte den größten
Teil der alten Bebauung. Übrig blie-
ben einige Gebäude im **Almenviertel**
an der Älvgatan, der **Bischofssitz**

am Residenstorg und die **Domkirche** an der Kungsgatan. Kirche und Gymnasium (1759) begründeten Karlstads Rolle als Bildungs- und Verwaltungsstadt, die sie heute noch innehat. Später kamen Universitätseinrichtungen hinzu. Die Position Värmlands zwischen Schweden und Norwegen hat auch in dieser Stadt ihre Spuren hinterlassen. Ivar Jonssons **Friedensmonument** wurde 1955 am Marktplatz zum 50. Jahrestag der friedlichen Auflösung der Union mit Norwegen enthüllt. Sehenswert ist ansonsten die **Östra bron**, die zwischen 1761 und 1770 erbaut wurde und damit Schwedens älteste Steinbrücke ist. Im **Provinzmuseum** auf der Halbinsel Sandgrund erfährt man Wissenswertes über lokale Kunst, Geschichte (auch die der finnischen Einwanderer) und Textilien (geöffnet 10.6. bis 27.8. von 11 - 17 Uhr, Mi bis 20 Uhr; in der übrigen Zeit Di bis So 12 - 16 Uhr, Mi bis 20 Uhr, Eintritt 20 SEK).

Touristeninformation

Värmlands Turistbyrå, Carlstad Conference Centre, 65184 Karlstad, Tel. 054/ 14 90 55.

Übernachten

Die großen Campingplätze liegen außerhalb der Stadt unbeeinträchtigt vom Straßenlärm direkt am Vänern:
▶ *Skutbergets Camping* ***, ab der E 18 ca. 7 km westlich gelegen, Tel. 054/ 53 51 39, ist der größte Platz mit 700 Einheiten, Rutschbahn, 45 Hütten, FKK und viel Unterhaltung.
▶ *Bomstad Camping* ***, 10 km westlich von Karlstad, an der Route beschildert, Tel. 054/ 53 50 17, etwas kleiner als Skutberget, mit 18 Hütten und einem fast 1 km langen Sandstrand.

▶ *Vandrarhem,* Ulleberg, 3 km westlich des Zentrums, Bus Nr. 16 vom Zentrum, Tel. 054/ 56 68 40, ein großes Haus mit vielen Sechs- bis Achtbettzimmern, sehr unruhig!
▶ *Vandrarhem,* Djupsundsvägen, auf der Halbinsel Hammarö im Süden der Stadt, auf der sich der Flugplatz und die großen Sägewerke befinden, nördlich der Kirche von Skoghall, Tel. 054/ 51 04 40, gute Badestrände in der Nähe.
▶ *Scandic-Motel,* an der E 18, aus Richtung Oslo kurz vor der Abfahrt zur City, Tel. 054/ 18 71 20, ist recht laut.
▶ *Reso-Hotel Gustav Fröding,* nahe an der E 18 gelegen, 3 km östlich von Karlstad, Abfahrt beschildert, Tel. 054/ 83 10 00. Ein erstklassig geführtes Haus mit Swimming-pool, riesigen Zimmern, Disco und viel Unterhaltung. Man muß aber auch hier die Fenster wegen der nahen E 18 geschlossen halten.
▶ *SH-Plaza,* Västra Torggatan 2, am Bahnhof, Tel. 054/ 10 02 00, erstklassig ist das zentrale Hotel mit Panoramasauna und Atrium.
▶ *Reso-Hotel Winn,* Norra Strandgatan 9, Tel. 054/ 10 22 20, komfortable Zimmer, sehr reichhaltiges Frühstück.
▶ *BW-Stadshotellet,* Kungsgatan 22, unmittelbar am Fluß, Tel. 054/ 21 52 20, der übliche wuchtige Typ der "Stadshotels" mit einer mehr als hundertjährigen Tradition.

Essen und Trinken

Ein beliebter Treffpunkt ist das Jugendstilcafé im *Stadshotellet.* Dort gibt es auch ein französisch inspiriertes, gehobenes Restaurant. Preiswerter und sehr gemütlich ist *Munken,* Västra Torggatan 17, in einem alten Gewölbe. Hier serviert man schwedische Hausmannskost zu vernünftigen Preisen.

Nützliche Adressen und Telefonnummern

Apotheke: Järnvägsgatan 2
Krankenhaus: Rosenborgsgatan, Tel. 054/ 10 50 00
Polizei: Drottninggatan 4, Tel. 054/ 14 50 00
Post: Järnvägsgatan 2

Alsters Herrgård

Das *Geburtshaus* des Dichters Gustav Fröding vermittelt einen guten Eindruck von der Dichtertradition Värmlands. Neben dem Hausherren werden hier nämlich auch Geijer, Tegner und Dahlgren geehrt. Der Großvater Frödings ließ den 1772 erbauten Herrensitz 1839 umgestalten. Fröding verlebte hier einige sorglose Jahre als Journalist und Schriftsteller. Er verfaßte zahlreiche, meist hoffnungsvolle, optimistische Gedichte. In seinem Werk erkennt man deshalb nur schwerlich etwas von der Problematik, die sein Leben allmählich zu ergreifen und zu zerstören begann. Er quälte sich mit unerwiderten Liebschaften, fühlte sich als Versager und litt unter Depressionen. Dies trieb ihn in den Alkohol und schließlich in die psychische Krankheit. Er starb 1911 im Alter von fünfzig Jahren in einer Nervenheilanstalt.

Ölme

Auf der Höhe von Ölme zeigt ein kleines Schild am Straßenrand einen nach rechts gelegenen "Lanthandel" an. Den sollte man besuchen. Er ist original im Stil der Jahrhundertwende eingerichtet. Hier wimmelt es von alten Emaille-Reklameschil-

Ehemaliger Landhandel in Ölme

Die Ericssons

Värmland brachte gleich drei *Ericssons* hervor, die ihr Land und ihre Zeit veränderten. In der Reihe genialer schwedischer Erfinder und Ingenieure muß man alle drei ganz vorne nennen. In Långban wurden 1802 und 1803 die Brüder *Nils* und *John Ericsson* geboren. Zunächst war es Nils, der im Land den größten Ruhm ernten konnte. Er wurde der "Vater der schwedischen Kanäle, baute solche bei *Säffle, Trollhättan, Stockholm* und im finnischen Seengebiet von *Saimaa.* Dann wurde er mit dem Bau der ersten schwedischen Eisenbahn beauftragt. Für all diese Leistungen adelte man ihn, woraufhin er seinen Namen geringfügig änderte. Fortan schrieb er sich mit einem "s", Ericson. Darüber war sein jüngerer Bruder so sehr erbost, daß die beiden jahrelang im Streit lebten, und John Nils Sohn enterbte. John Ericsson erlangte Weltruhm und übertraf die Leistungen des Kanal- und Eisenbahnkonstrukteurs noch um einiges. Er lieferte eine Reihe brauchbarer Erfindungen, konstruierte den Panzerkreuzer "Monitor" für die amerikanischen Nordstaaten und erfand den Propeller, wohl ohne zu ahnen, zu welcher Anwendung dieses Meisterstück noch kommen sollte. Schließlich erblickte in Vegerbols by nahe Värmskog ein weiterer Ericsson das Licht der Welt. Es war im Mai 1848, und das Kind wurde Lars Magnus getauft. *L.M. Ericsson* ist heute eines der weltweit führenden Unternehmen der Telekommunikation und der Informationstechnik mit mehr als 70.000 Angestellten und dem meistverbreiteten Telefonvermittlungssystem der Welt. Vater des Gedankens war der Firmengründer selbst, der etwa zeitgleich mit Edison das erste brauchbare Telefon erfand.

dern, Blechdosen und spitzen Bonbontüten. Draußen parkt ein "Vaterland-Fahrrad", und der Herr, der den nostalgischen Tante-Emma-Laden mit einem Zwinkern im Auge führt, scheint mit seinen Schätzen groß geworden zu sein. Der Lanthandel von Ölme ist eine andere, vergangene Welt, die wohl nur in einem so dünn besiedelten Land wie Schweden überleben konnte, hier, wo man sowieso öfters den Eindruck gewinnt, daß die Zeit doch stehen geblieben ist.

Kristinehamn

Hier sollte man nicht einfach vorbeifahren. Wahrzeichen der Garnisons- und Industriestadt am Ostufer des *Vänern* ist das Kunstwerk eines Mannes, dessen Schaffen man hier oben im Norden Europas nicht vermuten würde - die Rede ist von Picasso. Er schenkte der Stadt das fünfzehn Meter hohe Monument 1964 als Seezeichen an der Hafeneinfahrt. Aber er stellte es nicht alleine her. Schwedische Künstler führten seine Ideen mit Zement und Beton aus. Das Ergebnis war wohl nicht Picassos schönstes, aber sicher sein schwerstes Werk. Die Skulptur steht heute etwa 6 km südlich vom Zentrum, in dem sich trotz aller Brände ein wenig von den alten Tagen erhalten hat. Das **Rathaus** aus dem Jahr 1798, das herrliche **Stadshotellet** und die schönen **Holzhäuser** in der Trädgårdsgatan am Fluß sind mit weitläufigen Grünanlagen umgürtet.

4 km südlich des Zentrums steht nahe Straße 64 der **Runenstein von**

Järsberg. Seine Inschrift ist noch im
älteren Futhark etwa um 500 verfaßt worden: "Ich heiße Hrabn, ich,
der Eril [der Runenmeister], ritzte
die Runen."

Touristeninformation

Kristinehamns Turistbyrå, Väster-
långgatan 22, 68131 Kristinehamn,
Tel. 0550/ 881 87, geöffnet Mo bis
Sa 9 - 20 Uhr, So 16 - 20 Uhr.

Übernachten

► *Hotel Fröding,* Kungsgatan 44,
Tel. 0550/ 151 80, ein gutes Mittelklassehotel.

► *Hennickehammars Herrgård,* 2 km
südöstlich von Filipstad, Tel. 0590/
125 65, CS-Hotel der gehobenen
Klasse, ruhig am See gelegen, praktisch alle sportlichen Aktivitäten
werden angeboten, die man im
Sommer ausüben kann, wie Tennis
(eigener Platz im Park), Golf, Reiten,
Angeln oder Kanufahren.

Rund um Kristinehamn

♦ Södra Råda kyrka

36 km südlich von Kristinehamn
liegt nördlich von Gullspång dieses
Kleinod kirchlicher Baukunst. Die
Holzkirche, die im 13. Jahrhundert
aus quergelegten Kiefernstämmen
erbaut wurde, ist eine Sehenswürdigkeit ersten Ranges. Alle Wände
und die Decke des Schiffs sowie
des Chors sind mit Malereien bedeckt. Wenn man den kleinen Holzbau betritt, wird man von der Fülle
der Darstellungen fast erschlagen.
Dabei ist der Kirchenraum praktisch
leer, Bänke existieren nicht mehr,

nur an Nord- und Südwand wurden
zwei moderne Bänke für Besucher
aufgestellt, die gerne länger hier
verweilen möchten. Und man sollte
sich die Zeit nehmen, um dem Sinn
der Malereien zu folgen. Ein unbekannter Meister bemalte den Chor
1323. Man erkennt die Heilige Drei-
faltigkeit, Marias Krönung und Christi Himmelfahrt, an der Ost- und
Südwand des Chors die Apostel und
Märtyrer, an der Decke die neun
Propheten, König David und die
zwölf Apostel. An der Westwand ist
St. Denis, Frankreichs Schutzheiliger, abgebildet. Dies verrät den Einfluß der Bischöfe von Skara, die ihre
Ausbildung in Paris erhielten. Die
Malereien sind von höchstem künstlerischem Wert. Meister Amund
bemalte das Kirchenschiff 1494. Im
Norden erkennt man das Glaubens-
bekenntnis, im Osten das Jüngste
Gericht und das Abendmahl. An der
Südseite ist die Leidensgeschichte
und im nördlichen Gewölbe das
Gleichnis vom verlorenen Sohn wie-
dergegeben, an der Decke die
Schöpfung, die Marienlegende und
einige Phantasietiere. An der Westwand figurieren die sieben Todsün-
den und die sieben Tugenden. Der
Tod sägt am Lebensbaum eines
Mannes. Noch aus der Blütezeit der
Kirche stammt das Marienbild mit
Kind. Das Kruzifix ist hundert Jahre
jünger. An der Wand steht ein Kuriosum, das man aber früher in
vielen skandinavischen Kirchen hatte. Ein langer Holzstab nämlich, mit
dem der Priester schlafende Kir-
chenbesucher durch einen mehr
oder minder sanften Hieb auf den
Kopf aufwecken konnte. Von Mitte
Mai bis September ist die Kirche
tagsüber offen. Sollte sie aber geschlossen sein, kann man sich im
Haus östlich der Kirche den Schlüssel besorgen, denn dieses kleine,
schindelgedeckte Gotteshaus ist einen Besuch wert.

◆ Värmlands Säby

10 km nördlich von Södra Råda liegt dieser Herrenhof aus dem Jahr 1774 mit einem Labyrinth von Hekken (geöffnet Mitte Juni bis Ende August tgl. 11 - 15 Uhr).

◆ Filipstad

Nördlich von Kristinehamn liegen die ost-värmländischen Gebiete, die zur Landschaft Bergslagen gehören. Filipstad wie auch die folgenden Stätten gehören in diesen Bereich. Die Welt verdankt dieser Stadt so wichtige Dinge wie den Propeller und das Knäckebrot. Dem Erfinder des ersteren, John Ericsson, wurde hier in seiner Heimatstadt ein Mausoleum errichtet. Der "Erfinder" des letzteren ist leider unbekannt. Der Name der hiesigen Fabrik ist aber schon zu einem Synonym für Knäckebrot überhaupt geworden: Wasa! Gruben- und Hüttenwesen haben die Geschichte des Orts geprägt und ihre Spuren hinterlassen, Stollen, Grubenlöcher und Arbeiterhäuser. Sehenswert ist die *Kirche*, 1785 in Gustavianischem Stil nach dem Entwurf des Baumeisters Jean Eric Rehn erbaut. Am Marktplatz stehen einige Bänke für Ruhesuchende. Ein Platz ist hier immer besetzt: der von Nils Ferlin (1898 - 1961), dem värmländischen Skalden, der von K.G. Bejemark in Metall gegossen wurde.

Touristeninformation

Filipstads Turistbyrå, Viktoriagatan 8, 68230 Filipstad, Tel. 0590/ 715 60.

Übernachten

▸ *Campingplatz Munkebergs* ***, nördlich des Zentrums auf einem Kap im Lersjön, Tel. 0590/ 611 46, ist dem Platz in Kristinehamn vorzuziehen.

◆ Brattforshyttan

Brattforshyttan ist eine der ältesten Hüttensiedlungen, 10 km südwestlich von Filipstad. Die noch erhaltenen Werkshallen und Hochöfen aus dem letzten Jahrhundert können im Sommer besichtigt werden.

◆ Långban

Der mineralreichste Ort der Welt liegt 20 km nordöstlich von Filipstad. Hier findet man überall Spuren des Bergbaus. Mehr als 300 verschiedene Mineralien förderte man hier im Laufe der Jahre, darunter so seltene wie Dolomit, Adelit und Pyroavrit. Einige von ihnen kommen nur hier vor. Die *Hüttenwerk*, die *Mineralausstellungen* und der *Grubenkomplex* sind obligatorisch für jeden Touristen. Das Hüttenwerk wurde Industriemuseum und dokumentiert Arbeitsmittel und Techniken aus der Blütezeit dieses Gewerbes (geöffnet Mitte Juni bis Mitte August 11 - 15 Uhr). Man kann selbst auf die Suche gehen und sich schöne Fundstücke schleifen lassen.

Auf *Tibergs Udde* am Hyttsjön gedeiht eine artenreiche und seltene Flora, die sogar Orchideen hervorbringt. Im *Herrenhof von Långban*, den man besichtigen kann, wurden die Brüder Nils und John Ericsson geboren. Im Juli wird hier die Schlacht von Hampton-Roads nachgestellt. 1862 versenkte nämlich der Nordstaatenkreuzer "Monitor", der von John Ericsson konstruiert wurde, das Südstaatenschiff "Merrimac", eine wichtige Episode des amerikanischen Sezessionskrieges.

Karlskoga

33.000 Einwohner

Karlskoga steht völlig unter dem Einfluß des Rüstungskonzerns Bo-

Alfred Nobel und die Nobelpreise

"Ich finde es wichtiger, sich um die Mägen der Lebenden zu kümmern, als den Ruhm der Verstorbenen durch Denkmäler zu ehren." - Worte eines Philanthropen, der unsere Welt wie kaum ein anderer schwedischer Staatsbürger verändert hat. *Alfred Nobel,* geboren 1833 in Stockholm, gestorben 1896 in San Remo, unterzeichnete am 27.11.1895 das berühmte Testament, dessen Sinn wir jedes Jahr kurz vor Weihnachten aufs neue erfahren: Ehrung und Hilfe für "diejenigen, die im Verlauf eines Jahres der Menschheit den größten Nutzen erwiesen haben". Auf einer einzigen Seite verfaßte Nobel seinen Wunsch, auch noch nach seinem Tod Nützliches für die Menschen zu leisten. Er war nie verheiratet, ungebunden und kinderlos. Dennoch fochten einige derer, die sich erbberechtigt fühlten, das Schriftstück an, in dem er verfügte, daß sein Vermögen von damals 30 Millionen Schwedenkronen (was heute ca. 1,3 Milliarden SEK entspricht) in einen Fonds verwandelt und gewinnbringend angelegt werden solle. Die Rendite dieser Anlage solle alljährlich an verdienstvolle Wissenschaftler der Sparten Physik, Chemie, Medizin und Literatur vergeben werden. Ein weiterer Preis wird für Verdienste um die "Verbrüderung der Völker" (Friedensnobelpreis) verliehen. 1969 kam dann der Wirtschaftspreis hinzu. Die Nobelstiftung verwaltet den Fonds, das Komitee wählt die Preisträger aus. Am Todestag Nobels, dem 10. Dezember, werden der Friedensnobelpreis in der Universität von Oslo und die anderen Preise im Stockholmer Konzerthaus verliehen. Damit brachte Nobel auch die damals in einer Union lebenden Norweger und Schweden noch enger zusammen.

Nobel war Chemiker aus Leidenschaft. Er entwickelte neue Zünder, erfand das Dynamit, arbeitete dann an neuen Leder-, Gummi- und Kunststoffprodukten in fünf Laboratorien. Er verbesserte Telekommunikationsanlagen, erfand Alarmanlagen und vieles mehr. Am Ende war er Inhaber von 335 Patenten, die er erfolgreich vermarktete. Er baute ein weltweites Wirtschaftsimperium auf, mit über neunzig Fabriken in zwanzig Ländern auf allen Kontinenten, die Quelle seines Vermögens. Er war Wissenschaftler und Geschäftsmann, aber auch Skeptiker, Philosoph und Idealist. Seine Briefe an die Geliebte, die österreichische Pazifistin *Berta von Suttner*, zeugen von seiner tiefen Skepsis über das Schicksal der Menschheit, aber auch von der Sehnsucht nach dem Wohl der Völker. Er war zutiefst von den friedenschaffenden Eigenschaften seiner Erfindungen, einschließlich des Dynamits, überzeugt!

fors, der mit seinen Fabriken und Anlagen das Stadtbild der modernen Industriestadt bestimmt. Wegen illegaler Waffenlieferungen in Staaten der Dritten Welt machte der Betrieb in den letzten Jahren negative Schlagzeilen. Die *Bofors AG* kam 1894 in den Besitz Alfred Nobels, der bis zu seinem Tod auf dem **Herrenhof Björkborn** lebte und forschte. Zu besichtigen sind hier seine Arbeitsräume und persönlichen Utensilien, Schlafzimmer, Salon, Bibliothek und vor allem sein Labor. Den Park kann man besuchen (geöffnet Juni bis August 13 - 17 Uhr).

Touristeninformation

Karlskoga Turistbyrå, Katrinadalsgatan 2, 69183 Karlskoga, Tel. 0586/ 614 74

Übernachten

▶ *Linnebäcks Camping **,* an der E 18, 9 km westlich von Karlskoga, Tel. 0586/ 221 37, mit 22 Hütten, sehr ruhig. Samstags Tanz am Steg!
▶ *Vandrarhem,* Grönfeltsudde, am Möckeln, Tel. 0586/ 567 80
Weitaus schöner sind die beiden Tophotels in der Umgebung von Karlskoga, die ruhig liegen und alle möglichen Freizeitaktivitäten anbieten (→ Umgebungziele/ Svartå und Hällefors).

Alfred Nobel

Rund um Karlskoga

◆ Sveafallen

Sveafallen liegt 13 km südlich von Karlskoga bei Degerfors. Hierher zieht es Geologen seit mehr als einem Jahrhundert, Touristen seit fünfzig Jahren. Mehrere markierte Pfade führen durch ein geologisch äußerst interessantes Gebiet. Hier hatte vor 9.000 Jahren der Ancylussee, die damalige Ostsee, seinen Auslauf über den Sveaälv in den Atlantik. Die Geologen in den zwanziger Jahren entdeckten beeindruckende Relikte dieses Vorgangs, wie Canyons, Riesenfindlinge und vor allem die "Jättegrytor", bis zu acht Meter tiefe Gletschermühlen. Glaubten jene Forscher noch an die Existenz eines Wasserfalls, so weiß man heute, daß es einen solchen nie gab, da Ostsee und Atlantik etwa auf dem gleichen Nivau lagen. Hinweisschilder machen auf besondere Sehenswürdigkeiten aufmerksam.

Am nördlichen Parkplatz gibt es ein großes Informationsgebäude, das im Sommer geöffnet ist. Rund 1 km² des Geländes steht als Naturreservat unter besonderem Schutz.

Übernachten

▶ *Degernäs Camping ***,* 1 km nördlich von Degerfors, über Straße 243 an den Möckeln-See fahren, Tel. 0586/ 483 66, ruhig auf einer Wiese am Seeufer, Bootsverleih, mit 11 Hütten.

◆ Svartå

Hier, 30 km südlich von Karlskoga, ist einer der wenigen Holzkohlenmeiler Schwedens als Kulturdenkmal erhalten geblieben.

Übernachten

▶ *Svartå Herrgård,* Romantik-Hotel am Rand von Svartå, Tel. 0585/

500 03, ist ein Schmuckstück, erbaut 1780. Und hier hat sich Gustavianisches und Rokoko erhalten, vor allem im prachtvollen Hauptbau. Auch in den Nebenflügeln wohnt man exzellent. Hof und Park liegen an einem wunderschönen See. Für Kanuten gibt es nichts Schöneres.

◆ Loka Brunn

Nach Norden kommt man in die Provinz Västmanland (→ R 21) mitten hinein nach Bergslagen. Loka Brunn liegt 36 km nördlich von Karlskoga. Im 18. Jahrhundert begann die Geschichte des kleinen Orts als Kurbad. Eine Reihe von sehenswerten Bauten aus jener Zeit ist erhalten. Auch heute noch kommen viele Menschen hierher, um mit Schlammbädern oder physikalischen Therapien zu genesen und sich in der angenehmen Atmosphäre zu erholen.

Übernachten
► *Vandrarhem*, Tel. 0591/ 135 70, in einem niedlichen Holzbau eingerichtet, nur Mehrbettzimmer. Dort kann man aber auch im Hotel wohnen, Tel. 0591/ 135 70.

◆ Grythyttan

Grythyttan liegt 48 km nördlich von Karlskoga. Schon im 14. Jahrhundert gab es hier eine Eisenhütte. Später grub man in Grythyttan auch nach Schiefer und Silber, was sich aber bald nicht mehr lohnte. Rund um den Marktplatz stehen alte Häuser aus dem 17. Jahrhundert. Auch die rote Holzkirche - typisch für Bergslagen - stammt aus jener Zeit.

Touristeninformation
Grythyttans Turistbyrå, Kyrkogatan 13, 71060 Grythyttan, Tel. 0591/ 143 45

Übernachten
► *CS-Gryhyttans Gästgivaregård*, Tel. 0591/ 141 24. Erbaut 1640, ist eine Prachtvilla mit dem Charme vergangener Tage. Im Garten stehen die Nebenvillen, in denen geschmackvoll eingerichtete Zimmer liegen. Unter der Leitung von Carl Jan Granqvist, der das Restaurant (Stern im Guide Michelin) zu einem der berühmtesten des Landes gemacht hat.

◆ Hällefors

Hällefors, 57 km nördlich von Karlskoga, ist eine Industriestadt. Dem 1749 eingestellten Silberabbau folgte eine heute noch aktive Eisenindustrie. Rund um die Stadt liegen mehrere Sumpfgebiete, wie *Knutshöjdsmosse* nördlich des Stadtparks Krokbornsparken und *Hammarmossen* im Südosten an Straße 63. Mit Stiefeln und Fernglas ausgerüstet, stapft man hier durch Feuchtgebiete mit sehr seltenen Pflanzen und Insekten.

Übernachten
► *Sörälgens Camping* ***, 5 km nordöstlich von Hällefors, 1 km südlich von Straße 63, Tel. 0591/ 150 05, ein idealer Platz für Wassersportler.

—► Route 17 führt von Karlskoga weiter auf der E 18 über den Bergrücken des *Kilsbergen*, auf dem scharf geschossen wird. Hier liegen die Übungsplätze des Waffenkonzerns *Bofors*. Südlich der E 18 steht bei *Lekhyttan* noch ein Straßenzug mit alten Holzhäusern, die im 18. und 19. Jahrhundert von Hüttenarbeitern bewohnt wurden. Kaum ist man über den Berg hinweg, lohnen bei *Lanna* mehrere Ziele.

◆ Knista

5 km südlich von Lanna liegt bei Knista eine Kirche mit Turm aus dem späten 12. Jahrhundert Wand- und Deckenmalereien (1617) tragen Motive aus dem alten Testament. Hier lesen wir in gemaltem Text, daß Adam 930 und Methusalem gar 967 Jahre alt wurden.

◆ Riseberga

10 km südlich von Lanna wurde bei Riseberga um 1200 ein Nonnenkloster des Zisterzienserordens gegründet. Es war sehr reich, bis es 1527 eingezogen wurde und zwanzig Jahre später einem Brand anheimfiel. Die Ruinen der Grundmauern und Westwand der Kirche stehen unter Denkmalschutz.

◆ Garphyttans Nationalpark

Dieser Nationalpark, 7 km nördlich von Lanna, wurde 1909 auf 1,11 km² Nadelwald eingerichtet, um eine typische Bergbaulandschaft des 19. Jahrhunderts zu erhalten. Es gibt Hütten und Wanderpfade durch alte Wälder.

◆ Tysslingen

10 km nordöstlich von Lanna erstreckt sich dieser See, einer der besten Vogelseen Närkes.

—▶   Route 17 endet in der Hauptstadt der Provinz Närke.

Örebro

120.000 Einwohner

Örebro ist Schwedens fünftgrößte Stadt, eine sachliche Großstadt mit einigen sehenswerten Resten aus ihrer langen Geschichte. Alle kennen das weltberühmt gewordene Wahrzeichen, den **Svampen** (Pilz). Dieser 58 m hohe Wasserturm hat seit seiner Errichtung 1957 viele Nachfolger im In- und Ausland gefunden. Nachdem die tragenden Teile fertiggestellt worden waren, begann man mit dem Ausbau von oben nach unten. König Feisal von Saudi-Arabien war von dem Örebroer Turm so angetan, daß er in Riad eine exakte Kopie anfertigen ließ.

Geschichte

Örebro entwickelte sich bald nach der Gründung 1265 durch Birger Jarl zum politischen und wirtschaftlichen Zentrum der Region und erlebte den   Aufstieg der Eisenindustrie der umliegenden Provinzen ebenso mit wie deren Niedergang. Vielfältiges Gewerbe siedelte sich an, darunter Lebensmittel-, Schuh- und Waffenfabriken.

Sehenswürdigkeiten

Hauptattraktion der Stadt ist das **Schloß**. Dem Wehrturm Birger Jarls wurden mehrere Anbauten angegliedert, ehe zwischen 1573 und 1627 nach Plänen König Karls IX. das heutige, mächtige Renaissanceschloß entstand. Von 1758 bis 1764 baute J.C. Cronstedt das Schloß nach Carl Hårlemans Entwürfen nochmals um. Seit dieser Zeit residiert hier auch der Provinzhauptmann. Weitere Restaurierungen erfolgten 1900, 1927, 1958 und 1993 (im Sommer tgl. geöffnet). Die historischen Sammlungen des Provinzmuseums, das das älteste in ganz Schweden ist, sind seit kurzem im Schloß untergebracht. Die Kunstabteilung des Museums befindet sich im Schloßpark (geöffnet Juni bis August Mo bis Fr 11 - 19 Uhr, Sa und So 11 - 17 Uhr, in den übrigen Monaten Di bis Do 12 - 16 Uhr, Sa und So 11 - 17 Uhr). Ganz in der Nähe des Schloßparks befindet sich das **Technische Museum**, eingerichtet in den alten Magazingebäuden (geöffnet tgl. 10 - 16 Uhr).

Von der frühesten Bebauung sind sonst leider nur die beiden Kirchen erhalten. Die wichtigste ist die **St.-Nicolai-Kirche** am Marktplatz, die im 14. Jahrhundert vollendet und im 19. Jahrhundert neugotisch restauriert wurde. In einer Kapelle im nördlichen Schiff liegt der ehemalige Reichsverweser und Führer des Aufstands gegen das Königshaus, Engelbrekt Engelbrektsson, bestattet (→ Gökholm). Allerdings wurde sein Grab im 16. Jahrhundert zerstört. Am 21. August 1810 wählten die vier Stände bei einem Reichstag hier Jean Baptiste Bernadotte zum schwedischen Thronfolger. Ein mehrere Tage dauerndes Fest begleitete die Krönungszeremonien, in dessen Verlauf nicht nur der Erzbischof sturzbetrunken nach Hause getragen wurde. Noch älter als die Nicolai Kirche ist die Kirche im Ortsteil **Almby**, die schon im 12. Jahrhundert erbaut wurde. Die **Olaus Petri kyrka** wurde 1912 für den großen, aus Örebro stammenden Reformator erbaut.

Zwei Theater sind sehenswert: das **alte Theater** gegenüber dem Schloß und das **Hjalmar-Bergman-Theater** auf Söder am Olof Palmes Torg. Das alte Theater war nach seiner Einweihung 1853 nach dem Stockholmer Theater das zweitgrößte des Landes. Sehenswert ist auch der **Herrenhof Karlslund** (1819) im

Westen der Stadt, ein gutes Beispiel für den Empirestil. Im Stadtpark liegt das **Freilichtmuseum Wadköping**, so benannt vom Örebroer Schriftsteller Hjalmar Bergman. Hier wurden mehrere alte Gebäude zusammengetragen, u. a. einige Holzhäuser, die die vielen Brände in der Stadt überstanden. Die _Kungsstuga_ aus dem 16. Jahrhundert ist das älteste von ihnen.

Touristeninformation

Destination Örebro, Örebro Slott, 70135 Örebro, Tel. 019/ 21 21 21, geöffnet Juni bis August Mo bis Fr 9.30 - 19 Uhr, Sa und So 10 - 17 Uhr, sonst Mo bis Fr 9 - 17 Uhr.

Übernachten

▶ _Gustavsviks Camping * * *,_ Hauptcampingplatz in Örebro, von allen Straßen aus gut beschildert, Tel. 019/ 19 69 50, großes Hüttendorf. Aktivitäten: Reiten, Schwimmen, Golf, jede Art von Wassersport im Sportcenter gleich neben dem Platz.
▶ _Vandrarhem,_ Sanatorievägen, Adolfsberg, 3 km südlich des Zentrums, Tel. 019/ 24 09 21, ein ehemaliges Sanatorium, ein wenig ungemütlich.
▶ _SH-Grev Rosen,_ Grev Rosengatan 2, nahe beim Schloß, Tel. 019/ 13 02 40
▶ _BW-Stora Hotellet,_ Drottninggatan 1, Tel. 019/ 12 43 60, ist die Nr. 1 am Ort mit dem empfehlenswerten Restaurant "Slottskällaren".

Essen und Trinken

Wer gerne mal in einem ehemaligen Kerker ein Essen oder ein Glas Wein genießen möchte, ist im Schloß-Pub _Slottspuben_ richtig. In Gustav Wasas altem Reichssaal befindet sich heute das Restaurant *Slottskogen*. Eines der besten Fischrestaurants Schwedens ist das *Le Poisson d'or* in der Kilsgatan 8. Empfehlenswert ist auch das Restaurantboot *Örebro III.*, das am Hamnplan liegt.

Nützliche Adressen und Telefonnummern

Apotheke: Köpmangatan 13
Krankenhaus: Södra Grevrosen gatan, Tel. 019/ 510 00
Polizei: Stortorget 20, Tel. 019/ 93 20
Post: Bangatan 7

Öffentliche Verkehrsmittel

Mehrere Züge am Tag von Örebro nach Hallsberg oder Kolbäck; von dort in Richtung Stockholm; von Hallsberg auch Anschluß in Richtung Göteborg.

Rund um Örebro

◆ Hjälmaren

Der Hjälmaren ist Schwedens viertgrößter See. Er ist sehr fischreich und Heimat vieler Vogelarten. Ende des letzten Jahrhunderts senkte man den Wasserspiegel um 130 cm, so daß 27 km² Neuland gewonnen wurden, die landwirtschaftlich genutzt werden.

◆ Sköllersta

Die dreischiffige, turmlose Hallenkirche in Sköllersta 23 km südlich von Örebro wurde im späten 13. Jahrhundert aus Kalkstein errichtet. Sie bewahrt noch einige mittel-

alterliche Inventarien auf. Ihre Madonna aber ist heute im Schloßmuseum in Örebro zu sehen. Der Glockenturm stammt aus dem 17. Jahrhundert.

◆ Kvismaren-Seen

An den kleinen Vogelseen im Norden von Sköllersta gibt es auch einen Beobachtungsturm.

◆ Sköllersta - Odensbacken

Zwischen diesen beiden Orten liegen unweit der Straße Richterringe und Grabhügel. In Odensbacken findet man ein eisenzeitliches Grabfeld mitten im Ort, der ursprünglich ein Thingplatz war. Der Ortsname bedeutet "Hügel des Odin".

◆ Engelbrektsholmen

Auf dieser Halbinsel 27 km östlich von Örebro, die bis zur Absenkung des Hjälmaren eine Insel war, wurde 1436 Engelbrekt Engelbrektsson von seinem Gegenspieler Måns Bengtsson Natt och Dag erschlagen. Engelbrekt hatte seit 1434 einen Aufstand der Schweden gegen den dänisch und deutsch beeinflußten Adel angeführt. Ein Jahr später ließ er das erste Reichstreffen (1. Parlament) in Arboga einberufen und hatte es auf der Gegenseite mit Reichsrat Bengt Stensson zu tun, der auf Schloß Göksholm auf eben jener Insel im Hjälmaren wohnte. Der Sohn Stenssons, Måns Bengtsson, erschlug Engelbrekt mit einer Axt. Sein Anhang wurde auf das Schloß gebracht und gefangengehalten. Das Gebäude wurde mehrere Male, zuletzt 1801, umgebaut und 1954 restauriert, so daß man die mittelalterlichen, geschichtsträchtigen Teile der Anlage wieder erken-

nen kann. Es ist heute das einzige
bewohnte Schloß aus dem Mittelalter in Schweden. Daher ist nur der
Park zugänglich.

♦ Dylta Bruk

Dylta Bruk, 12 km nördlich von
Örebro bei Ölmbrotorp, ist eine
Hütte aus dem 16. Jahrhundert mit
Museum. Hier wurden Schwefel,
Alaun und rote Farbpigmente gewonnen. König Johan III. soll sich
um 1570 hier aufgehalten haben,
als in Stockholm die Pest wütete
und man glaubte, daß Schwe-
feldämpfe der Ansteckung vorbeugen würden.

♦ Nora

33 km nördlich von Örebro liegt in
Västmanland diese Stadt naturschön am gleichnamigen See. Sie
war schon im 14. Jahrhundert ein
bedeutender Handelsplatz und erhielt die Stadtrechte 1643. In jener
Zeit gab es innerhalb der Stadtgrenzen 53 Hütten. Das Innere der Stadt
hat die Atmosphäre vergangener
Zeiten bewahrt. Rund um den
Marktplatz liegen alte Holzhäuser
und Gebäude aus dem 19. Jahrhundert, als der letzte Brukspatron, A.
Wedberg, das Leben hier bestimmte. Das alte *Bürgerhaus* (Göthlinska
gården) ist als Museum zugänglich.
   Nora wird auch "Stadt der Eisenbahnen" genannt. Schon 1856
wurden hier Bahnschienen gelegt,
um das Erz aus den Gruben der
Umgebung zu transportieren. Neben
dem Bahnhof pflegt ein Verein die
historischen Loks und Wagen, betreibt sie im Sommer sogar gele-
gentlich. Informationen darüber gibt
die Touristeninformation.
   2 km südlich liegt das Hüttendorf
Pershyttan. Die Grube hier war vom

14. Jahrhundert bis 1967 in Betrieb. Die Hütte selbst, der Hochofen, Werkstätten, Wohnhäuser, der
"Stangengang", eine von Christopher Polhem entwickelte Anlage zur
Kraftübertragung von Wasserrad zur
Pumpe, und vieles mehr sind original erhalten. Führungen durch die
Anlagen werden angeboten. Auf einem Pfad kann man auf eigene
Faust Gruben, Geräte und Werkhal-
len erkunden.

Touristeninformation
Nora Turistbyrå, Järnvägsstationen,
im alten Bahnhof, 71322 Nora, Tel.
0587/ 811 20, geöffnet im Sommer
Mo bis Fr 10 - 19 Uhr, in der übrigen Zeit Mo bis Fr 12 - 16 Uhr.

Übernachten
► *Trängbo Camping* ***, am No-
rasjön, Tel. 0587/ 123 61
► *Uskavi Camping* ***, am Usken,
15 km nördlich von Nora an der
Straße nach Storå, Tel. 0587/
33 00 25, wie Trängbo schön gele-
gen, mit Wald, Strand und Hütten.
Am Wochenende ist Tanz.
► *Vandrarhem Nora Tåghem,* am
Bahnhof, Tel. 0587/ 146 76, ist in
den Waggons eines historischen
Zugs untergebracht, mit Plüsch und
Gardinen an den Fenstern.

♦ Hammarby

Am östlichen Ufer des Norasjön
liegt der Herrenhof des Brukspa-
trons A. Wedberg (19. Jh.), den
man im Sommer auch besichtigen
kann. Bis 1923 war die hiesige Eisenhütte seit ihrer Gründung 1544
durch Gustav Wasa in Betrieb.
   Etwa auf Höhe der Abzweigung
nahe Straße 60 liegt das Naturreservat *Järleån* mit Rastplätzen und
Wanderwegen in laubwaldreicher
Natur, mit Biberkolonien und starken
Elchherden.

◆ Frövifors

25 km nördlich von Örebro liegen hier am *Väringen* modernste und historische Anlagen zur Papierherstellung Seite an Seite. Während in den heutigen Fabrikanlagen Papier und Pappe nach dem aktuellen Stand der Technik fabriziert werden, dokumentiert das *Papierhüttenmuseum* am oberen Wasserfall, wie alles vor hundert Jahren ablief. Der vollständig erhaltene Industriekomplex im Originalmilieu der Jahrhundertwende ist einzigartig in ganz Schweden. Eine ständige Ausstellung zeigt Verpackungen von der Steinzeit bis in das Zeitalter der Raumfahrt. Außerdem stellt Schwedens größte Kunstschule aus Stockholm hier in jedem Sommer die Examensarbeiten ihrer Schüler aus (Skulptur, Malerei, Film etc.).

◆ Siggebohyttan

Siggebohyttan am *Usken* liegt 42 km nördlich von Örebro und 10 km nördlich von Nora. Hier lebte der reiche Bergmann Anders Olsson. Sein Haus mit einem beeindruckenden Rundgang von 38 m Länge sowie mit vierzehn Zimmern und Küche kann besichtigt werden. Es vermittelt einen lebendigen Eindruck vom Leben eines wohlhabenden Bergmanns zu Beginn des 19. Jahrhunderts.

◆ Klacka-Lerberg

Klacka-Lerberg, 15 km nordwestlich von Nora, ist über Gyttorp zu erreichen, wo man die Straße nach Striberg nimmt. Klacka-Lerberg, der "Königsstollen", wurde im 18. Jahrhundert als Entwässerungskanal der Grube angelegt. Der Name kommt von einem Besuch Gustavs III. hier im Jahr 1768. Vor zwanzig Jahren wurde der 250 m lange Stollen für Besucher zugänglich gemacht. Er endet in einer Höhle mit schönen Mineraliensammlungen.

◆ Löa Hytta

Auch Löa Hytta, 6 km nördlich von Stråssa, hat mit diesem Gewerbe zu tun. Es ist ein gut erhaltenes, 1973 restauriertes Bergmannsdorf. Die Hütte ist die einzige ihrer Art in Schweden, die niemals im Besitz eines Konzerns war, sondern von unabhängigen Bergleuten betrieben wurde. Seit 1400 gewannen sie hier ihr eigenes Eisen, stellten Holzkohle her und warteten Hochofen und alle Anlagen selbst. Daneben betrieben sie Landwirtschaft. 1907 wurde die Hütte nach 500jährigem Betrieb stillgelegt. Brandofen, Hochofen, Schmiede, Meiler und Bürogebäude sind erhalten. In einem dieser Gebäude ist ein *Museum* eingerichtet.

Route 18
Der Pilgrimsleden: Karlstad - Höljes (ca. 250 km)

Route 18 führt auf Straße 62, dem traditionsreichen *Pilgrimsleden*, den im Mittelalter die Pilgerer auf ihrem Weg zu den Gebeinen des heiligen Olafs im Dom von Trondheim nah-

men, durch das herrliche *Värmland*, immer an den Flußschlingen des Klarälven entlang. Bahn- oder Flugverbindungen gibt es hier noch nicht, aber von Karlstad fahren zwei bis fünf Busse am Tag diese Route, manche allerdings nur bis Hagfors.

Die Landschaft nördlich des Vänern-Sees hat etwas Besonderes, das sie aus der Reihe der schwedischen Provinzen heraushebt. Jeder kann es fühlen, und viele haben ihre Empfindungen in Worte gefaßt, mit denen sie anderen ihre Stimmungen mitteilen. Värmland ist die Dichterlandschaft Schwedens, die Landschaft der Wälder, der Seen und der Poeten. Gelten Lieblichkeit und Sanftheit als Kriterien, so ist Värmland unschlagbar. Die abwechslungsreiche Natur mit ihren vielen Gewässern und den leichten Anhöhen, die zur norwegischen Grenze in Gebirge umschlagen, und tiefen Wäldern mit den letzten Wölfen Schwedens verleiht der Landschaft einen Liebreiz, dem sich die Dichter hingaben. Unter ihnen sind so illustre wie Selmar Lagerlöf, Frederick A. Dahlgren und Nils Ferlin. Ihre Worte sind es, die den Geist der Wälder mit Leben beseelen, die uns in die Tage einer besseren Welt entführen. In Schweden werden nur Stockholm und die Küsten Südschwedens von mehr deutschen Touristen besucht als Värmland. Gerade bei uns genießt dieser Flecken Erde einen hohen Stellenwert als Urlaubsziel. Nostalgie oder auch nur Gefühl für Tradition spielen dabei mit.

Bis ins 19. Jahrhundert war Värmland eine der ärmeren Provinzen. Weder Klima, Niederschlag noch die Beschaffenheit des Bodens waren für intensive Landwirtschaft günstig, so daß die Kleinbauern ums Überleben kämpfen mußten. In den Notzeiten des 15. und 16. Jahrhunderts wanderten Tausende von Finnen nach Schweden ein. Sie wurden von der Krone zum großen Teil hier in den wirtschaftlich armen Gebieten angesiedelt. Sie bebauten das vorher brachliegende Land, betrie-

ben Brandrodung und lebten trotz aller Mühen in ärmlichen Verhältnissen. Mit dem Aufschwung der Hüttenindustrie besserten sich die Verhältnisse wenigstens im Osten Värmlands, das noch zu Bergslagen gehört, und am Klarälven. Die Krise der Eisenindustrie führte um 1850 zu einem verstärkten Ausbau der Forstindustrie. Die Brukspatrone, die in ihren prächtigen Herrenhöfen residierten, waren flexibel genug, sich nun auf Holz umzustellen. In unserer Zeit spielt der Tourismus eine ebenso große Rolle für Värmland wie für andere strukturschwache Provinzen, z. B. für Dalsland oder Dalarna. Es war denn auch gerade hier in Värmland, wo völlig neue, aktive Formen des Tourismus entwickelt wurden, die heute auch an anderen Orten angeboten werden und einen Hauch von Abenteurertum und auch Exklusivität haben. Dazu zählen Bibersafaris, Draisineoder Floßfahrten. Da auch die touristische Infrastruktur Värmlands heute hoch entwickelt ist, empfehle ich diese Naturlandschaft ganz besonders für einen längeren Aufenthalt, in dem man seinen persönlichen Vorlieben in Unterkunft und Gestaltung des Urlaubs nachgehen kann.

Freizeitgestaltung in Värmland

Wer eine Tour oder bestimmte sportliche Aktivitäten machen möchte, sollte vorher beim Veranstalter anrufen. Dort erfährt man nämlich, wo man die Ausrüstung holen kann bzw. an welche Adresse man sich wenden sollte.

Angeln

Petrijüngern bieten die Seen und Flüsse Värmlands ideale Bedingungen. Süßwasserfische wie Barsch,

Hecht, Zander, Maräne und Aal, aber auch Edelfische wie Äsche und Saibling sind hier zu Hause. Im Winter lockt das Eisangeln. Angelkarten gibt es bei den Touristeninformationen, in vielen Geschäften, Banken und Postämtern. Über organisierte Angeltouren, z. B. Lachsangeln im Vänern, informieren:

► *Värmlands Turistråd,* Box 326, 65108 Karlstad, Tel. 054/ 10 21 60
► *Hammarö Vandrarhem,* Djupsundsvägen, 66300 Hammarö, Tel. 054/ 51 04 40

Kanuwandern
Värmland ist neben Dalsland eines der El Dorados für Kanuten. Über 2.500 Seen und Flüsse bieten ein weit verzweigtes Netz von Gewässern, die teils mit Stromschnellen durchzogen sind. Man kann wählen zwischen Paketarrangements pro Person oder Familie, Wildnistouren, Montrealer-Touren (Großraumkanus,

bis zwölf Personen) oder sogar Expeditionen (7-14 Tage). Man kann natürlich auch mit dem eigenen Kanu fahren. Topographische Karten sind für ein solches Vorhaben unerläßlich. In den Kanuzentralen kann man Kanus inkl. der gesamten Ausrüstung (auch Zelt, Schlafsack) mieten:

► *Nordmarkens Kanot-Center,* Box 24, 67200 Årjäng, Tel. 0573/ 380 60 oder 380 68
► *Skandia Trail,* Grunnerud, 67200 Årjäng, Tel. 0573/ 300 01
► *Vildmark i Värmland,* Box 209, 68500 Torsby, Tel. 0560/ 140 40
► *Arvika Kanot och Touristcenter,* Box 191, 67125 Arvika, Tel. 0570/ 182 45, neben dem Campingplatz in Arvika (beschildert).
► *Värmlandsgården,* Box 132, 68301 Hagfors, Tel. 0563/ 910 22
► *Aktiv Ferie Liljendal,* 68096 Lesjöfors, Tel. 0590/ 360 57

Värmland - Wälder und Seen

Birk- und Auerhahnbalz
Sie zählt zu den großen, faszinierenden Schauspielen in der Tierwelt
(April/ Mai). Erfahrene Führer ermöglichen Fotografieren und Beobachten aus nächster Nähe.
► *Nordnatur,* Box 549, 65112 Karlstad, Tel. 054/ 21 84 33

Ferienhausvermietung
Eine Reservierung mindestens sechs
Monate vorher aus Deutschland ist
unbedingt zu empfehlen, besonders
in der Hauptreisezeit Ende Juni bis
Anfang August.
► *Sverige Resor Väst,* Box 244,
65106 Karlstad, Tel. 054/ 10 21 70

Pilzwanderungen im Herbst
► *Monica Svensson,* Moheden
2380, 68395 Sunnemo, Tel. 0563/
930 08 oder 0590/ 700 91
► *Graninge Vårdshus,* Bengt Carl-
son, 66060 Molkom, Tel. 0553/
100 78

Radverleih und Radtouren
► *Arvika Kanot och Touristcenter,*
Box 191, 67126 Arvika, Tel. 0570/
182 45

Floßfahrten
Die Teilnehmer bauen aus Baum-
stämmen und Tauen ihr eigenes
Floß (ca. 18 m²). Instrukteure helfen
dabei. Mit der Strömung als Antrieb
geht es in aller Ruhe 100 km lang
flußabwärts.
► *Vildmark i Värmland,* Box 209,
68500 Torsby, Tel. 0560/ 140 40
► *Sverigeflotten,* Transtrand 20,
68063 Likens, Tel. 0564/ 402 27,
mit bereits fertigen Flößen.

Golf
Hier eine Übersicht über die neun
Golfplätze in Värmland. Alle mit
Golfshop und Drivingrange.
► *Arvika Golfclub,* Tel. 0570/
541 33, 18-Loch-Platz
► *Billeruds Golfclub,* Tel. 0555/
913 13, 18-Loch-Platz
► *Karlskoga Golfclub,* Tel. 0586/

286 63, 18-Loch-Platz
► *Karlstad Golfclub,* Tel. 054/
86 63 53, 27-Loch-Platz
► *Kil Golfclub,* Tel. 0554/ 407 05,
18-Loch-Platz
► *Kristinehamns Golfclub,* Tel.
0550/ 166 25, 18-Loch-Platz
► *Saxå Golfclub,* Tel. 0591/
104 79, 18-Loch-Platz
► *Sunne Golfclub,* Tel. 0565/
141 00, 18-Loch-Platz
► *Uddeholms Golfclub,* Tel. 0563/
605 64, 18-Loch-Platz

Draisinetouren
Die Draisinen werden wie Fahrräder
mit Beiwagen auf den Gleisen einer
stillgelegten Strecke bewegt. 54 km
von Årjäng nach Bengstsfors kosten
pro Person ca. 70 DM am Tag.
► *Årjäng Turistbyrå,* Torget, 67229
Årjäng, Tel. 0573/ 141 36
► *Aktiv Ferie,* Liljendal, 68096 Lesjöfors, Tel. 0590/ 360 57

River Rafting
► *Vildmark i Värmland,* Box 209,
68500 Torsby, Tel. 0560/ 140 40

Reiten, Reittouren
Z.B. Ausritte vom alten Holzdorf
Anttila mit Island Ponys in die Wäl-
der, buchbar über Sun Team
(→ Veranstalter, Reisevorbereitung).

Survival
► *Nordmarkens Kanot-Center,*
Box 24, 67221 Årjäng, Tel. 0573/
380 60 oder 380 68

—► Von *Karlstad* (→ R 17) fährt
man zunächst ein paar Kilometer auf
der E 18 in Richtung Oslo und
zweigt dann auf Straße 62 nach
Norden ab. Der gesamte Routenverlauf folgt nun dieser Straße.

Ransäter

Im Herrenhof **Geijersgården** wurden
1783 Eric Gustav Geijer und 1816

Fredrik A. Dahlgren geboren. Geijer (1783 - 1847) wurde ein bekannter Philosoph, Dichter, Komponist und Historiker an der Universität Uppsala. Dahlgren (1816 - 1895) tritt als Verfasser humoristischer Theaterstücke auf. Sein größtes Werk "Värmlänningarna" wird zur Mittsommernacht im **Freilichtmuseum** aufgeführt (Hof zugänglich von Anfang Juni bis Ende August tgl. 9 - 13 und 14 - 18 Uhr). Gleich daneben liegt das gemütliche *Vandrarhem Annersia,* Tel. 0552/ 300 39, mit nur 18 Betten.

Munkfors

Nach 10 km fährt man durch Munkfors, eine beschauliche Industriereliquie. Um den **Herrenhof** gruppieren sich Arbeiterhäuser, eine Werkstatt, eine Schmiede und das **Hüttenmuseum**, das die Funktionsweise des ersten Martinsofens in Schweden demonstriert (geöffnet Juni bis August Mo bis Sa 14 - 17 Uhr, Eintritt 5 SEK).

—► Nach weiteren 30 km zweigt man für ein kleines Stück von Straße 62 ab.

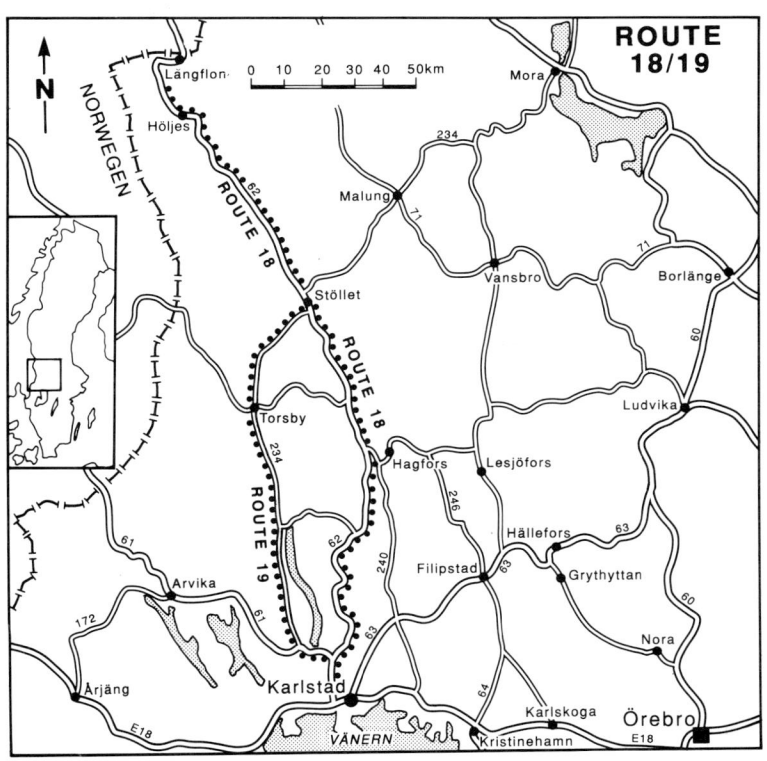

Hagfors

Der Standort der Eisenhütte *Uddeholm AB* ist der ideale Punkt für einen längeren Värmlandurlaub, denn von hier erreicht man in Tagesausflügen alle Sehenswürdigkeiten Värmlands. Hagfors liegt zentral in der Provinz und bietet ein großes Aktivprogramm mit Kanufahren und Elchsafaris. Im Winter ist vom **Värmullsåsen** (427 m) alpine Abfahrt möglich; im Sommer hat man von oben eine kilometerweite Aussicht. Im Ortsteil *Uddeholm* liegt der gleichnamige **Herrenhof** (1823).

Auf dem Heimathof **Klar-Hälja** nahe bei Hagfors findet alljährlich in der zweiten Juliwoche eine Veranstaltung wie die "Gammelvala" in Brunskog statt. Hier werden auch alte Handwerkstechniken vorgeführt, und das Heimatspiel "Älvdalssagan", das vom Niedergang der Eisenhütten im 19. Jahrhundert berichtet.

Touristeninformation

Hagfors Turistbyrå, Dalavägen 15, 68380 Hagfors, Tel. 0563/ 188 00, geöffnet Mo bis Sa 10 - 18 Uhr, So 13 - 17 Uhr.

Übernachten

▸ *Rådastrands Camping* ***, am westlichen Seeufer, 1 km nördlich von Norra Råda, 15 km westlich von Hagfors, Tel. 0563/ 604 19, im Kiefernwald gelegen, ideal für Segeln und Kanufahren.
▸ *Country-Side Hotel Uddeholms Brukshotel,* Hotellvägen 6, Tel. 0563/ 236 00, ein alter Herrenhof, idyllisch und völlig ruhig am östlichen Ufer des Rådasjön, unter deutscher Leitung und mit sehr gutem Preis-Leistungs-Verhältnis. Das Hotel organisiert alle Aktivitäten wie

Tennis und Golf auf eigenem Platz, Kanufahren, Angeln oder Elchsafaris. Ausgesprochen gute, aber dennoch nicht zu teure Küche.

—▸ Weiter geht es über Straße 62 nach Norden. Von nun an ist der Fluß ein ständiger Begleiter, mal rechts, mal links der Straße. Die 270 km, die er durch Värmland zurücklegt, kann man als die schönsten seines gesamten Verlaufs bezeichnen, denn hier zeugen Dutzende von Mäanderschlingen von den gewaltigen Kräften, die sich ihm in den Weg stellten. Eine Fahrt mit dem Kanu oder Boot ist ein reines Vergnügen. Den allergrößten Genuß bietet aber eine Floßfahrt auf einem gemieteten oder gar selbstgebauten Holzfloß, mit dem man dann im Tempo der Wogen sachte gen Süden treibt und den einfachen Dingen in der Natur mit ihrer regen Tierwelt (Elche, Biber, Adler) volle Aufmerksamkeit schenken kann. Bisher begleitete eine Unmenge von Holzstämmen den Weg des ruhesuchenden Flößers, doch die Flößerei der jährlich 15 Millionen Stämme ist 1992 hier eingestellt worden. Man fragt sich, wer auf die Idee kam, die ganze Last auf umweltverpestenden Sattelschleppern über die Straßen Värmlands zu schieben, statt sie ökologisch unbedenklicher den Wasserweg hinabgleiten zu lassen.

Ekshärad

Ekshärad ist berühmt für seine vielen schmiedeeisernen Kreuze auf dem **Friedhof** der Kirche, in Ortsmitte unmittelbar an der Straße. Die kleinen Metallblättchen, mit denen die Kreuze zu Hunderten geschmückt sind, klingeln im Wind.

Ein Leben in den Finnenwäldern

Ein Blick auf eine Karte Nordvärmlands überrascht durch die vielen finnischen Namen. Seen, Berge und Dörfer tragen hier erstaunlich oft Namen oder zumindest Namensteile, die aus der Sprache der östlichen Nachbarn stammen. Diese Bezeichnungen gehen zurück auf das 17. Jahrhundert, als mehr als 10.000 Finnen den Weg nach Westen wählten und auf ein besseres Leben hofften. Sie siedelten dort, wo kaum ein Schwede leben wollte: in den tiefen Wäldern *Värmlands, Ångermanlands* und *Dalarnas.* Der König schenkte ihnen dort Grund und Boden sowie neun Jahre Steuerfreiheit. Dafür erhielt er eine gleichmäßige Besiedlung seines Reichs. Die armen Finnen lebten von der Landwirtschaft in einem Gebiet, das dafür denkbar schlecht geeignet war. Da sie Brandrodung betreiben mußten, gerieten sie bald in Konflikt mit den ansässigen Schweden, für die der Wald ein wichtiger Brenn- und Baustofflieferant war.

Das Leben in diesen Zeiten war hart. Es reichte meist nur für das nackte Überleben. Die finnischen Dörfer waren kaum mit der Welt der Schweden verbunden. Es gab nur wenige Wege, die hierher führten, keine Schulen oder Kirchen. Die Menschen in den Finnenwäldern lebten isoliert und ausgeschlossen. Die Schweden sprachen ihnen Zauberkräfte zu. Bis ins letzte Jahrhundert hinein hielten sich Sprache und Sitten in ihren abgegrenzten Gemeinden. Heute liegen ihre Höfe verlassen, verfallen und überwuchert. Nur ein paar restaurierte Siedlungen sind zur Besichtigung für interessierte Touristen offen.

100 m oberhalb steht ein **Totempfahl**, von einem värmländischen Künstler vor einigen Jahren hier postiert, der Momente der lokalen Geschichte, Sagengestalten, den heiligen Olaf, Bär und Wolf sowie einiges mehr auf seinen fünfzehn Metern Höhe darstellt.

Touristeninformation
Ekshärads Turistbyrå, Torsbyvägen 4, 68050 Ekshärad, Tel. 0563/ 404 95

Übernachten
▶ *Byns Camping **, am Ostufer des Flusses gleich neben der Brücke, Tel. 0563/ 408 85, mit 4 Hütten.

—▶ 25 km nördlich von Ekshärad sollte man bei *Åstrand* auf die rechte Uferstraße des Klarälven abzweigen und dann nach Süden fahren. Bald ist das *Halgådelta* ausgeschildert.

Halgå

Dieser Fluß hat am Radfallet, einem ehemaligen Wasserfall, im Laufe der Zeit einen 300 m langen Canyon geschaffen. Auf einer Länge von drei Kilometern stürzt der Fluß in einer Serie von Stromschnellen und Wasserfällen talwärts. Mit 80 m ist der **Brattfallet** der größte. Jedoch ist er zu gewissen Zeiten aufgrund von Wasserstandsregulierungen fast ausgetrocknet. Das Gebiet ist ausgewiesenes Forschungsgelände für Geologen. Die Vorgänge von der Moränenbildung nach der Eiszeit bis zur Mäanderführung des Klarälven werden auf Tafeln erläutert.

—▶ Weiter geht es auf Straße 62. Etwa 7 km vor *Stöllet* liegt am Fluß nahe der Straße (beschildert) *Björkebo Camping * * **, Tel. 0563/ 850 86, mit einem Hüttendorf. Die

Route führt zur großen Wegkreu-
zung bei Stöllet/ Norra Ny, wo auch
Route 19 endet. Von hier erreicht
man über Straße 234 auch Dalarna.
In der *Kirche von Norra Ny* (1770)
werden ein Kruzifix und eine Ma-
donnenfigur aus dem Jahr 1250
aufbewahrt. 800 m nördlich von ihr
liegt *Värnäs Camping* * * (Tel.
0563/ 813 55).
   Straße 62 steigt immer mehr an.
Die Landschaft wird hügeliger und
einsamer.

Dalby

Die Kirche von Dalby (1929) wartet
mit einem der höchsten hölzernen
Türme Schwedens und mit einigen
mittelalterlichen Skulpturen auf.
Kunsthistorisch bedeutend ist die
Madonna mit Kind aus dem 13.
Jahrhundert. Auf der anderen Fluß-
seite gibt es eine Auffahrt zum

Branäsberg (1.560 m), von dem
man die beste Aussicht über die
Mäander des Klarälven hat.

—► Route 18 endet mit dem
Grenzübertritt auf Straße 62 nach
Norwegen. Dort trägt diese die
Nummer 26 und der Fluß heißt nun
Trysil.

Hölfjes

Über *Sysslebäck* führt Straße 62
hoch nach Höljes. An der Kirche
zweigt man zum Kraftwerk am Höl-
jes-See ab. Nach 10 km erreicht
man schließlich den 80 m hohen
und 400 m langen Damm mit der
gewaltigen Hydrokraftstation, die
den Wasserlauf des Klarälven je
nach Strombedarf reguliert. Eine sehenswerte Anlage!

Route 19
Karlstad - Torsby - Stöllet (ca. 150 km)

Auch Route 19 (siehe Karte Seite
393) führt von Karlstad aus nordwärts durch die wunderschöne
Wald- und Seenlandschaft *Värmland*
(→ R 18). Allerdings folgt sie nicht
dem Verlauf des Klarälven, sondern
den parallel sich erstreckenden *Fry-*
ken-Seen. Diese Route ist auch ver-
kehrstechnisch besser ange-schlos-
sen als Route 18, denn von Kil kann
man bis *Torsby* mit der Bahn fahren
(4-7 Abfahrten pro Tag gibt es).

—► Wie auf Route 18, so fährt
man auch auf Route 19 zunächst
auf der E 18 aus Karlstad in Rich-

tung Oslo und zweigt nach Norden
auf die Straßen 61/62 ab. Nach
4 km führt bei der Wegegabelung
Route 19 über Straße 61 weiter.
Man fährt in Richtung Kil. Kurz vor
dem Ortsanfang erinnert ein Stein
an den ersten Spatenstich, der hier
für die älteste Eisenbahnlinie in
Schweden gemacht wurde. Hat man
diesen Ort hinter sich gelassen,
zweigt Route 19 von Straße 61 auf
Straße 234 ab, der sie bis nach
Stöllet folgt. Bei Västra Ämtervik erreicht sie endlich den Fryken, und
zwar den östlich liegenden *Mellan-*
Fryken. Ende Juli lohnt sich hier die
Abfahrt nach Westen:

♦ *Brunskog*

Über Straße 238 in Richtung Arvika gelangt man nach Brunskog am Värmeln. Ende Juli jeden Jahres drehen die Einwohner von Brunskog neun Tage lang die Uhren um hundert Jahre zurück. Dann wird die "Gammelvala" veranstaltet, was soviel heißt wie "alte Welt". Mehr als 50.000 Besucher kommen dann hierher, um zu erleben, wie die Menschen in dieser Region einst lebten. Ungefähr dreißig alte Erwerbszweige im historischen Milieu und in der traditionellen Ausstattung werden vorgeführt. Dazu gibt es Schauspiele, Musik und Bewirtung. Nähere Informationen darüber erteilt *Arvika Touristbyrå*, Stadsparken, 67132 Arvika, Tel. 0570/ 135 60.

Rottneros

Neben Mårbacka ist Rottneros, das "Ekeby" aus Selma Lagerlöfs "Gösta Berlings Saga", wohl die größte Sehenswürdigkeit Värmlands. Auf 0,4 km² erstrecken sich Blumenpark, Kräutergarten, Rosarium und eine Skulpturensammlung mit über hundert Werken der größten Meister Nordeuropas. Vertreten sind unter anderem Carl Milles, Gustav Vigeland, Eric Grate, Carl Eldh und Johan Tobias Sergel. In einem Gehege streifen Luchs und Wolf umher. Der im Park liegende Herrenhof befindet sich in Privatbesitz und kann, da er immer noch bewohnt ist, im Inneren nicht besichtigt werden. Der frühere Hofherr Svante Påhlsson ließ den Park nach dem Brand des Herrenhauses 1929 gleichsam mit dem Neubau des Hauses anlegen. Er wollte eine Anlage schaffen, die der Schönheit des Ortes aus Selma Lagerlöfs Sage entsprechen sollte. Es ist ihm gelungen. Neben Restaurant und Café werden Veranstaltungen, Konzerte und Ausstellungen geboten (Anlage geöffnet Mitte Mai bis Anfang September tgl. 9 - 18 Uhr, im Juli bis 19 Uhr, Eintritt 65 SEK bzw. 35 SEK mit Tropenhaus).

Tip: Wer es lieber beschaulich mag, sollte nicht gerade sonntags im Sommer hierher kommen.

—▸ Etwas nördlich des Parks liegt an Straße 234 das *Stamfrände-Monument*, ein fast zehn Meter hohes Granitdenkmal in dem Umriß Värmlands mit einem Bronzeadler auf der Spitze. Es erinnert gleichermaßen an die finnische Einwanderung von Osten wie die värmländische Auswanderung nach Westen in die USA, Symbol der Verwandtschaft der Stämme.

Sunne

Das "Broby" der "Gösta Berlings Saga" liegt naturschön an den Seen *Övre* und *Mellan-Fryken*, ein besonders bei Deutschen und Holländern beliebtes Touristenzentrum. Sehenswert ist das alte **Thinghaus** mit kulturhistorischen Sammlungen und einer Widmung an Selma Lagerlöf. Aufgrund des regen Tourismus in dieser Gegend gibt es in dem kleinen Ort einen Campingplatz, ein Vandrarhem und fünf Hotels.

Touristeninformation

Sunne Turistbyrå, Mejerigatan 2, 68623 Sunne, Tel. 0565/ 135 30

Übernachten

▸ *Kolsnäsuddens Camping* * * *, 1 km südlich von Sunne an

Straße 234, Tel. 0565/ 71 13 12, ein großer Platz mit 450 Stellplätzen am See gelegen, zu Mittsommer sind keine Zelte erlaubt.
▸ *Vandrarhem*, beim Hembygdsgård am nördlichen Ortsausgang, Tel. 0565/ 107 88
▸ *Gästgivaregården*, Långgatan 25, Tel. 0565/ 133 70. DZ 300 (ohne Du/ WC) - 580 SEK.
▸ *Hotel Selma Lagerlöf*, an Straße 234, Tel. 0565/ 166 00, großes, sehr gutes Haus im alten Herrenhofstil, geräumige, liebevoll eingerichtete Zimmer, gutes Restaurant, gegenüber vom Hotel liegt auf der anderen Seite der Straße 234 der Spa-Komplex, ein modernes Bäder- und Gesundheitszentrum mit einem riesengroßen Konferenzkomplex. DZ 700 - 1.100 SEK.
▸ *CS-Länsmansgården* (auch *Ulvsby Herrgård*), in Ulvsby am See gelegen, 3 km nördlich von Sunne, Tel. 0565/ 140 10, ein schöner Herrenhof mit dem besten Restaurant der Gegend, spezialisiert auf Geflügel- und Wildgerichte.

Rund um Sunne

◆ *Mårbacka*

Eines der meistbesuchten Ziele in Värmland ist Mårbacka, 9 km südöstlich von Sunne, das Geburtshaus der Schriftstellerin Selma Lagerlöf, die 1909 den Nobelpreis für ihr großes Werk erhielt ("Nils Holgersons wunderbare Reise", "Gösta Berlings Saga", "Jerusalem" etc.). Mit diesem Geld konnte sie den Hof zurückkaufen, der nach dem Tod ihres Vaters veräußert wurde. Er ist heute noch im ursprünglichen Zustand. Mehr als andere Literaten verwandte sie in ihren Werken Stof-

fe und Themen aus ihrer Heimat. Auf diesem Hof starb die Dichterin 1940 im Alter von 82 Jahren (Hof geöffnet Mitte Mai bis Mitte September tgl. 10 - 17 Uhr).
Begraben liegt sie auf dem Friedhof von *Östra-Åmtervik*, 10 km südwestlich von Mårbacka.

◆ *Hagfors*

Hierher führt über die kurvenreiche, ansteigende Straße eine landschaftlich äußerst reizvolle Strecke. Der Orte liegt inmitten von schönsten Wäldern (→ R 8, Hagfors).

—▸ Route 19 setzt sich auf Straße 234 fort, den *Övre Fryken* stets zur rechten. Am *Tossebergsklätten* ist im Winter Alpin-Skifahren möglich.

Torsby

15.000 Einwohner

Am Nordende des Sees liegt Torsby, das sich gut als Basis für Aktivtouren eignet, wie für Kanuwandern, Floßfahrten und River Rafting (→ R 18, Freizeitgestaltung in Värmland).

Touristeninformation
Torsby Turistbyrå, Norra Torggatan 1, 68521 Torsby, Tel. 0560/ 105 50.

Übernachten
▸ *Campingplatz Bredviken* ***, 6 km südlich von Torsby wunderschön am Seeufer gelegen, Tel. 0560/ 710 95, Sandstrand, 16 Hütten.
▸ *Hotel Björnidet*, Kyrkogatan 2, Tel. 0560/ 138 20, zentral gelegenes Hotel der Mittelklasse.

◆ *Lekvattnet*

Hierher kamen zu Beginn des 17. Jahrhunderts die ersten finnischen Einwanderer. Doch da die Armut groß war, zog es viele nach Westen. In Lekvattnet und einigen Orten der Umgebung (z. B. Kvarntorp, 10 km südwestlich) sind ihre Höfe noch erhalten.

—▶ Route 19 führt weiter nach Norden. Wo nach links die Straße zum *Letten* von Straße 234 abzweigt, liegt der *Vägsjöfors Gästgivaregård* (Tel. 0560/ 313 30), ein herrlicher Holzbau aus dem Jahr 1835 unmittelbar am Brocken-See zwischen Torsby und Vitsand, sympathisch geführt und mit exzellenter

Küche. Säle und Zimmer sind stilvoll mit altem Mobiliar, Kerzenleuchtern und Bildern eingerichtet. Spezialität ist "Nävgröt", ein värmländischer Brei aus geröstetem Mehl mit Speck und "Värmländischer Wurst", die außer Fleisch viele Kartoffeln enthält. Essen und Wohnen in sehr angenehmer Atmosphäre und zu vernünftigen Preisen (DZ ab 700 SEK). Hier liegt auch *Nötöns Bad och Camping* * * *, Tel. 0560/ 310 38, mit 17 Hütten. Noch weiter abseits findet man 4 km nördlich den *Campingplatz in Vitsand*, Tel. 0560/ 301 91, mit 10 Hütten und einem Hoteltrakt.

Route 19 endet an der Straßenkreuzung in *Stöllet* mit Anschluß an die Route nach *Karlstad* (siehe R 18).

Route 20
Örebro - Strängnäs - Stockholm (ca. 190 km)

Route 20 schließt sich unmittelbar an Route 10 an. Sie bringt auf der E 20 die Göteborg-Besucher nach *Örebro* (→ R 17). Von hier geht es weiter nach Stockholm. Auf dem Weg passiert man die Landschaft *Västmanland*, wenn auch nur für ein paar Kilometer. Den größten Teil der Route legt man in *Södermanland* (→ R 15) zurück.

—▶ Für Route 20 wählt man in Örebro die Auffahrt zur vierspurigen E 20 in Richtung Stockholm. Sobald die Straße dann nach wenigen Kilometern wieder zweispurig wird, lohnt sich gleich ein Abstecher nach Norden.

◆ *Nastastein*

Nastastein liegt 10 km nordöstlich von Örebro. Man zweigt bei Glanshammar sowie später von der Straße nach Fellingsbro in Richtung Rinkaby ab. Dann liegt nördlich der Straße dieser wohl schönste Runenstein in Närke. Er ist in vollendetem Urnesstil geschmückt. Die Inschrift besagt: "Tored setzte den Stein für seinen Sohn Lydbjörn." (siehe Foto Seite 400)

◆ *Glanshammar*

Hier gibt es eine sehenswerte Kirche aus dem 12. Jahrhundert. Ihre Kalkmalereien stammen aus dem 16. Jahrhundert, Turm, Glockenturm,

Runenstein von Nasta

Gardie nach Plänen von Nicodemus Tessin dem Älteren zu einem prachtvollen Schloß umgebaut wurde. 1712 brannte es nieder. Ein Teil des Nordflügels blieb erhalten.

◆ Ekeberg

Südlich der E 20 liegt am Hjälmaren dieser Herrenhof (1912), der auf eine lange Tradition zurückblicken kann. 1536 holte Gustav Wasa seine Frau, Königin Margarete, von diesem Hof. Heute befindet sich das Gut im Privatbesitz.

—► Route 20 folgt dem Verlauf der E 20. Kurz vor Arboga passiert man unmerklich die Grenze zu *Västmanland*.

Grabkapelle und Kanzel aus dem 17. Jahrhundert. Einige Schnitzereien und ein großes Kreuz aus dem Mittelalter sind erhalten. Nordöstlich der Kirche liegt eine Schiffssetzung (Straße nach Fellingsbro). 200 m westlich der Kirche liegt die alte Silbergrube, die bis 1530 in Betrieb war.

2 km östlich von Glanshammar wird noch immer der berühmte *Ekebergsmarmor* abgebaut, der beim Bau so bedeutender Gebäude wie des Stockholmer Stadthauses oder des Dramatischen Theaters in Stockholm verwandt wurde.

◆ Kägleholms slott

In einer Bucht am *Väringen* liegt die Ruine dieser mittelalterlichen Burg, die 1617 von Magnus Gabriel de la

Arboga

15.000 Einwohner

Arboga ist sicherlich die schönste Stadt der Provinz Västmanland. Die gut erhaltene Holzstadt strahlt eine angenehme Ruhe und Atmosphäre aus. Da die Stadt glücklicherweise von Bränden weitgehend verschont blieb, sind bedeutende Teile der mittelalterlichen Holzbebauung geblieben. Wunderschön ist z. B. das pittoreske Viertel am Fluß. Zwei alte Kirchen konnten ihr ursprüngliches Aussehen bewahren: **St. Nicolai** (12. Jh.) mit reich geschnitztem Altar (1500) und die **Heilige Dreifaltigkeitskirche** (1300), die früher Klosterkirche war, mit einer Kanzel von Burchard Precht (1736). Vor der Kirche steht die **Statue von Engelbrekt** (1935), ein Werk von Carl Eldh.

Geschichte

Arboga hat eine lange Vergangenheit als Handelsplatz und erhielt schon 1330 die Stadtrechte. Von hier aus wurde das Eisen, das in den Hütten Bergslagens gewonnen wurde, verschifft. 1435 wählten hier Vertreter des schwedischen Klerus, der Bauern und Händler sowie national gestimmte Adlige den Freiheitskämpfer Engelbrekt Engelbrektsson zu ihrem Reichshauptmann, was einen Affront gegen den Unionskönig Erik XIII. darstellte. Diese Versammlung, die "Arborga Möte", ist zu Recht als der "erste schwedische Reichstag" bezeichnet worden. Zwar ist Engelbrekt schon im folgenden Jahr ermordet worden, aber mit dieser Versammlung formierte sich doch erstmals in Schweden eine koordinierte Versammlung nationaler Interessengruppen, die ein breites Bevölkerungsspektrum repräsentierten.

Touristeninformation

Arboga Turistbyrå, Kapellgatan 19 b, 73221 Arboga, Tel. 0589/ 149 90

Übernachten

▸ *Krakaborgs Camping * * *,* 1 km südwestlich von Arboga südlich der E 20 gelegen, Tel. 0589/ 126 70, mit 15 Hütten.

▸ *Herrfallets Turistanläggning,* 13 km südlich von Arboga am See gelegen, Tel. 0589/ 401 06, mit einem großen Freizeitangebot (Angeln, Sauna, Solarium, Wandern, Bootsverleih), 40 Hütten.

▸ *Scandic-Hotels,* 3 km außerhalb von Arboga, nahe an der E 4 gelegen, von der E 20 und E 18 beschildert, Tel. 0589/ 129 30 und 0589/ 138 50, beide Häuser sind sehr einfache Motels.

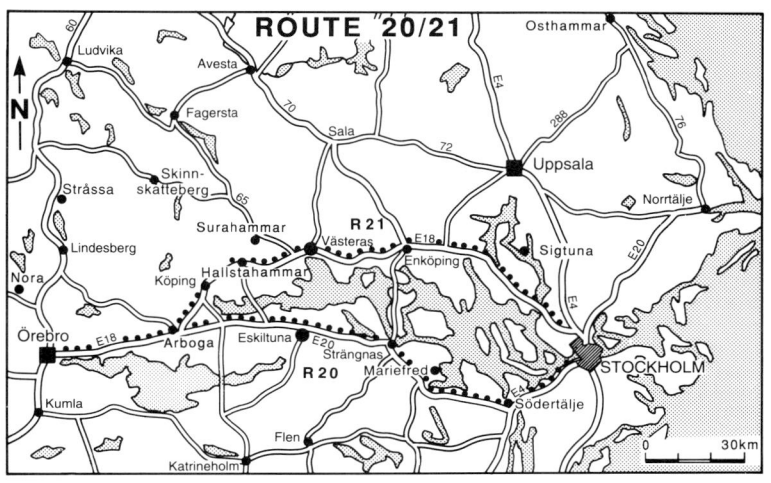

—▶ Gleich hinter Arboga verläßt Route 20 wieder Västmanland, und man passiert *Sörmland*. Eine Seilbahn spannt sich über die E 20. Aus dem Kalksteinbruch in *Forsby* am südlichen Ufer des Hjälmare wird das Mineral mit Gondeln über eine Entfernung von fast 50 km zur Verladung in den folgenden Ort transportiert.

Kungsör

Kungsör ist die erste Stadt in Sörmland, die man auf der Route erreicht. Karl XI. hielt sich öfters in den Wäldern rund um Kungsör zur Jagd auf. In der heutigen Kleinstadt ragt die nach ihm benannte Kirche heraus. Eine große Kuppel trohnt auf dem Schnittpunkt der vier quadratischen Arme, die ein Kreuz bilden und mit Tonnengewölben überspannt sind. Hier realisierte Nicodemus Tessin der Jüngere Bauelemente, die er auf seinen Italienreisen kennengelernt hatte. Der Altar ist von Burchard Precht geschnitzt, David Klöcker von Ehrenstrahl schuf 1692 das Gemälde dazu. Beide arbeiteten auch an der Kanzel (1691), die ursprünglich für die Storkyrkan in Stockholm geplant war, aber wegen des Brands 1697 in Stockholm nicht dort unterkam.

—▶ Auf Route 20 liegen dann ein wenig nördlich der E 20 zwei beachtenswerte Kirchen: die erste gleich nach Kungsör bei *Torpa*. Ursprünglich stammt sie aus dem 13. Jahrhundert. Im 14. Jahrhundert wurde das Langhaus nach Westen ausgeweitet. Chormalereien (15. Jh.), ein Taufstein (12. Jh.) und mehrere mittelalterliche Holzskulpturen sind erhalten geblieben.

Eskilstuna
89.000 Einwohner

Einen längeren Aufenthalt in der großen Industriestadt planen nur wenige Touristen, obwohl sich zumindest ein mehrstündiger Besuch hier lohnt, um sich die Relikte aus der Frühzeit der Industrialisierung anzusehen. Dafür nämlich ist die Stadt bekannt, und es eröffnet uns Menschen des 20. Jahrhunderts doch völlig neue Einblicke in eine Zeit, in der technische Produkte unter ganz anderen, härteren Bedingungen hergestellt wurden als heute.

Geschichte

An der alten Kultstätte "Tuna" (geheiligter Hof) predigte um 1050 der englische Missionar Eskil das Evangelium. Nach seinem Tod wurde er hier begraben und heiliggesprochen. Anschließend errichtete man eine Kirche. Ihr folgten ein Kloster und ein Schloß. Von alldem ist jedoch nichts erhalten.

Eskilstuna war bis 1656 eine gewöhnliche schwedische Kleinstadt, als Reinhold Rademacher Privilegien für die Eisenherstellung erhielt. Jean de la Vallée erstellte einen neuen Stadtbebauungsplan und errichtete für Rademacher neue Werkstätten. Hier begann das Industriezeitalter früher als in den meisten anderen Städten Schwedens. Eisenprodukte, vor allem Messer, Scheren und Waffen, ließen die Stadt im 19. Jahrhundert aufblühen. Man stellte bald alles her, was aus Eisen und Kupfer nach damaliger Technik machbar war, wie später auch Lokomotiven und Dampfmaschinen. Heute exportiert *Volvo BM* von hier aus seine Schwerlastfahrzeuge, *Nyby* liefert rostfreien Stahl und *Nike Hydraulic* Kräne.

Sehenswürdigkeiten

In der Rademachergatan 50 sind sechs der alten Werkstätten zu einem **Museum** zusammengefaßt, in dem noch immer Handwerker tätig sind: Kupferschmiede, Eisenschmiede, Zinngießer, Hutmacher, die auch Kunstgewerbliches herstellen. Einer der beiden letzten Hutmacher Schwedens arbeitet hier. Ende des 17. Jahrhunderts waren noch 72 Handwerker in den Schmieden tätig. Ab 1771 wurde Eskilstuna zur Freistadt erklärt. Damit genossen die Handwerker Zollfreiheit, Steuererleichterungen und vieles mehr. Fortan durften sie ihre Produkte frei verkaufen (Schmieden geöffnet Juni bis August 10 - 12 Uhr und 13 - 18 Uhr, Sa und So 10 - 16 Uhr). Auf dem Hauptmarktplatz, dem **Fristadstorget**, deuten Skulpturen und Fontänen auf das traditionelle Gewerbe. Auch das **Heimatmuseum** im Park Djurgården (geöffnet Mai bis September 11 - 16 Uhr) und das **Faktoreimuseum** mit Waffensammlungen und Dampfmaschinen erzählen von jenen Tagen (geöffnet Di bis So 11 - 16 Uhr).

Fors kyrka ist das älteste Gotteshaus der Stadt. Das Langhaus geht auf das 12. Jahrhundert zurück. Im Inneren sind wertvolle mittelalterliche Schnitzereien erhalten.

Wer mit Kindern unterwegs ist, sollte ihnen einen Besuch im **Zoo-Park** bieten. Dort gibt es einen Tier-, Blumen- und Wasserpark mit Rutschen wie auch ein Rummelplatz. Weltberühmt sind hier die gezüchteten *Weißen Tiger.*

Touristeninformation

Eskilstuna Turistbyrå, Hamngatan 19, 63220 Eskilstuna, Tel. 016/ 11 45 00, geöffnet Mo bis Fr 10 - 19 Uhr, Sa und So 12 - 18 Uhr.

Übernachten

▸ *Vilsta Camping * * *,* südlich von Eskilstuna an Straße 214 nach Katrineholm, Tel. 016/ 13 62 27, großer, mit Hütten ausgestatteter Platz auf einem weitläufigen Wald- und Wiesengelände.

▸ *SH-Smeden,* Drottningatan 9, zentral gelegen, Tel. 016/ 13 76 90, nach der Renovierung sehr ordentlich. DZ 600 - 700 SEK.

▸ *SH-Country*, Strängnäsvägen, direkt am Golfplatz, Tel. 016/ 11 04 10, einfacher als Smeden, aber im Grünen gelegen. DZ 560 SEK mit Paß.

▸ *Romantik-Hotel Sundbyholms slott,* Tel. 016/ 965 00, ein Schloß aus dem 17. Jahrhundert mit modernen Zimmern und Restaurant. Man sollte sich den Rittersaal zeigen lassen! In unmittelbarer Nähe befinden sich die Sigurdritzung und ein Badestrand. DZ 800 - 1.100 SEK.

Essen und Trinken

Richtig schwedisch mit Fisch und Wild, auch nach guter Hausmannsart zubereitet, speist man im *Pilkrog,* der sich im Sörmlandshof im volkstümlichen Djurgårdsmuseum befindet.

Öffentliche Verkehrsmittel

Nach Stockholm mehrere Züge tgl. über Södertälje, von dort weiter mit Pendelzügen.

Rund um Eskilstuna

◆ Torshälla

Torshälla liegt im Norden von Eskilstuna. Der Ortsname zeigt an, daß es hier schon in heidnischer Zeit einen Kultplatz gab, an dem Odins Sohn Thor verehrt wurde. Bereits zu Beginn des 14. Jahrhunderts war Torshälla eine Stadt mit weiten Handelsbeziehungen. Heute ist es ein nettes Städtchen mit kopfstein-gepflastertem Markt und niedrigen, teils aus Holz bestehenden Häusern. Nur wenige Gebäude stammen noch aus der Zeit vor dem großen Brand 1798, so der schon in Bellmanns Liedern porträtierte *Bergströmska gården*, heute Heimatmuseum.

Übernachten

▶ *Mälarbadens Camping* *, in Tors-hälla am Mälaren, Tel. 016/ 34 31 87, ein einfacher, aber ruhiger Platz.
▶ *Vandrarhem*, mitten im Erholungsgebiet, Tel. 016/ 11 30 80, im Folkets Hus eingerichtet.

◆ Sigurdritzung

Die Sigurdritzung findet man 10 km nordöstlich von Eskilstuna vorbei an der Kirche von Sundby, wo man links abzweigt. Hierbei handelt es sich um eines der prächtigsten Bilddenkmäler der nordischen Antike überhaupt. Auf einem vom Eis plangeschliffenen Felsen des Ramsundsberges erstreckt sich auf 4,6 m Breite und bei fast zwei Metern Höhe eine in Skandinavien einzigartige Kombination von naturalistischer Felsritzung und einer in den Bildertext eingefügten Runeninschrift. Dieses Werk hat keinerlei kunsthistorische Bezüge zu den stein- oder bronzezeitlichen Felsbildern des Nordens, sondern entstand um das Jahr 1030 in der Schlußphase der Wikingzeit. Der Künstler vollzog hier eine ungebräuchliche Wendung vom senkrecht aufgestellten Runen- oder Bildstein zur Bearbeitung einer waagerecht auf dem Boden plazierten Felsplatte. Dies war letztendlich eine Frage der Di-

mension und nicht des Bildmotivs, denn letzteres ist durchaus nicht - wie vielfach behauptet worden - einzigartig, sondern begegnet uns sogar in häufigen Variationen auf schwedischen und norwegischen Runensteinen sowie im besonderen auf gotländischen Bildsteinen. Es sind Szenen aus der Sigurdsage, der nördlichen Variante des Siegfridstoffs aus dem Nibelunglied. Die historischen Kerne des Sagenstoffs reichen bis ins 5. Jahrhundert zurück, in die Völkerwanderungszeit. Dichterische Bearbeitungen und zahlreiche Versionen des Heldenlieds sind im ganzen Norden bis in das Mittelalter bezeugt. Es scheint neben der Wielandssage der beliebteste Heldenstoff überhaupt gewesen zu sein. Auf der Ramsundsfelsplatte verläuft die Runeninschrift im Körper des Drachens: "Sigrid, Alriks Mutter, Orms Tochter, schuf diese Brücke für die Seele Holmgers, ihres Gemahls, des Vaters Sigröds." Die um ihren verstorbenen Gemahl trauernde Sigrid wollte ihm mit diesem Denkmal eine "Brücke für die Seele" bauen. Dazu wurde der Tote und seine Eigenschaften mit dem Motiv des hehren Helden aus der Sigurdsage in Verbindung gebracht, was suggerieren soll, daß der tote Holmger Sigurds heldenhaften Fähigkeiten sehr nahekam.

Das Bildmotiv gibt mehrere Szenen der Sage wieder. Auf dem Weg an das Wasser kriecht *Fafnir*, das schlangenhafte Ungeheuer, über die Grube, in der sich *Sigurd* versteckt hält. Als sie über ihn kriecht, stößt er ihr das Schwert *Regins* in den Leib (hier auf dem Bild geht es mitten durch die Inschrift). Links erkennt man nun den verräterischen Schmied Regin mit abgeschlagenem Kopf, daneben dessen Hammer, Amboß, Zange und Blasebalg. Rechts davon sitzt Sigurd. Er brät das Herz des getöteten Drachens.

Als er schaut, ob das Herz schon gar ist, verbrennt er sich und steckt einen Daumen in den Mund, "aber als das Schlangenblut seine Zunge benetzte, verstand er den Gesang der Vögel, er verstand das Zwitschern der Meisen". Die Vögel sitzen auf dem Baum, an dem *Grani*, Sigurds Pferd, angebunden ist.

Wenn sich auch auf den Steinkreuzen der Insel *Man* und auf gotländischen Bildsteinen noch ältere Sigurdsdarstellungen finden, so haben wir es doch hier mit dem detailreichsten und naturalistischsten Kunstwerk aus diesem Sagenkreis zu tun. Es erhält noch besonderes Gewicht durch die Verbindung zwischen Runenschrift und Bildwerk. In der Nähe liegt Schloß Sundbyholm (→ Übernachten)

──▸ Gleich hinter Eskilstuna liegt bei **Kjula** etwas nördlich der Straße ein Grabfeld mit 45 Grabhügeln, sieben Steinsetzungen und einem 3,5 m hohen Runenstein allesamt aus der Eisenzeit.

◆ *Jäders kyrka*

Ein kleines Stück nördlich von Kjula liegt diese Kirche. Reichskanzler Axel Oxenstierna höchstpersönlich ließ 1640 die alte Feldsteinkirche nach Plänen von Jean de la Vallée und Nicodemus Tessin dem Älteren umbauen. Das waren, wie bereits erwähnt, Schwedens beste Architekten zu jener Zeit. Der Grund für diese aufwendige Arbeit an einer Provinzkirche ist darin zu sehen, daß der Reichsgraf das nahe Gut **Fiholm** (7 km nördlich) bewohnte und hier seiner Familie ein Pantheon errichten wollte. Er selbst liegt im Chor begraben, neben reich geschmückten Epitaphen, Wappen und wertvollem Inventar aus Holz und Marmor. Der Altar (1514) stammt aus Brüssel.

Härad

Im 12. Jahrhundert wurde in diesem Dorf die Kirche erbaut, deren Turm aber wesentlich jünger ist (1625). Im Inneren sind vor allem das mittelalterliche Taufbecken und Triumphkruzifix sehenswert. Die Reliefskulpturen einer Reliquienkiste scheinen vom Majestatis - Meister (→ Gotland) zu stammen.

S i g u r d r i t z u n g

Strängnäs

26.000 Einwohner

Hier zeigt es sich wieder, daß es eine Menge wunderschöner Städte in Schweden gibt. Aber das sind meistens die kleineren, diejenigen die unter 30.000 Einwohnern zählen. Besonders das Viertel um den Dom von Strängnäs ist ein sehenswertes Beispiel einer gelungenen Altstadterhaltung und -sanierung, die sich manche Städte zum Vorbild nehmen können.

Geschichte

Strängnäs hat im Laufe der Jahrhunderte eine ähnlich große kirchenpolitische Bedeutung gehabt wie Skara, Linköping und Västerås. Bereits im 12. Jahrhundert wurde hierher das Zentrum der kirchlichen Organisation Sörmlands geschaffen. Um 1130 war es schon Bischofssitz. Dominikaner siedelten sich an, und Schulen wurden gegründet, von denen einige heute noch bestehen. 1523 wurde Gustav I. Wasa hier zum schwedischen König gekrönt. Noch heute ist Strängnäs eine Stadt der Ausbildung und Verwaltung. Leider haben mehrere Brände die Stadt zerstört, so daß von der alten Bausubstanz nur wenig erhalten geblieben ist.

Sehenswürdigkeiten

Hauptsehenswürdigkeit der Stadt ist der **Dom**, dessen Bau sich vom 13. bis ins 15. Jahrhundert hinzog. Unter Bischof Rogge erhielt er weitgehend sein heutiges Äußeres mit der dreischiffigen Halle, den Grabkapellen und dem fünfsternigen Chor. Die Malereien im Langhaus sind aus dem 14. Jahrhundert, die im Chor hundert Jahre jünger. Der Hochaltar aus Brüssel (1490) gilt als einer der schönsten in ganz Schweden. In 28

Sequenzen wird mit äußerst kunstfertig geschnitzten, realistisch wirkenden Figuren die Passionsgeschichte erzählt. Auffallend ist ihre filigran gearbeitete Kleidung. Aus Belgien stammen auch der Passions- und der Marienschrein (Jan Borman, 1515). Die Kanzel geht auf das späte 18. Jahrhundert zurück. Mehrere Kapellen werden seit der Reformation als Grabstätten genutzt. König Karl IX. (gestorben 1611) liegt im Chor bestattet. Das Reiterstandbild des Königs in seiner vergoldeten Turnierrüstung ist so prunkvoll, daß es im Chorraum dominiert. Auch Reichsverweser Sten Sture der Ältere (gestorben 1503), Admiral Otto Stenbock (gestorben 1685) und weitere bedeutende Persönlichkeiten der schwedischen Geschichte liegen hier begraben und werden in prächtigen Tumben oder Epitaphen verehrt. Die Tumba für Sten Sture ließ Gustav III. 1779 durch Jean Eric Rehn ausführen. In der Nordwest-Kapelle ist die einzige mittelalterliche Dombibliothek Skandinaviens erhalten.

Im Domviertel liegt auch die **Roggeborg** (um 1500), die ehemalige Residenz des einflußreichen Bischofs Rogge, die ab 1626 als Gymnasium diente. Heute ist in ihr eine Bibliothek untergekommen.

In den Gassen findet man viele ansehnliche Holzhäuser des letzten Jahrhunderts. Der **Grassagården** in der Kvarngatan 2 ist ein alter Hof aus dem 17. Jahrhundert. Im Innenhof werden Führungen veranstaltet, und an manchen Tagen gibt es ein Musikprogramm. Schöne, alte Holzbauten findet man auch unten am **Yachthafen**, der von der roten Holländermühle überragt wird. In der Gyllenhjelmsgatan 2 dokumentiert das **Stadtmuseum** die Bedeutung von Strängnäs im Spätmittelalter (geöffnet Di bis So 12 - 15 Uhr, Mi bis 20 Uhr).

Touristeninformation

Mälar Turism, Järnvägsgatan 1, 64580 Strängnäs, Tel. 01527/ 296 99, geöffnet tgl. 10 - 18 Uhr, im Juli Mo bis Fr bis 19 Uhr.

Übernachten

▸ _Löt Camping_ ** *, an der E 20 gelegen, 3 km östlich von Strängnäs bei Löt, Tel. 0152/ 252 37, ein Platz am See, von Wald umgeben.
▸ _Vandrarhem,_ Solstigen 6, Tel. 0152/ 168 61, klein, relativ nichtssagend, aber zentral gelegen.
▸ _Hotel Rogge,_ Gyllenhjelmsgatan 20, nahe am Dom, Tel. 0152/ 134 50.
▸ _Ulvhälls Herrgård,_ Ulvhälls allé, Tel. 0152/ 186 80, 2 km von Strängnäs in naturschöner Lage mit eigener Landungsbrücke am Mälar-See gelegen. DZ 600 - 800 SEK.

Rund um Strängnäs

◆ _Fogdön_

Diese Halbinsel ist mit sehenswerten alten Bauten und Vorzeitdenkmälern reich ausgestattet. Zu ihnen zählen die alte _Kirche von Vansö,_ das Schloß _Bergshammar_ (18. Jh.), die Fluchtburg _Rällinge_ und die Kirche von _Fogdö._ Um 1190 gründeten Nonnen des Zisterzienserordens hier ein Kloster und nahmen dabei die bereits bestehende, exponiert liegende Kirche in Beschlag. Aus jener Zeit sind der hohe Turm und die westlichen Teile erhalten wie auch im Inneren einige Schnitzereien. Das schöne Sterngewölbe und die Malereien stammen aus dem 15. Jahrhundert. Die Nonnen gaben hundert Jahre nach der Gründung das Kloster auf und zogen um. 3 km nördlich ließen sie _Vårfruberga kloster_

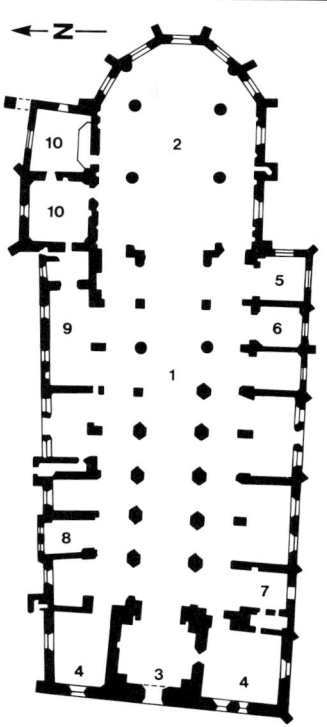

STRÄNGNÄS-DOM

1 Langhaus
2 Chor mit Statue
  Karls IX. u. Tumba für
  Sten Sture d. Älteren
3 Turm
4 Turmkapellen
5 Kapelle mit Gräbern der
  Familien Sture u. Stenbock
6 Gyllenhielm-Kapelle
7 Liebfrauenkapelle
8 Cederkrantz-Kapelle
9 Alte Sakristei
10 Obere u. untere Sakristei

errichten, das bald beachtliche
Reichtümer und Ländereien besaß.
1527 riß man es ab. Die Ruinen
sind 1960 restauriert worden.

◆ Aspö kyrka

Diese Kirche, 12 km nördlich von
Strängnäs auf einer Insel im Mälaren, ist mit ihren Mauerresten aus
dem 12. Jahrhundert äußerst sehenswert.

—► Route 20 führt weiter auf der
E 20, aber schon nach 3 km gibt es
in *Malmby* die Möglichkeit, im Norden die kulturreiche Insel *Selaön* zu
besuchen:

◆ Ytterselö kyrka

Fährt man nach Stallarholmen 3 km
in Richtung Osten, so erreicht man
diese Kirche. Sie stammt aus dem
12. Jahrhundert, wurde aber im 15.
Jahrhundert gründlich erweitert. Die
Familie Soop, die auf dem nahen
Adelsgut *Mälsåker* lebte, erhielt hier
1650 ihre Grabkapelle am Chor,
1728 noch eine Gruft dazu. Der Altar ist eine belgische Arbeit aus dem
16. Jahrhundert. Aus der gleichen
Zeit stammen Kreuz und Madonnen-
statue.

◆ Åsa

Nur wenige Kilometer westlich von
Stallarholmen liegt dieses Grabfeld
mit dreißig Hügeln, 156 Steinsetzungen, 45 Bautasteinen und einer
33 m lange Schiffssetzung, die von
fast mannshohen Steinen gebildet
wird. Auch einen Runenstein findet
man auf diesen Felsen.

◆ Överselö kyrka

Die Kirche liegt fast am Ende der
Straße. Diese mehrfach umgebaute
Kirche hat ihre Wurzeln im 13.
Jahrhundert. Sie ist mit einigen mit-
telalterlichen Skulpturen und Inven-
tarien versehen, darunter einem
Kruzifix (16. Jh.) und einem Tauf-
stein (13. Jh.).

Von hier erreicht man auf der
Nachbarinsel das Schloß **Tynnelsö**,
das Bischof Rogge um 1500 erbauen ließ. Seine Amtsvorgänger
bewohnten die Burg, die vorher an
diesem Platz stand. Gustav Wasa
bezog das Schloß. Karl IX. ließ es
zu einem seltsam anmutenden Gebäude umbauen. Der rote Ziegelbau
ist mit seinen fünf Stockwerken für
diese Höhe eigentlich zu schmal. Die
Restaurierungsarbeiten sind noch im
Gange. Es gibt nicht immer regelmäßige Fährverbindungen zu dieser
Insel.

—► Weiter geht es auf der E 20 in
Richtung Stockholm zum Höhepunkt
dieser Route.

Gripsholms slott

Schwedens berühmtestes Schloß,
beschrieben in Tucholskys verfilm-
tem Erfolgsroman "Schloß Gripsholm", liegt malerisch und gleichsam trotzig neben dem kleinen
Städtchen *Mariefred* auf einer Bucht
im Mälaren.

1377 begann der Adlige Bo
Jonsson Grip mit der Errichtung einer Festung, die 1383 vollendet
war. Unionskönig Albrecht weilte in
jenem Jahr hier und bestätigte Grips
eine Reihe von Privilegien. 1472
erwarb Sten Sture das Schloß und
schenkte es 1498 dem Kloster in
Mariefred. 1537 schließlich veran-

laßte Gustav Wasa den Umbau des Schlosses, bei dem es seine heutige Form als sechseckige Anlage mit Türmen und Innenhof erhielt. Karl IX. vollendete das Werk. Die drei bis vier Meter dicken Mauern machten es allerdings eher zu einer Verteidigungsanlage, nicht zu einem Repräsentationsgebäude. Inmitten dieser Bastion, die mehr den Eindruck einer wuchtigen, mittelalterlichen Burg, denn eines neuzeitlichen Königssitzes macht, verkündete Gustav 1547 die Erbmonarchie. Gripsholm hat bewegende und politisch brisante Ereignisse der schwedischen Geschichte miterlebt, besonders nach Gustavs Tod 1560. Sein Sohn Erik XIV., König bis 1569, hielt hier seinen Bruder Johan gefangen. Doch nach dessen Befreiung wurde er selbst hier eingekerkert. Johan regierte bis 1592. Nach einer Regentschaft Sigismunds von Polen wurde dann auch noch der jüngste der drei Wasasöhne, Karl IX., zum König ausgerufen (1600 - 1611). Bis dahin war er Herzog von Södermanland und tat sich durch eine rege Bautätigkeit (Schlösser, Städte) hervor. Königin Kristina bereitete in Gripsholm 1654 ihre Flucht nach Rom vor, und just in jenem Jahr schenkte der neue König Karl X. das Schloß seiner Frau Hedwig Eleonora. Es war wiederum eine Frau, Prinzessin Lovisa Ulrika, die Gattin Königs Adolf Fredriks, die Gripsholms Geschichte lenkte. 1744 eröffnete sie hier eine Porträtsammlung, die schon zehn Jahre später 300 Werke umfaßte. Ihr folgte der Sohn Gustav III., der dem ehrenwerten Gebäude seinen Stil aufdrückte und das Gustavianische Rokoko in mehreren Anbauten und ganz besonders im phantastischen Turmtheater zur Vollendung brachte. Noch immer schwebt ein Hauch des Gustavianischen Geistes über Grips-

Schloß Gripsholm

holm! Gustav selbst weilte hier zwischen 1773 und 1785 alljährlich, ergänzte die Sammlungen und schrieb an seinen Dramen, die auf der Bühne des von E. Palmstedt konzipierten Theaters aufgeführt wurden. Gerne feierte er hier Weihnachten.

Neben dem Schloßtheater von Drottningholm ist die Bühne von Gripsholm die älteste der Welt, die noch mit originalen Bühnenbildern und einer einzigartigen, voll intakten Mechanik funktioniert. Am 11. Januar 1783 wurde das Theater mit einem Stück von Gustav III. über Gustav II. Adolf eingeweiht. Palmstedt schuf ein Meisterwerk mit klassizistischem Interieur, Säulen, Spiegeln zur Raumvergrößerung und Dachluken, durch die sogar die Bediensteten die Schauspiele mitverfolgen konnten. Wenn man genau hinsieht, erkennt man in der Kuppel, daß neben einigen der aufgemalten Achtecke Licht hereinfällt. Dort sind die echten Luken, die für die Angestellten herausgenommen wurden. Das gab es an keinem anderen Theater der damaligen Zeit - man lebte ja schließlich im Absolutismus! Seit vielen Jahren wird das Theater nur noch zu feierlichen Anlässen benutzt, so 1989 zur 450-Jahrfeier des Schlosses, als das Königspaar den schwedischen Schauspieler Jarl Kulle als Gustav III. erleben konnte.

Mit über 4.000 Werken beherbergt Gripsholm heute Nordeuropas größte Porträtgalerie. Etwa 3.000 hängen ständig aus. Manche werden von Zeit zu Zeit ausgetauscht. Ein Rundgang durch das ganze Schloß ist schon eine Sache von zwei bis drei Stunden, doch sollte man nicht versuchen, alle Bilder zu sehen: Hier hängen Könige und Adlige der schwedischen Geschichte, Soldaten, Wissenschaftler, Philosophen, Politiker, Schriftsteller und Berühmtheiten aller Sparten bis in unsere Zeit. Einige andere Persönlichkeiten haben ihren Platz an den Wänden der hiesigen Volkshochschule. Unbedingt zu empfehlen ist die Anschaffung des "Schloßführers", der zu den wesentlichen Personen und Ereignisse in den einzelnen Räumen vieles zu erzählen weiß (geöffnet Mai bis August 10 - 16 Uhr, April und September Di bis Fr 10 - 15 Uhr, Sa und So 12 - 15 Uhr, sonst nur Sa und So 12 - 15 Uhr, Eintritt 30 SEK bzw. 15 SEK).

Vor der Zugbrücke stehen zwei **Runensteine**. Sie gehören in die Gruppe der schwedischen Ostfahrersteine, die sich auf den sagenhaften Wikingzug des Ingvar Vidfamne beziehen, der 1040 eine Mannschaft von mehr als 6.000 Mann nach "Serkland" (Griechenland) führte, vermutlich aber sogar weit hinein in das Zweistromland bis nach Bagdad. Vielleicht war er auf der Suche nach der sagenhaften Seidenstraße. Kein einziger kehrte zurück, aber die Kunde von ihrem Schicksal hinterließ ein breites Echo in der Heimat. Mehr als 25 Steine, die von diesem Ereignis berichten, sind bekannt. In Gripsholm lesen wir: "Tola ließ diesen Stein errichten nach ihrem Sohn Harald, Ingvars Bruder." Es folgen die schicksalsschweren Worte: "Sie fuhren mannhaft fern nach Gold, gaben im Osten dem Adler Speise; sie starben im Süden, im Serkland." "Dem Adler Speise geben" ist eine bildhafte Wendung für "Feinde töten".

Mariefred

3.000 Einwohner

Dieser kleine Ort liegt unmittelbar neben dem Schloß und hat seinen Namen vom Kartusianerkloster *Marie pacis*, das hier ein kurzes, 33jähriges Dasein führte, ehe Gustav I. es 1526 bezog. Heute dominieren im Stadtbild kleine Holzhäuser. An der Ecke von Långgatan und Djurgårdsgatan steht noch das Haus, in dem Carl Bellmann zeitweise lebte. Der idyllische Kleinstadtcharakter wird noch von der kleinen **Schmalspureisenbahn** unterstrichen, die im Sommer die Strecke nach Läggesta befährt.

Kurt Tucholsky, der uns mit "Schloß Gripsholm" eine romantische Liebesgeschichte aus der bezaubernden Sommerfrische am Mälar-See hinterlassen hat, nahm sich hier 1935 das Leben. Auf seinem Grab unter einer großen Eiche wird Goethe zitiert: "Alles Vergängliche ist nur ein Gleichnis."

Touristeninformation

Mariefreds Turistbyrå, Rådhuset, 64700 Mariefred, Tel. 0159/ 297 90, geöffnet im Sommer 10 - 18 Uhr, sonst 10 - 15 Uhr.

Übernachten

► *Mariefreds Camping * * **, 3 km östlich von Mariefred, am Mälar-See, Tel. 0159/ 102 30

► *Gripsholms Värdshus*, Kyrkogatan 1, Tel. 0159/ 130 20, ein Romantik-Hotel, das dem Namen dieser Kette alle Ehre macht, Schwedens ältestes Gasthaus (1607), ein Holzgebäude mit langer Tradition - und wenn man schon nicht mehr wie "Peter und die Prinzessin" in Tucholskys Roman gleich im Schloß selbst nächtigen kann - dann ist dieser Ort die bestmögliche Wahl.

Route 21
Arboga - Västerås - Stockholm (ca. 170 km)

Route 21 (siehe Karte Seite 401) beginnt in *Arboga* (→ R 20). Sie stellt eine alternative Möglichkeit auf dem Weg nach Stockholm dar, die vor allem für diejenigen interessant ist, die Gripsholm und Strängnäs schon kennen. Die Ausflugsziele nördlich der Route geben einen Einblick in die Landschaften *Västmanland* und *Uppland*, die man auf dem Weg zur Hauptstadt auf der E 18 durchfährt.

Keine andere Landschaft Schwedens ist im Laufe der Jahrhunderte so durch die Schwerindustrie geprägt worden wie *Västmanland*. Schon im Mittelalter gab es hier Gebiete, die aufgrund festgelegter Privilegien ganz spezielle Rechte und Pflichten sowie eigene Gerichte hatten. Gustav Wasa prägte für sie den Begriff *Bergslagen*, das sich über die mittelschwedischen Landschaften Ostvärmland, Süddalarna, Nordnärke und Västmanland erstreckt. Der weitaus größte Teil fällt dabei in letztere Provinz. *Lindesberg, Nora, Karlskoga, Filipstad, Borlänge, Norberg, Riddarhyttan* und *Kopparberg* bildeten die industriellen Zentren. Für die Herstellung von Eisen gab es nirgendwo bessere Voraussetzungen. Wasserkraft und Holz standen in ausreichender Menge zur Verfügung, und die Erde ist hier reich an Mineralen. Zeitweise gab es in Västmanland vierhundert Hochöfen. Im 17. Jahrhundert war Schweden der größte Eisenproduzent der Welt. An Flüssen und Seen entstanden neue Städte mit Hafenanlagen wie *Arboga* und *Västerås*, um Erz oder

Eisenprodukte zu verschiffen. In den letzten zwei Jahrhunderten kamen neue Industriezweige hinzu: Eisenbahn, Kraftwerke, chemische Industrie (Sprengstoff) und vieles mehr. Auch heute noch ist Västmanland eine der am stärksten industrialisierten Landschaften Schwedens. Zum Glück konnten viele Gruben, Hüttenwerke und Milieus vergangener Epochen erhalten werden. Oft wurden sie stillgelegt und vergessen. Erst in unserer Zeit sind sie in ihrem Wert als volkskundliches und industriehistorisches Dokument wieder erkannt, restauriert und zugänglich gemacht worden. Eine neue Wissenschaft war entstanden, die "Industrie-Archäologie".

Im weiteren Verlauf führt diese Route dann durch *Uppland* und damit durch das "Herz" des alten Reichs, denn hier lag die Wiege der Svear und hier wurden seit der Vendelzeit die Geschicke des Landes bestimmt. Alle historischen Zentren seit der Völkerwanderung sind im Mälar-Gebiet und in der Umgebung Uppsalas zu finden: die heidnischen Stätten *Gamla Uppsala*, *Vendel* und *Valsgärde*, das frühe *Helgö*, dann die Wikingerstadt *Birka*, die erste mittelalterliche Stadt *Sigtuna* und schließlich *Stockholm*.

Die Feldherren, Adligen und Besitzer der großen Waffenschmieden ließen sich prächtige, heute noch erhaltene Schlösser errichten, von denen diese Route so manche erreicht.

Köping

26.000 Einwohner

Köping ist seit dem Mittelalter ein wichtiger Umschlagplatz für Eisen und Erz gewesen. Den Brand 1829 überstand die Altstadt größtenteils. Am schönen Stora torget lag die

Apotheke von Carl Wilhelm Scheele. Im **Museum** ist dem berühmten Chemiker, der die Elemente Stickstoff und Sauerstoff nachgewiesen und isoliert hat, eine spezielle Abteilung gewidmet (geöffnet tgl. 13 - 16 Uhr).

Sehenswert sind auch die **Kirche**, die im 17. Jahrhundert von Nicodemus Tessin dem Jüngeren umgebaut wurde, und die **Propstei**.

Touristeninformation

Info Köping, Barnhemsgatan 2, 73151 Köping, Tel. 0221/ 256 55

Übernachten

▸ *Malmöns Camping* ***, 6 km südöstlich von Köping am Mälaren, Tel. 0221/ 244 19, mit Hütten und Golfplatz.
▸ *Vandrarhem*, Kristinelundsvägen 4, am Sportzentrum Nygård, beschildert, Tel. 0221/ 256 55, wirkt eher hochhausmäßig, Buchung über die Touristeninformation (s.o.).
▸ *Scheele Hotel*, Hultgrensgatan 10, an der E 18, Tel. 0221/ 181 20, benannt nach dem berühmtesten Sohn der Stadt, gut und preiswert. DZ 640 SEK mit Bonuspaß.
▸ *CS-Kohlswa Herrgård*, 11 km nordwestlich, Tel. 0221/ 509 00, eines der schönsten Hotels des Landes. Hier lebte die berühmte Familie Wallenberg, hier speisten auch schon Könige. Alle Zimmer der stilvollen Villa sind möbliert, und die Lage im Park verspricht Ruhe und Erholung.

Essen und Trinken

Das Restaurant von *Kohlswa Herrgård* wurde 1993 von der schwedischen Zeitschrift "Gourmet" zu einer der zwölf besten schwedischen Gasthäuser gewählt. Eine weitere echte Perle ist das Gasthaus *Magasinet* im Dorf *Gisslarbo*, 3 km nördlich von Kohlswa an Straße 250. In einem dreihundert Jahre alten Getreidelager, dessen Wände rosa verputzt sind, serviert man herrliche schwedische Gerichte und guten Kuchen. Auch Kunst stellt man hier aus.

Rund um Köping

◆ Ströbohög

Dieser Königshügel aus der Völkerwanderungszeit befindet sich 1 km nordwestlich der Stadt an Straße 250 in Richtung Kolsva. Er ist der erste einer Gruppe hier im Mälar-Gebiet.

◆ Munktorps kyrka

Munktorps kyrka liegt 10 km östlich von Köping an der Landstraße nach Kolbäck. Diese Kirche, "Davidskirche" genannt, ist eine der ältesten in ganz Schweden. Den Turm errichtete man um 1050. Altar und Bronzetaufstein wurden 1360 in Lübeck gefertigt.

◆ Skinnskatteberg

→ Västerås

—▸ Route 21 führt weiter in Richtung Västerås. Fast bis Enköping ist die E 18 nun vierspurig.

Hallstahammar

Hallstahammar liegt nördlich der

Kreuzung der E 18 mit den Landstraßen 58 und 252. Sehenswert ist hier die **Trångfors-Schmiede**, eine stillgelegte Lancashire-Schmiede aus dem 17. Jahrhundert. Die Informationsstelle im Ort gibt u. a. Auskunft über die unregelmäßigen Öffnungszeiten der Schmiede. Auch das **Schleusensystem** des Strömsholmskanals und das **Kanalmuseum** an der Schanze (Skantzen) lohnen sich für einen Besuch. Letzteres hat jeden Tag von 11 - 15 Uhr geöffnet.

◆ Kolbäck

6 km südlich von der oben genannten Straßenkreuzung liegen auf einem steilen Hügel zwei Steinwälle von vierzig Metern Durchmesser. Sie bilden die Überreste einer Fluchtburg aus der Völkerwanderungszeit, die vermutlich nicht für eine größere Bevölkerungszahl, sondern nur für eine Sippe angelegt wurde. Wer die äußere Mauer überwunden hatte, war auf dem Weg zur Innenmauer dem Beschuß der Verteidiger ausgesetzt. Dennoch zeigt der Zustand der Anlage deutlich, daß sie mindestens einmal eingenommen wurde.

Tip: *Kolbäcksåns Gästgivaregård* - hier gehen einem die Augen über, angesichts des gebotenen Smörgåsbords. Und die Aussicht aus den Restaurantfenstern trägt das ihre zu einem festlichen Essen bei.

◆ Strömsholm

Weitere 5 km südlich liegt Strömsholm mit dem gleichnamigen Schloß. 1560 ließ Gustav Wasa **Strömsholms slott** als Festung anlegen. Um 1670 baute Nicodemus

Johannes Rudbeck

Kaum eine Person der schwedischen Geschichte hat soviel für die Entwicklung des Schulwesens in diesem Lande getan wie der Gelehrte *Johannes Rudbekkius*. Zu Beginn des 17. Jahrhunderts war er Rektor der ehrwürdigen Universität von Uppsala, später wurde er zum Hofprediger, 1623 zum Bischof von Västerås ernannt. *Gustav II.* und Reichskanzler *Axel Oxenstierna* weilten selbst 1623 in Västerås und kamen nicht umhin, dem strengen Bischof Gelder zur Verwirklichung seiner pädagogischen Ideen zu bewilligen. Er gründete nun Schwedens erstes Gymnasium und legte den Grundstein zur Kirchbuchführung, indem er seine Kleriker zwang, ihm Listen über die Familienverhältnisse in den Kirchspielen vorzulegen. Dieses System wurde später in anderen Stiften übernommen, ja bis heute werden in diesen Kirchbüchern alle Schweden geführt. Seine Schule konnte es sich dank der staatlichen Zuwendungen leisten, fünf Ausbildungsgänge anzubieten, also nicht nur Geistliche auszubilden. Eines verlangte Rudbeck allen seinen Schülern gleichermaßen ab: die perfekte Beherrschung von Latein in Wort und Schrift. Und schließlich bekam, wer seine Gymnasiastenmütze unter dem Arm trug und ertappt wurde, die Rute zu spüren. Strenge Zeiten!

Tessin der Ältere es zum heutigen Schloß um. Das Interieur ist in Gustavianischem Stil gehalten. Scherzhaft wird das Schloß auch "Witwenburg" genannt. Mit Katarina Stenbock (die dritte Frau Gustav Wasas), Maria Eleonora (die Frau Gustavs II. Adolf), Hedvig Eleonora (die Gattin Karls X.) und Sofia Magdalena (die Frau Gustavs III.) lebten vier Königsgemahlinnen nach dem Tod ihrer Ehegatten hier im Schloß. Vierzehn der 32 Räume können im Sommer besichtigt werden (geöffnet Mai bis Mitte August 12 - 16 Uhr, Eintritt 15 SEK).

Rund um das Schloß sind mehrere Anlagen verstreut, die mit dem Pferdesport verbunden sind. Dafür ist Strömsholm seit Jahrhunderten bekannt. Neben Flyinge in Skåne ist es das Zentrum des schwedischen Pferdesports mit Pferdedressur und Ausbildung von Reitlehrern. Ende Mai ist Hochsaison für die Reiter in Strömsholm, wenn man sich dort zu den großen *Reitertagen* trifft. Im **Storstallet**, im alten Stall nahe beim Schloß, ist eine Ausstellung von Königswagen und Kutschen aus drei Jahrhunderten sehenswert.

Im nahen Naturpark **Åholmen** findet man tausendjährige Eichen und blühende Wiesen. Der *Strömsholms kanal* mündet hier in den Mälaren. Seit seiner Fertigstellung 1795 war er eine Lebensader Bergslagens, denn beim Transport von Eisen und Erz in die Verladehäfen *Arboga*, *Västerås* oder *Köping* war er konkurrenzlos. Eisenbahn und Straßenverkehr haben ihn schon lange in dieser Funktion ersetzt, so daß die Wasserstraße heute ganz in der Hand der Freizeitkapitäne ist. Auf 100 km gibt es 26 Schleusen.

Västerås

120.000 Einwohner

Die größte Stadt der Provinz ist eine moderne, dynamische Industriestadt. Die Firma *ABB* (Asea Brown Broveri), der Welt größter Elektronikkonzern, hat hier ihren Sitz, wie auch *Gränges Metallwaren.* Der Mälarhafen ist Schwedens größter Binnenhafen. Doch es gibt einige schöne Flecken, die einen Aufenthalt hier durchaus lohnen. Auch das Umland ist sehr angenehm.

Geschichte

Schon zur Wikingzeit wurde an der Mündung des *Svartån* in den Mälar-See ein Handelszentrum gegründet. Man nannte es "Aros", das bedeutet "Flußmündung". Zur Unterscheidung zum "Östra aros", der östlichen Flußmündung, bekam es bald den Zusatz "Västra", westliche Flußmündung. Schon 1120 wurde die Stadt Bischofssitz. Noch einflußreicher wurde Västerås, als man eine Münze einrichtete. Silber wurde aus *Sala* geliefert, Kupfer aus *Norberg.* 1244 bauten die Dominikaner, die sich stets rege Handelsstädte als Standort suchten, an dieser Stelle ein Kloster. Von diesem Gebäude ist heute nichts mehr erhalten. Doch noch 1527 hielt Gustav Wasa in ihm einen Reichstag ab, auf dem er die lutherische Religion verbindlich

VÄSTERÅS

0   ca.500m

1 Touristeninformation
2 Post
3 Bahnhof, Bushof
4 Bibliothek
5 Kristiansbad
6 Shopping City-Center
7 Johannisbergs Camping
8 Vandrarhem Lövudden
9 Sara Hotel Aros

10 BW-Stadshotel
11 Dom
12 Schloß und
    Provinzmuseum
13 Altstadt Kyrkbacken
14 Freilichtmuseum
    Vallby

machte. Er ließ auch die im 13. Jahrhundert errichtete Burg am Fluß verstärken. 1736 restaurierte Carl Hårleman das Gebäude, so daß es seit 1753 den Landeshauptleuten als Wohnsitz dienen konnte. 1966 richtete man in der Burg auf drei Stockwerken das Provinzmuseum mit seinen kulturgeschichtlichen Sammlungen ein.

Sehenswürdigkeiten

Der mächtige **Dom** stammt aus dem 13. Jahrhundert. Man baute diese ursprüngliche Basilika mehrmals um, bis sie im 15. Jahrhundert ihre heutige Gestalt als fünfschiffige Hallenkirche erhielt. Den Helm auf dem 102 m hohen Turm führte Nicodemus Tessin der Jüngere 1694 als achteckigen Obelisken aus. Der Innenraum des Doms wird durch reiche Epitaphe, Kapellen und Altäre geschmückt. Die wichtigsten Inventarien sind das *Triumphkruzifix* aus dem 14. Jahrhundert, der *Sakristeialtar* (Lübeck, 15. Jh.) und in der Nordwest-Kapelle des Langhauses der *Passionsaltar* (Jan Borman, 16. Jh.) sowie in der Südwest-Kapelle des Langhauses der *Marienaltar* (Antwerpen, 16. Jh.). Der Hochaltar stammt ebenfalls aus Antwerpen, 1516 von Sten Sture dem Jüngeren gestiftet. Dahinter befindet sich die steinerne, vergoldete *Altartafel* (1514). Die herrliche, achteckige *Taufkapelle* (Lübeck, 1622) wurde aus Holz gefertigt. Im Chorumgang findet man das *Grab König Eriks XIV.*. Vor dem Dom steht eine *Statue Johannes Rudbecks*, die Carl Milles 1923 anläßlich des 300. Gründungsjahres des Gymnasiums enthüllte. Siehe auch → Artikel "Johannes Rudbeck".

Am Fluß liegt das **Schloß**, nicht nur Sitz der Landesregierung, sondern auch des **Provinzmuseums** mit

kulturhistorischen Sammlungen, u. a. dem großen Silberschatz, der am Marktplatz gefunden wurde (geöffnet Mai bis August Mo bis Sa 12 - 17 Uhr, So 13 - 16 Uhr).

Sehenswert ist ansonsten das malerische Holzhausviertel **Kyrkbakken** nördlich des Doms. Die Häuser wurden äußerst behutsam restauriert. Besonders zum Fluß hin strahlen sie Ruhe und Romantik aus.

Im Nordwesten der Stadt liegt im Ortsteil Vallby an der E 18 das **Freilichtmuseum**, das die Wohnkultur der Landschaft vom 17. Jahrhundert bis zum Beginn des 20. Jahrhunderts dokumentiert. Auch Kunsthandwerk ist hier zu sehen (geöffnet tgl. 8 Uhr bis Sonnenuntergang, im Sommer Führungen um 14 Uhr).

Im Tunbyvägen 74 kam bei Grabungen Schwedens prachtvollste bronzezeitliche Opferaxt (ca. 3.500 Jahre alt) zum Vorschein. Sie ist mit ins Metall getriebenen Spiralen und Linienornamenten überzogen und hat eine verhältnismäßig große Schneide. Man muß sie als Opfergabe an die Götter betrachten. Heute ist sie im SHM in Stockholm zu bewundern.

Touristeninformation

Västerås Turistbyrå, Stora Gatan 40, 72187 Västerås, Tel. 021/ 10 37 00, geöffnet Mo bis Fr 10 - 17 Uhr, Sa 10 - 14 Uhr.

Übernachten

▸ *Johannisbergs Camping* ***, an der Straße nach Tidö-Lindö, 5 km südwestlich des Zentrums, Tel. 021/ 14 02 79, ein großer, doch sehr schöner Platz, am Mälaren gelegen, angegliedert ist ein Hotel.

▸ *Vandrarhem Lövudden*, 5 km
südwestlich von Västerås in Richtung Campingplatz, Tel. 021/
18 52 30, ein schöner, ruhiger Hof
am Mälaren mit Sauna und einem
Tennisplatz.

Am Stadtrand liegen mehrere Ho-
tels von Scandic und SH. Im Zen-
trum sind nennenswert:
▸ *Radisson-SAS Hotel Plaza,* Karls-
gatan 9, ca. 100 m vom Bahnhof,
Tel. 021/ 10 10 10, ein riesiges
Gebäude. DZ um 1.000 SEK.
▸ *BW-Stadshotel,* am Stora torget,
Tel. 021/ 18 04 20, ein traditions-
reiches Hotel im Jugendstil.

Essen und Trinken

Der Restauranttip in Västerås ist
das *Orkide* im Grand Hotel mit echt
französischer Küche, allerdings zu
hohen Preisen.

Veranstaltung

Västerås veranstaltet einen großen
Markt alljährlich Ende August.

Nützliche Adressen
und Telefonnummern

Apotheke: Storgatan 34, Tel. 021/
12 82 30
Krankenhaus: Välljärnsgatan 492,
Tel. 021/ 164 00
Polizei: Västgötegatan 7, Tel. 021/
18 00 00

Öffentliche Verkehrsmittel

Wer mit dem Zug nach Stockholm
fahren möchte, muß in Tillberga
umsteigen. Dort gibt es alle zwei
Stunden einen Zug in die Hauptstadt.

Die wertvollste Brief-
marke der Welt

Der Laie denkt bei dieser Über-
schrift sicher an die berühmte
blaue Mauritius und vermutet sie
in Tresoren englischer Lords und
Briefmarkensammler. Weit ge-
fehlt! Die teuerste Marke der
Welt existiert nur noch in einem
einzigen Exemplar, das 1857 aus
Kopparberg in Västmanland auf
einen Brief geklebt und ver-
schickt wurde. Die Marke ist
gelb, trägt den Wert von drei
Skilling Banco und wird heute
mit mindestens 1,3 Millionen DM
gehandelt! Eigentlich sollte es
gar keine gelbe 3-Skilling-Marke
geben, denn die Regel waren
gelbe 8-Skilling- und grüne 3-
Skilling-Marken. Aber aus Versehen erhielt diese eine gelbe
Marke einen 3-Skilling-Aufdruck!
Nun ist sie nicht nur die wertvollste Marke der Welt, sondern
auch die einzige, die praktisch
nicht gestohlen werden kann.
Auf einer Briefmarkenausstellung
in Stockholm wurde sie 1986 öffentlich gezeigt. Da befand sie
sich verschweißt im Innern eines
fünfzehn Tonnen schweren Gra-
nitblocks, versehen mit einem
Fenster und einer Lupe aus un-
zerstörbarem Glas.

Rund um Västerås

◆ Tidö slott

Tidö, 16 km südlich von Västerås,
ist eines der besterhaltenen Schlösser Schwedens. 1625 gab Reichskanzler Axel Oxenstierna den Bau in
Auftrag. Nicodemus Tessin der Ältere benötigte zwanzig Jahre, ehe er
den Bau im schönsten Barock voll-

enden konnte. Das Schloß liegt, von einem gepflegten Park umgeben, auf einer Halbinsel im Mälar-See. Sehenswert sind die Repräsentationsräume, die Schloßkapelle und die 43 Prachttüren, die - jede verschieden - allesamt handgeschnitzte Kunstwerke Lübecker Meister aus dem 17. Jahrhundert sind. Tidö beherbergt aber auch Skandinaviens größtes *Spielzeugmuseum*, 1974 vom Schloßherr Carl-David von Schinkel eingerichtet. Es umfaßt heute mehr als 30.000 Objekte, darunter auch einen vom heutigen Köng Carl Gustav geschnitzten Tiger und viele Kuriosa (Schloß geöffnet Juni bis August Di bis So 12 - 17 Uhr, Mai und September nur Sa und So 12 -17 Uhr).

◆ Anundshög und Badelunda

Zweigt man 5 km östlich von Västerås bei der Ausfahrt "Flughafen" von der E 18 nach Norden ab und fährt dann dem Schild "Badelunda" folgend in Richtung Tortuna, erreicht man den Wegweiser "Anundshög". Er führt zu einem der wichtigsten Plätze der schwedischen Vorzeit.

An der Kreuzung der Eriksgatan (Weg des Krönungszuges durch das Reich der Svearkönige) und des ehemaligen Dalawegs liegt der mächtige Anundshög und das Grabfeld Badelunda. Schon im 14. Jahrhundert wird in schriftlichen Quellen "Anundahögh" im Zusammenhang mit dem hier abgehaltenen Thing genannt. Dieses bedeutende Grabfeld ist in einer Reihe z. B. mit den berühmten Uppsala-Hügeln zu sehen. Hier gibt es eine Vielzahl unterschiedlicher vorzeitlicher Monumente von imposanter Größe und Schönheit: Die dominierende Anlage ist der "Hög" selbst, ein Erdhügel von siebzig Metern Durch-

messer und vierzehn Metern Höhe, ein gewaltiges Grab mit einem Krater auf der Spitze. Daneben liegen zwei große Schiffssetzungen, 51 m bzw. 54 m lang, aus 24 bzw. 26 Steinen bestehend und in einer Linie "segelnd", so daß der Achtersteven des ersten Schiffs direkt hinter dem Vordersteven des zweiten liegt. Zusammen bilden sie somit eine über 100 m lange Grabanlage. Die beiden Gräber selbst sind in der Mitte der Schiffe zu finden. Die Proportionen dieser Schiffe stimmen exakt mit denen echter Wikingschiffe überein. Noch drei kleinere Schiffssetzungen liegen auf dem Grabfeld.

Eigenartig und in ihrer Bedeutung noch ungeklärt sind vierzehn Bautasteine, die in schnurgerader Linie aufgestellt sind und zu dem Feld führen bzw. es abgrenzen. Früher waren es wahrscheinlich noch wesentlich mehr Steine. Zwischen den Bautasteinen steht ein hoher, symmetrisch ornamentierter Runenstein: "Folkvid errichtete all diese Steine für seinen Sohn Heden, den Bruder Anunds. Vred setzte die Runen." Es liegt nahe, daß die Steinreihen den Kreuzungspunkt beider "Nationalstraßen" markierten. Aufgrund der Schrift läßt sich die Steinsetzung auf die Zeit kurz nach 1.000 datieren. Die Schiffssetzungen und kleineren Hügel können auch aus jener Zeit stammen. Doch der mächtige Anundshög ist sicher nicht jenem in der Runenschrift genannten Anund gewidmet, da er aufgrund seiner Größe in die Reihe der "Königshügel" der Völkerwanderungszeit und Vendelzeit einzuordnen ist. Er ist das älteste Monument am Platz. Und hier schließt sich nun der Kreis mit meiner Theorie des Gesamtkonzepts der Anlage, denn wir kennen aus der Literatur von Snorris "Ynglingasaga" und des noch wesentlich älteren "Ynglingatal" des "Thorolfr af Hvin", in der vom Leben und Sterben der frühesten Schwedenkönige die Rede ist, den Köning Anund, auch "Bröt-Anund" genannt. Er lebte gegen Ende des 6. Jahrhunderts und erhielt deshalb den Beinamen "Bröt", weil er Wälder roden und mächtige Straßen durch das gesamte Reich anlegen ließ. War es da nicht angebracht, zwei der größten Reichsstraßen in späteren Zeiten an seiner Grabstätte entlangzuführen?

In einer runden Steinsetzung unweit vom Anundshög wurde 1952 nahe beim Gehöft *Tuna* in einem hölzernen Sarg Schwedens reichstes Frauengrab gefunden. Auf dem Feld lagen weitere Gräber, vor allem Bootsgräber aus der Vendelzeit, allesamt Frauengräber. Entsprechende Gräber in Uppland waren vorwiegend Männergräber. Im Grab von Tuna fand man einen prächtigen Halsring, zwei Arm- und Fingerringe, zwei Fibeln, alle aus reinem Gold. Dazu gab es zwei Silberlöffel, drei Bronzekessel und einen Glasbecher römischer Herkunft. Diese Funde sind im SHM ausgestellt.

◆ *Skultuna*

Skultuna liegt 10 km nordwestlich von Västerås. Es gibt kaum ein schwedisches Heim ohne ein Inventar aus Skultuna. Die hier hergestellten kunsthandwerklichen Erzeugnisse sind landesweit bekannt: Kerzenleuchter, Töpfe und Kessel - alles aus Messing. *Skultuna mässing bruk* ist seit 1607 ununterbrochen in Betrieb. Die Messingkammer kann besichtigt werden. Die Fabrik unterhält in ihrem Werk einen Laden (geöffnet Mo bis Fr 10 - 19 Uhr, Sa und So 10 - 16 Uhr). Nach dem Einkaufen lockt der *Skultunagården* mit einem leckeren Lachs.

◆ *Romfartuna*

Diesen Ort findet man 12 km nordöstlich von Västerås an Straße 67. Der Name des Orts stammt der Sage nach von einem Mönch namens Lars, der eine Pilgerfahrt nach Rom unternommen haben soll. Das altnordische Wort "Tuna" bedeutet "geheiligter Bezirk, Hof". Die *Kirche* stammt aus dem Jahr 1300, das Gewölbe wurde 1427 mit Pfeilern eingefügt. Der Runenstein im Waffenhaus der Kirche ist aus dem 12. Jahrhundert, Taufstein und Marienskulptur sind ca. hundert Jahre jünger. Im Waffenhaus findet man eine gemalte Szene mit St. Görans Drachenkampf (um 1500). Das Altarbild mit dem Abendmahl wurde 1769 von Louis Masreliez gefertigt, dem Hofmaler Gustavs III.

◆ *Surahammar*

Hier kann man im Hüttenmuseum alte Öfen, Maschinen und Geräte des frühen Industriezeitalters bewundern, darunter die sagenhafte "Vaulunder", Schwedens erste Lokomotive, die in Surahammar gefertigt wurde, und eines der ersten schwedischen Autos (1903).

Übernachten

► *Herrgårdshotel*, Tel. 0220/ 362 20, verkörpert nicht den gewohnten klassischen Holzvillenstil aus dem 18. Jahrhundert, sondern ist ein mächtiger, schloßähnlicher Steinbau mit achteckigem Turm. Der riesige Park wirkt britisch, vor allem aufgrund der vielen Laubbaumarten.

◆ *Skinnskatteberg*

Dieser kleine Ort liegt 65 km nördlich von Västerås in naturschöner Umgebung zwischen dem Övre und Nedre Vättern. Vom 12. bis 18.

Jahrhundert wurde hier Eisen gewonnen. Im *Herrenhof* von Skinnskatteberg ist heute eine Schule für Forstbeamte eingerichtet. Der prächtige Bau wurde 1779 von Eric Palmstedt entworfen.
In *Riddarhyttan,* 7 km südwestlich, fanden Archäologen die ältesten Spuren der Eisengewinnung in Schweden überhaupt, mehr als 1.500 Jahre alt. Hier steht auch noch das *Kupferhaus,* eine Art "Fort Knox" mit meterdicken Mauern, hinter denen man Kupferbarren lagerte.

Touristeninformation
Skinnskattebergs Turistbyrå, Kyrkvägen 7, 73922 Skinnskatteberg, Tel. 0222/ 101 50

Übernachten
▸ *Liens Camping ***,* am Lien in Riddarhyttan, von Straße 68 aus beschildert, Tel. 0222/ 135 55, mit 8 Hütten.
▸ *Färna Herrgård,* Tel. 0222/ 281 90, ein Hotel in einem stattlichen, champagnerfarbenen Herrenhof, gute Küche.

Feste
Weithin berühmt ist Skinnskatteberg für sein jährliches *Musikfestival* Mitte Juni mit allen Musikarten, vom Jazz bis zur Volksmusik.

◆ *Fagersta*

In dieser Eisen- und Hüttenstadt, 20 km nördlich von Skinnskatteberg, veranstaltet man auch Führungen durch die Hütten. Informationen darüber gibt es beim *Turistbyrå,* Norbergsvägen 14, 73780 Fagersta, Tel. 0223/ 131 00.

Übernachten
▸ *Eskilns bad ***,* kurz vor Fagersta gleich an Straße 65 gelegen, Tel. 0223/ 130 22, mit Hütten und einladendem Strand, Wasserski, Rutschbahn u.v.m.

Tip: Mittsommer sollte man am *Hembygdsgården* in Fagersta feiern.

◆ *Ängelsberg*

Ängelsberg, früher mit "E" geschrieben, liegt 15 km östlich von Fagersta. Die *Hütte* von Ängelsberg ist zu Recht in die "World heritage list" der besonders geschützten Kulturdenkmäler der UNESCO aufgenommen worden. Sie stellt nämlich ein einzigartiges Dokument der Industriegeschichte dar, eine praktisch komplett erhaltene Hüttenanlage aus dem 18. Jahrhundert, die 1919 stillgelegt wurde. Der "Engelsbergsflügel" geht bis in die Zeit um 1680 zurück, als der Brukspatron Per Höök das gesamte Hüttendorf kaufte. Schon im 14. Jahrhundert wurde hier Eisen hergestellt. Zu sehen sind der *Herrenhof* des Patrons aus dem Jahr 1740 mit Pavillons und Park, Arbeiterwohnungen, Büro, Waaghaus, Hammerschmiede und einer der wenigen in Schweden erhaltenen "Mulltimmerhochöfen". Im Sommer gibt es jeden Tag Führungen um 14 Uhr.

—▸   Nach ca. 20 km Fahrt auf Route 21 zweigt rechts eine Straße ab zu:

◆ *Ängsö slott*

Im Naturreservat Ängsö liegt das gleichnamige Schloß, das Carl Hårleman 1740 in stilechtem Rokoko zeichnete. Die Einrichtung ist überaus kostbar: Möbel, Teppiche, Gemälde und Kachelöfen - alles nur vom Feinsten. In der Schloßkirche aus dem 14. Jahrhundert sind beachtenswerte Wandmalereien aus der frühen Bauphase erhalten (Be-

sichtigung von Juni bis August 13 -
17 Uhr, Eintritt 20 SEK).

—▶ Route 21 führt in die Provinz
Uppland, eine der kulturreichsten
Schwedens.

Enköping

36.000 Einwohner

Die Stadt ist deshalb sehenswert
und angenehm, weil sie ihren rechtwinkligen Bebauungsplan mit niedrigen Häusern erhalten konnte. Sehenswert ist vor allem die mächtige
Vårfrukyrkan mit Relikten aus dem
12. Jahrhundert. Im Stadtgebiet liegen Ruinen von weiteren Sakralbauten, so **St. Ilian** und das ehemalige **Kloster** am Munksund, die einen
romantischen Eindruck hinterlassen.
Im Süden der Stadt findet man bei
Boglösa Felszeichnungen.

Touristeninformation
Enköpings Turistbyrå, Torggatan 2,
19980 Enköping, Tel. 0171/
305 69

Übernachten
▶ *Campingplatz * *,* Bredsand, 6 km
südlich von Enköping unmittelbar
am Wasser, Tel. 0171/ 800 11, mit
Hütten.
▶ *Vandrarhem*, Bredsand, Tel.
0171/ 800 66, eine Holzvilla mit
Blick auf den See.

—▶ Nach weiteren 10 km Fahrt
auf der E 18 bieten sich zwei Ausflüge an:

◆ *Härkeberga kyrka*

5 km nördlich liegt die Kirche von
Härkeberga, erbaut um 1300. In ihrer 700jährigen Geschichte wurde
sie kaum verändert. Ihre Malereien
(um 1480) gelten als die besten Arbeiten von Albertus Pictor. Daneben
liegt der noble Pfarrhof aus dem 18.
Jahrhundert.

◆ *Veckholm*

20 km südlich liegt bei Veckholm
eine weitere sehr sehenswerte Kirche aus dem 13. Jahrhundert. Sakristei und Waffenhaus sind zweihundert Jahre jünger. Mehrere mittelalterliche Skulpturen sind erhalten. Einige Mitglieder der Familie de
la Gardie halten sich öfters hier auf.

—▶ Wer nicht wegen dieser Kirchen größere Umwege fahren
möchte, stößt gleich an der Abfahrt
zu Straße 55 auf die sehenswerte
Litslena kyrka, im 12. Jahrhundert
erbaut, später mit Gewölbemalereien verziert. Wertvoll sind der
Taufstein aus dem 13. und der Altar
aus dem 15. Jahrhundert. An
Straße 55 in Richtung Uppsala und
in der Umgebung liegen viele für
einen Ausflug lohnende Stätten:

◆ *Salnecke slott*

13 km nördlich der Abzweigung
liegt das gut erhaltene Schloß Sal-
necke, 1640 von Georg Grissbach
erbaut. Nicht weit davon entfernt
liegt die **Kirche von Gryta** aus dem
12. Jahrhundert mit Malereien aus
der Pictor-Schule und **Gryta Gård**,
ein alter Soldatenhof (1786).

◆ *Vik Wiiks slott*

Weitere 10 km liegt an derselben
Bucht Schloß Vik Wiik, ursprünglich
eine Burg, die erst 1860 von F.W.
Scholander ihre heutige Gestalt er-

hielt. Die alte, düstere Anlage kann man aber darin durchaus noch erkennen. Da hier heute eine Volkshochschule eingerichtet ist, kann man sich das Ganze zu Unterrichtszeiten anschauen.

4 km nördlich von Vik steht bei Balingsta unweit der Kirche ein schöner **Runenstein** mit einem "Skiläufer".

—▸ Nach 6 km Fahrt sieht man südlich der E 18 Schloß **Ekolsunds**. Es erhielt von Carl Hårleman 1769 sein heutiges Äußeres. Als Gustav III. sich öfters hier aufzuhalten begann, restaurierten Jean Eric Rehn und Carl Frederik Adelcrantz das Innere.

Nach weiteren 5 km Fahrt auf Route 21 bietet sich der nächste Ausflug in Richtung Norden an:

◆ *Sjöö slott*

Nach 10 km erreicht man dieses Schloß, das Nicodemus Tessin der Ältere 1672 als Prunkbau mit herrlichen Gärten entwarf.

—▸ Kurz nach der *Kirche von Övergran* steht noch einmal ein Ausflug zu einem Schloß an, der unumgänglich ist, denn er führt nach 13 km zu einem der edelsten Schlösser des Landes.

◆ *Skoklosters slott*

Dieser weiß getünchte Prunkbau stammt aus der schwedischen Großmachtzeit. Ist Schloß Läckö am Vänern das Privatdomizil von Magnus Gabriel de la Gardie gewesen, so baute sich der erfolgreiche Feldmarschall des Dreißigjährigen Krieges, Carl Gustav von Wrangel, diesen Palast als gemütlichen Ruhesitz außerhalb des Großstadtgetümmels. Natürlich hatte ein Krieger seines Formats auch in Stockholm noch einen Palast. Um 1670 war der Bau vollendet, und Wrangel begann, ihn mit den wertvollen Beutestücken zu füllen, die wir heute bewundern können: Waffen, Bücher, Schnitzereien, Schmuck und vieles mehr. Und in der Garage parken zu allem Überfluß auch noch ein paar wertvolle Oldtimer. Diese aber stammen nicht mehr aus den Tagen des alten Haudegens (geöffnet Mai bis September, Führungen zu jeder vollen Stunde von 11 bis 16 Uhr, Eintritt 30 SEK).

—▸ An der E 18 in Richtung Stockholm stehen zwar nun keine Schlösser mehr, dafür aber drei alte Kirchen. Nach 1 km folgt gleich an der Straße der schöne Schindelbau von *Yttergrans* aus dem 15. Jahrhundert. Nach weiteren 5 km kann man nach Norden zu den Kirchen von *Håbo-Tibble* und *Håtuna* aus dem 14. Jahrhundert abfahren, jeweils 8 km von der Abzweigung entfernt.

Route 21 führt direkt nach Stockholm.

Stockholm

"Venedig des Nordens", "Stadt auf dem Wasser", "Königin des Mälaren" - es gibt viele solcher Bezeichnungen für die schwedische Hauptstadt, doch sie erfassen alle nur einen kleinen Ausschnitt aus der Realität dieser phantastischen Stadt. Besser trifft da schon jene geradlinige und vielsagende Charakterisierung zu, mit der manche Besucher schon nach dem ersten Aufenthalt von der "schönsten Stadt der Welt" sprechen.

Die hellen Sommernächte, die majestätischen Renaissancegebäude in den Gassen der Altstadt, die ständig an fast jeder Straße präsenten Grünanlagen und Wasserläufe - ja, vor allem jenes Wasser - sie machen Stockholm zu einer Sommerfrische, nach der man süchtig werden kann. Wer sie einmal erlebt hat, wird sie nie vergessen: die romantische Abendstille in den engen Gassen der *Gamla stan*, die morgens einer lebhaften Fröhlichkeit weicht, die ausgelassene Stimmung auf den alten Kohledampfern während ihrer Sommernachtsfahrten durch die Inselwelt des Schärengartens oder die mitreißende Begeisterung der Stockholmer Bürger, wenn sie am Bellmanntag ihren Skalden feiern. Dies alles sind nur ein paar Facetten jener Großstadt, die ansonsten auch nüchtern-sachliche und moderne Einschläge im Alltagsleben kennt, so daß das Gesamtbild überaus vielfältig erscheint.

Im Kern der Landeshauptstadt leben auf 216 km² rd. 650.000 Einwohner, im gesamten Län *Greater Stockholm* sind es 1,5 Millionen auf 4.900 km², die sie nach Kopenha-gen zur zweitgrößten Stadt Skandinaviens machen. 30 % der Fläche sind Wasser; ein Großteil besteht aus Wald. Doch läßt sich diese Stadt bequem vom Radioturm oder vom Ballon aus überschauen. Ihre Grenzen sind klar erkennbar, ihre Ausdehnung durch Wald und Wasser beschränkt. Dieses Bild vermittelt, was Stockholm wirklich ist: eine moderne Weltstadt mit allen Errungenschaften des Technikzeitalters, die aber als organischer Bestandteil in ihre natürliche Umgebung hineingewachsen sind. Es ist nicht hochtrabend zu sagen, daß Stockholm die sauberste Hauptstadt der Welt ist, denn es gibt weit und breit keine Schwerindustrien und keinen Flugplatz. Das Wasser zwischen den Inseln der Stadt ist so klar und rein, daß man hier bedenkenlos baden kann. Und welche andere Hauptstadt könnte von sich sagen, daß man mitten im Stadtzentrum nach Lachsen angeln kann? Es ist nicht zuletzt das "Pfahlinseldasein", was das Besondere der Stadt ausmacht: Der Innenstadtbereich erstreckt sich über 14 Inseln, die durch 52 Brücken miteinander verbunden sind. Daher rührt auch der Name "Venedig des Nordens". Diese Insel liegen genau am Auslauf des Mälar-Sees in die Ostsee, so daß man auf der einen Seite der Stadt im Salzwasser, auf der anderen im Süßwasser des Sees baden kann. Steht man auf der *Riksbron*, so erkennt man das Gefälle von 1 m auf 30 m, welches das Seewasser im "kürzesten Fluß der Welt" zur Ostsee transportiert. Denselben Effekt kann man am Südufer der Alt-

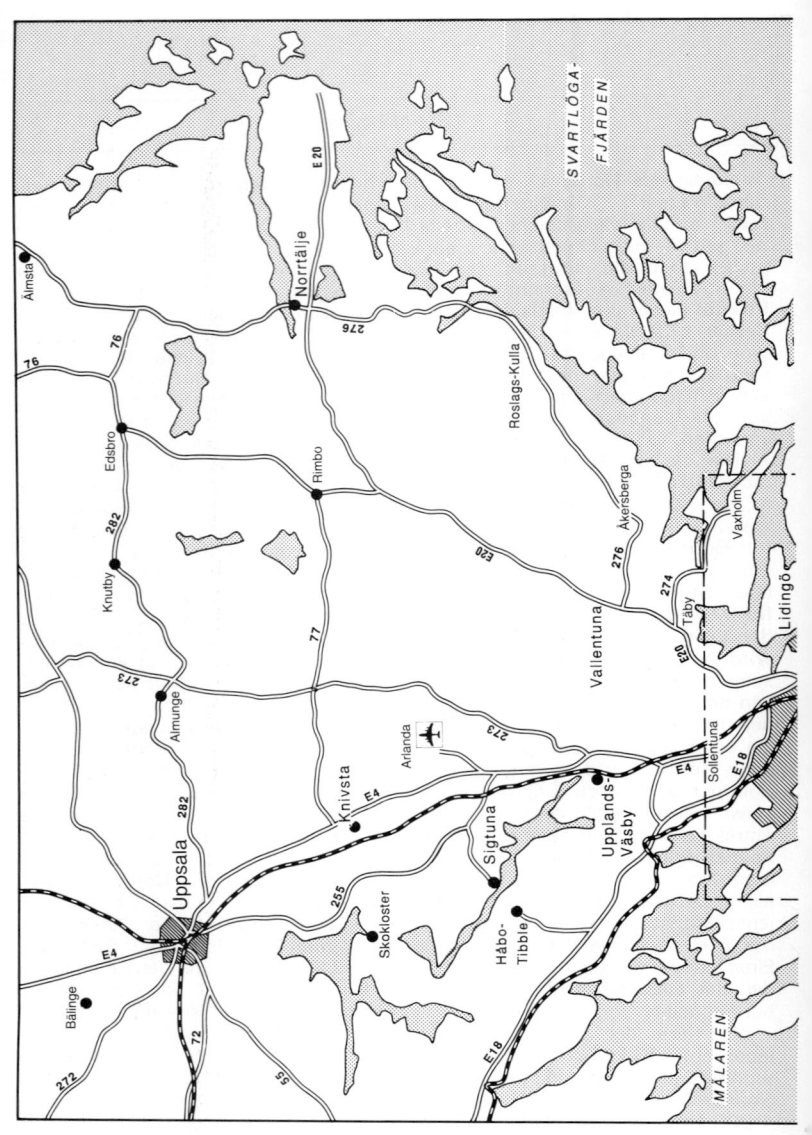

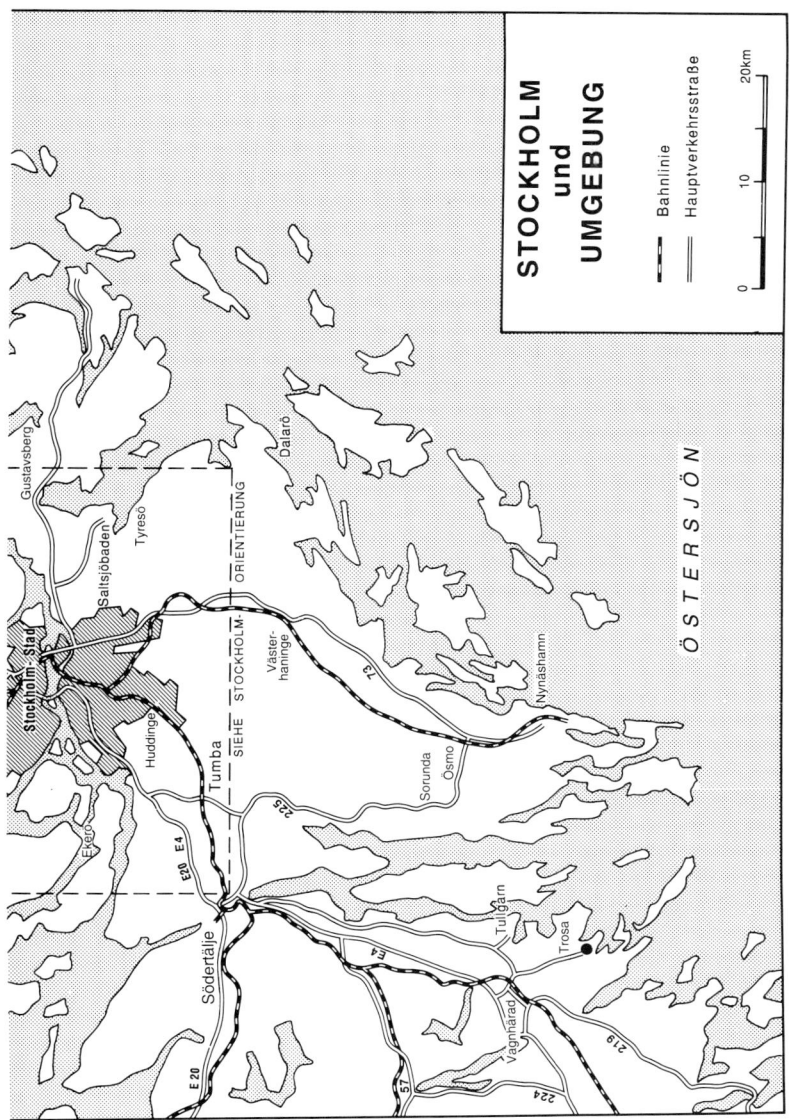

STOCKHOLM
und
UMGEBUNG

— Bahnlinie
= Hauptverkehrsstraße

0   10   20km

ÖSTERSJÖN

Gustavsberg

Saltsjöbaden

Tyresö

Dalarö

ORIENTIERUNG

Stockholm-Stadt

Huddinge

Väster-
haninge

SIEHE STOCKHOLM

Tumba

Sorunda

Ösmo

Nynäshamn

Sö(cid)ertälje

E 20

E 4

E 20

Tullgarn

Trosa

Vagnhärad

57

224

219

stadt, am *Slussen*, sehen, wo ein Schleusensystem die Durchfahrt beider Gewässer regelt. So liegt also z. B. die Insel *Riddarholmen* im Mälar-See, der sich von hier aus 120 km weit ins Landesinnere erstreckt und eine alte Kulturlandschaft bildet, und die Insel *Skeppsholmen*, nur 500 m weiter östlich, befindet sich schon in der Ostsee. Hier, an Stockholms "Tor zur Welt", führt die Fahrt auf die offene See hinaus durch ein labyrinthisches Archipel von 24.000 großen und kleinen, bewaldeten und kahlen, bewohnten und unbewohnten Inseln - den *Schärengarten*. Manche nennen ihn die "Lunge der Stadt". Aber Stockholm hat mehr als eine davon, denn Grünflächen und Wasserwege, Parks, Wälder, Seen, Flüsse und sogar fast unberührte Wildnis gibt es rund um die Stadt zur Genüge. Das zeigt ein Blick vom Fernsehturm. Man erkennt den Innenstadtbereich auf den Inseln, dann folgt schon ein Gürtel aus Wald und Wasser, danach die Hochhäuser der Vororte, die aus dem damals noch unbewohnten Waldgebiet gestampft wur-den. Dann aber endet der Blick wie-der im Grünen. In einer halben Stun-de kann man vom Zentrum draußen sein.

Die Hauptstadt ist das Herz und das Hirn des Landes, unbestrittenes Zentrum von Politik, Wirtschaft und Kultur. Die touristische Infrastruktur ist äußerst gut entwickelt, denn es gibt hier mehr als hundert Hotels, über 50 Museen, über siebenhundert Restaurants und Gaststätten. Doch die enorme Zahl von über siebenhundert Restaurants klingt weniger gewaltig, wenn man sich in Carl Michael Bellmanns Zeiten zurückbegibt. Damals hatte Stockholm nur 70.000 Einwohner, aber auch schon siebenhundert Gasthäuser! "Stolta Stad", die stolze Stadt, war ganz schön "versoffen".

Geschichte

"Diese Stadt ist nicht groß, auch nicht fest, keine Wälle, nur schlechte Mauern umher", so schrieb Samuel Kiechel 1686 nach einer Reise in die schwedische Residenz. Er hatte recht, denn seit der Gründung 1252 durch den königlichen Reichsverweser Birger Jarl veränderte sich vierhundert Jahre lang nur sehr wenig. Stockholm, das war nur die heutige *Gamla stan*, die Altstadt, die aus den vier Inseln *Stadsholmen, Helgeandsholmen, Strömsborg* und *Riddarholmen* besteht. Birger Jarl wählte diesen Ort, da er gut zu verteidigen war, aber auch einen guten Zugang für Händler bot. Die ältesten Bauten wurden auf dem Hochplateau von Stadsholmen errichtet und von einer Stadtmauer umgeben. Unten am Wasser lagen Pfahlbauten. Der Name "Stockholm" (Pfahlinsel) erinnert daran. 1523 zog Gustav Wasa als König hier ein und ließ eine Burg errichten. Er beschnitt den bis dahin übermächtigen Einfluß der deutschen Hansekaufleute in der Stadt. Doch noch eine ganze Zeit lang waren sechs von zwölf Bürgermeistern Deutsche. Erst ab ca. 1640 wuchs die Stadt über die Insel Gamla stan hinaus. Sie wurde Hauptstadt mit Steinhäusern und rechtwinkligen Straßen. Noch heute kann man ihre Geschichte in den städtebaulichen Strukturen klar erkennen. Wie Jahresringe des Baumes legen sich die einzelnen Epochen um die Altstadt mit den ältesten Bauwerken im Zentrum. Die Stadtviertel, die "Malme" (Erze) entstanden: Norr-, Öster- und Södermalm. Hier lebten die Fischer, Arbeiter und Handwerker.

Mitte des letzten Jahrhunderts machte die Industrialisierung eine Planung und Ordnung der Stadt notwendig. Die eingerichteten "Tulle" (Zollstellen) wie *Hornstull, Skan-*

stull oder *Norrtull,* wurden zu Verkehrsknotenpunkten. Es waren meist runde Plätze, von denen die Straßen strahlenförmig ausgingen. Diese städtebauliche Neuorganisation war notwendig, denn Stockholm war veraltet, verdreckt und ungesund. 1890 lebten 90.000 Menschen hier. Die industrielle Revolution ließ ihre Zahl bis 1914 auf 390.000 anwachsen.

Nun wurde in die Höhe gebaut und die Wohlhabenden zogen in die Villenvororte, in denen sie schöne Holzhäuser bewohnten, die dort heute noch stehen. Baukooperationen modernisierten die Innenstadt und die Malme. Schon in den Zwanzigern gab es Fenster, Bad und WC in allen Wohnungen Stockholms. Grünflächen wurden angelegt. Und so konnte im Jahr 1910 der Reisende André de Bellessort notieren: "Die schwedische Metropole machte auf mich den Eindruck einer prot-

zigen Stadt wohlgenährter Parvenus, die ihre massigen Baudenkmale in Gewässern spiegelt, die darum über alle Maßen schön sind, weil ihr schimmernder Spiegel eigentlich Felsen und verwehten Kiefern vorbehalten ist. Diese Stadt verhehlt ihren Reichtum so wenig wie ihren Materialismus, ihre fast unausgesetzt durchbrechende Theatralik und ihre Pedanterie, während Ziergiebel, Skulpturen, Rotunden, Belvederes, ionische und korinthische Säulen in ihr wie Steckenpferde gehätschelt werden."

Nach dem zweiten Weltkrieg verführte der Bau der U-Bahn zur Schaffung der "Schandflecken" Stockholms, der häßlichen Hochhausvororte, die zwar jede Großstadt hat, die aber auch wieder einmal in Schweden alles übertreffen: Reine Schlafstädte entstanden, Betonsilos, in denen Tausende von Menschen leben. Es ist kein Wun-

Stockholm - Schwedens Hauptstadt

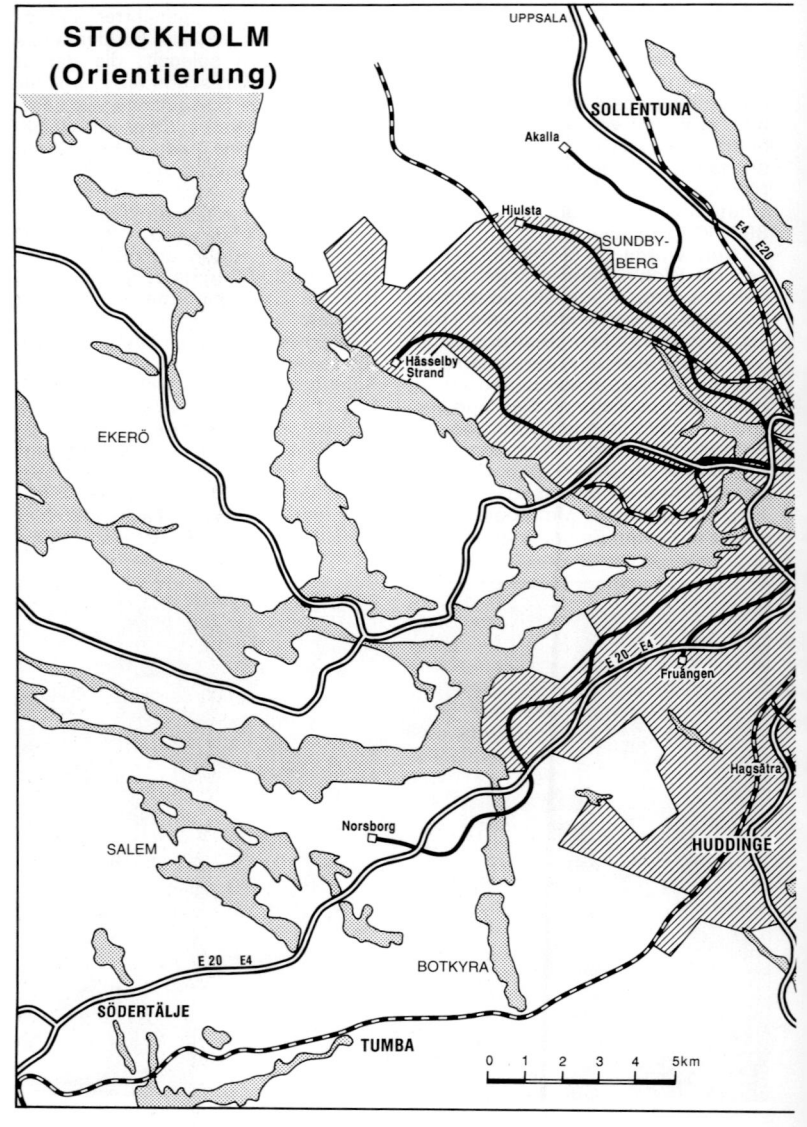

STOCKHOLM
(Orientierung)

UPPSALA

SOLLENTUNA

Akalla

Hjulsta

SUNDBY-
BERG

E4 E20

Hässelby
Strand

EKERÖ

E 20 E4

Fruängen

Hagsätra

Norsborg

HUDDINGE

SALEM

E 20 E4

BOTKYRA

SÖDERTÄLJE

TUMBA

0 1 2 3 4 5km

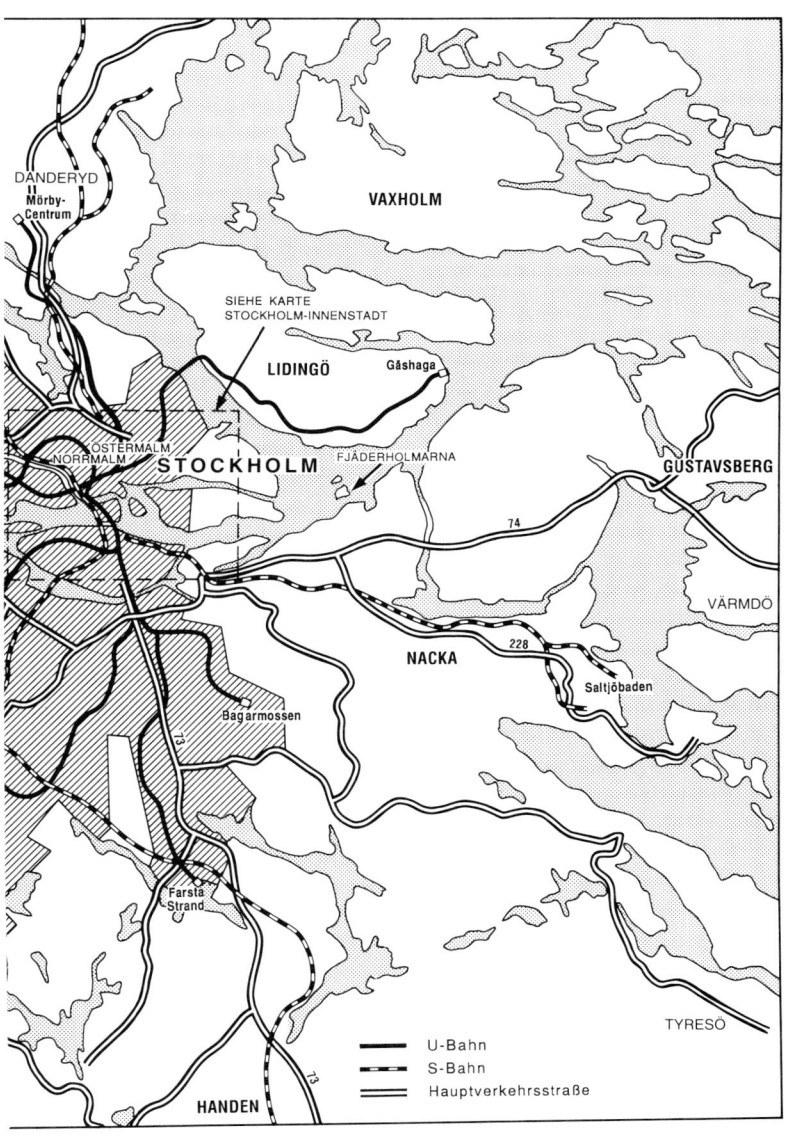

DÄNDERYD
Mörby-
Centrum

VAXHOLM

SIEHE KARTE
STOCKHOLM-INNENSTADT

LIDINGÖ   Gåshaga

ÖSTERMALM
NORRMALM   STOCKHOLM   FJÄDERHOLMARNA   GUSTAVSBERG

74

VÄRMDÖ

NACKA   228

Saltjöbaden

Bagarmossen

73

Farsta
Strand

TYRESÖ

——— U-Bahn
—•—• S-Bahn
——— Hauptverkehrsstraße

73

HANDEN

der, daß diese Leute am Wochenende in ihre Holzhäuschen auf dem Lande flüchten. Ein wenig Lebensqualität gewinnen diese Vororte nur durch die Tatsache, daß Wald und Grünflächen gleich neben der Haustür liegen und die Sicht vom 20. Stock sehr schön ist.

In den fünfziger Jahren wurde auch die Innenstadt in großem Stil umgebaut: *Hamngatan, Klarabergsgatan* und *Sveavägen* führen durch die neugestalteten und modernen Viertel Norrmalms. Sie lösten damit die alten Verkehrs- und Einkaufszentren *Kungsgatan - Regeringsgatan* und *Slussen* ab. Damals war auch geplant, die Altstadt abzureißen und mit "modernen Hochhäusern" zuzupflastern. Doch eine göttliche Eingebung hielt die Verantwortlichen davon glücklicherweise ab. So kann sich Stockholm glücklich schätzen, daß es seit Jahrhunderten von Kriegen verschont geblieben ist.

Die Inseln im Überblick

Gamla stan

Auf der Altstadtinsel liegen u. a. das Schloß, die Domkirche, das Riddarhuset, die "Deutsche Kirche" und der alte Marktplatz inmitten der vielen schmalen Gassen mit ihren Hunderten von Geschäften, Kuriosa, Antiquitätenläden, Restaurants und gemütlichen Kellerkneipen. Zur Altstadt gehören auch die Insel Riddarholmen mit der Riddarholmskyrka und den Großbauten, die kleine Insel Strömsholm mit nur einem Gebäude und Helgeandsholmen mit dem Reichstag und dem Medeltidsmuseet. Skeppsbron ist die Hauptverkehrsstraße zur Nachbarinsel. Die oberen Gassen sind autofrei. Die größten Fußgängerzonen sind Stora Nygatan, Österlånggatan und vor al-

len Dingen die Västerlånggatan, das Herz der Altstadt. Sie führt durch das Reichstagsgebäude hindurch zur Drottninggatan auf Norrmalm.

Norrmalm

Hier pulsiert das moderne Zentrum der Stadt, rund um den Sergels torg mit der Glasfontäne, dem Kulturhuset und den unterirdischen Geschäften. Dieser Platz ist Schnittpunkt der vier größten Innenstadtstraßen: Hamngatan, Klarabergsgatan, Sveavägen und der im unteren Teil autofreien Drottninggatan. Hier und rund um Hötorget liegen die Kaufhäuser; hierher kommt man zum Shopping. Auf Norrmalm findet man auch den Bahnhof, die Hauptpost und mehrere sehenswerte Kirchen und Museen. Nordwestlich von Norrmalm erstrecken sich Vasastaden, Haga und der Universitätsbereich am Brunnsviken, wo man schon ausgedehnte Grünflächen und Badeplätze findet. Der Hauptpark Stockholms ist der Kungsträdgården mit der Oper und dem Zentrum des Nachtlebens im Sommer. Östlich des Parks liegen auf der Halbinsel Blasieholmen das Nationalmuseum und das Grand Hotel. Der kleine Park Nybroplan schräg gegenüber vom Norrmalmstorg, an dem der Vergnügungspalast Berns, das Hallwylska Museet und das "Dramatische Theater" liegen, ist Anlegestelle für Ausflugsdampfer und die Fähre nach Djurgården. Am Nybroplan beginnt auch eine der Prachtstraßen Stockholms, Strandvägen, die hinüber in das alte Stadtviertel Östermalm führt. Zentrum dort ist der Karlaplan. In Östermalm liegen das Historische Museum, mehrere Botschaften, die "Saluhallen" und einige alte Kirchen. Der Strandvägen führt am Südende des Stadtteils entlang zum Ladugårdsgärdet, einer einzigen grünen Oase, auf der Schafe weiden, mit dem Kaknästornet und vielen Museen.

Djurgården

Auf Djurgården, im "Tierpark", liegen die ehemaligen Jagdgründe des Königs. Die Insel ist ebenso grün und unbebaut wie Ladugårdsgärdet. Aber hier liegen auch einige der Hauptattraktionen Stockholms: das Wasamuseum, Skansen, das Nordische Museum, Gröna Lunds Tivoli, Waldemarsudde und einige Museen mehr. Nach Djurgården kommt man vom Ladugårdsgärdet über eine Brücke vom Strandvägen oder per Fähre vom Nybroplan oder Slussen.

Södermalm

Slussen ist einer der alten Verkehrsknotenpunkte und verbindet die Altstadt mit der Südinsel Södermalm, die sich - auf hohen Granitfelsen gelegen - für einen Blick über die Stadt gut eignet. Auf der Insel gibt es mehrere sehenswerte Kirchen und Museen sowie Badeplätze. Hier oben ist die Stadtteilkultur mit alten Holzhäusern und kleinen Geschäften noch intakt. Es gibt viele Kneipen und Lokale sowie eine recht aktive Subkultur. Von Slussen führt die Götgatan über die Insel nach Süden in Richtung Enskede, wo mehrere Holzhausvororte liegen, und nach Johanneshov mit Schwedens Sport- und Veranstaltungsarena Nr. 1, dem Globen.

Kungsholmen

Kungsholmen erstreckt sich westlich von Norrmalm. Hier gibt es Parks und Badeplätze. Hier steht auch das Wahrzeichen der Stadt - das Stadshuset.

Skeppsholmen

Skeppsholmen erreicht man zu Fuß über eine Brücke von Blasieholmen. Auf Skeppsholmen liegen zwei Jugendherbergen, darunter das alte Segelschiff "Af Chapman" und mehrere Museen. Gleichsam ein Anhängsel an Skeppsholmen ist die kleine Insel *Kastellholmen* mit dem alten Wehrturm.

Sehenswürdigkeiten

Gamla stan

Die Altstadt ist eine Sehenswürdigkeit für sich, denn hier liegen einige der interessantesten Bauwerke der Stadt. Rings um die Insel führt eine Autostraße; fast alle anderen Straßen aber sind nur für Zulieferer zugelassen.

Kungliga slottet

Der Rundgang beginnt beim Schloß. Das alles beherrschende Gebäude der Altstadtinsel ist das Kungliga slottet, das größte Königsschloß der Welt mit insgesamt 608 Räumen (3 mehr als Buckingham Palace!). Um gleich ein Mißverständnis auszuräumen: Die Königsfamilie wohnt nicht hier. Sie zieht es seit einigen Jahren vor, das elegante und ruhiger gelegene Rokokoschloß *Drottningholm* auf der Insel Lovön oder die Sommerresidenz *Solliden* auf Öland zu bewohnen. Im Kungliga slottet befinden sich aber die Arbeitsräume des Monarchen und verschiedene Empfangssäle, so daß es manchmal schon möglich ist, einen Blick auf den König zu werfen, wenn er in seinem Saab oder BMW zur Arbeit fährt. Ein großer Teil des Hauses ist für Besucher zugänglich. Verschiedene Säle und Wohnungen, Schatzkammer, Kirche, Zeughaus und Schloßmuseum sind zu besichtigen. An gewissen Tagen und zu bestimmten Anlässen ist allerdings der Öffentlichkeit der Zugang verwehrt (große Wachablösungen mit Parade im Sommer täglich um 11.45 Uhr, nur sonntags um 12.45 Uhr; unterschiedliche Zeiten zwischen Oktober und April; Informationen unter Telefon 789 86 58 oder bei der Touristeninformation).

Das **Schloßmuseum** erzählt von der wechselvollen Geschichte der Stockholmer Burgen, die um 1180 begann, als König Knut Eriksson einen Turm auf Stadsholmen errichten ließ. Birger Jarl baute nach der Stadtgründung 1252 um diesen Turm herum eine Burg. Sie wurde im 14. Jahrhundert "Tre kronor" getauft, nach den drei Kronen, die König Albrecht von Mecklenburg 1380 in das Reichswappen einführte. Seit Gustav Wasa war diese Burg ständige Residenz der schwedischen Könige. Sie überlebte Brände und

Umbauten, bis am 7.5.1697 ein Großfeuer die gesamte Anlage fast vollständig vernichtete. Der erst fünfzehnjährige König Karl XII. beauftragte Nicodemus Tessin den Jüngeren mit dem Neubau, den, wie er prahlerisch ankündigte, zum gewaltigsten Schloß Europas machen wollte. Doch der große Nordische Krieg verhinderte eine rasche Fertigstellung. Erst 1754 konnte König Adolf Fredrik die Räume beziehen. Karl XII. hatte Stockholm seit seinem 18. Lebensjahr nicht mehr zu sehen bekommen. Die Familie Tessin, Vater, Sohn und Enkel, planten das gewaltige Werk und vollendeten es in italienischem Renaissance- und Barockstil. Im Interieur arbeiteten einige der besten Künstler Europas, die den Übergang zur Moderne, vom Barock über das Rokoko zum Stil Gustavs III., markierten: Bernard Foucquet und Claude Henrion, Carl Hårleman und Jean Eric Rehn,

Königsschloß

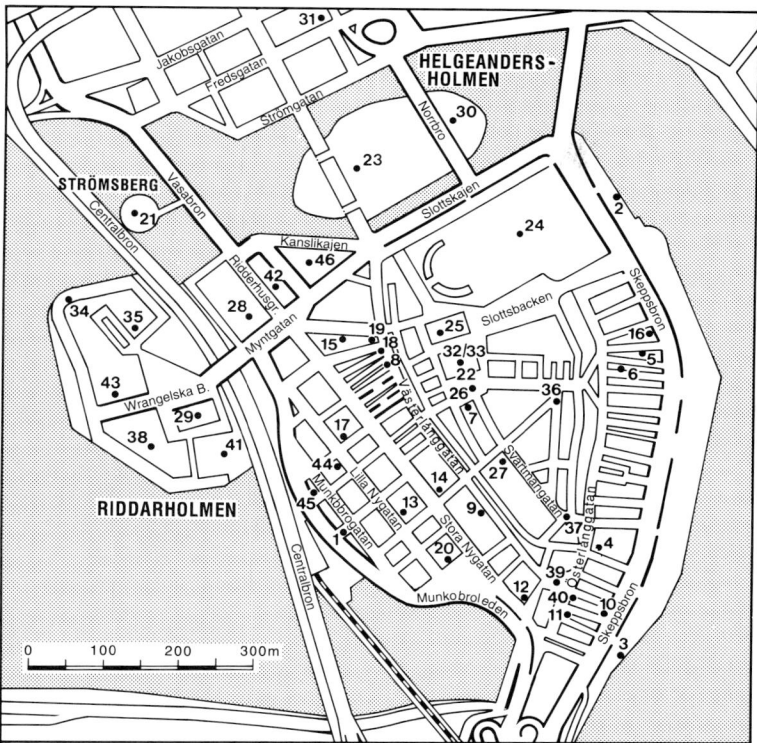

STOCKHOLM-
GAMLA STAN

1 T-Bahn
2 Schiffsanlegestelle
   Blidösund und
   Waxholmsbolaget
3 Fähre nach
   Djurgården
4 Gyldene Freden
5 Fem små hus
6 Källaren Diana
7 Stortorgskälleren
8 Café Gråmunken
9 Café Art
10 Zum Franziskaner
11 Bacchi Vapen

12 Engelen, Kolingen
13 Hotel Gamla stan
14 Rest. Skitiga Duken
15 Cattelin
16 First-Hotel Reisen
17 Hotel Victory,
   Rest. Lejontornet
18 Hotel Lord Nelson
19 Hotel Lady Hamilton
20 Hotel Gamla stan
21 Disko Galaxy,
   Strömsborg
22 Börse
23 Reichstag
24 Schloß
25 Storkyrkan
26 Stortorget
27 Tyska kyrkan
28 Riddarhuset

29 Riddarholmskyrka
30 Medeltidsmuseum
31 Medelhavsmuseet
32 Schwedische Akademie
33 Nobelstiftung
34 Verlag Norstedt
35 Palast Stenbock
36 Brända Tomten
37 Tyska Brunnsplan
38 Cruusisches Haus
39 Järntorget
40 Bankhaus
41 Hebbe-Haus
42 Palast Bonde
43 Palast Wrangel
44 Postmuseum
45 Palast Piper
46 Kanzleihaus

schließlich dann Louis Masreliez und Jean Baptiste. Im Kellergewölbe steht man an den fünf Meter dicken Mauern der alten Ringburg. Kurios ist der Blick aus der alten Küche, in der man die Fenster des öfteren nach oben verlegen mußte, da man alle Abfälle in den alten Burghof warf, der sich dadurch um mehrere Meter hob, bis die Müllkippe Fensterhöhe erreichte (geöffnet Juni bis August tgl. 12 -15 Uhr).

Auf der Nordseite bilden die Grundmauern der alten Burg noch die Fundamente des heutigen Schlosses. Im Süden umfassen zwei Flügel den *Logården* (Hof). 1890 wurden die Wasserspeier nach alten Plänen Tessins hinzugefügt. In Nischen stehen berühmte Männer der schwedischen Kultur, vor allem Carl Frederik Adelcrantz, Olof von Dalin und Nicodemus Tessin der Jüngere. Auf der Westseite umgeben zwei halbrunde Flügel den äußeren Schloßhof, auf dem die Leibgarde die Wachablösungen vollzieht. Im Inneren sind **vier Wohnungen** zu besichtigen (geöffnet von Anfang Juni bis Ende August So und Mo 12 - 15, Di bis Sa 10 - 15 Uhr, im Mai Di bis Sa 10 - 15, So 12 - 15 Uhr, Anfang September bis Ende April Di bis So 12 - 15 Uhr, Eintritt 30 SEK bzw. 10 SEK):

Bernadottewohnung: Hier kann man die prachtvolle Säulenhalle, das Rokokokabinett, den Blauen Salon, die Galerie mit den Portraits der Familie, den Viktoriasalon und viele andere Prunksäle bestaunen.

Festwohnung: In dieser Wohnung liegen u. a. der Sitzungssaal, in dem jede Regierung ihren Eid vor dem König ablegen muß, das Schlafzimmer Gustavs III., in dem er am 29. März 1792 starb, der 47 m lange Prachtsaal Karls XI., in dem das Königspaar Bankette abhält, das "Weiße Meer" mit den herrlichen Porzellansammlungen und das "Weiße

Kabinett" mit dem einzigartigen Jagdteppich, der vor vierhundert Jahren in Persien aus Seide, Silber und Gold gewoben wurde. Im Don-Quixote-Salon illustrieren Gobelins das Werk von Cervantes, ein Geschenk Louis XVI. an Gustav III.

Gästewohnung: Auch heute wohnen hier Staatsgäste. Im Salon werden sie empfangen. Aber das vergoldete Prachtbett im großen Paradeschlafzimmer wird nicht mehr benutzt. Kaiser Haile Selassie von Äthiopien war der letzte, der 1953 in ihm schlief.

Reichssaal: "Schwedische Männer und Frauen", so begann hier im Reichssaal bis 1974 die jährliche Rede des Königs zur Parlamentseröffnung. Bis 1866 tagten in dem von Hårleman gestalteten Saal die Reichsstände. Auch Krönungen wurden hier vollzogen. Wie es sich wohl sitzt auf Königin Kristinas Silberthron, dem vielleicht wertvollsten Stuhl der Welt? Glücklicherweise hat sie dieses Prunkstück, das ihr 1650 von Magnus Gabriel de la Gardie geschenkt wurde, nicht mit nach Rom genommen. Der Stuhl wurde in Augsburg gefertigt. "Justitia", die Gerechtigkeit, und "Prudentia", die Klugheit, zieren die Lehne.

Die Pläne von der *Schloßkirche* und des *Reichssaals* stammen von Carl Hårleman. Die Bänke wurden aus Tre kronor gerettet. Die Einrichtung stammt von den Künstlern Tarraval, Masreliez und Sergel.

In der **Schatzkammer** werden die Reichsinsignien aufbewahrt: Kronen, Schwerter, Zepter und Mäntel - weltweit eine der kostbarsten Sammlungen von königlichen Prunkgegenständen. Eines der schönsten Stücke ist z. B. die mit 700 Diamanten besetzte Krone Lovisa Ulrikas (geöffnet Mai bis September tgl. 10 - 16 Uhr, Oktober bis April Mo bis Sa 11 - 15, So 12 - 16 Uhr, Eintritt 30 SEK bzw. 10 SEK).

Im **Antikmuseum Gustavs III.** waren schon 1794 die Sammlungen antiker griechischer und römischer Kunst, die der König auf seinen Reisen erworben hatte, der Öffentlichkeit zugänglich. Darunter sind sehr wertvolle Stücke, u. a. aus dem Besitz des römischen Kaisers Hadrian (geöffnet Anfang Juni bis Ende August tgl. 12 - 15 Uhr, Mai und September Sa und So 12 - 15 Uhr, Eintritt 10 SEK bzw. 5 SEK).

Das **Zeughaus** (Livrustkammaren) stellt prächtige Rüstungen, Waffen, Kutschen und Gewänder aus. Es ist Schwedens ältestes Museum, das schon zu Zeiten Gustav Wasas besucht werden konnte. Hier kann man u. a. die Gewänder betrachten, die Gustav II. Adolf und Karl XII. in der Stunde ihres Todes trugen, oder das Kostüm Gustavs III., als er in der Oper erschossen wurde. Auch die Mörderwaffe Anckarströms ist hier zu sehen (geöffnet Mai bis August tgl. 11 - 16 Uhr, September bis April Di bis So 11 - 16 Uhr, Eintritt 45 SEK bzw. 15 SEK, Kinder unter 7 Jahren frei).

Storkyrkan

Gleich neben dem Schloß liegt die Storkyrkan, die dem heiligen Nikolaus geweihte Domkirche (geöffnet tgl. 10 - 16 Uhr). Sie wurde 1279 als Stadtkirche Stockholms erbaut und ist damit das älteste noch erhaltene Bauwerk. Im Laufe der Zeit erfuhr sie viele bauliche Veränderungen. Gustav Wasa wollte sie ganz abreißen, weil sie seinen Verteidigungsanlagen im Weg stand. Der größte Umbau fand zwischen 1736 und 1745 im Zeichen des Barock statt. Im fünfschiffigen Inneren aber ist die Gotik des 15. Jahrhunderts noch deutlich spürbar. Seit dem 14. Jahrhundert fanden in der Storkyrkan Krönungen, königliche Hochzeiten und Feiern statt, u. a. die Hochzeit Gustav Wasas mit Margaretha

Leijonhufvud im Jahr 1536, die Krönung Karls XII. und schließlich als letzte Krönung 1873 die Oskars II. Hier wurden auch Karl XVI. Gustav und Silvia Sommerlath vor den Augen der Weltöffentlichkeit getraut. Bedeutendstes Inventarstück vielleicht ganz Skandinaviens ist "St. Georg und der Drache", eine monumentale Großskulptur, die

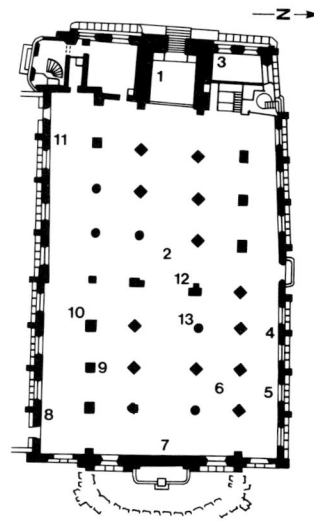

STORKYRKAN

1 Turm mit Halle
2 Langhaus
3 Sakristei
4 Stenbock'sches Grabmal
5 Ehrenstrahl-Gemälde
6 St. Georg
7 Altar
8 Ehrenstrahl'sches Epitaph
9 Relief: Aal mit Löwen
10 Monument f. Familie Tessin
11 Vädersolstavlan
12 Kanzel und Grab
   für Olaus Petri
13 Königsstühle

Bernd Notke aus Lübeck 1488 schuf. Auftraggeber war der Reichsverweser Sten Sture der Ältere, der sich wohl selbst im heiligen Georg personifiziert sah. 1471 besiegte er am Brunkeberg nördlich von Stockholm ein feindliches dänisches Heer, das der Drache verkörpern soll. Sich selbst vergleicht Sten Sture mit dem heiligen Georg als Drachentöter. Das gesamte Werk ist nicht nur aus Holz geschnitzt und dann bemalt und vergoldet worden, sondern Meister Notke, der als einer der genialsten Künstler seiner Zeit galt, hatte auch verschiedene andere Materialien kunstfertig integriert. So bestehen Teile des Pferds und des Drachens beispielsweise aus geschnitztem Elchhorn und Leder. Das Kunstwerk war im 15. Jahrhundert in Europa weithin berühmt. Papst Innozenz VIII. persönlich spendete zur Einweihung der Skulptur im Jahr 1489 die Reliquien des heiligen Georg, die als wundertätig bekannt waren und heute hinter dem Brustpanzer der Gestalt verborgen sein sollen.

Aus der Zeit vor der Reformation blieben weitere Kunstwerke von allerhöchstem Niveau erhalten, wie die Malereien des Albertus Pictor aus dem 15. Jahrhundert in einem der Chöre, das Kreuz an der Olaus Petri Kapelle von Notke, Malereien an der Decke der Marienkapelle und im rechten Seitengang die nach dem Aal schnappenden Löwenskulpturen von Adam von Düren. Der Aal symbolisiert die feindlichen Dänen, der Aal das angegriffene Schweden. Bedeutende Inventarien wurden dann erst wieder nach der Reformation im 17. Jahrhundert erworben. Der Silberaltar wurde der Kirche 1652 von der Witwe des Reichsrats Salvius nach dessen Tod geschenkt. Der kunstvoll mit Figuren verzierte Altar stammt aus Hamburg. Die geschnitzten Flügel wurden 1650 in Stockholm gearbeitet. Das Ehepaar Salvius ist in einem Grab an der Südwand beigesetzt. Ebenfalls dort hängt die berühmte *Vädersolstavlan*, das älteste Bild der Stadt. Es gibt eine Art Wetterleuchten über dem Stockholm des Jahres 1535 wieder. Die gesichtete Naturerscheinung waren sogenannte "Halos", farbenprächtige Nebensonnen. Dieses recht seltene Phänomen versetzte die Stockholmer in Angst und Schrecken. Die Kirche sah darin ein Zeichen des Himmels, das gegen Gustav Wasas antireligiösen Feldzug gerichtet war. Der Reformator Olaus Petri bestellte von Meister Urban dieses Bild zur Entkräftung solcher Gerüchte. Neben Albertus Pictor und Bernd Notke sind noch weitere weltberühmte Künstler ihrer Zeit im Dom repräsentiert. Die vergoldete Kanzel (1700) und die Königsstühle (1684) nach einem Entwurf von Tessin der Jüngere stammen von Burchard Precht aus Bremen, der als Jugendlicher nach Stockholm kam und hier blieb. Von David Klöcker von Ehrenstrahl sind die großen Bilder über dem Altar der Olaus Petri Kapelle. Direkt unter der Kanzel erinnert ein Epitaph an den großen Reformator Olaus Petri (Statue hinter der Kirche, 1898), der sich später gegen Gustav Wasa erhoben hatte. Er war einer der größten Schriftsteller und Reformatoren seiner Zeit. Eric Palmstedt ist mit der Orgelempore über dem Ausgang vertreten. In der Vorhalle befinden sich Reliefs aus vergoldetem Stein, von denen einige nach 1600 aus Riga hierher geholt wurden.

Slottsbacken

Vor der Storkyrkan (Ostseite) steht am Slottsbacken der **Obelisk**, ein Werk von Louis Charles de Desprez, den Gustav III. der Stockholmer Bürgerschaft schenkte. Am unteren Ende des Hügels findet man an der

Wasserseite König Gustavs Standbild, von Johann Tobias Sergel gearbeitet. Bei der Enthüllung 1808 brachen die Bürger in Tränen aus. Sergels Worte geben das Gefühl der Menschen für den kunstsinnigen und baufreudigen Monarchen wieder: "Meine Herren, unsere Sonne wurde in Glut ertränkt, aber sie strahlt wieder auferstanden in einer anderen Welt, denn hol mich der Teufel, Gustav III. war ein Strahl des ewigen Lichts! Mein Bild von ihm ist Dreck, aber es lebt sein Bild in unseren Herzen fort, und dort soll es bleiben, solange noch ein Tropfen Blut in unseren Adern rinnt. Es lebe Gustav III., unser Vater und Wohltäter!" Am Slottsbacken liegen auch die unscheinbare turmlose **Finnische Kirche**, hervorgegangen aus dem Ballhaus Gustavs III., und daneben der **Privatpalast Tessin**.

Zur Köpmangatan

Hinter der Kirche gelangt man in den **Bollhustäppan**, einen der ruhigen, begrünten Innenhöfe der Altstadt. Unter den Blättern eines Walnußbaums sitzt der "Eisenjunge" (Liss Eriksson, 1967), die kleinste Skulptur der Stadt. Sein Hinterkopf ist vom vielen Streicheln der in ihn verliebten Touristinnen schon ganz geplättet. Der Platz führt hinüber in die Trädsgårdsgatan und weiter in die **Köpmangatan**, in der sich Antiquitäten- und Kuriositätenläden wie Perlen an einer Schnur aufreihen. Hinter manchen Portalen öffnen sich weitere schöne Innenhöfe. Manche kann man besichtigen, aber bitte leise! Einer der schönsten ist der Innenhof im **Cepheus-Viertel**. Er entstand in den dreißiger Jahren als Resultat einer frühen Altstadtsanierung. Heute ist er eine grüne Oase im Herzen der Stadt.

Stortorget

Die Trädsgårdsgatan führt auf die Anhöhe der Insel zum Stortorget, dem ältesten Platz Stockholms, dem gepflasterten Markt und Zentralplatz. Von hier führen mehrere Gassen zum Wasser hinunter, ausgetreten durch Millionen von Touristen und früher schon durch die Lastenträger aus aller Welt, die Waren auf den Schiffen am Skeppsbron löschten und zur anderen Inselseite trugen. Von dort wurden sie zum Weitertransport über den Mälaren ins Inland verladen. August Freiherr zu Mörsberg und Beffort schrieb auf seiner Reise durch die skandinavischen Länder im Jahr 1592 über Stockholm: "An der einen Seite der Stadt ist ein großer lustiger Hafen, in dem viele große und kleine Schiffe liegen, und es besteht eine gute Möglichkeit, daß sie fast bis an dem Land anlanden können. Sonst gibt es dort einen großen Handel von Kaufleuten aus vielen Ländern. Es sind besonders die aus Lübeck und andere von dem ganzen Ostmeer oder See, auch aus Rußland, wenn sie Frieden haben und sonst weit aus der Scriffinia (Lappland), Norrbotten und Västerbotten, auch aus Lappland, Finnland und Livland, die fast alle dem König gehören. Die ausländischen Kaufleute bringen von den Seestädten und Orten Salz, Wein, Gewürze, Samt, Seide und anderes, das in diesem Lande Mangelware ist, und nehmen dagegen lieber Ware dafür, nämlich Früchte, Eisen, Kupfer, Stahl, Blei, Fische und Fleisch, die das Land reichlich hat, und sie nehmen diese lieber als Geld, denn ihr Geld ist nicht sehr vollkommen, sondern mit Kupfer vermischt." Hier spielte sich also bis ins 18. Jahrhundert das Leben in Stockholm ab. Hier wimmelte es von Kaufleuten und Handwerkern, Mönchen und Adligen, Knechten, Bettlern und Huren, Soldaten und Marktbeschickern. Manch einer ließ sein Leben auf dem Stortorget. Um den Pranger und die Hinrichtungsstätte auf dem Markt sammelte sich die sensationsgierige Masse, wann immer es jemanden erwischte. Nur in den Tagen nach dem 8. November 1520 mied die Bevölkerung den Markt so gut es ging, denn er war Schauplatz des grausamsten Geschehens, das sich in der Hauptstadt des Reichs je abgespielt hatte, bekannt als das "Stockholmer Blutbad". Nachdem Unionskönig Christian II. von Dänemark den Aufstand Sten Stures in Schweden niedergeschlagen hatte, wurde er am 4. November von Erzbischof Trolle in der Storkyrkan zum König von Schweden gekrönt. Bischof und König waren entschlossen, den keimenden Rest des schwedischen Widerstands zu vernichten. Sie gaben ein großes Fest zum Anlaß der Krönung, in dessen Verlauf sie die führenden schwedischen Adligen festnehmen ließen. Die Anklage wurde heruntergespult, und der Erzbischof ließ die Köpfe rollen. Ermordet wurden Geistliche, sogar Bischöfe, Adlige und Unschuldige - insgesamt etwa neunzig Personen. Wer die Zahl ganz genau wissen will, muß die weißen Steine zählen, die rings um die Fenster am Haus Nr. 20, dem schönen roten Sandsteinbau, angebracht wurden: für jeden Toten einen! Die Leichen wurden zu einem Berg aufgehäuft und blieben drei Tage lang liegen. Der Verwesungsgestank muß unerträglich gewesen sein. Aber Christians Schicksal war damit bereits besiegelt, denn unter den Opfern seiner Schandtat befand sich auch Erik Wasa, dessen Sohn Gustav Wasa bald darauf Schweden befreien sollte.

Geschichte wurde aber nicht bloß auf dem Platz selbst gemacht, sondern auch in den umliegenden Gebäuden. Bis 1760 befand sich das Rathaus an der Stelle der **Börse**, die 1768 von Eric Palmstedt erbaut, heute den Platz dominiert. In diesem

Gebäude haben heute auch die *Schwedische Akademie* und die *Nobelstiftung* ihre Räumlichkeiten. Die Schwedische Akademie wurde 1786 von Gustav III. gegründet. Die 18 Mitglieder sind ein Pendant zur Dudengesellschaft und gehen auf das Vorbild der Académie Française zurück. In den über zweihundert Jahren ihrer Existenz im Kampf um die Reinerhaltung der schwedischen Sprache haben es nur drei Frauen geschafft, Zutritt zu finden. Natürlich haben alle Bauwerke der gesamten Altstadt und hier vor allem die am Stortorget ihre eigene Geschichte, denn hier lebten die berühmten Persönlichkeiten Schwedens. Im Haus gegenüber der Börse, das heute das Restaurant **Stortorgskällaren** beherbergt, kehrte früher König Johann III. in der "Spanischen Traube" ein, eine sagenumwobene Kneipe im 16. Jahrhundert. Daneben liegt Haus **Nr. 5** mit einer Bäckerei, deren wunderschöne Holzbalkendecke (1650) mit bäuerlichem Dekor auffällt. Eckhaus **Nr. 3** ist heute Café. Früher lebte hier die reiche Kaufmannsfamilie Grill. Claes Grill war Direktor der Ostindischen Kompanie. Vorbei am Stortorgskällaren geht es dann in die Skomakaregatan. Hier wohnten die Schuhmacher bis ins 17. Jahrhundert, hier hatten einige Gilden ihre Häuser. Die Gebäude **Nr. 5 bis 9** sind mit wirklich entzückenden Fassaden geschmückt. Am Ende der Straße liegt die **Kirche St. Gertrud**, besser als "Tyska kyrka" (Deutsche Kirche) bekannt. Die vielen Namen in diesem Viertel mit "Tyska" (tysk = deutsch) erinnern an den großen Einfluß deutscher Kaufleute im Mittelalter. 1580 wurde ihr Gildehaus von Wilhelm Boy und Jakob Kristler zur Kirche umgebaut. Doch da war ihr Einfluß schon nicht mehr so groß. Seitdem Sten Sture der Ältere 1471 die Dänen am Brunkeberg besiegt hatte, waren es immer mehr Schweden, die die höchsten Positionen in der Stadt innehatten. Mit Gustav Wasa ging der dänische Einfluß noch weiter zurück. Der schlanke Kupferturm entstand 1778, das Interieur ist barock. Herausragendes Inventarium ist die geschnitzte Königsloge von Nicodemus Tessin dem Älteren (1670), in der zahlreiche Könige Platz genommen hatten. Die Holzdecke im Inneren, das nicht zu besichtigen ist, wurde von Ehrenstrahl bemalt.

Kindstugatan
Weiter geht es in die Kindstugatan (Ohrfeigenstraße). Man überquert die Svartmangatan, in der auf der linken Seite noch das **Lagerhaus Sten Stures** (Nr. 6) steht, das später auch König Johann III. und der Familie de la Gardie gehörte. Törnflycht, der reichste Schwede des 17. Jahrhunderts, lebte in der Kindstugatan **Nr. 4**. Er war der Schwiegervater der Adligen Arvin Horn und Carl Piper. In **Nr. 8** lebte Johann von Hoorn, der um 1700 die Kindersterblichkeit in Schweden enorm eindämmen konnte. In seinem Buch über Entbindung, Stillen, Hygiene und Erziehung von Säuglingen kann man u. a. lesen, "daß man Kinder nicht zu heftig wiegen solle, damit sie nicht seekrank werden!" Am Ende der Gasse liegt **Brända Tomten**, der "abgebrannte Platz". Nach links kommt man wieder in die Köpmangatan, die Antiquitätengasse, deren Name schon seit 1332 überliefert ist. Trotz des schwedischen Gesetzes, daß die Hauptgemeindestraßen acht Ellen breit sein müssen, kam es hier zum ersten überlieferten Verkehrsunfall Schwedens. Ein Knecht wurde 1492 zu einem Bußgeld verurteilt, weil er ein Kind umgeritten hatte.

Själagårdsgatan - Baggensgatan
Nun geht es ein kleines Stück zu-

rück und hinein in die Själagårdsgatan, eine stille, beschauliche Gasse. In **Nr.** 13 lag früher der Själagård, das "Allerseelenheim" für Arme und Kranke. Später richtete Gustav Wasa hier die erste Buchdruckerei Schwedens ein. In **Nr.** 6 lebte Svante Sture, der Vater Sten Sture des Jüngeren. **Nr.** 2 ist das Haus des Feldmarschalls Axel Lillie. Das Interieur aus dem 18. Jahrhundert ist einmalig: prachtvolle Balken- und Stuckdecken, Fensterschnitzereien und dekorierte Wände. Auf dem Tor steht eine Kriegerskulptur. Die Straße führt zum **Tyska Brunnsplan**, einem Platz mit schönen Kastanien und dem Brunnen, entworfen von Eric Palmstedt.

Weiter geht es schräg nach links und dann hinein in eine Parallelgasse zur Själagårdsgatan, in die Baggensgatan. Hier gab es bis ins 18. Jahrhundert hinein Kneipen und Bordelle. Sie war die Reeperbahn Stockholms. Am Ende der Straße steht auf der Anhöhe Köpmanbrinken eine Kopie der St.-Georgs-Skulptur in der Storkyrkan. Bodenbewegungen haben hier immer wieder Häuser zum Einsturz gebracht.

Österlånggatan
Nach rechts kommt man in die "zweite Hauptstraße der Altstadt", die Österlånggatan mit ihren unzähligen kleinen Boutiquen, Kuriositätengeschäften, Kunsthandwerkläden, Cafés und Nebengassen. Hier gibt es einfach alles zu kaufen: echte Galionsfiguren von Schonern aus dem 18. Jahrhundert, aufblasbare Dinosaurier oder auch Wikinger aus Glas. In den zahlreichen Nebengassen liegen einige der besten Restaurants Stockholms und mehrere Gildehäuser, z. B. das der Faßbinder oder der Weinträger. Oft sind noch die mittelalterlichen Kellergewölbe original erhalten. Vor sechshundert Jahren erstreckte sich hier der Mee-

resstrand. Prunkhaus ist die Nr. 51, der sagenumwobene **Gyldene Freden** (Goldene Frieden). Die berühmteste Kneipe Schwedens erhielt ihren Namen vom Friedensschluß 1721. Sie wurde im gleichen Jahr eröffnet. Bellmann kam häufig hierher. Das nationale Idol sang auf den Tischen. Noch häufiger sah man hier Evert Taube, dessen Stammtisch im "Gyldenen Freden" war. 1919 kaufte Anders Zorn das Lokal. Die folgende Begebenheit ist in Schwedens Geschichte berühmt: Bei einem Mahl erklärte ein Gast dem Künstler, daß das Etablissement wohl bald schließen werde und er "seine letzten Fleischklöße hier gegessen habe". Kurzum legte Zorn 150.000 SEK auf den Tisch und wurde Besitzer des traditionsreichen Hauses! Heute wird es von der Svenksa Akademien (Schwedische Akademie) verpachtet. Es wurde nach langjähriger Renovierung erst vor zwei Jahren wieder eröffnet. Gegenüber liegt der Keller des **Svartbröderna-Klosters**, Eingang Svartmangatan 24. Von Bauwerk und Kirche ist nichts mehr erhalten (Gewölbe zu besichtigen tgl. 12 - 16 Uhr).

Järntorget

Am Järntorget (Eisenplatz) trifft die Österlånggatan auf die Västerlånggatan, die "Hauptschlagader" der Gamla stan. Auf dem Platz stand einst die Waage, auf der das Eisen und die Minerale für den Export gewogen wurden. Aus den Gruben Mittel- und Nordschwedens wurden die Güter zunächst auf dem Land- und Wasserweg nach Köping, Kungsör oder Västerås am Mälar-See gebracht, dort auf Schiffe verladen und nach Stockholm verfrachtet. An der Westseite der Gamla stan wurden sie entladen und über die Insel zum Järntorget gebracht. Hier wurden sie gewogen, um den

Zoll erheben zu können, und anschließend am Ostufer der Insel von der Skeppsbron auf die Frachter für den Export verladen. Dominantes Bauwerk am Platz ist das **Bankhaus** (Nr. 84), von Nicodemus Tessin dem Älteren 1668 erbaut. Es ist die älteste Landesbank der Welt. Mittlerweile ist natürlich die eigentliche Bank in größere Räumlichkeiten umgezogen.

Skeppsbron

Mehrere Gassen führen hinunter zur Skeppsbron. Diese große Straße verbindet die Inseln im Norden und Süden miteinander. Noch heute legen hier Schiffe an. Die herrschaftlichen Handelshäuser stammen aus der Freiheitszeit (1718 - 1771), als man mit dem Fernhandel reich wurde. Reedereien, Gilden und Händler hatten hier ihren Sitz. **Nr. 10** ist von Tessin dem Älteren erbaut, der Kopf an der Frontseite ist das Werk von Masreliez. Tessin der Jüngere entwarf Haus **Nr. 40**, das 1761 der damalige Direktor der Ostindischen Kompanie kaufte. Die Einrichtung im Gustavianischen Stil ist erhalten. Gebäude **Nr. 38** ist das Zollhaus, das 1788 von Palmstedt im Renaisancestil errichtet wurde. Eine Besichtigung der Räume lohnt sich. In der Halle sieht man sogar noch die Haken, an denen die Waagen befestigt wurden.

Västerlånggatan

Vom Järntorget geht man auch hinunter zum Slussen, der die Altstadt mit Södermalm verbindet. Die Straße Nr. 1 in der Altstadt aber ist die Västerlånggatan. Fast schon südländisch mutet diese schmale Gasse mit ihren unzähligen Shops, Cafés, Restaurants und der internationalen Atmosphäre an. Im Sommer riecht es hier nach Kebab und Waffeln, nach Pizza und frischgebackenen Eistüten. Gegen 10 Uhr am Morgen erwacht die Straße und die letzten

Lieferwagen verlassen die Fußgängerzone. Die Sonne erreicht noch
nicht den Boden, sondern erhellt
bloß die Dächer und oberen Fassaden. Noch ist es ruhig. Manche Läden haben schon geöffnet; andere
tun dies erst später. Einige haben
sogar den Sommer über ge-
schlossen. "Semesterstängt" - das
sind Ferien. Aus der Drottninggatan
wälzen sich dann die Touristenmas-
sen herein, verteilen sich in Läden
und Seitengassen, bestaunen gleichermaßen barocke Fassaden und
moderne Kunst: die Vereinigung zur
Förderung schwedischer Kunst,
Afrika-Import, Ponchos aus Chile,
der ehrwürdige Buchhändler Hemlins, Kokosbällchen und Sahnetört-
chen, Telefone in allen Formen, Co-
mics auf finnisch, Eisberge in Chri-
stines Café, Islandpullover von Kerstin Adolphsson, der Polizist vor
dem Haus von Lisbeth Palme, alte
Kunstdrucke und ein Laden nur mit
Kater-Garfield-Produkten, um nur
eine kleine Auswahl zu geben. Gegen 18 Uhr legt sich der Rummel.
Manch einer schließt seinen Laden;
andere Geschäfte bleiben bis in die
Nacht offen. Es ist Sommer, ein
paar Kunden kommen immer noch,
und verboten ist es hier auch nicht,
da es kein festes Ladenschlußgesetz
gibt. Doch die Straßenmusikanten
bleiben. Statt ihres "Summer in the
City" erfüllt ein melancholisches
"Stary stary night" die Gasse. Die
Nacht wird aber nicht kommen,
denn es bleibt so jung wie hell, auch
wenn im *Café Gråmunken* ein paar
Kerzen auf den dicken Holztischen
angezündet werden, genauso wie
im 400 Jahre alten Kellergewölbe
des *Café Art*. Mit den Kerzen und
den Liedern legt sich etwas Schwer-
mut über Västerlånggatan. Gegen
23 Uhr schließen die Cafés, aber
noch immer flaniert man hier entlang, auf dem Weg ins "Stampen",
ins "Engelen" oder nach Söder.

Man geht mehrmals über die Västerlånggatan. Beginnt man seinen
Weg oben am Mynttorget, dann
bewundert man als erstes das **Kanzleihaus** und seinen Annex, **Nr. 2**,
entworfen von Carl Frederik Adelcrantz. Gustav III. gab die dorischen
Säulen in Auftrag. Im Innenhof stehen "Mutter und Kind" von Bror
Marklund. Drei Gassen führen hierher, darunter die Stenbastugränd, in
der die Badehäuser lagen. Bis 1650
wurden sie gemeinsam von Frauen
und Männern benutzt. Als "Unzucht
und Krankheiten" zunahmen, wurden sie geschlossen. In **Nr. 16** fand
man vielleicht ein Mittel dagegen.
Der **"Rabe"** ist nämlich die alte Apotheke aus dem Jahr 1674, in der
man damals Katzenfett, Frösche,
Schlangen und andere "Arzneien"
erwerben konnte. Das änderte jedoch nichts an der traurigen Tatsache, daß bis ins letzte Jahrhundert hinein Stockholm eine Stadt mit
Fehlernährung, Seuchen und allen
denkbaren Krankheiten war. Bellmanns Worte über seinen schwind-
süchtigen Freund Movitz geben ein
treffendes Bild des 18. Jahrhunderts: 20.000 wurden alleine von
der Pest dahingerafft.
Vorbei geht es an **Bergmans Eisenhandlung** (Nr. 19), eines der ältesten Geschäfte der Welt (1671),
bis zu Haus **Nr. 27**, das Eric
Palmstedt 1801 für sich selbst errichtete. Beachtenswert ist auch die
schöne Fassade aus dem 14. Jahrhundert von Haus **Nr. 29**. In Nr. 40
liegt **Lindströms**, das älteste Mode-
geschäft Schwedens. In **Nr. 45** war
einst der "Rostocker Hof", eine ver-
rufene Spelunke aus Bellmanns Zeiten. Haus **Nr. 68** mit dem Prachtportal ließ 1633 der reiche Kaufmann Erik Larsson erbauen. Schließlich stößt man wieder auf den Järntorget. Und erst jetzt entdeckt man
ihn, den Touristen, der da vor der
Bank steht, sich aber nicht rührt. Ist

Evert Taube

der überhaupt echt? Kein Tourist, das ist Evert Taube, ganz aus Holz.

Stora Nygatan und Lilla Nygatan

Die Triewaldsgränd führt hinunter zum Kornhamnstorg. Hier nehmen Stora und Lilla Nygatan ihren Anfang. In der Lilla Nygatan **Nr. 23** ist ein Institutshaus, entworfen von J.F. Åbom und geplant von Oscar Wallenberg. In **Nr. 13** hat die Moderate Partei ihr Quartier. Der Große Saal wurde von Jean de la Vallée entworfen und mit Gemälden Ehrenstrahls sowie Schnitzereien Prechts versehen. Dieser wohnte gegenüber. In Lilla Nygatan Nr. 6 befindet sich das **Postmuseum** mit zwei Exemplaren der berühmten Mauritius-Marken (geöffnet Di bis So 11 - 16 Uhr, Eintritt 20 SEK bzw. 10 SEK, unter 7 Jahren frei). Am Ende der Straße liegt der Munkbron (Platz) mit dem palastähnlichen **Petersenschen Haus** (Nr. 11 - 13), 1650 in

Barockstil erbaut. Hier lebten berühmte Adelsfamilien wie die Törnflychts und die Pipers. Carl Piper ließ von Tessin dem Jüngeren den **Piperschen Palast**, Munkbrogatan 2, links von Munkbron, erbauen. Jean Eric Rehn nahm die Umbauten im Rokokostil vor.

Riddarholmen

Vom Munkbron führt die Riddarholmsbron hinüber zur unbewohnten Insel Riddarholmen, in der Paläste und Verwaltungsbauten stehen. Überragt wird sie von der **Riddarholmskyrkan**, dem Pantheon Schwedens. Fast alle schwedischen Könige seit Gustav II. ruhen hier in prächtigen Sarkophagen. Magnus Ladulås begünstigte die Franziskaner, die dieses Gotteshaus als Klosterkirche erbauten. Sie gilt heute als schönste Kirche ihres Ordens überhaupt. Hier wirkten Johan III., Wilhelm Boy (Turm, 1580), Jost Henne (Grabkapelle Gustav Adolfs, 1634, mit der lateinischen Inschrift: "Die Schweden erhöhte er. Die Unterdrückten befreite er. Im Tod siegte er."), Tessin der Ältere (Altaraufsatz), Carl Hårleman (Kapelle Karls X., 1675 - 1743), Tessin der Jüngere (Interieur), F. Blom (Interieur) und F.W. Scholander (Bernadotte-Kapelle, 1860). Die Kirche ist von 12 bis 14 Uhr geöffnet.

Rund um die Kirche liegen in den Räumen der alten Adelspaläste die Behörden, südlich am Birger Jarls Torg das **Hebbehaus** (Fassade von F. Åbom) und dahinter der alte **Reichstag**, ebenfalls von Åbom. Er plante auch an den beiden kleinen **Gymnasien** mit, die unmittelbar daneben liegen. Es folgen der **Sparresche** und der **Bondesche Palast** (Cruusisches Haus, F. Blom). Überquert man nun die Straße, stößt man auf den gewaltigen **Wrangelschen Palast**, den Feldherr und Held Carl Gustav Wrangel kaufen wollte.

Doch Königin Kristina kam ihm zuvor und schenkte ihn ihm. Tessin der Ältere baute ihn 1660 um. Nach dem Schloßbrand auf Tre Kronor zog die königliche Familie hier ein. Heute tagt in den Räumlichkeiten das Oberlandgericht (Svea Hovrätt). Hinter dem Gebäude steht die Säule mit der Figur des Stadtgründers (B.E. Fogelberg, 1854).

Zur Nordseite findet man das alte **Auktionshaus**, den runden **Birger-Jarl-Turm** (1527), **Rosenhanes Palast** (Tessin der Ältere und de la Vallée) in französischem Klassizismus, den **Stenbockschen Palast** (Tessin der Ältere für Fredrik Stenbock und Katarina de la Gardie), den **Oxenstiernska palatset** und das **Verlagshaus Norstedt & Söhne**. Für diesen Verlag schrieben berühmte Männer wie Winston Churchill und Esaias Tegner.

Riddarholmen ist heutzutage praktisch unbewohnt. Die als Behördenräume genutzten Gebäude zeugen vom ehemaligen Glanz der größten Familien der schwedischen Geschichte. Die Riddarholmsbron führt wieder zurück auf die Insel Stadsholmen mit Blick auf Strömsborg. Vor der Statue Gustav Wasas (P.L. 'Archevêque, 1774) heißt es anhalten: Hier am Riddarholmstorget wurde im April 1792 der Mörder Gustavs III., Johan Anckarström, öffentlich ausgepeitscht. Wenig später wurde er geköpft.

Man blickt auf zwei Paläste: das **Riddarhuset** und den **Bondeschen Palast**. Letzterer wurde von Tessin dem Älteren und de la Vallée 1666 für den Adligen Gustav Bonde erbaut. Eine der größten Sehenswürdigkeiten Stockholms ist das 1657 vollendete Riddarhuset, das von Simon und Jean de la Vallée als prächtiges Bauwerk in holländischem Barock entworfen wurde. Es ist das Versammlungshaus des schwedischen Adels. Im Großen

Saal hängen die Wappen von 2.325 Familien, der Wrangels, de la Gardies, Brahes, Bondes, Pipers, Kopparbergs, von Essens und von vielen anderen. Darunter ist auch das Wappen Sven Hedins, der zwischen 1890 und 1930 fast 75.000 km rund um die Erde reiste und dabei die letzten weißen Flekken auf den damaligen Landkarten entdeckte. Er gilt als "Letzter der

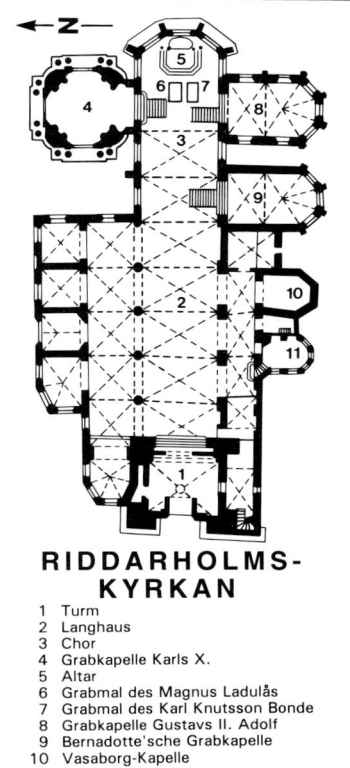

RIDDARHOLMS-KYRKAN

1 Turm
2 Langhaus
3 Chor
4 Grabkapelle Karls X.
5 Altar
6 Grabmal des Magnus Ladulås
7 Grabmal des Karl Knutsson Bonde
8 Grabkapelle Gustavs II. Adolf
9 Bernadotte'sche Grabkapelle
10 Vasaborg-Kapelle
11 Banér-Kapelle

großen Entdecker" (Führungen im Palast Mo bis Fr 11.30 - 12.30 Uhr, Eintritt 20 SEK bzw. 10 SEK).

Helgeandsholmen

Weiter geht es vorbei an den Regierungsbauten des Mynttorget von Stadsholmen hinüber nach Helgeandsholmen. Man kann die drei Brücken *Stallbron, Riksbron* oder *Norrbron* nehmen. Von der Norrbron hat man einen guten Blick auf **Riksdagen**, das Reichstagsgebäude aus dem Jahr 1905, in dem die 349 Parlamentarier ihre Räume haben (geführte Touren Ende Juni bis Anfang September in Deutsch Mo bis Fr 12.30 Uhr, in Englisch 14 Uhr, Anfang Januar bis Mitte Juni Mo 13.30 Uhr, Anfang Oktober bis Mitte Dezember Mo 13.30 Uhr). Bei Umbau- und Grabungsarbeiten stieß man auf sensationelle Funde aus dem Mittelalter. Kurzerhand richtete man an Ort und Stelle ein Museum ein. **Medeltidsmuseet** zeigt in spannender Form am Originalplatz unter dem Reichstag das mittelalterliche Stockholm, darunter Reste der Stadtmauer im fahlen Dämmerlicht. Es ist ein mehrfach preisgekröntes Museum (geöffnet Anfang Juni bis Ende August, Di bis Do 11 - 18 Uhr, Anfang September bis Ende Juni Mi 11 - 18, Di, Do - So 11 - 16 Uhr, Eintritt 30 SEK bzw. 5 SEK).

Norrmalm und Östermalm

Verläßt man über Riksbron die Gamla stan, so kommt man auf die Inseln Norrmalm und Östermalm.

Drottninggatan (unterer Verlauf)

Gleich nach der Brücke erstreckt sich links der orangefarbene Bau **Rosenbad**, Sitz der Regierung. Hier beginnt die Drottninggatan, die in ihrem unteren Verlauf die größte und beliebteste Fußgängerzone des modernen Teils von Stockholm ist.

Hier gibt es Restaurants, Geschäfte, Straßenhändler und massenweise Touristen.

In der ersten Querstraße, Fredsgatan, liegt das **Medelhavsmuseet** mit seinen griechisch-römischen, zyprischen und ägyptischen Sammlungen von Terrakotta, Keramik und sogar echten Mumien (geöffnet Di 11 - 21 Uhr, Mi bis So 11 - 16 Uhr, Eintritt 40 SEK, unter 6 Jahren frei).

In der Drottninggatan Nr. 12 hat die **Kunstakademie** im alten Palast der Sparres ihren Sitz. Tessin der Ältere errichtete ihn 1672, und F. Blom baute ihn 1847 um.

Sergels Torg

Die Straße mündet in den Sergels Torg mit der Glasfontäne und dem unterirdischen Platz, an dem sich die Geschäfte reihen. Hier unten ist auch der Eingang in den T-Centralen, in das Zentrum des U-Bahn-Netzes. Oben dominieren zwei Großbauten: das **Kulturhuset** (Peter Celsing, 1970) mit Büchern und Ausstellungen sowie das riesige Kaufhaus **Åhlens** (Kulturhuset geöffnet Di bis Do 11 - 19 Uhr, Fr 11 - 18 Uhr, Sa und So 12 - 17 Uhr). Hier am Torget treffen auf die Drottninggatan, die sich über den Platz hinaus als fahnengeschmückte "Carnegie street" Stockholms verlängert, die anderen großen Einkaufsstraßen *Sveavägen, Klarabergsgatan,* und *Hamngatan.*

Klara kyrka

Über die Klarabergsgatan geht es links zur Klara kyrka (W. Boy, 1590). Sie wurde im 18. Jahrhundert von Carl Hårleman (Kanzel, Sakristei), Carl Frederik Adelcrantz (Turm, Altaraufsatz) und Johann Tobias Sergel (Altarengel) umgebaut. 1888 erhöhte Helgo Zettervall den Turm auf 106 m. Auf ihrem Friedhof liegt Carl Michael Bellmann begraben. Von K.G. Bejemark stammt der bronzene **Dichter** Nils

Ferlin, sitzend auf einer Bank vor der Kirche.

Centralen - Hötorget

Weiter geht es zum Hauptbahnhof (Centralen). Nach rechts in die Vasagatan kommt man an der Post vorbei, und links in der Gamla Brogatan liegt das weltberühmte **Theater Oscars**. Die Vasagatan stößt dann auf die Kungsgatan, in den Fünfzigern noch die Luxus-Shoppingmeile der Stadt. Noch immer gibt es hier einige gute Geschäfte und Kinos. Nach rechts führt sie zum Hötorget, dem Blumenmarkt der Stadt. Die meist ausländischen Händler versorgen die Stockholmer mit erstklassigem und preisgünstigem Obst und Gemüse. **"Orpheus"** (Carl Milles, 1936) bewacht das bunte Treiben. Hinter seinem Rükken erstreckt sich das blaue **Konserthuset**, von Ivar Tengbom 1926 erbaut. Hier findet alljährlich im Dezember die Verleihung der Nobelpreise statt. In den unterirdischen Verkaufshallen **Hötorgshallen** und **Kungshallen** gibt es eine große Auswahl internationaler Spezialitäten zum Mitnehmen oder Sofortverzehr. Über den *Hötorgshallen* laufen zur Zeit die Bauarbeiten für Stockholms größtes Kinocenter.

Die Sergelgatan führt zu den fünf Hochhäusern, die zwischen 1952 und 1956 von fünf Architekten erbaut worden sind, darunter Erik Lallerstedt und Sven Markelius.

Hamngatan

Ist man zum Sergels Torg zurückgekehrt, geht es hinein in die hektische Hamngatan. Auf der rechten Seite erstreckt sich der Komplex des Shoppingcenters **Gallerian**. Auf der gegenüberliegenden Straßenseite steht das altehrwürdige Kaufhaus **NK**, 1915 von Ferdinand Boberg für die Wohlhabenden erbaut. Etwas weiter liegt rechts die zentrale Ansprechstation für alle Touristen. Hier

im **Sverigehuset** bekommt man Hilfe bei allen Fragen touristischer Art, wie zu Unterkünften, Sehenswürdigkeiten und Veranstaltungen. In der Buchhandlung des ersten Stocks hält man ein gutes Sortiment von Büchern und Informationen über Schweden bereit.

Kungsträdgården

Im Anschluß an das Informationszentrum wird die Stadt grün. Der Kungsträdgården ist der abendliche Treffpunkt der jungen Leute. Man sitzt an der Fontäne und beobachtet die anderen, flaniert durch den Blumengarten, spielt Schach, lauscht Konzerten oder steht in der Schlange, geduldig wartend auf einen der begehrten Sitzplätze im *Aquarius, Victoria* oder *Café Opera.* Im Park ist immer etwas los. Im Winter läuft man hier Schlittschuh, im Sommer lädt die taghelle Nacht zu vielen Betätigungen ein. Am Südende liegt die rote **Jakobs kyrka** aus dem 16. Jahrhundert mit dem Turmhelm von Carl Hårleman (1739) sowie die stolze **Oper**, zwischen 1891 und 1898 von Axel Anderberg im Neubarock errichtet. Die Westfassade zeigt zum Gustav Adolfs torg. Der Held des Dreißigjährigen Krieges (P.H. L'Archevêque) thront auf seinem Roß, Axel Oxenstierna und eine Muse zu seiner Seite. Im Haus des Außenministeriums auf der Westseite des Platzes hatte in den fünfziger Jahren Dag Hammarskjöld seine Büroräume. Der ehemalige UN-Generalsekretär hat viel für den Ruf seines Landes in der Welt getan.

Norrmalmstorg

Nun geht es zurück über die Kungsträdgårdsgatan zur Kreuzung Hamngatan und nach rechts zum Norrmalmstorg. In den feinen Einkaufsstraßen um diesen Platz tut sich Luxus auf, denn hier shoppt die schwedische Oberklasse. Die Biblio-

theksgatan stößt am Stureplan auf
die Kungsgatan und Birger Jarlsgatan. **Sturegallerian** heißt das neueste
und edelste der Stockholmer Ein-
kaufscenter.

Östermalm

Östlich liegt der Stadtteil Östermalm
mit schönen Gebäuden der Jahrhundertwende und einer Reihe von
Museen, so das **Arméemuseum** in
der Riddargatan 13 (zur Zeit wegen
Umbau geschlossen). Musikfreunde
sollten das **Musikmuseum** in der Si-
byllegatan 2 besuchen, in dem vor
allem wertvolle Instrumente ausgestellt sind (geöffnet Di bis So 11 -
16 Uhr, Eintritt 20 SEK bzw.
10 SEK, unter 7 Jahren frei).

Neben dem Kopenhagener Nationalmuseum weist das **Historische
Museum** (Statens historiska museet,
kurz "SHM") am Narvavägen 13 -
17 Skandinaviens bedeutendste
Sammlungen zur Vorgeschichte dieses Raums auf - eine gern absol-
vierte Pflicht für alle Geschichtslieb-
haber. Der Monumentalbau wird
den wertvollen Zeugnissen der
schwedischen Vorzeit gerecht. Hier
kann man sie bestaunen, die "Jägerin von Barum" (→ Art. "Die Jägerin
von Barum"), die gotländischen Bildsteine, die drei prächtigen Goldhalskragen, Schwerter und unermeßlichen Schätze der Wikingzeit, die
Stabkirche von Hemse und vieles
mehr. Höhepunkt des Museums ist
der 1994 eröffnete "Goldraum", der
die unermeßlichen Goldschätze der
schwedischen Vorzeit zeigt (geöffnet Di bis So 11 - 17 Uhr, Do bis
20 Uhr, Eintritt 55 SEK bzw.
30 SEK, unter 7 Jahren frei).

Zentren Östermalms sind der
Karlaplan, von dem acht Straßen
sternförmig ausgehen, darunter Narvavägen, und der **Östermalmstorg**
mit der **Saluhall,** einer wunderschönen alten Einkaufshalle mit Fisch-
und Delikateßwaren.

Nybroplan

Zurück geht es zur Birger Jarlsgatan, die am Verkehrsknotenpunkt
Nybroplan endet. Hier sollte man
eine Zeit verweilen. Der weiße Marmorpalast des **Dramatischen Theaters** (Dramaten) zeugt ebenso von
der Lust an der Verschwendung wie
der noch etwas ältere Vergnügungspalast **Berns** gegenüber. Aus
dem kleinen Berzeliipark erstrahlen
Lampions, erklingen die milden Me-
lodien eines Streichorchesters, die
Berns zu einem Ort der Rückbesinnung machen. Und kommt man hinein, wird man von der Pracht des
üppigen Jugendstildekors fast erschlagen. Auf Wunsch kann man
Strindbergs weltberühmtes "Rotes
Zimmer" und die großen Paradesäle
sehen. Neben Berns lockt abends
das **Chinesische Theater** (Chinese
Theatre) mit Revuen und Shows.

Gegenüber, noch in der Hamngatan, verbirgt sich ein kurioses Museum, der **Hallwylsche Palast,** hinter
einer gar nicht palastähnlichen Fassade eines großen Reihenhauses.
Hier kann man die privaten Sammlungen der seligen Wilhelmina von
Hallwyl bestaunen: Porzellan, Gemälde und Waffen, aber auch so
Seltsames wie Schnurrbarthalter
(geöffnet von Ende Juni bis Mitte
August, Führung in Englisch tgl. 13
Uhr, sonst So um 13 Uhr).

Am Rand des Berzeliiparks steht
der Wasserseite zugewandt eine der
liebenswerten Skulpturen. Mit **Hu-
moren** setzte K.G. Bejemark dem
unbekannten Kanalarbeiter ein ewiges Denkmal. Zum Glück steht eine
rot-weiße Absperrung um die Figur,
denn sonst würde man den kleinen
bronzenen Arbeiter kaum finden, der
aus der Erde hochsteigt und den
Kanaldeckel schützend über sich
hält. Die Stockholmer mögen ihn so
sehr, daß sie ihrem Kanalarbeiter im
Winter einen Wollschal umbinden.

Blasieholmen

Der Nybroplan führt über den Ny-brokajen auf die Halbinsel Blasie-holmen. Vor dem Fünf-Sterne-Hotel *Strand* wartet der alte Dampfer "Björkfjärden" auf seine Einsätze. An der Westseite von Blasieholmen liegen die anderen Schärendampfer, die einen Ausflug in die Stockhol-mer Inselwelt unvergeßlich machen.

Der Blick auf die Altstadt mit Schloß und Dom ist wunderschön, zu genießen auch von den Fenstern des Grand Hotels. Die Luxus-Suite kostet allerdings 18.340 SEK pro Nacht!

Billiger ist ein Besuch im **Na-tionalmuseum** nebenan, das die her-ausragenden Sammlungen interna-tionaler und schwedischer Künstler der Öffentlichkeit zugänglich macht: Rembrandt, Rubens, Brueghel und Hals sind in der Abteilung flämi-scher Malerei vertreten, Manet, De-gas und Cézanne in der französi-schen und Larsson, Liljenfors, Zorn und Ehrenstrahl in der schwedi-schen, um nur einige zu nennen. Als wertvollste Gemälde der Sammlun-gen gelten Rembrandts "Verschwö-rung des Claudius Civilis", das "Ve-nusfest" von Rubens und "Die Dame mit Schleier" von Alexander Roslin (Museum geöffnet Di bis So 11 - 17 Uhr, Di bis 20 Uhr, Eintritt 40 SEK, unter 16 Jahren frei).

Skeppsholmen

Über die Skeppsholmsbron erreicht man die Insel Skeppsholmen mit dem berühmten Vandrarhem "Af Chapman" und einigen Museen. Das **Östasiatiska Museet** (N. Tessin der Jüngere, 1700) zeigt Schätze aus Ostasien, z. B. Vasen aus China, Kunst in Bronze, Jade und Elfenbein sowie die größte Sammlung von Steinzeitkunst der Welt außerhalb Chinas (geöffnet Di 12 - 20 Uhr, Mi bis So 12 - 17 Uhr, Eintritt 30 SEK, unter 16 Jahren frei).

Daneben ragen die **Skeppsholms Kirche** (Skeppsholmskyrkan), von F. Blom zwischen 1824 und 1842 er-richtet, und das **Moderne Museum** (Moderna Museet) am Svensk-sundsvägen aus der grünen Insel heraus. Mit seinen Matisses, Dalis, Warhols und Picassos ist dieses Museum weltberühmt, u. a. mit Kunstwerken wie die "Ziege im Au-toreifen". In dem ehemaligen Ge-bäude der Flotte (F. Blom, 1853) ist außerdem das **Fotografische Mu-seum** mit alten Kameras und Fotos untergebracht (geöffnet Di bis Do 12 - 19 Uhr, Fr bis So 12 - 17 Uhr, Eintritt 40 SEK, Do nur 20 SEK, un-ter 17 Jahren frei).

In Richtung "Af Chapman" findet man das **Architekturmuseum**. Es zeigt Fotos und Pläne von Stadtpla-nungen, Modelle von bestimmten Häusern, Plätzen und Straßen (ge-öffnet April bis September Di 11 - 20 Uhr, Mi bis So 11 - 17 Uhr, Ok-tober bis März Di 11 - 18 Uhr, Mi - So 11 - 16 Uhr, Eintritt 20 SEK, un-ter 15 Jahren frei).

An Skeppsholmen schließt sich die durch eine Brücke verbundene kleine Insel **Kastellholmen** an.

Zum Ladugårdsgärdet

Nun geht es zurück zum Nybroplan, an dem die Strandvägen, eine der schönsten Straßen der Stadt nach Osten durch das Diplomatenviertel zum Ladugårdsgärdet führt. Auf mehreren Kilometern erstreckt sich hier eine einzige Grünfläche, die nur von ein paar Museumsbauten unter-brochen ist. Die folgenden Museen liegen alle nebeneinander am Djur-gårdsbrunnsvägen. Das **Sjöhistori-ska Museet** präsentiert eine phan-tastische Sammlung von Schiffsmo-dellen, Malereien und allem, was mit der Seefahrt zu tun hat (geöffnet tgl. 10 - 17 Uhr, Eintritt 30 SEK bzw. 10 SEK). Das **Telekommunika-tionsmuseum** (Telemuseet) schildert die Geschichte der Telekommunikation von Ericssons ersten Telefonen bis zum modernen Tele-Satelliten (geöffnet Mo bis Fr 10 - 16 Uhr, Sa und So 12 - 16 Uhr, Eintritt 25 SEK bzw. 10 SEK). Das **Technische Museum** (Tekniska museet) ist ein El Dorado für die Liebhaber von Motoren, Dampfmaschinen, Autos, Flugzeugen und Apparaten jeglicher Art. Einiges kann man sogar selbst ausprobieren (geöffnet Mo bis Fr 10 - 16 Uhr, Sa und So 12 - 16 Uhr, Eintritt 30 SEK bzw. 10 SEK). Das **Volkskundemuseum** (Etnografiska museet) führt ethnographische Sammlungen aus Afrika, Indien, Japan, Nordamerika und Melanesien vor (geöffnet Di bis Fr 11 - 16 Uhr, Sa und So 12 - 17 Uhr, Eintritt 20 SEK bzw. 15 SEK).

Die meisten Touristen nehmen aber den Bus zum Ladugårdsgärdet, um auf den 155 m hohen **Fernsehturm** (Kaknästornet) zu fahren. Hier ist die Aussicht über die Stadt großartig. Das Auge verliert sich bei gutem Wetter erst weit hinter den Stadtgrenzen in den dunklen Flächen aus Wald und Wasser (geöffnet Mai bis August 9 - 23 Uhr, sonst 9 - 18 Uhr, Eintritt 20 SEK bzw. 12 SEK).

Adolf Fredriks kyrka
Im mittleren Teil des Sveavägen liegt die Adolf Fredriks kyrka, eine klassizistische Kirche von Carl Frederik Adelcrantz 1783 vollendet. Das Altarrelief und das Grabdenkmal für den Philosophen René Descartes (1596 - 1650) stammen von Sergel. Letzterer liegt auf dem Friedhof begraben, neben ihm Sven Hedin (1865 - 1952), der letzte große Entdecker unserer Zeit, Hjalmar Branting (1860 - 1925), der die Sozialdemokratie aufbaute und weltweit der erste Sozialist war, der in das nationale Parlament einzog, und schließlich Olof Palme, 1986 im

Sveavägen erschossen.

Odengatan
An der Ecke von Sveavägen und Odengatan beeindruckt die **Stadsbiblioteket** Freunde der Architektur. Gunnar Asplund entwarf hier 1927 einen Zylinder auf rechteckiger Grundplatte. Stockholms neuestes Museum ist das alte **Observatorium** in der Odengatan, das bisher aber nur Gruppen offensteht. Im Sverigehuset erhält man genauere Auskunft.

Drottninggatan (oberer Verlauf)
In diesem Abschnitt der Straße liegen drei Museen. In Nr. 85, dem **Blå Tornet**, lebte August Strindberg bis zu seinem Tod 1912 (zu besichtigen Di bis Fr 10 - 16 Uhr, Sa und So 12 - 16 Uhr, Eintritt 20 SEK). Haus Nr. 100 beherbergt eines der wenigen **Holographiemuseen** der Welt (geöffnet Juli bis August Mo bis Fr 11 - 17 Uhr, Sa und So 11 - 16 Uhr, Eintritt 15 SEK bzw. 10 SEK) und an der Ecke zur Barnhusgatan gibt es im Folkets Hus ein **Tanzmuseum** mit Schule (z. B. von Astaire), aber auch mit Bildern, die den Tanz und seine Geschichte dokumentieren (geöffnet Anfang März bis Mitte/ Ende August Di bis So 12 - 16 Uhr, 20 SEK).

Vin-och Sprithistoriska Museet
Von der Wein- und Schnapsherstellung erzählt dieses Wein- und Spirituosenmuseum in einem alten Weinlager in der Dalagatan 100 (geöffnet Di bis Fr 10 - 16 Uhr, Di bis 19 Uhr, Sa und So 12 - 16 Uhr, Eintritt 25 SEK).

Kungsholmen
Am Norra Mälarstrand liegt Stockholms Wahrzeichen, das **Stadshuset**, mit seinen orientalischen,

Schweden hat viele Gesichter

*Lappland – Schwedens Norden
ist ein phantastisches Wanderparadies*

*Bootshäuser und idyllische Häfen
findet man oft an der Westküste*

Falunrot ist die Fassadenfarbe schwedischer Häuser

Raukar an der gotländischen Küste

oben: *Stadtmauer von Visby / Kirche von Husaby*
unten: *Landkirche auf Gotland / Dom von Skara*

Olof Palme

In den letzten Minuten des 28. Februar 1986 verließen der damalige schwedische Ministerpräsident und seine Frau Lisbeth das Kino am Sveavägen. "Die Brüder Mozart" war der letzte Film, den Olof Palme in seinem Leben sehen sollte.

Die Weltöffentlichkeit hielt den Atem an, als sie am folgenden Tag von dem Attentat erfuhr, das man auf der Höhe der Kreuzung von Sveavägen und Tunnelgatan verübt hatte: Ein Unbekannter stürzte hinter den Palmes her, feuerte mehrere Schüsse auf Olof und Lisbeth Palme und verschwand sogleich über eine Treppe. Olof Palme starb auf dem Weg in die Klinik, seine Frau überlebte das Attentat.

Fast zweihundert Jahre waren seit den Tagen Anckarströms, dem Mörder Gustavs III. vergangen. Seitdem hatte kein Attentat mehr die politische Szene des Landes befleckt. Das hatte zur Sorglosigkeit verführt. Politiker in diesem Land kannten keine Body-Guards. Wer wollte, konnte Olof Palme sonntagsmorgens beim Angeln auf der Riksbron über die Schulter schauen. Und: Wieviele amerikanische Präsidenten starben schon trotz besten Schutzes!

Millionen Menschen in Schweden und in aller Welt rangen um ihre Fassung. Dieser Mord war dem an Gandhi oder Martin Luther King vergleichbar. Das Opfer: ein Mensch mit einer Aura, ein charismatischer Politiker, einer der wenigen weltweit für ihren Mut und ihre Unbestechlichkeit geschätzten Männer. Olof Palme trat für Frieden, Gerechtigkeit und Ausgleich ein, für die Armen und Unterdrückten. Er war "Schwedens Gewissen in der Welt" wie dereinst der UNO-Generalsekretär Dag Hammarskjöld.

Die Verfolgung des Mörders und der Prozeß sind ein trauriges Kapitel. Man schlug Kapriolen über Kapriolen, verfolgte zweitausend Spuren, doch man ließ die heißeste Spur, die zum mutmaßlichen Mörder hätte führen können, bereits nach einem Tag wieder fallen. Der leitende Polizeichef Holmér wurde "Mann des Jahres" - und stürzte bald um so tiefer. Kollegen und Öffentlichkeit wollten seiner abwegigen politischen Theorie nicht mehr folgen. Herr Christer Petterson - obwohl von Lisbeth Palme eindeutig als der Mörder identifiziert - wurde nach langem Prozeß mit Hunderttausenden Kronen Schadenersatz frei gesprochen. Das schwedische Rechtssystem war an seine Grenzen gelangt. Viele Trauernden schrien buchstäblich nach Sühne für das Verbrechen. Doch eines sollte nie vergessen werden: Rache - das hätte Olof Palme selbst nie gewollt. Mit ihm verschwand der letzte große schwedische Staatsmann. Ewiges Gedenken ist ihm gewiß.

flämischen und venezianischen Einschlägen in der sonst so typisch schwedischen Bausubstanz der Stadt. Ragnar Östberg errichtete das Gebäude zwischen 1911 und 1923. Architekten bezeichneten es schon als das "schönste Gebäude unseres Jahrhunderts". Diese Ehre verdient Östbergs Werk vor allem aufgrund der Innenausstattung. Die 99 Abgeordneten des Stadtparlaments könnten nicht besser untergebracht sein.

Man darf hier nicht allein auf Erkundung gehen (mit Ausnahme des Turms), sondern muß sich einer der

Führungen anschließen, die allerdings nur dann stattfinden, wenn das Haus nicht gerade aus offiziellem Anlaß geschlossen ist (Führungen von Anfang Juni bis Ende August tgl. 10, 11, 12 und 14 Uhr, September bis April 11 und 12 Uhr, Kosten 30 SEK). Zu den vielbeachteten Stücken der Innenausstattung zählen die gewaltige *Blaue Halle*, die man zum Glück niemals blau gestrichen hat und in der die Nobel-Bankette stattfinden, die *Galerie* mit Prinz Eugens Wandmalereien und den riesigen Orrefors-Leuchtern, der *Plenarsaal* mit dem Himmelsgewölbe und einiges mehr. Prunkstück des Gebäudes ist die *Goldene Halle*. Einar Forseth, der "König des Mosaiks" vollbrachte hier in über zehnjähriger Arbeit sein Meisterwerk, indem er den gigantischen Raum mit über 19 Millionen vergoldeter Mosaikstücke, allesamt einzeln und von Hand aufgeklebt, ausstattete. Diese Halle ist der würdige Rahmen für die Tanzfeste nach den Nobelpreisverleihungen. Auf der linken Wand erzählen die Bilder von schwedischen Königen, auf der rechten von Forschern und Künstlern. Im Frontbereich thront zwischen den Symbolen von Orient und Okzident die "Königin des Mälaren", die "Göttin Stockholm". Für einen Moment ist Stockholm die wichtigste Stadt der Welt. Ein suggestiver Anblick! Draußen, vor dem Gebäude zu Füßen von Carl Eldhs Marmorbüsten badet man und sonnt sich an warmen Sommertagen.

Södermalm

Die "Südinsel" liegt gegenüber von Kungsholmen. Vom *Katarinahissen* (Aufzug) oder von den Granitfelsen in der *Fjällgatan* hat man einen guten Blick über die Stadt. "Söder" ist eine charmante Insel, die sich an vielen Stellen ihre intakte Stadtteilkultur erhalten hat. Dazu zählt auch die Subkultur, die hier - jedenfalls für schwedische Verhältnisse - geradezu blüht. Es gibt kleine Läden, Jazz- und Rockclubs, Versammlungsräume von Gruppen jeder Couleur, Kunsthandwerker, Bioläden und all dies inmitten von gewöhnlichen Wohnvierteln, in die Banken und Versicherungen noch nicht solche Breschen geschlagen haben wie auf Norrmalm. Wer auf Söder lebt, fährt abends nicht unbedingt ins Zentrum, denn man hat ja hier seinen "Kvarterskrog", die Kneipe an der Ecke.

Slussen

Man erreicht Söder von der Altstadt herkommend, und zwar vom Slussen, jener Schleuse, die Christopher Polhem schon 1750 hier zur Regulierung des Wasserzuflusses von See und Meer anlegen ließ. Am Slussen entstand in der dreißiger Jahren ein moderner, komplizierter Verkehrsknotenpunkt, der ortsunkundige Touristen zum Wahnsinn bringen kann. Abends leuchtet von hier die Neonreklame in den Himmel. Die Röhre, die für die schwedische Zahncreme *Stomatol* wirbt, ist Schwedens älteste Leuchtreklame. Seit 1909 ist sie an dieser Stelle. Gleich neben Slussen-Tunnelbahnstation liegt das **Stadsmuseet**. Hier wird im ehemaligen Rathaus, 1685 von den beiden Tessins vollendet, in didaktisch mustergültiger Weise die wechselhafte Geschichte der Stadt anhand von Grabfunden, Modellen, Szenarien und Filmen aufbereitet (geöffnet Di bis So 11 - 17 Uhr, Juni bis August Do sogar bis 21 Uhr, in den übrigen Monaten Do bis 21 Uhr, Eintritt 30 SEK). Von hier ziehen sich die großen Straßen zentral über die Insel: Hornsgatan zum Hornstull, dem alten Zollhaus im Westen, Götgatan zum Skanstull, dem südlichen Zoll, und Stadsgårdsleden nach Osten.

Fjällgatan - Maria kyrka

Vom Slussen führt die Inselwanderung über den Katarinavägen bergauf in die Renstiernas Gata, wo man nach links in die Fjällgatan abbiegt. Diese ist eine der idyllischsten Straßen der Stadt, von ihren Bewohnern liebevoll zum "Montmartre Stockholms" erklärt. Linkerhand genießt man die Aussicht von den Granithängen über die Eisbrecher, die Viking-Fähren und die Silhouette der Stadt. Rechts schmücken kleine, schiefe Holzhäuser mit alten Laternen, zumeist von Künstlern bewohnt, den friedlichen Eindruck, falls sich nicht gerade ein paar Touristenbusse hier durchzwängen.

Über die Erstagatan und Nebenstraßen gelangt man zur **Sophia kyrka**. Auch hier im Viertel Vita Bergen stehen alte Holzgebäude, z. B. in Lotsgatan, Åsögatan und Skeppargatan.

Über die Folkunga- und Södermannagatan stößt man auf die **Kirchenruine Katarina**. Sie brannte erst vor wenigen Jahren ab, was Söders Skyline stark veränderte, denn ihre Kuppel war gerade von der See her immer ein weit sichtbares Symbol der Insel. Nun wird sie wieder aufgebaut.

Den Hang hinab kommt man in weitere Holzhausviertel: Mäster Mikaels Gata, Glasgränd und über Högbergs Gata zur Götgatan. Am Mariatorget lockt das **Spielzeugmuseum** mit über 10.000 Objekten kindlicher Träume (geöffnet Di bis Fr 10 - 16 Uhr, Sa und So 12 - 16 Uhr, Eintritt 30 SEK bzw. 15 SEK).

Die **Maria kyrka** entstand in ihrer heutigen Gestalt nach einem Brand im 18. Jahrhundert.

Zwischen Hornsgatan und Södra Mälarstrand gibt es im Viertel **Mariaberget** weitere schöne Häuser zu sehen, so z. B. in der Bastugatan, Blecktornsgatan und Bellmannsgatan. Die Hornsgatan stößt wieder auf den Slussen. Alle 10 Minuten fahren von hier die kleinen Fährschiffe hinüber zur grünen Insel *Djurgården*.

Djurgården

Gröna Lund

An der Anlegestelle erstreckt sich der Vergnügungspark Gröna Lund mit seinen Karussels, Buden und Veranstaltungslokalen. Auf einem Hang im Lund steht noch immer das kleine Holzhäuschen, in dem die gute Ulla Winblad lebte, die schönste aller Freudenmädchen, in unzähligen Bellmann-Liedern besungen.

Zur "Wasa"

Nördlich des Parks führt ein Weg vorbei an der **Thielska Galleriet** in der Sjötullsbacken 6-8 mit einer schönen Sammlung nordischer Kunst (geöffnet Mo bis Sa 12 - 16 Uhr und So 13 - 16 Uhr, Eintritt 40 SEK) und an den Museumsschiffen "**St. Erik**", dem ältesten Eisbrecher, und "**Finngrundet**", einem Leuchtturmschiff, zum berühmtesten aller Schiffe des Landes, zur "**Wasa**". In dem 1990 neu eröffneten Museum empfängt die alte "Dame" täglich scharenweise Besucher aus aller Welt. Tausende von Besuchern einschließlich des Königs und des Adels waren schon bei ihrem Stapellauf im Jahr 1628 anwesend. Der Stolz der schwedischen Marine legte vom Stockholmer Hafen zu seiner Jungfernfahrt ab, um in den Dreißigjährigen Krieg einzugreifen: 500 Mann Besatzung, 1.300 Tonnen schwer, 1.200 m² Segelfläche, mit 64 Kanonen bestückt - der Welt größtes Kriegsschiff! Aber sie war nicht nur groß, sondern auch mit ihren außeror-

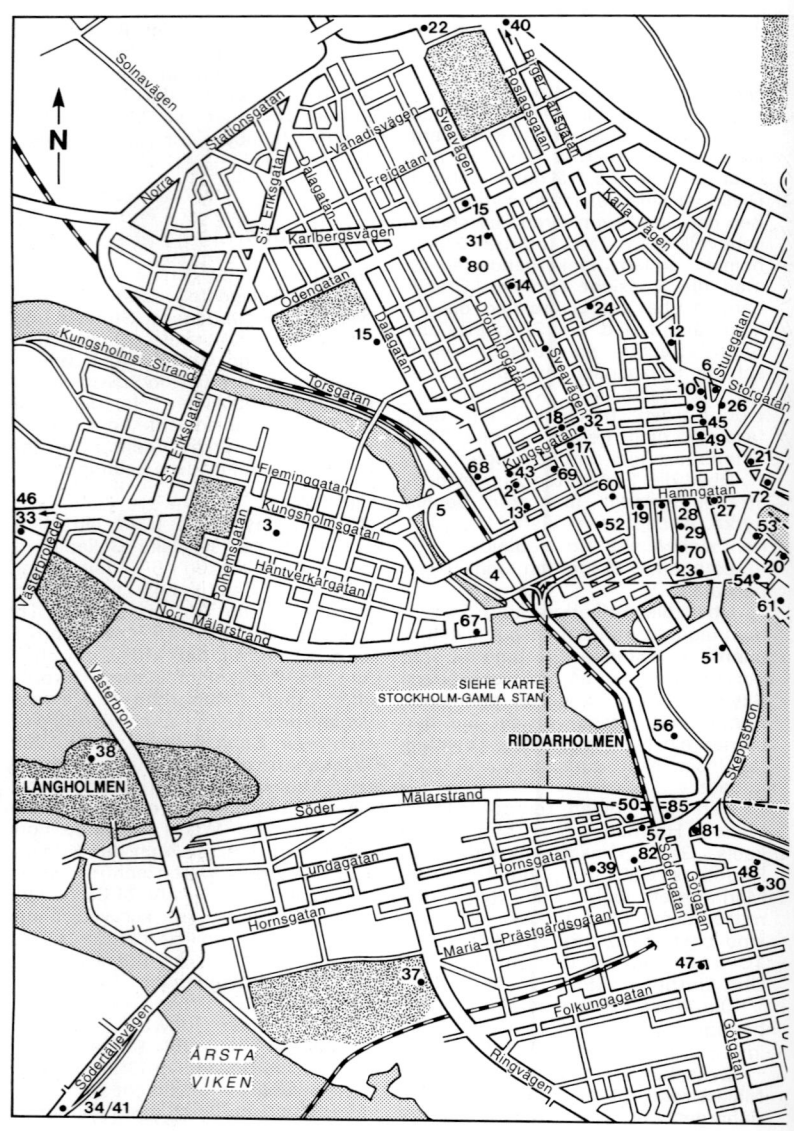

N

Solnavägen
Stationsgatan
Norra
S:t Eriksgatan
Vanadisvägen
Freigatan
Sveavägen
Karlbergsvägen
Odengatan
Kungsholms-Strand
Torsgatan
Dalagatan
Valla vägen
Sturegatan
Storgatan
Sveavägen
Fleminggatan
Kungsholmsgatan
S:t Eriksgatan
Scheelegatan
Hantverkargatan
Norr Mälarstrand
Kungsgatan
Hamngatan
Vasterbron
Vasterbron
Söder Mälarstrand
LÅNGHOLMEN
Mälarstrand
Lundagatan
Hornsgatan
Hornsgatan
Maria- Prästgårdsgatan
Götgatan
Södergatan
Götgatan
Folkungagatan
Ringvägen
Södertäljevägen
ÅRSTA VIKEN

SIEHE KARTE
STOCKHOLM-GAMLA STAN

RIDDARHOLMEN

•22   •40
•15
•31
•80
•14
•24
•12
6
10 •26
•9 •45
18 •49
•32 •21
68 •17
•43 •69
2 •60 72
13 •52 19 1 28 •27
5 •29 53
4 •70 20
•23 •54
•67 61
•51
•56
•50 •85
•57 •81
•39 •82
48
•30
•38
•37
47
•34/41
3
46
33

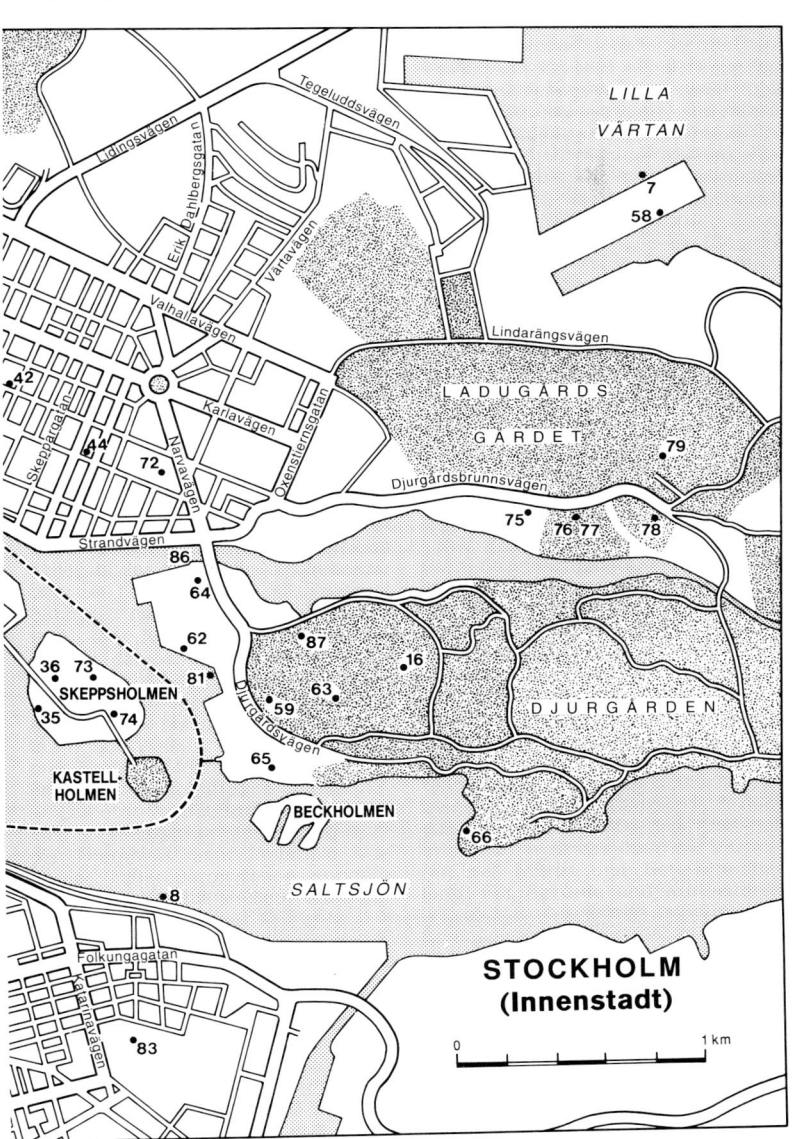

LILLA
VÄRTAN

Tegeludsvägen
Lidingsvägen
Erik Dahlbergsgatan
Värtavägen
Valhallavägen
Karlavägen
Oxenstiernsgatan
Narvavägen
Skeppargatan
Strandvägen
Lindarängsvägen
Djurgårdsbrunnsvägen

LADUGÅRDS
GÄRDET

DJURGÅRDEN

Djurgårdsvägen

SKEPPSHOLMEN

KASTELL-
HOLMEN

BECKHOLMEN

SALTSJÖN

Folkungagatan
Katarinavägen

**STOCKHOLM
(Innenstadt)**

0   1 km

7
58
79
75
76 77 78
86
64
62
87
16
36 73
81
63
35 74
59
42
44 72
65
8
66
83

STOCKHOLM-INNENSTADT

1 Touristeninformation	48 Reso-Hotel
2 Post	Sjöfartshotellet
3 Polizei	49 Karelia
4 Bahnhof	50 Scandic-Crown
5 Bushof	51 First-Hotel Reisen
6 SAS-Büro	52 Reso-Hotel
7 Fährhafen Silja-Line	Sergel Plaza
8 Fährhafen Viking-Line	53 Radisson-SAS
9 Fährbüro Silja-Line	Hotel Strand
10 Fährbüro Viking-Line	54 Grand Hotel
11 Avis	55 Hotel Berns
12 Europcar	56 CS- und Romantik-
13 Hertz	Hotel Victory
14 Budget	57 SH-Hotel Anno 1647
15 Krankenhaus	58 Ariadne Hotel
16 Rest. Solliden	59 Hotel u. Restaurant
17 Hötorgshallen	Hasslbacken
18 Kungshallen	60 Glasfontäne,
19 Shopping Center	Kulturhuset,
Gallerian	Sergels torg
20 Rest. Wedholms fisk	61 Nationalmuseum
21 Rest. Riche	62 Wasawerft
22 Rest. Stallmästare-	63 Skansen
gården	64 Nordisches Museum
23 Rest. Operakällaren	65 Gröna Lunds Tivoli
24 Rest. Saigon	66 Waldemarsudde
25 Hard Rock Café	67 Stadshuset
26 Rest. Sturecompaniet	68 Theater Oscars
27 Rest. Vau de ville	69 Kaufhauskomplex PUB
28 Rest. Aquaris	70 Jakobs Kyrka
29 Rest. Victoria	71 Historisches Museum
30 Rest. Mosebacke	72 Dramaten
31 Mc Donald's Sveavägen	73 Skeppsholmskyrkan
32 Hötorget, Konzerthaus	74 Museum für
33 Ängby Camping	moderne Kunst
34 Bredäng Camping	75 Seefahrtsmuseum
35 Af Chapman	76 Telemuseet
36 Vandrarhem	77 Technisches Museum
Skeppsholmen	78 Ethnographisches
37 Vandrarhem Zinken	Museum
38 Vandrarhem Långholmen	79 TV-Turm Kaknästornet
39 SH-Hotel Aston	80 Observatorium
40 Scandic-Hotel	81 Slussen
Järva Krog	82 Maria Kyrka
41 Hotel Kungens Kurva	83 Sophia Kyrka
42 Hotel Mornington	84 Museumsschiff
43 Hotel Terminus	St. Erik, Finngrundet
44 Hotel Wellington	85 Stadtmuseum am Slussen
45 Stockholm Plaza	86 Aquaria
46 Hotel Bromma	87 Biologisches Museum
47 Reso-Hotel Malmen	

dentlich wohlgeformten Proportionen und über 700 vergoldeten, geschnitzten Barockfiguren geradezu
ein Kunstwerk. Man war noch dabei, in die Hände zu klatschen und
Hurra zu rufen, als das Entsetzen
die Menge erfaßte: Die Wasa sank
nach 500 Metern wie ein Stein. 333
Jahre später gelang die Bergung der
"Wasa". Die einmalige Hebung eines
jahrhundertealten riesigen Schiffs
aus dem luftdichten Schlamm des
Hafens wird bis heute in aller Welt
bewundert. Der gesamte Bergungs-
prozeß dauerte Jahre. 1961 war es
soweit. Im neuen Museum kann
man nicht nur das Schiff selbst bewundern, sondern auch viele Modelle, Rekonstruktionen und einen
Film über das Drama und die
Bergung sehen. Blickt man vom
obersten Stockwerk über Heck und
Rumpf, kann es einem schwindlig
werden. Das ist kein Wunder, denn
die Wasa war 52 m hoch (Museum
geöffnet Juni bis August 9.30 - 19
Uhr, sonst 10 - 17 Uhr, Mi bis 20
Uhr, Eintritt 45 SEK bzw. 10 SEK).

Djurgårdens Museen
Von der "Wasa" führt ein Weg hinüber zum **Nordischen Museum**
(Nordiska museet). Der Monumentalbau dieses Museums beherrscht
die Szene. Es dokumentiert das
volkstümliche Leben der Menschen
in Nordeuropa seit dem 16. Jahrhundert. Eine spezielle Abteilung
widmet sich den Samen (geöffnet
ganzjährig Di bis So 11 - 17 Uhr,
Do sogar bis 20 Uhr, Eintritt 50 SEK
bzw. 10 SEK). Gleich daneben liegt
das **Aquaria**. Hier spaziert man
durch einen echten tropischen Re-
genwald, über einen Teich mit Pi-
ranhas und Korallenriff. Eine tropi-
sche Traumwelt im Norden (geöffnet Anfang Juni bis Mitte August
tgl. 10 - 18 Uhr, sonst Di bis So 10
- 16.30 Uhr, Eintritt 40 SEK bzw.
20 SEK).

Östlich erstreckt sich der
Skansen mit dem Haupteingang am
Djurgårdsvägen. Er ist das älteste
und größte Freilichtmuseum der
Welt mit über 150 historischen
Bauwerken aus allen Landesteilen
und verschiedenen Epochen. Hier
hält man alte Handwerke lebendig.
Abends um 19 Uhr gibt es im
Sommer Volkstanz, bei Regen auf
einem überdachten Tanzplatz. Der
Zoo zeigt die Tierwelt des Nordens.
Für einen Spaziergang durch diesen
Park muß man mindestens einen
halben Tag einplanen. 1991 feierte
die Anlage, gegründet vom Natur-
kundler Artur Hazelius, hundertjäh-
riges Jubiläum (geöffnet Anfang Mai
bis Ende August tgl. 9 - 22 Uhr,
sonst tgl. 9 - 17 Uhr, Eintritt 30 -
50 SEK; unter 14 Jahren frei). Aus
seiner Zeit stammt auch das **Biologi-
sche Museum** vor den Parktoren
(geöffnet tgl. 10 - 16 Uhr, Eintritt
20 SEK). Moderner ist das im Skansen befindliche **Tobaksmuseum** (geöffnet Juni bis August 11 - 17,
sonst 11 - 15 Uhr).

Waldemarsudde
Vorbei an Holzhäusern aus der
Jahrhundertwende führt der Djurgårdsvägen durch den Park Bell-
mansro zu Prins Eugens Waldemarsudde am Südufer, dem Heim des
Malerprinzen. Natürlich sind hier
seine Werke zu sehen (geöffnet Di
bis So 11 - 17 Uhr, Eintritt 40 SEK).

Rosendals slott
Am Nordufer vergnügten sich in
Schloß Rosendal Karl XIV. Johan
und Desirée. Das Schloßinterieur im
Empirestil ist unangetastet (nur mit
Führungen zu besichtigen, Anfang
Juni bis Ende August Di bis So 12,
13, 14 und 15 Uhr, in den übrigen
Monaten Sa und So zu den gleichen
Uhrzeiten, Eintritt 30 SEK bzw.
5 SEK).

Die nähere Umgebung

Universitätsviertel

Im Norden liegt bei der Universität der Garten **Bergianska Trädgården**. Er ist ein El Dorado für Botaniker, versehen mit Park und tropischen Gewächshäusern. Im Victoriahuset gedeiht die größte Seerose der Welt mit über zwei Meter großen Blättern (geöffnet von Anfang Mai bis Ende September 12 - 16 Uhr, Eintritt 10 SEK).

In der Nähe der Universität liegen auch das **Naturhistorische Museum** am Frescativägen 40 (geöffnet tgl. 10 - 18 Uhr, Eintritt 45 SEK bzw. 25 SEK) und das **Naturens Hus** am Stora Skuggans väg 22 (geöffnet nur So 11 - 16 Uhr, Führung 20 SEK bzw. 10 SEK), beide für naturkundlich Interessierte äußerst besuchenswert.

Stockholms neueste Sehenswürdigkeit ist das binnen kurzer Zeit populär gewordene **Cosmonova-Omnimax-Kino** im Naturhistorischen Museum (siehe oben), das in futuristischer Weise über die Zukunft des Menschen spekuliert. Hier gibt es Computersimulationen, 3-D-Filme, ein Planetarium und vieles mehr (geöffnet tgl. 11 - 19 Uhr, Eintritt 55 SEK bzw. 30 SEK).

Haga

Im Stadtviertel *Haga*, am Westufer des Brunnsviken nördlich des Zentrums, findet man in einer ruhigen Parklandschaft mehrere Zeugnisse aus der gustavianischen Zeit. Zwar wurde der Plan Gustavs III., hier ein großes Schloß zu bauen, nie ausgeführt, aber ein paar Bauten sind aus seiner Zeit doch erhalten. Der **Pavillon des Königs** von Louis Masreliez, der **Türkische Pavillon** von F.M. Piper und der **Chinesische Pavillon**

von Desprez, alle zwischen 1787 und 1790 erbaut. Christopher Gjörwell errichtete 1804 den **Pavillon der Königin**. In den Kupferzelten gibt es ein Café und ein **Parkmuseum** (geöffnet Juni bis August Di bis So 12 - 16 Uhr, 10 SEK bzw. 5 SEK; die Pavillons 12 - 15 Uhr). In einem der Gewächshäuser ist ein wunderschönes Museum eingerichtet. **Fjärilshuset** ist Skandinaviens erstes Tropenhaus mit Schmetterlingen. Die bis zu 20 cm großen, farbenprächtigen Falter fliegen zu Hunderten frei um die Besucher herum (geöffnet April bis September Di bis Fr 10 - 16 Uhr, Sa und So 11 - 17 Uhr. Oktober bis März Di bis Fr 10 - 14 Uhr, Sa und So 11 - 15 Uhr, Eintritt 50 SEK bzw. 20 SEK).

Hinter dem Wenner Gren Center am Nordende des Sveavägen liegt ein **Museum** mit Werken des Bildhauers Carl Eldh (1881-1953). Zeiten und Preise bitte im Sverigehuset erfragen.

Karlbergs slott

Im Stadtteil Karlberg, kurz vor Solna, liegt am gleichnamigen See dieses 1639 erbaute Schloß. Dreißig Jahre später kam es in den Besitz von Magnus Gabriel de la Gardie und wurde von Jean de la Vallée umgebaut. Nach dem Brand auf Tre Kronor diente es der Königsfamilie zeitweise als Residenz. Heute unterhält die Armee in den Gebäuden eine Schule.

Drottningholm

Auf der Insel Lovön steht das von der Königsfamilie bewohnte Rokokoschloß Drottningholm, das "Versailles des Nordens". 1993 wurde es von der UNESCO als Weltkulturerbe geschützt. Schwedens beste

Baumeister und Künstler wirkten hier. Nach französischem Vorbild vollendeten die Tessins 1690 Park und Schloß. Carl Hårleman richtete neue Flügel ein, Jean Eric Rehn gestaltete die Innenräume. Den Rokokogarten und den Chinesischen Pavillon plante Carl Frederik Adelcrantz 1769, den englischen Garten F.M. Piper und den Gotischen Turm Louis Charles de Des-prez. Einzigartig ist das Schloßthea-ter. Es ist mitsamt der Bühnenmaschinerie im ursprüng-lichen Zustand erhalten, funktionstüchtig und heute noch in dem Zustand von 1766, als es vollendet wurde. Damit ist es das älteste noch genutzte Theater der Welt, ein paar Jahre älter als das Schloßtheater von Gripsholm.

Alles in allem ist Drottningholm ein markantes Beispiel für künstlerische Fertigkeit der gustavianischen Epoche, aber auch für deren ausschweifenden Lebensstil.
(geöffnet: Schloß Anfang Mai bis Ende August tgl. 11 - 16.30 Uhr, Theater Anfang Mai bis Ende August tgl. 12 - 16.30 Uhr, Eintritt jeweils 30 SEK)

Millesgården

Auf der Terrasse der Insel Lidingö liegt dieser Skulpturenpark mit den oft sehr abstrakten Kunstwerken des schwedischen Bildhauers Carl Milles (1875 - 1955). Im Museum kann man weitere Werke und seine Sammlungen antiker Kunst bestaunen (geöffnet von Mai bis September 10 - 17 Uhr, von Oktober bis April Di bis So 11 - 16 Uhr, Eintritt 40 SEK bzw. 15 SEK).

Stockholm Län

In einigen Kommunen des Stockholm Län (Groß-Stockholm) stehen alte Kirchen, so in *Sollentuna, Danderyd, Solna* und *Munsö*. Das älteste Gebäude im ganzen Län ist die *Kirche von Bromma*, eine Rundkirche aus dem 12. Jahrhundert, die später erweitert wurde. Nur unwesentlich jünger sind die Kirche in *Botkyrka* (1176) mit einem wertvollen Altar aus Antwerpen und in *Salem*.

Globen

Südlich von Södermalm liegt in Johanneshov der 1989 fertiggestellte Globen, das größte kugelförmige Bauwerk der Welt. Es gibt der Stadt seither ein völlig neues Erscheinungsbild, da man die weißglänzende Kuppel von vielen Stellen her sehen kann. Hier traten nicht nur Eishockey- und andere Sportmannschaften auf, sondern auch schon Frank Sinatra, die "New Kids on the Block" und der Papst.

Ulriksdals Slott

Nördlich der Stadt liegt in einem ruhigen Park aus dem Jahr 1640 Schloß Ulriksdal, das noch von Gustav VI. bewohnt war. Daneben liegt die *Orangerie* mit Bildhauermuseum und Mittelmeerpflanzen. Im *Stall* kann man die prachtvolle Krönungskutsche Kristinas besichtigen (geöffnet Mitte/ Ende Mai bis Anfang August Di bis So 12 - 16 Uhr, Eintritt 30 SEK, Schloß, Orangerie und Stall zusammen 50 SEK).

Im Mälar-See

Helgö
Auf Helgö ist von dem vorwikingzeitlichen Handelsplatz, der sich hier befand, nicht mehr viel zu sehen. Die kuriosen Funde sind alle im

SHM ausgestellt, z. B. ein Buddha aus Indien oder ein irischer Krummstab, bei dem man heute noch spekuliert, wie die Nordleute wohl in den Besitz dieser Bischofsinsignie gekommen sind.

Birka
Mit den alten Dampfern gelangt man im Sommer vom Stadshuskajen auf einer herrlichen Fahrt zur Insel Björko. Auf ihr lag die alte Wikingersiedlung Birka, auf der Ansgar 825 die ersten Missionierungsversuche der heidnischen Schweden unternahm. Daran erinnert ein monumentales Steinkreuz mit lateinischer Inschrift. Die alten Funde werden im SHM gezeigt. In Birka gab es im Gegensatz zu Helgö bereits eine feste Siedlung mit Häusern, die vor allem von Händlern und Handwerkern bewohnt waren. Wallanlagen und Gräber sind als sichtbare Relikte aus der Wikingzeit erhalten.

Adelsö
Von Birka blickt man hinüber auf die Nachbarinsel *Adelsö*, wo der Wikingerkönig Björn seine Burg hatte. 1270 erbaute Magnus Ladulås eine größere Festung, von der nur noch Ruinen erhalten sind. Die Kirche aus dem 13. Jahrhundert ist jedoch noch in einem guten Zustand.

Sturehovs slott
4 km westlich von Botkyrka liegt Schloß Sturehov, ein hervorragendes Beispiel des Gustavianischen Baustils, 1781 von Carl Frederik Adelcrantz für die Familie Liljencrantz entworfen (geöffnet So 13 - 15 Uhr).

Der Schärengarten
"Die Sonne beginnt heiß zu scheinen, die Erde wird steinig, der Wald lichter, und nun hört man ein Getöse vom Boden her, und es weht ein frischer Wind ins Gesicht; es beginnt blau zwischen den unteren Zweigen zu schimmern und ein Duft von ungebrochenen Austern zieht sich durch die Tannenzweige. Noch zwei Schritte den Hang hinauf - und da - das Meer! Das Meer! Der Wind bläst landwärts, die Wellen entern die Klippen, werden zurückgeworfen und beginnen ihr Spiel von neuem." So schrieb 1883 Schwedens größter Schriftsteller August Strindberg über seine geliebte Welt, den "Skärgården", den Schärengarten, jenes paradiesische Archipel aus 24.000 Inseln, die sich vor Stockholms Küste aus dem Wasser erheben und wie Flecken auf der Seekarte liegen.

Es ist ein Paradies für Wasserratten, für Segler, Angler und Badelustige, aber auch für Wanderer und Entdecker oder für diejenigen, die einfach nur einen Schritt hinaus in die wenig berührten Wälder auf diesen schwimmenden Granitfelsen tun wollen. Man muß das Wasser lieben, denn es ist ständig präsent. 100.000 Menschen leben hier draußen. Natürlich haben sie alle ein Boot, denn das ist hier wichtiger als ein Auto. In einem strengen Winter kommt der Briefträger hierher per Helikopter und die Schlittschuhläufer machen Langstreckentouren mit Rucksack und Stöcken über den Värtan und Vaxholm bis hoch nach Åkersberga.

Saltsjöbaden
In diesem mondänen Schärendorf leben betuchte Stockholmer in luxuriösen Villen. Überragt wird Saltsjöbaden vom altehrwürdigen Grand Hotel, in dem 1938 die berühmten Politikertreffen stattfanden und der sogenannte "Kuhhandel" beschlossen wurde. Seither waren immer wieder Staatsmänner hier zu Gast. Sehenswert ist auch die Offenbarungskirche von F. Boberg, an de-

ren Innengestaltung Carl Milles und Olle Hjortzberg mitwirkten.

Nacka

Nacka, zwischen Saltsjöbaden und Stockholm, ist gleichfalls eine Schärengemeinde mit tiefen Wäldern und ein beliebtes Freizeit- und Sportgebiet. Einige Herrenhöfe zeigen, daß auch die Noblesse vergangener Tage sich hier wohlfühlte. *Erstavik* wurde 1763 von J.E. Rehn erbaut, *Svindersvik* 1740 von Carl Hårleman, und aus derselben Zeit stammt *Nyckelviken*.

Värmdö

Nordöstlich von Stockholm liegt Värmdö, eine Inselidylle mit einer alten Kirche und dem Industrieort Gustavsberg auf dem Ormingelandet. Im Sommer fahren Dampfer hierher. Dann kann man in der berühmten Porzellanfabrik *Gustavsberg* am Gustavsberg-Hafen einkaufen. Nach Ankunft der Dampfer von

Stockholm ist die Werksanlage für Besucher geöffnet.

Vaxholm

Vaxholm auf der gleichnamigen Insel gehört zum Standardprogramm, denn hierhin zieht es im Sommer Segler, Ausflügler und Sommerfrischler. Die liebliche Holzstadt steht ganz im Gegensatz zu der wuchtigen Festung, die früher die Zufahrt zur Hauptstadt regelte. Um sie zu besichtigen, fährt man mit einem kleinen Schiff oder auch neuerdings mit einem Förderband in Sekundenschnelle hinüber.

5 km südwestlich liegt auf der Insel Vaxholm *Schloß Bogesund*, 1867 von F.W. Scholander zur mächtigen Burg umgebaut.

Tyresö

Dies ist eine Kommune im südlichen Schärengarten. Das Schloß Gabriel Oxenstiernas und die Kirche aus dem Jahr 1640 sind sehenswert.

Im Schärengarten

Dalarö
Diese Schärengemeinde, eine Sommerfrische, befindet sich am Ende
von Straße 227. Hier gibt es herr-
schaftliche Villen und ein altes Zollhaus, das 1788 von Eric Palmstedt
entworfen wurde.

Sandemars slott
Dieses Barockschloß mit Skulptu-
rengärten, 5 km südwestlich von
Dalarö, wurde im 17. Jahrhundert
für die Familie Falkenberg erbaut.

Tyresta
Mitten im Waldgebiet von Tyresta,
10 km nordwestlich von Dalarö,
blieb ein kleines Dorf von der Flurbereinigung verschont.

Haninge kommun
In der weitläufigen Umgebung die-
ser Kommune, die eigentlich kein
Ortszentrum hat, liegen mehrere se-
henswerte Schlösser, die man von
Dalarö über Straße 227 und von
Stockholm über Straße 73 erreicht:
Årsta (17. Jh.), *Berga* (1915 von
dem berühmten Architekten Torben
Grut im Neubarock errichtet), *Hä-
ringe* (1657 für Feldmarschall Horn
erbaut) und *Hammersta*.

Utö
Auf Utö wurde seit dem Mittelalter
Erz abgebaut. Die alten Grubenanla-
gen und die Wohnungen der Arbeiter können besichtigt werden.

Öja
Den Namen "Landsort" hört man im
täglichen Wetterbericht. Dabei handelt es sich um eine Wetterstation
und einen Leuchtturm (1670) auf
der Insel Öja im äußeren Schärengarten.

In Richtung Uppsala

Östra Ryd
Östlich der E 20 liegt unweit von
Viggbyholm die Kirche von Östra

Ryd aus dem 15. Jahrhundert. Sie
ist die Grabkirche des Braheschen
Geschlechts.

Rydboholms slott
Das Schloß liegt von Östra Ryd,
2 km südlich. Hier wuchs Gustav
Wasa auf. Der alte Wasaturm ist
noch erhalten. Per Brahe baute
1540 die Anlage um. Nach einem
Brand im 18. Jahrhundert erhielt sie
ihr heutiges Aussehen. Seit 1930
gehört sie den von Essens.

Täby Kommun
Diese Kommune erstreckt sich
westlich von Schloß Rydboholm mit
einigen erschreckenden Hochhäusern - wirklichen Silos. Dafür entschädigt den Touristen (sicher nicht
die hier Wohnenden!) die schöne
Kirche aus dem 13. Jahrhundert mit
bedeutenden Malereien des Tierp-
Meisters und von Albertus Pictor.
Ebenso alt ist der Lübecker Altar.
Die Kanzel befand sich früher in der
Stockholmer Schloßkirche.

Jarlabankes Bro
Jarlabankes Bro liegt am Nordaus-
gang von Täby nach Vallentuna.
Diese Wegebrücke aus der Wikingzeit war ursprünglich mit vier Ru-
nenecksteinen im Abstand von
150 m und Steinmarkierungen gekennzeichnet. Nur das Runenstein-
paar am Nordende ist erhalten. Es
bildet aber noch immer ein beeindruckendes Monument wikingzeitli-
cher Kultur: "Jarlabanke ließ diese
Steine zu seinen Ehren errichten,
während er lebte, und baute diese
Stele und alleine besaß er ganz
Täby." Das Denkmal war also nicht
wie sonst so oft zum Gedenken an
einen bedeutenden Toten errichtet
worden, sondern von einem Herren
mit großem Selbstbewußtsein für
sich selbst zu Lebzeiten.

Upplands Väsby
Jean Eric Rehn und Carl Hårleman
legten diesen Herrenhof um 1760

mit prächtigen Gartenanlagen in französischem Stil an.

Skånelaholm
Rechts der E 4 liegt Skånelaholm, ein Herrenhof aus dem 17. Jahrhundert, im Renaissancestil erbaut, und die Kirche von Skånela mit einem der seltenen Osttürme, die man fast nur in Uppland antrifft. Sie wurde um 1160 errichtet. Schöne Malereien und eine Madonna (1505) des Immaculata-Meisters schmükken das Innere.

Norrsunda
Eine weitere "Ostturmkirche" aus dem 12. Jahrhundert liegt bei Norrsunda unmittelbar neben der E 4. Sie ist die Grabkirche der Sparres. In der Nähe findet man in einem Grabfeld den großen Grabhügel *Nordians Hög*.

Rosersbergs slott
4 km westlich von Norrsunda erreicht man das mehrfach umgebaute, heute klassizistische Schloß Rosersberg. Die Arbeiten von Tessin, Rehn und Desprez sind im Inneren erhalten (geöffnet von Mitte Mai bis Anfang September, Di bis Do, Sa und So 11 - 15 Uhr, Eintritt 30 SEK).

Runsa borg
Nur 2 km südlich von Rosersberg, aber am besten zu erreichen über Upplands Väsby, liegen Runsa borg, eine Fluchtburg aus der Völkerwanderungszeit, und unmittelbar in der Nähe davon eine mit 55 m Länge riesige Schiffssetzung. Jean de la Vallée führte 1638 die Burg als Jagdschloß im Renaissancestil aus.

Steninge slott
Wo Straße 263 von der E 4 abzweigt, erreicht man nach 8 km südlich der Straße Schloß Steninge, ein in Schweden einzigartiger Bau Tessins des Jüngeren, der um 1690 als römische Villa konzipiert wurde.

Sigtuna
Diese malerische Kleinstadt nördlich von Stockholm ist eine Sehenswürdigkeit ersten Ranges. Sie gilt als die älteste Stadt des Landes, die nicht nur als Handelsstützpunkt und Wehranlage errichtet wurde, sondern als Siedlung für die hier ansässige Bevölkerung.

In der kleinen Idylle, vor dem Jahr 1.000 von Olof Skötkonung, dem ersten christlichen König als Gegengewicht gegen die heidnischen Zentren Gamla Uppsala und Vendel gegründet, wird noch immer nach der ersten schwedischen Münzstätte gegraben. Für damalige Verhältnisse war die Siedlung groß.

Heute entzücken hier die vielen alten Holzhäuser, Villen wie der *Drachenhof*, in dem die Touristeninformation untergebracht ist, und die Kirchenruinen von *St. Per, St. Olof, St. Lars* und *St. Nicolai*. St. Per, fertiggestellt um das Jahr 1100, ist die älteste Kirche Schwedens mit einer Apsis an Chor und Querschiff. Bis zur Verlegung des Bischofssitzes nach Uppsala 1130 war sie wohl die Domkirche.

Als einzige mittelalterliche Kirche ist *St. Maria* erhalten. Sie war früher Klosterkirche (13. Jh.) der Dominikaner. Sie wurde mehrfach umgebaut und mit wertvollen Inventarien bestückt: ein Altarschrein aus Lübeck (1370), ein schönes Kruzifix (1480), Wandmalereien und eine Kanzel (1647).

Die Präsenz der Geschichte ist heute noch spürbar, ob in der alten Hauptstraße, die immer noch so verläuft wie vor tausend Jahren, am *Rathaus* (1745) oder im *Museum* am Lilla torget und in der Umgebung, in der man ständig auf vorgeschichtliche Relikte stößt.

Viby
Viby, das ehemalige Viktuna, liegt nördlich von Sigtuna. Das nicht-

flurbereinigte Dorf ist mit seinen
Koppelzäunen und den schilfgedeck-
ten Häusern fast ein Fremdkörper in
unserer modernen Zeit. Die Grundmauern des nie fertiggestellten Klosters sind noch zu sehen.

Venngarns slott
Noch ein Stück weiter nach Norden
erreicht man Schloß Venngarn, um
1650 von Jean de la Vallée für
Magnus Gabriel de la Gardie erbaut.
Im Inneren ist es reich ausgestattet.

Roslagen
Nordöstlich von Stockholm erstreckt
sich über Norrtälje hinaus die liebliche Felder- und Wiesenlandschaft
Roslagen. Ihr ist der nördliche Schärengarten vorgelagert. An der Küste
verstecken sich reizvolle Fischerdörfer. Inmitten dieser alten Kulturlandschaft stößt man überall auf die
Spuren einer langen Vergangenheit,
die in diesem Gebiet deshalb noch
so zahlreich erhalten sind, weil man
einerseits hier nicht jeden Flecken
Erde kultivierte und andererseits
sich seiner Vergangenheit sehr bewußt ist. So gibt es zahlreiche
Schlösser, Kirchen, Ruinen, Gräber
und Runensteine.

Roslags-Kulla kyrka
25 km nördlich von Åkersberga liegt
an Straße 276 diese herrliche Holzkirche, ein im Grundriß kreuzförmiges Gebäude mit Zentralturm und
Kuppel (1706 erbaut). Diese Konzeption ist in Schweden sehr ungewöhnlich.

Östanå
Dieser Herrenhof, 2,5 km östlich
von Roslags-Kulla kyrka, wurde
1794 von Louis Charles de Desprez
klassizistisch fertiggestellt.

Vira Bruk
Nördlich von Roslags-Kulla ist bei
einer historischen und wirklich ro-

mantisch gelegenen Siedlung die
alte Schmiede von Vira Bruk zu besichtigen. Im 17. und 18. Jahrhundert war sie eine bedeutende Waffenschmiede. Später stieg man auf
zivile Produkte um. In geringem Umfang stellt ein einzelner Handwerker
noch immer Schmiedewaren her.
Ein *Museum* dokumentiert die Geschichte dieses "Toledo", das die
Karoliner mit Säbeln und Bajonetten
versorgte. Einen besonders schönen
Blick auf die Schmiede hat man von
der kleinen Brücke über den Stromschnellen. Hier fühlt man sich in die
Zeiten der Musketiere zurückversetzt.

Penningbyhus
Auf dem Weg nach Norrtälje liegt an
Straße 276 Schloß Penningbyhus.
Im Vorgängerbau lebten die Bondes
und die Stures, später die Sten-
bocks, Brahes und Wredes. Der altertümliche Eindruck täuscht nicht,
denn die unteren zwei Etagen und
die Ecktürme sind fast fünfhundert
Jahre alt.

Furusund
Von Penningby führt die Küsten-
straße in den lieblichen Badeort
Furusund im intakten Milieu des
letzten Jahrhunderts, besungen in
Evert Taubes Schärenwalzern.

Norrtälje
Vorbei an der *Kirche von Frötuna*
(12. Jh.) geht es weiter nach Norrtälje. Die Russen zerstörten 1719
diesen Ort, denn auch hier gab es
Waffenschmieden. Zwei Museen
sind sehr sehenswert. Im *Ros-
lagsmuseum* erfährt man von der
Lebensweise in dieser Provinz. Aber
ein Kuriosum ist das *Humormuseum*
im alten Bahnhof mit 200 Scherz-
zeichnungen von Originalen des
schwedischen Humors wie EWK
und Ströyer, die in Schweden so bekannt sind wie bei uns Karl Valen-
tin, Wilhelm Busch oder Loriot.

In der Umgebung von Norrtälje liegen sehenswerte Bauten, so die *Kirche von Rö*, 20 km westlich nahe der E 20, in der man eine englische Madonnenschnitzerei aus dem Jahr 1200 bewundern kann.

15 km westlich von Norrtälje liegt an Straße 77 *Finsta Herrgård*. Im Vorgängerbau kam die heilige Birgitta zur Welt. Ganz in der Nähe steht die *Kirche von Husby-Sju-hundra* aus dem frühen 12. Jahrhundert mit vielen Runensteinen auf dem Friedhof. In der Nähe liegen die alte *Kirche von Rimbo*, die Schlösser *Ekebyholm* und *Mörby*.

Roslags-Bro

Straße 76 führt weiter nach Norden in Richtung Grisslehamn vorbei an vielen Kulturdenkmälern, wie der Kirche von Roslags-Bro mit schönen Inventarien aus dem Mittelalter.

Gamla Grisslehamn

Vor der Kirche von Väddö zweigt eine kleine Straße in Richtung Gamla Grisslehamn ab, einem alten Fischerdorf mit dem Milieu jenes Gewerbes.

Grisslehamn

Straße 283 endet in diesem wunderschönen Städtchen mit alten Häusern und viel Seefahrerromantik. Hierher kommt man, um Albert Engströms *Museum* zu besichtigen. Sein Atelier aus dem Jahr 1905, ein kleines, rot-weißes Holzhaus, liegt ganz oben auf einem Granitfelsen mit grandioser Aussicht über das Meer. Alles ist erhalten, wie es zu den Zeiten des berühmten Zeichners und Humoristen war. "Acht Jahre lang habe ich systematisch versucht, mich zu Tode zu saufen, gerettet nur durch meine starke Physis," schrieb er, nachdem er das Bohème-Leben in Stockholm satt gehabt und sich einen ruhigeren Flecken gesucht hatte. Das Meer und der Schärengarten zogen ihn

hierher, wo die Postschiffe nach Finnland anlegten und die Waren verzollt wurden. Das alte *Posthaus* (1753) steht noch immer. Auch Fähren im Hafen legen noch ab, aber sie fahren nicht mehr ganz bis nach Finnland, sondern nur bis zu den Ålandinseln. Dafür darf man dorthin - sogar mit Pkw - umsonst mitfahren.

Informationsstellen

Stockholms zentrales Touristenbüro ist das *Sverigehuset*, *Tourist Centre und Excursion Shop*, am Kungsträdgården, Box 7542, Tel. 08/ 789 24 90 (geöffnet Mitte Juni bis Ende August Mo bis Fr 9 - 18 Uhr, Sa und So 9 - 17 Uhr, sonst Mo bis Fr 9 - 18 Uhr, Sa und So 10 - 13 Uhr). Hier bekommt man Hilfe bei allen touristischen Fragen, sogar für ganz Schweden, bzw. wird hier weiterverwiesen, wenn es um Veranstaltungen und Ausflüge geht. Man kann hier auch Souvenirs, Bücher, Schallplatten und vieles mehr über Schweden kaufen. Unbedingt sollte man sich hier als erstes die kostenlose Broschüre "Stockholm this week" besorgen, die monatlich erscheint und über alle wissenswerte Ereignisse in der Stadt, über Neuigkeiten, Hotels, Restaurants, Ausstellungen, Ausflüge und Veranstaltungen aller Art informiert. Wer einen persönlichen Führer braucht, kann sich an den *Guide Service* im Sverigehuset, Tel. 08/ 789 24 91, wenden.

Im *Kaknäs-Turm* befindet sich ein weiteres Informationsbüro, ganzjährig geöffnet von Mai bis August 9 - 0 Uhr, sonst 9 - 18 Uhr.

Das "Turistbyrå" im *Stadshuset* ist geöffnet von Mai bis Oktober 9 - 17, sonst nur Sa und So 9 - 15 Uhr.

Die *Hotelzentrale* mit dem Unterkunftsnachweis befindet sich im Untergeschoß des Hauptbahnhofs (Centralen), Tel. 08/ 24 08 80 (geöffnet Juni bis August tgl. 7 - 21 Uhr, Mai bis September tgl. 8 - 19 Uhr, April bis Oktober tgl. 8 - 17 Uhr, November bis März Mo bis Fr 8 - 17 Uhr, Sa und So 8 - 14 Uhr). Im Sommer informiert diese Zentrale über das breite Angebot von privaten Unterkünften mit Vandrarhem-Standard oder noch einfacheren Übernachtungsmöglichkeiten, die bis zum simplen Matratzenlager in alten Lagerhallen reichen können. Selbstverständlich kann man hier auch gleich gegen Gebühr Reservierungen vornehmen. Im Sommer jedoch muß man Wartezeiten von einer halben bis dreiviertel Stunde einkalkulieren.

Wer von Süden in die Stadt kommt, kann wenige Kilometer vor der City die Ausfahrt Kungens Kurva nehmen. Hier ist das *Tourist Center Skärholmen* besonders auf die Bedürfnisse der Autofahrer eingestellt. Es ist von Juni bis August 10 - 19 Uhr geöffnet. Weitere "Turistbyrås" gibt es auch in den Nachbargemeinden:

► Norrtälje, Lilla torget, Tel. 0176/ 137 00
► Sigtuna, Drakegården, Tel. 08/ 59 25 00 20
► Vaxholm, Söderhamnsplan, Tel. 08/ 54 13 14 80
► Gustavsberg, Odelbergsväg 5 b, Tel. 08/ 57 03 46 09

Übernachten

Camping

Aufgrund der unvermeidbaren Distanz zum Stadtzentrum ist das Campen sicher nicht die beste Art der Unterkunft in Stockholm. Außerdem ist es im Sommer oft schwer, einen freien Platz zu finden, was bei Hotels kein Problem ist. Im übrigen zeichnen sich die Großstadtplätze nicht immer durch die sonst im Land so perfekte Sauberkeit und Hygiene aus - im Vergleich zu manchen südländischen Plätzen aber immer noch hervorragend.

► *Ängby Camping* ***, in Bromma am Strand des Mälaren, Tel. 08/ 37 04 20, mit 25 Hütten.
► *Bredäng Camping* ***, 10 km südlich von Stockholm, in Bredäng-Skärholmen, Stora Sällskapets väg, Tel. 08/ 97 70 71, schön und ruhig am Südufer des Mälaren.
► *Slagsta Bad* **, in Norsborg, 15 km südlich vom Zentrum, Tel. 08/ 53 18 06 06, am besten über die Ausfahrt Botkyrka von der E 4 zu erreichen, kleiner, ruhiger Platz.
► *Gålö Camping* *, in Haninge, 35 km südlich, auf Straße 73 in Richtung Dalarö, gut beschildert, Tel. 08/ 50 03 31 56. Wer eine Hütte mieten möchte, hat hier gute Chancen, denn es gibt 80 "Stugor".

Auch im Schärengarten gibt es viele, oft sehr schöne Campingplätze. Hierher kommen eher die natursuchenden Touristen, die vielleicht nur ab und zu mal in die Stadt fahren wollen.
► *Ellboda Camping* ***, am alten Vaxholmweg, 30 km vom Zentrum, Tel. 08/ 54 13 15 30. Hier gibt es 12 Hütten und ziemlich viele Leute.
► *Grisslehamns Camping* ***, Tel. 0175/ 300 30, sehr schön am Meer gelegen, mit 5 Hütten.

Vandrarhems

► *Af Chapman,* Västra Brobänken, Tel. 08/ 679 50 15. Das beliebteste Vandrarhem der Stadt ist der alte Schoner "Af Chapman", der seit 1888 die Weltmeere befuhr und heute fest vertäut an der Insel Skeppsholmen seine internationalen

Gäste empfängt. Vom Deck überblickt man Söder und die Altstadt. Natürlich sind die Zimmerfenster echte Bullaugen. Vorbestellung ist hier wie bei allen anderen Stockholmer Vandrarhems unerläßlich, auch außerhalb der Saison (geschlossen 12.12. bis 31.3.). Zu beachten: Es gibt eine streng getrennte Damen- und Herrenabteilung!

► *Skeppsholmen-Vandrarhem,* Skeppsholmsbron, Tel. 08/ 679 50 17, liegt direkt nebenan in alten Handwerkerhäusern.

► *Vandrarhem Zinken,* auf Söder, Zinkens Väg 20, Tel. 08/ 658 29 00, eine schöne, empfehlenswerte Holzvillensiedlung.

► *Vandrarhem Långholmen*, auf der gleichnamigen Insel, Tel. 08/ 668 05 10, erst 1990 in den Räumen des ehemaligen Gefängnisses eröffnet. Daneben liegt der Hoteltrakt, wo man auch auf den Spuren ehemaliger Ganoven wandeln kann. Außerdem ist der Badestrand nur ein paar Meter entfernt.

Hotels

Es gibt in Stockholm über hundert Hotels aller Kategorien, wobei aber auch die einfachen Häuser ausnahmslos einen durchschnittlichen Anspruch an Sauberkeit, Hygiene und Ausstattung erfüllen.

Die meisten preisgünstigen Häuser liegen in Vororten oder am Stadtrand, sind einfache und saubere Hotels mit Sommerpreisen zwischen 600 und 700 SEK für ein Doppelzimmer. Manche dieser Häuser liegen auch zentral.

► *SH-Anno 1647,* Mariagränd 3, Tel. 08/ 644 04 80, neben dem Stadsmuseet am Slussen. DZ 700 SEK mit Bonuspaß.

► *Hotel Gamla Stan*, Lilla Nygatan 25, Tel. 08/ 24 44 50, mitten in der Altstadt. DZ 740 SEK.

► *City Hotel,* am Hörtorget, Tel. 08/ 22 22 40. DZ 740 SEK

Im allgemeinen haben die preisgünstigen Hotels, die mitten im Zentrum liegen, oft recht kleine Zimmer. Vorsicht ist geboten zum Beispiel bei *Frey's Hotel,* Bryggargatan, bei *Sjöfartshotellet* im Katarinavägen und vor allem bei *Aston Hotel* am Mariatorget, wo einige Zimmer so winzig sind, daß man im Badezimmer mit mobilen Wänden arbeitet, um innerhalb von fünf Sekunden aus einer Dusche ein WC zu zaubern. Darauf achten sollte man auch, wenn manche dieser zentralen Häuser statt Doppelzimmer preiswerte Kombizimmer oder sogenannte "Kajüten" anbieten, wie u. a. *Hotel Anglais, Hotel Karelia* oder *Hotel Malmen.* Sind die Standardzimmer dieser Häuser durchweg empfehlenswert, so bedeuten "Kombizimmer", daß man mit einer Couch Vorlieb nehmen muß, und "Kajüte", daß sich das Zimmer gewöhnlich im Untergeschoß befindet und man dort anstelle eines Fensters sich mit einem verspiegelten Bullauge begnügen muß.

Deutlich mehr Platz, aber eben auch eine ungünstige Lage, bieten in der gleichen Preisklasse die Stadtrand- oder Vororthotels, z. B. die Häuser der Scandic-Gruppe. Im ty-

Af Chapman

pischen, modernen Hochhausstil, zwar nicht schön, aber zweckmäßig, sind diese Häuser gut ausgestattet und mit Scheck auch relativ preiswert (pro Person im Doppelzimmer 115 DM):
▶ *Scandic Järva Krog*, am Uppsalavägen, Tel. 08/ 55 13 52, ist mit 8 km zur City noch das nächste.
▶ *Kungens Kurva,* 15 km südlich der City gleich neben der E 4.
▶ *Täby*, in Täby, 15 km nördlich der Stadt, Näsbyvägen 4, Tel. 08/ 768 05 80, in waldreicher Umgebung.

Über Scheck sind auch die Mittelklassehotels der "BW-Kette" in der City preisgünstig. Sie sind am einfachsten über die BW-Zentrale in Stockholm zu reservieren (Tel. 020/ 79 27 52):
▶ *Mornington*, Nybrogatan 53
▶ *Terminus*, am Bahnhof
▶ *Wellington*, Storgatan 6
▶ *Stockholm Plaza*, Birger Jarlsgatan 29

Auch "Reso" ist in Stockholm außer mit einigen erstklassigen Häusern auch in der Mittelklasse stark vertreten. Alle sind ordentliche Hotels mit gutem Service, recht zentral gelegen und preiswert. Am einfachsten sind sie über die Reso-Buchungszentrale anzufragen (Tel. 08/ 72 08 88 80):
▶ *Bromma-Hotel*, Bromaplan, 20 Minuten zur City. DZ 650 SEK
▶ *Palace*, am Hagapark
▶ *Hotel Malmen*, Götgatan 49-51, gehobene Mittelklasse, laut, aber zentral auf Södermalm gelegen.

In der gehobenen Mittelklasse findet man ebenfalls Häuser aller Ketten, aber auch private Hotels wie die folgenden:
▶ *Karelia*, Birger Jarlsgatan 35, Tel. 08/ 24 76 60, ein schönes altes Haus mit sehr geräumigen Zimmern, die vor allem durch ihre Höhe beeindrucken. Das russische Restaurant

bietet besonders exotische Geschmackserlebnisse.
▶ *Ariadne Hotel*, am Hafen der Silja-Line, Tel. 08/ 665 78 00, gehört der Silja-Line, vor allem geeignet für Leute, die per Silja-Line nach Finnland wollen; guter Standard, große, moderne Zimmer.

In der oberen Klasse gibt es Hotels zuhauf, die aufgrund stark gesenkter Sommerpreise erschwinglicher sind. Die DZ liegen hier zwischen 575 und 800 SEK. Für Suiten und ähnlichen Luxus kann man allerdings leicht ein paar Tausender pro Nacht loswerden.
▶ *Scandic-Crown*, auf Söder, Tel. 08/ 702 25 00, mit herrlichen Holzvertäfelungen, Blick auf die Altstadt und gutem Preis-Leistungs-Verhältnis.
▶ *First Hotel Reisen*, Skeppsbron, Tel. 08/ 22 32 60, ist geschmackvoll eingerichtet, mit Blick auf die Insel Skeppsholmen.
▶ *Hotel Sergel Plaza*, Brunkebergstorg 9, Tel. 08/ 22 66 00, ist das 5-Sterne-Hotel-Flaggschiff der Reso-Kette mitten in der Fußgängerzone, ein internationales Deluxe-Hotel.
▶ *Radisson SAS Strand Hotel*, am Nybrokajen, Tel. 08/ 678 78 00, 5-Sterne-Hotel. DZ 1.500-2.000 SEK.
▶ *Grand Hotel*, Tel. 08/ 679 35 00, das altehrwürdige Haus ist eines der edelsten und luxuriösesten Hotels Schwedens. Der Blick in den Versailler Spiegelsaal oder einen der anderen Paradesäle läßt das Herz höher schlagen. Kein Wunder, daß hier die großen Staatsmänner und Stars absteigen. Natürlich gibt es auch einfachere Räume für Familie "Svensson".

Meine besonderen Empfehlungen für wirklich schöne Hotels in Stockholm sind aber deutlich kleinere Hotels mit angemessenem Standard, die auch dem Traditionsbewußten genügen und dazu auch eine ge-

wisse Gemütlichkeit bieten:
▶ *Hotel Berns*, Näckströmsgatan 8, Tel. 08/ 614 07 00, wurde dem Trakt des Vergnügungspalasts am Nybroplan angegliedert und im Stil der Jahrhundertwende, innen jedoch topmodern gestaltet. Jedes der 63 Zimmer ist geräumig, individuell und bestens ausgestattet, z. B. mit einem riesigen Audio-Video-Turm mit TV, Stereo-Anlage und anderen Spielereien. Wie eigentlich in allen guten Stockholmer Hotels ist der Service und die Freundlichkeit des Personals auch hier nicht zu überbieten.
▶ *Hotel Victory*, Lilla Nygatan 5, Tel. 08/ 14 30 90, ist Mitglied bei Countryside, Relais et Châteaux und Steigenberger und mit den anderen erstklassigen Altstadthotels *Lord Nelson* und *Lady Hamilton* in einer Marketing-Gruppe zusammengeschlossen. Das "Victory" übertrifft die beiden anderen noch um eine Nuance an Tradition, Stil und an Klasse der Lokale. In dem jahrhundertealten Bau wurde schwedische Geschichte gemacht. Hier leben heute Touristen mit CS-Scheck für etwa 200 DM im Doppelzimmer wie die Adligen im 17. Jahrhundert. Zum gehört das Restaurant *Lejontornet.*
▶ *Hasselbacken Hotel und Restaurant,* unmittelbar neben dem Eingang zum Freilichtmuseum Skansen, Tel. 08/ 670 50 00, gemütliche Zimmer mit Dekor aus den zwanziger Jahren, bester Service und gute Küche; ein sehr gutes Preis-Leistungs-Verhältnis. DZ 850 SEK.

Essen und Trinken

In Stockholm kommt heute ein Gasthaus auf ca. 2.000 Einwohner. Das bedeutet eine Gesamtzahl von ca. 750 Restaurants und Kneipen.

Zu Bellmanns Zeiten waren es noch ein Gasthaus auf ca. 100 Einwohner, also 20mal so viele Lokale wie heute. Dennoch ist auch heute die Auswahl schwer genug, das Angebot vielseitig und international. Zahlreiche Länder sind mit ihren nationalen Spezialitäten vertreten, viele Restaurants sogar mit Stern im "Guide Michelin".

Viele Restaurants sind reine *Lunchrestaurants*, also abends geschlossen oder mit keiner größeren Karte versehen als mittags. In solchen Lokalen legen die Gäste generell mehr Wert auf schnelle Bedienung und preiswerte Mahlzeiten als auf gutes Essen und Atmosphäre. Die meisten Restaurants bieten mittags nur eine knappe Speisenauswahl und halten dann abends die große Karte mit entsprechend höheren Preisen bereit.

Mittags wird vielerorts das *Dagens Rätt* (Tagesgericht) angeboten, ein passables Mittagessen für 55 bis 65 SEK inkl. Salat, Getränk und Kaffee. *Fast food* bestimmt die schwedischen Eßgewohnheiten um diese Tageszeit. Wie in Frankreich hebt man sich auch in Schweden die Hauptmahlzeit für den Abend auf.

Günstige Abendrestaurants verlangen für ein Hauptgericht etwa 120 SEK. Die meisten Restaurants der mittleren Preisklasse liegen mit ihren Gerichten zwischen 120 und 180 SEK. In Feinschmeckerrestaurants beginnen die Hauptgänge bei 180 SEK und aufwärts; für ein Menu muß man hier schon mit 350 bis 500 SEK rechnen.

Nur relativ wenige Lokale entsprechen unseren Vorstellungen von einer Kneipe ("Pub" oder "Bar" genannt). Es gibt sie zwar in Stockholm, allerdings nicht so häufig, denn bei den hohen schwedischen Alkoholpreisen fällt es nicht so leicht, abends mal eben schnell zwei oder drei Bier zu trinken. Da bleiben leicht 50 DM hängen. Also verbinden die Schweden dieses "Nur-Trinken" mit einem leichten Mahl in der *Brasserie* oder dem *Krog*. Der Verdienst der Lokale wird zum großen Teil mit dem Essen gemacht. Vielerorts muß man einen Tisch vorbestellen, um dort einkehren zu können. Dadurch wollen die Lokale auch sicher gehen, daß man nicht nur zum Trinken kommt.

Günstige Lokale

Preiswert essen, vor allem mittags, kann man in der City am praktisch jeder Ecke, in den Kaufhausrestaurants und den unzähligen Hamburger-, Kebab- und Pizzalokalen. Preiswert heißt für schwedische Verhältnisse: "Big Mac" für 36 SEK!

Unbedingt erwähnen muß man zwei *McDonalds Restaurants*: Die Filiale in der Nybrogatan, die als Bibliothek eingerichtet ist, und McDonalds - Sveavägen, das an Wochenenden zwischen 23 und 3 Uhr *der* Insidertreff für "Raggare", die schwedischen Halbstarken mit ihren bulligen Motorrädern und US-amerikanischen Traumschlitten der fünfziger Jahre ist. Vor der Außenveranda reiht sich Motorrad an Motorrad, "schwere Jungs" in Lederjacken und ihre blonden Freundinnen beherrschen die Szene. Schaumacher produzieren sich vor den Schaulustigen durch gewagte Fahrmanöver auf der Straße und machen den Sveavägen zu dieser Stunde zu einem Stück "California".

Preiswert essen kann man in der City auch in den *Kungs-* und *Hötorgshallen* mit ihren internationalen Schnell-Restaurants, sei es mexikanisch, italienisch oder chinesisch. Sie sind nur bis 19 Uhr geöffnet.

Pizza Hut, Sveavägen 8, bietet die amerikanische Art des italieni-

schen Erfolgsessens. Aber für italienisches Essen ist die *Spaghetti-Company* heutzutage die Nr. 1 in Stockholm. Hier gibt es Pasta auf dutzende Arten.

An der Ecke von Hamngatan und Kungsträdgårdsgatan liegt das *Veau-de-ville,* "Brasserie des Jahres 1990", eine der für Schweden so typischen Mischung aus Kneipe und Speiselokal. Es ist leicht französisch inspiriert, mittags meist preiswerter als abends und guter Treff für Touristen wie für Geschäftsleute.

Fast alle Restaurants und Kneipen auf Södermalm sind in der unteren Preisklasse anzusiedeln. Alles sammelt sich in *Tre Tunnor,* Hornsgatan 104, einer der typischen Söder-Treffs. Die gemütliche "Holländische Windmühle" in Hammarby, Tjärhovsgatan beherbergt *Kvarnen,* ein gutes Söder-Lokal mit Schwerpunkt auf dem Diner.

Tip: Für diejenigen, die es fischig mögen, bietet das traditionsreiche *Gerdas* in der alten Saluhall auf Östermalm gute und günstige Fischgerichte auch zum Mitnehmen (geöffnet bis 18 Uhr).

Mittlere Preisklasse

Die absoluten Trendsetter liegen zur Zeit in der neuen, edlen Sturegallerian am Stureplan: *Sturehof* bietet neben der Pub-Sektion das älteste Fischlokal der Stadt in edlem Milieu. Yuppies gern gesehen!

Auch einige der Altstadtrestarants gehören nicht in die höchste Preisklasse, wie z. B. das *Café de la paix* in der Svartmangatan 11.

Vorsicht vor den Restaurants in der Västerlånggatan, denn sie sind auf Touristen eingestellt, wie das *Latona* oder das *Michelangelo*: teuer, wenig Essen und letzteres sicher auch mit niedriger Qualität.

Ein gutes Preis-Leistungs-Verhältnis bieten *Markurells* am T-Centralen und der *Franziskaner* am Skeppsbron - für alle, die nicht von deutschem Essen lassen können. Stockholms ältestes Restaurant aus dem Jahr 1421 serviert nämlich schwedische und deutsche Küche.

In der mittleren Preislage sind auch die Restaurants auf den Schärendampfern zu nennen, auf denen man sein Essen in einzigartiger Atmosphäre genießt. Einige Dampfer fahren vom Nybroplan bzw. vom Blasieholmskajen auf die Fjäderholmarna. Das Schärenrestaurant hier läßt ein wenig von den alten Seefahrerzeiten aufleben. Meeresfrüchte werden vorzugsweise serviert, aber auch schwedische Gerichte wie "Köttbullar" und "Pytt i Panna".

An das *Pub Tennstopet* in der Dalagatan 50 ist ein richtig gemütliches Restaurant angegliedert mit original schwedischem Essen wie "Janssons Frestelse".

"KB" - das steht für *Konstnärsbutiken*. Der Künstlertreff in der Smålandsgatan 2 wartet mit traditionellem schwedischem Essen in höchster Form auf - jenes besondere Publikum aus Kunst und Szene eingeschlossen.

Tip: *Saigon* in der Tegnérgatan 19 verspricht seinen Besuchern "Love, Peace and Food". Letzteres ist gelungen und hat einen amerikanisch-asiatischen Touch: Musik und Atmosphäre der frühen siebziger Jahre, vor der Tür ein alter US-Jeep und Sandsäcke in den Fenstern. Saigon - das ist zur Zeit Stockholms meist diskutierte Kneipe.

Ausländisch

Wer's ausländisch mag, kommt in Stockholm auf seine Kosten. Im allgemeinen liegen die ausländischen

Restaurants deutlich unter dem Preisniveau der schwedischen.

Russisches Essen in original östlicher Atmosphäre bietet das Restaurant im Hotel *Karelia*, Birger Jarlsgatan.

Zur Zeit "in" ist in Schweden "Sushi", ein japanisches Essen mit rohem Fisch, erhältlich u. a. im *Miyako*, Kommendörsgatan 23, und im *Samurai* in der gleichen Straße, Hausnummer 40.

Es gibt viele Chinesen und Italiener. In der Lilla Nygatan 12 kocht man im *Lilla Karachi* echt pakistanisch. Und das in einem alten schwedischen Gewölbe. Indisches und nur vegetarische Gerichte gibt es bei *Govinda's* am Fridhemsplan 22.

Alles aus dem Wok gibt es im *"Wok"* am Fridhemsplan, Hantverkergatan 78.

Gehobene Preisklasse

Die besten Stockholmer Restaurants gehören entweder zur klassischen französischen Küche oder bieten traditionelle nationale Spezialitäten in vollendeter Qualität.

Das *Berns Restaurant* im gleichnamigen Vergnügungspalast am Nybroplan ist zwar kein Gourmet-Restaurant der allerhöchsten Klasse, bietet aber gutes Essen in der prachtvollen Atmosphäre des Jugendstilglamours mit gigantischen Kristalleuchtern, Schnitzwerk und rotem Samt. Hier ist das Drumherum einfach wichtiger als das Essen.

Noch ein wenig bessere Gerichte serviert man in den Kellerräumen des *Fem Små Hus* in der Nygränd 10 (Altstadt): sehr gemütlich und typisch schwedisches Essen von höchster Klasse, z. B. Rentiergeschnetzeltes mit Preiselbeeren, Röding mit neuen Kartoffeln, Schneehuhn oder "Multebeer-Parfait". Ähnlich im Stil, was Lokalität, Essen und Preise betrifft, ist das *Diana* in der Nebengasse, Brunnsgränd 2. Absolute De - Luxe - Restaurants mit Menüpreisen bis zu 600 SEK gibt es auch. Wenn man dabei bedenkt, daß man auch schon für ein gewöhnliches Wiener Schnitzel 50 DM hinlegen muß, dann ist es sinnvoll, noch ein paar Mark dazuzulegen und dafür die landestypischen Gerichte zu erleben.

Eine Institution in ganz Schweden ist das Smörgåsbord im *Ulriksdals Värdshus* neben Schloß Ulriksdal im Park. Telefonische Vorbestellung unter 08/ 85 08 15.

Höchste Michelin-Ehren für ihre französische Küche genießt der *Operakällaren* in der Oper mit Blick zum Schloß. Das Interieur ist seit der Einweihung der Oper bis auf eine Nuance unverändert geblieben. Für die damaligen Verhältnisse waren die Damen auf Oscar Björcks Paneelmalereien zu leicht bekleidet - ein Skandal war geboren. Sogar der Reichstag mußte sich der Sache annehmen und entschied, daß der Künstler gewisse Stellen mit Kleidung zu übermalen habe. In dieselbe Kategorie gehören *Michele* im Karlavägen 73, *L'Escargot* in der Scheelegatan 8 und *Paul & Norbert* im Strandvägen, wo man so erlesene Dinge wie iranischen Kaviar verspeist.

Vorbestellen sollte man auch bei *Wedholms* am Nybrokajen, Tel. 08/ 10 48 74, der ein reines Fischrestaurant führt und Gerichte mit Meeresfrüchten zur höchsten Perfektion gebracht hat.

Ein weiteres traditionsreiches Fischrestaurant ist *Erik's* in der Österlånggatan 17. Hier gibt es Speisekarten ohne Preisauszeichnung für die Damen, was durchaus nicht heißt, daß sie ihr Essen nicht zu bezahlen hätten!

Der nächste Zuspruch gilt dem Restaurant im Countryside-Hotel *Villa Källhagen* auf Djurgården, Djurgårdsbrunnsvägen 10, mit erstklassigen Weinen, moderner, leichter Küche mit Pfiff.

Wer zu "Janssons Frestelse", Glabläserhering oder guten Wild- und Fischgerichten auch eine ländliche Holzhausatmosphäre sucht, der sollte sich unbedingt in den zentrumsnahen *Stallmästaregården* am Norrtull an der Südspitze des Brunnsviken begeben. Hier hat man viel Grün und eine wunderschöne Aussicht auf das Wasser.

Es bleibt noch Schwedens berühmtestes Restaurant, der *Gyldene Freden* (Goldene Frieden). Tradition und Schweden werden unverfälscht geboten. Hier, in der Österlånggatan 51, sind die Mitglieder der Schwedischen Akademie anzutreffen und schwelgen wie in den alten Tagen. Wie oft mag der große Carl Michael Bellmann hier auf den Bänken getanzt haben? Evert Taube erklärte den "Frieden" zu seinem Stammlokal. Anders Zorn zahlte spontan 150.000 Kronen und kaufte das Lokal, als dessen Schließung drohte. Man sollte nicht aus Stockholm abreisen, ohne hier einmal die berühmten Fleischbällchen "Köttbullar" gegessen zu haben.

Übrigens: Wer gerne einmal auf einem Schiff essen möchte, kann dies auf der "Mälardrottningen" tun, die fest vertäut am Riddarholmskajen liegt. Auf der ehemaligen Yacht Barbara Huttons, der Woolworth-Gründerin und eigenwilligen Millionärin, kostet aber auch schon das Glas Cola mit Eis über 10 DM - aber dafür gibt es reichlich Eis.

Tip: Im alten *Hotel Victory* in der Lilla Nygatan 5 hält der *Leijontornet* allerhöchste Versprechungen einer abwechslungsreichen, französischen und schwedischen Küche mit Michelin-belohntem Niveau. Das Milieu ist klassisch: Vom alten Stadttor, dem Löwenturm, ragen Bruchstücke mitten in das Restaurants hinein. Nur eine Glaswand versperrt den Zugang, nicht aber den Blick auf Stockholms besten Weinkeller. 1930 fand man in diesen Räumen den millionenschweren Gold- und Silberschatz der Adelsfamilie Lohe.

Tip: *Skitiga Duken,* das heißt soviel wie "Besch... Tischtuch" und ist eine absolute Geheimadresse für Freunde der klassisch-leichten italienischen Küche. Ob Antipasto misto, Iris di Bruschetta, gegrillte Scampi oder Tartufo - der Italiener zaubert den Glanz Italiens in die kargen Steinmauern der Stockholmer Altstadt. Das Lokal ist in der Stora Nygatan 35 zu finden. Die Hauptgerichte liegen bei 150 bis 200 SEK.

Cafés

Alle reden von Wien, aber in Stockholm gibt es sicher ähnlich gemütliche Cafés, in denen man ebenso viele Pfunde zusetzen kann.

Sturekatten auf Östermalm ist das typische Wiener Café mit Kompositionen in Zucker und Sahne. Auch *Vetekatten* in der Vasastan gibt sich in diesem Stil.

In der Västerlånggatan 18 liegt das *Café Gråmunken* und ein wenig nach Süden in Nr. 60 das *Café Art,* mein Café-Tip für Stockholm. In dem alten Kellergewölbe verzaubern wuchtige Holzmöbel, romantischer Kerzenschimmer und ein delikater Apfelkuchen mit heißer Vanillesauce jeden Abend bis 23 Uhr.

Das beste, was man je an Eis gegessen habe, versprechen die Filialen von *Björnglassen* mit fast hundert Sorten zur Wahl, intensiv in jeder Geschmacksrichtung. Die Rezepte sind gehütet wie die von

Coca-Cola. Zur Zeit gibt es Filialen in der Folkungagatan, Odengatan und im Shoppingcenter Fältöversten auf Östermalm.

Kneipen und Lokale für abends

Wer die Stadt und ihre Bewohner richtig kennenlernen will, muß abends in die Lokale auf Söder, am Kungsträdgården oder der Altstadt gehen. Geldbeutel nicht vergessen! Der Liter Bier kostet zwischen 80 und 100 SEK.

Im Sommer ist Schlangestehen angesagt, eine höchst ärgerliche Sache, denn die Schlangen sind völlig künstlich und das Getue arroganter Türsteher nervend. Aber anders kein Zutritt! Und: Außer auf Söder sind in den meisten Fällen Uralt-Garderobe und Turnschuhe chancenlos. Kravatte ist in einigen Fällen erwünscht, meist aber keine Pflicht.

Die absoluten Insider-Treffs liegen zur Zeit alle auf *Norrmalm.* Um die launische und wechselhafte Gunst des Volkes streiten die Bar im Berns, Café Opera und Sturehof. *Berns* bietet ein geschmackvolles Jugendstilambiente und beheizte Freiterrasse, aber auch Yuppie-Getue in historischem Milieu. Mit Berns konkurriert die *Operabaren/ Café Opera* in der Oper. Auch hier präsentiert sich Edles, aber deutlich in modernerem Stil. Auch im *Sturehof* in der Sturegallerian drängeln sich Stars, Jungunternehmer und ganz gewöhnliche Menschen. Cadillacs und Lincolns warten vor den Türen. Wozu die Arroganz der Türsteher führen kann, offenbarte sich im Winter 1994 auf grauenvollste Weise: Ein von überheblichen Wachleuten immer wieder abgewiesener Mann südländischer Herkunft verließ erregt die Szenerie, kehrte mit einer *MP* zurück und schoß wild in Richtung Eingang. Neben gut zwanzig Verletzten waren drei Tote und ein angekratztes Image der Gefahrlosigkeit eines Stockholmer Nachtbummels zu beklagen.

Am oberen Ende des Kungsträdgården liegen *Aquarius* und *Victoria* mit netten Outdoor-Verandas. Beide sind deutlich weniger angeberisch als die erstgenannten, obwohl man auch hier mitten im Geschehen ist und schnell mit den Einheimischen in Kontakt kommt. Victoria ist es allerdings nicht zu verzeihen, daß man hier vor einigen Jahren mit dem Schlange-stehen-lassen angefangen hat.

Anders geht es in der Altstadt zu. Live-Sound ist Trumpf in den Musiklokalen *Kaos* (Stora Nygatan 21a), *Stampen* (Stora Nygatan 5) und *Engelen* (Kornhamnstorg) mit der Kellerbar Kolingen. Der Schwerpunkt liegt in etwa bei Jazz, Blues und Oldies. Bei Live-Acts kostet es Eintritt, meist 30 bis 50 SEK. Die Türsteher des Engelen regeln das Einlaßalter nach eigenem Gutdünken: nicht unter 20. Bei Laune wird es aber auch eben mal auf 25 hochgesetzt. Dennoch ist in allen drei die gute Stimmung immer da.

Auf fünf Bühnen "lebt" die Musik im stimmungsvollen *Mosebacke-Etablissement* auf Söder. Hier kommt jede Couleur zum Zug. Besonders liebt man hier Cornelis, den kürzlich verstorbenen Barden, der mit seinen eindringlichen Bellmann-Interpretationen sehr beliebt war.

Ruhiger ist *Riche* mit gutem Restaurant in der Birger Jarlsgatan 4.

Wenn es richtig spät wird, dann geht es ins *Glädjehuset* in der Kungsgatan neben Oscars Theater oder ins *Hard Rock Café* am Sveavägen - hier zeigt allerdings ein Schild am Eingang deutlich an, daß man seine Atomwaffen an der Garderobe abgeben muß. Auch auf den Schlips kann man hier natürlich verzichten. Bei Hunger auf Burger muß man auch nicht unbedingt hinüber zum populären McDonalds laufen, denn die *Café-Burger* sind die besten der Stadt.

In diesem Viertel gibt es ein paar ganz normale Kneipen ohne Eintritt, ohne Schlangen, für Leute, die wirklich nur mal eben ein Bier trinken wollen. So liegt in der Tegnérnorgatan *Tre Backar*, oben Bibliothek mit Bierausschank, unten Kellerkneipe mit häufigen Live-Auftritten. In derselben Kneipe liegt *Rolfs Kök*, New Wave, kalt, langweilig - so wie die Gäste hier.

Aber ganz in der Nähe, und zwar in der Surbrunnsgatan lockt *Norra Brunn* mit 79 Biersorten und der Spezialität "1 Meter Bier". Das sind sechs Sorten auf einem Holzbrett, darunter so Abstruses wie "Belgisches Pfirsichbier".

Ein britisches Pub, nur länger geöffnet als jene, ist das *Britannia* in der Odengatan 54.

Ganz "unter sich" ist man schließlich in *Glada Änkan*, der "Frohen Witwe" in der Norrtullsgatan. Es ist ein echtes Studentenlokal ohne Eintritt, mit vielen Freaks und Alternativen wie auf Söder. Die Einrichtung ist schon stark abgenutzt, auch ist es immer proppenvoll und verraucht.

Diskotheken

Die Diskotheken Stockholms sind meist eher chic. *Bacchi Vapen* in der Järntorgsgatan ist ein "erotisches Erlebnis" mit Strippern und verrückten Troubadouren, mittwochs nur für Damen, donnerstags nur für Herren, sonst für beide, bis 3 Uhr.

"Normaler" sind das *Galaxy*, das einzige Haus auf der winzigen Insel Strömsborg und das *Down-Town* in der Norrlandsgatan.

Richtige "Underground-Diskotheken" hat die Stadt nicht zu bieten. Eine der gediegenen Discos, weder extrem sub noch zu edel ausgerichtet, ist das *Glädjehuset*, das "Freudenhaus", neben Oscars. Es ist nicht nur Kneipe, sondern bietet Tanz und gute Musik.

Ganz im Trend liegt zur Zeit die Diskothek *Sturekompaniet* in der Sturegallerian am Stureplan. Auf vier Etagen drängen sich tanzfreudige Damen und Herren. Schon das Gebäude selbst mit Marmorsäulen und Stuck an den Decken macht den Besuch zu einem Erlebnis.

Kinos

Die meisten Stockholmer Kinos gehören großen Ketten, die in ihren unzähligen Kinopalästen mit mehreren Sälen unter einem Dach die international bekannten Filme bieten.

Die meisten Kinos liegen auf Sveavägen, in der Birger Jarlsgatan und in der Kungsgatan. Alle internationalen Filme werden in Originalsprache mit Untertiteln gezeigt. Ein aus der Reihe fallender Filmpalast ist das *Röda Kvarnen* in der Bibliotheksgatan mit riesiger Leinwand und Dekor aus purpurfarbenem Samt. Die Eintrittspreise liegen bei 60 bis 80 SEK. Zur Zeit entsteht am Hörtorget ein neuer Kinokomplex.

Theater, Oper und Ballet

Aus der Unmenge von Etablissements, in denen man klassische und moderne Stücke wie Tanz, Ballett, Oper, Operetten, Konzerte, Musicals und Shows bietet, können hier nur ein paar Highlights vorgestellt werden. Über die Spielpläne informieren Tageszeitungen, die Touristeninformationen und das wöchentlich

Stockholms Oper

erscheinende Heftchen "Stockholm this week".

Flaggschiff der Szene ist das weltberühmte *Oscars* in der Kungsgatan 63, in dem die großen Broadway-Musicals oft ihre Europa-Premiere feiern: "Chorus-Line", "Nine", "Cats" oder auch "Phantom of the Opera".

Die *Oper*, das traditionsreiche königliche Theater, am Gustav Adolfs torg ist nun seit 1898 Schauplatz großer Aufführungen. Im Vorgängerbau wurde Gustav III. erschossen.

Das *Dramatische Theater* am Nybroplan wurde wie die Oper von König Gustav gegründet. Der Marmorpalast entstand 1899. Auf mehreren Bühnen laufen Dramen von Shakespeare bis zur Moderne.

Das älteste Theater der Welt ist das *Drottningholms slottsteater*. Es hält sich mehr an Klassik, vor allem an Musik. Nun endlich wurde es auf die Liste der schützenswerten Bauten der UNESCO gesetzt.

Das größte Theater der Stadt ist neben Berns das *Chinese Theatre*, ebenfalls am Nybroplan. Beide zeigen pompige und prunkvolle Shows, Revuen und meist leichte Unterhaltung auf je zwei großen Bühnen.

Am Mosebacketorg liegt das *Södra Theatern*, in dem Stücke aus dem ganzen Land gezeigt werden.

Das billigste Theater der Stadt ist das sommerliche *Parktheater*. Auf verschiedenen Grünflächen werden volkstümliche Stücke gratis aufgeführt, im Freien und mit großem Einsatz der unbezahlten Laien die viel Spaß an der Schauspielerei haben.

Wahrscheinlich die kleinste Bühne hat das *Strindberg-Theater* im Blå Tornet (Blauer Turm), der letzten Wohnung des Künstlers, in dem heute in kleinem Rahmen Dramen des großen schwedischen Schriftstellers aufgeführt werden.

Darüber hinaus gibt es viele andere Bühnen, die auch von freien Gruppen betrieben werden.

Einkaufen

Das große Shopping-Quadrat Stockholms liegt auf Norrmalm rund um den Sergels Torg: Hamngatan, Drottninggatan, Sveavägen, Hötorget und Kungsgatan.

Die großen Kaufhäuser sind *Åhlens* in der Klarabergsgatan, *NK* in der Hamngatan und *PUB* in der Drottninggatan (geöffnet Mo bis Fr 9 - 19 Uhr, manche Abteilungen sogar bis 21 Uhr, Sa 9 - 16 Uhr, So 11 - 16 Uhr).

Große Shoppingcenter sind *Gallerian* in der Hamngatan, *Fältöversten* auf Östermalm und die wunderschöne *Sturegallerian* am Stureplan.

In der Altstadt reihen sich die kleinen Läden und Boutiquen in der Västerlånggatan, Österlånggatan und den Nebengassen.

Lebensmittel

Die bei weitem größte Auswahl für Selbstversorger bietet die Lebensmittelabteilung des *Åhlens*. Im Sommer ist sie auch abends bis 21 geöffnet. Bis 23 Uhr sind die zahllosen Läden der *7-11-Kette* geöffnet. Im *Centralen* (Hauptbahnhof) hat man ebenfalls die Möglichkeit, zu "unmöglichen" Zeiten einzukaufen.

Die Preisunterschiede der Läden sind recht gering. Wer sich nach frischem Obst und Gemüse sehnt, ist auf dem *Hötorget* bestens bedient. Die Waren hier sind sehr gut und preisgünstig.

Für Fisch gibt es keine bessere Adresse als die *Saluhallen* auf Östermalm.

Antiquitäten

Auf Gamla stan reihen sich die Antiquitätenläden, vor allem in der Köpmangatan und der Kindstugatan. Auf Söder ist der Hornsgatspuckeln Heimat solcher Geschäfte.

Bücher und Landkarten

Die größte Buchhandlung Schwedens ist *Akademibokhandeln* (Almqvist und Wiksell) in der Mäster Samuelsgatan 32. Auf 3.000 km² findet man 100.000 Titel. Kleiner, aber auch gut sortiert sind *Hedengrens* in der Sturegallerian, sowie Hemlins in der Västerlånggatan mit einem ebenfalls guten Sortiment an deutschen Titeln.

Bücher über alle erdenklichen Themen, die mit Schweden zu tun haben und in vielen Sprachen veröffentlicht sind, findet man im Sverigehuset am Kungsträdgården. Gegenüber von Oscar's liegt in der Kungsgatan 74 *Kartbutiken*, das größte Kartengeschäft Nordeuropas. Auch die Warenhäuser haben ein gutes Kartensortiment. Internationale Zeitungen und Zeitschriften (auch deutschsprachige) findet man im *Presscenter* im Gallerian, bei *Presspecialisten*, Sveavägen 52, und bei *International Press,* Kungsgatan 14.

Musik

Sverigehuset hält eine breite Auswahl schwedischer Interpreten aus Klassik, Volksmusik und populärer Musik bereit. *Svala* & *Söderlund* am Hötorget ist das größte Plattenhaus der Stadt.

Spielzeug

Die Kinderwelt ist *Stor & Liten* im Einkaufszentrum Gallerian. Hier findet man alles, was Kinder gerne ha-

ben möchten. Auf pädagogisch wertvolles Spielzeug ist *Leka Sammans* in der Hornsgatan 50 spezialisiert. *Förr och nu* in der Västerlånggatan 11 handelt mit alten Spielsachen.

Kleider

Neben den großen Sortimenten der Kaufhäuser findet man *H & M* an fast jeder Ecke in Norrmalm. Qualitativ Hochwertiges verkaufen die Boutiquen in der Altstadt. Die Boutiquen der *Sturegallerian* und in der Bibliotheksgatan erfüllen höchste Ansprüche. Prall gefüllter Geldbeutel ist Voraussetzung.

Kunst und Kunsthandwerk

Das Stockholmer Kunstleben ist reichhaltig, was sich u. a. in der großen Zahl von Galerien und Kunstgeschäften widerspiegelt. Keine andere Großstadt der Welt kann wie Stockholm mit der Zahl von über 200 Galerien aufwarten. Nur den Preis eines Tickets kostet der Besuch in der längsten Galerie der Welt, der *Tunnelbahn*.

Besonders in der Sturegatan, am Hornsgatspuckeln, rund um Strandvägen und in der Altstadt liegen haufenweise Kunsthandwerksshops und Läden, die Gemälde, eigenwilligen Schmuck, oder sonstige Kunst anbieten.

Die bekannten landestypischen Produkte wie Schmiedewaren und Dalapferden bekommt man im *Handelsgården Sverige*, Gamla Brogatan 36. Eine ähnlich gute Auswahl an Kunsthandwerk findet man im *Very Swedish Shop* im NK, bei *Svensk Hemslöjd,* Sveavägen 44, und bei Brinken, Storkyrkobrinken 1. Alles aus Glas, Holz, Keramik und Eisen, aber auch Strickwaren,

Zinnguß oder Rentierfelle gibt es hier zu kaufen.

Wer noch nicht schwedisches Glas in Småland ab Werk eingekauft hat, sollte sich in das *NK* oder zu *Nordiska Kristall*, Kungsgatan 9, begeben. Auch *Svenskt Glas* in der Birger Jarlsgatan 8 hat eine große Auswahl an schwedischen Glaswaren. Ausgefallene Glas- und Porzellanwaren findet man bei *Blås och Knåda* am Hornsgatspuckeln.

Sportartikel

Der Kauf von Sport- und Freizeitartikeln in Schweden kann sehr lohnend sein. Es gibt eine große Auswahl von Qualitätsmarken, die in Deutschland nur von wenigen Spezialgeschäften geführt werden. Das gilt für Rucksäcke, Schlafsäcke, Zelte, Outdoor- und Trekkingartikel, z. B. von Caravan, Fjällräven, Tenson und Trangia. Aber auch für Eishockey- und Wintersportartikel, Golf- und Tenniswaren lohnt sich hier der Kauf.

Eine gute Auswahl bieten *NK*, aber auch *Friluftsmagasinet*, Ecke Sveavägen und Odengatan, und *Velo* in der Kungsgatan.

Besondere Geschäfte

Wer sich für samische Produkte (z. B. Fell, Horn, Drahtstickereien) interessiert, findet auf dem Hötorget einen entsprechenden Stand.

Lindéns Konstsmide in der Österlånggatan 23 verkauft herrliche Schmiedewaren. Im übrigen ist diese Straße eine Fundgrube für Kuriositäten und Kunst. *Hopareboden* in Nr. 31 hält ungewöhnliches Spielzeug bereit und *Peru Art* in Nr. 41 südamerikanische Kunst. In Nr. 12 verkauft man nur, was mit Stockholm zu tun hat. Außerdem findet

man hier *Kalikå* mit Nippes und Kleinkunst, ein Geschäft für verrückte Spielwaren, wie z. B. aufblasbare Dinosaurier, und *Fartygsmagasinet* in Nr. 14 und 19 - 21. Letzteres ist eines der ursprünglichen Geschäfte der Stadt. Es läßt die Matrosenherzen höher schlagen, denn es ist bis unter das niedrige Dach voll mit Seefahrtsprodukten bestückt. Man findet hier Schiffsmodelle von alten Schonern und Kuttern, Messingwaren, Taue, Taucherglocken, ja, selbst Galionsfiguren. Alles riecht noch nach der See, denn diese Objekte aus Seewolfs Zeiten sind alle schon rund um die Welt gefahren.

Ein paar Geschäfte kann man nicht einordnen. Sie verkaufen so ziemlich alles. *Själagårdsboden* in der Själagårdsgatan 7-9 ist bis zur Decke mit Küchengeräten aus Holz, Weihnachtsmännern, Postkarten und allerlei anderen Dingen fürs Herz aufgefüllt.

Tyger och Tidlösa Ting in der Köpmangatan 1 verkauft, wie der Name sagt, "Stoffe, Zeugs und zeitlose Sachen".

Ateljé Oxen in der Svartmangatan 11 ist ein Spezialgeschäft für Naturlederwaren. Handgestrickte, nordische Pullover und Strickwaren gibt es bei *Kerstin Adolphson* in der Västerlånggatan 44.

Ein ganz ungewöhnliches Geschäft ist *Stilrunia* in der Norrlandsgatan. Alles Design, was hier angeboten wird, muß das Gütesiegel "ausgefallen" tragen. Mit einigen dieser Sachen erzielt man Lacherfolge auf Parties: schwebende Kugelschreiber, elektrische Coladosen oder Drinks, die sich selbst mixen.

Das verrückteste Geschäft der Stadt ist aber zweifelsohne *Buttericks* in der Drottninggatan 57. Hier häufen sich auf zwei Etagen Kostüme und Scherzartikel.

Wem noch ein paar Schweden-fahnen fehlen: Die *Flaggenfabrik* in der Skeppargatan 49 b hat einige Länder auf Vorrat.

Der *Flohmarkt* (Loppmarknaden) liegt im Shoppingcenter *Skärholmen City* und ist tgl. von 10 bis 18 Uhr geöffnet.

Organisierte Ausflüge

Regelmäßig fahren im Sommer die Dampfer über den Mälaren und in den Schärengarten. Die Touren dauern zwei bis acht Stunden und kosten je nach Programm zwischen 30 und 250 SEK. Veranstalter sind *Strömma Kanalbolag, Waxholms-båtarna, Stockholm Sightseeing* und andere kleine Betriebe. Die Schärenboote fahren vom Nybroplan und vom Blasieholmskajen; zum Mälaren legen sie von der Stadshusbron ab.

City-Sightseeing wird per Bus und Boot gemacht. Die Touren beginnen am Grand Hotel und Gustav Adolfs torg: Tour mit Altstadt, Dom und Stadthaus, 9.30 Uhr, 2½ Std. Tour mit Wasa-Schiff, 13.30 Uhr, 2½ Std. Im Sommer führt man von hier auch um 10, 11, 14 und 15 Uhr die Touren "Stockholm in einer Nußschale" durch, dreistündige Ausflüge per Bus und Boot. Zu den gleichen Zeiten finden auch einstündige Ausflüge statt.

Mit den flachen Kanalbooten werden vielerlei Bootstouren zu den die City-Inseln veranstaltet. Die Schärendampfer fahren in das Archipel, bis zu sechsmal am Tag zur Inselgruppe Fjäderholmarna.

Es gibt auch Fahrten nach Vaxholm und sogenannte Thema-Touren, wie z. B. Musikveranstaltungen an Bord, Krebsessen, Wein- und Käse-Kreuzfahrten. Man sollte sich unbedingt die alljährlich wechselnden

Fahrpläne im Sverigehuset besorgen. Einige Fahrten finden nicht jeden Tag statt, andere dagegen mehrmals täglich.

Ein Vergnügen sind z. B. die Jazz-Abende mit Eddie Bruhners Band meist di und do ab *Strand Hotel* mit dem Dampfer "Björkfjärden". Start 19.30 Uhr, Rückkehr etwa 22.30 Uhr. Während der alte Kohledampfer langsam durch die verzauberte Inselwelt gleitet und die Sonne Wasser und Wald rotfärbt, spielen Eddie und seine Freunde, was das Zeug hält. An einer Mole auf einer kleinen Insel wird angelegt und getanzt. Natürlich gibt es immer Essen und Trinken auf solchen Fahrten. Fahrpreis dieser Tour beträgt 120 SEK. Vorbestellung ist hier nicht möglich. Auf vielen anderen Fahrten, wie z. B. mit der wunderschönen "Blidösund", ist sie obligatorisch, wenn man mitkommen möchte. Weitere Tips aus dem riesigen Angebot sind z. B. eine Mittagstour nach Gustavsberg zur Porzellanfabrik oder ein "Bellmann-Abend" mit Liedern des alten Barden. Hierzu werden allerdings moderne Schiffe eingesetzt.

165 SEK kostet die Vaxholm-Tour inkl. Besuch der Festung und einem Picknick mit eingelegten Heringen. Auch einen Raddampfer hat man jetzt hierher geholt: Die "Dixie-Queen" - natürlich für Jazz-Freunde.

Zum Mälaren sind Touren nach Birka, nach Drottningholm oder eine Seekreuzfahrt bis nach Mariefred für 190 SEK unvergeßliche Erlebnisse.

Stockholm kann man nicht nur per Bus oder Boot erkunden, sondern auch aus der Luft. In Skeppsholmen startet im Sommer alle 15 Minuten ein Helikopter zu einer 10-Minuten-Tour über das schwimmende Paradies. Für 300 SEK ist man dabei.

Langsamer geht es per Ballon, vielleicht die schönste Art, die Stadt zu entdecken: Auf der einstündigen Tour wird Champagner in luftigen Höhen serviert. Das macht den Preis von 1.500 SEK. Genaue Programme hält das *Sverigehuset* bereit.

Strände

Mitten in der Großstadt in sauberem Meer- oder Seewasser zwischen Felsen und Wald baden - das gibt es hier in Stockholm. Felsenstrand überwiegt: Die besten Badeplätze sind *Smedsudden* auf Söder, *Långholmen* und das vielbesuchte *Rålambshovbadet*. Aber niemand stört sich daran, wenn man gleich vor dem Stadthaus ins Wasser springt. Auch im *Brunnsviken* und überall auf den äußeren Inseln gibt es herrliche Badeplätze. Sandstrände findet man z. B. am Badeplatz *Mälarhöjden*, Bus 163 von der City nach Bredäng und dann 15 Minuten zu Fuß. *Sverigehuset* zeichnet in die Karten der Touristen die Plätze ein, die am nächsten zur jeweiligen Unterkunft liegen.

Veranstaltungen

Ganzjährig erlebt die Hauptstadt Veranstaltungen internationalen Zuschnitts, die natürlich gerade im Sommer auch bei Touristen einen Kurzbesuch veranlassen können.

Die *Bootsmesse* Ende Februar eröffnet die Reihe der Veranstaltungen. Im März stehen *Kunst- und Antikmessen* auf dem Plan. Der Mai steht im Zeichen des Sports. Tausende nehmen am *Stockholm Marathon* teil. Der *Elite-Pferdelauf* in Solvalla genießt höchste Reputation. Der 6. Juni ist Schwedens Nationalfeiertag; gefestet wird dann z. B. auf Skansen. In diesen Tagen laufen

auch die alten Dampfer zur Parade aus: *Tag des Schärendampfers!*

Mittsommer auf Skansen ist in den letzten Jahren mehr durch Touristen als durch Einheimische geprägt worden - die fliehen dann aus der Stadt!

Ende Juni findet auf Skeppsholmen das *Jazz- und Bluesfestival* statt. Ende Juli feiern die Schweden ihren Barden *Bellmann*: im Hagaparken, auf Djurgården und im Kungsträdgården. Höhepunkt des Sommers ist seit 1991 das *Water-Festival* in der zweiten Augustwoche mit der Weltmeisterschaft im Feuerwerk, Sport, Markt, Karneval und viel guter Laune. 1994 zählte man eine Million Besucher. Am Monatsende laufen die Damen. *Tjejmilen* ist für sie der größte Langstreckenlauf.

Anfang September präsentieren sich Hunderte von Segelbooten auf dem Wasser: *Tag des Segelboots.* Ende Oktober steht dann ganz Stockholm im Zeichen der Tennis-Wettkämpfe des *Stockholm Open* im Globen. Im November folgt das große *Film-Festival*. Anschließend rücken die vorweihnachtlichen Ereignisse heran, die *Weihnachtsmärkte* auf Skansen und in Gamla stan sowie das *Luciafest* am 13. Dezember.

Auch die letzten Stunden des Jahres sollte der Tourist auf Skansen verbringen und Jarl Kulle zujubeln, wenn er mit seinem Gedicht von der "Glocke" das neue Jahr begrüßt.

Nützliche Adressen und Telefonnummern

Apotheke: C.W. Scheele, Klarabergsgatan 64, 24-Stunden-Service, Tel. 08/ 24 82 80
Arzt bzw. Krankenhaus: Cityakuten,

Holländergatan 3,
Tel. 08/ 411 71 02
Fluggesellschaften:
Lufthansa, Norrmalmstorg 1,
Tel. 08/ 611 22 88
SAS, Stureplan 8,
Tel. 020/ 91 01 50
Flughafen: Arlanda,
Tel. 08/ 797 60 00
Fundbüros:
Bergsgatan 39, Tel. 08/ 769 30 00
Centralen, Tel. 08/ 762 20 00
SL, Tel. 08/ 736 07 80
Geldwechseln: Am billigsten bei
FOREX im Centralen (tgl. 7 - 21
Uhr), im Cityterminal (Mo bis Fr 9 -
19, Sa 10 - 15 Uhr), im Sweden
House (Mo bis Fr 9 - 19 Uhr, Sa
und So 9 - 17 Uhr), in der Vasaga-
tan 14 (Mo bis Fr 10 - 18 Uhr) und
am Flughafen, Terminal 2 (tgl. 6 -
22 Uhr), außerdem in fast allen
Postämtern.
Notfall: 900 00
Pannendienst: 020/ 91 00 40
Polizei: Agnegatan 33-37,
Tel. 08/ 769 30 00
Taxi: 08/ 15 00 00 (Achtung: Vor-
her den Preis vereinbaren, denn seit
1993 gibt es inoffizielle Taxigrup-
pen, die überhöhte Preise fordern!)
Zahnarzt: St. Eriks Hospital, Fleminggatan 22, Tel. 08/ 654 11 17

Leihfahrzeuge

Die großen Mietwagenfirmen haben
natürlich Filialen am Flughafen
Arlanda, aber auch in der City. Für
einen VW Golf zahlt man inklusive
Steuer, Versicherung und freien Kilometern ca. 1.000 DM in der Woche (InterRent-Europcar). Damit liegen die schwedischen Preise also
noch gut 200 DM unter den deutschen.
► *Avis,* Sveavägen 61, Tel. 08/
34 99 10
► *Budget,* Sveavägen 153, Tel. 08/
33 43 83 oder 714 82 45

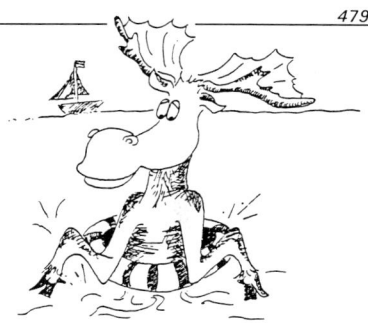

► *Europcar,* Birger Jarlsgatan 32a,
Tel. 08/ 23 10 70
► *Hertz,* Vasagatan 26, Tel. 08/
24 07 20

Innerstädtische Verkehrsverbindungen

Tickets: Wer das moderne Stockholm erleben will, kommt um öffentliche Verkehrsmittel nicht herum,
denn allzu groß sind die Entfernungen. Zudem schafft die Insellage
eine besondere Verkehrssituation.
Am billigsten geht man auf Ent-
deckungstour mit der *Stockholmskortet,* die für 24 Stunden 175 SEK
kostet, für 48 Stunden 350 SEK
und für 72 Stunden 525 SEK. Dafür
bietet sie einem Erwachsenen und
zwei Kindern unter 18 Jahren: freie
Fahrten mit Bus, U-Bahn, Straßenbahn und Vorortzügen im ganzen
Län, freies Parken an allen Parkuh-
ren, eine einstündige Sightseeing-
tour mit einem Schiff, 50 % Ermäßigung auf das Schiff nach Drottningholm, freie Fahrt mit Turistlinjen
(einer Busstrecke, die von Sehenswürdigkeit zu Sehenswürdigkeit
führt und im Stundentakt fährt), kostenlosen Zutritt zu über siebzig Sehenswürdigkeiten und Museen.
Die Fähre auf die Insel Djurgården ist nicht im Preis inbegriffen.
Das ist sie aber in der *Turistkort* für

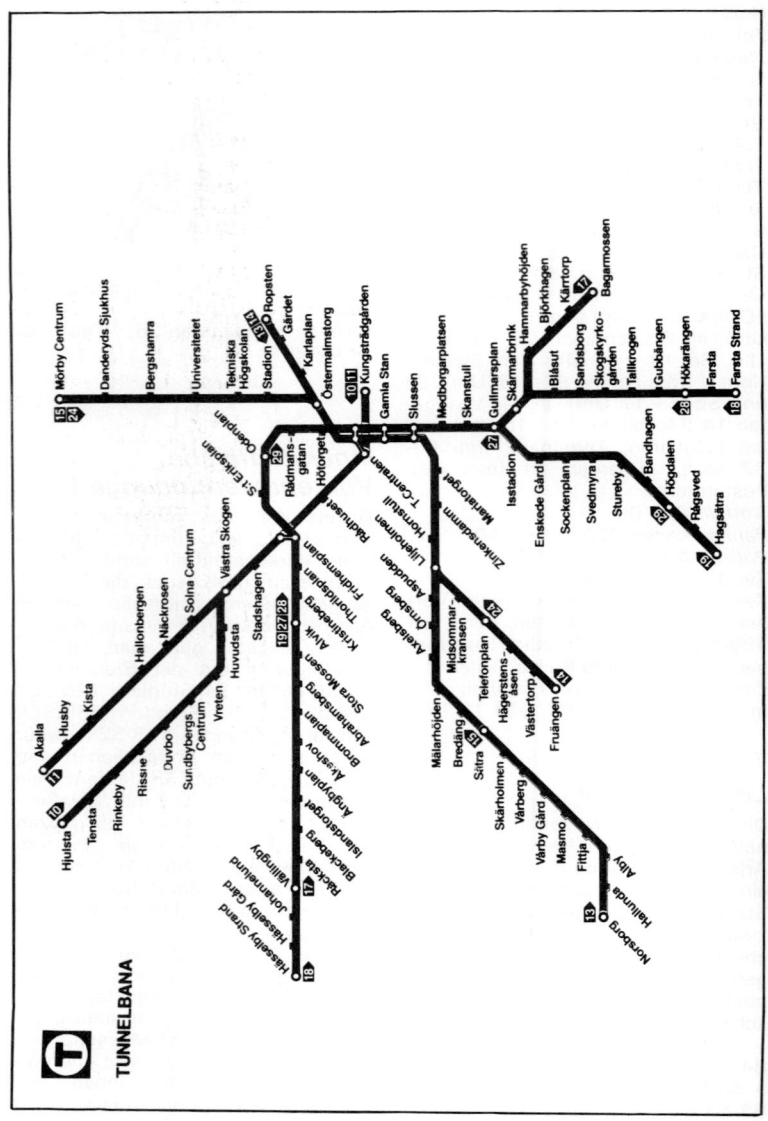

56 SEK pro Tag oder 107 SEK für drei Tage. Mit ihr darf man alle öffentlichen Verkehrsmittel benutzen.

Eine Kombination beider Karten ist bei einem Aufenthalt von mehr als drei Tagen ratsam. Dann genießt man die zahlungspflichtigen Sehenswürdigkeiten an den Tagen der Gültigkeit der Stockholmskortet und die kostenlosen (Altstadt, Shopping etc.) an den Tagen nach der ersten Stempelung der Turistkort.

U-Bahn: Die *Tunnelbana* (auch T-Bahn genannt), deren Eingang man am blauen "T" auf weißem Grund erkennt, ist mit ihren 99 Stationen auf 108 km Länge eine der längsten der Welt. Überdies ist sie schon an sich eine Sehenswürdigkeit, denn bedeutende Künstler haben einige Stationen in monumentale Kunstwerke verwandelt. "Die längste Galerie der Welt" ist sie vor allem auf der blauen Linie vom Kungsträdgården nach Akalla-Hjulsta. Hier bietet sie eine unglaubliche Reise durch die skandinavische Kunstszene. Die vielleicht schönsten Eindrücke bieten Kunsträdgården-Stationsaufgang *Nybroplan, Solna Centrum* und *Fridhemsplan*.

Überregionale Verkehrsverbindungen

Zug: Nach Helsingborg/ Kopenhagen und nach Malmö 6 bis 7 Züge am Tag, nach Göteborg fast stündlich, darunter die neuen, schnellen X-2000 Züge. Nach Östersund gehen ca. 5 Züge, nach Oslo 3, nach Luleå und Kiruna 2 Züge tgl.

Fähre: Silja- und Viking-Line tgl. nach Finnland. "Silja" ab Värtahamnen, "Viking" ab Stadsgårdsterminalen. Nach Helsinki legen beide um 18 Uhr ab, "Viking" zusätzlich di, do und sa 17 Uhr, Dauer 14 Stunden. Nach Turku unterhalten beide Linien je eine Tages- und Nachtfahrt, Dauer 12 Stunden, nach Naantali "Viking" 1mal am Tag, auch von Kapellskär über Mariehamn 1mal am Tag.

Flugzeug: Der internationale Airport Arlanda liegt 45 km nördlich der City. Busse fahren alle 15 Minuten zum City-Terminalen (50 SEK pro Person und Strecke). Mehrere Direktflüge am Tag nach Hamburg, Frankfurt und zu einigen anderen deutschen, schweizerischen und österreichischen Städten. Mehr als 35 nationale Flughäfen werden tgl. angeflogen, wie Göteborg oder Sundsvall mehr als 10mal pro Tag.

Route 22
Enköping - Rättvik (ca. 220 km)

Route 22 führt von *Enköping* durch die Provinzen *Västmanland* (→ R 21) und *Dalarna* auf den Straßen 70 und 80 zum Siljan-See.

Dalarnas Industrie, Erzeugnisse und vor allem seine Traditionen haben das Bild Schwedens in der Welt mitgeprägt. Die Provinz sehr abwechslungsreich. Sie bietet sowohl Kultur als auch eine wunderschöne Landschaft. Hier herrscht die besondere Atmosphäre, die Dalarna mit Värmland gemein hat. Gerade bei deutschen Touristen sind beide Provinzen sehr beliebt und stärker besucht als viele der südlichen und leichter zu erreichenden Landschaften an den großen Seen. Wie in Värmland so liegt auch über Dalarna ein besonderes Flair, das sehr viel mit Romantik und Nostalgie, mit der teilweise noch vorhandenen bäuerlich-dörflichen Welt zu tun hat. Mit dieser Provinz verbindet man rote Dalapferde, weiße Birken, Mittsommerfeste, Spielmänner und die harmonischen Bilder Carl Larssons. Dies alles stammt weitgehend aus der Gegend um den Siljan-See, die das touristische Zentrum der Landschaft ist.

Dalarna läßt sich unterteilen in: *Süddalarna* mit Falun, Borlänge und Bergslagen, insgesamt eine Industrielandschaft mit alten Herrenhöfen, stillgelegten Gruben, Hüttenmuseen und anderen Denkmälern der industriellen Revolution; *Nord-* oder *Fjälldalarna*, Schwedens südlichste Gebirgsregion mit Wintersportzentren und Gebirgscharakter wie in Jämtland oder Südlappland. Doch das "eigentliche Dalarna" lebt in der Mitte der Provinz um den Sil-

jan-See. Hier haben sich schon sehr früh eigenes Brauchtum und eine besondere Mentalität herausgebildet. So sagt man den Bewohnern nach, daß sie besonders starrsinnig, freiheitsliebend und traditionsbewußter als alle anderen Schweden seien. Ihr Dialekt ist sehr ausgeprägt. Um *Älvdalen* herum spricht man sogar noch eine eigene Sprache. Auch sind die Männer Dalarnas in der Geschichte Schwedens einige Male aufgefallen. Die "Dalekarlier", wie man sie auch nennt, hatten oft ihren eigenen Standpunkt und scheuten sich nicht, den Autoritäten hartnäckig entgegenzutreten, wie beim Aufstand Engelbrekts 1434 oder bei Gustav Wasas Freiheitskampf gegen die Dänen. Die harten Bauernburschen aus dem Norden hatte man gerne auf seiner Seite.

Süd- und Mitteldalarna zeigen aber auch ein Leistungsgefälle. In den großen Industriezentren wurden enorme Beträge erwirtschaftet, vor allem in der Kupfergrube von Falun, die damals die größte der Welt war. Über sie finanzierte man die Großmachtpläne im 17. Jahrhundert. Dem Kupfer haben die Schweden die rote Farbe für ihre Holzhäuser zu verdanken. Nördlich dieser Industrieregion, vor allem an den Seen und Ufern des breiten *Dalälven* mit seinen beiden Armen *Väster-* und *Österdalälven*, hatten es die Leute schwerer. Hier war die Landwirtschaft weit verbreitet. Um eine gute Existenz führen zu können, reichten die Erträge oft nicht aus. Manche Bauern zogen mit Sack und Pack in die Berge, wo sie einen Teil des Jahres verbrachten. Daraus entwikkelte sich die Sennwirtschaft, der periodische Wechsel zwischen dem Hof im Tal und dem Sennhof an den Berghängen. Einige Sennereien werden heute noch betrieben und sind Anziehungspunkte für Touristen. Andere Dalekarlier zogen gar fort von Dalarna und suchten in den Städten Arbeit. So sind die Züge arbeitswilliger Dalekarlier durch die Straßen der Großstädte ein bekanntes Bild in der schwedischen Geschichte. Wer zu Hause blieb, versuchte das Einkommen durch Nebenarbeiten aufzubessern. Es entstanden die heute beliebten Kunst- und Handwerksgegenstände, die für Dalarna so typisch sind: "Dalahäst" aus Nusnäs, das meistverkaufte Souvenir der Welt, Leder aus Malung, Körbe aus Våmhus und Uhren aus Mora.

Diese Dinge prägen das Bild Dalarnas und natürlich auch die lebendigen Traditionen wie die ereignisreichen, landesweit bekannten Mittsommerfeste am Siljan oder die vielen anderen Tanz- und Gesangstreffen der Spielmänner. Auch die Maler Dalarnas sind berühmt. Allen voran ist Carl Larsson zu nennen, dessen weltweit verbreiteten Stimmungsbilder vom Frieden und der Harmonie einer vergangenen Zeit erzählen. Zu nennen ist aber auch Anders Zorn und die Kürbismalerei mit Motiven aus dem Volksgut. Schließlich gibt es auch im Alltagsleben Dalarnas Unterschiede zu den anderen Landesteilen. Nirgendwo sonst haben sich so viele, zusammenhängende alte Dörfer erhalten wie hier. Dem großen "Laga Skifte", dem Flurbereinigungsgesetz von 1827, haben sich die Dalekarlier heftig widersetzt. Obwohl die Flurbereinigung dann doch durchgesetzt wurde, machte man hier weit mehr Ausnahmen als sonstwo, da aufgrund häufiger Erbteilung der Güter die Behörden teilweise den Über-

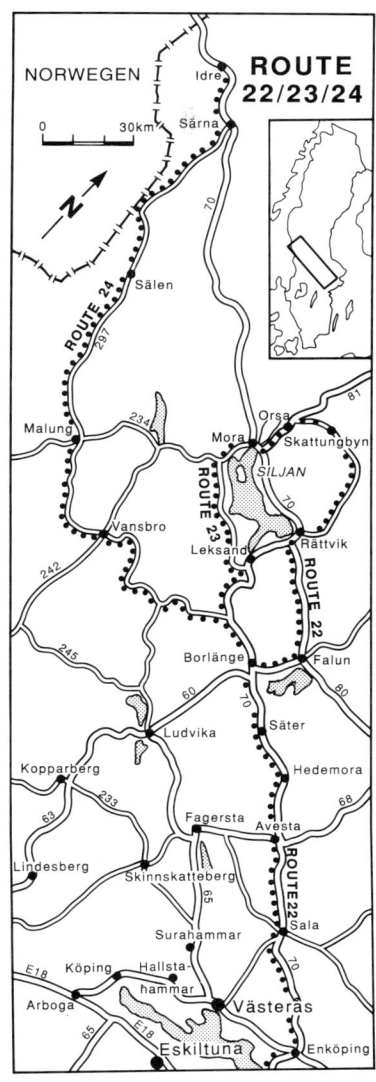

blick verloren hatten. Einige Dörfer mit alten Strukturen und viele in der Flur verstreut liegende Kleinparzellen blieben so immerhin erhalten.

—▶ Von *Enköping* in der Provinz *Uppland* fährt man auf Straße 70 in Richtung Norden. Die ersten Sehenswürdigkeiten sind Kirchen. Bei Lådö, 9 km nördlich von Enköping, bietet sich ein 6 km langer Ausflug nach Osten zur *Kirche von Härnevi* an, die mit wunderschönen Kalkmalereien verziert ist. Anschließend führt Route 22 hinein nach *Västmanland*.

Kumla kyrka

Diese Kirche liegt direkt an Straße 70 ca. 35 km nordwestlich von Enköping. Sie stammt aus dem 14. Jahrhundert, der Turm wurde 1760 angefügt. 1482 bemalte Albertus Pictor das Gewölbe. Diese Arbeit bedeutete den Beginn seiner erfolgreichsten Schaffensepoche (u. a. Szenen aus der Schlacht von Stiklestad in Norwegen 1030, in der Olof, der Heilige, fiel).

Sala

Ein Jahrhundert lang war Sala Schwedens bedeutendste Stadt. Während die Kupfergruben in Falun den Wohlstand des Landes in der Großmachtzeit brachten und die Erzgruben in Lappland mit ihren Erträgen zum modernen Sozialstaat beitrugen, brachte die Förderung von Silber aus der Grube von Sala zwischen 1490 und 1570 für das nunmehr souveräne Reich wirtschaftliche Sicherheit. So konnte

Gustav Wasa sein großzügiges Flottenbauprogramm in die Tat umsetzen. Auch Städteplanung und Staatsaufbau profitierten davon. Ein Großteil der Mittel lieferte diese Grube, die zu jener Zeit eine der reichsten der Erde war. Gustav Wasa nannte sie die "Schatzkammer des Svearreichs". 500 Tonnen Silber wurden hier gefördert. Während der Sommermonate gibt es täglich Führungen, bei denen man bis in vierzig Meter Tiefe hineingehen kann. Der tiefste Schacht reicht allerdings über 310 m tief in die Erde hinein. Zur Zeit beschäftigt man sich damit, einen noch tieferen Schacht der Öffentlichkeit zugänglich zu machen (Besichtigung der Grube mit Museum von Juni bis August tgl. 10 - 17 Uhr, Eintritt 40 SEK bzw. 25 SEK).

Die Grubenarbeiter lebten in primitiven Verhältnissen wie am restaurierten **Grubendorf** südlich der Stadt zu erkennen ist. Sehenswert ist auch der Königshof aus dem 17. Jahrhundert, in dem Gustav II. sich zeitweise aufhielt (geöffnet Juni bis August 13 - 16 Uhr). In der **Kirche** (14. Jh.) befinden sich Albertus Pictors früheste Malereien (1465). Der wertvolle Brüsseler Altar wurde um 1520 angefertigt.

Touristeninformation

Sala Turistbyrå, Norrmanska Gården, 73321 Sala, Tel. 0224/ 131 45

Übernachten

▶ *Silvköparens Camping* * * *, 6 km nordwestlich von Sala an Straße 70, Tel. 0224/ 590 03, mit 10 Hütten auf felsigem Strand an einem See.
▶ *Vandrarhem,* nahe Straße 256 in Richtung Norberg, Tel. 0224/

136 59, sehr schön, mit großen Glasfenstern
▶ *BW-Statt Konferenzhotel,* Bråstagatan 4, zentral gelegen, Tel. 0224/ 130 30, luxuriös und mit bestem Restaurant.

◆ *Sätra Brunn*

Dieser Ort, 25 km südwestlich von Sala an Straße 255, besteht eigentlich nur aus den historischen Kurgebäuden. Die Heilwirkung des Quellwassers war schon lange bekannt gewesen, als 1702 der Kurbetrieb aufgenommen wurde. Im Brunnenhaus kann man das radium- und eisenhaltige Wasser probieren. Ein Spaziergang zwischen den alten Holzhäusern ist wie eine Reise in die Geschichte: Arztstube, Apotheke, Therapiegebäude und Dutzende von anderen Bauwerken stammen aus den großen Zeiten des Kurbetriebs, den der Leibarzt Karls XII., Samuel Skragge, hier in Gang brachte. Er war ein Mitarbeiter von Urban Hjärne, der in *Medevi* erstmals Bade- und Trinkkuren eingeführt hatte. Auch in Sätra mußten die armen Patienten fünf bis acht Liter des heilkräftigen Wassers zu sich nehmen, pro Tag, wohlgemerkt! Heute gibt es hier fortschrittlichere Behandlungsmethoden. Doch den Ort macht wiederum liebenswert, daß die Therapien nicht innerhalb moderner, kalter Betonwände, sondern im alten Holzhausmilieu durchgeführt werden.

Avesta

25.000 Einwohner

Avesta wird auch "Schlüssel zu Dalarna" genannt. Die Stadt steht heute ganz im Zeichen des großen Stahlwerks *Avesta AB.* Schon im 14. Jahrhundert lagen hier mehrere Hütten. Im 17. und 18. Jahrhundert wurde das Kupfer aus der Grube von Falun hier veredelt. Die Stahlepoche begann 1883 mit der Gründung der *Avesta Jernverks AB.* Heute ist dieser Betrieb einer der größten europäischen Hersteller von rostfreiem Edelstahl.

Avesta ist aber nicht nur die "Stadt des Stahls", sondern auch die der Münzen. Nachdem Schwedens erste Münze im 11. Jahrhundert in *Sigtuna* gegründet und die Herstellung später nach *Säter, Nyköping* und *Arboga* verlegt worden war, kam sie 1644 nach Avesta. Bis 1831 wurden hier alle schwedischen Kupfermünzen geprägt. Die glänzende Geschichte dieses Gewerbes kann man im **Münzkabinett** verfolgen. Es wurde zum Anlaß der Einhundert-Jahrfeier des Eisenwerks 1983 im Kellergewölbe eines alten Getreidelagers eingerichtet. Dieses Magazingebäude gehört zum Stadtteil **Gamla byn** am Flußufer, in dem rot bemalte Holzhäuser aus dem letzten Jahrhundert hervorstechen. Die Namen der Viertel, wie *Bessemer, Münze* und *Hochofen*, erzählen von der Hüttengeschichte der Stadt. Das Münzkabinett umfaßt heute die größte Sammlung der Welt. Auch Geldscheine sind ausgestellt. Die älteste Kollektion stammt aus dem Jahr 1666. Im übrigen erfährt der Interessierte etwas über die Verfahren der Münz- und Scheinherstellung. Für Rekorde und Kuriositäten ist gesorgt. Alle jemals in Schweden herausgegebenen Gedenkmünzen seit 1721 sind hier vertreten, darunter auch die schwerste Münze der Welt: Königin Christinas *10-Taler-Münze* aus dem Jahr 1644, von der einst 26.000 Stück geprägt wurden. Ihr Gewicht beträgt ganze 38 Pfund! Leider sind die Öffnungszeiten des Museums knapp bemessen (Juni bis August Mi 9.30 - 16 Uhr).

Ruhe und Erholung wird im **Volkspark** geboten, in dem es auch ein **Ziehharmonikamuseum** gibt (geöffnet Juni bis August 13 - 18 Uhr).

Touristeninformation

Turistbyrå Dalahästen, 77401 Avesta, Tel. 0226/ 520 45

Übernachten

▸ *Dalahästens Camping,* bei der Touristeninformation an der Kreuzung der Straßen 68 und 70, Tel. 0226/ 520 45. Der große Campingplatz mit 20 Hütten ist völlig modernisiert.
▸ *Vandrarhem,* Älvbrovägen 33, Ortsteil Älvbro, Tel. 0226/ 806 23. von hier fährt Bus Nr. 12 Mo bis Fr 2mal am Tag zum 4 km entfernten Bahnhof in der Innenstadt. Das Vandrarhem ist in einem schönen Holzgebäude untergebracht.
▸ *SH-Star-Hotel,* Marucustorget 1, Tel. 0226/ 560 00, gewann 1989 den Preis als billigstes Konferenzhotel. DZ 640 SEK mit Paß.

Öffentliche Verkehrsmittel

Von Avesta mehrere Züge am Tag nach Tillberga und von dort nach Stockholm. Mehrere Direktzüge tgl. nach Borlänge und Rättvik.

Rund um Avesta

◆ Tolvmansgården

Tolvmansgården liegt 3 km südlich von Avesta in Karlbo. Hier kann man den Geburtshof des Dichters Erik Axel Karlfeldt (1864 - 1931) besichtigen. Ebenfalls an ihn erinnert das Geburtshaus seiner Mutter,

das Holzschloß *Träslottet,* welches er in seinen Gedichten besungen hat. Es liegt 4 km nördlich der Stadt (hinter der Kirche von Grytnäs rechts abbiegen).

◆ Norberg

Dieser Ort liegt 18 km westlich von Avesta an Straße 68. Ein Ausflug hierher lohnt sich auf jeden Fall, wenn man ein paar Stunden Zeit mitbringt, denn ein Bummel durch den kleinen Ort trägt gut dazu bei, Verständnis für die Lebensverhältnisse in Bergslagen zu gewinnen. Gruben- und Hüttenwesen haben auch Norberg geprägt. Schon im 14. Jahrhundert wurde Erz abgebaut und Eisen hergestellt. Im Aufstand gegen die Dänen versammelte Engelbrekt Engelbrektsson hier 1434 eine große Zahl kampfeswilliger Dalekarlier. Ein Großteil von ihnen waren Bergleute. Im 17. und 18. Jahrhundert wurde der Bergbau noch bedeutender, da moderne Abbautechniken größere Gewinne mit sich brachten. Entlang des *Norbergsån,* des Baches im Ort, sind die Holzhäuser der Arbeiter jener Tage erhalten. Der *Gunnarsgården* gleich am Bach ist das herausragende Gebäude, früher vielleicht von einem leitenden Vorarbeiter bewohnt.

In der ganzen Umgebung von Norberg findet man auch heute noch tätige und stillgelegte Gruben wie auch Hüttenanlagen, teilweise mitten im Wald, halbüberwachsen. 2 km nördlich des Ortskerns liegt der Vorort *Kärrgruvan,* in dem von 1360 bis 1981 Erz abgebaut wurde. Sehenswert ist hier das *Polhemsrad* mit fünfzehn Metern Durchmesser. Zwischen 1876 und 1920 pumpte es über ein Gestänge Wasser aus den Schächten. Im Risbergs-Schacht ist ein *Grubenmuseum* eingerichtet worden. Bis zu 114 m tief kann man hinabsteigen und erleben, wie man früher hier arbeitete (geöffnet 8.6. bis 18.8. tgl. 11 - 15 Uhr).

Auch im Gebiet *Klackberg*, 2 km westlich des Ortskerns, sind viele alte Stollen, Übertagegruben und Maschinen aus der Zeit des 18. Jahrhunderts erhalten. Markierte Pfade führen durch das Gelände. Infotafeln erläutern alle Sehenswürdigkeiten. Neben der "Blauen Grotte", einem alten Schacht, in dem sich ein tiefblauer See befindet, liegt ein ehemaligernn Kalksteinbruch, in dem heute Orchideen und seltene Moose wachsen.

Touristeninformation
Norbergs Turistbyrå, Engelbrektsgatan 73, 77800 Norberg, Tel. 0223/ 738 31

Übernachten
▸ *Camp Norberg* ∗∗∗, 1 km nordwestlich des Ortskerns zwischen Straße 68 und dem Noren-See, Tel. 0223/ 223 03, Wiesengelände, umgeben von Birkenwald, in schöner Lage am Seestrand, mit 14 Hütten.
▸ *Klackbergsgården,* Klackbergsgatan 10 A, Tel. 0223/ 231 55, einfacher Standard, Zimmer zum Teil ohne Dusche.

Essen und Tinken
Elsa Anderssons Konditorei im Ortszentrum bietet eine breite Palette von erlesenem Backwerk in stilechtem Interieur des 18. Jahrhunderts.

Einkaufen
Keramik, Holz-, Textil- und Metallkunsthandwerk verkauft *Abrahamsgården,* geöffnet Mo bis Fr 9 -18 Uhr, Sa 9 - 17 Uhr, So 12 - 17 Uhr.

Hedemora
17.000 Einwohner

Diese Stadt ist die älteste Dalarnas. 1446 erhielt sie die Stadtrechte.

Aus jenen Jahren stammt die Kirche. Der **Stora torget** von Hedmora wird oft als "Schwedens schönster Marktplatz" gepriesen. Mehrere Gebäude hier stammen noch aus dem 18. Jahrhundert, so die *Apotheke* und das *Rathaus.* Ein kurioses Gebäude ist der **Theaterladen**, ein altes Lagerhaus, das 1820 als Speicher und Theater konzipiert wurde. Seit 1910 wurde es nur noch als Getreidelager genutzt. 1946 spendete dann ein Konsul 20.000 Schwedenkronen für die Restaurierungsarbeiten, die der Direktor des Drottningholm-Theaters mit großer Umsicht leitete.

Das Heimatmuseum **Gammelgård** liegt im Norden der Stadt am Hönsan-See und bietet die Möglichkeit, zehn alte Gebäude zu besichtigen (geöffnet von Juni bis August 10 - 19 Uhr).

Touristeninformation
Hedemora Turistbyrå, Långgatan 1, 77600 Hedemora, Tel. 0225/ 343 48, geöffnet Mo 10 - 17 Uhr, Di bis Fr 8 - 17 Uhr.

Übernachten
Vandrarhem Hälla, Hällavägen, nahe der Kirche, Tel. 0225/ 113 50, ist in einem schönen, alten Holzgebäude eingerichtet.

Rund um Hedemora

◆ Husbyringen

60 km östlich von Hedemora beginnt dieser 60 km lange, gut markierte Natur- und Kulturwanderweg, der Einsichten in Vergangenheit und Gegenwart dieser Landschaft bietet.

Ausgangs- und Endpunkt ist *Näs*. Quer durch eine schon sehr früh besiedelte Landschaft erreicht *Husby*, das früher Vogtsburg und Regi-

mentssitz war. Bei der Kirche liegt
der Königshof, in dem im 13. Jahrhundert das "Dalalagen", das Gesetz der Dalekarlier, abgefaßt wurde. 1347 stand der Hof noch einmal
im Rampenlicht der Geschichte. Die
Privilegien für *Stora Kopparberg*
wurden hier erlassen. Die älteste
Firmengründung der Welt war damit
rechtskräftig geworden. Am *Amungen-See* liegen viele vorhistorische
Grabanlagen. In *Långshyttan* wird
noch heute Stahl erzeugt. Hier wird
in einem Museum die Geschichte
der Eisenherstellung anschaulich
präsentiert (Schlüssel gibt es im
Hütten-Hotel).
     Weiter geht es durch tiefe Wäl-
der. Dabei passiert man bei *Tvilling-
botten* eine forstwirtschaftliche Informationsanlage. Die nächste Etappe ist die Hüttenruine *Silfhytteå*, wo
man Silber und Eisen bearbeitete.
     Höhepunkt der Runde ist der
Herrenhof "Stjärnsund", wo der Erfinder und Industrielle Christopher
Polhem 1700 eine Maschinenmanu-
faktur errichtete. Nach den alten
Verfahren wird heute noch die berühmte *Stjärnsundsuhr* hergestellt.
Im *Polhemsgården* wird über all dies
ausführlich informiert. Die Parkanlagen um das Gelände sind romantisch. Auf einem schönen Waldweg
erreicht man einen Geologie-Lehr-
pfad und das historisch reiche Industriemilieu *Klostersbruk* mit einer
Hütte aus dem 15. Jahrhundert.
Hier wurde 1486 das Zisterzienserkloster *Gudsberga* gegründet. Nur
41 Jahre später wurde es von Gustav Wasa eingezogen. Im 18.
Jahrhundert lag hier Schwedens
größte Schießpulverfabrik. Hundert
Jahre später folgte dann das erste
Walzwerk des Landes für die Blech-
herstellung. Neben Polhem lebten
hier auch andere berühmte Erfinder,
wie Gustaf de Laval und der Brite
Samuel Owen, drei geniale Kon-
strukteure ihrer Zeit. Die Ruinen

sind sehenswert.
     Auf dem Weg nach Süden
kommt man an einigen Vogelseen
(mit Vogelbeobachtungsturm) vorbei
und geht über den *Kronopark Flins-
berget* (mit Rundwegen) und *Duvå-
ker Hof* zurück nach Näs.

◆ *Garpenberg*

Dieser Herrenhof, 15 km östlich von
Hedemora, ist der größte Dalarnas
und wird von der Forstschule verwaltet. 4 km nördlich liegt das alte
Grubengebiet mit der einzigen noch
erhaltenen Grubenkapelle Schwedens. Solche Holzkapellen gab es
hier früher an allen Gruben. Hier erfährt man, was mit den Arbeitern
geschah, die den sonntäglichen Gottesdienst schwänzten: erst Stock-
schläge, bei wiederholtem Fehlen
Peitschenhiebe!

◆ *Norn*

Rund um diesen Herrenhof, 14 km
südwestlich von Hedemora, und die
Kapelle (1760) ist ein naturschön
gelegenes Hüttenmilieu erhalten.

Säter
12.000 Einwohner

Säter ist eine schöne Kleinstadt mit
gut erhaltener Bebauung aus dem
letzten Jahrhundert. An der Weg-
kreuzung *Dahlanders hörn* findet
man die schönsten der alten Holzhäuser. 1992 war hier 350-Jahr-
feier. In der Vergangenheit gab es in
Säter bzw. in dessen Umgebung
Gruben, Hütten und ab 1624 auch
eine Münze, die später dann nach
Avesta verlegt wurde, da das
Hochwasser in Säter oft Schäden

anrichtete. Es sind mehrere interessante Museen zu besichtigen, so das **Automobilmuseum**, Järnvägsgatan 26 (geöffnet Juni bis August 10 - 18 Uhr), und im gleichen Gebäude das **Kinomuseum**, das einzige Skandinaviens (geöffnet Juni bis August tgl. 12 - 17 Uhr), und das Heimatmuseum **Åsgårdarna** in der Museigatan. Es umfaßt 23 alte Gebäude, u. a. eine Schmiede und Töpferei (geöffnet Juni bis August tgl. 13 - 17 Uhr). Im Ortsteil *Skönvik* kann man sich im **Mentalvårdsmuseum** das Schicksal geistig behinderter Menschen ansehen, die hier Thema von Kunst und Handwerk sind (geöffnet im Sommer Di bis Fr 10 - 15 Uhr).

Östlich der Stadt locken mehrere schöne Wanderwege im *Säterdalen*.

Touristeninformation

Säters Turistbyrå, Salutorget, 78300 Säter, Tel. 0225/ 551 90, geöffnet Mo bis Fr 8 - 17 Uhr, Sa 9 - 14 Uhr.

Übernachten

▸ *Camping Säter* ***, 2 km von Säter am Ljustern-See, vom Zentrum über die Västra Långgatan nach Süden zu erreichen, Tel. 0225/ 509 45, ein Wiesen- und Waldplatz.
▸ *Gästgiveriet Myntmästaren*, Rådhustorget, Tel. 0225/ 535 10, erstklassiges Hotel im Zentrum mit guter Küche.
▸ *Vandrarhem Fornäshemmet*, Stora Skedvi, 10 km nördlich von Säter, an der Dorf-Hauptstraße, Tel. 0225/ 401 90, nicht vom STF betrieben, geöffnet von Mitte Juni bis Mitte August.

◆ Stora Skedvi kyrka

Diese Kirche, 10 km nördlich von Säter, stammt aus dem 13. Jahrhundert und liegt wunderschön am Dalälven. Der Innenraum wird mit Gewölbemalereien geschmückt.

—▸ Route 22 führt nun weiter auf Straße 70. Ca. 5 km nach Säter kommt man durch *Solvarbo*, eines der typisches Dörfer am Dalälven mit alter Holzhausbebauung, die sich fast bis zur tiefen Solvarbo-Schlucht erstreckt.

Stora Tuna kyrka

Kurz bevor man Borlänge erreicht, sieht man den 86 m hohen Turm dieser überaus sehenswerten Kirche. Sie wurde 1469 eingeweiht und bis 1968 mehrmals umgebaut. Die dreischiffige Halle ist in spätgotischem Stil gehalten. Zwei Reihen von je fünf achteckigen Pfeilern trennen das Mittelschiff von den Seitenschiffen. Im Mittelgang hängt ein sechs Meter hohes Kreuz. Das Altargemälde ist eine Kopie eines Gemäldes von Ehrenstrahl aus dem Jahr 1695, ebenso die Gemälde an der Südwand, auf denen Karl XI. und Karl XII. abgebildet sind. In der Sakristei werden ein wertvolles Silbersiegel und ein Exemplar von Gustav Wasas Bibel (1541) aufbewahrt. Auf dem Friedhof ist der berühmte Opernsänger Jussi Björling (→ Borlänge) bestattet.

2 km südlich der Kirche liegt das Schluchtengebiet **Frostbrunnsdalen** mit Höhlen und einer seltenen Vegetation.

Borlänge

47.000 Einwohner

Borlänge ist keine besonders hübsche Stadt, denn die Papierfabrik und die Hütte beherrschen das Stadtbild. Ist Säter die älteste Stadt der Provinz, so kann Borlänge von sich sagen, die jüngste zu sein. Sehenswert sind zwei Museen: **Tunabygdens Gammelgård** mit dem Geburtshaus des berühmten schwedischen Tenors Jussi Björling (geöffnet Juni bis August tgl. 11 - 17 Uhr) und das **Geologiemuseum** in der Floragatan, 3 km nördlich des Zentrums, mit einer umfangreichen Sammlung von Kristallen, Mineralen und Edelsteinen (geöffnet Juni bis August tgl. 11 - 17 Uhr).

Touristeninformation

Borlänge Turistbyrå, Borganäsvägen 25, 78133 Borlänge, Tel. 0243/ 181 25

Übernachten

▸ *Mellsta Camping* ✱✱, 5 km nördlich von Borlänge an der Straße 70, Tel. 0243/ 32 82 55, liegt auf einem schönen Gras- und Mischwaldgrundstück direkt am Dalälven.

▸ *Vandrarhem Tjärna ängar,* Kornstigen 23 a, 2 km nördlich der Stadt an der Straße 70, Tel. 0243/ 22 76 15, halbstündig fährt Bus Nr. 602 vom Bahnhof zum modernen Vandrarhem.

▸ *Scandic Hotel Borlänge,* Stationsgatan 21, zentral nahe am Bahnhof, Tel. 0243/ 22 81 20

▸ *SH-Hotel Brage,* Stationsgatan 1-3, Tel. 0243/ 22 41 50, sieht wie ein paar aufeinandergesetzte Legosteine aus, hat aber den Vorteil, daß es in der Disco hier fünfmal in der Woche Tanz gibt, nicht wie sonst in Schweden nur am Wochenende.

▸ *Herrenhofhotel,* in Ulvshyttan, 25 km südlich von Borlänge, Tel. 0243/ 513 00, ein kleines Haus mit nur 35 Betten, aber mit einer gemütlichen Atmosphäre in naturschöner Lage.

Öffentliche Verkehrsmittel

Zug: Mehrere Abfahrten tgl. nach Rättvik und nach Stockholm über Tillberga sowie nach Ludvika und Falun.

Flugzeug: Borlänge und Falun werden vom Flugplatz *Dala* bedient, 9 km südlich von Borlänge. Transferbusse in kurzen Abständen zu beiden Städten. Flüge nach Stockholm 8 bis 10mal tgl.

Rund um Borlänge

◆ Ornässtugan

Dieser Gutshof aus dem Jahr 1511, 6 km nordöstlich von Borlänge an Straße 60, ist ein mächtiger Holzbau in altertümlicher Blockbauweise mit einer 25 m langen Galerie höchster baulicher Klasse (geöffnet April bis Oktober Mo bis Sa 10 - 18 Uhr, So 13 - 17 Uhr).

◆ Torsångs kyrka

6 km östlich von Borlänge liegt am Südufer des Runn die stilreinste und älteste Kirche Dalarnas. Die ältesten Teile (Waffenhaus) stammen aus dem 13. Jahrhundert, die jüngsten aus dem späten 14. Jahrhundert. Der Sockel des Taufsteins wurde im 13. Jahrhundert aus gotländischem Kalkstein gearbeitet. Die Kuppel wurde mit Holz 1715 verkleidet, 1920 zusätzlich mit Messing. Den Schindelturm errichtete man um das Jahr 1500.

◆ *Ludvika*

47 km südwestlich von Borlänge liegt in Bergslagen die junge Industriestadt Ludvika (30.000 Einwohner). Das Unternehmen *ASEA* hat hier eine große Transformatorenfabrik. Zur Jahrhundertwende gab es hier schon eine Hütte, einen Herrenhof, eine Kirche und ein paar Häuser. Das *Grubenmuseum* stellt einige der Erfindungen Christopher Polhems aus.

Touristeninformation
Ludvika Turism, Fredsgatan 10, 77182 Ludvika, Tel. 0240/ 860 50

Übernachten
▶ *Grandhotel*, Ericsgatan 6, Tel. 0240/ 182 20, ist das größte und schönste am Ort, gehobenes Preisniveau.

◆ *Grangärde*

Grangärde, 63 km südwestlich von Borlänge, ist über Straße 247 zu erreichen. Grangärde ist ein touristisches Zentrum mit Skihängen, Seen, Bergen und Wäldern - eine wunderschöne Gegend! Im 17. Jahrhundert siedelten hier Finnen, denen man Zauberkräfte zusprach.

—▶ Auf Straße 60 erreicht man die größte Stadt Dalarnas.

Falun

52.000 Einwohner

"55 m unter der Erde, 55 m über der Erde", das ist der neue Slogan der Residenzstadt Falun.

"55 m über der Erde" bezieht sich auf die neue Skisprungschanze, denn Falun bewirbt sich für eine der nächsten Winterolympiaden, obwohl

Fleischwurst und rote Farbe

Einen Zusammenhang wird man da auf den ersten Blick nur schwerlich erkennen, aber es gibt ihn. Nachdem man in Falun entdeckt hatte, daß sich die schwefelhaltigen Schlackenberge im Laufe der Zeit rot färbten, konnte man schnell die robuste wetterfeste Farbe daraus gewinnen, das "Falurött", das Markenzeichen schwedischer Baukultur seit Jahrhunderten. Zu Anfang konnten es sich natürlich nur die Reichen leisten, ihr Haus zu bemalen, später aber wurde die Farbe für alle erschwinglich, ja, bald wurde sie zur billigsten im Lande. Die Neureichen begannen daher in den zwanziger Jahren, ihre Häuser gelb zu bemalen, um sich von den übrigen abzuheben. In der Grube, in der man den Farbengrundstoff gewann, setzte man Pferde ein. Sie mußten die schweren erzgefüllten Körbe hochziehen. Die Körbe hingen an dicken Lederseilen. Da der Bedarf an Leder für die Seilherstellung groß war, kaufte die Grubengesellschaft *Kopparberg* Ochsen über Ochsen. Für ein 150 m langes Seil - so tief waren die Schächte - brauchte man 250 Ochsen, und allzulange hielten die Seile auch nicht. Wohin mit all dem Fleisch? Deutsche Grubeningenieure, die hier Pumpen bauten, kamen auf die Idee, daraus Fleischwurst zu machen. So wurde sie geboren, die "Falukorv", die Wurst des Volkes, die heute leider meist alles andere mehr enthält als Fleisch.

es bei den früheren Auswahlverfahren schon ein paar Mal gescheitert

ist. "55 m unter der Erde" meint natürlich "das größte Loch in der
Erde", die Kupfergrube. Dieser älteste Industriebetrieb der Welt, der
nicht nur Falun über tausend Jahre
hinweg prägte, sondern auch für
das gesamte Land von größter Bedeutung war, ist die "Schatzkiste
der Nation". (→ Artikel "Fleischwurst und rote Farbe" und "Matts
Israelsson - 'Der fette Matts'").

Geschichte

Schon in der Wikingzeit begann der
systematische Abbau der reichsten
Kupferlager der Welt. Dokumente
aus den Jahren 1288 und 1347 bezeugen die Bedeutung des Kupfers
schon im Mittelalter. Im 17. Jahrhundert finanzierte diese Grube
Schwedens Aufstieg zur Großmacht. Ob Aufrüstung der Flotte
und Armee oder kostspielige Bau-
vorhaben - das Kupfer machte es
möglich. Die Erde sah hier aus wie
ein Schweizer Käse, in dem es von
Menschen wimmelte. Als Falun
1641 die Stadtrechte verliehen
wurden, war es Schwedens zweitgrößte Stadt. Später wurde es von
Karlskrona überholt. 1687 kam es
zu einem Einsturz in der Grube.
Aber der Abbau ging weiter. Heute
baut der Eigner, der Konzern *Stora
Koppabergs AB*, hier mehr Erz ab
als je zuvor. Von wirtschaftlicher
Bedeutung ist nicht nur Kupfer,
sondern auch Blei, Schwefelkies
und das "Falurött", die rote Farbe,
die so viele schwedische Landhäu-
ser ziert und als Nebenprodukt der
Kupfergewinnung anfällt.

Sehenswürdigkeiten

Seit 1970 ist die **Grube** für Besucher zugänglich. Seitdem kann man
in den alten Stollen wandern (geöff-

net Anfang Mai bis Ende August tgl.
10 - 16.30 Uhr, Eintritt 40 SEK
bzw. 20 SEK). Im angeschlossenen
Museum des Konzerns erfährt der
Interessierte etwas über die Geschichte des Betriebs (geöffnet wie
die Grube, Eintritt 15 SEK bzw.
10 SEK).

Auch in der Innenstadt gibt es
einiges zu sehen. Am Stora torget
liegen das **Rathaus** aus dem Jahr
1650 (umgebaut 1764), die **Kristine
Kirche** (1642) und der **Centralpalast**,
heute Büro der Handelsbank. In diesem Gebäude wohnte von 1897 bis
1910 Selma Lagerlöf und schrieb
"Nils Holgersson" und "Jerusalem".
Unten am Fluß steht die alte **Waage**,
in der früher das Kupfer vor der
Verschiffung gewogen wurde. Das
Provinzmuseum Dalarnas, Stigare-
gatan 2-5, beherbergt volkskund-
liche und kulturhistorische Sammlungen. Wer Kürbismalerei, die 45
verschiedenen Trachten Dalarnas,
dalekarlische Volksmusik oder das
Sennereileben studieren will, ist hier
an der richtigen Adresse (geöffnet
Mitte Mai bis Ende August Mo bis
Fr 10 - 17 Uhr, Mi bis 21 Uhr, Sa
und So 12 - 17 Uhr). Schließlich ist
ein Besuch in Falun ohne Besichtigung der Ortsteile *Elsborg, Östan-
fors* und *Gamla Herrgården* unvoll-
ständig. Deren gut erhaltene Holzbebauung ruft die Zeiten der Holzstadt wieder zurück. Als der neue
Bebauungsplan im 17. Jahrhundert
umgesetzt wurde, zwang man die
Grubenarbeiter, ihre Holzhütten an
der Grube zu verlassen. Man baute
in Elsborg neue Häuser oder zog
einfach mit den alten dorthin um.
Das Resultat nennt man "Schwedens erstes Eigenheimviertel".

Touristeninformation

Falun Turistbyrå, Stora torget,
79183 Falun, Tel. 023/ 836 37,

geöffnet Mo bis Sa 8 - 19 Uhr, So 13 - 19 Uhr.

Übernachten

▸ *Lugnet Camping* ***, 2 km nordöstlich vom Zentrum am Lugnetsleden, Tel. 023/ 835 63, ein großer, unruhiger Campingplatz, mit 30 Hütten und Rutschbahn in der Schwimmhalle.

▸ *Vandrarhem Hälsinggården*, Hälsinggårdsvägen, östlich der Stadt, Tel. 023/ 105 60, ruhig gelegen, aber sehr groß (270 Betten), mit Bus Nr. 701 oder Nr. 704 hat man Anschluß zum Hauptbahnhof.

▸ *SH-Hotel Bergmästaren*, Bergskolegränd, in der Innenstadt, Tel. 023/ 636 00, in einem gelben, zweistöckigen alten Steinbau. DZ 580 SEK mit Paß.

▸ *Scandic-Hotel,* Svärdsjögatan 51, Tel. 023/ 221 60. DZ 580 SEK.

Essen und Trinken

Am Stora torget liegt der *Rådhuskällaren* mit mehreren originellen Restaurants.

Nützliche Adressen und Telefonnummern

Krankenhaus: Svärdssjögatan 26, Tel. 023/ 820 00
Apotheke: Åsgatan 25

Öffentliche Verkehrsmittel

Zug: Mehrere Züge von Falun nach Ludvika wie auch nach Gävle über Borlänge und Sala. Auch Verbindungen nach Stockholm über Uppsala oder Tillberga.
Flugzeug: Flüge → Borlänge.

Rund um Falun

◆ Svedens

5 km östlich der Stadt liegt dieser Bergmannshof mit schönen Barockmalereien, in dem Carl von Linné 1739 heiratete.

Matts Israelsson - "Der fette Matts"

Die Arbeit in der Grube von Falun forderte im Laufe ihrer tausendjährigen Geschichte immer wieder ihre Opfer. Erst in unserem Jahrhundert trugen die Gewerkschaften Sorge um Leben und Gesundheit der Arbeiter. Zuvor scherte sich kein Mensch um Sicherheitsbestimmungen. Unfälle, auch solche mit tödlichem Ausgang, waren an der Tagesordnung. Einstürze, Rauchschäden, Schlagwetter und vieles mehr bedrohte die Kumpel in ihrer alltäglichen Existenz. Eines der Opfer hieß *Matts Israelsson*, aufgrund seines Körperumfangs "Fet-Matts" genannt. 1677 starb er bei einem Schachteinbruch. Seine Leiche konnte nicht geborgen werden. Für seine Verlobte war das unvorhersehbare Ereignis schockierend. 42 Jahre später durfte sie ihren Matts aber noch einmal sehen. Bei seiner Bergung 1719 glaubte man im ersten Moment, einen soeben Verstorbenen gefunden zu haben, aber nein, der Tote war der fette Matts. Sein Körper war mit Vitriol durchtränkt, so daß er vollkommen konserviert war. Seine ehemalige Verlobte sah ihn so wieder, wie er sie 42 Jahre zuvor verlassen hatte.

◆ Vika kyrka

Diese Kirche aus dem 15. Jahrhundert, 17 km südöstlich von Falun am Runn-See, hat reichhaltige Wand- und Gewölbemalereien von hohem künstlerischem Wert erhalten können.

◆ Svärdsjö kyrka

25 km nordöstlich von Falun liegt diese Kirche aus dem 14. Jahrhundert mit Malereien und einem mittelalterlichen Taufstein. Im Sommer wird hier Folklore vorgeführt.

◆ Isala lada

4 km nördlich von Svärdsjö kyrka liegt dieser Holzbau aus dem Jahr 1484, in dem Gustav Wasa auf seiner Flucht vor den Dänen im Winter 1520/21 übernachtet haben soll.

◆ Ågs bruk

Ågs bruk liegt weitere 8 km östlich. Das alte Milieu der Hüttengegend hat sich dort sehr gut erhalten.

◆ Sundborn

Die meistbesuchte Sehenswürdigkeit Dalarnas liegt in diesem kleinen Ort, 12 km nordöstlich von Falun am Toftan-See. Schon wegen seiner schönen Umgebung und der Lage am idyllischen See wäre Sundborn sehenswert. Doch die Besucherscharen kommen alljährlich hierher,

um das Wohnhaus von Carl Larsson (1853 - 1919), Schwedens berühmtesten Maler, zu besuchen. Der Meister der naiven Familienmalerei hatte hier sein Domizil. Er baute ständig weiter an seinem Heim und ließ es immer größer werden. Die Einrichtung ist original - vorwiegend im Jugendstil. Alles ist in dem Zustand, wie er von der Familie Larsson nach dem Tod des Malers 1919 hinterlassen wurde. Der Besucher streift durch die Zimmer, bewundert die vielen Details und vor allem Larssons Werke, die immerzu das friedliche Idyll, Heim, Frau und sieben Kinder in gefühlsstarker Weise darstellen (geöffnet Mai bis September Mo bis Sa 10 - 17 Uhr, So 13 - 17 Uhr, Eintritt 50 SEK bzw. 15 SEK). Carl Larsson ruht auf dem Friedhof von Sundborn.

—▶   Route 22 führt auf Straße 80 durch den kleinen Ort *Bjursås*, bevor sie dann nach 27 km in *Rättvik* (→ R 23) am Siljan-See endet.

Bjursås

Das hochgelegene *Biber-See* wird auch "Dalarnas Schweiz" genannt. Der Dala-Maler Matts Persson Stadings wurde hier geboren. Nördlich der Kirche liegt das **Heimatmuseum** mit über zwanzig alten Gebäuden, einem Wagenmuseum und einigen Werken des lokalen Meisters.

Route 23
Rund um den Siljan: Rättvik - Rättvik (ca. 180 km)

Rund um den Siljan-See (siehe Karte Seite 483) liegt das romantische Zentrum Dalarnas mit den Hauptorten *Mora, Rättvik, Leksand* und *Orsa*. Der See ist über 130 m tief und war vor 9.000 Jahren noch eine

Meeresbucht. Der Strand lag vierzig
Meter höher als heute. In unseren
Zeiten entdeckt man dieses Gebiet
in der Regel mit dem Pkw. Früher
war das Schiff das einzige Fortbewegungsmittel, um von einem Ufer
des Sees zum anderen zu gelangen.
Mit dem Aufkommen der Eisenbahn
in den zwanziger Jahren aber nahm
der Schiffsverkehr deutlich ab. Nur
noch Freizeit- und Ausflugsschiffe
und natürlich die Kirchboote, die
sogar in Wettrennen ihre Kräfte
messen, befahren heute den See.

Rättvik

11.000 Einwohner

Rättvik hat wie Leksand vieles von
seiner volkstümlichen Tradition bewahrt. Ein großes Ereignis ist z. B.
"Musik am Siljan" in der ersten Juliwoche. Auch das Rudern mit den
geschmückten Kirchbooten von der
Enåbron zur Kirche sonntags um 10
Uhr zwischen Mittsommer und August ist ein großes Touristenspekta-
kel. Die **Kirche** ist eine der größten
Sehenswürdigkeiten in Rättvik. Seit
dem 13. Jahrhundert wurde sie
mehrfach umgebaut. Direkt daneben
stehen am Seeufer 87 Kirchställe,
von denen manche dreihundert
Jahre alt sind. Während des Gottesdienstes brachte man früher in ihnen die Pferde unter. Die 625 m lange **Schiffsbrücke** ist die Anlegestelle
für die Dampfer, mit denen man den
See erkunden kann. Auch die berühmten Kirchenboote legen hier
sonntags im Sommer an.
  Lohnend für eine Besichtigung ist
auch das **Freilichtmuseum** (Gammelgård), 2 km nördlich der Kirche (geöffnet 18.6. bis 13.8. Mo bis Sa 11
- 18 Uhr, So 12 - 18 Uhr, Führungen um 13 und 14.30 Uhr, Eintritt 10 SEK). Südlich der Kirche
steht auch das **Wasa-Monument**. Es

wurde 1893 zur Erinnerung an Gustavs Rede an die Dalekarlier errichtet. Ein weiterer Gedenkstein östlich
der Kirche erinnert an Johan Stiern-
höök, den Vater der schwedischen
Rechtskunde, der im 17. Jahrhundert das schwedische Rechtswesen
systematisierte.

Touristeninformation

Siljan Turism Rättvik, Torget,
79522 Rättvik, Tel. 0248/ 702 10,
geöffnet im Sommer Mo bis Fr 9 -
20 Uhr, Sa 10 - 20 Uhr, So 11 - 20
Uhr, sonst Mo bis Fr 9 - 17 Uhr, Sa
12 - 16 Uhr.

Übernachten

▶ *Siljansbadets* * * *, mitten im Ort
am See gelegen, Tel. 0248/
516 91, mit 40 Hütten und einer
Menge an Aktivitäten, vor allem für
Familien. Bootstouren, Rutschbahn,
Parkgelände.
▶ *Rättviksparkens Camping* * * *,
Tel. 0248/ 116 06, hat 80 Hütten,
teils als Blockhütten, und eine
Menge Aktion, d. h. Spiele werden
organisiert, Angelwettbewerbe
durch-geführt und Boote verliehen.
▶ *Vandrarhem,* Centralgatan, Tel.
0248/ 105 66, besteht aus mehre-
ren Blockhütten im ursprünglichen
Dala-Stil, aber modern eingerichtet,
allerdings nur Mehrbettzimmer.
Wem das nicht ausreicht, der findet
kaum ein stilechtere Herberge.
▶ *Stiftsgården,* gleich hinter der Kir-
che auf dem Weg zum Gammelgård,
Tel. 0248/ 510 20, herrlich gelegen
in einem tiefgrünen Park direkt am
See; die Gästezimmer sind vorwiegend belegt von Jugendgruppen
und Teilnehmern der vielfältigen
Kurse, die hier angeboten werden.
▶ *Gärdebygården,* 2 km südlich des
Zentrums auf einer Anhöhe, Tel.

0248/ 129 75, familiär und gemütliche, angenehme Atmosphäre, unschlagbare Aussicht auf den See; gute Küche.

▸ *Lustigsgården*, in Lerdal, 2 km von Rättvik entfernt, Tel. 0248/ 100 39, Zimmer in modernen Hütten; auch von hier hat man eine gute Sicht auf den See; im Annex wohnt man schon ab 400 SEK im Doppelzimmer.

Weitere Unterkünfte → Leksand und → Tällberg.

Feste

Ein Erlebnis für sich ist natürlich das *Mittsommerfest* hier am Siljansee. In der letzten Juliwoche feiert Rättvik zudem das älteste und größte Folklorefest Schwedens, *Rättvik Folklore Festival*. Tausende von Volkstänzern und Musikanten bevölkern Straßen und Häuser, Plätze und Wiesen. Wer dann hierher will, sollte vorher schon ein Unterkunft gebucht haben.

—▸   Auf Route 23 könnte man nun Rättvik über Straße 70 in Richtung *Mora* verlassen. Diese Straße führt stellenweise direkt am See entlang. Reizvoller aber und vor allen Dingen kulturell attraktiver ist Straße 301 in Richtung Norden. Nach etwa 10 km empfiehlt sich bei *Nedre Gårdssjö* ein Abstecher.

◆ Bingsjö

Hier liegt der **Danielshof**, der im 18. Jahrhundert einer der drei großen Höfe in diesem Gebiet war. Im Rahmen der alljährlichen Musikwoche am Siljan findet auf diesem Hof ein großes Spielmannstreffen statt.

Bei dieser "Stämman" stellen sich Tausende von Musikanten und Besucher hier ein. Der bedeutendste Künstler der Dala-Malerei, der früh verstorbene Carl Hansson (1777 - 1805), bemalte schon im Alter von 22 Jahren das Sommerhaus des Hofs. Die Malereien sind praktisch vollständig erhalten, da sie jahrzehntelang hinter Tapeten verborgen lagen. Die Kürbismalerei und Deckengemälde wie auch die später oft kopierten Motive der "Alterstreppe" oder "Kutschenfahrt" sind Meisterwerke schwedischer Volkskunst. Carl Larsson, der wiederholt hier weilte, war von diesen Gemälden tief beeindruckt. In mehreren Aquarellen verewigte er das Milieu des Danielhofs. Aus dem Jahr 1792 stammt die alte Holzkapelle (geöffnet Anfang Juni bis Mitte August Mi bis Fr 11 - 19 Uhr, So 12.30 - 17 Uhr).

5 km nördlich von Bingsjö liegt am Amungen-See das schöne Dorf **Dalstuga** mit Gehöften aus dem 18. und 19. Jahrhundert in einer nicht flurbereinigten Landschaft.

—▸   Über Straße 301 führt der Weg nach *Boda*.

◆ Dalhalla

Dalhalla liegt 1 km westlich von Boda und 7 km nördlich von Rättvik. Im Bereich des Wasserfalls schlug vor 360 Millionen Jahren ein Meteorit ein, der wesentlich die Landschaft des Naturreservats Styggforsen formte. Die Kraft des Wassers hat den Krater tief ausgefurcht und einen 36 m hohen Wasserfall mitten im Wald gebildet. Das gesamte Gebiet ist aufgrund der außerirdischen Entstehungsursachen für Geologen, aber auch für Botaniker und Zoologen höchst interessant. Hier gibt es seltene Pflanzen und Insekten sowie eine ungewöhnliche Gesteinsfolge. Der Blick auf den Wasserfall selbst ist prächtig! Früher nutzte man seine Kraft, um Mühlenräder anzutreiben, denn es gab hier eine Ziegelei, ein Schmelzwerk und ein Wasserkraftwerk. An Volkssagen mangelt es nicht. So heißt es, daß die "Vogtklippe" herabstürzen wird, sobald sich drei alte Jungfern zu ihrem Rand begeben.

Mittlerweile ist Dalhalla aber auch ein neuer Stern auf der "musikalischen Weltkarte", denn am 21. Juni 1994 verwandelte man den Kalksteinbruch zu einem gigantischen Amphitheater. Die Akustik hier ist so einzigartig, daß man 2.000 Leute gleichzeitig unterhalten kann, ohne Lautsprecher einzusetzen oder künstlich zu beschallen. Es ist sicher das einzige Amphitheater, das ein Meteorit geschaffen hat. Hier spielen nun im Sommer verschiedene Theatergruppen, und man veranstaltet Opernfestspiele mit skandinavischen Stars. Auch hat man große internationale Pläne. 1994 kamen zu den Aufführungen schon 10.000 Besucher. Programminformationen gibt es im *Siljan Turism Rättvik*.

—▶ Die Fahrt führt durch Gulleråsen in das kleine Dorf *Dalbyn*. Hier empfiehlt sich ein Abstecher nach Osten:

sern. Sie gehören zu zwei großen Hofkomplexen, die auf beiden Seiten der Dorfstraße liegen. Alle Gebäude stehen an ihrem ursprünglichen Platz. Die ältesten sind über 350 Jahre alt. Hier verspürt man sehr deutlich die Auswirkungen der in Dalarna nur ansatzweise realisierten "Laga skifte".

—▶ Nach einigen Kilometern stößt Straße 301 auf Straße 296. Nördlich der Wegegabelung liegt am *Oresjö*:

◆ *Furudal*

Hier gibt es das historische Grabfeld **Vindförberg** und das alte Hüttenmilieu mit dem Herrenhof **Furudals Bruk** zu sehen.

Wenige Kilometer nördlich davon liegt die Sennerei **Ärteråsen** mit über dreißig Hütten aus dem 17. Jahrhundert, vom 9.6. bis 11.8. in Betrieb. Der *Siljansleden*, ein Wanderweg durch Dalarna, führt an ihr vorbei. Auf seinem Abschnitt in diesem Gebiet kann man noch andere Sennereien finden.

—▶ Von Furudal geht es zurück zur Wegegabelung und dann weiter auf Straße 296 bis nach *Skattungbyn*. 100 m über dem Tal des Oreälv liegen die alten Holzhäuser dieses Dorfs, das schon als Kulisse für Filme Ingmar Bergmans stand.

◆ *Norrboda*

6 km östlich liegt das alte Dorf Norrboda, eine kulturhistorische Sehenswürdigkeit ersten Ranges. Es besteht aus über dreißig Blockhäu-

◆ *Storstupet*

7 km nördlich von Skattungbyn liegt dieses geologisch interessante Gebiet. Ein 34 m hohes Tal wird hier

von einer Eisenbahnbrücke überspannt. 6 km weiter nördlich liegt der herrliche **Helvetesfallet**, ein in mehreren Etappen, 25 m tief in das Tal hinabstürzender Wasserfall. Von einer Hängebrücke hat man eine gute Aussicht auf ihn.

◆ Skräddar-Djurberga

Die Sennhütten von Skräddar-Djurberga, 15 km nördlich von Skattungbyn, waren seit dem 17. Jahrhundert in Betrieb. Über zwanzig Hütten, darunter einige älter als 350 Jahre, sind erhalten geblieben. Der Heimatverein betreibt sie vom 25.6. bis 15.8. Während dieser Zeit kann man hier "Tunnbröd" essen, ein spezielles, dünnes Fladenbrot mit frischer Butter und Käse. In einigen Hütten ist sogar Übernachten möglich. Über den *Siljansleden* kann man weitere Sennhütten (z. B. Ärteråsen) erreichen.

—▶ Die Route führt in den folgenden Ort am Siljan-See:

Orsa

Die Bebauung in Orsa ist für diese Gegend am See untypisch, da die meisten Bauwerke nach dem großen Brand (1901) errichtet wurden. Die typischen Dala-Traditionen spürt man hier nicht so stark. Die **Kirche** von Orsa stammt aus dem 13. Jahrhundert, wurde aber oft umgebaut. Malereien aus dem 16. Jahrhundert und ein Taufstein aus dem Mittelalter sind erhalten. Viele Touristen besuchen hier das **Orsa-Freizeitgebiet** mit Campingplatz, Hütten, Schwimmbad, Golf, Tennis, Pony-

reiten, Kanuverleih und vielen anderen Aktivitäten.

Man sollte seinen Besuch in Orsa im Juli auf einen Mittwoch legen. Dann sind abends nicht nur alle Geschäfte offen, sondern dann findet auch das "Geheul" statt, die *Orsayran*, ein völlig verrücktes Fest: Tausende Verkleidete und Spielleute stellen die Stadt karnevalsmäßig auf den Kopf. Tip: Auto schon auswärts parken.

Touristeninformation

Siljan Turism Orsa, Centralgatan 3, 79430 Orsa, Tel. 0250/ 521 63, geöffnet im Sommer Mo bis Sa 9 - 20 Uhr, So 11 - 20 Uhr, in der übrigen Zeit Mo bis Fr 9 - 17 Uhr, Sa 10 - 13 Uhr.

Übernachten

▶ *Orsa Campingplatz* ＊＊＊, Tel. 0250/ 523 00. Fast tausend Zeltplätze gibt es hier. Zu Mittsommer sind sie alle belegt.
▶ *Orsa Hotel,* zentral gelegen, Tel. 0250/ 409 40. DZ schon ab 480 SEK.
▶ *Vandrarhem,* in Grönklitt gleich am Bärenpark, von Orsa beschildert, Tel. 0250/ 462 00, mit 40 Betten. Hier gibt es auch ein Feriendorf mit wunderschön gelegenen und topmodern eingerichteten Hütten (Telefonnummer wie Vandrarhem).
▶ *CS-Fryksås Hotel,* Tel. 0250/ 460 20, ein absolutes Idyll mit nur 14 Zimmern, der richtige Platz für Längerbleibende. Die Aussicht aus dem traditionsreichen Blockhaus ist berauschend. Angebotene Aktivitäten sind Tennis, Golf, Wandern, Angeln und so manches mehr. Reservierung empfehlenswert. DZ 900 SEK mit CS-Scheck.

◆ *Fryksås*

Fryksås, 12 km nördlich von Orsa in
500 m Höhe, ist ein beliebtes Ziel
für Wintersportler und Wanderer.
Am *Grönklitt* hat man eine phantastische Aussicht auf Tal und Seen.
Hier oben ist die Tourismusindustrie
voll entwickelt. Es gibt ein breites
Angebot an Skiliften, Pisten, guten
Loipen, Feriendörfern und Restaurants. Nicht zu vergessen ist der
größte *Bärenpark* Europas. Von zwei
Rampen kann man in sicherer Entfernung Meister Petz beobachten.

─▶   Die Route folgt nun nicht
mehr Straße 81, sondern führt am
Westufer des Sees entlang.
   In **Våmhus** stellt man heute noch
wie vor zweihundert Jahren Körbe
und Flechtwerk her. Dieses Handwerk wird im Heimatmuseum **Si-
varsbacken** vorgeführt.

Bonäs

In diesem alten Reihendorf liegen an
der Dorfstraße, die parallel zur
großen Hauptstraße verläuft, auf ca.
3 km Länge schöne, alte Häuser. In
Bonäs gibt es eine geologische Attraktion, nämlich das größte fossile
Flugsandfeld des Landes mit über
zwanzig Meter hohen, steilen Dünen, die nach der Eiszeit den früheren Meeresstrand markierten. An
dieser Stelle haben sich Insekten
und Pflanzen gehalten, die man
sonst nur an den Küstenständen
Südschwedens findet, z. B. das seltene Seifenkraut. Am See gibt es
sehr schöne Badeplätze.

Mora

20.000 Einwohner

Mora ist die größte Stadt und das
Zentrum am Siljan-See. Das war
nicht immer so, denn noch Mitte

des letzten Jahrhunderts lag die **Kirche** von Mora recht einsam im
Wald. Sie hat zwar Teile des mittelalterlichen Baus integriert, präsentiert sich aber nach dem Umbau
1673 heute vor allem als große Barockkirche. Die dreischiffige Halle
mit Sterngewölben und Turm vom
Baumeister Jean de la Vallée ist eine
der größten Landkirchen Schwedens. Am Strand des Siljan gab es
damals einen Gästgivaregård, ein
Thinghaus und vereinzelt ein paar
Höfe.
   Heute ist Mora eine moderne
Stadt. Eng verbunden mit ihr sind
vor allem die Namen Gustav Wasa
und Anders Zorn. Im Januar 1521
weilte Gustav Wasa hier und be-
mühte sich, die dalekarlischen Freiheitskämpfer für seine Sache zu
gewinnen. Zuerst lehnten sie ab,
woraufhin seine berühmte Skifahrt
in Richtung Norden begann. Dann
aber überlegten sie es sich anders
und sandten zwei Skiläufer hinterher, die ihn in *Sälen* einholten und
zurück nach Mora brachten. Dort
unterstellten sich ihm die Dalekarlier. Das war der Anfang des
schwedischen Freiheitskampfes gegen die Dänen, in dessen Verlauf
die Kalmarer Union ihr Ende fand
und Schweden unabhängig wurde.
   Mindestens ebensosehr wie Gustav Wasa prägte Anders Zorn
(1860 - 1920) die Stadt, der mit
seinen Gemälden schon zu Lebzeiten sehr reich wurde. Die von ihm
und seiner Frau hinterlassenen
Sammlungen umfassen Zornmuseet,
Zorngården, Zorns Gammelgård und
sein Atelier Gopsmor. **Zorns Gammelgård** ist ein Freilichtmuseum mit
vierzig Gebäuden aus dem 13. bis
19. Jahrhundert, mit Höfen, Sennhütten und Kirchbooten, die Zorn
kaufte und hier zusammentrug
(geöffnet Anfang Juni bis Ende August 11 - 17 Uhr, Eintritt 20 SEK
bzw. 10 SEK). Auch die nahe Volks-

hochschule **Skeriol** wurde von Zorn
gegründet   (1907). Sein Geburtshaus **Zorngården** in der Wasa-
gatan kann man besichtigen. 1888
ließ er sich dieses Haus hierher
bringen und erweiterte es im Laufe
der Jahre zu einem stattlichen Her-
renhaus. Im Inneren wirkt es für unseren Geschmack vielleicht etwas
zu kitschig (geöffnet Mitte Mai bis
Mitte September Mo bis Sa 10 - 17
Uhr, So 11 - 17 Uhr, Eintritt 30 SEK
bzw. 10 SEK). Gleich nebenan entwarf Ragnar Östberg das **Zornmuseet** mit den Werken des Künstlers,
darunter Aquarellen, Ölgemälden
und Skulpturen. Im Obergeschoß
stehen einige der gekauften Sammlungen mit Antiquitäten, Dala-Male-
reien und anderem (geöffnet Mitte
Mai bis Mitte September Mo bis Sa
9 - 17, So 11 - 17 Uhr, Do im Juli
bis 20 Uhr, Eintritt 25 SEK bzw.
2 SEK).

Auf dem **Friedhof** von Mora liegt
das Grab Zorns nahe bei der Kirche,
vor der auch eines seiner Werke
steht, die Figur "Gustav Wasa".

Touristeninformation

Siljan Turism Mora, Ångbåtskajen,
79230 Mora, Tel. 0250/ 265 50,
geöffnet Mo bis Sa 9 - 20 Uhr, So
11 - 20 Uhr.

Übernachten

▸ *Mora Campingplatz * * *,* Hantverksgatan, Tel. 0250/ 153 52, mit
35 Hütten und einer Wasserrutschbahn.
▸ *SH-Hotel Siljan*, Moragatan 6, Tel.
0250/ 130 00, ein gutes Mittelklassehaus mit Blick auf den See. DZ
580 SEK mit Bonuspaß.
▸ *BW-Hotel Mora*, Strandgatan, unmittelbar am See, Tel. 0250/ 717
50, enorm gemütlich mit Sauna,

Swimming-pool und Tanz an vielen
Abenden.

Essen und Trinken

Terrassen, das Restaurant im BW-
Hotel, ist gut, nicht zu teuer und
bietet die typischen Spezialitäten
der Provinz.

Feste

An jedem 1. Sonntag im März wird
der historische *Wasa-Skilauf* von
Sälen nach Mora (89 km) mit über
10.000 Teilnehmern aus aller Welt
nachvollzogen. Die besten bestehen
den harten Gang in rund vier Stunden. Das Zieltor ("In der Spur der
Väter für kommende Siege") und
das Wasa-Denkmal in Mora erinnern
daran auch zur Sommerzeit. Der erste Lauf wurde übrigens 1922 mit
damals 119 Teilnehmern durchgeführt. In neuerer Zeit mußte die Veranstaltung einige Male wegen
Schneemangels abgesagt werden.
Seit 1994 hat man im Zielbereich
ein Museum eingerichtet (Eintritt 30
SEK bzw. 20 SEK).

Öffentliche Verkehrsmittel

Zug: Mora ist Start- und Zielort der
Inlandsbahn, die über Östersund
nach Gällivare führt, 1 bis 2 Abfahrten tgl., meist aber nur eine Abfahrt. Die Zukunft dieser Linie ist
allerdings ungewiß. Mehrmals am
Tag Fahrten über Borlänge bis nach
Uppsala.
Flugzeug: 5mal am Tag Flüge nach
Stockholm vom Flugplatz, 4 km
südlich von Mora.

◆ Nusnäs

7 km südöstlich von Mora liegt am
Siljan die Heimat des *Dalahästs*. Seit

Beginn der kommerziellen Fertigung 1928 sind Millionen von Pferdchen in allen Größen geschnitzt und bemalt worden. Am Anfang waren es nur zwei Arbeiter, und der Absatz war gering. Erst nach der Weltausstellung 1939 stieg er an. Heute werden über 500.000 Stück pro Jahr verkauft. Auch in den umliegenden Dörfern wurden früher solche Pferde hergestellt, heute aber nur noch in Nusnäs. Die grobe Form wird maschinell gesägt, dann aber wird von Hand nachgeschnitzt und bemalt. Mehrere hundert Heimschnitzer in den umliegenden Dörfern fertigen an langen Abenden die Rohformen an, die von den Künstlern in der Fabrik bemalt werden. Das älteste erhaltene Dalahäst stammt aus dem 16. Jahrhundert.

—▶ Die Route führt auf Straße 45 in südlicher Richtung weiter. Nach

Stenis biegt man von dieser Straße ab in Richtung Gesunda/ Leksand.

◆ *Siljansfors*

7 km südlich der Straßenkreuzung liegt an Straße 45 neben den Ruinen einer alten Hütte das **Waldmuseum** von Siljansfors (geöffnet Juni bis August Mo bis Fr 9 - 17 Uhr, Sa und So 12 - 17 Uhr).

Gesunda

Gesunda ist ein kleiner Ort an Route 23. Vom 501 m hohen *Gesundaberget* hat man die beste Aussicht auf den Siljan-See überhaupt. Man kann auch mit einer Seilbahn (25 SEK) zum Gipfel hochfahren. Oben steht eine Hütte und ein Restaurant.

Kürbismalerei

Mitten im See liegt die Insel **Sollerön**, die durch zwei Brücken mit dem Festland verbunden ist. Hier baut man heute noch die Kirchenboote. Auf der Insel liegt *Bengtsarvet*, das größte Grabfeld Dalarnas mit Hügel- und Rollsteingräbern. Die wertvollsten Funde, wie Schmuck, Schwerter und Schilder, sind im SHM sowie im Provinzmuseum in Falun ausgestellt.

Tomteland

Wer noch Schmuck für den Weihnachtsbaum besorgen möchte, sollte sich Tomteland, das Dorf des Weihnachtsmannes und dessen Werkstätten ansehen. Es ist eine richtige Märchenwelt mit Giebeln aus holzgeschnitzten Rentierköpfen, Elchen und Rentieren wie auch Ziegen und Pferden zum Streicheln und Anfassen für die Kinder. Zusätzlich gibt es ein Restaurant und einen Laden, in dem man Weihnachtsdekoration kaufen und Schlittenfahrten mit Rentieren buchen kann (geöffnet 11.6. bis 14.8. von 11 bis 18 Uhr). Besondere Öffnungszeiten im Winter sind bei der Touristeninformation in Mora zu erfragen.

Leksand

14.000 Einwohner

Leksand ist neben Mora und Rättvik ein Zentrum der Siljan-Traditionen mit beeindruckenden Mitsommerfesten, Musik, Malerei und lebendigem Volkstum. Touristen besuchen Leksand, seitdem der Dichter Hans Christian Andersen die Gegend hier so liebevoll beschrieben hat.

Geschichte

Früher war der Besuch Leksands beschwerlich. Bis 1914 fuhr die Eisenbahn nur bis *Ål* am Insjön, 8 km südlich. Dort stiegen die Touristen auf Dampfschiffe um, die dann die verschiedenen Städte am Siljan anliefen. Ål war auch als Ort von Hexenprozessen bekannt. Sie wurden auf dem heutigen Aussichtsberg *Käringberget* geführt. Am 8. Februar 1678 wurden acht "zauberkundige Weiber" verbrannt. Der letzte Hexenprozeß in Schweden überhaupt wurde noch 1750 hier geführt. Es ist erschreckend, daß volkstümlicher Aberglaube, gepaart mit Dummheit, Boshaftigkeit und Ignoranz noch in neuerer Zeit - in den Tagen der Aufklärung - so grausame Folgen haben konnte.

Sehenswürdigkeiten

Berühmtester Sohn der Stadt ist der Komponist Hugo Alfvén, dessen **Geburtshaus** man im Ortsteil Tibble besuchen kann. Aber nicht nur in der Musik leisteten die Künstler Großes, sondern vor allem auch im Kunsthandwerk. Insbesondere die Weberei hat eine lange Tradition auf höchstem künstlerischem Niveau. Gute Produkte findet man im **Heimatmuseum** mit Speicherhäusern ("Härbre") und im **Geburtshaus** Carl Hanssons (→ Bingsjö). Die **Kirche** von Leksand erhielt ihr heutiges Aussehen im 18. Jahrhundert, hat aber auch Teile des mittelalterlichen Baus erhalten. Für die Gegend um den Siljan ist der Zwiebelturm aus dem 18. Jahrhundert nicht außergewöhnlich, denn im späten Barock wählten die Baumeister Dalarnas diese Form mehrfach. In Schweden insgesamt bleibt sie jedoch eine Ausnahme.

Touristeninformation

Siljan Turism Leksand, Norsgatan, 79327 Leksand, Tel. 0247/ 803 00, geöffnet im Sommer Mo bis Fr 9 - 18, Sa 10 - 18, So 11 - 18 Uhr, in der übrigen Zeit Mo bis Fr 9 - 17, Sa 10 - 13 Uhr.

Übernachten

► _Västanviksbadet_ ***, 4 km westlich vom Siljan, an der Straße nach Siljansnäs am See gelegen, Tel. 0247/ 342 01, mit 10 Hütten.
► _Vandrarhem_, Insjövägen, im Süden der Stadt, Tel. 0247/ 152 50, in herrlichen, alten Holzhäusern untergebracht.
► _Hotel Korstäppan_, zentral im schönen Park gelegen, Tel. 0247/ 123 10, charmantes Hotel, bestes Haus im Ort; Familie Blomgren kümmert sich liebevoll um die Gäste; sie bietet einen "Last-Minute-Service", d. h. ruft man morgens an, kann man für die folgende Nacht einen günstigen Tarif aushandeln.

Weitere Unterkünfte → Tällberg.

Feste

Nach Leksand strömen die Touristen heutzutage in erster Linie wegen zwei Veranstaltungen, dem traditionellen _Mittsommerfeiern_ im Sammilsdal Ende Juni und der _Musik am Siljan_ in der ersten Juliwoche. Tausende von Spielleuten ziehen in Umzügen durch die Straßen.

—► Die Route folgt Straße 70 in Richtung Rättvik. Nach 6 km erreicht man das Dorf _Ytterboda_ mit dem alten Hof _Fräsgården_, der dem Heimatverein von Leksand gehört.

Kirchboot auf dem Siljan

◆ Hjortnäs

In Hjortnäs, westlich von Ytterboda, gibt es das einzige, gut bestückte **Zinnfigurenmuseum** Skandinaviens mit Soldaten und anderen Figuren in naturalistischer Umgebung (geöffnet Juni bis August tgl. 11 - 16 Uhr).

◆ Tällberg

Dieser Ort, 3 km nördlich von Hjortnäs auf einem Kap im Siljan-See, besteht zu Dreiviertel aus Freizeitunterkünften, Pensionaten, Hüttendörfern und Hotels. Fünf der besten Hotelunterkünfte von ganz Dalarna liegen hier.

Übernachten

Es ist kaum möglich zu sagen, welches der Super-Hotels das beste ist. Alle präsentieren sich im traditionellen Blockhausstil mit Nebengebäuden.
▸ *Green Hotel*, Tel. 0247/ 502 50, ist sehr groß, ein herrliches Dala-Haus, aber dennoch modern, durch und durch zu empfehlen. Je nachdem in welchem Trakt der Anlage man unterkommt, liegt das DZ im Sommer zwischen 500 und 1.500 SEK.
▸ *SH-Dalecarlia*, Tel. 0247/ 891 00, ist das größte am Ort; die rot-weißen Holzbauten wirken zum Teil südschwedisch. Jeder Luxus, den ein Hotel bieten kann, ist hier vorhanden. Es gibt aber auch einfache Hütten, sogar mit Mehrbettzimmern. DZ 760 SEK mit Paß.
▸ *Tällbergsgården*, Tel. 0247/ 508 50, ist kleiner und eine Spur einfacher, aber immer noch in der ersten Kategorie. Im hübsch dekorierten Speisesaal genießt man gute schwe-

dische Hausmannskost und eine phantastische Aussicht auf den See.
▸ *Romantik-Hotel Åkerblads*, Tel. 0247/ 508 00, hat auch Zimmer aller Kategorien, einfach bis Super-Luxus. Die verschiedenen Gebäude des Hotels gehen auf Tällbergs ältesten Gutshof aus dem 16. Jahrhundert zurück; seit zwanzig Generationen sind sie in Besitz derselben Familie. DZ 350 - 900 SEK.
▸ *CS-Klockargården*, Siljansvägen 6, Tel. 0247/ 502 60, bietet reinen Folklorestil mit sehr großen Zimmern, Tanzveranstaltungen im Hof etc. Das Hotel ist ein Blockhausdorf. Zwanzig Häuser liegen am Hang mit herrlicher Sicht. Manche haben offenen Kamin, Himmelbetten und was man sonst noch braucht, um einen schönen Urlaub zu verleben.

—▸ Bevor die Route am Ausgangsort Rättvik endet, liegt 3 km nördlich von Ytterboda ein letzter Ausflugsort:

Sjugare

Als Siebzehnjähriger wanderte der spätere Dichter Erik Axel Karlfeldt durch ganz Dalarna. Am *Opplimen-See* hielt er an und wünschte sich, hier einmal ein Haus bauen zu können. Vierzig Jahre später wurde der Traum Wirklichkeit. Er erwarb Grund und baute sich im echten Bergmannsstil **Karlfeldtsgården**, auch "Sångs i sjugare" genannt. Zu besichtigen leider nur an sechs Tagen während des Sommers. Auskunft erteilt die Touristeninformation in Leksand.

Route 24
Von Borlänge zur norwegischen Grenze (ca. 400 km)

Route 24 (siehe Karte Seite 483) verläuft von den südlichen Teilen der Provinz *Dalarna* hinauf in das Hochgebirge an der Grenze Schwedens zu Norwegen. In den Gebirgen rund um *Sälen* und *Särna* treibt man Wintersport. Im Sommer hat man hier die Möglichkeit, oberhalb der Baumgrenze zu wandern. Dies sind die südlichsten Gebirgsregionen Schwedens.

—► Route 24 führt aus der großen Industriestadt *Borlänge* (→ R 22) auf den Straßen 70/71 zunächst nach Norden. Bei *Djurås* zweigt man auf Straße 71 ab. Öster- und Västerdalälven fließen hier zusammen und bilden den Dalälven. Ein Pfad führt zu einem kleinen Kap, an dem sich die Flußarme treffen. Hier ist ein Ausflug auf Straße 70 in den 5 km nördlich gelegenen Ort zu empfehlen:

♦ *Gagnef*

Die **Kirche** hier wurde im 18. Jahrhundert auf mittelalterlichem Mauerwerk aufgebaut. Sie hat ein schönes Inventarium. Im alten Pfarrhof wurde ein **Heimatmuseum** eingerichtet, in dem vor allem Spitzenwaren und Klöpplerarbeiten zu besichtigen sind. Die **Floßbrücke** über den Österdalälven bei Österfors ist ein kulturgeschütztes Baudenkmal, 144 Meter lang und vier Meter breit. Sie "schwimmt" über den Fluß.

—► Route 24 folgt nun auf Straße 71 dem Verlauf des *Västerdalälven* mit seinen herrlichen Mäandern - eine landschaftlich äußerst reizvolle Strecke.

Dala-Floda

Die **Kirche** von Dala-Floda geht auf das 13. Jahrhundert zurück. Einen Turm setzte man ihr aber erst im 18. Jahrhundert auf. Unmittelbar neben ihr führt die mit 158 m längste Hängebrücke des Landes über den Fluß. In der Nähe liegt ein **Heimathof** mit verschiedenen alten Gebäuden. Nicht weit davon erstreckt sich das Kulturreservat **Kvarna**. Mehrere Sennereien, die im Sommer bewirtschaftet werden, findet man in der Umgebung. Im *Värdshuset* wohnt und speist man gut - wirklich abseits der Touristenpfade.

—► Auf dem weiteren Routenverlauf entfaltet sich die gesamte Schönheit der Landschaft. Überall findet man schöne Plätze am Fluß, auf denen man sein Zelt aufschlagen kann.

Vansbro

In Vansbro, an der Kreuzung der Straßen 71 und 242, veranstaltet man jedes Jahr Anfang Juli ein großes Wettschwimmen. Auch hier liegen viele bewirtschaftete Sennereien. Hinweisschilder führen von Route 24 in die nahen Berge, wo man sich in den Sennereien mit frischer Milch, Ziegenkäse und anderen Milchprodukten bewirten lassen kann.

Malung

11.000 Einwohner

Malung ist die Lederstadt Schwedens. An jeder Ecke befinden sich Kürschnereien und Lederbetriebe. Natürlich steht dieses Gewerbe dann auch im **Gammelgården** (15 Gebäude) im Vordergrund.
Malung ist eine alte Kulturregion. So ist der Ortsname der älteste überlieferte in Dalarna (Sverrissaga, 14. Jh.). Ebenfalls weit zurück reicht die **Kirche**. Sie wurde im 14. Jahrhundert errichtet und besitzt eine alte St.-Olof-Skulptur. Dies ist kein Wunder, denn westlich von Malung verläuft der *Pilgrimsleden* zum Grab des norwegischen Königs in Trondheim. Malung setzt sich aus einigen Reihendörfern zusammen, die sich am Västerdalälven entlangziehen, z. B. aus *Grimsåker* und *Grönland*, benannt nach den grasbewachsenen Flußufern. Noch im 18. Jahrhundert lag dort die nördlichste Brücke über den Fluß.

Touristeninformation

Malungs Turistbyrå, Lisagatan 39, 78231 Malung, Tel. 0280/ 137 00

Übernachten

▶ *Bullsjöns Camping* * * *, 1 km außerhalb an Straße 234, Tel. 0280/ 181 69, auf einem Feld am Västerdalälven.

▶ *Vandrarhem Vallerås,* Grönlandsvägen 24, am Nordende von Malung an Straße 297 gelegen, Tel. 0280/ 140 40
▶ *Skinnargården,* Tel. 0280/ 117 50. Das örtliche Hotel hat mit "Skinnargården" den passenden Namen. Das heißt übersetzt "Kürschnerhof". DZ im Mittelklassehotel 500 SEK.
▶ *Gasthaus Lugnet,* 7 km südlich von Malung an Straße 7, Tel. 0280/ 420 00, arrangiert man Wildwasserfahrten.

Öffentliche Verkehrsmittel

Zug: Mehrere Zugabfahrten am Tag nach Borlänge.
Bus: Weiter in das Gebirge bis nach Sälen nur noch Busse (3 bis 5mal tgl.). Von Sälen Busse hoch ins Fjäll, sogar bis Grövelsjön (2 bis 3mal tgl.).

—▶   Die Route führt von Malung auf Straße 297 weiter in nördlicher Richtung und immer noch am Västerdalälven entlang durch den Ort *Lima* nach *Transtrand*. Kurz vor diesem Ort zweigt eine kleine Straße nach Osten ab in Richtung Älvdalen.

◆ Evertsberg

In der Kapelle (ca. 1500) von Evertsberg lebt der alte Brauch fort, daß man beim Tod eines Mannes zuerst dreimal die große Glocke schlägt, dreimal die kleine und dann wieder dreimal die große. Danach erklingen alle Glocken gleichzeitig. Ist eine Frau gestorben, wird zuerst und zuletzt die kleine Glocke geschlagen.

◆ *Älvdalen*

Älvdalen liegt 45 km östlich der Abzweigung. Hier gibt es die reichsten Porphyrvorkommen in Schweden. Sie werden seit Jahrhunderten abgebaut. Man bearbeitete und schliff das hellrote Gestein, das nach urzeitlichen Vulkanausbrüchen entstanden ist, gleich vor Ort. Die **Schleiferei** ist erhalten und noch immer in Betrieb. 1996 feiert sie ihren 100. Geburtstag. Führungen finden hier im Sommer Montag bis Freitag jeweils um 12 Uhr statt. Älvdalenporphyr ist so berühmt, daß man diesem Gewerbe hier sogar ein **Museum** gewidmet hat. Das berühmteste Stück aus Älvdalener Phorphyr ist der zwölf Tonnen schwere Sarkophag Karls XIV. Johan in der Riddarholms kyrka von Stockholm (geöffnet Juni bis Anfang August Mo bis Sa 10 - 14 Uhr, So 12 - 16 Uhr). Sehenswert ist auch Schwedens ältestes Holzgebäude (1285), der **Tiondehärbre**, in dem die Bauern im Mittelalter ihren Zehnt ablieferten.

Die Gegend um Älvdalen ist unter Sprachforschern ein begehrtes Studienziel, denn hier existiert eine altertümliche Sprache, die nur noch von wenigen tausend Menschen gesprochen und von den Schweden nicht verstanden wird. Diese Sprache (kein Dialekt!) hat sich in den abgelegenen Tälern seit dem Mittelalter kaum verändert. Sie hat mit dem Altnordischen, der Sprache der Wikinger, und dem modernen Isländischen mehr Ähnlichkeit als mit dem Neuschwedischen.

Rund um Älvdalen

Von Älvdalen führen schöne Mittelgebirgsstraßen in alle Himmelsrichtungen. Eine Strecke verläuft geradewegs nach Norden über Lunnkroken nach *Navardalen*, das inmitten einer Wildnislandschaft mit wunderschönen Wanderwegen liegt. In den Wäldern rund um den Navran-See leben wilde Bären. Am See gibt es einen *Vildmarksgård*, eine Wildnishütte, mit Bewirtung im Sommer für Wanderer und ein paar sehr einfachen (und preiswerten) Übernachtungsplätzen.

Eine andere Strecke führt über Straße 70 durch Åsen und zweigt 6 km hinter diesem Ort in eine Seitenstraße nach Norden zum Kraftwerk *Trängslet* am Südufer des Trängsletsjön ab. Die 120 m hohe Staumauer ist Schwedens größte.

Sälen

Sälen ist das St. Moritz Schwedens, der größte Wintersportort, das Zentrum für alles, was mit Ski, Langlauf, Abfahrtslauf, Rodelbahnen und sonstigem Wintersport in Schweden zu tun hat. Die höchsten Gipfel liegen knapp unter 1.000 m, d. h. schon über der Baumgrenze. Hier gibt es fünfzig Lifte und Seilbahnen, die mehr als 70.000 Menschen pro Stunde befördern können. Bei Schneemangel wirft man Schneekanonen an. Es gibt Hunderte von Kilometern Loipen, Wanderpfade, phantastische Fischgewässer und eine Vielzahl von Übernachtungsmöglichkeiten. In den Feriendörfern, Hotels und Restaurants gibt es ein ansehnliches Après-Ski. Die meisten Unterkünfte und die besten Skigebiete liegen westlich der Stadt im Transtrandsfjället. Von Sälen führt eine schöne Strecke durch das schmale Tal zwischen den verschiedenen Gipfeln hindurch. Überall hat man hier Anschluß an das Skinetz, die Feriendörfer und Langlaufgebiete. Insgesamt stehen den Urlau-

Auf der Loipe

▶ *Hotel-Hüttendorf   Sälenstugan,* Tel. 0280/ 211 10, weist einen hohen Standard auf. Man hat ein Hotelhauptgebäude und 56 Appartements, 65 m² groß, mit allem Luxus: Kabel-TV, Sauna, offener Kamin usw. CS-Schecks werden akzeptiert.

▶ *Lindvallen,* 5 km westlich von Sälen, rechts der Gebirgsstraße, beschildert, eine riesige Hüttendorf- und Hotelanlage mit über 3.000 Betten, das Angebot reicht von Selbstverpflegung bis Vollpension. Freibad, Hallenbad, Sauna und natürlich Skilifte vor der Tür. Hier beginnen auch verschiedene geführte Touren (Reiten, Wandern, Kanu). Informationen darüber hier oder bei der Touristeninformation in Sälen.

bern hier 50.000 Betten zur Verfügung, die davon aber vor allem nur im Winter Gebrauch machen, so daß im Sommer nie Engpässe entstehen.

Touristeninformation

Sälens Turistbyrå, an Straße 297, 78067 Sälen, Tel. 0280/ 202 50, geöffnet tgl. 9 - 18 Uhr. Die Touristeninformation informiert auch über das große Angebot an organisierten Touren.

Übernachten

▶ *Campingplatz* **, liegt 1 km nach der Brücke über den Västerdalälven an der Gebirgsstraße, Tel. 0280/ 203 21. Wer eine Hütte möchte, erkundigt sich am besten in der Touristeninformation, ob es noch freie gibt.

Öffentliche Verkehrsmittel

Von Sälen 2 bis 5mal pro Tag Busse nach Borlänge und Mora. In den Winterferien und zu gewissen Zeiten des Jahres gibt es Direktverbindungen nach Stockholm. Auskunft darüber erteilt die Touristeninformation in Sälen.

Fulufjället

Auch **Särna** am Österdalälven profitiert von seiner günstigen Lage in der Nähe des großes Gebirgszugs Fulufjället. Über die Gebirgsstraße hat man von hier Übergänge nach Norwegen. Diese Straße führt auch in das Fulufjället hinein bzw. schlängelt sich am Nordrand des Gebirges entlang. Beim kleinen Dorf **Mörkret**, was soviel wie "Dunkelheit" bedeutet, kann man Gebirge und Wanderwege erreichen.

Fulufjället-Långfjället ist abgesehen vom Transtransfjället der am weitesten südlich gelegene Gebirgszug Schwedens mit Höhen über der Baumgrenze. Der größte Teil ist Naturreservat, leicht zugänglich und ohne schroffe Gipfel. Am Nordhang des Fulufjället liegt am Ende einer Schlucht der **Njupeskär**, Schwedens höchster Wasserfall. Er stürzt 125 m, davon 97 m in freiem Fall, in ein Flußbett hinab, aus dem gewaltige Steinbrocken emporragen. Vom Parkplatz führt ein 5 km langer Wanderweg durch einen Wald zum Wasserfall, den man schon von weitem sieht.

Überall im Fulufjället gibt es Hütten für Bergwanderer. Teilweise liegen sie in einem Abstand von nur 3 bis 5 km auseinander.

Fernwanderwege verbinden das Fulufjället mit dem südlichen *Trantransfjället* und dem nördlichen *Långfjället* (nördlich von Idre).

Touristeninformation

Särna Turistbyrå, Särnavägen 6, 79090 Särna, Tel. 0253/ 102 05, geöffnet Mo bis Fr 8 - 15 Uhr.

Übernachten

▸ *Campingplatz* * * *, zentral in Särna am Trängsletsjön, Tel. 0253/ 108 51, mit Hütten und Wintertauglichkeit.
▸ *Vandrarhem Turistgården*, Sjukstugevägen 4, Tel. 0253/ 104 37, gut und empfehlenswert.
▸ *Vandrarhem Björkhagen*, an der Kreuzung im Ort, Tel. 0253/ 103 08, schön und sehr zu empfehlen.
▸ *Raststället,* Särnavägen 59, Tel. 0253/ 103 03, Hotel der Mittelklasse. DZ 450 SEK.

—▸ Die Route führt über Straße 70 in Richtung Norden. An der Gabelung nach Älvros setzt sie sich auf Straße 70 fort, nun aber nicht mehr nach Norden, sondern nach

Westen zur norwegischen Grenze. 15 km nach der Straßengabelung erreicht man:

Idre

Nach *Sälen* und *Särna* ist Idre das dritte große Zentrum für Wanderer und Wintersportler. Die Bewohner des Gebirgsdorfs hatten seit Jahrhunderten mit den harten Lebensbedingungen in einer kargen Natur zu kämpfen. Heute bringen die Touristen die Errungenschaften der Zivilisation hierher und verwandeln Idre in eine einzige moderne Freizeitanlage mit Hotels, Hüttendörfern, Schwimmbädern und vielen Betätigungsmöglichkeiten. Zum nördlichen *Nipfjället* und zum angrenzenden *Städjan* führt Schwedens höchstgelegene Autostraße. Vom Straßenende erreicht man auf Fußwegen mehrere Sennhütten.

Für Skiläufer interessant: Es gibt 32 Lifte, 30 Abfahrten und Europas größtes Schneekanonensystem. Die Liftkapazität beträgt 30.000 Personen pro Stunde. 55 km Loipen sind gespurt, davon 5 km beleuchtet. Fast sechshundert Ferienhäuser stehen zur Verfügung, für Après-Ski, Sauna, Tanz und Essen ist in den Hotels und in den Wohnungen gut gesorgt.

Touristeninformation

Idre Turistbyrå, Kommunalhuset, 79091 Idre, Tel. 0253/ 207 10, geöffnet tgl. 8 - 17 Uhr.

Übernachten

▸ *Idre-Fjäll Hotel-Hüttendorf,* Tel. 0253/ 410 00, eine Riesenanlage mit 100 Hotelzimmern und 600 Hütten, insgesamt 5.000 Betten! DZ 300 - 500 SEK in der Wintersaison,

an Ostern oder während der schwedischen Winterferien natürlich das
doppelte des Preises.

Organisierte Ausflüge

Wer nicht alleine wandern möchte,
dem steht das Touristenbüro mit
Rat und Tat zur Seite. Wie in Sälen
oder Särna veranstaltet man auch in
Idre Bergtouren unter kundiger Führung. Es gibt auch Programme für
Angler, Kanuverleih, Tenniskurse
und natürlich im Winter Skikurse
und Langlauftouren. Das Besondere
sind Hundeschlittentouren, veranstaltet vom STF ab der Station Grövelsjön. Eine Fünftage-Tour von
Hütte zu Hütte, am schönsten von
Ende März bis Anfang Mai, kostet
komplett ca. 1.200 DM.

Rund um Idre

◆ Långfjället

Zwei weitere Gebirgsstraßen führen
durch Mittelgebirgslagen hinauf zum
Långfjället, 45 km nordwestlich von
Idre. Hier erreicht man auch die
STF-Fjällstation Grövelsjön. Sie ist
die zentrale Ausgangsbasis für
Hochgebirgstouren, die auch mit
Führung angeboten werden, natürlich auch im Winter. Die Natur am
1.204 m hohen *Storvätteshågna*,
Dalarnas höchstem Berg, ist faszinierend. Hier oben liegen Schwedens südlichste Rentierweiden. Hier
trifft man auch die ersten Lappen.

Man spürt es deutlich: Fjälldalarna
ist in Schweden die "südlichste
Möglichkeit", richtige Gebirgswelt
zu erleben. Hochebenen und Gipfel
erreichen noch nicht die Dramatik,
die Höhen und die Schroffheit der
nordlappländischen alpinen Hochge-
birgszüge, aber sie bieten doch
schon die Möglichkeit, Kargheit und
Wildheit der nordischen Natur über
der Baumgrenze kennenzulernen.

◆ Floåsen

An der Straße nach Grövelsjön liegt
bei Floåsen, 25 km nördlich von
Idre, ein altes Sägewerk aus dem
Jahr 1856, das man besichtigen
kann, und zwar jederzeit. Doch nur
in den Wochen nach der Schneeschmelze führt der Bach genügend
Wasser, um die Säge anzutreiben.

◆ Töfsingdalen

Lohnend ist eine Wanderung von
der STF-Station Grövelsjön über das
Gebirge hinweg zum schwer zu
durchdringenden Nationalpark Töf-
singdalen im Norden. Dieser erstreckt sich nahe der norwegischen
Grenze auf fast 16 km². Er ist mit
riesigen Findlingen übersät, die nach
der Eiszeit hier abgelagert wurden.
Bären, Vielfraße und Steinadler,
aber auch Luchse, Elche und Rentiere ergänzen die artenreiche Tierwelt.

→   Die Route führt auf Straße 70
zur norwegischen Grenze.

Route 25
Von Orsa zur norwegischen Grenze (ca. 300 km)

Route 25 führt durch die Provinzen
Dalarna (→ R 22) und *Härjedalen.* Im
unteren Streckenabschnitt durch-

quert man in Dalarna die *Orsa Finnmark,* eine für Mittelschweden ungewöhnlich karge Landschaft. Die

Namen in der Orsa Finnmark deuten auf die finnischen Siedler hin, die sich in den letzten Jahrhunderten hier oben niederließen bzw. vom König hier angesiedelt wurden. Sie erhielten Grund und Boden, auf dem sie nach Brandrodung Landwirtschaft betreiben konnten. Dafür waren sie für fünf Jahre von den Steuern befreit. Der Staat erreichte durch sie eine gleichmäßigere Besiedlung der nur sehr dünn besiedelten Gebiete von Härjedalen, Dalarna und Värmland.

Vor *Sveg* erreicht man die Landschaftsgrenze zur Gebirgsregion *Härjedalen*. Hier dominieren die Berge. 80 % der Fläche liegen höher als 500 m und lassen somit für landwirtschaftliche Nutzung fast keinen Raum. Keine andere Provinz des Landes ist so dünn besiedelt. Bei einer Zahl von 13.000 Einwohnern leben hier im Schnitt pro km² weniger als einer. So ist die Natur weithin unberührt. Ausgedehnte Wälder und Seen, reißende Flüsse und Wasserfälle, aber auch alles in Höhenlage oder Hochgebirge. *Helagsfjället* ist Schwedens höchstes Gebirge südlich des Polarkreises. In der grandiosen Berglandschaft kommen vor allem Wanderer und Angler auf ihre Kosten. Die Fauna hält einige "exotische" Tiere bereit. So lebt im *Sånfjället* ein Stamm von einigen hundert Braunbären und rund um den Rogen-See fühlen sich ca. zwanzig Moschusochsen wohl. Ein Teil Härjedalens ist mit Naturparks und Reservaten geschützt. Neben den genannten Tierarten kommen auch seltene Pflanzen vor.

Der Tourismus ist mittlerweile für die Gebirgsregion sehr wichtig geworden. Doch nur wenige Deutsche finden den Weg hierher. Die Besucher sind vor allem Norweger und Schweden selbst, denn, abgesehen von Norddalarna, finden sie hier die

am weitesten südlich gelegenen Gebirgszüge des Landes vor. Hier oben kann man weitläufig über der Baumgrenze wandern. Manche Gipfel sind den größten Teil des Jahres schneebedeckt. Somit eignet sich Härjedalen auch für einen Winterurlaub. Es gibt an den Gebirgsrandzonen, z. B. rund um *Tännäs, Tänndalen, Funäsdalen* und *Ljungdalen*, überall winterfeste Campingplätze, Hütten und Feriendörfer, gespurte Loipen und alpine Skilifte. Die Gebirgshütten, in denen man auch für Sommerwandertouren übernachten kann, stehen für Skiwanderer auch

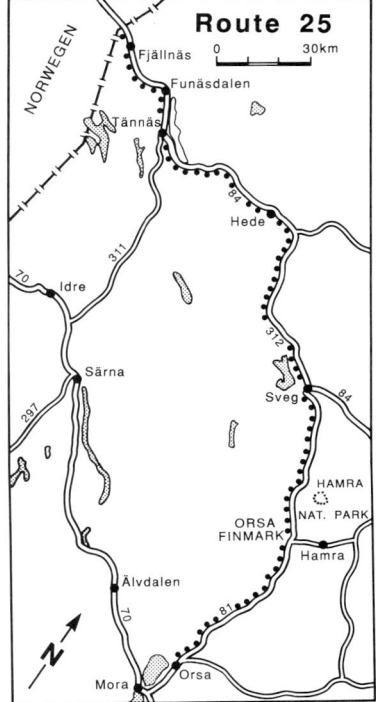

im Winter zur Verfügung. Die meisten sind beheizbar. In mittleren Höhenlagen gibt es einige Sennereien, die teilweise noch in Betrieb und zu besichtigen sind. Hier kann man frische Milch und Käse direkt vom Erzeuger kaufen.

—▶ Route 25 führt auf Straße 81 in Richtung Norden.

Lindorna

Nach etwa 15 km liegt östlich der Straße dieses Sennhüttengebiet. Schon in den Schriften aus dem 16. Jahrhundert werden die 27 Teileigner genannt, die sich die fast vierzig Sennhütten hier oben teilten. Heute werden sie als Sommerhäuser vermietet. Eine der Sennereien ist im Sommer noch in Betrieb (geöffnet vom 22.6. bis 20.8.).

—▶ Straße 81 führt nun hinein in die *Orsa Finnmark.* Einen guten Überblick über diese Landschaft gewinnt man vom Aussichtsturm auf dem 644 m hohen Berg *Pilkalampinoppi,* den man auf einer kleinen Straße von Vassjön erreicht. Nach weiteren 6 km ab dieser Abzweigung folgt eine Wegegabelung, wo Straße 310 auf Straße 81 stößt. Die Route führt weiter auf Straße 81. Bei *Fågelsjö* führt eine kleine Straße nach Osten:

◆ Hamra

Nach 5 km erreicht man den Nationalpark Hamra. Diese knapp 0,3 km² geschützten Waldes bilden eine Landschaft im Urzustand. Nach einem Brand im 17. Jahrhundert wurde hier alles verwüstet. Nur ein paar alte Kiefern blieben übrig, die sich später über die gesamte Umgebung hinweg verbreitet haben. Für Menschen war dieses Land nach dem Feuer wertlos, aber die Natur ist bis heute wieder in üppiger Form zurückgekehrt. Es gibt Sümpfe, Mischwald und südländisch anmutende Vegetation. Elche, Luchse, Vielfraße und einige Bären streifen hier umher.

—▶ 10 km nach Fågelsjö überschreitet man die Landschaftsgrenze nach *Härjedalen* und erreicht die Provinzhauptstadt:

Sveg
4.000 Einwohner

Sveg ist die größte Stadt Härjedalens mit Geschäften, Krankenhaus und Anschluß an die Inlandsbahn. Im Freilichtmuseum **Gammelmon** sind mehr als zwanzig alte Gebäude zu besichtigen (geöffnet Mitte Juni bis Mitte August 10 - 18 Uhr).

Touristeninformation

Härjedalsportens   Turistförening, 84200 Sveg, Tel. 0680/ 107 75, geöffnet Mo bis Fr 9 - 16 Uhr.

Übernachten

▶ *Campingplatz* * * *, am nördlichen Strand des Ljusnan-Sees nahe Straße 81, Tel. 0680/ 108 81, mit Campinghütten und Strandbad ausgestattet.
▶ *Hotel Härjedalen,* Vallervägen 11, 1 km vom Bahnhof, Tel. 0680/ 103 38, bietet Hotel- und auch Vandrarhem-Standard.

▶ *Mysoxen*, Fjällvägen 12, ca. 300 m vom Bahnhof entfernt, Tel. 0680/ 112 60, ist ein ganz ordentliches Hotel. Von außen sieht der Bau eher langweilig aus, im Inneren aber ist man dann doch zufrieden: große Zimmer, guter Service und eine Küche, die gern norrländische Spezialitäten zubereitet. DZ 650 SEK.

Öffentliche Verkehrsmittel

Zug: Sveg liegt an der Inlandsbahn, die 1 bis 3mal tgl. von Mora bis Gällivare unterwegs ist.
Bus: Ins Gebirge 3 bis 6 Busse am Tag bis nach Funäsdalen.
Flugzeug: Von Sveg 3 Flüge pro Tag nach Stockholm.

Rund um Sveg

◆ Älvros

Älvros, 16 km östlich von Sveg an Straße 81, besteht fast durchgehend aus einer schönen, altertümlichen Bebauung. Die Kirche stammt aus dem 16. Jahrhundert. Sie wurde im 18. Jahrhundert umgebaut. Ihr Inneres ist mit Himmelsgewölbe und alten Inventarien geschmückt.

◆ Duvberg

Duvberg liegt 12 km nordwestlich von Sveg. Es ist empfehlenswert, statt im Pkw über den vier Kilometer langen Wanderweg von Bådhus an Straße 312 hierher zu kommen. Die Aussicht belohnt für die Mühen. Das alte Dorf liegt am Hang eines Bergs und bietet einen grandiosen Panoramablick bis zum Svegsjön.

◆ Gammelremsgården

Dieser typischer Härjedal-Hof aus dem 18. Jahrhundert, 15 km nordwestlich, ist in seinem ursprünglichen Ambiente erhalten. Das Hauptgebäude ist mit Malereien verziert.

◆ Lillhärdal

Lillhärdal, 12 km östlich, ist nach der Volkssage der Ort, an dem in Härjedalen die ersten Siedler Fuß faßten. Manche Höfe stammen noch aus dem 17. Jahrhundert, vor allem *Högen*, der seit 1923 Heimatmuseum ist.

Übernachten

▶ *Härjeåns Camping* *, in Lillhärdal, an der Brücke über den Hörjeån, Tel. 0680/ 301 38, winziger Platz ohne Komfort und mit sehr einfachen Einrichtungen.

—▶ Weiter geht es auf Route 25 nach *Linsell*, wo linkerhand eine landschaftlich sehr schöne Straße nach *Lofsdalen* und weiter nach *Idre* (→ R 24) abzweigt.

Hede

Auch Hede ist ein entwickelter Touristenort mit Campingplätzen, Hotels und Wintersportmöglichkeiten. Direkt an der Straße liegt das kleine Heimatmuseum.

Touristeninformation

Hede Turistbyrå, Ljusnegatan 14, 84093 Hede, Tel. 0684/ 110 80

Übernachten

▶ *Hede-Sportcamp* ***, am Folkets Park, Tel. 06841/ 110 20, mit Kanuverleih.
▶ *Sånfjället Wärdhus und Hotel,* Sånfjällsgatan 8, Tel. 0684/ 100 64, ein kleines Mittelklassehotel.

Rund um Hede

◆ Nyvallen und Sånfjället

Nyvallen und Sånfjället liegen 25 km südlich von Hede. Biegt man von Straße 312 in Hedeviken zunächst in Richtung Süden und 1 km nach dem Campingplatz *Sörviken* in Richtung Sånfjället - Nyvallen ab, so kommt man zu der kleinen Sennerei Nyvallen am Nordrand des Nationalparks Sånfjället. Fünf Sennhütten und drei Ställe aus der Zeit um 1700 sind hier zu besichtigen. Sie werden heutzutage auch im Sommer noch bewirtschaftet. Das Sånfjället selbst erreicht man von hier oder über *Nysätern* in Richtung Råndalen. Dort liegt auch eine Ferienhaussiedlung mit Skilift am Skärsjövålen. Von Nysätern führt ein Wanderweg in das Gebirge. Das Sånfjället-Gebirge inmitten eines weiten Waldgebiets ist schon von weitem zu sehen. Der Gipfel ist 1.277 m hoch. Bereits 1909 wurde ein Teil des Gebiets als Nationalpark ausgewiesen. 1989 wurde dieser dann auf mehr als 100 km² erweitert. Der Park mit guten Wanderpfaden ist Heimat einiger Bärenstämme. Doch die scheuen Tiere trifft man so gut wie nie an.

◆ Vemdalens kyrka

Diese Kirche, 20 km östlich von Hede an Straße 315, wurde 1763 im Rokokostil aus Holz erbaut. Die schöne Einrichtung, die von ansässigen Künstlern stammt, ist stilecht.

Touristeninformation
Vemdalens Turistbyrå, Centrumhuset, 84092 Vemdalen, Tel. 0684/302 70

Übernachten
▶ *Vemdalens-Semesterby* ＊＊＊, 2 km südwestlich der Kirche an Straße 315, Tel. 0684/ 302 00, schön gelegener Campingplatz mit Campinghütten, eigenen Fischgewässern und Alkoholausschank.
▶ *Vemdalens Högfjällshotel,* Vemdals Skalet, Tel. 0684/ 310 00, ein großes Hochgebirgshotel mit 93 ordentlichen Zimmern, darunter auch Familien- und Nichtraucherzimmer.

Tännäs

Dieser kleine Ort auf fast 650 m Höhe ist eine typische Härjedals-Siedlung. Von hier kann man vielfältige Aktivitäten angehen, wie z. B. Angel- und Wandertouren.

Übernachten
▶ *Hotel Tännäsgården,* Tel. 0684/ 240 67, liegt bei der Kirche von Tännäs, 650 m über dem Meeresspiegel und hat auch Wohnungen (1-4 Betten) für Selbstversorger. Niedriges Preisniveau.

Rund um Tännäs

◆ Rogen

Den südwestlich gelegenen Rogen-See kann man nur erwandern. Es lohnt sich aber durchaus. Die Umgebung ist von Bergen eingerahmt, Waldwege wechseln mit Kahlfjäll-Pfaden. Auch geologisch ist das Gebiet hochinteressant. Sogenannte "Todeismoränen" künden von den enormen Kräften der letzten Eiszeit. Ein Vorschlag für eine Rundwanderung durch das Seengebiet:
1. Tag Aufbruch in Tännäs, bis Fjällvattnets Stugby (16 km). 2. Tag bis Rogsbodarna (10 km). 3. Tag bis Skedbrostugan (18 km) und am letzten Tag bis Fjällnäs - Hamra (25 km), von wo man mit dem Bus

nach Tännäs zurückfahren kann, der
2 bis 3mal pro Tag fährt.

◆ *Högvålen*

25 km südlich von Tännas liegt an
Straße 311 Schwedens höchstgele-
genes Dorf (830 m über dem Meeresspiegel). Schon im 18. Jahrhundert war es besiedelt. Früher gab es
hier nur sieben bis acht Höfe, die
Viehzucht betrieben. Das Getreide
wächst in diesen Lagen nicht mehr.
Erst 1920 wurde die Gemeinde
durch Straßen mit den Nachbardör-
fern verbunden.

Funäsdalen

Westhärjedalens größter Ort ist ein
Begriff für die Skiläufer in Schweden. Er ist Zentrum des Winter-
sportgebiets, das sich von hier bis
Fjällnäs erstreckt. An Sehenswertem gibt es das **Heimatmuseum**, das
bereits seit 1894 existiert. Viel mehr
darf man dann aber auch in einem
Dorf mit ein paar hundert Einwohnern nicht erwarten.

Touristeninformation
Funäsdalsfjälls AB, Rörosvägen 17,
84095 Funäsdalen, Tel. 0684/
214 20

Übernachten
▶ *Funäsdalens Fjällcamping* * * *, an
Straße 84 in Richtung Bruksval-
larna, Tel. 0684/ 216 10, in erster
Linie ein Wintercampingplatz.
▶ *Hotel Funäsdalen,* im Ort, von
Straße 312 beschildert, Tel. 0684/
214 30, ein Hotel der mittleren
Preisklasse mit eigener Schwimm-
halle, Sauna, Solarium und eigenen
Tourenführern, die einen ins Gebirge
begleiten.

Rund um Funäsdalen

In Funäsdalen zweigt eine schöne
Gebirgsstraße nach Norden ab, die
nach ca. 30 km über das Gebirge
und über die Baumgrenze hinweg
zum *Flatruet* führt:

◆ *Bruksvallarna*

Diesen Ort erreicht man nach
15 km. Man folgt der oben genannten Gebirgsstraße, biegt aber nach
4 km in Richtung Westen nach *Ra-*
mundberget ab und erreicht in dieser hügeligen Landschaft noch unterhalb der Baumgrenze (800 m
über Meeresspiegel) eine Reihe von
vorhistorischen Zeugnissen, u. a.
Grabhügel aus der Eisenzeit. In
Bruksvallarna gab es früher eine
Hütte und eine Meierei. Heute betreibt man hier Landwirtschaft, vor
allem im Sennereibetrieb. Das ausgeprägte landwirtschaftliche Milieu
in solchen hohen Lagen ist äußerst
ungewöhnlich.

Übernachten
▶ *Ramundbergets Frititsanlägg-*
ning * * *, in Bruksvallarna, Tel.
0684/ 270 18, auf hügeligem Berg-
terrain, ist wie alle Gebirgscamping-
plätze winterfest. Daneben liegt eine
Freizeitanlage u. a. mit Golfplatz.
▶ *Hotel Bruksvallsliden,* in Bruksvallarna, an Straße 84, Tel. 0684/
201 80, ist ein überraschend großer
Bau inmitten freier Natur mit 100
Betten. Die Zimmer verteilen sich
auf mehrere der großen Gebäude,
die unmittelbar am See liegen. Man
blickt hier bereits auf nur noch spär-
lichen Pflanzenwuchs. Der Blick aus
dem Fenster schweift in die Ferne,
scheinbar grenzenlos, über schwach
hügeliges Kahlfjäll. Sonntags liebt
man das Hotel besonders, denn
dann wird das Smörgåsbord mit all
den typischen Landschaftsgerichten

serviert, vor allem mit Fisch und Wild. DZ für 900 SEK, einfache DZ ab 520 SEK mit CS-Schecks.

◆ Flatruet

Fährt man die Gebirgsstraße in Richtung Ljungdalen, biegt aber bei Mittådalen nach Osten in Richtung Messlingen ab und fährt von dort die kleine Straße noch 8 km bis Ruändan, so erreicht man auf der östlichsten Zunge des Flatruet-Plateaus ein Felszeichnungsgebiet. Menschen der Jungsteinzeit haben hier vor über 4.000 Jahren mehr als zwanzig Tierkörper, Elche, Rene und Bären sowie Jäger auf eine steile Felsplatte gezeichnet. Sie wurden 1896 entdeckt. Von der Platte hat man eine großartige, kilometerweite Sicht über das unterhalb sich ausbreitende Waldland.

Übernachten

▸ *Baggården*, in Messlingen, Tel. 0684/ 262 00, in aller Einsamkeit am gleichnamigen See gelegen, mit Blick auf den Flatruetberg, mit Hauptgebäude und charmanten Blockhütten aus dem 18. und 19. Jahrhundert im typischen Lagerhüttenstil der Provinz. Ein echtes Erlebnis. 75 solcher Chalets sind zu mieten. Jedes hat 2 bis 8 Betten, TV, viele mit Sauna, offenem Kamin und anderen Bequemlichkeiten der modernen Zeit, auf die man sich nach einem langen Tag im Gebirge freut. CS-Schecks werden akzeptiert.

◆ Ljungdalen

Ljungdalen, 35 km nördlich von Funäsdalen, weist Parallelen zu Bruksvallarna auf. Auch hier liegen Grabhügel in hoher Lage und zeugen

von früher Besiedlung. In der Nähe des Heimathofs gibt es mehrere Sennereien. Der Ort eignet sich als Basislager für Wanderungen im Gebirge, z. B. zu einem Lappenlager.

Touristeninformation

Ljungdalens Turist & Informationsbyrå, 84045 Ljungdalen, Tel. 0687/ 200 79

Übernachten

▸ *Pensionat Helags*, Tel. 0687/ 200 09, ein wirklich ruhiges Vandrarhem, ideal für Wanderungen von der Haustür ab; ein schönes altes Holzgebäude mit Schnitzereien, aber mit nur 17 Betten. Super-Aussicht!
Außerdem gibt es einen Campingplatz und Hütten.

◆ Helagsfjället

Von Ljungdalen führt eine 10 km lange Strecke bis *Nyvallen*, Ausgangspunkt für Wanderungen in das Helagsfjället, das mit 1.796 m das höchste Gebirgsmassiv Schwedens südlich des Polarkreises ist. Hier erhebt sich außerdem der südlichste Gipfel des Landes, der im oberen Bereich vergletschert ist. Von den STF-Helagsstugorna zum Gletscher sind es etwa 3 km. Die Aussicht von hier oben ist unbeschreiblich schön. Zu Fuß erreicht man das Fjäll nicht nur von Ljungdalen und Nyvallen, sondern auch vom Ramundberget nach mehreren Tagestouren.

◆ Krankmårtenhögen

Krankmårtenhögen liegt 70 km nordöstlich von Funäsdalen. Man nimmt die Gebirgsstraße bis Ljungdalen. Von dort geht es nach Storsjö, ein Dorf mit nur wenigen

Häusern. Nach weiteren 12 km zweigt man nach Süden ab. Ein 8 km langer Pfad führt dann zum *Storsjö*. Auf einer schmalen Landzunge am Auslauf des Sees entdeckte man 1763 ein eigenartiges Grabfeld aus der älteren Eisenzeit. Es besteht aus ca. zwanzig dreieckigen, flachen Steinsetzungen mit sauber gelegten Seitensteinen, hohen Ecksteinen und mehreren Platten, teils mit einer Steinkugel im Zentrum des Dreiecks. Die Funde, die auf halbnomadisierende Jäger hindeuten, sind im SHM in Stockholm ausgestellt.

halle. Alle Zimmer haben höchsten Standard, einige sogar Kamin. Die Leute sind Spezialisten, unerfahrenen Touristen die Natur näher zu bringen. Auch Profis können hier jede Ausrüstung leihen: Angelsachen, Kanus etc. Man organisiert Wandertouren mit Führung, Kanufahrten auf dem Ljusnan, Beeren- und Pilzexkursionen, Golfspielen auf zwei benachbarten Plätzen. CS-Schecks werden akzeptiert.

Tip: In Schweden sind die "Pfifferlings-Exkursionen" im Spätsommer berühmt, die auch das Tänndalen-Hotel anbietet.

Tänndalen

Dieser Ort, schon fast mit Fjällnäs zusammengewachsen, liegt im Hamrafjället, das zum Teil Naturreservat ist. Die touristische Struktur ist auch hier gut entwickelt. Man kann fast sagen, daß sich von Tännäs bis Fjällnäs an Straße 312 touristische Anlagen, Skicenter und alles, was man als Tourist im Gebirge braucht, aneinanderreihen. Dennoch spürt man hier außerhalb der Skisaison niemals auch nur einen Hauch von "Alpen-Gedränge", denn das Gebirge ist zu weitläufig. Man verliert sich schon kurz hinter den Hotels.

Übernachten
▶ *Siljeströms Stugby und Pensionat*, an Straße 312, Tel. 0684/ 220 13. Hier wohnt man günstig im Hotel oder auch als Selbstversorger in einer der 18 Hütten.
▶ *Hotel Tänndalen*, Tel. 0684/ 220 20, liegt wunderschön, knapp unterhalb der Baumgrenze auf 750 m Höhe, aber noch mit Wald hinter dem Haus, mit einer kilometerweiten Aussicht über Täler, Gebirgsketten und Seen. Man hat eine eigene Badeanlage mit Schwimm-

Fjällnäs

10 km vor der norwegischen Grenze liegt dieses ehemalige Gebirgsdorf, das schon vor hundert Jahren Touristen besuchten, die sich für die hiesige Sennwirtschaft und die schönen Wanderwege begeisterten. Der Ort liegt über 650 m hoch und ist Ausgangspunkt für Wandertouren in das nördliche Hochgebirge. Im Ortsteil Malmagen gibt es den alten Hof **Västergården**, einen Bergbauernhof aus dem letzten Jahrhundert, in intaktem Milieu zu besehen.

Übernachten
▶ *Göransgårdens Camping* * *, Tel. 0684/ 230 11.
▶ *Fjellnäs Högfjellspensionat*, an der Route gelegen, Tel. 0684/ 230 30. Auch hier kann man wählen zwischen Unterbringung im Hotel oder in einem der Räume für Selbstversorger mit eingerichteter Küche.

—▶ Die Route endet mit dem Grenzübertritt nach Norwegen.

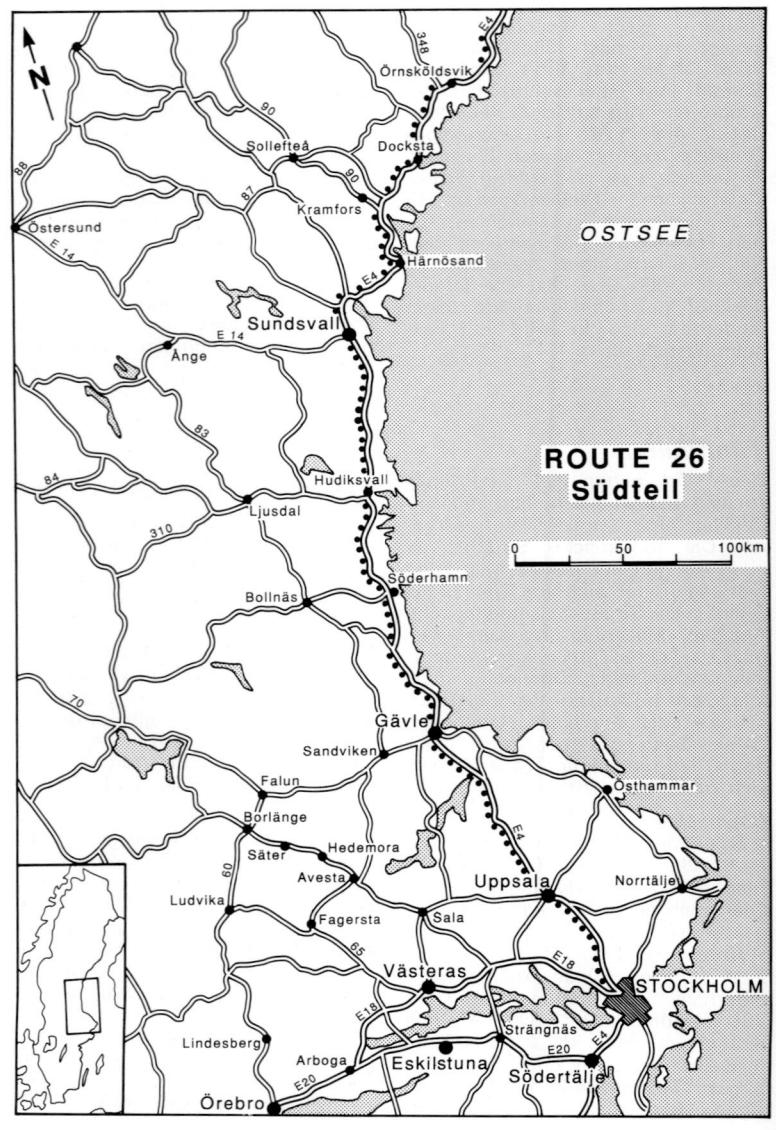

Route 26
Stockholm - Haparanda (ca. 1.100 km)

Route 26 führt auf der E 4 aus Stockholm heraus und dann immer in Richtung Norden. Dabei verläuft sie ab *Gävle* relativ küstennah, so daß Abstecher zum Meer oder zum waldreichen Inland jederzeit möglich sind. Sie führt dabei durch die Landschaften *Uppland, Gästrikland, Hälsingland, Medelpad, Ångermanland, Västerbotten* und *Norrbotten.* Auf dieser Strecke von über tausend Kilometern erlebt man große Unterschiede in den Landschaftsformen, in der Fauna und Flora, im Kulturellen und natürlich auch in den Lichtverhältnissen, denn im Sommer werden die Nächte immer kürzer, je weiter man gen Norden kommt.

Hat man *Uppland* (→ R 21) hinter sich gelassen, fährt man in die Provinz *Gästrikland* hinein. Mit einer Fläche von 4.600 km² gehört sie zu den kleinen Provinzen Schwedens. Moränenhügel durchziehen als letzte sichtbare Relikte der Eiszeit das flache Waldland. Während des Industriezeitalters erwirtschaftete man hier mit Eisen und Holz großen Reichtum. Neue Techniken in der Metallindustrie wurden oft zuerst in Gästrikland erprobt. Auch hier hinterließen "Brukspatrone" elegante Herrenhöfe im Rokoko oder Neuklassizismus.

Hälsingland weist eher einige Gemeinsamkeiten mit Dalarna auf, wie etwa starke Kontraste zwischen landwirtschaftlich genutzten Flächen und Waldregionen sowie eine ähnlich große Tradition volkstümlichen Lebens, das in Tanzveranstaltungen, Trachtenwesen, Bauernmalerei und Sennwirtschaft zum Ausdruck

kommt. Eine blühende Leinenindustrie im 18. Jahrhundert lieferte genügend Material für die Trachten. Folklore-, Musik- und Tanzveranstaltungen sind bis heute höchst lebendig geblieben. In den Küstenstädten wurden die Hafenanlagen ausgebaut, um Forstprodukte zu exportieren. Sägewerke und Papierfabriken entstanden. Auch die Fischerei war immer von großer Bedeutung.

15 km nördlich von Gnarp beginnt die Landschaft *Medelpad*, die mit Ångermanland den "Län Västernorrland" bildet. Beide Landschaften gehören zu den reizvollsten Gebieten Schwedens. Sie sind nur wenig vom Tourismus berührt, so daß man hier wirklich Urlaubsruhe in sauberer, unverfälschter Natur genießen kann. Zwei Flüsse, der *Ljungan* und der *Indalsälven*, durchströmen Medelpad ostwärts und erklären damit den Landschaftsnamen "Land zwischen den Strömen". Stromaufwärts gegen Norden zogen im Mittelalter die Pilger auf den Spuren des Heiligen Olaf. Die beiden Flüsse sind grundverschieden. In dem breit ausladenden Tal des Ljungan mit seiner weiten Sicht wurde früher Landwirtschaft betrieben. Der Verlauf des Indalsälven ist spektakulärer. Er wälzt sich in einem tief eingeschnittenen Tal von Mäander zu Mäander und sieht nach jeder Flußschlinge anders aus. Auf den großen Strömen trieben im letzten Jahrhundert pro Jahr mehrere Millionen Baumstämme hinunter zur Küste, wo sie in den zahlreichen Sägewerken verarbeitet wurden. Nach der Krise der Eisenindustrie

vor 130 Jahren kam die Forstindustrie zu wirtschaftlicher Bedeutung.
Mit der Erfindung der maschinenbetriebenen Säge, die von der Wasserkraft unabhängig geworden war,
brauchte man nun die Sägewerke
nicht länger an den Oberläufen der
Flüsse zu errichten, sondern konnte
sie gleich in der Nähe der Verladehäfen bauen, so daß die Wege immer kürzer und die Kosten immer
niedriger wurden. Der Reichtum der
"Holzpatrone" in der Hauptstadt
Medelpads, *Sundsvall*, wurde bald
sprichwörtlich. Im Gegensatz zu ihrem ausschweifenden Lebensstil
stand das harte Leben der Waldar-
beiter.

In *Ångermanland* ist sicherlich
das Küstengebiet der interessante-
ste Teil der Landschaft. Die mit
vielen vorgelagerten Inseln besetzte
Höga kusten bietet ein eindrucksvol-
les Stück schwedischer Küsten-
szenerie. Bis zu hundert Meter tief
fallen die Felsen hier in die Fluten
hinab und künden von den Auswirkungen der eiszeitlichen Landhebung, die nirgendwo in Schweden
noch so stark meßbar ist wie hier.
Sie beträgt 1 m pro Jahrhundert.
Die rauhen Formationen des *Skuleberget* zeugen von einem Meeresspiegel, der vor fast 10.000 Jahren
285 m höher lag als heute. Der Eisenindustrie folgte im letzten Jahrhundert auch in Ångermanland die
Forstwirtschaft mit Sägewerken, deren großen Energiebedarf man durch
die noch ungebändigte Kraft der
Flüsse zu decken versuchte. Aus
den ehemals wilden Strömen wurden auch hier sanfte und breite
Flüsse. Die Berufsfischer wurden
damit in die Küstengewässer abge-
drängt. Dort fängt man heute noch
den Strömming für die norrländische
Delikatesse, den "Surströmming".

Schließlich durchläuft die E 4 die
flachen, waldreichen Küstenprovin-
zen *Väster- und Norrbotten*. Wer

hierher fährt, sucht oft den Weg
nach Westen in die grandiose Bergwelt des Fjälls. Im Sommer bieten
die weiten Sandstände der
"Schwedischen Riviera" aber auch
die Möglichkeit, in den weltweit
nördlichsten Gebieten bei Temperaturen um 30 Grad zu baden, kurz
vor dem Polarkreis.

—▶ Auf Route 26 verläßt man
nun Stockholm in Richtung Norden.
Nach 80 km kommt man in die
viertgrößte Stadt des Landes:

Uppsala
170.000 Einwohner

Nach seiner Bedeutung für die Geschichte des Landes zu urteilen, ist
Uppsala zu Recht weltweit bekannt.
Es gibt einiges an diesem bedeu-
tungsschweren Ort zu sehen, der
noch immer eines der geistigen Zentren Schwedens ist. Vom 16. Jahrhundert bis in unsere Zeit wurde die
geistesgeschichtliche Entwicklung
des Landes maßgeblich von hier bestimmt. Universität, Kirche und Stu-
dieneinrichtungen der Stadt brachten so berühmte Persönlichkeiten
hervor wie Carl von Linné, Emanuel
Swedenborg, den Künstler Bror
Hjorth, die Schriftsteller Sven Delblanc und Karin Boye wie auch den
ehemaligen UNO-Generalsekretär
Dag Hammarskjöld. Aber auch Ingmar Bergman wuchs in Uppsala auf
und verarbeitete das geistig-intellek-
tuelle Klima der Stadt in Filmen wie
"Fanny und Alexander" oder "Die
besten Absichten".

Übrigens: Die Betonung bei
"Uppsala" liegt auf der zweiten
Silbe, auch wenn ein alter deutscher
Schlager uns Gegenteiles weisma-
chen will.

Geschichte

In den Zeiten der Kämpfe um die Vormacht im Land, der Völkerwanderungszeit, kristallisierten sich das Mälargebiet und die uppländische Tiefebene als Zentrum des Reichs der Svear heraus. Bei *Vendel, Valsgärde* und *Östra Aros*, dem heutigen Uppsala, sowie in der Nähe des heutigen Alt-Uppsala lagen die Siedlungsschwerpunkte und Heiligtümer, von denen aus die Svear die Kämpfe gegen die Gauten (Götar) führten.

Der heidnische Tempel in Alt-Uppsala, gleich neben den drei großen Grabhügeln, fiel erst um 1080. Doch gerade dieses Gebiet, das sich dem Christentum am längsten verweigert hatte, wurde vom Mittelalter bis zur Moderne sein Zentrum. Im Jahr 1273 wurde Uppsala Sitz des Erzbischofs, 1477 wurde hier die erste Universität Skandinaviens gegründet.

Die Strukturen in Östra Aros sind auch im heutigen Uppsala noch kenntlich. So liegen noch immer auf der Westseite des *Fyrisåns* Dom, Universität und Schloß. Der Ostteil wird durch die modernen Bauten des Geschäftsviertels bestimmt.

UPPSALA

1 Touristeninformation
2 Post
3 Polizei
4 Bahnhof
5 Bushof
6 Fyris Camping
7 Vandrarhem
   SunnerstaHerrgård
8 Scandic-Hotel
9 Sara-Hotel Gillet
10 BW-Hotel Upplandia
11 Dom
12 Schloß
13 Gustavianum
14 Universität
15 Bibliothek
   Carolina Rediviva
16 Dreifaltigkeitskirche
17 Botanischer Garten
18 Linnéträdgården,
   Linnés Amtswohnung
19 Museum Hjorth,
   Bror Hjorth hus
20 Gamla Uppsala
21 Biologisches Museum
22 Celsiushof
23 Skytteanum
24 Kunstmuseum
25 Hotel Linné

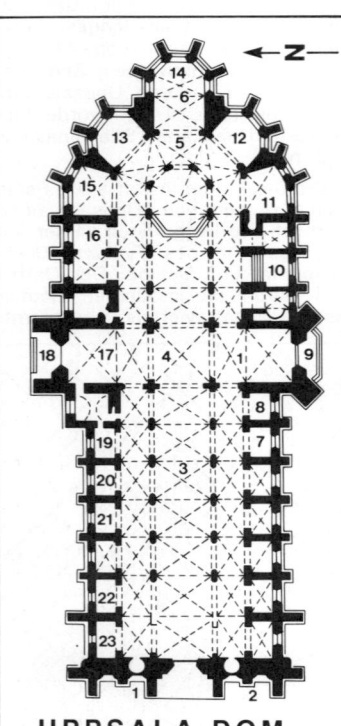

UPPSALA-DOM

1 Nordturm
   mit Dom-Museum
2 Südturm   17 Ansgar-Kapelle
3 Langhaus   18 Nordportal
4 Vierung   19 Gyllenborg-Kapelle
5 Chor   20 Masenbach-Kapelle
6 Apsis   21 Andreas-Kapelle
7 Andachtskapelle   22 Gedächtniskapelle
8 Friedenskapelle   23 Johannes-Kapelle
9 Südportal
10 Oxenstierna-Kapelle
11 Kapelle d. hl. Sebastian
12 Annenkapelle
13 Finsta-Kapelle mit
   Schrein d. hl. Erik
14 Vasa-Kapelle
15 Sture-Kapelle mit
   Schrein d. hl. Anna
16 Kapelle der Jagellonen

Auch noch heute ist Uppsala in erster Linie als Bildungs- und Verwaltungsstadt ein Begriff.

Sehenswürdigkeiten

Da der moderne Stadtkern recht langweilig ist, beschränkt sich eine Stadtbesichtigung meist auf Dom, Universität und Schloß sowie auf einige Museen.

Die Bauzeit des **Doms** erstreckt sich über 150 Jahre (1280 - 1435). Er ist Schwedens Krönungskirche, Reichsheiligtum, Sitz des obersten Erzbischofs des Landes und Ruhestätte der größten Persönlichkeiten der schwedischen Geschichte. Skandinaviens größtes und bedeutendstes Gotteshaus brannte im 18. Jahrhundert aus, wurde danach aber völlig restauriert. Die gotische Basilika hat drei Schiffe mit 28 Säulen und zwei 118 m hohe Türme. Die mittelalterlichen Skulpturen in Tympanon und Archivolten sind wohl erhalten. Vor der goldenen Kanzel von Burchard Precht schworen die Könige des Landes vom 12. bis 18. Jahrhundert ihren Eid. Prunkstücke des Doms sind die Sarkophage und Kapellen bedeutender schwedischer Personen. Wilhelm Boy schuf die Kapelle Gustav Wasas (1576), ebenso die Kapelle der Jagellonen um 1580. Das Grabmal Johans III. ist ein Werk des Steinmetzes Willem van der Blocke. Auch Angehörige der Oxenstiernas, der Stures, Carl von Linné, der Philosoph Emanuel Swedenborg, die Eltern der heiligen Birgitta und der bekannte Bischof Nathan Söderblom liegen hier bestattet. Den schönsten Schrein hat König Erik der Heilige mit vergoldetem Kupfer und Silber hinter dem Hochaltar. Im Nordturm ist ein Museum eingerichtet, das u. a. Grabregalien zeigt (ganzjährig geöffnet 8 - 18 Uhr).

Westlich des Doms liegen zwei Universitätsgebäude: das **Gustavianum**, das Rektor Olof Rudbeck 1662 errichten ließ, und das berühmte **Anatomische Theater**, das sich in jenem befindet. Hier konnten die Studenten dem großen Professor, der u. a. das Lymphsystem entdeckte, aber auch abstruse Ideen in seiner "Atlantica" entwickelte, bei seinen Versuchen zusehen (geöffnet Anfang Mai bis Ende September 12 - 15 Uhr, Eintritt 10 SEK). Im Gustavianum befinden sich auch mehrere Museen zur Altertumskunde des Nordens, Ägyptens und anderen Kulturregionen (geöffnet Mai bis September 12 - 15 Uhr, Eintritt 25 SEK). Das **Hauptgebäude der Universität** mit prunkvollen Sälen, überladen mit Marmor, Stuck und Säulen, stammt aus dem Jahr 1887. Ein wichtiges Inventar ist der Augsburger Kunstschrank im Saal des Kanzlers, 1632 von der Stadt Augsburg König Gustav II. geschenkt (geöffnet Mai bis September 13 - 15 Uhr). Etwas südlich liegt die Bibliothek **Carolina Rediviva** mit über vier Millionen Büchern und ca. 30.000 alten Handschriften, darunter die kostbare Silberbibel des gotischen Bischofs Wulfila, der "Codex Argenteus". Das wertvolle Stück aus dem 6. Jh verdankt die Universität Magnus Gabriel de la Gardie, der es aus Prag während des Dreißigjährigen Kriegs mitbrachte. Es gilt als eines der wertvollsten Bücher Europas (Bibliothek geöffnet Mitte Juni bis Mitte August Mo bis Fr 9 - 20.30, Sa 9 - 18 Uhr, sonst 13 - 15.30 Uhr, Besichtigung des Kunstschranks nur nach Absprache mit dem Universitätspersonal, Eintritt 5 SEK). Am 30. April versammeln sich hier vor dem Gebäude Tausende von Studenten und ihre Mützen schwenken.

Die **Dreifaltigkeitskirche** in der Drottningatan, auch "Bauernkirche" genannt, wurde im 14. Jahrhundert erbaut, hat aber keine Inventarien aus dieser Zeit retten können.
Unweit davon liegt das **Schloß**. Gustav Wasa ließ es erbauen, seine Söhne verstärkten es. Hier dankte Königin Kristina 1654 ab. Nach dem Brand 1702 restaurierte Carl Hårleman den Palast, Ragnar Östberg baute 1928 den großen Reichssaal aus. In diesem haben sich große Ereignisse der schwedischen Geschichte abgespielt, so die Krönung Gustav II. Adolfs oder die Abdankung Kristinas (geöffnet Mai bis August 11 - 16 Uhr, Eintritt 15 SEK). Hinter dem Schloß liegt der schöne **Botanische Garten** von Olof Rudbeck, den man gratis besichtigen kann (tgl. 7 - 19 Uhr).
Einen weiteren Park muß man unbedingt gesehen haben. Auf der Ostseite der Stadt liegt der **Linnéträdgården** mit 1.300 Pflanzenarten und darin Linnés Amtswohnung, heute ein Museum (Garten geöffnet Mai bis September 9 - 21 Uhr, Museum 13 - 16 Uhr, Eintritt 10 SEK bzw. 6 SEK).
Sehenswert sind ansonsten im Universitätsviertel einige **Nationshäuser**. Das sind die Versammlungsgebäude eines schwedischen Typs von Burschenschaften, die im Gegensatz zu den deutschen nicht politisch, sondern nach Landschaften (z. B. "Nation Skåne") organisiert sind. Vor allem diese Häuser sowie daneben die Studentenhäuser am idyllischen Fyrisån vermitteln eine studentische Atmosphäre.
Wer sich für den Künstler Bror Hjorth interessiert, findet dessen **Museum** im Norbyvägen. Es zeigt Leben und Werk des Künstlers mit Skulpturen und Gemälde (geöffnet Do, Sa und So 12 - 16 Uhr, Eintritt 20 SEK) .

Touristeninformation

Uppsala Turistbyrå, am Fyristorg, 75310 Uppsala, Tel. 018/ 27 48 00, geöffnet im Sommer Mo bis Fr 10 - 18 Uhr, Sa 10 - 15 Uhr, So 12 - 16 Uhr, sonst Mo bis Fr 10 - 18 Uhr, Sa 10 - 14 Uhr.

Öffentliche Verkehrsmittel

Nach Stockholm Züge im 30-Minuten-Takt. Linie 49 mehrmals am Tag über Sala und Borlänge nach Mora. 2mal tgl. Direktzüge über Gävle und Vännäs nach Boden.

Übernachten

▶ *Fyris Camping* ***, Gamla Uppsalagatan, von der E 4 aus beschildert, Tel. 018/ 23 23 33, mit 30 Hütten neben Sportplätzen. Unruhiger Platz.

▶ *Sunnersta Herrgård-Vandrarhem,* Sunnerstavägen 24, 6 km südlich, Tel. 018/ 32 42 20, ein ehemaliger Herrenhof mit nur Doppelzimmern, Busse Nr. 20 und Nr. 50 fahren mehrmals am Tag ins Zentrum.

▶ *Scandic-Hotel,* am Uppsalavägen, der die E 4 im Norden kreuzt, Tel. 018/ 20 02 80. DZ 550 SEK.

▶ *Sara-Hotel Gillet,* zentral in der Dragarbrunnsgatan 23, Tel. 018/ 15 53 60, gute Mittelklasse. DZ 600 SEK.

▶ *BW-Hotel Upplandia,* gegenüber von Sara-Hotel, Tel. 018/ 10 21 60.

▶ *Hotel Linné,* Skolgatan 45, Tel. 018/ 10 20 00, ein gemütliches, familiäres Haus, von dessen Frühstücksraum man einen wunderbaren Blick auf den Linnépark hat. DZ 650 SEK.

Essen und Trinken

Ein ungewöhnliches Erlebnis verspricht das Restaurant und Café *Odinsberg,* gleich neben der Kirche von Alt-Uppsala. In den Holzbauten im Wikingstil serviert man Met und andere heidnische Köstlichkeiten. Im Sommer kann man hier sehr schön im Freien sitzen. Es gibt auch eine Galerie und einen Souvenirladen mit historischen Andenken.

Rund um Uppsala

◆ Gamla Uppsala

Gamla Uppsala, 6 km nördlich, war der wichtigste Kultplatz des heidnischen Landes mit den drei großen Grabhügeln der Svear-Könige Aun, Egill und Adils, die sich im 6. Jahrhundert, also gegen Ende der Völkerwanderungszeit, die Vorherrschaft im Lande gegen die Götar erkämpften. Die Grabfunde sind im SHM zu sehen. Hier stand auch der berühmte Tempel, der einzige, den wir aus der heidnischen Zeit Schwedens kennen, mit Statuen der Götter Thor im Zentrum sowie Odin und Freyr daneben - so beschrieben in der Kirchengeschichte des Adam von Bremen. Die Kirche wurde 1130 auf den Fundamenten einer Stabkirche errichtet.

Im Jahr 1989 würdigte der Papst diesen Ort. Hier, mitten am zentralen Heiligtum der heidnischen Schweden, an dem das Christentum den Sieg über den Kult der heidnischen Wikinger erlangte, hielt er - der als erster Papst Skandinavien besuchte - einen Gottesdienst ab.

◆ Valsgärde

Valsgärde liegt 9 km nördlich von Uppsala. Wie in Vendel fand man auch hier Bootsgräber aus der Vendelzeit mit prächtigem Inhalt. Zu sehen im Gustavianum (→ Sehenswürdigkeiten, Uppsala).

◆ *Linnés Hammarby*

Das Arbeitshaus des großen Systematikers, 10 km südöstlich von Uppsala, hat Linné auch später bewohnt. Hier züchtete er seltene Pflanzenarten, hielt Vorlesungen und lebte zufrieden innerhalb "seiner" Welt, der Botanik (geöffnet Mai bis September 8 - 20 Uhr, Museum 12 - 16 Uhr, Eintritt 10 SEK).

◆ *Danmarks kyrka*

Diese Kirche liegt nur 7 km südöstlich von Uppsala und nicht wie der Name andeutet 700 km davon entfernt! Sie entstand um 1280 und besitzt wunderschöne Gemälde im Gewölbe und an den Wänden.

◆ *Fiby Urskog*

Dieses Naturschutzgebiet, 22 km westlich von Uppsala, umfaßt einen 0,65 km² großen Urwald mit dreihundert Jahre alten Bäumen.

◆ *Weitere Ausflugsziele*

Zu weiteren Ausflügen in die Umgebung von Uppsala, z. B. zum Schloß Skokloster, siehe → R 21.

→► Die Route verläuft auf der E 4 nach Norden. Bei *Björklinge* sind einige lohnende Ausflüge möglich:

◆ *Skuttunge*

5 km südwestlich der Abfahrt liegt Skuttunge mit einem alten Pfarrhof und originalen Wirtschaftsgebäuden aus dem 18. Jahrhundert.

◆ *Sätuna*

4 km nördlich liegt dieser Herrensitz, erbaut von Carl Hårleman.

Kirche von Gamla Uppsala

◆ *Gödåker*

8 km östlich von Björklinge erreicht man dieses Grabfeld aus der Eisenzeit und nach weiteren 2 km die **Kirche von Tensta**, eine der schönsten Landkirchen Schwedens aus dem 14. Jahrhundert. Die Malereien von J. Rosenrod wurden 1437 am Gewölbe angebracht. Sie stellen Birgitta-Szenen dar.

◆ *Salsta slott*

Weitere 5 km von Tensta liegt dieses prächtige Schloß, im 17. Jahrhundert von den Tessins für die Adelsfamilie Oxenstierna errichtet. Heute hat die Forstverwaltung die schönen Räume in Beschlag genommen.

→► Die Route führt nur 6 km weiter bis *Läby*, wo ein Abstecher nach Osten möglich ist:

◆ *Ottarshögen/ Vendel*

Auf dem Weg nach Vendel liegt der gewaltige Ottarshögen, ein Königs-

hügel aus der Völkerwanderungszeit, in dem der Svearkönig Ottar,
auch die "Vendelkrähe" genannt,
bestattet liegt. Der König fiel bei
Kämpfen mit den Götar. Beowulf
und Ynglingasaga erzählen von diesen Ereignissen, die von Vendel aus
in Gang gesetzt wurden. Dorthin
gelangt man über eine reizvolle Allee. Bei der Kirche aus dem Jahr
1310 fand man erst 1880 die reichen Bootsgräber der Vendelfür-
sten. Die Funde sind so bedeutend -
sie sind stiltypisch für eine ganze
Epoche -, daß man nach dem Ort
Vendel die gesamte Periode von ca.
600 bis 800 n. Chr., also die Vor-
Wikingzeit, taufte. Ihre Schiffe wurden mit den Toten, lebenden Famili-
enmitgliedern, ihren Frauen, Rüstungen, Waffen und reichen Beigaben verbrannt. Auf diesen Scheiter-
haufen errichtete man dann den Hügel. Die Originalfunde sind im SHM
ausgestellt. Kopien und Bilder sind
in der Kirche zu sehen.

◆ Örbyhus

Weitere 7 km nördlich liegt am
Seeufer die Wasaburg Örbyhus, in
der Gustav Wasas Sohn Erik XIV.
bis zu seinem Tod eingekerkert war.

◆ Österby bruk

Im Ort *Örbyhus* fährt man über
Straße 292 nach Dannemora und
Österby bruk. Louis de Geer, der
"Kanonengießer des Reichs", grün-
dete hier 1643 seine **Wallonen-
schmieden**, von denen eine erhalten
ist und besichtigt werden kann. Sie
liegt idyllisch im Grünen an einer
Brücke, die über den gestauten
Bach führt. Auch **Bruno Liljefors
Herrenhof** aus dem 18. Jahrhundert
ist noch gut erhalten.

→► Weiter geht es bis *Tierp*, wo
Straße 291 nach Osten führt. Dieser
Umweg lohnt:

◆ *Tierps kyrka*

Sehr sehenswert ist diese Kirche
(um 1300) wegen ihrer stilbildenden
Kalkmalereien aus dem 15. Jahrhundert.

◆ *Lövsta bruk*

Weiter auf Straße 291 und dann
über Straße 76 erreicht man Lövsta
bruk. Hier hat sich das Eisen- und
Schmiedenmilieu aus dem 17. Jahrhundert par excellence erhalten.
Louis de Geers Waffenschmiede war
im 17. Jahrhundert die größte
Schwedens. Das Hauptgebäude aus
dem Jahr 1720 ist erhalten, und die
Hüttenstraße vermittelt lebhafte Eindrücke von den Verhältnissen in einem frühen Industriebetrieb der
"Rüstungsindustrie" im 17. Jahrhundert. Von der Schloßanlage ist
nur der Park zu besichtigen. In der
Kirche ist die Orgel von Burchard
Precht besonders sehenswert.

◆ *Forsmark*

Zwischen Lövsta bruk und Östhammar liegt an Straße 76 ein wei-
tes, wunderschönes Hüttenmilieu.
Erhalten sind ein Schloß mit einem
Park, in dem der Hüttenpatron resi-
dierte, ein mit Seerosen bewachse-
ner See, eine idyllische Allee, alte
Arbeiterhäuser und ein Museum,
das ghettoähnliche Verhältnisse dokumentiert, in denen die verschiedenen sozialen Klassen im 17. und
18. Jahrhundert miteinander lebten.

◆ *Östhammar und Öregrund*

Die beiden Küstenorte, 35 km südlich von Lövsta, sind in Evert Taubes unvergessenen Schärenwalzern besungen, die bei keinem Mittsommerfest in Schweden fehlen. Beide Orte sind Sommerurlaubsorte, die nicht unter einer zu großen Besucherzahl leiden. So strahlen sie weiterhin ihre sommerlich-romantische Atmosphäre aus. Bunte, niedrige Holzhäuser bestimmen das Kleinstadtbild. Sie, das blaue Meer und die weißen Segel der vielen Schiffe machen Öregrund und Östhammar zu einem kleinen Paradies.

◆ *Söderfors Bruk*

Wer sich für alte Industriebetriebe interessiert, kann von der E 4 auf Straße 292 in Richtung Westen abzweigen. Nach 20 km erreicht man Söderfors Bruk, das ganz im Zeichen der Schiffsankerproduktion steht, die hier jahrhundertelang betrieben wurde. Die gesamte Szenerie mit Herrenhof, Arbeiterwohnungen und Hüttenstraße ist hervorragend erhalten. Preiswert ist das Hotel im Herrenhof (DZ 420 SEK bei Halbpension, Tel. 0293/ 313 14).

Älvkarleby

Kurz bevor man in die Provinz *Gästrikland* kommt, erreicht man diesen Ort. Wer gerne angelt, hat hier reichlich Gelegenheit dazu. Älvkarleby mit den Stromschnellen im Daläv-Fluß, der Lachszuchtanlage und dem Anglertreff auf der Flußinsel *Laxön* gilt nämlich in Schweden als ausgesprochenes Anglerpara-

Schloß Lövsta bruk

dies. Wer nicht unbedingt angeln möchte, findet an der Küste den 2 km langen Badestrand von *Rullsand* zum Sonnenbaden oder die Kirche von Älvkarleby im Ortszentrum, die aus der Zeit um 1500 stammt. Sie ist mit Deckenmalereien des Tierp-Meisters verziert.

Übernachten

▸ *Rullsands Camping* ***, Tel. 026/ 860 46, direkt am traumhaften Sandstrand, Hütten vorhanden, FKK-Gelände.

Gävle

88.000 Einwohner

Ein paar Stunden sollte man für Gävle einkalkulieren. Dann hat man alles gesehen, was einen Zwischenstopp lohnt. Das wäre vor allem die Altstadt, denn in dem modernen Stadtinneren wird man kaum Unterschiede zu anderen nüchternen Großstädten feststellen.

Geschichte

Norrlands größte Stadt war schon im 14. Jahrhundert ein großer Warenumschlagplatz und erhielt die Stadtrechte 1446. Hier wurden die Eisenprodukte der Hütten verschifft und Werften gegründet. Alle sind inzwischen wieder verschwunden. Der Großbrand 1869 zerstörte das Viertel nördlich des Flusses, das man modern und großzügig wieder aufbaute.

Sehenswürdigkeiten

Den großen Brand überlebte die Südstadt, wo man ein ganzes Stadtviertel, die Altstadt **Gamla Gefle**, behutsam restaurierte. Dutzende von Holzhäusern aus dem 18. und

19. Jahrhundert bilden ein Kulturmilieu, in dem heute Handwerker und Künstler leben. Schöne Holzhäuser stehen auch noch im Stadtteil **Strömsbro** im Norden, wo im letzten Jahrhundert große Textilfabriken und Brennereien ansässig waren. Die Wohnhäuser der dortigen Arbeiter sind noch erhalten. Auch das **Schloß** hat den Brand überstanden. 1596 wurde es von Johan III. als nördlichste Festung der Wasakönige eingeweiht. Heute ist es Sitz der Landesregierung. Am Torget liegt das **Rathaus**, vom Baumeister Carl Frederik Adelcrantz 1790 in Gustavianischem Stil errichtet. In Gävle gibt es mehrere interessante Museen: das Forstmuseum **Silvanum**, das mit seinem waldbotanischen, 4 km² großen Park einzigartig in Europa ist, und das **Provinzmuseum** mit kulturgeschichtlichen Sammlungen. Hier kann man unter anderem das "Björkeboot" bestaunen. Es wurde 1947 nördlich von Gävle ausgegraben und stammt aus dem 1. Jahrhundert. Eine andere Rarität ist die sogenannte "Glutpfanne von Hamrånge", die 1930 in einem Rollsteingrab gefunden wurde. Hierbei handelt es sich um ein in Skandinavien einmaliges Gefäß aus Bronze, das die Form einer kleinen Moschee von 33 cm Höhe hat. In sie füllte man glühende Holzkohle, die man dann mit Weihrauch übergoß. Sie wurde vermutlich im 9. Jahrhundert in Bagdad, dem Reich des Kalifen Harun al Raschid und der Märchen aus "1001 Nacht" hergestellt. Welcher tatkräftige Wikinger das gute Stück hierher brachte, ob es gestohlen oder eingetauscht wurde, weiß man nicht (geöffnet Juni bis August 10 - 16 Uhr). Höchst sehenswert ist auch das **Eisenbahnmuseum** mit den schönsten Dampfloks und der größten Wagensammlung der Welt (geöffnet Juni bis August tgl. 13 - 16 Uhr).

Der Julbock von Gävle

Nach altem schwedischem Brauch schmücken kleine, aus Stroh geflochtene und mit roten Bändern verzierte Ziegenböcke die vorweihnachtliche Szenerie. Man stellt sie in die Schaufenster, ins Wohnzimmer und in Krankenhäuser, um auch den Patienten ein wenig weihnachtliche Stimmung zugutekommen zu lassen.

In Gävle beschloß die Stadtverwaltung vor einigen Jahren, zur Verschönerung des Marktplatzes einen übergroßen Bock aus echtem Strohgeflecht herstellen zu lassen. Brave Bürger hatten ihre Freude an der neuen Zierde, die Ausdruck tiefster Wertschätzung der lieben Tradition sein sollte. Doch niemand hatte die Halbstarken Gävles um ihre Meinung gefragt - wahrscheinlich wäre es ihnen auch egal gewesen, wofür die Stadt ihr Geld ausgibt. Aber als er nun schon einmal da war, da wurde auch schon bald allen Gävlern klar: Der Julbock stand ja auf dem Torget, dem Markt, und zwar verdächtig nahe an den abendlichen Treffpunkten von allerlei James-Dean- und Marlon-Brando-Verschnitten. Und tatsächlich, wer es genau war, weiß man bis heute nicht, aber einer jener Grünschnäbel hatte doch die "zündende" Idee, das 12 m hohe Kunstwerk in Flammen aufgehen zu lassen. Vielleicht war es Starrsinn, was die Stadt bewog, auch in den darauffolgenden Jahren wieder einen Bock aufzustellen. Die Jugendlichen trieben alljährlich die Feuerwehrleute aus ihren warmen Winterbetten: Kein Bock überlebte!

Die letzten Jahre brachten die totale Eskalation und den Einsatz modernster Technik auf beiden Seiten hervor. Sagen wir es ehrlich: Ganz Gävle und sicher auch ein paar Schweden sonstwo im Lande warten jetzt schon gespannt auf den neuerlichen Kampf zwischen den "Bösen", also den "aufsässigen Anarchisten", und den "Guten", also den braven Bürgern mit Unterstützung von Polizei, Feuerwehr und privaten Schutztrupps. Wetten werden abgeschlossen - natürlich nicht öffentlich - und der Bock anno 1988 wurde erstmals mit einer Video-Beobachtungsanlage zur Rundumerfassung des Marktplatzes ausgerüstet. Die löste sich mitsamt dem gebündelten Strohhaufen in Rauch auf, ebenso die noch besser bewachten Varianten jüngeren Datums. Und das trotz Einsatzes rund um die Uhr! Man munkelt schon von Helfershelfern und bestochenen Ordnungshütern. Aber genug der Spekulationen. Der Tag wird kommen, an dem die Gerechtigkeit siegt und die braven Leute von Gävle noch am Heiligabend vor ihrem Bock stehen und Weihnachtslieder singen dürfen. Dazu muß man aber wahrscheinlich alle unter dreißig vorsorglich bis zum Fest einsperren.

Im Stadtpark **Boulognerskogen** kann man abends in schöner Natur essen und tanzen.

Tel.026/ 18 83 90, geöffnet Mo bis Fr 9 - 18 Uhr, Sa 10 - 14 Uhr, So 11 - 16 Uhr.

Touristeninformation

Gävle Touristbyrå, Berggrenska Gården, Kyrkogatan 14, 80135 Gävle,

Übernachten

▶ *Gamla Gefle,* Södra Rådmansgatan 1, Tel. 026/ 62 17 45, 600 m

vom Bahnhof, Parkplatzprobleme, gemütliche Holzvilla in Hanglage.
► *Vandrarhem*, in Engeltofta, Bönavägen 118, 6 km nordöstlich des Zentrums. Tel. 026/ 961 60, ruhig gelegen, direkt am Strand.
► *Sweden Hotel Gävle,* Staketgatan 44, Tel. 026/ 11 54 70. DZ 520 SEK mit Bonuspaß.
► *Scandic Hotel Gävle,* Johanneskötsvägen 6, Tel. 026/ 18 80 60, das größte Hotel am Platze, modern und mit allem Service. DZ 580 SEK.
► *Reso Grand Central,* Nygatan 45, direkt im Zentrum, Tel. 026/ 12 90 60, bestes Haus in Gävle
► *SH-Hotel Winn,* Norra slottsgatan 9, Tel. 026/ 17 70 00, luxuriös, gutes Restaurant, eigener Pool. DZ 620 SEK mit Bonuspaß.

Öffentliche Verkehrsmittel

Zug: Zwei Direktabfahrten tgl. bis Boden und Stockholm auf Linie 40, dazu mehrere Pendelzüge nach Stockholm, Ockelbo und Borlänge.
Flugzeug: Vom Flugplatz Gävle/ Sandviken, 18 km außerhalb gelegen, 5 bis 6 Flüge am Tag nach Stockholm.

Rund um Gävle

◆ Furuvik

Dieser Vergnügungspark, 10 km östlich von Gävle an Straße 76, ist eine typisch schwedische Unterhaltungsanlage für Groß und Klein, u. a. mit Streichelzoo, Karusells, Theater, Strandbad und auch Restaurants.

Übernachten
► *Furuviks Camping* ***,*** an Straße 76, Tel. 026/ 980 28, liegt landschaftlich sehr schön, mit einem Freizeitpark.

◆ Bönan

Bönan, 13 km nördlich an der Küste gelegen, ist ein kleiner Fischerort an der Gävle-Bucht mit einigen alten Fischerhütten. Der 16 m hohe, hölzerne Leuchtturm stammt aus dem Jahr 1840 und beherbergt heute ein *Museum*. Im Restaurant *Strandgården* wird ein üppiges Smörgåsbord serviert.

◆ Valbo

Diese Gemeinde schließt sich unmittelbar westlich an Gävle an. Sie besteht aus mehreren Dörfern, von denen einige altertümliche Reihendörfer sind. Im Dorf *Allmänninge* fand man in einem Kupferkessel den Schatz von Valbo mit vielen Silbergegenständen der Wikingzeit, wie Spangen, Fibeln, Ketten, Kreuze, Münzen und andere Gegenstände, von denen einige aus Rußland und Byzanz stammen. Die *Kirche von Valbo* ist die älteste in Gästrikland: Der Chor und Teile des Langhauses reichen bis in das 13. Jahrhundert zurück. Im 18. Jahrhundert wurde sie vergrößert und erhielt einen Turm. In der Außenwand ist ein Runenstein eingemauert. Die Malereien im Inneren aus dem 15. Jahrhundert wurden vor vierzig Jahren freigelegt. Zwei *Heimatmuseen*, das eine nahe des Bahnhofs im Dorf *Lund* und das andere im Ort *Vreta* an der Straße nach Bäck, schildern das Leben im 18. und 19. Jahrhundert. Letzteres umfaßt dreizehn Gebäude.

◆ Hedesunda

Hedesunda liegt 38 km südlich von Gävle. Im Süden des kleinen Orts erstreckt sich das Naturreservat *Kvillan udde* mit einem sehr seltenen Bestand an knorrigen Urbirken. Die Landzunge *Ön*, die sich als Rollstein-Oser in den See hinein erstreckt, ist ein weiteres naturschönes Gebiet mit vielen Spuren vorhistorischer Besiedlung.

Übernachten
▶ *Sandnäsbadets Camping* * * *, 3 km südlich der Kirche von Hedesunda, Tel. 0291/ 108 59, auf einem Waldgrundstück sehr schön an einem See gelegen.

◆ *Gysinge*

Die *Hütte* von Gysinge, heute an Straße 272 gelegen, wurde 1667 gegründet und war während ihrer Blütezeit im 18. Jahrhundert Gästriklands wichtigste Eisenhütte. Vieles aus dieser Zeit ist erhalten, wie der *Herrenhof* (1830), die *Arbeiterwohnungen*, das *Kraftwerk* und der *Hochofen*. Die Gebäude liegen an den Stromschnellen des Dalälven in einer der schönsten Gegenden der Landschaft mit erstklassigen Angelmöglichkeiten, vor allem von Forellen und Äschen. Das *Värdhus* serviert Speisen bei traditionellem Ambiente. Es vermietet auch Zimmer in den ehemaligen Schmiedwohnungen.

Einzigartig in Schweden ist das in den Eisenlagerhallen eingerichtete *Flößereimuseum* - und das mit Grund, denn hier auf dem Dalälven begann man im 17. Jahrhundert zuallererst mit der Flößerei. Brennholz wurde in immer größeren Mengen zu den Kupferbergwerken nach Falun geschafft. Holz war zunehmend mit dem Ausbau der Forstindustrie im 19. Jahrhundert gefragt. An der Flößerstation in Gysinge trieben über hundert Jahre lang Baumstämme über Baumstämme vorbei. Allein im Rekordjahr 1952 waren es 30 Millionen Stück! 4.800 Personen waren zeitweise in diesem Gewerbe hier in Lohn. 1970

Joe Hill - ein schwedischer Rebell

Die Legende von *Joe Hill* war in Amerika schon vor dem zweiten Weltkrieg bekannt, doch sie erreichte Schweden, die Heimat Joe Hills, erst viele Jahre später. Joe Hill wurde als *Joel Emanuel Hägglund* 1879 in Nedre Bergsgatan 28 in Gamla Gefle geboren. Sein Vater verdiente als Schaffner zu wenig, um die sechs Kinder ernähren zu können und wurde zu allem Übel auch noch eines Tages von einer Lokomotive überfahren. Er starb, als Joe gerade fünf Jahre alt war. Mutter und Kinder mußten hart arbeiten, um zu überleben. Bei Gemeindefesten lernte Joe bald Singen, Orgel- und Geigespielen. Als 1901 auch seine Mutter starb, entschied er sich, nach Amerika, in das "gelobte Land", auszuwandern. In Chicago lernte er die Ausbeutung der Arbeiter kennen; in Kalifornien erging es ihm nicht besser, obwohl es dort bereits eine Gewerkschaft gab, der er sich auch mit Herz und Seele anschloß. Auf ihren Versammlungen sang er, er dichtete und komponierte Arbeiterlieder. Das paßte nun den Arbeitgebern überhaupt nicht und sein Leben endete tragisch: Nach dem Mord an einem Händler schoben sie die Schuld auf ihn und sorgten für seine Festnahme. Obwohl es keinerlei Beweise gab, wurde der 36jährige im Gefängnis von Utah an einem Novembermorgen 1915 hingerichtet. Seine Asche wurde seinem Testament gemäß in alle Erdteile verstreut. Ein wenig davon landete unter dem Kirschbaum im Joe Hill gården, Norra Bergsgatan 28, Gävle, Schweden. Das Gebäude ist heute ein Museum, das Schwedens Sozialrebell gewidmet ist.

hörte man mit der Flößerei auf. Aber kluge Leute haben die alte Station gerettet und zehn Jahre später hier das *Museum* eingerichtet: Werkzeuge, Kleider, Modelle, Fotos und Filme erzählen so eindrucksvoll vom Leben der Flößer, daß man sich ohne weiteres in die Romantik jener Tage zurückversetzt fühlt (geöffnet Mitte Juni bis Mitte August tgl. 11 - 17 Uhr). Das *Värdshuset* aus dem Jahr 1754 sollte sonntags besucht werden. Dann serviert man hier ein schönes Smörgåsbord.

◆ *Koversta*

Koversta, 65 km südlich von Gävle nahe Straße 272, ist eines der alten Reihendörfer, die von der Flurbereinigung verschont blieben. Daher stehen die fünf erhaltenen Höfe mit Nebengebäuden, alle aus dem 18. Jahrhundert, an ihrem ursprünglichen Platz und zeigen, wie ein Dorf jener Zeit aussah. Im *Åker-Ollas-Hof* werden Bilder von Gästriklands berühmtem Maler Hans Wikström (1759 - 1833) ausgestellt.

◆ *Årsunda kyrka*

Die Straße von Sandviken nach Årsunda bietet einen herrlichen Blick auf den *Storsjön*. Die Kirche von Årsunda 37 km südwestlich von Gävle wurde Mitte des 14. Jahrhunderts erbaut. Sie ist die Kirche in Gästrikland mit der reichsten Ausstattung. Im Waffenhaus steht ein Runenstein aus der Zeit um das Jahr 1.000. Er trägt eine Bilddarstellung mit einem Motiv der Sigurdsage und folgende Inschrift: "Anund, Sohn von Rune in Vi, ließ diesen Stein ritzen für Thorgeir, seinen Bruder Gudälv, seine Mutter und Esbjörn und Vemod." Das Triumphkreuz stammt aus dem 13.

Jahrhundert; der Leuchter und die schönen Deckenmalereien sind aus dem 15. Jahrhundert. Wertvollstes Inventar ist der geschnitzte Altar mit skulptierten Bibelszenen und Flügelgemälden (Antwerpen, um 1515). Südlich der Kirche liegt ein Grabfeld mit zwei Steinsetzungen und Grabhügeln aus der Wikingzeit.

◆ *Sandviken*

Diese 40.000 Einwohner zählende Stadt 22 km westlich von Gävle steht ganz im Zeichen der Stahlherstellung, die von Edsken und Högbo hierher verlegt wurde. C.S. Göransson gelang es als erstem, im Versuchsofen in Edsken 1858 Stahl nach der Bessemermethode herzustellen. Sandviken wurde aufgrund des Eisenbahnanschlusses Standort des neuen Eisenwerks. Neue Arbeitersiedlungen entstanden in Form einstöckiger Holzhäuser, die im Ortsteil *Envåningsbruket* erhalten sind. In einem Gebäude ist ein *Hüttenmuseum* eingerichtet. Hundert Jahre später, in den Siebzigern unseres Jahrhunderts, war wieder Bedarf für neue Arbeiterwohnungen gegeben. Der Architekt Ralph Erskine konzipierte das neue Viertel *Nya bruket*, das richtungsweisend für die Stadt und Wohnkultur der siebziger Jahre wurde. Heute ist es sicher kein Vorbild mehr!

◆ *Forsbacka bruk*

Im 16. Jahrhundert wurde hier, 15 km westlich von Gävle, eine Hütte errichtet. Im Laufe der Jahrhunderte wurde sie durch moderne Anlagen ersetzt, die noch heute in Betrieb sind. Das Milieu mit dem Herrenhof des Patrons (1777) und den Arbeiterwohnungen ist im altertümlichen Stil des letzten Jahrhunderts erhalten.

♦ *Torsåker*

Dieser Ort, 46 km westlich von Gävle, hat eine lange Tradition als Grubenstadt und Hüttensiedlung. Die *Kirche* stammt aus dem 18. Jahrhundert, Altar und Kanzel sind aber nochmals hundert Jahre älter. Der auf Gotland hergestellte Taufstein stammt gar aus dem 14. Jahrhundert. Am Klocksberg (170 m), südöstlich der Stadt, steht das *Heimatmuseum*, das einen guten Einblick in das Leben der Hütten- und Grubenarbeiter gewährt. Gute Küche gibt es im *Gästgivaregård*.

♦ *Hofors*

Im 17. Jahrhundert besaß die *Hütte* von Hofors, 52 km westlich von Gävle, einen Hochofen und eine Hammerschmiede, die den Bergleuten selbst gehörte. Heute ist das hochmoderne Stahlwerk Teil des SKF-Konzerns. Zwei Herrenhöfe aus dem 18. Jahrhundert sind erhalten. In einer Arbeiterwohnung aus dem 19. Jahrhundert hat man ein Heimatmuseum eingerichtet.

♦ *Högbo*

Högbo liegt 28 km nordwestlich von Gävle. Hier wurde im 17. Jahrhundert eine *Hütte* gegründet. Auch ein *Herrenhof* wurde erbaut, aber das heutige Bauwerk stammt vom Beginn unseres Jahrhunderts. Einige alte Hüttenbauten, wie Schmiedewohnungen, Mühle und Weberei, sind erhalten. Seit 1980 ist auch ein *Textilmuseum* eingerichtet.

♦ *Edsken*

Vom alten Hochofen der *Hütte* von Edsken, 56 km westlich von Gävle, stehen nur noch Ruinen, aber sehenswert ist eine Kopie des Originalkonverters, mit dem 1858 hier zum ersten Mal Eisen nach der neuen Bessemermethode hergestellt wurde.

—► An der E 4 gibt es einen Rastplatz, von dem man das Leben auf dem *Mårdängssjön*, Gästriklands bestem Vogelsee, gut beobachten kann. Im Frühling rasten hier Tausende von Zugvögeln.

Hamrånge

Der Architekt J.F. Åbom entwarf bei Vifors diese dreischiffige **Kirche**, die 1854 in klassizistischem Stil errichtet wurde. Sie ist bekannt für ihre Heiligenbilder und das Kreuz, die man aus der heute leider restlos zerstörten mittelalterlichen Kirche übernahm. Im Norden von Hamrånge liegen im Ortsteil Vifors der **Herrenhof** und die **Hammerschmiede** aus dem 18. Jahrhundert mit einigen Gebäuden.

♦ *Ockelbo*

Das 6.500 Einwohner große Ockelbo liegt 22 km westlich von Hamrånge. Der ganze Ort wirkt ein wenig altertümlich. Am nördlichen Ortsende stehen einige alte Holzhäuser mit Schnitzereien, sogenannten "Snickarglädje" - "Tischlers Freude". 1885 wurde das *Wij Walzwerk* gegründet. Der **Herrenhof** (1830) der Fabrikchefs ist heute Kontor des modernen Holzkonzerns.

Geige und Ziehharmonika - Volksmusik in Hälsingland

An einem Mittsommerabend vor vielen Jahren kam ein Spielmann mit seiner Geige in das Dorf *Hårga*. Er spielte zum Tanze und alle jungen Leute waren froh, denn der "Hambo", den er spielte, war so hinreißend, daß niemand widerstehen konnte. Alle tanzten und tanzten. Der Spielmann ging aus der Stadt hinaus und stieg auf den Gipfel des Hårgaberget hinauf. Die jungen Leute mußten ihm einfach folgen. Doch nach einer Weile wurden die ersten müde und wollten sich ausruhen. Ihr Entsetzen war groß, denn sie konnten nicht mehr aufhören zu tanzen, so sehr sie sich auch bemühten. Als sie auf die Beine des unheimlichen Spielmanns blickten, durchfuhr sie ein wilder Schreck: Er hatte Bocksfüße. Der Teufel persönlich spielte für sie. Und sie tanzten und tanzten, bis die Füße zu bluten begannen, und immer weiter. Als die Leute aus dem Dorf endlich zum Berg hinaufgestiegen waren, fanden sie nur noch Skelette und Schädelknochen vor.

Und so tanzen sie hier noch heute einen "Hambo", wie sonst nirgendwo auf der Welt. Tausende von Menschen treffen sich jährlich an einem Julisonntag oben auf dem Hårgaberg und tanzen hinab zur Straße und dann 70 km nach Norden bis Järvsö. O.K. - ein Stückchen fahren sie auch mit dem Bus, aber die anderen Stunden und Kilometer tun sie nichts als tanzen, tanzen, tanzen!

Hier kann man den **Pålsgården**, ein Heimatmuseum mit alten Häusern, wie auch vor der Kirche einen Runenstein (allerdings nur eine Kopie) besichtigen.

Vor allem die Umgebung ist reich an vorzeitlichen Monumenten wie Hügelgräbern, Steinsetzungen und Grabfeldern. Letztere sind in einer Vielzahl im Dorf **Vi** westlich von Ockelbo am Bysjön zu finden.

—▶ Nach Hamrånge überschreitet Route 26 die Landschaftsgrenze in das ganz andersartige *Hälsingland*.

Söderhamn

30.000 Einwohner

Söderhamn ist sicher nicht Schwedens schönste Stadt. Die Holzindustrie beherrscht das Stadtbild. Doch großzügige Parkanlagen lassen Söderhamn etwas freundlicher erscheinen. Früher gab es hier eine große Waffenfabrik. Mehrere Brände vernichteten die alte Bausubstanz. Aber die 1693 von Nicodemus Tessin dem Jüngeren entworfene **Ulrica Eleonora Kirche** blieb erhalten. Das **Rathaus** am Park entstand erst nach dem Großfeuer 1876. In der **Mühle** ist heute ein Kulturhaus eingerichtet. Mit dem Dampfer "MS Strömskär" kann man mit Musik und Essen an Bord zu den Schären fahren. Schöne alte Holzhäuser stehen in **Söder** im Ostteil der Stadt.

Eine gute Sicht über Söderhamn hat man von der Festung **Oscarsborg**, 65 m hoch über der Stadt gelegen.

Seit 1991 zieht es vor allem Kinder nach Söderhamn. Damals eröffnete man nämlich in Ina, unweit westlich von Söderhamn an der Straße nach Bollnäs, das nördlichste **Schmetterlingshaus** der Welt. Hunderte von tropischen Faltern fliegen frei in den grünen Gewächshäusern (geöffnet im Sommer Mo bis Sa 9 - 17 Uhr, So 10 - 16 Uhr, Eintritt 45 SEK bzw. 25 SEK).

Touristeninformation

Söderhamns Turistbyrå, Björnängs-vägen 2, 82640 Söderhamn, Tel. 0270/ 753 53

Übernachten

▶ *Vandrarhem,* Kompanivägen 1, am Moheds Camping, Tel 0270/ 753 57, kleines Haus mit guten Sportanlagen: Tennis, Minigolf, Wasserrutschbahn, Wasserskikurse.
▶ *Scandic Hotel Söderhamn,* Mon-törsbacken 4, Tel. 0270/ 180 20, Moteltyp, gutes Restaurant mit Fischspezialitäten.
▶ *Stadshotellet,* Oxtorgsgatan 17, Tel. 0270/ 114 10, zentral gelegenes SH-Hotel mit Zimmer in Alt- oder Neubau. Gehobene Mittel-klasse. DZ 580 SEK mit Bonuspaß.

Tip: Das *Albertina Fischrestaurant* im idyllischen Fischerdorf Skärså, 10 km nördlich von Söderhamn an der Küste gelegen. Dort gibt es auch einen guten Badestrand.

Feste

Über die jährlich wechselnden Ter-mine der großen Spielmannstreffen informiert die Touristeninformation.

Tip: Empfehlenswert ist Camping und Wirtshaus (mit Zimmervermie-tung, Tel. 0270/ 616 61) in Stenö, südöstlich von Söderhamn unmittel-bar am Meer gelegen, mit einem Super-Badestrand.

Rund um Söderhamn

◆ Söderala

Söderala, 6 km westlich von Söder-hamn, besitzt eine mittelalterliche Kirche, an deren Sakristeitür eine Kopie der berühmten Söderala-Wet-terfahne angebracht ist. Sie ist eine der wenigen erhaltenen Wetterfah-nen aus der Wikingzeit, früher wohl auf dem Mast eines "Drachen-schiffs". Das Original aus Bronze und Silber kann man im SHM (Stockholm) bewundern.

Übernachten

▶ *Moheds Camping* ***, am West-ende von Söderala im Dorf Mohed, 12 km westlich von Söderhamn. Tel. 0270/ 753 53, ein moderner Campingplatz mit Hütten und Sola-rium in sehr schöner Lage am See.

◆ Bergviken-See

20 km südwestlich von Söderhamn liegt der Bergviken. Seine Umge-bung mit den Ortschaften *Bergvik, Segersta, Skog, Sibo* und *Hanebo* ist landschaftlich äußerst reizvoll. Mehrere Aussichtsberge gestatten einen weitschweifenden Blick auf den *Gullberget, Hårgaberget, Mik-kelberget* und *Bårgberget* mit Resten einer Fluchtburg. Der Hårgaberget ist alljährlich im Juli Treffpunkt von zahlreichen Spielmännern und Besu-chern, die dem Hambozug nach Järvsö folgen. Die genauen Termine sind bei der Touristeninformation in → Bollnäs zu erfragen.
  Die Straßen, die um den See herumführen, haben außer der Natur auch lohnende Kulturziele anzubie-ten, so das Heimatmuseum in *Ser-gersta, Kilaforsbruk* mit Hüttenruine (1870) und Herrenhofhotel sowie südlich davon die alte *Leinenfabrik* aus dem 18. Jahrhundert. Auf einer östlichen Abzweigung von Straße

272 südlich der sogenannten "Norrlandspforte" (Straßenabschnitt von Sibo) erreicht man die *Knupbodarna*, ein komplett erhaltenes Sennereimilieu mit fünf alten Wohnhäusern, Stall und Vorratsgebäuden. Im Feriengebiet *Norrlandsporten* gibt es Restaurants, Badeplätze, Wanderwege, Hütten und Veranstaltungen auf dem Digerberget. Weiterhin ist die Kirchenruine von *Skog* sehenswert. Dort fand man 1913 einen achthundert Jahre alten Bildteppich, der heute im SHM ausgestellt wird. Nicht verpassen sollte man das Industriemuseum in *Bergvik*. Hier gelang es 1870 erstmalig, Zellulose auf chemischem Wege herzustellen.

Tip: Ein Aufenthalt von mindestens drei Tagen und eine Rundfahrt um den See!

♦ Bollnäs

Zur jungen, 28.000 Einwohner großen Stadt, 40 km westlich von Söderhamn, zählt zu ihren Attraktionen einige alte *Grabanlagen* im Onbakkenpark und eine mittelalterliche *Kirche*. Der Turm der Kirche stammt aus dem 15. Jahrhundert, das Langhaus wurde im 18. Jahrhundert umgebaut. Bedeutend sind der deutsche Altar (16. Jh.) und die mittelalterlichen Skulpturen, vor allem von Haaken Gullesson (16. Jh.). Südlich der Kirche liegt ein alter Bauernhof, heute *Museum* (geöffnet Juni bis August tgl. 13 - 16 Uhr). Eine phantastische Aussicht hat man vom *Bolleberget*, der im Norden des Orts deutlich zu sehen ist. Einen Besuch wert ist auch *Sörängskvarn* in Söräng, westlich von Bollnäs, eine kunsthandwerkliche Sammlung mit Arbeiten aus Silber, Keramik, Webereien und Gemälden (geöffnet tgl. 11 - 18 Uhr). Hier gibt es auch ein Café.

Touristeninformation
Bollnäs Tourist Service, im Scandic-Hotel, Tel. 0278/ 244 50

Übernachten
► *Vevlingestrands Camping* ***, 3 km östlich von Bollnäs am Varpen, von Straße 301 bei Segersta abzweigen, Tel. 0278/ 126 84, kleiner Platz auf einer Wiese am See, von Laubwald umgeben, mit 12 Hütten.
► *Vandrarhem Lenninge Herrgård,* in Bollnäs, an Straße 83, Tel. 0278/ 230 92, kleines Haus mit 50 Betten.
► *Rehnsgården,* Söderhamnsvägen 2, Tel. 0278/ 105 77, eine billige, aber ordentliche Pension.
► *Kilafors Herrgård,* 18 km südlich von Bollnäs, Tel. 0278/ 504 05, ein Hotel in altem Stil, sehr schön am Ufer des Bergsviken gelegen. Das Haus lockt mit Plüsch, Ölgemälden und alten Kronleuchtern.

Tip: Von Bollnäs werden Kanutouren auf dem Voxnan angeboten, wie auch Fahrten mit dem hundert Jahre alten Kohledampfer "Varpen" auf dem gleichnamigen See. Auskunft darüber erteilt die Touristeninformation (siehe auch → Voxnadalen).

♦ Växbo

35 km nordwestlich von Söderhamn oder 10 km nordöstlich von Bollnäs liegt dieses einzigartige, alte Kulturdorf mit einer reichen Ansammlung volkskundlich bedeutender Handwerksbetriebe. Romantisch an einem mit Seerosen bewachsenen See liegt die *Mühle,* fast zweihundert Jahre alt. Aber noch immer mahlt man hier Mehl. Auch gibt es hier eine alte Bäckerei, eine Leinenweberei, eine Schmiede und eine Spinnerei. Das Café in der Mühle serviert Brot aus steingemahlenem Biomehl und andere gesunde wie auch wohlschmeckende Delikates-

sen in einer ruhigen Atmosphäre vergangener Tage.

◆ *Edsbyn*

Edsbyn erreicht man von Bollnäs nach 35 km Fahrt auf Straße 301. Es ist eine ausgeprägte Industriestadt mit vielen Kleinbetrieben, vor allem der Holzverarbeitung. In der Celsiusschule ist ein *Stadtmuseum* mit einem Laden und einer Schule der Jahrhundertwende eingerichtet. Besonders erwähnenswert ist hier die Fotosammlung. In *Panes Gammelgård* ist altes Kunsthandwerk ausgestellt. Neuere Stücke kann man hier auch erwerben.

5 km östlich gibt es in *Edsbyn-Ovanåker* das vielleicht schönste der vielen Freilichtmuseen Hälsinglands, den Mårtesgården mit rund dreißig alten Bauernhäusern, geschmückt mit typischer Bauernmalerei der Provinz. 15 km östlich von Ovanåker lockt in *Alfta*, ein Puppenmuseum und eine Puppenfabrik, in der man verschiedene Modelle ab Werk kaufen kann.

◆ *Voxnadalen*

Westlich von Edsbyn erstreckt sich von Alfta über Voxna nach Norden das Voxnadalen. Diese Tallandschaft ist für ihre herrschaftlichen Bauernhöfe mit farbenprächtigen Eingängen bekannt. Hier entstanden auch einige der ersten Interieurmalereien. Noch heute existieren mehr als zweihundert solcher Malereien und über 300 wunderbare Eingangslauben. Einige der schönsten Häuser stehen in den Dörfern *Näsbyn* und *Långhed* nördlich von Straße 301.

◆ *Arbrå*

Wer Natur mit weiten Nadelwäldern und kleinen Flüssen erleben will,

dem sei Straße 83 nach Norden empfohlen. Dort liegt 17 km nördlich von Bollnäs der Ort Arbrå. Ca. 3 km von der alten Kirche entfernt findet man ein *Freilichtmuseum* mit alten Gebäuden (geöffnet Ende Juni bis Anfang August tgl. 13 - 17 Uhr). Der zweihundertjährige *Hans-Anders-Hof*, auch "Träslottet" (Holzschloß) genannt, wurde seit den fünfziger Jahren von der sympathischen Pensionärin Willi Maria Lundberg verwaltet, die in Schweden nunmehr seit vierzig Jahren ein Begriff ist. Sie ist bekannt aus TV, Radio und Zeitschriften für ihren Einsatz in der Konsumentenberatung. Seit 1994 betreibt ihre Tochter das Geschäft. Zehntausende von Touristen halten jährlich hier an, um sich verwöhnen zu lassen: Blaubeerpfannkuchen mit Schlagsahne, Hälsingland-Käsekuchen mit Mandeln und Beeren und anderen Leckereien. Man stellt hier einige der Produkte aus (z. B. Möbel, Dekor), die Frau Lundberg in ihrer langen Tätigkeit als Qualitätsprüferin überzeugten (geöffnet Mitte Mai bis Mitte/Ende August tgl. außer Di).

—► Weiter geht es auf Route 26 in Richtung Norden. Wenige Kilometer nördlich von Söderhamn erreicht man über eine Abzweigung nach Westen:

◆ *Trönö*

Die Kirche aus dem 12. Jahrhundert ist eines der am besten erhaltenen mittelalterlichen Heiligtümer des Landes mit alter Mauer und Glokkenturm aus der späten Wikingzeit. In der Konstruktion ist die altertümliche Stabbauweise zu erkennen. Im Inneren werden mehrere Skulpturen

des Kirchenkünstlers Haaken Gullesson aufbewahrt. In der neuen Kirche
steht ein vergoldeter und emaillierter
Kupferschrein (Limoges, 1220). Er
erzählt vom Mord am englischen Bischof Thomas Becket 1170.

—▶ Auf Route 26 folgen zwei
schöne Kirchen.
Enångers kyrka aus dem 15.
Jahrhundert ist hervorragend erhalten. Hier befand sich die Werkstatt
des Schnitzers und Malers Haaken
Gullesson, der an vielen Kirchen der
Provinz arbeitete. Beide Altäre
stammen aus seiner Schule. Die
Malereien aus dem Jahr 1470 sind
von der Kirche in Tierp-Uppland beeinflußt.
Njutångers kyrka ist eine mittelalterliche Kirche aus dem 13. Jahrhundert. Das Sterngewölbe wurde
im 15. Jahrhundert eingezogen. Die
Malereien stammen aus der Reformationszeit. Madonna und Altar
wurden von Haaken Gullesson gefertigt. Der Glockenturm mit Giebel
ist aus dem Jahr 1720.

Hudiksvall

37.000 Einwohner

Bitte nicht einfach nur durchrau-
schen, wie viele Nordlandfreaks das
machen, begierig, schnellstmöglich
nach Lappland zu kommen. In der
charmanten und liebenswerten Provinzhauptstadt lohnt sich mindestens ein Tag Aufenthalt.

Sehenswürdigkeiten

Immer wieder ist Hälsinglands
Hauptstadt von Bränden zerstört
worden. 1721 trugen die Russen
das Ihre dazu bei. Und dennoch

kann man sagen, daß Hudiksvall
heute eine der schönsten Städte
Nordschwedens ist. Der Innenstadtkern besteht überwiegend aus Holzhäusern, so daß man die Stadt zu
den zwölf schwedischen Holzstäd-
ten zählt. Was die architektonische
Schönheit der Gebäude betrifft, liegt
Hudiksvall ganz vorne, allerdings
nicht in Punkto Alter. Am Kanal und
rund um die Lilla kyrkogatan findet
man die älteste Bebauung, die **Fi-
scherstadt**. Die Bauwerke gehören
zu den schönsten und besterhaltenen schwedischen Holzhäusern.
Hier wohnten früher vor allem die
Fischer, die dem Hafen der Stadt
seine Bedeutung gaben. Rund um
die Storgatan liegen die prachtvollen
Großbauten der Handwerksmeister
oder reichen Holzhändler. **Hantverksgården**, Storgatan 44, wird
von Kennern als schönste Apothe-
kenfassade Schwedens bezeichnet.
Das **Provinzmuseum** Hälsinglands in
der Storgatan präsentiert einen
Querschnitt durch Volkskunde und
Handwerk (geöffnet Mo bis Fr 9 -
16, Sa bis So 12 - 16 Uhr). Wunderschöne Spazierwege mit vielen
Seevögeln bietet **Lillfjärden** am Fluß.
Der **Galgberget** und **Köpmanberget**
sind gute Aussichtspunkte über die
Stadt.

Touristeninformation

Hudiksvalls Turistbyrå, Möljen,
82480 Hudiksvall, Tel. 0650/
190 00, geöffnet Mo bis Fr 9 - 19,
Sa 10 - 15, So 10 - 15 Uhr.

Übernachten

▶ *Malns Camping* * * *, 3 km östlich
des Zentrums am nördlichen Ufer
des Fjärden, Tel. 0650/ 132 60,
von dichtem Wald umgeben.
▶ *Vandrarhem Malnbaden*, 3 km
östlich von Hudiksvall, Tel. 0650/

132 60, neuer Flachdachbau im Kiefernwald unmittelbar am Strand, zur Innenstadt fahren laufend Busse.
▸ *SH-Hotel Hudik*, N. Kyrkogatan 11, zentral gelegen, Tel. 0650/ 150 40, relativ neu, modern mit Sauna und Schwimmbad eingerichtet, große Zimmer. DZ 550 SEK mit Bonuspaß.
▸ *BW-Stadshotellet*, Storgatan 36, Tel. 0650/ 150 60, wie Norra Hudvik ein anspruchsvolles Haus im Zentrum, große Zimmer.
▸ *Vandrarhem*, in Hedvigsfors, 25 km nördlich an Straße 306, Tel. 0653/ 240 49, sehr ruhig nahe am Wald gelegen.

Essen und Trinken

Ein gemütliches Café gibt es in der *Helsingestugan* im Hantverksgården, Storgatan 44. Ein gutes Restaurant, besonders für Fischgerichte, ist *Kajkanten* in der Västra Tvärkajen.

Öffentliche Verkehrsmittel

Zug: Von Hudiksvall Linie 41 ca. 6 bis 7mal tgl. nach Stockholm und Långsele.
Flugzeug: 6 bis 8 Flüge am Tag nach Stockholm.

Rund um Hudiksvall

◆ Hornslandet

Diese Halbinsel wartet mit herrlichen Freizeit- und Wandergebieten in einzigartiger Natur auf: Dünen auf Flugsandfeldern, Felsküste und Laubwälder mit für Schweden ungewöhnlicher Flora. *Kuggören* und *Hölick* sind idyllische, kleine Fischerdörfer.

Übernachten

▸ *Hölick-Campingplatz* * * *, 35 km von Hudiksvall entfernt an der Südspitze von Hornslandet, Tel. 0650/ 650 32, lädt zu längerem Verweilen ein, da der Platz sehr ruhig ist und gute Badestrände hat. Einfache Sanitäreinrichtungen.

◆ Forsa

Die Kirche von Forsa, 10 km westlich von Hudiksvall an Straße 84, stammt aus dem letzten Jahrhundert. Sie besitzt viele mittelalterliche Inventarien, darunter eine Madonna von Haaken Gullesson. In der Sakristei wird eines der wichtigsten Dokumente des frühen schwedischen Mittelalters aufbewahrt: ein schmiedeeiserner Türring, der früher die Kirchentür von Hög zierte, gestohlen und nach Forsa gebracht wurde. In Runenschrift lesen wir Schwedens ältesten Gesetzestext (etwa um 1100): "Zwei Ochsen und zwei Öre für das erste Versäumen der Messe, zwei Ochsen und vier Öre für das zweite Mal; aber beim dritten Mal vier Ochsen und acht Öre und Beschlagnahme allen Eigentums, wenn er nicht seinen Verpflichtungen nachkommt. Dies wurde ehedem erlassen und bestätigt. Aber sie verfaßten diesen Text, Anun in Tåsta und Ofeg in Hjortsta; Vibjörn ritzte die Runen." Strenge Zeiten für Kirchenschwänzer! Nahe bei der Kirche liegt die Zunftstube, ein kleiner Backsteinbau aus dem Mittelalter, vielleicht Hälsinglands ältestes Bauwerk.

◆ Delsbo

Delsbo liegt 34 km westlich von Hudiksvall an Straße 84. Ungewöhnlich für Schweden ist die dreischiffige *Basilika* (1740) mit altem

Inventar und Zwiebelturm, der für Schweden ungewöhnlich ist. Nördlich des Orts liegt an Straße 305 das *Freilichtmuseum* mit alten Höfen aus dem 17. bis 20. Jahrhundert. Am 1. Sonntag im Juli findet hier das große Spielmannstreffen mit vielen tausend Spielleuten statt, die Tag und Nacht improvisiert und spontan spielen.

◆ *Avholmsberget*

Dieser Berge, 15 km nordöstlich von Delsbo, ist einer der vielen Aussichtspunkte in Hälsingland, die einen weiten Blick über die hügelige Wald- und Seenlandschaft gestatten. Hier liegt einem der ganze Dellen-See zu Füßen.

◆ *Ljusdal*

Auch das 21.000 Einwohner zählende Ljusdal, 60 km westlich von Hudiksvall, ist eine schöne Stadt mit vielen Holzhäusern, eingebettet in die herrliche Naturkulisse. Sehenswert sind die *Kirche*, das *Freilichtmuseum* und das *Kreismuseum*.

Übernachten
► *Ljusdals Camping* ***,   3 km nördlich von Ljusdal, Tel. 0651/ 129 58, 12 Hütten.

◆ *Järvsö*

Järvsö, 78 km westlich von Hudiksvall, lebt heute zum großen Teil vom Tourismus. Der Ort liegt phantastisch am Fuß des fast 400 m hohen *Klacken*. Der *Ljusdan* fließt mitten durch die Stadt. Hauptattraktion von Järvsö ist der **Järvszoo** - "Järf" heißt auf deutsch "Vielfraß". Ein 3 km langer Holzsteg führt durch

den Wildpark, in dem man seltene Arten der nordischen Fauna erhalten und zeigen will, darunter der Moschusochse, Luchs und Vielfraß. Gerade hier kann man volkstümliches Leben der Provinz studieren. Am Pfarrhof, den man als Museum eingerichtet hat, steht ein Runenstein. Auf ihm steht geschrieben: "Unnulv und Fjolvar errichteten diesen Stein im Gedenken an Djure, ihren Vater, Redulfs Sohn und in Gedenken an Haurlau, ihre Mutter, die Tochter Fjolvars aus der Stadt des weißen Gottes."

Am östlichen Flußufer ist der Bauernhof *Stenegård* Pflichtprogramm für alle Touristen. In diesem Kunsthandwerkszentrum gibt es eine Silberschmiede und eine Töpferei, in der man künstlerische Erzeugnisse kaufen kann. Auch ein Café ist dabei.

Der *Karlsgården* im Dorf Bondarv, 3 km südlich von Järvsö, ist in Schweden als Drehort vieler Filme bekannt. Die alten Häuser aus dem 17. bis 20. Jahrhundert stehen fast alle noch an ihrem ursprünglichen Platz. Am Fuß des Aussichtsbergs *Öjeberget* (368 m) gibt es ein weiteres Freilichtmuseum.

Auf der Insel *Kyrkon* im Fluß steht eine dreischiffige Basilika aus dem Jahr 1838.

Übernachten
► *Järvsö Camping* ***, im Zentrum von Järvsö, Tel. 0651/ 406 00, 16 Hütten.

► *CS-Järvsöbaden,* am Rand von Järvsö, am Fuß des Öjeberget, Tel. 0651/ 404 01. Die große rot-weiße Holzvilla im Stil der Jahrhundertwende hat ihren natürlichen Charme bewahrt. Die freundliche Führung des Hauses - vier charmante, ältere Damen -, das gute Freizeitangebot und die gute Küche machen es zu einem idealen Ort für einen längeren Aufenthalt.

◆ *Svedbovallen*

Diese Sennerei im Harsta-Gebiet, 95 km südwestlich von Hudiksvall und 16 km südwestlich von Järvsö, ist noch in Betrieb. Hier hält man Kühe und Ziegen wie in alter Sennwirtschaft, verkauft Butter, Ziegenkäse und andere frische Molkereiprodukte.

◆ *Färila kyrka*

Bei dieser Kirche, 86 km westlich von Hudiksvall, sind die alten Unterkünfte für die Besucher des Gottesdienstes erhalten, die hier übernachten mußten.

◆ *Lassekrog*

Lassekrog liegt 100 km westlich von Hudiksvall an Straße 84. Ein guter Tip ist das Hotel mit Restaurant *Värdshuset Lassekrog* (Tel. 0651/ 850 55), das rund dreihundert Jahre alt ist. Am Hotel beginnen Schlauchboottouren auf dem Ljusnan, River rafting und Kanutouren (telefonische Vorbuchung und Information von Touren unter 0651/ 850 64). Die Information von Touristen wird vom Hotel wahrgenommen.

Hier liegt auch das *Albert Vikstens Kojby*, ein Dorf mit Waldarbeiterhütten aus dem Jahr 1920, die heute komplett unter Denkmalschutz stehen.

◆ *Hälsingtuna kyrka*

Diese schöne Kirche, 4 km nordwestlich von Hudiksvall westlich der E 4, ist eine der ältesten Hälsinglands, erbaut um 1150, später umgebaut. Der Wehrturm stammt aus der frühesten Bauzeit. Es gibt viele mittelalterliche Inventarien, u. a.

schöne Skulpturen von Haaken Gullesson.

◆ *Hög*

Hög, 6 km nordwestlich von Hudiksvall, war in vorgeschichtlicher Zeit das Zentrum der ganzen Landschaft. Noch heute zeugen die kaum zählbaren Monumente aus Bronze- und Eisenzeit von dieser Bedeutung. Der Forsaring (→ Forsa) stammt auch von hier. Die Kirche hat einiges von ihrem mittelalterlichen Charakter erhalten. An der Kirchenmauer stehen zwei Runensteine aus der Wikingzeit. Im Priesterhof liegt ein Grabhügel.

→►   Ein interessanter Runenstein befindet sich 11 km nördlich von Hudiksvall. Nach 8 km zweigt von der E 4 eine Straße nach Osten ab.

◆ *Malstasten*

Dieser Runenstein steht 500 m nördlich des Bahnhofs von *Via*. Er wurde in den stablosen Hälsingerunen verfaßt. Die Inschrift nennt neun Personen aus sieben Generationen. Der Stein wurde zu Ehren des Wikingers Rike-Gylve gesetzt, und zwar von seinem Sohn Frömund.

→►   Anstatt zurück zur E 4 zu fahren, kann man auch auf der landschaftlich reizvollen Küstenstraße vom Malsta-Stein weiterfahren. Bei *Harmånger* stößt sie wieder auf die E 4. Nach weiteren 8 km lohnt auf der Höhe von *Jättendal* ein Abstecher von der E 4 nach Osten zur Küste:

◆ *Mellanfjärden*

Das charmante Fischerdorf besitzt ein kleines **Küstenmuseum**, eine **Seilerei**, einen alten **Landhandel**, in dem man noch einkaufen kann, und das Spezialitätenrestaurant *Sjömärket* mit erlesenen Fischgerichten. Nördlich des Dorfs liegen einige Rollsteingräber.

Gnarp

Gnarp - das ist die letzte Sehenswürdigkeit in der Landschaft Hälsingland. Auf einer schönen Landstraße, die in Gnarp abzweigt, erreicht man nach 12 km die Naturreservate *Gnarps masugn* und *Gnarpskatan*, die sich im Küstenbereich zwischen Norr- und Hårtefjärden auf 1,85 km² erstrecken. Hier hat die Landhebung ihre Spuren hinterlassen. Deutlich erkennt man Strandterrassen, die den ehemaligen Wasserstand anzeigen. Felder mit Klappersteinen, die in der letzten Eiszeit hier abgelagert wurden, wechseln mit Flugsandfeldern. Es gibt wunderbare Badeplätze inmitten schöner Fauna und Flora. Auch mehrere Rollsteinhügel liegen im Reservat.

—▶   Die Route führt hinüber in die Landschaft *Medelpad*. Auf der Höhe der *Kirche von Maj* lohnt sich ein Abstecher nach Osten. Nach 8 km erreicht man:

◆ *Skatan*

In diesem kleinen Fischerdorf am *Björköfjärden* kann man direkt am Hafen frischen, geräucherten oder gegrillten Fisch kaufen. Nur 3 km

südlich liegt **Galtström**, Medelpads älteste Eisenhütte, die vom 17. Jahrhundert bis 1918 in Betrieb war. Erhalten und restauriert wurden der Herrenhof, der Ofen, die Schmiede und eine alte Dampflokomotive.

—▶   Wieder auf der Route, erreicht man 3 km nach Maj die alte Kulturlandschaft *Njurundabommen*. Hier liegen mehrere Denkmäler aus der Vorzeit, die sich bis *Nolby* erstrecken. Ein archäologischer "Lehrpfad" führt an vielen sehenswerten Monumenten vorbei.

Sundsvall

93.000 Einwohner

Nordschwedens größte Stadt hat eine lange Vergangenheit und ist einen mehrtägigen Aufenthalt wert. Sundsvall ist mit dem größten Hafen Nordschwedens ein wichtiger Warenumschlagplatz. Viele bedeutende Firmen, vor allem aus der Forstindustrie, haben hier ihren Sitz oder ihre Filiale. Dennoch bietet Sundsvall das einheitliche Bild einer schwedischen Stadt der Jahrhundertwende mit breiten Straßen, wuchtigen, pompösen Bauten und palastähnlichen Wohnhäusern im Jugendstil. Der üppige Lebensstil wurde beibehalten. Sundsvall hat bis heute den Ruf einer Stadt der Feste, der Lebensfreude, der Konzerte und des ausgelassenen Lebens.

Geschichte

Vom 6. Jahrhundert an lag hier ein Handelszentrum. Als Ausgangspunkt des Pilgerwegs und dank des Hafens nahm die Bedeutung des Orts im Laufe der Jahrhunderte rasch zu. 1624 wurden ihm die Stadtrechte verliehen. Im letzten Jahrhundert war Sundsvall die "Stadt der Sägewerke". Mehr als vierzig gab es im Stadtbereich, achtzehn davon auf der Insel *Alnön*. Im *Tunadal*, einem Ortsteil im Nordosten der Stadt, ist ein einziges übriggeblieben. Sundsvall wurde die Stadt der reichen Holzpatrone. Ihr ausschweifendes Leben machte Geschichte.

Der 28.6.1888 veränderte das Leben hier von Grund auf. Bis dahin dominierten ein- oder zweigeschossige, rot-weiße Holzhäuser. Doch ein großer Stadtbrand verwüstete alles: "Glücklicherweise sind es nur wenige, die ein ähnliches Unglück jemals gesehen haben, das am letzten Montag über Sundsvall kam, welches da in acht Stunden zu einem rauchenden Aschehügel verwandelt wurde", so schrieb die Zeitung "Norrlänningen" zwei Tage danach. Dies war der größte und verheerendste Brand, den Nordschweden je erlebt hatte. Er wurde im ganzen Land legendär. Fast alles brannte nieder. Die Hitze war so groß, daß die Bürgersteige zu Asche verfielen. Ein Pulverlager explodierte, ebenso das Gaswerk. Aufgrund des Windes überstanden ein paar Gebäude das Feuer, darunter das Zollhaus, 10 Magazine und das Armenhaus. Für die Versicherungen war es ein rabenschwarzer Tag, denn die reichen Holzpatrone waren gut versichert und konnten sich einen pompösen Neuaufbau leisten. Der Stadtrat beschloß den Wiederaufbau mit Steinhäusern. Die Oberschicht von Sundsvall schuf damit etwas in Schweden Einzigartiges: eine komplette Stadt, innerhalb kurzer Zeit und völlig stileinheitlich erbaut.

Sehenswürdigkeiten

Die **Stenstaden**, das alte und neue Zentrum, liegt zwischen Norra- und Södrastadsberget. Der **Stortorget** mit seinen Kaufhäusern, der *Statue Gustavs III.*, dem *Stadshuset* und dem *Hirschhaus* ist der Mittelpunkt der Stadt. Hier und entlang der Storgatan findet man die schönsten Bauten. Das alles ist heute Fußgängerzone. Berühmt ist das ehemalige **Hotel Knaust** in der Storgatan 13 mit seiner Innentreppe aus weißen Carraramarmor. Dieses Haus ist eine Legende. Unter dem Glasdach des Spiegelsaals feierten Adel und Bürger rauschende Feste. Seit 1967 wurden hier Büroräume eingerichtet, u. a. das Patentamt. Frühestens 1996 wird das traditionsreiche Hotel seine Pforten wieder öffnen. Dann würde es Norrlands erste Adresse sein. Unten am Hafen liegt das **Kulturmagasinet**, vier der alten fünfstöckigen Lagerhäuser der Jahrhundertwende, die hier renoviert, verglast und zu Norrlands größtem Kulturzentrum verwandelt wurden. Die durchweg gelungene Anlage erhielt 1989 den wohlverdienten Preis als bestes Museum Europas. Hier ist das *Sundsvallmuseum* mit natur- und kulturgeschichtlichen Sammlungen aus Medelpad, mit Ausstellungen, Veranstaltungen, Konzerten und vielem mehr untergebracht. Hier findet man auch die *Stadtbibliothek* und den Insidertreff *Café Skonerten*. Für das Kulturhaus muß man mindestens einen halben Tag rechnen (geöffnet Anfang Mai bis Ende August Mo bis Mi 10 - 18 Uhr, Do 10 bis 20 Uhr, Fr 10 - 17 Uhr, Sa und So 10 - 16 Uhr).

Eine gute Aussicht auf ganz Sundsvall hat man vom Turm auf dem **Norra berget**. Der Weg nach dort oben lohnt auch wegen des **Handwerksmuseums** mit *Töpferei, Landhandel* und dem Freilichtmuseum *Fornhemmet* (geöffnet Mitte Juni bis Mitte August Mo bis Fr 9 -18 Uhr, Sa und So 12 - 18 Uhr). Für die Kleinen gibt es auf dem Norra stadsberget einen **Tierpark**. Ein einzigartiges Tier kann man in dem Laden *Skvaderboden* bewundern, der sich im Handwerksmuseum befindet: das einzige, heute ausgestopfte Exemplar des Skvaders, einer Kreuzung aus Hase und Auerhahn, der 1874 hier in den Wäldern geschossen wurde - das schwedische Gegenstück zum "Wolpertinger".

Touristeninformation

Sundsvalls Turistbyrå, Torget, 85230 Sundsvall, Tel. 060/ 61 42 35, täglich geöffnet von 9 - 21 Uhr.

Übernachten

▸ *Granli Campingplatz*, 5 km nördlich von Sundsvall, Tel. 060/ 61 35 69. Der sehr schöne Campingplatz liegt auf einer Wiese unmittelbar am Meer. Er hat 10 Campinghütten und eigene Bootsanlegestellen.
▸ *Vandrarhem*, auf dem Norra stadsberget nahe am Handwerksmuseum, Tel. 060/ 61 21 19, in herrlicher Umgebung gelegen, schöne Aussicht auf die Stadt.
▸ *Scandic-Hotel Sundsvall,* Värdshusbacken 6, ca. 3 km nördlich des Zentrums rechts der E 4, Tel. 060/ 56 68 60, der übliche Motel-Typ.
▸ *SH-Hotel Baltic,* Sjögatan 5, Tel. 060/ 15 59 35, ist sehr schön und hat wie alle alten Steinhäuser in Sundsvall große, hohe Räume. DZ 580 SEK mit Paß.
▸ *Reso-Hotel-Sundsvall*, Esplanaden 29, Tel. 060/ 17 16 00, gehobene Klasse.

Essen und Trinken

Ein sehr empfehlenswertes Restaurant ist das *Grankotten* beim Handwerksmuseum auf dem Norra stadsberget. Es bietet typisch norrländische Spezialitäten (z. B. Surströmming, Lachs, Ren) zu vernünftigen Preisen in gemütlicher Umgebung mit Bildern von Künstlern an den Wänden.
Café Skonerten im Kulturmagasinet ist der Insidertreff. Abendkneipen sind *Dino* in der Storgatan 27 und *Skeppsbrokällaren* in der Sjögatan 4. In beiden kann man natürlich auch, wie in Schweden üblich, zu Abend essen. Originell ist *Macken*, Sjögatan 25: Es ist eingerichtet wie eine Tankstelle der fünfziger Jahre.
Empfehlenswert sind auch das Schiff "Elvira Madigan" im Gästehafen (Gästhamnen), auf dem man während einer Rundfahrt in der Ostsee in aller Gemütlichkeit speisen kann.
Sundsvall hat zum Thema Kulinarisches sicherlich viel zu bieten, aber wer in einem bezaubernden Milieu der Jahrhundertwende herrliche Fischgerichte genießen möchte, muß ein wenig aus der Stadt hinausfahren in Richtung Norden nach Åstön, und im *Värdshuset Idyllen* einkehren (Tischreservierung empfohlen, Telefon 0640/ 480 20).

Einkaufen

Kunsthandwerk aus Nordschweden verkauft das *Tinghuset* in der Östra Långgatan 23. Typische Erzeugnisse aus Medelpad, wie Holzschnitzereien, Webprodukte und schmiedeeiserne Gegenstände, bekommt man bei *Lovis Konst* an der Ecke von Bankgatan und Trädgårdsgatan.
In der Nybrogatan 5 gibt es eine *Galerie*, in der der Sundsvaller Maler Rolf Lidberg seine auch bei uns bekannten Trollbilder verkauft. Ihre

Motive sind für Weihnachtskarten beliebt. Rolf Lidberg ist eine überaus sympathische und engagierte Persönlichkeit, die sich für ihren Einsatz zur Erhaltung der Natur und für die Rechte der Samen in Schweden einen Namen gemacht hat. Eine von ihm kürzlich in Italien entdeckte Orchideenart trägt nun seinen Namen.

Nachtleben

Eine typisch schwedische Diskothek mit gehobenem Garderobenstandard und saftigen Eintrittspreisen, aber auch einer Menge Atmosphäre ist *Oscar* in den Vängåvan (geöffnet Fr und Sa von 21 bis 2 Uhr).

Feste und Veranstaltungen

Am ersten Wochenende im Juli geht "der Punk ab" beim großen *Sundsvall-Straßenfest,* das Zehntausende aus ganz Norrland hierher lockt. Am ersten Augustwochenende findet im Handwerksmuseum auf dem Norra stadsberget die alljährliche *Gammelhälja* statt. Das ist ein echtes Erlebnis. Es geht zu wie in alten Zeiten. Man verzehrt Dickmilch und hausgemachten Käse.

Nützliche Adressen

Apotheke: Gripen, Storgatan 18
Krankenhaus: Lasarettsvägen 19, Tel. 060/ 18 10 00
Notruf: 020/ 91 00 40
Polizei: Storgatan 37, Tel. 060/ 18 00 00
Post: Köpmangatan 19

Öffentliche Verkehrsmittel

Zug: Von Sundsvall 6 bis 7mal tgl. Linie 41 nach Långsele und Stockholm. Mehrfach am Tag Züge nach

Östersund.
Flugzeug: Der Flugplatz liegt 23 km außerhalb. Von dort tgl. 8 bis 9 Flüge nach Stockholm.
Schiff: Tägliche Fährverbindung mit Silja-Line nach Finnland (Vaasa).

Rund um Sundsvall

◆ Alnön

Die Sundsvall vorgelagerte Insel Alnön wurde 1964 durch eine 1.024 m lange Brücke mit dem Festland verbunden. Alnön ist ein Idyll mit Naturreservaten, feinsandigen, langen Badestränden, kleinen Fischerdörfern und viel Kultur. Im Norden der Insel belehren auf einer Rundstrecke Hinweisschilder über die geologischen Besonderheiten. Auf vulkanischem Boden gedeiht hier eine für Skandinavien untypische Flora. Der gesamte Nordosten ist Naturschutzgebiet, in dem man seltene Vogelarten beobachten kann. Dennoch zieht es mehr Leute in den Süden der Insel. Bei *Tranviken* findet man lange Sandstrände und eine liebliche Pflanzenwelt. Ein gemütliches kleines Fischerdorf ist *Spikarna.* Hier bekommt man im Café *Hamnstugan* beste Fischgerichte.

Auf Alnön wurden mehr als vierzig Vorzeitdenkmäler entdeckt, so z. B. ein großes Rollsteingrab bei *Vindhem.* Kulturelle Zeugnisse gibt es auch aus dem Mittelalter. Auf der nördlichen Hälfte liegen die beiden Inselkirchen. Die alte aus dem 12. Jahrhundert besitzt Malereien und ein Triumphkruzifix von Haaken Gullesson. Diese Kirche vermittelt ein tiefes Gefühl von Würde und Ehrfurcht, wenn man das mit lieblichen Motiven bemalte Sterngewölbe betrachtet. Alnöns Hauptsehenswürdigkeit aber befindet sich in der *neuen Kirche.* Hier wird ein einzigartiges Kleinod der skandinavischen Sakralkunst aufbewahrt, der aus Kiefernholz geschnitzte Alnön-Taufstein (ca. 1150). Er ist mit Figuren und Ornamenten aus der heidnischen Mythologie meisterhaft verziert. Mythologische Vierfüßler schmücken den Sockel, die Cuppa selbst ist im Dekor des Wikingstils von Urnes gehalten. Bei der Kirche gibt es ein *Heimatmuseum* mit dem Café *Tunet* in gemütlichen, alten Holzhäusern (geöffnet Anfang Mai bis Ende August 11 - 18 Uhr).

◆ Selånger

Selånger liegt 3 km westlich von Sundsvall an Straße 86. An der Landstraße nach Sundsvall liegt das Grabfeld *Högoms*, das eingehend untersucht wurde: vier Hügelgräber, ein Hausgrundriß und ein Runenstein aus der Wikingzeit. In dem größten Hügel fand man 1951 eine hölzerne Gruft mit einem Toten und reiche Beigaben von Gold und Silber, Pferdegeschirr und Waffen. Die Funde können im Museum von Sundsvall besichtigt werden.

◆ Attmars kyrka

Diese Kirche liegt 20 km westlich von Sundsvall. Sie wurde 1768 erbaut und bewahrt eine Reihe mittelalterlicher Inventarien auf, so z. B. eine Marienskulptur von Haaken Gullesson und ein Triumphkruzifix. Vor der Kirche stehen zwei Runensteine. Der eine ist nur in Bruchstücken erhalten, der andere ist über 2 m hoch. Das auf ihm abgebildete Kreuz wird von zwei Runenschlingen umgeben. Es gilt als wahrscheinlich, daß der Stein von dem uppländischen Runenmeister Asmund Karesson geritzt wurde.

◆ Flataklocken

siehe dazu → R 29

Bergeforsen

Bergeforsen liegt 19 nördlich von Sundsvall an der E 4. Selbst wer nur auf der Durchreise ist und die E 4 gewählt hat, um möglichst schnell in den hohen Norden zu gelangen, sollte ein paar Stunden Aufenthalt in Bergeforsen einkalkulieren. Hier kann man ein grandioses Schauspiel erleben, das von den Eingriffen der Menschen in die Natur und von ihren Versuchen, größere Schäden abzuwenden, berichtet. Drei Dinge sind sehenswert: zunächst einmal das **Kraftwerk**. Es ist eines von insgesamt vierzehn Kraftwerken am *Indalsälven*, der damit fast 15 % der schwedischen Hydroenergie liefert. 1896 schon wurde das erste gebaut. Seither ist aus dem ehemals reißenden Strom ein gebändigter Riese geworden. Das Bergeforsenwerk staut den Fluß nahe seiner Mündung in das Bottnische Meer auf mehr als 50 km Länge zu einem ruhigen See auf. Aber direkt unterhalb des Kraftwerks stürzen die Wassermassen 23 m in die Tiefe. Wasserfall und Kraftwerk werden vom 1. Juni bis 31. August jeden Tag zwischen 12 und 15.30 Uhr gezeigt. Im **Aquarium** wird das Leben im Fluß anschaulich dargestellt (geöffnet von Anfang Juli bis Ende August tgl. 10 - 20 Uhr). Europas größte **Zuchtanstalt für Lachse** liegt gleich nebenan. Dort kann man in allen Größen die leckeren Fische bestaunen. 375.000 zweijährige Lachse und Lachsforellen werden von hier aus jährlich ausgesetzt. Das ist den Elektrokonzernen gesetzlich vorgeschrieben. 15 Tonnen (15.000 kg) Futter sind zur Aufzucht notwendig. Alle Fragen zur Lachszucht, zur Energiegewinnung, zum Leben im Fluß und zu allem was dieses Biotop betrifft, beantwortet das **Älvens hus** (Haus des Flusses), das 1990 eröffnet wurde. Hier gibt es Filme, Ausstellungen, Diavorträge und vieles mehr. Der Fluß ist König! (geöffnet 24.6. bis 11.8., 10 - 20 Uhr; Lachszucht geöffnet 1.6. bis 31.8. tgl. 12 - 15.30 Uhr).

Rund um Bergeforsen

◆ *Indalsälven*

In Bergeforsen führt die Straße 330 am Indalsälven entlang, dem siebtlängsten Strom Schwedens, der das größte Küstendelta des Landes bildet. Mit der Klimaerwärmung gegen Ende der letzten Eiszeit führte er wie auch der *Ljungan* Schmelzwasser aus den Gebirgsregionen mit sich. An den Talhängen gedeiht eine reichhaltige Flora mit vielen Arten. Das Mündungsdelta ist auch geologisch sehr interessant. Hier gibt es Strände, Inseln und Kanäle. Touren mit Schlauchboot und Kanu werden angeboten. Auskunft darüber gibt es in der Touristeninformation von Sundsvall.

Magnus Huss veränderte 1796 den Lauf des Flusses und damit seine gesamte Struktur (→ Artikel "Magnus Huss").

konnte. Er wählte genau diese Stelle, wo es nur Wald und Wasser gab. Er fällte die Bäume und baute. Nach einigen Jahren hatte er einen Hof, fand eine Frau und lebte bis an sein Lebensende als Selbstversorger. Die Eheleute errichteten für jeden Zweck ein spezielles Gebäude, insgesamt 22, die allesamt erhalten sind und unter Denkmalschutz stehen. Eine Mühle, eine Schmiede, ein Stall, ein Backhaus u. a. Die Pärssons nähten alle ihre Kleider selbst, und bei 8 Kindern war das nicht wenig Aufwand. Sie stellten alle Werkzeuge und Lebensmittel selbst her. Sie gaben den Hof an die jeweils nächste Generation weiter, bis er 1943 mit Nils Olofs Tod aufgegeben wurde. Die Straße zum Hof wurde erst gebaut, als dieser schon lange leerstand.

Gudmundstjärn ist ein Dokument aus vergangenen Zeiten, das 165 Jahre lang von Selbstversorgern bewirtschaftet wurde. Sie hatten fast keinen Kontakt zur Außenwelt, brachten aber Kraft, Starrsinn, Mut und den Willen zu einem harten, einfachen Leben mit (geöffnet Mitte/ende Juni bis Mitte August tgl. 10 - 19 Uhr).

→ Bevor die Route in die Landschaft *Ångermanland* hineinführt, bietet sich bei *Söråker* ein Abstecher nach Süden an:

◆ *Gudmundstjärn*

Zweigt man in *Indal* nach Osten ab, so erreicht man 32 km von Bergeforsen die Hofanlage Gudmundstjärn. Sie ist das Ergebnis der hervorragenden Leistungen des Siedlers Olof Pärsson, der 1779 ein Stück Land suchte, das er in völliger Freiheit und Abgeschiedenheit bebauen

◆ *Skeppshamn*

Eine kleine Sackstraße führt durch Felder, Wiesen und Wälder über Tynderö mit einem netten Gasthaus nach Skeppshamn. Dort endet die Straße am Meer. Ein Museum erzählt von dem hier vorherrschenden Gewerbe, der Fischerei.

Härnösand

27.000 Einwohner

Als erste Stadt in Ångermanland erreicht man Härnösand. Hier sollte man unbedingt anhalten. Es gibt zwar keine Sensationen, aber doch eine sehr schöne, typisch norrländische Stadt zu sehen. Härnösand, das zur Hälfte auf der Insel *Härnön* liegt, hat Gemeinsamkeiten mit Stockholm, u. a. die Nähe vieler Gebäude zum Wasser.

Geschichte

Härnösand hat eine lange Tradition als Stadt mit Schul- und Ausbildungsstätten. Schon 1585 wurden ihm die Stadtrechte verliehen. Nach Bränden und Zerstörungen durch die Russen (1721) wurde die gesamte Innenstadt aus Stein neu aufgebaut. Im 18. Jahrhundert siedelten sich Fischer an, später kamen die Holzpatrone. Auch die Arbeiter in den Sägewerken lebten in der Stadt.

Sehenswürdigkeiten

Hauptattraktion ist das **Freilichtmuseum** auf dem Murberget im Norden der Stadt. Es ist das größte in Schweden nach dem Skansen in Stockholm. Mehr als achtzig historische Gebäude können besichtigt werden, so z. B. Kaufladen, Gasthof und Handwerksbetriebe. Außerdem sammelt man hier kulturhistorische Gegenstände aus Västernorrland (geöffnet Mitte/ Ende Juni bis Mitte August von 11 - 17 Uhr).
Rund um den **Marktplatz** liegt das moderne Zentrum der Provinzhauptstadt mit Geschäften, dem Rathaus, der Landesregierung und weiteren stattlichen Gebäuden. Die **Domkirche** wurde errichtet, nach-

dem Härnösand 1772 Bischofssitz geworden war. Sie überragt das idyllische Altstadtviertel **Östanbaken**. Hier lebten früher die Fischer, Handwerker und Seeleute. Ihre kleinen Holzhäuser sind gut erhalten und verleihen diesem Stadtteil einen romantischen Charakter.

Touristeninformation

▶ *Mittsverige Turism,* 87122 Härnösand, Tel. 0611/ 290 30, bietet Infos über die gesamte Provinz.
▶ *Turistbyrån Härnösand,* Spiran, Järnvägsgatan 2, 87145 Härnosand, Tel. 0611/ 881 40, geöffnet im Sommmer Mo bis Fr 9 - 18 Uhr, Sa und So 10 - 14 Uhr, sonst Mo bis Fr 9 - 17 Uhr.

Übernachten

▶ *Sälstenscamping* * *, auf Härnön, 2 km nördlich vom Zentrum unmittelbar am Strand auf einem wunderschönen Grundstück mit Nadelwald, Tel. 0611/ 181 50
▶ *Vandrarhem,* Volontären 14, im Nordteil der Stadt auf dem Festland, Tel. 0611/ 104 46
▶ *Vandrarhem Nordansjögården,* 25 km nördlich von Härnösand an der E 4 bei Veda, Tel. 0612/ 423 10, wunderschön am Mört-See gelegen.
▶ *Scandic-Hotel,* Skeppsbron 9, zentral gelegen, Tel. 0611/ 105 10, mit einer hervorragenden Sicht über den Hafen.

Essen und Trinken

Festessen in feiner Einrichtung aus dem 19. Jahrhundert kann man im Museumsrestaurant *Spjutegårdens gästgiveriet* auf dem Murberget zu sich nehmen. Sonntags gibt es dort ein üppiges Smörgåsbord.

Sandö

Auf dieser kleinen Insel wohnten im letzten Jahrhundert mehr als tausend Menschen. Sie arbeiteten im Sägewerk oder in der Glasfabrik, die es früher hier gab. Chef dieser Hütte war übrigens der berühmte Komponist *Franz Berwald* ("Die Königin von Golconda", "Estrella di Soria"). Die große Zahl von Arbeitern, die auch hier unter schlechten Bedingungen lebte, trug wohl auch zum Entstehen der Arbeiterbewegung am Ende des letzten Jahrhunderts bei, die wiederum Gewerkschaften und linke Parteien hervorbrachte. Besonders hier im Ådalen hatten die Arbeitervertretungen viel zu tun. Im Vergleich zu den reichen Industriellen, die im Hotel "Knaust" in Sundsvall Luxusfeste für eine elitäre Minderheit veranstalteten, lebten hier viele Arbeiter unter miserablen Verhältnissen, ständig von Hunger und Armut bedroht. Sozialistische Gedanken faßten hier leicht Fuß. Der Begriff vom "Roten Ådalen" machte die Runde. Schon 1907 kam es auf Sandö zu einem Aufstand, 1917 zu den sogenannten "Hungerkrawallen" und 1931 zu einer der dunkelsten Stunden der schwedischen Innenpolitik in unserem Jahrhundert: Auf dem Bahnhof von *Sprängsviken*, 1 km südlich von Lunde auf dem Festland, kamen am Christi Himmelfahrtstag (14.5.1931) Soldaten an, bestellt von den Fabrikbesitzern aus Söderhamn. Diese schlugen sich mit einem Streik ihrer Arbeiter herum. Dies war auch kein Wunder, denn hatten sie doch gerade beschlossen, den Stundenlohn von 1,18 Krone auf 1,14 Krone zu senken. Es kam zu einer Demonstration der Streikenden und zu Krawallen. Die Soldaten erschossen vier der friedlichen Demonstranten, verletzten fünf weitere schwer. Sie töteten, wohl ungewollt, auch die 21jährige Eira, ein junges Mädchen, das den großen Menschenauflauf vom Haus ihrer Lehrerin beobachte. An Eira und die vier jungen Leute, unschuldige Opfer, erinnert in *Lunde* ein wirkungsvolles Denkmal.

Einkaufen

Typisch norrländisches Kunsthandwerk kann man in *Handverk*, Östanbäcksgatan 1 erwerben. Dort kann man auch bei der Herstellung zusehen.

Öffentliche Verkehrsmittel

Zug: Von Härnösand mehrere Züge tgl. nach Långsele und Stockholm.
Bus: Am Hauptbahnhof in Härnösand Abfahrt des Busses nach Luleå, 3mal tgl., eine gute Direktverbindung über Örnsköldsvik, Umeå, Skellefteå und Piteå, die alle bis auf Umeå keinen Bahnanschluß haben.

—► Weiter geht es auf der Route in den Norden. 40 km nördlich von Härnösand führt die einzige Brücke der E 4 über den *Ångermanälv* ans andere Flußufer nach *Sandö* (siehe hierzu → Artikel "Sandö"). Bis 1997 aber soll das "Projekt Höga kusten" abgeschlossen sein: Fast dreißig neue Brücken, davon eine 180 m hohe Hängebrücke, werden konstruiert, um die Strecke von Härnösand nach Örnskölksvik um 40 km zu verkürzen. Hier beginnt auch Route 27 über Kramfors nach Strömsund.

Weiter aber geht es auf Route 26 in Richtung Norden bis zur mittelalterlichen *Kirche von Ullånger*. Gewissermaßen ein Pflichtprogramm für jeden Besuch in Ångermanland ist eine Fahrt von hier zur *Höga kusten*, dem schönsten Küstenabschnitt von ganz Schweden.

◆ Nordingrå

Nordingrå ist das Zentrum der *Höga kusten*. Wie die Finger einer Hand greifen hier steile Landzungen in das Meer hinein und begeistern Naturfreunde mit schroffen Wänden, Felsspalten und Tälern. Grün bewaldete Hänge und ein paar Sandstrände setzen liebliche Akzente in der rauhen Szenerie. Hier sollte man sich Zeit nehmen, um zu wandern sowie Meer und Küste zu genießen. Von der Küste bis nach Örnsköldsvik führt der *Högakustleden* (Wanderweg von insgesamt 130 km). Die Touristeninformation in Örnsköldsvik hilft bei der Wahl der schönsten Tagesetappen.

Auf den äußersten Landvorsprüngen liegen kleine Fischerdörfer. In **Barsta** ist eine Kapelle aus dem Jahr 1665 erhalten. Ihr Äußeres ist nicht sonderlich reizvoll, dafür aber die Wandmalereien im Inneren (Roland Johansson Öberg, 1699). Die ausdrucksstarken, biblischen Motive stellen den Alltag der Menschen, das Meer, dar. Auch **Bönhamn**, etwas nordöstlich gelegen, hat eine kleine Fischerkapelle aus dem 17. Jahrhundert Von dort fahren Fährschiffe hinüber zur Insel mit dem Leuchtturm *Högbonden* (9. Juni bis 20. August tgl. 11, 14 und 17 Uhr, Dauer 10 Minuten, Hin- und Rückfahrt 40 SEK). Im alten Wohnhaus der Leuchtturmwärter nebenan hat das STF ein originelles Vandrarhem (Tel. 0613/ 230 05) eingerichtet:

70 m hoch über der Steilküste mit ungestörtem Blick auf das Meer.

◆ Häggvik

4 km südlich des Ortskerns von Nordingrå liegt dieser Fischerort. Mittlerweile ist Häggvik in Norrland ein Begriff, und zwar durch das Café im dortigen Freizeitpark **Mannaminne**. Der Künstler Anders Åberg, der auch in der Stockholmer U-Bahn-Station Solna Centrum wirkte, hat eigens für diesen Park ein faszinierendes Gebäude entworfen. Tip: Die Schokoladentorte des Cafés spricht für sich. Im Park gibt es Museen, Ferienhäuser, Handwerksbetriebe, Wanderwege, Kunstausstellungen und Konzerte für alle Geschmacksrichtungen.

Schließlich finden die Freunde von Spielzeug im Dorf *Nordingråvallen*, 4 km nördlich, ein schönes **Museum** (geöffnet Mitte/ Ende Juni bis Mitte August tgl. 10 - 16 Uhr).

—▶ Wieder zurück auf Route 26, geht es über *Docksta* zum 3 km nördlich gelegenen Nationalpark:

Skuleskogen

Dieser Nationalpark erstreckt sich zwischen der E 4 und der Küste auf 25 km² Wald- und Berglandschaft mit schwer zugänglichen Schluchten, Grotten, Sumpfgebieten und Urwaldpartien. Manche Bäume sind fünfhundert Jahre alt. Die gewaltigste Schlucht heißt *Slåttdalsskrevan*. Sie ist 50 m tief, 300 m lang und 6 m breit.

Am Ende der Eiszeit lag der Meeresspiegel hier 285 m höher als

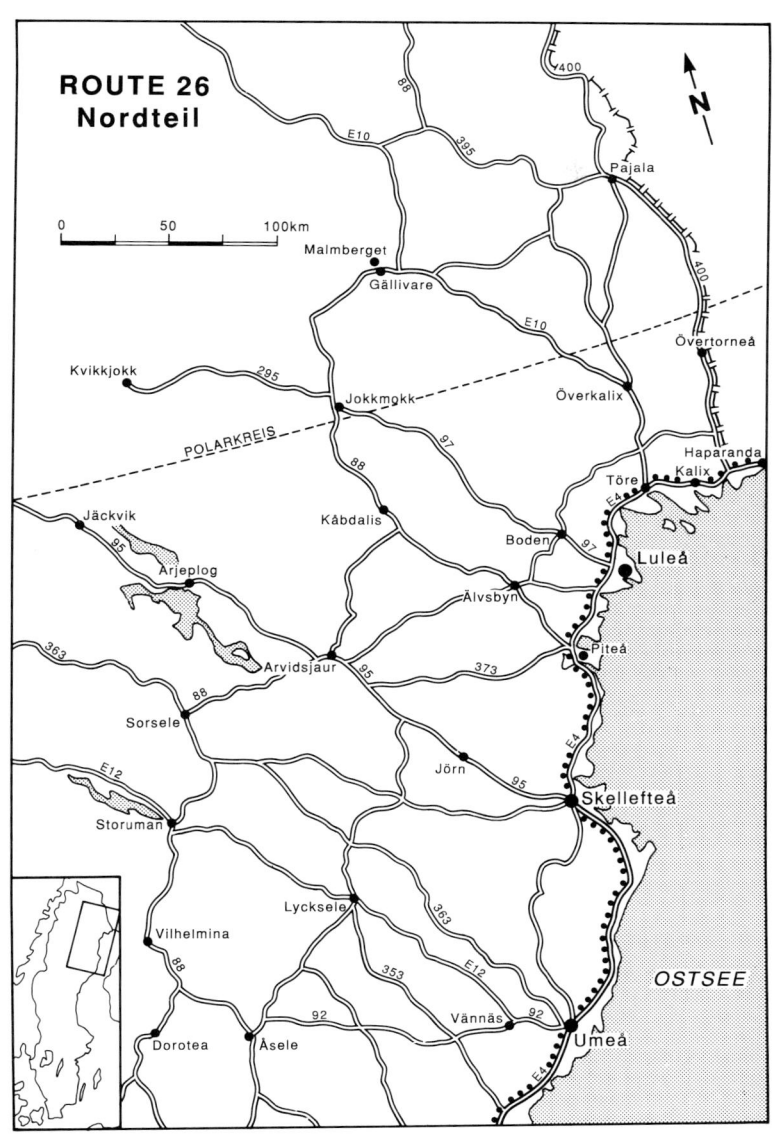

ROUTE 26
Nordteil

0   50   100km

Pajala

Malmberget

Gällivare

E10

Kvikkjokk

Övertorneå

295

Jokkmokk

Överkalix

POLARKREIS

Haparanda

88

Töre

Kalix

Jäckvik

Kåbdalis

Boden

Luleå

Arjeplog

Älvsbyn

363

Piteå

Arvidsjaur

373

88

Sorsele

E12

Jörn

95

Storuman

Skellefteå

Lycksele

363

Vilhelmina

353

E12

88

92

Vännäs

92

Dorotea

Åsele

Umeå

OSTSEE

heute. Der *Skuleberget*, der allerdings westlich der E 4 liegt, war
damals Schwedens höchstgelegene
Strandlinie. Heute bietet sein Gipfel,
bis zu dem in grauer Vorzeit einmal
der Meeresspiegel reichte, eine
grandiose Aussicht über die *Höga
kusten*. Skuleberg ist der einzige
Berg Nordeuropas mit einem Klet-
tersteig für Sportler. Besonders die
steile Ostwand stellt einige Anforde-
rungen. An Seilen, die mit Eisen-
stangen im Felsen verankert sind,
kann man sich hochziehen. Seit
1994 gibt es auch einen professio-
nellen Abenteuerparcours mit Hin-
dernisbahnen, die man in vier Stunden bewältigen muß. Die Anstrengung kotet 790 SEK. Diese Mühen
kann man sich aber auch sparen,
denn eine Seilbahn führt auch nach
oben. Im Café auf dem Gipfel laden
eine Tasse Kaffee und ein Stück
schwedischen Kuchens zum Verweilen ein. Am Fuß des Berges liegt
gleich an der E 4 das *Naturum*.
Dieses Informationsbüro weiß über
die einzigartigen Naturformationen
in diesem Gebiet Bescheid und hilft
auch gerne weiter bei der Suche
nach einem gemütlichen Ferienhaus.

Weiter geht es über die Inseln
Strängön und *Fjären* bis in den Hafenort *Ulvöhamn* auf Ulvön, die berühmteste Insel vor der Höga kusten. Auch sie steht ganz im Zeichen der Fischerei. Seit Generationen wird hier der berühmte "Surströmming" eingelegt. Wunderbar
ist das kleine Dorf *Sandviken* im
Norden der Insel. Es ist heute aufgrund seiner alten Bootshäuser ein
Kulturdenkmal. Ebenfalls einladend
ist der feine Sandstrand an der
Nordspitze der Insel. Auch auf der
Südinsel gibt es Boote, Landungsstege und Bootshäuser.

Öffentliche Verkehrsmittel
Fahrplan der "MF Ulvön": von Köpmanholmen nach Ulvön und Trysunda Anfang/ Mitte Juni bis Mitte
August Mo bis Sa 10 und 17 Uhr,
So 10 und 18.35 Uhr. Rückfahrt
von Ulvön tgl. 7.30 und 15 Uhr. Die
Fahrt dauert zwei Stunden. Trysunda liegt etwa auf halber Strecke.
Von Ullånger und Docksta verkehren die "Höga kustenboote". Ullånger ab 9.30 Uhr, Docktsa ab
10.15 Uhr, Ulvöhamn an 11.30
Uhr, Rückfahrt 15 Uhr.

—▶ Bevor man die Hauptstadt
Ångermanlands erreicht, ist bei
Nätra die Abfahrt nach *Köpmanhol-
men* nicht zu versäumen.

◆ Trysunda und Ulvön
Von Köpmanholmen erreicht man
die beiden Inseln Trysunda und
Ulvön mit regelmäßigem Bootsverkehr. Die Fahrt mit der "MF/ Ulvön"
führt zunächst nach Trysunda. Hier
gibt es Bootshäuser, eine Fischerkir-
che, Landungsstege und eine gemütliche Atmosphäre.

Örnsköldsvik
59.000 Einwohner

Das beste an der Hauptstadt Ångermanlands ist der Blick, den man
vom *Varvsberg* auf die Stadt hat.
Hier liegen einem buchstäblich die
Straßen, der Hafen und das Meer zu
Füßen. Wenn man hinuntergeht,
kommt man in eine interessante
Stadt, die 1994 sogar das Königspaar besuchte. Der Name "Örnsköldsvik" stammt von dem ehemaligen Provinzhauptmann Per Örns-
köld, der im 18. Jahrhundert viel für
Norrland getan hat.

Hauptsehenswürdigkeit ist **Gene Fornby**, ein vollständig rekonstruiertes Dorf aus der Steinzeit. Hier bekommt man ein Stück Geschichte mit, seit man einen 1.500 Jahre alten Häuptlingshof wieder aufgebaut hat. Schön inmitten des Kieferwalds gelegen, gehört zu dem Hof u. a. auch eine Schmiede. Die "Angestellten" im Dorf zeigen, wie man in der Jüngeren Steinzeit lebte: wie man backte, jagte, Werkzeuge herstellte und Ackerbau betrieb (geöffnet von Ende Juni bis zum ersten Wochenende im August tgl. 11 - 17 Uhr, Eintritt 40 SEK bzw. 10 SEK). Wer sich nach so viel Kultur erfrischen möchte, sollte nicht das **Paradiesbad** mitten in Ö-vik - so kürzt man den Stadtnamen hier ab - verpassen. Das ist eine exotische Badeanlage mit Palmen und einer 100 m langen Rutschbahn. Noch exotischer sind die mehr als fünfzig Arten des Tropenhauses, u. a. mit Gekkos und Leguanen, die man - wer es wagt - alle auch anfassen darf. Sehenswert in Ö-vik ist auch das schöne **Rathaus**, im Sommer auch Kulturhaus mit Kunsthalle, sowie das **Stadtmuseum** mit kulturhistorischen Sammlungen und dem Atelier des Bildhauers und Architekten Bror Marklund.

Touristeninformation

Örnsköldsviks Turistbyrå, Nygatan 18, 89188 Örnsköldsvik, Tel. 0660/ 125 37, geöffnet im Sommer Mo bis Fr 9 - 19 Uhr, Sa 9 - 15 Uhr, So 10 - 15 Uhr, sonst Mo bis Fr 10 - 18 Uhr, Sa 10 - 14 Uhr.

Übernachten

▶ *Mosjöns Camping* * * *, 18 km nördlich an der E 4 gelegen, Tel. 0663/ 200 89, großer Campingplatz

mit Hütten und Möglichkeit zum Angeln
▶ *Vandrarhem Högsnäsgården*, an Straße 348, 7 km südwestlich der Stadt, ein altes, stilvolles Haus mit eigenem Swimming-pool.
▶ *Scandic-Hotel,* Hästmarksvägen 4, an der E 4 gelegen, Tel. 0660/ 828 70, mietskasernenähnliches Gebäude wie die meisten Häuser dieser Gruppe, aber guter Service und große Zimmer. DZ 580 SEK.

Rund um Örnsköldsvik

◆ Bredbyn

Dieser Ort liegt 30 km nordwestlich von Örnsköldsvik an der landschaftlich sehr reizvollen Sagastraße, die von Örnsköldsvik in Richtung Westen bis nach Norwegen führt. Hier gibt es ein *Freilichtmuseum*, das aus mehreren Höfen besteht, in denen während des Sommers Sennwirtschaft betrieben wird.

Übernachten

▶ *Bredbyn Gästgivaregård*, an der Sagastraße, Tel. 0661/ 107 10, ein stilvolles, kleines Hotel, in dem man zwischen richtigen schönen Hotelzimmern, Zimmern für Selbstversorger in einem Anbau oder sogar Vandrarhemstandard wählen kann.

◆ Myckelgensjö

Weitere 27 km nordwestlich trifft man auf diesen Ort, der zu den ältesten Dörfern Ångermanlands gehört. Die meisten Gebäude im Freilichtmuseum *Genbergska gården* stammen aus dem 16. bis 19. Jahrhundert. Sie erzählen vom früheren Leben hier auf dem Hof. Bis 1938 war er bewohnt (geöffnet Ende Juni bis Mitte August tgl. 11 - 17 Uhr).

—▸ Bei **Arnäs** findet man die nördlichsten Hügelgräber Schwedens,
insgesamt dreizehn mit einem
Durchmesser von 5 bis 10 m und
einer Höhe von 1 bis 1,5 m. Ein Kul-
turpfad führt an ihren Hügeln und
einigen anderen sehenswerten vorzeitlichen und jüngeren Kulturdenkmälern entlang.
Nach weiteren 25 km sollte man
in **Grundsunda** kurz anhalten, um
die kleine Kirche aus dem 13. Jahrhundert zu besichtigen. Sie besticht
vor allem durch das reich bemalte
Sterngewölbe und die Atmosphäre
im Inneren. In der Nähe liegt das
Freilichtmuseum, ein richtiges kleines Idyll mit u. a. einer originalen,
alten Schule und einem Café. Im alten *Kaufmannsladen* locken haus-
gemachte Pralinen und Bonbons.

Tip: Die Backwaren der Konditorei
im 8 km entfernten *Husum* wurden
übrigens wiederholt zu den besten
Schwedens gewählt.

Umeå
89.000 Einwohner

Umeå, modern und zweckmäßig
konzipiert, ist als Ausgangspunkt
für Ausflüge nach Westen an den
beiden großen Flüsse *Umeälven* und
Vindelälven entlang geeignet. In erster Linie ist Umeå Verwaltungs-
und Ausbildungsstadt von Västerbotten. Hier gibt es mehrere Hoch-
schulen (Landwirtschaft, Forst, Musik), Forschungszentren und seit
1963 auch eine Universität, die für
die weiterhin stark aufstrebende und
anwachsende Stadt von größter Bedeutung ist. Nach dem Brand 1888,
der sich übrigens genau acht Tage
vor dem vernichtenden Feuer in
Sundsvall ereignete, ist vom alten
Stadtbild nicht mehr viel erhalten.
Nach dem Feuer pflanzte man gezielt Birken als Feuersperren. Daher
ist Umeå auch als "Stadt der Birken" bekannt. Die große Residenz-,
Universitäts- und Verwaltungsstadt
profitierte im Laufe der Jahrhunderte nicht nur von diesen Birken,
sondern auch von Kiefern und Fichten, die für die Holzindustrie bares
Geld bedeuteten. Noch heute haben
hier Papier- und Zelluloseunterneh-
men ihren Sitz.
Nach dem Brand weihte man
1894 die **Kirche** ein, die F.O. Lind-
ström in neugotischem Stil gezeichnet hatte. Im Park vor der Kirche
verabschiedete General von Döblin
im September 1809, nach der
Schlacht gegen die Russen, die letzten 760 Finnen, die im schwedisch-
finnischen Heer gekämpft hatten.
Eine tragische Stunde in der schwedischen Geschichte - nun war Finnland an Rußland verloren, nach
fünfhundert Jahren gemeinsamer
Geschichte. Ein Gedenkstein im
Park erinnert an dieses Ereignis.
Umeås Hauptsehenswürdigkeiten
sind das **Freilichtmuseum Gammlia**
mit bedeutenden Bauwerken aus
dem 18. und 19. Jahrhundert und
gleich daneben das **Provinzmuseum**.

Touristeninformation
Umeå Turistbyrå, Renmarkstorget
15, 90326 Umeå, Tel. 090/
16 16 16

Übernachten
▸ *Umeåcamping* * * *, liegt nördlich
der Stadt an der E 4, Tel. 090/
16 16 60, ist riesengroß, aber sehr
schön gelegen, mit Zugang zum
Meer, Sprungtürmen, Sportplatz
und 56 Hütten.
▸ *Vandrarhem Åliden,* Pedagog-
gränd 1c, im Osten von Umeå in der
Nähe der Universität, Tel. 090/

19 43 00. Es ist eigentlich ein Studentenwohnheim in einem nüchternen Betonbau. Dafür entschädigt
allerdings die Tatsache, daß jedes
Zimmer Dusche und WC hat. Es
liegt zwar 3 km vom Zentrum entfernt, aber die Busse Nr. 8 und 61
pendeln regelmäßig zur Innenstadt.
▸ *Scandic-Hotel Umeå*, Yrkesvä-
gen 8, 2 km außerhalb, Tel. 090/
13 52 50, eines der typischen, großen Scandic-Hotels. DZ 580 SEK.
▸ *BW-Hotel Blå Aveny*, Rådhuses-
planaden 14, im Zentrum, Tel. 090/
13 23 00, modern und wie das
Scandic ein großer Betonklotz.
▸ *Sara-Hotel Umeå*, Vasaplan, im
Zentrum, Tel. 090/ 12 20 20, große
Zimmer, guter Service, gehobene
Klasse.
▸ *SH-Hotel Flyghotellet*, liegt unmittelbar am Fluß, Tel. 090/ 13 54 90,
ein gemütliches Haus. DZ 500 SEK
mit Bonuspaß.

Essen und Trinken

Bestens aufgehoben ist man im *Viktor*, Skolgatan 64. Das stilvolle Restaurant bietet alle Köstlichkeiten
des Meeres, nach typisch schwedischer Weise köstlich zubereitet.
Abends wird aus Viktor dann eine
Viktoria, aus dem Restaurant ein typisch schwedisches Abendlokal, in
dem man essen, aber auch nur ein
Bier in aller Ruhe trinken kann.
Ebenfalls sehr zu empfehlen ist das
Restaurant im alten Herrenhof *Sä-
vargården* im Gammlia-Museum. Es
bietet gute schwedische Hausmannskost.

Einkaufen

In Västerbotten kann man bereits
typisch samisches Kunsthandwerk
erwerben, z. B. im *Hemslöjden* in
der Skolgatan 51.

Organisierte Ausflüge

Unbedingt empfehlenswert ist eine
Wildwasserfahrt auf dem Vindelälven. Darüber informiert die Touristeninformation oder auch *Vindel
Turism*, Tel. 0933/ 110 14.

Nützliche Adressen

Apotheke: Renmarkstorget 6
Krankenhaus: Tel. 090/ 10 10 00

Öffentliche Verkehrsmittel

Bus: Von Umeå nach Norden oder
Süden entweder mit dem Küstenbus
(3 Abfahrten tgl. in jede Richtung)
oder dem Bus nach Vännäs; Bahn-
Linie 40 von Vännäs 2mal tgl. nach
Stockholm und Boden/ Haparanda.
Flugzeug: 12 Flüge am Tag nach
Stockholm.
Schiff: Täglich mit Silja-Line nach
Finnland (Vaasa).

Rund um Umeå

◆ Stornorrfors

Das Wasserkraftwerk von Stornorr-
fors, 14 km westlich von Umeå an
der E 79, wird von der Gesellschaft
"Vattenfall" betrieben, einem der
größten Stromerzeuger Schwedens.
Im Jahr werden hier 2,2 Milliarden
kwh erzeugt. Neben der Staumauer
gibt es eine Lachstreppe, um den
Fischen das Wandern flußaufwärts
zu ermöglichen. Aus der betriebsei-
genen Zuchtanlage werden jährlich
Tausende von Fischen ausgesetzt.
Von einem Aussichtsberg kann man
die Wanderungen und Sprünge der
Lachse beobachten. Kraftwerk (10 -
12.30 Uhr) und Lachszucht (13 - 15
Uhr) können besichtigt werden.

Am Vindeln

Europas auf 370 km von Ammarnäs in Südlappland bis nach Vännäs. Über Steganlagen können Wanderer oder Sportangler nahe an die schäumenden Wogen herankommen.

Touristeninformation
Vindelns Turistbyrå, An Straße 363, 92200 Vindeln, Tel. 0933/ 110 14, geöffnet Mo bis Fr 9 - 18 Uhr, Sa 10 - 14 Uhr, So 10 - 16 Uhr.

Übernachten
► *Mariedalscamping *,* an Straße 355 nahe der nördlichen Brücke über den Fluß, Tel. 0933/ 113 21. Der Campingplatz ist von sehr einfachem Standard, liegt aber sehr schön mitten in Wald und Wiese.

—►   Ein kurzer Abstecher empfiehlt sich nach *Nyvik*.

◆ Vindeln

Nach 57 km in Richtung Nordwesten erreicht man auf Straße 363 diese kleine Stadt inmitten des grandiosen Tals, das der gleichnamige Fluß durchfließt. Er ist einer der fünf letzten Flüsse Schwedens, die noch nicht mit Staumauern und Kraftwerken ihrer wildnatürlichen Schönheit beraubt wurden. Der *Vindelälven* entfaltet noch auf seinem gesamten Verlauf seine ursprüngliche Kraft und Gewalt. Besonders nördlich von Vindeln, aber auch noch ein wenig stromabwärts gibt es eine Vielzahl von Stromschnellen.

66 km nördlich von Vindeln bei *Mårdsele* oder auch bei *Vormsele* sind die Stromschnellen für Wildwasserfahrer geradezu paradiesisch. Schließlich führt auf dem Vindelälven die längste Wildwasserfahrt

◆ Ratan - Bygdeå

Bei Ratan, ca. 6 km östlich der E 4, nahm man im 18. Jahrhundert die ersten wissenschaftlichen Messungen der Landhebung vor. Beim Felsen *Rataskäret* in der Nähe des Leuchtturms zeigt eine Markierung den Wasserstand im Jahr 1749. Man kann dieselbe Straße weiterfahren, denn sie stößt nach etwa 7 km bei Bygdeå wieder auf die E 4. Was die Landhebung für die Provinz Västerbotten nun unmittelbar bedeutet, kann man an der Kirche in Bygdeå leicht ermessen. Sie wurde im 15. Jahrhundert erbaut, steht nun also etwas mehr als fünfhundert Jahre. Zur Zeit ihrer Erbauung standen die Kirche und das oberhalb liegende alte Thinghaus noch an einer Bucht. Inzwischen ist diese aufgrund der Landhebung ausgetrocknet.

—▸ Nach weiteren 46 km Fahrt bietet sich ein etwas längerer Aufenthalt an:

Lövånger

Hier steht bei der St. Anna Kirche aus dem 15. Jahrhundert eine **Kirchstadt**, kleine Holzbauten, in denen in früheren Zeiten die Besucher der Gottesdienste übernachten konnten, wenn sie von außerhalb kamen. Die Entfernungen in Norrland brachten viele solcher Städte hervor. Die Hütten wurden von den Kirchenbesuchern selbst erbaut. Manche teilten sich ein Haus zu dritt oder viert. Die ältesten Gebäude hier in Lövånger stammen aus dem 15. Jahrhundert, die meisten der 117 Häuser sind aber aus dem 17. Jahrhundert. Heutzutage sind sie, wie viele in den anderen Kirchenstädten Norrlands auch, Ferienhäuser, die man mieten kann. Über vierhundert Betten stehen in Lövånger zur Verfügung. Informationen erteilt *Lövångers Turistbyrå* am Kungsvägen, 93010 Lövånger (Tel. 0913/103 95).

Skellefteå
74.000 Einwohner

Das Stadtbild von Skellefteå ist sehr nüchtern. Hier sind Spitzenbetriebe der Elektronik und der Optik angesiedelt. Die Metallveredlung spielt nach wie vor eine große Rolle, und auch die Holzindustrie ist nicht unbedeutend.

Sehenswert ist Norrlands größte Kirche, **Landsförsamlingskyrka**, westlich des Stadtzentrums. Sie wurde 1800 fertiggestellt und bewahrt viele wertvolle Inventarien

aus dem Mittelalter auf, u. a. einen Altarschrein vom berühmten Lübekker Schnitzmeister BerndNotke und eine Madonna aus dem 12. Jahrhundert. Nahe bei der Kirche liegt eine "Kyrkstad", die Kirchenstadt **Bonnstan**. Ihre grauen Blockhütten sind viel jünger als die in *Lövånger*. Sie wurden nach 1835 erbaut. 116 Häuser mit vierhundert Kammern und drei Ställe sind erhalten. An bestimmten Kirchentagen werden die Kammern auch heute noch benutzt. Einen Besuch wert ist auch das kleine **Stadtmuseum** in der alten Kommandeurswohnung im Park. Hier wird u. a. ein Depotfund aus der Völkerwanderungszeit aufbewahrt, der *Storkågefund*. Er enthält zwei emaillierte Bronzespangen, zwei Fibeln, einen Halsring, fünf Armreife und mehrere andere Bronzegegenstände. Aufschlußreich an diesem Fund ist, daß deutliche Parallelen zu ähnlichen Depots aus Finnland und dem Baltikum bestehen, was enorm weitläufige Handelsbeziehungen schon in dieser frühen Zeit bestätigt (geöffnet Mo bis Do 12 - 19 Uhr, Fr bis So 12 - 16 Uhr).

Touristeninformation

Skellefteå Turistbyrå, Kanalgatan 56, 93134 Skellefteå, Tel. 0910/588 80

Übernachten

▸ *Skellefteå Camping* ***,** nördlich des Zentrums an der E 4, Tel. 0910/ 188 55. Ein sehr großer, modern eingerichteter Campingplatz mit über 70 Hütten.
▸ *Vandrarhem Anderstorpsgården,* Elevhemsgatan 9, 3 km östlich des Zentrums am Fluß, Tel. 0910/ 372 83, ein kleines Haus mit gro-

ßem Erker und Fahnenmast vor der Tür. 36 Betten.

▸ *Scandic-Hotel Skellefteå,* Kanalgatan 75, im Innenstadtbereich, nur 100 m vom Bahnhof entfernt, Tel. 0910/ 383 00, steht etwas über dem sonst üblichen Scandic-Standard. Es ist im neuen "Expolaris-Center" untergebracht, mit einem futuristischen Wintergarten, mit Gehöften, Cafés und Restaurant inmitten moderner Architektur. DZ 580 SEK.

▸ *BW-Hotel Malmia,* Torget 2, in der Innenstadt, Tel. 0910/ 77 73 00, mit klassischen Säulen und weißem Stuck, ist noch eine Klasse besser als das Scandic-Hotel.

Essen und Trinken

Eine Vielzahl von Cafés, Restaurants aller Klassen und Imbißläden bietet *Expolaris-Center.* Das Restaurant *Malmia* ist exklusiv, teuer und gut.

Öffentliche Verkehrsmittel

Von Skellefteå während des Sommers 1mal tgl. Silja-Line nach Pietasaari in Finnland.

◆ Boliden

Im 35 km westlich von Skelleftå gelegenen Boliden entdeckte man 1924 Kupfer, Gold und Silber. Die Vorkommen waren so reich, daß der Abbau bis 1967 sehr rentabel war. 1500 Männer bauten für den Abtransport 1942 die längste Seilbahn der Welt, die von Boliden nach Kristineberg führt. Heute befördert sie auf einem 14 km langen Teilstück (Gesamtlänge 96 km) Touristen, die es genießen, mit 10 km/h über Land und Wasser zu schweben und sich dabei in der "Restaurant-Gondel" verköstigen zu lassen. Die Rückreise zum Ausgangsort erfolgt per Bus.

—▸ Die Route führt weiter nach Norden. Der erste kurze Stopp bietet sich bei *Jävre* an, 50 km nördlich von Skellefteå an der E 4. Hier fand man die nördlichsten Spuren der schwedischen Bronzezeit. Ein archäologischer Pfad führt an einigen Fundplätzen mit Rollsteinhügeln, Steinsetzungen und Brandgräbern vorbei. All diese Anlagen sind weniger kolossal wie vergleichbare Funde aus Südschweden.

Piteå
40.000 Einwohner

Wenn das Wetter gut ist und die Mitternachtssonne zum Schwimmen und Sonnenbaden einlädt, sollte man sich nicht scheuen, in Piteå ein paar Tage Pause einzuplanen. Die Stadt ist sehr schön. Nirgendwo sonst auf der Welt kann man so weit nördlich an wunderbar feinen Sandstränden in sauberem, warmem Wasser baden.

10 km südlich der Stadt liegt auf der Insel *Pitholmen* der 5 km lange Sandstrand des Meeresbads *Pite Havsbad,* "Norrlands Riviera". Viele Sonnenstunden (über 1.800 im Jahr) und seichte Strände bewirken eine überdurchschnittlich hohe Wassertemperatur. Natürlich muß man darüber im Klaren sein, daß gerade samstags und sonntags auch die Einwohner Norrbottens die Qualitäten dieses herrlichen Stückchens Erde zu schätzen wissen und zahlreich hier auftauchen. Für einen längeren Badeurlaub, nur ein paar hundert Kilometer südlich des Polarkreises, sind also eher die Wochentage zu empfehlen.

Geschichte

Die Geschichte von Piteå ähnelt der von Luleå im Norden. Beide Städte wurden nämlich im Laufe der Zeit verlegt. Piteå hieß zunächst "Öjebyn" und lag einige Kilometer weiter stromaufwärts am Piteälven. Öjebyn existiert auch heute noch, ist aber nur mehr Stadtteil von Piteå. Ein Brand in Öjebyn war die Ursache der Verlegung. Die neue Stadt nahm dank der Holzverarbeitung ihren Aufschwung im 17. Jahrhundert. Dieses Gewerbe ist hier noch immer äußerst wichtig.

Sehenswürdigkeiten

Im Zentrum selbst steht noch die prächtige **Holzkirche** (1685) und rund um den Torget viele alte **Holzhäuser** aus dem 19. Jahrhundert. Harmonisch gesellen sich zu dieser schönen Bausubstanz ausgedehnte Grün- und Wasserflächen, die Piteås Stadtbild sehr angenehm machen. Flußaufwärts in Öjebyn steht noch die **Kirche** aus dem 15. Jahrhundert samt **Kirchendorf**, von dem ca. zweihundert Häuser erhalten sind.

Touristeninformation

Piteå Turistbyrå, 94131 Piteå, Noliagatan 1, Tel. 0911/ 933 90

Übernachten

▸ *Pitecamping* * * *, 500 m östlich des Zentrums unmittelbar am Meer, Tel. 0911/ 155 90, auf einer Wiese mit Nadel- und Laubwald.
▸ *Pite Havsbad* * * *, 10 km südlich der Stadt auf der Halbinsel Pitholmen, Tel. 0911/ 323 00. Das ist eigentlich der Campingplatz Norrlands: Fast 700 Plätze, herrlicher Sandstrand, Grasflächen und Wald,

Aktivitäten, eigenes Einkaufszentrum, fünfmal die Woche Tanz, Spielhalle, Wasserrutschbahn, Hafen, Tennis, FKK-Strand, Solarium und vieles mehr machen diesen Campingplatz zum Zentrum der Logie in Piteå.
▸ *Borgaruddens Havsbad* * *, 15 km nordöstlich am Meer, Abfahrt von der E 4 beschildert, Tel. 0911/ 535 18. Wer es etwas ruhiger mag, kommt hier auf seine Kosten.
▸ *Vandrarhem*, in der Landwirtschaftsschule von Öjebyn (Piteå-Grans Lantbruksskola), Tel. 0911/ 963 85. Ein schönes, großes Holzhaus aus dem letzten Jahrhundert, in dem es Zimmer mit ein bis sechs Betten gibt.
▸ *SH-Stadshotellet*, Olof Palmes gata 17, Tel. 0911/ 197 00, ein sehr schönes Gebäude im Stil dieser Stadshotels, zentral gelegen. DZ 700 SEK mit Bonuspaß.

Feste

Ende Juni findet hier alljährlich ein großer *Markt* statt, zu dem scharenweise Leute von weit herkommen. Man verkauft typische Produkte der Provinz, vergnügt sich auf vielerlei Art, hört Konzerte und feiert bis spät in die Nacht hinein, die hier keine ist. Auf der Höhe von Piteå wird es im Sommer schon nicht mehr dunkel!

Rund um Piteå

◆ Älvsbyn

50 km nördlich von Piteå liegt diese 10.000 Einwohner zählende Stadt zwischen mehreren Hügeln naturschön am Piteälven. Die Holzkirche stammt aus dem Jahr 1810. Vom 250 m hohen *Rackberget* hat man

eine herrliche Aussicht über die
ganze Umgebung. Übrigens ist Älvs-
byns Haupterwerbszweig der Bau
von Fertighäusern.

Übernachten

▸ *Selholmens Camping* *, 1 km östlich von Älvsbyn am Piteälven, Tel.
0929/ 172 05, sehr ruhig gelegen.

◆ Piteälven

Dieser Fluß entspringt im norwegischen Gebirgsmassiv. Bei Sikfors
gibt es ein einziges Kraftwerk. Ansonsten ist er völlig unbeeinträchtigt. In seinem Verlauf bietet der Piteälven mehrere Abschnitte mit
Stromschnellen, z. B. mit dem *Troll-
forsen* (Stromschnelle) nördlich von
Moskosel, dem *Fällforsen* nördlich
von Älvsbyn und dem *Storforsen*,
Schwedens wasserreichstem Wasserfall, der 94 km nordwestlich von
Piteå liegt. Auf einer Länge von
5 km beträgt hier das Gesamtgefälle
fast 100 m, auf den letzten Kilometern über 60 m. Es ist ein "Wasserfall in Etappen". Auf einem kleinen
Teilstück ist der Fluß einmal umgeleitet worden. Dort gibt es heute ein
Flußbett ohne Wasser. An der spek-
takulärsten Stelle des Wasserfalls
gibt es einen Parkplatz, ein Café und
ein *Forstmuseum* mit Ausstellungen
über Waldbau und -schäden.

Luleå

68.000 Einwohner

Luleå hat nicht den Charme Piteås,
aber es gibt hier doch genügend zu
sehen, um einen halben Tag Pause
einzukalkulieren.

Geschichte

Es war der große Gustav II. Adolf,
der 8 km nordwestlich von Luleå

1621 die Stadt "Gammelstaden"
gründete. Dies war keine gute Idee,
denn aufgrund der berühmten skandinavischen Landhebung, die besonders im Norden der schwedischen Ostküste stark zu spüren ist,
verlandete der Hafen der Stadt innerhalb von nur wenigen Jahren.
Deshalb wurde die Siedlung schon
28 Jahre nach ihrer Gründung nach
Osten in das Mündungsgebiet des
Luleälven verlegt. Ein richtiger Aufschwung trat aber erst in unserem
Jahrhundert ein, als die Eisenbahn
die Erzgruben in Kiruna und Malmberget erreichte und damit den Abtransport des Erzes nach Osten hin
möglich machte. Der Hafen von Luleå, heute einer der größten und
modernsten von ganz Schweden,
wurde bald neben dem der norwegischen Hafenstadt Narvik zum wichtigsten Verladehafen für die gesamte Nordkalotte (d. h. der Norden von
Schweden, Norwegen und Finnland). Damit war dann auch Luleås
Position als Industriezentrum Norrlands gesichert.

Sehenswürdigkeiten

Der Innenstadtkern liegt auf einer
Landzunge, die sich in das Bottnische Meer erstreckt. Vorgelagert
sind Hunderte von Schären, die der
Lage der Stadt einen idyllischen
Charakter verleihen. Der 67 m hohe
Turm des **Doms** überragt alle anderen Bauten auf dieser Landzunge. Er
wurde 1893 als Stiftskirche Norrlands erbaut.

Wer sich für die Kultur der Samen interessiert, sollte die Sammlung im **Provinzmuseum** in der Storgatan 2 besuchen (geöffnet Mo bis
Fr 10 - 20 Uhr und Fr bis So 12 -
16 Uhr). Dort sind auch die Funde
aus dem Wikingergrab zu bestaunen, das bei Sangis entdeckt wurde,
u. a. Schwert und Schild eines Krie-

gers. Ebenfalls an der Storgatan liegt das erste überdachte **Shoppingcenter** Schwedens, sehenswert aufgrund seiner Architektur und der Tatsache, daß es 1956 vom Stararchitekten Ralph Erskine erbaut wurde.

Touristeninformation

Luleå Turistbyrå, Kulturcentrum Ebeneser, Storgatan 43, 97185 Luleå, Tel. 0920/ 29 37 46, geöffnet Mo bis Fr 9 - 16 Uhr, Sa und So 10 - 16 Uhr.

Übernachten

▸ *Arcusfritid **,* in Richtung Boden, 5 km nordwestlich von der Stadt am Luleälven (nördliches Ufer), Tel. 0920/ 500 60, der große Campingplatz ist modern, hat 74 Campinghütten und ein Rasengrundstück, liegt aber nicht in ungestörter Natur!
▸ *Vandrarhem* von Luleå, Örnvik, südlich von Luleå in Richtung Piteå, westlich der E 4 am Gammelstadsfjärden, Tel. 0920/ 523 25, liegt sehr schön in einem Waldgebiet am Fluß. Nach Gammelstaden sind es 4 km, in das Zentrum von Luleå etwa 10 km. Ein Bus verkehrt auf Linie 6 ständig zur Innenstadt.
▸ *Scandic-Hotel Luleå,* auf Mjölkudden, Banvägen, 2 km vom Zentrum entfernt, Tel. 0920/ 22 83 60. An einem unter Naturschutz stehenden See gelegen. DZ 580 SEK.
▸ *Luleå Stadshotel,* in Luleå, Storgatan 15, Tel. 0920/ 670 00, ein Best Western Hotel, das beste Haus am Platze.
▸ *Hotel Nordkalotten,* 10 km vom Zentrum in der Nähe des Flugplatzes, eine einzigartige, der nordischen Natur angepaßte Hotelanlage. Die Zimmer sind in originalen Kiefer-Blockhütten eingerichtet; es gibt

vielfältige Freizeitmöglichkeiten, wie Baden, Angeln oder Kanufahren.

Essen und Trinken

Eine Menge von Cafés und Restaurants findet man im *Shoppingcenter* an der Storgatan. Ebenfalls in dieser Straße befindet sich in Nr. 15 das Fischrestaurant *Bryggan.* Ein Feinschmeckerrestaurant mit gutem Ruf und gehobenem Preisniveau ist *Margaretas Värdhus* in Gammelstaden am Lylevägen 2. Dort versucht man, moderne internationale Küche mit traditionellem schwedischem Essen zu kombinieren. Spezialitäten des Hauses sind Bären- und Rentierschinken. Ebenfalls empfehlenswert ist das Restaurant des *Radisson-SAS Hotels* in der Storgatan.

Nützliche Adressen

Apotheke: Storgatan 33
Krankenhaus: Repslagargatan 2, Tel. 0920/ 714 00
Polizei: Skeppsbrogatan 37, Tel. 0920/ 950 00

Öffentliche Verkehrsmittel

Zug: Von Luleå mehrere Züge am Tag nach Boden. Von dort auch 2mal tgl. Direktzüge nach Stockholm und über Karungi nach Haparanda.
Flugzeug: Mehrere Flüge pro Tag nach Stockholm.

◆ Boden

Boden, 35 km nordwestlich von Luleå, ist mit 30.000 Einwohnern die größte Garnisonsstadt Nordschwedens. Soldaten und Militärfahrzeuge wird man hier an jeder

Ecke treffen. Boden ist auch als Eisenbahnknotenpunkt bekannt. Sehenswert sind der *Bahnhof* aus der Zeit der Jahrhundertwende, die *Festung* (1901(und die *Kirchenstadt* rund um die Kirche. Die Häuser hier kann man mieten.

Touristeninformation
Bodens Turistbyrå, Stadshuset, 96186 Boden, Tel. 0921/ 624 10

Übernachten
▶ *Bodens Camping ***,* im Zentrum von Boden 200 m nordwestlich der Kirche von Över Luleå, Tel. 0921/ 624 07, vielbesucht und unruhig.

—▶ Die Route führt zunächst weiter nach Norden, dann auf der Höhe von Råneå nach Westen. Von Töre kann man einen 53 km langen Abstecher nach Norden auf Straße 98 unternehmen:

◆ Överkalix

Die Umgebung von Överkalix lädt zu vielfältigen Aktivitäten ein. Deshalb bietet sich der Ort für einen längeren Aufenthalt an. Man kann hier sehr schön wandern und angeln oder Kanu- und Wildwasserfahrten auf dem Kalixälv unternehmen. Durch den Ort selbst fließen zwei Flüsse, und in der Umgebung liegen mehrere Seen.
Nochmals 40 km nördlich von Överkalix liegt am Jockfallet (Wasserfall) ein *Campingplatz ***,* Tel. 0926/ 600 33, an dem man angeln kann, Flußfahrten mit Kanu oder Floß unternehmen oder ein Polarkreiszertifikat erwerben kann: Immerhin befindet man sich 10 km nördlich des Polarkreises!

Kalix
19.000 Einwohner

An der Mündung des großen *Kalixälven* wurde schon im 15. Jahrhundert ein Handelsplatz errichtet. Aus dieser Zeit stammt die Kirche mit einigen mittelalterlichen Inventarien.

Übernachten
▶ *Vandrarhem,* Gillesgatan 6, in Grytnäs, auf dem rechten Ufer des Kalixälven, das man über eine Brücke von Nedrekalix erreicht, Tel. 0923/ 107 33. Hier kann man für unter 200 SEK in einem Herrenhof übernachten.
▶ *Filipsborgs Herrgård,* Tel. 0923/ 157 70, ist ein Nobelhotel in einem berühmten Park. Von hier wurden schon so manche TV-Konzerte landesweit übertragen. Das Hotel hat einen eigenen Golfplatz und liegt einmalig direkt am Wasser; sehr gutes Gourmet-Restaurant mit lappländischen Spezialitäten.

Haparanda
10.000 Einwohner

Endpunkt der Route ist die Grenzstadt Haparanda. Sie bildet zusammen mit *Tornio* auf der finnischen Seite eine finnisch-schwedische Doppelstadt, in der kein großer Kulturunterschied zwischen Finnland und Schweden zu spüren ist. Kein Wunder, denn die Grenze an dieser Stelle zwischen beiden Städten ist eigentlich eine unnatürliche Grenze. Der Friedensbeschluß 1809 bedeutete für Schweden den Verlust Finnlands. In den Verhandlungen um die neue Grenzziehung wurde der Torneälven gewählt. Damit ging die neue Grenze nun mitten durch das finnischsprachige Gebiet Schwedens und bedeutete auch den Verlust der Handelsstadt Tornio. Haparanda wurde sogleich erbaut, um

Haparanda und die schwedisch-finnische Brotgrenze

Haparanda ist eigentlich eine Stadt wie jede andere auch, mit Marktplatz, Grillbude, Systembolaget und Jugendlichen in amerikanischen Autos. Aber in Haparanda gibt es auch etwas Untypisches: Bahngleise mit russischem Breitenmaß und Weißbrot. Das hängt alles mit der Grenze zusammen. Nach dem Krieg 1809 wurde hier nämlich die neue Grenze gezogen, und in die Köpfe der Militärs wollte nicht hinein, daß dies hier keine richtige Grenze war. Ganz im Gegenteil, der Fluß hatte die Menschen früher verbunden, man sprach Finnisch an beiden Ufern, viele hatten Felder auf beiden Seiten und den Fluß als Bewässerungsquelle dazwischen. Die neue Grenze schnitt durch, was zusammengehörte. 35 km weiter westlich existiert sie wirklich, die Kulturgrenze. Zwischen den Dörfern *Sängis* und *Säjvis* verläuft an der E 4 die große Sprachgrenze und die "Brotgrenze". Während die Einwohner von Sängis das in Schwedisch-Lappland übliche harte, dünne "Tunnbrödet" essen, gibt es in Säjvis und östlich davon das weiche osteuropäische Frischbrot zu essen, wie man es in Rußland seit Jahrhunderten kennt. Länderkundler sagen, Säjvis sei "das am weitesten westlich gelegene schwedische Dorf der osteuropäischen Brotkultur". Aber die Politiker ließen die Grenze weiter östlich in Haparanda verlaufen. In Kriegszeiten hatte diese Stadt Konjunktur, so im ersten Weltkrieg, als man hier im Zarenreich ein- und ausgehen konnte, während der Rest des Reichs abgesperrt war. Der Eisenbahn kam eine politische Bedeutung zu. Diplomaten, Händler, Soldaten, Spione und gewöhnliche Bürger - alle kamen über Haparanda. Zehntausende von deutschen Kriegsgefangenen wurden hier ausgetauscht, 75.000 Verwundete auf dem Friedhof vom Roten Kreuz versorgt. Viele beendeten hier ihre letzte Reise. 1917 wurde der Bahnhof vergrößert, um dem gewaltigen Aufkommen Herr zu werden. Der zweite Weltkrieg brachte dasselbe noch einmal. Die Bahnspuren wurden zudem variabel auf die finnisch-russische Breite eingestellt. Heute wirkt der überdimensionale Bahnhof wie ein Zeichen des Größenwahns, für den hiesigen Bedarf würde ein Viertel des Gebäudes genügen. Ein Denkmal aus Krisen- und Notzeiten, in denen der Bahnsteig von Haparanda der Schritt in die Freiheit, aber auch der Weg in den Tod bedeuten konnte. Ein Denkmal falscher Hoffnungen auch, denn in Friedenszeiten hat dieses Bauwerk niemals seine wahre Kapazität unter Beweis stellen können.

Tornio in dieser Funktion zu ersetzen. An der Kirche erinnert ein Monument an die verhängnisvollen Kriegszeiten jener Jahre. Ein paar der hundertjährigen **Holzhäuser** rund um den Marktplatz sind noch erhalten. Unbedingt sollte man sich - und das aus historischem Grund - den überdimensional großen **Bahnhof** anschauen.

Touristeninformation

Haparanda Turistbyrå, Norra Esplanaden 4, 95331 Haparanda, Tel. 0922/ 115 85 oder 615 85

Übernachten

▶ *Stadshotellet*, am Marktplatz, Tel. 0922/ 114 90, große, schöne Zimmer, gutes Restaurant.

Rund um Haparanda

♦ *Kukkola*

An den Stromschnellen des *Torneälven* in Kukkola, 18 km nördlich
von Haparanda, wurde schon immer
geangelt, besonders nach Lachs. An
die alte Fischertradition erinnert
heute in Kukkola das große *Jakobs-
fest* Ende Juli bei der alten Brücke,
wo noch eine Räucherei und Fischerhütten aus früheren Tagen
stehen. Hier wird gefischt und frisch
serviert: gebraten, gegrillt und ge-
räuchert. Ein wenig stromaufwärts
stehen noch zwei alte, wasser-
betriebene Mühlen und eine Säge.

Übernachten

► *Kukkolaforsen Hüttendorf,* Tel.
0922/ 310 00, sehr schöne Hütten
direkt am Flußufer und die "beste
Sauna Schwedens" (auserwählt
vom schwedischen Saunaverband)
sowie ein Restaurant. Vom Hüttendorf arrangiert man allerlei Aktivitäten, vor allem aber die berühmten
Wildwasserfahrten in Gummibooten.
Anbei gibt es auch einen Zeltplatz
und eine Konferenzabteilung sowie
ein Fischereimuseum.

♦ *Pajala*

Diese kleine, 8.500 Einwohner zählende Industrie- und Dienstlei-
stungsstadt liegt 175 km nördlich
von Haparanda. Im Umland gedeihen Schwedens schnellwachsende
Kartoffeln, denn bei der lokalen
Sonnenscheindauer während des
Sommers sind zwei Ernten möglich.

Besonderes Problem: Es mangelt
hier an Frauen, vor allem aufgrund
der starken Abwanderung junger
Mädchen in die Städte. Das schwedische Fernsehen veranstaltete vor
einigen Jahren eine Fernsehaktion,
um Frauen aus ganz Europa hierher
zu locken.

Sehenswert ist die *Kirche*, die
1879 vom Nachbarort Kengis hierher gebracht wurde. Damals war
Kengis wichtiger, da es dort schon
seit 1646 eine Eisenhütte und sogar
eine Münzprägeanstalt gab. Direkt
neben dieser Kirche liegt ein *Museum*, das Lars Levi Laestadius gewidmet ist.

♦ *Tärendö*

Tärendö liegt 40 km westlich von
Pajala. Der 52 km lange *Tärendöälv*
spaltet sich bei dieser alten Gemeinde in zwei Arme. Er bildet zwei
Flußsysteme, eine sogenannte "Bi-
furkation", die größte des Landes
und weltweit eines der schönsten
Beispiele dieses Naturgebildes. Der
Tärendöälv führt hier nämlich ungefähr 50 % des Wassers vom Torneälven in den Kalixälven hinüber, d.h.
mit anderen Worten, er "stiehlt" das
Wasser des Torneälvens.

Route 27
Kramfors - Strömsund (180 km)

Wer nicht auf der Küstenstraße
(E 4) weiter in Richtung Norden fahren möchte, dem bietet sich in
Kramfors auch die Möglichkeit, nach
Westen ins Landesinnere Lapplands
und in Richtung Norwegen abzuzweigen. Die Route, im unteren Teil
"Ådalsleden" genannt, ist landschaftlich sehr schön. Es domini-
ren ausgedehnte Nadelwälder, die

sich in sanften Hügeln über die Talhänge der großen Ströme ausdehnen, die aber manchmal auch an schroffen Böschungen, an denen der blanke Granit zum Vorschein kommt, steile Abstürze bilden. An diesen Stellen haben sich die Flüsse noch etwas von ihrer ursprünglichen Ungezähmtheit bewahrt. Die Route folgt den großen Strömen *Ångermanälven* und *Faxälven* bis nach *Strömsund*. Dort bieten sich zwei Möglichkeiten der Weiterfahrt. Man nimmt entweder die Straße durch das Landesinnere nach Nordlappland oder man wählt die landschaftlich schönere Route 30 durch die Gebirgswelt an der schwedisch-norwegischen Grenze, um erst nördlich von *Vilhelmina* wieder auf direktem Weg in Richtung Norden zu fahren.

Kramfors

25.000 Einwohner

Kramfors im schönen *Ådalen* wurde vor etwa 150 Jahren im Zuge der Gründung der ersten dampfbetriebenen Sägewerke errichtet. Die moderne Stadt erhielt ihren Namen von dem Sägewerkspatron Christoffer Kramm. Auch heute noch ist sie ein Zentrum der Holzindustrie.

Touristeninformation

Kramfors Turistbyrå, Ängsgatan 4, 87200 Kramfors, Tel. 0612/ 109 00

Übernachten

► *Flogstabadets Camping* **, 1 km westlich von Straße 90 neben dem großen Freibad "Flogstabadet", Tel. 0612/ 100 05. Ähnlichkeiten mit dem Schwarzwald sind rein zufälliger Natur!

► *Vandrarhem*, in Sandslån, 20 km nördlich von Kramfors, Tel. 0612/ 505 41, untergebracht in einem alten Flößerwohnheim.

► *Reso-Hotel Kramm,* Torggatan 14, Tel. 0612/ 131 60, ein großes, zentral gelegenes Hotel der gehobenen Klasse.

Öffentliche Verkehrsmittel

Zug: Von Kramfors nach Stockholm und Långsele mehrere Zugverbindungen am Tag; mit Umsteigen in Långsele auch nach Boden/ Hapa-

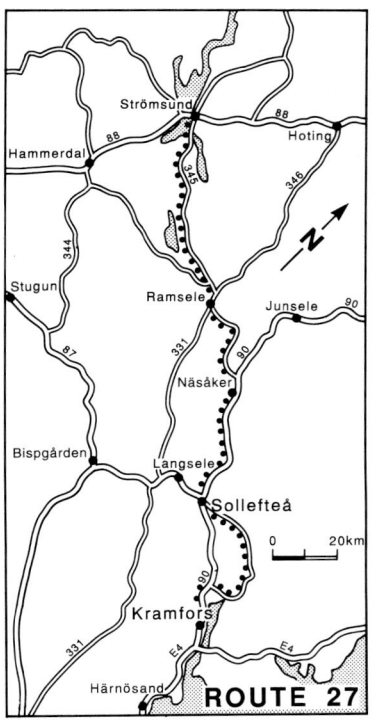

randa im Norden, in Direktverbindung Gävle im Süden.
Flugzeug: Vom Flugplatz, 22 km
außerhalb, 12 Flüge am Tag nach
Stockholm.

Ytterlännäs

Die Route führt bis **Ytterlännäs**, wo
es eine sehenswerte Kirche gibt. Sie
stammt aus dem 13. Jahrhundert,
wurde aber mehrfach umgebaut. Im
Inneren ist sie herrlich bemalt, hat
eine Marienskulptur von Haaken
Gullesson, ein Taufbecken aus dem
14. Jahrhundert und zwei bemalte
Holzemporen bewahrt.

Ab Ytterlännäs geht die Fahrt auf
Route 27 nicht mehr auf Straße 90
weiter, sondern auf Straße 333
nach *Nyland*, wo das Dampfschiff
"MS Ådalen III" anlegt. Auf ihm
kann man Fahrten flußabwärts bis
Härnösand und flußaufwärts bis
Sollefteå machen (Information und
Reservierung unter Telefon 0612/
50 541). Eine Brücke führt über den
Ångermanälven nach Sandslån.

Sandslån

Hier liegt auf einer kleinen Insel im
Fluß ein originelles Ferienzentrum,
das man in den Arbeiterunterkünf-
ten der ehemals größten Holzsor-
tieranlage der Welt einrichtete: Wo
noch in den Sechzigern pro Jahr
mehr als 20 Millionen Baumstämme
sortiert wurden, gibt es heute ein
Vandrarhem (Tel. 0612/ 505 41),
ein Café und einen Bootsverleih. Im
alten Kasino befindet sich ein gutes
Restaurant. Gleich nebenan liegt die
moderne Sortieranlage, die Ende der
sechziger Jahre gebaut wurde und
heute vollautomatisch arbeitet.

7 km nördlich von Nyland liegt
an Straße 333 **Torsåkers kyrka**.
Diese kleine Kirche stammt aus dem
14. Jahrhundert und ist mit schönen Deckenmalereien und altem Inventar ausgestattet.

—► Von Sandslån geht die Fahrt
über Straße 334 weiter in Richtung
Norden.

Sollefteå

25.000 Einwohner

Sollefteå liegt landschaftlich sehr
schön im Tal des *Ångermanälven*.
Die Kleinstadt war schon im Mittelalter ein wichtiger Handelsplatz. Sie
läßt sich gut vom **Hallstaberg** überschauen. Von hier oben erkennt
man vor allen Dingen auch das Wasserkraftwerk, das sich mitten im
Stadtkern befindet. Die Kraftwerks-
betreiber setzen hier Lachse und Forellen aus, so daß auch Touristen
mitten in der Stadt ihr Anglerglück
versuchen können, z. B. im **Stadtpark**, von dem auch Kanu- und Floß-
touren beginnen. Die **Hundeschule**
in Sollefteå ist ein in Europa einzigartiges Zentrum zur Ausbildung von
Blinden-, Polizei-, Drogen- und Spe-
zialhunden (Besichtigung Di bis Do
nach Vereinbarung unter Telefon
0620/ 83 200).

Touristeninformation

Sollefteå Turistbyrå, Torggatan 4,
88130 Sollefteå, Tel. 0620/ 825 63

Übernachten

► *Sollefteå Camping* ***, am Südufer des Ångermanälven 1 km östlich des Stadtzentrums, Tel. 0620/
173 70, ein Platz mit 12 Camping-

hütten und einem guten Service-
und Freizeitangebot wie Angeln,
Rudern, Radfahren, Tennisspielen
und Sauna.

▶ *SH-Hallstaberget,* 4 km südlich
von der Stadt oben auf dem Berg,
Tel. 0620/ 123 20. Das große
Sport- und Konferenzhotel bietet
auch Räume für Selbstversorger.
Die Aussicht ist überragend! DZ mit
Paß bis 790 SEK.

▶ *Österås Hälsohem,* in Österås,
8 km nordwestlich, Tel. 0620/
230 90, ist ein unvergeßliches Erlebnis für den, der auf gesunde Le-
bensführung achtet. Man kann hier
nicht nur wohnen, sondern auch
vegetarisch kochen lernen, medite-
ren, baden, Pflanzen studieren oder
Kräuter kennenlernen. Die pompösen Bauwerke der Anlage stammen
aus der Jahrhundertwende und stehen unter Denkmalschutz. Berühmte
Künstler haben die Wände der einmaligen Anlage mit einer inzwischen

umfangreichen Kunstsammlung ver-
schönert.

Tip: Hier liegt auch das für Kinder
besonders zu empfehlende "Mulleri-
ket", in dem Kinder behutsam,
spielerisch und lehrreich den Umgang mit der Natur lernen: Feu-
ermachen, Floßfahrten, Lassowerfen
und vieles mehr.

Öffentliche Verkehrsmittel

Von Sollefteå direkte Zugverbindungen mehrmals am Tag nach Stockholm über Sundsvall, Gävle und
Uppsala. Mit Umsteigen in Långsele
eine Direktverbindung nach Boden,
Haparanda und Gävle.

Näsåker

Hier liegt an der ehemaligen Stromschnelle **Nämforsen** eine der bedeutendsten vorgeschichtlichen Stätten

Im Land der Rentiere

Schwedens. Auf den drei kleinen Inseln im Ångermanälven befindet
sich die größte Ansammlung von
Felsbildern des Landes. Es sind über
1.400 geritzte Figuren. Nur 50 m
stromaufwärts wurde 1947 ein großes Kraftwerk errichtet, das den
ehemaligen Wasserfall, der an dieser
Stelle 2.500 m^3 Wasser in der Se-
kunde bei einer Fallhöhe von 16 m
hinabstürzen ließ, trockengelegt hat.
Vor der Zeit des Kraftwerks war der
Ort wegen dieses Naturspektakels
bekannt. Der Eingriff in die Natur
hat nun bewirkt, daß man in dem
trockenen Flußbett auf die Insel hin-
übergehen kann, um sich die Spuren einer über 5.000 Jahre alten Jä-
gerkultur anzusehen. Vorsicht ist
dennoch geboten, weil der Elektrizi-
tätsbetrieb von Mitte Juni bis Mitte
August etwa 5 % der ehemaligen
Wassermenge durchfließen läßt, um
den Touristen einen kleinen Eindruck von den früheren Verhältnissen zu vermitteln, als gewaltige
Wassermassen hier herunterdonner-
ten. Die Inseln **Laxön** und **Brådön** erreicht man sicher. Ein wenig Vorsicht ist nur beim Weg auf die Insel
Notön geboten, da die Kraftwerks-
betreiber den Durchfluß der Wasser-
mengen durch die Staumauer jederzeit erhöhen können. Die Felsbilder
auf den Inseln sind nur schwach
eingehauen und teilweise mit roter
Farbe ausgemalt, da man sie sonst
nur schwer erkennen könnte. Als
Zeugnisse einer Jagdmagie stellen
sie Elche, Vögel und Lachse als Opfer menschlicher Jäger dar. Auch
Schiffe sind zu erkennen. In der Nähe fand man auch Reste einer Siedlung, die wie die frühesten Bilder
aus der Jungsteinzeit stammen.
Fundgegenstände (Waffen und Geräte) sind im SHM ausgestellt. Einen
Teil kann man auch im Bahnhof von
Nämforsen besichtigen. Dort gibt es
auch eine Touristeninformation. Fel-
senbilder wurden auch noch in spä-

terer Zeit auf den Felsen angebracht. Wahrscheinlich hat man
über mehrere tausend Jahre hinweg
neue Motive hinzugefügt.

Man muß sich vergegenwärtigen,
daß die kulturgeschichtliche Entwicklung in Norrland anders als im
Süden Skandinaviens verlief. Der
Ackerbau hatte geringere Bedeutung, denn Steingerät wurde fast
bis zur Zeitenwende gebraucht. Fischerei und Jagd - das zeigen die
Felsbilder - waren die vorherrschenden Erwerbszweige. Über die Lebensverhältnisse in jener Zeit wird
man auch im Steinzeitdorf informiert, das man unmittelbar nebenan
rekonstruierte. Erst in moderner Zeit
ist Näsåker auch als landwirtschaftliche Gemeinde bekannt geworden.
Heute erstrecken sich die reizvollen
Gärten der Bewohner bis zu den
steilen Uferböschungen des Flusses.
Die Forstwirtschaft bietet den meisten Menschen hier Arbeit.

Ein Stück westlich der Kirche
von Näsåker liegt das **Haus von
Pelle Molin** (1864 - 1896), der in
seinen Gedichten das Ådalen ver-
klärte und in seinen Gemälden die
Kontraste zwischen Fels und Wald
einfing. Aus seinem Wohnhaus ist
heute ein kleines Museum geworden. Daneben liegt ein **Freilichtthea-
ter** und nochmals 200 m weiter
Prästnipan, ein steiler Absturz zum
Fluß mit einer guten Aussicht. Hier
liegt der Hembygdsgården mit Campingplatz, Ferienhäusern und Café.
Sehenswert ist auch die **Maschinen-
halle des Kraftwerks**: Eine der
Wände besteht aus nacktem Fels.
Auf einem monumentalen Steinrelief
schildert die Künstlerin Tyra Lund-
gren die Geschichte des Flusses.

Touristeninformation

*Näsåkers Turistbyrå, Bahnhof,
88030 Näsåker, Tel. 0622/ 106 30*

Übernachten

Näsåkers Camping **, 500 m westlich der Kirche, Tel. 0622/ 101 76; schön gelegener Campingplatz auf einem Waldgrundstück am Ångermanälven mit 16 Campinghütten.

◆ Junsele

Junsele liegt 35 km nördlich von Näsåker an Straße 90. Im Juli kommen die Touristen scharenweise hierher, um Unterhaltung und Stimmung zu erleben. Den ganzen Monat über finden Kammerkonzerte, Countrymusikfestivals und künstlerische Veranstaltungen mit Sängern, Malern und Artisten statt.

Touristeninformation
Junsele Turistbyrå, Länsmansgården, 88037 Junsele, Tel. 0621/ 101 55

Übernachten
▸ *Junsele Camping* ***, an Straße 90, Tel. 0621/ 105 54. Der Campingplatz liegt in einem schönen Kiefernwald. Es gibt 35 Campinghütten und ein großes Freizeitangebot mit einem Kanuverleih, Tier- und Vergnügungspark.
▸ *Junsele Wärdshus,* Tel. 0621/ 100 96, nett und gemütlich, aber recht einfach.

Ramsele

Sehenswert sind hier die alte **Kirche** (13. Jh.) am Fluß und das **Heimatmuseum.** Aber die meisten Touristen kommen der Natur wegen hierher, denn die Umgebung des Orts gilt als das biberreichste Gebiet Schwedens. Im Sommer werden hier Safaris veranstaltet, bei denen garantiert jeder die putzigen Tiere zu sehen bekommt.

Touristeninformation
Ramsele Turistbyrå, Storgatan 11, 88040 Ramsele, Tel. 0623/ 725 81

Übernachten
▸ *Ramsele Camping* **, gleich südlich der alten Kirche direkt am Faxälven, Tel. 0623/ 106 80. Der Campingplatz hat 5 Hütten und verfügt über ein beachtliches Angebot an Aktivitäten: Sauna, Bootsfahrten, Kanutouren, Radfahren, Tennis, Ski, Goldwaschen etc.
▸ *Ramsele Vandrarhem,* sehr schön neben der alten Kirche am Faxälven, Tel. 0623/ 106 80, wurde erst kürzlich eröffnet. Es hat eine Sauna und eignet sich auch für einen längeren Aufenthalt, da man hier Kanufahrten, Wanderungen, Angeltouren und Ausflüge in die Wildnis unternehmen kann.

—▸ Route 27 führt zunächst 10 km auf Straße 341 in Richtung Strömsund. Bei *Nässjö,* geht es dann auf Straße 345 weiter nach *Strömsund* (→ R 30) in der Provinz Jämtland.

Route 28
Rund um Storsjön: Östersund - Östersund (ca. 200 km)

Jämtland ist eine Naturlandschaft, die für Touristen vor allem wegen ihrer Gebirgszüge im Nordwesten und an der norwegischen Grenze und wegen der schönen Waldlandschaft um den großen *Storsjön* in-

Magnus Huss

Ausgetrocknete Flußtäler gelten im allgemeinen kaum als Sehenswürdigkeit, für die Touristen lange Anfahrtswege in Kauf nehmen. Der *Döda
fallet* südlich von Ragunda aber ist die Ausnahme von der Regel. Zehntausende kommen jedes Jahr hierher, um einen versiegten Wasserfall,
ein leeres Flußbett mit Rollsteinen und damit das Lebenswerk von *Magnus Huss* zu bestaunen.

Es ist kaum zu glauben, aber wahr. Jener Bauernsohn aus Sundsvall,
der für seine Abenteuerlust und wilden Ideen berühmt war, sollte es
tatsächlich fertigbringen, einen ganzen Fluß umzuleiten, einen riesigen
See zu entleeren und einen Wasserfall trockenzulegen. Deshalb nannte
man ihn später den "Vild-Hussen" - und das war wohl eher noch ge-
schmeichelt.

Die Geschichte nahm im Frühjahr 1796 ihren Anfang. Zwangsläufig
mußte sie zur Katastrophe werden, wie immer, wenn Menschen einen
rüden Eingriff in die Abläufe der Natur planen, ohne die Folgen ihres
Schaffens absehen zu können. Zu jener Zeit waren die Bewohner von
Ragunda unzufrieden über den Lauf des Indalsälven, der unterhalb der
Stadt zu einem See angewachsen war. Im unteren Auslauf blockierte ein
Moränenhügel den ungehemmten Abfluß des Wassers, so daß sich der
Fluß auf einer schmalen Rinne aus dem See herauszwängen mußte. An
dieser Stelle hatten die wilden Wassermassen daher im Laufe der Jahr-
tausende einen reißenden Wasserfall gebildet, den *Gedungsen* oder
Storforsen, wie man ihn nannte. Genau dieser Wasserfall war die Wurzel
der Probleme, denn er verhinderte einerseits den Zug der Lachse stromaufwärts, was für die Fischer besonders ungünstig war, und er machte
es andererseits unmöglich, oberhalb des Falls Baumstämme zum Flößen
in den Fluß zu bringen, da sie in dessen Brandung wie Glas zerbrochen
wären. Verständlicherweise spukten in den Köpfen der Leute von
Ragunda schon lange Gedanken, einen Seitenkanal vorbei am Wasserfall
zu bauen, um diese Probleme zu lösen. Man grub hier und dort. Doch ein
brauchbares Ergebnis konnte nicht erzielt werden, bis Magnus Huss sich
für kompetent genug erklärte, die Arbeiten zu leiten. Entgegen aller Warnungen vor Hochwasser und der drohenden Schneeschmelze - es war
Frühling in Norrland - ließ er ohne begleitende Schutzmaßnahmen einen
Kanal durch die Moräne, die vor allem aus Schotter und Kies bestand,
graben. In der Nacht zum 7. Juni 1796 brach das Unheil dann mit einem
Schlag über die Jämtländer herein. Eine unvorstellbare Springflut raste
das Tal hinab, riß Bäume, Häuser und Brücken mit sich und entleerte
einen ganzen See innerhalb von vier Stunden. Der alte Flußlauf an dieser
Stelle lag in kurzer Zeit trocken. Vom Wasserfall war noch nicht einmal
mehr ein Plätschern zu vernehmen. Es war nicht gelungen, ihn zu zäh-
men. Man hatte ihn erledigt! Der Haß auf den Vild-Hussen war groß,
denn trotz des erzielten Effekts, den Wasserfall auszuschalten, war es
den Leuten zuwider, nun an einem ausgetrockneten See leben zu müssen. Viele hatten ihre Häuser und Höfe verloren, Äcker und Felder waren
überschwemmt, Vieh war ertrunken, und durch Steinschlag im alten
Flußbett waren eine Reihe von Leuten ums Leben gekommen. Die mate-
riellen Schäden waren unvorstellbar. Den Vild-Hussen konnte man nicht
mehr zur Rechenschaft ziehen. Er wollte aller Welt beweisen, wie
"erfolgreich" sein Projekt war und begab sich mit einem Boot auf den

Fluß, fest entschlossen, bis zur Küste zu fahren. Niemand sah ihn mehr lebend. Von einem Felsen im Flußbett barg man bald darauf den zerschmetterten Körper des jungen Mannes, der den 450 km langen Indalsälven umgeleitet und in wenigen Stunden das zerstört hatte, was eiszeitliche Erdkräfte im Laufe von Jahrtausenden geschaffen hatten: ein Flußbett, einen See und einen Wasserfall.

teressant ist. Das Gebiet um den See bildet schon seit Jahrhunderten das Landschaftszentrum, das auch sehr früh besiedelt wurde. Die Voraussetzungen für die Landwirtschaft waren günstig, denn der kalkhaltige Boden in der Umgebung des Sees ist sehr fruchtbar und die vom Atlantik durch das Åre-Tal herströmenden Luftmassen sorgen für ein mildes Klima. Übrigens soll es im Storsjön ein Ungeheuer geben, dem Loch-Ness-Monster ähnlich. Natürlich trifft man hier zahlreiche Östersunder, die es alle schon gesehen haben wollen.

Während des gesamten Mittelalters wechselten die Jämtländer des öfteren die Landeszugehörigkeit. Bis 1645 waren sie meist Teil von Dänemark-Norwegen. Im *Frieden von Brömsebro* 1658 kamen sie endgültig zu Schweden. Wie Härjedalen ist auch Jämtland nur sehr dünn besiedelt. Strukturprobleme werden aber durch die steigende Bedeutung des Tourismus etwas ausgeglichen.

—► Route 28 führt in nördlicher Richtung von Östersund um den See zunächst auf der E 14, dann von *Mattmar* bis *Svenstavik* auf Straße 321 und schließlich über Straße 45 zur E 14 zurück. Jene Europastraße verläuft von *Sundsvall* an der Ostsee bis nach *Trondheim* in Norwegen am Atlantik. Sie ist damit eine der Hauptverkehrsadern der mittleren Teile beider Länder, gut ausgebaut und recht stark befahren. Dennoch wirkt sie niemals fremd oder störend in der schwe-

disch-norwegischen Natur, die sich besonders im Grenzgebiet entlang der Straße noch nach allen Richtungen unbeeinträchtigt ausbreitet.

Östersund

60.000 Einwohner

Östersund liegt etwa in der geographischen Mitte Schwedens und bietet sich daher als Raststätte auf dem Weg von oder nach Norden an. Das Stadtbild strahlt heute die Nüchternheit wie so vieler schwedischer Städte aus. Hundert Jahre alte Häuser gibt es nur noch in der Storgatan und einigen Nebenstraßen. Dennoch laden viele andere Sehenswürdigkeiten zu einem längeren Verweilen in der Stadt ein, die aussichtsreiche Kandidatin für die Vergabe der Olympischen Winterspiele 2002 ist.

Geschichte

Gustav III. gründete hier 1786 eine Stadt. Sie sollte die Rolle der Insel *Frösön* übernehmen. Vor etwa hundert Jahren begann der Aufstieg zu ihrer heutigen Bedeutung als einer der größten Städte Norrlands und einem Zentrum von Verwaltung, Ausbildung, Kultur und Wirtschaft im Norden. Zu jener Zeit kamen auch die ersten Touristen, die damals die Möglichkeiten nutzten, in die grandiose, damals von der Außenwelt abgeschnittene Bergwelt Lapplands vordringen zu können.

Sehenswürdigkeiten

Hauptattraktion ist das Museum **Jamtli Jämtlunds Länsmuseum**, seit 1995 Schwedens erstes Museum, das aus einem Freilichtmuseum und einem unter Dächern eingerichteten Provinzmuseum besteht. Es beherbergt im Freilichtteil mehr als fünfzig historische Bauwerke, die nach dem Vorbild des Stockholmer Skansen 1912 hier zusammengetragen wurden. Der Geschichte Jämtlands begegnet man hier ebenso wie in den sehenswerten, geschlossenen Sammlungen, in denen man wertvolle Textilien, Kirchenschätze und Kunst aufbewahrt. Berühmt ist der Knüpfteppich aus dem 12. Jahrhundert, der früher in der Kirche von Överhogdal in Härjedalen hing (geöffnet Mitte Juni bis Mitte August tgl. 11 - 17 Uhr, in der übrigen Zeit Di 11 - 20 Uhr, Mi bis So 11 - 17 Uhr, Eintritt 60 SEK bzw. 25 SEK).

Das **Holztheater** (1884), das ehemalige Guttemplerhaus, und das **Rathaus** aus dem Jahr 1912 sind ebenso sehenswert wie das Chorgemälde des Malers Hilding Lindquist in der neuen **Kirche** (1940) und der **Tierpark Frösö** (→ Frösön).

Touristeninformation

Östersunds-Turist und Kongressbyrå, Rådhusgatan 44, 83182 Östersund, Tel. 063/ 14 40 01, geöffnet Mo bis Sa 9 - 21, So 10 - 20 Uhr.

Übernachten

▸ *Östersunds Camping ***,* 3 km südlich des Zentrums im Vorort Odensala an der E 14, Tel. 063/ 14 46 15, ziemlich überlaufener Campingplatz mit Abenteuerschwimmbad und Campinghütten.
▸ *Sandvikens Camping **,* 10 km

südlich der Stadt am Storsjön, am besten mit der kleinen Fähre von Frösön nach Fillsta zu erreichen, Tel. 063/ 370 06, ein kleiner, naturschön gelegener Platz mit Campinghütten.
▸ *STF-Vandrarhem,* Södra Gröngatan 34, Tel. 063/ 13 91 00, hat einen hohen Standard, z.b. TV und Küche in allen Zimmern, geöffnet vom 12.6. bis 7.8.
▸ *Scandic-Hotel Östersund,* Krondikesvägen 97, Tel. 063/ 12 75 60
▸ *BW-Hotel Östersund,* Kyrkgatan 70, zentral gelegen, Tel. 063/ 11 76 40, ist groß, erstklassig und hat ein Feinschmecker-Restaurant. Von vielen Zimmern blickt man auf den See.
▸ *Hotel Winn,* Prästgatan 16, Parallelstraße zur Kyrkgatan, Tel. 063/ 12 77 40, Östersunds bestes Hotel, ein komfortables und stilvolles Hotel der gehobenen Klasse.

Essen und Trinken

Das beste Restaurant der Stadt findet man im BW-Hotel. Wer es einfach und gemütlich mag, ist im *Liten Röd* in der Brogränd 19 mit lokalen Spezialitäten gut beraten. Das Restaurant im Museum *Jamtli* serviert täglich ein großes Smörgåsbord.

Einkaufen

Kunsthandwerk kauft man am besten bei *Jämtslöjd,* Storgatan 30. Hier werden regionale Produkte angeboten, handgefertigte Qualitätsware in typisch jämtländischem Stil: Holzprodukte, Weihnachtsschmuck, Webarbeiten und Schmiedeeisen.

Nützliche Adressen

Apotheke: Prästgatan 51
Krankenhaus: Östersund Sjukhus, Tel. 063/ 15 30 00
Polizei: Köpmangatan 24, Tel. 063/ 12 48 40

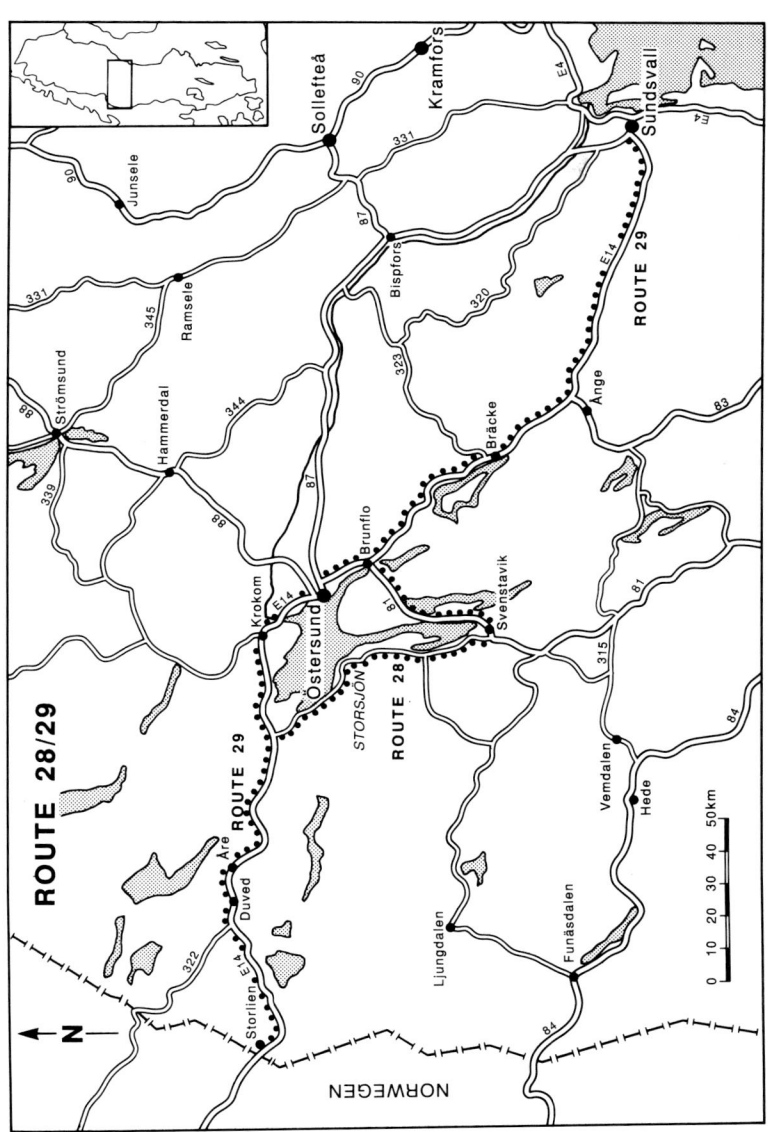

Öffentliche Verkehrsmittel

Zug: Östersund liegt an der Inlandsbahn mit einer Abfahrt pro Tag nach Mora und Gällivare. 2mal tgl. Linie 42 auch nach Stockholm und Trondheim, über Storlien nach Norwegen und in Südrichtung über Bollnäs, Gävle und Uppsala.

Bus: Busse mehrmals am Tag in alle Gemeinden rund um den Storsjön und in die Touristenzentren im Gebirge.

Flugzeug: Vom Flughafen auf Frösön 7mal pro Tag Flüge nach Stockholm, 2mal tgl. nach Trondheim.

Rund um Östersund

◆ Frösön

Eine Brücke führt von Östersund hinüber zur Insel Frösön, die in den letzten Jahrhunderten Siedlungszentrum der Provinz war. Zwei Berge, *Stocketitt* und *Öneberget* (466 m), gestatten eine phantastische Aussicht über Insel, See und Stadt. Wie auf der ganzen Insel, so gibt es auch auf dem Berg mehrere vorgeschichtliche Relikte, unter anderem die nördlichste *Fluchtburg* Schwedens.

Im Ort *Frösö* stehen eine Kirche mit schönen Inventarien und ein Runenstein. Auch er ist der nördlichste des Landes und dazu noch historisch überaus bedeutsam, denn er ist einer der wenigen Steine, die uns eine Episode der schwedischen Geschichte erzählen. 1050 wurde er von zwei Uppländern errichtet. So heißt es: "Östman, Gudfasts Sohn, ließ diesen Stein errichten und die Brücke machen, und er ließ Jämtland christianisieren. Åsbjörn machte die Brücke und Tryn und Sten ritzten die Runen." Östman Gudfastsson war vermutlich der Gesetzsprecher, der den Thingbeschluß über die Annahme der neuen Religion verkündete. Tryn und Sten haben den Stein in uppländischem Stil mit der rundgeschwungenen Schlange, die an Kopf und Schwanz mit einer "Irischen Koppel" verbunden ist, gestaltet. Mittlerweile wurde nachgewiesen, daß sich unter der Kirche ein heidnischer Kultplatz befindet, was auf die lange Bedeutung des Ortes als Siedlungsstätte schließen läßt.

Wer sich umsehen möchte: Auf dem 15 m hohen Turm von Frösö befindet man sich genau 468 m über dem Meeresspiegel.

Übernachten

▸ *Frösö Camping* ***, auf Frösön, 5 km von der Brücke entfernt, Tel. 063/ 432 54, mit vielen Campinghütten.

◆ Rödön

Diese Insel liegt 10 km nördlich von Östersund. Auf ihr stehen die gut erhaltenen Herrenhäuser wohlhabender Gutsleute aus der Umgebung. Das "Beverly Hills" von Östersund mit seinen mondänen Höfen steht in krassem Gegensatz zu den oft verfallenen Holzhütten der armen Sennbauern.

◆ Kyrkås

Kyrkås, 13 km östlich von Östersund an Straße 87, hat eine schöne mittelalterliche Kirche. 2 km weiter östlich steht in *Lungre* die neue Dorfkirche inmitten vieler sehenswerter Gebäude aus dem 18. Jahrhundert.

◆ Ragunda

Die alte Kirche von Ragunda, 92 km östlich von Östersund, stammt aus dem 13. Jahrhundert. Sie liegt inmitten eines historischen Milieus mit einem Thingplatz aus der heidnischen Zeit.

◆ *Döda fallet*

Döda fallet liegt 107 km östlich von Östersund an Straße 87. Noch 1796 rauschte der Indalsälven im *Storforsen*, einem 30 m hohen Wasserfall, an dieser Stelle sein Flußbett hinunter. Heute bietet sich hier ein erschreckendes, zugleich aber auch erstaunliches Bild. Das breite Tal des Stroms ist trockengelegt. Nichts als blanke Steine und riesige Felsen sind zu sehen - eine Mondlandschaft! Die Fichten wachsen bis dicht an diese gespenstische Erscheinung heran. Befremdlich ist es dort, wo der ehemalige Wasserfall hinabstürzte. Heute erhebt sich hier eine 30 m hohe Steintreppe aus dem einstigen Flußbett. Die Umleitung des Flusses ist das unbeabsichtigte Ergebnis des Kraftakts eines einzelnen Mannes (→ Artikel "Magnus Huss"). Ein Informationszentrum an Ort und Stelle vermittelt einen guten Einblick in jene Geschehnisse des 18. Jahrhunderts und in die Auswirkungen auf Fauna und Flora. Während des Sommers führt eine regionale Theatergruppe vor einem neuen Theater am Informationszentrum mehrmals pro Woche das zum Thema passende Stück "Vildhussen" auf. Die Zuschauer haben eine grandiose Aussicht - den Canyon vor Augen.

→ Die Route verläßt die Stadt auf der E 14 in Richtung Norden. In *Krokom* zweigt Straße 340 ab:

◆ *Hasslingsåfallet*

Dies ist ein sehenswerter Wasserfall, 100 km nördlich der Abzwei-

gung. Bei Toskströmmen verläßt man nach Hotagen Straße 340 und fährt nach Osten. Nach etwa 3 km beginnt ein kleiner Wanderweg. Zwischen den Seen *Hasslingen* und *Hotagssjön* fällt der Hasslingsån auf einer Länge von ca. 100 m ab, auf der er mehrere schöne Stromschnellen und Wasserfälle bildet. Hier gibt es auch lohnende Wanderpfade.

◆ *Glösa*

Glösa, 28 km nordwestlich von Krokom, erreicht man über Näskott, wo man von der E 14 den Weg in Richtung Nälden und später zum Alsen einschlägt. Am steilen Ufer des Glösa-Bachs, der hier in den Alsen fließt, gibt es mehr als 40 Figurenzeichnungen, die vor etwa 4.000 Jahren in den Fels geritzt wurden. Da sie rot ausgemalt sind, erkennt man leicht Symbole und Bilder, wie Elche, Rene und Fische. Interessant ist, daß hier auch heute noch zutrifft, was früher für fast alle Felszeichnungen Schwedens galt: Sie werden von Wasser überspült.

◆ *Offerdal*

30 km nordwestlich zweigt man bei Tulleråsen nach links von Straße 340 ab, fährt durch Änge und erreicht nach weiteren 3 km den **Heimathof** von Offerdal. Mehrere kulturhistorisch interessante Gebäude und Monumente hat man hier zusammengetragen, darunter ein verlassene Hof aus dem Mittelalter und Grabfelder.

Ein schönes Dorf mit altem Milieu aus den letzten zwei Jahrhunderten ist **Bäcken** im Norden.

◆ *Gärde*

Fährt man von Offerdal weiter in Richtung Änge, ist es empfehlenswert, an der Kreuzung nach links abzubiegen und nach *Tångeråsen* zu fahren. Hat man die Kreuzung in diesem Ort erreicht, zweigt man wieder nach links ab und kommt nach 3 km an das Ufer des Gärde-Bachs. Hier wurden auf einer kleinen Insel 1928 steinzeitliche Felsritzungen, die nördlichsten Schwedens, entdeckt. Dabei handelt es sich vor allem um naturalistische Darstellungen. Sie bezeugen einmal mehr die frühzeitliche Besiedlung dieses nördlichen Gebiets.

Touristeninformation
Krokoms Turistbyrå, 83580 Krokom, Tel. 0640/ 164 00

Übernachten
Krokomvikens Camping, Tel. 0640/ 163 99, ist klein und sehr einfach ausgestattet.

—▶ Von der Route biegt man 1 km vor *Mattmar* nach links auf Straße 321 ab:

◆ *Oviksfjällen*

Im Ort *Hallen* zweigt eine sehr schön zu fahrende Straße nach rechts ab. Sie steigt in Richtung Baumgrenze kontinuierlich an. Von weitem sieht man schon das Oviksfjällen-Gebirge, das am Ende der Straße liegt. In Mehrtagestouren kann man von hier über Anarisfjällen bis zu den phantastischen Sylarna-Höhenzügen wandern.

◆ *Norderö*

In *Marby*, 33 km von der Abzweigung der E 14 entfernt, kann man mit einer Fähre auf die Insel Norderö

übersetzen. Dort kann man dann ans Ostufer wandern und mit einer anderen Fähre nach **Sunne** (Festland) hinüberfahren, wo man eine schöne *Kirche* besichtigen kann. Neben ihr liegen die Ruinen eines *Kastells,* das König Sverre von Norwegen 1178 hier errichten ließ. Dieser war ein färöischer Abenteurer, dem es im Jahr zuvor gelungen war, sich die norwegische Krone zu erkämpfen. Nach 1178 versuchte er mit seinen "Birkebeinern", auch Teile Schwedens zu erobern. Da sich seine Gefolgsleute keine Beinkleider leisten konnten, wickelten sie Birkenrinde um ihre Beine. Ansonsten war der König vor allem dadurch bekannt, daß er mit dem dänischen Bischof Absalon, der 1175 Kopenhagen gegründet hatte, ständig in Fehde lag.

—▶ Im Dorf *Kövra* lohnt sich wieder die Abfahrt von der Route:

◆ *Persåsen*

In der Umgebung liegen alte Sennereien, teils noch bewirtschaftet, und dazwischen Leif Wikners Kunsthandwerksgarten, Gasthof, Hotel, Vandrarhem, Werkstatt und Ausstellungsgelände. In diesem neuen und einmaligen Typ von Wohnanlage findet jeder die passende Unterkunftsform. Ständig sind Künstler anwesend, die im holzgetäfelten Restaurant und in anderen Sälen ihre Werke ausstellen. Das Wohnen hier ist einzigartig, erholend und anregend zugleich (Tel. 0643/ 401 41 oder 401 80).

—▶ Kurz vor Svenstavik liegt **Hoverberget**, ein zum großen Teil aus Porphyr bestehender Berg, den man zum Naturreservat erklärt hat.

Vom 548 m hohen Gipfel hat man eine einmalig schöne Aussicht über den gesamten Südteil des Sees und das Hinterland. Man kann fast bis zum Aussichtsturm fahren. Auf der Westseite des Bergs mit seiner reichhaltigen Vegetation gibt es einige Grotten, teils 25 m hoch und bis zu 80 m tief, sowie den 400 m langen Canyon *Rämnan*.

◆ *Klövsjö*

Dieses altertümliche Dorf, 35 km südlich von Svenstavik an Straße 316, befindet sich schon fast an der Grenze zu Härjedalen und bietet eine wunderbare Sicht auf das Vemdalsfjället. Praktisch alle Höfe dort haben Lager, Ställe und Wohnhäuser aus dem 16. bis 19. Jahrhundert auf ihrem Grund. **Tomtangården**, einen traditionellen jämtländischen Hof, einen sogenannten "Vierseitenhof", betreibt man heute als Heimatmuseum. In der Umgebung liegen viele noch bewirtschaftete Sennereien. Von Klövsjö veranstaltet man auch Touren zur Sennerei **Jöns-ers-Buan**. Dort kann man sogar in einigen Sennhütten aus dem 18. Jahrhundert wohnen.

Touristeninformation
Klövsjö Turistbyrå, Post, 84032 Klövsjö, Tel. 0682/ 212 50

→ Die Route führt über Straße 81 zurück in Richtung Östersund.

Vorbei geht es an **Hackås kyrka**, einer Kirche aus dem 13. Jahrhundert. Chor und Apsis stammen noch aus der frühesten, romanischen Bauzeit. Auffällig im Inneren ist der Bruch zwischen mittelalterlichen Malereien und barock-verspielter Einrichtung. Hier an der Kirche beginnt einer der beiden Kulturlehrpfade, die zu mehreren Funden aus der Vorzeit führen.

◆ *Sannehögen*

Jämtlands größter Grabhügel ist ab der Kirche von Näs auf einem 3 km langen Weg zu erreichen, der nach Westen führt. Der Sannehögen liegt inmitten eines Grabfelds mit bislang noch unerforschten Rollsteingräbern und Erdhügeln.

→ Route 28 führt an **Brunflo kyrka** aus dem 18. Jahrhundert vorbei. Diese Kirche hat den ältesten Wehrturm der Provinz. Er wurde schon im späten 12. Jahrhundert als Schutzmarke gegen jenen Turm errichtet, den König Sverre (König von Norwegen 1176 - 1202) einige Kilometer weiter westlich in Sunne erbauen ließ. Der wuchtige, graue Steinturm bildet zum weiß gekalkten Gotteshaus einen äußerst starken Kontrast.
Die Route endet schließlich an ihrem Ausgangspunkt Östersund.

Route 29
Sundsvall - Storlien an der norweg. Grenze (ca. 180 km)

Route 29 (siehe Karte Seite 573) führt über die E 14 von *Sundsvall* hinüber nach *Storlien* an der norwegischen Grenze. Die Landschaften *Medelpad* und *Jämtland* werden dabei in ost-westlicher Richtung durchfahren. Es gibt zwei Gründe für Touristen, diese Route zu wählen. Zum einen ist sie die beste Verbindung von der Ostsee zum Atlantik, die in die große norwegische Stadt *Trondheim* führt. Sie ist gut ausgebaut und recht verkehrsreich. Zum anderen bringt sie Naturliebhaber in die Wandergebiete und Skizentren West-Jämtlands. *Sylarna* und *Anarisfjällen* sind bei Fjäll-Wanderern feste Begriffe. *Åre-Duved* ist neben Sälen das größte Skigebiet in Schweden, vor allem für Alpinisten.

Medelpad und *Ångermanland* bilden den den "Län Västernorrland" und gehören nach meinem Eindruck zu den landschaftlich reizvollsten Gebieten Schwedens. Außerdem hält sich der Tourismus in Grenzen, so daß man hier wirklich Urlaubsruhe in unverfälschter Natur genießen kann. Die Flüsse *Ljungan* und *Indalsälven* durchströmen Medelpad ostwärts und erklären so den Landschaftsnamen "Land zwischen den Strömen". Stromaufwärts gen Norden zogen im Mittelalter die Pilger auf den Spuren des heiligen Olafs. Die beiden Flüsse sind sehr verschieden. In dem breit ausladenden Tal des Ljungan mit einer weiten Sicht wurde früher Landwirtschaft betrieben. Der Verlauf des Indalsälven dagegen ist dramatischer, denn er zwängt sich durch Flußschlingen in einem tief eingeschnittenen Tal und bietet nach jedem Mäander ein verändertes Bild. Auf diesen Strömen trieben im letzten Jahrhundert pro Jahr mehrere Millionen Baumstämme zur Küste, wo sie in den zahlreichen Sägewerken verarbeitet wurden. Nach der Krise der Eisenindustrie vor 130 Jahren schlug die Stunde der Forstindustrie. Mit der Erfindung der maschinenbetriebenen Säge, die von der Wasserkraft unabhängig geworden war, brauchte man nun die Sägewerke nicht länger an den Oberläufen der Flüsse zu installieren, sondern konnte sie gleich in der Nähe der Verladehäfen bauen,

so daß die Wege für den Holztransport immer kürzer und damit die Kosten immer niedriger wurden.

—► Die Route verläßt *Sundsvall* (→ R 26) in westlicher Richtung über die E 14. Nach 40 km erreicht man mit **Stöde** eine der ersten Sehenswürdigkeiten. Am Heimatmuseum von Stöde wird an jedem ersten Wochenende im August ein großer *Markt* veranstaltet. Mehr als 50.000 Besucher kommen dann hierher, kaufen Kunsthandwerk und belustigen sich bei Tanz, Musik und Rummel (Museum geöffnet 10.6. bis 10.8. tgl. 12 - 16 Uhr). Auch außerhalb der Markttage ist Stöde einen Besuch wert. Die Aussicht vom *Huberg* ist kilometerweit und die Atmosphäre beim Einkaufen in den alten *Kaufmannsläden* überaus charmant.

In *Torpshammar* lohnt es, den Schildern nach *Flataklocken* (ca. 8 km) zu folgen.

◆ *Flataklocken*

Wer seine Schwedenreise am Smygehuk, dem südlichsten Kap Schwedens begonnen hat, und nun auf dem Weg ist, auch das Treriksröset, das die nördlichste Kante des Landes markiert, zu erklimmen, sollte unbedingt in Sundsvall von der E 4 nach Westen zur E 14 abzweigen und zum Flataklocken fahren. Die Straße führt bis fast auf den Berggipfel. Wer sich hier oben in das Gipfelbuch, das in der Hütte ausliegt, eintragen kann, hat es geschafft: In 478 m über dem Meeresspiegel hat er exakt Schwedens geographischen Mittelpunkt erreicht! Im Geschäft in *Munkbosjö*, 5 km vor dem Gipfel, kann man dafür ein Zertifikat erhalten. Der Gipfelweg ist auch für Behinderte zugänglich.

—▶ Der folgende Streckenabschnitt ist landschaftlich besonders reizvoll, da man oft auf den stark mäandrierenden Fluß und die bis an das Ufer heranreichenden Wälder blickt. Das hügelige Terrain wirkt sehr lieblich.

Borgsjö

In diesem alten Dorf gibt es ein **Heimatmuseum**, in dem über zwanzig alte Bauwerke eindrucksvoll verdeutlichen, wie das Leben hier früher war. Ständige Veranstaltungen wie Feste, Brotbacken, Kunst- und Handwerksausstellungen sorgen für Leben in der Anlage. Ein Wanderweg führt hier zum 495 m hohen Bergåsen, von dessen Aussichtsturm man eine weite Aussicht genießt (Anlage geöffnet 10.6. bis 10.8. von 10 - 16 Uhr). Im Heimatmuseum ist auch ein Vandrarhem eingerichtet (Tel. 0690/ 200 75). In der Nähe steht die **Kirche**, 1768 im Rokoko erbaut. Fast das gesamte Interieur ist stilrein erhalten. Deshalb gilt sie als eine der typischsten Rokokokirchen Schwedens. Den Glockenturm aus dem Jahr 1782 nennt man auch "König der Holztürme des Nordens".

—▶ Über Bräcke und Brunflo erreicht man *Östersund* (→ R 28). Auch der weitere Routenverlauf über die E 14 ist unter Route 28 beschrieben, und zwar bis zur Abzweigung, an der Route 28 Straße 321 nach Süden folgt. Route 29 führt weiter in Richtung Grenze.

Kurz nach der Straßengabelung steht rechts der Straße die **Kirche von Mattmar**. Sehenswert ist das reichhaltige mittelalterliche Inventar der Kirche (u. a. Skulpturen von Haaken Gullesson). Auch das Erscheinungsbild des Dorfs rund um die Kirche wirkt altertümlich.

In **Järpen** kreuzt sich die E 14 mit Straße 336, die hoch zum Skäkkerfjällen führt. Am Nordrand von Järpen liegen noch Reste der Schanze, die im 17. Jahrhundert zur Landesverteidigung angelegt wurde (Eine günstige Unterkunft bietet *Anaris Fjällstation*, Tel. 0647/ 120 17; die Zimmer sind für schwedische Verhältnisse einfach eingerichtet).

Undersåker

Die Umgebung von Undersåker ist von historischen Relikten aus der Eisenzeit und dem Mittelalter geradezu übersät. Dazu gehören eine Kirchenruine, verlassene Höfe, Grabhügel wie auch Gruben, in denen die Steinzeitjäger Elche zu fangen versuchten.

Åre

2.000 Einwohner

Åre ist neben Sälen in Dalarna Schwedens populärster Wintersporttort. Ein breit ausgebautes Lift- und Loipennetz erschließt die kilometerlangen Hänge des sagenumwobenen, 1.420 m hohen **Åreskutan**. Mit der Seilbahn fährt man bis auf 1.274 m und wandert von dort noch 1 km bis zum Gipfel. Die Abfahrten haben alpinen Charakter. Es stehen reichlich Unterkünfte, u. a. Skihütten zur Verfügung, aber auch mondäne Hotels, in denen sich die schwedische High-Society trifft.

Während der Wintersportferien veranstaltet man in Åre sogar einen richtigen Après-ski-Rummel. Auch Wanderer können den Gipfel erreichen, zunächst mit einer Seilbahn und dann weiter zu Fuß. Die alte **Kirche** stammt aus dem 13. Jahrhundert; ein Kuriosum ist die geschnitzte Skulptur des heiligen Olaf, dem ein Soldat der Armfeldtschen Armee (→ Artikel "Die Katastrophe von Handöl") einen Hut verpaßte und die Holzkrone entwendete. Ein **Freilichtmuseum** gibt es auch.

Touristeninformation

Åre Turistbyrå, Torget, 83013 Åre, Tel. 0647/ 177 20, geöffnet tgl. 9 - 18 Uhr.

Übernachten

Es gibt in und um Åre mehrere winterfeste Campingplätze; den meisten sind Hüttendörfer angeschlossen.
▸ *Åre-Strand-Camping* ***, in der Stadt am See gelegen, Tel. 0647/ 525 20, mit Blick auf die Berge.
▸ *Vandrarhem Brattlandsgården,* Tel. 0647/ 301 38, liegt einmalig, mit kilometerweiter Aussicht auf das Gebirge.

Im Verhältnis zur Einwohnerzahl bietet Åre unangemessen viele und mondäne Hotels. Von der E 14 aus sind alle Übernachtungseinrichtungen beschildert.
▸ *Nya Lundsgården,* Tel. 0647/ 175 00, relativ preiswert wohnt man in diesem Hof aus dem 18. Jahrhundert, der auch hochwertig eingerichtete Wohnungen anbietet.
▸ *Åregården,* zentral am Marktplatz, Tel. 0647/ 178 00, hat sich eine Atmosphäre aus der Jahrhundertwende erhalten und ist gemütlich.
▸ *Hotel Sunwing,* Tel. 0647/ 150 00, ein Hotel der gehobenen Mittelklasse mit mehreren Restau-

rants. Hier spielt sich vor allem das Après-ski ab (vor allem in der Diskothek). DZ 640 SEK.
▸ *Hotel Diplomat,* gleich neben dem Bahnhof zentral gelegen, Tel. 0647/ 179 00, Hotel der gehobenen Klasse, manche Zimmer in freistehenden Hütten neben dem Hauptgebäude.
▸ *Årekläppens Fjällhotell,* ist ein gemütliches Familienhotel, mit Aussicht auf Berg und Tal. Man wohnt in Hütten mit offenem Kamin oder Doppelzimmern.

Freizeitaktivitäten

Aktivurlaubern bietet Åre eine breite Palette von Unternehmungen, die über die Touristeninformation gebucht werden können. Folgende Veranstalter haben organisierte Touren in ihrem Programm oder helfen Individualisten bei ihren Vorhaben:
▸ *Åre Ridcenter,* Tel. 0647/ 340 12 (Reiten)
▸ *Åreguiderna,* Tel. 0647/ 522 70 (Hundeschlittenfahrten, geführte Skitouren, Reittouren und Drachensegeln)
▸ *Skidåkarna,* Tel. 0647/ 504 05, alles, was mit Ski zu tun hat (Skikurse, Ausrüstungsverleih etc.), bekommt man hier.

Öffentliche Verkehrsmittel

Zug: Von Åre 2 Züge am Tag direkt nach Stockholm und Trondheim.
Bus: Busse erschließen alle Skiorte im Pendelverkehr und mit 2 bis 4 Abfahrten auch Östersund. Zu gewissen Zeiten bestehen Direktverbindungen von und nach Stockholm. Nähere Auskunft erteilt die Touristeninformation.

◆ Tännforsen

Zweigt man von Straße 322 ab, so liegt 19 km westlich dieser spekta-

Die Katastrophe von Handöl

Im Januar 1719 ereignete sich hier oben an der jämtländisch-schwedischen Grenze die größte Katastrophe, die jemals über eine schwedische Armee hereinbrach, und das ganz ohne Schlacht.

Es war die Zeit des großen Nordischen Kriegs, in den Karl XII. sein Land geführt hatte. Mit einer Armee von 10.000 Mann, den sogenannten "Karolinern", zog in diesen Tagen General *Carl Gustav Armfeldt* aus, um Norwegen zu erobern. Nach Hungermärschen, Krankheiten und ein paar Scharmützeln machten sich schließlich 5.800 Überlebende im Dezember 1718 auf den Rückweg nach Schweden, nachdem sie die Nachricht vom Tod ihres Königs und die Hoffnung auf einen baldigen Frieden erreicht hatte. Am Silvestertag 1718 brach der Tross vom norwegischen Tydalen zu dem 60-Kilometer-Marsch durch die karge Bergwelt auf. Die Ausrüstung war denkbar schlecht: pro Mann ein Kilo Fleisch und zwei Haferkuchen sowie nur unzureichende Winterkleidung. Die norwegischen Soldaten, die die Karawane vorbeiziehen sahen - 5.800 Mann, 7.000 Pferde, Wagen, Kanonen und Ausrüstung - warnten den General vor dem Gebirge. Armfeldt glaubte, keine Wahl zu haben. In der Nacht zum 2. Januar nahm das Unheil seinen Lauf. Oben auf dem *Öjfjellet* zogen schwere Wolken auf und ein gewaltiger Schneesturm brach über die Gruppe herein. Die Haut der Soldaten platzte auf, die Gesichter wurden weiß, Finger und Füße erfroren und starben ab - so berichtete einer der Überlebenden. Das Heer löste sich in einzelne, kleinere Gruppen auf, die in dieser Welt weder Holz für Feuer noch Unterschlupf finden konnten. Sie versuchten in ihrer Verzweiflung sogar Wagen und Gerät zu verbrennen, doch der Sturm löschte jedes Feuer. Alle 7.000 Pferde und 3.750 der 5.800 Karoliner erfroren. 25 Jahre später schrieb der Schriftsteller *Daniel Tilas*, der ihren Weg zurückverfolgt hatte: "Hier Knochen und Schädel in jeder Senke. Hüte und Kleider vom Moos überwachsen, verrostete Gewehre und Bajonette unter jedem Busch."

Nach zehn Tagen kamen die zweitausend Überlebenden in *Handöl* an, zerschunden und am Ende. Innerhalb weniger Tage starb die Hälfte von ihnen an den Erfrierungen. Auch die drei Höfe Handöls konnten das Sterben nicht begrenzen. General Armfeldt überlebte. Er ließ sich - in warme Felle eingebettet - auf Schlitten hinunterziehen und gut versorgen.

kuläre Wasserfall, der auf einer Breite von 50 m über 36 m tief hinabstürzt. Man kann in einem Pavillon fast mitten im Wasserfall stehen und die Aussicht genießen. Bei Sonnenschein bilden sich großartige Regenbögen.

—►   Weiter geht es auf der E 14 in Richtung Norwegen. 42 km nach Åre passiert man den kleinen Ort *Handöl*.

Handöl

Hier sind die **Kapelle der Samen** (1804) und das **Karoliner Denkmal** (1911) sehenswert. Dieses erinnert an die grauenhaften Ereignisse im Januar 1719 (→ Artikel "Die Katastrophe von Handöl"). Unmittelbar am Denkmal liegen sechshundert Tote begraben.

Es lohnt sich, einen halben Tagesmarsch in der herrlichen Umgebung von Handöl auf sich zu nehmen. Die Natur ist grandios. Ein

dreistufiger Wasserfall, überspannt
von einer Hängebrücke, fällt fast
125 m tief hinab. 1,5 km südlich
des Orts trifft man auf Stromschnellen und mehrere kleinere
Wasserfälle. Von Handöl erreicht
man auch die Fjällstation **Storulvån**,
von der viele Wanderwege in das
Sylarna-Gebirge führen. Der
1.766 m hohe Gipfel der Sylarna ist
schon von weitem sichtbar. Das gesamte Gebirge ist mit Wanderwegen
gut erschlossen. Auch das Hütten-
netz ist relativ dicht, so daß eigentlich jeder hier mehrtägige Wanderungen unternehmen kann.

Übernachten

▸ *Vandrarhem*, in Ånn, 16 km nördlich von Handöl an der E 14, Tel.
0647/ 710 70

Hinweis: Im Gebirge liegen die folgenden STF-Fjällstationen, bei denen man sich vor einer Tour über
die Wetterverhältnisse informieren
sollte: *STF-Blåhammaren*, Duved,
Tel. 0647/ 701 20, *STF-Storulvån*,
Duved, Tel. 0647/ 722 00, *STF-Sy-
larna*, Duved, Tel. 0647/ 750 10,
STF-Helags, Ljungdalen, Tel. 0687/
201 50

Storlien

Kurz vor dem Grenzübergang nach
Norwegen, wo Route 29 endet, liegt
der Wintersportort *Storlien* mit dem
höchsten Punkt im schwedischen
Eisenbahnnetz. Rund um den Ort
führen viele gekennzeichnete Wege
in die artenreiche Flora und Fauna
der herrlichen Berglandschaft. Beliebt sind ornithologische Wanderungen, Reiten in den Bergen, Wildwasserfahrten und vieles mehr. Informationen über das Angebot an
Aktivitäten erteilt die Touristeninformation oder der Campingplatz.

Touristeninformation
Storliens Turistbyrå, 83019 Storlien, Tel. 0647/ 705 70

Übernachten
▸ *Campingplatz*, Tel. 0647/
701 70, von hier aus veranstaltet
man verschiedene Aktivitäten, u.a.
Kanuverleih.
▸ *Storliens Högfjällshotel*, Tel.
0647/ 701 70, bietet Wohnen im
Doppelzimmer oder in einer der 34
Hütten, die etwas weiter westlich
liegen.

Route 30
Östersund - Riksgränsen (1.250 km)

Route 30 führt zunächst noch ein
Stück durch *Jämtland*, überschreitet
aber bald die Grenze zur größten
und schönsten aller Provinzen des
Landes: *Lappland*.
   Allein schon der Name strahlt
eine Faszination aus. Lappland - das
ist die Weite des Nordens, Europas
letzte Wildnis. Hierher kommt man
nicht nur mit dem Auto, auch Bahn
und Flugzeug bringen Touristen in

den nördlichsten Landesteil, in dem
man Natur erlebt wie in keiner anderen Provinz Europas. Mit rund
110.000 km² umfaßt Lappland etwa
ein Viertel der Fläche Schwedens.
Entlang der schwedisch-norwegischen Grenze erstreckt sich im Westen auf 700 km der *Skanden*, ein
Gebirgszug mit vielen alpinen Massiven und den letzten Gebieten unberührter Wildnis in Europa. Hier

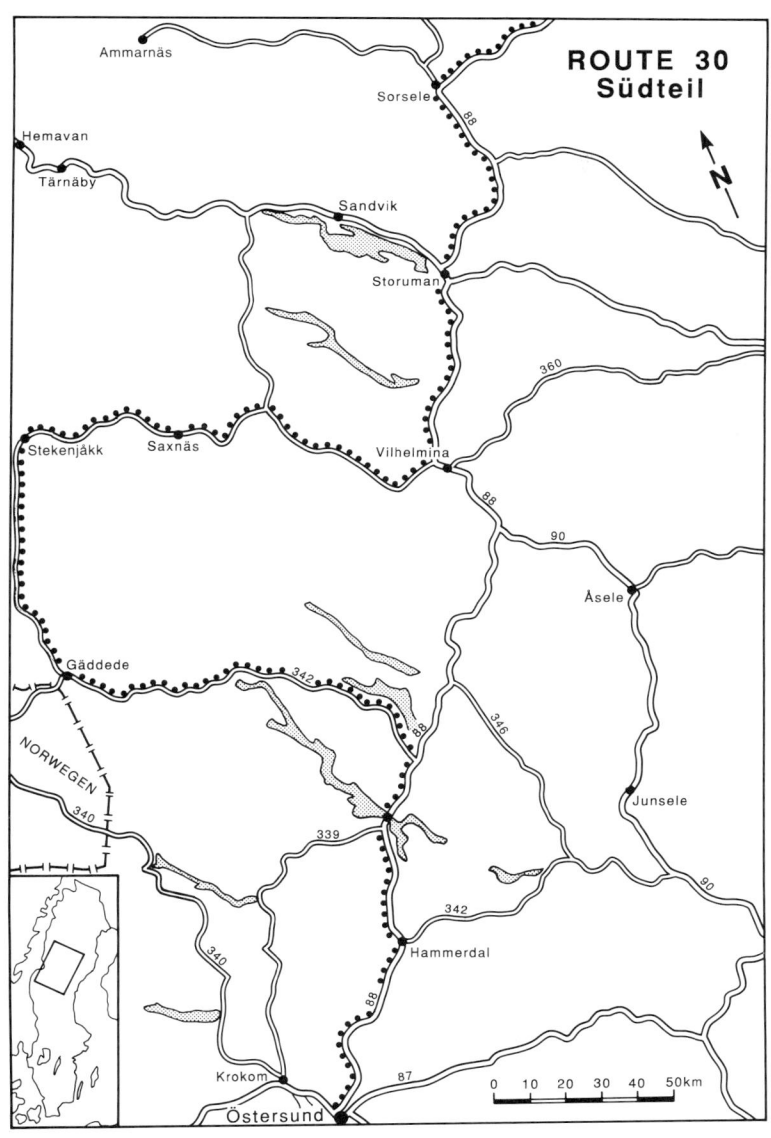

ROUTE 30
Südteil

entspringen all die großen Ströme, die im Osten in das Bottnische Meer münden. Bis auf fünf werden alle größeren zur Energiegewinnung genutzt. An manchen liegen mehrere Kraftwerke und Stauseen, so daß sie viel von ihrem Reiz verloren haben: Biotope sind überschwemmt worden, aus den ehemals wilden Strömen wurden gebändigte Wasserläufe. Doch die unverbauten Flüsse sind heute Paradiese für Angler, die einen großen Reichtum an Lachsen, Forellen und anderen Edelfischen vorfinden, sowie für Kanuten und Wildwasserfahrer, die auf der Suche nach Stromschnellen hier schnell fündig werden. Hier im Gebirge liegen auch die großen Nationalparks *Sarek, Padjelanta* und *Stora Sjöfallet*, mit 5.300 km² eine einzige wilde Naturlandschaft ohne feste Siedlungen und Straßen. Die Bergwelt ist aber bis auf Sarek und Vadvetjåkka für Gebirgswanderer erschlossen. Man kann von *Abisko, Nikkaluokta, Kvikkjokk* oder *Hemavan* losziehen, um auf dem *Kungsleden* und anderen Gebirgswegen die Schönheit des Fjälls zu erleben, die Kontraste zwischen vergletscherten Gipfeln, kahlem Hochfjäll und bewaldeten Sumpf- und Seengebieten mit einzigartiger Fauna und Flora zu bestaunen. Hier oben leben Bär, Luchs, Polarfuchs und Vielfraß. Den Wanderern stehen STF-Fjäll-Anlagen, bewirtschaftete Hütten und windgeschützte Unterstände im Sommer wie im Winter zur Verfügung. Sommer bedeutet hier von Juni bis Ende September, Winter von März bis Mai. Natürlich erstreckt sich hier der Winter von Oktober bis Ende Mai, aber zum Beispiel im Dezember ist es in den hohen Berglagen zu kalt für Skitouren und auch zu dunkel.

Im Gebirge leben die *Fjällsamen* und in den weiten Wald- und Seengebieten östlich des Fjälls bis zum Meer, die *Waldsamen*, von denen nur noch wenige in der Rentierwirtschaft arbeiten. Ihre Trachten tragen sie nur noch auf den großen Märkten, z. B. in Åsele, Arvidsjaur oder Jokkmokk. Nur sie dürfen Rentiere halten. Die "Lappendörfer" treffen jeweils kollektive Entscheidungen. Sie haben allerdings kein Besitz- oder Nutzungsrecht an dem Land, auf dem ihre Tiere weiden. Doch Kulturförderung wird ihnen gewährt: Eine Universität in *Umeå* und eine Volkshochschule in *Jokkmokk* lehren Kultur und Sprache ihres Volkes. Dennoch ist ihr Lebensraum bedroht. Dem wachsenden Touristenverkehr fallen jährlich Tausende von überfahrenen Rentieren zum Opfer. Das natürliche Gleichgewicht in Lappland wird durch Bauprojekte, insbesondere Straßen, und Luftverunreinigungen verändert. Früher waren die Samen Nomaden. Mit der Gründung von Kapellen in *Arvidsjaur* (für die Waldsamen) und in *Fatmomakke* (für die Fjällsamen) begann der Staat im frühen 17. Jahrhundert mit der Zwangschristianisierung dieses Volkes. Ebenfalls mit Zwang wurden die Samen seßhaft gemacht. Man wollte hier im Norden Ordnung sowie klare Bevölkerungsgrenzen zu Dänemark/ Norwegen und Rußland. In den Silbergruben im *Nasafjäll* und noch in einigen anderen Gruben wurden Samen mitsamt ihrer Rene zur Zwangsarbeit herangezogen. Tausende kamen dabei ums Leben. Viele mußten auch ihre gewohnte Wirtschaftsform ändern. Aus den nomadisierenden Rentierjägern machte der Staat halbnomadisierende Rentierhüter, die zwar wie heute auch einen Wohnsitz hatten, aber traditionsgemäß einige Wochen des Jahres umherzogen, um Herden in höhere oder tiefere Lagen zu treiben und sie dann zu trennen. Das galt in erster Linie für die Fjällsamen. Heute geschieht das mit moderner Technologie, wie mit Skootern und sogar mit Helikoptern. Einige kleinere, recht urtümliche Siedlungen der Samen sind im Gebirge noch erhalten. Manche ihrer "Kåtas" stehen Wanderern als Unterkunft zur Verfügung.

Die Wanderer kommen heute hauptsächlich mit der Bahn nach hier. Der "Lapplandpfeil" aus Stockholm entläßt sie in Kiruna, Abisko oder Björkliden in die Wildnis. Diese Eisenbahn hatte aber nach ihrem Bau vor allem wirtschaftliche Bedeutung, denn sie erst ermöglichte den Abbau der riesigen Erzvorkommen. Mittlerweile sind die größten Erzgruben der Welt in eine Krise geraten. Der Tourismus aber gleicht einiges aus.

Für Anfänger im Gebirgswandern ist der *Kungsleden* zu empfehlen. Er bietet eindrucksvolle Naturerlebnisse auch für unerfahrene Wanderer. Die "Profis" zieht es eher in den *Sarek*. Hier hat man auch den Gegensatz zwischen Schwedens niederschlagsärmster und -reichster Gegend dicht nebeneinander. Beim Fjällwandern sollte man beachten, daß jedes Tal seine besonderen klimatischen Bedingungen und damit seine eigenen Gefahren hat.

Während im Sommer die Mitternachtssonne nördlich des Polarkreises allseits beliebt ist, macht die lange Dunkelphase im Winter den Leuten hier oben zu schaffen.

→ Route 30 beginnt in *Östersund* (→ R 28) auf Straße 45, die nach Norden führt.

Hammerdal

Westlich von Hammerdal, das an Straße 45 etwa 70 km nördlich von Östersund liegt, arbeitet Schwedens fleißigster Landbriefträger. Mehr als 2.000 Landbriefträger gibt es heute noch in Schweden. Sie haben Autos mit Rechtslenkung, um die Post gleich in die Briefkästen stecken zu können, die sich oft für eine ganze Siedlung gemeinsam zentral am rechten Wegesrand befinden. Der Briefträger von Hammerdal/ Föllinge hat von allen die weiteste Runde zu drehen: gute 200 km, und das jeden Morgen. Dabei ist er, wie seine Kollegen auch, ein rollendes Postamt. Er nimmt Briefe an, verkauft Marken und teilt Pakete aus.

◆ *Skyttmon und Borgvattnet*

Von Hammerdal empfiehlt sich ein Ausflug über Straße 344 nach Osten bis Skyttmon und Borgvattnet. Die Straße verläuft in herrlicher Landschaft am Ammerå-Fluß entlang durch ein Gebiet, das Touristen - vor allem deutsche - so gut wie gar nicht kennen. Das ist schade, denn Skyttmon ist ein Besuch wert. Sein Name "Dorf der Holzpaläste" ist dabei nicht zu hoch gegriffen: Während nämlich die Bauern in Norrland allerorten ihren Waldbesitz an die aufkommende Forstindustrie verkauften - das war um 1840, entschlossen sich die Bauern von Skyttmon, ihren Wald selbst abzuholzen und nur das geschlagene Holz, nicht aber den Grundbesitz zu veräußern. Eine weise Entscheidung, denn sie alle wurden reich und errichteten für ihre Verhältnisse riesige Höfe, verziert mit unzähligen Holzschnitzereien. In Skyttmon und Umgebung stehen sie noch heute - Zeugnisse einer wohlhabenden Landbevölkerung. Ein ganz besonderer unter ihnen ist **Aspnäsets Gård**, nunmehr ein kleines Hotel mit acht

Zimmern und einem Annex mit
Selbstversorgerwohnung. Bis 1992
aber war dies das romantische Heim
des ältesten Skandinaviers, der in
eben jenem Jahr im Alter von 109
Jahren hier starb. Björn, der Urenkel
des alten Nikolaus, betreibt nun das
wunderschöne, uralte Haus unter
dem Namen *Skyttmons Värdshus*
als Restaurant und Hotel. Alle
Möbel stammen aus dem letzten
Jahrhundert; die Villa selbst steht
majestätisch kilometerweit abseits
des großen Straßenverkehrs mitten
im Grünen und unmittelbar am Fluß.
Björn betreibt hier auch eine Nerz-
farm. Außerdem hat er ein Floß mit
Außenbordmotor auf dem Fluß, auf
dem man - durch die Einsamkeit
treibend - sein Abendessen serviert
bekommen kann. Das Wohnen in
den stilvoll eingerichteten Zimmern
ist nicht zu überbieten. Die Freundlichkeit und die Künste im traditionellen Backen und Kochen, die das
rüstige Betreiberehepaar auszeich-
nen, machen den Aufenthalt hier zu
einem unvergeßlichen Erlebnis (Tel.
0695/ 700 34).

Eine andere Unterkunft im nahen
Borgvattnet dagegen kann man für
eine Übernachtung überhaupt nicht
empfehlen. Höchstens eine Besichtigung oder ein kurze Kaffeepause
sollte man im Pfarrhaus von Borgvattnet riskieren, denn dort spukt
es! Das glauben wirklich alle hier,
und wer nicht nur zum Kaffee und
Waffelessen hierbleibt, sondern das
Risiko einer Gespensternacht auf
sich nimmt, der erhält ein Diplom,
das die Furchtlosigkeit vor Geistern
bestätigt (Tel. 0695/ 500 81).

Strömsund

Diesen herrlich gelegenen Ort erreicht man 100 km nach Östersund.
Strömsund profitiert von seiner Lage
am Einfluß des *Digeröfjärden* in den
Russfjärden. Besonders für Kanufreunde ist ein längerer Aufenthalt
empfehlenswert.

Touristeninformation
Strömsunds Turistbyrå, am Campingplatz, 83300 Strömsund, Tel.
0670/ 11 64 00

Übernachten
▶ *Strömsunds Camping* * * *, Tel.
0670/ 164 10, auf einer schönen
Wiese gelegen, mit mehr als 30
Hütten.
▶ *Vandrarhem*, Verkstadsgatan 41,
Tel. 0670/ 108 05, in einem Wald-
gebiet etwas nördlich der Kirche,
ein nicht gerade schönes Gebäude.

—▶   Nach 21 km zweigt Route 30
in *Lövberga* auf die Straße ab, die
bald auf Straße 342 trifft. Hier beginnt der *Vildmarksvägen* (auch
Stekenjokksvägen), der in das Gebirge an der schwedisch-norwegischen Grenze führt. Ohne zu über-
treiben, ist diese Strecke eine der
schönsten im ganzen Land. Weiter
geht es zunächst am *Flåsjön* entlang, ehe man ungefähr auf der
Höhe von *Bågede* in das Seensystem Nordjämtlands vorstößt. Kurz
vor Bågede sollten Freunde der
Sportfischerei einen Aufenthalt in
Lidsjöberg einplanen. Die vielen kri-
stallklaren Seen in der Umgebung
dieses gemütlichen, kleinen Orts,
der wirklich in einem ungestörten
Naturparadies liegt, sind voll mit Forellen, Äschen und anderen Edelfischen. Zudem wohnt man hier ruhig, preiswert und angenehm mitten
im Ort mit seiner freundlichen Dorf-
bevölkerung. Alle Informationen bezüglich Übernachtungsmöglichkeiten
(Doppelzimmer schon ab 140 SEK),
Bootsverleih, Angelkarten und vieles
andere gibt es im *Lanthandel* des
Dorfes.

Im weiteren Verlauf der Straße sieht man in der Ferne fast immer teilweise schnee- und gletscherbedeckte Gipfel. In Bågede führt eine Brücke über den *Fågelsjön*. Hier biegt man von der Straße links ab.

◆ *Hällingsåfallet*

Der Weg führt in das Naturreservat Hällingsåfallet, in das man mit dem Auto hineinfahren kann. Doch zu bevorzugen ist eher der ca. 2 km lange Wanderweg, der zu den schönsten Stellen des geologisch interessanten Gebiets führt. Hier nämlich gibt es einen 800 m langen, durch Erosion entstandenen Canyon und einen herrlichen Wasserfall, der aus 45 m Höhe (davon 35 m freier Fall) bei einer Breite von 10 m in die Tiefe stürzt. Die Straße ist bis zum Wasserfall befahrbar. Neben Gullfoss auf Island bestaunt man hier den tiefsten wasserführenden Canyon - ein gewaltiges Schauspiel.

─► Nach weiteren 22 km erreicht man den folgenden Ort:

Gäddede

Der kleine Ort liegt nur wenige Kilometer von der norwegischen Grenze entfernt. Abstecher in das norwegische Fjordgebiet sind von hier durchaus empfehlenswert. Landschaftlich noch schöner ist der *Stekenjokksvägen*, der von Gäddede nach Norden führt und als eine der schönsten Straßen Schwedens bezeichnet werden kann. Trotz der hohen Straßennummer ist die Straße sehr breit und gut ausgebaut. Man braucht nicht zu befürchten,

über lappländische Schotterpisten zu schlittern. Die Landschaft entlang der Straße ist sehr abwechslungsreich: Wälder, Seen und über der Baumgrenze Hochplateaus des schwedisch-norwegischen Grenzgebirges. Von der Straße, die nur zwischen Ende Mai und Anfang Oktober befahrbar ist, blickt man auch im Sommer auf Gletscher und schneebedeckte Hänge.

Tip: Die Touristeninformation in Gäddede hilft auch bei der Organisation geführter Touren, die man - auf sich alleine gestellt - so nicht durchführen kann. So gibt es geführte Touren in die *Korallgrottan*, Schwedens längste Höhle (→ Lebbikvattnet), oder im Naturschutzgebiet *Bjurälven*. Auch Ausflüge zu einer eifrigen Biberkolonie bietet man an.

Touristeninformation

Frostviksfjälls Turistbyrå, Brogatan 35, 83090 Gäddede, Tel. 0672/ 105 00

Übernachten

▸ *Gäddede Camping* ***, am Kvarnbergsvattnet-See, Tel. 0672/ 100 35, mit 35 Campinghütten und einem beheizten Freibad.
▸ *Gäddede Touristhotel*, Hotelplan 2, Tel. 0672/ 104 20, auch Hütten für Selbstversorger zu recht günstigen Preisen.
▸ *Vandrarhem*, in Björkvattnet, 20 km nordwestlich von Gäddede, Tel. 0672/ 230 24, sehr ruhig, geeignet vor allem für Leute, die ein paar Tage angenehmen Aufenthalt in einem kleinen Ort an fischreichen Gewässern im Gebirge haben möchten. Dort kann man auch Angelausrüstung, Boote und Kanus leihen.
▸ *Jormliens Fjällgård*, Tel. 0672/ 201 90, eine einfache, gemütliche Pension mit Blick auf den Jorm-See.

► *Blåsjöns Fjällby am Blåsjön,* in der Nähe zu den Grotten und dem alten Lappendorf Ankarede, Tel 0672/ 210 88, große, moderne Hütten.
► *Jormvattnets Fiskecamp,* Tel. 0672/ 201 00, Hütten am Jorm-See, wo man auch Boote und Ausrüstung leihen kann und einfach mit anderen Petrijüngern ein bißchen in Anglerlatein frönen kann.

die Straße über eine baumlose Tundra mit schneebedeckten Gipfeln in Sichtweite. Hier in der Nähe wurde in 820 m Höhe bis vor wenigen Jahren noch Kupfer und Zink abgebaut.
In *Klimpfjäll* erreicht man nun wieder ein Gewässer, den *Kultsjon,* an dessen Nord- bzw. später Südufer sich die Straße auf den nächsten 40 km entlangzieht.

—► Der *Stekenjokksvägen* führt zunächst am Kvarnbergsvattnet und dann am Jorm entlang, bis man schließlich nach etwa 40 km den *Stora Blåsjön* erreicht. Am Nordostufer des Sees empfiehlt sich ein 6 km langer Abstecher:

◆ Ankarede

Dies ist ein altes Zentrum der Samen, die sich seit Jahrhunderten hier treffen. Bei der Kapelle stehen mehrere lappische Holzkåtas, in denen sie früher an Tagen der Messe übernachteten.

—► Zurück geht es auf den Stekenjokksvägen und damit weiter in Richtung Norden. Wer genügend Zeit hat, sollte die kleine Straße zum Berghof *Lebbikvattnet* nehmen, denn von dort kann man über einen kleinen Weg *Bjurbäcken* erreichen, ein seltsames Karstgebiet mit Grotten und Höhlen. Ein 4 km langer Wanderweg führt zu den schönsten Stellen in diesem Gebiet, in dem ein Bach teils überirdisch, teils unterirdisch fließt.
Auf dem Stekenjokksvägen gelangt man nach weiteren 22 km zur Grenze nach Lappland, Schwedens größter und nördlichster Provinz. Auf der Höhe von *Stekenjokk* führt

Klimpfjäll

Klimpfjäll eignet sich nicht nur zum Angeln, sondern vor allem als Ausgangsbasis für Wandertouren ins Gebirge. Dort trifft man immer auf wildlebende Rene. Die Gegend aber hat auch Geschichte: Im Dorf Klimpfjäll, mit weiter Aussicht über die Berge und den See Kultsjon, liegt der hundert Jahre alte **Norgefaraogården,** der eine Art Basisstation auf dem Weg über das Gebirge nach Norwegen war. Die schwedischen Händler ließen hier ihre Frauen und Kinder zurück, bevor sie den strapaziösen und gefährlichen Weg durch das heimtückische Gebirge (mit häufigem Wetterumschwung) nahmen. Nun ist hier im Sommer ein Café geöffnet, und man kann Souvenirs kaufen. Für Bergwanderer ist noch eine andere Station auf diesem historischen Handelspfad von Bedeutung: Die denkmalgeschützte, zweihundert Jahre alte Blockhütte **Tjåkkelestugan** war oft letzte Herberge vor dem Bergkamm im Grenzland. Heute dient sie Wanderern, die hier die hundert Jahre alten Schnitzereien bewundern: "Letzte Grüße an das Heimatland." Auch wer nicht talang unterwegs sein will - Klimpfjäll ist auch für Touristen geeignet. Hier gibt es Hütten zu mieten, ein Hotel und ein Vandrarhem. Man kann Bootstouren auf dem See unternehmen oder gar die grandiose Hochgebirgswelt aus der Luft bestaunen - vom Helikopter oder Flugzeug aus (Rundflüge schon 200 SEK pro Person, Tel. 0940/ 71 06 81). Manchmal bis weit in den Juli hinein lassen es die Schneeverhältnisse hier oben zu, daß man mit *Roger Franssons* Schlittenhunden auf Tour geht - acht Tage lang oder nur zwei Stunden (Tel. 0940/ 712 12 oder 712 84). *Hotel Fjällfjället* (Tel. 0940/ 711 80) gibt ebenfalls Auskunft zu allen Aktivitäten, die hier möglich sind.

—▶ Nach 15 km kommt der folgende Ort.

Fatmomakke

Dieses samische Kirchendorf hat eine **Lappenkapelle** aus dem Jahr 1883. Mehr als hundert heute noch erhaltene Kåtas dienen auch in unserer Zeit, hundert Jahre nach ihrer Erbauung, den Samen als Unterkunft bei ihren großen Festen, allem voran natürlich beim Mittsommerfest. Mittsommer am Fuß des großen Mars-Gebirges inmitten lappländischer Einsamkeit ist ein berauschendes Erlebnis.

Vom nahen *Grundfors* führt ein guter Pfad auf den 1.117 m hohen **Graipesvare**. Der Aufstieg von 4 km lohnt, denn die Aussicht über die Bergwelt ist überwältigend.

Saxnäs

Saxnäs am Kultsjon eignet sich wie Klimpfjäll oder Gäddede für einen längeren Aufenthalt. Hier gibt es ein gutes Angebot an Freizeitmöglichkeiten: Bergwanderungen führen vor allem in die Gipfelwelt des **Marsfjäll**,

der ganz unter Naturschutz steht. Achtung: Hier gibt es noch Bären! Einfacher zu erwandern ist - für weniger Geübte oder kurze Touren von drei bis sechs Stunden - **Njakafjället**; ein markierter Weg führt hier hoch und belohnt mit einer traumhaften Aussicht. Auch in Saxnäs sollte man sich auf keinen Fall eine Bootsfahrt auf dem Kultsjon oder einen Flug mit dem Wasserflugzeug über den See und die Gletscherwelt Lapplands entgehen lassen - ein unvergeßliches Erlebnis (Bootstouren unter Tel. 0940/ 701 63, Rundflüge unter Tel. 0940/ 701 75; Boot und Flugzeug sieht man von der Straße im See liegen).

Saxnäs hat neben Fatmomakke auch Kultur zu bieten: Der **Ricklundgården** ist eine lebendige Holzvilla, die heute als Atelier für bekannte Künstler aus aller Welt dient. In inspirierender Ruhe des Gebirges leben und wohnen sie hier wochenlang umsonst, dann aber müssen sie das Erschaffene - Bilder, Büsten oder Skulpturen - als Bezahlung zurücklassen. Das Resultat ist heute eine Kunstsammlung ersten Ranges in den Wänden der heimeligen Villa, die jeder besichtigen kann.

Übernachten

▶ *Hotel Saxnäsgården,* traumhaft schön direkt am See gelegen, Tel.

Mit dem Huskyschlitten durch Lappland

0940/ 700 80, Doppelzimmer oder Wohnen in Hütten; Pool, gutes Restaurant und viele Aktivitäten.

—▸ Schließlich erreicht man eine Straßenkreuzung mit Abzweigungen nach *Marsliden* und *Grytsjö*, die beide in einer Sackgasse liegen. An dieser Kreuzung liegt **Trappstegsforsen**, die schönste Stromschnelle des *Kultsjon*: Auf mehreren treppenstufenförmigen, breiten Plateaus fällt der See in einen Fluß hinab; darüber führt die Straßenbrücke. Der Trappstegsforsen ist einer der schönsten Wasserfälle Lapplands, wenngleich er nicht aus großer Höhe hinabstürzt. Imposant ist die enorme Breite und die gute Sicht, die man von der Straßenbrücke über den Fluß hat, und natürlich das klare Wasser.

Nach 25 km stößt der Stekenjokksvägen beim Kraftwerk von *Stalon* auf den *Sagavägen*. Links abbiegen würde bedeuten: Weiterfahrt über diese wunderschöne Straße nach Norden und bei Dikanäs wieder nach Westen hinüber nach Norwegen. Lohnend für Ausflüge ist der Abschnitt dieser Straße zumindest bis Kittelfjäll, etwa 60 km von Stalon. Diese Gegend ist die bärenreichste Schwedens. Hier jagte auch der legendäre Herman Grönlund, auf dessen Spuren man in → Vilhelmina stößt.

◆ *Kittelfjällsby*

Dieses kleine Dorf liegt in einer phantastischen Landschaft mit Gebirgsmassiven auf allen Seiten. Vom Hotel erreicht man per Seilbahn den Gipfel des gleichnamigen Bergs (1.225 m). Unten schlängelt sich der *Vojmån* wild durch sein Tal. Er

gilt als einer der besten Forellenflüsse des Landes.

—▸ Zurück zur Straßenkreuzung bei Stalon, führt die Route rechts weiter, d. h. auf dem *Sagavägen* am Malgomaj-See entlang. In *Malgovik* dokumentiert ein großes Schild am Straßenrand, wie hier im Winter die Klimaverhältnisse sind: Hier wurde Schwedens Kälterekord gemessen - das waren -53 °C.

Vilhelmina
9.000 Einwohner

Vilhelmina ist aufgrund seiner Lage in der südlichen Mitte Lapplands ein natürlicher Ausgangspunkt für Fahrten sowohl zur Küste und in das norwegische Gebirge als auch darüber hinaus in die Gebirgswelt nördlich des Polarkreises. Die recht junge Siedlung wurde erst im 18. Jahrhundert gegründet. In unmittelbarer Nähe der Kirche stehen noch 27 Gebäude von der alten **Kirchstadt**. Sie werden ganzjährig vermietet und können selbst bewirtschaftet werden. Im Gemeindehaus (1891) ist ein **Heimatmuseum** eingerichtet, das von der Kultur der Samen erzählt, die in der südlappländischen Gemeinde zu Hause sind. Heute zählt man 37 Familien, die 15.000 bis 20.000 Rentiere halten. In vielen Geschäften verkauft man das hochwertige Kunsthandwerk der Samen, Schnitzereien, Messer, Zinnguß oder Zinnflechtereien.

Touristeninformation

Vilhelmina Turistbyrå, Volgsjövägen 29, 91232 Vilhelmina, Tel. 0940/ 152 70. Hier bekommt man auch Auskünfte über die Anmietung der Kirchhütten.

Übernachten

▸ *Rasten-Saiva-Camping ****, 1 km östlich des Zentrums, Tel. 0940/ 107 60. Dieser Campingplatz ist wirklich einmalig gelegen, mit eigenem Bootsanlegesteg, Sprungturm und 26 Hütten.
▸ *Vandrarhem,* Tallåsvägen 34, Tel. 0940/ 141 65
▸ *Hotel Wilhelmina,* Volgsjövägen, 500 m vom Bahnhof entfernt, Tel. 0940/ 114 20, anspruchsvolles Hotel der oberen Klasse. DZ 540 SEK. Die Hotelrezeption betreibt auch die Hütten des Kirchdorfs "Kyrkby", pro Person ohne Frühstück 240 SEK.
▸ *Lundqvist Stugmotell,* Volgsjövägen 64, gut ausgestattete Hütten mit Hotelstandard, z. B. mit TV und Dusche.

Öffentliche Verkehrsmittel

Inlandsbahn 1 bis 2mal am Tag bis Mora und Gällivare.

—▸   Weiter geht es auf Route 30 über Straße 88 bis nach *Storuman.* Von hier kann man Ausflüge in die Gebirgswelt an der norwegischen Grenze machen, an der einige der großen Wintersport- und Sommer-Wanderzentren Südlapplands liegen:

◆ *Hemavan und Tärnaby*

Diese beiden Orte erreicht man nach 140 km Fahrt auf der E 79. Hemavan inmitten herrlicher Natur ist der Endpunkt des → *Kungsleden.* Dieser Ort und etwas weiter im Osten

Tärnaby eignen sich für einen längeren Aufenthalt im Gebirge. Über die Gipfel des 1.800 m hohen Syter und des Norra Storfjäll-Massivs führen auch noch viele andere lohnende Wanderwege. Sie sind für diejenigen geeignet, die nicht nur den südlichen Abschnitt des Kungsleden bis hinauf nach Ammarnäs wandern wollen. Tärnaby ist auch eines der Alpinskizentren des Landes mit einer großen Lift- und Übernachtungskapazität - ein Paradies für Skisportler, Wanderer und Angler!

Touristeninformation

Hemavans Turistbyrå, Wärdshuset, 92066 Hemavan, Tel. 0954/ 301 25
Tärnafjällens Turistbyrå, Västra Strandvägen 11, 92064 Tärnaby, Tel. 0954/ 104 50

Übernachten

▸ *Tärnaby Camping ****, 3 km östlich von Tärnaby, Tel. 0954/ 102 47, 15 Campinghütten auf einem Grasgrundstück mit Laub- und Nadelbäumen; wie alle Anlagen in Tärnaby mit kilometerweiter Sicht auf die Berge.
▸ *Tärnaby Fjällhotel,* in Tärnaby, an der E 12, Tel. 0954/ 104 20. Von hier werden Touren mit Führung unternommen. Man kann sich im Hoteltrakt oder in Wohnungen (auch für Selbstversorger) einquartieren. Dann sind die Zimmer geräumiger, besser ausgestattet und auch teurer. DZ 580 SEK.
▸ *FBU-Gården*, in Hemavan, Tel. 0954/ 300 02, wird als Vandrarhem verwaltet, mit 24 Betten.
▸ *CS-Hotel Hemavans Värdshus,* an der E 79, Tel. 0954/ 301 25, bietet gemütliche Zimmer im Hauptgebäude oder in einer der Ferienwoh-

nungen, die zum gesamten Komplex
gehören. Restaurant mit lappländischen Spezialitäten: Rentierschinken, Forelle, Multbeeren.

Rund um Hemavan

♦ Ammarnäs

Ammarnäs erreicht man auf einem
etwa 80 km langen Wanderweg
durch das Naturreservat *Vindelfjäll*.
Für diesen Streckenabschnitt, der
den südlichen Teil des Kungsleden
bildet, rechnet man fünf bis sechs
Wandertage. Man kann in Hütten
übernachten, aber dort keinen Proviant kaufen.
1. Tag: Ein 12 km langer Weg führt
von Hemavan zur Viterskalhütte.
Dabei geht es fast immer bergan.
2. Tag: Dieser Tag belohnt für die
Mühen am Vortag, denn die 12 km
zur Syterhütte sind wohl der schönste Abschnitt der Route. Man überquert den Syterskalet, einen Ge-
birgspaß in 1.700 m Höhe. Daneben
erheben sich fast 1.800 m hohe
Gipfel.
3. Tag: Leicht bergab (14 km) geht
es bis zur Tärnahütte.
4. Tag: 14 km lang ist diese Tages-
etappe bis zur Servehütte. Der Weg
führt durch Birkenwälder und über
kleine Bäche.
5. Tag: Man wandert meist oberhalb
der Baumgrenze mit überwältigender Fernsicht bis zur Aigerthütte
(19 km).
6. Tag: Nach 8 km erreicht man
Ammarnäs.
Dieselbe Wanderung, nur in umge-
kehrter Richtung von Ammarnäs
nach Hemavan, nimmt nur vier Tage
in Anspruch, da es mehr bergab
geht: 1. Tag Ammarnäs - Servehütte, 2. Tag Servehütte über Aigerthütte zur Syterhütte, 3. Tag Syterhütte - Viterskalhütte, 4. Tag Ab-
stieg nach Hemavan.

Ammarnäs ist ein Dorf mit aus-
geprägtem Hochgebirgscharakter
und Rentierzucht. Das touristische
Angebot ist sehr groß, denn es gibt
viele Unterkünfte und Geschäfte. Im
Winter werden Wandertouren mit
Langlaufskiern, aber auch Skooter-
und Hundeschlittenfahrten angeboten. Sehenswert in Ammarnäs sind
die **Kirchstadt** der Samen ("Lapp-
stan") mit 180 Jahre alten Gebäuden und die **Kapelle**, 1912 vom Architekten Grut erbaut. Dieser entwarf auch das Stadion in Stockholm, in dem die Olympischen Som-
merspiele 1912 stattfanden.

Touristeninformation
Ammarnäs Turistbyrå, Ammarnäs-
gården, 92075 Ammarnäs, Tel.
0952/ 601 32

Übernachten
► *Ammarnäs Frititscenter*, Tel.
0952/ 601 10, der lokale Campingplatz.
► *Ammarnäs Vandrarhem*, bei der
Jonsstugan, Tel. 0952/ 600 45. Es
kann schwierig sein, in diesem
Vandrarhem einen Platz zu bekommen, da sich hier meist Gruppen
einquartieren.
► *Ammarnäsgarden*, Tel. 0952/
600 03, bietet eigentlich jede er-
denkbare Unterkunftsform. Man
kann zwischen Hotelzimmern und
Hütten mit Selbstversorgung wählen. 200 SEK pro Person in Hütten
(ohne Frühstück) bis 500 SEK für
DZ im Hotel.

Öffentliche Verkehrsmittel
Busse mehrmals tgl. nach Sorsele,
wo man Anschluß an die Inlandsbahn hat.

♦ Lycksele

Das 8.000 Einwohner große Lycksele, 110 km östlich von Storuman,
ist neben Vilhelmina sommers wie

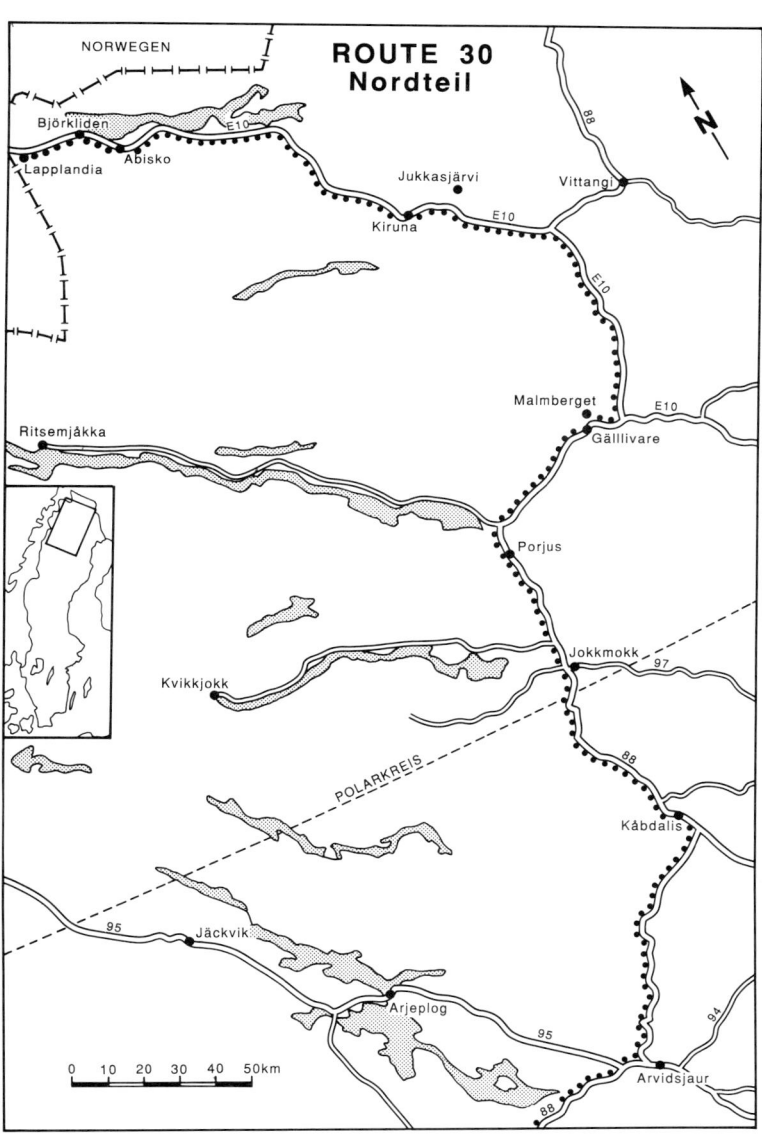

ROUTE 30
Nordteil

winters der zentrale Ort Südlapplands mit guten Freizeitmöglichkeiten. Der *Umeälven* fließt durch den Kern der modernen Industriestadt, die 1607 als zentraler Handels- und Kirchplatz gegründet wurde. Aus dieser Zeit stammt noch die alte *Samenkirche*. Einen Besuch wert ist auch der *Tierpark*, in dem man Moschusochsen sehen kann.

In *Kristineberg*, einer kleinen Bergbaugemeinde bie Lycksele, kann man an einer sehr aufschlußreichen Fahrt in die tiefen Stollen teilnehmen. In hundert Metern Tiefe liegt ein Informationszentrum und die einzige unterirdische Kirche der Welt. Am 29. November 1946 soll dort Christus im Gestein erschienen sein. Das war dann der Grund für den Bau dieser Kirche im Felsen.

Touristeninformation
Lycksele Turistbyrå, Kopparberget, 92100 Lycksele, Tel. 0950/ 169 90, tgl. geöffnet 10 - 19 Uhr.

Übernachten
Hotel Lappland, Kopparberget 1, Tel. 0950/ 370 00, eine riesige Unterkunft der gehobenen Preisklasse mit mehr als 600 Betten.

—▸ Die Route führt weiter über Straße 88.

Sorsele
Sorsele eignet sich als längerer Stützpunkt hauptsächlich für Aktivurlauber. Angeln, Wandern, Wildwasser- und Kanufahrten auf dem *Vindeälv* werden über die Touristeninformation vermittelt.

Touristeninformation
Sorsele Turistbyrå, Stationsgatan 19, 92070 Sorsele, Tel. 0952/ 109 00

Übernachten
▸ *Sorsele Camping,* mitten im Stadtgebiet, Tel. 0952/ 101 24, mit 37 Hütten. Von hier kann man Kanutouren unternehmen.
▸ *Hotel Gästis,* Hotellgatan 2, Tel. 0952/ 107 20, ein gutes Mittelklassehotel.

Öffentliche Verkehrsmittel
Sorsele liegt an der Inlandsbahn Mora-Gälivare. Busse 2 bis 3mal tgl. nach Ammarnäs.

Arvidsjaur
8.000 Einwohner

Hier treffen sich die Straßen 88, 94 und 95, sowie die Inlandsbana mit der Eisenbahnlinie nach Osten. Sehenswert ist hier vor allem die **Lappenstadt.** König Carl IX. ließ 1605 Arvidsjaur als Kirch- und Marktstadt errichten, um die Samen seßhaft zu machen und zu christianisieren. Die 25 Holzhütten und etwa fünfzig Lagerhäuser rund um die Kirche gehören heute noch den Samen, werden auch noch genutzt. Ab und zu errichten sie neue Gebäude. So handelt es sich hierbei nicht um ein Freilichtmuseum wie bei manchen anderen Kirchstädten. Das **Heimatmuseum** von Arvidsjaur ist im hundert Jahre alten Pfarrhof zu finden. Es beherbergt viele samische Güter.

Im übrigen bietet das Städtchen Möglichkeiten für ungewöhnliche Erlebnisse: Eine alte Dampfeisenbahn fährt im Sommer mit viel Unterhaltung an Bord nach Moskosel und zurück, geführte Reittouren auf Island-Pferden gehen ins Gebirge, und individuell kann man sich auf Draisinen über die stillgelegte Eisenbahnstrecke nach Jörn quälen.

Tip: Mittsommerfest auf dem Kirchhof ist ein unvergeßliches Erlebnis!

Touristeninformation

Garvaregatan 4, 93332 Arvidsjaur, Tel. 0960/ 175 00

Übernachten

▸ *Gielas Camping ****, Tel. 0960/ 134 20, am See mit viel Strand, Sporthalle anbei; auch Hütten.
▸ *Hotel Lapponia,* Storgatan 45, Tel. 0960/ 108 80, zentral gelegen, modernes Haus mit einem guten Restaurant.

Rund um Arvidsjaur

◆ *Arjeplog*

Straße 95 führt nach 85 km in westlicher Richtung nach Arjeplog. Der Ort wird heutzutage im Sommer von Touristenbussen angefahren. Ihr Ziel ist ein einzigartiges Museum, das **Silbermuseum** des Dr. Wallquist (→ Artikel "Dr. Einar Wallquist, der 'Lappendoktor'"). Geöffnet vom Mitte/ Ende Juni bis Mitte August 9 - 18 Uhr.

◆ *Jäckvik*

63 km von Arjeplog liegt an Straße 95 der Geburtsort des Lappenpredigers Lars Levi Laestadius. An ihn erinnert ein Stein bei der Kapelle aus dem Jahr 1777 (→ Jukkasjärvi).

◆ *Pieljekaise-Nationalpark*

Südlich von Jäckvik erstreckt sich dieser Nationalpark, der 1909 eingerichtet wurde, um einen Birkenwald zu schützen. Der Kungsleden, der hier teilweise über die Baumgrenze führt, durchquert ihn zwischen Jäckvik und Adolfsström.

—▸ Route 30 führt über Straße 94 weiter nach Norden. Für viele ist es ein feierlicher Moment, wenn der nördliche Polarkreis kurz vor Jokkmokk überschritten wird.

Jokkmokk

Es ist nicht übertrieben, Jokkmokk als Hauptstadt der Samen in Schweden zu bezeichnen. Hier gibt es ein **Museum** zu ihrer Kultur und dicht bei ihm die Volkshochschule der Samen, in der ihre Sprache und Kultur gepflegt wird. In der Umgebung von Jokkmokk leben noch viele Samen von der Rentierzucht. Anfang Februar findet in Jokkmokk alljährlich der große **Wintermarkt** dieses Volkes statt, 2003 zum vierhundertsten Male. Zehntausende füllen dann die Straßen. Sie kommen aus Norwegen, Finnland und sogar aus Rußland hierher. Es herrscht ein großes Treiben, egal wie kalt es ist. In Marktbuden werden samische Waren, Kunst und Handwerk verkauft. Viele Samen tragen auch ihre Tracht. Es werden Felle und ausgestopfte Tiere angeboten. Es gibt Vorträge, Ausstellungen sowie abends Tanz und große Feste. Jokkmokk ist auch bekannt für seine Wildwasserfahrten - auch bei älteren Leuten oder Familien - auf dem Pärlälven. Dort paddelt man inmitten des klarsten Wassers und der saubersten Luft. Ganz Sportliche probieren Stromschnellen-Surfing - der neueste Hit!

Touristeninformation

Jokkmokks Turistbyrå, Stortorget 4, 96223 Jokkmokk, Tel. 0971/ 126 96, geöffnet tgl. 8 - 20 Uhr.

Übernachten

▶ *Kuossinjarka Camping* **, 12 km nordwestlich von Jokkmokk an der Straße nach Kvikkjokk, Tel. 0971/ 310 13. Der schön gelegene Wiesencampingplatz mit Zugang zum See hat über 50 Campinghütten.
▶ *Vandrarhem,* Stockgatan 24, Tel. 0971/ 119 77, besteht aus mehreren Holzhütten.
▶ *Hotel Jokkmokk,* Solgatan 45, Tel. 0971/ 113 20, bietet einen guten Standard bei gehobenem Preisniveau. DZ ca. 700 SEK.
▶ *Kvikkjokks STF-Fjällstation*, Tel. 0971/ 210 22, der ideale Ausgangspunkt für Touren in das Gebirge. In der Station gibt es Zimmer mit 2 und 4 Betten, Toiletten und Duschen im Gang. Die Station ist im Sommer nur von Ende Juni bis Mitte September geöffnet.

Öffentliche Verkehrsmittel

Jokkmokk liegt an der Inlandsbahn Mora - Gällivare.

Rund um Jokkmokk

◆ Kvikkjokk

Neben Abisko und Hemavan ist Kvikkjokk wohl der geeignetste "Einstiegsort" in das Fjäll. Täglich mehrere Busverbindungen schließen die dortige STF-Station mit Jokkmokk gut an. Hier beginnen die besten Wanderwege Schwedens in die Wildnis der Nationalparks von Sarek, Padjelanta und Stora Sjöfallet.

Der Kungsleden führt mitten durch den Ort.

Um *Staloluokta* am Virihaure ("Lapplands schönstem See") zu erreichen, sollte man etwa fünf Tage einplanen. Die STF-Station informiert über Hüttenunterkünfte, verkauft auch Proviant, Karten und Ausrüstung. Schneller geht es mit den Helikoptern von *Lapplandsflyg* und *Norrdlandsflyg* (Tel. 0971/ 210 68). Sie bringen einen für 500 SEK in einer halben Stunde an den See, von dem man dann zum Akka, dem heiligen Berg der Samen, wandern kann. Von Akka fährt morgens um 9 Uhr ein Boot nach Ritsem. Von dort verkehrt morgens und abends ein Bus über Vietas nach Porjus und wieder zurück nach Jokkmokk.

Eine beliebte achttägige Wanderung führt auf 140 km von Kvikkjokk nach *Sulitjelma* in Norwegen.
1. Tag: Zunächst geht es per Boot über den Saggat. Durch Laubwald wandert man dann 17 km am Tarra-Fluß entlang bis zur Njunjeshütte.
2. Tag: Durch ein Tal mit außergewöhnlich schöner Pflanzenwelt geht es entlang eines Moores und durch mehrere Bäche, bis man nach 20 km die Såmmerlapphütten erreicht.
3. Tag: Zunächst führt der Weg durch Birkenwald, dann aber über die Baumgrenze zur Tarraluopalhütte (15 km).
4. Tag: Ohne große Höhenunterschiede gehen 14 km über die Hochebene zur Tuottarstuga.
5. Tag: Eine 18 km lange Etappe führt wieder hinab in die Moor- und Weidengebiete am Virihaure-See. Ziel sind die Hütten von Staloluokta.
6. Tag: Ein Ruhetag am See, dessen Schönheit Carl von Linné in seiner "Lappländischen Reise" 1773 bereits pries.
7. Tag: Die 17 km zu den Sårjåsjaurestugorna führen über die Hoch-

ebene mit Blick auf den tiefblauen See und tosende Wasserfälle.

8. Tag: Vorbei an Gipfeln und Gletschern überquert man die Grenze zu Norwegen und erreicht nach 22 km Sulitjelma.

♦ *Padjelanta, Sarek und Stora Sjöfallet*

Diese drei zusammenhängenden Nationalparks gelten zu Recht als Europas letzte Wildnis. Hier gibt es praktisch keine Straßen und viel unberührte Natur. Die Parks sind ein Refugium bedrohter Tier- und Pflanzenarten (z. B. Luchs, Vielfraß und Polarfuchs). Auf 5.330 km² wird das natürliche Gleichgewicht in der Natur gewahrt. Schwedens grandiose Hochgebirgswelt liegt zu einem großen Teil in diesen Nationalparks. Gletscher und stattliche Zweitausender reichen mehr als

1.000 m über die Baumgrenze.

Der *Stora Sjöfallet* ist in dieser unbeschreiblich schönen Welt noch der zugänglichste Park. Das hängt vor allem mit dem Kraftwerk bei Vietas zusammen. Eine gewaltige Mauer staut 1 km nördlich des Kraftwerks den Luleälven zu Schwedens größtem Wasserreservoir auf. Im *Suorva* sind 5,9 Milliarden m³ Wasser aufgestaut - das ist zehnmal soviel wie die Wassermenge des Bodensees. Hier führt auch die einzige Straße in den Park, und zwar von Kvikkjokk über Vietas bis hoch zum Lappenlager nach Ritsem. Diesen Weg befahren im Sommer regelmäßig Busse. Insgesamt halten etwa 125 Samen in diesem Park mehr als 25.000 Rentiere. Interessant ist ein Blick auf die Flora und Fauna. In den flächenmäßig kleinen Waldgebieten - der größte Teil liegt ja oberhalb der Baumgrenze - dominieren Gebirgsbirken. Sie wachsen

Wandern in Lappland

in noch höheren Lagen als die Na-
delbäume. Auch Eberesche und
Weiden gedeihen gut. Nelken, Eisenhut, Trollblumen und viele andere Blumen blühen farbenfroh. In
der Tierwelt kommen Elch, Schnee-
hase, Fuchs, Otter, Marder und
Luchs vor. In den Flüssen gibt es
reichlich Forellen, Saiblinge, Äschen
und Maränen. Auch die Vogelwelt
ist mit Schneehuhn, Bussard, Merlin
und vielen Singvögeln gut vertreten.
Noch beeindruckender sind die Arten der Region oberhalb der Baumgrenze. Hier verwandeln z. B. Hah-
nenfuß, Veilchen, Knöterich und
Steinbrech die Wiesen im Juni in ein
Blütenmeer. Auch Vergißmeinnicht
und Enzian kommen vor. Rentiere
trifft man auf den Wanderungen
täglich, mit Glück auch Elche, Lemminge und Bären. Typische Vögel
sind Schneehühner, Möwen, Eulen
und einige andere Greifvögel.
Der *Sarek* ist der abgeschieden-
ste Teil. Es gibt keine Wege, die
durch diesen Park führen. Nur der
Kungsleden schneidet ihn ein kleines Stück im Südosten. Das Gelände ist sehr unwegsam und in jedem Fall nur erfahrenen Wanderern
in Gruppen mit guter Ausrüstung zu
empfehlen. Der Sarek ist auch unter
Insidern berüchtigt, ja geradezu ein
Mythos geworden. Eine Traversal-
Durchquerung, die durch das Rapa-
dalen von Aktse bis Akka oder von
Saltoluokta nach Tarraluopal möglich ist, gehört zum Abenteuerlich-
sten, was die nordische Wildnis bieten kann. Die Hindernisse sind ge-
fährliche Sümpfe, 87 Gipfel über
1.800 m Höhe, 28 Gipfel über
2.000 m und Hunderte von Gletschern mit Hochwasser- und Lawi-
nenrisiko. Der Sarek ist Schwedens
niederschlagsreichstes Gebiet, ganz
im Gegensatz zum Abisko-Nationalpark weiter im Norden. Wie im
Stora Sjöfallet ist Angeln hier
grundsätzlich überall verboten. In

Padjelanta hingegen darf für den
Sofortverbrauch geangelt werden
(Angelschein ist bei der
Touristeninformation erhältlich).
Vor einer Gebirgstour in einem
dieser Parks sollte man unbedingt
einen Spezialführer dazu gelesen
haben und eine gute Ausrüstung
mitbringen.

Tip: Es muß nicht immer der Sarek
sein, denn auch eine Tour z. B. von
Akka nach *Staloluokta* am Virihaure
und weiter nach *Sulitjelma* in Norwegen bietet alles, was die Herzen
von natursuchenden Wanderern höher schlagen läßt: Sümpfe und
Moorgebiete, Birkenwälder, Hoch-
gebirgspassagen über der Baumgrenze mit Blick auf Gipfel und Gletscher, wunderschöne Seen und
Wasserfälle.

—▶   Ab Jokkomokk empfiehlt sich
nach ca. 20 km Fahrt ein Ausflug
nach Osten:

◆ *Muddus-Nationalpark*

Nach weiteren 9 km endet bei
Skaite die Fahrstraße. Nördlich dieses kleinen Dorfs erstreckt sich der
Muddus-Nationalpark. Er ist keiner
der großen Gebirgsparks, sondern
ein Flachlandpark mit 490 km²
Moor- und Sumpfwäldern, die unter
besonderen Schutz gestellt wurden,
um die einzigartige Tierwelt zu retten. Hier leben Elch und Ren, aber
auch Otter, Bär, Eule, Kranich und
Steinadler. Das Herz des Parks ist
als Pflanzenschutzgebiet ausgewiesen, das nicht betreten werden darf.
Ansonsten führen Wege und Hütten
durch die schöne Landschaft, die
von vielen tiefen Schluchten durchzogen wird. Der *Muddusjokk* stürzt
als mächtiger Wasserfall in eine

Dr. Einar Wallquist, der "Lappendoktor"

"Arjeplog ist der Mittelpunkt der Welt", so spottete der Lappmarksdoktor
in den dreißiger Jahren, als er aus Västergötland hierher kam, um seine
Stelle als Provinzarzt im hohen Norden anzutreten. Was damals wie
Hohn klang - es gab kaum Straßen, und die Reise ins nächste Krankenhaus nach *Boden* konnte gerade im Winter viele Tage dauern - das ist
heute schon ein wenig Realität geworden. Busse und Pkw rollen heran,
ja Menschenmassen strömen hierher, um das *Silbermuseum* zu sehen,
die Sammlungen, die der Doktor in seiner vierzigjährigen Tätigkeit hier
zusammentrug. Seine Liebe für Altes und seine Sammelleidenschaft
hatte er aus dem Süden mitgebracht. Er war ein guter Arzt, kannte seine
3.000 Seelen, half wo er konnte und kam doch oft zu spät, denn zu
groß waren die Entfernungen in seinem riesigen Distrikt. Viele Leute waren arm und konnten den Arzt nicht bezahlen. Dann nahm der gütige
Herr ein wenig "Abfall" mit, was er in ihren Speichern und Schuppen
fand, was die Leute nicht mehr brauchten. Von den Lappen, die er nie
Samen nannte, kaufte er Silbergegenstände. All dies hat der Doktor hier
zusammengetragen, die vielen wertvollen Silberwaren, die das Museum
so berühmt machten, aber auch eine ganze Menge "Allerlei" wie Zeichnungen, Hausrat und Schmuck. Noch heute kommen ältere Samen hierher und bringen die Silberwaren in das Museum. Dann sagen sie, daß sie
es lieber haben, die alten Familienstücke im Museum zu sehen, als in einem billigen Antiquitätenladen in Stockholm.

42 m hohe Schlucht hinab. Auskunft über die den Park erteilt die
Touristeninformation in Gällivare.

→► Die Route führt bei
Harsprånget und *Porjus* an zwei der
größten Kraftwerke Schwedens
vorbei. Die Siedlung Porjus entstand
erst im Zusammenhang mit dem
Kraftwerk, das hier als erstes
schwedisches Wasserkraftwerk zwischen 1910 und 1915 erbaut wurde. Beide Kraftwerke können im
Sommer täglich von 10 bis 16 Uhr
besichtigt werden.

Gällivare-Malmberget

22.000 Einwohner

Die Doppelstadt Gällivare-Malm-
berget verdankt ihre heutige Stellung als zweitgrößte Stadt Lapp-

lands ausschließlich dem Bergbau.
Seit 1888 machte der Eisenbahn-
anschluß mit Luleå den Abbau der
Eisenerzfelder in Malmberget rentabel. Die Hauptsehenswürdigkeiten
liegen alle in Gällivare, dem älteren
Stadtteil: die **Kirche** (1740), zu deren Bau alle Bürger mindestens eine
Öre beisteuern mußten, das **Heimatmuseum** und **Lappendorf**.

Unverzichtbar ist die Besteigung
des **Dundretbergs** südlich der Stadt.
Dieser hebt sich aus einer ansonsten völlig flachen Waldlandschaft
820 m hoch hinaus. Vom höchsten
Gipfel kann man nicht nur die Mitternachtssonne (5.6. bis 11.7.) sehen, sondern bei guter Sicht auch
etwa 9 % von der Gesamtfläche
Schwedens!

Touristeninformation

Gällivare Turistbyrå, Storgatan 16,
98221 Gällivare, Tel. 0970/

166 60, geöffnet Sommer Mo bis Fr
9 - 21, Sa und So 10 - 20 Uhr.

Übernachten

▸ Gällivare Camping ***, 1 km
südöstlich von Gällivare am Fußball-
platz, Tel. 0970/ 186 79, hat keine
Hütten, liegt aber in einem schönen
Wald mit vielen Kiefern.
▸ Vandrarhem, Andra Sidan, 400 m
vom Hauptbahnhof entfernt, Tel.
0970/ 143 80, besteht aus mehre-
ren einstöckigen Holzhütten und bie-
tet eine gute Aussicht auf den
Dundret.
▸ Nya Dundret, 3 km südlich der
Stadt am Dundret, Tel. 0970/
145 60, bietet Unterkünfte aller Art.
Hier gibt es ein mondänes Hotel im
Blockhüttenstil mit Suiten, aber
auch gut ausgestattete Hütten für
Selbstversorger. Gutes Sport- und
Freizeitangebot: Skifahren (Lifte am
Haus), Reiten und Goldwaschen.

Öffentliche Verkehrsmittel

Zug: Gällivare ist Anfangs- bzw.
Endpunkt der Inlandsbahn nach
Mora. 1 bis 2 Abfahrten pro Tag.
3mal tgl. Züge nach Boden und Luleå sowie über das Gebirge bis Narvik in Norwegen (über Kiruna,
Abisko und Riksgränsen).
Bus: Busse von Gällivare in alle größeren Orte Lapplands, u. a. nach
Kiruna, Tärendö, Pajala, Överkalix
und Jokkmokk.
Flugzeug: 8mal am Tag nach Stockholm.

—▸ Auf der Fahrt nach Norden erreicht man an der Brücke über den
Kalixälven das Informationszentrum
Lappeasvando, wo man alle Informationen über das gesamte Lappland bereithält. Buchungen von Ak-

tivitäten sind auch hier möglich.

Kiruna

26.000 Einwohner

Diese flächenmäßig enorm große
Stadt (20.000 km²) besteht zu
99 % aus Wildnis, die ich durchaus
als schön bezeichnen würde, nicht
aber den Innenstadtbereich. Er ist
geprägt von Industrie und Bergwer-
ken, die den Aufenthalt hier doch
wieder interessant machen.
Grubenarbeiter strömten zu Beginn dieses Jahrhunderts aus allen
Teilen des Landes hierher, um in
den neuen Gruben des "Schnee-
huhns", wie die Stadt in der Sprache der Samen heißt, zu arbeiten.
Der Bau der Eisenbahn machte diese
Gruben rentabel. Trotz der Konjunk-
tureinbrüche in den siebziger und
achtziger Jahren hat der Eisenerz-
abbau nur wenig von seiner Bedeutung verloren. Die Grube bestimmt
das Stadtbild, obwohl es hier mehr
Kilometer unterirdische Straßen als
überirdische gibt. Die Touristeninformation vermittelt Untertage-Be-
sichtigungen: Eine der größten Ei-
senerzgruben der Welt ist ein
Pflichtprogramm für jeden Touristen. Die Tour dauert anderthalb
Stunden und kostet 85 SEK.

Touristeninformation

Kiruna Turistbyrå, Folkets Hus,
98122 Kiruna, Tel. 0980/ 188 80

Übernachten

▸ Radhusbyn Ripan ***, 2 km
nördlich von Kiruna, Tel. 0980/
131 00, Campingplatz mit einem
Ferienhausdorf mit über 90 Hütten.

▶ *Vandrarhem,* Brytaregatan 9, Strandstigen, Tel. 0980/ 171 95, besteht aus 7 kleinen Holzhäusern und ist recht gemütlich.

▶ *Reso-Hotel-Ferrum,* Lars Janssonsgatan 15, Tel. 0980/ 186 00, das größte Hotel am Ort, von gutem Standard. Nicht schön von außen, aber luxuriös im Inneren. DZ 790 SEK.

▶ *Hotel Vinterpalatset,* Järnvägsgatan 7, Tel. 0980/ 831 70, alle Zimmer sind unterschiedlich eingerichtet mit alten Stilmöbeln.

Essen und Trinken

Ein von Samen betriebenes Restaurant ist *Kiruna-Samegård* in der Brytaregatan 14, Tel. 0980/ 170 29. Z.B. Schneehuhn oder Rentiergerichte - absolut delikat!

Einkaufen

Im *Samegårdhotel* kauft man Kunsthandwerk der Samen zu vernünftigen Preisen und von bester Qualität.

Organisierte Ausflüge

Die Touristeninformation veranstaltet wöchentlich (meist mittwochs) Ausflüge nach → Esrange. Die dreistündige Fahrt mit Besichtigung kostet 115 SEK. Auch sportliche Freizeitaktivitäten können über das Touristenbüro gebucht werden (z. B. Wildwasserfahrten, Kanutouren, Gebirgswanderungen, Goldwaschen, Angeltouren, Golfspielen, Reiten und Wintersport).

Wichtige Adressen

Apotheke: Renen, Föreningsgatan 4
Krankenhaus: Thulegatan 29, Tel. 0980/ 122 20
Polizei: Mangigatan 8, Tel. 0980/ 124 40

Öffentliche Verkehrsmittel

Zug: 3mal tgl. Züge nach Boden/ Luleå und Narvik.
Bus: Busse auch nach Abisko und Gällivare.
Flugzeug: 5 Flüge pro Tag nach Stockholm, einige davon über Luleå oder Gällivare.

Lars Levi Laestadius

Das Altarbild der Kirche von *Jukkasjärvi* zeigt ihn so, wie er auf seine Gemeinde gewirkt haben muß: *Lars Levi* (1800 - 1861), der Pfarrer von Karesuando. Er begründete eine neue Glaubensbewegung, den *Laestadianismus*. Diese Erweckungsbewegung, die im letzten Jahrhundert den ganzen Norden erfaßte, wurde sogar von Auswanderern mit in die neue Welt genommen. Besonders widmete sich Levi den Samen. Ihre oft elenden Lebensverhältnisse, Alkoholmißbrauch und Kriminalität beschäftigten ihn sehr. Dagegen hielt er flammende Reden, rief zu allerstrengster Moral und Enthaltsamkeit auf. So zeigt er sich in Hjorts Altargemälde, und so wurde er von seiner Anhängerschaft auch verstanden. Seine Glaubwürdigkeit nahm zu, als er eine Verbindung mit einem Lappenmädchen einging. Was Levi nicht erkannt hatte, waren die Ursachen für den moralischen Verfall der Samen. Ihre jahrhundertelange Ausbeutung durch die Schweden, die sich bis ins 16. Jahrhundert sogar in Form von Sklaverei vollzog, ihre Armut, die Zwangschristianisierung und Seßhaftmachung, die die natürlichen Lebensgewohnheiten dieses Volkes zerstört hatten.

Rund um Kiruna

◆ Jukkasjärvi

Bis zu dieser Kirchstadt aus dem beginnenden 17. Jahrhundert, 15 km östlich von Kiruna am Sautusjärvi, führten noch im 18. Jahrhundert die Expeditionen. Weiter im Norden gab es keine Straßen mehr.

Sehenswert ist heute das *Heimatmuseum* mit Bauernhof, Lappenhütten und vielem anderen (geöffnet Juni bis August 10 - 16 Uhr). Die *Holzkirche* stammt aus dem Jahr 1726. Das Altarbild wurde 1958 von Bror Hjorth in bunten Farben gemalt. Es schildert eine Predigt des Lars Levi Laestadius (→ Artikel "Lars Levi Laestadius"). Die Kirche wird heutzutage von vielen jungen Paaren aufgesucht, denn sie ist eine der beliebtesten Hochzeitskirchen des Landes. Jukkasjärvi betreibt damit sogar touristische Werbung. Der Ort ist auch ein exzellenter Ausgangspunkt für Aktivtouren: Angeln, Wildwasser und Kanufahrten, Goldwaschen, Touren per Flugzeug in das

schwedische Gebirge und zurück per Kanu sowie vieles andere sind von hier möglich. Solche Programme kann man bei der Touristeninformation in Kiruna buchen.

Übernachten
► *Jukkasjärvi Hembygdsgård,* Tel. 0980/ 211 90, traumhaft schöne Hütten, direkt am Fluß, gut und gemütlich ausgestattet. Das Hüttendorf ist dem Wohnen in Kiruna vorzuziehen. Zu allen Jahreszeiten organisiert man Freizeitaktivitäten aller Art, wie geführte Angel-, Wander- oder Kanutouren, aber auch Wildniswochen mit Kursen, die in die Kunst des Lebens in freier Natur einführen, oder auch Eisfischen oder Hundeschlittenfahrten im Winter.

Tip: Das tollste ereignet sich in Jokkmokk in der kalten Jahreszeit. Dann entsteht hier jedes Jahr aufs Neue die *Arctic Hall,* der Welt größtes Hotel komplett aus Eis. Auf tausend Quadratmeter baut man dann 32 Betten aus Eis (mit Renfellen belegt), an der Bar serviert man dann garantiert alle Drinks "On the Rocks". Es gibt sogar eine Kapelle in Eis, in der sich Paare trauen lassen können und eine Diashow, die herrliche Lapplandbilder zeigt. Bei konstant +4 °C wird es in den warmen Schlafsäcken auch nie kalt. Manche sagen, daß sie nie besser geschlafen haben!

◆ Esrange

Esrange liegt 40 km östlich von Kiruna. Parabolantennen und Abschußrampen glitzern über den Baumgipfeln hervor. Hier im hohen Norden des Landes steht Schwedens Raketenzentrum Esrange. Wissenschaftler aus aller Welt arbeiten an verschiedenen Projekten. Etwa zwanzig unbemannte Raketen werden jährlich von hier ins All geschossen, Ballons werden gestartet und Satellitenbilder und Signale empfangen und ausgewertet. Unter anderem erforscht man auch das Phänomen des Polarlichts. Das Zentrum steht Besuchern offen.

♦ *Karesuando*

180 km sind es über die Straßen 98 und 94 von Kiruna nach Karesuando. Der Name deutet schon an, daß der Ort an der Grenze zu Finnland und ganz im Einflußgebiet der Samen liegt. Er ist das nördlichste Kirchdorf Schwedens. Die Kirche wurde 1905 erbaut. Nach Finnland führt eine Straßenbrücke über den *Muonioälv*. Ohne auf Landesgrenzen Rücksicht zu nehmen, setzt sich die Landschaft nach Norwegen und Finnland fort. Sehenswert ist die *Laestadii porte*, ein einfaches Holzgebäude aus dem letzten Jahrhundert. Laestadius, der von 1826 bis 1849 Pfarrer in Karesuando war, benutzte es als Pfarrhaus.

Die Erzbahn

Vor hundert Jahren noch lebte in Kiruna keine einzige Menschenseele. Man wußte um den hohen Erzgehalt der Berge *Kirunavaara* und *Luossavaara*, sah aber keine reelle Möglichkeit des Abbaus und Transports. Um das Erz von hier wegzuschaffen, stellte man zunächst Samen ein, die dazu ihre Rentierschlitten einsetzten. Aber weder Tier noch Mensch hielten die Strapazen aus. Erst der Bau der Eisenbahn brachte einen Aufschwung. Am 8. Dezember 1882 nahm die *Northern Europe Railway Company* ihre Arbeit auf. *Krupp* lieferte Schienen und die Engländer die Technologie. Doch zu Beginn ging alles recht zäh voran. Man baute von Luleå aus und erreichte 1886 Boden. Die Fahrt auf der 36 km langen Strecke dauerte 72 Minuten. 1888 war man bis Malmberget vorangekommen. Ab 1892 lief hier auch der Personenverkehr. Das härteste Unternehmen war die Weiterführung der Strecke über das Bären-Gebirge bis Norwegen. Nur der Bau der norwegischen Bergen-Bahn wurde unter solch extremen Bedingungen gebaut: Kälte, Steinschlag, Hunger und Seuchen, Schneestürme, Sümpfe und mangelhafter Nachschub brachten die 5.000 Arbeiter, die "Rallare", an den Rand der Verzweiflung. Viele ließen ihr Leben bei Sprengungen, in Sümpfen oder aufgrund von Kälte und einseitiger Ernährung. Auch Frauen arbeiteten hier. Eine von ihnen wurde legendärisch: *Anna Hofstad*, die "schwarze Bärin" genannt, starb 1900 hier im Alter von 22 Jahren. 1902 war es geschafft. Nun konnte man mit dem Zug von Stockholm bis nach Narvik reisen. König Oskar II. weihte die Bahn ein. Der "Lapplandpfeil" war geboren! Lokomotiven und Wagen wurden immer leistungsfähiger. Ihre Kapazität vergrößerte sich mit dem Anstieg der Fördermengen an Erz, das nun auch in Kiruna gewonnen und abtransportiert werden konnte. 1922 wurde die Strecke elektrifiziert.

Heute fahren auf dieser Linie die stärksten Lokomotiven der Welt. Sie wiegen 250 Tonnen und haben 10.000 PS. Sie ziehen 52 Wagen, von denen jeder mit hundert Tonnen Erz beladen ist, nach Luleå oder Narvik. Über 4.000 Wagen stehen dafür zur Verfügung. Seit 1984 kann man von Kiruna nach Narvik über die E 10 auch mit dem Auto fahren. Diesen Straßenbau hatten die Samen aber energisch bekämpft, weil er einen Teil ihres Weidelands zerstört.

♦ **Treriksröset**

An den nördlichsten Punkt Schwedens auf 69,2° nördlicher Breite führen mehrere Wanderwege aus Schweden, Norwegen und Finnland. So heißt "Treriksröset" auch "Drei-Reiche-Stein", Schwedens Dreiländereck.

Abisko

Abisko, 100 km von Kiruna entfernt, erreicht man über die E 10 oder eine der zwei Bahnhofstationen *Östra* und *Tourist*. Der Ort trägt damit der Rolle Rechnung, die ihm seit Jahrzehnten zukommt, nämlich eines der ganz großen Tourismuszentren in Lappland zu sein. Bei der STF-Turiststation beginnt der *Kungsleden* (→ Rund um Abisko), der hier auf den ersten 30 km durch den 77 km² großen *Abisko-Nationalpark* führt, einer der schönsten Teilabschnitte des Wanderwegs, aber auch der am stärksten begangene. Die grandiose Natur fasziniert Wanderer schon seit fast hundert Jahren. Die STF-Station wurde bereits 1902 eingerichtet. Im folgenden Jahr erreichte die Bahnlinie Station und Park. Nun begann ein wachsender Zustrom von Menschen, denen die Schönheit des gut beschilderten, in Sumpfgebieten sogar mit Hölzern belegten Pfads zu Ohren gekommen war. Glücklicherweise ist der Reiz der Landschaft auch heute noch erhalten. Die Vegetation blieb trotz des erhöhten Besucheraufkommens unbeeinträchtigt. Für Abisko und den Nationalpark sprechen auch das milde Sommerklima mit den geringsten Niederschlagsmengen Schwedens (298 mm pro Jahr) und die vielen Sonnenstunden wie auch eine vielfältige Flora. Die Mitternachtssonne sieht

man in Abisko vom 12. Juni bis 4. Juli. Der Ort ist ideale Ausgangsbasis für eintägige Wanderungen, aber auch für drei- bis fünftägige Touren und für die langen Gebirgswanderungen auf dem Kungsleden.

Touristeninformation

STF-Turiststation Abisko, neben dem Bahnhof, Tel. 0980/ 400 00

Übernachten

▸ *STF-Turiststation*, am Torne Träsk, neben dem Bahnhof, Tel. 0980/ 400 00. In dem großen Hauptgebäude sowie im Annex "Keron" gibt es Hotelzimmer, Zimmer für Selbstverpfleger und alles zu kaufen, was der Gebirgswanderer braucht: Landkarten, Ausrüstung, Lebensmittel; es gibt hier auch Wetterinformationen. Vieles kann geliehen werden (z. B. Zelt, Schlafsack).
▸ *Gästgården*, neben der STF-Station, Tel. 0980/ 401 00, ebenfalls mit günstigen Unterkünften. Ähnlich wie bei der STF-Station gibt es hier auch nur sehr wenige Zimmer mit Dusche und WC. Die meisten Räume sind Mehrbettzimmer. Die sanitären Einrichtungen liegen auf dem Gang. Die Preise orientieren sich an den STF-Preisen.

Organisierte Ausflüge

Von Abisko gibt es im Sommer ein tägliches Ausflugsprogramm in die Berge sowie hinunter zum See. Angeboten werden Wandertouren mit Führung, Vogel- und Pflanzenexkursionen, Bootsfahrten auf dem Torne Träsk, Wanderungen auf den Spuren der Samen, Fotokurse, Höhlenbesichtigungen und vieles andere mehr. Auskunft darüber erteilt die STF-Turiststation.

Rund um Abisko

◆ Kungsleden

Auf 500 km Länge erstreckt sich der meist gut markierte *Kungsleden* von Abisko bis nach Hemavan. Auf der Strecke zwischen Kvikkjokk und Ammarnäs, die den Pieljekaise-Nationalpark und das Naturschutzgebiet Vindelfjäll durchschneidet, gibt es keine Hütten. Das Zelt ist hier unerläßlich. Dort trifft man aber auch nur noch einen Bruchteil der Wanderer, die sich auf den nördlichen und südlichen Etappen bewegen. Der höchste Punkt des Wegs ist der *Tjåktja*, nördlich der Sälkahütten auf 1.150 m Höhe. Für die gesamte Strecke sollte man mindestens drei bis vier Wochen rechnen. Im allgemeinen ist der Kungsleden gut ausgestattet, so mit Brücken über schwer passierbare Furten, mit

Stegen über den Sumpf und mit Bootsverkehr bzw. Ruderbooten an größeren Seen. August und September sind die besten Monate für Wanderungen, denn die Mücken sind dann schon verschwunden und der Wasserstand niedrig. Mitte September beginnt die "Ruska", die herrliche Rötung der Pflanzen. Skiwanderungen sind im März und Anfang Mai am schönsten. *STF-Fjällstationen* gibt es in Kvikkjokk und Abisko sowie am Kebnekaise, dessen Gipfel man von der Talstation in ein bis zwei Tagen erreichen kann. Die Gebirgshütten sind für Selbstverpfleger. Manche verkaufen Proviant. Der Hüttenwart kassiert die Übernachtungsgebühren. Manche Hütten sind nicht bewirtschaftet. Dann erwartet man die Bezahlung in der nächsten Hütte. Das gilt auch für STF-betriebene Kåtas. Andere Kåtas und Windschutzstellen können kostenlos benutzt werden.

Im läppländischen Fjäll

◆ Kebnekaise

Schwedens höchstes Gebirgsmassiv mit rund zwanzig Gipfeln erstreckt sich zwischen 1.700 und 2.111 m Höhe. Der Franzose Rabot bestieg 1883 erstmals den höchsten, den Südgipfel. Die *Kebnekaise-Fjällstation* (Tel. 0980/ 181 84) als alpines Zentrum eignet sich für Gipfelbesteigungen, denn sie liegt inmitten einer herrlichen Gletscherwelt. 20 km sind es von hier bis zur nächsten Straße nach Nikkaluokta. Wandert man westwärts zu den Singishütten, erhält man Anschluß an den Kungsleden mit Wandermöglichkeiten in den Nationalparks → Abisko, Sarek und Padjelanta.

◆ Nikkaluokta

Eine beliebte 5-Tage-Wanderung führt 110 km weit nach Nikkaluokta, von wo man guten Busanschluß zurück nach Kiruna hat.
1. Tag: Man wandert durch den Abisko-Nationalpark zunächst entlang des tiefen Canyons mit 20 m hohen, senkrechten Wänden bis zur Kieronstugan (18 km).
2. Tag: Es geht hinauf über die Baumgrenze 20 km bis zur den Alesjaurestugorna.
3. Tag: Man wandert über eine weite Hochebene mit gletscherbedeckten Gipfeln am Horizont zu den Sälkahütten.
4. Tag: Die 26-Kilometer-Wanderung zur Kebnekaise Fjällstation (→ Kebnekaise) ist anstrengend, aber wegen der Aussicht auf Schwedens höchstem Berg auch sehr schön. Wer einen zusätzlichen Tag einplanen möchte, hat die Möglichkeit, den Gipfel zu besteigen. Wer die Ausrüstung nicht hat, kann sie in der Station leihen oder auch an einer Gipfelbesteigung mit Führung teilnehmen.
5. Tag: Durch eine Seen- und Sumpflandschaft verläuft die letzte Etappe über 20 km nach Nikkaluokta.

◆ Björkliden und Riksgränsen

Kurz nach Abisko hält der Zug auf dem Weg in Richtung Norden noch zweimal: in Björkliden und Riksgränsen, dem nördlichsten Bahnhof der Welt. Beide Stationen sind ebenfalls gute Ausgangspunkte für Gebirgswanderungen, aber auch für Alpinskilaufen. Riksgränsen bietet außergewöhnlich schöne Alpinskianlagen. Im Juni kann man hier etwas weltweit Einzigartiges tun: Skilaufen um Mitternacht - allerdings im Schein der Mitternachtssonne, also bei Helligkeit, mitten im Hochsommer und in Shorts! Freunde des Golfsports können hier oben auf der nördlichsten Golfbahn der Welt spielen.

Übernachten

▸ *Hotel Fjället,* Björkliden, Tel. 0980/ 400 40, ein gutes Hotel der gehobenen Mittelklasse. Die Zimmer haben jedwede Einrichtung. Es gibt aber auch Räume für Selbstversorger. DZ von 490 bis 800 SEK.
▸ *Stugby Björkliden,* Tel. 0980/ 410 37, ein Hüttendorf mit Campingplatz * * *.
▸ *Värdshuset Gammelgården,* Björkliden, Tel. 0980/ 410 23, ein einfaches Haus
▸ *Hotel Riksgränsen,* in Riksgränsen an der E 10 kurz vor dem Übergang zu Norwegen gelegen, 35 km westlich von Abisko, Tel. 0980/ 480, gehobene Mittelklasse.
▸ *Katterjåkk Turiststation,* Riksgränsen, Tel. 0980/ 420 20, einfache Mehrbetträume, orientiert sich an den STF-Preisen. Hier liegt auch die Wetterstation.

—▸   Die Route endet in *Riksgränsen* (→ Rund um Abisko) mit dem Grenzübertritt nach Norwegen.

Anhang

Anhang

Sprache

Allgemeines

Wer das Land und seine Leute kennenlernen will, sollte sich ein wenig mit der schwedischen Sprache beschäftigen, denn ein paar Worte, einfache Redewendungen und kurze Fragesätze erleichtern nicht nur das Reisen im Land, sondern machen kleine, wenn auch bescheidene Unterhaltungen mit den Einheimischen möglich, so daß man sicherlich ein bißchen mehr von Kultur, Lebensweise und Ansichten der Leute mitbekommt, als wenn man stumm durch die Lande zieht. Mit Englisch kommt man im allgemeinen gut weiter, während Deutsch weniger gesprochen wird. Ausnahme sind Touristikbetriebe wie z.B. Hotels. Hier trifft man meist deutschsprechendes Personal.

Zum Erlernen der schwedischen Sprache bieten sich Volkshochschulkurse an.

Eine kleine Hilfe vor Ort ist der folgende Sprachführer, der in jedem Fall erweiterungsbedürftig ist, was den Wortschatz, die Grammatik, den Satzbau u.a. betrifft.

Das Schwedische ist wie das Deutsche, Englische oder Niederländische eine germanische Sprache, der nordgermanischen Sprachfamilie zuzuordnen. Die schwedische Grammatik ist durch eine strenge Systematik in der Bildung der Formen gekennzeichnet.

Satzstellung und Vokabular weisen enge Verwandtschaft zum Deutschen auf - ganz im Gegensatz zur Aussprache, die für ungewohnte Hörer sehr fremd klingt.

Es gibt im Schwedischen nur zwei Geschlechter. Das männliche und weibliche sind in einer einzigen Form zusammengefaßt; daneben gibt es die Neutrumform. Die unbestimmten Artikel "en" und "ett" werden zur Kennzeichnung der bestimmten Wortform an das Wort angehängt (beim neutralen "ett" schwindet dabei das letzte "t")

Sprachführer

Bank
Bank - *bank*
Bargeld - *kontanter*
Deutsche Mark - *tyska mark*
Euroscheck - *eurocheck*
Geld - *pengar*
Geld wechseln (von einer Währung in die andere) - *växla*
Geld wechseln (zu Kleingeld) - *byta*, *växla*
Reisescheck - *resecheck*
Scheck - *check*
Schilling - *skilling*
Schweizer Franken - *schweiziska franker*
Währung - *valuta*
(Wechsel)kurs - *kurs*

Begrüßung und Abschied
Guten Morgen! - *God morgon!*
Guten Tag - *Hej (god dag)!*
Guten Abend! - *God afton!*
Herzlich willkommen! - *Hjärtligt välkommen!*
Antwort: Wir sind wohl angekommen! - *Vi har väl kommit fram!*
Auf Wiedersehen! (sagt derjenige, der geht) - *Hej då!*
Gegengruß (sagt derjenige, der bleibt) - *Hej då!*

Gute Nacht! - *God natt!*
Alles Gute! - *Ha det bra!*

Bekanntschaften
Das ist ... - *Det är ...?*
Ich bin 24. - *Jag är 24 år.*
Ich habe nicht verstanden. - *Det har jag inte förstått.*
Ich heiße ... - *Jag heter ...*
Ich verbringe meinen Urlaub hier. - *Jag är här på semester.*
Mir gefällt es sehr gut! - *Jag trivs här!*
Schreiben Sie das bitte auf! - *Skriv upp det, är du snäll!*
Sprechen Sie Deutsch? - *Pratar du tyska?*
Was sind Sie von Beruf? - *Vad arbetar du?*
Wie alt sind Sie/ bist Du? - *Hur gammal är du?*
Wie bitte? - *Ursäkta?*
Wie heißt das auf schwedisch - *Vad heter det på svenska?*
Wie heißt Du? - *Vad heter du?*

Belästigungen
Hilfe! - *Hjälp!*
Lassen Sie mich in Ruhe! - *Lämna mig i fred!*

Buchhandlung
Buch - *bok*
Landkarte - *karta*
Reiseführer - *guidebok*
Straßenkarte - *vägkarta*
Stadtplan - *stadskarta*
Zeitung - *tidning*

Dank, Bitte, Wunsch
bitte(wenn man etwas gibt) - *varsågod*
bitte (Antwort auf Danke) - *tack*
Danke! - *Tack!*
Ich möchte ... - *Jag skulle vilja ...*
Nein, danke! - *Nej tack!*
Noch einmal! - *En gång till!*
Wiederhole! - *Upprepa!*
Sprich bitte langsamer! - *Tala lite långsamare!*
Was heißt ...? - *Vad heter ...?*
Wie bitte? - *Ursäkta?*

Einkaufen
Das ist sehr schön! - *Det är mycket fint!*
Das ist sehr teuer! - *Det är mycket dyrt!*
ein Kilo - *ett kilo*
ein Liter - *en liter*
ein Meter - *en meter*
ein Stück - *en bit*
eine Dose - *en burk*
eine Flasche - *en flaska*
eine Packung - *ett paket*
genug - *det räcker*
Kunsthandwerk - *slöjd*
Gibt es ...? Haben Sie ...? - *Finns det ...?*
Ich nehme es. - *Det tar jag.*
noch etwas - *lite till*
noch mehr - *lite mera*
Wie teuer ist das Kilo? - *Vad kostar ett kilo?*
Wie teuer ist das Stück? - *Vad kostar ett stycke?*
Wie teuer ist das? - *Hur mycket blir det?*
Wo kann ich ... einkaufen? - *Var kan jag köpa ...?*
zu viel - *för mycket*
zu wenig - *för lite*
½ Kilo - *ett halvt kilo*
1 ½ Kilo - *ett och ett halvt kilo*
100 Gramm - *hundra gram*

Entschuldigung
Entschuldigung! - *Ursäkta!*

Fahren
aussteigen - *gå av*
einsteigen - *stiga in, stiga på*
fahren - *åka*
halten - *stanna*
umsteigen - *byta*
per Anhalter fahren - *lifta*
Fahren Sie nach ...? - *Åker du till ...?*
Ich fahre mit dem Auto. - *Jag kör bil.*
Wo muß ich umsteigen? - *Var måste jag byta?*

Fahrzeuge
Auto - *bil*
Bus - *buss*
Campingwagen - *husvagn*
Fahrrad - *cykel*
Kleinbus - *småbuss*
Motorrad - *motorcykel*
Taxi - *taxi*

Fahrzeugpapiere
Führerschein - *körkort*
Versicherungskarte - *försäkrings-
bevis*

Fahrzeugteile
Anlasser - *startmotor*
Autobatterie - *batteri*
Auspuff - *avgasrör*
Beleuchtung - *belysning*
Birne - *glödlampa*
Blinker - *blinkljus*
Bremsen - *bromsa*
Bremsflüssigkeit - *bromsvätska*
Bremslichter - *bromsljus*
destilliertes Wasser - *destillerat
vatten*
Dichtung - *tätning*
Ersatzteil - *reservdel*
Feder - *fjäder*
Gang - *växel*
Gang einlegen - *lägga in växeln*
Gangschaltung - *växel*
Gas - *gas*
Gas geben - *gasa*
Gas wegnehmen - *ta från gasen*
Getriebe - *växellåda*
Getriebeöl - *oljan till växellådan*
Hupe - *horn*
Kabel - *kabel*
Kette - *kedja*
Kolben - *kolv*
Kugellager - *kulläger*
Kühler - *kylare*
Kühlwasser - *kylvatten*
Kupplung - *koppling*
Kurbelwelle - *vevaxel*
Lampe - *lampa*
Leerlauf - *tomgång*
Lenkrad - *ratt*
Lenkung - *ledning*
Lichtmaschine - *generator*

Motor - *motor*
Motorenöl - *motorolja*
Motorschaden - *fel på motorn*
Nabe - *nav*
Öl - *olja*
Ölwechsel - *oljebyte*
Pedal - *pedal*
Rad - *hjul*
Reifen - *däck*
Reifendruck - *tryck*
Reifenpanne - *punktering*
Rückwärtsgang - *backväxel*
Scheinwerfer - *strålkastare*
Schlauch - *slang*
Schraube - *skruv*
Schraubenmutter - *skruvmutter*
Speiche - *eker*
Ventil - *ventil*
Ventilator - *fläkt*
Vergaser - *förgasare*
Verteiler - *fördelare*
Zündkerze - *tändstift*

Familienverhältnisse
Dame - *Dam*
Ehefrau - *hustru*
Ehemann - *man*
Familie - *familj*
Frau - fru (Anrede)
Freund - *vän*
Herr - *herr*
Herr/ Mann - *man*
Junge - *pojke*
Kind - *barn*
ledig - *ogift*
Mädchen/ Tochter - *flicka/ dotter*
Mutter - *mor*
Sohn - *son*
Vater - *far*
verheiratet - *gift*

Fotografieren
Fotogeschäft - *fotoaffär*
Film - *film*
Farbfilm (positiv) - *färgfilm*
Diafilm - diafilm

Fragen
Mit wem? - *Med vem?*
Wann? - *När?*
Was ist das? - *Vad är det här?*
Was ist geschehen? - *Vad har hänt?*

Was kostet das? - *Hur mycket ko-
star det här?*
Was? - *Vad?*
Wen? - *Vem?*
Wer? - *Vem?*
Wie heißt Du (heißen Sie)? - *Vad he-
ter du?*
Wie heißt ...? - *Vad heter ...?*
Wie lange dauert es? - *Hur länge tar
det?*
Wie? - *Hur?*
Wo bekomme ich ...? - *Var kan jag
få ...?*
Wo gibt es ...? - *Var finns det ...?*
Wo ist (sind) ...? - *Var är ...?*
Wo sind wir? - *Var är vi?*
Wo? - *Var?*
Woher? - *Varifrån?*
Wohin? - *Vart?*

Fragen nach dem Weg
geradeaus - *rakt fram*
links - *vänster, höger* (Ort), *till vänster, höger* (Richtung)
rechts - *höger*
zurück - *tillbaka*
hier - *här*
dort - *där*
in diese Richtung - *åt detta håll*
Wie weit ist es? - *Hur långt är det?*
Wieviele Kilometer? - *Hur många
kilometer?*
Wo ist (sind) ...? - *Var ligger ...?*

Gebäude und Einrichtungen
Adelssitz - siehe Herrenhof
Bibliothek - *bibliotek*
Botschaft - *ambassad*
Burg - *borg*
Denkmal - *monument*
Einkaufszentrum - *affärscentrum*
Festung - *fästning*
Freilichtmuseum - *fornby*
Haus - *hus*
Heimatmusem - *gammelgård*
Heimathof - *hembygdsgården*
Herrenhof - *herrgård*
Hütte - *bruk*
Kaserne - *kasern*
Kino - *bio*
Kirche - *kyrka*
Konsulat - *konsulat*

Markthalle - *saluhall*
Markt - *torg*
Museum - *museum*
Palast - *palats*
Provinzmuseum - *länsmuseum*
Rathaus - *rådhus, stadshus*
Ruine - *ruin*
Schloß - *slott*
Schule - *skola*
Schwimmbad - *simhall*
Theater - *teater*
Universität - *universitet*
Ferienhaus, Ferienhäuser - *stuga,
stugor*

Geographische Begriffe
Alm - *fäbodvall*
Altstadt - *gamla stan*
Berg - *fjäll*
Brücke - *bro*
Brunnen - *brunn*
Dorf - *by*
Feld - *fält*
Fluß - *älv*
Gebirge - *fjäll*
Grünanlage - *trädgård*
Höhle - *hålja*
Meer - *hav*
Park - *park*
See - *sjö*
Stadtteil - *stadsdel*
Stadtzentrum - *centrum*
Stadt - *stad*
Strand - *strand*
Vorort - *förort*
Wald - *skog*
Wiese - *äng*

Geschäfte
Apotheke - *apotek*
Buchhandlung - *bokhandel*
Kaufhaus - *varuhus*
Konditorei - *konditori*
Laden - *affär*
Lebensmittelgeschäft - *livsmedels-
butik*
Optiker - *optiker*
Reisebüro - *resebyrå*
Schreibwarenhandlung - *pap-
pershandel*
Wäscherei - *tvättinrättning*
Zeitungshandlung - *pressbyrå*

Krankenheit
Arzt - _läkare_
Facharzt - _specialist_
Frauenarzt - _kvinnoläkare_
Zahnarzt - _tandläkare_
Apotheke - _apotek_
Krankenhaus - _sjukhus_
Ich bin krank. - _Jag är sjuk._
Wo gibt es hier einen Arzt? - _Var finns det någon läkare?_
Rufen Sie bitte schnell einen Arzt! - _Kalla hit en läkare!_
Wo ist ein Krankenhaus? - _Var ligger sjukhuset?_
Wo ist die nächste Apotheke? - _Var finns apoteket?_

Medikamente, Verbandszeug uns Sonstiges
Antibiotikum - _antibiotikum_
Aspirin - _magnecyl_
Elastikbinde - _binda_
fiebersenkendes Mittel - _febermedel_
Heftpflaster - _plåster_
Hustensaft - _hostmedel_
Mittel/ Medikament - _läkemedel_
Salbe - _salva_
Schmerztabletten - _smärtstillande medel_
Spritze - _spruta_
Zäpfchen - _stolpiller_
Antibabypille - _p-piller_
Präservativ - _preservativ_

Öffentliche Verkehrsmittel
1. Klasse - _första klass_
2. Klasse - _andra klass_
Abfahrt - _avgång_
Ankunft - _ankomst_
Anlegeplatz - _brygga_
Autofähre - _bilfärja_
Bahnhof - _station_
Bahnsteig (auch beim Bus) - _spår_
Bus - _buss_
Bushof - _busstation_
Eilzug - _snabbtåg_
Einzelkabine - _enkelhytt_
Fähre - _färja_
Fahrer - _förare_
Fahrkarte - _biljett_
Fahrplan - _tidtabell_

Fluggesellschaft - _flygbolag_
Flughafen - _flygplats_
Flugzeug - _plan_
Gepäck - _bagage_
Gepäckaufbewahrung - _resgods-förvaring_
Hafen - _hamn_
Haltestelle - _hållplats_
Hauptbahnhof - _station_
Informationsschalter - _upplysningar_
Ist der Platz noch frei? - _Är den ledig?_
Linie - _linje_
Passagierschiff - _båt_
Personenzug - _tåg_
Richtung - _riktning_
Schaffner - _konduktör_
Schalter - _lucka_
Schiff - _båt_
Schiffsagentur - _rederibolag_
Segelboot - _segelbåt_
Sitzplatznummer - _nummer på plat-sen_
Taxi - _taxi_
Touristenklasse - _turistklass_
Waggon - _vagn_
Wie weit ist es bis zum (Bushof) Bahnhof? - _Hur långt är det till (bus-) stationen?_
Wo fahren Sie hin? - _Vart åker du?_
Wo geht es zum Bus / Zug nach ...? - _Hur kommer man till bussen /tåget?_
Zug - _tåg_
Zweibettkabine - _dubbelhytt_

Optiker
Brille - _glasögon_
Kontaktlinsen - _kontaktlinser_
Sonnenbrille - _solglasögon_
Ich bin kurzsichtig/ weitsichtig. - _Jag är närsynt/ långsynt._
Ich brauche Gläser mit ... Dioptrien. - _Jag behöver glasögon med ... dioptrier._

Panne, Unfall
Krankenhaus - _sjukhus_
Krankenwagen - _ambulans_
Panne - _motorstopp_
Polizei - _polis_
Reparaturwerkstatt - _bilverkstad_

Tankstelle - *mack*
Unfall - *olycka*
Bitte helfen Sie mir! - *Hjälp mig!*
Bitte holen Sie einen Arzt! - *Hämta en läkare!*
Wo ist eine Reperaturwerkstatt? - *Var ligger en verkstad?*
... funktioniert nicht. - *... fungerar inte.*
... ist nicht in Ordnung. - *... är trasig.*
... tropft/ läuft aus - *... rinner ut.*
Wieviel kostet es? - *Hur mycket kostar det?*

Personenbezogene Angaben
Adresse - *adress*
Deutsche(r) - *tyska, tysk*
Deutschland - *Tyskland*
Familienname - *efternamn*
Geburtsdatum - *födelsedatum*
Geburtsname - *födelsenamn*
Geburtsort - *födelseort*
Mein Name ist ... - *Mitt namn är ...*
Name - *namn*
Österreich - *Österrike*
Österreicher(in) - *österrikare, österrikiska*
Schweiz - *Schweiz*
Schweizer(in) - *schweizare, schweiziska*
Staatsangehörigkeit - *nationalitet*
Vorname - *förenamn*

Post
Brief - *brev*
Briefmarke - *frimärke*
Eilbrief - *expressbrev*
Einschreibebrief - *rekommenderat brev*
Luftpost - *luftpost*
Telefonkarte - *telekort*
Päckchen - *småpaket*
Paket - *paket*
Post - *post*
Postkarte/ Ansichtskarte - *vykort*
postlagernd - *poste restante*
Telefon - *telefon*
Telefongespräch - *telefonsamtal*
Telegramm - *telegram*
Was kostet dieser Brief/ Karte? - *Hur mycket kostar brevet / kortet?*

nach Deutschland - *till Tyskland*
nach Österreich - *till Österrike*
in die Schweiz - *till Schweiz*
Ist Post für mich da? - *Finns det post för mig?*

Reisezubehör
Batterie - *batteri*
Büchsenöffner - *burköppnare*
Flaschenöffner - *flasköppnare*
Kerze - *ljus*
Leine - *rep*
Nadel - *nål*
Nähgarn - *sytråd*
Spiritus - *fotogen*
Taschenlampe - *ficklampa*
Waschpulver - *tvättmedel*
ein Päckchen Streichhölzer - *tändsticksask*

Restaurant
Abendessen - *kvällsmat, middag*
Bitte eine Tasse/ ein Glas/ eine Flasche ...! - *En kopp/ ett glas/ en flaska ..., tack!*
Chef! - *Direktör!*
Danke gleichfalls! - *Tack detsamma!*
Die Rechnung, bitte! - *Notan, tack!*
Eine Portion, bitte! - *En portion, tack!*
Essen zu sich nehmen - *äta*
Essen, Mahlzeit, Speise - *mat*
Frühstück - *frukost*
großes Buffet - *smörgåsbord*
Getränkekarte - *drycker*
Gibt es in der Nähe ein Lokal? - *Finns det någon restaurang i närheten?*
Haben Sie ...? - *Har ni också ...?*
Herr Ober! - *Kypar'n!* und *Hovmåstare!*
Ich möchte etwas essen. - *Jag vill gärna äta någonting.*
trinken - *dricka*
Mittagessen - *lunch*
Speisekarte - *matsedel*
Wo ist eine Toilette? - *Var finns det toaletten?*
Zum Wohl! - *Skål!*

Schreibwaren
Briefpapier - *brevpapper*
Briefumschlag - *omslag*
Kugelschreiber - *penna*
Schreibwarenhandlung - *pappersaffär*

Speisezubereitung
am Spieß - *på spett*
fett - *fet*
gebacken - *ugnstekt*
gebraten - *stekt*
gegrillt - *grillad*
gekocht - *kokt*
hart - *hård*
kalt - *kall*
mager - *mager*
mild - *mild*
salzig - *salt*
sauer - *sur*
scharf- *skarp*
bitter - *besk*
süß - *söt*
ungesalzen - *osalt*
ungesüßt - *osötat*
warm - *varm*
weichgekocht - *löskokt*

Geschirr
Flasche - *flaska*
Gabel - *gaffel*
Glas - *glas*
Löffel - *sked*
Messer - *kniv*
Tasse - *kopp*
Teller - *tallrik*

Straßen, Plätze
Allee - *alle*
Asphaltstraße - *asfalterad väg*
Ecke - *hörn*
Landstraße - *landsväg*
Platz - *torg, torget, plats* (oft wird die bestimmte Form 'torget' anstatt der unbestimmten Form 'torg' benutzt)
Schotterstraße - *grusväg*
Straße - *gata*
Weg - *väg*

Tankstelle
Benzin - *95 oktan*

Diesel - *diesel*
Super - *98 oktan*
Bleifrei - *bylfri*
Tankstelle - *mack*
Wo ist die nächste Tankstelle? - *Var ligger den närmaste macken?*

Toilettenartikel
Damenbinden - *dambindor*
Haarbürste - *borste*
Haarwaschmittel - *hårtvättningsmedel*
Kamm - *kam*
Seife - *tvål*
Sonnencreme - *solkräm*
Sonnenöl - *sololja*
Tampon - *tampong*
Toilettenpapier - *toalettpapper*
Zahnbürste - *tandborste*
Zahnpasta - *tandkräm*

Unterkunft
Bad - *bad*
Bett - *säng*
Bettbezug - *sängkläder*
Campingplatz - *campingplats*
Doppelzimmer - *dubbelrum*
Dreibettzimmer - *tresängsrum*
Dusche - *dusch*
Ein Zimmer mit Bad. - *Ett rum med badkar.*
Ein Zimmer mit Dusche. - *Ett rum med dusch.*
Einzelzimmer - *enkelrum*
Gibt es heißes Wasser? - *Finns det varmt vatten?*
Haben Sie ein freies Zimmer? - *Finns det något ledigt rum?*
Hotel - *hotell*
Ich nehme es. - *Det tar jag.*
Können wir hier zelten? - *Är det tillåtet att tälta här?*
Kopfkissenbezug - *huvudkuddenöverdrag*
Pension - *pension*
Waschbecken - *tvättfat*
Wieviel kostet das Zimmer pro Tag? - *Hur mycket kostar rummet per dag?*
Wohnwagen - *husvagn*
Zelt - *tält*

Verkehrshinweise
Parkplatz - *parkeringsplats*
Tunnel - *tunnel*
Vorsicht! - *Se upp!*

Zahlen
0 - *noll*
1 - *ett*
2 - *två*
3 - *tre*
4 - *fyra*
5 - *fem*
6 - *sex*
7 - *sju*
8 - *åtta*
9 - *nio*
10 - *tio*
11 - *elva*
12 - *tolv*
13 - *tretton*
14 - *fjorton*
15 - *femton*
16 - *sexton*
17 - *sjutton*
18 - *arton*
19 - *nitton*
20 - *tjugo*
21 - *tjugoett*
22 - *tjugotvå*
30 - *trettio*
40 - *fyrtio*
50 - *femtio*
60 - *sextio*
70 - *sjuttio*
80 - *åttio*
90 - *nittio*
100 - *hundra*
200 - *två hundra*
300 - *tre hundra*
1.000 - *tusen*
2.000 - *två tusen*
3.000 - *tre tusen*
10.000 - *tio tusen*

Zeitangaben

ALLGEMEINE ZEITANGABEN
am Abend - *på kvällen*
am Morgen - *på morgonen*
gestern - *igår*
heute - *idag*
Jahr - *år*

mittags - *på middagen*
Monat - *månad*
morgen - *imorgon*
morgens - *på morgonen*
Stunde - *timme*
stündlich - *varje timme*
Tag - *dag*
täglich - *dagligen*
übermorgen - *i övermorgon*
Woche - *vecka*

MONAT - *månad*
Januar - *januari*
Februar - *februari*
März - *mars*
April - *april*
Mai - *maj*
Juni - *juni*
Juli - *juli*
August - *augusti*
September - *september*
Oktober - *oktober*
November - *november*
Dezember - *december*

WOCHENTAG - *veckodag*
Montag - *måndag*
Dienstag - *tisdag*
Mittwoch - *onsdag*
Donnerstag - *torsdag*
Freitag - *fredag*
Samstag - *lördag*
Sonntag - *söndag*

UHRZEIT - *klockan*
Wie spät ist es? - *Hur mycket är
klockan?*
Es ist 1 Uhr. - *Den är ett.*
Wann? - *När?*
Um 1 Uhr. - *Klockan 1.*

Zustimmung und Ablehnung
alles klar, gut (wenn ein Thema
beendet wird) - *visst, bra*
einverstanden, in Ordnung - *ok*
ja - *ja*
klar, selbstverständlich - *visst*
nein (es gibt nicht) - *nej*
sehr gut - *mycket bra*

Flugpreisliste

Die folgende Übersicht gibt Auskunft über Flüge nach Stockholm. Die Angaben hierzu wurden uns freundlicherweise von *Travel Overland*, Barerstr. 90, 80799 München, Tel. 089/ 27 27 60, Fax 272 57 22 (Anrufe werden automatisch weitergeleitet) zur Verfügung gestellt. Dort und in anderen Reisebüros erhält man auch detaillierte Auskünfte über Flüge nach Schweden.

Preise sind für Hin- und Rückflug angegeben, und zwar in der billigsten Klasse *(economic class)*.

Kinderermäßigungen sind bei allen Veranstaltern oder Fluggesellschaften gleich. Kinder unter zwei Jahren haben keinen Anspruch auf einen Sitzplatz und zahlen deshalb nur ein Minimum des vollen Preises. Kinder von zwei bis zwölf Jahren haben Anspruch auf einen Sitzplatz.

Nach Stockholm

Airline	Abflugort	Gültig-keit	Preis	Ermäßigung Kind - 2 J.	Kind - 12 J.	Flugtag
SAS und **Lufthansa**	München	6-180 Tage	454,- bis 679,-*	-	-	tgl.
	Frankfurt	6-180 Tage	473,- bis 599,-*	-	-	tgl.
	Hamburg	6-180 Tage	355,- bis 443,-*	-	-	tgl.
	Köln und Leipzig	6-180 Tage	711,-*	-	-	tgl.
	Dresden	6-180 Tage	764,-*	-	-	tgl.
	München	6-180 Tage	725,- bis 906,-	90%	50%	tgl.
	Frankfurt	6-180 Tage	632,- bis 799,-	90%	50%	tgl.
	Hamburg	6-180 Tage	472,- bis 590,-	90%	50%	tgl.
	Köln und Leipzig	6-180 Tage	949,-	90%	50%	tgl.
	Dresden	6-180 Tage	1.019,-	90%	50%	tgl.
KML	Düsseldorf	7-90 Tage	529,- bis 585,-	90%	50%	tgl.
	Frankfurt	7-90 Tage	551,- bis 607,-	90%	50%	tgl.
	München	7-90 Tage	686,- bis 742,-	90%	50%	tgl.
Sabena	Düsseldorf	7-90 Tage	466,- bis 566,-*	-	-	tgl.
	Frankfurt	7-90 Tage	476,- bis 522,-*	-	-	tgl.
	München	7-90 Tage	544,- bis 655,-*	-	-	tgl.
	Zürich und Basel	7-90 Tage	544,- bis 644,-*	-	-	tgl.
	Düsseldorf	7-90 Tage	540,- bis 650,-	85%	40%	tgl.
	Frankfurt	7-90 Tage	545,- bis 599,-	85%	40%	tgl.
	München	7-90 Tage	655,- bis 755,-	85%	40%	tgl.
	Zürich und Basel	7-90 Tage	622,- bis 744,-	85%	40%	tgl.

* Jugendtarif: für alle unter 24 Jahren und Studenten bis einschließlich 29 Jahren
Stand der Tabelle: Juni 1995. Alle Angaben leider ohne Gewähr.

Ortsregister

Es gibt drei Register, mit denen Orte und Sehenswürdigkeiten schnell auf-
zufinden sind:
- ein Ortsregister für Orte und Sehenswürdigkeiten in ganz Schweden
- ein Register speziell für 'Stockholm' mit Sehenswürdigkeiten, wichtigen
  Straßen und Plätzen, Museen, Kaufhäusern etc.
- ein Register 'Gotlands Kirchen'.

Eine fettgedruckte Seitenzahl verweist auf jene Seite, wo der Ort oder
die Sehenswürdigkeit hauptsächlich behandelt ist; eine Seitenzahl mit dem
Zusatz 'ff' besagt, daß es auch auf den folgenden Seiten Informationen zum
Ort, zur Sehenswürdigkeit oder zum Thema gibt. Nationalparks sind im
Register mit '(NP)' gekennzeichnet.

Das schwedische Alphabet geht von A bis Ö, nach Z kommen Å, Ä und
Ö. Dieses Ortsregister aber folgt dem deutschen Alphabet; so sind die
Buchstaben Å, Ä unter A und der Buchstabe Ö unter O zu finden.

Register Stockholm

Gotlands Kirchen

Sachregister

Personenregister

Fachbegriffe

Absolutismus: Regierungsform, bei der alle
Gewalt uneingeschränkt in der Hand des
Monarchen liegt
Achtersteven: oberer Kielauslauf am Heck
eines Schiffs
Akanthus: distelähnliche Blätter als
Schmuck-element an Kapitellen oder in
Bildform
Alabaster: marmorähnliche, durchscheinende
Abart des Gipses
Apsis: Chorabschluß, meist gerade oder
halbrund
Archivolte: Bogenlauf in der Innenseite eines
Rundbogens, oft mit Figuren besetzt
Baldachin: Schutzdach über Altar oder Grab
Basilika: mehrschiffige Kirche, Langhaus ist
höher als die Seitenschiffe
Bautastein: senkrecht aufgestellter Stein als
Grabmarkierung oder Kultstätte (2. - 10.
Jh.)
Brandgräber: kleine Erdgruben mit Urnen
bzw. den Überresten eines feuerbestatteten
Toten aus der Eisenzeit
Brukspatron: Hüttendirektor oder -besitzer
meist adliger Herkunft
Chor: östlicher Abschluß des Kirchenraums,
meist mit Altar
Cuppa: Schale des Kelchs oder Becken eines
Taufsteins
Diabas: hartes, widerständiges vulkanisches
Gestein
Dolmen: Großsteingrab aus der Jungsteinzeit
Domarringar: → Richterring
Dormatorium: Schlafsaal im Kloster
Dös:→ Dolmen
Dróttkvaett: kunstvolles, schwieriges Vers-
maß der altisländischen Prosadichtung, der
Skaldik
Edda: altisländische Schriftensammlung mit
Götter- und Heldendichtungen aus dem 12.
bis 14. Jahrhundert, in Prosaform (Ältere
Edda) und in epischer Form mit Skalden-
strophe (Snorra-Edda, niedergeschrieben
vom isländischen Gelehrten Snorri
Sturluson, 1179 - 1241)
Einherjer: in der Mythologie: auserwählte Wi-
kinger, die nach dem Tod nach → Valhall
ziehen, um sich dort für den Endkampf ge-
gen die dunklen Mächte zu üben.
Endmoräne: äußerster Ausläufer eines vom
Eis bewegten Stein- und Schuttwalls
Epitaph: Gedenktafel an der Wand im Kir-
cheninnenraum

Erdhügelgrab: Grab in Hügelform, entweder
als → Rollsteingrab (Röse) aus Steinen oder
zusätzlich mit Erde bedeckt (Hög); aus der
Bronze- und Völkerwanderungszeit (sog.
Königshügel)
Eriksgatan: der mittelalterliche Krönungszug
des Königs durch das Land mit Troß und
Begleitern
Felsritzung: in Stein geritzte Darstellungen
magischen oder kultischen Inhalts; Stein-
und Bronzezeit
Fenriswolf: in der Mythologie: gefährliches
Ungeheuer, das bis zum Tage → Ragnarök
von Göttern gebändigt ist.
Findling: großer, freiliegender Stein
Fornborg: Fluchtburg aus der Völkerwande-
rungs- und Vendelzeit
Fornby: Freilichtmuseum mit historischen
Gebäuden
Futhark: Runenalphabet, in der Zeit von 200
bis 800 mit 24 Zeichen, von 800 bis 1100
auf 16 Zeichen verkürzt (sog. "Jüngeres
Futhark")
Galerieturm: mächtiger Kirchenturm über
langgestrecktem Raum
Gammelgård: Heimatmusem, in dem histori-
sche landestypische Gebäude und Wirt-
schaftsformen demonstriert werden
Ganggrab: Großsteingrab aus der Jungstein-
zeit
Gånggrift: → Ganggrab
Gästgivaregård: traditioneller Gasthof in
meist historischem Ambiente
Gauten: Volksgruppe in Schweden in
vorhistorischer Zeit
Gilde: Handwerkerzunft
Gletschermühle: ausgeschürftes Loch bzw.
Höhlung in hartem Granitgestein, entstan-
den durch Gesteinsbrocken eines Glet-
schers während der Eiszeit
Goldhalskragen: goldener Halsring, Kult- oder
Schmuckstück aus der
Völkerwanderungszeit
Götar: → Gauten
Hallenkirche: querschiffloses Kirchenge-
bäude; Langhaus und Seitenschiffe sind
gleich hoch, im Gegensatz zur → Basilika
Hällkista: → Steinkistengrab
Hällristning: Felszeichnung
Hanse: Nordeuropäischer Händlerbund im
Mittelalter mit den Zentren Lübeck,
Hamburg, Bremen, Rostock, London, Visby
und Reval

Hávamál: Teil der → Edda
Hembygdsgården: Heimathof, → Gammelgård
Hög: → Erdhügelgrab
Inclusorium: abgeschlossener Raum im Innern einer Kirche oder eines Klosters, von dem man ungesehen am Gottesdienst oder Gebet teilnehmen konnte.
Irische Koppel: ein geschwungenes Band, das die Enden einer Runeninschrift verbindet
Jarl: Fürstentitel in der Spätantike und im Frühmittelalter, vergleichbar mit "Herzog"
Joch: durch ein oder mehrere Gewölbefelder abgegrenzter Raum im Kircheninneren
Kalendermalerei: Kirchenmalerei, die die Arbeiten von bestimmten Berufsgruppen im Jahresablauf darstellt
Kalvariengruppe: geschnitzte Jesus-Maria-Josef-Gruppe im Triumphkruzifix
Kapitell: oberer Säulenabschluß, oft skulpturenreich dekoriert
Kastal: Wehrturm einer Kirche
Kemenate: Stube
Kirchboote: Boote, mit denen man früher auf dem See zur Kirche fuhr. Heute sind sie ein Stück Tradition.
Kirchspiel: eine regionale Einheit, die kleiner als eine Provinz ist, meist ein Dorf und dessen Umland umfaßt.
Klint: gotländische Steilküste
Kolonnen: Säulengänge
Kreuzaltar: Altar im Mittelschiff der Kirche
Krypta: Grabraum unter dem Kirchenchor, oft viel älter als das Bauwerk
Laga skifte: Gesetz über den Bodentausch (Flurbereinigung) aus dem Jahr 1827
Landhandel: schwed. "Lanthandel", eine Art Tante-Emma-Laden
Lure: Bronzeblasinstrument aus der Bronzezeit
Megalithkultur: Großsteingrabvölker Europas vor der Einwanderung der Indogermanen
Münze: mittelalterliche und neuzeitliche Münzprägestätte
Mythos: Glaubensvorstellungen in der vorhistorischen Phase eines Volkes. Praktische Anwendung finden sie im Kult.
Obmann: Vorsprecher
Odin: in der nordischen Mythologie: Göttervater, eine zwiespältige Persönlichkeit
Os, Oser: durch Schmelzwasserabfluß eines Gletschers in der Spätphase der Eiszeit entstandener Erdwall
Palindrom: ein Wort, das rückwärts gelesen den gleichen Sinn ergibt, z.B. Otto
Pantheon: (griech.) ursprünglich griechischer Göttertempel, gebräuchlich auch für die Gesamtheit aller Götter eines Volkes.
Parabel: lehrhafte Dichtung, die ihre Aussage mittels eines Beispiels darstellt
Propstei: Sitz des Propstes
Ragnarök: wörtlich: letztes Geschick der Götter. In der nordischen Mythologie: der Endkampf der Götter, und Einherjer gegen die Riesen und Ungeheuer, der den Weltuntergang bringt.
Rair: gotländisches Rollsteingrab aus der Bronzezeit
Rauk, Raukar: Kalksteinformation auf Gotland
Reichsverweser: Verwalter eines Landes oder Landesteils im Auftrag des Königs

Retabel: Altaraufsatz
Richterring: Großsteingrab aus der Jungsteinzeit
Rollsteingrab: auch Rollsteinhügel, bronzezeitliches Grab aus aufgeschütteten Stein in Hügelform. Im Inneren mit Urne, eventuell Grabbeigaben.
Röse: → Rollsteingrab
Rundkirche: Kirche mit rundem Langhaus
Runen: Schriftzeichen der ältesten germanischen Schrift seit dem 2. Jh. n. Chr.
Runenstein: mit Runen versehener Stein, magische Bedeutung, Grab- oder Gedenkstein
Ryggåsstuga: ein altes halländisches Wohnhaus ohne Zimmerdecke
Schiffssetzung: schiffsförmige → Steinsetzung, meist als Grab errichtet; aus der Eisenzeit, auf Gotland auch schon aus der späten Bronzezeit.
Skaldik: Altnordische Prosadichtung in Stabreimform
Skulptur: Bildhauerkunst, Werke der Bildhauerkunst wie Statuen aus Holz oder Stein
Sleipnir: in der nordischen Mythologie: achtbeiniges Pferd → Odins, das fliegen konnte
Stabkirche: früheste Kirche Nordeuropas, aus Holz und auf dicken Pfeilern errichtet
Steinkistengrab: Grab aus der späten Jungsteinzeit und frühen Bronzezeit
Steinsetzung: Form der sichtbaren Markierung eines Grabs durch einen Stein
Steven: oberer Kielauslauf im Bug eines Schiffs
Sund: Meeresenge
Svea-rike: Schwedenreich
Svear: in vorhistorischer Zeit Stammesgruppe in Schweden mit Zentren im Mälargebiet, Uppland und Södermanland
Thing: altgermanische Versammlung freier Männer mit Beschlußkraft in religiösen, sozialen und juristischen Fragen
Triumphbogen: geschmückter Torbogen, der den Kirchenchor vom Kirchenschiff trennt; oft mit Kreuz
Triumphkruzifix: Kreuz im → Triumphbogen einer Kirche
Trolle: im nordischen Volksgut koboldhafte Wesen
Tryitichon: dreiteiliges Altarbild
Tumbe: auch Tumba; sarkophagartig verziertes Grabdenkmal, oft mit einer als Relief gestalteten Figur eines Toten verziert
Tunnelgewölbe: auch Tonnengewölbe; Kirchengewölbe in Tonnenform (sonst auch Sterngewölbe, Netzgewölbe, Fächergewölbe usw.)
Turmhelm: oberer Turmabschluß
Tympanon: Giebelfeld über dem Kirchenportal, oft mit Reliefs geschmückt
Valhall: in der nordischen Mythologie: exklusives Kriegerparadies in der Götterburg Asgard
Vordersteven: → Steven
Wimperg: dreieckiger Giebel über Kirchenfenster und -portal, oft in Blattornamentik oder Figurenschmuck dekoriert
Zehnt: monatliche Abgabe der Bauern an ihren Lehnsherrn im Mittelalter
Zentaur: Fabelwesen
Zölibat: Ehelosigkeit katholischer Geistlicher

Bildnachweis

Verzeichnis der Karten und Pläne

Besondere Artikel

Dankeschön

Bedanken möchte ich mich
beim *Schwedischen Touristik-Amt* für die Hilfe bei der Auswahl der Bilder,
bei *Ingrid Ahlers-Karlsson* für ihre Unterstützung bei der Buchüberarbeitung,
bei *Christine Harms* für ihre umfangreiche Hilfe am Computer
und bei den 24 Provinz-Touristikämtern in Schweden für ihre Mithilfe bei der Recher-
che und Überarbeitung der zweiten Ausgabe dieses Buches.

Ein weiteres Dankeschön gilt natürlich allen Briefeschreibern und Briefeschreibe-
rinnen, die mit ihren Ergänzungen, Anregungen und Verbesserungen zur Aktualisie-
rung und Erweiterung dieses Reisehandbuches beigetragen haben, so
Jürgen Aurnhammer, Hof; Martina Carl, Lippstadt; Matthias Dietze, Dresden; Daniel
Faust, Würzburg; Hedy und Paul Frey, Ch-St. Moritz; Ludwig Gerland, München;
Rainer Haake, Duisburg; Josef Scholz-vom Hofe, Lich-Langsdorf; B. Hohensee,
Berlin; Jörg Hollmann, Warmensteinach; Hermann Killing, Sinzig - Bad Bodendorf;
Andreas Lausen, Berkenthin; Heide von der Mark, Düsseldorf; Michael Pelzer,
Morbach; Romana Sandner, Nürnberg; Walter Schildhabl, Ansbach; Harm Schulte,
Flensburg; Claudia Stecher, Flensburg; Manfred Stredele, Eberfing; Frank Stumpf,
Waldbronn; Birgit Uthmann, Hamburg; Cordula und Martin Weselmann, Seelze; Ulrich
Wilkens, Extertal; Heinz Wittorff, Hamburg

Entfernungstabelle und Reisezeiten

(Oberer rechter Dreiecksbereich: Reisezeiten in Std. [Stunden.Minuten]; unterer linker Dreiecksbereich: Entfernungen in km)

	Falun	Gävle	Göteborg	Halmstad	Helsingborg	Jönköping	Kalmar	Karlskrona	Karlstad	Kiruna	Kristianstad	Linköping	Luleå	Malmö	Norrköping	Nyköping	Örebro	Östersund	Skellefteå	Stockholm	Sundsvall	Umeå	Uppsala	Västerås	Växjö
Falun	—	1.20	6.40	7.50	8.50	5.40	7.30	8.50	3.40	15.00	9.00	5.10	11.20	9.20	4.30	3.30	3.00	5.20	9.30	3.40	4.10	7.40	2.50	2.20	7.20
Gävle	90	—	7.40	8.30	9.20	6.10	7.30	8.40	5.00	13.50	9.30	4.50	10.00	9.50	4.20	3.30	4.00	5.10	8.10	2.20	3.00	6.30	1.20	2.40	7.50
Göteborg	467	545	—	2.10	3.00	1.50	4.40	4.40	3.40	21.20	3.50	3.20	17.30	3.30	3.40	4.30	3.50	12.00	15.50	5.50	10.30	14.00	6.20	5.10	3.10
Halmstad	558	637	145	—	1.50	2.20	4.40	4.40	3.20	22.10	1.50	3.50	18.20	1.40	4.20	5.00	5.00	13.20	16.40	6.30	11.30	14.50	7.10	6.20	1.50
Helsingborg	638	717	229	87	—	3.00	3.10	3.20	6.30	23.00	1.40	4.40	19.20	0.50	5.10	5.50	6.00	14.10	17.30	7.10	12.10	15.40	8.00	7.10	2.30
Jönköping	394	473	146	167	247	—	3.10	3.20	6.20	20.00	3.30	1.40	16.10	3.50	2.00	2.50	3.00	11.00	14.20	4.00	9.00	12.40	5.00	4.10	1.40
Kalmar	555	557	341	241	300	216	—	1.20	6.30	21.10	2.40	4.30	17.20	3.00	4.20	5.10	6.00	12.40	15.40	6.30	11.30	14.00	6.10	5.20	1.40
Karlskrona	642	644	345	236	224	232	91	—	6.30	22.20	1.30	3.40	18.30	2.50	3.30	3.50	5.10	14.10	16.50	4.00	11.30	15.00	7.20	6.30	1.40
Karlstad	236	325	249	405	485	238	465	470	—	18.40	6.40	3.40	14.50	7.00	3.10	3.50	1.30	9.00	13.00	4.00	7.40	11.20	4.10	2.50	5.00
Kiruna	1182	1092	1636	1729	1809	1565	1649	1736	1417	—	23.20	18.20	4.00	23.30	17.40	17.20	17.40	14.20	5.40	17.30	15.50	7.30	15.10	16.20	21.30
Kristianstad	636	716	268	126	114	245	193	111	481	1808	—	4.50	19.30	1.30	4.00	4.00	6.20	14.20	17.40	7.20	12.20	15.50	8.10	7.30	2.00
Linköping	330	346	274	295	375	131	228	315	245	1437	374	—	14.40	5.10	0.40	1.20	2.20	10.20	13.00	2.40	7.40	10.50	3.30	3.00	3.10
Luleå	851	761	1306	1399	1479	1235	1318	1405	1087	344	1477	1107	—	19.30	14.10	13.30	13.50	8.40	1.50	14.20	6.20	3.40	8.30	11.20	17.40
Malmö	689	768	280	138	66	298	288	206	536	1860	97	465	1529	—	5.40	6.20	6.40	14.40	18.00	7.40	16.10	16.10	8.30	8.30	3.00
Norrköping	305	306	313	334	414	170	251	338	232	1398	410	42	1067	522	—	0.50	2.00	9.30	11.40	2.10	7.10	9.50	3.00	2.10	3.30
Nyköping	294	272	370	392	453	227	310	397	259	1363	470	100	1033	514	60	—	2.20	8.40	12.00	1.20	6.20	10.20	2.10	2.30	4.20
Örebro	185	262	282	377	453	209	369	434	108	1354	452	145	1023	599	120	150	—	8.20	12.30	2.40	6.50	10.20	2.40	2.10	4.30
Östersund	403	400	870	961	1040	796	958	1045	638	998	1039	728	667	1091	708	672	587	—	6.50	7.30	2.30	5.00	6.30	6.30	12.40
Skellefteå	715	625	1170	1262	1342	1098	1182	1269	950	467	1341	971	136	1393	931	897	887	531	—	12.30	5.20	1.50	9.30	10.40	16.00
Stockholm	237	172	471	492	572	328	411	497	300	1263	570	200	933	616	160	100	191	572	797	—	10.20	5.10	1.00	1.50	5.40
Sundsvall	304	214	759	852	932	688	772	858	540	877	930	561	547	982	520	486	572	188	411	386	—	3.40	4.10	5.30	10.40
Umeå	580	490	1034	1128	1208	963	1047	1133	815	602	1206	836	271	1258	796	761	752	396	135	661	275	—	1.00	9.00	14.10
Uppsala	179	101	459	536	616	372	455	542	285	1193	614	271	863	667	205	170	188	502	726	70	316	591	—	1.20	6.30
Västerås	150	165	380	486	566	322	405	492	206	1257	565	194	926	617	154	165	97	553	790	111	379	655	79	—	5.40
Växjö	511	593	233	134	192	120	107	112	358	1685	133	222	1354	202	287	344	326	913	1218	444	807	1083	489	439	—

Kalender 1995

	Januar	Februar	März	April
Wo	52 1 2 3 4 5	6 7 8 9	10 11 12 13	14 15 16 17
Mo	2 9 16 23 30	6 13 20 27	6 13 20 27	3 10 17 24
Di	3 10 17 24 31	7 14 21 28	7 14 21 28	4 11 18 25
Mi	4 11 18 25	1 8 15 22	1 8 15 22 29	5 12 19 26
Do	5 12 19 26	2 9 16 23	2 9 16 23 30	6 13 20 27
Fr	6 13 20 27	3 10 17 24	3 10 17 24 31	7 14 21 28
Sa	7 14 21 28	4 11 18 25	4 11 18 25	1 8 15 22 29
So	1 8 15 22 29	5 12 19 26	5 12 19 26	2 9 16 23 30

	Mai	Juni	Juli	August
Wo	18 19 20 21 22	23 24 25 26	27 28 29 30 31	32 33 34 35
Mo	1 8 15 22 29	5 12 19 26	3 10 17 24 31	7 14 21 28
Di	2 9 16 23 30	6 13 20 27	4 11 18 25	1 8 15 22 29
Mi	3 10 17 24 31	7 14 21 28	5 12 19 26	2 9 16 23 30
Do	4 11 18 25	1 8 15 22 29	6 13 20 27	3 10 17 24 31
Fr	5 12 19 26	2 9 16 23 30	7 14 21 28	4 11 18 25
Sa	6 13 20 27	3 10 17 24	1 8 15 22 29	5 12 19 26
So	7 14 21 28	4 11 18 25	2 9 16 23 30	6 13 20 27

	September	Oktober	November	Dezember
Wo	36 37 38 39	40 41 42 43 44	45 46 47 48	49 50 51 52
Mo	4 11 18 25	2 9 16 23 30	6 13 20 27	4 11 18 25
Di	5 12 19 26	3 10 17 24 31	7 14 21 28	5 12 19 26
Mi	6 13 20 27	4 11 18 25	1 8 15 22 29	6 13 20 27
Do	7 14 21 28	5 12 19 26	2 9 16 23 30	7 14 21 28
Fr	1 8 15 22 29	6 13 20 27	3 10 17 24	1 8 15 22 29
Sa	2 9 16 23 30	7 14 21 28	4 11 18 25	2 9 16 23 30
So	3 10 17 24	1 8 15 22 29	5 12 19 26	3 10 17 24 31

Kalender 1996

	Januar	Februar	März	April
Wo	1 2 3 4 5	6 7 8 9	10 11 12 13	14 15 16 17 18
Mo	1 8 15 22 29	5 12 19 26	4 11 18 25	1 8 15 22 29
Di	2 9 16 23 30	6 13 20 27	5 12 19 26	2 9 16 23 30
Mi	3 10 17 24 31	7 14 21 28	6 13 20 27	3 10 17 24
Do	4 11 18 25	1 8 15 22 29	7 14 21 28	4 11 18 25
Fr	5 12 19 26	2 9 16 23	1 8 15 22 29	5 12 19 26
Sa	6 13 20 27	3 10 17 24	2 9 16 23 30	6 13 20 27
So	7 14 21 28	4 11 18 25	3 10 17 24 31	7 14 21 28

	Mai	Juni	Juli	August
Wo	19 20 21 22	23 24 25 26	27 28 29 30 31	32 33 34 35
Mo	6 13 20 27	3 10 17 24	1 8 15 22 29	5 12 19 26
Di	7 14 21 28	4 11 18 25	2 9 16 23 30	6 13 20 27
Mi	1 8 15 22 29	5 12 19 26	3 10 17 24 31	7 14 21 28
Do	2 9 16 23 30	6 13 20 27	4 11 18 25	1 8 15 22 29
Fr	3 10 17 24 31	7 14 21 28	5 12 19 26	2 9 16 23 30
Sa	4 11 18 25	1 8 15 22 29	6 13 20 27	3 10 17 24 31
So	5 12 19 26	2 9 16 23 30	7 14 21 28	4 11 18 25

	September	Oktober	November	Dezember
Wo	36 37 38 39 40	41 42 43 44	45 46 47 48	49 50 51 52 1
Mo	2 9 16 23 30	7 14 21 28	4 11 18 25	2 9 16 23 30
Di	3 10 17 24	1 8 15 22 29	5 12 19 26	3 10 17 24 31
Mi	4 11 18 25	2 9 16 23 30	6 13 20 27	4 11 18 25
Do	5 12 19 26	3 10 17 24 31	7 14 21 28	5 12 19 26
Fr	6 13 20 27	4 11 18 25	1 8 15 22 29	6 13 20 27
Sa	7 14 21 28	5 12 19 26	2 9 16 23 30	7 14 21 28
So	1 8 15 22 29	6 13 20 27	3 10 17 24	1 8 15 22 29

REISE KNOW-HOW Bücher werden von Autoren geschrieben, die Freude am Reisen haben und viel persönliche Erfahrung einbringen. Sie helfen dem Leser, die eigene Reise bewußt zu gestalten und zu genießen. Wichtig ist uns, daß der Inhalt unserer Bücher nicht nur im reisepraktischen Teil „Hand und Fuß" hat, sondern daß er in angemessener Weise auf Land und Leute eingeht. Die Reihe REISE KNOW-HOW soll dazu beitragen, Menschen anderer Kulturkreise näher zu kommen, ihre Eigenarten, und ihre Probleme besser zu verstehen. Wir achten darauf, daß jeder einzelne Band gemeinsam gesetzten Qualitätsmerkmalen entspricht. Und um in einer Welt rascher Veränderungen laufend aktualisieren zu können, drucken wir bewußt kleine Auflagen.

SACHBÜCHER:

Die Sachbücher vermitteln KNOW-HOW rund ums Reisen: Wie bereite ich eine Motorrad- oder Fahrradtour vor? Welche goldenen Regeln helfen mir, unterwegs gesund zu bleiben? Wie komme ich zu besseren Reisefotos? Wie sollte eine TransSahara-Tour vorbereitet werden?
In der Sachbuchreihe von REISE KNOW-HOW geben erfahrene Vielreiser Antworten auf diese Fragen und helfen mit praktischen, auch für Laien verständlichen Anleitungen bei der Reiseplanung.

WELT

Motorradreisen
DM 34,80 ISBN 3-921497-20-5

Um-Welt-Reise
REISE STORY
DM 22,80 ISBN 3-9800975-4-4

Achtung Touristen
DM 16,80 ISBN 3-922376-32-0

Die Welt im Sucher
DM 24,80 ISBN 3-9800975-2-8

Wo es keinen Arzt gibt
DM 26,80 ISBN 3-922376-35-5

Fahrrad-Weltführer
DM 44,80 ISBN 3-9800975-8-7

Auto(fern)reisen
DM 34,80 ISBN 3-921497-17-5

Äqua-Tour
RAD & BIKE
DM 28,80 ISBN 3-929920-12-3

REISE STORY:

Reise-Erlebnisse für nachdenkliche Genießer bringen die Berichte der REISE KNOW-HOW Reise-Story. Sensibel und spannend führen sie durch die fremden Kulturbereiche und bieten zugleich wertvolle Sachinformationen. Sie sind eine Hilfe bei der Reiseplanung und ein Lesevergnügen für jeden Fernwehgeplanten.

STADTFÜHRER:

Die Bücher der Reihe REISE KNOW-HOW CITY führen in bewährter Qualität durch die Metropolen der Welt. Neben den ausführlichen praktischen Informationen über Hotels, Restaurants, Shopping und Kneipen findet der Leser auch alles Wissenswerte über Sehenswürdigkeiten, Kultur und „Subkultur" sowie Adressen und Termine, die besonders für Geschäftsreisende wichtig sind.

EUROPA

Portugal-Handbuch
DM 29,80 ISBN 3-923716-05-2

Mallorca
DM 29,80 ISBN 3-927554-17-0

Mallorca für Eltern und Kinder
DM 24,80 ISBN 3-927554-15-4

Madrid
DM 26,80 ISBN 3-89416-201-5

London
DM 26,80 ISBN 3-89416-199-X

Rom
DM 26,80 ISBN 3-89416-203-1

Berlin mit Potsdam
DM 26,80 ISBN 3-89416-202-3

Ungarn
DM 32,80 ISBN 3-89416-188-4

Paris
DM 26,80 ISBN 3-89416-200-7

Prag
DM 26,80 ISBN 3-89416-204-X

Warschau/Krakau
DM 26,80 ISBN 3-89416-209-0

München
DM 24,80 ISBN 3-89416-208-2

Frankfurt/Main
DM 24,80 ISBN 3-89416-207-4

Schweden-Handbuch
DM 36,00 ISBN 3-923716-10-9

Oxford
DM 26,80 ISBN 3-89416-211-2

Budapest
DM 26,80 ISBN 3-89416-212-0

EUROPA

Ostdeutschland individuell
DM 32,80 ISBN 3-921838-12-

Ostseeküste/ Mecklenburg
DM 19,80 ISBN 3-89416-184-

Freistaat Sachsen
DM 26,80 ISBN 3-89416-177-

Rügen/Usedom
DM 19,80 ISBN 3-89416-190-

Land Thüringen
DM 24,80 ISBN 3-89416-189-

Türkei-Handbuch
DM 32,80 ISBN 3-923716-02-

Türkei West &Südküste
DM 29,80 ISBN 3-923716-11-

Zypern-Handbuch
DM 26,80 ISBN 3-923716-04-

Skandinavien – der Norden
DM 32,80 ISBN 3-89416-191-

Irland-Handbuch
DM 36,00 ISBN 3-89416-194-

Schottland-Handbuch
DM 36,00 ISBN 3-89416-179-

Baltikum – Estland, Lettland, Litauen
DM 39,80 ISBN 3-89416-196-

Litauen mit Kaliningrad
DM 29,80 ISBN 3-89416-169-

Estland
DM 26,80 ISBN 3-89416-215-

Lettland
DM 26,80 ISBN 3-89416-216-

Oberlausitz
DM 24,80 ISBN 3-89416-165-

PROGRAMMÜBERSICHT

AFRIKA

rch Afrika
56,80 ISBN 3-921497-11-6

anssahara
29,80 ISBN 3-921497-01-9

arokko
44,80 ISBN 3-921497-81-7

ypten individuell
34,80 ISBN 3-921838-10-X

iro, Luxor, Assuan
26,80 ISBN 3-921838-08-8

nya
39,80 ISBN 3-921497-45-0

**adir und die Königs-
idte Marokkos**
29,80 ISBN 3-921497-71-X

mbabwe
34,80 ISBN 3-921497-26-4

estafrika
39,80 ISBN 3-921497-02-7

**adagaskar,
ychellen, Mauritius,
union, Komoren**
36,80 ISBN 3-921497-62-0

nesien
44,80 ISBN 3-921497-74-4

e Wolken der Wüste
SE STORY
24,80 ISBN 3-89416-150-7

**geria
hinter den Kulissen**
SE STORY
26,80 ISBN 3-921497-30-2

rikanische Reise
SE STORY
26,80 ISBN 3-921497-91-4

**nführer Ägypten:
xor, Theben**
29,80 ISBN 3-921838-90-8

**nführer Ägypten:
iro**
32,00 ISBN 3-921838-91-6

merun
36,80 ISBN 3-921497-32-0

ASIEN

Jemen
DM 39,80 ISBN 3-921497-09-4

Myanmar (Burma)
DM 29,80 ISBN 3-9800464-3-5

Phuket/ Thailand
DM 29,80 ISBN 3-89416-182-5

Thailand Handbuch
DM 36,80 ISBN 3-89416-171-X

Bangkok
DM 26,80 ISBN 3-89416-205-8

China Manual
DM 44,80 ISBN 3-89416-167-1

Sri Lanka
DM 36,80 ISBN 3-89416-170-1

Sprachbuch
China
Hoch-Chinesisch (Mandarin),
Kantonesisch, Tibetisch
DM 24,80 ISBN 3-922376-68-1

Sprachbuch
Südostasien
Indonesisch, Thai, Tagalog
DM 24,80 ISBN 3-922376-33-9

RAD & BIKE:

**REISE KNOW-HOW „RAD &
BIKE"** sind Radführer von loh-
nenswerten Radreiseländern
bzw. Radreise-Stories von
außergewöhnlichen, extremen
Rad- und Mountainbike-Tou-
ren durch außereuropäische
Länder und Kontinente. Die
Autoren waren oft jahrelang
unterwegs, und sie sind entweder bekannte, gestandene Bike-
touren-Profis oder „newco-
mer", die mit ihrem Bike in
kaum bekannte Länder und
Regionen vorstießen. Wer
immer eine Fern-Biketour plant
- oder auch nur davon träumt –
kommt an den **RAD & BIKE**-
Bänden nicht vorbei!

ASIEN

**Malaysia & Singapur
mit Sabah & Sarawak**
DM 36,80 ISBN 3-89416-178-7

Singapur
DM 26,80 ISBN 3-89416-210-4

Bali & Lombok mit Java
DM 36,80 ISBN 3-89416-173-6

Sulawesi (Celebes)
DM 36,00 ISBN 3-89416-172-8

**Reisen mit Kindern in
Indonesien**
DM 26,80 ISBN 3-922376-95-9

Vietnam-Handbuch
DM 36,00 ISBN 3-89416-195-7

Nepal-Handbuch
DM 36,80 ISBN 3-89416-193-0

Ladakh und Zanskar
DM 36,80 ISBN 3-89416-176-0

AUSTRALIEN NEUSEELAND

Neuseeland
DM 34,80 ISBN 3-923716-09-5

Neuseeland
REISE STORY
DM 24,80 ISBN 3-921497-15-9

Australien
DM 32,80 ISBN 3-923716-03-6

**Australien
Nationalparks**
DM 29,80
ISBN 3-923716-12-5

AMERIKA

USA/Canada
DM 39,80 ISBN 3-927554-12-X

**Durch den Westen
der USA**
DM 36,80 ISBN 3-927554-16-2

**Durch Canadas Westen
(mit Alaska)**
DM 36,80 ISBN 3-927554-03-0

**Durch die USA mit Flug-
zeug und Mietwagen**
DM 36,80 ISBN 3-927554-10-3

**Als Gastschüler in
die/den USA**
DM 22,80 ISBN 3-97554-14-6

Amerika von unten
REISE STORY
DM 22,80 ISBN 3-9800975-5-2

**„Und jetzt fehlt nur noch
John Wayne…"**
REISE STORY
DM 22,80 ISBN 3-927554-18-9

Mexiko
DM 36,80 ISBN 3-9800975-6-0

Guatemala
DM 36,80 ISBN 3-89416-214-7

Peru/Bolivien
DM 34,80 ISBN 3-9800376-2-2

**Traumstraße
Panamerikana**
REISE STORY
DM 24,00 ISBN 3-9800975-3-6

Venezuela
DM 36,80 ISBN 3-921497-40-X

Sprachbuch
Lateinamerika
Spanisch, Quechua, Brasilianisch,
DM 24,80 ISBN 3-922376-18-5

Trinidad & Tobago
DM 36,80 ISBN 3-89416-174-4